上册

王东岳 著

哲思演讲录

文明史与思想史之大观

山西出版传媒集团　山西人民出版社

图书在版编目（CIP）数据

哲思讲演录：文明史与思想史之大观 / 王东岳著
. — 太原：山西人民出版社，2024.5
ISBN 978-7-203-13239-4

Ⅰ.①哲… Ⅱ.①王… Ⅲ.①哲学 Ⅳ.① B0

中国国家版本馆 CIP 数据核字（2024）第 027744 号

哲思讲演录：文明史与思想史之大观

著　　者：王东岳
责任编辑：贾　娟
复　　审：李　鑫
终　　审：梁晋华
装帧设计：陆红强
出 版 者：山西出版传媒集团·山西人民出版社
地　　址：太原市建设南路 21 号
邮　　编：030012
发行营销：0351-4922220　4955996　4956039　4922127（传真）
天猫官网：https://sxrmcbs.tmall.com　电话：0351-4922159
E-mail：sxskcb@163.com（发行部）
　　　　　sxskcb@163.com（总编室）
网　　址：www.sxskcb.com
经 销 者：山西出版传媒集团·山西人民出版社
承 印 厂：鸿博昊天科技有限公司
开　　本：635mm×965mm　1/16
印　　张：80.25
字　　数：960 千字
版　　次：2024 年 5 月　第 1 版
印　　次：2024 年 5 月　第 1 次印刷
书　　号：ISBN 978-7-203-13239-4
定　　价：358.00 元（上、下）

如有印装质量问题请与本社联系调换

代序

那些年，我们缺了的那间课堂

对错且无论，当头一棒喝。

这是我近年学习东岳先生思想的切实感受。

从专业的角度，我是丝毫没有资格为先生的讲课稿作序的，不是自谦，是真的没有！只能作为一名普通学员，谈谈自己与这门课程，与一种思想，以及与先生片断相处的体悟。

走进先生的课堂与学问，于我而言颇有些意趣。

最早是 2015 年，通过"罗辑思维"购得《知鱼之乐》和《物演通论》两本书籍。一读之下，疑为天书。当时根本不知道作者王东岳先生仍然健在，更不知有公开课程一说。不久之后，受一兄弟公司之邀，去福州讲课。讲课之余，闲逛三坊七巷，在一间"无用书屋"里居然看见先生讲学的海报，大喜，顿时留下电话，并叮嘱朋友多多关注，来年开讲一定要通知我云云……

随后参加混沌地产营，一次早餐时间和同学闲聊，得知她在参加混沌大学另一个学习班。随口问了句，

"谁讲课？"

"王东岳！"

惊得我差点刀叉落地，

"他在讲课？"

"在啊，我帮你拉进去？"

不到半小时，我成了"混沌东岳学习坊"的学员。从此，真正走进了"递弱代偿"的思想……

我们这一代人中的大部分，论起知识结构框架，可能都是以高中为基点逐次建立起来的吧。我的高中母校是省重点，现在回想起来，也算是在高考大军中"不纯以高考而授"的了。除了课堂内语数英理化政史的应试教育和题海遨游外，春夏有歌咏赛，秋冬有运动会，课余各类竞赛此起彼伏……真是光鲜灿烂，青春壮壮，似乎所学所知还颇为丰满。

大学毕业后被经济洪流裹挟向前，精力基本交付给了买卖与货币，"学问"一事日趋淡出平常。闲来也看各类书籍，所学颇杂。至于什么是知识？知识如何炼聚成思想？思想又如何指导我们认知这个世界？认知又如何制约我们的行为？这些貌似无用，实则根本的问题，却仅仅是在读到某些相关文章语句时，偶尔凝神一想，随即便放诸星野，再也无暇细究。直到遇见了东岳先生这 12 天大课……

有不少听过先生课程的朋友，都被这个课程庞大的知识量所震撼，的确如此！

自科学运动以来，现代科学以"分科治学，逻辑实证"为展开方式，并以此构成国民教育的基本范式，导致我们几代人在知识的通道上，多为"科目闭塞"而非"融会贯通"。"专业之内深钻，专业之外茫然"确实大有人在。人类知识突飞猛进，信息增量之大令人咂舌，似乎不唯此法，无可为学。殊不知，20 世纪 60 年代贝塔朗菲在《一般系统论》序言里就提及要由"分科知识"转为"横断知识"。而近些年以"美国圣塔菲研究所"为首的一些尖端科学机构，特别在"复杂性科学"的研究方面，更是以多学科打通为基本手法。可见，统贯性、整合性知识学习，具备更高的认知辨识力道。正如先生所说，"当你要真正地了解一个东西，你不能只站在它的内部，而是要远离它，亦即超拔于其上，你才可能看清全貌……"。我想这个说法，对于"知识"的整体来说，一样适用。相比之下，我们在学校教育阶段，都是"求知"为绝对主导，而缺失了最起码的"得识"。

这门课程，先生以自身广博的知识结构，把137亿年大时空尺度作为整体背景，对人类认知和知识为什么发生，进行了统合贯穿。讲述"知识背后的知识"，站在"科学之外"探究科学的成因、成果及其影响。12天内容，虽举诸多具体实例，但绝不纠缠具体知识细节，而是带领我们探寻人类文明产生之动因，比照东西方思想差异，涉及神学、哲学、科学、东西方文化源流，相互参照贯通，令人叹为观止。

这是课程给予每个人在知识架构上的重大收益。

然而，仅是知识面的扩充本身，是不能体现这课堂的魅力的。深远的哲学思境才是这堂思想之课最为坚实的枝干，撑起了茂盛的知识之果。或者，更确切地说，此为一次以哲学思维对"知识"及"知识走向"的拷问。

关于这一点，课程里还透露着另一层意义：

人类思想的进程，在近代隐约形成科学一路高歌、哲学式微下流的格局，特别是维也纳学派逻辑实证主义之后为甚，霍金在遗作《大设计》开篇即言"哲学已死"。而在这12天课堂上，你能够深刻感受到哲思探究的魅力。这不是对某一哲学家或是思想流派的研讨或是正名，而是对整个哲学思想体系的研讨和正名——哲学乃科学的前瞻！

都说哲学是少数人的游戏，是的！但哲学所讨论的问题却在很深很深的底层，铺垫着所有人的日常。用先生的一句话来说，叫"人类的文明路径与总体作为，都是运行在思想家的思想通道之中的……"。曾有人问我，什么是哲学？我开玩笑似的回答，你的这个问题就是哲学。看上去是言语的机锋，却也揭示了一定本质：追求答案，是人类精神思维的本能，但是"问题从何产生"，这才是哲学追寻的起点。遗憾的是，在我们受教育的整个过程中，无论形式还是内容，答案的现实价值都远高于问题。哲学教育的缺失，让我们大多数人失却了总览人类思想的视角，更失却了与自我思想相处的机会。这门课程由文化及文明现象为入口，实则体察"以'思想'反过来思想'思想'"的思维魅力，从"寻找答案"的思维惯性，逐步焕化为"追寻问题"的思维能力。

此为课程给予每个人在思维深度上的重大收益。

在课堂上，时不时的，会听见先生讲这样一句话，"……如果你听懂了这层意思，这堂课你才算听出了点儿韵味"。

哪一层意思？"递弱代偿"原理！

和其他讲述哲学的课程不同的是，以往的哲学课程，大都以"哲学史"或者"某一哲学大家的哲学思想"为根本课基。而这12天的课程大堤，却是构筑在先生倾心20余年所建构的一套哲学世界观逻辑模型之上的。

这个筑底思想的存在，导致了此课程好比是智能转译机与庖丁解牛之刃的差别，不可同日而语。讲至精彩处，对既往思想"动刀甚微，謋然已解"，人类万象繁华"如土委地"，讲者"提刀而立，为之四顾"……，听者宛如身临如斯景象，心驰神往。

这个思想的核心就是"递弱代偿原理"。关于这个原理的深邃内涵，大家如果有兴趣，可以耐着性子，翻开先生所著《物演通论》一寻其幽。

可是，学习哲学之难，首难在于对哲学语言的理解。

哲学思境幽长深远兼具放达广博，逻辑反思中还要普解一切现象，现实三洽（自洽、他洽、续洽）。这自非一般语言的精确度可以到达，也无法像科学一样，在某一特定领域产生出专门的符号体系进行换算推导。有时，就连哲思者本人亦为之苦恼。以至于莱布尼兹感叹，哲学要有自己的语言符号；海德格尔则干脆创造了"Dasein（此在）"来表达自己的哲学思想；到了维特根斯坦，居然有一个阶段（他的哲学思维中期阶段）认为哲学就是对语言的误用，从而彻底否定传统意义上的哲学，并宣告哲学活动的终结……

自古说到学习都知道"开卷有益"，但对哲学而言却真的是"开卷无力"。也因此很多人学习哲学最后都会有同样的心声——学习哲学就是在学习语言。

先生的《物演通论》既然构筑了一个全新的哲学世界观逻辑体系，当然有很多自己的术语，书中还对哲学史上重大思想做了很多引用与批判，一定会给初学者带来不少困扰。那么，这个课程就是打开这本似乎苦涩难懂的"哲学大部头"的第一级认知台阶。

我为先生进行这次课堂录音成文的初次校订整理，过程中不禁称奇。授课过程几乎没有口水话、反复语，语句一气呵成，基本上我仅是在标点符号、录入错别字、专用术语等方面花功夫，几乎不用涉及语义整理。这种高超的讲述技术，辅以"东西方文化比较"为骨架，多以我们熟悉的诸子百家、佛教、易经、中医等东方思想为切口，加以对西方哲学、科学思想和重要大家学说的相互批评、相互发展为线索，佐以"递弱代偿原理"而剖析，上、下、前、后进行映照。如果稍加用功，无疑是给自己打开《物演通论》，以及打开所有哲学宗卷搭建了一支攀爬的楼梯。

此为课程在思想探索上给予每个人的重大收益。

除了这些直接作用于大脑的收益之外，课程背后所带来的观念重塑和人本关怀，也许才是这个课堂被绝大多数听者追随的根本原因。

首先，是"知识观"重塑。对于"知识"，我们早已不陌生。千百年以来，哲学上的"物质、精神、不可知论、语义混淆"的争吵不休与反复纠缠，反而致哲学本身境况日渐缥缈；科学上对于"运动、时空、社会构型、方法论"等重大课题的精细分科与实证下拓而日趋玄幻。如今连"定义"之"定义"都摇摇晃晃，何论"正确与谬误"。先生的这个课程既谈知识的"实证性"，也谈知识的"证伪法"，更谈"为什么需要证明和证伪"。将"逻辑三洽原则"投射于"精神感知属性的耦合原理"之中，将"是非观"消弭，令"求真论"无形。

　　此为"知识观"的重大转向。

　　其二，是"历史观"重塑。"谁创造了历史"？对这个命题的回答，某种意义上决定了人类关于"推动力量"的认识。长期以来，我们通常是流于"人民创造历史"或是"英雄创造历史"的辩证之中。这里面正如梁启超先生所说，"历史即为人类活动之总和"，"人"构成了历史的绝对主体甚至全部。因此，"创造"一词与"历史"相依相随，成为一股显性而当然的傲慢。然而，先生的学说和课堂上所讲解的"生存结构决定论"（按：有别于达尔文的"演化论"，详解见《物演通论》），将这一面纱轻轻摘下，露出了"万物衍动"的潜在而必然面目，把人类及人类行为统摄于自然万物之内，所谓"人性是物性的绽放，人道是天道的赓续"。

　　此为"历史观"的重大转向。

　　其三，是"世界观"重塑。"世界观"的建立是人类思想发展的一个根本目的。这个目的，既直接牵引人类社会文明的步步高歌，又直接扰动人类自然地位的层层塌陷。"哲学"本身都处濒危态势，而科学更多地是自顾着钻入某一狭小细分领域，更是无暇再去处理这样的宏大命题。在这个课堂上，先生自"东西方文化溯源"开始，一路铺陈，最后两天讲述"存在度""代偿度""存在阈"的新型生存标量，提供了"递弱代偿"原理这个全新处理"世界"的坐标。其中"生存效力与生存能力成反比""任何存在者只能求存不能求真""属性耦合理论"等重大结论，直接冲击我们认知逻辑的最底层，甚至与既往我们熟知的，包括达尔文"进化论"在内的大部分学说分庭抗礼。

此为"世界观"的重大转向。

其四，是"社会观"重塑。自文明开化以来，除却少数如老子等人，人类大部分的学说底层情绪取向，一律以"积极进取""弘扬文明"为基色，尤以"文艺复兴"运动之后为盛。"存在度单向弱化下倾"的逻辑体系的提出，揭示了与之截然相反的通调。尽管，以"进步论"为表征的"代偿度递增"无可逃避，但是对于未来人类生存危机的提示，由此照射到每一个体及至每一民族应该引起的警觉，从而重新定位"人与社会之意义"。

此为"社会观"的重大转向。

通过"知识观""历史观""世界观""社会观"四个基本观念的冲击及重塑，让我们走出飘飘然的"人本"优越，意识到文明蓬勃背后的深彻生存危机，从而超越个体、民族、国度，站立于人类视角建立"人类天下观"，此为先生课程以及学术给予每个人的生命视野贡献。

学问有高下，学术无对错。

在网络上有些人许是没有完全理解先生的学说意图，抓住某一断语，加以批驳。须知，真正的学术批判，从来都是开放的。

但于这些言论，先生的态度从来都是九个字：不争论，不说服，不苟同。他说，"如果你有新的见地，麻烦写成书籍，证明它，兴许也是一段佳话……"，"我的学说绝不是绝对正确的，并且随着信息量的增加，我的学说一定会破溃……只是，新的学说可能会比我的学说更令人类感到不堪……"。

我想，这里展示了一名治学之人，取西方之爱智，处东方之重德，懒做口舌之劳的超拔。也反映了正如《知鱼之乐》第四篇小文"平庸者伟岸"所述，虽寓喻的是新物种的产生之理，却也可以用来映射新学术的遭遇。一个新的学说，在问世之初，自然免不了遭受这样的待遇。用今天流行的话来说，就叫"遭'黑'是必然"。

因为替先生撰写了《物演通论》英译本的募资文之故，有幸得以间隙与先生相处。所以，我倒有两个关于先生在生活中"互黑"的故事，与大家分享。

八期课程结束聚餐与先生同桌。为了让气氛热闹些，主办者煞费苦心地安排了几个"黑色奖项"，其中一个是"睡神奖"（先生的课程知识量大，观念独特，颇为烧脑，一天六、七个小时，先生讲得辛苦，坊友也不轻松，经常有人瞌睡），配合大屏幕上一位坊友伏桌而睡的照片，我们都哈哈而笑。过了几分钟后，热闹的宴席间，先生手持一盏酒，突然起身走向另一桌去敬酒。我很是惊讶，要知道，先生从不会轮桌敬酒的，我小声地问了师娘一句后才知道，原来先生觉得在他的课上睡觉很正常，把这位坊友的形象拿出来供大家取笑，怕这位坊友有心理压力，觉得过意不去，前去敬个酒以致劝慰。"互黑"于我们而言，是再正常不过的事情，但是，对别人保持基本尊重，不给别人添麻烦，在先生眼里，也是一件再正常不过的事情。

如果你因此以为先生就是一位呆板的老头，那就又不对了。我们也经常拿一些先生讲课的趣事"黑"一下，先生也颇以为乐。九期结束后，又是几个坊友和先生一起吃饭，席间讲起"无用之学"，先生多次在课中和课间表达过，"哲学只关心如何认知世界，绝不关心如何改造世界"。一位坊友开玩笑说，"先生您就是拿个手术刀，把社会和人类的肚肠拉开，然后指指点点，你看，这里什么问题，那里什么毛病，这些是个什么原理，然后缝也不缝上，双手一背，走了！"先生听了，笑得接连咳嗽，差点岔了气，还不断说，"比喻得太好了，笑死我了……"，惊得师娘和我们忙加劝阻说，您慢点，您慢点……

治学者，通过"为学而为人"，我相信，又能通过"为人去反哺为学"。

有坊友在课中问及如何才能学识渊博？先生回答，放弃诸多诱惑，老老实实地做只书虫。在整个课程中，我感受到的先生，是长者，是学者，是书虫，更是一位远远站立于世事之外，关切着人类命运潜行轨迹的普通人和智者。

"哲学终究是要回到人身上来的"，这是《物演通论》附录二里的一句话。尽管，先生在课堂提问环节，曾经从他的学术角度回答一位学员说，人生毫无意义。然而，这个学术的起点，却是大一统的人本关怀。

这 12 天课程中的学识、观念和思维，固然是为我们架设起了那些年缺失的一种视角和一种思想，但是，课程背后的那股对智慧的安静地追求和对人类命运的终极关怀余绪，才是支起这门课程的脊梁。

校订此书过程中，先生每次收到邮寄稿件，回信总是感谢、问候及勉励之言，于我拖拖拉拉的交稿时间一节，从未催促，从无不悦之色。令人惭愧之余，温暖备至。

时至今日，距离先生封闭讲坛已一年有余。世俗生活中或有不决之事，或需辩驳之理，或感乏力之时，先生那中速、平稳、低沉而有魅力的声音就会在耳边响起，教人穿过那些表象，教人穿过那些纠缠……。我想，这些点滴涌起，很多坊友会和我一样，会想念那个声音，想念那个课堂……

作为学生，还要感谢混沌大学李善友教授和曾兴晔女士，安排精心编辑录像，使得此课可广播天下；感谢班主任昕然在课程组织中的尽心。

感谢师娘赵梅女士，体贴入微照顾先生，不仅为中国传统家庭美德之典范，也是先生磅礴思想之歌中的一和清音。

再次感激王东岳先生！

孙丹麟

2020 年 1 月 30 日（庚子年正月初六）

总目录

上 册

下 册

目　录

上　册

开学典礼致辞纪要

这是我最后一次出来讲课。

首先有必要说明，这是一个纯粹的文化课和思想课，所以大家千万不要追求实用。一个哲学家活着的时候一定是很寂寞的，所以你们追随我不免有些枉然，等我作古不知多久以后，可能我的学说会被人们接受，但那个时候你们也已经老去，恐怕终究看不到它的余晖了，所以各位来上我的课是一件徒劳无功的事情，而且还特别辛苦。这个课程我们会讲得稍微偏深一点，不管是讲中国文化还是讲西方哲学，以及在最后一天课诠释我的哲学系统，我都不按一般教学方式介绍，尽可能给大家谈出一点新意，所以这个课听起来是比较吃力的，或者说趣味性是很差的。听这个课我希望大家不抱着功利目的，这样你才能把这个课听出滋味来。

我举个例子，量子力学的开山人物之一薛定谔，他在一次题为《科学与人文主义》的演讲中说，一般人都认为科学是有效用的，人们尊重科学、追求科学，就是因为科学能够带来巨大的生产力，能使人们的生活变得更舒适、力量变得更强大等等。他说，这是对科学莫大的诬蔑。真正的科学首先是人文精神的表达，它跟考古学、语言学、美学等这些看起来没有任何用处的学问完全等同，它是人类精神的升华，而不是实用的东西。如果你把科学视为一个实用的东西，你确实是把科学贬低了，或者说你根本没有理解科学作为一种文化现象究竟是怎么回事。大家想，科学尚且如此，何况我们讲的这些东西跟科学还不直接相关，完全是在讲人类文明史的渊源，讲思想史与文明史的关系，进而讲什么东西驱动着它，它最终的走向是什么，它如何塑造我们的人格状态和社会形态。我们是讨论这些问题，它当然跟实用没有任何关系。

一般而言，在学习过程中，你越是不追求实用性，你才越能夯实自己精神底层的深沉基础。如果你追求实用，你就难免会一直把自己飘浮在最浅层。所以，我建议大家，即使我讲的某些东西似乎有一点实用性，或者在你的联想中有实用性，你都应该把主要精力沉淀在非实用的精神奠基层面上来，由此或可稍许赢得某种透视远方的目力，此乃本课程的唯一价值所在。

再者，我希望大家循序渐进，就是按照这个课程的安排，最好中间不要有断层，因为这个系统讲座是有某种逻辑联系的。

第一节课讲"东西方文化溯源"，实际上是讲人类文明的起源是被哪些因素促发的，它是所有后面课程的一个基础。

然后讲"老子"，它是东方思想的最高端。我们之所以把"老子"放在第二天开讲，是因为我们下一次课就涉入"西方哲学基础综述"，也就是把西方哲学的思想高端拿出来，这样我们就会有一个明确的东西方高端思想的对照这种感觉。

接下来，我们会慢慢地依序铺陈像"孔子""法家""易经""佛教"等课题。

除了国学以外，我们会专门讲一节课"人体哲理"，我们还会讲到"中国文化的衰落"，它实际上是预演或预示着西方文化行将衰落。

最后，我们探讨"人类文明的趋势与危机"，这个话题很严峻，也很紧迫。其思想依据是《物演通论》一书所提出的基本哲学原理，尽管在课堂上只能给以概要诠释。

我在这里得做一个声明，即使我讲这个课总想尽可能挖深一点，大家也一定要明白，我的讲课是非常浮面的东西。这话什么意思呢？我写书的时候，比如写《物演通论》这本哲学书的时候，我是绝不迁就读者的，我只追求思想严谨表达。

但我讲课这样做是绝对行不通的，我讲课虽然力求具有一定的深刻性、连贯性、逻辑性，还要让大家能听出兴味来。既然我得照顾听众，那么我就必须把一些相当深在的东西拿到直观层面上来做表层解读。它会带来一个很大的问题，就是使一个深刻的思想肤浅化和庸俗化。因此我必须强调一点，就是你读我的书不会见到我讲课的内容，讲课的内容是人类共有的知识，而不是我独创的知识，我只是用我的思想把它串联贯通起来另作阐发而已。我写书是只写我自己的见地，凡不属于我的发现我绝不会落笔。因此写书是独到之见的落实，讲课是人类文化的总结。而且讲课要迁就听众，就不免在浮浅的、直观的层面运行，因此大家要想深入地理解一些东西，我还是强调要读原著。即便如此，各位听起来也有相当难度。所以我希望大家事先稍微读一点相关资料，比如我们讲老子，我希望你来听课以前最好把《道德经》读一下；比如我们讲"西方哲学基础综述"，那节课是比较艰深的，即使我只讲最浅层的部分，它也是非常烧脑的，那么大家如果能稍微翻阅一些西方哲学史的书，做一点预习，可能你听课会更有味。

再则，我们这个课程，连续讲下来总共大约是 80 个学时。大家知道在大学里一门选修课通常只给 40 个学时，就是每周两个学时，一个学期一门选修课结束，那么我们这是 80 个学时，相当于一个分量很重的选修课，也就是相当于一门系统课程。我希望大家听课，不把重点放在听"知识"上，尽管我的讲课内容可能会有知识量偏大的这么一个特点，而应放在听"思想"上，就是谛听我们人类在他的整个文明史上是怎样运行以及展开其思想模型和思想序列的。

我在过去的讲课中不断重复一句话，我说人类文明是铺垫在思想家的思想通道之上的，而不是铺垫在客观世界之中的。所有动物都生活在客观世界之中，它们为什么不创造文明呢？所以人类的一切力量来自于思想，而具有思想创造能力的人却是非常之少的。我们讲课主要就是讲人类历史上东西方最著名思想家的思想展开过程。听这个课程是听什么？就是听人类文明的基本驱动力在人类思想层面上是怎样运行的，把这个韵味听出来才是最关键的内涵。

　　实际上，我们小学、中学和大学所有上学都是带功利目的的，都是为了应付考试、为了升学或为了求职等等。也就是说，我们在受教育期间很少有过纯粹的、无功利的、不带任何目的的思想训练和探求。

　　那么这一次课，我就希望大家跟着我走一次思想训练和思想探索之旅，而这个东西才是最有强大力量的，它居然塑造了整个人类的生存模型。用这样的方式细听一次另类课程也许是别有一番风味的。大家随着我的思想序列，随着此前建构人类整个文明基础的思想家的思想序列，展开自己的思维训练和精神重塑，如果你能达成这个结果，你收获颇丰。

　　最后，就是这个课相对来说还是比较沉闷的，因为思想绝不华彩，它绝不哗众取宠，它也绝不有意识让自己闪光。我将用尽可能平朴的讲解方式如实地反映思想的运行方式。我们追求的是逻辑严谨、思绪深刻，我们追求这些东西，所以我们的课程确实不会有华美感，也不会给你带来多少愉悦感。这个课最终的结论可能是让你大为失落的，因为它会告诉你人类未来的命运竟然是一个特别麻烦的格局，人类未来文明的趋势，大抵是一个前途非常有限、而且前途充满黑暗的摸索进程。

　　我希望大家带着沉思的、反省的那么一种态度，带着追求深知灼见的别样意趣来听课，这里丝毫没有励志的、煽情的、鼓舞人心的激昂成分，我们倒很可能陷入某种悲观的思绪之中。这就是为什么当年亚里士多德讲一句话，他说人类最伟大的艺术一定是悲剧艺术。那么悲剧为什么是艺术的最高表现形式呢？是因为它在最深刻处反映着人类本身的命运。也就是人类的宿命含有巨大的悲剧性，这就是悲剧艺术的感染力所在。那么当一个思想不是张扬的、不是兴奋的，而是很悲凉、很深沉的默然求索，它显然不符合我们日常生活的向往，但它却可能表达着某种你断不可失之于探察与考究的潜在决定要素，因为它可能影响着你的命运乃至你的同类的命运。

2018 年 3 月 9 日

（开课前一天下午）摄录

一

东西方文化与文明溯源

开题序语

我们今天讲东西方文化与文明溯源，这是所有 12 天课程最基础的一门课。我建议各位同学和听众循序渐进，中间不要跳课，不要断堂，因为前后全部课程有一个内在逻辑连贯关系。直到临末一天课，我们再给出哲学性的最后陈述和总结。

对这个课程，我先做一个基本说明：

我们这个系列讲座，旨在阐述整个人类文明发生和演进的动因与走向。这个课程相当大的内容是国学部分，但大家千万不要把它理解为国学是重点。我们之所以国学部分比较重，是因为：

其一，在讨论整个人类文明发展序列和趋势上以国学为基线，我们较具有亲切感。

其二，我们确实在这个方面需要补课。

其三，我们顺着这个线索，最容易展开对整个人类文明总体发展的讨论。

我再次强调，我们这节课没有任何实用性可言，我们这节课只讨论"道"这个部分。大家知道中国传统文化自古以来就有"道"与"术"的分别，我在这里换一个表述方式来讲明这两者的区别：所谓"术"者，它是指你可以驱动和支配什么；所谓"道"者，它探究什么东西驱动和支配着你，也就是探究什么东西驱动和支配着人类。

这才是我们本次系统课程的课题宗旨。

中华文明是世界上唯一的一支一脉延续到今天的文明。大家都很熟悉，像古埃及、古巴比伦、古印度、古波斯、古希腊、古玛雅、古阿兹特克，世界上所有这些古文明，要么中断了，要么灭绝了。像古埃及、古印度、古希腊、古波斯，连人种都被置换了。只有中华文明及其传统文化一脉延续到今天。因此，它价值无量。

我们下面就来看看，中华文明这条线索为什么能够成为整顿人类文明总视野的一条基线？它是由下面五点因素构成的：

第一，中华文明最好地保留了人类文明原始时期的基层思想内涵。

这段话什么意思呢？你现在到埃及，到两河地区叙利亚、伊拉克，到印度，到希腊、罗马，你还可以看到大量的古代文物。但是，人类上古时代文明开端之时，它的思想序列、文献序列能够完好保留的只有中国。而且，由于中国一直使用人类最原始的象形文字，它就像一个保险箱，把人类最原始、最底层的思绪锁定在其中，从而留下了一份宝贵遗产。

而且，中国文化传统文化有一个重大特点，就是它比西方古代文化还要古远。因为我们现在看到的西方文化历经了三个阶段：神学阶段、哲学阶段和近代以来的科学阶段。但是中国文化却完好地保留了神学阶段以前的那个部分的思想和文化，我们把它叫作前神学文化。所以我们可以说，整个人类的文化历程不是走了三个阶段，而是走了四个阶段。而最初的那个阶段我们唯一可以找见的张本就是中国传统文化。（这话是什么意思？我们在后面的课程中逐步展开。）

第二，中国传统文化及其中华文明是人类最典型、最精致的农业文明，它因此成为我们考察人类文明史的一个特别重要的标本。

由于东亚地区处于封闭地貌，它因此在中古时代以前避免了民族扰攘和文化冲突，从而使得中国人把原始农业文明及其思想脉络精雕细琢数千年而不辍，从而形成世界上最精致、最典型的农耕文明文化标本序列。

第三，由于这个农业文明体系过度精致，因此使得近代以来它向工商业文明转型变得极为困难，这就导致近代中国代表农业文明的这个文明类型和西方代表工商业文明的那个文明类型发生剧烈冲突。

这个冲突过程严重到这样的程度，以至于我们近代有过一段屈辱的百年史，以至于在 20 世纪初叶——1916 年，当时中国的文人志士主张把中国文化全面抛弃，提出的口号是"打倒孔家店"。我们今天不能责备那些人，因为当时是救亡运动，但它的结果是国人从此以后把自己的传统文化几乎丢弃尽净。

这就使我们今天有对这个内容进行补课的要求，这也是我们这次课程里国学成分较重的原因之一。而且大家要知道这场冲突曾让我们沦落到如此地步，一个远古时代世界上最文明的国家到了近代，它居然被西方文明视为野蛮之区域。我们自己自卑到这样的程度，在民国时代，一个西方式的拐杖居然都叫"文明棍"，它的含义是我们的一切都不够文明，我们的文化完全衰落了，我们的文化沦落到被我们自己轻视的程度。

这个过程激发了下面第四项特点，那就是我们开始进行学习转型，这个历程中国人做得比较深刻。

大家知道 1840 年鸦片战争标志着中国文化彻底衰落，其后中国人就开始学习西方，起初叫"洋务运动"。所谓"洋务运动"用一句话总结，叫"师夷之长技以制夷"，就是学习西方人优长的技术以达到制服西方人的目的。由于这个原因，我们初期的学习是表浅的，是敷衍了事的。

到 1894 年，中日甲午海战中国惨败这件事情有力地给国人敲响了警钟。要知道日本明治维新 1868 年才发生，到 1894 年仅仅 26 年时间。一个以中国为师的蕞尔小国，居然打败中华帝国，它的老师之国；随后在 20 世纪初叶，又打败强大的俄罗斯，这才使中国人惊醒。我们学习西方，仅学习西方的科学技术层面是不够的。而日本明治维新之所以成功，是因为他们提出"脱亚入欧"的口号，全面抛弃中学，老老实实地学习西方。在甲午海战之后，引发中国著名的"戊戌变法"运动，它实际上是要求中国全面学习西方，包括对社会政治体制进行相应改造。中国人由此开始步入系统学习西方的进程，以至于我们说的民国时期的学者或杰出文化人，他们其实都是在各个学科方面把西方文化以较为精深的方式引入中国的大师，而不是真有文化建树者。他们居然成为中国民国时期的文化巨擘，原因在于中国饥渴地需要学习西方，这也在某种程度上表明民国时我们文化衰落到何等程度。

（此处有删减）

自古以来，只有我们同化别人，何曾有过别人同化我们？可我们今天在文化体系上基本被别人同化了。大家想想，我们从小学、中学、大学，你学的所有课程，除了中文以外，几乎全都是西学。我们今天头上戴的、脚上穿的，也全是西方的东西。我们今天使用的文字虽然还是象形文字，但已完全符号化。我们今天写的文章都是欧式文章，要知道真正的中国古文即文言文，它是没有语法逻辑结构的，它甚至连标点符号这样的逻辑符号都绝不使用。我们今天写的文章，有主语、谓语、宾语，这是典型的西方语言逻辑体系。

由于这个原因，我们与自己的传统文化日渐隔膜。

但是，我们也获得了一项好处，那就是我们从此便恭谨而谦卑地学习西方，谦卑到崇洋媚外的程度。如果我们今天能够把自己的传统文化这一课补回来，请大家想想我们是不是具备了一个重大优势：我们以开放心态学习全人类的文化，这使得我们具有了未来的一种强大的弹跳力。

今天的西方人十分自傲，因为近1000年来的文化贡献几乎都是他们的，这使得他们不屑于学习其他民族的文化与文明。可大家要知道，在中世纪后期乃至近代，西方曾经热诚地学习东方，至少是仰望过东方，这使得他们快速超越我们。因此，我们近代学习西方一定会给我们带来一个未来的重要优势。这是第四条。

第五条，我们当前是世界上发展速度最快、行为方式最激进的国度。我们在某种程度上比西方还西方，于是我们拯救了自己，于是我们行将走在人类文明的前列，它使得我们可以直接面向人类未来。要知道近代以降，我们的面向始终是西方文化的背影，而我们从今往后将面临一个前途未卜的境域。

由于上述五项原因，我们拉着中国文化这条线索，可以非常有效地梳理整个人类文明的进程。而且，我在讲课中会不断地把东西方文化做对照。之所以以东西方文化为重点，是因为在世界上数百种远古文明中，东西方文化和文明最具有极性。

这句话什么意思呢？就是它们最具有文明的极端表达性格。但这里也带来一个问题，就是东西方文化兼容性极差。

大家知道，在中国文明史上仅有过两次外族文化浸入：

第一次是东汉中期，印度佛教传入中国。它悄无声息就和中国文化融会贯通，以至于我们今天说起国学——儒、释、道，它居然占据三足鼎立之一足。

第二次外族文化浸入就是1840年鸦片战争。迄今170多年过去了，可是我们仍然找不到这两种文化的对接点。

它说明什么？说明这两种文明兼容性极差。尽管工商业文明是从农业文明中增长出来的，但当一个精致的、纯粹的农业文明面对一个更横暴的外来工商业文明的时候，它要找到相互之间的对接点、兼容点、思想融汇点，却十分困难。

这就导致近代上百年来，中国的政治家、经济家、社会活动家乃至文人学者，全都处于自觉或不自觉的文化分裂、行为分裂、思想分裂甚至人格分裂的困局之中。

那么，我们这次从深层梳理东西方文化乃至整个人类文明的总体走势，其目的就是用更广阔的视野和更前瞻的冲动，处理人类未来文明的前途何在之问题。

此乃这个系列课程的重点。

我再把它做如下阐发：

我们需要重整出一个怎样的新文化？它的潜台词是，假如我们业已走在人类文明发展的前列，即已无旧例可循且陷入重重迷雾，那么我们将准备走向何方？我们将面临什么风险？我们将得到什么收益？甚至我们还有没有前途和收益？

全部的问题可以归结为这样一句话：我们必须构建一个怎样的未来文明形态，才可能让人类继续生存下去？

请大家注意，只有紧紧围绕这些问题作为中轴，这个课你才能听出趣味，你才能听懂深意。

智人迁徙——人类文明的发生轨迹与梯次

为了说明人类文明的起源，我们必须首先从"人类学"讲起。

大家都很熟悉，我们人类是由 1600 万年前的南方古猿逐步进化而来的。过去学界认为，地球上不同区域的现代人类是由分布在地球上不同区域的，已经存在了 300 万年到 500 万年的直立人逐步进化而来的。比如，欧洲人认为他们是当地尼安德特人的后裔，我们中国人认为我们是北京周口店猿人、陕西蓝田猿人、云南元谋猿人的后裔。

可是，在 20 世纪末叶，生物学家和人类学家研究发现，地球上现存的人类，我们给它取一个专门的名词——现代智人，它只是由 14 万年前，某一个女性或者某一族女性繁衍进化而来的，这就是著名的"线粒体夏娃学说"。

我来解释一下这个术语。基督教认为人类的始祖是上帝创造的亚当和夏娃，夏娃是人类女性始祖的名称。由于这里探讨现代智人最早的发生，因此借用夏娃这个名号。

什么是线粒体呢？真核细胞的细胞质里有一个细胞器叫线粒体。过去认为，线粒体只不过是细胞能量代谢的一个结构。可是 20 世纪后半叶，生物学家研究发现，线粒体里也含有一组基因（DNA，脱氧核糖核酸）。这一组基因只由母亲传给女儿，女儿传给孙女。也就是说，这一组基因表达得十分纯净。这句话什么意思呢？要知道我们细胞核里面的基因，在每一代遗传中，会受到两性基因的干扰，也就是父本下传 50%，母本下传 50%。那么每一代基因重组至少有 50% 的遗传干扰率。但线粒体基因表达得十分纯净，只在女性一系下传。因此，研究这一组基因，（以及）研究这一组基因的变形或变异，就可以清楚地测算地球上现代智人发生的时间和来源。

我们怎么知道这一点呢？生物学上有一个名词叫"基因突变频率"，也就是一组基因发生突变，它是有一定的常量关系的。比如说每十万个基因每年发生 N 个基因的突变，它是一个定数。如果我们知道了基因突变频率，同时又能找见这一组基因的原始参考系，那么我们就可以判断这一组基因在地球上发生的时间。

根据这样一项技术对全人类的线粒体基因进行追究，发现全人类只是 14 万年前某一个或者某一族女性的后裔，这叫线粒体夏娃学说。这个学说有力地颠覆了我们过去认为现代人类已经有 300 万年以上生存史的说法，它因此遭致人文学界的普遍反对。上海复旦大学有一位著名的生物学教授名叫金力，他最初对这个学说也持高度怀疑态度。于是，他开始研究 Y 染色体上的基因。

我解释一下这组 Y 基因：我们人类细胞核里面的基因，分布在 46 条染色体上，其中有 2 条染色体叫性染色体——女性性染色体 XX，男性性染色体 XY。请大家注意这个 Y 染色体上的基因，Y 基因同样只由父亲传给儿子，儿子传给孙子。也就是说，Y 基因的遗传同样不受母系基因的干扰。

大家先看懂 Y 染色体是什么，它是 X 染色体断了一条腿。什么意思呢？在 38 亿年的生物史上，早期仅有雌性，没有雄性。雄性大约发生在古地质学上的寒武纪时代，也就是 5.7 亿年以前雄性才发生。在远古时代，生物繁殖叫孤雌繁殖，包括细胞分裂都属于单纯的雌性繁殖。所谓 Y 染色体，就是 X 染色体断了一条腿，这也就是为什么女性的生命力迄今远比男性为高的原因，也就是在恶劣环境下，女性的生存耐受力高于男性，而且女性的平均寿命一直高于男性的原因。

金力教授追踪 Y 系基因，由于 Y 基因同样表达单纯，于是他在全世界各人种中间大量抽取 Y 基因标本进行检测。在所有人种中间进行普查，结果同样发现 Y 系基因只能追踪到 7.9 万年到 3.1 万年之间。这再度证明，地球上的现代智人只有不到 20 万年的发生期。这一学说现在已经得到学界的普遍关注和承认，因为它的证据力较高。

也就是说，我们中国人不是北京周口店猿人的后裔，他们作为直立人早在 7 万或 3 万年前全部灭绝了。其他地区包括亚洲地区，这项研究没有深入进行。只有欧洲学者对欧洲直立人，也就是尼安德特人跟现代智人之间的分子生物学研究略有纵深。欧洲今天现代智人血统中仅保留了不到 3%，大致略多于 1% 左右的直立人基因遗存。研究结果表明，直立人基本上完全被消灭，大约在 3 万年到 2.5 万年前。

造成灭绝的原因非常复杂，我们今天这节课上无法展开。我们只稍微提一下目前能够考察的比较重大的要素，它可能跟 7.5 万年前印度尼西亚区域一个叫多巴火山的喷发有关。今天那个地方形成多巴湖，也就是从一座山变成一个洼地。

大家知道历史上曾经发生过五次生物大灭绝，其中两次都跟火山大规模喷发，然后火山灰遮蔽大气圈，太阳光辐射被阻断，导致"火山冬天"，植物、动物随之大规模死灭有关。因此 7.5 万年前，多巴火山的喷发可能是促成直立人灭绝的重要因素。当然这只是因素之一，不排除智人对直立人的冲突与杀戮，更多的因素现在尚未探讨清楚。

人类文明的起源从哪里开始发生？我们看下面这张图，这叫"现代智人迁徙路线图"。请大家注意这张图，它是借助于分子生物学，也就是基因学说、基因测序以及古人类学、考古学等一系列学科综合研究而绘制的一张上古先民迁徙图。

迁徙从东非大裂谷开始，时间大约发生在九万年前。

我们把"迁徙"的概念先界定一下，所谓迁徙，是指一族人在一个地方生存繁衍，随着人口的增加，当地的生活资料不足以供养当地人，于是其中一小部分人向前挪动数十公里又定居下来，然后这个地方新定居的人群人口继续增长，当地的生活资料又不足以供养当地人，于是，其中一小部分人再向前挪动数十公里，我们把这个缓慢的过程叫作迁徙。

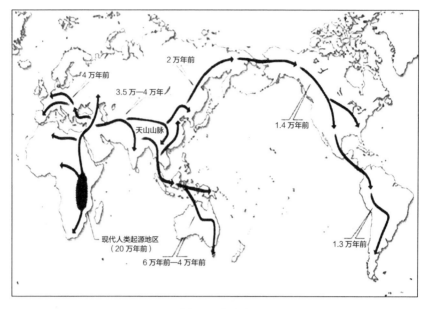

现代智人迁徙路线图

现代智人的迁徙从东非出发，早期完全是盲目的。九万年前，他们向南发展进入南非，走入死角。又有一族北上，大约在六万年前抵达北非尼罗河流域。由于现代智人迁徙、定居到北非的时间偏早，因此，古埃及文明是人类历史上最原始、最早发生的第一茬文明。

我举个例子，古埃及的象形文字5500年前就发生了，而中国的甲骨文3300年前才成型，相差2000多年。我想说明什么？地球上人类文明发生的梯次和现代智人迁徙定居的时间相关。

所以大家要记住我下面所讲的迁徙、定居的时间和地点关系。

当然，这里发生一个问题，非洲中北部地区现在分布着地球上最大的一片沙漠，那就是撒哈拉大沙漠。现代人要通过它都十分困难，古人怎么穿越？要知道从古地质学上讲，撒哈拉大沙漠产生自15000年前，直到10500年前才完全荒化。也就是说，六万年前现代智人迁徙的时候，非洲还没有撒哈拉大沙漠。

现代智人继续迁徙，再从北非尼罗河流域出发，穿过地中海和红海之间那个细狭的通道，也就是今天苏伊士运河所在地，大约在五万年前，到达中东两河流域，由此开创苏美尔文明、古巴比伦文明和亚述文明。到达两河地区的现代智人随后通过高加索山脉这条通道以及黑海和地中海之间的通道，大约在四万年前到达欧洲；另有一族人从中东地区东向迁徙，翻过天山山脉北麓和阿尔泰山脉南麓的那个细狭的通道，也就是我们今天所说的欧亚大陆桥进入东亚，这个时间大约是3.5万年前。

东向迁徙的另一族人南下进入印度次大陆，然后通过中国东南沿海进入东亚，这一族人在金力教授的男性基因标号上是M122；从天山山脉进入中国的一族人，他们的男性基因标号是M175；这两路人构成了中华民族的血统基础。

接着，东亚人沿着太平洋西海岸继续迁徙，一路北上，最终通过北极浅海区，也就是今天的白令海峡，大约在1.4万年前抵达美洲。由于现代智人迁徙到美洲的时间相当之迟，因此，美洲文明的发生也就相对比较薄弱，它只在美洲中部和南美洲安第斯山脉区域以及印加山脉区域发生小范围的文明。

当然这里也有一个问题，即白令海峡，我们今天的人要通过它都非常困难，古人怎么穿越？要知道地球上最后一纪冰期叫第四纪冰期，它直到1.2万年以前才消退。在第四纪冰期期间，地球平均气温比现在低得多，两极冰盖的厚度比现在高上千米，整个地球大陆的2/3左右被冰雪覆盖，因此，当年的海平面比今天低60到130米。而北极地区是一个浅海区，海水平均深度只有40到50米，也就是在第四纪冰期期间，北极周边完全是陆地，裸露在海平面以上。因此，这个地方那时不叫白令海峡，而叫白令陆桥。这是当年现代智人能够顺利通过白令海峡的原因。

大家再看，东向南下的这一族上古先民。他们竟然在四万年前抵达新几内亚和澳洲。请注意这个时间，居然比抵达东亚还早，是因为抵达东亚、抵达中国要翻越帕米尔高原，难度极大，而到这个地方一路顺畅。我们今天看东南亚全是海区，可是在第四纪冰期期间，东南亚这一片全是大陆，它和澳洲中间只隔两条海沟。因此上古先民较早地来到澳洲。

　　直到17、18世纪西方人侵入澳洲，澳洲的文明还没有发生，当地土著还处在未开化状态。于是这里就发生一个问题，我在前面讲，地球上人类文明发生的梯次和现代智人迁徙定居的时间相关。那么，现代智人迁徙到南非是九万年前，现代智人迁徙到澳洲、新几内亚是四万年前，他们迁徙、定居的时间偏早，文明为什么不能顺畅发生？

　　可见还有一个重大因素在影响人类文明的生成和发展，那就是交流条件。

　　第四纪冰期结束以后，人类农耕文明才开始发育。但在文明发生的欧亚非主大陆上，第四纪冰期结束前后，却出现了撒哈拉大沙漠，这导致南非地区跟北向文明主要生发区域的交流通道被阻断。再者，由于第四纪冰期结束以后，海平面上升，于是东南亚陷入一片汪洋，这也使得澳洲和新几内亚当地的居民和亚欧文明主大陆的发生区隔断。这是造成这些定居较早区域的文明不能及时生成的重要原因。

　　我们为什么要讲现代智人迁徙这个话题？是因为我们必须探讨文明发生的人种学原因。

　　大家注意，我们一般人提起文明，鉴于文明的素质和类型分化差异极大，很难想象同一人类会产生原始文化和文明的如此重大分野。这就导致人们很容易对文明和文化素质的根源与成因之探讨，倾向于在不同人种的智力差异上加以关注，从而造成严重误导。

20世纪，西方有一位著名学者叫马克斯·韦伯，他曾经专门探讨资本主义制度为什么只发生在欧美国家白色人种之中，其他任何地方的文明区域都不会自发产生这种文明制度。韦伯先生研究认为，它和基督教新教伦理有关。但是他在书中做了一个表述，他说，我作为文化学者，只能追究到这个深度，严格地讲，它的更深层涉及人种上的差别，即由于人种智力的差别，因此缔造不同的文化和文明形态。他说这个课题的纵深部分得交给人种学家和神经生理学家去研究。

大家要知道，持有这种看法的人不仅是韦伯。我们中国人其实不自觉地也都持有这种看法，我们在哲学上认为任何事情的发展需要有内因和外因。我们认为内因是发生的根据，外因是发生的条件。如果你持有这个看法，那么你当然也就认为人类文明的差异是人种学上智力状态的差异造成的。

可是我们看完这张迁徙图，就会对这个问题产生全新的考虑。我在这里首先对人种做一个界定，我们通常所说的人种叫文化学人种，比如说中国有56个不同民族或许多少数民族，这种说法是在文化上对人种加以分类。

我下面所讲的人种是生物学人种。从生物学上讲，人类只有一个种，这就是"智人"这个物种。它下面只分三大亚种，这三大亚种就是：非洲黑人，也叫尼格罗人种；欧洲白人，也叫高加索人种；以及介乎于高加索人种和尼格罗人种之间，肤色适中的其他人种，包括我们中国人在内，总称蒙古利亚人种。

我说明一下，之所以把我们叫蒙古利亚人种，是因为13世纪成吉思汗带领蒙古军队突进到欧洲边缘，曾经对欧洲文明造成重大冲击和威胁，以至于欧洲人认为"黄祸"全都是蒙古人，这是"蒙古利亚人种"这个名词的来源。

那么我们下面就看看，这三大人类亚种是怎样形成的。

四万年前，非洲黑色尼格罗人种迁徙到欧洲。请大家注意这张地图，欧洲这个区域和中国东北地区纬度相当，中欧和北欧甚至比中国东北的纬度还高。纬度偏高的地区，光照量就会大大降低。那么，非洲黑人迁徙到欧洲，他们的孩子会因为一种疾病大规模死亡，这种疾病的名字叫佝偻病，也就是我们通常所说的软骨病。

为什么会这样呢？是因为我们人类皮下分布着一层胆固醇，它在太阳紫外线照射作用下会转化成 7- 脱氢胆固醇，而 7- 脱氢胆固醇是维生素 D 的前身。维生素 D 是钙质代谢的必需物质，因此迁徙到欧洲的黑人，他们的孩子会因为维生素 D 生成障碍而发生软骨病，从而造成大规模死亡（古代无法补充人工合成维生素）。只有极个别由于基因突变而导致其皮肤白化的孩子被自然选择存留。

在这里我提请大家注意理解"自然选择"这个概念，你要想贯通达尔文学说，最重要的就是理解这四个字。

我们再看，非洲黑色尼格罗人种迁徙到光照量偏低的高寒地区——欧洲，他的成年人又会因为一种疾病大规模被自然选择淘汰，这个疾病的名字叫肺源性心脏病。大家都熟悉，在东北地区，过去人们很容易得一种疾病叫慢性支气管炎，因为寒冷和干燥的空气对支气管内膜和肺泡细胞会造成严重损伤，因此病人不停地咳嗽，咳嗽会导致胸压增高，胸压增高会导致肺泡爆裂，那么分布在肺泡上的毛细血管就会断裂。从右心室排出的血液经过肺脏氧化进入左心室，从左心室排出的血液营养全身所有组织细胞，我们把后者叫大循环。可是大家要知道，大循环的循环血量和从右心室经过肺脏进入左心室的小循环，其循环血量完全相等。如果肺泡破裂，肺泡上的毛细血管断裂，小循环通道就被阻断，右心室的搏出压力就会增高，最终导致右心室功能衰减，从而造成心肺两器官功能衰竭。这叫肺源性心脏病，死亡率很高。

远古文明初诞时期，第四季冰期刚刚结束，气温比今天寒冷得多，再加上那个时候人们不在室内停留，主要在室外进行采猎活动，因此迁徙到欧洲的黑色尼格罗人种，成年人发生肺源性心脏病的比率颇高。这就使得他们又大规模地陷于死亡，只有极个别由于基因突变而导致其鼻子变高的人被自然选择存留。

为什么鼻子变高会在高寒地区形成某种生存优势？是因为鼻子变高，鼻管变长，起到了暖化和湿化空气的作用。这就是欧洲高加索人种终于变成白皮肤、高鼻梁的原因。

请大家听懂我在讲什么，我在讲，在短短四万年时间里，人类要想发生生物性状和智力状态的重大变化或重大变异，这是根本不可能的。因为生物学家早就研究清楚，任何一个生物性状或者任何生物的智力状态要发生明显变化，必须经过基因突变积累上百万年乃至上千万年才能够实现。短短四万年时间，人类仅仅只能发生表皮上的些许变化，根本不足以形成人种上的巨大差异，更不可能形成智力上的高下之别。

我们再看看，非洲黑人为什么会保持尼格罗人种的基本体貌和肤色，是因为非洲这个地方处于赤道周边，太阳紫外线照度过强，于是他们皮下分布厚厚的黑色素以阻挡紫外线对皮下组织的损伤。由于那个地方空气湿热，因此非洲人全都是塌鼻子。

蒙古利亚人种，包括我们中国人在内，由于其生存区域四万年来一直分布在中纬度地区，而中纬度地区光照量适中，湿热程度适中，于是我们的肤色和鼻子高度就介乎于尼格罗人种和高加索人种之间。

总结一下，地球上仅有生物学上的人类三大亚种之分别，他们的生理性状以及智力状态,在短短四万年辗转迁徙的时间里几乎不可能发生任何重要差别。因此,我们用人种学智力上的状态或区别,想借以寻找文明的起源,寻找文明差异的原因,显然不能成立。于是我们必须另找原因。

文明发生的自然规定进程

在探讨人类文明起源的主要影响因素之前,我们下面先稍微讨论一些一般性话题,或者说澄清一些基本史实上的误解。

大家知道,人类的问世,如果过去都是从直立人算起,那么既往史学界把它分为旧石器时代和新石器时代。所谓旧石器时代,就是人类使用和制作石器的那个时代,它持续上百万年甚至二三百万年,这被视为是人类文明的前夜。

可是,这里实际上有一个重大误区,就是既往学界认为只有人类才具备使用和制作工具的能力。这个看法被当代生物学研究所颠覆。

我们今天知道,大量的远古中低等生物就已经会使用工具了。比如水生生物海獭,它就会掀起石头去砸开蚌壳。比如一种鸟叫渡鸦,它居然能够折下树枝、掰掉杈枝,修成一个粗细长短合适的木条,然后用来从树洞里掏虫,并且这个工具被它长期携带从不离身,这显然是制作和使用工具的非凡技能,而它只不过是一只鸟。到灵长目动物猿类、猴类,现代生物学家发现它们也具有高超的制作工具的能力,包括使用特定形状的石器敲开坚果,甚至使用搭制木梯的方式探取高处的果实。可见以使用和制造工具作为人类文明的独具特征是不成立的。

我讲这段话的意思是什么？我想告诉大家一点，自然界里没有飞跃。我们人类的文明实际上是在生物进化过程的延展序列中逐步发生的。我们找不见文明起源之界点，我们只能人为地，甚至是毫无道理地划一条界线，使它成为傲慢人类自以为是的文明之起点。

一般来说，通常人类所谓的文明纪元是从新石器时代开始的，它大约发生在 1.2 万年前。新石器时代的这个时间，恰好与第四期冰期的结束相重叠，它说明自然因素对人类文明的发生产生何等重大的影响。第四季冰期结束以后，地球大陆上才再度恢复大河现象，也就是地球大陆上才开始重现 250 万年里大多处于封冻状态的河流。

大河现象构成农业文明得以发生的自然基础条件。我在强调什么？我在强调人类文明的发生始终被自然进程所规定。新石器时代有三大特征，表明人类文明的曙光展现，这就是动物的驯化、植物的栽培和陶器的制作。

我们下面就这三个方面做简单说明。

首先大家要知道，我们中国人的远古时代，它的文明主要发生在黄河流域。因此我们中国远古先民所开创的农业文明，它主要培育的作物只有谷粟，也就是北方种植的黄米和小米。它是由狗尾巴草，也就是草头上有一个大穗，在中国中北部区域遍地都能见到的这种野草培育而来的。

诸如小麦、大麦这些东西，不是中国的原生农业产物，它是从西部两河地区随着上古先民的迁徙路线逐步带入中国的。像玉米、土豆、花生、烟草这些东西，尤其是玉米和土豆这种产量极高的作物，它是美洲土著人培育的，由哥伦布等殖民者在公元 1500 年前后带入欧亚大陆。这就是为什么在中国明代中期以前，中国人口历来不超过 9000 万人，而在明代中期以后暴涨为数亿人的主要原因。

我在这里想说的是什么？我是想说人类农业文明的发生并非齐

同进展，它是受当地各种自然资源条件的限制且与之努力对接和彼此交流才得以成长的。

我们下面讨论一个小问题：人类为什么会发生农业文明？

一般人很容易产生一个误解，认为农业文明是我们人类智慧伸展的选择性产物。请记住，这个说法不完全成立。大家听懂我的课，我在强调一个重要的东西：人类文明不是人类自主选择和凭空设计的结果，人类文明完全是一个自然自发进程。

我举例子，农业文明为什么会发生，是由于人类甚至猿类出现了大脑新皮层，人类比猿类多了一点东西，这就是前额叶皮层。大脑皮层上面的神经元细胞由于分化度过高、功能过高，于是它不得不把某些基础功能丢失一部分，否则这类细胞的生物能量就不足以维系该细胞组织的正常生存。

这就导致大脑细胞出现两个严重的缺陷：

第一，它居然缺失了再生能力。大家知道，我们的任何体细胞如果受到损伤，比如你的表皮被划伤，它是有再生能力的，上皮细胞增殖会将伤口覆盖，原样长合。可是我们的脑细胞却完全丧失了再生能力，它一旦死灭，不能再生，只有瘢痕组织长入。这就是为什么脑溢血、脑血栓造成脑组织损伤，造成偏瘫之类的损害，其可恢复程度很低，即便略有恢复也不是由于神经元再生，而是必须依赖周边脑组织功能来补偿的原因。

人类大脑皮层细胞功能过强，还带来第二个更严重的问题，它居然只能使用葡萄糖或者叫碳水化合物作为能量代谢的来源。所有细胞包括38亿年前单细胞一直到我们今天的人体细胞，它们都可以借助三种能量来源进行物能代谢，这就是蛋白质、脂肪和葡萄糖类碳水化合物。

我解释一下，为什么把葡萄糖叫碳水化合物。因为一个葡萄糖分子是由 6 个碳、12 个氢、6 个氧构成的，而水是由 2 个氢和 1 个氧构成的。12 个氢加 6 个氧相当于 6 个水分子，再加上 6 个碳原子，这叫碳水化合物。

所有细胞可以借助于脂肪、蛋白质、碳水化合物三大物质实现能量代谢，可脑细胞只能使用葡萄糖，它居然丧失了对脂肪和蛋白质代谢获取能量的功能。

大家知道猿类，包括类人猿大猩猩、黑猩猩，它们是杂食性动物，据生物学家研究，它们要吃 300 多种水果和浆果。为什么猿类特别喜欢水果？是因为水果中含有较多的碳水化合物。可水果有一个严重问题，它随季节而生发，而且根本无法储存，会很快腐烂掉，这是猿类特别喜欢富含碳水化合物的食料，却又不得不建立杂食性的捕食范围的原因。

人类的大脑皮层更发达，它几乎片刻不能缺失碳水化合物，那怎么办？只有一个办法，从草籽中获得碳水化合物。

麻烦在于，草籽太过细小，世上没有任何大型动物可以在草籽中获得能量，只有鸟类、野鸡等才能在草籽里获得能量。那么，人类要把细微的草籽培养成主食，这个难度何其之大。

大家想想，草籽颗粒一般比小米还小，它为什么会含有碳水化合物？它的基因传递只需要一个细胞核，细胞核在显微镜下放大 1000 倍你才能看清。而草籽之所以用肉眼就可以看到，是因为它外围包裹着一层碳水化合物。它为什么要包裹一层碳水化合物？是因为任何植物生长，它的能量是靠叶子张开以后的光合作用获得的，在它没有发芽以前，它拿什么能量来发芽？这就是草籽包裹一层能量物质的原因。人类要把草籽周边包含的碳水化合物即淀粉提取出来作为主食，实际上是一个高难度的自然强迫或者生理逼迫。也就是说，如果找不见这种食料，我们的生存就会受到巨大威胁，大脑发育就会迟滞。因此，农业文明的发生不是我们选择和设计的结果。

古人根本不知道，草籽被培育成粮食，这个东西里面究竟包含的是什么成分。它完全是一个由莫名的内需所促成的缓慢自发过程，是人类在狩猎过程中获得肉源即蛋白质和脂肪，在采集过程中获得碳水化合物的不自觉的行为延伸。

在这个过程中，采集的颗粒较大的草籽，人们专门给它起个名字叫"禾本科植物"，把它收集回来，最初直接食用，以后偶然发现洒落在部落周边的种子能够成片生长，再往后又发现它居然可以通过人工选择和人工培植的方式使之逐步扩大产量，这才是农业文明在没有事先规划的漫长时段中逐步达成的自发展开进程。

我再度强调，人类文明不是人类选择和设计的结果，它完全是一个自然进程，甚至是一个生理强迫。

请大家再想想，我们为什么会从农业文明进入工商业文明，而绝没有第二条途径？这说明工商业文明也不是我们的主动选择，也不是我们的事先规划，它仍然是一个自然进程。所谓农业文明是什么？就是"限局域获得资源"，亦即被不可再生的土地拴死的资源获得方式。工商业文明是什么？它是"跨地域获得资源"，也就是它获取生存资源的时空范围和交易总量更大了。这就是它必然取代农业文明的原因，这就是它自发延展的路径。还是那句话：这不是我们选择和设计的结果。

人类文明是一个自然进程，就像人本身是一个自然产物一样，这是最重要的概念，请大家牢牢记住。因为我们此前所学习的人类历史和文明史，全都把人类文明及其发展进程表达为人类独有的智慧选择和人类自创的主观生存模式。这种看法是一个重大误区。

返回来看，人类农业文明实际上是把草本科植物中颗粒较大的草籽，给它取另外一个名字，请注意这完全是人为的命名，叫"禾本科植物"。人类把这些植物后来栽培扩种成粮食。

禾本科植物的分布极不均衡。比如在两河流域的北边，有一个地区被史学家称为"新月沃地"，就是像月牙形状一样的一片肥沃的土地，仅在这一个地方就出现了56种天然禾本科植物中的33种左右。这使得两河地区，也就是美索不达米亚，成为人类农业文明早期表现最丰富也最成熟的物种栽培基地的原因。

很多学者想借此证明人类文明纯粹是偶然演成的。可是我想说明，这恰恰表明人类文明被自然进程严格限定。

我给大家举几个例子。人类之所以最早在两河流域栽培的豆科植物乃鹰嘴豆，是因为所有的豆科植物，当它的种子一旦长熟的时候，它的豆荚一定立即开裂，从而把包裹在其中的种子及时撒播出去，否则这个物种难免会灭绝。只有极少数鹰嘴豆在内豆成熟的时候豆荚不开裂，惟因如此，豆粒才不会撒遍地面以致无从寻觅，人类才能集中采摘。就因为这么一小点的差异，豆科作物的起源，人类培育豆科粮食的开端由此起步。

我再举个例子，杏仁。所有的水果核都是不能吃的，你试着咬一下苹果籽。那么为什么人类会吃杏仁？要知道果核大多是有毒的。果子之所以长得十分香甜是为了吸引动物吃它，果核在动物胃肠中不易消化，随粪便排出，从而帮它播散种子。如果动物把它的种子也嚼碎破坏了，那么这个果类物种就灭绝了。因此所有水果中的果核都是有毒的，都是吃不得的，你吃在嘴里都是苦涩的。只有杏仁会发生极少量的变异，它的部分果核居然是甜的。于是人类早年就会种植这个甜味果核的野杏，那个杏子太小吃不成，种它只是为了收集它的果核来作为一个培育对象。

我讲这些都是想说明，人类栽培某个物种的过程，你看起来像是一个人为的选择，实际上选择不成立，它其实是对自然物产或自然过程的强制性对接。

这种情况比比皆是。例如巴布亚新几内亚，我前面讲过，那个地方虽然人类定居时间很早，可是由于远隔重洋，阻断交流，文明迟迟未能发生。近代欧洲人来到那个地方，发现他们处在野蛮生存状态，基本上没有开化，但是他们却具有一种惊人的能力，居然能够捕捉夜晚在空中高速飞行的蝙蝠，而且是细密编网、铺张以待的高精度大规模捕捉。这是当年的欧亚文明人做不到的，为什么？是因为新几内亚这些太平洋岛屿，没有高含蛋白质的其他食料，也没有富含蛋白质的自然物种可以培育。那个地方主要栽培的作物叫芋芋，它的蛋白含量太低，这逼迫着当地人必须找见肉食中的蛋白质来源。于是他们虽然整体上没有开化，却自发地练就出一套获取蝙蝠肉源的高超技能。

还有一例，颇为蹊跷。大家知道，稻米这个东西是中国长江流域的南方人，也就是我前面提到的男性基因标号 M122 这一族人开发的。考古学上早期发现的稻米是出自浙江余姚河姆渡遗址的碳化米，距今约 7000 年前被中国江南人由野生稻草培育而成。我们过去认为，这是稻米最早的发源地。可是前些年在河南南部漯河地区一个叫贾湖村的地方，发现了一片原始考古遗址，居然找见 8000 年前的碳化米。这说明什么？说明大米这个作物最早仍然是黄河流域中原文明人培植的。可为什么它没有成为中原先民的主食，而终于只在南方变成基本食源？是因为大米中的蛋白质含量太低。

大家要知道，我们培育的一般粮食，其中的蛋白质含量大约在 11% 以上，比如小麦的蛋白质含量占 11% 至 14%。而人类要想在自己的食物中获得最低限度的蛋白质供应不能少于 8% 的含量，而大米的蛋白质含量仅有 4% 左右。这就导致如果单纯以大米作为食物来源会产生蛋白质匮乏问题，从而造成严重的肝损害和身体发育障碍，于是黄河流域的人只好把最早开发的大米断然舍弃。

那么，为什么在江南大米能够作为主食？其实道理很简单，因为那里河湖交叉，是鱼米之乡，人们在吃大米的同时能够一直不断地捕捉到鱼虾肉食，从而补充了蛋白质的缺失，于是大米就在南方兴盛不衰。

我在这里讲什么？我是在讲，一切文明进程都表达着我们跟自然的衔接关系，以及我们自身的生物性生存之内在要求如何构成文明起源的节点。

请注意我用一个词汇，我把这种外在自然结构和自然关联与我们内在生理进化结构和智能自发调动进度的总体匹配关系，叫作"生存结构"。

我提请大家记住这个专用词的含义，它绝不是一般意义上的生产力或生产关系等人文学词语的含义，而是一个纯粹的自然学名词。建立这个概念是我们理解文明起源的关键。

美国著名学者贾雷德·戴蒙德在一本名为《枪炮、病菌与钢铁：人类社会的命运》的书中提到，世界上总共有148种大型植食性动物可以供人类作为人工驯化的候选物种。

首先注意，植食性动物也就是我们通常所说的草食性动物。我们人类为什么总是驯养大型草食性动物作为自己的肉源？答案是因为草食性动物的饲养成本最低。

大家想想，假定草食性动物吃十斤草获得一斤肉源，肉食性动物又得吃草食性动物的十斤肉才能增加一斤肉的体重。那么，人类若以肉食动物作为自己的食料，等于成本要扩大十倍以上。这就是人类培育牛、羊、猪等大多都是草食性或者杂食性动物的原因。

人类所驯化的主要的大型植食性动物，在 148 种野生品系里只拣选出了 14 种，而且其分布区域是不均衡的。比如野牛主要发生在西南亚、北非和印度；山羊、绵羊主要出自两河；野马主要出自中亚、乌克兰；驴出自埃及；野猪、水牛以及小型动物鸡是东亚的产物，可能是中国人最早驯养的；牦牛产自西藏；美洲迄今只剩下大型草食动物羊驼；可见它们在全球的自然分布状态是有差异的。

　　那么，人类为什么在不同区域培育不同的草食动物？是由于人类文明的发生过程完全是一个自然自发衔接过程。我始终强调这一点，是因为许多学者讨论这个问题的时候，他们会认为人类文明是偶发的，是各个不同地区的自然物候条件带来的偶然机遇促成了文明的发生。他们得出跟我完全相反的结论，他们认为人类文明是一个偶然现象或者是偶然现象的综合。

　　请注意我在强调什么，如果我们的文明总是必须和自然对接，如果我们的文明与自然对接的过程是一个不由自主的自发进程，那么，它不但不表明我们的文明是偶发的，反而更有力地证明人类的文明是一个非选择性的自然衔接进程。

　　我举个例子给大家看。美洲这个地方 1.4 万年前现代智人才迁徙过去，但那时候人类的行为能力或者智能发展状态已经比较高强。这些人虽然刚到美洲，却已经掌握了使用投枪、弓箭等超距射杀的捕猎能力，于是他们在很短时间内就把美洲大陆上的所有大型植食性动物打光了，包括本来遍布美洲大陆的野马在内，最终只剩下南美洲深山里的羊驼、原驼等少许遗留物种。

　　由此带来一个严重后果。1532 年 11 月 16 日，一个名叫弗兰西斯科·皮萨罗的西班牙人仅带领 168 人的骑兵部队，他们跨着战马、拿着火枪，面对印加帝国八万军团，居然将其打得落花流水。为什么会发生如此悬殊的战力？是因为美洲人从来没有见过奔马，他们觉得这批人骑着神兽，拿着霹雳火器，简直就是天兵降临。八万军队被轰然惊散，国王阿塔瓦尔帕被俘，诺大的印加帝国就此灭亡，史称"卡哈马卡冲突"。

这说明什么？一个自然进程如果在中间发生某种不正常的断层，则会造成文明演进的衔接不良和隐性裂痕，这说明文明初始阶段跟自然对接程度的要求是何其之紧密。

我们再看，人类早年驯化狗作为协助捕猎的家养动物。我们今天回望，觉得这应该是个非常愚蠢的选择。因为面对大型肉食动物，狗的战斗力低下，比如碰见狼、碰见老虎、碰见狮子、碰见熊，这些动物只要吼叫一声，狗就吓得直往后退，它怎么能够成为人类最得力的捕猎助手呢？

人类本该驯养猎豹，因为猎豹秉性凶猛，又跑得最快，拿它作为捕猎助手才是最合理的，可是人们为什么不肯驯养猎豹呢？其实原因说起来很可笑，是因为猎豹这个物种，它的求偶过程过于复杂。雄性猎豹向雌性猎豹求偶，通常要奔跑上百公里乃至二百公里，历时三个月才能完成求爱过程。因此在人工饲养条件下，猎豹没有办法繁育。于是人类只好用那个糟糕的狗作为捕猎助手。这说明什么？说明你只要跟某个自然属性衔接不住，文明在此处就不能成为一个萌芽生长之点。

我再举一个例子，人类驯养了马，可我们从来没有见过任何一个民族骑在斑马上。其实，早年在欧亚大陆上到处都有的斑马之所以从来不能被人类所驯化，又是因为一个极小的原因，那就是斑马虽然和马一样十分温顺，可是在人工饲养的过程中，斑马如果一旦发怒咬住你，它就死不松口。因此导致所有饲养斑马的人最终不得不把驯化斑马的苦差放弃。这么细小的障碍竟然足以造成斑马驯养流于失败。

诸如此类的例子不胜枚举，比如人类为什么培育了绵羊、山羊，却从来不能驯化羚羊？是因为羚羊感觉敏度太高、太脆弱，在人工饲养情况下，稍有震动它就会惊群。大家知道，人工豢养动物难免有所搅扰，如果动辄引起惊群，就会导致怀孕的雌性母体发生大规模流产。仅出于这么微小的一个因素，羚羊从来没有能够被人类驯养。

我在讲什么？我在强调，人类文明表面上看仿佛是一个人为选择过程，实际上选择不成立，它只不过是对自然质素和自然进程的续接。我不避啰嗦，再说一遍，请记住一条基本"道"理：人类文明不是人类任意选择和自主设计的结果，恰恰相反，人类文明完全是一个自然的或自发的物演进程。

社会结构的文明初态

人类文明的展开过程完全是一个自然进程或自发进程，这个自发进程包括自然环境演化条件与人类自身进化序列的总和。我们把这种同质的、内在统一的综合性自然物演进程所塑成的文明现象或曰人文现象，特称之为智人种系的生存结构。（注：它与其他生物种类的生存结构或自然生态结构在本质上是相同的，甚至与无机物质的存在态势或存在演动趋势也是一致的，而且相互之间紧密衔接，绝无断裂，各个物类和物种仅在自然演化的运行位阶上有所差异。）

那么这个自然进程或者这些自然条件对我们限制到何种程度？

下面再看一个实例。有文化学者研究发现，人类文明在早期发生的时候，最初只能在纬向上传播。人类原始文明的主发生带在欧亚非大陆，它大致分布在中纬度地区，包括亚热带和亚寒带地区，即在一个纬向横轴上传播。而在地球其他地域，凡是地球大陆板块形成经向排布者，均不能成为原始文明的茂盛发展区。（见下图）

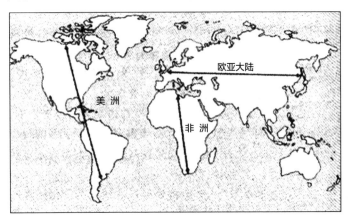

为什么会这样？是因为纬向分布的自然气候和物候条件相对均一，因此人类原始农牧业文明在靠天吃饭的这个阶段，它在纬向上条件齐同，传播起来比较便利，没有障碍。大家想想，像非洲大陆、美洲大陆，由于它是南北经向分布的长条走势，经向上的运行随着纬度的变化，气候和降雨条件会发生剧烈变化。因此，在农牧业文明阶段，它的传播过程就会受到严重阻障。

这样一个微小的自然因素，居然成为早期人类文明生发流布被局限化的一个天然规定要素。我们由此可以看出，自然境况对人类文明起到何等重大的决定性影响。

我们下面讨论另一个问题，人类社会组织和社会结构是如何发生的。我们一旦说到社会，不由自主就会认为"社会"仅指"人类社会"，而且人类社会是人类高度智化所构建和发明的一个产物。但这是完全错误的。

首先，我要强调，人类社会不是人类缔造的，人类社会是从动物社会中增长出来的。当社会进入智性动物的发育阶段的时候，它是怎样形成一个复杂的社会结构体系的？一般人会认为，这是人类智能设计和人类自主规划的产物，可实际上它仍然是一个自然的自发进程。

　　大家要知道，人类原始社会叫亲缘社会，它和动物血缘社会完全没有区别。那个时候，一个社会族群平均只有 30 到 80 人左右，是一个非常低的群量。而在农牧业文明发生以后，人口才大规模增长。为什么会发生这种局面？是因为我们在每一亩土地上所生产出来的庄稼，换算成人体可以利用的能量，大概相当于让这一亩地长草，然后动物吃草，你再去狩猎动物所获能量的 260 倍。请注意这个数量差别，那也就是说农业文明一旦发生，人口随之成百倍以上暴涨，这完全是一个自发过程。

　　人类事先根本没有想到会是这样一个结果，要知道所有生物存量以及群落状态都是被其资源供应量所限定的。那么农业文明一旦发生，人口呈百倍增长，它会带来什么结果？人们只好坚持不懈地开垦荒地，破坏周边的自然植被，使得耕地面积继续扩大以适应人口之增加。而耕地面积扩大后人口又进一步增加，于是又更进一步造成开垦荒地的紧迫感。如此一往，农业文明就会出现快速的地理拓展格局，这就使得先前的林木茂盛环境和采猎生存条件被逐步蚕食乃至完全毁坏，致使人类最终不得不堕入糟糕的农业文明状态之中。

　　我说它"糟糕"，是因为农业文明一旦发生，人类的一系列重大灾难开始降临。人类早年像所有动物一样直接在自然界获取生存资料，它是从来不发生大规模饥馑的，也就是说，饥荒现象是不会出现的。因为那时候人口很少，人们夏天和秋天可以采集植物，冬天可以狩猎。而农业文明一旦发生，人类的劳作条件立即恶化。人类是直立动物，而农业文明逼迫农夫弯腰耕作。以色列青年历史学家赫拉利，《人类简史》的作者，他很独到地提出"农业文明是人类灾难的开端"，这确实眼光深沉，它使得人类从此以反生理的方式进入极端辛劳的求生状态。不仅如此，由于他们不得不越来越扩大自己的农耕范围，于是依靠采猎方式获得食源的可能性完全丧失。那么，一旦进入荒年，农作物急剧减产，立即出现大规模饥荒，结果成批量的人口不免陷于饿毙之惨境。这种大饥荒现象，在任何动物中绝难见到。

不仅如此，随着农业产量的提高，按理说人们可以在丰年之时给自己家中储备一些粮食。可是偏偏社会层级结构随之形成，强权政府体系出现，丰年你所贮存的余粮又被社会组织中残酷的税收所征光，于是人祸添加其上，饥馑照常发生。它表达着人类文明社会一开始呈现，就崭露出来的狰狞面目。

人类看似复杂的社会组织为什么会发生？我前面讲它绝不是人类设计规划的结果，而完全是一个自发过程。我举一个例子，铀元素，也就是造原子弹的那个东西，它是天然元素最末一位——92号元素。一般而言，越后衍越末位的存在，稳定性越差。因此，你如果把纯铀积聚成一个堆量，只要达到某种质量阈界，它就会自动发生中子轰击裂变反应。因为，当堆量较小的时候，自发射出的中子会打到堆外；如果堆量较大，那么打出来的中子在碰到其他原子核的时候会弹射回来，于是在群内不断引发链式倍增的中子轰击效应。因此，纯净的铀元素，只要堆成一个数量级，它的中子轰击裂变反应就会自动发生，这是一个纯粹的自然过程。

人类社会也是如此。当人口在人类不能控制的情况下持续暴涨的时候，社会结构和社会组织便会油然而生。它跟人类的智慧和人为的事前主观设计没有任何关系。

至少有四条因素导致这个结果必然发生：

第一，当人口数量暴涨的时候，人际之间两两发生冲突的概率就会大大提高。有学者计算，如果一个群落，比如氏族部落只有20个人，那么它两两发生冲突的排列组合最多不过190次，可是当人口增加到2000人的时候，人群中两两发生冲突的概率居然就会升高到199万次之多。也就是说，人口只增加了100倍，而冲突的可能却增加了1万倍。这说明什么？说明人口繁衍数量一旦增加到一定程度，内在的调节机构即被逼迫性产生，这就是社会组织的萌芽。

第二，随着人口增加，共同决策的难度大大提高。《左传》上记录一句话，说"先王议事以治"。什么意思？就是氏族社会中的族长解决社会问题的方式，是把族群中的所有成年人，比如三五十个人召集在一起，大家共同讨论解决问题。可是，当人口达到几千、几万甚至几十万、几百万的时候，人们还能够为了大小不同的所有问题坐在一起集体协商吗？这个不可控的人口暴涨过程，必然要求一个组织结构和集权管理系统随之发生。

第三，人口数量增大，分工必然出现。因为人们的均一劳作，不能满足人类的文明生存方式。分工在人口暴涨的同时，出现继发性分化。分工一旦出现，社会紊乱度增加，由此倒逼契约规则和后续法制自动产生。

第四，稠密人群社会随着农业文明的发展，原来各个分立的族群领地不得不膨胀扩延而致形成邻接关系，于是部族冲突几率大大增加。而且，随着社会群内的人口数量日益上升，对外冲突问题的处理无法及时交给全民来讨论，于是军队和指挥系统相应发生。人类社会的组织结构体系就此逐步形成，它全然是人口暴涨到某个自发群量以后自然而然的演动过程。

此与前述的纯铀元素堆量所引发的物理变化如出一辙。

我们下面再看一个问题，就是对政府组织系统善恶评判的中西方之分歧。要知道人类在远古时代是没有政府的，人类原始氏族社会都是血缘亲缘社会，血缘内部家族管理何曾有过政府？何曾需要暴力？人类只有在文明发展到一定程度，或者说是人口增长到一定程度，政府组织才会相应出现。

西方人把政府组织叫"盗贼统治系统"，请注意他们的话是什么意思：政府一定是由最坏的人组成的，因为如果不是坏人，就没有办法用强暴的方式管理人类。西方自其原始文化阶段，它的基本观念就是"人性恶"。所以它追问：谁能把人性恶展现出来？普通老百姓一盘散沙，想恶也恶不到哪里去；真正能把人性恶表达到极致的，一定是有组织的人群。

谁有组织？政府、政党和军队。因此西方最高权力机构是议会，是立法机构。它首先立的法叫宪法。所谓宪法就是专门管控政府、政党和军队这些有组织人群的法才叫宪法。为什么它的整个立法过程首先要管控政府？是因为政府可以把人性恶表达到极致。因此西方历来认为政府就是盗贼，全民最重大的事情就是监督政府。这就是西方文化跟中国文化的重大区别。

这个区别的起源点在哪里？早在中国的远古时代就与之相反，它认为人类社会中的政府起初是由最善良的人、德高望重的人构成的。请注意东西方文化兼容性极差，我在前面讲过其中一个表现，就是这两种文化总是相反的。你要想理解东方文化，你就得在西方文化推导的那个结论的相反处寻求答案，反之亦然。

东方中国的传统文化，为什么认为人类最早的组织系统、政府系统、强权系统一定是由最善良、最有道德的人构成的，以至于被孔子称其为"圣人"，它也是有道理的。因为倘若你往前追，在最原始的阶段，人类社会的管理者是谁？是血缘族群的长者，他一定是对其血缘后代富有最强烈呵护心的人，他才能成为族长。因此他当然是良善之心最深厚的人，他们终于发展成人类聚落的政府组织机构。

尽管一旦发展成政府组织机构，它就有了自己独特的集团利益，它就会恶化，它就会变质，但它的发源处却是从善良和高德这个起点上生发的。我讲这一点是想告诉大家，东西方文化在最基本点上的看法之所以不同，是由于东西方文化的视野有差距。东方文化是人类最原始文化的完好保留，因此它的眼光伸展得更远。这就是为什么孔子、孟子都主张人性善，而到韩非子，就跟西方人的看法趋于一致，主张人性恶的原因。请大家理解这段话的含义：中国文化的重大价值就在于，它赋有更深远的文明基层探求的眼光。

政府一旦发生，它一定要具备如下四项条件或举措，这个管控机构才能够有效运作：第一，它必须解除平民的武装，而且只去武装上层管理集团，此乃作用于人身的"暴力垄断"；第二，它必须在财富上巧取豪夺，比如用税收方式把经济资源集中在自己手里，这叫"经济垄断"，只有这样它才会具有管控能力和组织系统的物质基础；第三，如果它具有了这样的威权，它就能够对各种社会纠纷发动调节或压制作用，这叫"权力垄断"，这就是"政治"这个东西的来源；第四，任何统治阶级，它一定要把哪怕是发生在民间底层的思想文化都曲解为有利于政府统治的主流意识形态，也就是人类的任何文化，它的显性和主流表达方式一定被统治阶级所扭曲、所利用，这叫"思想垄断"。

大家听听，一个强权管理机构一旦出现，它做了四件事，所有四件事都像是恶劣之举。可它没有这个能力，不是这种操作，社会管控系统就无法建成，这就是西方人把政府视为盗贼体系的原因。它在政府形成以后予以反观，就必然得出这样的结论。而中国人在政府形成以前，就开始追溯圣人管理体系的源头，因此形成背反观念。

我想强调一点，我们今天已经被西方文化同化了，可我们为什么以前历来同化别人？是因为在鸦片战争西方侵入中国以前，中华农耕文明只面对过游牧业文明。而游牧业文明的人口数量偏低。我讲过一亩地种粮食产生的人体可利用能量，是让土地上长草然后去狩猎动物所得能量的 260 倍，这就使得游牧业文明的人口一定是非常稀疏的。因此它的社会结构，一定是非常简单的。

由于社会结构是人口密度的自然产物，那么游牧文明一旦侵入中华，则要面对一个更复杂的社会结构，它只剩一个办法，那就是被农业文明高密度人口所促成的自然社会结构同化，这就是我们以前历来同化别人的原因。我们同化的别人都只不过是游牧文明者而已。但由于工商业文明是农业限局域获得资源的跨越与扩张，是人类历史发展的必由之路，故而工商业文明一旦来临，我们立即失去同化他人的能力，反倒被别人所同化，此与社会构型受限于生存结构之强制条件有关。这是大家理解"文化同化"这个概念的关键。

我们讲人类文明是随着现代智人迁徙过程而逐步发生的，以至于迁徙定居的时间对人类文明发生的梯次都造成影响。我们今天说农牧业文明发生在一万年前，但实际上，我们今天不得不探查的因素可能还需要伸展到更遥远的数万年以前。

这样说有什么依据呢？要知道语言学家很早就发现，地球上所有人种的语言居然有内在发音上的同构成分。比如说印欧语系中"羊"这个字"owis"，在立陶宛语和印度梵语的发音是"avis"，拉丁语是"ovis"，西班牙语是"oveja"，俄语是"ovtas"，希腊语是"ows"，爱尔兰语是"oi"，英语是"owis"，居然发音基本一致。

此外还另有 2000 多个词语的发音具备这种同源同构的特征，比如"马""轮子""兄弟""眼睛"等等。反之，但凡到近代使用的语汇，比如"枪炮"（gun），即使在欧洲国家之间也大相径庭，如法语是"fusil"、俄语是"ruzhyo"（ружьё）等。这说明什么？说明人类早年的语言不是在各个地方分别发生的，而是在人类原始迁徙的数万年过程中逐步推展，然后才各自分立成型的。

大家再看，有学者研究，（此处有删减）菲律宾、印度尼西亚一直到太平洋中南部的波利尼西亚群岛，他们的词语发音也非常接近，叫"原始南岛语系"。是因为当年南迁的先民是随着东亚和东南亚沿海的水路或者陆路漂移过去的，因此他们最原始的用语，比如像"鸟""猪""狗""米""耳朵""头发"，以及"带舷外浮材的独木舟"（船两侧加装多条横木以求在波涛中能够减缓摇荡或倾翻的扁舟）、"船帆""鱼栅""海龟""章鱼""大蛤"等的发音都非常接近。这说明整个东中南太平洋区域在亚文明发育期也是同源流布而成的。

我再举个例子，中国的黄帝叫"轩辕氏"，这是一个非常奇怪的现象。因为"轩辕"这个词是形容车辆局部构件的，黄帝大约生活于 4600 多年以前，那个时候中国人尚未缔造车辆，怎么会有"轩辕"这个词？这是不可能的。所以把黄帝叫轩辕氏，一定是车辆传到中国以后才出现的一个名词，被后人赋予黄帝。它的来源可疑，为什么把他叫轩辕氏？他跟古希腊战神阿瑞斯的形象完全一致，古希腊战神阿瑞斯是驾着战车天马行空的，于是中国的黄帝，他的名号也叫轩辕氏，是不是出于神话时代的远方流传？看来还需要另行考证。

大家再看，西方广为熟知的"诺亚方舟"，故事来自西亚地区的《旧约》，"诺亚"这个名字跟中国人所说的祖先"女娲"发音非常接近。也就是说，中国神化传说中的女娲，与诺亚很可能是同一个语音的流变。

这些方面是语言学者研究的结果，我们并不能确定，但如果稍有一点道理的话，就证明人类早年的文明传布过程是在现代智人迁徙的通道上连续扩展的，它是人类文明的全球化原始进程的表达。

前面我们对农牧业起源做了一个简单的说明，下面稍微讲一下陶器，因为陶器是人类缔造的第一个非自然人工材料。在陶器以前，包括农业、牧业、木器、石器，人类利用的都是自然物，陶器是通过"黏土＋水＋火"的混合与烧制方能实现，由于是人类缔造的第一个人工材料，因此它在人类文明的早期开拓中就显得格外醒目。

你到古遗址去看，主要看什么？看彩陶！陶器对人类义明后米造成重大影响，是因为烧陶是人类用火技巧的显著提升。我们前面讲工具的发生，大约不能成为人类文明的确定性指标，因为很多中低等动物都在使用工具。但是用火，确实是人类独具的能力。人类早年用火只能堆成篝火，而篝火这个方式是不可能烧陶的，因为堆出来的火温一般只有四五百摄氏度左右，而烧陶需要的火温要在700到800度以上才行。请注意，烧制瓷器的火温要在摄氏1200度以上。那么人类当年制造陶器，他怎么做呢？他必须把火拢在火窑里去烧，这样火温才能提高到800度以上。烧陶过程训练了人类把握火候的能力，从而为人类后来的青铜时代和铁器时代奠定了基础。大家知道铜的熔点是1083.4摄氏度，铁的熔点是1535摄氏度。人类早年在窑火中烧陶，使得人类用火的技巧提高，从而为后期的文明发展做了铺垫。有学者研究发现，有一个从地中海周边，也就是人类最早的定居文明发生点，向东亚地区传布的将近一万公里的彩陶文化带。

什么意思？也就是陶器的发明和制作很可能不是分布在地球不同地点的现代智人分别达成的，而是在文明迁徙通道上流布而来的。因为人们发现在这个一万公里彩陶带上，所有陶器上面凡是画水纹，全都画成锯齿形的纹路；凡是画动物躯体部分，都是打成斜线画作格子，然后在中间蹲点。这些统一的图形表明人类彩陶的发生是一个流动分化过程，而不是一个多源孳生过程。

因此我们就可以看到，出土于甘肃西部及青海东部周边的马家窑彩陶，它的制型和色彩就相当古朴；而到了陕西半坡和河南仰韶遗址，你又会看见色彩更鲜艳、制型更复杂，陶器上的画作甚至出现了某种生死追问的哲学意趣；再到山东龙山文化遗址，陶器的制型就更复杂了，还出现了纯粹的黑陶，这个制作难度是很高的。总之从西向东，彩陶的发展过程呈现出逐步复杂化、鲜艳化、技艺水准渐次升华的过程，其间暗示着它的流布路线。当然现在学界也有很多反对的声音和证据，比如说位于甘肃东南部的大地湾遗址，曾经发现了8000年前的精美彩陶，甚至有学者认为黄河上游的马家窑彩陶是从中原地区返流回去的。当然这些东西我们今天暂时还不能得出确定性结论，但是关于一万公里彩陶带这个说法，在某种程度上成立，成立在它跟现代智人的迁徙路线和人类文明的流布过程相一致。

至此我们顺便讨论一个问题：今天所有人都持以"进步论"。什么意思呢？我们认为但凡是进步的就是好的，但凡是原始的、落后的，就是不好的，以至于今天"进步""先进"都成为褒义词，"原始""落后"都变成贬义词。可是大家一定要知道，进步论这个观念，是近代从西方传入中国的舶来品，中国传统文化的基调恰恰相反，不是"进步论"，而是"保守论"。

马家窑彩陶

半坡遗址彩陶

半坡遗址彩陶

龙山文化遗址彩陶

我给大家举个例子，孔子自述，说他"述而不作，信而好古，窃比于我老彭"。什么意思呢？什么叫"述而不作"？——我只叙述前人的东西，绝不创新和创作，这叫述而不作。什么叫"信而好古"？——我只相信和爱好古人的东西，但凡是当代人的创新和发明，我一律反感，这叫信而好古。他甚至自比于商代守旧的彭祖，似乎颇感与有荣焉。

我举一个实例，请大家看一下这张图，这是出自河南安阳殷墟的一辆两轮马车遗址图。这个两轮马车一旦出现就十分完善，我们在国内考古学上没有发现它的过渡进步型先例。我前面讲过，最早驯化马匹的，很可能是中亚南部包括乌克兰一带的先民；据历史学家考察，最早发明轮子和车辆的，很可能是古巴比伦人。那么这个车辆一到中国就显得十分完善，它说明什么？说明这个车辆不是中国人发明的，而是从西部传入中国的，这是它唯一可以得到的解释。

仔细看这辆车，它用一根轴贯穿两个轮子。一根轴贯穿两个轮子的车辆，一定存在一个问题，就是两侧轮子的转速始终一致，那么车辆在拐弯的时候外轮的转速一定大于内轮，因此这种车辆就只能快速直行或者慢速拐弯，它没法快速拐弯。于是中国人竟把这种两轮马车一直使用到辛亥革命前后。四轮马车是中世纪时代甚或古罗马晚期西方人发明的。发明四轮马车有一个较大的难度，它不能用两根轴穿着四个轮子，因为四轮马车的两侧轮子假如始终转速一致，它连慢速拐弯都拐不成。因此制造四轮马车有一个前提，必须把车轴从中间打断，另外设计一套分离构架或齿轮组合，使两侧的轮子转速不一致，约略类似于今天汽车下面的那个被叫作差速器但当时尚不具备驱动功能的初始装置。四轮马车的发明，缔造了现代汽车底盘的前身。

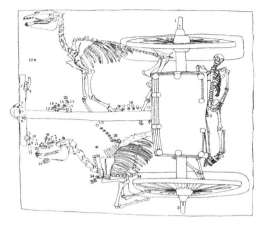

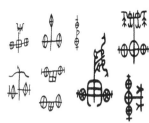

马车祭祀坑　　　　　　　　甲金文"车"字图形

　　讲到这儿，大家一定会觉得我在诬蔑中国文化，因为中国文化不讲创新，连老旧马车都一用到底。我在这里做一个声明，我讲课，不讲好与坏，只讲所以然。因为讲好与坏是你站在不同立场带着情感色彩所给出的一个偏颇评价。你只有明白一种文化得以发生、得以运行的所以然，你才能理解这个文化的实质和内涵。中国人不创新是因为他的文化基调始终是保守论。我们今天听起来，觉得保守论一定是很有问题的，可实际上我们得重新思考这个问题。如果我们要从人类的古文明探求起，如果我们要以跟我们比较亲近的中国传统文化作为主线索，那你在听我课的时候，首先就得把进步论打掉，或者至少暂时把进步论从自己脑子里腾空，唯有如此你才能听懂这门课程后续的思想线索，你才能理解中国传统文化的基本素质。

　　而且还有一个更重要的问题：你凭什么说先进的东西就是好的，落后的东西就是不好的？你怎么知道先进的东西不是最坏的东西呢？没有任何人真正精深考察过这个问题，所有的人都只不过是凭直感随大流，人云亦云而已，由此造成如今弥漫东西方的全球主流意识形态。这个话题涉及进步论和保守论各自的内质到底是什么？我们放到明天老子课上再谈。我再说一遍，听人类古文明史，听中国传统文化，请首先摒弃进步论观念。

人类原始文明的形成机制

我们前面都只算是对一些基本问题做了点滴探查和零碎阐释。

下面我们将进入主题讨论：智人迁徙不能造成人种差别，不能造成智力差异，那么人类文明的分化和分演是怎样形成的呢？也就是"人类原始文明的形成机制"这个话题，需要加以深究。

为了说明这个问题，我们首先谈一点题外话。大家知道，生物竟然有亿万种之多。我们今天一旦说"万物"，主要说的就是生物。因为无机物不到1000万种，而生物，如果把灭绝部分也包括在内，大约有百亿种以上。如此之多的生物分化，居然是由38亿年前的单细胞生物这一个物种演化分化而来的。

那么，新物种是怎样形成的呢？生物学家研究发现，它至少需要两个条件：第一叫地理隔离，第二叫生殖隔离。

我先解释一下什么是地理隔离。地球早年的原始大陆叫盘古大陆，也叫中央大陆，如果在动物种群或者生物种群里，其中一个个员发生基因突变，而又没有地理隔离，它的这个突变基因就会通过群交方式即生殖遗传方式，使之在整个种群中播散和稀释。这样一来，新物种就永远不可能形成。因此，新物种的形成必须得有地理隔离作为前提。也就是，当年生存在中央大陆的同一个物种，随着两亿年前大陆板块漂移进入地球不同纬度，于是进入不同的自然物候条件之下，也就是进入不同的自然选择方向。它们各自在不同的地域环境中所进行的基因突变之积累，才能造成新物种的形成。这是第一条件，叫地理隔离。

第二条件是生殖隔离。什么意思呢？就是原本属于同一个物种，之后随着大陆板块漂移而进入不同地域环境，终于进化为不同的物种，如果此时把它们重新调集在一起，相互之间却不能发生正常性行为，不能正常交配，或者不能生出具有正常生殖能力的后代，我们把这种现象叫作生殖隔离。

我举个例子，比如驴和马是两个物种。它们虽然都是马科动物，但是按照科、属、种继续划分，到"种"的层面，它就是两个物种。为什么？因为驴和马虽然可以正常交配，可生出来的后代骡子，不具有正常生殖能力，也就是它们之间发生了生殖隔离，因此在生物学上就被界定为两个物种。

我讲这一段是想说明什么？是想告诉大家：人类的文明既然是一个自然进程，既然是一个自发过程，那么它也同样具有两个自然制约要素，亦即人类的文明分化也需要两大条件：第一叫地理隔离；第二叫交流隔离。

我们下面以东西方文明作为实例。

学界一般把西方文明叫两希文明。所谓两希文明，即古希腊和希伯来。大家都很熟悉，古希腊是西方文明的火种。至于为什么提到希伯来？是因为公元纪年以后的西方文明，也叫基督教文明。而基督教只不过是犹太教的一个变种，今天的《圣经》分两部分：旧约和新约。所谓旧约，就是犹太教教本；所谓新约，才是基督教教本。当年信仰犹太教的一族非犹太人，由于他们不反对罗马帝国欺压以色列犹太人，于是被犹太教驱赶出去，尔后在非犹太人中传播新的变形了的犹太教，这就是基督教。所以，过去有人把西方文明也叫作两希文明。

那么，把中国文明叫什么呢？叫两黄文明，哪两黄？即黄土与黄河。我们先来看中国东方文明。所谓黄土，我们得先看一个现象，在中国黄河中上游陕北和山西一带，分布着一片土层厚度高达近百米乃至数百米的黄土高原。这是一个令地质学家百思不得其解的怪现象，因为地球平均土壤厚度只有 0.5 米，也就是只有半米厚，可为什么会在中国的黄河中上游出现一片土壤厚度如此之离奇的黄土高原呢？

要想弄清这个问题，我们必须首先回溯到原始地球的发生初态。45 亿到 46 亿年前，原始地球是太阳系地球轨道上若干大小不同的行星相互撞击融合而形成的；再加上地球表壳也就是"地壳"，在远古时代很不稳定，地幔物质通过火山喷发不断溢上地表；因此，原始地球几乎完全是一个熔岩软质球。由于它是一个流质半固态的天体，因此它在自转的过程中才会把自己摇荡成圆形。如果它一开始就是一个硬质岩石的天体，它就会像小行星一样呈不规则形状。

而且大家还要知道一点，地球中的水分氢二氧这个东西，不完全是在地球上发生的。因为氢是化学元素周期表上的第一号元素，比较稳定，它不可能在地球条件下被大规模氧化。地球上的水分最初来自天外的撞击型行星，它们岩石中携带的水分构成地球水分来源的一部分。有学者研究发现，对原始岩层或外来陨石进行粉碎蒸馏，可以从岩体中得到跟地表水分比例大致接近的水量；再加上随后长时期里继续有小行星尤其是带着冰核的彗星砸向地球，这是地球水分的第二个来源。

地球表面温度在原始时代高达 1000 摄氏度以上，水根本无法以液态方式存留在地球上。它以气态方式溶解于大气圈中，持续上百万年。这些水分子为什么没有飘逸到太空中去？是因为地球的质量和引力足够大。要知道月亮和火星上曾经也是有水分的，但由于它们质量太小，引力不足，这些水分子遗失到太空中去了，这是今天月亮和火星上没有液态水的原因。

随着地壳和地球表面气温的逐步下降，以气态方式分布于大气圈中的水分开始在高空凝结，就会形成我们今天无法想象的滂沱大雨降至地面。然后，又被地面极高的温度再度蒸腾成气态升上天空。如此反复降下瓢泼大雨 6 万年到 60 万年以上，才把地球表壳浇凉。我们可以想象，这个时候的原始地球是什么样子？它根本没有陆地，完全被海洋所包裹，完全是一个水球。直到古地质学上的志留纪年代，也就是 4.3 亿年前，地壳隆起的最高点才升腾到海平面以上——中央大陆出现。请大家再想象一下，这个时候的中央大陆是什么样子？它上面不但没有土壤、没有沙子，甚至没有石块，它是一个完整的地壳岩层。太阳直射使之加热，突然降雨又把它激冷，热胀冷缩之下，它先裂化成岩块，再碎化成石砾，最后才风化出沙子和土壤。

土壤的风化有两个通道：第一，物理通道，就是我刚才讲的热胀冷缩效应。第二，化学通道。什么意思呢？要知道原始地球的大气层，叫还原性大气层。我们今天的大气层，叫氧化性大气层。现今大气含氧量约为 21%，可在原始时代，地球大气层的含氧量居然不到 0.1%，也就是不到现在的 1/210。而其中的二氧化碳含量却是现在的上万倍乃至数万倍以上。一旦降雨，水和二氧化碳结合，立即形成弱碳酸。因此，远古时代的降雨过程全是酸雨。酸雨作用于岩层表面，使之腐蚀风化，此乃土壤得以发生的第二项成因。

这就是为什么地球平均土壤厚度只有半米厚的原因。因为半米厚土壤以下的岩层已经不能被太阳加热，热胀冷缩的物理风化效应消失；同样，半米厚土壤以下的岩层，已经不能被酸雨浸透，因此化学风化效应也消失。

那么，为什么在黄河中上游会出现一片土壤厚度高达数百米的黄土高原呢？这就必须提到两件事情：

第一，3000万年前的南亚次大陆，就是印度大陆板块，开始和欧亚主大陆对撞，至250万年前，逐步升高到六七千米以上。它有效阻断了来自印度洋的暖湿气流，使得从北部吹来的干燥高压气流肆虐大地，从而把中国西北部地区的表浅土层一路卷裹到黄河中上游地区，这就是为什么你今天到河西走廊、到新疆、到内蒙古的西部，会看到大戈壁滩的原因。所谓戈壁滩，就是没有土层覆盖的碎石裸露区。这是黄河中游黄土厚积的主要成因。

第二，信风。所谓信风，气象学上是指有诚信的风，就是这种风一年四季按照某个固定的风道刮动。信风的形成有两个来源：第一，赤道地区太阳直射，空气被加热而向上升腾，最终又在地球两极垂落，由此形成地球上第一个固定风道；第二，地球自西向东转动，地球实体的自转偏向力，不免对大气层流产生某种程度的扰动，再加上海洋温差等多重作用，从而形成地球上第二个固定风道；这两个固定风道的合力构成了地球上的信风。信风裹挟着地球表面0.5米厚土壤中最细微的尘埃，把它卷裹在大气中。任何流体最终都会形成湍流，而湍流的中心会形成静止气旋，就像台风中间有一个静止台风眼一样。信风的静止气旋恰好悬挂在中国的黄河中上游，它使得裹挟在其中的那些最细微的土壤颗粒持续在此沉降，这是黄土高原得以形成的第二个原因。

由此可知，黄土高原一定是由最细密的土层构成的。它必然带来一个问题，就是一旦降雨便会造成水土流失。所以黄土高原的水土流失绝不是今天才发生的，而是在它刚刚形成的时候就已成为常态。一旦降雨，雨水裹挟着泥沙，汇集成无数条小溪，这些小溪流最终汇入一条大河，这就是黄河。

黄河裹挟着大量细密的泥沙，一路向东到中原地区，至此河流突然变缓，泥沙开始沉降。为什么？请先看懂中国地势图，中国的所有江河都是向东奔流的。你到欧洲去看看，它的河流走向紊乱，八方流淌。为什么？因为中国的地势西高东低，它有多个标志性台阶，但若以黄河为视角，则中原河南可算得一个重要节点，即中原以西地势陡峭度偏高，中原以东地平倾斜度明显降低。于是，黄河行至中原，水流突然变缓，河道大大拓宽，泥沙开始沉降。在东亚文明化以前，也就是人类没有在黄河两岸筑堤以前，据古地质学家考察，黄河至少发生过六次以上大改道。在第四季冰期结束以后短短 2000 年时间里，就给中国冲积出一小片中原平原；随后的 8000 余年才把这个中原平原扩展成今天的华北平原。这个冲积沉淀过程所带来的泥沙总量有多大？我给大家说一项数据，远古时代，中国的山东省完全是浅海海床，泰山只不过是中国近海的一座孤岛，也就是一万年左右的时间，黄河居然给中国冲积出整整一个山东省，外加河北省的东部。我前面讲过，黄河的滚滚浊流是由最细密的土壤颗粒构成的，它起初冲刷出来的那个中原平原，构成人类在地球上可以展开原始农耕的三大基地之一。

我先解释什么叫原始农耕？人类农业文明最早可能发生在一万年前左右，那时还处于新石器时代，也就是人们手里仅有的工具不过是一块带尖带刃的石头而已，顶多在后面捆绑一根木棍，全凭人力来开荒。要知道牛耕技术直到 3000 年前才开始普及，8000 到 10000 年前，人类尚没有任何畜力可以借用。

凭借一块石头要想开垦荒地，在一般的土壤上根本无法进行。地球上只有三块松软肥沃的土地适合于原始农耕：第一，尼罗河三角洲，即古埃及文明发生地。由于尼罗河流淌在非洲北部的沙漠之中，那个地方只分雨季和旱季，到雨季，两岸土地全被淹没，农夫们不得不逃入沙漠以避水害。到旱季，河床变窄，两岸裸露，它把从非洲中部带出来的火山灰和腐殖质，铺垫于尼罗河河床，成为极其肥沃而松软的天然良田。就这样，古埃及农夫每年旱季再度返回尼罗河两岸，另行垦殖。由于每年必须重新测量土地，于是他们就把绳子按单位长度打成结，用绳子拐着弯丈量分土，由此缔造了人类最早的几何学和数学。这种情形被古希腊史学家希罗多德记载于他的《历史》一书之中。

地球上第二块原始农耕基地，发生在中东两河流域。所谓两河，是指幼发拉底河和底格里斯河。这两条河形成环抱态势，最终流入海湾。这里在雨季形成浅沼泽，到旱季就成为最松软、腐殖质最多的肥沃土地。由此缔造了苏美尔文明、古巴比伦文明以及古亚述文明等。

地球上第三块原始农耕基地就是中原平原。说到这儿大家应该理解，华夏农业文明是地球上真正的原发性农业文明之一。真正的原发性农业文明只有上述三块。印度的农业文明，都很可能是从西部流传过来的，因为植物学家在印度找不见 56 种大禾本植物的相关物种。包括古希腊文明也是次生性文明。中国农业文明原生早发，植根极深。

这里发生一个问题。中古时代以后，中国农业产出最高的地方不在黄河流域，而在长江流域。我们今天在长江流域江苏地带还能见到两个县的名字，一个叫太仓，一个叫常熟。所谓太仓就是大粮仓的意思；所谓常熟，就是这个地方种的粮食经常处在成熟状态，所以叫常熟。

可是为什么发生在江南鱼米之乡的农业文明，我们不视其为中国农业文明的原发地？这就必须提到英国著名历史学家汤因比。汤因比在20世纪前半叶研究世界文明史的时候发现，人类远古时代至少有600种以上文明聚落，而且人类文明一定发生在自然条件既不是太好也不是太差的地方。自然条件太差，人类都无法居住，文明当然不能发生，这很容易理解。可为什么自然条件太好的地方也不能成为农业文明的发祥地呢？

我们就看一下江南。大家首先要知道，在人类农业文明发生以前，人类的生存方式和所有动物没有区别，叫采猎生存方式。我前面提到过，采，采集植物；猎，猎取动物；即享自然之天成。这就是基督教教本旧约上所讲的"伊甸乐园"，它说人类和所有动物都生活在伊甸园中，受上帝之供养。后来由于人类受蛇魔之引诱，吃了上帝不让他吃的智慧之禁果，于是变得有知有识，知羞知耻，被上帝逐出伊甸园，从此终生劳瘁，方得温饱，这叫"失乐园"。什么意思？就是人类在文明化以前，他享受的全是自然界的现成生活资料。所谓人类文明是什么？就是自然界不再给人类直接提供生存资料，人类的一切生活资料都必须由人类自己制备，因此叫失乐园。大家知道我们今天吃的、穿的、用的，全都是人造物。粮食是人类培育的，就连水果如苹果、梨等，在原始野生状态下，可能都没有今天一个枣大，它们都是人工培育的产物。

那么请大家想想，江南流域是一个什么状态？气候温热，降雨充沛，植被繁茂。它的植被长三层，第一层是草本植物，第二层是从根部分枝就只长几米高的灌木，第三层竟然长成数十米高的大乔木大密林。由于天然生活资料丰沛，因此人们根本用不着辛辛苦苦地开发农业文明。

请记住，文明一开始就是一场违背人性的灾难，或者说是违背人体直立生理的辛劳和折磨。能够逃避文明者算是当时的幸运儿。更重要的是，古人手里只有一把石斧。今天给你一把钢斧，让你砍倒一棵两抱粗的大树，你十天半个月砍不倒。就算你把这棵大树砍倒，你总得把树根刨出来，底下的土壤才能利用吧。可你用石头工具要刨出一个树根，可能一两个月不能完成。一亩地长三五棵大树，你半年时间都开垦不完。就算你开垦了几亩地，它仍然种不成庄稼，因为周边的乔木太高，挡住了阳光，它依旧只能长草。这就是自然条件太好的地方不能成为农业文明发祥地的原因。

我们现在回望欧洲。我前面讲，高加索人迁徙到欧洲是 4 万年前，东向登上帕米尔高原进入东亚的现代智人耽误了 5000 年，大约 3.5 万年前才来到中原定居，那么按理说，中国的农业文明应该比西方落后才对。可在中古时代以前，中国的农业文明一直远比欧洲先进得多，成为人类文明史上唯一的反例，为什么？有西方生物学家研究发现，3000 年前欧洲这个地方长满大密林，主要树种是云杉，遍布整个中西欧。

我前面讲，欧洲的纬度几近于中国东北，北欧比中国东北的纬度还高得多，它为什么会出现类似于中国江南的自然物候条件呢？这就必须提到墨西哥湾暖流。

1.2 万年前第四季冰期结束，大地上出现河流，海洋中出现洋流。地球上最大的海洋洋流就是墨西哥湾洋流。它从墨西哥湾出发，经过大西洋赤道区域，被太阳直射加热，温度升高 8 摄氏度以上。这个洋流量有多大？居然是地球上所有河流径流量之和的 40 倍。如此之大的水流量被太阳直射加温到摄氏 20 度以上，然后在北大西洋释放热量，最终流入冰岛，在北极消失，这叫墨西哥湾暖流。

由于这个缘故，在第四季冰期结束之后，西欧乃至欧洲中部地区气温降雨条件接近于中国长江流域，这使得该地区植被颇为丰茂，使得迁居到欧洲的高加索人种开发农业文明变得十分困难。这就是为什么欧洲古文明全都发生在荒凉的南欧，古希腊文明、古罗马文明都处在南欧临近地中海区域，原因就在这里。

再回到中原看。中原是典型的原始农耕基地之一。请大家想想，农业文明是一个怎样的劳作方式？我前面讲，它一旦发生人口暴涨，只好继续垦荒，农田面积日渐增大，这使得它逐步完全丧失了采猎生存的林地资源。土地是不可再生的，人口却是倍增的，由此带来的后果一定是生活资料与自然资源的进行性紧缺。人们只好集约化的在每一亩地上集体协作、辛勤劳作、精耕细作才方得温饱。这个自然结构、这个生存结构导致中国文化刚一发生的时候，它就不讲个人权利，不讲个人自由，而讲和谐、讲协作、讲内部协调、讲伦理社会关系，甚至形成紧密的血缘纽带而不散，这就是中国文化的生发渊源。这个文化的发生，不是任何人事先设计的，也不是任何人主观发明的。

我们前面说西方文明是两希文明，这个讲法不好，不确切。我们最好是把它叫作环地中海文明。

要想理解这个文明，你首先得看懂地中海。地中海是夹在欧亚非大陆中间一个细狭的海道，风平浪静。它使得环地中海周边的居民，在五六千年以前的远古时代居然可以运用一叶扁舟而横渡地中海。什么叫扁舟？可不是我们现在所说的船，船是中古时代以后人类才发明的，它要把木板刨得平滑，把接缝合得严密，才能做成船，这是远古先民根本办不到的。古人只能把一棵大数砍倒，截掉两端，再把余留最粗的部分从中间刨开，然后将其中一半挖空，这叫扁舟，也叫独木舟。这种小舟在任何有风浪的水流中不免易于倾覆，唯独在地中海，俨然一个内湖，成就了便利的水路交通。为什么地中海文明的发源集萃点在希腊？因为希腊半岛南面就是爱琴海，而爱琴海分布了上千座小岛，星罗棋布似的。你到那个地方旅游一下，坐在渡船上始终眼睛能够看见不远处的地平线，这就使得航海过程的恐惧感大为降低。

于是环地中海周边的人，远在五六千年以前就可以横渡地中海进行广泛交流。整个地中海边缘地区由此成为地球上唯一得以孕育原始多元文明的开放地带。海运或者水运自古以来就是人类最重要的运输通道，迄今仍然是价格最低、载量最大的运输方式。我举一个例子，扬州。扬州为什么是中国近千年来的经济重镇？它相当于让仅有百年史的大上海持续了千年之久。起因在于当年隋炀帝开发大运河，把东亚大地上最大的两个水系——长江与黄河沟通起来。而扬州是大运河的枢纽，于是这个地方就成为中国古代的经济繁荣之地。19 世纪中后叶，由于太平天国阻断了漕运，也就是运河运输不得不改为海运，再加上近代铁路的兴起，扬州才逐渐衰落。

我在讲什么？我在讲水运条件对于人类文明起到的推动作用何其之大。地中海提供了人类远古时代欧亚非三大陆之间的文明交流通道，拥有得天独厚的开放地貌，因此它才会别具一格。

我们再看，希腊这个地方地貌多山石，土壤贫瘠。在公元前 600 年以前，希腊人口很少，当地生产的粮食还可以勉强供养当地人。至公元前 600 年以后，随着人口暴涨，当地生产的粮食根本养活不了当地人，而可开发的农地资源已经穷竭，这逼迫着古希腊人较早地进入工商业谋生状态。他们把当地独产的橄榄榨成橄榄油，把当地丰产的葡萄做成葡萄酒，接着又大量发展其他手工业生产。然后渡过地中海，到北非古埃及和近东古巴比伦换取粮食。这是人类规模化、系统化开创工商业文明的肇始与萌芽。

以工商业方式谋生，你必须做出奇巧的商品。如果你生产的商品是古埃及、古巴比伦人都能做出的，你凭什么换取他们最紧要的生存资源——粮食。这逼迫着古希腊人建立相应的创新精神和创新文化。

经商活动跋山涉水，要越过一个个其他城邦甚或原始部落，是个充满风险的过程。因此商人绝不可能带着家眷长途跋涉，他一定把家眷放在古希腊，比如安顿在雅典，独自一人或者找几个合作伙伴冒险经商，由此缔造了他们原始文化中的冒险精神和自由诉求。

商业经营依靠等价交换。即使我到了北非、到了近东，我特别瞧不起对方，但当我跟他发生物质交换的那一刻，我必须把他视为平等的交易伙伴。由此缔造了与之适配的平等观念和契约精神。

这些潜移默化的素质不就是西方文化的根基层面吗？

有必要再强调一遍，西方文化和东方文化一样，它不是任何少数人或个别智者设计规划的产物，它完全是自然地理地貌和自然物候条件的促成产物。

文明分化的内在求存规定

至此，我们得对"文化"这个概念加以修正。因为一般学者、一般人众，他们提起文化总把它讲成花里胡哨的东西，例如棋琴书画、诗词歌赋之类。这就好比你指着海洋的浪花，说那个东西就是大海。可你一定搞错了，浪花只在大海表层几米高的地方呈现，而海洋的最深处达一万米以上，那个没有任何浪花的深层，才是海洋的主体。

那么人类的"文化"究竟是什么？显然它绝不是这些花里胡哨的东西。因为人类文明发生在一万年前左右，那时候人类根本还没有文字，怎么会是"棋琴书画、诗词歌赋"呢？

所以，我在这里给文化另外一个定义：什么叫"文化"？"智性动物如人类者，面对其生存环境和生存条件所产生的谋生行为及意识体系之总和"就是文化。我换句通俗的话说，就是人类这个有了一定程度大脑发育的物种，他的谋生行为反应体系就叫文化，这才是文化的本源和根脉所在。

因此，请大家记住，人类的一切生存都叫文化生存。因此文化绝不是高于生存的东西，而是生存的基层，或者就是人类的生存本身，这才是文化的要义。这样你才能理解文化的力量所在。

我们中国自古以来重农抑商，重视农业、压抑工商业。早在春秋之时，一直到清代中期，数千年来，中国人的阶层划分叫"士、农、工、商"，商人的社会地位最低。低到什么程度？到明清两代，商人最有钱，他们的后代受教育最好、读书最多，但居然不准参加科举考试，也就是不准转换其末流地位和贱民身份。

为什么中国商人的传统社会位阶如此之低？

我讲一个典故。《战国策》上记载，吕不韦精明干练，青年时就接手了家族商事，财运亨通，竟把吕氏商社的生意做遍于东亚世界各国。中年发了大财后，有一次回家与他老爹商议转行之想，对话中这样讲：务农有十倍利，珠玉有百倍利，从政则利益无数。珠指珍珠、玉指玉石，也就是指代经商。我们不说这么夸张，就假定经商有几十倍利吧。这里暂且把从政这个话题撇开，看前两句话是什么意思。古代黄河流域一年只种一季庄稼。开垦荒地，撒十斤种子，产百斤粮食，当年算高产田，这叫务农有十倍利。所谓经商有几十倍利，不是指一次经商利润就比农业高得多，而是指以一年为周期，资本的周转次数很多，一年结算下来，经商的利益远大于务农。

请大家想想，如果中国自古不采取重农抑商的国策，会出现什么格局？要知道，中国是一个全封闭地貌。先把东亚地图看懂，中国的北面是荒漠、草原乃至高寒冻土地带西伯利亚；中国的西面是帕米尔高原；西南面是青藏高原——世界屋脊；南面是云贵高原加横断山脉，古人根本无法翻越。这就是为什么中国古代和中古时代到地处南边的印度去取经，却叫西天取经，是因为当时根本无法直接南行，只能反向面朝西北，走河西走廊到今天的阿富汗一带，才开始南下转往印度；而中国的东面又是浩瀚的太平洋，一线天涯海角，古来无可逾越。

请注意，这个全封闭地貌，其中唯一能产粮食的地方就是中原。设身处地想想，如果中国古代不压抑工商业，会是什么局面？经商的利润远高于农业，可在古代的中国，经商换不回粮食。你不但换不回粮食，你还得拿粮食做成本去换取其他非必需奢侈品，而且其收益诱人。它跟古希腊完全相反，古希腊的经商，恰恰是通过环地中海换回最基本的生活资料——粮食；而中国的经商，反倒是丧失粮食的过程。所以中国不得不采取压抑工商业的国策，因为工商业不仅利润丰厚，而且造成精壮劳力从土地上流失，如果放任不管，则没有人安心种地。要知道农业劳作始终觉得劳动力不足，这就是中国自古讲"多子多福"的原因。

在这样一个生存格局之下，干扰农业文明的工商业行为如果不被压抑，恐怕中华民族早在数千年前就已经饿毙了！请大家听懂我在讲什么，即使是作为一个局部文化现象的政治国策，竟然都会被地理地缘条件和自然物候条件所限定。这就是管仲在做齐国宰相期间，提出"利出一孔"的原因，意思是应该压抑工商业，只鼓励农业，因为利益只出自这一个孔道。后人做各种解释，说是因为统治者只有卡住人们的获利方式和生存资源，才能有效进行独裁管控，等等。这是对中国的生存境遇和文化起源之深层缺乏了解的表现。

我们中国人一说"个人主义"，通常立刻就把它理解为自私。其实完全搞错了，个人主义不是自私，个人主义是一种社会观，它的对立面叫社会主义社会观。它最早是 2600 年前古希腊智者所争论的两种社会观，当年叫自由论者与共和论者。

所谓"个人主义社会观"，是指要想建立一个最好的社会结构，必须首先保障每一个人的权利和自由，由此才能建立一个最好的社会结构，这叫个人主义社会观；所谓"社会主义社会观"，是指要想建立一个最好的社会结构，每个人得甘愿放弃自己的一部分权利和自由，由此建立的社会结构才能保障每一个人安宁生存，这叫社会主义社会观。

但凡是工商业文明，它的基本文化形态一定是个人主义社会观；但凡是农业文明，它的基本文化形态一定是社会主义社会观。而且越纯粹的农业文明，一定越讲究集体协作与社会统筹，一定越需要"看得见的手"来加以操控。也就是说，（此处有删减）我们很容易倾向于社会主义，我们与之有天然的亲切感，因为我们早在三五千年前就已经是某种天然初开的社会主义社会形态了。

我是在讲"社会主义"和"个人主义"这两个词源字面上的原本含义，这里并不否认近现代社会学的任何新注解或新命意。关键在于，任何文化现象与文明构态，实际上不外乎都是自然进程的接续产物，也就是自然因素和人身自发因素的合成关系，这叫生存结构。不同之处在于，其中自然因素的变化较慢，而人身自发因素的变化较快。我的意思是说，人身自发因素即一般所谓的人为因素其实也是自然因素之一种，只不过越后衍越迟发的存在物或生存体越不稳定，衰变速度越快而已，可谓之生存形势日趋恶化。因此，从宏观上讲，它仍未脱离我在前面反复使用的"生存结构"一词的总体概念。

由于上述缘故，人类文明越原始的时代，自然因素对人类生存和人类社会形成的影响越大，人类自身的主观因素就显得越微弱；反之，人类文明越晚近的时代，自然因素对人类生存和人类社会发展的影响越小，人类自身的主观变量就显得越突出。于是，人类文明的进展过程相应呈现为"人祸取代天灾"的过程，人类生产力水平不断提高的过程也就相应呈现为人类社会动荡度不断提高的同一过程。这就是为什么我们今天会感到自然因素对人类社会运动的影响已经削弱和淡化到可以忽略的程度的原因，这也是我们今天很难理解远古文化与文明的发生渊源的原因。

大家还要知道，今天的西方文明成为强势文明普及全球，以至于我们今天都被它同化了，可西方文明实际上是古希腊文明的再现与张扬。

这句话什么意思？我给大家举例子。今天西方的民主制度叫两院民主制，上院叫参议院，下院叫众议院。实际上早在 2600 年前，古希腊就是两院民主制。上院叫贵族院也叫元老院，下院叫公民大会。西方今天厉行的自由市场经济制度，早在 2600 年前的古希腊就以不成文法通行天下，以至于普及到这样的程度，古希腊人口的60% 到 80% 因为通商行为而逐步转移到整个环地中海周边，也就是说，氏族群团结构竟然完全星散。

就连今天西方的司法制度，在古希腊时代也已经基本成型。古希腊人不信任法官，认为法官也是人，他凭什么像上帝一样决定被告的生死。因此古希腊人要找一群不懂法律的普通老百姓组成陪审团。请注意，法官没有定罪权。公诉人和律师都面对陪审团辩论，陪审团的普通老百姓，不是用法律知识而是用生活常识，判定被告是否有罪。如果陪审团确定被告有罪，法官才能行使其仅有的量刑权，根据当时成文或者非成文法，确定被告被判若干年监禁或者被驱逐流放。可见把赋有判决权的群体翻译成"陪审团"，完全搞错了，法官才是陪审。连这样的司法制度，2600年前在古希腊都已基本成型。所以我说今天的西方文明没有任何重大建树，它只不过是古希腊文明的再现与张扬。而古希腊文明居然不是任何人设计的，它全然是一个自发进程，是一个地貌地理条件和自然物候条件所促成的人类生存结构。

任何结构一旦形成，它的内在规定就会逼迫它朝某个既定方向运行。我这句话是对今天使用的"路径依赖"这个词组的另一种表述。

我给大家举个例子。生物学上有一种鹿叫角鹿，它的雄性鹿角长得分外宽阔，居然比鹿的体长还大。要知道鹿把自己的鹿角长得太大对其生存是非常不利的，不利于它穿越密林逃避天敌。可是为什么角鹿会把自己的鹿角越长越大呢？是因为在角鹿这个物种最初形成的时候，雌性角鹿只选那个鹿角长得最大的雄性才肯嫁给它，也就是说，性选择参与到自然选择之中，结果逼迫着角鹿只好把自己的鹿角越长越大，直至灭绝。

我再举一个例子。世界上所有鸟的尾巴也就是尾羽，都长得十分短小。它只起到一个作用，在鸟高速飞行的时候保持体位平衡。可是有一种鸟叫孔雀，它把自己的尾巴长得极大。要知道尾羽长得太大对鸟是非常不利的，会严重限制鸟的飞行高度和飞行速度，不利于它逃避天敌。可是孔雀为什么会把自己的尾羽越长越大呢？是因为在孔雀这个物种最初形成的时候，雌性孔雀只找那个尾羽长得最大最华丽的雄性孔雀才肯与之交尾，换句话说，性选择参与到自然选择之中，从而逼迫孔雀只好把自己的尾巴越长越大，直至濒于灭绝。

一种结构一旦形成，它的内在规定性就会逼迫着它朝某一个既定方向运行。东西方文明当年发生的时候，它们的差距其实并不大。所谓东方文明，就是纯粹的农业文明；所谓西方文明，它的火种——古希腊文明——其实是半农业半工商业文明，两者差距甚小。但中国古代有一个成语叫作"失之毫厘，差之千里"，这就好像你在一个原点上射出两支箭，本来夹角很小，可当这两支箭射到远方，其距离会拉得极大。东西方文化，就是从这样一个细小的差异，最终延展成两种完全不同、极性判然，以至于兼容性极差、形态总是相反的文明背离分化格局。

我在讲什么？我在讲文明发生的第一基础要素——生存结构。

接下来我们讨论人类文明分化或东西方文明分演的第二大差异化要素——思维方式。

中国商代的文字源起及社会构型

我们下午开课，我先对上午的讲课做一个小结。上午讲了人类文明的得以发生的渊源，它完全是自然生存结构的产物。

我们讲，原始农业文明，它的生存素质就是非个人的、群体的、和谐的，随着集团和国家的产生，终于演化为集体主义和国家主义的文化社会构型。

工商业文明，它的个人主义社会构型和观念构型，同样是自然生存结构的产物。这就是为什么近现代发生在欧洲核心地区德国和英国的马克思主义，在西方工商业各国得不到发展，却跑到东方各农业大国其道大光的原因。因为我们早在3000年前，就已经是社会主义社会字面含义上的社会构型了。

它表达的是人类文明结构的内在惯性力度，它也使得生产力和生产关系、经济基础与上层建筑之间的匹配关系，在实际人类文明史上并不能真正对应起来的原因得以呈现。

大家理解这些东西，才能理解文明起源和文明动因的表观原则和表观原因。我说它是表观原因，是因为实际上还有一些更深在的决定因素，这个话题我们将在以后，甚至是最后一天课程中，再一一展开。

我们下午重点部分是讲东西方文化的思维方式之差别。在讲这个话题以前，我们首先讲一下中国上古时代社会文明构型的状态。（它有助于加深理解后面各讲座如老子思想的某些内容）

大家看这张图。东方文明，或者说中华文明——早年叫"中原文明"，它仅限于以河南为中心，包括山西、河北的南部、山东西部、安徽北部等以河南为中心这一小片地区，也就是这个图上圈黑了的中间这一小块地区，这叫中原文明，也是原始"中国"这个词的来源。

所谓"中国"，起初不是指大国体系，而是指中原文明与周边未开化区域的关系。中国古代把中原周边未开化人统称为"夷狄"，粗略概括下来，可以分别称之为北狄、西戎、南蛮、东夷，他们所包围的中间这一小块文明区域叫中国。

中原文明，随着农耕范围及其社会文化的进行性开拓，逐步扩展为华夏文明，所谓"华夏文明"，就是上图用粗笔勾画的实线和虚线部分。

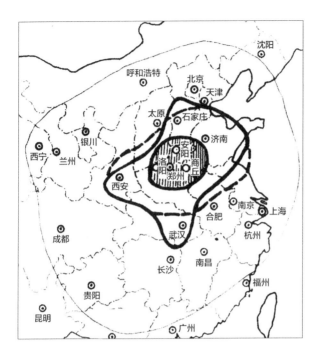

　　"华夏"是什么意思？华，是指从中原向陕西关中地区的文明蔓延，陕西关中有一座山叫华山，"华"和"花"是通假字，也就是该山有五座峰峦，像一朵花似的分瓣张开，因此古时也叫花山，后称华山。夏，指黄河下游，也就是中原文明向东扩展到黄河下游。夏、下同音，内涵相近，古为通假，大约与滨海地区气候偏暖有关。这种中原文明向东西两端的延伸叫华夏文明。再往后，看更外面那个细线勾勒的大圈，才是所谓"中华文明"，它已接近中古时代。我们从这里可以看出，"黄河是中华文明的母亲河"这个说法的来源。

　　我们下面粗略讲一下商代的社会构型。

　　中国古代有三皇五帝尧、舜、禹等诸多传说。但实际上，东亚人创建甲骨文字也不过发生在 3300 年前的商代中期，因而我们此前的历史全是传说，甲骨文的出现才缔造了信史时代。它很容易让我们在不了解这种东西的情况下，产生一种错觉，以为中国的大国体制早已成型。要知道，人类文明是从原始氏族社会逐步发展而来的，国家的出现是相当晚近的事情。关于尧、舜、禹，其实我们说不清他们到底是谁，尽管孔子对这几位传说中的圣王大加表彰。

民国时候，有一个著名的历史学家叫顾颉刚，他曾经说，禹不过是一条虫。这句话是什么意思呢？我们看一下尧、舜、禹这三个古文字符号的形态。上面画一个土坷垃，底下画一条地平线，〇（甲骨文）土（金文）土（小篆）土（楷体），这个字就是"土"字的甲金文来源；在两个土字下面添加一个人，（甲骨文）堯（金文）堯 尧（楷体），这个字就是"尧"字的初形，也就是"堯"这个繁体字的来源；再看"舜"字，舜上面画一个手爪，下面画一个穿通符号，然后在底下画两个脚印的半抽象图。它是什么意思呢？"尧"表达的是一个人被埋在土里的局面；"舜"这个字表达的是一个人埋在土下，被其他人用手把他从土坑里拉出来，他的两只脚使劲地蹬着，从那个活埋状态挣脱出来的过程。最后看"禹"这个字，它就干脆画了一个长虫（蛇），然后在它把头探出土层的地方打一个指示符号，（甲骨文）（金文）禹（小篆）禹（楷体），这个字符就是"禹"。大家知道，中国古时把人也叫虫，所有动物都叫虫，老虎叫大虫，蛇叫长虫，人叫人虫。那么画一个人从土里埋着，到手拉脚蹬挣出土面，最终探头出土的全过程，就是"尧舜禹"三个字的来源。

我讲这一点想说明什么？就是我们在古史上的传说确实有非常可疑的地方，我们从文字符号上会发现，这种传说跟通常理解的三皇五帝之类的说法、圣王的说法有很大区别。

学界在信史阶段所能追究到的最古老、最明确的历史记载是商代，商以前的历史概属于非信史传说。商代不是一个国家构型，它是十大部落联盟轮流执政的一个部落酋邦邦联体。所以大家一定要明白，在远古时代没有天下共主，没有国家体制。正如《尧典》所记，说尧"协和万国"、说舜"班瑞于群后"，直到战国时期的荀子，在其《富国》篇中还讲"古有万国"。因此商代是一个氏族部落邦联制的社会形态。讲清这一点，对于后面理解东亚社会构型的发展是一个基础。

商王王系全都是用天干十个字来标注的，就是"甲乙丙丁戊己庚辛壬癸"这十个字。1899 年，王懿荣最初发现甲骨文，后来王国维又发现甲骨文中的"天干十字"竟然和《史记》中商王世系表所用的称号对应，这使得甲骨文成为史学研究的重要资料。

这十大部族，为什么用天干十字作为象征？是因为在文明早期，这十大部族能够制作独到的工具且相互交换或交易，于是引此以为骄傲，进而用作自己部族的图腾徽号，终于形成各部族的特有标志。

比如"甲"这个字，在甲骨文中早期就是画一个十字。它是什么意思呢？人类文明之初，部族之间开始偶然发生冲突，斗殴或打仗的时候，一手挥舞木棒作为武器，一手持有用两条树枝捆绑而成的十字架作为盾牌，十 田（甲文）⊕ 中（金文）中（小篆）甲（楷体），这就是"甲"这个字的早期构型，以后在上面覆盖一块兽皮，是为"甲"字的符号来源，它表明甲部族特别善于制作盾牌。

乙部族的徽号是这个样子，ϟ（甲文）乙（金文）乙（小篆）乙（楷体），这个字是"乙"。它实际上画的是什么？画了一条绳索。大家可能认为制作绳子有什么可骄傲的？但你不知道，古人要揉搓一条绳子，难度实在太高。因为那个时候没有化学纤维，植物纤维又都非常之短，早期的植物纤维只能从野生麻类中提取，比如亚麻等。首先得把亚麻放在水中浸泡，把它的肉质部分沤烂，然后把它短短的纤维素提取出来，再将之集聚成束，弥合连贯而成长绳，中间还不能打结。这个难度相当于今天发射火箭上天的高技术，因此当年有能力制作绳子的部族便以此作为其图腾徽号，这就是乙部族和"乙"字的来源。

再看"丙"这个字，內（甲文）內 █（金文）丙（小篆）丙（楷体），它实际上是什么？是钻木取火的工具。我前面讲过，用火才是人类独具的能力，可以算作人类初始开化的明确指标。中国古人最早认定的先祖不是女娲、伏羲，而是燧人氏。什么是"燧人氏"？就是传说中最早运用击打燧石取火的人。要知道古人取火是非常困难的，在自然状态下，只有当雷鸣电闪引发森林起火的时候，才有火源可得。那时候人们把火种带回穴居的山洞里，族群必须派人轮守，每时每刻都得指定一个不长毛的猴子不间断地为火堆添柴，绝不敢稍有懈怠，如果它一旦熄灭，族群立即陷入饥寒交迫的生存危亡之中，饮食、取暖全成了问题。因此早年用人工方式随时随地取火是一个高难度动作。大家想想，击石取火只能打出火星，古代又没有汽油，仅靠打出的火星点燃底物，我到现在都想不通这怎么可能实现。实际上人类真正开始常备人造火种是从钻木取火开始的。先找一个凿出凹槽的硬木做底盘，再找一个软木棒压在上面手搓旋转，使之摩擦生热起火，然后用点着的脱落木屑吹气引燃预备的干草，这样才能取得人造火源。丙部族可能就以发明这样一个重要工具而自豪，于是他们就以"丙"字画符作为自己的图腾标志。故此"丙"这个字一直都有"火"的含义，比如后来加一个火字旁变成转注字"炳"，叫彪炳历史，就是被点亮在历史中的意思。

"丁"字实际上画的是一个铜锭的截面，以后才逐步转化为"丁"

这个字形。⊓ ▬（甲文）▼○（金文）个（小篆）丁（楷体），它实际上是这个部族最早采矿、冶炼、制作了铜器，于是以此为骄傲形成丁部族徽。

"戊"是画了一个古代的兵器。🕈（甲文）🕈（金文）🕈（小篆）戊（楷体），先画一只"戈"，在手持的地方打一个指示符号，这就是"戊"字的来源，它标志着这个部族特别善于制造兵器。

"己"这个字符表示该部族特别会用绳子捆扎东西。己（甲文）己（金文）己（小篆）己（楷体），用绳子打成结捆绑东西，这是一个比较复杂的高难度动作。比如水手固定帆位、码头泊船等，如果绳结没有打牢是一件很危险的事情，结绳方式颇多，不同场合需要不同的绕结方法。该部落长于此项技巧，故而借以作为自家的徽号。

我们再看"庚"，"庚"这个字实际上画的是一个钻具。帚帚帚庚，大家知道，早在文字产生以前上千年，中国就已经有了玉文化。玉石是硬度偏高的石料，我们今天人类要想切割或者打磨一个东西，一定要找硬度更高的材料作为打磨工器。玉石的硬度已经接近天然岩石的最高级别，那么古人要给玉石穿孔或制型，用什么方式进行呢？那时没有金刚砂，人们只能用比玉石软得多的普通沙子做持续研磨，比如用一个木棍压住砂砾反复旋转，沙子很快变成粉末，然后换沙再研。据考，远古时代要在玉石上打一个洞，可能需要几年甚至几十年的时光，为此曾经把一些奴隶拘在枯井之下，强迫他们天天不断地打磨，甚至需要几代人轮替才能琢磨出一个玉器。后来某部族发明了专用的钻具，这就是"庚"这个字的来源。

大家再看"辛"，🌳🌳，它实际上就是画了一个木凿子，是人类早年制作木器包括用木头盖房子等所用的一个木工工具。该部族发明了这个工具，以此作为技艺夸耀的标志。

"壬"这个字实际上画的是一枚骨针或者是一杆标枪。Ⅰ（甲文）Ⅰ（金文）壬（小篆）壬（楷体），人类古代即使只围一条兽皮裙子，他也要有剪裁和缝制的工具。打磨一枚骨针是有很高难度的，于是这个部族以此为徽号。

"癸"这个字很明显可以看出，它是人类古代纺砖的象形描摹，𝍐（甲文）𝍐（金文）𝍐（小篆）癸（楷体），也就是早年编织麻线麻布的那个纺锤，把它的旋转状态画出来便是。

这十个部族两两通婚，由此形成五大两合部族轮流执政，或者刚开始不过是轮流主持整个邦联体的祭祀活动，而后逐步转化为政权结构，这就是商代的社会基本构型。

成汤以还，五族共政；自盘庚迁殷后，商朝趋稳，然而酋邦王国主要已由庚辛部族、甲乙部族、丙丁部族作为核心联盟体，形成了庚辛——丁——甲乙部族之间的王世轮流执政，武丁为最盛期。故在甲骨卜辞中多见"武丁"（妻母妇好）、"帝辛"（即殷纣王）、"帝乙"（所谓的纣王父）等王称。再者，由于"母以子贵"的"儿王母祀制度"，妇好可能不是武丁的妻，而是武乙的母亲，或者是尊为母后的女性之总称；帝乙也不是纣王的父，而是甲乙部族的先王，纣王帝辛与盘庚同族。

据考，商王朝的覆灭，实因部族矛盾、轮替不谐而产生内讧所致，后被岐周联合内奸灭之，败德之说多为胜者诬。即庚辛部族与乙、丁两大部族失和，在经历了康丁、武乙、文丁、帝乙的两组乙丁替换后，庚辛部族推举纣王上台，随即竟将王权中心迁往自己部族的驻地（朝歌，即今淇县），乙丁部族的微子、比干、箕子纷纷反叛，至武王伐纣、牧野之战前夕，商酋邦联盟早已分崩离析。

以上引述表明，商代社会是部落联盟时代之后的部族邦联制社会构型。（可参阅唐汉先生借助甲金文所作的古史研究著述）

这种轮流执政的状态有可能一直延续到周代早期，并同样因此而在周幽王时崩溃，导致平王东迁，春秋之乱遂不可止。

历史上有一个很荒诞的故事，说周文王有一次出游，看见一个姓姜的疯老头拿一个直钩在渭河里钓鱼，言谈一番，就请回去让他做了自己的国师和军师。试问如果你是国王，你会如此随意地找一个疯老头做你的军师吗？

实际情况根本不是那回事。《诗经》记载，周族最初可能是从西部天水一带逐步迁徙到今天陕西北部彬县附近，然后再移民定居于岐周之地。原文这样讲："古公亶父，来朝走马，率西水浒，至于岐下，爰及姜女，聿来胥宇。"古公亶父就是周文王的祖父，"水浒"是水边的意思，说古公亶父带领周族来到渭水之滨的岐山周原，并与当地的原住民姜部族发生两合部族婚配关系，至此才有了可以建房筑屋的立脚之地。

所谓周姜两姓，姜尚和姬姓的周王朝，他们实际上是一个两合部族关系。姜子牙很可能是姜部族的首领，两者形成共同的权力架构，甚至形成某种轮替执政关系。这也就是为什么到西周早年各封国中，我们会发现姬姓国和姜姓国占据了中原最好地区的原因，而其他跟姬姜两姓没有关系的部族，除少数原有服国而外，大多被分封在中原外围的贫瘠之地。

而且直到初周，我们会发现形成了一种奇怪的昭穆制度。所谓"昭穆"是指周文王、周武王、周成王、周康王、周昭王、周穆王，第五、六两代昭穆两王的名号。我们今天一提起"昭穆制度"，首先想到的是古代帝王的丧葬制度。也就是第一任国君（包括后来的皇帝）埋在中间，他的儿子埋在左侧，他的孙子埋在右侧，依此类推，始终不变，形成两系隔代分置埋葬的墓地形态（直至明清亦然）。这个制度怎么来的？过去一直说不清楚，只有看懂背后的政权交接关系，你才能明白，它其实就是源于商周各部族轮流执政，君王死后，必须埋回本部族公坟的历史遗绪。由此不难看出，它名叫昭穆制度，很可能表达着西周早年姬姜两姓仍然保持着某种变态形式的权位轮替关系。

这个问题在史学上还不能得到非常明确的考证，作为一个合理的推论，它暗示人类从部族联盟逐步向国家形态或封建社会的体制转进很可能是一个连续渐变过程。

象形文字与东亚甲金文

我们下面进入另一主题，讲思维方式对文明分化的影响。

要讲思维方式，就必须谈一下古文字学。为什么？因为文字对于人类的思维，或者说文字符号对于人类的思想形态，造成重大影响。

这就是为什么在西汉早年的古书《淮南子》上记载，原话这样表述："仓颉作书，天雨粟，鬼夜哭。"这段话什么意思？它说自从仓颉创造了文字，天上降的雨都是谷子，鬼在晚上都要群哭群嚎。它为什么用如此惊人的笔调来描绘人类创造文字符号？是因为文字符号的发生对人类其后的思想和思维方式起到某种程度的奠基性作用。

在文字符号发生以前，人类的思维和意识呈漫流状态，也就是我们心理学上所说的意识流；文字发生以后，外在文字符号构成的示意系统，成为人类思想得以展现和推导的基本框架，由此缔造人类的显意识思想结构。

当然这只是思维方式得以形成的主要因素之一。我下面讲的部分，并不是说人类思维方式的形成仅仅由于文字符号的影响，但文字符号显然是一个重要影响因素。我们通过讲这个主要影响因素，有便于大家理解思维方式的塑形和分化是一个怎样的自发过程。

我们就从中国古汉字谈起。大家知道，我们使用的文字叫象形文字。今天世界上221个国家和组织，使用象形文字的仅剩中国。其他各族各国，全都使用的是拼音文字。这很容易给我们造成一个重大误解，以为拼音文字才是文字的主要源流。别搞错，请记住，人类原始各部族，要么没有文字，但凡最初发明文字符号者，全都是象形文字。拼音文字是一个相当晚近的次生型文字符号。比如古埃及象形文字；比如古巴比伦楔形文字，其实是象形文字的一个变种；比如中国古代文字也是象形文字。

从1899年王懿荣发现甲骨文迄今，我国考古界在河南殷虚等地出土带有甲骨文的甲骨残片，数量竟达十万之众。总结下来，发现古代甲骨文共有4500字左右，而我们今天使用的上万中国字，只是其中1500个甲骨文字于后期逐渐演化的结果。为什么另外3000字废用？是因为最初文字和语言是两个系统。

过去的语言学家包括亚里士多德都说，语言是思想的符号，文字是语言的符号，因此文字是符号的符号。也就是人们普遍认为，文字符号是语言的直系产物，这个东西很可能搞错了。实际上人类会说话大约已经有十万年左右，而人类有文字不过新近三五千年的事情，文字最初和语言没有关系。语言是从口到耳的传递，文字是从手到眼的传递。文字符号即象形文字起初不过是生活场景中的一幅画，因此一开始和语言并非完全衔接。随着文字的发展，它必须和语言结合才能有效使用，于是那些可以用单音节表意，也就是用一个发声表达心意的那些符号，才能够被保留下来。凡是早期图形过度复杂，要理解它必须用一长串语言才能把它表白清楚的那些个文字符号不免被抛弃。这就是4500字中只有1500字最终演化为中国文字系统的原因。

中国古文字被称为"甲金文"。所谓"甲"指龟甲片,"骨"指牛的肩胛骨,这是最早刻画字符的书写材料。随后数百年进入青铜时代,在青铜器上铸造或雕刻的文字,被称为金文,也叫铭文。于是我们把中国古象形文字总称为"甲金文",它大约发生在 3300 年前。

大家要注意,所谓象形文字就是生活场景中的一幅画。中国的象形文字和古埃及的象形文字有明显的差别,中国的象形文字半抽象化,而古埃及的象形文字画得非常具象。

A1	A2	A3	A4	A5	A6	A7	A8	A9	A10
A11	A12	A13	A14	A15	A16	A17	A18	A19	A20
A21	A22	A23	A24	A25	A26	A27	A28	A29	A30
A31	A32	A33	A34	A35	A36	A37	A38	A39	A40
A41	A42	A43	A44	A45	A46	A47	A48	A49	A50
A51	A52	A53	A54	A55	A56	A57	A58	A59	A60

古埃及象形文字部分"人"字列表

我给大家举例子,比如古埃及要画"人"这个字,就画一个非常逼真的人,头、躯干、胳膊、腿脚一样不缺,这是古埃及象形文字中的人。可是在甲骨文中,我们看到的人是这样一个符号,它实际上画的是人侧面走路的样子。古埃及文字中画一个"牛",也会画得非常具象（板书画图），这是古埃及象形文字中的牛，把一头牛团圆的、完整的构型全部画出来。可中国甲骨文中的牛，只把公牛的牛角画出来，Ψ（甲骨文）Ψ（金文）Ψ（小篆）牛（楷体），这个字就是中文"牛"字的来源。古时候发音是"哞"，模仿牛叫的声音，是一个拟声字。那么画羊，它就把一只公羊的羊角画出来，Ψ（甲骨文）羊（金文）羊（小篆）羊（楷体），这个字就是"羊"。

古埃及象形文字"牛"字图符

那么为什么古埃及的象形文字十分具象？是因为古埃及这个地方出产一种草叫"纸莎草"，古人把这个草剥开就可以形成类似于纸张的书写材料。然后他们在尼罗河边拔下芦苇杆，把芦苇杆劈开蘸上草木灰的黑水，就可以在纸莎草上流畅地画画，因此他们的象形文字十分具象。中国所在的东亚这一带地方没有这种草，纸张是在汉代以后才发明，因此中国古人的书写材料，只能是质地坚硬的龟甲或者牛骨，然后用石刀或者青铜刀在上面刻写，这就是古代把笔叫刀笔的原因。由于书写材料的限制，中国古代的象形文字不得不简略化或半抽象化。这就是造成中国象形文字和古埃及象形文字发生形态区别的原因。

我们下面再讨论一个问题。

中国古文字，每一个字是一个意思，每一个字发一个音节，叫单音节文字。它跟拼音文字是完全不同的，拼音文字是多音节文字。而人的喉和舌只能发声400个左右的不同单音节，因此按道理讲，中国应该只有 400 个字。实际上中国文字量极大，在这个生理发声限制之下，就必然会出现大量的同音字。

那么同音字在古代是怎样缔造的？它有一个基本原则，就是发同音的字，一般含有某种程度的相同含义。

我给大家举例子。比如这是一个甲骨文。𦥑（甲文）而（金文）而（小篆）而（楷体），它是什么字呢？而且的"而"。今天"而"这个字已经是虚词和介词。但是大家一定要明白，中国古代文字没有虚词和介词，因为不需要。因为古代文章没有语法逻辑结构，它就是象形文字的连环画体系。因此早期文字，每一个字都是实词，没有虚词，而且每一个字都有它独自的含义，复合词不成立。

比如"池塘"，"池"是指方形的水池子，"塘"是指圆形的水池子。请问有谁见过既方又圆的水池子？所以"池塘"这个词不成立。再比如"朋友"，"朋"这个字是画了两串贝币，𦓐𦓐𦓐𦓐，"友"这个字是画了两只手，𠂇（甲骨文）𦐇（金文）𦣻（小篆）友（楷体），是两手半握的形象。"朋"是什么含义？共同挣钱、共同干活的人叫"朋"；"友"是什么含义？共同分钱、共同分享的人叫"友"；每一个字是一种含义。我们知道，人这种东西，历来可以共苦而不能同甘，因此"朋友"这个复合词不成立。再比如"荣华富贵"，先秦时代有一本最早的百科全书式大辞典，名叫《尔雅》，它上面讲"草谓之荣，树谓之华"，就是草长得很茂盛叫"荣"，树长得很茂盛叫"华"；中国古代商人"富"而不"贵"；可见荣、华、富、贵，每一个字是一个含义。复合词的大量涌现，是在东汉中期佛教传入中土之后的事情。

那么回头看"而"这个字，它是什么含义呢？看我的胡子，上面有一撇胡子，下面有一捺胡子，由于有两捺胡子，因此它发"二"（er）的音。大家想想还有哪个字发音是"er"？耳朵的"耳"，它为什么发"er"音？因为你左边长一个耳朵，右边长一个耳朵。还有一个字发"er"音，这个字就是"日"，在甲金文发生地河南陕西一带，"日"不念"ri"，念"二"（er），把太阳叫"日头"（er tou），为什么？因为早上有一轮红太阳从东边升起，黄昏有一轮红太阳从西边落下。所以但凡发"二"（er）的字音，都一定具有"两个东西"的含义。因此，古代的同音字，或者基本构型相似的字，被视为通假字，经常可以互相替换使用。也因此，你读古书，真正的古书，你会发现古人大量写错别字，这不叫错别字叫通假字。要知道你今天不写错别字了，其实你没有多少文化了。

我们下面讲讲象形文字的构造三原则。

人类早年各部族，要么没有文字，但凡有文字者都是象形文字。象形文字的构建，它的第一要素叫"以形表意"原则，就是生活场景中的一副图画。《易经》上对人类早年缔造符号有八个字的表述"近取诸身，远取诸物"。就是近在身体上找符号，远在物象上找符号，这就是象形文字最主要的形意来源。（古文字有多种解读，均属猜测，难以定论，故本课所讲，仅供参考。）

我举例子，比如我们在甲骨文中，看见过这个字，丹（甲文）口（金文）𡘜（小篆）凡（楷体），这是什么字呢？平凡的"凡"。它画的是什么？很不雅，古人不穿裤子撅起屁股，你从正面看到的肛门。凡人皆有那个脏兮兮的肛门，因此这个字是平凡的"凡"，发音跟粪便的"粪"很接近。那么如果在中间画一杠，请注意这个符号，我们在古代青铜器的边缘上大量见到，舟（甲骨文）冉（金文）用（小篆）用（楷体），它就是使用的"用"。它为什么会是"用"呢？古人没有卫生纸，大便完了总不能夹着屎满世界乱跑，于是顺手从地上捡一个木棍在屁股上抹一抹，这个木棍很有用，因此它是"用"字。这叫"近取诸身"。

我再画一个符号，这是什么字呢？整齐的"齐"。它画的是什么？画的是夏天麦穗长熟了，麦穗很整齐，麦浪很整齐，这就是它的甲骨文［繁体字"齐"的中上部分即来自这个构型，⚇（甲骨文）⚇（金文）齊（小篆）齊（繁体）齐（简体）］。这叫"远取诸物"。

我们再看一个字⚇，这是什么字呢？帝，黄帝、炎帝的"帝"。你要想看懂这个字，首先得看懂这幅画。它上面画一个倒三角，下面画一个穿通符号，横向再画一个穿通符号。它是什么含义呢？首先你要知道，但凡你在古汉字里见到倒三角，它都是指女性。女性的性器官是长在腹内的，不像男性的性器官吊儿郎当地挂在外面。那么女性性器官的最重要的标志就是阴阜和阴毛呈倒三角分布，于是画一个倒三角就代表女性，换成正三角就代表男性。

这两个符号全世界通用，不仅中国人在用。比如古犹太人和现代以色列人通用的徽号，叫"大卫之星"。今天以色列国国旗上的图案依旧如此。它是在倒三角上叠合一个正三角✡。请看这是不是犹太人的六角星？（此处有删减）

那么我们现在回看"帝"这个字，它是什么含义？下面这个穿通符号代表子子孙孙，横向穿通符号代表七大姑八大姨的表亲系列，它的原意是指氏族群团中可以找见的那个最远古的女性，她才被称之为"帝"。大家一定要知道，人类远古时代，氏族社会早期是母系社会，一个氏族社会就是一个血缘群团。它的内部是不能通婚，是不能有性关系的，否则会发生乱伦。因此人类早年，其群婚制多呈现为两合部族，我在前面提过这个词，当然并不严格，多族之间也时有交往，否则长时段看仍然不能避免乱伦。就是一到晚上，这个部族的男性都到那个部族去，那个部族的男性都到这个部族来，天一亮，男人各回各家，孩子留在女性部族中生养。由于是跨族群婚，人们永远不知道孩子的父亲是谁，孩子的父亲可能是另外某氏族的任何一个男人。因此，人们只能找见自己的女性先祖，于是就把当时各部族中能够找得见的那位最远古的女性祖先称作"帝"。

到了商末周初，社会普遍男权化，人们已经不知道这个字的原始含义了，于是才把男性祖先或君王尊称为"帝"，比如黄帝、炎帝、始皇帝等等，这显然是用错了古字。

那么古代称呼男性祖先用哪个字呢？用这个字Ⴑ，这是什么字？而且的"且"，画的是什么？直接就画了一个男阳，男性生殖器官。这个字当年不念且（qiě），也不是虚词，它就念祖（zǔ）。它怎么转化成了祖先的"祖"？是由于人类从生殖崇拜时代逐步过渡到祭祀文明时代，于是面对祭祀天地和先祖的活动场景，就先在旁边画一个 T 形祭祀台，干再给祭祀台摆上牺牲，所谓"牺牲"，丁（甲文）丫（金文）示（小篆）示（楷体），就是祭祀天地和祖先时所宰杀的牛、猪、羊等动物，这些牺牲在滴血。吕米示示（甲文中形体各异的"示"字），请看，这个字是不是今天祖宗的"祖"这个字的来源？且（甲文）祖（金文）祖（小篆）祖（楷体），它表达的是象形文字随着人类社会文化结构的流变，字形发生相应流变的分步进程和演变状态，我们把这叫"以形表意原则"，这是建立古象形文字的第一原则。

大家注意，我现在讲甲骨文或讲甲金文，目的不是为了给各位上识字课，而是为了讨论后面的一个重大问题，甚至是一个哲学基础问题——思维方式问题。当然，我们今天在很大程度上确实已经不识字了，所以也有补习识字课的用意。

人类构造象形文字的第二方式叫"共性经验原则"。也就是起初刻画一个符号，至少本族群的上层人众得有共同经验，大致都知道这个符号的含义，该符号才可能被接受。

我举一个例子，比如有一个字叫"闯"。闯（小篆）闯（楷体），门字里面画一匹马，它为什么不在门字里面画一头牛、画一头羊呢？要知道古人跟我们今天的人完全一样聪明。我前面讲过，短短四万年时间，人类的智力不可能发生重大改变，何况造字才三五千年。所以那个时候，人们的聪明程度跟今天完全相等，只不过他们所关心的问题却是生存基础问题——衣、食、住、行等基层问题，其中信息量偏小。他们以高超的智慧处理如此之低的信息量，请想想古人可以把这些问题琢磨到何等精透的程度？这就是古文化的价值所在。

古人豢养动物观察得极细，发现所有动物出圈门都是很缓慢的，因为动物挤着出圈，如果它们奔跑速度太快，互相冲撞，很容易造成外伤。任何动物，包括野生动物，一旦受伤必死无疑。因此所有动物在出圈门的时候，动作都是放慢了的，只有马例外。古人观察入微，发现马出马厩是跳跃着出的，于是门字里面画一匹马代表"闯"。

我再画一幅图符，🖐（甲文）🖐（金文）白（小篆）白（楷体），这个字就是"白"。这画的是什么？画了一个指甲盖，把底下皮肤遮盖的半月膜都给画出来了。为什么画一个指甲代表"白"？是因为古人干的都是粗活，手总是黑的，手上唯一能保留白颜色的就是指甲，因此画一个指甲代表白。这些东西都是古人在其共通的生活场景中缔造的符号，所以那些图符所表征的含义大家就会一望而知。

我再画一个符号，我前面画过，🖐（甲骨文）🖐（金文）🖐（小篆）止（楷体），这是个什么字呢？是古人不穿鞋袜，赤脚踩在土壤上，所留下的脚印的半抽象图，右边拉出去的一撇就是大拇趾头，这个字就是"止"。但是大家注意这个字的意思，它在远古时代不是"停止"的含义，而是脚指头的"趾"的含义，以后成转注字，加足字旁，才把这个字的原始含义标示出来。如果画前后两个脚印，🖐（甲骨文）🖐（金文）🖐（小篆）步（楷体），这个字是什么字呢？步，走步子的"步"。它是从甲金文直观描摹，到小篆大篆曲线成图，然后隶变，再到楷书，才从曲笔走形变成直笔字形。

我们从这个字里还可以看出什么呢？我们可以发现，所谓"文明进步"，就是把任何事情都越解决越多，也越解决越糟的过程。

　　古人没有车马，赤脚徒步在自己十几平方公里的氏族领地上生存，就足以解决所有基本生存需要。你今天开汽车、坐飞机跑得老远，你想干什么？你总不至于变成神仙吧？你仍然不过是混饱肚子而已。可你把"行"这一件事情解决了吗？没有解决，你只不过是把这件事越解决越多，也越解决越糟罢了。以汽车为例，你要造一辆汽车，总得先开矿吧？开完矿，你得冶炼，冶炼完你得制造成千上万个零件，才能组装一辆汽车。然后你还跑不成！你得铺设公路、架红绿灯……然后警察不停在那儿指挥着，你还动不动把自己撞在电线杆子上撞残废了。请问你见过哪个古人走路让自己撞在树上，把鼻子撞塌了的？

　　所以大家一定要明白，人类文明进步没有解决任何问题，它只是把任何问题都越解决越多，而且越解决越糟。我们仍以汽车为例。联合国统计，现在全世界仅因为汽车交通事故，每年死伤300万人左右，死亡25万到30人万左右，相当于年年打一场大规模的局部战争。就这样，我还没有计算它所造成的空气污染的大麻烦哩。

　　从这些古文字里，我们可以看出，古人秉持保守论，也就是对人类社会的文明发展不加表彰，反而持以怀疑态度，是有他们的深切体认的。所以才说，古文字以及古文化中包含的原始思绪具有极其深远的意涵。

　　造字的第三原则叫"人本主义原则"，也就是以人为中心，或者说是以人的观念形态和依存需求为基础，画出所有的图像符号。

　　比如在你的视觉中，山呈现为峰峦起伏的样态，于是画出这幅画，〰〰，这就是"山"字的来源。水，画一条河流的半抽象图，〰〰（甲骨文）〰〰（金文）〰〰（小篆）水（楷体），这个字就是"水"。大家再看这

88

个画幅，👤，这是什么字呢？女。它画的是什么？古代没有桌子、椅子，甚至不是席地而坐，席地而坐发生在商代中晚期之后。远古时代的人是先取跪姿，然后坐在自己的脚后跟上，这叫踞坐。一个女性踞坐在自己的脚后跟上，把两手放在腹前干一些轻微的家务劳动，呈现出安静的坐姿。这个女性静态坐姿的图像，就是"女"这个字的来源。所以大家看，所有造字都是以人为中心，表达出人的符号观感。这就是象形文字造字的三大基本原则。

我再重复一遍，我讲古文字，主要借助于唐汉先生的研究，辅之以其他甲骨文学者的观点，形成这部分课程内容。有兴趣的同学，可以更纵深地去读一些相关书籍。

甲金文的字义如何形成

我们下面稍微讨论一下象形文字字义的形成方式。

先看"人"这个字，👤，画出人侧面行走的画像。不过，在甲骨文的早期，我们还看到这个字，👤，我们今天把这个字念"大"，其实不对。在甲骨文早期，这个字实际上的含义是画了一个正面立相的人。

我们怎么知道呢？有大量的字，是在这个符号上建立的。比如，在下面加画一条地平线，👤（甲骨文）👤（金文）👤（小篆）立（楷体），这个字就是站立的"立"。比如，我们再画一个人，然后在他的手边画一个拐杖，👤，后来添加了一个口，表示拐杖敲打地面发出的声音，这个字就是"奇"。什么意思呢？就是指谓一个腿脚残废的人，所以，"奇"这个字的本意是畸形的"畸"，由于跛脚人看起来怪怪的，以后才慢慢衍生出奇怪的"奇"之转义。

另看一个字，仍然画一个正面立相的人，给下面画两只手，👤（甲骨文）🜪（金文）🜪（小篆）又（楷体）（顺便说一下，在繁体字中你只要看见"又"，都是画了一只手，而在简体字中不作数，因为简体字里"又"这个符号被滥用），两手中间再画一条水流，🜪，这是个什么字呢？泰。"泰"这个字是什么意思？第一，高大的意思，第二，舒服的意思。所以组词叫康泰、安泰、通泰。

它为什么会有这两重含义呢？你先得看懂这幅画。究竟画的是什么？一个男人用两只手捉住他那个宝贝在撒尿。为什么画出一个男人撒尿就会有高大的含义？是因为男性和女性的身高差别很小，男人只有在撒尿的时候才显得特别高大。古人不穿分两叉的裤子，只围一条兽皮裙，即使如此女人也不能站着撒尿，否则她会斜撒在腿脚上，很不雅观。因此女人自古以来，撒尿都是蹲下去的，而男人是站着撒尿的。在撒尿的这一瞬间，男人显得特别高大，于是这个字就有了高大的含义，于是当时的中原文明人就把中原周边最高的那座山叫作泰山。那么为什么这个字会有舒服的含义？是因为你憋着尿很难受，叫内急。你必须赶紧找一个地方把尿撒掉，你才会安宁。于是出现了通泰、康泰、安泰的含义。

我在讲什么？我在讲任何一个象形文字，尤其是半具象半抽象的甲金文符号，它的字义之来源，不是从逻辑推导上得来的，而是在具象类比中给出的。

请注意逻辑推导和具象类比的差别。我再写一个字，🜪（甲骨文）🜪（金文）美（小篆）美（楷体），先画一头公羊的羊角，这个字就是羊。如果给下面再画一个大，这个字是什么字呢？美，美丽的"美"。这个字是什么意思？过去很多研究甲骨文的学者把它解释为"羊大为美"，这个说法很成问题。凭什么说羊大为美？小羊羔才美呢！解释错了。这个字的实际含义是，一个男人雄壮或健美得像公羊一样叫作"美"。请注意古人说"美"，是形容男人的。我如果今天指着一个男人说你很美丽，你一定浑身起鸡皮疙瘩。今天美这个字，美丽这个词，已经用给女性了。那么究竟是古人搞错了，还是今人搞错了呢？

让我们看一下生物史。所有动物都是雄性美，你在动物界中是见不到雌性美的。比如野鸡，凡是雄鸡都长着花哨的大尾巴，体貌俊美，而雌鸡一个个灰头土脸。你再看狮子，雄狮鬃毛宏阔，一副雄伟之态，而母狮全都是一派萎缩之相。那么为什么所有的动物都是雄性美呢？是因为雌性社会地位较高，它用不着美。大家知道，所有动物只在一种情况下发生内斗，那就是在发情期争夺雌性生殖资源。这个时候是一个什么场景呢？所有雌性动物蹲在旁边，然后观赏雄性动物在它们面前显示美，显示强壮或者竞技打斗。

雌性动物为什么具有如此之高的社会地位，以至于她们用不着美呢？是因为雌性生殖资源十分稀缺。这句话什么意思？要知道所有动物一年只发一两次情，即使我们人类天天发情，一个男人一次射精中精子含量就达 2 亿～4 亿之多，而一个女人一年只排 13～14 粒卵子，表明雌性生殖资源十分稀缺。因此，在整个动物界，雌性的社会地位很高。而今女人把自己打扮得花枝招展去勾引男人，标志着女性的社会地位大大沦落了。

要知道，在所有动物乃至人类文明早期，它们的婚配关系都是群婚制。对偶婚制是人类文明化以后，社会逐步男权化，私有制随之发生，这个时候，如果男性要让自己的私有财产能够得到继承，他就必须知道哪个孩子是自己的后代。由于这个因素，对偶婚制才相应发生，男权社会才使得女性转化为男性的生殖附庸。

可见，文明过程是什么？它把人性都给扭曲了！这个过程叫作文明进步。

古文字义中包含着诸多的人类早期文明思绪，以及人类原本对社会乃至自然问题的深切理解。而且我们会发现，古文字与楷书方块字之间存在着字形演变的巨大差别。

我给大家举三个字为例。先看"盗"这个字，它今天是强盗的意思，暴力夺取他人财物。🜲（甲骨文）🜲（金文）🜲（小篆），可是在甲骨文中，它画的是什么？画的是一个人在别人的釜或者锅里偷肉吃，嘴角流着涎水，这叫"盗"。它是我们今天所说的典型的小偷，是今天"贼"这个字的含义。再看"贼"字的金文与小篆，🜲（金文）🜲（小篆）贼（楷体），它先画了一个贝壳，大家知道东亚人在先秦时代以贝壳作为货币，叫贝币，因此画一个贝壳代表财富，然后在左边或中间画一个人，右边画一个古代兵器——戈，于手握的地方打一个指示符号。这个字就是我们今天"贼"这个字的来源。请看清这幅画，它画的是什么？一个人手执兵器强行抢夺他人财物叫"贼"，它恰恰是今天"强盗"这个词的含义。只有"寇"字形意未变，🜲（甲骨文）🜲（小篆）寇（楷体），上面画一个房子，下面画一个人，头被遮盖，旁边画一只手，手里拿着一个兵器，这个字就是"寇"，入室抢劫的意思。

我们从这三个字里可以看出什么呢？古文字在历史演化的过程中早已发生了字意词义的流变甚至翻转。

我讲这一点是想说明，翻阅古典文献，你用今天的中文汉字去理解，一定会发生严重误读，这就是我们今天经常见到很多学者讲古文化、古经典大量出错的原因。只有对古文字学有一定了解，我们才能解读古文献。而中国文字一脉相传，这个文字系统从来没有中断，因此，唯有中国的古代文化才能够完好保留系统性原始初级文明的思绪。

所有古文字，都具有颇高的具象性，你要想理解它，你必须有一种能力，那就是返回到原始生活状态的场景之中，这是有相当难度的。我举例子，看这幅字，🜲（甲文）🜲（金文）🜲（小篆）安（楷体），它先画一个房子，然后在里面画一个踞坐着的女人。这是什么字呢？安，"安"这个字是什么意思？它可不是今天的含义。你到仰韶遗址、半坡遗址去看一看，它是指在人类原始氏族社会的群婚制时代，氏族中其他人大多住在一起打通铺睡觉，只给处于生育旺盛期的年轻女性单独盖一所房子，晚上让她住在里面，干什么？接待其他氏族的野汉子。这种群婚关系所特有的场景，就是"安"这个字得以形成的原委。

我再画一个字，🔲（甲骨文）🔲（金文）🔲（小篆）家（楷体），还是画一个房子，里面画一头猪。请注意这头猪一定是公猪，所以它要把雄性猪的生殖器官画出来。这就是为什么你看古书中写"家"这个字，在左边三撇之处还加画一个笔点的原因，这一点就是公猪的生殖器。什么叫"家"？要知道，古人养猪，他是不养公猪的。因为养猪需要花大量的精力，还需要相当的草料，甚至需要一部分粮食。因此，古人只养母猪，因为只有母猪才具有生育能力，才能够扩大种群。那么只有母猪生不了猪仔怎么办？古人给已经豢养成熟、没有奔跑跳跃的野生能力的母猪，搭盖围墙很低的猪圈。每到晚上，雄性野猪就会跳入母猪圈里来跟母猪配种，天一亮公猪又跑掉了，这个公猪潜入母猪圈里的局面叫"家"。所以我前些年听见南方人把丈夫叫作"老公"，觉得非常形象，颇有点公猪踏巢的意趣。

我再举个例子，🔲（金文）🔲（小篆）信（楷体），画一个人，旁边画一只口，就是一张嘴，这个字是什么字呢？信，大家知道信是什么含义吗？可不仅仅是今天所谓的信任、诚信之含义，它本意是指古人让别人给自己在远方的朋友或者亲属捎去一句话，这个捎话的人，把话原样地、绝不添油加醋地转达过去，叫作"信"。

再看一字"恒"，恒心的恒，永恒的恒。🔲（甲文）🔲（金文）🔲（小篆）恒（楷体），它的甲骨文中实际上是画了一个月牙，然后在上下各加一横，这个字就是亘古的"亘"这个字的来源，以后转注成恒心的"恒"字。它指的是月亮从傍晚时分一直到第二天天亮持续存在的状态。这就是"恒"或者"亘"这个字的来源。

那么夜晚的"夜"是什么样？𠔃𠔃（金文）夜夜（小篆）夜（楷体），仍然是画一个正面立相的人，在他旁边画一个月牙，晚上月光把他的身影投向另一边，于是对应处加画一撇，这就是夜晚的"夜"这个字的来源。你看，全都是具象描摹。还有"瓜"字，我上小学的时候，就怎么都看不懂这个字为什么是瓜。因为瓜都是圆不溜球的东西，怎么会画成这样难看的形状？可是，我如果把它的金文画出来，你马上就知道它为什么是瓜。瓜（金文）瓜（小篆）瓜（楷体），在金文中，先画一个瓜架子，然后在下面吊一个瓜，请问有谁看见这个符号会怀疑它是"瓜"呢？

中国文字既然是具象符号，那么它怎么表达抽象的含义呢？

比如数字一、二、三、四，横向伸出手指就行，古人的"四"也是画四杠。三（甲文）四四（金文）四（小篆）四（楷体），到了后来才变成了握拳手势的直出面，这就是"四"的来源。那么"五"怎么办？把整个手掌伸出来，因为手掌上有五个指头，因此"五"早期画成这个形状，Ⅹ（甲文）Ⅹ（金文）Ⅹ（小篆）五（楷体），以后曲折渐变，才有"五"字。"六"，把手上的食指、中指、无名指缩入掌心，将大拇指和小拇指倒放下去，入（甲文）介（小篆）市（小篆）六（楷体），这个手势就是"六"这个字的来源。"七"上"八"下，"七"和"八"是让拇指与食指张开，把这个手势上下翻转，上为"七"，十（甲文）十（金文）七（小篆）七（楷体），下为"八"，八（甲文）八（金文）八（小篆）八（楷体），故谓之"七上八下"。我们今天把"七上八下"说成用十五只桶在井里打水，请问有谁见过哪个井能丢下十五只桶的？它实际上是古代"七"和"八"手势的翻转。"九"，𠂤（甲文）𠃌（金文）

㐁（小篆）九（楷体），在古代画一只手，仅将食指弯曲伸出，这个字就是"九"的来源。"十"怎么办？把整个手臂伸出来代表"十"，▏（甲文）†（金文）十（小篆）十（楷体），所以在甲金文中，画一竖中间置一点，这个字就是"十"。

那么"百、千、万"这些抽象含义怎么表达呢？总不至于画一百个、一千个东西吧？这个问题难不倒古人。大家看看古人所画的"百"，（甲文）（金文）百（小篆）百（楷体），这个字就是"百"。上面添一横就是一百，添两横就是两百，添三横就是三百。我们在甲金文中见过这种指示"三百"的图符。"百"字的下面画两个圈，或在圈内画一条弯线，它是什么含义呢？内圈或内线代表嘴唇，外圈代表胡子，用男人胡子之多代表"百"。

再看"千"，（甲文）（金文）千（小篆）千（楷体），画一个人，然后在他的下肢打一个指示符号，这个字就是"千"，它用男人小腿上胫毛很多来形容"千"。

最后看"万"这个字，（甲文）（金文）（小篆）万（楷体），它居然就是十分具象地画了一只蝎子，把蝎子头上的大钳子以及尾部的毒针都清晰画出，金文里在毒针能蛰人的地方打一个指示符号，这个字就是繁体字的"萬"。为什么画一只蝎子代表"萬"？是因为蝎子蛰人剧痛，我们今天很少有人被蝎子蛰过，要知道不慎被蝎子蛰一下，会疼得你想满地打滚儿。古人盖房子的方式是朝下挖地窝子，在挖房子的过程中有时揭开一个石片，偶然会看见一窝蝎子，就是一只母蝎子周边围绕着成百上千只小蝎子。母蝎子一次排卵400到1000粒以上，如果它把这些卵都孵化出来，你会看见成百上千只蝎子在那里蠕动。由于蝎子蛰人剧痛，因此给古人以强烈的视觉冲击，于是古人便画一只蝎子代表万，代表数量之多。

我们从这里可以看出什么？一言以蔽之，所谓"文明进步"就是"人祸"取代"天灾"的过程。

我举一个例子。古人住房子最初都是地窝子，那时候发生地震，根本不形成灾害，因此我们在远古时代的记录中几乎见不到有关地震的描述，反倒经常见到日食、月食的描述，因为古人认为日食、月食是一个不祥的天象。为什么地震这个我们今天认为是严重自然灾害的事情，在古人看来不构成威胁？是因为那时的房子重心偏低，它是朝下挖的地窝子，上面搭一个茅草棚。即使再大的地震摇晃，也只会把那个草棚子晃荡下来，顶多造成一点表皮伤，绝不至于伤筋动骨。直到中古时代以后，古书上才开始逐步见到地震记载。为什么？因为人类开始向上盖房子，甚至加层盖楼房，把房子的重心移得越来越高，大地稍有晃动，房子立马就塌下来，可见地震这个灾害，与其说是"天灾"，不如说是"人祸"。

人类的文明进步过程，就是这样点点滴滴、日积月累地铸成并叠加种种灾难的过程，自古一直如此，而今变本加厉。

前面之所讲，都算是我们对古汉字学、古象形文字的粗略解说，大家也可以将其视为识字课的一个别样补习。因为，我们今天对中国古文字的出处及其原字意的形成均已相当陌生，人们把象形文字也早就混用成纯粹的抽象符号了。但，本课的主要目的不在于此，而是为了说明象形文字和不同文字符号系统对思维方式的影响。因此，我后面所讲的内容，才是各位应该特别予以关注的部分。

东西方思维方式的差异与成因

我们下面进入人类原始文明分化的第二主题部分——东西方思维方式的差异与成因。

我前面提到，汉初《淮南子》书中之所以用"天雨粟、鬼夜哭"这样惊人的笔触来形容人类创造文字符号这件事情，是因为古人虽然不能详细论证它跟人类思维方式的关系，却能深切地感受到文字符号的发生对人类文明的巨大影响。它不仅使得我们增加了一个记录工具，使得人类的文化和思想得以累积和传承，更重要的是，它对思维方式产生重大影响。我们下面就来看一看文字符号的内在逻辑，以及它与人类思维逻辑的交互响应关系。

我把它分为三组来加以讨论：

第一，字形逻辑推演。

其实我前面讲甲金文字，都已经涉及这层含义。我下面只再举一个例子，大家看，我画一个图符：先画一张口，上面画一个直出符号，旁边画一个肉月，𠂕（甲骨文）𠂕（金文）𠕎（小篆）肉（楷体）。请注意，这不是月亮，这是割下来的一吊肉。这个字是什么字呢？胡。

𦝩，"胡"这个字是什么意思？古人形容中原文明以外的未开化人，把他们通称为胡人。今天让你去讲解未开化人和文明人之间的区别，你可能说了一大堆废话，都未必能说清楚他们之间的差别在哪里。而古人只画这个图符就足够了，他画的是什么？画出未开化人的直观特征：茹毛饮血，吃着生肉，嘴里散发出腥膻气者，谓之"胡人"。

所以"胡"这个字全都跟气味有关。比如到楷书转注化以后，人们在胡的旁边加一个米字旁，这是烤糊的"糊"，某物烤糊了你怎样察觉，首先就是闻到它的气味。再比如，在胡的旁边加一个三点水——"湖"，称作湖水。所谓湖水是什么含义？水流向低洼，积成平潭，不再流动，不流动的水就会腐败，你走在这样的水边会闻见水的腐败气息，我们把这种水叫湖水。可见，"胡"的转义字都跟气味有关。从这个字形里导出来的其他字意全是具象思维的类比关联关系。

"胡"这个字在中国很重要，比如我们今天讲胡萝卜，就是指从胡人那儿传过来的萝卜；我们今天讲胡琴，就是从胡人那儿传过来的琴；我们今天讲二胡，就是从胡人那儿传过来的第二把二弦琴。我们还常骂别人"胡说八道"，什么叫"胡说"？胡人说话像鸟叫一样，文明人听不懂叫胡说。这么多的字意，居然全是从这一个字符中所引申出来的具象延伸，它跟纯逻辑推导没有任何关系。所以，我们把它叫具象符号或具象思维，它的对应词是抽象符号以及抽象思维。请记住，具象符号引出具象思维的思维方式训练，这叫字形逻辑推演。

第二，字序逻辑推演。

我仍然以举例子的方式来讲。我们前面讲这是人，ヘ，那么如果我们连续画两个人，ヘヘ，这个字就是"从"。"从"是什么意思？一个人跟着一个人走，谓之"跟从"。如果我们朝着相反方向画两个人，ヘヘ，这个字却突然变成了"比"。为什么相反方向画两个人就含有比赛的含义？古人早上出去干活，一个个懒洋洋地往前走，晚上收工则归心似箭，一个跑得比一个快，于是比赛的含义就潜藏于其中，这就是"比"这个字的来源。

我再画一个类似的字符，背靠背画两个人，ヘヘ，这个字竟然指一个方向，北边的"北"。为什么这个图符会指示北方？是因为我们东亚处在北半球，太阳总是在南边运行，正午时分，你面向太阳，你的身后一定洒下一个人影，跟你形成背对背的格局，而且它一定指向北方，于是这个字又突然转化为"北"，一个方向的含义。大家注意这个字还有一个含义——失败，叫"败北"。为什么它会有失败的含义？是因为打仗你如果打赢了，你只有一个方向，向前冲锋，打败了，你才会回身逃跑，有两个面向，因此它又出现了失败的意蕴。古人记载任何事情都是画一副连环画，所以文字简洁。因此我们在古文献中曾经见到描述一个大战争的局面，居然只用四个字符，"王出师，北。"（古文没有标点符号）意思是国王带着我们打仗，打败了。

如果我正向画一个人，然后反向画一个人。⺅匕，这个字是什么字？变化的"化"。今天即使是让一个哲学家讲明什么叫"变化"，他可能写厚厚一本书都未必能说清楚，可古人只画这个字符就足够了。它是什么意思？一个人从站着到躺下，从活着到死了，叫作"化"。

上列这四个字所形成的字序，都是以人字构建的图符，然而它们之间居然没有任何逻辑联系。它们各自表达着完全不同的独立字义，其间只有不同场景下具象类比的引申含义。这种在直观具象中获取字义的长期训练，最终养成了特殊的具象思维固化模式。要知道，具象符号包含着较大的信息量。我给大家举个例子，我们今天电脑中 1 兆的存储量，可以容纳 100 万个字节，也就是可以容纳 100 万个拉丁字母，相当于 65000 个左右的汉字。可是它居然存不进去一幅图画或者一张照片，这说明什么？说明在图画和图符中具有更大的信息量。由于其中含有直观而丰富的信息量，因此，我们在具象图符中建立类比式的、隐喻式的概念延展，其思维方式就变得十分简捷且有效，用不着在逻辑系统上进行复杂的推演，这就是具象符号对思维方式的影响力度之所在。

我再画一组字序。先画一个太阳，底下画一条地平线，𠄞（甲骨文）𠄟（金文）旦（小篆）旦（楷体），这是什么字呢？旦。"旦"这个字是什么含义？夏季凌晨四五点，太阳刚刚升到地平线以上叫"旦"，它是一天最早的时刻。我再画一个字符，𩅰（甲骨文）朝（金文）朝（小篆）朝（楷体）。先画一棵树，请注意，这个字就是木头的"木"字的来源；我们在它的中间画一个太阳，旁边画一个月牙，这是什么字呢？朝朝暮暮的"朝"。它是指什么时间？早上六点钟左右，太阳已经升到半竿子高了，西边的月牙还没有落下去，这叫"朝"，它是早上的第二个时段。

我如果画一个太阳，底下画一个直出符号，![甲骨文]（甲骨文）![金文]（金文）![小篆]（小篆）![隶书]（隶书）早（楷体），这个字才是"早"。它相当于我们现在早上八点钟左右，太阳已经升起一竿子高了，它也相当于我们今天所说的"上午"，这是"早"的含义。如果我只画一个太阳，⊙，这个字是"日"，它的意思是如日中天，也就是指中午的太阳。如果我画一个太阳，旁边画四棵小草，![草]。请注意，这每一棵小草都是一个字，![屮]，生生不息的"生"。这个合体字是什么字呢？暮，傍晚或黄昏的意思，太阳落到草窝里去了。我前面讲过，中原是平原，没有山，我们一般人讲太阳落山了，中原文明人说太阳落到草窝里去了。请大家看，我画了五颗太阳，它竟然把中国古人的宇宙观全部画出来了。

中国古人早期的宇宙观叫"盖天说"，就是认为大地是一个平板，天空像一个穹窿扣在大地上，也叫"天圆地方说"。我们今天把"地点"还叫"地方"，就跟这个宇宙观有关。随后进入"地心说"，我一提这个理论，你立即就会想到古希腊著名科学家托勒密所建立的地心说模型。他的著作早期被阿拉伯人翻译为《天文学大成》，而这本书的希腊原名、真名、全名叫《数学汇编十三卷》，它居然是用复杂的数学逻辑推演出来的一个巨大运动体系。托勒密建立的地心说是一个逻辑模型，而在同时代——汉代，中国也出现了一位历史上最伟大的天文学家张衡，就是说张衡跟托勒密完全同时代，同时代到什么程度？两个人的年龄只相差12岁。张衡给中国人也建立了一个地心说模型，却是一个漏水推动的浑天仪，是一个实物模型。它说明什么？说明东西方学者做学问的方式都大相径庭。西方人做的是逻辑思想模型，中国学者做的是具象实物模型。逻辑模型缜密而具有延展性。什么意思？逻辑模型极其复杂，越复杂的结构，破绽就越多。后人发现它的逻辑破绽，就可以变革这个学说，重新建立一个新的思想模型。而具象模型坚固而稳定，你永远都没有变更它的可能。因此中国人把盖天说和地心说一直用到鸦片战争以后。那么这里呈现的是什么问题？就是东西方学者思维方式的差别，一个是逻辑抽象模型，或者叫抽象逻辑思维模式，一个是实物具象模型，或者叫具象比拟思维模式，由此导出完全不同的思维方式。而思维方式又成为整个文化内涵的编织器和承载者，这就造成东西方文化在其基础构型和思想素质上发生根本性的分歧。

第三，字组逻辑推演。

我们在这里展示一个甲骨片。它画了五个字符，却讲了一个非常复杂的事件。🧬🧬🧬🧬🧬，这五个图符讲的是什么？第一个字画了一个孩子。第二个字画一张口，然后外面画出伸长的舌头，这个字就是"舌"字最早的形象。前两个字的意思是指一个总是把舌头吐得很长的孩子。古人给小孩起名字，经常会把他的某一生理特征表现出来，作为他的小名，所以这个孩子叫"子舌"。下面第三个图符有些复杂，右边画的是一位母亲，先画一个踞坐的女人，在她圈胳膊的上方点两个点，表示突出的乳房和乳头，这就是母亲的"母"的字源，你今天把这个字倒过来，这就是母亲的"母"；然后中间画了一个毒虫或者毒蜘蛛；左边再画一具尸体，两腿完全僵硬的样子，腿硬的地方打一个指示符号，月（甲文）月（金文）月（小篆）歺（楷体），这个字就是"歺"。大家看整个字，一个做母亲的女人，被毒蜘蛛蜇死，死法不吉利。这么复杂的一个图画，其含义用一个单音节完全无法表述，因此在后来的文字发展过程中被淘汰。第四个字画的是"不"，🀄，先画一个倒三角，底下画三条水流，这个字就是"不"。什么意思？倒三角代表女阴，下面的水流代表女性来月经、来例假，这个时候她会拒绝跟男性发生房事，这个拒绝符号就是"不"字的来源。最后画一个坟墓，里面躺一个人。这五个字的图符表达的是什么？一个舌头伸得很长的孩子，他的母亲被毒虫或毒蜘蛛蜇死，死法不祥，因此不得葬于氏族公墓。这么复杂的叙述，这么多意思的一个故事，居然只用五个字符就表述完毕。

大家看看，它跟文言文何其相似，文言文就是这样组成的。实际上它的表意过程相当于一幅连环画，这就是中国古代文字和文章的具象连贯关系，所以我前面讲，中国古代的文本结构没有语法逻辑关系，就是这个含义。既然它是如此具象的图画系统，既然图符系统中包含的信息量较大，它就用不着借助抽象复杂的逻辑思维来推展自己的思想概念构成，那么它的思维方式就倾向于具象化，倾向于类比化，而不倾向于线性推导关系。在这种思维方式的长久训练之下，形成中国人特有的文化状态，我把它叫作"技艺文化体系"。也就是中国文化偏重于产生技术和艺术，或者说它的主体文化最有利于产生技术和艺术。

我给大家举例子。宋代马致远写过一首词叫《秋思》，"枯藤老树昏鸦，小桥流水人家，古道西风瘦马，夕阳西下，断肠人在天涯。"这首词很有名。要注意，在古代诗词里是没有标点符号的。请看他的整个语词结构，其中没有任何虚词、副词或者介词，也就是没有任何语法逻辑联系。枯藤、老树、昏鸦，他用不着讲枯藤绕在老树上如何如何，结果写出了最好的词。大家再看，王维写过一首诗，其中有两行十个字，是我见到描绘西部宏阔景致最苍凉的一句诗，他是这样表述的："大漠孤烟直，长河落日圆。"大漠、孤烟，只用一个形容字"直"；长河、落日，只用一个形容字"圆"。他绝不用讲大漠上住着农家，晚上做饭炊烟袅袅升起之类的废话，结果它是最好的诗。它说明什么？说明具象思维独特的展开方式，说明具象符号必具的贯通序列。要知道，具象符号就是人类两万年前刻画在岩洞中的岩画的后延产物，它是非常简洁的图符。把这些具象图符直接按顺序摆放在那里，就构成了一幅十分美丽的画卷，一个动态连环画表意体系。也就是说，中国的象形文字是天然带有颜色的，不像西方的拼音字词全都是灰淡的概念规范。譬如我们把谈情说爱叫"花前月下"，把不受拘束叫"天马行空"，行房交媾谓之"云雨"，支付稿酬谓之"润笔"……凡此种种，无不流露出含蓄而优雅的风韵。因此，它特别有利于艺术文化的产生。

众所周知，做艺术的人最需要的是具象思维，而不是抽象理性思维。那么中国的具象思维倾向，就特别适合于缔造独特的艺术文化。所以，在中国古代的大文豪之中，除了先秦时代诸子百家中个别人发展经学，而且还是散点逻辑状态的经学，更多的历代文豪大抵都是艺术家，比如屈原、子渊，比如李白、杜甫；再比如汉赋、宋词等。甚至唐宋八大家，他们的文章多为散文，思想性并不复杂，并不深奥，文字美和文字意境美才是他们成为大家的原因。一句话，他们都是美学家。因此，中国古代文化缔造艺术的能力高强。

我举一个例子。比如，隋唐以后中国出现半抽象画作，这就是写意国画。中国在上千年前，水墨写意的半抽象画就已经达到超高水准。而西方的抽象画，直到近代一二百年前才发生，而且它的最大特征，我只能用一个词来形容，叫丑陋无比。不得不说，作为艺术品而丢失美感，应属不可原谅的本质性缺憾。跟中国的古画相比，跟中国的水墨写意画相比，西方现代抽象画实在是差距太远。只不过由于西方文化今天成为主流文化，于是它的那些最难看的画都能卖出高价。我相信，如果中国逐步崛起，中国古画才会是价值更高的画作，建议各位有钱多买点中国古字画，将具有异乎寻常的保值效应。

中国文化，首先特别有利于缔造艺术，其次有利于缔造技术。在这里我得纠正大家一个概念，我们今天把科学技术混为一谈。请注意，从原始状态来分析，科学和技术是两码事。所谓技术，是实践经验在前，事后找一个理论把它贯通起来，这叫技术。所谓科学，它的思维方式恰恰相反，它是逻辑建模在前，然后建一个实验室，用实践经验来检验，这叫科学。中国文化产生技术体系，而从来不产生哲科体系，也就是哲学和科学体系。什么叫哲学？我得做一个说明，我在这里只给一个最简单的概括：所谓哲学，是指古希腊一群大号儿童所玩弄的一种纯逻辑游戏。这个纯逻辑游戏的延展分化产物，叫科学。（后面的西哲课里再详谈）

我给大家举例子。比如哥白尼，他当年建立日心说，没有任何证据，他只是发现托勒密的地心说思想模型有严重的破绽。他设想，或者说他仅仅是猜想，如果把太阳放在中间，让地球和其他星辰都围绕着太阳运转，那么托勒密的逻辑模型会更简单、更严谨，而他当时没有任何证据。这就是为什么在哥白尼死后 50 年，布鲁诺因提倡哥白尼的学说被宗教裁判所烧死在太阳广场，万民一片欢呼；直到哥白尼死后七八十年，伽利略晚年支持哥白尼的日心说，还被西方宗教裁判所判为软禁，学界也没有任何抗议之声；原因就是哥白尼的学说没有任何证据。直到哥白尼死后将近 100 年，三大证据才逐步出现，这就是金星盈亏、光行差和恒星视差。

我在讲什么？我在讲科学与技术完全是相反的两个思维进程。技术是实践经验在前，事后找一个理论把它贯通起来；哲学和科学是逻辑模型在前，事后才去找证据，或者才去用经验观察的方式来实证，这个思维方式我们把它称之为"哲科思维方式"。我再举个例子，人类一直不知道基因是怎样形成的。近代以来，关于遗传因子到底是颗粒状还是液体状，一直说不清楚。说它是液体状，有证据，比如父母两个人个子都高，后代的个子都偏高；父母两个人一高一低，后代的个子就呈现高低不等的分布，平均身高则处于中等；从这一点上看，基因是液体混合状态。但是反过来又发现，某一个遗传性状或者生物性状，它会表达为单独的、突出的样貌，这又显得基因是颗粒状存在。因此，甚至在达尔文之后，直到孟德尔以降，一直找不见遗传因子的基本组态。到1953年，沃森和克里克根据生物遗传现象的表征，在纯逻辑上建构基因组形，这就是著名的双螺旋基因模型。那个时候，人类还是看不见基因的分子结构的，光学显微镜下看不到，再过十余年以后，隧道显微镜发明，X光衍射分形技术出现，才发现它们的碱基链构型居然与理论模型分毫不差。

它说明什么？逻辑建模在前，实践检验在后，这个东西叫科学。这就是为什么在西方哲学史上，在其主流哲学界，你是听不到"实践出真知"这句话的。这句话我们中国人叫得最响亮，因为我们的整个文化体系是一个技术体系，是一个具象的实践操作体系，是一个经验体系。可大家要注意，我们人类今天的知识，都与实践没有多少关系。请想想，我们今天说"物质"，什么是"物质"？我们说它是分子，说它是原子，说它是基本粒子，请问你拿眼睛能看见吗？我们今天说"生命"，说它是细胞构成，说它是基因构成，请问你用眼睛、用经验能获知吗？可见，我们的现代知识体系全都是逻辑推演的产物。

中国在中古时代以前，曾经是世界四大文明古国之一，甚至在唐宋时代达到世界最高水准。在技术时代，即科学时代以前，中华文明居然创建了世界技术体系的60%～70%以上，可到科学时代，中国文化骤然衰落，原因在于技术体系是硬态试错法，它是在实际操作中反复试错，因此它的范围狭隘，而且历时偏长、难度倍增。而科学体系是在逻辑模型上建构，它一旦证明确立，随即扫平所有相关领域，从而造成软性试错法的巨大效率。这就是科学时代以后中国文化骤然衰落的缘故及其在思维方式上的体现。

接下来就涉及一个问题，为什么西方会产生哲科文化体系？我讲到这里，大家一定觉得，我又在诬蔑中国文化，因为我说中国文化不产生科学。我再说一遍，我讲课只讲所以然，不谈好与坏。你要想理解东西方文化内涵上的重大差别，你必须理解这种内涵得以发生的原委，这叫所以然。搞清这个东西，你才能理解不同文化内在素质的根本支点。

拼音文字与哲科文化

为什么西方文化产生的是哲科体系？哲科体系的思想方式是怎样导出的？我们下面来讨论这个问题。

为此有必要简略地探究一下拼音文字的起源。

拼音文字发生于环地中海地区，它最早可能发生在地中海东侧。古代有一个小小的种族叫腓尼基，所谓腓尼基，它的含义是紫红色。也就是腓尼基人把海中的一种蚌砸碎，做出紫红色的染料，所印染的衣物鲜艳而不褪色，因此周边的人就把他们叫紫红色人。这就是腓尼基这个名称的来源。

由于它紧临地中海东侧，因此早在3000年前，腓尼基人就在环地中海地区广泛经商，竟然占据当时远洋贸易的50%以上。在公元前1000年左右，腓尼基这个地方及其周边地区逐渐产生了线形文字——即拼音文字的前身，并演化出26个罗马字母中的22个近似符号。那么拼音文字在什么情况下才会发生？我上面已经给出暗示：一定是在交流条件相对便利，使得处于半隔离状态的原始各部族之间可以常相接触、频繁贸易、多种语言互相碰撞，只有在这样一个特殊的开放地貌条件下，拼音文字才能够形成。

比如在环地中海地区，由于开放地貌，各种族、部族之间来往密切，或者经商，或者打仗，民族扰攘之下文化交流活动持续不断。一个人来到另一个部族，既看不懂对方的象形文字符号，也听不懂对方说的话是什么意思，他怎么办？他只剩一个办法，就是把对方语言的发音用音标标注下来。你来做一个音标，我来做一个音标，大家最终在相互交流中只使用这个音标体系，而把各自原来使用的不同象形符号丢掉，这就是拼音文字的来源。

请大家理解我这一段话的意思。就是拼音文字是迟发于象形文字的一个符号系统，它一定发生在半隔离、半开放的地理环境之中。它是继生存结构之后的又一个文化次生条件。所以在中国绝不可能产生拼音文字，因为它没有这种特定状态的地理分隔交流条件。

拼音文字一旦发生，它立即引出一个严重的问题——文字符号失去概念。比如我在这儿写一个英文"sun"，该词就是我们中文图符中的这个符号，⊙。中国人一看这个符号就知道它是什么，"太阳""日"。可请问有谁看见"sun"这个词，直观上会知道它是太阳呢？我说我站在 sun 上，你会认为 sun 是大地；我说我坐在 sun 上，你会认为 sun 是椅子。"sun"这个单词的概念来自于谓语系词后面的谓语注义，比如古人讲"sun 是太阳神的居所"，比如我们现代人讲"sun 是氢核聚变的天体"。请注意 sun 这个字符，它居然没有概念！它的一切概念来自于"是"后面的谓语部分，由谓语给它命义或定义，"sun"这个语音符号才具有概念。

我们人类的思想由三大部分构成，它最基础的要件和砖瓦就是"概念"。再下来是"命题"。大家要注意，命题绝不是一篇文章上挂一个题目叫命题。命题是指谓语系词后面的谓语给前面的主语词项进行命义或定义，我们把这种语法逻辑结构叫命题。这是思想组成的第二部分。思想组成的第三部分，就是"命题的复合与推导"。

请想想，我们把这三大部分的总和叫作"思想"，而它最基础的元件是概念。可是拼音文字一旦出现，概念居然在符号中消失，它必须在命题的抽象逻辑推导中才能建立各个词项的概念。这就导致他们每说一句话，每做一件事，甚至每想一个概念和问题，都得在强逻辑的规定下运行自己的思维，由此产生一个怪诞的思维病状，我把它叫"逻辑强迫症"。

请大家再想想，数千年来人们考虑任何问题，都无法在字词符号上直接呈现概念，而必须在语法逻辑序列的强迫之下运行自己的思想和思维，由此形成一种抽象思维的逻辑结构和思想体系，这个思想体系及其思维方式缔造了纯逻辑游戏。我一说到这儿，大家就应该明白什么是纯逻辑游戏，即特指哲学。所以哲学叫"爱智"，而不叫"实践"。它是纯智慧的演动，这个纯智慧的逻辑模型建构体系叫"哲学"，这个东西的后衍分化形态叫"科学"。因此我们讲"哲学乃科学之母"，因此我们把抽象思维方式所缔造的特有文化内涵叫"哲科文化体系"。它跟中国的"技艺文化体系"完全不同，由此酿成西方思维方式和东方思维方式的截然分化与隔阂。

我举个例子。西方哲学家讨论所有问题都把它归结为"存在"——即所谓"追问存在"，因为存在是万物最基本的属性。可是"存在"这个单词在西语中是怎样书写的呢？它居然是写一个"Be"，然后在后面加上"ing"，请大家注意"Be"是什么？"Be"就是"是"的非时态中轴词，也就是 is、was、are 这些词的中性词叫"Be"，把"Be"变成进行时态"Being"，这个单词就是"存在"。所以中国人最初翻译西方哲学的"存在"这个概念时觉得非常困难，即使我们今天将其翻译为"存在"都仍显不够准确。学界把存在论有时候叫"是论"，有时候叫"存在论"，有时候叫"本体论"，总之横竖搞不清楚该怎样释译它为妥。

为什么只把谓语系词抽出来就足以代表万物之存在？是因为万

物都在"是"的后面。如此抽象的表述方式，确实是我们中国人很难理解的，它表达着东西方思维方式和语言结构的巨大差异。在这个强迫系统中，一切概念、一切思维、万物之存在，都必须运行在一个逻辑抽象链条的推导上，才能够成立。这个把逻辑形式抽取出来，借以形成对万物注解的思想结构叫"哲科思维模型"。听懂这一点非常重要，东西方文化内涵的分野由此发生且逐步隔膜化。

我再举一个例子，大家看一下中国人的"存在"概念是怎样表述的。在甲骨文中先画一个倒三角代表女性，中间画一竖代表女性来例假和生孩子的产道，中（甲文）十（金文）才（小篆）才（楷体），这是什么字呢？才，才能的"才"，为什么是才能的"才"？因为古人认为只有能生孩子的女人才最有才，这个说法很有道理。男人本事很大，你至多不过造一辆牛车，你造个人试试？在"才"的旁边画一个孩子，孚（甲文）孚（金文）孚（小篆）子（楷体），这个字就是存在的"存"，㤑（金文大篆）㧐（小篆）存（隶书）。古人深知，仅有女人生不了孩子，必须有男人播种，于是再在"才"的旁边，画一个男阳，𡎚（金文）在（小篆）在（楷体），这个字就是存在的"在"。

请看，中国人所说的"存在"是什么？是一个具象体系：男女交合，繁衍后代，子子孙孙，万世不竭。这就是中国人所谓的"存在"，而西方人的"存在"居然是一个谓语系词。我们从这里可以看出东西方思维方式的巨大差异。请想想，如果连思维方式都完全不同，那么它们的文化内涵最后将会背离到何等深远的程度？因此东西方文化在各自符号训练的长期引导之下，终于发生文化内涵的巨大分歧。

我讲到这里，大家一定会觉得我对西方文化高度赞美。别搞错了，我讲课全是中性语言，没有好坏之别。其实我一点都不想赞美谁，也一点都不想抨击谁，我只想说不同文明体系得以发生的所以然，这是大家要特别注意的。

我们讲中国文化不产生科学，在某种程度上，你也可以看作是我对中国文化的赞美——如果你一定要感情化地评价它。因为正是科学给人类带来了巨大灾难，我们今天的环境污染、生态破坏、气候异常、大规模毁灭性武器，已把人类推到行将灭绝的边缘，这些全都是科学的产物，如果站在这个角度看科学是什么？不过是造孽而已。

中国文化不产生科学，如果你一味地想表扬它，你可以说中国文化不参与造孽，可是这样讲有什么意义呢？你对东西方文化会有什么新的理解吗？不会。所以，请注意，我讲课绝没有赞美或者贬低任何一方的含义，我只是想如实给大家交代，文化和文明类型发生分化的原委，这是大家特别要注意听明白的部分。所以不像一般讲国学的学者，我并不一味地赞美中国传统文化，我也不承认中国文化能拯救世界、能拯救人类。因为中国文化早就衰落了，因为所谓中国文化就是典型的农业文明，所谓西方文化就是远古发生的一个非主流的工商业文明。因此我们与其把它们叫东西方文明或东西方文化，不如把它们叫农业文明和工商业文明来得更确切。因此我不承认，中国传统文化能拯救世界，因为我们没有退路，因为我们不可能倒退到农业文明中去。所以一味地吹捧中国文化，所流露的是其对中国文化的含义和中国文化的素质缺乏根本性理解。

但我也不承认西方文化代表未来，尽管它今天是整个人类世界的主流文化。因为任何文化一定是对其载体之生存构成维护效应的匹配体系，我们把这种对其载体构成生存维护的效应，视为文化的最主要特质。一种文化，如果它已经对其载体造成戕害，则预示着这个文化行将衰落了。

请大家想想，中国传统文化为什么会衰落？因为它是一个过度精致和僵化的农业文化体系，它在近代以来严重阻碍中华民族从农业文明向工商业文明转型，因此它给中华民族带来巨大戕害，因此它破溃了，因此它衰落了。那么西方文化今天正在给人类带来更巨大的危害，它标志着西方文化行将衰落。因此，我说我既不承认中国文化能够拯救世界，我也不承认西方文化代表未来。

那么东西方文化各自具有的价值是什么？中国传统文化，由于它保留了人类文明最底层的思绪，而越原始、越低级的东西，一定越具有奠基性、决定性和稳定性，因此，它构成人类未来文化和文明再造的重要参考系。而西方文化是工商业文明的精神体现与物化基础，因此，人类下一场文明在延续着工商业文明而发扬的时候，它就是传承铺展的直接端口和通道本身。这就是东西方文化在未来文化和文明再造中各自所具有的价值，也是我们理解文化（软态智质属性）、文明（硬态社会结构）、思维内涵或思想形态（人类智能核心）的最本质的诠注与方法。

我举一个例子。20世纪中叶，西方出现一个新哲学流派，叫"后现代哲学"，什么是后现代哲学？现在学界翻译了大量的相关文本，你读这些书，读得头昏眼花，还常常搞不清它究竟想说什么，可我们今天把课讲到这儿，后现代哲学的含义已然凸显。后现代哲学的中心概念是什么？——解构，消解的"解"，结构的"构"。它要消解什么结构？消解西方哲科文化结构。它认为正是西方的哲科文化思想体系造成了今天全人类的系统危机。西方哲人非常清楚，他们的哲科文化体系的根脉深植于拼音文字之中。因此他们提出两项反对：第一是反对语音中心主义，也就是反对拼音文字；第二是反对逻各斯中心主义。

大家看逻各斯（Logos），这是它的拉丁文写法，原意指"词语和秩序"。这个古希腊概念就是今天那个常用词 Logic 的前身，而

"Logic"就是"逻辑"。请注意，后现代哲学家反对什么？反对语音中心主义和逻各斯中心主义。换句话说，他们深知西方哲科文化体系导源于拼音文字和逻辑抽象思维，因此他们提出这两项反对。我们由此可以看出，西方最具头脑的人今天已经意识到，西方文化不代表未来。你只有了解各自文明发生的渊源，你只有了解文化的基本素质，你只有了解文化的发展脉络，你才能理解文化和文明的实质及其被规定的趋势。显然，人类即将面临第三茬文化和文明的建构。你只有理解这样一个文明发生序列，你才能真正看清正在扑面而来的重大历史事件，也才能真正建立与之相呼应的思想文化工程。

我们下面对这节课做总结。

如果大家听懂我今天的全部课程，你应该明白我只讲了一个东西——什么是"文化"。我前面一再讲，所谓文化，只不过是人类这种智性生物所表达的谋生行为和意识体系的总和，也就是它和我们的生存本身没有任何区别。我们人类的一切生存活动都可以视为文化生存活动。因此你要想理解人是什么，你要想理解人类是什么，你要想理解人类文明是什么，你必须深刻地理解文化的底蕴。

文化这个东西具有三大基础特征：第一，生存结构。也就是你所面临的生存环境、生存条件以及你自身的生存需求之间的自然或自发组合关系，这个东西是文化得以发生的第一根基，我要把这个东西叫作"生存结构"。第二，思维方式。由于文字符号的不同，导出具象思维和抽象思维的分野，从而导致东西方文化内涵的巨大分裂，由此形成东西方文化各具的基本特色，这叫"思维方式"。第三，遮蔽效应。什么意思？一般人认为"文化天然具有拓展性"，这个说法是很成问题的。实际上，人类的任何文化、人类的任何思想模型都与真理无缘。这句话什么意思？我们将来在哲学课上再讨论。既然我们的任何文化和思想模型都不是真理，那么它为什么能够成为有效维护人类生存的保障体系？是因为它构成了一个自洽的封闭结构系统，我们在这个自洽的封闭结构系统的笼罩下获得安宁。因此文化天然不具有拓展性，反而具有遮蔽性。文化只有在对撞和交流的过程中才发生拓展效应，这是各位必须深切理解的。

我给大家举一个例子。比如古人，西方的古人，他们自古相信神学。直到近代，西方经过文艺复兴、启蒙运动，不断地想突破神学的外壳。大家读一读文艺复兴时代薄伽丘写的《十日谈》，全是对基督教及其教士的恶毒攻击。启蒙运动时代，当时的学者狄德罗、伏尔泰等一批人，对西方神学的压抑结构猛烈抨击，它是科学时代来临的接生过程。可即使如此，西方今天绝大多数人仍然信神，信科学的人不超过20%。这说明什么？说明遮蔽效应。

我再举一个例子，中国人的聪明程度跟西方人没有任何差别，可中国传统文化的核心居然只是"君君臣臣、父父子子"，居然只是一个血缘体系内的人伦社会结构。它的全部文化都集中在这儿，它对自然学完全偏废。以至于到了明清两代，你读一下明史和清史，一个皇帝，他的母亲不是皇后，也就是说他不是嫡出，而是皇帝其他妃子或相当于皇帝小老婆生出的孩子，是庶出，他做了皇帝以后，从孝道出发，他得把自己的生身母亲提升为正位皇后或者皇太后。比如明孝宗出身于一个来自广西的卑微小宫女，他的父亲宪宗偶然临幸这个宫女，意外生出他来。由于他父亲的正宫皇后就是著名的万贵妃，她不择手段地蓄意残害所有其他宫女生出的孩子，甚至包括母亲本身，以保证自己如果将来有了亲生皇子，能够承继大统，这导致孝宗自幼被秘密隐藏起来长大。他登上皇位以后，要把自己的母亲也就是纪淑妃立为正统皇太后，一时成为整个朝廷的头等大事。

中国的官僚，就是中国文人的顶尖精英，他们居然群体性的在关心用什么方式和什么名号给皇帝的生身母亲定名位，这竟然是国之大事，这竟然是主流文化的核心内涵。慈禧太后晚年要退休，光绪皇帝为什么动用几百万两白银给她修养老用的颐和园？而当时甲午海战在即！我们今天看，说慈禧太后太荒唐了，慈禧太后误国！可你要回到那个时代，你得知道这是光绪皇帝为了巩固国家正统意识形态和千年宗法体系的一个最正常的举动，他表达的是亲缘孝道文化的宗法基础。所以在当时看来，他一点都不荒唐，他太正常了。中国文化人几千年来把自己封闭在这样一个原始血缘文化之中，其实他们的智慧水平跟西方人没有任何区别，可他们对庞大的自然学体系竟然一无触碰，形成强烈的遮蔽状态。它表达什么？表达文化最深重的遮蔽效应。所以，请大家理解，文化不具有天然拓展性，文化首先具有遮蔽效应。

文化的这三大素质，让我们明白，大至一个国家、一个民族要建立自己的国家文化、民族文化，小至一个企业、一个集团，甚至一个个人要建立自己的集团文化和个人文化，你必须符合上述三原则。

也就是说，第一，你必须找见跟你当时生存结构相关的那些要素，成为引申自身文化的基本前提；第二，你必须找见跟这个生存结构相适应、相匹配的思维方式和行为方式；第三，你必须意识到任何文化早期都具有维护效应，而晚期一定发生戕害效应，因此你就得在上述两项要素构成的文化系统上打开一个破缺口，使异质文化或别种文化能跟你发生碰撞交流并与之融会贯通，从而产生对遮蔽效应的消解，亦即对未来生存道路的拓展。我再说一遍，任何一个国家、一个民族，乃至整个人类，如果要想寻求下一期文化，缔造下一期文明，找见自己未来的生存之路，就必须在此三原则上建构未来的新思想、新文化。

我讲到这里，可以顺便再谈一个话题，什么是"有效学习"？如果你的听课、你的读书、你的学习只是在原有通道中，在自己的原有思维模型下运行，我称它为"无效学习"，因为它表示你尚处在遮蔽状态。在今天人类生存形势高速变化的时代，你只有听到不同的声音，才叫有效学习。而我们今天的讲课，包括后面的系列讲座，都是以东西方文化和东西方文明的相互参照作为整个讲学的背景，它在西方主流文明业已覆盖全球的情况下展现出东方思路别致的不同的声音，它同时又从更深层告诉大家西方文化的渊源与特征，从而让我们在可能被遮蔽于东方思维方式的状态下找到一个突破口。因此如果你听我今天的课，你觉得我的讲法似乎有些反常，似乎有些出格，那算你听出滋味了，因为这才是有效学习。

好，我们今天的课程到此结束。

课后答疑

好，我们下面答疑。每人一次只提一个问题，尽量给别人留出提问时间。

同学提问：今天听了您一天的课，我有个非常深刻的印象是说，对于农业文明和工商文明，其实它并不是任何一个人，或者说哪个哲学家所设计的，而是在当时的环境和条件下，自然就形成了。那么如果照此推理下来，是不是说未来的这种新的文化也好，文明也好，其实任何超前的思考也都是无济于事的？或者说它没到那个条件，就没办法形成；到了那个条件的时候，它自然就会形成。如果是这样子的话，那么今天我们在这边的学习，是不是即便知道了所以然，其实也并不能改变任何事物或历史进程？

东岳先生：这个问题提得很好，我来回答一下。我前面讲，人类的原始文明和文明进程都不是人类选择的结果，也不是人类事先规划和设计的结果，这个话成立。但是大家要注意，我并没有否定另一个现象，只不过那个话题我没有展开，就是人类文明程度越高，随着文明的发展信息量越大，人类对自己的未来行为模式和社会建构就越必须通过思想模型来建构，使之作为先导。请注意，这两者并不矛盾。从柏拉图的《理想国》开始，从老子的《道德经》到孔子《论语》讨论的问题开始，人类其实已经着手设计自己未来的社会模型了。但是请你注意，他设计模型的前提或者底层被什么东西所规定？比如柏拉图理想国的模型和孔子的模型一定是不同的，他们的模型为什么不同？是因为在他们不能选择的基层受到了规定！那么尽管人类文明进程就是信息增量的过程，使得人类的未来发展不得不通过理性逻辑设计予以展现，但这个设计不是原始缔造的主因，而是文明进程的推动，或者我把它叫作自然意志的人格化表达，这才是它的准确内涵。因此你有一个说法，我认为你说得是很对的，就是如果人类还想寻求未来的出路，他在这个高度文明化和高度信息增量的时代，则不能不借助于新的思想模型和逻辑模型的设立来作为其先导，而这个逻辑模型本身的出现，正是某种不由自主的自然力量的推动产物，只不过它显化为一个前导要素。如果我们缔造新思想、新模型是一个自然进程的必然节点，那么它就标志着我们未来的生存可能要在这个节点的展开上才能实现。这也就是为什么人类绝大多数理论都只构成人类社会发展的灾难，也就是它不但不能实现，反而给人类带来麻烦，是因为它没有真正传递自然意志本身的内在要求。而少数学说，成为人类文明构建的基石，是因为作者不自觉地充当了自然意志的人格化喉舌，区别仅此而已。

同学提问：老师，我想问一下，因为您讲到说东方文化和西方文化都不能代表未来，那么它们两者的这个融通，我们经常说1+1大于2，谁会更占主导地位去吸收另外一方呢？第二个方面是说，古代也讲过楚王好细腰的故事，您刚才也谈到了自然意志的人格化喉舌，那么作为政治家或企业家，他有没有可能因为理解了递弱代偿原理，或者理解了这个文化产生的根源之后，从而去改变和扭转这样的趋势呢？

东岳先生：当然是有可能的，但不见得是扭转，而是适应和拓展。请大家记住，人类的任何个人力量都来源于新思想，所谓伟大的政治家，所谓伟大的社会活动家，所谓伟大的军事家，伟大在哪里？不伟大在他自身，而伟大在他是某一个新思想的承接者。我给大家举一个例了，比如华盛顿，他的力量来自于哪里？来自于欧洲近代那一批学者所建立的民主共和思想体系。我再举个例子，第二次世界大战为什么德国一开始居然打败整个欧洲，实现或近乎实现了欧洲历史上仅有的两次短暂统一，一次拿破仑，一次希特勒。要知道德国当年是战败国，它是非常衰弱的一个国家。1918 年 11 月第一次大战才结束，短短 21 年之后，1939 年 9 月它发动第二次世界大战，仅几个月就打败整个欧洲联军，它凭什么？是因为第一次世界大战行将结束的时候，出现了一些当时军事家都不能理解的怪诞武器，比如坦克，比如飞机。当时的坦克笨重得像个大水箱，每小时行速只有五公里；早期的飞机是木头飞机、螺旋桨飞机，前面架不了机枪，一架机枪就把螺旋桨打断，飞行员各自拿着手枪互相射击。就是这么糟糕的武器，当时的军事家根本不能理解它是什么含义，所以都把它视为步兵或者骑兵的辅助武器。第一次世界大战结束以后，英国有一位学者稍微探讨了一下这些武器的展望，并未深究，却被德国军事学界所关注，其中包括参与二战的德国著名战将古德里安。他们研究这些武器带来的新变化，然后建立了军事学上的新思想，也就是他们意识到，这种机械化、装甲化的武器将会形成主战力、主方阵，这就是后来的立体闪击战法得以展开的思想基础。由于德国军事界对这个新思想有过最系统的整理和发扬，这使得当时欧洲大国中，应该说是最孱弱的德国成为第二次世界大战一开端最雄强的势力。我想讲什么？新思想的力度！请大家记住，任何人如果要产生强大的行为效果，前提条件是，你对当代的新思想有所了解，并且融汇在自己的精神和行为系统之中。当然这个要求太高了，这个难度也太大了，如果你能做到，你将是伟人。

同学提问：您讲到文明是违反人性的灾难，人类问题会越解决越多，并且人类会将自己引向不可逆的畏途，搞不好把自己也给毁灭了。在这个前提下，我的问题是：当您看清所有的真相之后，您还依然爱这个世界吗？如果爱，您的信念是什么？如果不爱，您如何与这个世界相处？如何找到自己生活的目标并支撑自己生活下去？

东岳先生：这个问题提得有点太超前。我们这个课才刚刚展开，后面要讲的内容，你得顺着12天近80个学时的课程，逐步深解，层层推导，你才能见到它真正的全貌，甚至到此还不够，你还得去读书。我关注的问题，不是讨论有生必有死，不是讨论人类文明必然灭亡，我只是在讨论为什么人类文明程度越高反而危机越深重。讨论这个问题，属于基础理论问题。因为一般人会认为，文明发展程度越高，我们越具有生存优势，这可能是一个重大误判。我们只有把这个问题从根本上认知清楚，我们才能够为人类的未来生存找见出路。因此我强调，我的学说不是讨论死亡和毁灭问题，而是讨论发展和进步究竟是什么内涵，以及我们将对这个问题怎样进行下一期处理。如果我这样讨论问题带有悲观色彩，它对我的生活也没有任何影响。请大家想想，你出生以后，最终目标是什么？只有一个目标——坟墓，可它影响你生活的乐观了吗？一点都不影响，你照样糊里糊涂、高高兴兴地混完一生，最终钻到墓穴里去。因此即使我说我们的未来生存具有巨大风险，即使我说我们未来的生存面临死灭之威胁，人们今天照样可以浮嚣猖獗，可以乐观自得，可以没完没了地乱折腾。正是由于我们对终极问题缺乏展望，或者即使有所展望，我们照样糊里糊涂地行动，因此我们将来越发麻烦了。如果我们今天知道未来是一段可怕的路径，而我们当下就能有所克制，不要那么乐观，那我们可能还有点前途。所以包括我在内，即使我知道未来有麻烦，我照样有生活的快乐感和幸福感。可你一定要搞清也要提防你有这份快乐感和幸福感，它可能恰恰是将你引向远程灾难的迷魂汤或麻醉剂。

同学提问：1935年的时候，当时民国的国立大学里有个叫胡焕庸的教授，他画了一条线，是北起黑龙江的黑河，一路向西南到云南的腾冲，现在称之为"胡焕庸线"。在胡焕庸线的西北，64%的国土上只有4%的人口，在胡焕庸线的西南，有36%的国土，但是却聚集了96%的人口。中华文化和文明是从胡焕庸线的中段开始发起的，这条线对中国的经济和人口包括文化的发展都有巨大的限制。我想请教的一个问题就是：胡焕庸线对中国文化的发展，有一些什么样的作用？我想听听您的见解。再一个就是不知道未来有没有可能打破这个困局。

东岳先生：我注意过这项研究，理解它其实一点都不难。我在课堂上提到汤因比讨论过一个问题，叫作"适度挑战"学说，也就是自然条件太好或者自然条件太差的地方，都不能形成文明的发祥地。

那么这条线以西是自然条件太差的地方，因此它既不能成为文明发祥地，也很难成为文明生存和文明发展的主基地，这一点很容易理解。将来这个地方可能会变成福地，因为今天人类乱折腾，气候异常、温室效应、海平面升高，今天人类80%生活在沿海地区，而在不远的将来这些地区将被淹没。所以我建议大家不要在沿海城市上海、广州、深圳买房子，买了也是白玩。反倒是那些今天的荒漠之地，将来可能是人类的重要生存区。不过，等走到那一天的时候，你逃到那个地方去，可能也并不会产生太好的结果，因为有更大的灾难跟在你屁股后面，即使你爬到喜马拉雅顶峰上，这个灾难你也消除不了。所以我们最好不要等待那片荒地变成福地，而是让我们的思境和存境都尽可能长时期地保留或延缓于现在的状态为佳。

同学提问：先生，刚才您讲到，任何的结构如果在它形成之后，它会按照既定的方向运行，就相当于路径依赖，是吧？其中您说到路径的依赖是由它内在的规定性所决定的，那这个内在的规定性又是由什么决定？或者是谁来左右的呢？

东岳先生：一种文明结构一旦形成，它一定有一个惯性运动的动势。我们一说惯性运动，大家立即想起牛顿的经典力学，其实人类的文明也深具这个特质。马克思把它称为"死者捉住活者"，也就是人类传统文化对人类后续文明会产生强有力的牵制作用。这个东西深在的原因在于我前面讲过的一句话：越原始、越低级的东西，越具有奠基性、决定性和稳定性。这句话听起来很简单，你要想真正理解它的含义，你还得去读懂我那本只有催眠效用的《物演通论》。我在这里想说明的是，为什么人类的古文明各国基本上全都衰落了，古埃及，古巴比伦，即今天的叙利亚、伊拉克，古印度……其中表现最好的就是中国。为什么中国在所有衰落的古文明中，同样没有逃掉文化和文明衰落的悲剧，在 19 至 20 世纪上百年中有一个屈辱的近代文明史，却在近期发展较好？就是因为我们对传统文化进行过非常彻底的清理！这就是为什么我对新文化运动，当年主张打倒孔家店，对国学造成巨大破坏的那一批民国时代的先哲们表示高度敬意的原因。请大家听明白我在讲什么，中国传统文化不代表未来，它早已衰落，它甚至不能拯救当世，我们要想拯救自己就必须借助于跟我们生存形势相匹配的文化体系，这就是中国当代转型激烈、发展迅猛的原因之一。因此我们现在呈现出一个矛盾状态，我们一方面得在某种程度上否定传统文化、清理传统文化，另一方面我刚才又讲，现代当代文化必定具有沿袭性的戕害效应，而我们要再造与未来生存相匹配的新文化，又必须借重于传统古老文化。这个矛盾和难题才是当今学者必须关心的重大课题，也就是找见这两种兼容性极差的文明和文化的聚焦点和融汇点，找见人类未来生存的思想导向和文化指引，这是中国乃至世界文化人面临的前沿课题。它的艰深程度，我们从它的文化悖反关系或者文化作用悖反关系上可见一斑。

同学提问：求存是任何生物的本能，那么我想问一下：我们的文化（和文明）发展到这个地步，结果形成戕害效应，是因为我们过度的索求，以至于牺牲了环境包括其他生物的生存利益，从这个角度来理解的话，怎么样的一个求存的尺度是适合的？从个体上来说，或者从群体上来说，从人类的角度来理解，我们应该抱着什么样的一种求存的态度，才能够使得我们的未来更好一些？

东岳先生：你这个问题提得很好，但是有一个问题我得说明一下，我讲存在度是自变量，代偿度是因变量。不是由于我们的贪婪导致我们的存在度降低，而是由于我们的存在度降低才导致我们的贪婪越来越严重。这个关系的深在决定要素、决定方式，你得读懂我的《物演通论》。但是你讨论的这个问题确实是一个重大问题，就是如果人类还要寻求自己的未来生存，他用当下持续扩大和调动人类贪欲的方式，用高速发展和追求进步的方式是决然没有出路的。因此他要求人类总体上形成一个全新的文化认知，这个文化认知本身要求对人类的代偿增量加以抑制。有关这个话题我们在这儿不展开，如果你有兴趣，找我一本现时无法过审也难以重印的旧版书《人类的没落》读一读。

同学提问：东岳老师，因为您说到第三茬人类文明的构建，我在想，第一茬不就是轴心时代的那个人类文明的构建吗？那么第二茬是什么？还是您是说东方一茬，西方一茬，第三茬是融合？就问这么一个问题，谢谢。

东岳先生：首先理解什么是"轴心时代"，这是西方学者提出的一个概念。就是在公元前600年左右，全世界各地、各族群同时产生了一批重量级思想家。比如中国的老子、孔子；印度的释迦牟尼；古希腊的泰勒斯一直到苏格拉底、柏拉图；犹太人出现了缔造《旧约》原本的那些人物，搞不清是谁，有人说是以赛亚；等等。总之，我们会发现，在公元前6世纪前后，全世界各地同时纷纷出现一批伟大的思想家，被西方学者称为轴心时代。它其实表达的是人类这个物种的演化及其人类文明的发生都是一个自然进程，在这个自然进程的同一个节点上，由于人类是同一个物种，因此达成某种统一的智能发育高度，"轴心时代"实际上表征的就是这样一个现象。我所讲的人类前面只有过两茬文明，是指第一茬叫作农牧业文明，第二茬叫作工商业文明，我们人类迄今实际上只经历了这两茬文明。今天有很多说法，比如信息文明、生命科学文明、太空文明等等，但实际上，至少在今天我还不能判断它不是工商业文明的末尾展现形态。因此从大范围上看，我们仍然可以把它看作工商业文明的后期阶段，从这个意义上讲，人类既往只经历过两次文明。（不过）这个第二茬文明——工商业文明，迄今已经走向断崖，走向穷途末路。因此我说第三茬新文化和新文明行将发生，这是我说这个话的含义。那么它的逼近程度是什么？我们面临的严峻格局是什么？直到整个12天课程听完，你才会知道它有多么迫在眉睫。

同学提问：老师，您今天提到说中西方的文化差距非常大，而且好像没有办法融合，所以我在想说，那我们中国的企业或者产品将来在国际化战场上拼搏的时候，有没有什么文化可以指导？或者您怎么看待中国的企业或者文化有机会在国际上造成什么样的影响？谢谢老师。

东岳先生：看来昨天的开学典礼你是没有参加，我昨天下午就讲，我讨论的都是毫无用处的东西，因为哲学或者思想体系的深层探讨，所涉及的都是基础问题，就是我今天开课一开始讲的"道"的问题。所谓"道"不是你能支配什么，而是什么东西支配你，这才是我的课程的基本状态，所以你提这么具体的问题，我肯定是回答不了的。如果我一定要给你做出回答，那也是班门弄斧，因为我研究终极问题，你才是企业管理方面的专家，我给你讲该怎么管理操作岂不是很荒唐吗？

但是我想借你的提问作一个简短的说明，我说东西方文化兼容性很差，这是一个历史现象学描述。我比照了印度佛教传入中国和鸦片战争以来170多年过去，这前后两种不同文化的兼容过程，差异太大。它表明中国人近代发生的文化转型十分困难，我不得不讲，今天这种东西方文化的融通工作仍然做得不够好。它的难点在于，你既要对中国传统文化有深刻理解，你又要对西方文化底层有深刻了解。可是，近代以来，中国人学习西方出现一个偏差，就是我们急切地想通过西方学术应用层面也就是科学技术层面的发扬来寻求我们的解脱。于是我们一方面砸碎了国学，一方面只学了西方文化的皮毛，也就是可应用层面的东西，这就是我在最前面的课件里讲中国人今天的文化结构是"国学失体、西学曲用"的局面。这是今天国人的基本文化构型，这当然是一个很糟糕的局面。那么中国人要想找见东西方文化的兼容点，显然是一个深重而艰巨的工作。他既得找见东方文化深层的可参考部分，又得找见西方文化未来的那个可能延伸的通道，然后要在这两者、甚至是更多其他民族文化的汇集上，建立一个新文化体系，或者叫作"新文明生存体系"，这当然是难度极高的工作。由于国人近代以来国学被腾空、西学皮毛化，因此真正在大范围、有深度的方向上进行底层文化融通，目前在中国不过刚刚开端而已。我们只能期待未来在这些方面有更多建树。

我们再提最后一个问题，今天下午结束。

同学提问：东岳先生，您好。我有一个对于上午听课时候的具体问题，在讲到社会组织体系的时候，您讲中华文明的"人性（本）善"，是因为延续了从氏族时代一直下来的文化传承。我想再跟您明确一下，之所以西方文化主张"人性（本）恶"，是不是正是由于他们的文明被打断了，所以导致后来的生存结构变化？比如说希腊文明形成的时候，才会出现"人性（本）恶"的这样一个传统观念。谢谢。

东岳先生：我的解释不是这样的。我的解释是：文明发展过程就是人性不断败坏和沦落的过程。因此，越原始的人类，人性一定越善；文明程度越发展，人性一定越恶。由于中国文化植根于人类原始文明的最底层，因此它会探讨"人性善"的问题。反之，由于环地中海地区交流过度，因此他们会产生进步论，因此他们的发展速度较高，于是他们把自己的基层原始文化扬弃了、丢失了。因此，当他们能够理性讨论问题的时候，其局域文明已经进入了"人性恶"的阶段。所以我的回答是，关于"人性善恶"的问题不是没有答案，不是那种类似于"先有鸡还是先有蛋"的无解问题，而是答案十分明确：在人类越原始的时代，人性越善；文明程度越高的时候，人性越恶。这个话题是什么意思？我们后面讲课的时候还会继续深入展开。

我们今天的课程到此结束。

老子思想主旨钩沉

开题序语

我们今天讲老子，讲座的题目是《老子思想主旨钩沉》。

老子是中国思想文化之元祖。这句话是什么意思呢？中国先秦诸子百家，其实不仅包括文人、学者、思想家，而且包括政治家、军事家、外交家（当时也叫纵横家）等等。

从时间排序上讲，诸子百家第一子，很有可能是春秋五霸之首齐桓公的宰相管仲。我们之所以说老子是中国思想文化之元祖，是指作为文人思想家，老子确属中国先秦诸子百家之第一子。

《老子》书是中国古代典籍中最深奥、最难读的一本书。这句话我也解释一下：老子思想高深，相较于其后中国所有的文人学者，他所达到的高度世人未可企及。

我前面讲课的时候一再讲过，我说东西方文化总是相反的。它们不仅在内容上、形式上经常相反，甚至连发展方式、运行脉络都大相径庭。西方文化从简单到复杂，从低级到高级，历经神学阶段、哲学阶段、科学阶段。但中国文化反着来，它是由高级向低级下流。

我举个例子。比如中国的整个国学思想奠基，全部发生在先秦时代，也就是秦始皇统一中国之前。此后中国的思想文化发展几乎再也没有任何重大建树，只有一件事情例外，那就是东汉中期，印度的佛教传入中国。即使返回先秦时代看，其思想最高点仍然表现在先秦思想第一元祖的老子那儿。所以，中国就连文化发展走势都跟西方相反，不是从低级向高级发展，反而是从高级向低级滑落。

老子的著作——《道德经》，不是老子书的原名。先秦时候，各子的书就是把他的姓氏标上，后面追一个"子"字。比如说，孟轲的书名为《孟子》，庄周的书名为《庄子》，韩非子的书名为《韩子》。由于唐宋时代，唐宋八大家里出了一个人物韩愈，时人称其为韩子，因此唐宋以后韩非子的书才由《韩子》改名为《韩非子》。那么，老子的书名原就是《老子》。《史记》记载："老子乃著书上下篇"。

《道德经》这个书名，据说是西汉初年，一个著名《老子》注学者，叫河上公的人，给它追加的名字。而且，大家还要注意，老子书《道德经》讲的绝不是我们一般意义上的人伦道德，他的"道德"二字别有深意。

老子是中国思想史上唯一的哲人，老子思想中潜涵着狭义哲学某些深在的特征。而且，老子思想从某一个方面或者从某一个角度来看，其所达到的高度，即使与西方哲学史上的任何大哲比较，也毫不逊色。因此我们讲：老子目光别致而深远。

自古以来，关于老子学说，注本极多，前后积累2000多年，可谓汗牛充栋。可是对于老子思想的解读却歧见纷呈，误解甚多。至两汉时代，老子学说作为一脉高超的虚学思想，已经沉沦为黄老之学的实用之谈。我解释一下什么叫"黄老之学"：所谓"黄"就皇帝，所谓"老"就是老子，所谓"黄老之学"，就是把老子的虚学哲思，扭曲为一种治学实务或政治操作，这当然是对老子高远思境的严重贬低。

而且，关于老子书中的"道"是什么，后人也根本说不清楚。茶有茶道、酒有酒道、文有文道、武有武道，连吃饭都有味道。但老子所说的"道"究竟是什么含义？却很少见人能讲清楚。

我声明一下，我们今天讲什么？我们今天只讲老子思想的原旨和主线。所谓原旨，就是原教旨主义的那个原旨，也就是追问老子当年究竟想说什么；所谓主线，就是《老子》书五千言，它的基本思想脉络和思想导向是什么。如果这节课各位都能听明白，那么，至少你以后读《老子》书，大致能够知道老子谈论的是什么问题；如果这节课你听不明白，那么你每读一次老子，都会有某种收获和感受，可你终究不知道老子究竟想要干什么。

晚清有一位著名学者、林则徐的朋友，名叫魏源。他曾经对《老子》书有一个评价，他说："老子道，太古道；书，太古书也。"注意"太古"这个词，在中国文化传统上，它仅指盘古开天地的那个时段；在西方古地质学中，则特指原始地球和原始古生物的那个生发期，叫作"太古宙"。我们知道，老聃——也就是通常所说的老子——作为孔子师，生活在春秋末期。孔子是公元前551年生人，据胡适考证，老聃应该仅比孔子年长20岁左右。那么就是说，老聃应该大致是公元前570年生人，怎么会用"太古"这个词呢？这显然是一个疑问。

我们再看，民国时候有一个著名学者吕思勉，他曾在其名著《先秦学术概论》一书中谈到："今《老子》书辞义甚古，又全书之义，女权皆优于男权，俱足征其时代之早。"吕思勉这段话是什么意思呢？他说，今天回望老子的文本，你会发现《老子》书"辞义甚古"，就是他所使用的文字要比春秋时代古远得多，而且"全书之义，女权皆优于男权"，是说人类远古时代，女权高于男权，言之所指显然导向原始母系社会时代。因此吕思勉说，从这两点看"俱足征其时代之早"，即足以证明《老子》成书不在当时。

我们下面就来看看《老子》书的状况。要说清这个问题，我必须先讲一件事情。

1973年，中国考古界在湖南长沙马王堆汉墓中，出土了两组老子帛书。所谓帛书，就是写在丝绢上的《老子》书，分甲、乙两本。老子帛书（以下简称《帛书》）的出土，让学界意识到，现在我们所拿到的《道德经》不是《老子》书的原本。

学界早就知道，它实际上是四位后世文人注本的综合本。那就是：西汉早年河上公的注本、东汉初期严遵的注本、三国时代曹魏所在地出过一个著名学者王弼的注本、直至唐初还有一个名叫傅奕的史官的注本。所谓《道德经》，是这四大注本的综合本，因此学界称它为"传世通行本"。也就是说，学界很清楚它不是老子的原著。

老子《帛书》出土以后，人们研究发现《帛书》跟《道德经》有诸多文字细节上的差异，而且《帛书》成书的时代远比《道德经》为早。比如在《帛书》乙本中，《道德经》第一句话"道可道，非常道；名可名，非常名"，被表述为"道可道，非恒道；名可名，非恒名"。能用"恒"这个字，就说明这个本子出现在西汉早年汉孝文帝刘恒之前。因为中国古代有为尊者讳的习惯，皇帝名字中使用过的字，时人不得再用。而甲本中"邦"这个字不断地替代《道德经》中的"国"字，很显然，它不避汉高祖刘邦的字讳，表明《帛书》甲本的出现时间应该是在先秦时代了。

尽管我们现在并不能考证《帛书》就是《老子》原本，但至少可以说，老子《帛书》是比《道德经》更贴近于老子时代的一个文本。相较之下我们就会发现，老子文本用词用字极为古奥，意境也更为深远。

我们下面略做文本之比较。

在《道德经》的"传世通行本"里，第六十二章有一段话："立天子，置三公。"大家注意这句话的意思。在原始氏族社会，或者在文明化以前，人类血缘社会族群中，没有任何特权、没有政治机构、没有暴力管控、没有政府。那么，随着人类文明化的发展，社会紧张度增高，于是人们不得不建立特权、强权管制机构，比如设立一个国王，国王借助于三公九卿去管理天下，这叫"立天子，置三公"。

可是在老子《帛书》中，这句话却表述为"立天子，置三乡"。我们下面看一下"乡"这个字的甲金文。𝌀，这个字就是繁体字"鄉"的来源。"乡"是什么意思？首先看懂这幅画，它中间是一个古代的食器"簋"或者"皀"，上面堆满着食物，两边跪坐着两个人。这个字的意思是：有血缘关系可以对坐在一起吃饭的人，叫"乡"。我前面讲过，人类原始氏族社会是血亲社会，在社会成员以氏族、血亲为结构单元的时候，能够对坐在一起吃饭的人，一定是有血缘关系的人。中国农村今天还在这个古老文字的本原意义上使用它，比如张家村、王家村、李家村，中国真正的农村村落，每一个村子都是血缘群团，同村人是不能通婚的，一个人走到外地碰见自己的同村人，把他叫"乡党"，就是在这个意义上使用"乡"字。

但是这个字同时又是另一个中国字"卿"的来源。𝌀（甲骨文）𝌀（金文）𝌀（小篆）卿（楷体），"卿"是什么意思？"客人"的意思、"卿客"的意思。这个字为什么会从"鄉"（乡）转化为"卿"？是因为人类社会的发展是由血缘氏族社会向氏族联盟的部落形态转进，部落再往上叠加叫部落联盟，部落联盟再往上叠加才是国家的雏形。比如我昨天讲商代的氏族部落邦联，再往后才是周代封建国家雏形。也就是说，社会的发展是逐步超血缘化的。那么到了氏族联盟或者部落联盟时代，再来到你这里跟你对坐在一起吃饭的人，很可能跟你没有血亲关系，而是远来的客人。因此这个字又衍生出第二个字"卿"，它表达的是随着人类社会的发展其字形和字义所发生的相应变化。

值得注意的是，老子在这个地方都没有用"立天子，置三卿"，《道德经》已改为"置三公"，《帛书》居然仍然用最原始的"置三乡

（乡）"。要知道，老子当年是周王朝之守藏史，也就是王室一切学问的咨询者，是国家文化的最高代表人，他不可能不认识"卿"这个字。所以我们有理由怀疑，《老子》书成书的年代，"卿"这个字可能都还没有出现呢。

我们再往下看。老子《道德经》第六章中说一句话："玄牝之门，是谓天根。"首先理解什么叫"天根"，老子把"道"称为天根，因为老子认为是"道"派生了天地万物。但他用什么东西来形容他所最珍视的"道"呢？居然用"玄牝"二字。

我们先来看看"玄牝"两个字的甲骨文。"玄"这个字在甲骨文中，就是画了一条脐带，ξ（甲骨文）ξ（金文）玄（小篆）玄（隶书）玄（楷体）。"玄"在中文中有两个含义：第一，黑色、黑暗的意思，比如古代穿黑色衣服，叫作穿玄色衣服；第二，深远、悠远的意思。那么，为什么画一根脐带代表这两重含义？是因为孕妇刚把孩子生出来，与脐带相连的胎盘还在子宫内，脐带所深入的地方是一个黑暗而悠远的地方，因此"玄"字出现了相应的含义。

接着看"牝"字，牝（甲骨文）牝（小篆）牝（楷体），其甲文先画一对牛角，代表"牛"字，旁边再画一条牛尾巴，然后在上面打一个指示符号，这个字就是"牝"。"牝"是中国一个常用字，它的对应字是"牡"，牡（甲骨文）牡（金文）牡（小篆）牡（楷体），也画一个牛角，右边画一个雄性生殖器。所谓"牡"，远古时代仅指公牛，以后泛指一切雄性动物；所谓"牝"，远古时代仅指母牛，以后泛指一切雌性动物。"牝"的含义是什么？揭开母牛的尾巴，就能看见母牛生殖器——黑红色的生殖器，所以叫玄牝。"玄牝之门，是谓天根"的意思是说，"道"作为"天根"，派生了天地万物，就像母牛的生殖器官能够不断地生出小牛一样。

老子的这个表述，显然不可能发生在春秋末期，那个时候孔子已经提出男女大防，后来被孟子表述为"男女授受不亲"。像"玄牝"这样的字眼，它只会发生在原始生殖崇拜时代。到春秋末期，如此直率而粗鲁的文风显然已经不能登大雅之堂。我们由此可以看出老子文本之古远。

老子在《道德经》第二十八章中讲"知其雄，守其雌"，就是说一个人应该知道雄性的品格，却更应该守住雌性的品格。他又在第五十二章中讲"天下有始，以为天下母"，这里的"始"就指的是"道"。他用什么形容"道"呢？再度用"母"字，即用母亲来形容。

我们从这两段文字中可以看出，老子给女性以极高之表彰，体现的是原始母系族群里女性社会地位较高的那种思想余续。由此可见，老子文本十分古远，它很可能不是出自于春秋末期那个时代。

我做一个说明，我们今天讲课，仍然主要依据《道德经》文本。尽管《帛书》与《道德经》有诸多细节上的差异，但是好在《道德经》并没有完全淹没老子思想之主旨。为了不让这个课程过度学术化，因此以大家日常能读到的《道德经》作为讲课的张本，它不妨碍我们讲解老子思想的原旨与主线。

老子在书中说："知我者希，则我者贵，是以圣人被褐而怀玉。"请注意这个"希"字，是希望的"希"，他实际表达的是稀少的"稀"的通假字。老子很明确地知道，他的书要被世人读懂是非常困难的，能读懂他的书的人是非常稀少的；"则我者贵"，"则"是一个动词，特指按照某种原则而行为叫作"则"，就是能够按照我老子所说的方式行动的人，是非常高贵的。可见老子当时就明白，要想读懂他的思想绝非易事。

老子其人

下面，我们略微讲一下老子其人。

老子是谁？中国古代各文本中都只有片言只语的记载，《左传》《礼记》《汉书》《文子》《庄子》《吕氏春秋》《孔子家语》等等，在这些古代文典中，对老子通常只有几句话或者是几个字的记载。比如说，老子究竟死在哪儿、怎么死的，只见《庄子》有 11 个字的表述。

对老子情况记叙最多的，就是司马迁在《史记》中所作的《老庄申韩列传》，也只有 700 字左右。而司马迁给孔子作世家传，竟达一万字以上。这就导致老子究竟是谁，一直被史家纠缠，说不清楚。

直到民国时代，中国当时最著名的学者，像梁启超、钱穆、冯友兰等，他们都认为老子是比孔子迟得多的战国中期时代的人，原因是司马迁本人都没有搞清老子是谁。

司马迁在《史记》中说，老子是"楚苦县厉乡曲仁里人也，姓李氏，名耳，字聃，周守藏室之史也"。他说老子是楚国苦县人，姓李，名耳，字聃，是周王室的史官。

但是司马迁却说不清老子到底是谁，所以他居然用"或曰""或曰"，也就是或者说、或者说这样的方式来举例。他说，老子有可能是那个"聃"（dān），也就是我们今天所说的老聃。但他又说，老子也有可能是另一个叫"儋"（dān）的人，这个人是战国中期周王室的一个史官。然后他还说，老子的七世孙"仕于汉孝文帝"，也就是老子的第七代孙子给汉文帝刘恒做官。古人结婚很早，一代人的时间一般不超过 20 年，我们就算 30 年一代人，七代人往后推也只能推 200 年左右。如果从汉文帝刘恒往前推 200 年，那么老子确实是战国中期人，比孔子迟了上百年。

而且在《老子》的传世通行本《道德经》中，我们会大量见到战国乃至两汉以后的文字。我前面讲过，中国文字随时代的变迁，字义、字形会发生某些变化。学界研究《道德经》会见到大量远比春秋时代为迟的文字痕迹，比如像"仁义对举"等战国中期儒、道两家争论的文字，都出现在《道德经》中。这当然也是后人怀疑老子究竟是什么时代的人的原因之一。实际上，它显然是由于《道德经》是后人的综合注本造成的。

古人没有印刷术，一本书写成，它是没有办法流传的。它的传播方式是靠每一个人抄写，在一次一次誊抄的过程中，发生笔误，发生错讹，甚至有些人把自己的理解加入其中，都在所难免。因此，老子文本中出现后世的字词，并不能表明这本书不是远古之作。

但是，它会引出诸多的麻烦和误解，甚至导致司马迁都搞不清是怎么回事。因此司马迁只好说"老子，隐君子也"，这个"隐君子"不是抽大烟的那个瘾君子，是隐居的"隐君子"。就是说，司马迁讲老子是一个隐士，故此他无法弄清老子是谁。

那么，我们下面就稍微考证一下老子的状况。我们分四个部分来谈：第一，谈他的籍贯；第二，谈他的尊号；第三，谈他的史迹；第四，谈他的传徒。

我们谈老子身世，一方面，是为了让大家对老子其人有所了解，有便于大家更好地了解老子思想；另一方面，也是给大家示范一下中国传统文化做学问的考据方式。

我们先看老子的籍贯。

司马迁说，老子是楚国苦县人，这个说法很可疑。因为班固在《汉书·地理志》中记载，说苦县不属于楚国。在春秋时代，陈国没有被楚国吞并之前，也就是在老子时代，（苦县）应该属于陈国。清代顾祖禹，一个著名学者，在他的《读史方舆纪要》一书中记载，说苦县在春秋时并非县制，到汉时，"苦"这个地方才设置为县。在当时，它不叫"苦"，叫"相"。《后汉书·郡国志·陈国》记载："苦，春秋时曰相。"这就很清楚地说明，老子不是楚国人。

而且楚国是南蛮之国。我昨天讲课说，自然地理条件太好的地方不能成为农业文明的发祥地，因此楚国的农业文明及其整体文化发育相对较迟，直到战国中期，都被中原文明各国视为南蛮，起名把它叫荆国，荆棘丛生的那个"荆"。楚国第六任国君熊渠，《史记·楚世家》里记载："熊渠曰：'我蛮夷也，不以中国之号谥。'"就是楚国国君自己承认，我是南蛮子，都不用中原文明人的谥号。"谥"这个字，是指古代君王或贵族死后追加的尊称。这里表明，楚王承认自己是南蛮子，不接受或者不仰慕中原文明。

直到战国中期，孟子在他的书《滕文公》篇中还讲："今也南蛮鴃舌之人，非先王之道。"就是在战国中期的孟子看来，楚国还是南蛮之地。所谓"鴃舌之人"，是指他们尚未开化，说话像鸟叫一样，中原文明人都听不懂。但是，老子是那个时代中国文化的最高代表，从常理上讲，他不大可能生长在一个文化荒蛮之地，因为当时的教育资源绝不像今天一样普及。因此说老子是楚国人，很可疑。

《后汉书》说，"苦"这个地方归陈，这倒让我们觉得，老子确有可能是陈国人。陈国是一个怎样的国家、怎样的封国或者服国？陈是远舜之封国，就是尧舜禹的"舜"的后裔之国，因此，陈国文风深厚。据说，武王把他的长女大姬，嫁给了当年陈国的国公妫满为妻，而大姬自幼喜好史巫文传，她的到来也进一步促使陈国成为周文化的重镇。

从这个意义上讲，说老子可能是陈国人，似乎有根据。但是《庄子》书中却一再说老子居于沛地，沛不归楚或陈。清代著名学者姚鼐在其《老子章义序》一书中说："《庄子》载孔子、杨子朱皆南之沛见老子，夫宋国有老氏，而沛者宋地。"什么意思呢？说老子常居于沛，还说"老"这个姓氏就出自宋，"沛"这个地方属于宋国。

这样看起来，老子又像是宋国人。要知道宋国是殷商贵族遗民的封国，《尚书·周书·多士》记载"惟殷先人，有册有典"，就是说在当时的东亚，只有中原殷商之地，才有文字和书籍，其他各种族、各部落都还没有文字。因此说宋国出老子，太有道理了。

另有一件事值得一提。武王灭商以后，曾经把殷商贵族遗民中的相当一部分迁往关中，也就是西周首都丰镐的周边，让这些有文化的殷商贵族为新成立的周王室服务。我们可以从考古出土的青铜《墙盘》中看到有关这方面的记载。（其铭文记述史墙微氏家族在武王伐商时归顺周人，家族六代在歧周供职的事迹。）因此，我们有理由推断，老子祖上或老子家系亦有可能是殷商移民，而且被迁往关中，也就是迁居陕西秦地。因为我们在《庄子·内篇·养生主》中，见到庄子对老子丧葬的一段描述，原话说："老聃死，秦失吊之，三号而出"。他说老聃死了，秦国有一个叫"失"（佚）的人前去吊丧，只干嚎了三声就出来了。这是对老子死亡唯一的记载，它表明老子死于秦地。

这就让我们进一步怀疑，老子很可能是殷商遗民，因为那个地方最有文化，只有那个地方才有可能塑造出老子这样的文化人格。尔后，老子家系早在西周初期就已经迁到陕西关中，从此为周王室服务，但心中不免深切怀念旧朝殷商的固有文化。那时的官职是世袭的，因此老子家系世世代代做史官，以后随西周东迁而至洛邑。最终，由于中国古人有落叶归根的习俗，因此老子晚年出函谷关，西向归秦，死于秦地，这是老子籍贯可能的考证。

我们下面看一下老子尊号。

老子姓李，名耳，字聃，还有一个字，传说叫重耳。大家注意，老子的姓、名、字，都是很有特点的。

首先要问的是，老子为什么不叫李子？因为先秦时代，所有的"子"，都是用他的姓氏来标号的。他为什么叫老子？按理说，他应该叫李子。即便姓李的人太多，但他毕竟是文化第一先祖，如果他称了李子，后人是不会去与他重复的。但他却叫老子，这个名号是怎么来的呢？

第一种说法认为，"老"是老聃的姓或者氏。比如胡适讲老子"姓老，氏李"，而大多数学者认为老子"姓李，氏老"。我解释一下姓氏，我们今天姓氏是连着用的，在古代姓和氏是两个概念。"姓"字即"女生"（二字的复合），也就是由一个母系繁衍而来的，后代在原始血缘族群中拥有一个共同徽号者为姓。我前面讲过，人类社会由血缘社会逐步向超血缘社会发展，氏族社会的人群最终不免离散。大家分散开以后，各自保留原姓，却另外给自己追加一个分化出来的标号，叫作"氏"，所以氏小于姓。那么，老子很可能是"姓李，氏老"。这是第一种关于老子这个称呼的来源。

第二，老子这个称号是尊称。因为中国人有一个习惯，对他人尊敬就把他说老一点。比如，还不太老就把他叫"老王"，刚一老就把他叫"王老"。于是老子很可能是时人或后人对老子的尊称，这是老子这个名号的第二个来源。

第三，绰号。怎么讲呢？大家看，宋《太平广记》引《神仙传》中的一句话，说老子"生而白首，故谓之老子。"说他一生下来，就是满头白发，所以叫他"老子"。东晋时候，有一本书《玄妙内篇》，它说"李母怀胎八十一载，逍遥李树下，乃割左腋而生。"意思是，老子的母亲怀孕老子，在肚子里就持续了81年，老子生出来的时候已经82岁了，所以满头白发，因为孕期太长，从产道中生不出来，只好割开左腋，从腋下把他拉出来了。这说法当然很荒唐。但是明代著名学者陆德明，在他的《经典释文》中也同样载有老子"生而皓首"，也说他生下来满头白发。看来老子的这个特征很明显。

再看老子的名字。老子的名叫耳，字叫聃。要知道，古人给孩子起名字有很多种起法，其中之一就是看这个孩子的生理特征。那么老子的名和字都与耳朵有关。老子的字叫"聃"，这个字是什么意思？中国第一个古汉字学家，东汉时候的著名学者许慎，在他的《说文解字》里说："聃，耳曼也。"什么意思呢？就是耳朵长得很阔大的含义。另外，明初宋濂在《诸子辩》中也说"聃，耳曼无轮也"，也就是耳朵很大而且还没有耳轮。你可以想见，如果这个字所形容的是老子的耳相，那老子的耳朵一定很难看，长得超大而又疲软，像猪耳朵一样耷拉下来，这证明老子是有天生的一些异相或缺陷的。

到了唐代，由于李唐王朝不完全是汉人血胤，李世民 3/4 以上.的血统是鲜卑人，于是他为了证明自己也是汉人，就封老子李耳为自己的祖先。因此，唐代尊奉的国教是道教。当时有一位佛僧，名号法琳，他对李唐遵道不满，于是出言中伤老子，说其父"胎即无耳，一目不明。"说老聃的父亲，一生下来就没有耳朵，而且一只眼睛是瞎的。

《四库全书·路史》中记载"周上御史，胎刵且眇"。这个周上御史就是指老聃，说他"胎刵且眇"。"刵"是什么意思？指古代的一种刑罚，把耳朵割掉。说他"胎刵"，就是说他一生下来就没有耳朵。再看"眇"这个字是什么意思？一眼瞎的意思。请注意，中国古代每一个字是一个含义。比如"盲"，是指两眼瞎；比如"瞽"，是指睁眼瞎；所谓"眇"，是指一眼瞎，说老子生下来没有耳朵，而且一个眼睛看不见。

那么根据这些记载，结合现代医学知识，我可以很有理由地推断，老子小的时候患有先天性白化病。因为我们不可能想象，老子母亲怀胎81载，生出来满头白发。现代医学告诉我们，怀孕最长不可能超过14个月，超过14个月就是死胎，正常只有9个月。那么老子"生而白首"，说明他很可能得了一种先天性疾病，叫白化病。

大家走在街上，经常会见到皮肤苍白的人，头发或毛发全白，甚至黑眼球虹膜上的色素沉着都很浅。这种病人，由于虹膜色素沉淀不足，阳光中的紫外线就会大量侵入眼底，损伤视网膜，他们很容易在少年时期发生一眼盲。因此，根据这些记载，我们有理由推测，老子当年是一个畸形儿，两耳形貌怪诞，且患有先天性白化病，外加一眼盲。由于他生相异常，因此他身为儿童的时候，就经常被其他孩子嘲笑。这使得他从小不敢见人，于是又继发性引起一个心理疾病，叫少年幽闭症，这就是他晚年即使成为中国文化之第一宗师，也仍然表现为隐君子的原因。

假如这个推论成立，那么老子的先天异常就还可能是一系列综合症。要知道，先天性遗传病通常不只遗传一个病，而是会携带一组遗传缺陷并联下传，从而形成某种多发性异变的综合征。因此，我们很难想象老子长寿。《史记》记载："盖老子百有六十余岁，或言二百余岁，以其修道而养寿也。"就是说他活了160或200余岁，我觉得这个说法也很可疑。因为如果老子患有如此之多的先天异常病，他是很难长寿的。我的意思是说，史书的记载语焉不详，我们有必要对老子的身世另做一番考证。

我们再看有关老子的史迹。

由于老子家系世代承袭周王朝史官，因此后来随王朝迁动，从关中镐京来到东周洛邑，从此辗转于中原中心地带。至春秋末年，即如《左传》所载的鲁昭公二十二年（公元前520年），周景王死，因王位继承问题，王室发生内讧，暴发了长达十多年拉锯式的内战，史称"王子朝之乱"。据说后来王子朝携带大量典籍逃亡楚国，老聃所管理的图书档案馆形同虚设，他因此辞职或被免职，萧然失业而流离失所，是年50岁左右（据高亨先生考证，当时老聃大约57岁）。

此后，老聃浪迹或居停于陈、沛、鲁，甚或楚以及宋，晚年出关西去，落叶归根，死于秦地，这就是关于老子的简略史迹。

我们最后稍微谈一下老子的传徒。

老子也是有很多弟子的。一般人们只知道孔子弟子三千，贤人七十二。其实，老子的弟子更有名，比如孔丘，比如杨朱（史称杨子），比如文子。文子何许人也？越王勾践有一位重臣叫范蠡，范蠡的老师，据《史记》记载叫计然，这个计然就是文子。换句话说，范蠡是老子的徒孙。再还有尹喜、亢仓子、蜎子、柏矩等，所以老子的弟子也很多。

但由于老子是一个隐君子，因此他跟孔子带弟子的方式全然不同。他不允许弟子追随他，有问题来问，问完立即走人。史料曾有记载，说老子最重要的弟子杨朱，曾经硬要追随老子，被老子呵斥驱离。可见，老子作为隐君子，隐得非常彻底，连带弟子的方式都异乎常人。

我们对老子身世就做这么一点儿简单的介绍。

老子的著述及其与孔子的关系

下面我们谈谈老子的著述。

关于老子著述也有诸多疑点。《史记·老子韩非列传》中记载："老子修道德，其学以自隐无名为务，居周久之，见周之衰，乃遂去……"接下去说："至关，关令尹喜曰……"也就是老子辞官以后，西行至函谷关，所谓"关令尹喜"，就是函谷关的关长，名字叫尹喜。尹喜曰："子将隐去，强为我著书。"把老子扣在函谷关，迫使老子写作成书。"于是老子乃著书上下篇，言道德之意五千余言而去，莫知其所终。"传说尹喜随后挂冠而去，成为老子晚年归隐终南的唯一追随弟子。

对《史记》中的这一段记载，我也高度怀疑。

第一，从老子的思想记录来看，已具备比较系统的宇宙观、社会观和人生观，不可能是一次猝然而临机的随意发挥。

第二，秦汉以前的书写材料主要是简牍，所谓"简"，就是竹片制作的书写材料；所谓"牍"，就是木板制作的书写材料。当时没有纸张，书写材料的制备非常麻烦。比如竹简，先得把竹子砍下来，刨成竹条。竹子是湿的，而且呈弧状，容易变形，于是就得烘烤。大家知道文天祥说过一句话："人生自古谁无死，留取丹心照汗青。"所谓"汗青"是什么？就是把青绿色的竹子在温火上慢烤，让它的水分像流汗一样炙出。即便这样，这个竹片还不能算做完，还得拿重石压起来，逐步风干，再把它削成两头有凹槽的竹条，才能在上面写字。然后拿牛皮绳子把它扎起来，卷成一卷、两卷、三卷堆放，中国人所谓的"书卷"就是这样来的，"册"这个字也是指竹简展开摆置的形态。在老子那个时代，函谷关是荒蛮之地，是中原文明的西部边陲，在此边关堆积大量的简牍，似无可能，也无必要。

第三，遍观2500多年前的世界，除了某些叙事性文字以外，几乎见不到思想性巨著。除了老子，因为他的家系是史官，他们的工作就是史录，动笔记录，所以，老子才成为远古时代我们唯一见到的能用文字记录自己思想的先贤。

要知道，古代文人是不写书的，他们都是通过带弟子来传承自己的思想。比如孔子，他没有著作，死后由他的弟子们把他的言论集结起来，这就是《论语》。再比如佛陀释迦牟尼，他活着的时候讲经49年，但从来没有著作，直到圆寂之后，听过他讲经的比丘沙门，通过多次聚众结集才形成《佛经》。古希腊照样，在古希腊哲学史上，我们知道苏格拉底以前的哲人，全都不见有明确的大部头文本。苏格拉底本人也没有任何著作，多亏他有一位好弟子柏拉图。柏拉图著述颇丰，而他的书大多都是与苏格拉底的对话体，这才把苏格拉底的思想留传下来，以至于我们到今天阅读柏拉图的文本，竟无法分辨其中所表述的思想，究竟是他的老师苏格拉底的，还是他本人的。

这说明在那个远古时代，用写作的方式留下思想性巨著是非常罕见的。5000余字的文章，在今天看来是一篇小小的作品，但作为思想性张本，当年足以算得巨著。这样的东西，说是被扣在函谷关短时临机发挥而成，着实难以想象。我认为，一个人毕其一生，甚至不排除包括整个老子家系的多代人不断积累，成百年乃至数百年才能形成这样高难度的文本。因此，关于《老子》书的形成过程，《史记》中的描述也尽可持疑。

对于老子身世及其文本的考证，我们下面做一个总结：

第一，老子可能并非老聃一人，而是老聃家系的总称。我前面讲过，古代官员是血缘世袭的，老子很可能是其史官族系中不止一人的思想代表或虚拟承载。由于老聃曾经收留或教导过若干著名弟子，如孔丘、杨朱等，这些著名弟子最终把他点亮在历史中，致使人们错把老聃视为老子。

第二，老子家系之原籍乃殷商遗族，周灭商后被迁往西周中央所在之秦地，而后又随周王室流转东都。老聃晚年辞官，浪迹多国，死奔西秦，落叶归根。

第三，老子家系之姓氏名号不详。李姓可能是其祖上曾为先朝礼官之遗迹。"李耳、老聃"皆乃孔子师的绰号或名讳，且其人可能患有先天遗传的白化病和继发性幽闭症，故成"隐君子"。

第四，《老子》书应为老子史官世家的思想记录，未必全是老聃一人之手笔。而且，不能排除包括周太史儋在内的战国乃至汉魏之后多人的伪托篡改，但原意及古义未失。

第五，现存的《老子》文本，无论是传世通行本，抑或是出土古善本，都不能被确定为是截止于老聃的家传原本或初始手本，而只能视其为流传各阶段的不同誊抄本或注录本。

这就是我们对老子其人与老子其文所能给出的粗略考证。需要特别声明的是，上述观点之依据，仅限于并非可靠的历史文献和偶然出土的考古资料，它在很大程度上显现着中国传统学术的因循风格，故而断不足以成为定论，仍有待今后更加确凿的研究发掘予以证明或证伪。

我们下面略微谈一下孔子与老子的差别。

孔子是老聃的弟子，这一点是确证无疑的。虽然很多学者对此表示怀疑，但是从诸多古书中看，包括司马迁的《史记》、郦道元的《水经注》以及东汉边韶的《老子铭》等都有记录，孔子一生至少曾三次拜会老子。

第一次大约在孔子17岁，见老子问礼；第二次就是《史记》记载，孔子34岁这一年，被鲁昭公委派到东周首都洛邑，拜老子问道问礼；第三次，是出于《庄子》记载，孔子大约在50至51岁为官前后，去往宋国沛地见老子问学。因此，孔子作为老子的弟子，应该是可以确证无疑的。

但是，孔子和老子两个人的文化品格却截然相反。孔子的文化品格倾向积极，最能代表孔子文化基调的是《论语》中的一句话："知其不可而为之。"这就是我们平常所说的"明知不可为而为之"那句话的原话，它的意思是说，我明知道做不到，也还会努力做下去。它表达的是一种积极参与社会改造的文化态度。因此，后世学者总结孔子学说，用两个字，谓之"入世"。

但是，老子却恰恰相反，他的文化品格倾向消极。最能代表老子文化品格的，是在《道德经》中反复出现的六个字："无为而无不为。"它的意思是，我一无所为却无所不为。换句通俗的话说，就是我什么都不做，却把什么都做成了。我们今天听起来，觉得这句话很荒诞，可老子的意思是，"道"派生了天地万物，却没有任何人见过"道"有任何多余的动作，这叫"无为而无不为"。我们从这句话中就可以看出，老子的文化品格非常消极，消极到一无所为的状态。

于是，后人对老子的文化基调做了一个总结，跟孔子的"入世"恰恰相反，谓之"出世"，出离人世、边缘社会的含义。这也就是为什么司马迁在《史记·老子韩非列传》中专门加了一句话，说"道不同不相为谋"，指的就是孔子与老子之间"处世之道"明显不同，尽管二者是师徒关系。

我讲这一点，是为了让大家深刻理解老子文本的消极意绪。各位读《道德经》，如果体会不到这个韵味，你就无法理解老子给人类发出的忠告，其重点究竟是什么。

孔子 34 岁这一年，专程赶赴洛邑，拜老子为师。《史记》上有一段记载，详细录入老子和孔子的对话。当然，这个对话司马迁怎么知晓，是个很麻烦的问题。司马迁的史书，都是人物纪传体，里面有生动的对话，几乎可以视为文学范本，所以它的细节真实性显然是很可疑的。但是司马迁的《史记》记录被后人考证，却常常精准。因此，我们虽然不敢说司马迁所记载的原话一定为真，却至少可以这样看待，就是司马迁《史记》中的话意，语言后面的那个精神取向，大致不会有太大出入。

我们看看司马迁记载孔子34岁见老子时的对话。老子曰："子所言者，其人与骨皆已朽矣。"这里先说明一下，老子对孔子通篇全是训斥的话、批评的话，鼻子里出的全是冷气。他这段话的意思是说，孔子你总是挂在嘴边的那个人，死得连骨头都已经朽掉了，你提他干什么。这里所指的那个人，就是周公旦。大家知道孔子说他动不动就梦见周公。周公是谁？周武王的弟弟，西周早年第一任宰相。由于武王克商以后很快就死掉了，武王的儿子继承王位，这就是著名的周成王。成王年幼，全凭首任宰辅周公旦主持国政，周公旦为西周建立整个礼治，也就是周王朝的政治法统。

周公旦奠定周朝礼治，史称"制礼作乐"。"礼"是什么？你可千万不敢把"礼"理解为"礼节、礼貌"。"礼"这个字在周代的含义，是指从国家政治法统到民间礼仪、礼节的总和。"制礼"——就是建立周代封建宗法的政治道统。"作乐"，你也不敢把"乐"理解为一般的音乐。孔子和周公所说的"乐"，是指大型祭祀活动上的奏乐和乐章。所谓大型祭祀活动，其实就是国家意识形态的宣示。就像现在开"两会"伴奏（人大与政协），你可不能只是听听音乐了，你得听"两会"的主题报告都讲些什么，这叫"制礼作乐"。由于孔子对周公旦早年创立的封建周礼极其推崇，因此"好梦周公"。

整个孔子学说，其实就是把周公旦"制礼作乐"的政治操作理论化，这就是孔子学说的要义。因此，孔子不断地提到周公旦。于是老子批评他，说这个人死得连骨头都朽掉了，你整天提他干什么。然后老子又训斥孔子："吾闻之，良贾深藏若虚，君子盛德，容貌若愚。"老子说，我听说一个好的商人，深藏若虚，财不露白，绝不显示自己很有钱；一个君子即使具有厚德，他在外貌上也必须显得很谦卑，甚至很愚钝。那么，老子说这段话是什么意思？他显然是在批评孔子过度张扬，四处宣教，未免把自己表达得太过充分、太过刺眼。然后老子接着说："去子之骄气与多欲，态色与淫志，是皆无益于子之身。"就是说，赶紧把你身上的骄傲之气和多欲之态祛除掉，把你嚣张的气色和宏大的志向也都磨搓掉，只有这样你才不至于自找倒霉。大家可以听出来，老子对孔子全是讽刺批评的话。

我们下面看看孔子对老子的评价。

《史记·老子韩非列传》记载，说"孔子去，谓弟子曰……"，也就是，孔子离开洛邑回到鲁国对他的弟子说，"鸟，吾知其能飞；鱼，吾知其能游；兽，吾知其能走"。这三句话不用翻译，他接着讲，"走者可以为罔"，"罔"这个字的含义，是蒙骗的意思，也就是说，对于走兽，我挖一个陷阱，上面盖上芦席，洒上草叶或者浮土，就可以把走兽蒙骗到陷阱之中捕获之；他又说，"游者可以为纶"，就是对于水里游动的鱼，我下一条丝线，底下带一个吊钩，就可以把鱼捕获上来；他还说，"飞者可以为矰"，所谓"矰"，是古代专门用来射鸟的箭，因为你用普通的箭射鸟，即使射到鸟的要害之处，鸟扑棱几下翅膀，落在河边的芦苇荡里，你是找不见猎物的，于是，古人就专门设计一种箭，在这个箭后面绑上很长的线绳，如果射着了鸟，拉着线绳就可以把鸟取到手，这种箭叫作"矰"。他然后讲，"至于龙，吾不能知其乘风云而上天"。这段话的意思是说，我从来没见过龙，神龙见首不见尾，我不知道龙是什么样子。他最后讲，"吾今日见老子，其犹龙邪！"——这就是著名的"犹龙之说"。他说我今日见到老子，我终于知道龙是什么样子了，可见孔子对老子评价之高。

我讲这一段，是想说明两个问题。第一，老子对孔子这位弟子，其实并没有给过好评，全是差评的话。而孔子作为学生，对老子这位师长却是至为尊重，视之为龙。孔子说过一句话："朝闻道，夕死可矣。"这话里暗含着别样的一重含义，那就是孔子可能一辈子都没有搞清老子的"道"究竟在讲什么。我们由此可以看出，老子思想之深邃。

我们前面讲老子身世，老子文本，老子与孔子文化品格的差异，都只是为后面澄清老子思想主旨，做一个背景铺陈。

老子论"道"

我们下面进入老子文本。

老子书，上下篇，也称上下卷。在传世通行本《道德经》里，上篇即《道篇》或《道卷》，下篇是《德篇》或《德卷》。那么《道篇》究竟讲什么？

我首先做一个提要性说明：《道篇》着重讲宇宙观与自然观，《德篇》着重讲社会观与人生观。这句话是什么含义呢？首先大家要知道，中国先秦诸子百家全都关心的是人伦社会学问题，几乎没有任何人关心自然学问题。这跟古希腊哲学形成强烈对照，古希腊哲人除苏格拉底以外，全部都关心的是自然观和宇宙观。古希腊第一哲人泰勒斯，留下著名典故"观天落井"，被后人总结为四个字"仰望星空"。但奇怪的是，中国先秦诸子百家，却全都倾心于关注人伦社会学问题，以至于自然学、宇宙观几成偏废。

原因是什么？农业文明导致人口暴涨，导致人际关系和资源关系格外紧张，这就造成中国先贤全都关心人伦社会学问题。可是这里有一个漏洞，当他们讨论人伦社会问题，也就是人道问题的时候，他们缺乏一个深在根据或基本前提，比如，孔子讲"君子之道"，讲人应该这样做，应该那样做，可他却从来没有讲过，这些"应该"是从哪里引申出来的。老子思想深刻，他要追问这个世界的终极因。

所以读老子书，你要特别注意两组词汇，一组叫“天之道”，一组叫“人之道”。我们今天讲人道主义的“人道”二字，就是从老子“人之道”中来的。所谓“天之道”，就是宇宙观，就是自然观，就是天地运行的总规则、总律令。所谓“人之道”，就是人类文明之道、人类社会之道、人类行为之道。老子认为，如果你只谈“人之道”，试问“人之道”的根据与依凭何在？显然，你必须首先追究派生了天地万物乃至人类本身的“天之道”的运行规律，你才有资格讨论“人之道”应该怎样操作。我们把这一脉思路视为追究终极，而“追究终极”是古希腊狭义哲学三大思想特征之一。这就是为什么我在前面讲，“老子是中国思想史上唯一的哲人”这句话的含义。

我们要想理解老子的“道论”，首先得看懂“道”这个字的甲金文，（甲骨文）（金文）（小篆）道（楷体）。“道”这个字，在甲骨文中先画一条带有十字路口的道路，这个字就是“行”，（甲文）（金文）（小篆）行（楷体），在“行”字中间，或者如上画一个脚印，或者还有画一幅头脸的。关于后者之形象，学界争论很多，意见比较集中的一部分人，他们认为这个字实际上画的是一个孩子在分娩过程中，头颅已经伸出产道的形象。这个说法如果用在老子书中“玄牝之门”的解释上也成立。我们再来看看金文，因为金文把这个字形描述得更清楚。它先画一个带有岔道的大路（起初两边都画，以后省略一边），然后画一缕头发，接着在头发下面画一个大鼻子，这个中间字符部分，就是我们今天常用的“首”这个字，（甲骨文）（金文）（小篆）首（楷体）。然后在下面画一个脚印，这个字就是“道”字的来源。它是什么意思？走在笔直的大道上，远远就能看见对面来人的脸，叫作“道”。

我这样讲大家一定觉得很奇怪，我走在什么路上会看不见对面来人的脸？要知道，中国古字每一个字是一个含义。道，指人工修筑的笔直的大道；路，指人不经意踩踏出来的弯弯曲曲的小路，比如你登山，远远都能听见对面来人说话的声音，可你看不见对面来人，这叫"路"。

中国还有一个形容道路的字，叫作"径"。"径"是什么，邪路的意思。我画一个图，大家看其笔划，像个"井"字。你读古书经常看到一个词汇"井田制"，也就是田地被分割成九块。什么叫"井田制"？它有两重含义，它的原始含义产生于氏族时代，那个时候是氏族公社，是原始共产主义，没有私有制，随着氏族往后发展成氏族联盟乃至部落联盟，这个时候私有化逐步发生，但整个部落联盟仍然给原各氏族保留一部分当年氏族的公田，这是井田的最早形态。到周代初期，井田制发生改变，周边这八块地，是个人的或者各部族的佃田或私田，中间这一块地是王田，是公田，大家在各自耕作自家私田的时候，必须同时完成公田上的劳作，这是西周早年的井田。所以，井田制很复杂。别小看这么一片井田，其实总面积相当之大，一般都有数千亩乃至上万亩，几乎可以拿平方公里来说话。假定一个人要从地边某一点出发，走到对角线方向的地头另一点，按理说，他应该顺着田埂走，才不至于踩坏庄稼，可是没有人愿意这样走路，因为他要走两条直角边，于是大家宁可把庄稼踩坏，也会走中间那条随意踩出的斜路，这叫"径"。也就是放着正道不走，偏走邪路叫作"径"。

老子在《道德经》中说一句话："大道甚夷，而人好径。"意思是说，明摆着宽敞的大路不走，人们却偏偏好走邪路。很明显，老子是要借此指责人类倾向于违背天道而运行。

那么"道"这个字的来源是怎么回事呢？要知道，老子探讨的是形而上学问题，而人类早期的文字符号，是普通民众在形而下的日常生活中建构的。因此，当年要寻找形而上的概念命名是非常困难的。于是，老子借助于"道"来表述天地运行的法则。"道"的字源根据是什么？是西周早年修过的中国历史上第一条人工大道，史称"周道"。我们怎么知道呢？《诗经》上留下一句话，说"周道如砥，其直如矢"。就是说周道平整得像打磨过一样，笔直得像射出去的箭一样。

大家知道，武王灭商之前，周部族的首府及其政治中心已迁至今天陕西关中的丰镐一带，但是之后，其所征服并需要管理的原属殷商的广阔地域都在中原，因此，西周王室早年不得不把相当一部分重要的行政力量和军事力量摆在河南，并为此建立了第一座陪都，这就是洛邑。为了调动行政、军事力量的方便，周公旦便在镐京和洛邑之间修筑了中国历史上第一条大直道，这就是"周道"。那么老子就借用这个"周道"隐喻天地运行之道。所以，大家注意，老子所谓的"道"和"德"，分别各是各的概念。

中文每一个字都是一个意思，先不要把"道""德"两字合在一起。我前面也讲，《道德经》中"道德"的含义，绝不是"人伦道德"的那个"道德"的含义。所以，你首先要理解"道"，它有点近似于古希腊哲学上所说的"逻各斯"。"逻各斯"（Logos）这个词的意思，我昨天如果没有讲清，今天再复述一下，它是古希腊人表征"言辞和秩序"的总称。"秩序"指客观规律，"言辞"指主观陈述，也就是在主客无分的状态下寻求它们之间的本体联系和存在法则。那么，老子的"道"就有点类似于古希腊"逻各斯"的概念。他要表达和追问的，是天地运行的法则，这是大家首先要理解的重点所在。

我们下面看《道德经》开篇第一句话："道可道，非常道；名可名，非常名。"对于这句话，现在各路学者的解释非常复杂，有人还把标点符号另做挪移，更是让人云里雾里，不知所云。那么，老子开篇就讲这句话，他究竟想要说什么？

为了阐明这一点，我先谈一些题外话。近代西方古典哲学时期，德国出现一个哲学大家，名叫莱布尼茨，他曾经讨论过一个问题，他说哲学需要有自己专用的文字符号。我前面讲过，我们的正常语言和文字符号，是一般老百姓在形而下的日常生活中建构的，而哲学表述的是形而上问题，日常语言不足以表述哲学。因此，莱布尼茨提出哲学表述应该有它的专用符号，这个说法是很有道理的。比如数学，你不可能使用日常语言来表述数学，无论是英语或中文都不行，数学是有自己专用符号的；比如音乐，五线谱是它的专有符号；再比如电脑编程，你不可能用日常语言给电脑编程，它必须借助专门的逻辑符号即电脑语言才能使之运行。那么，按理说，哲学表述的范畴完全不在日常生活的直观层面上，因此，它更应该有自己的专有符号系统。可惜它又没有，因为它要讨论的问题是收揽形而下，并注解形而下，因此，它又不能完全摆脱形而下的指向和形而下的诉求，这就导致哲学表述变得非常麻烦。

我们再看黑格尔，他在其名著《精神现象学》中说过一句话，他说我的哲学一旦用语言或文字表述即原意大失。他的意思是什么？仍然是日常语言不足以表述哲学。

我再举一个例子，释迦牟尼。要知道，佛教是世界上所有宗教中最华贵、哲学意蕴最深厚、逻辑体系最缜密的一门宗教，我们将来在佛教课中再谈。佛经上记载："世尊拈花，迦叶一笑。"说佛陀讲经，常常一言不发，手里转动一朵花，下面听讲的众比丘一片茫然，只有一个名叫迦叶的弟子微微一笑，佛陀明白，他算是一个清醒人。佛陀还讲过一句话："我所知法如树上叶，我所讲法如掌上叶。"意思是，我所知道的佛法，是树上的活叶子；可一旦我把它讲出来，它已经是从树上摘下来摆在手上的死叶子了。这段经典仍然是在讲，通过语言、文字表述深刻哲理，实在难以尽意。

好，那么我们下面看《道德经》开篇的这段话。老子讲，"道可道"——我所说的那个"天道"，是可以用语言表述的（可被言道）；但"非常道"——就是你用正常语言不能表述，你得用非常语言才能表述。他接着讲，"名可名，非常名"。所谓"名"，就是指我们可以感知的物之属性以及对此可感对象加以命名之谓。他说对物体属性这些东西，你是可以命名的，但是你用正常语言不能命名，你得用非常语言才能命名。请听一听，老子的说法跟莱布尼茨、黑格尔和释迦牟尼如出一辙。像这类话语，只有对哲学做过深长思考，并用文字符号加以陈述的人，才会有这种体悟，也才会有这种表达。这是大多数学者为什么容易把它讲错的原因。

　　此外这句话中还包含一层意思，就是任何深思的表述都是极为别扭的，都是极为艰涩的。大家应有同感，读哲学书非常困难，包括读哲学史上的任何哲人的原著都是如此，因为他的思境和正常人的普通思境根本不在同一层面上，因此他的语境也就无法达成与正常语境的顺合。他甚至得生造字词，或者对原有字词的概念另注定义。这就使得你翻开他的书，每一个字你都认识，可它一旦排成句子，你却不知道在讲什么。大家读我的《物演通论》，大抵就是这种感受。这不是我有意识要把它写得非常艰涩，而是任何深厚思想、哲学思想的表述，其所面临的第一道障碍都是此类"非常道"与"非常名"的难题。这也就是老子深知他的思想和文本很难被世人理解的原因，故而他才会有"知我者希"的预言。

　　我们再往下看，老子讲："玄之又玄，众妙之门。"就是说他所要追究的天道，在极其深远而黑暗的某个地方，那个难以企及的地方才是众妙之门，也就是万物的生发之根。显然，他讨论的问题，不在我们正常思维和正常感知的范畴之内。他接着讲："谷神不死，是谓玄牝，玄牝之门，是谓天根。""玄牝之门，是谓天根"，我在前面已经讲过。我下面解释"谷神不死，是谓玄牝"是什么意思。这句话引起很多误解。请注意这个"谷"字，很有可能在这个地方是"欲望"的"欲"字的通假。你把它理解为"欲神不死，是谓玄牝"，这个句子立即通顺。大家知道，任何生命、任何有机体，都是围绕性增殖这个中轴运转的，一切生命有机体说到底只不过是基因制造和播散更多基因的临时运载工具而已，这是生物学上的一种说法。因此，弗洛伊德探讨人类的精神层面，发现人类的精神扰动居然跟一个人幼年阶段的性压抑有关，可见他对生命和精神的底层深有了解，这就是弗洛伊德作为一个心理学家，他的专业理论却近似于哲学学说，广为传播并产生深远影响的原因。弗洛伊德把这种性的冲动或作用力，叫作"本我"，用一个词叫"libido"，它就有点类似于老子所说的"欲神"（谷神）。所以这里说的欲，是指生命最强大的性欲，他说这个欲就是"玄牝之门"，这个欲永远不灭。当然，老子只是用性欲来形容天地内在运行动力的本源，他说"欲神不死，是谓玄牝"，由此揭示了能够派生天地万物的"道"，以表示"道"是天地派生的原始成因和万物存续的不竭动因。

老子接着讲："道生一，一生二，二生三，三生万物。"这句话被很多学者解读为，老子早在 2600 年前就已经对现代宇宙论有所猜想。这个说法表面上看拔高了老子，但却表明其对老子书的理解出现严重偏差。因为，人类原始文化是处在信息量相对较低的状态下所形成的思想模型，而现代宇宙论是科学高度发达，直到 20 世纪初叶，爱因斯坦相对论问世以后，才能建立的一个足以涵容极大信息量的崭新宇宙观模型。因此，把老子道和现代宇宙观相提并论，显然不恰当，两者根本不可同日而语。

要注意，在老子那个时代，信息量很低。所以老子讲的东西，虽然是形而上的，他却尽可能用形象的方式表述。他这里所说的"道生一"，是指"道"派生了天、地这两样东西以前的某种"元一"或"太一"状态；所谓"一生二"，是这个原始混沌的"太一"状态随后派生了天和地这两样东西；所谓"二生三"，是天和地这两样东西，接着派生了动物、植物和人类；所谓"三生万物"，就是动物、植物和人类，最后派生了天下万物。我说"万物"这个词，主要是指亿万种生物，当然也包括无穷无尽的人造物。所以老子这段话所表达的，是以某种程度的具象隐喻方式对"道论"的追索和观照。

老子这句话，你今天看太普通了。可你要知道，在 2600 年前说出这句话来，如果你理解它，那么你会非常的震撼。因为这句话里暗含着一个意思：天地万物是逐步演化而成的。请注意，我们今天学了大量的进化论知识，你觉得这是一个常识，可你要知道，古人看天地万物是在平面上排列的。2000 年前的《圣经·旧约》第一章"创世记"，说上帝六天缔造世界万物。大家想想，你幼年的时候，你刚刚看懂这个世界的时候，你能想到这个世界居然是演化而来的，而不是完整呈现的吗？你是不可能想到的。要知道，进化论这个概念，直到 19 世纪才在人类学术界艰难地铺展开来。而老子居然在 2600 年前，就已持有万物是演运而来的这样一个纵深观念，确实非同寻常。

我们回望一下古希腊哲人，古希腊第一圣哲泰勒斯只给后人留下一句话，就被奉为古希腊狭义哲学的开山鼻祖，那就是"水为万物之原"。这句话我们今天看，全错了，可是这句话为什么标定了泰勒斯作为西方哲学之祖的地位？是因为在这句话中同样暗含着"世间万物是从某种原始状态逐步演化生发而来的"这样一种非常超前、非常宏阔的眼界，由此开启了古希腊哲学的发端。所以，大家对这句话可千万不敢轻视，它标志着老子目光深远，标志着老子学说达到极高的哲学思境。

老子在《道德经》第二十一章中讲："道之为物，惟恍惟惚"，说"道"派生和孕育万物的状态是恍恍惚惚的。"恍惚"指什么？视觉上、听觉上、感觉上、经验上无法清晰捕捉，无法形成明确的观念，谓之恍惚。也就是老子当年仍然尽可能用具象的方式来表述抽象的深思。我们从这些文字里可以看出老子行文之艰难。他接着讲，"有物混成，先天地生"，他说有某种物存状态，在天地还没有出现之前就已经混沌呈现了，这当然是极具力道的猜想。

上善若水

我们下面看看老子所说的"夷、希、微"是什么？《道德经》第十四章有云："视之不见名曰夷，听之不闻名曰希，搏之不得名曰微。"这段话是什么意思呢？首先大家要知道，我们人类获得外部信息和外部知识的唯有通道就是五官，也就是视觉、听觉、嗅觉、味觉、触觉，除此之外，我们没有其他可以获得外部信息的来源。

可老子讲，你凭借这个通道，你不可能对"道"有任何捕获和感知，这叫"视之不见、听之不闻、搏之不得"，可见老子要想谈"道"是何其困难！他居然要超越人类的一般感知通道，去捕捉天地万物之根源。这种神秘的、中间缺乏证明环节、即在广义逻辑上无法贯通的表述，后来成为中国神秘道教的一个重要思想发源。

我今天讲老子课，只讲最重要、最核心的部分，理出老子当年的学说主旨和思想主线。老子讲："执古之道，以御今之有。"什么叫"御今之有"？就是你如果要驾驭今天人类文明生存和文明社会的操作之道，你必须首先"执古之道"，即把握住"天之道"，只有这样，你才有资格、有可能、有依据来讨论"人之道"。请听听，这是不是我前面讲过的，"道论"的核心是宇宙观？你只有把握住宇宙观，你才能把握人世观、人文观、社会观、人生观。从这个意义上讲，老子达到了追究终极的哲思高度。

老子在《道德经》第十六章又讲："天乃道，道乃久，没身不殆。"请注意这句话，他说"天"就是"道"，或者"天"离"道"最近。那么什么东西是它最主要的特质呢？"道乃久"是也，它着重强调其持恒性、稳定性、根基性以及不可分割性。他说你只有把握住这个东西，你才能"没身不殆"，也就是你才能恒久持存、掌控长远。这句话字面背后的深意是，老子要追究眼前飘忽流变世界背后的本原。如果对西方哲学史熟悉的人，一听我讲到这儿，你会立即想到，古希腊哲学第一期叫"本体论时代"。古希腊哲学早年追究存在、追究本体。它所说的"存在"，绝不是眼前万物之呈现，它认为这些东西都是假象，因为这些东西是不断流变的，是飘忽不定的。它认为，但凡是真正的存在，一定是永恒的存在，一定是不变的存在，一定是不可分割的存在，那种存在才叫"存在"，是那个东西支撑着或支配着面前的这个假象世界，由此带动古希腊哲学思境之深入。所以老子这句话跟古希腊哲学的追究对象十分相近，表达着东西方在轴心时代其思境之高下等一。

而且大家还要注意，这句话有另一层含义，甚至是更重要的关键点，那就是，既然老子借用"道生一，一生二，二生三，三生万物"来表达万物演化的序列，那么，他这句"天乃道，道乃久"，就又表达了在这个演化序列中有恒久性、稳定性的差别，是不是这样呢？否则他为什么要谈"道乃久"呢？他显然是说"非道"的东西、表层的东西，都是不能持久的，是没有稳定性可言的。所以我说，老子在这里有一个对演化进程稳定度状态的、或者稳定度递失状态的观察与猜想。

然后老子讲："天地不仁，以万物为刍狗；圣人不仁，以百姓为刍狗。"有很多人说，老子这个人冷酷薄情。那么老子这句话究竟想讲什么？我们首先看"刍狗"这两个字，关于"刍狗"这两个字是指什么，学界有很多争论。在古文字中，"刍"这个字是画了一只手，手上拿着两束草，🖐(甲文) 🌿(金文) 🈂(小篆) 芻(隶书) 刍(楷体)，这个字是"刍"，拔草的意思。所以有甲骨文学者认为刍狗就是落在草窝中的小狗，也就是没有母亲照料的狗。但大多数学者认为，刍狗的意思是草扎的狗。大家都很熟悉，古代祭祀天地和祖先要摆上牺牲，牺牲是分太牢和少牢的，所谓太牢就是大型动物，比如牛、猪、羊，所谓少牢就是小型动物，比如鸡、鸭。对于普通的百姓，少牢的祭祀成本对他们来说也还太高，于是他们用草扎的动物、纸糊的动物，来代替牺牲作为祭祀品，这叫刍狗。它指的是很轻贱的东西、很低贱的东西。我曾经也怀疑这个说法是否成立，因为我们很少能够见到草扎的狗这种东西。有一次我到西藏去，在西藏一个博物馆里居然看见草扎的祭祀品，在藏文里叫"容果"，可见此说法成立。

那么这句话的实际含义是什么？老子先讲天地之道，说天地之间没有人类文明社会里的那么多名堂，在人之道的种种造作焕发之前，天之道是寂静无为的，它视万物为刍狗，也就是它把万物看得很轻贱，绝不给予假惺惺的关照，结果万物顺势而发，恒稳衍存。他说既然自然天道是这样行为和这样操作的，那么人之道也就应该顺其而动。于是有了随后这句"圣人不仁，以百姓为刍狗"，他说因此真正管理天下者应该无所作为，应该不用文明派生出来的那些过多的花样，因为这些东西只会扰乱和破坏人类的生存境遇。这句话仍然标示着，老子在讨论人之道，即人类该怎样运行时，先看天地怎样运行。而且这句话里还包含一个意思，老子反对人类文明社会花里胡哨的那些操作。他认为人类文明社会过多的理念、过多的说教、过多的手段，其实是对人类生存的戕害，是违背天道之举。所以大家一定要明白，老子的"无为"之论完全来自于对天道的总结。

这里我想强调一下，老子所谓"圣人"的含义。中国古代先贤都引用"圣人"一词，比如老子、孔子、韩非子等等。孔子所说的"圣人"是指德行敦厚而权位高拔者，因此孔子把人分为三等：圣人、仁人和君子；韩非子所说的"圣人"是指有独裁之力、深通法术的君王；可见不同的先秦学者，使用"圣人"的概念全然不同。可老子所用的"圣人"，是"圣人"字面的原初含义。我们看一下，"圣"这个字甲金文的写法。𦔮（甲骨文）𦔽（金文）聖（小篆）圣（楷体），它先画一个非常具象的耳朵，旁边画一个口，底下画一个人，这个字就是繁体字"聖"的来源。什么意思？在氏族血缘社会里，没有政府、没有暴力、没有特权、没有法制，它的管理方式是什么？族群里的长者，母系社会的老祖母或父系社会的老祖父，他们听取所有族人的意见，然后由他（或她）调解纠纷、协商共治、柔和管理，这个亲切慈祥的族群长者叫作"圣人"。

所以大家注意，老子学说是什么？我先说一句孔子的原话，孔子说"吾从周"，就是我追随和遵奉周代的封建礼制。那么我们说老子是"吾从商"，我追随和遵奉的是商代的氏族部落生存方式。可见老子对人类原始社会，即文明初期乃至非文明状态高度赞赏。所以老子的"圣人"跟孔子、韩非子以及后人使用的概念全然不同，因为老子认为人类在文明化以前，社会上的人为动作极少，这种自然而温和的处理天下事物的方式才符合天地无为之道，这就是老子这段话的含义。

老子接着说："上善若水。"这句话我们很熟悉。它的原词含义是，"上善"指最佳的状态，"若水"指像水一样。全句的意思是，最佳的状态像水一样。那么老子说"上善若水"什么意思呢？他是用水这个具象的东西来形容，或者说来比喻天道运行的自然方式和自然状态。我这样讲你还不足以理解，因为老子这句话背后其实大有深意。因此他下面紧追一句话："水善利万物而不争"，就是水滋养万物而不与万物竞争。请注意这句话，他为什么要说这样一个大白话呢？是因为他要批评人类文明社会是一个竞争结构。大家知道，人类在原始氏族社会的时候，其社会形态是真正的公有制，是人类历史上唯一的一次共产主义，叫氏族公社，没有私有制，人际之间也没有竞争关系。那么人类文明化以后，私有制发生，人类社会关系紧张，形成剧烈的竞争格局，由此带来天下紊乱、苍生难安的局面。因此老子讲，"水善利万物而不争"，这句话的含义，就是批评人类文明社会违背天道而运行。

他随后又讲："处众人之所恶，故几于道。"这句话的意思是说，水总是向下流动的，流到最低处积成平潭。由于它的行为方式是下流的，而且处在最低的地位，因此为众人所厌恶。他这里所说的众人是指文明人，他这句话仍然是在批评文明人，因为文明人总是争上游的。而老子认为天地运行没有这样的竞争格局，没有这样的向上配位的冲动。因此他说"故几于道"，他说因此水的这种状态，最接近于"道"的呈现状态。这是这段话的全文和原意，换句话说，"上善若水"这句话，其基本用意和指向，在于批评人类文明社会违背天道而运行，这才是这句话的核心含义。

弱者道之用

老子"道论"的中心章节在《道德经》第四十章。

学界一般认为，《道德经》第一章到第三十七章是《道卷》，第三十八章到八十一章是《德卷》。可大家注意，老子"道论"的核心章节却偏偏跑到了德卷，它说明什么？——分章、分卷之不合理。要知道老子书的分章、甚至分卷到底是谁所做，迄今不能考定。但是学界基本上有把握认为，八十一章之分章是后人之伪托。因此我们读老子书，会发现它章节紊乱、逻辑关系不连贯，当然这一点也很可能是《老子》原书表述状态的直接呈现。因为我前面讲，老子书有可能并不是出于老聃一人之手，而是老聃家系世代作为史官所形成的家传观念的叠续记录文本。如果是这样，它的逻辑关系自然难以顺畅。这也是我们推断老子可能不是指老聃一人的原因之一。

我们下面看看第四十章全文。《道德经》第四十章总共只有 21 个字，我把它给大家念一下："反者道之动，弱者道之用，天下万物生于有，有生于无。"这就是第四十章全文。大多数学者认为，老子道论最重要的一句话就是"反者道之动"。"反者道之动"这句话是什么意思？"物极必反"的意思，它表达的是一个典型的辩证逻辑。关于辩证法，很多人认为它就是老子书的核心，认为读老子书就是去读辩证法的。

可是我说，如果你读老子书只读出辩证法，那我可以肯定，老子书你根本没有读懂，你根本搞不清老子想干什么。首先大家要明白，辩证法和辩证逻辑绝不是人类理性逻辑的高端，它反而是人类理性逻辑的初级阶段。当代，由于我们推崇马克思主义哲学，而马克思哲学的主要组成部分之一就有黑格尔的辩证法，因此国内思想界把辩证法抬举到惊人的高度。从逻辑学上看，其实辩证逻辑只是人类理性思辩逻辑的原始层面。从文明史上看，人类刚一展开思绪，在最早期、最低级阶段使用的思维方式就是辩证观。

比如《易经》起初只有两爻，它是比甲骨文还要早上千年的一个非文字符号系统，阳爻代表男性，阴爻代表女性，这就是原始辩证观的最朴素表达。而远古时代的思想者所用的思想方法都是辩证法，比如老子，比如孔子讲中庸之道。西方的古希腊照样如此，古希腊早期哲学家基本上都是辩证逻辑的使用者，比如巴门尼德提出存在与非存在，比如赫拉克利特提出明确的辩证论，再到柏拉图都一直在使用辩证观念。大家读一下柏拉图的《理想国》，讨论所有问题都是辩证观照。直到最后一位集古希腊哲学之大成并建立人类第一门逻辑学的哲学家亚里士多德，他认为辩证逻辑表达的是思维混乱。于是他专门研究人类的逻辑思维程式，发现人类逻辑思维总是在三个格上运行，把这三个格再仔细分类，可以分出 48 种前提组合；接着亚里士多德针对这 48 种前提组合逐项考察，发现其中 34 项是无效组合，14 项是有效组合；随后继续进行一点一点的剥离和论证，由此终于形成了人类历史上第一门逻辑学，这就是"形式逻辑"。

我一讲到这儿，熟悉国内哲学界说法的人马上就听得出来，形式逻辑在黑格尔看来恰恰就是辩证逻辑的反动。可见亚里士多德整顿逻辑学，正是针对原始混沌模糊表述的辩证逻辑的纠正，是对那种思维条理紊乱状态的清晰化梳理。所以你如果读老子书，只读出辩证法，你确实水准太低。这里还有一个更严重的问题，辩证法只不过是老子使用的一个思想工具。大家要注意，你在某一个时代使用怎样的思想方法，这个东西由不得你选择，所以把思维程式的自发运行叫作"方法论"，我认为是很成问题的。因为你的思维方式怎样展开，并不是你选择的结果，而是你面对不同时代的信息增量，处理复杂程度不同的问题，它自然会影响甚至规定你的逻辑思脉调动状态，你是不可能随意选择的。在人类古代信息量较低的时候，那个时代的思想家自觉不自觉地都在使用辩证逻辑，因为他没有选择。那么老子使用辩证法就只不过是一个临时思想工具。

大家想想，"工具"是什么含义？这就好比你要过河，你必须搭桥，你如果在这条河上建桥，那就证明河不是你的目的地，否则你还给河上建桥做什么？那么老子使用辩证法，只是他的一个过渡手段，或者说只是他达致其思想目的地的暂用舟桥，那它当然就不是老子思想的终极标的。因此你读老子书，如果只读出辩证法，我说你读到糜子地里去了（陕西土话，意指失去方向）。辩证法内含"物极必反"的意思，或者用我们今天的说法，叫作"A 与 B 两点之间可以互相转化"，那它也就暗含着这样一层意蕴：我们人类有退路可走，我们可以返回旧时代。因此，"反者道之动"这句最早的辩证逻辑表述，引出了中国很著名、很常用的一个词汇——反动。"反动"这个词就是从"反者道之动"这句话里引申出来的，而它表达的就是辩证逻辑必然带出的物极必反的指向。由于老子使用的是辩证逻辑，所以老子的学说意向最终果然流于反动。

在我看来，老子"道论"中心章节中最重要的是第二句话："弱者道之用。"这句话究竟是什么含义，实在非常值得深入探讨。绝大多数学者，甚至可以说，从两汉以来迄今的所有学者，几乎都把它解释或注释为柔弱胜刚强、以柔克刚等，这当然也是老子的原话，但是其实这句话另有深意。一般人仅停留在字面意义上加以解读，似乎"以柔克刚"之说也颇有依据。因为古代文献上记录过一个典故，说老子年轻的时候曾经拜常枞为师。常枞年迈将死之时，老子前去看望恩师，常枞张开口让老子看，问"你看我的牙还在不在？"老子说"不在了"；常枞又问"那你看我的舌头还在不在？"老子说"在"；常枞最后问："何所意味？"老子回答："坚强者恒灭，而柔弱者长存。"这就是"以柔克刚"这个典故的来源。大多数人都在这个思路上解读，但是我觉得这样理解不行，不足以贯通老子的思想体系。因为我前面讲，老子有一个演化论的纵深目光。如果具备这个目光，那么老子所谓的"弱者道之用"就应该是在这一演化通道上给出的动态表述，而不可能是一个静态描摹。如果他是在一个动态轴向上表达"弱者道之用"，加之他又有"天乃道，道乃久"的确认，即对本原存在的恒久性、稳定性以及演化进程的变异性有所察觉，那么他所说的"弱者道之用"就不能排除这样一个意蕴：弱化现象是道的实现方式。我再重复一遍：弱化现象是道的实现方式！于是，关于老子"道论"的中心含义，关于"弱者道之用"这句话的理解，就出现了两派意见，绝大多数人都把它表述为：道的弱态作用形式；而我把它诠释为：道的弱化演动向度。

那么我们看看，老子在演化论的纵轴上探讨"弱"这个问题，他都有哪些表述？老子讲"天长地久"，道教后来引出"长生久视"。在老子书的原文中有一句话，说"物壮则老，是谓不道，不道早已"。老子说物如果发育得太急，它就会很快老化，他说这是"不道"，他说这是脱离了"道"，"不道早已"，你跟"道"的运行方式不贴合，你就会很快玩完。显然老子在"道论"里含有一种追求稳定而不得的眼光。他又问道"天地尚不能久，而况于人乎？"也就是说，最原始的派生物天地尚且不能恒久永存，人类的柔弱化自然早已注定，成为不言而喻的趋势和结果。他在这里比较了天地与人存的强弱态势，其中显然含有一脉弱化发展眼光。他甚至直接断言："天下之至柔，驰骋天下之至坚。"他所谓的"至柔"，就是最软弱者，这个最弱化者是谁？一望而知，是人。他说人能够驰骋于天下之至坚，也就是比人坚强得多的万物却被人驾驭。显然这个思路包含着对弱化现象发生疑问和比照的独特考量。

他发现，存在稳定度递失的弱存者，比如人，却具有了驾驭存在稳定性极高物质的能力。他提出这样奇怪的比较和讨论，表明他对物质演化的方向有过一个强弱程度之差异的探问，这在他的字里行间都有表达。只不过自两汉以来，所有解读老子文本的学者从来没有这样看待过问题，因为当年信息量不足，而我们站在今天这个时代回望老子这句话，就会发现老子是对此类问题最早有所猜想的唯一思想者。

老子道论的中心含义最终只归结为两个字——柔弱。"柔弱"是老子道论的总纲。请注意他什么都不总结，居然总结了"柔弱"二字，这是很奇怪的现象。大多数人把它理解为行为方式要柔弱。可是老子在讲"天之道"，而"行为方式要柔弱"这个话题，与"天之道"的运行毫无关系，与老子说"天乃道，道乃久""不道早已"等也颇为不合。"柔弱"这两个字，在《道德经》五千言文本中竟然出现 11 次之多，可见它是老子对"道"的基本总结。它还有很多表述，比如"天下莫柔弱于水，而攻坚强者莫之能胜"等。老子用种种方式，包括借助于水、借助于人，反复论证柔弱这个问题。包括我刚才讲，"天下之至柔，驰骋天下之至坚"，这是拿人来形容人和物的关系、弱者和强者的关系。所以大家只需记住，"道论"的核心，最后归结在"柔弱"两个字上。

关于老子道论，它的更精深的证明、它的更复杂的含义，我们后面专题讨论。我们目前只把文本方面的表层讲解到这里。

老子论"德"

《道卷》的主旨是讲宇宙观与世界观，或者说是讲宇宙观与自然观。它的中心章节是《道德经》第四十章，它最重要的一句话是"弱者道之用"，其含义是，弱化现象是道的实现方式。它归结下来的重点是两个字：柔弱。

我们接着进入老子《德卷》。"德论"的中心思想，是讲社会观与人生观，是从"天之道"进入"人之道"的讨论。实际上严格说来，老子更关心的同样是人伦社会问题，这一点是中国先秦时代所有思想者的共性。因此《德篇》是老子书的重点所在，也因此在《帛书》中，《德篇》在前，《道篇》在后。

那么"德"究竟是什么意思？我们得看它的甲金文。"德"这个字，𢛳（甲文）德（金文）德（小篆）德（楷体），在甲骨文中先画一个带有岔路的大道，然后在它旁边画一个十分具象的大眼睛，再在上面画一个直出符号。到金文，人们在下面又给它加画了一个心脏，这就是"德"这个字的来源。

它的含义是什么？先看懂这个字符：走在带有岔路的大道上，眼睛直盯着前方，一心一意往前走，叫作"德"。换句话说，顺道而行即为"德"。顺什么道而行？顺天道而行就是"德"。所以，大家一定要注意，老子所说的"道德"，不是我们日常所谓的"人伦道德"，而是指天道运行，顺其而为，即循天道而行叫作"道德"。

那么，中国人后来把"伦理"这个东西称为"道德"，确实算得智慧高深。因为人类的伦理，其实是随着人类的生存形势在"道"上的运行而发生变更和转进的。但老子的深意，你必须首先理解。

而且，大家还要注意，这个字在甲金文形成区域，比如河南、陕西一带，它的发音不是 dé，而是 děi。比如，在关中地区，说一个人缺德，会说他缺 děi。dei 这个单音是什么？农夫赶牛车、马车，给牛马发出直行的那个口令。

农夫赶牛车、马车，给牛马发四个指令。第一，驾（发音 jià），让牛马启动；第二，德（发音 dèi），让牛马直行；第三，阿（发音 wó），让牛马拐弯；第四，驭（发音 yù），让牛马停下来。

把第一个字和第四个字抽出来，组成一个词，叫作"驾驭"。这第二个字，让牛马顺道而直行，就是"德"。这是在甲金文的原意上使用这个字。所以大家一定要记住，所谓"德"，是顺道而行的含义，顺天道而运行叫作"德"。

一提起"德"，人们就会认为，一定是说人有德。错了！老子所谓的"德"是指"物德"。他在《帛书》中原话讲"万物尊道而贵德"；在《道德经》中，这句话表述为"万物莫不尊道而贵德"。两句话意思完全相同，都是指万物有德。

大家很熟悉一个词组，曾经作为清华大学的校训，叫作"厚德载物"，其实就是从这里引申出来的。只不过很多人把它解释错了，把"物"解释成"人物"，把"德"解释为"伦理"。而老子所说的是"物德"，所谓"厚德载物"，其原意是指天道为万物所遵行，于是万物有德，化育而成。

那么，老子讲这句话是什么意思？他是要说，万物都有德，唯独人没有德。所以这句话里暗含着老子对文明人类的批评。因此他才会说下面这句话："人法地，地法天，天法道，道法自然。"这里的"法"，是"效法"的意思，说人要效法地，地要效法天，天要效法道，而道法自然。

大家注意这里所谓的"自然"。这里的"自然"概念不是"自然界"的意思，"自然界"这个概念是近代从西方传入中国的。这里的"自然"是"自然而然"的意思，是指道的自发演化和进化状态，这叫"自然"。所以，老子对"德"又做了一个补充，他说"辅万物之自然而不敢为"，就是顺应万物运行的方式，绝不敢有任何多余的动作，叫作"德"。他说这句话的意思是什么？进一步在批评人类文明，名堂太多、动作太多，违背天道、丧失物德。

所以他会说下面这些话："不尚贤，使民不争"，因为贤能之别或贤良与否的评价，全都是文明人编排出来的东西，其实内含着名利之争；"不贵难得之货，使民不为盗"，难得之货体现的是价值高下，而价值无非是贪欲的尺度，要知道世间万物原无价值之分别，在自然界中，你能说黄金比花岗岩更贵重吗？它们没有任何贵贱之别；"不见可欲，使民心不乱"，也就是没有人情、人欲的张扬，没有这些被文明充分调动的激情和贪念，才会使人心宁静、天下安平；"为无为，则无不治"，是说什么多余的造作都没有，什么文明的事务都不做，于是人世间才能真正治而不乱。

如果我这样讲，大家认为我是误读，那么看看老子进一步的阐释。他说："失道而后德，失德而后仁，失仁而后义，失义而后礼。"这段话讲什么呢？

大家首先要明白，人这种东西，一定是缺什么才喊什么。（此处有删减）鲁迅曾经给孔子做过一个考证，他说孔子当年周游列国13年，狼狈得像一只丧家狗，他凭什么要求"食不厌精，脍不厌细"？是因为他总是饥肠辘辘，偶然有一次吃饱饭的机会，不免把肚子撑得浑圆，然后又得驾车远行，那时候没有柏油马路，也没有橡胶轮胎，木轮车子上下颠簸，结果把他折腾成胃下垂了，于是他只好讲究"食不厌精，脍不厌细"。也就是说，鲁迅断定孔子患有严重的胃病，依据只有一条：他一定缺什么才喊什么。

我们姑且不论鲁迅对孔子的这个考证是否成立，他至少明白，你一旦看到人们强调什么，一定是人们缺失了什么。请注意老子这段话，他说"失道而后德"，当人一旦开始大喊"道"和"德"的时候，一定是你把"道"给弄丢了；"失德而后仁"，你后来连"德"都丢掉了，你才喊"仁"；"失仁而后义"，你连仁爱之心随后也保不住了，你才讲"义"；"失义而后礼"，你在"道、德、仁、义"全都丢光之余，你才只好讲"礼"。

我前面讲过，所谓"礼"，指国家政治法统（宗法道统）及其民间礼仪礼节的总和。就是你把道德仁义这些东西都丢光了，人类文明社会才开始了严刑峻法的暴力管控。显然老子的意思非常明确，他认为文明人必定是失道缺德的。

老子接着又讲："上德不德，是以有德；下德不失德，是以无德。"什么叫"上德"？就是真正有德的状态叫上德，也就是万物都有的那个"德"。它是什么样子呢？"不德"！就是你看不出来它有德。"是以有德"，其实这才真正有德。他说"下德不失德"，这里所说的"下德"，就是人嘴喊的、怀里抱的那个"德"。他说，表面上看他"不失德"，实际上他没有"德"。

如果我这样解释，你仍然觉得说服力不够，那么，我们看老子直接表述"德"的样貌。他竟然用"孔德之容，惟道是从"这八个字。

首先，我们看一下"孔"字的含义。我们今天一说这个字，都是在某个复合词上来讲，比如"孔洞"，孔和洞连在一起。我前面讲过，古代每一个字都是一个含义，复合词不成立。洞是什么？山洞、树洞，里面有一个空腔，外面也直接开一个大窟窿，这叫"洞"。什么是"孔"？我们看它的金文。𡥉（金文）𡥉（小篆）孔（楷体），先画一个孩子，这个字就是"子"，不过有意识把孩子的嘴画得比较尖，然后在旁边画一个十分具象的乳房，这个字就是"孔"。"孔"是什么意思？里面有空腔，但外面你看不出来。就像母亲给孩子喂奶，请问有哪个母亲给孩子喂奶，她的乳房上要豁然开一个大窟窿往外流奶的？这种里面有空腔，外面并不展现，即无所显露却富有实质内涵的状态，叫作"孔"。

老子偏偏使用"孔"这个字形容"德之容"，说明"德"本身没有自己独立的样态。所以他追补四个字"惟道是从"，意在点睛"德"的内涵究竟是什么？——就是顺道而行罢了。然后他讲，"道生之，德畜之"，就是道派生天下万物，万物顺道而行，即被道所畜养，是为"德"。

所以，他又讲："长之，育之，亭之，毒之，养之，覆之。"这里的"亭"是变化、化育的意思，这里的"毒"是督导、管理的意思，这里的"覆"是涵容、收纳的意思。然后"生而不有，为而不恃，长而不宰，是谓玄德"，他说顺道而行，则万物自然得以发生成长和化育伸展，这种不显现自身，却实际上有力地繁衍并支配一切存在的状态叫作"玄德"，即"暗中有德"之意，我讲过，"玄"有黑暗的含义。"玄德"这个词，大家应该很熟悉。三国时期，著名政治家刘备，给自己取的字叫"玄德"，就源自于此。

他接着讲："塞其兑，闭其门，挫其锐，解其纷，和其光，同其尘，是谓玄同。"我解释一下这段话。什么叫"兑"？就是五官。我前面讲过，我们人类获得外部信息和知识的唯有通道是五官——视觉、听觉、嗅觉、味觉、触觉。老子讲"塞其兑"，把你的五官堵塞起来，不要接受外部过多信息；"闭其门"，这里的"门"指精神世界，把你精神的大门关闭掉；"挫其锐"，这里的"锐"指文明人所具有的宏大志向，他说，把文明人所具有的宏大志向都磨挫掉；（只有这样）才能化解文明社会的纠纷，叫"解其纷"；下面就是那个著名的成语"和光同尘"，就是让文明人把自己降格为，或恢复为，跟自然之光线、自然之尘埃没有分别，是谓"玄同"。只有这样，你才能暗里与天道扣合、与天道同一。所以，"玄同"是"玄德"的另一种表述，是更明确地展示人类达不到玄德、玄同状态的举例批评。

总之，我们可以看出，老子在《德篇》里，照样是一直在批评文明人类失去了物德。而在《道篇》里，一直在批评文明人类背离了天道。如果我这样讲，大家还觉得可疑，还觉得不足以证明老子是这个本意，我们再看老子的一段原话。

他说："含德之厚者，比于赤子。"这是《帛书》里的原话。《道德经》说的是"含德之厚，比于赤子"，二者没有区别。老子在这里说得更清晰了，他的意思很明确，只有新生儿才"含德之厚"，才具有厚德。换句话说，人一长大，全都变成了坏种。

我在这里首先解释什么是"赤子"，赤子仅指出生一个礼拜以内的婴儿，即只有新生儿才能称为"赤子"。因为新生儿皮肤很薄，皮下毛细血管都可以泛泛看见，孩子呈现红色，因此叫作"赤子"。为什么讲"仅指一个礼拜以内的新生儿"？是因为所有婴儿出生四到七天以后，一律发生黄疸，在临床上命名"生理性黄疸"。因此，出生一个礼拜以后的孩子，已经不叫"赤子"，而叫"黄子"。

为什么会这样？因为胎儿在母亲体内孕育，六个月以后胎儿变大，需氧量增加，可是给胎儿供氧，却只能凭借母亲的那两叶肺，这两叶肺本来是给一个人供氧的，现在同时要给两个人供氧。尤其麻烦的是，给胎儿供氧仅有一条动脉——脐动脉，此外别无他途，因此，胎儿会严重缺氧。那么，任何动物，如果它持续性缺氧，它该怎么办？它只有一个办法，那就是增加红细胞数量。

大家知道，红细胞里包含一种大型蛋白分子，叫作血红蛋白，它是专门络合氧分子即输送氧气的血液固体成分。试问，你到西藏去为什么会产生高原反应？是因为西藏海拔3500米以上，那个地方的氧含量，比低海拔的平原地区氧含量要低40%左右，所以，你到那里去旅游，会发生急性缺氧反应，这叫高原反应。那么西藏人怎么办呢？他长期定居在那个地方，处于慢性缺氧状态，他只剩一个办法，就是增加自己的红细胞数量。因此，给藏民抽血检测他的红细胞计数，比平原人的红细胞多出40%到60%。

那么胎儿缺氧，在妊娠的最后一两个月里持续性缺氧，于是红细胞大量滋生。随着分娩产出，婴儿张口哭叫，他自己的两叶肺突然打开，供氧突然充足，于是大量红细胞显得多余，在一周以内，部分红细胞裂解，这在临床上叫溶血现象。溶血在医学上是一个非常危险的事情，因为血红蛋白分子量太大，无法顺利通过肾单位——肾小球和肾小管，进而被肾脏排泄。而它却对脑神经与神经核有严重损害作用，必须经过肝脏快速降解为小分子的胆色素、胆红素，然后通过粪尿排泄。这就是为什么得肝炎的人，由于肝功能受损，黄疸指数会增高的原因。

新生儿一方面血红蛋白供量超多，另一方面肝功能又发育不全，因此所有新生儿在出生四到七天左右，全都会出现一个黄疸化的过程，临床上称为生理性黄疸。我在这里做一个说明，大多数孩子不用治疗，他会自然度过；但如果过于严重，那确实需要去医院及时处理，否则会造成严重的神经系统损伤和肾损伤。

一般来说，新生儿在黄疸期，60%表现出皮肤巩膜发黄，40%你看不出来。可是，如果抽血检测黄疸指数，全部是增高状态，因此出生一个礼拜以后的孩子已经不叫"赤子"，而叫"黄子"了。

我讲这一段是想告诉大家，"赤子"仅指刚刚出生的孩子。而且你一定要知道，新生儿的智力，连普通成年动物的智力都不如。也就是说，一个新生儿的智力，还不如你在家里养的一只成年狗、一只成年猫的智力。为什么？因为人类新生儿的脑容量，居然只占他成年期脑容量的27%到30%，也就是说竟然达不到他成年期脑容量的1/3。

要知道，所有动物幼崽的脑容量都至少占到它成年期脑容量的一半以上。比如牛和马，幼崽脑容量约占成年期的70%左右，这就是为什么牛和马刚出生半小时以内，就能围绕着母亲蹒跚奔跑。即使是类人猿，比如黑猩猩、大猩猩，它们新生儿的脑容量也占成年期50%以上，所以黑猩猩的新生儿，不需要母亲总是抱着它，它自己会紧紧抓住母亲的鬃毛，母亲到处腾挪跳跃，孩子绝不会被甩脱。

唯独人类婴幼儿由于脑容量太低，他的神经系统未能充分发育，以至于连自身维持体姿的肌肉都不能有效控制，因此全靠母亲搂抱在怀，居然半年都动弹不得，简直就像一个瘫痪病人。

为什么会这样？是因为人这个猴子突然直立了。大家要知道，直立是个很可怕的事情，因为它会使脑容量大增。其实，所有后生动物以及爬行动物，它的脑容量在基因突变的过程中，都会随机发生改变，也就是脑容量倾向于随机增大。可是，所有动物的脑容量一旦增大，就难免被自然选择淘汰。为什么？因为它会失去运动平衡。

这是什么意思？我举一个例子。比如，给你一根竹竿，让你把竹竿横挑起来，我在前面挂一丁点重物，这支竹竿立即倾塌下去；可是，如果我把这个竹竿直立起来，你甚至可以在上面架一桶水。就是说，动物爬行运动的时候，体长呈横向分布，头部重量稍有变化，它的运动平衡就得重新协调，难以把持。可人类一旦直立，顶端脑容量发生变化，重心并不明显偏移，亦即不会影响运动平衡。

因此，猿类只有在直立以后，脑容量才会大规模发展，而不至于被自然选择淘汰。在短短 300 万到 500 万年前，爬行猿包括类人猿的平均脑容量，只有 400 毫升左右，而到智人，几百万年骤升到 1350 毫升以上。大家知道，脑容量增加会带出一个严重的后果，那就是难产。婴儿头颅太大了，会憋死母亲，因为母亲的产道仍然是爬行动物的那个产道。也就是人类女性的产道仍然在一个硬骨架下运行，这个硬骨支架在解剖学上叫作耻骨联合。因此，胎儿如果脑容量太大，头颅会卡在骨盆这个地方生不出来，这就是为什么在所有动物中，难产这个疾病仅见于人类。在远古时代，妇女第一次生孩子叫初产妇，大约每十个初产妇分娩，就有一个会死于难产。由于这个原因，全人类都是早产儿，就是一定要在孕育还没有成熟的时候，脑子还没有长得足够大的时候，头颅还不至于憋在产道口下不来的时候，把你提前生出来。因此，全人类的脑容量在初生之时，都只有成年期的 1/3 不到。

我举个例子。你上小学的时候，老师给你出一道四则运算题，把你难得死去活来，长大以后，你回头一看，发现它简单到不值一提的程度。何故如此？是因为你当年脑子没长熟。人类脑发育到成熟状态，要到 17 至 20 岁才完成。我讲这个是想说明什么？是想说，新生儿智力低下，几乎达不到成年动物的智慧。可老子偏偏讲，只有这个时候的人，才可谓"含德之厚"。可见老子把话说得非常明白，文明人展开自己的智慧调动，形成一个实现贪欲的社会结构，形成一个竞争态势，形成一个高智群体，其实是背离天道、丧失物德的不良进程。

无为而无不为

老子"德论"的中心章节，在第三十七章。

我前面提到，第一章到第三十七章是《道卷》，可"德论"的中心章节，又跑到了《道卷》。其中最重要的一句话是这样说的："道常无为而无不为。"他不说"德"是什么样子，他说"道"是什么样子，这反而解释了"德"是什么状态。因为我前面讲，老子对"德"的形容是"孔德之容"，是"上德不德"。也就是说，老子始终认为，"德"没有自己独立的样态，它唯一的内涵就是"顺道而行，惟道是从"。

因此，当老子在"德论"的中心章节，阐述"德"是什么的时候，所用的表述是"道常无为而无不为"。总结下来就两个字：无为。就像在"道论"中，只总结两个字是"柔弱"一样。

这里的关键在于，"无为"究竟是什么含义？我们听到大多数学者讲"无为"，把它讲成"有所为有所不为"，说这个东西是"无为"。对不对？显然不对。大家听课听到这儿，应该明白，老子反对人类用智，老子反对文明社会调动智能的激进过程。而"有所为有所不为"，是对"为"这个东西有一个智慧化选择，所以"无为"不可能是"有所为有所不为"的意思。

宋代有一个著名经学家、大学问家，也是理学家，名叫朱熹，他曾经对老子的"无为"有过一个注解，他用四个字概括，即"全无事事"，意思是，什么事都不做叫"无为"。这个解释倒有点接近于老子的原意。但这个说法仍然有问题，因为即使是一头狼，它也得找羊吃，即使是一匹羊，它也得找草吃，人怎么可能什么都不做，还能够存活呢？因此朱熹的说法仍然不成立。

那么"无为"究竟是什么含义呢？我在所有古代乃至近现代的老子《道德经》注本中，没有见到真正透彻且符合逻辑的诠释。因此，我在这里给出一个独特的定义和注解，供各位参考。

什么是"无为"？老子反对一切文明化作为，此谓之"无为"。我再强调一遍，老子"反对一切文明化作为"。"无为"这两个字在老子《道德经》五千言中前后出现十次之多。他讲"为无为，事无事，味无味"，他说，你有什么可为？什么都没有；他说你有什么事情？什么事情也没有，因为文明人所做的事，所有的行为，在老子看来都是多余的，都是背道丧德的；他说"味无味"，连你吃饭都不要有味道。大家想想，人类文明化以前，吃饭是不会添油加醋的，所以"味无味"仍然表达的是彻底的前文明生存状态。

我讲到这里，大家应该能够听出来，老子的社会观极为反动。

老子把他的社会观，把他对人道的总结和看法，表彰在《道德经》第八十章。《道德经》全书总共只有八十一章，最后一章即第八十一章的重点是在讲"信言不美，美言不信"，就是可信的话都是不好听的，好听的话都是不可信的，我老子说话不太好听，可你要小心，只有它才最为可信。显然，第八十一章是对他整个全书的临末提示，也就是对他此前论点的收笔确认。而在倒数第二章即第八十章，是老子对全文在"人之道"中表述的最高理想的标定，亦即是对符合"天之道"的人道状态的回归。

老子怎么讲？我下面解读他的原文。他说："小国寡民，使有什佰之器而不用。"这里的"小国寡民"是指什么？——原始氏族社会。就是人类文明化以前的那个跟动物亲缘社会没有任何区别的社群组织状态。

大家知道，在原始氏族社会，各个聚落的平均人口大约30到80人左右，这叫"小国寡民"。我们一说"国"，大家立刻就想到大国体制，可是各位要知道，甲骨文中"国"这个字成型的时候，也就是在甲骨文发生期，甚至甲金文发生期，"国家"这个东西在全世界还从来没有出现过，因为商代只能算是一个氏族部落邦联体（此后的各朝各代之辖区仍被视为"天下"），算不得近现代意义上的国家。再往前，氏族时代、部落时代，更没有这种语义上的国。因此，老子所说的"小国寡民"，那个"国"，绝不是后来意义上的"国家"之概念。

我们看一下"国"这个字的甲骨文。 它先画一个小口，然后在旁边画一个古代兵器戈，在手握的地方打一个指示符号，这个字就是甲骨文中的"国"。它的意思是，口（嘴）代表生存体系，戈（兵器）代表防御体系。一个原始氏族部落，既是生存单元，又有自己的保护手段，这就是氏族状态的"国"。到金文或小篆，加了一个边框，这就是繁体字"國"这个字的来源。这个边框是什么？城墙与城壕。

大家知道，中国农村腹地，每个村落都是一个血缘群体，同姓不通婚。某些大一点的村庄，它是有自己的城墙，甚至有自己的城河的。请大家回忆一下淮海战役战场中心的那几个村庄，在那些村庄周边的城墙和城河里堆满尸体。它说明，过去的很多村落都是有这个边框形城防建筑的，这个生存防御体系的血缘结构叫作"国"。所以，老子所谓的"小国寡民"仅指原始氏族社会。而原始氏族社会，我再强调一遍，和任何动物的亲缘社会组织形态没有区别。

什么叫"什佰之器"？就是文明人发明的能够替代十数人甚至上百人的文明化器具。比如，古人造一辆牛车，一车就可以载几吨重的东西前行，这些东西是几十个青壮小伙子都扛不动的，这叫"什佰之器"。老子讲"使有什佰之器而不用"，就是有了这些文明化器具，你都把它弃置不用。

他接着说："使民重死而不远徙。"我前面讲过，古人就在自己十几平方公里的氏族领地内生存，绝不远行谋生，这叫"不远徙"。什么叫"重死"？怕死的意思。要知道，所有动物，包括人类，其天性一定是怕死的。因为所有动物和人类的神经建构及其精神反应，都是以趋利避害为原则的。因此，在其七情六欲里面，有一个重要的东西作为基础，那就是"恐惧"。这种情愫发自大脑边缘系统的杏仁核，是人类精神体系的一个重要行动调节指标。

它是一个保护机制。因为古人生活在丛林中，危机四伏，如果他没有恐惧之情和逃避反应，他就不可能有安全保障。这就像疼痛在医学上、临床上被视之为一个保护机制，因为假如没有疼痛感，你就会在感知系统上缺乏一个防御保护的应激反应。我举个例子，比如临床上有一种疾病，叫作末梢神经炎。病人四肢远端的感觉末梢神经损坏，病人会失去疼痛觉，甚至失去温度觉。这种病人是非常可怕的，他手握利器，受到损伤，却浑然不知；他冬天烤火，跟旁边的人聊天，回过头来才看到手烧焦了，他竟然不知道把手缩回来。可见疼痛是什么？是一种保护机制。

恐惧是什么？是一种保护机制。因而所有生物、所有动物，包括人类，其天性一定是怕死的。只有文明人，才会创造一大堆好听的词藻，什么"勇敢""献身"之类，然后刚好把你抛到战场上当炮灰。所以老子讲"使民重死而不远徙"。

他接着说："虽有舟舆，无所乘之"，虽然有车有船，我都没有乘用的地方；"虽有甲兵，无所陈之"，这里的"甲"指盾牌、铠甲，这里的"兵"指兵器，虽然有盾牌、铠甲和兵器，我都没有地方摆放；他最后总结："使民复结绳而用之。"这句话很直率，就是使人们倒退到没有文字、民智不开的结绳而用的时代。

老子接着在下面讲，他说"至治之极"，就是人类社会最好的社会管理状态是什么呢？他用了四组词："甘其食，美其服，安其居，乐其俗。"意思是，茹毛饮血，吃着生肉，你就觉得很香甜；围一条兽皮裙，你就觉得穿得很美；挖一个地窝子住进去，你就觉得居住得很安宁；嘴里喊着粗犷的号子，身体扭着难看的舞姿，你就觉得很欢乐。

然后他说："邻国相望，鸡犬之声相闻，民至老死，不相往来。"这段话是什么意思呢？要知道人类原始氏族社会，我前面讲过，和所有动物亲缘社会没有区别。那么，所有动物，在发情期都一定组成一个血亲社会单元，然后占有一块领地，开始进行繁育后代的生存接续过程。同类动物是绝不侵犯别家领地的，动物会在各自领地周边做一些气味标号。这就像你在家里养狗，你出去遛狗的时候，总是看到狗不停地抬起后腿撒尿。它在干什么？它没有得膀胱炎，而是当年它身为野狗，给自己领地做气味标号的那个本能遗存。即是说，所有动物，它们之间从来不发生同种相残的事情，狼虽然吃羊，狼绝不吃狼，它们即使以族群分立状态彼此相邻，一般也不会侵犯对方。

老子讲人类原始氏族社会，就是这种状态。文明化以前，人类的生存模式、社会状态，跟所有动物亲缘社会没有区别。因此，当时的人类，从来没有冲突争端，更没有族群战争。这叫作"邻国相望，鸡犬之声相闻，民至老死，不相往来"，这就是老子的最高社会理想。是什么？——倒退到动物般的非文明、未开化生存状态中去！

老子的反动与保守

老子不仅把他的"反动"社会观在第八十章表述，而且他在全书中不断强调。他说"复归于其根"、"复归于婴儿"、"复归于无极"、"复归于朴"，全都是叫你倒退。这是"复归"二字的含义。

他接着讲："我有三宝，持而保之。一曰慈，二曰俭，三曰不敢为天下先。"今天的人好大胆，把这句话改成"敢为天下先"了。老子说，我有三样宝贝，我永远捏在手里，从来不放松，这叫"我有三宝，持而保之"。哪三宝？"一曰慈"，什么叫"慈"？我们一般人是在"慈悲"这个复合词上理解，这样理解不行。"慈"这个字的原意，是一个人看着另外一个人，那人其实活得很好、活得很正常，你仍然觉得他活得不够好，仍然心疼他，这种情怀叫作"慈"。它仅指现在做母亲的人，看着自己的婴幼儿，其实孩子活得很正常、活得很好，你仍然觉得他活得不够好，仍然想帮助他，仍然心疼他，这叫作"慈"。

在原始氏族社会中，"慈"这个情怀是当时社会的主流情怀。这话什么意思？要知道，原始氏族社会，孩子是由整个社会公养的，因为那时候是群婚制，孩子找不见父亲，父亲都是另外氏族的男性，孩子生下来就一直在自己本氏族内生活。氏族内的所有成员全都是孩子的血亲，其中的女性，要么是孩子的母亲，要么是孩子的姨姨，要么是孩子的姐妹，可能还有祖母；其中的男性，要么是孩子的舅舅，要么是孩子的兄弟，可能还有舅舅的舅舅。总之，在整个氏族社会中，大家都是血亲关系，族群共同抚养孩子。因此，"慈"这种情怀，是氏族社会的主流情怀，它跟现今的文明社会刚好相反。文明社会讲什么？讲"成功"，讲"优秀"。什么是"成功"？你本事很大，看其他人都活得猪狗不如，你很得意，这叫"成功"。什么是"优秀"？你鹤立鸡群，看其他人全是一群蠢驴，于是你沾沾自喜，这叫"优秀"。可见，文明社会的主流情怀，跟原始氏族社会的主流情怀恰好相反。

"二曰俭"。我们今天一说"俭"，大家立即想到的是艰苦朴素，即"节俭"的意思。不对！"俭"这个字的古意，是指吃饱穿暖以外，多一点都不要，叫作"俭"。要知道，所有动物吃饱穿暖以后，多了一点都不要，想要也要不成。请问，有谁见过哪个猴子给自己脖子上戴一条金项链的？所有动物穿暖的事是天然解决的，它长着皮毛。每到深秋来临之际，它的皮毛下面会长一层细绒毛，这叫"秋毫"，以便于冬天保暖（"明察秋毫"的成语即源于此）；来年开春，临近夏季以前脱掉秋毫，以便于夏天疏解体温。所以养过狗、养过猫的人都知道，一到夏天，绒毛满屋子飞，为什么？脱秋毫。因此，所有动物，它的穿暖问题是天然解决的。

所有动物，吃饱以外，它也不会再有更多需要，它想要也要不成。我举例子，比如熊，熊为什么会冬眠呢？"冬眠"是一个生物学专用术语，它仅仅指冷血动物，也就是体温不恒定的动物，它们的体温随外界温度的波动而波动，比如鱼、比如蛇，这叫冷血动物。它们一到冬天，外界温度太低，体温随之下降，于是动不了，这叫冬眠。熊是热血动物，也就是恒温动物，跟我们人类一样，它没有冬眠的质素，它为什么会冬眠呢？其实不叫"冬眠"，叫"休眠"。是因为冬天没得吃了，所以它每到秋天就大量进食，恰好秋天又是万物和果实成熟的时候，一只成年熊，在秋季一天采食量竟达40公斤之多，把自己吃得极肥，皮下脂肪很厚。到了冬天没有吃的了，只好躲进洞中，一动不动，将基础代谢率都降到最低水准。来年开春，瘦得皮包骨头，再重新出来找食。

这说明什么？说明动物吃饱以外，什么都要不成，想要都要不成。只有一种动物例外，那就是啮齿动物——老鼠、田鼠、松鼠。啮齿动物在秋天会给自己洞子里贮藏食物，比如松籽之类。但它即使这样做，也仅仅收藏到冬天够吃为限，多了一点都不要。因为如果它给洞子里藏得过多，冬季过去，洞里的食物没有吃完，来年开春，气候温热、降雨充沛、空气湿度增大，存在洞子里没有吃完的食料会霉变，它还得花费第二道工程，再把洞子里这些霉烂的食物搬出去，它没有这么蠢。所以，它秋天给洞子里藏吃的，也仅仅藏至冬天够吃为限。只有我们人类与之相反——个个贪心万丈，没完没了地要！

大家仔细想想，什么是人类文明？所谓"人类文明"，就是不断地调动和实现人类贪欲的过程。尤瓦尔·赫拉利在《人类简史》中说，人类手里的一切物品，即现在使用的所有工具和生活资料，都可视为奢侈品。这话一点不错，想想你当年做猴子的时候，手里有什么？什么都没有！你今天使用的所有东西，全都不是必需品，而是奢侈品。人类贪心万丈，文明高度发展。换言之，人的贪欲调动，才促成了文明的节节拔高，或者说，文明增进与贪欲调动，两者互为刺激，形成正反馈关系，于是历史车轮滚滚向前。

我举个例子，经济学上有一个术语叫作"恩格尔系数"。什么是"恩格尔系数"？你购买食品花销的费用，在你总收入中所占的比例越低，则恩格尔系数越低，表明你文明程度越高。可见"文明"是什么？不外乎就是调动和实现贪欲的过程。

因此，老子讲"三曰不敢为天下先"，就是不敢创新，不敢推动文明发展。因为如果你不断创新、不断推动文明进程，那么你就会走向越来越不"慈"、越来越不"俭"的那个糟糕的、尔虞我诈的文明社会之中。

我们从这里可以看出，老子的社会观，内含着"反文明、反文化、反进步"的倾向。如果今天用这些词语，你立即会联想到"反人类"。别搞错！老子绝不反人类，他恰恰是想维护人类。他认为人类不断地促进文明，不断地增加文化，不断地追求进步，其实是对人类生存的戕害。因此，他才反其道而行之。

老子在这方面还有很多表述，我把它浓缩为老子本人采用的两组词汇：第一叫作"弃智绝学"，第二叫作"见素抱朴"。

所谓"弃智"，就是把文明人所能调动的智慧全都抛弃；所谓"绝学"，就是把文明人所能创造的学问全部摒绝。什么叫"见素抱朴"？"素"指没有经过漂染的丝绢；"朴"指没有经过雕琢的原木；所谓"见素抱朴"，就是让人类倒退到没有经过文明漂染的、动物般的原始氏族前文明社会之中。

因此，老子说："圣人之治，虚其心，实其腹，弱其志，强其骨。"什么叫"虚其心"？不是虚心学习的意思，它的对应词是"实其腹"，就是把你心里所有的智慧和学问一概抛弃叫"虚其心"，只管好把自己的肚子填饱这件事。"弱其志"，就是消磨和弱化文明人的宏大志向。请想想，处于丛林中的那些猴子前辈们，谁会有改造世界的宏大志向？然后说"强其骨"，就是只让自己的体魄筋骨保持强壮。它很符合我们今天所说的"四肢发达、头脑简单"，这是老子最欣赏的状态。

所以，老子又说："常使民无知无欲，使夫智者不敢为也。"意思是，让所有的人都无知、无欲，永不进入文明序列，这才是最好的生存状态，这才可谓"圣人之治"。

他接着讲："五色令人目盲，五音令人耳聋，五味令人口爽。"这个地方的"爽"是"伤"的意思。太过艳丽的色彩，会伤了你的视力；过于轰鸣的音响，会伤了你的听力，你整天挂个耳机在耳朵上，听力一定受损；极度刺激的饮食，会伤了你的口舌。下面一句是："驰骋畋猎，令人心发狂。"大家想想，我们今天的文明状态是什么情形？不就是"驰骋畋猎"吗？古代文明人骑着马高速奔跑，现如今我们驾着车高速飙车，心旷神怡也心惊肉跳，真可谓"心发狂"啊！随后说"难得之货，令人行妨"，所有的人都追求奢侈品，LV 包之类的，致使其行为完全偏离正常的谋生之道。

所以他说"为学日益，为道日损"。他说人们追求学问，是希望学问越多越好。这里的"益"，是三点水那个"溢"的原字，"溢"是增多流出的意思。人类追求学问，总想越学越多。但如果你"循道而行"去追随"道"，则反而"为道日损，损之又损，以至于无为"，意思是你应该不断地削除文明的负累，直至彻底离弃文明为止。可见，老子对其反文化、反文明、反进步等一系列保守观点是毫不讳言、明确表态的。

那么，老子为什么会有如此反动的"德论"社会观呢？

要知道，在当年，东亚文明仅限于中原，它的周边全是未开化人。老子眼睁睁地看到，他不用逻辑推理，他直观就能够发现：中原文明之地，社会关系紧张，人心诡谲，尔虞我诈，战端遍地，血腥冲天。商灭夏，周灭商，到春秋时代，180多个诸侯国打成一团。而周围原始氏族社会，即未开化人的非文明社会，却是一片守静安宁之态。

因此，直观对比之下，老子就能够体悟，文明是一场灾难！文明趋势不良！老子文本中，非常明确地表述他的反动社会观。且不说学者，任何人如果认真读老子书，老子的反动一望而知。

可是为什么我们很少听到学者这样讲课，很少听到学者这样讲老子呢？是因为大多数人，根本不能理解"反动"是什么含义。要知道，在人类思想史上，但凡是伟大的思想家，都倾向于反动。反倒是凡夫俗子的正常人，决不会反动，他想反动也反动不成，因为这个世界是单向度演化的。

我举一个例子。比如我国近代史上总说袁世凯反动，这个说法其实是不成立的，至少是不完整的，要知道袁世凯是晚清官僚中最先进的一个人物。他在当年洋务运动的时候，就极力支持向西方学习，他晚年做到直隶总督兼总理衙门大臣，竟在中国创造了八项第一：他建立了中国第一支现代化军队；他作为直隶总督驻节天津期间，在天津建立了中国第一支现代警察系统；他还在天津建立了中国历史上第一个电报电话局；在他推动之下，修筑了中国历史上第一条被官方确认的现代铁路，这就是以詹天佑为工程师的那条著名的京张铁路——从北京到张家口；不仅如此，他又建立了中国最早的现代学校和现代女子学校……而当年的女校招不到学生，因为那个时候人们的观念陈旧，女性不得抛头露面，谓之"大门不出、二门不迈"。女校招不到学生，袁世凯怎么办？他居然把自己的八个姜全都赶到女子学校去读书，真可谓先进至极。

袁世凯晚年称帝，这确实有点反动。可你要知道，他称帝才不到83天，把小命都丢掉了，结果给中国留下连续11年的北洋军阀乱政时代。它说明什么？说明正常人想反动都反动不成。但我们会发现，但凡是伟大的思想家，都倾向于反动。这说明，"反动"里面一定包含着某种不为常人所理解的深刻。

我们下面看事实。在人类思想史和文化史上，如果你仔细探究，你会发现一种很奇怪的现象，我把它称为"思者反动"而"行者曲解"。就是思想者总是倾向于反动的，运用思想家的思想进行实务操作者，由于他反动不成，于是只好曲解思想家的思想，以求行为得以落实。——这是人类文明史上的一个普遍现象。

我举例子。老子反动，已如前述。但是到两汉以后，老子的学说居然变成黄老之学，变成治国策略。大家知道，西汉初年，老子学说占主流地位，文景之治就是运用老子的"无为而治"达成的。它标榜老子的一句话"治大国若烹小鲜"，这确实是老子的原话，意思是治理大国就像油炸一条小鱼一样，你千万不要乱翻腾，如果你动作太多，就把它弄成鱼渣子了。

可是老子为什么讲这句话？如果你读懂老子书，如果你听懂这节课，你应该明白，老子的基本主张，我们可用四组短语加以澄清——国更小，人更愚，事更俭，物更朴。这才是老子真正的理想。所谓"治大国若烹小鲜"之类的话，出现在《道德经》中，其实只不过是老子想证明"无为"的重要性所做的一个边边角角的比喻，它不是老子思想的主题。

我再说一遍，老子思想的基本观点是"国更小，人更愚，事更俭，物更朴"。很多人把老子学说解释为阴谋诡计，解释为心机细密，甚至认为兵家之道都源自老子，这完全是误解，这完全是误读。可老子学说就这样硬生生被曲解长达 2000 年之久。

我们再看孔子。孔子的最高理想是什么？——克己复礼。什么叫"克己复礼"？克尽自己之所能，站在春秋末期却想倒退到西周早年周公旦制礼作乐的那个时代，此之谓"克己复礼"。所以"文化大革命"的时候，批判孔子是"反动的孔老二"，确实一点都没有冤枉他老人家。

那么，大家看看，孔子学说主张反动，主张退回到西周早年的完好封建体制中去，可它最终被曲解到什么程度呢？从汉武帝独尊儒术以后，君主专制制度的大国反封建体制，却成为孔子学说旗帜张扬的时代标志。这显然是对孔子学说原本意向的严重扭曲。

我们再看柏拉图。柏拉图写过一本书《理想国》，我想在座很多同学读过。柏拉图在这本书中，提出了一系列主张。比如，他主张公有制，反对私有化和私有财产。人类什么时候是公有制？唯独在原始氏族公社时代。（此处有删减）

柏拉图又主张不应该组成对偶制婚姻和家庭，他反对对偶婚制。试想人类什么时候不是对偶婚制？还是原始氏族社会，在文明化以前，人类是群婚制。柏拉图甚至反对孩子由家庭私养，他主张孩子应该由社会公养。大家想想，我们什么时候孩子由社会公养？又是原始氏族社会。足见柏拉图的基本观念也是十分反动的。可柏拉图的学说，最终带动了西方哲科思维的一路发扬，成为西方近代古典哲学及其激进科学潮流的思想奠基者和理论推动者。

我再举一个例子——卢梭。卢梭是什么人？是资产阶级革命的马克思。换句话说，卢梭是资产阶级革命的理论旗帜。卢梭写过一本名著《社会契约论》。大家注意，《社会契约论》的思想来源，不是卢梭凭空发明的，早在2600年前的古希腊，他们的基本社会构型与社会思想就是"契约社会"。

《社会契约论》讲什么？卢梭提出，人类文明社会是一个公意渐成的状态。我们今天可以把"公意"这个词理解为"公共意志"或"公权力"，他问公意和公权力这个东西是怎样形成的？是因为人类从"自然状态"逐步进入"契约社会",即逐步达成了某种不成文或成文的共识与契约,每个人让渡自己的一部分私权,由此才构成公意和公权。故此,它应该着力维护所有人的基本私权或曰"天赋人权",并可对违反公意者予以必要制裁。但如果公意和公权力最终剥夺和伤害人权,那属于它违反契约,个人有权要求纠正甚至收回私权。他的这一套学说,最终构成西方现代民主制度的理论基础。

你听我这一段表述,你会觉得卢梭的思想非常先进。别搞错!其实卢梭深心以为,契约社会是一个非常糟糕的社会状态,它使得"生而自由"的人,反而"无往不在枷锁之中"。他说一般人不知道人类怎么莫名其妙跌落到了这个时代,他有意澄清这个问题。他推论说,从文明史的演进来看,人类最好的黄金时代,他特地用了一个词叫作"自然状态",也就是说,他认为人类当年像猴子一样生活在丛林之中的时候,是人类最好的生存状态。

如果我这样讲,你可能认为我把卢梭误读了。那么我们就看看1755年,卢梭把他的一篇著名文选《论人类不平等的起源》寄给了当时的法国启蒙大哲伏尔泰,伏尔泰读罢,给卢梭的回信。伏尔泰在回信中讲:"看到了你的反人类的新作,我为此谢谢你。在企图使我们大家都变得愚蠢上运用这般聪明,还是从未有过的事。捧读尊著,人们不由渴望用四肢爬。"可见伏尔泰读懂了卢梭,知道卢梭这个家伙特别反动。

我还可以举出很多例子,限于时间,我不再多讲。

我们会发现,人类思想史上,最重量级的思想家,都倾向于"反动"。它表明"反动"里面一定深含着某种不能为常人所理解的内蕴。

我们下面就借助于一个大信息量的认知模型,对这个现象加以分析和解读。

递弱代偿法则

人类文明史就是一个信息量不断增大的自发进程。任何一个前引问题，只有随着信息量的增大，它才能够舒展开来，清晰呈现。那么我们下面把 20 世纪自然科学的总图谱拉开，形成一个大信息量的全新宇宙观。我们看一看，整个宇宙物演是一个怎样的进程。

20 世纪自然科学的发展，使得原有各学科之间的界限被打破。比如什么叫作"生命"？关于生命的定义，人类从来说不清。那位自称是达尔文的"斗犬"，也是著名生物学家赫胥黎，曾经有人问他，什么是生命？他答不上来，只好调侃说：生命就是逃避死亡。

直到 20 世纪中叶，人类才突然明白，所谓"生命"，其实不过是一个分子编码而已。由此创立一门新学科——分子生物学。这门学科的出现，打掉了生物学和分子化学之间的界线。与此同时，甚至在此之前，还发生了一个新学科叫作"物理化学"。因为我们通常所说的化学键，其实不过是原子物理外壳层电子云能量的重新分布，因此你要想知道分子结构是什么，你必须首先知道原子结构是什么，由此出现物理化学。它又抹掉了化学和物理学之间的界线，于是万物展现为一系演化的格局。

1859 年，达尔文发表了他的著名生物学专著《物种起源》，"进化论"学说由此诞生。在达尔文的著作中，你能看到生物 38 亿年的进化史，从原始单细胞生物一直到人类，由简单到复杂，由低级到高级，呈特定阶段性演进态势。可是，随后人们就发现，这个进化现象不仅限于生物界。生物进化之前还有分子进化，也就是从无机小分子进化出有机大分子，再进化出生物高分子，包括生物编码分子。到此并未终止，人们接着发现，在分子进化之前还有原子进化，一张化学元素表，就是从第一号元素——氢，逐步演化出 92 种天然元素。到此还不究竟，人们又发现，原子进化之前还有粒子进化，就是从 137 亿年前的那个能量"奇点"，突然爆发出最初的三种基本粒子，这就是夸克、轻子和玻色子，由此演化出随后大量的其他粒子和 92 种天然元素。

万物演化的完整图谱就这样全面拉开，构成万物一系、万物同质的总体局面。在这个大谱系上，我们会发现一个很奇怪的现象，那就是，越原始、越低级的物质存在形态或者物种，它的存在度越高；越进化、越发展的物质存在形态或者物种，它的存在度反而越低。我在这里得注解一下，什么叫作"存在度"？简单说，所谓"存在度"偏高，有三项硬指标与之匹配对应：第一，它在宇宙空间上的质量分布越大；第二，它在宇宙中存在的时效越长；第三，它的存在状态越稳定。

我下面举例子。基本粒子在宇宙中已经发生 137 亿年，它迄今仍然是宇宙中质量最大的物质存在形式。既往物理学认为宇宙中的物质总量就是恒星系，可是很快发现不对，因为按照恒星系的质量计算，它根本不能维系现有宇宙星系的引力结构。据计算，要维系这样一个引力结构，物存总质量至少需要增加五倍左右，由此推出"暗物质"的概念；再者，由于近代天文物理学发现宇宙各星系是快速远离的，这就是所谓的红移现象，那么，按照宇宙中既往推算的暴涨能量，支持这种快速远逸的能级不够，因此又导出"暗能量"的概念。尽管物理学现在说不清什么是暗物质和暗能量，但大多数物理学家认为，所谓暗物质和暗能量，一定是潜藏在基本粒子或量子存态中的某种迄今仍然观察不到的奇性质量或能量。而根据计算，暗物质和暗能量约占宇宙总质量的 95%，恒星系只占 5% 左右。基本粒子及量子是最早的物质原始形态，可它在宇宙中质量分布最大，演运时间最长，存在状态最稳定，137亿年来一直如此。

我们再看原子。所谓恒星就是原子存态，氢核不断聚变，聚变为氦核释放能量，这就是太阳能。一张化学元素周期表，就是从第一号元素氢逐步演化出92种天然元素。而且你会发现，越原始越前位的元素，它在宇宙中的总质量越大，状态越稳定；越后位的元素，它在宇宙中的总质量越小，状态越不稳定。比如最后一位天然元素铀，人类利用它做原子弹，就是借用它的不稳定性。因此，在恒星中，氢与氦之间的质量分布差异很大，仅是氢就占据一般恒星约79%的质量，另外19%左右是氦核，其余的后发天然元素在多数主星序恒星中，占量不到1%至3%。我们会发现，越原始越低级的元素，总体质量越大。

如果继续审视恒星系的其他物质分布关系，则上列情形更为显著。以太阳系为例，太阳占据太阳系总质量的99.86%；如果我们把八大行星主体上视为分子物质，那么八大行星加上星际物质，只占太阳系总质量的0.14%。而且我们会发现，行星虽然迟于太阳而发生，却一定先于太阳而灭亡。当代天文学研究认为，40亿到50亿年后，太阳将变成红巨星，它的体积会膨胀，把水星、金星、地球等近日行星吞没，在高温高压之下使其分子物质重新解离为原子。也就是说，我们会发现，恒星先于行星而发生，却迟于行星而灭亡。它要从红巨星变成白矮星，再变成黑矮星，历经上千亿年以上时间才消逝，可是分子构态的行星却难以持久，不免后发而早亡的宿命。这再度体现，越高级越复杂的物质，存在质量越低，存在时效越短，存在度倾向于低落。

及至发展到生物阶段，这个现象就更明显了。

生命物质仅仅覆盖在地球表面，铺成薄薄一层生物圈，它连地球总质量的亿万分之一都不到，质量进一步大幅度递减。而且我们会发现，越原始越低级的物种，存在力度越强，存在质量越大。

我给大家举例子。地球上最原始的生物就是发生在 38 亿年前的单细胞生物，单细胞生物的生命力极为强大，几乎可以说它从来没有"生老病死"这些现象。大家想，今天存在的单细胞菌类，它是什么？它是 38 亿年前那个不断一分为二的细菌的继续。除非资源限定，你没有听说过单细胞老死了吧。它不断分裂增殖，除非资源受限，使它的分裂数量被限定，但是没有"老死"这个说法，所以生存状态平衡，或者说生死过程与衰老无关；反倒是越高级的物种，生死轮回紧迫。而且单细胞生物存在了 38 亿年，从来没有灭绝过，不但没有灭绝过，它迄今仍然是地球上质量最大、生命力度最强的物种。它在海洋中叫单细胞藻类，如果它的总质量不是大于所有海洋生物质量之总和的若干倍以上，那么海洋生物的基础食物链早就崩塌了，海洋生物早就系统性消失了。它在地表上叫单细胞菌类，同样也是质量最大的物种，因为连土壤的形成都要有细菌的参与。它的生命力度强悍到什么程度？——它在火山口 90 摄氏度以上高温的液体中，它在深海下一万米的高压下，都能够生存无虞。大家知道，人类潜水，你潜到 30 米以下，就会出现致命的高压病了。它在废矿坑中的强酸、强碱液体里也照样生存。我们今天污染太湖、污染滇池的那个单细胞生物叫蓝绿藻，也叫蓝藻，它就是 38 亿年前最原始的单细胞生物之一种，可见原始单细胞生物生命力度之强大。

我下面不做逐项举例，比如海绵生物、软体生物、扁形生物、节肢生物等等，我们直接看中等高度的脊椎爬行动物恐龙。恐龙在地球上只生存了 1.6 亿年左右，却在 6500 万年前突然灭绝了。我们今天讲恐龙灭绝，说是小行星偶然撞击地球所致，这就是著名的"灾变说"，可是这个说法有问题。因为生物学家研究发现，恐龙的灭绝至少经历了上百万年乃至数百万年的过程，即早在小行星撞击地球以前，由于植食性恐龙的食料——蕨类植物趋向灭绝，为被子植物所取代，造成植食性恐龙先行灭绝，也就是所谓"花朵消灭了恐龙"，而后以植食性恐龙为基础食物链的肉食性恐龙才相继灭绝。因此恐龙的灭绝早在小行星撞击之前上百万年就已经开始逐步发生。而且，就算是小行星在6500万年前撞击地球，最终导致恐龙骤然全部灭绝，有一个问题不能得到解答：为什么比恐龙低级的大量其他物种不灭绝？

临末，我们看高等生物——哺乳动物，要知道我们人类就是哺乳动物中的一个分属种系。

哺乳动物在这个地球上发生，总共只有7000万～9000万年，却在人类还没有问世以前，绝大多数早就已经灭绝了。它的存在度低下，种群量也偏小。我们再往下看，哺乳动物中最高级的一类叫作灵长目，灵长目里最高级的一族就是直立人。直立人才在地球上存在了300万年到500万年，我前面讲课中提到，却在7万～2.5万年前骤然间全部灭绝了。而我们今天的人类——现代智人，在地球上只存在了不到20万年，我看离灭绝也不远了。

总之，拉大尺度看，我们会发现一个情况：越低级、越原始的物质存在形态或者物种，它的存在效价或者存在度反而越高；越进化、越高级的物质存在形态或者物种，它的存在效价或者存在度反而越低。我们还发现一个更奇怪的现象：存在度越低的物类或物种，它的属性和能力反而越强。我为什么把"能力"称为"属性"？是因为所谓生物能力，比如人类的感知能力，其实不过是原始物理感应属性的增益代偿产物。

我下面举例子。存在度最高的基本粒子，它的属性或能力极低，只有强弱作用力；到原子出现电磁感应；到分子出现布朗运动；到单细胞，细胞膜上布满受体，它居然能够分辨宇宙中绝大多数原子和离子；到扁形动物出现视觉和神经网；到脊椎动物出现五官和低级神经中枢；到灵长目动物出现高级神经中枢和大脑皮层；到人类出现额叶新皮层，出现理性能力。

也就是我们会发现，存在度越高的物质形态或者物种，它的属性和能力反而越低；存在度越低的物质形态或者物种，它的属性和能力反而越强越大。请大家注意，它跟我们的一般感观或直观表象完全相反。人们通常认为，能力越强，则存在状态越具备优势。错了！拉大尺度看，能力越强，存在度其实越低，两者成严格的反比函数关系，严格到几乎可以精确计算的程度。

大家一定要明白，我们只有拉大尺度才能看清事态。我举个例子，人类古代视野极小，他看大地是一个平板，于是形成盖天说，也就是天圆地方说，认为大地是一个托在神龟背上的平板，天空像一个穹隆扣在地面上。古希腊哲人毕达哥拉斯、柏拉图、亚里士多德直到托勒密，他们观察发现，月亮盈亏和月食移动实际上是地月相对位置变化以及地球弧形影子投射在月球上的表现，他们站在了远高于地球立场的大尺度上，建立了地球说和后来的地心说。尺度再进一步拉大，迄今这个尺度已经大到时空尺度为137亿光年，也就是光以每秒钟30万公里的速度走137亿年。如此之大的空间尺度是我们当今人类的天地视距和感知边际，于是我们才形成了现代宇宙观。

而且大家还要注意，现象和本质总是相反的。你拿眼睛看，太阳分明是从东边升起，从西边落下，明明是太阳绕着地球转，可事实上却是地球绕着太阳转。因此当我拉大尺度的时候，你会发现，它跟我们在常识上所建立的一般观念和物质形态全然不同。

我们会发现，在物演进化的过程中，物质的存在度是一路递减的，而物质的属性丰度和能力代偿是反比例递增的，我把这种现象叫作"递弱代偿法则"，或者，我把这个现象的逻辑整顿模型叫作"递弱代偿原理"。这个法则或原理在人类文明史上继续贯彻，比如人类前文明的旧石器时代持续上百万年以上，农业文明持续一万年左右，工商业文明迄今也不过就300多年，今天已经被信息文明所覆盖。我可以料定，信息文明绝不会超过100年，就必定被下一个更恶劣的文明浪潮所淹没。我们会发现越高级的结构，一定越不稳定。它在人类文明史上继续表达，从无间断，即属性和能力越增高，其存在效价越低下，很可能这才是宇宙物演的总规律。

现如今，我们人类拼命地努力提高自己的能力，认为自己会由此获得生存优势，甚至由此获得永生，提出"更高、更快、更强"的激进口号，借以作为各行各业共同奉行的信条和愿景。你想干什么？你前面只有一个目标，那就是——快速奔赴死灭，这才是在大尺度上展现的物演进程与人世前景。这个学说有效地解释了"为什么人类文明程度越高反而危机越深重"这一严峻的现实问题。大家知道，直到20世纪60年代以后，人们才发现我们今天的高度文明正在给全人类带来一系列重大灾难。

我给大家举例子。先看环境污染，我们人类今天已经把地球上最丰富的三大物质：空气、淡水、土壤，几乎全部污染了。由于空气污染，一旦降雨，空气中的污染物质会随雨水洒落到土壤中，再加上由于我们早就已经把地球上淡水资源的97.85%全部污染，也就是所有江、河、胡泊全被污染，大概现在只剩下深山老林里的溪流还没有被污染，农民浇地只能用污染水灌溉，导致土壤全面污染。早在近十年前，全球土壤学家普遍调研，发现地球上现有的农田土壤污染率高达60%以上。污染究竟会给我们带来怎样的损害？我们现在说不清楚，但是你要知道，你今天吃的每一口饭，喝的每一口水，甚至你每呼吸一口空气，你都被污染所损害。

20世纪50年代，荷兰医学界发现荷兰男子精子数大幅下降。这个消息传到英国，英国医学界开始普查，调出1950年英国各大医院男子精子检测报告，与2000年各大医院男子精子检测报告做对照研究，结果发现，50年间英国男子正常精子数下降45%。这个信息传到中国，中国医学科学院在中国局部大医院展开调研，调出1975年男子精子检测报告和2010年男子精子检测报告做对照研究，结果发现35年间中国男子正常精子数下降30%。要知道，所有哺乳动物灭绝前的第一指征，就是雄性精子数下降。

我们再看生态破坏。据联合国野生生物基金会调研，现在每小时有3～6个物种灭绝，每天至少75个物种灭绝，每年3万～6万个物种灭绝，被生物学界称作地球上第六次生物大灭绝。而且灭绝速度极高，比前五次的速度快得多。要知道现在正在灭绝的物种都是比我们人类低级得多，也就是存在度高得多的物种，连它们都在快速灭绝，试问我们人类离灭绝还有多远？

我们再看气候异常。2009年在丹麦哥本哈根召开气候大会，世界各国首脑都要参加，为什么？今天地球上气候异常的程度已经严重威胁全人类的生存。大会上讨论的主题是什么？——"两摄氏度"问题，什么意思？从1788年第一次产业革命到今天不足250年间，我们人类居然把地球平均气温抬高了将近1摄氏度。要知道地球上的气温本来就是波动的，可是它的自然波动周期极长，几十万年乃至几百万年才发生一个波动周期，而且总的波动方向是致冷，形成冰河期。可是人类在工业化以后迄今，短短数百年间居然快速把地球平均气温抬高了0.8～0.9度，其速率是自然地球气候波动的成千倍以上。

为什么大会讨论"两摄氏度"问题？是因为如果人类把地球平均气温抬高两摄氏度以上，那么掩藏于西伯利亚冻土下和北极浅海下的一种物质，叫作固态甲烷，也就是我们通常所说的可燃冰，就会从固态释放为气态进入大气圈，而甲烷的温室效应是二氧化碳的 20 ～ 25 倍以上。换句话说，如果人类把地球平均气温抬高两摄氏度以上，那么固态甲烷这个定时炸弹就会爆炸，人类从此就没有解决气候异常问题的任何可能了。

可是有学者计算，根据人类现行工业化发展速度，要知道非洲、南美洲、阿拉伯各国工业化才刚刚开始，按照这个速度继续发展，只需要 30 年，大约在 2050 年前后甚至 2050 年以前，地球平均气温就将升高两摄氏度以上。又有学者计算，如果要打断这个进程，至少需要现在就把人类所有的工厂及其工业制品包括汽车飞机关停 70% 以上，请大家想想这可能吗？哥本哈根气候大会仅为达成一个减排协议，还以失败告终；新近虽然又订立了一个巴黎协议，但各国争执不休，妥协到最低限度，美国还退出了。因此我们基本上可以断言，人类已经失去了解决气候异常的前途。

我们再看大规模毁灭性武器。早在 20 世纪末叶，联合国统计全世界当时的核武器存量，结果相当于全世界几十亿人口每个人屁股底下坐了 2.5 吨 TNT 的核当量，足以把全人类炸翻几十遍。这还没有计算更恶毒的基因武器、生化武器、气象武器等。

请大家注意，我们今天高度文明了，地球人类却处在全面危机的深渊之侧。人类远古时代生存非常艰难，但作为一个物种，其总体上是安全的。我们今天高度发展、高度进步的结果，却是面临灭绝之险。所以我说，从根本上看，今天人类对自己的生存形势依然毫无了解，我们的宇宙观、世界观可能存在重大问题。今天的学界、知识界，不管是东方还是西方，几乎没有任何人对这个问题进行过真正深入的研究。东西方所有学者都在主张更快的发展，都在推动更快的进步。我们究竟要到什么地方去？我们拼命地你追我赶往前跑，却没有人能说清楚我们的目标是什么。我们究竟要奔向何方？我们的前途何在？跻身于如此大信息量的时代，全人类及其思想界却完全处于盲目遮蔽状态。

反观老子，他居然在 2600 年前就已经对这个问题敲响警钟。大家注意老子的"道论"是什么？我前面讲"弱者道之用"，我说它的深解是"弱化现象是'道'的实现方式"。大家注意它的核心点、落脚点是"柔弱"。大家再想老子"德论"核心点、落脚点是什么？是"无为"，即"不要提升你的能力"。也就是老子的"道论"和"德论"，恰好盯在了"递弱"和"代偿"这两个点上，可谓慧眼独具，是整个人类思想史上唯一最早对这种自然现象有所猜测的思想者，所以我说，老子目光深远而别致。老子在他的书中竟然有过相当准确的预判性描述，比如他讲"天无以清将恐裂"，他说天空将来没有清澈之时，恐怕将会被撕裂，表征着大气污染；他说"地无以宁将恐废"，对大地上的土壤、植被将遭到污染、破坏做出模糊的预判；他说"谷无以盈将恐竭"，对我们今天河流枯竭、水资源不足的现象做出预判；"万物无以生将恐灭"，对生物的第六次大灭绝做出预判；可见当时老子眼光如炬。

我这样讲老子，很多学者是不同意的。我们中国古人做注经文化可以用八个字概括，叫"我注六经，六经注我"，什么意思？我紧紧追随经本原文，对经本加以注释，不加入自己的任何见解和意见，这叫"我注六经"。大家注意我在这个时段以前，我讲课的方式是"我注六经"，我严格追随老子文本做原意解读，即使这样的原意解读跟我们当前的主流意识形态完全不合，即使把它表达为一个最反动的形象，我也照样忠实于原文。所以我开课就讲，我们讲老子的原旨与主线，就是严格遵循老子文本，绝不另做后世之曲解或别样之阐发，这叫"我注六经"。但我现在的讲法是"六经注我"。

不笑不足以为道

很多学者认为，老子的"道论"和"德论"跟你的"递弱代偿原理"没有关系，这不过是你自己胡乱引申而已。

我在写《物演通论》以前，年轻的时候我就读过《道德经》，当时自以为读懂了。及至《物演通论》写到卷一临半之时，我突然意识到《道德经》我可能根本没有读懂，于是重新翻开它再读，这才明白悟出老子的深意。

"六经注我"其实是解读前人文本的必需方式。如果你解读前人的文献，没有任何新视野、新见解，你读什么？这叫读书吗？你只有能够读出前人文本对你造成的启迪，也就是后向信息量增大对前向典籍所具有的更大解释力度，你能够解读出更深刻的见地，这才叫读书，这才叫做学问。因此，"六经注我"是十分正常的。

我举一个例子。达尔文在他的《物种起源》这本书的绪论中，竟然专门感谢马尔萨斯。大家都很熟悉，马尔萨斯不是生物学家，他是一个人口学家和社会学家。他的主要学说是"人口论"，认为人口成几何级数增长，而人类的生活资料或者是生产能力呈算术级数增长，因此人类的人口增长势头及其生存发展前景必然造成饥馑、瘟疫和战争，由此彰显人口和资源之间的相对平衡关系。我们姑且不论这个学说是否正确，他给达尔文造成了一个重大启迪，使达尔文意识到生物的生殖潜力远远大于生物的现实生存量，就是任何生物的生殖能力都显得太大，而现实资源条件所允许的物种生存量却被设有一个非常低的天然阈限。马尔萨斯的人口论对达尔文造成的这个重大启迪，让达尔文深刻理解了"种内竞争"在进化过程中起到怎样的作用力。这项跟达尔文生物学毫不相关的研究，被达尔文在《物种起源》的绪论中加以专文鸣谢。这叫"六经注我"，这才是真正做学问的方式。

要知道古老思想、前人学说，它的价值就在于，它内含着可以广泛生发的后向解释力。我借用黑格尔的一句话，大意是说：一株绽开了的花朵，它的全部内在规定性，都包含在那个微小的种子之中。因此，如果对前人简洁叙述中所隐含的解释力，你不能把它发掘和揭示开来，证明你没有研究功力，证明你没有对新增信息量的把控能力和整顿能力。因此真正好的读书，一定要首先做到"我注六经"，即忠实于原本；同时还要做到"六经注我"，也就是基于大信息量的更深解读；这是做学问、做学术的规范方式。

老子当年是无法对这个东西做系统证明的，由于信息量不够，所以他表述混乱。我说他五条错了四条半。他说"道"是"柔弱"，可是他说不清这个"柔弱"究竟是怎么回事，他无法系统证明。他一会儿表彰"柔弱"，一会儿批评"柔弱"。比如他说，"物壮则老，是谓不道，不道早已"，这显然是对"柔弱"的批评。他说，"天乃道，道乃久，没身不殆"，这显然是对"柔弱"的反向赞扬。可是他又讲"天下莫柔弱于水，而攻坚强者莫之能胜""天下之至柔，驰骋天下之至坚"，你在这两句里又能看到他对"柔弱"的赞赏。他表达混乱，为什么？信息量不够，无法做系统证明。这导致后人对老子的解读出现诸多偏差和肤浅论述。所以老子自己也说一句话："天之所恶，孰知其故？是以圣人犹难之。"（见《道德经》七十三章）他说天地到底厌恶什么，谁能说得清呢？即使是圣人也会被难倒！——其实，那是因为当年的信息量不够。上述引言也表明，老子深知对他所讨论的问题，他不能予以透彻阐述和证明。但是大家不要忘记，老子的"道论"恰好指向"递弱"，叫作"弱者道之用"；老子的"德论"

恰好指向"代偿",叫作"无为",即不要提升你的能力;如此精准的两点对应,表明老子当年曾有一个自己暂且无法证明的深思与猜测。

人类所有的重大思想变革都是从某种猜想开端的。试看人类今天的物理学,居然是 2500 年前古希腊德谟克利特和他的老师留基伯提出的"原子论"猜想的继续。因此即使老子说不清楚他的观点,显得表述混乱,其思想学术价值之高,可谓无与伦比,为此我们当然要给予老子极高评价。

我们讲老子学说出现诸多失误,表现在各个方面。所谓对了半条,就是道论对"柔弱"之猜想。不过,老子讲"无为",讲人类越来越有为是违背天道,提倡"为道日损"的"无为"才符合天道,老子显然搞错了。因为我们发现,越高级的生物物种其能力一定越高强;人类文明越发展,人类的能力一定越增加。也就是说物质属性和能力的提高,包括我们人类的文明史上科技能力不断提高,恰恰是天道演运的产物,而不是违背天道的作为。可见老子在这个重大问题上说错了。老子把人文现象,也就是人类文明现象,排除在"天道"和"物德"之外,错了!文明现象只不过是宇宙物演终末阶段的人格化表达和社会化体现,仅此而已。

由于老子持有辩证法观念,而辩证法内涵着物极必反的回路,因此老子主张反动,主张退回到未开化之前的动物般的原始血亲社会群团之中。而我们今天知道辩证法不成立,这个世界是单向度演动的,我们没有退路可走。因此我们今天面临的形势远比老子当年的预判更为险恶,因为我们的后向是绝路,而我们的前向是畏途。老子至少认为往回走还是有出路的,可是这个出路不存在,我们今天进退维谷。只不过愚蠢的人类至今还认为,往前高速发展和推进会给我们带来生存优势,我们因此而欢乐,我们因此而癫狂,然后我们糊里糊涂地继续嚣张下去,直到走向死灭。唯有老子 2600 年前就为人类文明的趋势不良而敲响警钟，因此我给老子再高的评价都不为过，尽管他当时显得不合时宜。

我这样讲，大家一定会产生很多的疑问，我都可以预想很多人会跟我提出辩论，说我们今天能力已经很强了，我们完全可以超越递弱代偿原理。别搞错！一个大尺度下的物演规则，它驱动和支配着我们，这就是"道"。而我们一般人的眼光流落在"术"的层面上，只讨论我们能驱动和支配什么。我开题就讲这个话，实际更重大的问题是你应该首先要搞明白，你被什么所规定，这才是从根本上要关注的问题，这才是宇宙观要解决的问题，归根结底一句话：找见人类在自然界的位置。所谓哲学，不过"宇宙人生"而已！它探讨终极问题，探讨你不可改变的境遇规定。由这个基础理论引出和观照人类的前途，在更高立点上追寻未来的生存之路，并为之提供逻辑路标，这就是研究无用学问的价值。要知道我们在点点滴滴上都可以证明这个递弱代偿原理及其弱化或危化发展趋势，即被老子称之为"弱者道之用"的自然法则。

我给大家举例子。曾经有学者跟我争论，说如今文明了，至少人们已经不再随地大小便了，这总算好事吧。可你别忘了，古代人口很少，随地大小便一点都不污染环境，只是肥了林地农田。今天全都变成了水冲厕所，粪尿无从处理，只经过化粪池软化为无形，然后直接排入江河，70亿人的粪尿统统直接污染江河，大家想想这是个多么可怕的局面。仅是生活污染，姑且不算工业污染、化学污染，所有的江河湖泊被糟蹋，我到南方农村看见偌大的河流上面漂满粪便，这就是今天人类进步成水冲厕所的后果。再看垃圾围城，一个中小城市每天产上百吨垃圾，要知道古人是根本没有垃圾的，烧火的余烬是草木灰，做饭剥除的葱皮蒜叶，堆沤下来全是有机肥料，从来不见垃圾。我们今天大量使用人工材料，从塑料到各种重金属以及电子产品污染，根本没法处理。你怎么处理？你深埋，一旦下雨它污染地下水，而地下水和地表淡水是沟通的；你燃烧，它立即产生40多种以上的空气污染物，包括严重致癌物质二噁英等，因此欧洲国家近年来对于燃烧处理垃圾转而持否定态度。可见，你的每一个小小进步，其实都不免造成远期戕害。

有人说我们今天把燃油汽车改成电动汽车，总该是一个良性进步措施吧？你又搞错了！要知道一节1号电池，你把它随便抛弃，腐蚀破溃之后足以污染一平方公里的地下水，这就是为什么对电池分拣需要特别严格的原因。想想一辆电瓶汽车，它后面背负的电瓶至少相当于近千节1号电池，怎么处理？从生产制作到废弃回收，你最终怎么处理？你把大量原来分散在地表岩层中的有害物质，凝聚提纯到人类社会生存的大环境之中，你怎么把它返回原处？它远期将造成怎样的污染，你今天根本无法预判。人们对一个事物的认识需要几十年甚至成百上千年时间，你今天所做的短期论证根本不足以说明问题，眼下看来像是改善环境、治理污染的措施，长远看料不定是一个更大灾难、更大污染的新源头。

你说我们今天建核电厂是解决环境污染，因为核电厂不产生温室气体排放。可你知道核电厂的后处理问题是一个怎样的状态？且不说核电厂根本无法解决自然灾害或人为事故带来的核泄漏这个问题，我们就假定核电厂百分之百绝对安全，仅是核废料人类就没法处置。要知道核燃料棒，即使用到最现代的高技术，它也绝不可能百分之百耗尽其中的放射性能量与放射性物质，它有相当大的比例成为核废料，怎么处理？往哪儿放？用铅桶裹起来埋在地下，可任何铅桶再坚固也持续不了三四百年，数百年以后铅桶还是会破溃。而它发出的热量，也就是核废料的单位热量高到如此程度，竟然是相同容积太阳物质热量的1.5倍以上，因此它足以熔化周边的岩层，以放射性方式污染整个地下水。我说过地下水跟地表水是循环沟通的，从而造成整个地表放射性污染。如果往海底投放，所有海洋生物必然被放射性污染，大家知道日本福岛核电站泄漏出来冷却水，核污染的冷却水量越来越大，根本无处贮存，只有一个办法，那就是排入海里，以至于它在太平洋西面排放，美国人在太平洋东海岸取海水测量，发现其中放射性物质量大大提升。因此要你小心，你今天吃海鱼是一个暗藏危险的事情。怎么办？还剩一个办法，把核废料运到月亮上去，可这么做成本太高，你根本无法支撑大量供电的可耐受成本。足见它不是安全的生产方式，不是可持续的供能方式，它是一个更可怕的拖延自欺性污染通道。总之，我们会发现，人类的每一个进步，那怕是一举微小的创新，放在远期看它都是戕害效应。

我们人类目光短浅，一般的处世智慧根本不足以预见远方。其基本生存方式是，面临什么问题，就只临机解决什么问题，至于这个问题的解决方式将来会产生怎样的远期后果，人们根本看不见。因此纵观整个人类文明史，它展现为这样一个诡异的怪象：为求当下之生存，不得不先释放一个小魔头；待到这个小魔头作乱了，我们再释放一个中魔头去制服小魔头；最终那个中魔头又作乱了，然后我们释放一个大魔头去制服中魔头；到头来重重魔影笼罩全人类。这就是恶性文明进程的真实写照，这就是我们从古至今所面临的越发展、越进步，却见生存形势也越来越险峻的原因。而它的基础动因及其基础理论，就出自于这条宇宙演化法则——递弱代偿原理，认识这一点或者不认识这一点，将决定人类未来之命运。

关于老子学说的宏大义理部分，我就简单讲到这里。我们下面再谈一个话题，讲一下老子的"懒蚂蚁之叹"。

老子在他的《道德经》第二十章中有一段表述，是一个典型的

"懒蚂蚁牢骚"。我解释一下什么叫"懒蚂蚁",生物学家研究发现,蚂蚁群体无论采食、搬迁,一般都是军团化行动,但是总有那么几只懒蚂蚁,它们不参与蚂蚁军团的集体活动,而游离于蚂蚁群体之外,在不同方向上独自游荡。其实这些个懒蚂蚁是最危险也最辛苦的,因为它失去了群体的庇护,同时失去了明确的食物资源之方向。那么,它们为什么要在别处散漫孤行呢?生物学家发现,在任何一个蚂蚁群落中,懒蚂蚁现象越明显,这个蚂蚁群团的总体安全程度和长远生存前景就越有保障。因为蚂蚁群体一致行动,它们很快就会把前面发现的生存资源采集尽净,随后一片茫然,立即陷入生存危机。只有那些存在个别懒蚂蚁的蚁群,由于它们经常分散在四处搜索,实际上是在为蚂蚁群体寻求新的生存资源,由此才为蚂蚁社群下一次大规模采集食源的团体行动找见方向,尽管它们最危险、最寂寞。那么,我们返回来看老子,我说人类族群中的思想家就是人类的懒蚂蚁。他当时做着无用的事情,说着众人都不理解的怪话,他是典型的异类,甚至被当时的主流意识形态所排斥,亦被当时的主流社会所压制。但他却代表着人类总体生存发展的前途,并成为探求人类未来出路的先驱或先知。

所以老子书中会有这样一段别致的慨叹,他说,"众人熙熙,如享太牢,如春登台",就是普通人众都很会热闹,快乐地享受着生活,赏游着春光,而我"独泊兮,其未兆",我独自寂寞地守在一旁,发不出声音;他又说,"我愚人之心也哉,俗人昭昭,我独昏昏",所有人看起来都很聪明,都能把世道看清楚,都能找见自己的所需,唯有我浑浑噩噩,不知所措;"俗人察察,我独闷闷",所有普通人都明察秋毫,眼前的任何东西、点滴利益都不让它丧失,而唯独我蒙眬失察,苦闷无着。实际上凡能看见远处的人一定看不清近处,所以他总是栽倒于眼前的羁绊。他接着说,"众人皆有以,而我独顽且鄙"，众人皆有能耐，而我却固执己见，一无所长；"我独异于人，而贵食母"，他说我独处一隅，落落寡合，但我的高贵之处在于我之得"道"。我前面讲过老子借用女性或"母"来形容"道"。我们由此可以看出，老子的思想不仅在数百年后指导了整个汉帝国的文明之奠基，而且给我们 2000 多年后的人类以思想启迪。

我们下面稍微说一下老子学说的细节特点。老子作为一个重量级思想家，他说的每一句话你都不敢轻视。比如他赞赏"滞后"，他说应该保持低级原始状态，不要向高级文明状态挺进。大家想想我刚才讲的"递弱代偿原理"，也就是"弱化演运法则"，它实际上就是我前面讲过的一个表述：越原始、越低级的东西，越具有奠基性、决定性和稳定性；反之，越进步、越高级的东西，越具有轻飔性、动荡性和失稳性。是不是这样呢？

我举例子。你今天可以没有电脑，可以没有汽车，你敢没有粮食吗？粮食是人类最原始最低级的造物，但它却是人类生死攸关的最重要资源。我再举例子，我前面讲辩证法是人类理性逻辑的最低级阶段，但为什么我们在日常生活和工作中，90% 以上的时间、场合，我们面对的 90% 以上的各种问题，人们不由自主所采用的大都是辩证观念？是因为越低级的东西越有用。

请大家回想，我昨天上课的时候讲"进步论"是西方舶来品，它是由于环地中海地区是一个开放地貌，自古以来就过度交流，快速进步，因此它把最原始的文化思绪丢失了，因此它产生的基本观念、基本文化格调是进步论。可我又讲，有谁真正考察过，你凭什么说进步的东西就是好的。我们今天借老子之言来考察"进步论"，会发现中国原始文化中的"保守论"思想，确实深刻且价值无量。所以，依我看，国人今天执迷于西方的进步论观念，可能是深受毒害。

越原始越低级的东西，越是你要维护的东西。想想欧洲前些年发生金融危机和主权债务危机的时候，谁最安稳？德国、瑞士。为什么？德国保留了传统制造产业，瑞士保留了传统手工产业，结果它们不受这场文明风波的动荡冲击。大家再看看，美国在干什么？从奥巴马到今天的特朗普，都着力于召回美国传统制造业，而且美国一直高额补贴最原始的第一产业——农业，迄今美国仍是世界上农产品出口量最大的国家，由此奠定了它的世界最强、最稳的国基。它在干什么？寻求滞后稳定效应。

所以大家一定要注意，我们今天的很多观念是有问题的，比如创新。什么叫"创新"？我们一般人总是认为创新代表未来。别搞错！世界上可不是只有我们人类才创新。如果没有38亿年的生物变异——我们可以把它视之为生物创新——地球上何来人类？但是如果你仔细考察一下生物史上的变异存活率，变异带来的是什么？基本上全都是畸形、畸变和死灭。因此，性增殖最重要的表现是什么？是遗传，原样拷贝亲本的基因。生物变异虽然创造了复杂的生物链和高等生物，但一定要知道，从生物史上观测，生物变异被自然选择存留的概率竟然不到1%，也就是任何发生变异的生物有99%的概率都是被自然选择淘汰。可见"创新"是什么？创新首先是风险，其次才代表未来。而且创新所开辟的未来是一个更薄弱、更失稳、更动荡、存在度更低的前途，是一个物种死灭速度越来越快的前途。这就是为什么老子讲"不敢为天下先"。所以我希望各位深刻理解老子学说，因为它关乎人类生死存亡，因为它关乎人类下一期文化和文明再造的一个基础理论和逻辑目标。

好，我们下面对这节课做总结。

所谓"思想家反动"，它实际上是什么含义？它相当于给人类后脑勺装了一双后视的眼。要知道我们人类的视野只有前向 180 度，在生物学上叫"后视盲区"。而低等动物甚至中等动物，它们的眼睛是长在两侧的，比如鱼，比如马。它们的每一个眼睛有 180 度的视野，两个眼睛合成 360 度的全视野。因此鱼不用回头，它就能看见后面鲨鱼在追赶它；因此你最好也不要在马屁股后面捣蛋，马不用回头，一抬蹄子一定踢到你的要害处。那么人类为什么失去了后向 180 度的视野呢？是因为在上千万年前灵长目猿类逐步进化，到三五百万年前演化成直立人，这个过程是其生存状态越来越险恶的进程。大家想，一个直立的猴子突然从树上掉下来，它最初是一个罗圈腿，它上树已经够不着果子，追猎动物又没有动物跑得快，于是立即面临生存危机，它怎么办？它只有一个办法，通过自然选择把长在两侧的眼睛逐步调向前方。为什么把眼睛从两侧调向前方是智化求存的首要举措？是因为用两只眼睛平视前方的一个对象，你才能够产生对前向物体的精确距离测量感。因此你如果得了眼病，医生给你一只眼睛扣上一块敷料，我建议你这个时候千万不要开车，因为你会莫名其妙地追尾，因为你对前向物体失去了距离测量之感。

那么"思想家反动"实际上意味着什么？——保持或恢复低等生物的 360 度全视野。由于人类失去了后向视野，凡人也就丢失了后向思维。思想家保持思维状态的全视野，于是被我们常人感觉为"反动"，以至于"反动"到我们不敢说他"反动"，然后去曲解他的程度，这个东西叫作"思想反动"。所以千万不要随便指责眼界及思绪倾向于反动和保守的人，指责他只说明你视野狭窄。

中国古代形容孔子和老子有两句名言："无孔子则无英雄之进取，无老子则无英雄之守成。"今天人类文明高度发展，成就卓著，在座各位有相当比例也算得成功人士。可是你要记住，如果你是成功者，那么你最重要的事情不是进取而是守成。马克思在《共产党宣言》里写有一句名言，他说无产阶级之所以应该积极革命，是因为他一无所有，他获得的将是整个世界，而失去的只是一条锁链。可是对于成功者、有产者而言，你最好别乱折腾，因为你失去的可能是整个世界，而收获的恐将只是一条锁链。其实今天的人类相当于过度自信、过度张扬的成功人士，对人类而言，也有一个克制自己莫要过度积极、过度浮嚣的必要，不懂消极保守，不知激流勇退，那是自取祸殃之道。深刻理解老子消极哲学思境的深远内涵，此乃后人的一大课题。老子书中有一句名言："不笑不足以为道。"意思是说他的学说如果不为常人所耻笑，那就证明他离"道"还很远哩！我今天所讲的东西，与当前社会舆论和主流文化观念差距颇大，可各位要注意，我讲的东西可能离"道"很近。

好！我们今天的老子课到此结束。

课后答疑

同学提问：老师您好！在白种人面前，黄种人都有一种莫名的自卑感，我相信这是无意识的自卑感。就感觉西方人不仅仅是逻辑（思维能力）上比我们做得要更好，无论是设计、建筑或者说音乐，全方位好像是超越了东方。不知道先生怎么去认识这个事情？

东岳先生：我简单回答。首先你今天觉得国人的逻辑思维能力不好。我早就说过，人类是一个物种，智能上没有区别，但是国人的文化总趋势、总构成偏向于技艺文化状态。你今天早已经全盘西化了，你小学、中学、大学全都学的是西方文化，所以今天你调动的数学、物理学、化学这些能力不是中国文化的产物。至于西方，它的感性、艺术层面，也在文艺复兴以后大加扩展，其实在古希腊时代就相当高超，这跟它的智能调动度过高有关，这个话题我们在哲学课上再讲。相对于它的抽象逻辑思维，它所创立的哲科文化体系构成今天整个人类的物质和技术生存结构，相对于这个层面而言，两者的差距要大得多，我们是在此种意义上讨论这个话题的。

不过我顺势想稍微谈一下，你所谓我们今天中国人面对西方仍有一种自卑感这个话题。今天中国经济发展速度极高，可是我们确实有自卑感。为什么？我们在近一千年来的历史时段，基本上对人类没有重大的思想文化贡献。我举个例子，有人统计，在科学界4000到6000多条定律或定理之中，犹太人占世界总人口数不到1%，却贡献15%左右，中国人一直占世界人口20%左右，贡献率不到1%。近数百年乃至近千年，我们中国人对世界精神文化方面贡献不多，这才是我们自卑的原因。大家一定要注意，我们只是有钱，这叫暴发户。要知道在康乾时代，中国的GDP（国民生产总值）占世界1/3。而美国最强盛的时候，国民生产总值只占世界22%。可正是康乾盛世之际，西方出现从牛顿到提出三权分立的孟德斯鸠，以及洛克写出《政府论》、亚当·斯密著述《国富论》、穆勒提出代议制、卢梭完成《社会契约论》，西方快速发展，把经济总量巨大的中国远远抛在后面。所以你今天经济发达绝不标志着你强大了，更不标志着你将被人尊重。一个民族要想受人尊重不在于你有多少钱，而在于你的文化贡献，你给人类的精神贡献，因为精神和文化才是人类生存的基石。

我再举一个例子。俄罗斯1861年才废除农奴制，尽管彼得大帝以后俄罗斯开始学习西方，到19世纪已经被马克思称为"欧洲警察"，算得强国，但是，俄罗斯实际上最初一直是被西方瞧不起的。可是到19世纪，俄罗斯连续出现了一批重量级文化人：门捷列夫——化学元素周期律的创立者，化学奠定为科学的第一鼻祖；列夫·托尔斯泰、屠格涅夫等世界级文学家；柴可夫斯基——世界级音乐家；列宾——世界级画家……它立即引起西方人刮目相看，西方当时就有人预测俄国将成为强盛之国。果然随后20世纪，俄罗斯就变成超级大国。然而成为超级大国之后，文化受到压抑，于是又衰落。所以一个国家仅仅是经济发达不算数，你得给人类做出精神文化贡献，到那一天，西方人才会真正尊重你。好，大家还有什么问题？

同学提问：我想探讨两个小问题。首先第一点，就是你怎么知道什么更重要；第二点，就是往往你不知道的东西比你知道的更重要。

东岳先生：你问我怎么知道哪个东西更重要？我给你引用老子一句话："天之所恶，孰知其故，是以圣人犹难之。"这个问题你把我问倒了，因为我连圣人都不是。但是我想告诉大家，我们会发现，在人类文明史上，探讨无用之学的基础理论，对人类造成更重大的影响。牛顿只不过谈了天体力学运行的状态，你拿它在日常生活中根本用不了，但它却开创了整个工业时代，我们把工业时代就叫牛顿时代。爱因斯坦探讨时空弯曲，你能用吗？你一点也用不成，可我们今天叫爱因斯坦时代。所以探讨虚学，探讨无用之学，探讨道学、道论，研究基础理论，这是最重大的课题。尽管我也可以反过来说，正是这些伟大的人物成为把我们人类引向危亡的灯塔。

好，大家还有什么问题？

同学提问：先生您好！在您的课堂上用拉大尺度的方法，来给出这个衍存梯度模式图，但是说明的方法还是举例子和归纳法。我相信是为了我们便于理解。除此之外，还有没有其他的方法来证明这个衍存的梯度？谢谢！

东岳先生：我讲课要取悦听众，所以没有任何严谨性可言。你只不过是听着好听，越好听的东西其实越没有价值。我写书绝不迁就读者，你能不能看懂跟我无关，我只追求逻辑证明的严谨。因此大家注意，想了解我的思想，听我的讲课不算数，必须去读书。我的整本《物演通论》厚达三四百页，其实只干了一件事，那就是对"递弱代偿原理"的证明。请记住，学问就是证明！你所谓的我在进行归纳，实际上是"假设"之后的"求证"方法之一。全书共分三卷：卷一、自然哲学论；卷二、精神哲学论；卷三、社会哲学论；后两卷都是演绎求证。宇宙所有东西的总和不外乎这三大领域，由以完成"递弱代偿原理"的系统证明。因此你得去读书，而不能仅仅通过听课作为理解我的学说的通道，本课程只起着介入、导引和铺垫的作用。

同学提问：今天听了这节课，感觉心情非常沉重。我想问一下，目前科技最发达的美国，我感觉像埃隆·马斯克等，做火箭、电动汽车，都是在把人类推往一个不归路，我不知道美国有没有类似东岳老师这样能把问题的真相指出来的人。然后我的问题是：人类还有救吗？怎么救？如果没有救的话，还有多少年？

东岳先生：你的第二个问题我无法回答，因为我不是算命先生，我只能谈趋势。其实我也没有那么悲观，我认为人类还有很长的生存时限，它取决于人类是否能够恰当地再造自己的下一期文明，这个问题的回答请读我的《人类的没落》一书。至于你说美国最先进，所以最有可能带动人类走向灾难。我看未必如此！（此处有删减）

所以，昨天刚一开课我就讲，中国传统乃至近现代历史，使得中国人具有更开阔的视野。我们近代虚心地学习西方，又经历了典型的农业文明以及农业文明与工商业文明的剧烈冲突，然后展开了眼界。我们甚至还比西方多走一步，提前试探共产主义运动，我们今天比资本主义国家跑得更迅猛，因此我们很有资格比美国人、欧洲人更具有前瞻性。因为我们的前向如他们一样展开，而我们的后向资源——原始文化资源比他们更深彻、更扎实。我的学说最初创立的时候，1998年书写完，我想这么简单的一个东西，怎么会被我发现？我认为我只不过是在重复他人的东西而已。写完书迄今20年，我没有见到西方国家有类同的理论表述。我不想说这个学说最具备前瞻性，我只是想说这个学说是借助于东方保守论"天人合一"之思想核心，又结合了西方哲科思辨逻辑所达成的一个成果，因此至少到今天它还有一定的独特性。虽然我很惭愧，我不知道我这本书写出来究竟是人类的绝唱，还是人类未来的福音。

好，大家还有什么问题？

同学提问：王老师好！我就问一个问题，《道德经》上说，"天之道，损有余而补不足"，"人之道，损不足以奉有余"，如果这样从字面上来理解的话，它是矛盾的。所以我想请教王老师，"天之道"和"人之道"到底是一个什么样的关系？

东岳先生：其实我的课已经讲得很清楚了。老子所谓的"天之道、人之道"，用我们今天的大信息量来整合其实就是"递弱代偿原理"，或者说，"递弱代偿原理"就是对老子道论的现代证明。你所说的那段话，只不过相当于《圣经》上提到的"马太效应"，这个问题不涉及根本。老子《道德经》中有很多话是凌乱的，因为他当年信息量不足，证明不清楚，所以他说很多话是相互矛盾的。我举个例子，比如"为学日益，为道日损，损之又损，以至于无为"这一段，他的意思是说，你如果参与学习，你总是追求知识越来越增多的；

但你如果追循"道"，你就一定是越来越有所减损的。那么按照递弱代偿原理，"损之又损"其结果应该是什么？应该是"以至于大为"，而不是"以至于无为"。因为你的存在度损量越多，你的代偿度增量必定反比例扩张，所以老子的这个表述错了。可见老子《道德经》中有大量的表述是混乱的，还有大量的表述是具象比拟的，而不是逻辑推导的严谨结论，比如"上善若水"之类。所以，读老子书的前提是你得理清他的思想逻辑脉络，这是读懂他的关键。所以我开题就讲，我们今天讲课只讲老子学说的原旨与主线，就是你要在读老子书的时候着力搜索他的基本思路。

同学提问：先生好！我想问一个问题，就是"食色，性也"。就是我们所有人都很难冲破这种诱惑，总是被这种人性的东西所束缚，这种天道的东西一直在背后束缚着我们。但是对我们整个社会来说，就包括您昨天说的我们人类社会经过了一个农耕文明，这是一个自然选择的结果。那我们到了今天，我们的社会发展，包括所导致的污染，还有气候异常等问题，从另一个角度来说，是不是也是自然选择的结果？因为我们的人性决定了我们一定会去追求更多的东西。

东岳先生：我没有用"自然选择"，我用的是"自然进程"。读懂我的《物演通论》，里面有一句话现在被到处引用："人性是物性的绽放，人道是天道的赓续。"就是我们人类今天的一切冲动、一切操作，实际上是某种身不由己的自然驱动状态，所以我们逃不出递弱代偿法则，这才是最大的问题所在。如何处理这个问题，才是人类将来需要关注的首要问题。

同学提问：东岳老师，我接触了你的理论，我觉得人类肯定是没救了。你之所以还在探讨人类可能会怎么样延续的问题，我认为你是不是站在你本身是一个人、是人类族群一分子的立场上所抱有的一丝幻想？我的问题是，人类处于现在这个阶段，像国家这种东西的存在，像民族主义这种情绪的存在，如果我们人类还想略微延缓一下或有所改变的话，那它们可能就是最大的障碍，我想听一下东岳先生对"国家"的未来走势是一个什么看法？

东岳先生：读我的《人类的没落》，里面对这些具体问题有所讨论。我现在回答关于我的学说看似悲观又充满幻想这个问题。首先我不算最悲观的，西方现在有一批学者比我悲观多了。比如霍金，他虽然不知道递弱代偿原理，但是他说人类在地球上的生存期只剩下一二百年了，建议赶紧外星移民。我的学说根本没有那么悲观，你读读我的书，尤其是《人类的没落》，我说如果人类处理得好还有一个漫长的后期生存。人类在今天相当于中年四五十岁，这个年龄段的人还乱折腾、胡作为肯定会猝死，还继续拼命竞争、好勇斗狠的话一定会死得很难看。但是，如果一个中年人随着生理老化的自发节奏而转型趋向于全面消极，也就是心理上渐趋意志消沉，体力上渐趋运动减少，多加保养，不再折腾，养尊处优，珍重自爱，则最终活过八九十岁的天年也未尝全然办不到。如果照此计算，此前智人已有 20 万年左右的青壮年生存期，此后应该可能还有若干万年的寿命呢！

当然，我没法提供具体确切的数字，因为递弱代偿原理至今还代不进去参数，信息量不够。如果将来信息量继续扩展，使之能够代入参数，这个问题应该可以精确计算，但现在做不到，所以我从来不讨论具体时间和细节问题。但是我也没有你所说的那么悲观。至于我是不是抱有幻想，我只想说一点，我绝不认为人类能够违背递弱代偿法则而无限存在，所以我没有幻想。但是一个基础理论绝不会凭空发生，一个基础理论出现，如果它正确——因为没有任何东西是真理，所以我用如果是正确，或者如果恰当——那么它一定对后世人类文化产生某种扶助生存的影响。这才是我所抱的希望，这才是我做这个理论系统的潜涵价值。

同学提问：先生您好！自从六年前我接触到先生的学说，我就以先生的学说作为我的价值观的基石。我的问题是，如果老子的《道德经》预应了先生的递弱代偿理论，老子是向后看，是反动的，是向善论，其他各种学说是向前看，是正动的，是向恶论，如果文明发展是向恶，文明倒退是向善，那么，未来我将如何把握善与恶、发展与保守的度。

东岳先生：这么具体的人生问题，我可真是说不好。不过，需要特别注意，你不能视我的学说为主张反动，因为我说老子学说反动恰恰是老子论述的一大缺陷。读我的书，我讲这个世界是单向度演化的，你想反动都反动不成，因此我的学说绝不主张反动。不是反动不好，是你反动不成。有人读我的书，说我的观点是虚无主义，读完之后什么活着的意思都没有了。这完全搞错了，我的书恰恰是在告诉你，为什么你想虚无都虚无不成，为什么你一定越来越折腾，为什么你一定越来越浮嚣。因为代偿量始终在增加，自为属性一直在膨胀，求存意志和能动自由倾向于日益飞扬。所以，解读我的书，必须深刻而系统地领会。至于在应用层面上该怎么做，我确实说不好，各位若在应用层面上跟我讨论问题，我无言以对。

同学提问：老师您好！由于后人对老子的误读，结果生成了黄老之学。未来的话，我相信根据存在度的下降、代偿度的增高，一定会有更多人对先生您的学说作出种种误解，你对这种事持以怎样的看法、有什么态度？然后在这个基础上，哪些人的误读方向是您所喜欢的，而哪些人的误读方向您是不喜欢的？谢谢！

东岳先生：未来还没有发生的事情，我无从作答。至于如果我的学说正确有效，会被后人误读，我认为一定是这样的，是不可避免的。人这个物种是很奇怪的，再好的东西到手，最终都能将其彻底糟蹋变形。（此处有删减）西方有人曾讲："自由啊！自由！多少罪恶假汝之名而行！"人就是这样，再好的东西都会被人类歪曲或污化到泥坑之中。因此我确实非常担心，后人拿我的学说去为罪恶开道或辩解。还别说后人，当代人已经这样表演了。比如我在《人类的没落》一书里讲，控制人口数量，即降低人类的生物衍存质量，是保持自身持续生存的一个重要环节。我还专门强调，要用哪些合情合理的柔性方式进行，决不能用荼毒生灵的手段强推。随后有人在网上讲，王东岳主张把人类大规模消灭。所以别说未来，今天就已经出现不良势头了。因此我在《人类的没落》中说过一句话，大意是：如果我的学说被人以违背天伦与天良的方式运用，则我宁可面对毁灭。

同学提问：我想问的是，有没有可能通过未来一些事情的发生和启示，验证《物演通论》理论其实还可以再修正，甚至于还可以再演进，而不是现在就变成一个定论，说一切必将终止，一切必将都是朝着负面的方向前进的。

东岳先生：我的学说的主旨和方向，不是讲人类没救了，不是讨论有生必有死，这个问题不用讨论。我只是在探问：为什么人类的文明发展程度越高，反而危机越深重？亦即我恰恰是想告诫人类如何寻求下一期生存出路。所以不是没救了，是采取拯救措施，它的可能性有多大，用什么方式进行，对此我没有任何信心，也不认为在《人类的没落》一书中所提出的方案就一定可行。

我唯一有信心的就是"递弱代偿原理",虽然它不是真理,很有可能只是一个临时正确的逻辑模型。如果我的学说不是真理,它将来被后人证伪,这个可能性太大了,但即使有一天证明我的学说错了,也不过是换一个解释方式而已,"递弱代偿"会从"原理"转化为"现象",却绝不会完全消解失效,就像牛顿的引力学说被证伪了,被爱因斯坦时空弯曲的新解释取代了,但地球照样以符合引力关系的方式绕着太阳旋转。再者,我还想说一点,你看看人类思想史,人类在自然界的位置一路沦落:最初仅次于神,以至于居住在宇宙的中心;后来变成日心说,跌落到普通星球上去了;再后来又变成猴子的徒子徒孙……总之,从思想形态上审视,人类的处境是越来越堕落、越来越糟糕的。基于此,我可以预判,如果后人有一天证伪了我的学说,那一定是一个比我的学说更为不堪的学说,这个可能性很大,所以各位最好不要期盼那个学说出现,尤其不要指望它能够一举扭转乾坤。

同学提问:先生好!我想问一个问题,就是您提到孔子是入世(的),是一个进取的状态,但是他其实也说要回溯到周朝;那老子是出世(的),他提到的是回溯到商朝。我的问题是,您刚才提到中国的近1000年,在老子和孔子之后基本上没有对世界上人类的思想有重大的贡献,是不是因为他们不管是入世还是出世、进取还是守成,他们其实背后的原点都是想回溯到过去?因为要回溯到过去,从单向的角度来讲,就您的演进的角度来讲,它其实是没有一个演进的、往前的这样一个状态和一个诉求,这是不是中国近1000年没有新思想产生的一个核心原因呢?

东岳先生:我说相对于先秦时代,公元前221年秦始皇统一中国以后，中国在思想领域再没有超过先秦时代的思想贡献。公元后第二个 1000 年，我们几乎在所有重大文化领域都没有重要贡献。这个原因很复杂，当然跟中国传统文化的保守论主基调也有关，但它不是根本原因，它是很多制约因素造成的。关于这个话题，我们在下一期西方哲学课上，我会专门就"爱智是智能储备调动"这个话做深入讲解，你把那一节课听明白，这些问题就能得到回答。

不过我想肯定，你这个问题里包含的一个要素成立，就是中国文化的保守论在某种程度上克制了中国的快速发展，即使它不是因果关系，至少是个并行关系。那么它就标志着人类在文化上转向消极和保守可能还是有效的，可能还是寻求某种稳定生存的手段，可能在某种程度上或者在狭小的余地上有实现的机会。因此保守论思想——东方这个文化思绪的基调价值巨大。

当然我的这个说法不指向任何具体事件，比如有人说我"主张专制，主张倒退"，政治上保守；有人认为我老了，因此喜欢守旧的东西。这跟具体问题都没有关系，跟我的政治观、社会观、人生观都没有关系。它不涉及任何具体问题的讨论，只在纯逻辑上推演。

西方哲学基础综述（上）

开题序语

我们今天讲西方哲学。

我对这个课程先做一个说明。西方哲学课是我们这 12 天课程里唯一一节集中讲西方文化核心的课程。这个课程占两天时间。时间虽然不多，但是这个课程非常重要。而且这个课程特别烧脑，烧脑的原因在于我们对这种思维方式极度缺乏了解。

那么我们今天讲什么呢？我们今天不讲西方哲学的整体，这个课程至少需要 200 多个学时，而我们只有两天时间。我们今天只讲西方哲学基础综述，也就是只讲西方哲学最基础的层面。这里要让大家了解的是，西方哲学的思路是怎样导出的？它的思维基础是什么？它的思维通道怎样得到拓展？它的思维效果是什么？或者我用一句话简单总结，就是你要找见"哲学感"亦即"哲学意趣"。

也就是，如果你听完这节课，你对西方哲学有了一种基本的感觉，你对西方哲学展开思维的模型有了一种基本的认识，那这节课就算达到目的。有了这个基础，你至少将来能够在翻开哲学书的时候，看懂哲学家讨论什么问题，看懂他的出发点、他的运思方式和他得出结论的独特推导方式。所以，我再强调，我们今天讲的只是"西方哲学基础综述"。

我说中国文化早已衰落，那么，它还有什么价值呢？它是人类未来再造下一期文化和下一期文明的重要底层参考系。比如，我上一次讲老子，讲老子的"道论"，讲老子的"德论"，讲老子的"保守论"，他是人类未来建构新思想的一个基础，或者一个借鉴。

那么，我又讲，我说西方文化绝不代表未来，因为它今天已经给人类带来戕害，因此，人类面临重大的下一期文化转型。但人类的下一期文化转型一定是在当今主流文化，也就是"哲科思维"（哲学和科学思维）这个工商业文明文化基础上发生的。因此，西方文化尽管不代表未来，但它却是下一期文化和下一期文明直接延续的端口。也因此，深刻掌握西方文化的形成过程及其当前状态，是延展后续思想系列的基础，这是我们今天开这门课的目的和初衷。

下面我先说一下什么是哲学。"哲学"这个词，大家很熟悉。我们通常所说的哲学，我把它叫广义哲学。所谓"广义哲学"，用中国的古话讲，《易经》上有一段话说："形而上者谓之道，形而下者谓之器。"也就是，只要达到形而上的思维，就属广义哲学。所谓"形而下"，就是你直观看到的事物；所谓"形而上"，就是超出直观的思维。我这样讲哲学，绝不是西方哲学。因为我们任何人，一旦展开自己的感官，你感官后面的意识，立即就会把你的感官素材提升到一个你不自觉的总结层面上，这个层面一定是形而上的。我举一个例子。你在世界上见过"马"吗？你永远见不到，你见到的一定是黄马、黑马、公马、母马、大马、小马。"马"是一个抽象，在世界上你是永远见不到一匹"马"的，你见到的都是具体的、具象的马，而不是马的抽象的总和。但是你一旦运用视觉，你立即得出"马"的观念，这个观念就是形而上的最初级的抽象。如果你把形而上视为哲学，那么它只是人类表层意识的不自觉升华，它不构成真正意

224

义上的哲学追究。

因此，我要强调，我们今天所讲的哲学叫作"狭义哲学"。而我们大家日常生活中所讲的"哲学"这个词，通常是在广义上使用。一个人不必经任何学习，也不用做任何深思，你只要开口说话，你只要讨论的问题超出直观层面，都可纳入广义哲学的范畴。因此，它距离真正的狭义哲学甚远。

那么，所谓"狭义哲学"，仅见于古希腊。这句话是什么意思？要知道，人类远古时代，据英国著名历史学家汤因比总结，世界上至少有600种以上的文明。在这600多种乃至数千种文明中，产生狭义哲学者仅见古希腊，其他所有文明区域、所有文化类型，均没有产生真正意义上的狭义哲学系统。

因此，我们今天所讲的哲学，绝非你日常生活中对哲学的普泛印象。哲学是纯粹的务虚。因此，国人既往对哲学的理解几近于零。

中国有一个著名的学者钱钟书，他曾经在他的《围城》这本小说中，用调侃的口气说，中国只有哲学家学家，而从来没有哲学家。什么叫"哲学家学家"？就是研究某一个哲学家的学者。比如尼采专家、海德格尔专家、康德专家等，这叫哲学家学家。真正的哲学家，是研究狭义哲学本身，通常人思维够不到的那些终极问题。在那个深点上所讨论的那门学问，才叫哲学，这是有必要区分清楚的。

我说中国文化传统上不产生狭义哲学，也不具备基本的哲科思维。注意"哲科思维"这个词组的含义，它的意思是"哲学乃科学之母"，也就是科学思维完全是哲学思维的延展产物。

我说中国文化，它的基本状态是"技艺文化"——技术和艺术文化。而哲科思维是一脉独到的思维。因此我们讲哲学，只讲西方哲学史。我们将中国传统文化叫做东方思想史，而不用"哲学史"这个名称的原因就在这里。

那么，为什么我们对哲学极其缺乏了解？是因为我们近代以来，引入西方文化的着眼点有问题。自 1840 年鸦片战争以后，中国最早学习西方文化的肇端是洋务运动。所谓"洋务运动"，就是"师夷之长技以制夷"，就是只注重学习西方优长的技术或者科学实用层面的东西，希望借此尽快制伏西方列强。我们是从这个起点开始学习西方文化的，可是科学只是西方哲学思脉的后续延展部分，是近乎应用之表层。这就导致我们学习西方，从一开始就只流于西方科学技术应用层面的皮毛，这使得我们对西方哲学的深入探讨，始终缺乏一个系统训练过程。

到 20 世纪初叶，1916 年新文化运动，胡适为中国引入西方哲学。胡适在美国获得哲学博士，可是他的导师是约翰·杜威——实用主义哲学集大成者。所以，胡适所引入的西方哲学是实用主义哲学。大家知道，这一脉思路，跟中国自古"学以致用"的思想十分接近，但它与西方真正的哲学深层，仍有相当大的距离。因此，在很大程度上，严重地误导了中国人对西方哲学的深究。

建国以后，我们接着又把马克思主义哲学当作西方哲学来学习。我在这里，有必要说明一下马克思主义和西方哲学的关系。首先，大家要注意，马克思本人的学术研究之核心不是哲学。尽管马克思说，他的学术组成有三个部分，其中一个部分是西方哲学。马克思整个研究的中心叫作"政治经济学"，也就是说，都不是纯粹的经济学，是从经济学角度研究社会政治结构的一门学问。用他的话讲，叫"政治算术"。马克思曾经专门研究政治经济学第一鼻祖——威廉·配第的著述，他说配第开创了政治算术。这是马克思主义的核心部分。我承认，在这个方面，马克思达到非凡的高度。而且马克思《资本论》第一卷，尤其是讨论货币和价值的那个部分，其运思方式、文笔的舒展程度、哲思运用之巧妙，都令人惊叹。但马克思毕竟不是哲学家。要知道，马克思毕其一生，除了他的博士论文研究古希腊哲学家伊壁鸠鲁之外，几乎见不到有专门的哲学论文，他也没有任何一本哲学专著。马克思只是哲学的应用者，而不是哲学家。

真正的哲学家，甚至真正的科学家——请注意把科学家和工程师区分开来——真正做基础科学的人，他们都只关心认识世界的问题，绝不关心改造世界的问题。因为人类的智能毕竟有限，对任何一个人来说，他即使把他的全部智力调动出来，绝不让精力有任何一丝分散，全心全意只专注于研究这个世界如何运行，毕其一生，也难以终彻。这就是为什么真正研究哲学和科学，也就是研究深刻学问的人，绝不关心实用问题的原因。所以，请大家记住，真正的哲学家，只关心认识世界，绝不关心改造世界的问题，那是其他人的事情。

而马克思说过一句名言，他说此前的哲学只关心认识世界，而他的哲学要改变世界。这说明什么？说明马克思是哲学运用者，是哲学界的工程师。而不是哲学家。（此处有删减）

而我在前一节老子课中，简单提到辩证法、辩证逻辑、辩证思维，我说它是人类理性思维的低级阶段。即使你不学习马克思主义哲学，你只去翻阅中国先秦古典文献，你所形成的哲学观是什么？一定是辩证唯物主义。中国传统思维始终是唯物主义——"眼见为实，学以致用"，它是我们中国文化固有的思维基础。大家再想想，即使我们不学习西方哲学，即使我们不学习马克思主义哲学，我们展开思维所用的基本方法是什么？一定是辩证法。因为从《易经》开始，中国逻辑学的基本架构就是辩证思维。

换句话说，马克思主义哲学不是给中国输入了新的哲学观念，而是把中国固有的哲学思脉加以强化，仅此而已。我在上一次讲课的时候，我说中国早在数千年前就已经是社会主义社会了，我说农业文明一定建构的是非个人主义，也就是以社会群团为基础的社会构型。

那么也就是说，我们现在回顾马克思主义学说，无论是社会主义观念，还是辩证唯物思维方式，其实都是中国传统社会构型和传统思想方法的加固。因此，它使我们没有在真正意义上突破原有的思想局限，反而在更大程度上，固化和遮蔽了我们对其他异质学术的理解。

因此，你得把你脑子里原有的所谓哲学成见腾空，我们从头开始了解西方狭义哲学，也就是从古希腊发端的那一脉思维苗头开始起步。只有这样，我们才能真正建立起最基础的哲学感或哲学意识。

由于哲学乃科学之母，所以当年统领新文化运动的杂志《新青年》提出的口号是两个东西："德先生"和"赛先生"，民主与科学。也就是说，从洋务运动"师夷之长技"到新文化运动"打出科学旗帜"，我们中国人今天已经在文化教育领域全面科学化了。（此处有删减）

可我们不知道的是，科学的基础是哲学，它是哲学思脉分科化了的大信息量延展模型。如果你不知道哲学是什么，你也就从根本上不能理解科学是什么。这就是为什么我说，我们今天全国陷入一种"科学教"的局面，也就是把科学变成了一门新的宗教。我把它称为"科学教"是一点都不为过的。

请大家想想，我们今天中国人对于科学的态度，可以用"信仰"二字来描述，也就是科学跟神一样。只要说这个东西是科学的，我们就不再追究了，我们认为科学就是客观规律，就是真理。

可什么叫"客观规律"？什么叫"真理"？什么叫"感知"？什么叫"知识"？所有这些最基本的问题，我们从来没有探讨过。由于科学的底蕴，它的思脉运行，其实并不在科学的应用层面上流淌，这就导致如果你不对西方哲学思想有深刻的钻研，你根本就不知道科学是什么，你甚至会对科学产生重大误解。这也就是为什么建国以来，我们从小学、中学、大学，全部是按照科学思路学习，我们派出去的中学生参加世界奥林匹克的数学、物理、化学等科目竞赛，常常拔得头筹，可是我们在科学的创新和发明上却贡献很小，原因是我们始终对科学基层的思脉缺乏理解。

因此，我们今天这节课，在很大程度上是对工商业文明基础思路的补课。我上次讲，我说工商业文明对应的基本文化和思维方式叫作"哲科思维"，这也就是我们今天科学化的原因。我们今天进入工商业文明，它是与工商业文明相匹配的思想方式，你如果缺乏对它内在深层结构的了解，那么你也就不能真正理解工商业文明的基本思绪、展现形态、沿用效果及其发展前景。

真正要把"西方哲学"这门课讲清楚，其实是有很高难度的。因为如果一门学问，你站在下面仰望它，这就像你站在山脚下仰视一片群山，你是永远看不清楚的。要想理解和把握一门学问，你必须站在比它更高的某个点位上俯视它，才有可能看清该事物的全貌。高山仰止，身陷庐山，其实表达着你对它无法全面观照和理解的尴尬。因此，我们今天要站在一个别样的高点上，腑瞰西方哲学的源流与思境，这个话题才能真正深入，哪怕我的讲课内容仅限于西方哲学的基础综述也罢。

何谓之"哲学"

下面我们进入主题。

先问一句：什么是"哲学"？我们试看一些西方哲学家所作的评论。叔本华讲："对一个人而言，假如他看见的众人和万物，都不曾时时看上去仅仅是幻象或幻影的话，他就不会是一个拥有哲学才能的人。"这句话什么意思？如果你看待外物，你视之为真实，你认为眼见为实，那你就离哲学很远。西方哲学的起点，是说我们看到的世界全是幻象、全是假象，这是探讨哲学的一个最基本的起点。

请大家注意，我们中国传统文化的精神是什么？叫"眼见为实"。仅这一个底层观念，就把哲学大门完全关闭了。请大家想想什么叫眼见为实，要知道，我们人类的眼睛，是从亿万年生物进化过程中发展而来的。也就是说，如果你抱着眼见为实的态度看待这个世界，那么你和动物没有区别。

所有中高等动物都是眼见为实，我们的眼睛只不过是动物眼睛的直接继承，如果你认为眼睛看见的就是真实，那么你的所有见识、你的所有知识，都只停留在动物般的识辨反应状态之中，也就是你仅仅建立在 A、B、C、D 不同物象的直观鉴别之中，却没有进入高智思索状态。因此请记住，如果你看见的万物，不是幻象或幻影的话，就表明你离哲学很远。

我们再看罗素说过的一句话："究竟有没有智慧这样一种东西，还是看来仿佛是智慧的东西，仅仅是极精炼的愚蠢呢？"这句话什么意思？我们所有人都认为自己很有智慧，我们每时每刻、每分每秒都在运用智慧。可什么是智慧？这个问题有谁探讨过？智慧为什么而发生？怎样运用才叫智慧？智慧运用的结果是什么？为什么运用智慧常常导出愚蠢？像这些问题我们从来没有思索过，可哲学家竟然一开端不相信眼睛，接着不相信智慧，他们要对智慧本身加以琢磨，这是哲学的入门级问题。

亚里士多德讲："古（往）今来人们开始哲理探索，都应起于对自然万物的惊异。"大家听这句话很平常，我想问一下各位，有谁今天看见世界上普通存在物，你会产生惊异的兴奋感？我们看一个人成熟与否，通常是这样判断的，就是当他还处在幼稚阶段的时候，比如小孩，他看任何东西都觉得惊异、都觉得奇怪，他不断地提出问题，不停地问"为什么"，这是一个孩子幼稚状态的表现；一个人长大了、成年了，他的一个重要标志就是他看万事万物都视之当然，他不再产生疑问，这是成熟的表现。可亚里士多德偏偏讲，对自然万物、任何事物，始终保持惊异和追问，才是哲学的起点。换句话说，发育成人了，没有惊异感了，不再追问了，这叫思维封闭。达到这一步，相当于你彻底丧失哲学头脑，可它却是我们一切正常人的常规状态。

我们再看康德的说法："哲学家的事业，正在于追究所谓自明的东西。"就是哲学家在干什么？他在追问那些不问而自明的问题，就是不构成问题的问题才是哲学家要追问的东西。

我举例子，比如什么叫"物"？什么叫"存在"？什么叫"知识"？我想所有人都认为，这是不成问题的问题。可你深想一下，你能说清什么叫"物质"吗？你能说清什么叫"存在"吗？莱布尼茨、谢林和海德格尔都曾问过一句话："为什么存在者在而无却不在？"什么是"存在"、什么是"无"？再者，我们整天运用知识，但什么叫"知识"？休谟曾经做过一个证明，证明一切知识都不成立，这才引出康德对知识本身加以探讨，后来还专门为此写了厚厚一本书，才说明什么可谓"知识"。请各位想想，什么叫作"证明"？我们所有人都不会想到，这还能成为问题吗？——其实的确大成问题。

我们一般人认定眼见为实，眼睛看见了，这就是证明。当我说这儿有一只杯子，我目有所视，那么这个杯子在不在这儿的问题就证明完了。可这不叫证明。一切学问仅仅是一个证明系统。如果你眼睛看见就完成了证明，世界上还会有学问吗？这就是我前面讲，动物展开视觉，就已经完成了眼见为实的一切证明，可那仅仅是动物的非智慧生存状态。

请记住，一切证明都叫"逻辑证明"。那么什么是"逻辑证明"？怎样展开"逻辑"才能达成"证明"？但凡没有证明的东西，都是虚假的东西。那么敢问什么叫"证明"？这些所有人认为不成问题的问题，恰恰是哲学家要深究的问题。

赫胥黎说过一句话，他说"不可知论是唯一可靠的哲学"。当然这句话并不全对，但他说明一点，就是在西方哲学家和科学家那里，他们秉持的基本观念是不可知论，这跟我们中国人的知识观念刚好相反。我们认为，所谓知识，就是得出确定结论、不再发生动摇的那个思绪或事实。也就是我们认为，一切知识，一定是有确定答案的东西才叫"知"！可这和西方哲科思维恰恰相反。

西方知识界的主流思维是不可知论。也就是说，他们创立了整个科学系统，然后他们却说世界是不可知的。请你想想，他们所说的"科学"是什么？西方流行一句话："人类一思考，上帝就发笑。"它的意思是说，我们一旦展开我们的感知，我们一旦觉得我们有所知，我们就陷入愚蠢和可笑，可见知识本身是一个需要无穷追究的深刻疑窦。

而坚持以"不可知论"看待世界，表达什么？表达对一切确定的知识和结论永远保持怀疑态度。如果你以前的知识是确定的，如果你从小学、中学、大学，在应试教育的过程中，从来建立的观念就是有正确答案、有标准答案的，那么你距离真正的哲学与科学都十分遥远。

米西莱讲："形而上学就是一种有条理的把自己导入云里雾中的艺术。"什么意思呢？就是一旦你有确定的看法，你就脱离了求知探索，一旦你不断地追究疑思，你就会把自己导入云里雾里，你就得不出确定的结论。可当你被导入云里雾里的那个状态，才是哲学的或者说求知的状态。

如果你听这两天课，听完以后，你被导入云里雾里，这节课算你听出了一点名堂。如果这节课听罢，你又得出了一个新的真理，你又给出了确定的答案，这节课算你白受了一场折磨。

赫拉克利特有一句话，他说："我听过许多人谈话，在这些人中间，没有一个人认识到，所有的人都离智慧很远。"什么意思呢？要知道，我们在日常生活中，甚至我们在非寻常的知识探究性的对话过程中，我们其实都没有调动智慧的深层，我们其实都离哲学家所说的智慧很远。哲学是一种智能运动的极端特殊调动，这才是狭义哲学的基本状态。

我们接下来说一下"哲学"——"Philosophy"的概念，它是希腊文 phileo 和 sophia 这两个词的字源合成。phileo 是"爱"的意思，sophia 是"智慧"的意思，此即"哲学"之谓"爱智"是也。最早运用这个词汇的人，很可能是古希腊第一位唯理论哲学家毕达哥拉斯。

近代日本明治维新全面学习西方，他们着意把"Philosophy"一词用中文翻译为"哲学"。大家知道，在明治维新以前，日本学界的主体，使用的文字都是中文，现在流行的片假名，当年是贩夫走卒、普通百姓使用的文字，为文人学者所不屑。日本学者当年用中文把西方 Philosophy 这个单词翻译成"哲学"，应该说翻译得非常之好，因为"哲"这个字，在中文古义上就是"明智"的含义，所以"哲学"就是"智慧之学"。

但是我如果只讲到这儿，你仍然不知道哲学是什么。问题的关键在于，什么叫"爱智"？我首先想在这里说一点，西方近代所有重要的科学家，我指的不是应用层面的工程师，他们一定是对西方哲学有深刻了解的人。我给大家举例子，牛顿的经典力学，其原著的书名叫《自然哲学的数学原理》，牛顿丝毫不认为他在做科学，他认为他在研究自然哲学。我再举个例子，有人曾经问爱因斯坦，你的"相对论"究竟是什么？爱因斯坦这样回答，他说宇宙就像一个打不开表壳的钟表，你永远不知道宇宙是怎样运行的，我们一切做科学的人，只不过是站在这个打不开表壳的钟表之外，不断地猜测和模拟这个宇宙钟表的运行方式。什么意思？就是科学绝不是客观真理，宇宙这个表壳你是打不开的，你看着它运行有序而好奇，你却只能做一个比拟性质的逻辑模型，借以解释其展开运动的可能方式。

我仍然拿钟表做例子，大家知道，钟表的运行可以有多种方式，机械表靠齿轮带动，电子表用电子振荡方式带动，原子钟用的是原子铯这个东西。铯元素每秒钟振荡90亿次以上，然后把铯元素的振动频率作为时间校准的基点，所建立的那个钟叫原子钟，因此它的精度极高。也就是说，我们今天人类缔造的表，可以有各种形式，可是你永远不知道宇宙这枚钟表是怎样运行的，你站在外面的猜测，永远只是对它的模拟性猜想，这是爱因斯坦的表述。

爱因斯坦在一本小册子《相对论的真理》中说，一切科学和心理学一样，只不过是让自己的经验要素与逻辑系统达成融洽（大意如此）。它没有说，我的逻辑系统和客观本真完全一致，他说只是让我的经验系统，也就是感知所得，与自身的主观逻辑系统达成某种自洽状态，他说这个东西叫作相对论的真理。

哲学的起源

在西方真正懂科学的人，一定有一个基本的哲学思维垫底，它跟我们的科学观是全然不同的。可恰恰是这个全然不同的科学观，实际上出自于全然不同的哲学观，导致他们的科学发展得以持续纵深。

我这样讲，你可能还没有听懂什么叫爱智。我换个讲法，自人类文明化以后，人类基本上有三种用智的方式：第一叫"信主"；第二叫"重德"；第三叫"爱智"。

我们先看"信主"，也就是信神，也就是在宗教信仰下整理文化。远古时代迄今，人类的主体部分，基本用智方式大体上都是信主——也就是认为世界是由上帝，或者由主、由神缔造的，我只要确信这一点，一切问题都得以化解。因此，我用不着再去思索探究，因为上帝、神已经把一切事物排布有序，这叫信主。大家听到这儿就应该明白，信主产生的第一用智效应，就是遮蔽和压抑。

当然，我在这里需要做一个补充。在西方思想史上，神学、哲学和科学一脉相承。也就是说神学当年追问，认为世界的终极是神；随后哲学接着追问，探究神这个终极力量是如何操纵世界的，由以构成哲学的追问课题。因此，早年的哲学只不过是神学的婢女，而科学只不过是哲学思脉的延展。换句话说，在西方思想史上，神学、哲学和科学是层层接续、一脉递延的。这种对神学问题展开哲学追问的现象，仅见于古希腊，以及继古希腊之后通过近代文艺复兴而在西方继续传承。在世界其他任何地方，神学本身大抵停留在追问终结状态。也就是认为，神已经把所有问题全部回答了。只要我信神，所有问题都不成问题。这是在希腊以外，在近代西方以外的基本神学状态。

我举个例子，大家知道公元 7 世纪，（此处有删减）形成阿拉伯帝国。中国唐代把它称作大食帝国。大食帝国迅速扩张，占据整个中东地区，随后攻略版图直至北非，像一把张开的钳子从东西两面威胁欧洲，一端突入欧洲东部边缘的土耳其这个方向，另一端突入欧洲西南角的西班牙这个方向，夹攻态势几呈吞灭欧洲之危。大食帝国在公元 8 世纪占据埃及以后，曾经把古埃及遗留下来的古希腊文献，也就是当年在亚历山大里亚古城那个图书馆里留下的文献，于焚毁之前有选择地翻译成阿拉伯文。结果导致欧洲反而在古罗马以后，将古希腊思绪失传无余。

大家知道，欧洲近代勃发是从文艺复兴开端的。所谓"文艺复兴"，各位千万不要搞错，以为它就是指达·芬奇、拉斐尔、米开朗基罗之辈，那你就完全被误导了。文艺复兴实际上是找回古希腊文献和古希腊理性精神，这才引出了复兴之途。11—12 世纪，欧洲基督教军团光复西班牙，然后开始了一场著名的拉丁文翻译运动，就是用拉丁文把阿拉伯文字保存下来的古希腊文献翻译回来，这个过程启动了文艺复兴。而后文艺界的人士，如达·芬奇、拉斐尔、米开朗基罗等画家、雕塑家，加上一批其他的文化学者，比如但丁、彼特拉克、薄伽丘这些人，通过他们的文学艺术重新张扬了古希腊人文精神和理性精神，这惊动了大多数人，形成了普及社会的新认知，由于"文艺"这个东西比较容易影响民众，因此使得潜流于深层的古希腊文献与古希腊思想之承传反而被人们忽视。其实文艺复兴的首要功绩是将古希腊文献和古希腊理性思脉重新捡回欧洲，这个东西才构成文艺复兴的划时代力道。

阿拉伯人当初翻译了古希腊文献，其中少数伊斯兰学者深入研究了这些资料。这使得当中世纪欧洲陷入一片黑暗的基督教压抑氛围里时，阿拉伯社会曾经崭露过少数极度理性的学者，他们在哲科方面达到很高造诣。比如数学方面，比如光学方面，最早在中世纪有所突破或有所建树者，大都跟阿拉伯人有关。（此处有删减）

请注意，信主是一种思想压抑状态，不管在阿拉伯还是在欧洲。古罗马后期，君士坦丁大帝把原来备受压迫的基督教确立为国教以后，也就是著名的"米兰敕令"以后，基督教变成罗马帝国的国教。自那以后，西方逐步陷入黑暗中世纪。用"黑暗中世纪"这个词其实不恰当，但是从思想张扬这个角度来讲，它确实是黑暗的压抑时代。它说明什么？说明信主文化在主流上不是开发智慧的前导，而是遮蔽信息和压抑智慧的力量。古希腊人曾经也信神，他们信的是众神。古希腊的神祇都显得非常顽劣，非常调皮，他们忌妒、好斗、恣意妄为，且淫欲旺盛，甚至不惜乱伦，所有人性的弱点他们都有。从某种角度看，他们只不过是凡间人格在天庭舞台上的另一重展现，或者说是平庸人性在超拔境界中的虚幻调动。由于古希腊神学是这样一种宽松骚动的别致状态，因此，古希腊当年的神学非但不构成思想压抑，反而成为古希腊人智慧调动的一个启动点。苏格拉底曾经讲，大意说当人把智慧调动到极端，追问到众神的高度而仍然不肯罢休，也就是一心想要搞清神明的能力何所在的时候，就是哲学探问的开端与终点。——这就是古希腊哲学跟神学的奇特关系。

我再举个例子，看看毕达哥拉斯。毕达哥拉斯师徒既是一个学团，又是一个教团，还是一个政团，其主政古希腊克罗顿地区长达二十年之久。他们首先是一个教团组织，神学信仰名为奥菲士教派。那么他们的哲学在研究什么？研究神怎样操纵世界，是从这个角度追究神本身的运作能力何在，由此构成毕达哥拉斯数论哲学的全部系统。

我讲了两点：第一，神学、哲学、科学一脉相承，哲学早期就是追问神学之终极；第二，这一脉追究神学终极的思路，仅见于古希腊和近代欧洲哲科萌芽时代。而在世界其他任何地方，神学反而构成思维的压抑和遮蔽力量。我们把这种构成思想压抑的主体文化形态，叫作"信主"文化。这是人类早年用智的一个重要方面。

"重德"这一脉的用智方向，最明显地表达在中国古代传统文化上。东亚地区是最典型的农业文明，而农业文明会使人口成百倍暴涨。人口增长，土地资源却是有限的，于是带来人际关系和资源关系的过度紧张。由此造成中国先秦时代的先贤们，把自己的全部精力使用在处理人伦问题和社会问题这个角度上，从而导致中国先秦文化和中国传统文化的主脉，全都关心的是人伦社会问题这个话题，它表达为人际关系的约束整顿，我们把这一脉学问称之为"重德"文化。所以中国从古迄今，道德讨论、伦理讨论、社会关怀成为中国文化的全部基础，甚至整体轮廓。——这一脉文化就使得你在其他方面调动智力的通道全部被堵塞。

因此，从中国先秦时代一直到近代鸦片战争以前，中国很少有过自然学的整体追问。甚至文人士大夫，就是以文化传承为职志的这么一个阶层，几乎也没有人关心自然学问题，且不要说自然科学，连自然学这一脉的思路都基本全程空白。重德文化很明显地遮蔽了中国思绪节外生枝的可能。所以，孔子留下一句名言："攻乎异端，斯害也已。"什么意思？他说重德文化以外的思绪叫异端，大家只有不懈地攻击异端思想，才会让它可能带来的害处被消除。可见中国文化在重德时代对思想压抑的程度何其之深重。一切超出重德体系之外的思路，通称为异端文化。所以，孔子的师表行状，在《论语》中被他的弟子们总结为"子不语怪力乱神"。意思是说，那些跟重德文化不相干的东西，孔子从来不谈。这是人类用智的第二种方式。

自人类文明化以后，人类基本上有三种用智的方式，第一叫信主；第二叫重德；第三叫爱智。哲学 Philosophy，它居然全部核心就是爱智。所谓"爱智"，就是日常生活中所有的琐碎事务都不在讨论的范围之内，而只讨论智慧本身带出来的问题，是谓之"爱智"。

对于常人而言，我们的智慧用来解决什么问题？无非是日常生活和工作中出现的各种应景问题。也就是在实用层面上要解决的问题，是我们使用智慧的主要方向，故而美其名曰"学以致用"。可古希腊哲人认为，但凡是能够应用的学问，就是学问的完成态，它已经不构成学者应该继续追究的课题。所以，但凡能用的东西，都是匠人的东西。研究不能用的东西，才叫学问。这种只研究跟实用没有任何关系，纯粹的无用之学才叫哲学。它跟中国"学以致用""知行合一"的思路，刚好相反。

我们中国人认为，一个文化、一个学说，得到大多数人理解，被大多数人承认，标志着它比较接近真理。可是，在西方哲学界，在"爱智"文化里恰恰相反，它认为绝大多数人其实是进入不了这个层面的。它认为，如果你研究的问题是绝大多数人都能欣赏的问题，那就证明你离智慧还很远。我举个例子，牛顿的著作《自然哲学的数学原理》，也就是论述经典力学万有引力，这本书最初出版的时候，由于其中的数学方程、微积分都是牛顿刚刚发明的，所以西方各大学物理学教授大多都看不懂。可正是牛顿这本不为常人所能看懂的书，却缔造了工业时代。我们今天把工业时代也叫作牛顿时代。技师和工人做每一个齿轮所运用的计算方式，都是从牛顿的经典力学中引申出来的分支方程。

我再举个例子，爱因斯坦的相对论。1905 年狭义相对论完成，1916 年广义相对论完成，几乎未产生任何社会反应。直到 1919 年，英国皇家科学院首席科学家爱丁顿，带领一批科学家分头到非洲和南美洲观测全日食。因为相对论讲，一个大质量的物体会使空间发生弯曲。那么也就是说，一颗在太阳后面的星体，在全日食遮蔽了太阳的光亮以后，按照爱因斯坦的计算，这颗星位应该在太阳旁边被看到。爱丁顿派出两组人观察全日食，果然看到一颗在天文计算上应该处于太阳后面的星，在太阳侧面出现了，表明空间是弯曲的，光线走的不是直线而是曲线，计算结果都跟爱因斯坦预判的曲率完全一致。于是，爱因斯坦在1919年暴得大名，全世界所有报纸头版刊登的都是这条消息。可这个时候爱丁顿宣称，世界上能读懂爱因斯坦论文的，只有两个半人，而他只属于那半个人。就是这个只有两个半人能读懂的相对论研究，成为今天整个人类宇宙观的基础。我们今天进入核时代、电子时代，也可以称其为爱因斯坦时代。我想说明什么？我想说明大众文化离真正的高深思境很远。一个学说、一种思想、一本书，越被大众赏识，就标志着它离真理越远。不要把通俗文化当作学术攻坚的高端。

爱智，它是一种极端的、过度的、超乎寻常的智能调动。这句话什么意思？我再做一层解释。要知道我们所有人，你的身体各器官都是有功能储备的。比如心脏，我们的心脏在静息状态下每分输出量，就是每分钟心脏的搏血量大约5升左右，这就足以维持你的生命处于正常状态。可是当你长跑或者剧烈运动的时候，你的心脏每分输出量增加6倍，达30升以上，这个从5升到30升的差额就是心功能储备。要知道，我们所有的器官，都是有功能储备的。比如呼吸，你只有一侧的肺就足够了。严重的肺病患者，把胸腔一侧肺全部切掉，不影响他正常呼吸。两颗肾脏，你取掉一个移植给他人，绝不会发生尿毒症，这都叫功能储备。要知道人类的智力也是有功能储备的。我们所有人在正常情况下，是做不了这种功能储备调动的。什么可谓之"爱智"？就是对智力的功能储备部分加以超常调动是也。

请注意我说两句话：第一，智能储备调动难乎其难；第二，任何功能储备调动都是有害的。比如你过度调动自己的心脏功能储备，去跑马拉松，跑得太过疲劳，你可能会猝死。那么，人类调动自己的智力功能储备也会带来巨大损害。我指的不是个人损害，我指的是对人类整体的损害。我现在只想强调，智力功能储备的调动才叫爱智。

要知道，我们的智能是我们在丛林中做猿猴的时候发育而来的。大家想想，你在丛林中依靠狩猎和采集，即采集植物、狩猎动物，你在这样一个环境中生活，你当年需要调动多少智慧？你和所有动物调动智慧的状态几乎一致，没有分别，这才是我们智慧禀赋的常态。我们大多数人，其实就是在这个常态下运用自己的智慧。但以"爱智"为标榜的狭义哲学，绝不停留在这个点上，它认为这类动物般的正常识辨感知活动，全都在我所要探讨的问题之外。我要把跟这一类常规用智活动全然不同的那个智慧底层调动出来，并加以发挥，这才叫爱智。

换句话说，狭义哲学之"爱智活动"是智慧储备潜能的过度调动。我给大家举个例子，一头豹子追猎一只羚羊，它会怎么跑动？它一定是潜伏在那里，等待这只羚羊走到跟前，它才起跑。羚羊为了躲避豹子追赶，它绝不直线逃跑，它一路曲折拐弯，以躲闪直行速度更快的追击者。豹子在潜伏之前，就会对地形加以观察，比如它看清这边有一片灌木丛林，动物是跑不过去的。那么当它追逐羚羊的时候，羚羊首先朝丛林方向跑，豹子并不尾随紧追，而会直线奔跑，它知道羚羊必须转弯，于是它沿直线运动，走三角形的一个边。也就是说，豹子实际上是能够计算的，但是它绝不会缔造毕达哥拉斯定律，$a^2+b^2=c^2$。它不用如此精密计算，它在直感上就把这个问题处理了，这叫正常用智。

可哲学家在干什么？他本来也用不着计算，他如果追一头动物，同样也不会跑三角形的两个边。可是他这个时候不追动物，却坐在房子里硬要把这三角形两个边跟一个边的关系，用精确的数学模型加以计算。这种跟日常活动没有直接关系的用智方式，叫作智能储备调动。请问你追猎一只动物，你需要计算勾股定律吗？如果你计算勾股定律，动物早就跑掉了。也就是说你不做智能过度调动，反而对你的生存更有利。

智能的深层调动，从表面上看与你日常实用的生存活动没有关系，可这才是狭义哲学的用智之点。请注意我刚才讲的那个毕达哥拉斯定律，就是古希腊哲学家毕达哥拉斯首先发现的。

我再举个例子。计算机今天每秒钟可计算上亿次，但是你让它识别人脸，识别狗脸、猫脸，是非常困难的。可是我们人类，甚至所有动物，它识别自己同类个体之间的面相差异，没有任何困难。这说明什么？说明识别脸孔是一个非常复杂的计算。可为什么我们普通用智的情况下，它是一个极简捷的行为？是因为我们人类在亿万年生物进化过程中，我们的用智方式被压缩成一系列简捷反应模块，也就是我们把复杂的算法问题变成一个个简捷反应的神经廻路对接关系。这使得我们的用智方式变得十分简单而快捷。但请注意，它虽然十分高效，但是这个高效化和简捷化的过程却舍弃了中间所有的精密计算环节。

那么，哲学在干什么？把中间的精密环节调动出来并加以琢磨。请问有谁在日常生活和工作中需要做这样一个徒劳之功？这种徒劳费神、毫不实用，却得把智慧潜能充分调动出来加以精细琢磨的学问，叫作"爱智"。所以大家请记住，哲学所关注的问题，决然与日常生活之应用无关，它是纯粹智慧的精雕细琢，它是纯粹智慧的储备调动，它是智慧潜能的过度发挥。我们把这个东西称作"爱智"，或称之为"狭义哲学"。

所以，亚里士多德对哲学做过一个总结，他把哲学叫"metaphysica"。什么意思？——物理学之后。亚氏所谓的物理学，就是你用眼可以直观、用脑可以直思的物质实体，哲学竟是在它之后的那个更深一层的追问。它跟中国的"形而上学"这个词几乎完全一致，可内涵不同。中国的形而上学，不做智慧储备的极端调动，仅表达为意识对直观的初级整理。而"物理学之后"的古希腊狭义哲学，是指对直观物理现象之后的智慧形态之精密琢磨。

因此，近代古典哲学时代，德国出一个人物叫莱布尼茨。他曾经这样表述，他说哲学需要有自己的专用符号系统。他提出一个词汇"普通符号"。什么叫作"普通符号"？须知我们一般人使用的语言和符号，是在形而下的日常生活中建构的；而哲学要讨论的问题，是对形而上思境深层或智慧本身的琢磨体系，因此我们在形而下直观世界中建立的日常语言不足以表述哲学问题。莱布尼茨认为，我们必须创立一种"普遍通用之符号"。请注意"普通"这个词的原意，不是庸常通俗的意思，而是普遍通用的含义。也就是它既要能用于形而下，又要能用于形而上，只有找见这种符号序列，才能拿来用作哲学表述。它说明什么？说明哲学的思境根本就不在日常思境之中，以至于哲学的表述也根本不在日常语境之中。我们要把这个不在日常思境和日常语境中调动的智慧，抽取出来加以研究，研究清楚之后，再把它放散开来，在不现实的层面加以落实，或在现实层面上加以参照，由此缔造的学问系统，才叫哲科体系。

这就是为什么古代的哲学和今天的科学都不在我们的日常运思活动之中，都不在我们的直观见识范围以内。它所调动和缔造的学问，都是眼睛看不见的。由此创立的这个知识体系，叫哲科思境下达成的逻辑游戏之产物。正是这个纯逻辑游戏的产物，构成我们今天的全部知识体系。哲学就从这个起点开始，孕育了整个近现代人类的知识和思想系统。这也就是为什么你在从古希腊到近代西方哲学里，除了极个别经验论者之外，你见不到西方主流学界讲一句话——"实践出真知"。他们是不会讲这句话的，这句话只有我们中国人才反复讲。因为实践不构成知识系统，真正的知识系统是在智能储备调动与纯粹逻辑游戏的雕琢过程中建构的。这也就是为什么曾有哲人对西方狭义哲学做过这样一句表述："所谓哲学，就是古希腊一群大号儿童所玩弄的一种纯逻辑游戏。"请各位同学精深揣摩这句看似笑话的实际含义。

再谈古希腊

我前面讲了那么多，只讲了什么叫作"爱智"。我们从这个起点开始，是首先希望大家能明白，你在日常生活中、日常学习中，你的思维训练距离哲学很远。要想进入哲学的智力储备功能调动，你得远离心灵鸡汤式的文化氛围。那么，我前面讲，"狭义哲学仅见于古希腊"。请回顾我的第一节课，我说第一节课是所有课程的基础。在那节课中，我讲所谓西方文明叫环地中海文明，也就是，环地中海这个地方形成人类古代文明孕育中唯一一个全开放地貌。环地中海地区包括有北非、近东和南欧，那么为什么狭义哲学思脉仅仅发生在古希腊这个地方？这是需要我们探讨的一个问题。

我这里首先想再度强调，古希腊文化是环地中海文化的荟萃。我们现在见到很多书上这样讲，说古希腊文化导源于古埃及、古巴比伦这些"东方文化"的源头，这个说法是大成问题的。因为，近代站在西欧这个角度，看中东、近东还有西亚都在东方，所以，现在许多学者把古埃及文明，把古巴比伦、近东、中东文明，即两河文明一概视为东方文明，这个说法是不对的，它被西欧近代人所说的"东方"这个概念所误导。古埃及、美索不达米亚、克里特与爱琴海诸岛及其沿岸，甚至包括小亚细亚等，在古希腊文化的形成中完全是一体，故统称为"环地中海区域"，它们是典型西方文化的摇篮。因此，不应把古埃及、古巴比伦叫东方，它实际上是西方文化的整体温床。

问题在于，为什么整个环地中海地区所有文化最终的聚焦点发生在古希腊？那么，我们下面就必须把古希腊这个地方展开来看。大家注意这张地图，这是古希腊全域。古希腊这个地方，由于它地貌多山石，土壤贫瘠，因此，它的农业文明很难开展。而且我细述了它的气候条件，雨季偏偏到冬天才来临，而旱季又偏偏卡在气候温热、阳光充沛、万物生长的夏季，因此，它的植被生长条件错位，对农作物的培育产生巨大障碍。而它又面临地中海，且夹在欧洲、亚洲和非洲之间的这个内海通道之中央，这使得它具有极为便利的商贸与文化交流条件，缔造了人类原始时代的半农业、半工商业文明。而工商业文明需要一种高度的智能调动状态，才有可能使之发展。

那么，为什么在整个环地中海地区，比如在古埃及，比如在古巴比伦，终于未能发生狭义哲学呢？说起来，数学、几何学的最早发生之地，并不在希腊半岛上，倒是首先在古埃及和近东地区展现。但因为古埃及是尼罗河文明，古巴比伦是两河文明，但凡大河文明都是农业文明，而农业文明不需要调动智力储备，或者不需要调动精密逻辑。

想要理解这个问题，就得看懂这张地图。大家注意，古希腊可绝不是今天的希腊半岛。今天的希腊，与古希腊在地理范畴上差别很大。古希腊包括小亚细亚和近东，包括希腊半岛，包括亚平宁半岛也就是意大利半岛的南端，还包括克里特岛和西西里岛，这么大一片地区通称古希腊。

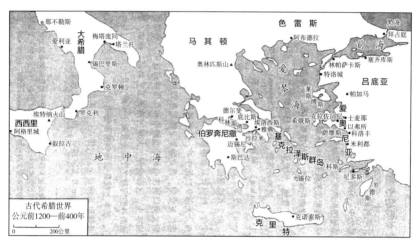

先看地图的右侧。古希腊东面有一片地方叫吕底亚，下面有一排字叫爱奥尼亚，要知道，古希腊自然哲学最早就发生在爱奥尼亚地区，古希腊第一位圣哲——泰勒斯，就出生在这里一个叫米利都的地方，并创立了"米利都学派"。大家再往上看，在小亚细亚有一片地方叫色雷斯，这个地方今天也不属于希腊。色雷斯产生了两个重要人物，那就是原子论的缔造者留基伯及其弟子德谟克利特。然后大家看希腊半岛，在希腊半岛的下端偏南处就是名闻遐迩的雅典，这个地方产生了古希腊哲学的主体，古希腊三杰——苏格拉底、柏拉图、亚里士多德都在这一带活动。再往地图左边看，这是意大利半岛，也就是亚平宁半岛的南部，这个地方也是当年大希腊的组成部分。它的西北面，有一个叫爱利亚的城邦，此地产生了著名的"爱利亚学派",以巴门尼德和芝诺为代表。而在它的稍南方向,有一个城市叫克罗顿,这个地方就是毕达哥拉斯学团的发生地。

此外,在地中海东侧的近东地区,我第一节课上谈到,那个地方出现过一个小邦国名叫腓尼基。腓尼基人在古希腊时代,占据了地中海远洋航运和贸易的50%,由于他们大面积进行经商活动,因此他们缔造了拼音文字,或者说缔造了拼音文字的字母主体,亦即早在3000年前它就已经创建完成26个拉丁字母中的22个。腓尼基人随之洒遍整个环地中海地区,后来还发展出古罗马帝国的强劲对手迦太基,这些历史事件都跟腓尼基人有关。实际情形可能是,拼音文字从环地中海周边逐步传到克里特岛,最终进入古希腊,而拼音文字是造成语法逻辑思维结构的前提。

古希腊这片地方,是一个被分割成碎片的地理结构。它包括近东、小亚细亚、希腊半岛和亚平宁半岛南部,以及爱琴海诸多岛屿和克利特岛。这个碎片化地理结构,使之形成了无法完成政治一统的独特生存结构。因此,古希腊文明是典型的城邦文明。每一个城邦构成一个生活聚落,也是一种文化分型。这种碎片化的地缘关系,以及我前面讲的特殊开放地貌和不利于农业耕作的生存环境,由此造成半工商业文明,加上非统一性的多元政治文化格局,缔造了古希腊自由开放的思想交流条件。也就是说,古希腊哲学的发生,不是少数人刻意设计的,它是某种特殊的地理地貌和生存结构摇荡出来的思维系统。

大家知道,一个统一的政治实体,它的思想很容易在一个政权结构的强力压抑下,形成一系过度僵硬的主流文化,从而使得其他思想的发育,总是显现为难以相容的异端形态。由于古希腊的碎片化城邦政治结构和特殊化地理物候格局,使得它在各个不同辖区和不同地域之间可以发生不同的思绪,然后它又有充分的交流条件,这个交流条件又使不同的思想不断地发生碰撞与融合。长此激荡、异变、分化、重组的过程，起到了智慧潜能调动的自发促进作用，这就是古希腊哲科文化得以产生的原委。

古希腊哲学概述

我们下面谈一下古希腊哲学的三项思想内核。

第一，知识观念。知识观念是什么？就是你对知识的基本态度和基本看法。

我先引述当代以色列青年历史学家尤瓦尔·赫拉利的一句话：人类文明的思维调动是从自觉之无知开端的。他也称其为"无知革命"。这个话什么意思？要知道在非爱智的文化条件下，我们人类的基本知识观念叫作"全知道"，也就是我们认为，我们对自己所关心的问题是完全清楚的，我们处在无所不知的状态。

可是人类的认知革命其实是从无知状态开端的，这句话什么意思呢？大家想一个动物，比如一只猴子、一匹狼，它看见周围的丛林里有一枚水果，或者一头羊，它是什么反应？它一定是"全知道"——我非常清楚我看到了一头羊，我非常清楚我看到了一个苹果，我绝不对羊和苹果本身再产生怀疑和思索，这叫"全知道"。

我们人类早年的思维状态乃至今天的思维状态，绝大多数总是处于"全知道"的自满情境之下。就是在日常生活和工作中，如果你以处理实际问题为目标，那么你的思维过程总是处于知见明确的状态。可是古希腊哲学的开端恰恰相反，它是从"无知"起步的，它认为我们什么都不知道，或者我们自以为"有所知"的东西，其实全都不过是假象而已。这是智能储备调动的第一前提。

因此古希腊哲学所讨论的"存在"，我前面讲过这个词，它只是一个谓语系词 Being（是）。它表达着什么？它表达"什么都不知道"，暗含着"继续追问"的意蕴。因为谓语系词后面的谓语，才给主语寻找概念。可见古希腊哲学的"存在"之义是很奇怪的，它不承认我们眼睛看见的东西就是存在，它说我们眼睛看见的东西全是假象，它要追究这个东西后面的某项决定要素，此之谓"存在"。所以它一开始就不承认"我之所见"即为"我之所知"。

苏格拉底说过一句名言："我知道我一无所知。"——这居然是古希腊哲学的一个重要起点。苏格拉底总是缠着别人讨论问题，他说我很无知，因此我诚恳地向你请教，这时对方通常表现出有所知且全知道的样子，于是就逐一回答苏格拉底的提问。苏格拉底不断地追问，换着角度追问，直到对方的某一个答案与他前面之所答相矛盾，最后不得不低头承认自己无知为止。苏格拉底的这个街头游戏被后人称之为"知识助产法"。

我们可以想象，这种不断地追问别人，起初显得是在向别人请教，而后让别人从"有知"状态退化为"无知"状态，让别人从自觉很高大、很圆满的状态，无意中陷入很幼稚、很荒唐的窘境，这当然使对话者十分恼火。所以苏格拉底最终居然是被古希腊人用投票方式判处了死刑。苏格拉底的这种行为是要干什么？提醒你一切从"无知"开端！告诫你当你认为自己"有知"的时候，其实多么荒唐！大家想，大多数人类在一般状态下都处于"信主"或"重德"的文化氛围中，这是什么状态？这是确知状态，因此你就会停止追问。如果你的知识是确定的，你就不会有问题，你没有问题，你就不会展开进一步的思索，思想由此而被封闭。

亚里士多德曾讲，一切哲学追问都从惊异开始。什么叫"惊异"？我对我看到的东西无知，我才会惊异。如果我对我看到的东西习以为常，追问就停止了。所谓"惊异"必以"无知"为前提。——这个东西才叫"无知革命"。

我再举个例子。早在中国的第一本书《尚书》中，其中有一篇文章叫《禹贡》，就已经把中国的地理地貌全部说清了，叫小九州。当时不叫小九州，就叫九州，但它的描绘其实出入很大。到战国时代，一个名叫邹衍的人，也就是发明五行学说的那个人，用五行推导的方式提出大九州，也就是把整个世界地理说完了。我们可以想象在那个非航海时代，你要想说明世界，你能怎么做，完全是凭空臆断。但是这个臆断居然成为确知，于是我们对世界是什么已经没有任何疑问，我们进入"全然有知"状态。凡是无知的部分，均属不必知道的东西。直至清朝康乾时代，那时有一幅中国地图挂在皇室里，它把中国的地理地貌标注出个概略，然后认定凡属中国以外的地方一律是不值得关心的荒蛮所在。

我在第一节课中讲过，东亚是一个典型的封闭地貌，它的北面是西伯利亚高寒冻土地带，西面帕米尔高原，南面横断山脉，东面是浩瀚的太平洋。这就注定了中国人当年对世界的看法，就只有"中央之国"这一片地方，称之为"天下"。从小九州到大九州，中国人在先秦时代，已经自认为对世界有了非常完整和系统的了解，而且这种看法居然延伸到17、18世纪都没有任何改变。我们的"有知"和"确认"状态牢固到如此程度。

我再举个例子。大航海时代初期，也就是14、15世纪，那个时候的葡萄牙人，最早开始沿着非洲西海岸，寻求到达东方的海路通道。当时他们那里出现了一张连带周边的欧洲地图，仅限于很片面的局部，沿着非洲西海岸的部分全是空白，整个非洲只画有西海岸的一条线索。它留下了大量的疑问，使得人们看到这个地图就想去探险，就想去了解那些未知的地方。由于它悬挂的是一个无知的问号、一个无知的引诱，因此大航海时代得以发生。无知是追问的前提，追问是思想的开发，思想才缔造知识。因此，确定自己的知识观念是在确认状态还是在无知状态事关重大。它是一切思绪得以展开的起点，这是第一条，叫"知识观念"或者叫"无知观念"。请注意我现在铺垫的这三大内核之首，是你理解古希腊人为什么会有那样的奇思妙想的底层原因。

古希腊哲学的第二个内核叫作"本体真存"。

一提起古希腊，很多人从泰勒斯一直讲到亚里士多德，其实这样讲你根本听不懂为什么古希腊会出现这一脉别致的哲思。古希腊人不承认我们看见的世界就是"存在"，他的推导是这样的：我们看见的世界总是流变的，山会垮塌，大地会开裂，河流会干涸、会改道，人会衰老、会死亡，万事万物都在飘忽不定的流变中闪现。古希腊人认为这些个东西是假象而绝非真存，他认为一个真正的"存在"一定是永恒的、不变的、不可分割的，那个东西才是"存在"。因此他要追问眼睛所见的世界背后，那个主导着流变世界，而它本身又守恒不变的隐含内核，他认为那个东西才叫"存在"。

西方哲学第一期叫作"本体论"。什么是"本体"？现象后面、直观后面的那个"真存"才叫本体。他的这个思境是很奇怪的，恰恰不承认"眼见为实"，它的前提叫"眼见为虚"。他为什么会产生这样奇怪的想法？这跟我们中国自古认为眼见为实的朴素看法恰恰相反。我曾经说，东西方文化总是相反的。它在思维方式上的这个"反点"十分奇特，为什么会这样呢？

我前面讲过，西文的"存在"只不过是一个谓语系词，是因为拼音文字本身失去了概念，而人类思想最基础的砖瓦构件就是概念。当一个拼音文字挂在那里，它本身并没有具象符号，于是你不知道它是什么，你得在它的语法逻辑结构中给它命义，而一切命题句式的中间必有一个谓语系词，谓语系词带出来的谓语才是主语概念得以形成的来源，于是把这个谓语系词抠出来叫"存在"。它说明什么？说明"存在"是一个追问！它在近代中国翻译西方哲学的时候造成重大困难，我们所说的"存在"是实际眼见的那个"存在"，而西人所说的"存在"是一个"看不见的追问"。所以当年翻译的时候就出现争论，是把它翻译为"存在"呢？还是把它翻译为"是"呢？所以直到现在，"存在论"有时还叫"是论"。"是论"的意义在哪里？"是"乃追问？追问什么？——"是"什么？！即"是"后面一定是一个对"什么"的追问，这就是"Being"这个词项所必然形成的潜在逼迫。当它展现为"存在"的时候，它并没有固定为一个现实系统，而是成为追问态。

中国人所谓的"存在"，它讲的是男女交合、繁衍后代、子子孙孙、万世不绝，它是一个对"在"的确认状态。而"Being"是对一个"在"的非确认状态和追问状态，这就是"Being"这个"存在"和我们所说的那个"存在"的内核差异。因此西方就会出现这样一个中国传统文化里缺失的观念，谓之"现象"，就是说，它不承认你看见的是"实在"。

请注意"实在"和"现象"是两个概念，我们看到的只是"现象"，是表现出来的假象，这叫"现象"，"现象"背后的主宰才叫"实在"，这就是古希腊"存在论"、也叫"本体论"的含义。它认为"现象"背后你看不见的那个东西才是"真存"，这个概念引出了近代的"本质"之说。我们今天不断用"现象"和"本质"这组词汇，其实导源于古希腊对"being"的追问。

这种追问终究会形成怎样的态势？我再举赫拉利的例子，赫拉利讲"人类的文明起源于虚构"。什么意思？就是我不承认我看到的是"实在"，我要对"眼见的假象"再加以追索和虚构，由此才缔造文明。赫拉利举例说，譬如青猴，它们也是有见识的，它们也是有知识的，它们甚至也是有语言的。一群青猴里，其中一个青猴看见了一只老鹰，它会发出一种独特的叫声，说"老鹰来了"。因为鹰会抓走小猴，于是所有的青猴都赶紧带着小猴隐蔽起来。这些青猴还会发出另一种奇怪的叫声，告诫整个猴群，说有黑熊来了，熊对它们构成威胁。

那么人类是怎样表现的呢？人类当年跟猴子是一模一样的，首先确认感官事实，辨识老鹰和黑熊。可当人类有一天突然开始虚构故事了，他说"熊是我们的保护神"，文明由此开端。中国的黄帝，他所在的氏族部落叫"有熊氏"，这说明什么？熊是他们部落的守护神。于是中国的文明始祖即为黄帝。什么意思？当他能够把现实虚拟成"存在"，当他不承认现实就是"实在"，当他对现实做了一个纯思想的虚构，人类脱离动物的思境由以展开，文明进程由以启动。这种借助于"思想"再造或重塑"实在"的能力，我们在哲学和科学上把它叫作"假设"。

大家知道，西方文化的基本展开方式就是"假设与证明"。什么叫"假设"？我不承认我看见的是"实在"，它只是假象或者现象。既然我看到的都是假象，那么"实在"和"真存"是什么？我就只能通过"假设"来追索，俗语谓之"虚构"，学术上称其为"假设"。有了假设才会去追问，有了假设才需要证明。如果你不做假设，又为什么要证明呢？既然是假设，眼见为实的证明当然无效，因为眼见的东西都是假象，因此拿眼见的东西就不足以作为证明。于是假设后面追加的那个证明，就绝不是常规状态下的见识或意识的总和，而是某种运行在精密逻辑程序上的产物，这个东西叫作"证明"。

中国传统学术自古缺乏"假设"这个前提。中国文化总结下来共有四部分，谓之"经、史、子、集"。其中最厚重的一个组成部分就是史学。史学上有一个很经典的说法被我们反复强调——"历史不允许假设"。也就是中国学术在主体上不接受假设。可人类文明恰恰是从假设开端的。其实中国人（包括其他文明）自古就在假设，只不过他不肯承认这个东西，于是就不再主动对其加以设定、加以追问，于是他的思境就会陷于停顿，其后的证明过程当然也就无从展开。这就是狭义哲学只发生在不断假设并不断求证的古希腊的原因。

而且，什么叫作"证明"，这是一个问题。我们后面要深入地讲到这个问题。我现在就提醒大家，当我后面讲到"广义逻辑"这个概念的时候，你才能听懂什么叫"证明"。可能到那个时候，我不再重复这个问题。我在这里只对"证明"做一个粗略的表述，什么是"证明"？你上中学的时候，老师给你出一道二元二次方程题，老师说请你算这道题，解这道题，你写几行就解完了。但假若老师说"请你证明这个方程"，你如果不是数学家，你如果没有几十页纸的推导演算，你完成不了对这个方程的证明，这个精深的过程才叫"证明"。西方有一句话："学问就是证明。"学问绝不是直接宣布真理，绝不是说你立即拿出一个确定的答案就告罢休，而是你必须先做一个假设，然后在逻辑上一步一步地深入求证，这叫"学问"，这叫"证明"。你读一下牛顿的著作《自然哲学的数学原理》，全书只是对什么是引力，乃至什么是力，做了一个证明。你读一下我的《物演通论》，全书只证明了一个原理——递弱代偿原理，全书数十万言只是对它的系统证明，因此读起来特别费神。因为证明是纯逻辑推论，一环套一环，不允许有任何缺环，这个过程叫作证明。而一切实在、一切学问居然全都是假设和证明的结果，这叫"本体真存"，这就是古希腊哲学的"本体论"。

我在这里顺便多说一句，以便于引导大家听后面的课程。古希腊人认为我们的感官是一个近似真空的孔道，也就是那个时候的古希腊哲人，还没有意识到我们的感知本身是有规定性的。因此，他们直接将感知施加在对象上，却没有对感知本身予以探究。这个阶段在古希腊哲学叫本体论阶段，也叫自然哲学。

随后，也就是自柏拉图之后，其实他们已经发现我们的感知本身不是真空的。如果我们的感知是有规定性的，那么你如果不首先搞清"感知"是什么，你就没有资格追问"存在"，是不是这样呢？因为你的感知本身对"本体"、对"存在"是有所规定的，是有所扭曲的。于是，近代以降，西方哲学从本体论阶段进入认识论阶段，这是另一个话题，我们后面再谈。

我们现在先谈古希腊哲学的总体思境，我们今天整个重点放在古希腊。为什么？因为只有它才能引导你理解西方哲科文化的起源。所以请记住，当本体论发生的时候，当自然哲学在古希腊兴起的时候，它的前提条件是不承认看见的东西为真实。它要追问后面的东西，而追问本身只能通过假设来进行。如果我们的感官和意识的展开，都不足以证明那个假设，反而提供的都是虚像，那么证明就得通过纯逻辑推导来完成——也就是让一个纯逻辑的假设后面跟上一个纯逻辑的证明，这才构成哲学和科学追问的开端。

下面进入第三内核——精密逻辑。

什么是"精密逻辑"？既然不承认感官提供的证据，而要运用假设和假设后面的逻辑思维来进行证明，那么逻辑怎样证明？这就需要逻辑本身能够具备某种特别精致、特别严密的运行方式，使之不是随机的、任意的，而是必然导出的、无可游移的，这种思维推理程序谓之"精密逻辑证明"。所以请注意，当我讲思想、讲逻辑、讲推理的时候，我不是讲一般的思维推理，而是讲精密逻辑推理。

在人类现有的学问中，大致只有三样学问需要调动精密逻辑：第一，数学、几何学；第二，物理学；第三，哲学。你学习数学试试，那是一环扣住一环，数的背后没有任何东西。比如我说3,3是什么？可以是3只杯子、3台电脑、3张桌子或3个人等等。什么都可以是，但什么都不是。当我把这类纯粹抽象的逻辑符号排列出来，然后进行一环套一环的推导证明或演算求解，这个过程是不是构成数学、几何学的全部。几何学为什么在古希腊特别重要，是因为人类早年的数学是在几何学上展开的。这句话什么意思？要知道人类在原始时代是没有数位数列的，故此人类早年的数学计算都不得不在几何图形上进行。无论在古埃及、在中国、还是在西方，早年的几何学和数学是一码事。这就是为什么在柏拉图学园的外墙上写有一句话："不懂几何学者不得入内"，这句话相当于"不懂数学者不得入内"。大家都学过数学，应该深知数学的繁复周全，由此可见精密逻辑的缜致程度。

我再举例子，古希腊第一位哲学家泰勒斯，出生在公元前7世纪，展开他的思想是在公元前6世纪。泰勒斯只留下一句话："水为万物之原。"他为什么就成了西方第一圣哲、哲学第一开山者，这个话题我们后面再谈。我们眼下只看有关泰勒斯的一个典故，据古希腊哲学史上记载，泰勒斯游历过古埃及，年轻的时候就特别热衷于几何计算，他站在海岸边的悬崖上遥望远处的船只，通过其视角的斜线和海平面的直线所构成的三角关系，居然能够准确计算船只与他所处位置的距离。他在干什么？进行几何学数学思维训练。古希腊当年的哲学家，很多人都有过环地中海游学考察的经历，他们站在古埃及金字塔下，可以通过目测计算，确定或大致确定金字塔的高度，这是典型的几何学数学训练和几何学数学运用，这就是古希腊哲学的始发状态，也就是精密逻辑思想系统得以展开的起步状态。在那个原始时代，很少有哪些文明类型，也很少有哪些早期文人，能够像古希腊哲学家那样普遍而执着地使用和调动精密逻辑。

让我们大略审视一下人类的智识状态。我们人类和所有生物的意识，我说简单一点可以分为五个层级。我前面讲到赫拉利，我引用的故事，都是出自他的《人类简史》这本书。他最近又发表了一本书，我想在座很多人读过，叫《未来简史》。他在《未来简史》里讨论了一个问题，他说人类的意识就是算法，也就是精密逻辑的算术。他说因为电脑时代的出现，今天他才理解这一点。他甚至说，处于精密逻辑之外的残余意识，也就是算法以外的初级意识，其实完全是无效的，甚至是有害的。比如计算机或机器人，它是感觉不到疼痛的，疼痛是意识中的东西，与算法无关。你拿针刺人的指尖，会有疼痛感，可你拿针刺机器人，它是没有疼痛感的。可是机器人运行算法，要比你精密得多，也高效得多。因此说，人类的低端意识是一个多余的甚至有害的东西。他还给出了一个很有意思的例证，他说就像飞机飞行的时候，不免会发出轰鸣的噪音，意识就是这个噪音，噪音没有任何用处，它一点儿都不能推动飞机前行。

赫拉利这个讲法对吗？大错而特错。人类的意识从哪儿来的，你得先把这个问题梳理清楚。我们所有生物以及人类的意识可以分为五个层级，即：无意识层级、潜意识层级、下意识层级、上意识层级、精密逻辑层级，也叫思想意识层级。任何生物，包括人类，你的整个感知系统奠定在什么基础上？奠定在细胞膜的跨膜电位和神经系统的生物电传导上。这个部分，我们在显意识中是调动不出来的，这个东西叫"无意识"。请注意，我选用的是心理学家荣格创造的术语，但我所说的含义比他深在得多。

第二个层面叫"潜意识"。什么是潜意识？请注意，我采用的这个概念，乃为弗洛伊德所建立，但我这个选词的深意，虽然与弗洛伊德之原义较为近似，但外延可能更广阔。怎么说呢？就是在细胞跨膜电位即微观生理电磁感应的物理运动基础上，所建构的有机体神经结构及其内感知维护系统，亦曰"交感神经系统"或"植物神经系统"之机能总和。要知道生命一旦发生，及至进化形成多细胞、多器官有机体，它的内在协调关系就会变得非常复杂，因此我们人类的神经系统中便留有一个专门调节生理结构内部运转的中低端遗存。比如你的心脏跳动、呼吸频率、胃肠蠕动、生殖机理等等，你是不用拿显意识支配它的。这些东西由谁管理呢？全由植物神经系统加以有序调节。

由于一切生命有机体都是围绕着性增殖这个中轴运转的，因此弗洛伊德讲幼年时期的性压抑，会给人带来严重的精神变态，他把这个东西叫潜意识。我给它一个更广泛的表述，将其扩展为整个有机体内在结构的神经调理系统。这个东西潜伏在显意识下面，由不得你自主控制。比如你不能用显意识来控制自己的心脏跳动，你也不能用显意识来节制自己的胃肠蠕动，这是生物意识的第二奠基层。

第三层叫作"下意识"，也就是我们的低级神经中枢，比如处在背部椎管里的脊髓。我们骑自行车，如果你在完全学会了以后，能够很熟练地掌控，两腿不经意地做圆周运动，你尽可以一边骑自行车，一边思考复杂问题，绝不会摔倒，也不会撞到树上，这个时候谁在主宰你骑自行车呢？是你的脊髓下意识系统，亦即低级神经下中枢系统。再比如，针刺手指，你会立即有一个痛点感觉和缩手反应，它是末梢感觉神经回馈至下中枢反射弧所引发的应变保护机制。像这类随机的、本能的内外知觉综合反应构成下意识。

再就是"上意识"，这已经是第四层级，也叫"显意识"或"动机意识"。在这个层面上，你才开始使用智慧，或者你通常所说的"智慧、智能、智力、智商"等，就是这个上意识部分，心理学上也叫显意识。一般人浮于此层，自觉聪明无比，夸夸其谈，处处炫耀，殊不知他其实只比禽兽猿猴的用智稍稍延伸了一寸。

最后，在这个上面还有一层即第五层级，才是智人独具的潜能或哲人调动的优长，也就是赫拉利所谓的"算法意识"（简称"算法"），或者叫"思想意识"。请注意我用思想意识之概念，跟我们通常在国内政治上所说的"某人思想意识很坏"或者"某人思想意识很好"绝不相关。我所说的"思想意识"就指"精密逻辑意识"，因为真正可称得上"思想"的，仅指这个部分。我们的日常用智活动是靠亿万年应对一般外部环境所产生的模块化反应，因此我们在显意识层面，也就是第四层面上已经把智慧用到了满足状态。

而精密逻辑意识是需要特殊调动的，也就是你得长期不断地加以后天训练才行。它原本只是一种潜在能力，一种微弱慧根，并不直接彰显为随时可用的智能。好比你不是看到一个障碍物，然后像动物般选走三角形一个边，就以为自己完成了什么要紧的智举，而是你偏要去做勾股定理或毕达哥拉斯定理的演算推导。你得在这样繁纷紧致的逻辑路径上达成通透，借以实现思维细节的精密运行，这才叫精密逻辑，它是人类思维序列的最高层级。

我前面讲，电脑识别人脸，识别狗脸、猫脸，迄今仍然颇为吃力。它每秒上亿次高速运算，尚且如此，我们人类为什么觉得轻而易举？是因为我们早已把它压缩成神经网络联系的反应模块了。但是反过来看，人类在进行精密逻辑运用的时候，却变得非常困难。困难到什么程度？我们从小学到大学，学习数学十几年，能变成数学家者，即能够把所有问题随时转化为方程和算法的人，大概万分之一都不到吧。它说明什么？我们要调动最上层的那个算法意识，它居然是一个超级潜能调动。也就是说，算法意识只在我们的潜能之中，而不在普遍智能的正常实现当中。我们必须借助于后天刻苦持续的训练和调动，我把它叫作"智能储备调动"，才能进入"有思想的高端意识层次"，也就是"精密逻辑意识"，简称"精密逻辑"。请想想，古希腊文化在它的哲学起点上，就是从这个层面开始训练，且步步纵深，由此才夯实了古希腊狭义哲学的思想基础。

我再重复一遍，古希腊哲学的基本内核如下：第一，无知革命，即其知识观念始终处于虚空与追问状态；第二，本体真存，也就是不承认在浅层直观上所获得的见识属于真知；第三，精密逻辑，唯有借助于此等思维训练方可达成人类智能储备的高度调动。这些基本素质的综合与凝练才是狭义哲学的真正出发点。

本体论的初始追问

我们下面进入古希腊哲学所探问的课题讨论。我再次申明，我们这节课不讲西方哲学史，而只讲西方哲学基础综述。因此，关于古希腊哲学，我只给大家提供一个基本框架。

我用倒叙方式讲，先直接从亚里士多德谈起。大家知道亚里士多德是古希腊的最后一位著名哲学家，成为古希腊哲学之集大成者。我为什么讲古希腊哲学，从他这儿谈起？是因为他做了一个总结，他说你看万物纷呈，你要追问"存在"或"存在的本体"（请注意我一旦说"追问存在"，绝不是讲"流于直观层面的现象"），你一定会追问出"四因论"。亚里士多德所谓的"四因"，我现在做一个简单论述，第一叫质料因，第二叫形式因，第三叫动力因，第四叫目的因。

我一项一项说明。什么是"质料因"？古希腊哲学追问万物为什么会有所区别，这个追问立即就会导出一个最简单的答案，就是万物的差别是因为它内含的质料不同。比如一个瓷杯子，它内含的是陶土；比如一个钢杯子，它内含的是金属；比如一个木头用具，它内含的是植物纤维；比如一个人，它内含的是无数细胞；于是我们认为，不同的外物类别就是由于它内含的质料有所不同。

可是大家注意，20世纪美国出现了一位著名物理学家名叫盖尔曼，他是夸克的发现者，因此获得诺贝尔物理学奖。他写过一部科普著作《夸克与美洲豹》，他在这本书中提到一个问题：万物都是由夸克和电子组成的，为什么会有万物的差别？这句话的意思是问，既然万物的组成质料是相同的，如果这个命题成真，那么为什么还会显现出万物的差别呢？要知道迄今这个问题仍然没有得到解答。当古希腊人追问，万物之所以会有不同分类，是因为内含的质料有其差别的时候，他的用意不是得出了什么确切的结论，他的用意恰恰是形成追问。这叫质料因，不是质料果。

古希腊第一圣哲泰勒斯只留下一句话："水为万物之原"——水是万物的本原，他竟然因此成为古希腊第一哲学奠基人。我们今天听这句话，他全然说错了，因为水不是万物之本。水是氢二氧，两个氢原子配一个氧原子，显然水不是万物的源头，因为原子尚且不是万物的起始。请问原子从哪儿来？你得追到基本粒子，粒子又从哪儿来？你得追到奇点能量。一望而知，泰勒斯并没有追至本原。但为什么他由此成为西方哲学第一鼻祖？是因为他这句话里含了这样一个追问：万物本身不是现成平铺的，也不是同步涌现的，万物系统是有一个将其渐次导出的来源的。它包含两重含义：第一，万物后面还有一个主因；第二，万物是演化而来的。

请大家回想我讲老子，老子的"道"也是这个追问。因此我说老子是中国古代思想史上的第一位乃至唯一一位哲人。但是老子的"道"到此为止，而泰勒斯的追问要比老子显得幼稚得多，于是就还留有再行追问的余地。老子的"道"你不知道是什么，你可以无限想象却无从着落，你可以至此视为问题得到圆满回答，而泰勒斯的这个答案又构成新的问题，故而算不得终极结论。当他说"水为万物之原"的时候，他立刻陷入了一个巨大的麻烦，敢问水的前体或本原又是什么呢？

泰勒斯之所以这样说是有道理的，从直观上看，只要有水的地方，万物就会滋生。有水植被就会发芽；浇水灌溉才会长出粮食；潮湿的地方便会生蛆；积水的地方则产鱼虾；连婴儿都是从羊水中钻出来的。由于观察到水的存在会莫名其妙地导出原来没有的东西随之发生，因此泰勒斯做出了一个今天看起来太过粗浅的论断，说水是万物之原。一方面它表达着万物后面还有一个需要追问的本因，另一方面他又试图对这项追问给出一个试探性的回答，这个回答越幼稚、越具体，就意味着对它的突破越有可能发生。

于是他的弟子阿那克西曼德就批驳他的老师，说水是不对的，因为，水本身还有一个来源需要追问。阿那克西曼德说，水的后面还有某种更根本的东西，我不知道应该怎样称呼它，于是阿那克西曼德给了它一个奇怪的命名，叫作"无定形"。不过，阿那克西曼德的弟子阿那克西美尼，他说无定形也未免太缥缈了，于是又给它另做了一番寻根，认定为"气"。我一说到"气"，大家应该不陌生，中国人自古就讲"气"，其具象思路与米利都学派略显相合。但是希腊人至此并未停顿，随后另有一系列哲学家继续追询，比如赫拉克利特说是"火"，因为火能够使任何东西变质变形，火能够再造新物态，而且太阳就是一团永不熄灭的火，万物生长靠太阳。所以他的说法成立，或者至少相对于前面的追问算得又一个追问。可是火的出处是什么呢？

所以阿那克萨戈拉接着提出"种子说"，他认为万物起源的最开端一定有一个类似种子的生发点，这有点像是阿那克西曼德的无定形的回归。到恩培多克勒提出著名的"四根说"，他说万物的组成在假设和推导上，可以证明是四样东西的综合，这就是"水、火、土、气",他说这四样东西构成了万物的基本质料元素。这个看法跟中国战国时的"五行说"有点相近，可视为"四行说"。我讲这一点，大家应该意识到中国先秦时代是有类似追问的。

可大家注意，"质料因"在古希腊只是"四因论"追问的一因，而且最终结出了一个惊人的硕果：留基伯和他的弟子德谟克利特提出的"原子论"。他们认为，任何具体的东西作为质料的本原都不成立，因为你能够看到的都是假象，后面一定有一个你看不到的东西，但是它一定真存，它一定才是事物的质料本体。他们说对于这个东西，需要给予一个特殊的命名，就叫"原子"吧，即最原始、最本质的存在介子——"原子论"就此诞生。也就是，在留基伯和德谟克利特的时候，他们就已经从纯逻辑上推导出这样一个结论，万物不管怎样纷纭，实际上是由一种或者少数若干种始基粒子组合构成的，这种想法已经是今天物理学的前沿，或者更准确地说，是引领近现代物理学的先声。这就是质料因的追问概况。

我们再看亚里士多德总结的第二因，叫作"形式因"。我们今天一讲"形式"，就是指"内容与形式"。说一个东西总有内容，总有形式。所谓"内容"就包括质料，所谓"形式"就是它的外在形态。我们通常很容易得出一个推断，说"内容决定形式"，听起来似乎很有道理。可你注意，亚里士多德说了一句相反的话，他说"形式决定内容"。我们中国人很难理解这句话。这里的关键在于什么叫"形式"？古希腊哲人绝不在直观界上讨论外形，他们所说的"形式"是指"逻辑形式"！我换成今天大家比较容易理解的讲法，可称之为"感知形式"。这个概念的第一创始人是毕达哥拉斯，毕达哥拉斯的整个哲学其实就是在探讨"数论形式系统"。

要知道毕达哥拉斯的数论系统，绝不是我们一般应用层面上所讲的算术或数学。毕达哥拉斯思想的核心，用一句话表述，叫作"万物皆数"。什么意思？毕达哥拉斯发现，万物都可以归整为数的逻辑关系。他说万物都是假象，如果把万物抽象为一个数论系统、一个数学逻辑系统，倘若万物都跟这个系统相符合，那就表明这个"数论逻辑形式系统"才是万物现象背后的本原，因为它更具有普遍性和统一性，这叫"万物皆数"。请回想我前面讲"本体真存"，说"存在"不显现于直观。那么要想超越直观，有几种追问方式，一种就是追问内在包涵的质料，结果追出"原子论"；另一种就是追问普遍适用的形式，其实就是"感知形式"或曰"逻辑形式"。我想学通了数学的人都知道，什么叫数学？无非"数的形式系统"而已。

毕达哥拉斯说"万物皆数"，就是讲万物都只不过是一个数学逻辑形式。由于万物是以这个东西作为本体，或者说，万物皆以这个形式作为自身存在的根据，所以顺势推论，则当然可以说"形式决定内容"，也就是你的感知逻辑形式决定了或规定着一切事物的表观呈象。故此毕达哥拉斯被誉为古希腊哲学"唯理论"的开山鼻祖。请注意我在这儿所说的"唯理论"，在中国的叫法是"唯心论"。我建议大家千万不要乱批唯心论，你先搞清楚唯心论的思路从哪儿来。请记住，毕达哥拉斯当年并不认为数论逻辑形式是主观的东西，他认为那是客观世界背后的本原决定因素，尽管这个决定因素竟然是一个逻辑理序，或逻辑程序形式。这就是毕氏学团的"本体"追究。

这个东西经过他的弟子传到雅典。我前面讲毕达哥拉斯在意大利半岛的克罗顿这个地方发起毕氏学团，他逝世以后，他的弟子流散到雅典，然后将其思想传达到柏拉图那里，柏拉图这时方才领悟，他的老师苏格拉底曾说"直观者无所知，真存者乃理念"的含义。实际上苏格拉底本人当时也还说不清什么是"理念"，他将理念表述为神的躯壳或神的追思。直到柏拉图接受毕达哥拉斯学说的影响，确认"理念"就是一个数理逻辑形式，从此柏拉图的"理念论"有了实质性的内核。

什么叫作"理念论"？所谓"理念"就是一切事物后面的精神逻辑形式，是万事万物得以发生的本体或得以认知的源泉。所以柏拉图说"万物都不过是理念的分有"。譬如任何一张桌子，它是会朽坏的，可是为什么桌子在世界上永存？是因为木匠的头脑里有桌子的理念，因此桌子永存，现实中的桌子只不过是桌子理念的分有。你今天听起来觉得很荒唐，觉得很难理解，稍安勿躁，请把这个课慢慢往后听，它是太有道理了，因为你所说的万事万物其实只是经由某种你所不能自觉的认知理念整合出来的产物。

总结一下，这个"理念"是什么？就是逻辑形式或认知方式。然后有了欧几里得，我们今天知道他是几何学家，别搞错了，欧几里得是哲学家。他当年做几何学根本不是为了应用，我再说一遍，古希腊人不关心应用，至少古希腊哲人不关心应用。他们认为凡是能用的东西，都是匠人的东西，根本不值得他们再去用心钻研。欧几里得的书名叫《形论》，就像毕达哥拉斯的数学叫"数论"一样。请注意"数论"跟"算术"有很大的区别，中国自古就有算术，算术是借以应用的一种技术。毕达哥拉斯的数学是数论系统，数论系统是指一个逻辑形式系统，请大家把这两者区分开来。一个是计算用的数术，是实用的技术；一个是万物的本原，逻辑形式的精密系统。一个是为应用而生；一个是为追问世界之终极而生。实际上，欧几里得是为了证明柏拉图的理念论成立，才为之而著述，于是他起的书名叫《形论》，也就是"形式论"。中国人后来把它翻译成《几何原本》，是因为中国的"几何"这个词是"多少"的意思，曹操的诗"对酒当歌，人生几何"，是问人生还有几许时光。因此中国人借用"几何"这个古词，把他的书翻译变味了。

欧几里得用纯逻辑的方式，组成了所有"形"的规定。要知道在现实中，三角形的山会垮塌，矩形的地面会发生变形，线状的河流会改道，总之，一切直观视野中的"形"都是变动不居的。可是在"形论"里，也就是在几何学上，三角形、矩形、圆形、线形，它们的概念却是被明确规定的，是永恒不变的，其间具有某种既成的逻辑关系或先验规定。

因此，欧几里得用几何学，也就是用"形论"来证明这个世界背后的本原是"理念"，此后才有了亚里士多德的形式逻辑——人类历史上第一门逻辑学。这个由亚里士多德创造的逻辑学，名字就叫"形式逻辑"。请注意它不是指一个物体的外形，它是指你的思想形式，或者说它是指你的感知形式。在你的思想形式里，2+2永远等于4，3×3永远等于9，它是不会变化的。这个给定的逻辑形式决定着飘荡的假象，决定着事物的呈现，其实是被"理念"规定死的，从而才能最终解释万物如何存在，这叫"形式逻辑"。他然后讲，你在逻辑形式上导出了对万物的认识。

"逻辑"是什么？亚里士多德给出一个定义："必然的导出"。也就是当给你一定的素材、一定的前提，你在逻辑上推演的结论便是给定的，这个注定的结论是被逻辑形式制约的，因此这个逻辑形式才是事物的真核。这个话题，我们后面还会再谈。

我讲了"质料因"和"形式因"，这是古希腊早年的两路追问。追问"质料因"，结果追问出原子论，迄今整个人类物理学，从原子物理学走到粒子物理学，还没有把这个问题探讨完毕；追问"形式因"，最终追问出数论形式、几何形式乃至逻辑形式，迄今人类的逻辑学即精密逻辑结构也没有研究穷尽。就是这两路追问，从古希腊走到今天，仍然在继续追问而不止。

亚里士多德接着再总结，他说这两路追问之后还留有一个问题未予处理：什么是万物运行或万物存续的动力？于是他提出"动力因"。然后他又问：万物运行的最终归宿是什么？它的目标在哪里？这叫作"目的因"。大家知道万物演化是有一定规律的，其中自然隐含着动力源和目的地，也就是运动初启与运动趋势这两大问题，对此亚里士多德没有给出明确的回答。古希腊哲人也曾有过很多猜测，但是在当时条件下，他们得不出像样的结论，于是有三个东西被作为可议论的主题抬出：第一是"神"，这当然是一种逃避，但是苏格拉底讲过神的后面是无穷追问的余绪和线索，这大概也是亚氏"目的论"里含有某种"主观设定之意向"的原因；第二是"善"，也就是人类一直追求的那个最美好的东西，它构成探讨动力因和目的因的又一个思路；第三是"智"，也就是"知"，正如中国古代"知"和"智"同样是不分的，意思是说，你只有在"知"和"智"上无穷地追究下去，这些个问题才能得到回答。显然，即便是亚里士多德提出了四因论，他也终于未能穷尽其所问，结果让这四因仍然表达为继续追问态，这就是古希腊哲学的总体呈现。它由此形成了一个重要的思维方法系统，即深层追问和精密逻辑。请注意我说的这两点：不停地追问，怎么追问？通过猜想和假设。而给出的假设要想得到确立，或者至少得到当时的承认，就必须经由精密逻辑予以求证。

好了！我们现在回头看中国。我说老子的"道"与泰勒斯的追问大体一致。而且老子的"道论"中，甚至包含了除质料问题以外的形式因之追问。老子有一句话，可能很多人未加注意，他说："不出户知天下，不窥牖见天道。"这句话的意思是说，我不出家门，我就知道天下事；我连窗户都不看一眼，我就知道天道怎样运行。他接着讲"其出弥远，其知弥少。"他说你跑出门去实践，你的动作越多，你的知识一定越少。

老子这段话是典型的古希腊式纯智慧追问，他不承认"实践出真知"。所以我们今天说"读万卷书，行万里路"，这是跟着孔子瞎跑，孔子周游列国13年，确实行万里路，最终却一事无成。在中国只有老子，既一心追问事物假象背后的道——本体，又断然否认一般感知方式能获得知识，所以老子确实是中国先秦时代唯一可与古希腊比肩的哲人。

但是，为什么老子的哲学到魏晋时代变成"三玄"之一？中国古代哲思后来演变成玄学，而没有伸展出哲科思维体系，缺失了什么？缺失了纵深追问与精密逻辑求证。请大家听懂我在讲什么，中国先秦时代以道论哲学为起点，终点却变成玄学，而古希腊同样的哲学起点，终点变成科学。这其间的差别就在于是否进行纵深追问，也就是后人不断地追问，不断地质疑，不断地批驳，并且不断地借用精密逻辑去组织对此等"假设—证明"系统所显露的破绽予以弥补或革新，这个探索系列历经数千年的功夫，才锻造出哲学思维及其后续科学思维。

而且大家要注意，当亚里士多德讲"形式决定内容"，当古希腊哲人讲"理念是万物的本原"的时候，尽管那个时候唯心主义问题，就是认识论问题，也就是精神本身的规定性问题还没有开始探讨，但是它却已经为后续的发展埋下了伏笔。所以你读亚里士多德的书，他会讨论范畴，他所说的"范畴"，不是客观世界的范畴，而是指你的逻辑和思维中有一些固定联系的模块，这个东西他称为"范畴"。我的表述很不准确，我只是为了让大家听明白，你要想知道它的细节和深意，你必须去读他的原著。这个东西深深地影响了康德，所以康德后来也组织了著名的四组"十二范畴"，借此讨论先验理性问题。

这种一脉相承的质料追问、形式追问、逻辑追问、思想追问，构成西方哲科思维的长远伸展，这就是古希腊哲学所奠定的开端。它的开端绝不是"水为万物之原"，或者"火为万物之原"，或者"数为万物之原"这些结论，它的展开是由于贯彻了纵深追问和精密逻辑求证，亦即假设和证明系统的不断调动和训练。它的出发点是我们在一般感知层面上所获得的见识，都属于不能确认的假象，这就是狭义哲学的开端。这个开端在古希腊经过数百年的锤炼形成了一脉精密逻辑系统。大家只要读一下阿波罗尼奥斯的圆锥曲线证明、纯数学证明，读一下欧几里得《几何原本》13卷，再读一下亚里士多德关于形式逻辑的推证，你就知道古希腊哲人当年走到了怎样深远的智慧潜能调动高度。

科学的萌芽

我们前面讲了作为西方哲学开端的古希腊哲学，它在智能调动和思维方式上的底蕴及其概况。

大家回想，这个哲学的底蕴和思绪的开发，是不是必然导出科学？想想"质料论"这一脉的追究，以及"逻辑形式论"这一脉的追究，这两者的结合，是不是今天科学活动的基本思维方式和追究方式？即使在古希腊时代，科学在亚里士多德之前表达为博物学，也就是尚未形成分科之局，各类知识浑然汇集在一起，但这正是自然哲学本身，也就是说，古希腊的自然哲学与博物学完全是一回事，而博物学作为科学的前体或萌芽，它的基本样式早在古希腊"自然哲学时期"已然逐步形成。

我们下面就看看，哲学思维怎样导出科学思维？哲科思维的基础怎样形成？

从泰勒斯追问万物的本原，到米利都学派接续追问下去，再到毕达哥拉斯提出数论形式系统是世界之内核，直至"柏拉图转型"

及其"理念论"的完成，精密逻辑思脉由此铸就。

我在这里稍微解释一下柏拉图转型，我反复提这件事，是因为柏拉图作为苏格拉底的弟子，曾经有过一次重要的思路变迁。苏格拉底除了比较关注思维追究以外，他的相当一部分精力落实在社会问题上，柏拉图最有名的著作《理想国》，其主体讨论也偏重于这个方面。

我前面讲过，毕达哥拉斯学团曾经主政克罗顿，毕达哥拉斯本人后来死于政治斗争，他的学团就此星散，其中有一部分学生流落到了雅典。这个时候，柏拉图遇到了毕达哥拉斯学派的思想，他大为震惊，才知道在意大利半岛南部、古希腊的西面，曾经有过一脉纯数理探讨世界本原的精密逻辑思绪。于是，柏拉图发生思想形态的重大转变，他承接了毕达哥拉斯学派的精密数论逻辑系统，为"理念论"注入精髓。"理念论"的提升，成为后世之科学思想方法与追究深在本质的重要思路导向。现代西方出了一个著名哲学家怀特海，他曾经讲过一句评语，大意是说，整个西方哲学和科学的发展过程，实际上无非是给柏拉图思想所做的注脚。想想欧几里得几何学，只不过是给柏拉图的理念论作证，它纯粹是一个哲学探讨。我们今天看数学、几何学，认为它是科学的工具，别搞错，它是哲学的锻造。

柏拉图的学生亚里士多德，又往前进了一步。亚里士多德转变了原先那种"事物的本体在假象后面"的说法，提出"实体论"。所谓"实体论"，就是说假象世界本身正是理念真存的实体表达。你不能完全看空它，你得通过对它的追究，才能找见本体。亚里士多德的这项纠偏，使得整个哲学和后继科学开始朝着"对象实在"的研究方向转进，而且亚里士多德本人就是分科之学的开山者。所谓"科学"，就是博物学或者自然哲学的分科化，我们把这种"分科之学"简称为"科学"。若非亚里士多德从"实体论"角度探讨分科之学，想必当年的科学萌芽，尤其是近现代的实证科学，都会丧失脚踏实地的立足点。他当时已经分科研究了诸如物理学、形而上学、逻辑学、生物学、政治学、伦理学等，门类居然达 19 种之多，分科之学由此初现起点，科学的表达方式，由此成为一个开端。

亚里士多德也有很多失误，其中包括一个重大的倒退，就是他对从毕达哥拉斯到柏拉图追究数理逻辑方法的忽视，尽管他用形式逻辑为之做出了某种程度的弥补。所以你读亚里士多德的分科文论，你会发现他错误百出。可这些错误一点都不重要，因为这个思路才是最具有启迪性的。

大家知道，伽利略提出自由落体实验并且从中得出定律，其实跟亚里士多德当年的一个错误讨论有关。也就是，亚里士多德早在 2000 多年前就已经讨论了关于自由落体的问题，他认为轻的东西一定下落速度慢，重的东西一定下落速度快。尽管这符合常识，后来却被证明是错误的。但我想问，除了在古希腊，世界上还有哪个地方曾经讨论过这类问题呢？古时候的中国人，会去讨论有关自由落体的问题吗？也就是说，问题不在于讨论的对还是错，而在于你是不是有这个视角和思路，它是不是成为一个问题聚焦点，这才是关键。由此，才会有后向的引申。

再回到欧几里得，他把精密逻辑已经做到这样的极致，他用世界上不存在的抽象的点、线、面——我的意思是说世界上不存在抽象的点、线、面，现实中你能找一个粉笔点、一个苍蝇点，但你能找见一个抽象的"点"吗？你能找见一条丝线、桌子边缘线，你能找见一个抽象的"线"吗？你能找见桌面、地面、床面，试问你能找见一个抽象的"面"吗？欧几里得居然就用这些纯粹抽象的东西，在他的几何形论著作中，开篇给出了 5 条公设、5 条公理和 23 项定义。

我先说其定义。他说什么叫作"点"？只有位置而没有大小叫点；

他说什么叫作"线"？只有长度而没有宽度叫线。他先给出这样的定义，诸如此类 23 项，再由此提出 5 条公设、5 条公理。今天我们把公设、公理通称公理，也叫公理系统。这是今天任何一个严谨的逻辑工程必用的方式，叫作"公理化方法"，就是从欧几里得开端的。

我举其中公设的两例：第一公设，两点之间可以做一条直线；第二公设，任一直线可以无限延长。他从最简单的、已属不证而自明的那个逻辑原点开始，居然逐步推导出 48 项定理，再结合 5 条公设、5 条公理和 48 项定理，进而推导出 476 项命题，由以完成整个平面几何 13 卷，后人从此几乎再加不进去任何一条定理，其逻辑严谨程度令人咋舌。

影响之大，从笛卡尔到斯宾诺莎，到牛顿，到爱因斯坦，到罗素，所有这些人的哲科启蒙，居然都是在少年时代读了欧几里得的《几何原本》，大受冲击而开智的。因此，欧几里得的几何学，奠定了整个精密推导思维模型之基础。

在古希腊时代，科学同时相伴展现。比如阿基米德，他在精密逻辑上推证了几何体表面积和体积的计算方式，推导出浮力定理和杠杆原理。他探索的问题，已经完全跟近代科学讨论的问题一致。

然后到托勒密，大家知道，托勒密的地心说被我们今天视为笑谈，可它当年实在是一个巨大的精密逻辑工程。阿拉伯人把托勒密的著作翻译为《天文学大成》，这个名字是不对的，希腊原文叫《数学汇编十三卷》。也就是，托勒密当年把整个天体运动分成多层天轮，进行精确数学计算，建立了精密的地心说天文体系，影响西方农业文明长达 1400 年，其精致程度，几乎在大多数情况下能预测月食、日食，这是西方天文学乃至自然科学的明确启动。

其实在托勒密时代以前，古希腊就已经有人提出日心说，这就是著名的阿利斯塔克（我们后面再谈他）。同时出现一个叫埃拉托色尼的人，他居然当年就把地球的圆周，几乎做到精确测定。要知道，那个时候世界其他各地的人，基本上还没有意识到地球是一个球体，基本上还都处在认为大地是一个平板的"天圆地方说"阶段，而埃拉托色尼已经把地球圆周的周长，也就是赤道周长，做了相当精确的测定和计算。

我们再看，从古希腊时代就已经出现了一系列跟近代科学活动非常类似的科学行为和人物。比如希罗，他在古希腊时代就已经发现空气是可以压缩的，并尝试将压缩空气作为机械动力。有一个名叫阿契塔的人，最早在公元前 4 世纪，就发明了蒸汽动力装置，据说还借此做出了精巧的飞行器木制鸽子。公元前 2 世纪，海隆也利用蒸汽动力制造出气动球和多种机械玩具。我们知道，蒸汽作为动力是 18 世纪人类第一次产业革命的开端，而这些问题的探索，早在古希腊自然哲学时代，就以科学的前体形态崭露头角。

我为什么把哲科思维说成一个体系？是因为所谓科学，就是哲学思维模型的分科化大信息量处理，我们把这种在信息增量进程中不得不分科处理的哲学思维模型，另取一个名字叫作科学。因此，凡是不产生狭义哲学的地方，都不会产生真正意义上的科学系统文化。

我在前面讲，所谓古希腊哲学，就是古希腊一群大号儿童所玩弄的一种纯逻辑游戏。之所以把他们称为"大号儿童"，是因为他们不关心实用，只一味专注于逻辑游戏，就像小孩子玩耍游戏时的那种没有功利动机的心无旁骛一样。这个幼稚的状态，恰恰是他们成就精密逻辑推导和思维潜能调动的前提条件。所谓"纯逻辑游戏"，就是它一定要摆脱实践操作的限制，一个学问一旦来自于实操，其深层思维探询就会被浅层试错观察所取代。

如果你持以"实用论"，所有的学问出自实用目的，则限于目标性条件，该学问一旦落实，它就会随即中断。如果只从实用角度引出问题、牵动思考，那么狭义哲学这一脉纯粹的逻辑游戏就无从展开。而且实用论者一定视对象为真，这自然立即封闭了纵深追询的前途。

我一直讲，"无知观念"与"假象意识"才是古希腊哲学的出发点。这种思境在西方古典哲学时期得到继承，由此带出了启动近代科学思潮的第一哲人弗朗西斯·培根。培根说，人类所建立的知识，超不出四种假象的局限。

第一，"种族假象"。如果说"种族假象"大家不容易理解，我把它换称为"物种假象"。就是每一个人所认识的世界图景，一定是你的感知模型，而不是对象的客观反映。举一个最简单的例子：蝙蝠没有眼睛，它是用发射和接收超声回波的方式获得世界表象，而我们人类是靠视觉感光获得世界表象。如果我们人和蝙蝠同处于一个山洞之中，由于蝙蝠总是处在这般黑暗之地，因此视觉、感光器官对它无效，因此它最主要的感受器，是一个超声回波雷达接收系统，它借以形成的认知表象与人类一定是大不相同的。这表明，你所说的世界，永远是你的主观感知模型，这叫种族假象或物种假象。

第二，"洞穴假象"。柏拉图曾经提出过，一般人在认知上不免陷于洞穴困境，仿佛被锁在山洞中的人只能看见投射在洞壁上的身影那样。我在这里换一个解释，中国人比较熟悉的解释——井底之蛙。也就是，我们每一个人的视野或者知识范围都是极为有限的，就像一个深井里的青蛙，它所看见的天，永远只有井口那么大，于是它就会认为天也只有井口那么大。谁都不可能没有局限，因此，每个人所说的世界一定是自己那个局限的世界，这是假象得以发生的第二个原因。

第三，弗朗西斯·培根把它表述为"市场假象"。好比一个市场里的商人们，各自用不同的方式叫卖他的产品，用不同的方式描绘他的产品，用不同的方式广告他的产品。你受这些不同信息的影响和扰动，然后只能在这一堆纷乱的、自相矛盾的信息中做出选择和判断。

第四，"剧场假象"。就是我们每一个人所说的世界，一定是自己固有理念或成见的产物。这就像你去看一出戏剧或者一部电影，其间的情节是按照某种特定的逻辑演绎发展的，如果你仅仅追随剧情，你会认为这剧情是自然演化的结果，但它实际上在上演以前，就已经被剧作者编定了一个故事框架，这叫剧场假象。我们每一个人心里，实际上是有一个事先形成的理念性剧本的，你在这个理念剧本的基础上张眼看世界，于是世界也就展现为你那个理念剧本的逻辑形态。我举一个例子，你如果是唯物主义者，那么你看所有的东西都是物质的，你可以列举无数的佐证，且无不应验；反之，如果你怀揣的是唯心主义的剧本，或者说你是唯心主义的理念，那么你看这个世界所有的东西就都是感觉的派生。但问题在于，不管你是唯物主义还是唯心主义，你所拿出来的各种证据，正是需要追究的问题本身，因此证据永远无效，这叫剧场假象。

我再举个例子，比如你是马克思主义者，那么人类社会运动在你看来，都是按照阶级斗争和历史唯物主义方式发展的，你认为它就是真理。但是如果你持有另外一个理论体系，那么你又会提出各种证据，证明人类社会是按照那个理论系统的逻辑路径演进的。也就是说，你的任何看法，包括你的整个世界观，它铺展开来的样态，实际上是被某个事先形成的基本理念所规约和塑形的。

因此弗朗西斯·培根认为，一般人的知识，如果未加考究的话，大抵都是假象的堆砌。他从这些方面做出阐发，其解说方式听起来挺生动，足以让我们理解希腊人看所有的东西都是假象的原因。

狭义哲学的三大特征

下面我们进一步讨论狭义哲学的三大基本特点。

第一个特点是"追究终极"。我们一般人看待事物和处理问题，是就眼下的具体对象进行多因素分析。比如你看一个陶瓷杯子烧得好不好，有诸多因素在影响它：最初的瓷土质量好不好、研磨瓷土的细度高不高、泥坯的制型是否挺拔、彩绘与着色是否悦目、烧窑的时候火候把握得是否到位等等，如此之多的因素，都在影响一个瓷杯是不是烧得好。

我再举个例子，比如你罹患感冒，它也是多因素造成的。感冒不仅仅是病毒感染的结果，一场流感病毒过来，有人得、有人不得，有人轻、有人重，为什么？因为人们的先天免疫素质是有差异的。而且你当时是否受寒也很重要，因为受寒会导致抵抗力临时下降，原来正常寄居的病毒会突然变成致病病毒。此外，你当时的身体状况、心理承压，还有疲劳程度、饮食变化等各种因素，都可能对你是否感冒造成影响。

不过多因素分析会出现一系列问题。科学研究为什么要建立实验室？就是为了能把所有多因素屏蔽在外，一回只抽调一项因素，在齐同条件对比下研究每一个因素对这件事情的作用量，把这一个因素研究清楚，然后把它甩出去，再把另一项因素调取进来予以孤立研究。但是即使你把所有的因素都在实验室中分别做了单项研究，这个问题仍然没有答案。因为各因素之间的排列组合是一个无穷大的数量，因此在多因素分析的情境下，无论对于任何问题，你都永远得不出真正确定的见解和结论。

所以，哲学在初启运思的时候，它就不承认多因素讨论问题的方式是可行的。它的纯逻辑游戏规则要求必须追究第一因或唯一因，也就是终极之因。第一因就排除了因果论，因为既然只有第一因，就没有可转化为下一因的第一果。我们知道，因果论的思维链条，是由因转出果、果又成为因，依此类推，永无止境。我后面会讲，在因果链条上讨论问题是要出严重偏差的。第一因的讨论，就是探询具有唯一统摄力的终极原因，这叫"追究终极"。

追究终极有两种方式。

第一，在所谓的本体上找第一因。也就是在外部世界中探求第一因，这就是典型的本体论。

第二，找逻辑极点，也就是在逻辑推导上，寻找纯逻辑的那个启动点。

譬如我刚才讲欧几里得，他从公设、公理和定义出发。他为什么从不证自明的那个最简单的点开始，终于却要去讨论非常复杂的问题？是因为他必须首先找见逻辑上的那个极点作为思维启动之唯一原点，才不至于陷入头绪多端的混乱思境之中。所以追究终极之义，既包含着思脉的终极，也包含着对象的终极，比如神学认定创世之源头归于天庭，它成就了后起之哲学继承神学追究第一因的思路，这就是我一再讲，神学、哲学和科学是一脉思路的原因。

神学是人类在追究终极的思路上之最原始、最粗糙的简单模型的开端。罗素在《西方哲学史》一书中，曾经对神学、哲学和科学之间的关系做过一个说明，他说神学和哲学都是探讨终极原因的，这就是神学和哲学的一致性所在；而哲学和科学也有一个共同点，它们使用的都是理性这个工具；但科学是探讨具体问题的，所以科学在这个地方与哲学、神学有区别，而神学的不同点在于它使用的工具乃是信仰。

罗素的这种区分方式虽然显得太过简单，但是他大致说明了哲学思路的第一特征。就是它继承了神学追究终极的固有思路，这是哲学不同于一般学问和一般科学的关键点。而且大家要注意，如果我们讲逻辑极点也是追究终极的一个关键部位，那么要注意这个逻辑极点是漂移的，人类总在不断地追问，其中就包括对这个逻辑极点的重审与前移。

我举一个例子。比如欧几里得当年做几何学，他是设定一切几何现象均发生在平面上。欧几里得那个时代，从来没有人想到空间可能是一个曲面。直到 19 世纪，西方数学界出现一个著名人物名叫黎曼。黎曼意识到，这个世界是在曲面上建构的。那么如果这个世界在时空起始点上，也就是在欧几里得推导的逻辑起点上就发生了某种移位——从平面到曲面的移位，整个几何学建构就会被全面颠覆。所以在黎曼几何中，两点之间是做不了一条直线的，第一公设就不成立，因为空间是一个曲面。而且三角形内角之和在平面几何上等于 180 度，在曲面几何上大于 180 度。因此整个几何学的建构就必将全部重新修正，这叫逻辑极点前移。黎曼几何后来构成爱因斯坦相对论及其时空弯曲理论的数理表述基础。

可见追究终极的思路，包括追究逻辑极点的漂移，构成哲学思脉得以纵深的指标。由于科学就是哲学的继承与发展，因此科学，至少是基础科学，在本质上也同样具备追究终极的深层意蕴。

我们一般人熟悉的其实是应用科学，真正的哲科是不求实用的。我举个例子，牛顿当年研究经典力学，也就是万有引力学说，他是追究终极的，他是要追问上帝操纵这个世界的方式。牛顿在把他的著作《自然哲学的数学原理》完成以后，居然后半生花了近乎十年左右的时间研究炼金术，成为历史上的笑谈。他为什么要研究这个问题？当他认为自己把上帝操作世界的方式搞清以后，他的下一个问题是要搞清上帝创造宇宙的材料。于是他做了多年炼金术的研究，结果以失败告终。后来英国为了照顾他，让他出任造币局局长，发点小财，过好养老的日子。

我们从这件事情可以看出，真正的科学大家也同样是追究终极的，几乎跟神学、哲学追究的方式完全一样。而我们一般人所受到的科学训练，大多是工程科学训练或者叫应用科学训练，也就是工程师水平上的训练，这才使我们脱离了哲科思脉原本追究终极的高拔境界。由于我们学习科学较多地在"学以致用"的角度上进行，因此导致我们的科学教育距离真正意义上的哲科深层思维很远。

哲学的第二个特点，是"广义逻辑反思"，简称"反思"（眼下这个概念被当成"反省"一词到处乱用，错得离谱！）。什么叫作反思？这个词的含义是指，用思想反过来思想思想，就是用思想反过来考究感知本身是什么，或者说，用思想拷问思想，用思想拷问感知，此之谓"反思"。这就是典型的唯心主义哲学的开端。

我们现在阅读古希腊自然哲学时期的著本，大多都说它是朴素的唯物主义，这个表述是不对的。因为那个时代还没有出现对精神和感知的直接追究，也就是"心"这个东西还没有成为一个问题，所以没有唯物主义这一说，因为"唯物"一定是相对于"唯心"才能存在。

现在回头看，人类早年都像是朴素的唯物主义或者直观主义。因为当时的人们根本想不到，我们的感知本身是需要琢磨的。所以古希腊自然哲学期，它直接追究本体，直接追究对象，这种直接追问对象的做法，是把"思"施加在外物上，这叫"直思"。

古希腊哲学发展到毕达哥拉斯用数来解释万物的时候，已经出现一个萌芽：我们所说的万物其实只不过是一个逻辑形式。到了柏拉图，他已经明确把它总结为理念，说世界的本原只不过是我们的一个理念，我换句话说，只不过是我们的一个感知模型。其实柏拉图当年没有意识到这个问题还有一层差别，也就是没有分辨理念究竟是主观的还是客观的，但是到此时，"心"这个东西，也就是主观理念这个东西，已经暗里浮生。

及至亚里士多德，他已经做出形式逻辑，但是认识论问题，也就是唯心主义对"心"的拷问，仍然没有走上前台。为什么？是因为那个时候，古希腊人还没有明确意识到，我们的感知是具有规定性的。

我举一个例子，大家才能反过来理解它。提出"四根说"的古希腊哲学家恩培多克勒，他曾经对"知"是什么，"感知"是什么，有过一个很经典的表述。他怎么讲呢？他说我们的感知都是真空的孔道，外物放射出一种东西，他取了一个名字叫"流射"，你现在可以把它理解为信息。他说外物发出流射，通过真空的感官孔道进入我们的意识。他说这个真空的孔道有一个特点叫"同引异斥"，什么意思呢？就是相同的东西它就吸纳，不相同的东西它就排斥。比如他说，我们的眼睛里面有水和火两个孔道，通过火的孔道，我们看到了光明；通过水的孔道，我们看到了黑暗。既然我们的感知是真空的孔道，那么我们当然就是客观地认知世界。

恩培多克勒接着说，外物发出流射，最终进入血液，然后通过心脏混合而形成我们的知识。这跟我们中国人自古以来的看法完全一样，我们自古也讲"心里想"，只是我们没有像恩培多克勒那样，把它表述为一个哲学追问。

那么我们的感知究竟是什么？它是有规定性的呢？还是一个真空的孔道？这个真空的孔道是怎样履行的？或者是怎样接受信息的？我们中国人没有深入地讨论过，但是在朦胧中，我们的看法跟恩培多克勒完全一致。这是人类历史上最早的唯物反映论。

我们下面就讲唯物反映论为什么不成立。大家想，古希腊那个时代，心、理念、逻辑都已经展现，它成为后来追问感知、研究感知是什么的前导。它随后一定引出一个问题：如果我们的感知不是真空的孔道，如果我们的感知本身是有规定性的，也就是感知过程需要另行处理信息，那么你怎么知道你所获得的"知"不是主观加工的产物，而是客观对象的原样反映呢？换句话说，如果我们不知道感知是什么，如果我们没有考究过感知的内在规定性，我们就没有资格追问对象，因为你无法判断你所说的对象究竟是客观对象还是你的主观对象，是不是这样呢？

因此，当古希腊追问外在本体、展开"直思"的时候，随后必然引出的是"反思"。也就是唯心的认识论追问，是唯物的对象追问所必然引出的后继追问。换句话说，认识论问题和唯心主义问题，是唯物主义必然导出的高级问题或者问题的纵深。

我这里绝不是赞美唯心主义。关于唯心主义和唯物主义究竟是什么涵义，我们应该给以什么评价，后面再谈。我在这里只是想提醒各位，当哲学开始追问感知本身是什么，当哲学开始追问感知本身是否具有独自的特性，当哲学开始用思想拷问思想的时候，哲学进入第二个纵深阶段，我们把它叫"反思"阶段，也叫"认识论"阶段。

我给大家举些例子。我们人类接受外部信息只能凭借五官：视觉、听觉、嗅觉、味觉、触觉，此外我们没有任何其他通道可以抵达外物。那么我们就来看一下这五大感官，究竟是不是真空的孔道？——非也！它们全都是有自己明确规定性的。

比如我们的视觉，占据人类采集外部信息的80%左右，但是视觉是什么？它只是一个感光器官，任何对象如果它不发光、不反光、不折光，对于视觉来说它就不存在。

视觉通过感光获得的是什么？是明亮。要知道光是能量，叫光量子，光并不是明亮。光打在任何一个物体上，该物体都不会产生明亮的感觉。光刺激视网膜，视网膜把它转化为生物电，通过传入神经进入视中枢，视中枢把这个光能量错觉成明亮，然后让我们面临的对象有了一个在感光方面的轮廓。明亮本身就是对光子能量的曲解。

而且，更重要的是，我们的视觉只看到宇宙光谱中的十万分之一，也就是我们视觉只能看见 400 ～ 760 纳米波长的光波，这个狭窄区段以外的光波，我们一律看不见。400 纳米以下是紫外线、X 线、伽马射线，760 纳米以上的长光波是红外线，这两端以外还有上万倍的光谱频段，一律不在我们人类的视觉范围以内。

而且这个世界是没有颜色的，我们所说的颜色实际上只是对光波波长的错觉，在我们所能看见的 360 纳米的光波中，我们可以把它至少分辨为 150 种以上的颜色。就是说，世界是没有颜色的，颜色只是不同光波的波长通过视中枢产生的错觉。可见我们刚一张开眼睛，立刻就扭曲了这个世界。我们把光量子扭曲为明亮，我们把光波长错觉为颜色。

而且这个世界也是没有声音的，我们所说的声音其实是外界振动波的能量通过空气震荡传到外耳耳膜上，然后外耳耳膜的震荡再传导到内耳转化成生物电，通过传入神经进入听中枢，听中枢把这个震荡能量错觉为轰然作响的声音。

如果我们的眼睛就是一个光谱仪，如果我们的耳朵就是一个振频仪的话，那么这个无声无色的世界会是什么样子，你能想象吗？那个东西可能才是真实的世界，仅仅是可能。也就是说，我们刚一接触外部信息，我们立即就把它扭曲处理了，我们在接收外部信息的瞬间，所谓外部信息已经变成主观信息。

一言以蔽之，我们的感知所得永远是我们的主观世界之塑形，而不是客观世界之本身。请各位深刻理解：我们的感知不是为求真设定的，而是为求存设定的。

大家设想，我们为什么要把360纳米的光波分辨为150种颜色的错觉？是因为如果我们要直接处理光波频谱，它会变成一个非常复杂的问题。光波是连续的，是一个无级变量，从400纳米到760纳米，是没有任何区隔的，而我们却要把它分辨为完全不同的色差，如果你做不到这一点，将是一件多么危险的事情。譬如你做猴子的时候，你在秋天的一片黄叶之中，要寻觅和摘取一个微微发红的桃子，你必须远远就能够看见那个微红的桃子深藏在一片发黄的树叶中，黄色和红色在波长上只有几纳米或者几十纳米的差度。如果你不能把它截然区分为不同的色差，猴子一定会饿死，是不是这样呢？

我再举例，比如你看到一条五花蛇，如果你届时才开始计算它的波长组合，那么你的脑子那怕像教室这么大，可能都来不及处理。而你瞬间把它错觉为不同的色差，你马上就能够形成明确的分辨关系，我们把这叫作"识辨求存模型"或"简捷识辨机制"。

因此，我们只有错觉这个世界，才能最经济、最快捷、最有效地维护我们的生存，因此我讲，我们的感知不是为求真设定的，而是为求存设定的。

可能有人会说，我们的嗅觉、味觉，总该是真知吧！那你就又搞错了。我们为什么品尝水果是甜的？不是水果客观上是甜的，而是因为你必须把它内含的能量品尝为甜味这种舒适的感觉，你才会去吃它。大家知道水果中饱含葡萄糖，其实它不是以葡萄单糖的方式存在的，葡萄单糖在生物界、在自然植物界，存量是非常之低的。

我们人类获得的能量来自于三个方面，葡萄糖也称碳水化合物，然后是脂肪，还有蛋白质。葡萄糖大多是以双糖形式存在的，也就是两个葡萄糖分子构成一个果糖分子。由于水果和植物中的甜素——碳水化合物——人体可以利用的这个能量多以双糖结构存在，因此我们在进化的过程中才会把双糖体会为明确的甜味。

后来，我们培植了粮食。人类过去是找不见淀粉的，因为淀粉存在于草籽之中，淀粉里面含有的葡萄糖量要比双糖多得多，可是我们为什么今天吃淀粉没有任何味道？你吃米和面是没有甜味的，是因为你吃它只有几千年的时间，你在太过短促的进化变异过程中，还没有来得及对它做出能量分辨的味觉感受适应。

为什么我们会觉得肉比水果香？是因为精瘦肉里都含有 18% 的脂肪，而脂肪的能量是碳水化合物的两倍以上。一克碳水化合物包含 4 大卡能量，而一克脂肪包含 9 大卡能量，因此你吃肉就觉得非常得香，是因为它含有更高的能量。

你为什么闻大便是臭的？不是大便里天然就有臭素，而是你在进化的过程中必须把它嗅闻为一种非常不舒服的气味。因为大便是你已经把人体所能利用的能量榨取净尽的残渣，如果此刻你还不把它嗅为一种不舒服的感受，你就可能返回去吞吃大便，吃了也是白玩，因此你闻大便一定是臭的。可苍蝇为什么总是不停地在大便上爬动？是因为大便里还有苍蝇可以利用的能量，所以苍蝇闻大便一定是香的，否则它整天爬在大便上干什么？可见甜、香、臭这些感觉，不是由于物质中天然具备某种味素，而是你从获取能量的求存角度，在亿万年进化的过程中必须把它设定为舒适或不舒适的感觉分类。

同样，但凡是苦的东西，一定是对人体有害的东西。不是说它客观上含有苦素，而是由于在适应性进化的过程中，你如果不把对有机体造成损害的毒素品尝为苦的，你就会被自然选择淘汰。只有在感觉的设定上把对有机体造成戕害的东西体会成一种不美好的排斥性感官反应，你才能够获得生存的资格。所以苦不是客观的，而是主观的，凡属对你造成损害的东西，你都必须把它设定为苦味。因此，但凡是苦的东西都一定是有毒的东西，也因此，吃苦瓜你还是要小心为好，至少不能大量食用。

进一步讲，所有药物首先是毒药，无论它是苦的或是不苦的。今天人类缔造了大量的化学品，它们大都是强烈的致毒剂，可它却表现为无色、无臭、无味，为什么？是因为自然界中不存在这些个东西，因此我们在感官进化中就没有对它们做出分辨性处理，于是它们今天会给我们带来更大的戕害。

总而言之，你的感觉本身是具有规定性的，它是按照"寻求能量资源"或"机体保护机制"来设定的，而不是按照"求真"设定的。为此在你接受任何信息的瞬间，你一定要以把它错觉为一个最简洁、最节省生物能量的反应方式来处理这些信息。可见你所说的世界永远是你的主观世界，而不可能是直接抵达的客观世界本身。

可能有人会说，我的感觉、感性是有问题的，但是我的理性、我的逻辑有可能纠正这种偏失。如果你这样想，那你就又搞错了！

狭义哲学的三大特征（续）

我们人类使用逻辑，也就是使用思想，其实基本上只有三大方式。

第一，纯逻辑思维。比如数学、几何学等。纯逻辑思维会出现一个问题，你不知道它跟对象究竟是什么关系。比如数学，每一个数字后面可以包含任何东西，也可以不包含任何东西，它只不过是一个纯粹的逻辑演算数位数列系统。那么纯逻辑演算本身只按照自己的逻辑格律进行，但它跟世界是什么关系你永远搞不清楚。因此，数学发展到今天，有大量的数学模型在数学上成立，可是我们找不到它与自然外物的对应关系。所以数学、几何学是典型的人脑内在之纯逻辑表达。

第二种用智方式叫作归纳法。我举例子，比如你看亚洲的天鹅是白色的，你到欧洲看欧洲的天鹅还是白色的，你到非洲，到美洲，天鹅都是白色的，于是，你归纳出一个结论，说"凡天鹅皆为白色"。但这里有一个问题，你并未将世界上的天鹅计列穷尽。如果偶然一天你来到澳洲，突然发现了黑天鹅，于是原来归纳所得的"凡天鹅皆为白色"的结论，就立即崩塌。显然，归纳法是有天然缺陷的，它只能证伪，不能证明。就是它只能证明你以前得出的结论是错的，却永远不能证明你当下得出的结论一定是对的。

再比如，你今天可以得出结论说"凡天鹅不是白色就是黑色"，表面上看对。可你只把地球上的天鹅总结完了，你怎么知道在外星上另有一只天鹅不是绿色或红色的呢？你永远不能把宇宙中的所有天鹅观察穷尽。因此，归纳法永远给不出真正可以获得有效证明的结论。

第三种方式叫演绎法，它是归纳法的后续应用。我举例子，你已经知道"凡天鹅皆为白色"，然后你推导说，如果澳大利亚有天鹅，它也一定是白色。"凡天鹅皆为白色"叫大前提，"澳洲有天鹅"叫小前提，"澳洲的天鹅必为白色"是结论，这就是亚里士多德所谓的典型的三段论演绎法。但是演绎法有一个问题，就是它的前提是归纳得来的。而且由于它的前提是被归纳法限定的，因此它只能证明，不能证伪，它与归纳法刚好相反。我重申一遍：归纳法只能证伪，永远不能证明；而演绎法只能证明，却永远无法证伪。

大家注意，我们人类运用逻辑只有这三种方式：纯逻辑、归纳法和演绎法。可它们居然全都是有缺陷的，是被我们的先天思维格律规定死的。它们是在感官非真素材的基础上，经过一个被先天给定的思维格律套死再加工的又一重失真思维模型。因此，经它处理的结果一定是在原来感官扭曲的基础上进一步扭曲，你才能得出思想性结论。这就是为什么，我们的一切感知都不可能是真知的原因。

我在这里讲什么？我在讲"反思"，就是用思想反过来拷问思想。我之所以把它叫作"广义逻辑反思"，是因为广义逻辑包括从感性、知性到理性的各阶段。那么我们拿狭义逻辑，就是拿我们的思维去考察我们的感官，我们拿我们的思维去反过来考究思维的三种格律，这叫用思想拷问思想。我们在广义逻辑上可以把思想掉过头来，考察感知序列和思想序列，这叫反思。这就是认识论的展现。我用最简单的科学表述说这些话是想告诉大家，唯心主义是有它的道理的，它是唯物地直思世界与对象所必然导出的纵深问题。只有把这个问题考察清楚，你才会知道你的"知"本身是什么，以及"知"的局限是什么，进而你的"知识"是什么，诸如此类的精神问题才能真正深入讨论。

狭义哲学的第三大特点叫作"科学前瞻"。哲学必然引出科学，因为所谓科学就是哲学思想模型的大信息量分科处理状态。比如我们今天讲数学、几何学，这些东西当年都是毕达哥拉斯和欧几里得这一批哲学家缔造的。他们当初绝对不是为了缔造科学应用工具，他们是试图寻求这个世界存在的终极因，所以，它们是纯粹的哲学产物。尽管它们是我们今天整个科学工具最基本的思维方式。再比如"原子论"，它是当年古希腊哲人追究"质料因"的一个终极结论，它是纯逻辑推演的产物。直到19世纪卢瑟福才把他做成恒星系模型，中间一个原子核，周边有电子围绕着它在虚空中运转。

我们今天的原子物理学、粒子物理学探讨的所有问题，其实都是 2500 年前原子论者留基伯和德谟克利特所提出的问题。迄今物理学前沿还没有探讨完毕。我们今天的粒子物理学探讨的问题，仍然是原子论当年提前涉猎的问题，这叫科学前瞻。这是哲学的一个重大特点，这是我反复讲哲学和科学是一回事的原因。

罗素在晚年写过一本小册子，书名叫《哲学问题》。他曾经专门探讨，哲学和科学既然完全是一路产物，那么它们的区别是什么？罗素把它表达为，所谓哲学就是对科学问题的前瞻性非确定性讨论。请大家回想原子论，也就是在人类距离真正精确地研究原子问题之前 2000 多年，哲学家在纯逻辑上就已经推导出世界万物是由一种或若干种基本元素构成的。在当时它不可能具备非常严谨的原子模型，也无法进行确定性数理处理。这种提前对问题加以讨论，却不能达成精确化定量分析的研究结果，即为科学前瞻的哲学状态。

哲学问题是科学问题的提前探讨，是信息量不足情况下的预先追问或课题准备。因此，它带有科学问题的前导和引领作用，构成科学后继展开的前驱角色。科学迄今仍然解释不了精神是什么，因为精神进不了实验室；也仍然解释不了社会是什么，因为社会也同样进不了实验室。因此，这些问题我们今天照例只能在哲学层面上，以哲学思想模型的方式予以探讨。

为什么国内搞哲学的人，大多是哲学家学家。其中一个很重要的原因是哲科不分家，哲学和科学是一回事。由于在中国当前的中高等教育体系中，文史哲这一块和数理化这一块是截然分开的，理科和文科两路独进，互无交集，这就使得搞哲学研究的人绝大多数对自然科学是陌生的。

要知道，古希腊时代所有的哲学家，基本上都是当年的博物学家。比如亚里士多德，再如毕达哥拉斯是数学家，欧几里得是几何学家。而到近代古典哲学，所有重要的哲学家全都是当年自然科学的大家。比如笛卡尔是数学家、生理学家、机械论者，比如康德是康德－拉普拉斯星云学说的提出者，在他中晚年进行哲学研究之前，他足足教了近20年约40门以上的自然科学课程。比如黑格尔对化学十分熟悉。比如罗素，他对数学的兴趣达到这样的程度，他在15岁的时候曾想自杀，一日看见黄昏天际像血一样的残阳，被感动而终止，据他自己说，他之所以苟活下来，是因为数学实在太美好了。我在告诉各位，西方真正的哲学大家一定是当时的自然科学家，他们通常对自然科学非常熟悉，或至少精深于其中之一门。这就是国内教育文理分家，造成中国的哲学研究停滞不前的原因之一。

我们下面再讨论一个问题。由于国内的哲学素养很差，因此我们经常会听到一些针对哲科学术的不当诠释。表面上看，这些诠释者借助了某些最新的科学进展，比如我们近来见到网络上流传着大量关于量子力学的哲学新探，其中包括某些科学家，都在那里乱说一气。譬如鉴于量子纠缠现象的出现，于是有人便说佛教因此在科学上成立，甚至还做出了这样的哲学性假定，说我们头脑中有一堆量子，我们所谓的外部世界无非是这些量子发生超距纠缠的产物，意思是说外部世界根本不存在等等。这些说法为什么大成问题？是因为他们对哲科思维的内部相互促进作用如何才能达成缺乏了解。

我建议大家读一下量子力学创始人之一薛定谔写的这篇文章，名字叫《自然与希腊人》。他说量子纠缠的问题首先表达为一系列哲科思维尚需纵深的疑点。比如量子纠缠，也就是发现相同的两个或多个量子总是同时超距运动。这种超距作用力，薛定谔认为有两个问题尚待追究。第一，空间是否连续的问题。我们一般人感觉到的空间是连续的，可是空间有可能是不连续的，所谓超距量子纠缠，可能是空间不连续的一种特定表现形式。第二，什么叫作整体性与个体性？当你观察两个或多个量子，它们在超距发生纠缠运动时候，你把它们视为两个或多个个体，这个看法在概念上有商榷的余地，它们很可能是一个整体，而不是分立的个体，人类关于整体和个体的观念，需要重新修正和考究。（我以为还有一种可能：量子纠缠现象所表达的，是在物演的量子阶段或量子层面，多维时空尚未展开的状态。）

大家注意薛定谔的表述方式，他不是瞬间根据一个细小的科学进展，立即对哲学系统加以颠覆，而是对科学研究的这个问题的纵深点再行讨论，这是非常慎重的态度。要知道，在西方哲学史和科学史上，出现过诸多对新发现的自然现象加以胡乱附会而闹出来的笑话，比如在17、18世纪，曾经有西方哲人根据对动物或人体生理学的研究发现，轻率地做出关于社会结构只不过是人体生理结构的内外匹配关系的学说，后来被证明完全是瞎扯。因此我想说明一点，对于量子力学的最新进展，立即做哲学性的颠覆性假设，也许可行，但你千万记住，假设后面需要精密逻辑证明。如果证明不能展开，你就一定要探讨你所说的根据本身是否还需要深究。

我举一个例子，比如量子力学谈能量。所谓量子就是最小的能量包，也就是能量的最小单位。可迄今物理学，包括量子力学在内，说不清能量是什么。要知道人类在过去说不清物质是什么，在爱因斯坦狭义相对论解决时空关系以后，他的相继逻辑推导，得出能量和物质是一回事的结论。这就是著名的质能方程 $E=mc^2$，能量等于质量乘以光速的平方。它第一次确立了物质就是能量的特定转化形态，人类第一次知道了物质在科学上的终级表述。可是留下一个问题，什么叫作"能量"？这个问题，即使在相对论，即使在量子力学，迄今仍然没有做出最后的回答。那么在一个科学系统的问题没有得到终极论证以前，你急切地拿它做哲学论证，显然你的证明系统无法达成。所以，哲科虽然是一个系统，但是这两者之间的前瞻性对应关系，你必须做精密逻辑证明，而不能随便给出结论。

为什么做哲学研究的人一定要有科学素质？是因为科学提供了最有效的新信息。请大家听懂我这句话。我们今天是信息时代，大量的信息扑面而来。但信息绝不是知识，信息必须在精密逻辑的整顿之下才构成知识。信息是客观的，知识是主观的。只有经过主观的广义逻辑精密整顿，信息才转化成知识。由于科学是哲学精密逻辑的伸展产物，因此它提供最有效的新信息增量，从而成为一切新哲学思想得以发生的基础，这就是哲学和科学的关系。

我再重申一遍，哲学是科学之前瞻，科学是哲学问题的精确化临时表达。

我们下面再讨论一个问题，我们在国内见到某些自认为对科学非常谙熟的学者，对哲学大加贬低，说哲学死亡了，说哲学讨论的都是伪问题，甚至说哲学纯属胡搅蛮缠，这种说法是对哲学与科学之间的内在关系完全无知的表现。要记住，科学是由哲学引导而发生的，科学本身内涵的是哲学灵魂，哲学是在信息量不足情况下对科学问题的前瞻性讨论，因此哲学与科学本是一家。而且，哲学一定比科学长命，哲学导出科学，哲学引领科学。尽管科学是对哲学前瞻性问题的精确化表述，但它并不是终极真理，它将在新一轮哲学的前瞻性探究与质疑之下而被证伪和颠覆。而且科学一定是最短命的东西，因为越进步、越高级的东西，一定是越飘摇的东西，反倒是越低级、越原始的东西一定具有奠基性、决定性和稳定性的质素。因此，我们可以预见，当科学消亡的那一天来临，哲学还将继续存在；就像今天哲学已处于摇摆动荡之时，神学照样还笼罩着80% 以上的人类是一样的。这里的关键在于，任何学术都不是真理，它只不过是一脉思绪的失稳递进过程，是信息增量整顿模型的自然演化方式或自发衰变进程而已。

我反复强调，科学绝不是真理，这是西方所有科学家都非常清楚的事情。我在这里再举一个例子，还是那个量子力学创建者之一的薛定谔，他在一篇题为《科学与人文主义》的文章中探讨了一个问题，他说科学一定是有偏差的，这个偏差直到研究量子力学的时候才被发现。就是科学家通常把自身置于世界系统之外，成为一个外在而孤悬的观察者。实际上人是世界客体系统的一个组分，人观察事物一定会造成对象干扰。而且你观察万物，是借用你自己有规定性的感知属性，将其施加于外物之后的耦合产物。你根本不可能超脱于外物客体系统，你也根本不可能孤悬在外面观察对象。但一般科学却总是把自己设定在外置的、孤悬的状态下或立场上，因此它给出的研究结果一定会出偏差。

过去，由于科学只研究宏观问题，这个偏差可能显现不出来，或者可以忽略不计。到量子力学，海森堡提出"测不准原理"，就是观察者自身一定会对观察对象产生扰动。从哲学的、反思的角度看，你的感知本身是有规定性的，它会给对象系统造成扭曲；从物理的、直思的角度看，你自身就是外物的组成部分，它会对依存关系造成干扰；这是无可规避的场景，你怎么可能客观地、孤悬地、外置地考察对象呢？因此，请记住，一切学术，包括一切科学在内，都只是对象的主观认知模型，而不是客观世界的真实描述。

好！我对哲学的基本状态做了三点诠注。第一，追究终极。不在表浅的多因素层面探讨问题，而是不断深究其终极因，并且在思维展开的链条上不断逼近逻辑极点，形成公理系统论证。第二，广义逻辑反思。用思想反过来拷问思想，拷问感知，从而使得我们知道我们的感知本身只是一个主观感应属性，其感知结果也只是一个主观扰动模型，这是哲学远远高于科学的深邃眼量之所在。第三，科学前瞻。它是科学要素和科学问题在信息量不足的情况下所进行的提前探问，因此它具有引领科学诞生和引导科学发展的先驱作用。我们把这个思想系统总称为哲科思维模式。

附谈：依赖模型的实在论

我们前面讨论了哲科思维的基本特点，我们下面可以再对它做一些评价。

首先，无用如地基。因为它是纯逻辑游戏，因为它不着眼于实用，也就是它不受实际运用的眼界局限，因此它能够纵深展开。这就好比你盖一座大楼，你首先得打地基，地基占掉一座大楼最主要的工程部分。可是地基却是不能住人的，这个不能使用的基础部分就是我们思想大厦的根基所在，哲学就是奠定这个部分。

我举一个例子。传说泰勒斯每天晚上观察星空，有一天不小心跌落在一口枯井之中，他的婢女，也就是他的女仆，把他从枯井里打捞上来，然后就问他，你连你鼻子跟前的井口都看不见，你整天仰望星空干什么？泰勒斯很尴尬地一笑说，惟其我看不清鼻子底下的枯井，所以我是泰勒斯。大家知道"仰望星空"这个词，就来自于泰勒斯的这个故事。后人用仰望星空来表达哲学思境的深远而无用。它说明什么？说明眼界深远、思虑纵深、不求实用、集注精神，发掘思想深层的逻辑潜力，是哲学的基本思维方式和智能调动方式。

第二，怪诞而深奥。就是哲学探讨的问题多是一些非常奇怪和非常偏僻的问题，甚至是不着边际的问题。比如毕达哥拉斯学派，他们当年全副精力探讨奥菲士教派的神怎样运作这个世界。他们用纯数学的方式，建立了数论的整个逻辑系统。要知道毕达哥拉斯当年，已经用数学方式把十二音律全部计算完毕，后人再加不进去任何一条定理。他的学团会去探讨如此抽象的纯数学问题，这在中国传统文化中是无法想象的。大家想想中国先秦诸子百家，他们讨论的问题，何曾有过纯数学、纯逻辑问题。

毕达哥拉斯有一个学生，名字叫希伯索斯。他有一次发现了一个很奇怪的现象，就是正方形的边长与对角线的比例关系，居然是无限不循环小数。也就是说，小数点后面永远没有终结。这种无限不循环小数可以在诸多方面发现，比如圆周率，也就是圆周长与直径的比例，也是一个无限不循环小数，还有 2 的开方，都是无限不循环小数，这就是我们今天所谓的无理数。希伯索斯发现无限不循环小数（无理数），由于他违背了奥菲士教派和毕达哥拉斯学团一贯以有理数的规范方式解释世界的基本原则，因此引起毕达哥拉斯学派的巨大震动。

大家要知道，无限不循环小数意味着什么？为什么叫它无理数？是因为数值在数轴上是可以连续排列的。如果突然发现一个在逻辑探求上的数点，永远找不见它的具体位置，小数点后面是无限不循环的数字延展，就意味着这个数点在数轴上无从安放。几何学描述的是空间，数学在某种程度上描述的是时间。就我们一般的感觉而言，空间和时间都是连续的，因此在数学上，一般的数论，直感上数轴是一个连续系统。可是希伯索斯发现无理数，就会出现一个重大麻烦，就是数轴居然是断裂的，时间和空间有可能是不连续的。也就是在一个数轴中有一系列位点居然是摇晃的、不确定的，这给毕达哥拉斯学团的宗教信仰带来严重冲击。

冲击到什么程度？希伯索斯受到学团其他成员的猛烈攻击，不得不逃亡避祸，他在过一条河的时候被人发现，惨遭夺命，投尸中流。古希腊人为了研究这些纯逻辑游戏，居然认真到要杀人的程度，真是令人惊诧！

毕达哥拉斯学团当年其实有很多极荒唐的规定，比如不准吃豆子，不准坐在翻置的桶底上，不得俯身在地上捡东西，以听见白色的公鸡打鸣为不祥，等等。作为一个教派，表现出颇为荒诞的一面。但是它从宗教角度探究这个世界的本原，逻辑精密程度居然导出无理数的发现，以及对无理数的无穷追究。最终直到2000多年后的19世纪下半叶，无理数的数学涵义才真正被搞清。我们可以由此看出它的怪诞程度和深奥程度。

我再举一个对应的例子。大家知道明末西方传教士进入中国，早期最有名的就是利玛窦。利玛窦来到中国以后，收了一个基督信徒兼学生，这就是中国文化史上著名的徐光启。后来徐光启与利玛窦合作翻译了欧几里得的《几何原本》。徐光启对此做过一个说明，他说《几何原本》这本书虽然看起来毫无用处，却是任何人要进行精密逻辑思维训练的基础工具。可见徐光启对欧几里得的几何学在当年是有相当深入的理解的。

徐光启翻译《几何原本》，这是明末的事情，比古希腊时代已经迟了1000多年。可当翻译到第六卷的时候，徐父突然逝世。此时徐光启本人虽已加入了基督教，但是中国的重德文化仍对他构成沉重的压力。按照中国的孝道文化，父亲逝世他必须回家守丧，于是被迫中断译述工作，返乡为父亲守丧三年。三年后他重归故地，利玛窦却已谢世作古，二人合译的《几何原本》就此中断，成为残篇。直到清朝中期以后，事隔200多年，《几何原本》才在中国翻译完毕。

这个例子说明什么？说明重德文化和爱智文化的差别何其之大。即使是徐光启这样已经理解爱智文化的精要，并且长期浸染于其中，他都会因为重德文化的社会氛围而大受拖累，以至翻译中断。这种被重德社会所牵制的情景，与那种被爱智文化所鼓动的情景，一方是一举一动均为强硬的人际关系压抑束缚，另一方是为一道严密推算的数学难题动刀搏命，体现着两种全然不同的文化生活状态或文化境遇之别。

第三，纯逻辑工程。也就是它所探讨的问题没有任何现实意义。我也举一个例子，柏拉图因与毕达哥拉斯学派接触而发生思想转型之后，他在文章中探讨过一个问题，即正多边形问题。比如正五边形、正八边形、正十六边形、正三十二边形，你可以无穷地放大，把这个边变得越来越多，画一个圆，贴着圆周，不断地做内切等量多边形，这叫正多边形。柏拉图为什么要探讨这样一个毫无用处的奇怪问题？请大家试想，圆周怎么测量。要知道曲线是无法精确测量的，于是圆周的长度就无法进行精确计算。只有一个办法，就是把正多边形做得越来越多，以至于做成无穷量的多边形，然后测定每一个边的直线距离，这样才能得出最贴近于圆周长的计算结果。

我们讲微积分是牛顿和莱布尼茨同时发明的，这已经到 17、18 世纪了。可是早在古希腊柏拉图那里，将正多边形和圆形的关系作为微积分数学的纯逻辑探究已经开始，这说明此类纯逻辑运用达到了一个怎样的境界。请大家比较一下，我们中国文化跟这种思绪是完全不同的。我们这边的主体文化格调，用孔子的原话叫"述而不作"，就是我只叙述前人的东西，绝不创新和创作。它与追究终极、不断探问、持续纵深的风格是完全相反的。哲科思维讲假设与证明，证明的过程要求不能出现逻辑断环，在纯逻辑上一步一步推进，环环相扣。而中国文化讲"微言大义"，也就是用最小的脑力与最少的语言得出最重大的价值判断和结论，这又跟精密逻辑证明相反。

哲学的另一个特点——科学前瞻，提前讨论由纯逻辑引出的问题展望。而中国社会的基本文化我把它叫人伦社会关怀，或者用中国古代的一个词汇，叫社稷关怀。社是中国对土地神的祭祀，稷是对谷神的祭祀。中国的社稷这个东西就是指中国的农业文明基础及其相应社会构型。中国文化是社稷关怀，而西方哲学文化却表达的是纯逻辑证明，这种对应性的文化反差，构成东西方思维方式的重大分野。

因此西方哲学，我们可以把它总结为两句话。第一句话，它是智慧游戏与逻辑通道。它始于游戏，终于通道，介于科学。所谓通道者，开辟精密逻辑的路径，拓展理性思维的前途。第二句话，它是理性运动的逻辑基础。所谓理性运动就是指纯逻辑推理，此乃整个理性思维得以展开的训练过程和运作基础。这种纯逻辑游戏就相当于电脑中你看不见也调不出的那个基础操作系统，有了这个基础操作系统，应用软件才可以不断地在上面接续和生发。请设想一下，如果你的电脑里没有这个基础操作系统，你的电脑会成什么样子，你的应用软件会浅薄到何等程度，这就是理性运动的基础。在我们国人的思维方式和文化构型中，这些东西恰恰是最为缺乏的。

即使我们今天学习来自西方的由哲学导出的科学，我们其实并没有脱离传统实用性思维的这么一个浅层运作方式。中国学术历来讲"学以致用"，讲"知行合一"，这跟西方专门研究无用学问的那个古希腊哲思完全相反。荀子在他的书中讲"学至于行而止矣"，就是一个学问如果能够实际应用，它就达到了最彻底的深度。大家再看《中庸》中有一段话表达孔子的同样看法，它讲"博学之，审问之，慎思之，明辨之，笃行之"。其整个思辨目的，或者整个思想高点，最终落脚在"笃行之"这一点上，也就是一旦能施行运用，学问到此为止。宋明理学的重要奠基人朱熹说过一段话，他说"学之之博，未若知之之要，知之之要，未若行之之实"。他说学问之博大，在于要能够梳理知识之要点，他说知识的要点在于能够落实为有效的行为，这都是中国学术的衡量尺度。它表达着中国文化或者狭义哲学以外的文化基本形态。这就导致其他文明的思想潜能之调动受到限制，这就导致古希腊哲学终于成为最具有后续延展性的思想通道。

我把课讲到这儿，我想大家应该明白，我们人类的所有知识都不是客观世界的直接反映，而是主观感知模型或主观逻辑模型。所谓宇宙观、世界观，你都一定要理解它绝不是宇宙和世界的本真反映，它实质上只不过是一个逻辑观，或者更准确地说，任何宇宙观和世界观其实都不过是一个主观逻辑模型体系而已，这就是哲学探究最终达成的知识论效果。这也就是我一再讲，一切知识都只是一个主观思维模型，而不是客观世界的本真反映。理解这一点，你才能理解人类文化和思想的精要。人类文明不是建立在客观世界之中，而是铺垫在思想家的思想通道之中。须知所有动物都生活在客观世界之中，它们为什么不创造文明呢？人类文明是在人类智能潜力的调动基础上，通过纯思想的虚拟、假设以及严密证明，然后得出符合逻辑的知识体系，并依次不断更新、接续延展所铺垫而成的产物。

这都是大家要建立的基本观念，它和我们原有的观念存在着很大的区别。但你只有理解这些东西，你才能真正理解人类文化、人类文明乃至人类知识的构成基础。

我们的知识既然只是一个主观逻辑模型，那么这个逻辑模型为什么能够指导我们的实际生存？这当然是一个严重的问题。也就是说，我们的感知是在一个封闭通道中运行的，我们并没有感知之外的另外一条通道抵达外物。因此，我在书中把它描述为形而上学的禁闭。所谓"形而上学禁闭"，你可以转用更简单的方式理解，叫作"感知通道禁闭"。因为，我们所说的世界永远是我们主观感知中的世界，我们并没有主观感知通道以外的另一条通道抵达外物。这也就是为什么即使在今天的中国，也有人提出"全知论"，就是我们所说的世界永远是我们主观感知的总和。

其实这个观点在西方哲学史上早就给出证明了，可仅仅停留在这一点上是不够的。因为这里有一个问题，我们的感知是什么？我们的感知既然只是一个封闭的主观通道，它为什么跟我们的实际生活即外部世界的对接有效？而且，我们的感知逻辑模型为什么不断地发生变革？这些问题仅用"全知论"是不足以回答的。所以"全知论"只说我们的世界永远是我们的感知模型，这在哲学上只相当于进行了一番入门概况介绍，亦即相当于只做出了一个最简单的事实陈述。可为什么这种介绍或陈述是有价值的？是因为它纠正了一项非常普遍的认知错误，即以为我们的感知是客观世界的真实反映。实际上，我们一切感知、一切思想、一切知识、一切学说都不是客观世界的真实反映，而仅仅是一个思维模型。

但这里发生了一个问题，这个思维模型为什么是有效的？为什么在我们的日常生活中表达为和这个世界充分对接？这是我们后面要逐步讨论的问题。我希望我后面讨论这些问题的时候，即使并不直接针对这个问题而发，大家也能听出其中的韵味，它的难度是很高的。

大家先看一下斯蒂芬·霍金对这个问题的表述。我之所以引用它，是因为霍金有较大的影响，而且他是当代著名科学家，占据当年牛顿在剑桥大学三一学院的首席物理学教授这个教职。我前面讲过，西方真正伟大的科学家对西方哲学都是非常熟悉的，因为哲科思维是一个体系。西方科学家即便不读古希腊乃至西方哲学史上的原著，他们的思想方式都深受这些东西的浸染，就像中国绝大多数人并不读孔子、老子、韩非子，可是中国传统文化在我们的精神底层其实都有非常深刻的濡染是一样的。霍金曾经在他的一本名叫《大设计》的哲学书里，表达了我们的知识与这个世界的关系。他用了这样一个词组，叫作"依赖模型的实在论"。请注意，我在前面一开始就讲，我们所看到的世界，古希腊哲人认为它不是世界的"实在"和"本真"，它只是虚幻之象。"实在"是"假象"后面的那个"本体真存"。什么是"实在"？思想模型才是"实在"。因此霍金讲，人类的知识其实只不过是一种"依赖模型的实在论"，所依赖的模型就是思想模型，就是感知模型。

他举了一个例子，他说这就好比鱼被养在圆形的鱼缸中。由于鱼缸壁是一个曲面，所以鱼缸中的鱼看待外部世界永远是在一个弧镜中成像的，因此，它一定认为这个世界就像我们在哈哈镜里看到的世界，虽是一个被扭曲的形象，却全然不能自觉。他说我们人类的感知就相当于鱼缸的那个曲面投影，我们的感知不是真空，不是外部世界的直接反映。因此，我们要用我们的感知规定性塑造一个外部世界的渲染模型，然后拿这个模型跟外部世界对接，这叫"依赖模型的实在论"。我想懂自然科学的人应该都能理解这句话的意思。比如在我们人类的感知体系中，我们是生活在四维世界中的，也就是长宽高空间三维和时间一维。爱因斯坦把时空糅合在一起，这就是我们生活的四维世界。可是在物理逻辑上，今天已经推导出十维、十一维的世界模型。哪一个模型是真的？我们说不清楚，因为我们的感知是被局限的。

霍金又举了一个例子，他说科学上讲的所有东西都只不过是一个逻辑推导的产物。比如他说科学家从来没有见过电子，尽管我们今天所有科学技术的应用成果大多奠基于电子之上，可是谁都没见过电子。因为，电子只不过是 1897 年汤姆逊通过阴极射线所发现的一个现象。从阴极射线管射出来的电子流，如果给底下放一块恒磁铁，电流本身会发生偏移，这就是电子在逻辑上推导为负电荷系统的依据，请问有谁见过电子？

再比如夸克，谁也没有见过夸克。夸克是强子结构中的一个逻辑成分，比如质子就属于一个强子结构。在今天的物理实验中，夸克从来是打不出来的，也就是物理学在理论上都认为没有自由夸克。那么夸克这个东西是什么呢？是对物理学粒子现象的一个逻辑推导产物。世界上没有任何人见过夸克，也没有任何人能够证明有自由夸克存在，这就是科学。科学是什么？一个精密逻辑的推导模型，所以请大家理解，我们是在这个体系上建立了我们今天的世界观、宇宙观和知识体系。

所以大家读我的书，早在 20 年前我就在书里讲，我们人类的感知表象至少可以分三个层次呈现。在感性上，我把它叫"直观表象"；在知性上，我把它叫"识辨表象"；在理性上，我把它叫"模型表象"。很巧合，跟这个"依赖模型的实在论"的表述完全一致。大家想想我们今天理会的世界，是在数学坐标系上建构的。这个世界有坐标系吗？坐标只不过是一个理想模型，只不过是一个逻辑模型。但你只有在这个系统上才能理解这个世界。所以我再度强调，我们的一切知识只不过是一个主观思想模型，这是西方科学家都非常清楚的事情。

霍金接着进一步解释，他说分辨模型的好坏，或者建立模型的标准有四条：第一，它是优雅的；第二，不可任意调整，即十分精确；第三，可通过预测等加以检验；第四，可被证伪，就是可以证明它最终是错的。请大家注意听一下这四条标准：什么叫它是优雅的？你怎么判定它优雅还是不优雅；它是精确的，你怎么判定它为精确？如果它最终被证伪，就说明它还不够精确，至少不确定；它是可以加以预测的，所谓预测就是可以用感官证实，这在科学上叫实证。你仔细看这四条，没有一条是非主观的。

而且霍金不能回答三项问题：第一，为什么会发生逻辑模型变革？大家知道人类的宇宙观、世界观和知识体系是变动不居的，是不断被证伪以后，再创造新的逻辑模型和新的理论学说。为什么逻辑模型总是不能稳定？第二，他说一个好的逻辑模型一定是方便的，也就是宇宙这块表壳打不开，你站在外面可以猜测这块表怎样运行，那么你有多个运行模型，你会采取哪一个模型呢？霍金认为哪一个方便就采用哪一个。可是正确仅仅是方便吗？实际上人类的逻辑模型或者学说体系，一直是越来越复杂，越来越不方便，以至于今天绝大多数人都沦为科学外行，可见事实上是越来越不方便的。第三，模型、正确、方便，这些概念究竟是什么含义？我们在霍金的著作中都得不到回答。在哲学问题的探讨上，显然还有更加纵深的疑问和探求余地。当你理解古希腊哲学所引出的问题，以及最终发展出科学成果以后，人类的思境仍然有无穷的扩展边界。人类的知识，人类对世界的理解，迄今仍然只是一个边缘性的探索，这就是哲学所揭示的人类知识底蕴的深层状态。

关于哲学的基础问题，我就简单讲到这里。各位至此应该明白一个道理，就是唯心主义哲学、认识论哲学，它实际上是对人类精神的探查，是人类思想不断纵深的产物。它不是你简单用批判否定的方式就可以处理的一个问题。在哲学史上，人类的思境越走越深，才导出科学上连续分化和细化的研究领域，这是大家要特别小心的。

辩证法：理性逻辑的初始形态

如果听懂前面的部分，你对原来抱持的唯物反映论这个世界观可能会产生基础性动摇。其实我们只是站在另一个角度审视"认知过程的生存维护效应"，或者说是重审"宇宙—人生"的相互关系，其间并不排斥物质系统的客观存在及其基础作用。

下面讨论辩证法。因为国人的基本思想架构是辩证唯物主义，那么我们就很有必要稍微讨论一下辩证逻辑。我一点都不想颠覆大家原有的看法，我只是想告诉各位，如果你要想了解西方哲学，如果你要想了解科学的根基，你必须知道人类思想伸展和运用的方式。

我们先简单看一下辩证法的思想位阶。我在老子课上已经讲过，我说辩证法或辩证逻辑是人类理性思维的初级阶段，请大家记住我这句话。由于马克思主义的重要组成部分之一是黑格尔的辩证法，因此国内把辩证法抬高到惊人的程度，认为辩证逻辑是人类思维逻辑的最高端。这是一个重大误解，因此我针对这个问题做一个最简单的说明。我不用纯哲学的方式表述，尽量用大家能听明白的方式表述，尽管我下面讨论形式逻辑和理想逻辑的时候可能会涉及一点稍微复杂的问题。我不知道我是不是能讲得让大家通透，我们尝试一下。

辩证逻辑是人类理性发展的低级阶段，这句话什么意思？首先大家要知道，从人类思想史上看，辩证逻辑是人类最早的理性逻辑形态。中国早在 3300 年前，甲骨文还没有形成，以《易经》为代表的阴阳两爻文化就已经普行，所以中国原始思维的初始奠基就实现在辩证法上。这个话题我们将来在讲《易经》的时候再展开。大家知道，中国思想史上最早的思想家，比如老子（讲"反者道之动"），比如孔子（讲"中庸"），建立的都是辩证观念。西方照样，古希腊早期的哲学家如赫拉克利特，包括巴门尼德，包括柏拉图，他们使用的都是辩证法思维。

辩证思维表达为人类思想史上的先行原初思维模型。为什么？是因为人类早期的信息量很低，用辩证逻辑处理理性问题，表现出最简捷的状态。辩证法的简捷状态，我们可以这样来看，最典型的表述就是 AB 两点可以互相转化，用我们中国人的描述叫矛盾论。大家看看辩证法的思维模型简单到何等程度，它说 A 之外通称为 B，相当于我们在矛盾论中讲，矛之外通通是盾。大家知道，矛以外还有万千物象，并不都是盾。可是辩证逻辑怎么处理呢？它把 A 以外的东西全处理成 B，把矛以外的东西通称为盾。矛以外的东西太多了，比如杯子，比如麦克风，比如电脑，比如桌子，它都不是盾。可是在辩证逻辑中统统把它归之为盾，或者将 A 以外的东西统统归之为 B，这显然是一个极为粗糙的逻辑模型。

它处理什么问题？处理"知性形式逻辑"的同一律，A=A。这个话什么意思？我们后面再谈。我只是想告诉大家，辩证逻辑是人类处理"同一律"问题，也就是"A=A"这个问题的最简单思想模型。换言之，辩证逻辑是一个典型的相对主义的主观建构模型。什么意思？比如在辩证法上，就是在日常概念上，我们是怎样运用的？比如前后、上下、左右，什么叫前？以你为中点，前面叫前，后面叫后，如果你往后退几步，那个原先的后就立刻变成了前，也就是前后、高下、左右，这些概念全是相对主义概念。我们为什么会这样处理概念？我们为什么没有确定的前、确定的后、确定的上、确定的下、确定的左、确定的右？是因为我们人类的生存处在时空失位状态。这个话我很难用非哲学的语言表述，我只能说它是人类迫于失位存在状态或失存演运倾向的一种寻觅定位与定在的摇摆求存方式，这话含义是什么？只能请各位自己课后去读书琢磨了。

那么辩证逻辑，它是人类建立识辨方式的一个动摇状态的整理。我说过，人类的感知必须把外物的无级变量分解为明确的边界变量，比如你把连续波长360纳米的光波，要分割为150种以上截然不同的色觉。它表达的是建立识辨反应的需要，这个识辨反应是非常复杂的。当对象无限复多化的时候，识辨过程就会发生混乱和动摇，辩证逻辑就是用最简洁的方式克服这种动摇的一个主观整顿模型。

我讲到这儿，可能大家还没有完全理解，我们下面讲形式逻辑的时候再讨论。

人类早年认识世界的时候，就像我们处在儿童时代，那个时候我们看世界是完整的、持恒的，或者说是稳定不变的。我们只有年长到一定程度，智力发育到一定程度，信息量增大到一定程度，才会发现和理解这个世界居然是流变的。到这个阶段，辩证逻辑就要处理一个问题，或者人类知性逻辑就要处理一个问题，这个问题就是万物为什么会流变？以及如何变化？辩证逻辑是对这个最基本问题的最简单处理，这就是"AB之间可以互相转化"的解释模型之来源。

辩证逻辑属于知性逻辑，这是黑格尔本人的表述。黑格尔认为在知性逻辑以后，有一个比辩证逻辑更高端的逻辑形态，他把它叫思辨逻辑。可见黑格尔本人也认为辩证逻辑不是最高级的逻辑阶段。辩证逻辑为什么在我们的日常生活中表现出最大的用途，甚至90%以上的情况我们都运用的是辩证逻辑，是因为越原始、越低级的东西，越具有奠基性、决定性和稳定性。越简单的模型越有效，使用起来越便捷、越稳定。因此我们在日常情况下，使用逻辑模型都是选择最简单、最原始的底层模型。

人类的下中枢叫下意识，由脊髓决定。我前面讲过，比如你骑自行车，真正熟练以后，你是把它交给脊髓管理的，反而是在初学的时候，你得调动高端思想，调动大脑皮层，竭力控制自己，即便如此你还不免摔倒。它说明什么？说明我们人类运用智慧的方式，是尽可能把调控任务交给低级中枢或低端逻辑来运行。所以一旦你熟练以后，你骑自行车就已经不用大脑皮层控制，而是交由脊髓来控制了。它说明越低端的东西，越有效越稳定，这就是人类的用智方式。因此辩证逻辑惟其低端性和稳定性而表达出它的有效性，这都是辩证逻辑的基本特点。所以千万不要把辩证逻辑视为人类的高端逻辑。

当你面临诸多复杂条件，日益增多的对象呈现，你已经无法再用简单的逻辑模型来处理的时候，高端逻辑自会呈现。所以把哲学或逻辑学叫作思想方法，这个说法是不成立的。"思想方法"这个词很容易让我们产生一种错觉，以为某种思想方法你是可以随意选择的，但实际上我们用智的方式是不由我们选择的。当你处在原始低信息量阶段，或者处理的问题是低信息量的简单问题的时候，你不自觉地就会用低端逻辑。当你面临高端复杂问题的时候，你不自觉地就得选用高端逻辑来处理，这里没有选择的余地。

黑格尔有一句名言，大意是说一个人不懂得食道如何蠕动的生理学，一点都不妨碍他的食道继续正常蠕动。这句话的意思很明确地告诉大家，你所使用的思想方法，不在于你从显意识中能否主动选择调配，而在于你处理问题时所面对的信息量或复杂程度，此刻你会自然调动对应的思想方法，哪怕你并不自觉，这就是我们的不同逻辑层级的显现状态。

黑格尔在论述辩证法问题的时候，着意搞得特别复杂，但实际上他的研讨非常过时。因为早在 2000 多年前，古希腊哲人和中国的《易经》一直到老子的《道德经》，都在深入地讨论辩证思维。那么黑格尔为什么非要用辩证逻辑不可？是因为他要回应康德探讨理性终极问题遗留下来的二律背反困境，以及作为对象的自在之物与精神主体之间的关系。所以要读懂黑格尔，前提条件是你必须读懂康德，然后你必须读懂黑格尔的"绝对精神"是什么含义。黑格尔讲，绝对精神的异化就是对象系统，感知过程就是使之复归于理念的同一过程，这叫辩证法的"正反合"运作。黑格尔的"绝对理念"的确有其道理，它无非就是柏拉图"理念论"的继承。其切近的思路背景是，在近代古典哲学清楚认识到我们的感知是一个主观封闭通道以后，对万物或者对我们人类所说的对象是什么，所进行的另一番追究，只不过是他找不见恰当的探讨方式，因此借用人类最原始、最简洁的辩证逻辑模型来胡缠。所以读懂黑格尔哲学的关键，在于理解"绝对理念"即是指感知封闭系统本身的不可逾越性，此乃黑格尔哲学中的合理要素。

由于黑格尔在他的《逻辑学》和《精神现象学》中对辩证法做出了不恰当的过度抬举，因此现代逻辑的重要创始人之一罗素，在他的《西方哲学史》一书中曾经就黑格尔哲学给以这样的评价，我引用他的原话："黑格尔的学说几乎全部是错误的。"我声明，我并不认为罗素的评价是绝对正确的，但是罗素在逻辑学上对黑格尔哲学的评价是有道理的。他站在高端逻辑的立场上对原始低端辩证逻辑本身被过度拔高所给出的批评是有见地的，这是大家要特别注意的。

我们下面简单讲一下辩证逻辑和高端逻辑的关系。为了澄清这个问题，我们先看亚里士多德提出的形式逻辑。在国内，各位从中学到大学，学习了马克思主义哲学，经常见到马克思主义哲学使用两个由黑格尔创立的对应词：一个叫"辩证法"，一个叫"形而上学"，应该对这两组词汇都很熟悉。所谓"形而上学"，在马哲里或者在黑格尔那里就表述为静止地看待问题的哲学方式；所谓"辩证法"，就指的是运动地看待问题的哲学方式。但实际上什么叫形而上学？我在前面讲过，相当于亚里士多德所说的"物理学之后"（metaphysica），所以"形而上学"这个词，站在古希腊狭义哲学的基础和纵深程度上讲，它是"哲学"这个词的亚里士多德式的有效表述，或者恰当翻译。实际上亚里士多德建立的逻辑学叫"形式逻辑"。所谓"形式逻辑"，就是抽掉对象的具体要素，看逻辑形式怎样运行，被亚里士多德总结为三条，叫"同一律、排中律、矛盾律"，之后又被德国近代古典哲学家沃尔夫和莱布尼兹追加上第四律，叫"充足理由律"。黑格尔把它准确地指定为知性逻辑的典型形态。

好！我们下面看一下形式逻辑之三律和四律的状态。形式逻辑的第一定律是"同一律"，最简单的表述叫作"A=A"。大家听起来觉得这完全是一个同语反复，主语和谓语没有任何区别，它为什么是形式逻辑的最重要核心定律？要知道人类的感知系统是为了达成识辨反应。大家想，如果我们面临的对象是单一的，那么我们就没有必要去识辨对象，也就是没有必要去识别对象，是不是这样？

我们假设，在宇宙刚刚发生的时候，世界上只有两样东西：夸克和轻子。对于电子、轻子来说，或者对于夸克来说，它们各自的对象都是单一的，电子只面对夸克这一种东西，反过来也一样，夸克也只面对电子，此外别无他物，这叫 A=A。也就是当物从"一"分化为"多"的时候，如果它面临的认识对象仍然表现单一，那么它跟对象建立依存关系就没有选择性障碍。可是大家设想，这个宇宙的演化过程是一个分化过程，宇宙最初是一个奇点，被巴门尼德表述为"存在是一"；大家再想老子说一句话"道生一，一生二，二生三，三生万物"，这里都表达的是分化进程。那么宇宙最初从能量这个"一"的奇点分化出夸克、轻子、玻色子，分化出"多"，这些最基本的粒子再演化出，或者说构合分化出更多的基本粒子和92种天然元素，这92种天然元素继续分化出近千万种分子物质，这些分子物质在构合分化的进程中，再分化出上亿万种生物。我们会发现，宇宙的物质演化过程就是一个分化过程。

当你面对诸多对象的时候，你在单位时间内只能依存一个对象。要知道分化过程就是原来那个"一"的残化，因此所有分化物都有一种内在追求合一的倾向，我们把这个过程叫作"依存"，也叫作"结构"。我们达成依存和结构的手段叫"感应属性"，或者进而叫"感知属性"。那么当对象复多化的时候，所有的对象都是你的依存物，都是你的存在条件，或者说都是你的生存条件，而你在单位时间只能依存一个对象，这个时候你怎么办？你当然得在诸多对象中确认并捕捉眼下最为首要的那一个依存对象，而不能在诸多对象中发生混淆和动摇，这叫 A=A。

五亿年前，原始低等水生动物——扁形动物开始出现视觉。在单细胞生物的时候是没有感官的，细胞进行外部物质识别和外部能量代谢，是通过细胞膜上的受体进行的，它只能分辨宇宙中的部分原子和离子。随着自然分化越来越复杂，到扁形动物阶段，出现视觉，也就是五官中最早发生的感官。据生物学家研究，最原始的视觉并不能看见复多的对象，只能看见跟它生存相关的依存条件，这叫 A=A。

我们讲哲学课非常困难，因为我如果用 A=A 这些话表述，大家一定全都瞌睡，因此不得不借用科学的语言和直观的实验来给大家讲课。这种讲课方式距离你真正读懂纯逻辑推导的哲学思境相距甚远，所以大家千万不要把这节课视为是真正意义上的完整的哲学课，它只算哲学基础综述和启蒙。

我讲一个实验。生物学家做一个圆盘，在上面放一只蟾蜍，也就是我们通常所说的癞蛤蟆，在这个圆盘上扣一个玻璃罩子，把蟾蜍拘于其中。然后在外面挂一个像昆虫一样的条形物，但是把它纵立起来，在外面旋转，蟾蜍不做丝毫反应，表明蟾蜍看不见它。当把这个外置的条形物放倒，并施加以适当振动的时候，一旦这个圆盘再转动起来，蟾蜍就会始终跟着这个条形物转圈。它说明什么？——这个时候蟾蜍才有了视觉反应。此项实验表明，蟾蜍的视觉只能看见平行运动的条形物，也就是模仿一只肉虫蠕动的形象，蟾蜍的视觉才会有效。发展到蟾蜍这样高度进化的卵生动物之时，它的视觉居然还是局限于单一对象的，只能看见它所要依赖的条形爬虫，对其他无关的复多对象，它在感性知觉中会自动排除，这叫A=A。

　　我再举个例子。假如眼下你已经不是扁形动物，也不是蟾蜍了，你已经变成了一只鸟，你已经变成了脊椎飞行动物。一只鸟要在树上找到一条虫子，此时它的感知对象已经高度复多化，它既能看见树干、树枝，又能看见树叶、残花，还能看见树皮上的各种条纹。然后它在这些纷繁晃眼的复多对象中，必须分辨出那只与树皮裂纹十分近似的昆虫，而不能随便撞在树干上，或者不停地绕着树叶乱飞，这样会过度地消耗它的生物能量，且完全属于无效消耗。于是它必须在 A、B、C、D 等无限复多的对象中选择捕捉那条虫子，这叫 A=A。也就是在复多对象中，第一时间找见首要依存物的识辨反应，叫作 A=A。

　　形式逻辑的第二律谓之"排中律"。它的哲学表述是"A 是 B 或不是 B"，它是什么含义？它的意思是，当复多对象已然呈现，A、B、C、D……都分化而出，我要依存 A 的时候，B 却在干扰我，我得不断地在 A 和 B 之间做出分辨。在复杂分辨的过程中首先得确定所要依存的那个对象 A，其次它还得将 A 以外的其他不同对象明确认定为 B，也就是断然不可发生游移不决的局面，这叫排中律。可见排中律是什么？ A=A 不能保持，A=A 被复多对象干扰，为此而简捷迅速地排除这类知觉干扰，叫排中律。

形式逻辑的第三项叫作"矛盾律"，也叫"不矛盾律"。它的哲学表述是"A 不是非 A"，什么意思？它是讲 A 又在排中律那里发生了动摇，由于分化物越来越多，A 已经淹没在太多的对象之中，已经很难确定何者为 A，我得在诸多对象中反复寻觅，初步识辨以后还得再度加以确认，保证我没有识辨错误，或者没有识辨扰乱，这叫"A 不是非 A"。它是失察于同一律"A=A"，经过排中律"A 是 B 或不是 B"的识辨之后，再对 A 本身加以筛选确认的动摇克服状态，所以它叫知性逻辑。

请注意我在这里表述什么叫"知性"？知性是复多对象发生动摇，发生确认对象的动摇时，不得不产生的判断行为叫"知性"。大家注意"判断"这个词，是指"判别求断"，只有对象复多化才需要判别。如果你只有一个对象，比如电子只面临一个质子，那么它就用不着判别。当对象复多化，你必须在对象中加以判别，判别完成才能做出决断，才能发生识辨依存反应，这叫判断。所以在哲学上，"判断"是一个非常重要的概念，而"判别求断"谓之"知性"。

如果对象单一，叫感性，所以最原始的感性是不需要判断的。比如电子面对质子是不需要判断的，比如蟾蜍面对竖起来的条形物是不需要判断的，它就不在感官可察的范围以内。直到复多对象引出知性，判断之举才成为必要，因此"形式逻辑"被黑格尔归类为"知性逻辑"。

什么叫"理性逻辑"？对象分化到无穷之多，我们已经无法在实体格局中，面对无穷量级的复多对象产生识辨反应，即无法直观实现 A=A 的判别确认，于是我们必须把对象归类为概念，然后在概念上，而非实在对象上，去处理思维模型推演，最终再回归实物反应，这叫理性运动。质言之，理性运动是把对象抽象和归类，使之简化为概念，然后做虚体推理反应。其目的仍然是对超载的复多对象加以判断，只不过这个时候硬态实物判断已无从进行，必须在软态逻辑概念的思维沙盘上运行，这叫理性。

亚里士多德所表达的知性逻辑，提出同一律、排中律、矛盾律，这个阐述本身是理性的，是抽象的，是概念化的，但它所回答和解释的问题是知性判断问题。我想大家应该能够听明白我这段话的含义，就是形式逻辑处理的是知性判断问题，但不是像鸟那样处理实物对象，而是在理性逻辑层面上，以概念推导的方式，处理知性实物分辨状态的理性模型。或者说，达成的效果是对知性逻辑反应形态的理性化模型说明，这叫知性形式逻辑。它后来被沃尔夫和莱布尼兹追加了一条"充足理由律"，就是当你做 A、B、C、D……等等判断的时候，你的判断得有延续性的根据，得有可推导的顺序，追加的这一条已经从知性逻辑进展到理性逻辑的过渡层级，这就是第四律不在亚里士多德形式逻辑中的原因，也就是充足理由律已经表达为理性逻辑的后续中介状态。

"理想逻辑"简述

我们下面简单谈一下知性形式逻辑进一步发展为理性逻辑的状态。这些部分各位听起来仍然会比较吃力。本课程不详讲逻辑学，因为逻辑学非常复杂，它甚至要借用非文字符号才能推导，如果大家有兴趣，可以读一下罗素等人的逻辑学专著。那么我现在只想就形式逻辑往上推演和发展所形成的理性逻辑高端状态做一个概要总结。

当人类进入哲科思维状态，也就是在柏拉图、亚里士多德之后，乃至近现代科学时代，真正的思想大家在研究比较复杂的问题系统时，是绝不可能运用辩证逻辑来处理问题的。这个时候的新增信息量和对象复杂程度已经必须借助于高端理性逻辑才能应付。理性逻辑的范畴很宽，从最基础的辩证逻辑逐步发展到理想逻辑。

有必要说明一下，当我在这儿讲逻辑的时候，都是指狭义逻辑，我们明天再展开对逻辑本身以及广义逻辑含义的扩延和诠释。

我先讲解"理想逻辑"的词义。我把理性逻辑的最高段位称之为"理想逻辑"。请大家特别注意"理想"这个词，我们今天一说理想，就是指一个乌托邦式的愿望，我们把这个东西叫理想。可大家要注意"理想"这个词项的中文原初概念，什么叫"理想"？"纯粹推理之想"是也。什么叫纯粹推理之想？请回顾我刚才的讲课，我说一只鸟，面对树干、树枝、树叶、树皮条纹和条虫，它是面对实物产生判别求断的依存反应；当对象趋向于无限复多化，再在实物体系上加以判断，这个过程已经完全无法进行，于是只好将成千上万的直观对象归类为简洁的、缩略化了的概念系统，然后进行推理判断，也就是进入软性思维的判别求断，这叫理性或理性逻辑。

当理性逻辑展开的时候，感性要素，也就是实物对象要素，从概念中抽离，也就是概念中已经没有实物对象，这叫纯粹推理之想。比如数学，3 指任何东西，也不指任何东西，在实物对象上它永远悬空。3 只不过是一个纯粹的概念符号，它后面已经没有实物要素来支撑，然后在这个上面进行推演，叫纯粹推理之想。我们一般所说的思想和推理都是在直观要素的掺杂中进行的，比如我们说"杯子"，这个世界上你是找不见杯子的，你只能找到一个陶瓷杯子，一个塑料杯子，或者一个不锈钢杯子，你给我找一个纯粹的杯子，你是永远找不见的，杯子是一个抽象。但是当你说杯子的时候，这个实物对象仍然在背后支撑着，也就是这个概念没有排除感性素材。尽管你说杯子的时候，它已经抽象化了，它已经概念化了，但它没有把感性素材排除干净，所以它不是纯粹推理之想，它是掺杂感性要素之想。

当你把抽象度提高，由于对象繁复程度极高，你不得不在更虚化的高度上推演，也就是进行层层虚拟的逻辑推演。比如生物，请问有谁见过"生物"？你首先见过某一匹马、某一头狼、某一只羊、某一棵树，然后你把它们分别归类，说这叫动物，那叫植物，这已经是抽象了。但还不够，你再把它进一步抽象，说动物和植物都是有生命的，可总括为"生物"，这又在植物和动物上抽象一层。这个时候你不断抽象，其中的感性要素就逐步在概念中被过滤掉，当你把所有的概念抽象到最高程度，感性要素完全洒脱，只做纯粹推理之想的时候，我们把它叫作"理想"。我请大家听明白这一点，在"纯粹推理之想"的层面上进行逻辑思维推理，叫"理想逻辑"。我再举个例子，比如爱因斯坦提出相对论，他做的是一个理想逻辑实验。他讲当你以光速运行的时候，事物会呈现什么状态？时间和空间会呈现什么状态？你能够以光速运行吗？那是根本不可能的。他的整个科学理论模型是在一个纯逻辑的推演中、纯理想的推演中进行的，这叫"理想实验"。我们把这样一种思维模型视为理性逻辑的高端状态，我把它称作"理想逻辑"。

我们下面就来看看滤掉了感性要素的纯粹推理之想，它在模型上对应于形式逻辑的承接表达方式。

第一，叫作"简一律"。它对应的是知性逻辑的"同一律"。请记住，我们人类乃至所有动物的感知，只是为了达成识辨依存反应；

请牢牢记住这一点，我们的感知不是为求真设定的，而是为求存设定的。求存是在复多对象的分化、残化系列中达成的，因此你必须把你的感知过程展开为一个识辨序列，也就是面临复多对象的识辨状态。当对象分化量偏少的时候，你可以直接感性和知性地对应；当对象分化量太多的时候，你必须把它从硬性实物状态转变成软性概念状态进行虚拟推导，这个过程叫理性化进程。那么既然我们的感知都只是识辨反应的求存系统，当对象极多的时候，同一律（A=A）的识辨依存就转化为抽象程度更高的简一律。所谓"简一律"，就是把"A=A"转化成"A系等于A理"。所谓"A系"就是达成A的这一个整体系列，A、B、C、D、E、F、G……这个跟A相关的分化系列，我们把它整顿成一个逻辑脉络，叫简一律。请注意听懂这一段的意思，对象在概念中倾向复多化，然后在复多概念中再把它整理成一个A，叫简一律。

我举一个例子，比如我们人类使用"力"，有各种各样的情况。今天工业时代，你做一个齿轮，做一个曲轴，做一个连杆，你都得用到力学。可是在"力是什么"这个问题上，你如果不能把它整顿成一个点，一个A系的缩略点，你就永远不知道繁纷多样的"力"究竟是什么。所以人类使用"力"长达数万年，人类在上万年前就已经使用投枪、标枪捕猎动物，就已经在运用臂力、足力、体力，可人类在牛顿以前从来不知道什么叫作"力"，直到牛顿最终把它整合为一个方程：引力方程。大家都很熟悉引力方程式，引力等于两个物体质量的乘积做分子，物体之间距离的平方做分母，再乘上引力常数。即把整个力的现象，无穷的具象之力，变成这样一个极为抽象的方程。至此力是什么得到终极回答，至少在牛顿那儿做到了简一化回答，万千力的状态简约表达为引力。

我再举一个例子，关于力的动量。牛顿将引力划分为三大定律，第二定律即动量定律这样表述：F=ma，力等于质量乘以加速度。它把万千力的动量样态表达为一个最简单的方程。这叫把"A系"，也就是万千力的样态，表达为一个"A理"，这叫"简一律"。它相当于一只鸟在万千树林的物象中只盯住一个虫子一样，它在万千物象的概念中只盯住一个点，并拿这一个点，能够统括万千物象的整体关系。这就是理性逻辑跨越知性逻辑处理更大信息量的 A=A 的升级状态，叫作"简一律"，表达为"A 系 =A 理"。

我们再看，第二叫作"排序律"。

请大家记住，它对应于知性逻辑的是"排中律"。排中律在知性形式逻辑中表达为"A 是 B 或不是 B"。也就是单位时间依存一个对象的判断反应发生动摇，于是必须在 A 和 B 之间，在复多对象之间摇摆、选择并加以确认，这叫排中律。那么到理性逻辑的高端，即理想逻辑状态，它转化为"A 是 B 以及 C、以及 D……"的织合。也就是它不再去做排中，而是去做排序。也就是它把 A 和所有非 A 之间的关系理清，使得 A 和非 A 之间的关系贯通，叫"排序律"。

我下面举一个例子。我再说明一下，当我以非逻辑的直观方式举例表述问题的时候，这些例子可能都不恰当或者不精确，它们仅仅是为了协助大家理解哲学抽象表述。比如在达尔文建立他的生物进化论之前，生物学非常复杂。大家知道"万物"主要指生物，因为无机物只有几百万种，但是在生物界，包括已灭绝的生物竟达上百亿种。故而此前人类里知识最渊博、学问最复杂的是生物分类学家，像林奈、居维叶这些人。他们把亿万种生物简化归类，界、门、纲、目、科、属、种，层层细分。种有上百亿种，然后往上归类；上面有属，属就会减少；把多属再归并为科，科就会更少；这样依次递归，后来归类到门，比如原生动物门、脊索动物门等；各门物系再往上归类叫界，比如动物界、植物界、真菌界，越归并则越精简。

但即便如此，用这七个层级归类，对象总量仍然是无数之多。而到达尔文，他怎么处理？他用"自然选择"这一项原理，把所有生物排序为一个进化层级，于是万物一系呈现，即形成一个排序系列上的简约链条。我只是想告诉大家，从排中律升华到纯理性的排序律是一个怎样的模型状态，这叫排序律。

第三叫作"消矛盾律"，它对应的是"矛盾律"。形式逻辑中的矛盾律是"A不是非A"，也就是再度对动摇了的A=A加以确认，一定要搞清楚，绝不能让非A混淆其中，这叫矛盾律。那么到了高端理想逻辑，它表达为消矛盾律，不是把所有A以外的东西排除，而是把它们之间的界线与矛盾予以消解，所以它在逻辑上表达为"A之为A正在于它源自非A或导致非A"，这叫"消矛盾律"。我前面提到达尔文，他讲生物是从一个点导出另一个点，或者可以还原为某一个点，而不是断裂成无数个点。比如所有的生物都是从单细胞生物演化而来的，比如脊椎爬行动物往前看，往原始方向追溯，可以归类为水生脊索动物，进而可以归类为两栖爬行动物，最后才是陆生爬行动物，这种在A之所以为A，正在于它源自非A或导致非A的状态上消除A和非A之间的断裂与矛盾，此谓之高端理想逻辑的消矛盾律。

第四叫作"追本溯源律"，它对应的是"充足理由律"。所谓"充足理由律"，实际上不免导入多因素分析状态，而多因素分析状态会带来思维混乱。因此在高端理想逻辑上，必须追本溯源到一个终极点，所以充足理由律最终表达为追本溯源律的终极追索。我讲到这儿大家应该立即联想，它达成的是什么结果？回归"简一律"。也就是追本溯源律是在全系列整理多要素对象的时候，从概念上复归第一律，即最重要的那个依存实现律——简一律。它相当于知性逻辑A=A的确认非动摇状态。只不过一个是在实物上判断确认，一个是在概念化了的大信息量上整理确认。人类高端理性逻辑是动物知性逻辑的顺势延展，而不是辩证逻辑的反向过渡。辩证逻辑表达为 A 和非 A 之间互相转化，而实际上人类的逻辑进展，是在知性逻辑、理性逻辑、理想逻辑这一脉上不断纵深和顺延发展。它的内涵实质上是处理信息量，或者说是处理信息增量的差别，这就是理想逻辑状态。

在黑格尔和马克思的表述中，总说形式逻辑是静止地看待问题，辩证逻辑才是动态地看待问题，这个表述显然是不对的。因为即使是形式逻辑，或者是形式逻辑顺延的理性逻辑，它虽然要确定 A=A，但它绝不是说 A 永远不变，它恰恰是在理性逻辑的顺延中处理 A=A，处理这个 A 的变量的逻辑关系。这就好比我们说细胞，你要想研究细胞，你必须让细胞表达为一个静态模型，你才能研究。可它绝不排斥细胞是可以变化的，从原核细胞变化为真核细胞，从单细胞变化为多细胞。你如果不在静态上把它琢磨清楚，你说的动态就是一个混沌模型。你在静态上把它琢磨清楚，它的动因、动量和动势才能够进入精确分析，所以静态思维和静态形式逻辑概念的严格追究，绝不表示它否认对象的动态思索。把形式逻辑和辩证逻辑表述为一个是静态、一个是动态的这种说法，在动物知性逻辑状态也许成立，但是在人类的形式逻辑理性化整理和形式逻辑延续化发展的理想逻辑形态之中则不成立，须知静态研究问题是动态变量引申的基础。我希望大家听懂我这段话，从而明白辩证法过去那种狭隘的对形式逻辑的批评是不恰当的。

我把课讲到这儿。大家今天至少可以感觉到哲学思维的基础运行状态，它的追究方式以及辩证唯物主义的局限性。我们得理解西方哲学是从这样一个最基础的思境开端，从一个逻辑游戏开端，逐步导出人类思维模型的精致化分解。然后把这个思维模型不断雕琢，在这个抽象化的纯思维模型之中——跟务实和经验乃至实用没有任何关联——连续输入更大信息量，从而进行精密逻辑整顿，这个过程构成人类思想能力的潜质调动。这个潜质调动一方面表达为哲学思维脉络和逻辑学的研究，一方面表达为对对象和对象后面东西的追究以及精密逻辑模型的建构，最终实现哲科思维在科学时代的分科化展现，由此形成哲科思维体系。

今天的西哲课就讲到这里，明天继续。

下面留出互动时间，请各位同学参与讨论。

课后答疑

同学提问：东岳老师，我的问题是这样子，哲学是科学的前体，哲学又是对神学追问的追问，那请问哲学和神学之间的关系是什么样的？

东岳先生：我说哲学乃科学之母，那么我再说一句，神学乃哲学之母。因为神学是人类原始阶段、信息量偏小的终极追问。人类在非常原始的时代，数千年前，当他要问万物是怎么回事，世界为什么会存在这些问题的时候，比较简洁、信息量比较小、且最贴近直观的反应是什么？——创造一个或者多个人格神。所以罗素是这样表述的，他说神学和哲学都是终极追问，而哲学和科学都运用理性工具。神学是终极追问，关于宇宙的终极追问，只是它属于信息量较小的一个追问模型。当信息量增加，它在人类的智力呈现上就表达为怀疑，或者表达为惊异，于是后来就对神学这个简单模型产生疑问，追问神学只简单用"神"整顿这个宇宙的不足，追问神是怎样整顿这个宇宙的，比如毕达哥拉斯，比如牛顿。于是由此引出的下一步大信息量的思辨处理叫哲学，因此早期的哲学跟神学一直连在一起。不管在毕达哥拉斯，还是在苏格拉底，一直到牛顿，神学和哲学始终纠缠在一起。在很大程度上，哲学只是在为神学服务，这是人类思想史的一个基本脉络。

我提请大家注意，人类的思想史，如果用最简单的话总结，就是处理不断扩张的信息增量的过程，这就是人类文化史和思想史的基本内涵。同时按照我的递弱代偿原理，越原始越低级的东西，越具有奠基性、决定性和稳定性。因此神学的稳定性不在于它的真理性，而在于它的原始性，因为越原始的东西越稳定。所以当我说某个东西稳定的时候，请记住，它等于我在说某个东西原始而落后。

好！大家还有什么问题？

同学提问：您最后总结的时候，因为前面也没怎么听懂，最后总结的时候也没记下来，能不能把最后总结的内容再说一遍？虽然再说一遍也不一定听得懂。

东岳先生：让我在脱离了刚才讲课思绪的情况下，重新整理后面的总结有点为难。所以大家听我的课的时候需要集中精力，尽量捉住其中每一句话。如果这节课你没有听懂，或者没有完全听懂，没关系，9月份以后我的全部讲课会上网，请在网上复习。

学生提问：老师您好！您提到的理想逻辑四定理，从简一律到排序律到消矛盾律到追本溯源律，感觉像是一个演动的循环。回归到简一律之后是不是就是进行了一次逻辑变革，然后开启了另外一个思想通道？

东岳先生：问题提得很好，但这个话题很深。我前面一再讲，知性逻辑的核心是同一律 A=A，牢牢记住这句话。我再重复所谓 A=A

是什么？在复多对象中，单位时间只能依存一个对象，而不能让复多对象对这一个对象发生干扰，叫 A=A。排中律、矛盾律等等都是对 A=A 不能有效维系的一种整顿，所以 A=A 同一律是知性逻辑的核心。那么理性逻辑处理的问题跟知性逻辑没有任何区别，仍然是解决依存问题。我们的感知不是为求真设定的，而是为求存设定的。因此人类的一切知识和智能都只是为了求存，在这一点上没有任何区别，唯一区别就是信息量的变化。由于世界是分化演化的，因此在宇宙发育的过程中，信息就是增量进程。那么随着信息量的增大，到理性逻辑阶段，它是一个更大信息量的非直观模型，也就是软性概念推理模型。它要完成的是什么？仍然要完成知性逻辑达成依存的那个同一效果，因此理想逻辑中的简一律就与知性逻辑中的同一律完全一样，是它的中心维系标的。它后面的所有各律都是"辅助律"，都只是为了促成简一律的落实，或是为了使同一律不至于发生动摇的一个软性处理序列。因此它们是同一回事，区别仅仅在于信息量的不同。理性逻辑在智力处理模式上发生变化，但它的标的没有任何变化。当我讲到这儿，我再说一个话题，那就是逻辑变革这个话题。如果我讲的这两个逻辑模型，你认为就把世界说完了，那你就理解错了。因为信息是不断增量的，我们总结的只是在低信息量和高信息量阶段的逻辑处理模型。但是逻辑处理模型即使相对固定，逻辑模型的内涵和样态却在持续变化。我举个例子，罗素作为一个数学功底极好的人，他曾经和怀特海合著了一本书。我建议数学功底扎实的同学可以读一读他这本书，书名叫《数学原理》。书中用数学的方式整顿人类日常使用逻辑和语言的粗疏状态。他认为只有在数学精密逻辑上整顿人类的思维模型，才能说明人类的思想和感知是一个什么状态。所以罗素完成了这本著作以后，他曾经很自豪地认为他把人类所有知识基础问题处理完了。因为如果把逻辑基础处理完毕，人类的一切知识都在这个逻辑模型上运行，那么人类以后就没有知识的疑惑了。

但是随后出现了一个人物，从根本上颠覆了罗素的这个结论，这就是爱因斯坦的好朋友，著名数学家哥德尔。哥德尔在纯数学上论证，他说在任何一个孤立的数论形式系统中，如果该系统在逻辑上是自洽的，它就一定是不完全的，或者说是不完备的，这叫哥德尔第一定理。他接着推导出哥德尔第二定理：反过来说，在任何一个孤立的数论形式系统中，如果一个逻辑系统是完备的或完全的，它就一定不能自洽。哥德尔的这两条定理，颠覆了罗素认为在逻辑基础上把逻辑学研究完备，知识问题就必然完备的结论。他的意思是说，人类的逻辑系统本身是有缺陷的，当逻辑达成内在自洽的时候，这个自洽系统下面一定有一个无法克服的漏洞；如果要填补这个漏洞，该自洽系统就无法实现。前者表述的是哥德尔第一定理，后者表述的是哥德尔第二定理。这个话说起来有点复杂，你得去研究相关逻辑学。但它说明一点，就是任何一个逻辑自洽的理论系统，它底下的那个无法完全的逻辑空洞，使得它永远处于即将被颠覆的状态。什么东西冒出来颠覆它？信息增量！因此逻辑模型完整，或者说逻辑学模型完整，绝不代表人类的思想模型从此不发生变革，这是一个非常复杂的问题，我只能表述到这种程度。

同学提问：东岳先生您好！就是关于最后讲的那一段，我能不能这么简单地理解：如果我想认识这个世界，我需要对它做一个分类，而这种分类不管我研究的是什么，其实是一种思考模型。那么这个模型是不是有道理呢？或者要研究的这件事是不是合理呢？其实就要看是否符合最后讲的那几个逻辑模型定律。比方说它要符合简一律、排序律或消矛盾律，这项研究结果可能才比较有道理。我不知道刚才最后一段您所讨论的事情，我可不可以简单这么理解？谢谢！

东岳先生：大致说得不错，但是这样不够。因为这只是对逻辑模型的，或者叫对逻辑学模型的纯粹抽象表述。而实际上你建立的任何一个思想模型，或者说你建立的任何一个理论，或者一个解释系统，它要求的是证明。也就是你必须在逻辑上一环一环地把它证明完毕，我指的是广义逻辑证明，广义逻辑是什么含义？我明天再讲，只不过这个证明过程必须符合我讲的理想逻辑四律。如果你只是大体上对应了四律，但是你在信息处理上没有完成精密逻辑证明，作为一个理论它还是可疑的。就是如果我们的感知不是真理，而且不含有真理判断，也就是我们的任何知识跟真理无缘，那么什么叫作"正确"？我们明天专门讨论这个话题。我希望当我明天讨论这个话题的时候，你能集中精力听明白，你今天这个问题才能得到回答。

同学提问：先生，最近在啃您的那本《物演通论》，这边有一个问题，既然存在度是自变量，代偿度是因变量，而且存在度不受代偿度的影响而一路下行，也就是说这个存在度不断弱化是第一因，同时这个代偿度受到存在度和存在阈所限。那对于某个物种来说，在某个阶段应该是有一个最大值，这也是您提到的，就像说老子在他的那个时代无法提出相对论的一个原因。按照这个理论，无论今天的人们如何追求发展和进步，也就是说，不管他们如何提高代偿度，都应该不会影响到人类的这个存在度，因为它有一个上限所致。那为什么您要提出来说我们现在要控制发展，不能完全以发展的眼光来看待我们的未来呢？

东岳先生：我没有说"存在度不受代偿度的影响"。我说存在度是自变量，代偿度是因变量。我先不说根据，我首先说这是一个局限表述。什么意思？你读到后面会发现，我讲代偿度和存在度是一回事，也就是代偿度的增益就是存在度衰变的实现方式，我在后面的段落专门强调了这句话。我刚才讲课的时候讲过，我说我们人类的识辨模型也就是我们的感知方式，是必须把外物的连续状态分解为片段状态，这是我们人类感知必需的一个主观设定，因为我们必须建立识辨依存反应。因此人类讨论任何问题，都会把一个问题表述成若干个概念来进行推演。这是无可奈何的事情，这是被人类的逻辑局限给定的规定，因此我希望你理解。

当我把存在度设定为自变量，把代偿度设定为因变量的时候，这是在人类逻辑的局限下进行精深分析的必须。因此我在后面表述：代偿度的增益是存在度衰减的实现方式。我为什么说存在度的衰变决定了代偿度的增量？是因为万物在没有任何属性代偿的时候，存在度达成最高满足值。这个话只有读过我的书的人知道它的含义。也就是在存在度最高的奇点状态，没有任何属性，如果属性增益是第一性的，那么我们就应该首先看见属性存在，然后才看见存在度。因此在逻辑极点上，属性无法作为根本变量。

但是，由于代偿度的增益是存在度衰变的唯一显现形态，因此我们讲到有关人类的后发性问题的时候，属性或者属性增益的表达，就一直出现在前台，而存在度发生在后台。这就是我们讨论问题越来越关注代偿问题的原因。因此，当我讲人类的能力持续提高，标志着人类的存在度被严重削弱的时候，我讲人类不能随便提高自己的代偿量，这样讲好像说代偿量的缩减可以提升存在度，道理好像反转过来了。实际上我是想告诉大家，不断地提升能力，是你存在状态趋于危化的指征。至于人类能不能缩减自己的代偿变量，你真正读懂我的书，应该是对它高度怀疑的。

同学提问：正好借着刚才那位同学的问题，我其实对"有限衍存区间"一直存在困惑。因为现在有一个说法，就是宇宙存在着有生命的星球，是一个很大概率的事件，有可能是上亿，有可能更多，不知道多少。在这种情况下，有这么多的星球都有生命，您为什么把人类作为衍存的最后一站？其实我当时在想，您可以把它作为其中一站，但它不一定是最后一站。因为我记得您在一个视频中说，如果外星人来了，您的这个哲学理论就崩塌了，但如果您给自己留一个口子，这个哲学就不一定崩塌。是什么让您如此自信或者如此确切地认为人类是最后一站？我就想了解这个。

东岳先生：这个问题我们在最后一天，第12天课中将会专门展开，我现在只说一点。做学术是不能玩弄机巧的，也就是当我论证一个定律或者定理的时候，我必须遵循严格的逻辑规定。如果我留一个口子，表面上我的学说可以永远不崩塌，但它一定失去精确性和严谨性。至于我说这个宇宙万物是在一个有限区间内衍存，人类是宇宙中存在度最弱的物种之一，人类的后向将很难有过多的发展余地，这些话是什么意思，我们最后一天课再讨论。我在这里只强调一点，一个学说、一个原理，它要能够成立，绝不在地球上成立，它必须在整个宇宙中成立。理论上外星人或天外高智生物可能无穷之多，可是为什么从未遇见？宇宙中大量存在比我们地球可能早发生几十亿年的行星，如果它有高智生物将会如何？大家想想，我们人类迄今文明不过上万年，有文字的文明才不过5000年，（此处有删减）那么，在比我们早几十亿年以前发生的星球上，如果它有智性生命，如果它的发展没有边界，它今天应该早就已经可以跨越整个宇宙了，可为什么没有来到地球？学界把它叫大滤器，指有一个未知的大过滤器阻挡了星际穿越。什么是大过滤器？——递弱代偿原理是也。

也就是说，任何生物，包括高等智性生物，它的智能代偿达到一定的高度，标志着它的存在度趋近于零，这就是外星高智生物虽然可能数量颇多，却终于不能来到地球的原因。

同学提问： 今天讲课的时候，讲到说现在很多人是迷信科学，然后甚至成为"科学教"的教徒。像我们今天在座的朋友们大概都是"递弱代偿教"的教徒了。我们本着古希腊的这种追问的精神，一路反思。可以想象一下，从逻辑上去纯粹地推理一下，像递弱代偿这个原理，它可能的破溃之处在什么地方？它到底哪里会出现问题？我自己判断的可能性有两个地方：一个是它现在还没有一个详细的数学推理，将来可能会发展出一种新的科学出来；再一个就是，我们现在的信息量太少了，导致我们没法站在一个更高的维度，用一个俯视的眼光去看待这个问题。我真正的问题是说，王老师您是否足够伟大，能够跨越这种文化的遮蔽性，对自己的这个理论进行颠覆，也就是像李善友教授所说的那种跨向第二条 S 型曲线。谢谢！

东岳先生： 你如果仔细读我的书，你会发现我在书中反复强调，我的学说绝不是真理。我如果要在逻辑上达成自洽，我就绝不承认我的学说是真理，它只是一个临时正确的逻辑模型。一切科学都只是一个临时正确的逻辑模型，一切学说、一切理论均是如此，我的学说也不例外。但是颠覆一个学说是需要条件的，不是你想颠覆就能颠覆的。牛顿的学说正确了 200 年，在爱因斯坦的学说出现以前，甚至麦克斯韦的场方程都出来了的时候，牛顿的学说还是无法颠覆。也就是说，任何一个学说被证伪，它是需要信息量发展条件的，因此我的学说绝不是真理。但今天你要证伪它，很难！而我本人寿命有限，如果我能活 800 年，那么我就去证伪它。可惜我死之前，证伪它的信息量还未必出现。所以我再强调一遍，我的学说不是真理，但它是与当今信息量相匹配的一个正确模型，它跟伟大不伟大没有关系，它只跟这个模型本身能否符合逻辑三洽有关系。至于"逻辑三洽"的问题，我们明天讨论。

同学提问：先生，请教一下，什么是知性？什么是理性？什么是感性？什么是逻辑？什么是定理、对象、现象、形态、有效？这两次课听完以后，我连什么是什么，什么是"是"都有点模糊了，到底有多少重要的哲学概念与我们习以为常的概念有不同之处？您可以说一下吗？谢谢！

东岳先生：我觉得你把课听出味道了。如果你觉得你过去所有的概念，也就是所谓自明的东西居然都成为问题，它标志着你进入哲学思境了。但是我确实无法在这一节课中，在这个问答中，把所有问题给你回答。因为即使你精读我的《物演通论》，你也只能得到一部分问题的回答，除非你用它做深刻的更大范围的推演。我在这里只对一个问题稍做说明：什么叫"对象"？什么叫"客体"？我们一般人一旦说对象，认为对象就是客体，认为这两者没有区别，其实大错而特错。客体是我们的主观感知规定性没有覆盖其上之前的那个存在物，即不在我们感知范围内的东西叫客体。客体被我们的感知所覆盖，或者说被我们的感知所扭曲，叫作对象。我举这一个例子，只是想告诉大家，任何一个基础概念，任何一个你认为没有问题的自明概念，其实都是需要证明的。如果你读我的《物演通论》，我在其中还会详论客体和对象之间的差别在哪里，分三项讨论。当然前提条件是你得有兴趣翻阅《物演通论》第二卷"精神哲学论"的相关章节。但是我觉得你这样提问题非常之好，标志着你愿意对过去认为是"不成问题的问题"加以探究，进入这个状态，你的思想才得到舒展，你才会重新开始调动自己的智力活动，尽管人类大规模地调动智力活动正是人类的不幸所在。好！大家还有什么问题？

同学提问： 先生，这个问题困惑我好几周了，我的困惑是关于还原论和整体论。我本身是学化学出身的，所以对还原论我一直都认为特别有道理，直到我大概在一个月之前开始研究并系统思考，发现整体论。还原论是一层一层解构，整体论又要去看每个元素之间的连接，看起来也很有道理，我又接触到了第一因。我特别想请教一下先生，"第一因"和"还原论"和"整体论"有什么关系吗？还是它们没关系？

东岳先生： 你提出了一个很麻烦的问题。爱因斯坦相对论发表以后，他曾经和量子力学创始人之一的玻尔发生过一次重大争论，玻尔提出的是概率论，而爱因斯坦提出的是还原论或决定论。从量子力学角度看，事物是几率的；从爱因斯坦和既往科学与哲学的思路上看，万物是决定论的、是还原论的。这个问题在爱因斯坦和玻尔之间，在相对论和量子力学之间，争论迄今没有结束。就人类的思想史来看，因果论、还原论和决定论，在很大程度上表达着一个理论和思想的完成状态与成型状态。我不是说它是真理，但是涌现论、整体论、突现论等，在理论上通常表达为一项研究还没有完成，或者一个理论还没有完成。所以从某种程度上讲，今天看量子力学似乎暂时压倒了相对论，但实际上连薛定谔都承认量子力学尚未完成。所以你提的这个问题，我只能这样回答。

但是我想补充一句，不管是怎样的理论学说，在它的思想模型总轮廓上，所表达的都是人类的感知缺陷，而不是人类达成对真理的发现。这里关键的问题就是你的感知缺陷如果是必然的，那么你就不是去克服这个缺陷，而是在这个缺陷模型中实现文化维护效应，或者说实现理论模型的正确，而不在于实现它的真理性和无缺憾。我举一个例子，比如当我讲万物是衰变的时候，当我讲存在度是一个衰变量的时候，我却不能回答，为什么万物一开始就是衰变的。尽管我能够拿物理学上的熵增定律来表达我在物演理论中跟它的对应，但为什么熵是不断增大的，迄今也没有人能回答这个问题。那么随着信息量增加，这个问题的逻辑极点就会前移，这个问题就有可能化解，但即使这个问题化解了，下一个逻辑模型的局限边界仍然会形成。任何逻辑极点漂移的临界点就是又一个盲点，这就是哥德尔定理所要表达的那个空洞性缺陷。但即使证伪了一个理论，如果这个理论原本在大尺度上正确过，那么它所揭示的整个现象界，虽然在解释方式上发生变更，现象本身却不会消失。这就是任何曾经正确过的理论都具有很高的学术价值的原因。

同学提问： 先生，刚刚有个听不懂的地方。我们讨论的形式逻辑、辩证逻辑还有理想逻辑应该都是严密逻辑体系，理想逻辑模型是不是您的创造？如果是的话，当今世界的逻辑模型还有哪些？这个理想逻辑模型在您的思想体系中的位置是怎样的？

东岳先生： 关于逻辑学是一个非常复杂的话题，我们在这两天课中，我尽量避免逻辑学讨论。我今天下午不得不讨论一点儿知性逻辑和理想逻辑，实在是想把辩证法和基本逻辑问题说清所不得不谈的话题，明天我会避免这类太过繁难的话题。逻辑学是一门非常复杂的学问，它是用思想反过来追究思想本身的状态。亚里士多德最初创造的他所承认的逻辑仅指演绎逻辑，叫作"必然的导出"。以后逻辑学界逐步发现人类的逻辑形态远远超出演绎逻辑，因此归纳逻辑、辩证逻辑、数理逻辑、语义逻辑等逻辑学纷纷产生。我的学说，我在《物演通论》第二卷"精神哲学论"里，只是对人类理性高端逻辑做了一个框架性的总结。我没有见过其他学者的同样表述，我只是比其他人对逻辑高端形态多做了一点接续形式逻辑的顺延性总结，仅此而已。但是你如果理解它，你至少就能明白人类广义逻辑，或者叫人类感知属性增益的方式。这些话是什么意思？你确实得去读《物演通论》。我们今天讲课，哲学的话题都是大家比较陌生的，而且我讲这些课是站在我的哲学偏角上，或者哲学高点上讨论，我只是希望给大家对西方狭义哲学究竟是什么做一个最基本的交代。它当然会给大家留出太多的问题，但是如果你听完这两天课，你从此读哲学书能读出一点味道，那这节课对你就已经具有很大的价值，收获很大了。因为读哲学书是非常困难的，它是纯逻辑推演，而且它使用和运行概念的方式不在我们日常生活和工作的范畴，因此哲学显得晦涩深奥。那么西方哲学为什么会讨论这些奇怪的问题？我是把这个最基础的东西给大家做一个交代，从而让大家找见哲学感，找见哲学意向的入门，知道哲学思境的展开究竟面对的是什么问题，或者说人类把智慧发掘到极致调动状态会面对什么问题。所以大家不要在这节课上寻求真理，大家在这节课上要寻求真理的否定，这才是这节课的真正价值所在。

好！我们今天的课程到此结束。

西方哲学基础综述（下）

千古玄难："知"与"在"的关系问题

我们昨天用了一天的时间，重点讲解了古希腊哲学起源的基本思想状态和哲学思维底蕴。从昨天的讲课中，大家应该能够明白，哲科思维是一个独特的思想体系。

我们今天把重点放在西方近代古典哲学所讨论的那些繁难问题上。

我说哲学思维是科学思维的底层逻辑，此话绝非虚言。请各位试想，欧几里得几何学的哲学逻辑延展，为人类开启了多少深远的思想通道。如果我们上中学的时候学习几何学，不是像现在这种应试方式，学生只顾埋头做一大堆演算题，而是追随欧几里得公理系统的逻辑脉络给学生讲课，那么，大家受到的教育和建立起来的思维方式及其思想模型，将会是一个怎样缜密的系统。

要知道，当年牛顿、爱因斯坦、莱布尼兹、斯宾诺莎、罗素等人都是在青少年阶段读到欧几里得的《几何原本》而深受震撼，从而开启了他们的哲科学术活动。

我讲这一点是想说明，哲学表面上看起来毫无用处，但它却是思想的底层铺垫。一个人的行为，一个人的思想，是受自己底层逻辑模型的规定的。这个东西决定着展现在你的认知表象中的世界图景。你的世界图景，你的世界模型，是你的思维模型的产物，而你的行为方式是在你的思维模型、世界模型，或者叫世界观模型上运行的。

请想想这种思维底层的训练，是一种怎样重要的功课。缺失了这个东西，仅讲应用层面的科学技术，会带来多大的遗憾和缺失。

好，我再谈一个问题。古希腊思绪的传播，除了阿拉伯文明曾经起到了一个传薪的作用，其实另外还有一路直接继承的途经，在这里做一个简单说明。

为什么西方在史学上把自己的文化之根追溯为古希腊—古罗马文化系统？是因为前者对后者的文化影响深刻而悠远。

古罗马经历了三个时代，早期叫王政时代。所谓王政时代，最简单的理解，相当于氏族部落或部落联盟时代。古罗马的第二期叫罗马共和时代；到公元前后以凯撒为标志，古罗马才进入古罗马帝国时代。在古罗马建政的早、中期，也就是在罗马共和时代，古罗马的基本文化承接的是古希腊文化。所以罗马共和时代的基本思想氛围，甚至基本政治、社会形态都是希腊结构，包括它的两院民主制、贵族元老院、公民大会以及执政官、保民官的选举制度，等等。

之所以进入到帝国时代，是因为罗马共和国逐步扩张，逐步向亚平宁半岛也就是意大利半岛的北部推进，而意大利半岛北部地区处在适宜于农业发展的自然物候条件之下。一旦进入农业为主体的生存结构，共和制度就会散架，帝国时代随之来临。

由于这个缘故，罗马帝国在公元 4 世纪到 5 世纪分裂。后来，西罗马帝国灭亡，东罗马帝国迁至今天土耳其一带地方建立自己的首区。今天土耳其的著名古城伊斯坦布尔，当年叫君士坦丁堡，成为拜占庭帝国的中心。古希腊的一部分思想和文献就曾保存于此，这成为后来文艺复兴，古希腊思脉和文献得以重拾的第二个通道和来源。这个话题点到为止，意在补充说明农业文明的体制素质、古希腊文化的断裂之处以及文艺复兴的多源关系。

我们今天重点讲西方近代古典哲学探讨的基本问题，叫作"知"与"在"的关系问题。古典哲学从 17 世纪初叶以笛卡尔为肇端，历经 18、19 世纪，最终以黑格尔为标志而落幕。这个阶段，锤炼了科学思维的基本逻辑方法系统，而且更重要的是，它所探讨的问题，远远超出了古希腊的思境范围，也远远超出了一般科学视野的局限，因此为未来人类后科学时代的文化奠基，包括对科学的批判，建构了一个基本的思想武器系统。

因此，理解今天的课程，不仅对于你理解科学时代的基本精神会有帮助，而且对于科学系统的底层解构和未来后科学时代的基础建构，会起到某种启迪作用。

古希腊时代着力追问本体论，但他们在追问本体论过程中，始终不能扫除精神投射的背景。从毕达哥拉斯的数论系统，到柏拉图的理念论，到欧几里得的形论，本体的追问和精神的追问其实呈现为一个系统。直到亚里士多德形式逻辑的表达，使得精神问题的探讨成为一个重要的课题。在这个阶段，精神问题已经凸显，却没有走上前台。但是它已经暗含了一系列奇怪的问题，就是"知"与"在"混淆不清。因为当你说"在"的时候，你说的是感知中或投射在精神中的"在"，当你总结"在"、总结"实在"的时候，你发现你的任何指称和结论只不过是一个理念模型。

那么"知"与"在"的问题，处于这个混淆状态中不加分辨，却促成某种基础问题的显现。于是，从追问对象直思的本体论，到近代转化为追问精神反思的认识论，也就是对精神本身的规定性加以追究，这就是古典哲学的基本特征。

它涉及这样一些最基本的问题，几乎是常识性的问题，却极为繁难。比如，"知"是什么？"在"在何方？如何能够证明"在"？

因为你做的证明都是逻辑证明，你怎么知道你的逻辑证明所指向的是"实在"。"知"的内涵是什么？"知"的动量是什么？"知"的扩延性怎样表达？诸如此类的基础性问题，构成近代古典哲学的重大课题和疑问。

那么，我们就再从古希腊说起。大家知道，古希腊最早提出"存在"这个概念的人是巴门尼德。爱利亚学派的巴门尼德，提出"存在"、"being（是论）"，同时提出"非存在"。

他所说的"非存在"是什么？哲学界意见纷纭。"存在"是指某种假象后面要追问的那个"是"的延伸，那么"非存在"也就是"非是"到底指什么，就构成了一个严重的疑问。所以巴门尼德的"非存在"，可以从不同角度解读，其中之一认为，它就是直观精神世界表象。因为古希腊追问的是这个虚假表象后面的"实在"，认为那个东西才是"存在"。巴门尼德的弟子芝诺做过四项著名的悖论推演，对什么是"存在"，包括什么是"一"、什么是"多"、什么是"动"、什么是"静"，换句话说，也就是对什么是"空间"、什么是"时间"，做出了一系列怪诞的推演论证。

我顺便提一个人物，此人实在令人惊叹，名字叫高尔吉亚。他居然在古希腊时代提出了著名三命题。他说第一，无物存在。没有物质存在，因为你所说的存在，都是表象或假象后面的理念。他接着又做了一个推论，他说即使有物存在，也无可认知。因为你的认识所达成的，只是虚象或现象。他接着做了第三层表述，他说即使有所认知，也无从言表。

他这三句话，恰好预判了西方哲学的三大进程。第一，本体论。到底"存在"是什么？有没有"存在"？第二，认识论。即使有"存在"，你如何确认？这恰好是第二阶段，西方古典哲学所探讨的认识论的核心难点所在。第三，就是当代或现代哲学的语义论转向。也就是认为，既然我们认知世界的方式是一个主观感知逻辑体系，这个逻辑体系的实现是以语言结构系统表达的，而语言结构系统有自己的内在规定性，这就导致语言的运行会超脱逻辑的牵绊，而走向自己独立的运行状态，从而导致对逻辑体系的扰动。这是当代哲学语义论转向所讨论的问题。

高尔吉亚在古希腊时代，居然预判了整个西方哲学史的走向和基本问题的提出，这确实令人十分惊诧。我们见不到高尔吉亚的整个论证过程，仅从高尔吉亚的这一段表述，我们就可以发现，在古希腊哲思的萌芽之中，包含着后来整个西方哲学演化的全部基因和种子，后续的哲学发展只不过是古希腊哲学思绪的延展和迭代。

而且我们还会发现，早在高尔吉亚那个时代，哲学就已经表达出越来越脱离"终极本原"追问的态势，也就是从追问世界的本原，不得不飘移到追问感知的状态；从追问感知的状态，不得不再飘移到追问语言的状态。这个进程，形成西方哲学逐步走向轻浮化、浅薄化的总趋势。这也就是为什么20世纪，著名哲学家海德格尔提出要返回古希腊重新追问存在的原因。

我们下面讲近代西方古典哲学第一人笛卡尔。笛卡尔，17世纪法国哲学家，也是著名数学家、物理学家、生理学家、机械论者。我们今天使用的坐标系，平面直角坐标系和斜角坐标系，就是笛卡尔的发明，故称其为笛卡尔坐标系。解析几何就是笛卡尔发明的。

我们由此可以看出，笛卡尔在自然科学和哲学方面的基本思想功力。我前面一再讲，哲学和科学是不分的，一旦分开、一旦脱离自然科学这个知识面，哲学根本无从探讨，哲学思路也根本无从展开，甚至你要想理解真正意义上的哲学，都会变得十分困难。

笛卡尔是法国人，法国当时还处在专制时代，距离法国大革命还有100多年时间。因此笛卡尔真正的学术生涯，是流落到荷兰以后展开的。荷兰是西方最早完成资产阶级革命，建立资本主义制度的地方。它脱离西班牙统治时代，经过近乎 50 年左右的战争，在 1609 年完成尼德兰革命，这比英国 1640 年的资产阶级革命要早得多。因此荷兰这个地方，在 17 世纪初叶或者上半叶，它的政治文化氛围相对宽松。这是笛卡尔作为法国人，流落到荷兰以后终于能够有所建树的原因之一。

对笛卡尔哲学最概括的说法叫"二元论"。所谓"二元论"，就是笛卡尔认为这个世界需要在两个方向上探讨。他说这个世界有"物质实体"，另有一个叫"心灵实体"。他说物质实体的属性是广延，所谓广延就是时间和空间。他说心灵实体的属性是思想。

然后笛卡尔讨论一个问题，他说我们所知见的世界，究竟是心灵实体的生发，还是物质实体的映照？他竟然从这样一个基本点出发，他说他发现自己做梦的时候，他的梦境是非常真实的，他在梦境中丝毫不能察觉自己的梦境是一场虚幻，等他醒来以后，他发现梦境只是梦境而已。于是他做了一个追问，他说我怎么知道我醒来的时候不是在另一重梦境之中呢？因此我们的感知本身的确证性是一个疑问。

我讲到这儿，大家应该立即联想起中国先秦时代庄子的一段记述，这就是著名典故"庄周梦蝶"。庄子在他的书中讲，他晚上做梦，梦见自己是蝴蝶，"栩栩然胡蝶也"，醒来以后发现自己变成了庄周，"蘧蘧然周也"。也就是他做梦的时候，他觉得他是活生生的、逼真的蝴蝶，醒来了他又发现他是逼真的、活生生的庄周。于是他发问，究竟是蝴蝶变成了庄周，还是庄周变成了蝴蝶？他已经搞不清自己是谁了。

"庄周梦蝶"这个典故，跟笛卡尔发起讨论"知与在"的开端，几乎完全一样。区别之处在于，庄周梦蝶作为一个有趣的调侃或机辩，就此戛然而止，再无下文；而笛卡尔却由此展开追问和质疑，竟要打探感知中的存在之底蕴。这就是层层追询、纵深考究和精密逻辑求证，与仅仅停留在问题表面上打旋，从而形成玄学体系的差别。

笛卡尔对自己的感知提出怀疑，深思之余难免引出一个很大的麻烦，正如他说，我要想证明任何东西是否存在都变得非常困难，因为既然我所谓的"在"都是发生在感知系统中的"在"，而我的感知系统本身却飘忽不定，难以确证，那么我怎么知道我对"在"的追问是有效而可靠的？于是他提出著名论断：我思故我在。

也就是说，笛卡尔认为，对于其他的外物追问，从此一概陷于茫然，我唯一能够确证的"在"，只有"我思"。就是我的思想在、我的怀疑精神在，我能够确证的"在"，只剩下这个东西了。这可以说是对"在"是什么的唯一一个非逻辑直证、唯一有效的直证。

大家注意，这句话很复杂。他说"我思故我在"，很多人把它理解为笛卡尔说"我思，所以我在、我的肉体在"。别搞错！笛卡尔讲"我思故我在"的关注点是"我思"，所以只能证明我的思想"在"。很多人把它理解为"我在"，包括我的肉体这个物质实体都"在"，这个理解是不对的。因为你读一下笛卡尔的原文，他所讨论的是我怎样证明我的思想"在"，以后我还能牵挂出我的身体"在"。

他专门讨论了一个叫松果腺的脑组织，位于丘脑附近。他说这个地方产生"心身交感"，然后才能连带出我的身体物质在。所以大家一定要注意，笛卡尔的"我思故我在"，这个"在"仅指"思"在，这是对"在"唯一有效的证明。

大家还要注意，笛卡尔的表述叫"我思故我在"，英文翻译把这个"故"也凸显出来，中文从英文的再译过程仍循此例，但其实这里没有推理关系，因此没有因果关系。"故"是"因为怎样，所以怎样"的含义，可见这个翻译是有问题的，或者说有可能笛卡尔的表述是有问题的。因为"我思"不是"我在"的原因，所以"故"这个字的存在是语病，他的表述应该是"我思我在"或"我思即我在"。

笛卡尔通过"我思我在"的这个有效证明，确证了思想在，但他又不能否认外部世界的存在，或者他在直感上无法排除外部世界的存在，于是他要经过一系列的逻辑推导逐步求证出外物存在。

"知"与"在"双双迷失

笛卡尔提出一个看法，他说我们的知识最核心的部分是"天赋观念"。然后他又说我们有两个获得知识的通道，一个叫作"感官得来的观念"，一个叫作"心灵制造的观念"。

笛卡尔的"天赋观念说"是遭到严厉批判的，因为在唯物反映论看来，"天赋观念说"完全是扯淡。后来康德有效的"先验论"证明，证明了笛卡尔没有伸展开来的"天赋观念"的合理性。

康德的"先验直观形式"和"先验逻辑形式"，其实是笛卡尔没有展开的天赋观念的证明版本，这表明笛卡尔在认识论问题上，或者说把"精神"或"知"作为一个独立问题来加以探讨的时候，他实际上已经触及了问题的某些根本深层，只是论证系统当时还无从展开。

那么，笛卡尔的二元论必然带出一个问题。请大家在纯逻辑上思考这个问题，不要在直观上讨论问题。我反复强调，我们人类运用思想，尤其到今天或者到文明中后期以降，你得尽可能摆脱感官，展开纯逻辑的思维方式。为什么？请大家想想，我们的感官系统是干什么的？是我们当年生活在丛林中的基本认知方式和生存维护方式。比如你到非洲大草原，狮子、鬣狗、狼群、花豹围绕着你，这时候你凭什么生存？你凭耳聪目明。你的眼睛得非常明亮，大家知道，动物的视觉比我们敏锐得多，当你还没有看见动物的时候，动物早就看见你了，当你看见动物的时候，动物已经准备扑食你了；你的耳朵要能听见森林中细碎的声音，动物的潜伏行为可能对你构成威胁；你的嗅觉得在顺风方向甚至逆风方向，嗅到其他动物的气味，甚至嗅到同类个体的异味，否则求偶的行为甚至寻找食物的动机都无法落实。因此你在丛林中凭借什么生存？凭借感官，凭借感性的敏锐。

可是当你逐步超脱丛林采猎时代，生存情境随之大变。所谓文明时代，就是自然界不再给人类提供任何生存资料，人类的一切生活资料都得由人类自己制备。及至进入这个时代，人类的能力已经上升到整个生物食物链的顶端，人类已经不必把自己的主要精力投放于应付丛林中的威胁方面，而得把自己的主要精力投射在理解和改造这个世界之上。它会是一个什么过程？——感官退化过程！从而拓宽思绪茂盛的余地。这就是为什么我们今天的人类视力倾向模糊、听力总体退化、嗅觉基本消失的原因。

所以，当你进入不得不处理超大信息量的生存境界之时，你必须摆脱感官的束缚。你得在感性直觉之上的另一个层面运行自己的感知体系和精神体系，从而达成对更复杂生存条件的追索，这就是人类借助于哲科思维以求调动智能储备潜力的原因。

因此在这个基础上，当我们讲深奥哲学思绪的时候，请你始终注意摆脱直观的束缚，进入纯逻辑的理性思境。

那么笛卡尔开启的二元论，在逻辑上一定呈现一个问题：既然你只能证明你的"知"在，既然你所说的"在"都是"知"中的"在"，你并没有感知之外的另一条通道抵达外物，那么你凭什么说有外物存在？也就是笛卡尔的二元论，尽管从古典哲学启动上，第一次把精神作为一个对象，叫心灵实体，摆出来作为正面课题加以追究和探讨，但是它立即生成一个严重的麻烦，就是如果我们所说的"在"只是感知中的"在"，而感知是一个封闭通道，我们并没有感知之外的另外一个通道抵达外物，那么你凭什么说外物存在？你怎么知道你所说的"存在"不是纯粹的精神派生？这当然在纯逻辑上构成一个严重的疑窦。也就是说笛卡尔的"在"的证明是一个独断。

我一说"独断"这个词，大家就应该想起休谟。我展开的是古典哲学基本思绪的问题导向式讲课，因为只有用这样的方式，你才能明白他们的思脉怎样展开。

由此在笛卡尔"半唯物半唯心"的二元状态中，必然带出下一个明确的答案，这就是贝克莱的"主观唯心主义"。如果你不深研哲学，你会认为贝克莱完全是一个疯子。贝克莱当年提出他的学说的时候，即使在盛产哲思的西欧，也被普遍认定他是精神病人。贝克莱提出这样的讨论，他说我无法证明外物存在。基于笛卡尔提出的问题，基于对牛顿光学的了解，贝克莱直接提出"物是观念的集合"。既然笛卡尔的二元论只能证明"知"这一元，那么物质实体这一元就无从证明。如果我说你所谓的"在"都是感知中的"在"，请注意，不是笛卡尔而是我们所有人，你所说的"在"都是你感知中的"在"，请记住我说的这一句话。那么，你怎么知道你所说的外物存在，不是你的观念的集合？

因此贝克莱提出著名的三论断：物是观念的集合；存在就是被感知；对象和感觉原是同一种东西。贝克莱的表达非常极端，他完全否定有外部世界存在，但是在逻辑上成立。

因此贝克莱对"知"勾销"在"的证明，成为一个哲学上的有效命题，由此对英国经验主义者休谟构成严重冲击。休谟接触贝克莱的学说，才突然意识到，我们所谓的"知识"，居然是一个严重的空洞。我们根本不知道"知识"是什么，"知"的内涵是什么。因为我们一般都会认为，我们的知识是对外部对象的知识。可贝克莱有效证明，你所说的"知"跟外物无关，或者至少你不能证明与外物有关。

在古典哲学时代，大致分为两个派别，一个是以英国为代表的经验论派别；一个是以德国为代表的唯理论派别。所谓"经验论"，就是认为感知就是对外物的经验。所谓"唯理论"，就是在德国系列中表达为"哲学问题"或"知与在问题"的探讨，应该只是一个纯逻辑问题的证明过程。

休谟是彻底的经验论者，非常彻底。从经验论上讲，它的表层是唯物主义，就是我们一切知识来源于对外物的经验，或者说对外物的感知，这是典型的唯物主义。可大家注意，恰恰是典型的唯物主义，一定导出典型的唯心主义，两者是一回事，或者在逻辑推导上有某种必然联系。

此后休谟就提出了一系列问题。休谟说，既然我们的知识只不过是经验的产物，何以会有诸多非经验的要素广泛汇集于知识之中？大家知道，洛克曾经提出"白板论"，就是我们的精神像是一块白板，外物在白板上的投影和书写就构成我们精神的内容，就构成我们的知识体系，这是典型的唯物主义表述。在洛克的表述里，显然带出了一个严重的问题，就是他认为我们的感知是真空的孔道，感知是没有规定性的，这是"白板说"的实质，这显然是一个极为粗浅的看法，而且是明显错误的看法。

我昨天讲反思，讲感官、视觉、听觉的规定性以及归纳、演绎、逻辑等的格律性，你就知道感知不是空白、不是白板、不是真空的通道。那么即使坚持认为唯物论、白板论有一定道理，即使从休谟的经验论角度来追查，如果我们一切知识都是客观事物的经验性反映，敢问知识中的非经验要素来自何方？譬如休谟讨论了一个令人费解的问题：从特称判断中不能导出全称判断。

严格地讲，判断分单称判断、特称判断、全称判断。我在这里只做最简略的阐述。什么意思？我们经验中所看到的都是具象。我仍然拿马做例子，你在经验中直观上只能看见大马、小马、黄马、红马、公马、母马，你何曾看见过一匹不具有上述经验属性的"马"？"马"是一个概念抽象，"马"是一个全称判断，可在经验中并没有这样的"马"存在。

那么你的"马"是从哪儿来的？你的全称判断是从哪儿来的？因为我们人类的一切知识一定是建立在全称判断系列之上的。也就是我们要找见任何事物的普遍性，才能建构知识。请试想一下，你所说的每一句话里所包含的知识，哪一个是单称判断和特称判断？当你说马是一种动物的时候，从"马"这个概念到"动物"这个概念，都是全称判断，都是在经验中找不见的东西。你在经验中给我找一个动物，你只能找见具体的猴子、具体的马、具体的鳄鱼、具体的大象，你何曾能找见一个动物？"动物"是一个全称判断。

可就是这样一个几乎不构成知识的话语："马是一种动物"，在经验中不成立。因此休谟论证，我们的一切知识和经验无关，我们经验获得的只是具象要素，而我们的知识是普遍要素，是全称判断的集合构成。

那么，在我们通常所谓的知识里，那些经验以外的东西是怎么得来、怎么建构的呢？

休谟接着在纯逻辑上再探讨一个问题，他说我们人类的一切知识是建立在因果律的思维链条上。大家想想，是不是一棵树之所以能长起来，是因为它有种子？种子是树的原因。一个人之所以能生出来，是因为他有母亲，母亲是他得以出生的原因。再如基因是一切生物性状或生物表型的原因。总而言之，你的一切知识建构在一个因果律的思维序列上。可你注意，你的经验里没有因果律，你的经验里只有你，只有你母亲，你的经验里只有树，只有种子。但你的经验里没有"种子就是树的前身"的全部过程，你所说的因果关系在经验中，尤其在特称判断的经验中不存在。

而人类的一切知识，是在因果论序列上建构的，这就使得休谟从纯唯物、纯经验的角度出发，反而否定了人类一切知识建构的基础。而他的否定和质疑，被称为"怀疑论哲学"，是有确切事实根据的。

休谟接着讨论，他问我们说的"因果"是什么？从经验上考察，它只是一个事物在时间和空间排序上的反复呈现。就是一个事物在时间、空间上总是在前面出现，随后发生另一个事物，于是你把这些事件之间的关系，非经验地、主观地设定为因果关系。但是这种设定是不成立的，因为这里有一个麻烦：你还没有搞清什么叫"时间"、什么叫"空间"？

请注意，这些我们认为是"当然"的东西，也就是所谓"自明"的东西，正是哲学家要追究的东西。休谟提出，如果我们所谓的因果联系本身在经验中并不直接呈现，而仅仅表达为在时空中前后排列的反复呈现，那么，我们就必须追问什么是时间和空间。如果这个问题我们探讨不清，非但因果律不成立，整个知识架构都会崩溃。而时间和空间是不是真实存在？它究竟是什么？它是一种精神现象呢？还是一个客观存在？休谟提出了一连串怀疑，这是非常彻底的怀疑论，但是它却建构在一个极为扎实的逻辑追问之中。

大家要知道，我们在日常生活中，因果之说大多是混乱的，因果关系是信口开河的，在经验中是浅层比附的。例如从时空关系上看，你可以这样表述，甚至古人确有这样的表述，说鸡叫是太阳升起的原因。每到拂晓四五点钟鸡就叫了，鸡叫后太阳就升起来了。从时间排序上，鸡叫总在前面，这个因果关系成立吗？逻辑上你会觉得很可笑，可是在经验序列上成立。

罗素做了一个更有趣的比喻，他说一个人养了一群火鸡，每天按时来饲喂火鸡，在火鸡看来，这个主人就是食物的原因，可是它们没有想到，终有一天，主人提着一把猎枪或者一把刀来了……这就是为什么维特根斯坦会提出一个问题，休谟当年也提出这样的问题，说"太阳从东边升起"只是一个假设，因为你说"太阳从东边升起"是经验的产物，而且是归纳法的经验性产物，可归纳永远不能被穷尽，所以"太阳从东边升起"是一个假说，是一个不成立的假说。我们今天知道这个说法是对的，因为太阳在 40 亿年以后将会变成红巨星，它绝不会再从东边升起，它会当头落下，直到把地球熔解。是不是这样呢？所以休谟讨论的怀疑论，提出在经验层面上，我们永远不能获得知识，而且明确证明归纳法无效。

而我们人类的一切实在知识的确立，全都建立在归纳法基础上，这是显而易见的，因此整个人类的知识大厦全部垮塌了，因为休谟的证明有效，这就是"不可知论"的开端。因此休谟提出，此前对因果律，对全称判断，包括对普遍知识的建构，乃至"实在"本身是什么的探讨，全都不过是主观的独断。休谟的这一番论证，深刻震动了康德。

我们下面简略谈谈康德。

古典哲学的高峰及其遗留问题

伊曼努尔·康德，是西方近代古典哲学的最高峰。康德在 40 岁以前，从来没有太认真地研究过哲学。他在大学里教书，教的主要是自然科学课。他教学 20 余年以上，从来没有意识到知识本身居然是一个问题。他偶然读到休谟的著作，大受震动。他发现他讲了 20 年各类知识，而所谓"知识"居然本身就是一个漏洞，就是一个疑窦，就是一个根本性的困惑。这才促使康德开始深入思考知识究竟是什么，我们人类的认知是怎样建构的等一系列哲学问题。

他当然得从休谟提出的基本疑点开始，那就是什么是空间？什么是时间？因为休谟曾经论证，在经验上对空间和时间的感知无法明晰化，它只不过是事物连续发生的一个背景表象。康德因此追问，什么叫时间和空间，什么叫因果联系，什么叫全称判断，它们从哪里来，又怎样形成认知结构……经过反复思考，严密推证，终于成就了他的先验论哲学系统。

要讲康德，我们必须先讲三组词汇，或者三组概念。

第一，经验。请注意哲学上的"经验"和我们日常生活中使用"经验"一词略有不同。我们日常生活中所谓的"经验"，是指一般实务活动中的知识积累。"经验"的原意不是这个意思，它是指我们用感觉获知对象或者用感官获得对象要素。比如视觉、听觉、嗅觉、味觉、触觉之类。

第二，先验。什么叫"先验"？"经验以先"就被规定的东西，叫先验。也就是在你经验还没有发生以前，已经规定了你的"经验模式"和"经验系统"的那个东西，叫作"先验"。

第三，超验。指"超乎于经验界限"之外的那些追究，也就是只能借助于理性达成的非现象认识，它不像知性那样有具体的可经验对象，由此必然形成"理念"，这叫"超验"。

我先把这三个概念说清楚。休谟证明"经验"不能达成从特称判断到全称判断的导出。"经验"中没有因果联系的直接要素，归纳法不成立。那么康德当然就要讨论我们的"经验"是什么？我们联系"经验"的后面的那个作用力来自何方？我们的全称判断、因果判断，所有这些东西，也就是知识基础构架的东西在"经验"以外的什么地方？他提出"先验"！在你"经验以先"就被主观禀赋规定死了。好比我们的视觉只不过是感光，我们把光能感觉成光明，是一种"先验规定"；我们把波长错觉为颜色，是一种在我们张开眼睛以前就被规定死了的视觉模型。

要知道当年的康德没有这个信息量，他居然推导出我们的感知是有"先验规定性"的。就是在你"经验"发生以前，一个"规定经验的格律"或者"规定经验方式的平台"早已塑成。然后他提出，时间和空间只不过是"先验直观形式"。请注意"形式"这个词，我一旦用这个词，大家立即要回到古希腊运用这个词的那个概念上去。也就是说，时间和空间是不是客观存在，我们无从讨论。

康德说，我只知道我的"经验"如果要发生，它必须有一个平台。这是我的语言，我不用康德的原话，因为说起来太拗口，为了大家现在便于理解，我改成现代语言。那么我的"感觉"和"经验"本身要发生，必须有一个载体，有一个平台，这个平台就是时间和空间，时间和空间是我们的"先验直观形式"。他说所谓因果联系，所谓全称判断，全来自于"先验的范畴规定"。

大家注意"范畴"这个词，在我们日常用语中跟"范围"似乎没有区别，可是在哲学上它是一个专用术语。最早提出"范畴"概念的人是亚里士多德，到康德进一步探讨。康德说，我们的全称判断和因果联系是在"先验范畴"上建构的。他分了4组12项范畴，我不一项一项展开，我只举一个例子。比如我说"小布什必然是美国总统"，你听了一定觉得大有问题。可是我如果说"2+2必然等于4"，你听了觉得毫无问题。世界上没有2这个东西，2是一个纯抽象符号；自然界也没有加法、乘法这类东西，可为什么我说 2+2=4、2×2=4 你没有疑问呢？

这就出自于纯逻辑的"范畴"，也就是"必然、偶然、或然"那一组先验范畴的派生，这个在先天逻辑模型中建构的"先于经验"的规定带给你如此一脉思维结果。所以你一听"小布什必然是美国总统"，你就会觉得有问题，问题在哪儿？在你的先验范畴中不能接受。2+2=4 是世界上没有的，可在你的先验论范畴中它成立。康德接着推导，说你的逻辑形式和逻辑程序来自哪里？仍然来自"先验规定"，他把这个高于经验层面的逻辑规定另取一组概念，叫作"先验逻辑形式"。

我刚才讲时间、空间、经验，叫"先验直观形式"。你在逻辑上能够整理的所有东西，包括因果联系等，是"先验逻辑形式"。换句话说，这是在"经验以先"就给定的"感知规定性"。他说"经验"只提供现象信息，并不直接提供现象信息背后的联系要素。因此我们感知的世界，永远是现象界。我们所说的存在，永远是感知中的现象体系。他说，那么"客观的物本身"在哪里？在彼岸！他取一个自撰词，叫"物自体"，也叫"自在之物"。他说我们的感知无可企及的那个客观世界本身，并不在我们的直接可感范围以内，它是超验的，这就是著名的"彼岸说"。

"现象界"和"物自体"就这样被划分开来，"不可知论"的证明由此达成。我前面讲过，西方文化界的主流思想是"不可知论"。大家想想，康德的学说是不是对人类知识是什么的最有效证明？你的知识是什么，不是外部世界的反映，外部世界只给你提供了一些零乱的信息，怎样整顿这些信息，却是你的主观规定性本身在你接受信息的"经验之先"就被定格了。这就是我前面讲，感知不是为求真而设定，而是为求存而设定。你的先验属性是被什么东西赋予的？是被生物进化过程中维护生存的适应性要求赋予的。

是不是这样呢？这在今天看来是一个非常简单的常识，可是在古典哲学时期，它是需要用致密的逻辑推导去一层一层加以证明的。

而且康德接着提出了一个更麻烦的问题，他说我们人类总有一种把自己的智慧或者理性加以极端调动的倾向。可是一旦你把自己的智慧或者理性调动到极致，你在思维结果上就总不免要去追求达成一个绝对的、不可分割的、无限且永恒的超验之"理念"。

大家想想，康德这个说法是非常到位的。我们一般人一定会认为这个世界的存在是绝对的。古希腊人认为在这个世界假象后面，一定有一个稳定的、不可分割的、永恒持续的"真存"。比如在牛顿时代，人们不自觉地就会认为万有引力定律是绝对的、是无限的、是涵盖一切的。到今天相对论时代，我们会认为爱因斯坦的学说及其宇宙论是绝对的、是包容一切的。人们总是在把自己的理性和智慧调动到极致的时候，追求达成一个圆满的、绝对的、无限的理念。

可康德讲，我们的"经验"永远是有限的，你的"经验"根本不在无限中展开，无限跟"经验"没有任何关系。请想想，你看到的都是具体的对象，你能看到无限的宇宙吗？你看到的是具体的人、具体的桌子、具体的星星、具体的太阳。你所看见的都是有限存在者，经验只在有限范围内展开，知性只在有限过程中运行。可调动理性达成极致追求的，却是无限和绝对。一切"经验"和"感知"只在相对系统中运行，却总是在最高理念和最高理性的调动上追求无限，这构成理性运用的重大弊端。

康德说，因此，人类一旦进入这种高度调动理性的状态，立即就会发生二律背反。所谓"二律背反"，就是不能兼容的矛盾性结论一概成立，结果最终导致根本知识的混乱。可见康德在那个时代就已经意识到，人类的感知、经验及其狭义逻辑，都是有弊端或者有局限的。而且人类把自己的理性调动到越高的程度，这个弊端和局限就展现得越为明显。

康德通过对休谟问题的反思，由以建立"先验论"认识系统，使人类第一次明确知道我们所说的知识究竟是什么。你所谓的"知识"绝不是外物的单纯反映，它是外部信息和你主观固有的感知规定性，或叫"先验规定格律"组合出来的一个系统。是不是这样呢？这个问题直到康德"先验论"证明完毕，人类才第一次知道人类的知识是什么、知识的架构是什么。如果你没有经过感知系统、思想系统、逻辑系统的调动和训练，你接受的不叫知识，只叫信息。如果你拿一个有漏洞的先验感知系统或先验逻辑系统整理信息，会出现什么局面可想而知。而人类的高端感知部分不在人类显性感知的表层，它只是一种潜能，需要后天调动其深层储备并加以长期训练，由此构成的信息处理系统所达成的"先验整理模型"，谓之"知识"。

因此，大家在这里一定要把"信息"和"知识"分开。我顺便纠正一个常见的误谈。人们说知识是无穷尽的，而我们的已知只是知识海洋中的一粟。庄子有一个表述，他说："吾生也有涯，而知也无涯，以有涯随无涯，殆已。"他的意思是说，我的人生是有限的，而知识是无限的，以有限的人生去追求无限的知识，此乃不可能达成的目标。听起来这个话是大家都能接受的，错了！请记住知识是有限的，它是随着你的先验感知能度而建构的。而感知能力是一个逐步发生的东西，感知结构和感知能力发展到哪一个程度，知识才增进到哪一个程度。请千万不要把信息的无涯和知识的无涯搞混。而且信息是不是无涯、是不是无限，也是需要追溯和重探的。

什么叫信息？信息是存在的总和，是依据万物分化进程所产生的边际依存效应。也就是说，如果万物不分化，就没有信息。宇宙的弱演展开过程就是分化过程，分化过程就是信息生发过程。如果宇宙的演化是在一个有限衍存区间内实现，那么信息总量也一定是有限的。在这个有限的信息海洋中，任何一个人或者一个物种处理这些信息，其实不能也没有必要处理这个有限信息量的全部，他所处理的知识量一定是被其感知能力或先验逻辑给定的。因此，不但知识是有限的，信息也是有限的。因此说知识的海洋是无限的，我们的知识只是未知海洋中的一粟，这说法不对。

总之，理解知识是什么，理解知识和信息的关系，理解现象界和物自体的分离，理解对象和客体的概念区别，是我们在哲学逻辑上建立"有关知识的知识"之基础问题。

下面我再简单说两个话题。当康德提出，客体在彼岸，物自体在彼岸，我们的感知只漂浮于现象界，世界的本在是不可知的，这使得"知"与"在"之间被划出了一条不可逾越的鸿沟。大家要知道，对这条鸿沟有所认知应算是一个重大进步。因为在贝克莱和休谟那里，物质的存在已经被抽离了，知识如何可能也已经是疑问了，连"知"是什么都全然是一个空洞。所以发展到康德这里，可以说已经成就了一系列重大建树。然后康德讲，我们把智慧和理性调动到极致所达成的是二律背反，是一个不可调和的矛盾与悖谬。

黑格尔为了处理这个问题，建立了他的"精神现象学"系统。黑格尔从近代古典哲学乃至古希腊理念论中，已经明确意识到，我们人类所说的"客观对象"或"存在体系"，其实只是封闭于感知通道中的"精神存在"，因此，我们没有资格讨论感知以外有没有"存在"。这个问题在逻辑上是一个伪问题，根本用不着讨论。因此，他提出回到古希腊柏拉图的论题，他说这个世界的本源是一个"绝对精神"，用以取代或消解那个不可企及的外部"绝对存在"。所谓"绝对精神"，也叫"绝对理念"，我们换成一个浅显的阐释，就是你所说的世界永远是你精神界中的存在。这个东西你无法超脱，也无法打破其边缘限制。我们如果要了解一个东西，搞清它到底处于什么状态，我们就必须找见它的边界，然后对边界两端的条件加以比较，才能够分辨它的差异状态。可感知通道是完全封闭的，这个感知通道的边界你是打不开的，边界两端的条件比较注定根本无法进行。因此，你所说的世界永远是你的精神世界，此话一点都不错。

黑格尔据此提出"绝对精神"才是世界的本源，或者合理地讲，至少我们人类所说的世界永远只是一个打不开的"绝对精神"。在这一点上，黑格尔学说的核心成立。那么世界是什么？对象是什么？笛卡尔所谓的"物质实体"是什么？我们在直感上所说的"外部存在"是什么？康德划出的那一条鸿沟怎样消除？黑格尔由此端出古老的辩证法，说外部对象只不过是"绝对精神"的"异化呈现"。A与B互相转化而又同一，你把这个"绝对精神"的外部转化或异化形态视之为对象，实际上它只是那个宰制一切的精神理念实体的派生映像。当你对它有所认识的时候，它又回归于绝对精神，这就是黑格尔惯用的"正、反、合之辩证法"论述。

黑格尔哲学的合理要素在哪里？在对感知封闭的确认，这是它的合理要素，也就是其唯心主义或曰唯理主义的那个核心提法成立，但恰恰是他所谓"绝对理念的异化呈现达成外部世界存在"的辩证表述纯属胡缠。这就是为什么我说真正读懂黑格尔，你会发现他的哲学的合理要素，恰恰是我们所要批判的靶标的原因。要理解黑格尔，必须读懂康德；要理解康德，必须读懂休谟；要理解休谟，必须读懂贝克莱；要理解贝克莱，必须读懂此前的二元论学说和笛卡尔；这是近代西方古典哲学的基本思想脉络。如此一路发展过来，到康德、到黑格尔，古典哲学中有关"知"与"在"的问题似乎已被处理完毕。

如果你确认康德是高点，"知"和"在"的问题就处理成一个不可知论的确定模型。如果你接受黑格尔的说法，"知"和"在"的二元对立关系便借助绝对精神而完全消解。"知"与"在"的根本问题，至此达成讨论终结。

　　我讲到这里大家一定是不满意的，因为显然更多的问题随之呈现。我们的"知"是从哪里来的？什么叫精神？精神的渊源何在？什么叫先验规定？为什么必须有先验规定？先验规定是被什么东西塑成的？如果我们的"知"只是精神封闭通道内部的主观设定，那么为什么我们会需要这种多余的无谓的"知"？还有一点，为什么我们的知识在实际运用中会行之有效？诸如此类的问题显然成为更严重的麻烦呈现。除非你闭眼无视这些疑问，你才能够说古典哲学的各项问题业已获得了完整答案。这也就是为什么到了19世纪末期，西方出现以克尔凯郭尔为代表的一系列现代哲学的萌芽。他们不再追究世界的本原和精神规定性，他们不再追问这些根本性问题，他们认为这些问题要么已经探讨完毕，要么根本无从探讨。于是他们回到对自我的追问，这就是典型的存在主义哲学，我说它是源之于迷雾，又走向更深的迷失。

　　大家知道，海德格尔的"此在"，其实表达的是"知的自我性"和"我的自知性"的问题转向。他既不追究"我"来自何方，他也不追究"知"出自哪里。他把一切事物的起点，设立在"我的定在"这个开端点和"我的定知"这个确定点上讨论。

　　"此在"这个词，在德国古典哲学中叫"定在"，它本来还是一个有疑问的概念。如今却在西方现代哲学中成为终极追问的起点，这显然是一个很大的倒退，尽管它在逃避难点或回避盲点的逻辑论证上表现出某种合理性。

　　回望古典哲学，"精神追问"和"认识论追问"成为一个必然的"自然追问"和"本体论追问"的后继问题，也就是说，"唯物地直面对象"必然引出"唯心地反思精神"的后续结果。这个追问进程建立了我们的"知识论"基础，建立了科学系统得以确立的基础，而且还建立了未来"后科学"系统，或者说"科学批判"系统的思想武器。尽管它是一个未完成的探求，却是人类当今科学时代的基本思脉追溯和未来超越科学时代的一个重要思想端口，理解这一点，至关重要。

"唯物、唯心、不可知论"各自的局限

我们前面谈了西方近代古典哲学的基本思路及其认识论框架。

我是用极为简捷也不够准确的粗略比拟方式讲这个课。但我希望大家能够听明白这些哲学家展开思路的证明方式，只有沿着这个线索，你才能理解西方哲学近代以来讨论问题的大体方法和思想内涵。

比如莱布尼兹提出"无窗单子论"，非常难以理解。什么是"无窗单子"？莱布尼兹讲，无机物和植物也有知识，叫作"微知识"。比如含羞草，它是一种植物，它的叶子能够感受到你的触碰，你触碰它，草叶会立刻收缩，所以莱布尼兹的说法是不错的。不但植物是有感知的，无机物也是有感知的。请想想什么叫分子？不就是一个原子通过外壳层电子云能量，跟另外的原子所构成的一种电磁感应关系，或曰"电磁识辨关系""电磁结识关系"。这难道不是一种微感知吗？

莱布尼兹又说，动物有"感性灵魂"，这说法很准确。我们人类如果回到丛林中，你凭什么生存？凭感性，凭敏锐的视觉、听觉和

嗅觉等等。所以他说动物有感性灵魂，这说法成立。他说人类的自我意识叫"理性灵魂"，这个表述也非常准确。当你脱离丛林进入思想构建的文明时代，你得把感性逐步洒脱，然后建立纯粹理性的逻辑思维，他把这个东西叫理性灵魂。他说，即便这样你仍然够不着事物的本原，因此他在最上面设定一个更高的精神总和，叫"上帝之智"。请注意，我一旦说上帝、说神，请回到苏格拉底视神为终极追问的寓所和通道这个思路上来。

那么，莱布尼兹讲"无窗单子"，讲的是什么？请回想古希腊的原子论，古希腊人推导出万物是由某一种或者若干种基本元素构成的，这个东西没有任何实践基础，属于纯逻辑推导。今天的物理学证明它是成立的，我们今天的整个世界构造是在原子物理学、粒子物理学上搭建的。但是到认识论阶段，我们所说的世界是我们感知通道中的封闭精神世界，原子论问题当然需要重新解释，于是莱布尼兹提出"单子论"，你可以这样理解："物理原子"变成"心理原子"，或者"物质单子"变成"精神单子"。解读他的思想十分困难，你只有建构在西方古典哲学认识论问题的探讨上，才能理解他所谓的"单子"实际上是"精神原子论"，就是构建精神的基础元素。因为，如果我们所说的世界只是精神世界，那么精神世界的基本元素是什么？这当然是一个需要探讨的问题，此谓之"无窗单子"。所谓"无窗"，就是各单子之间是不沟通的。也就是植物的微知识、动物的感性灵魂、人类的理性灵魂，它们之间是不能沟通的。但是它们却是内在和谐和一致的，也就是在最终的表象上是递进一致的，这叫"预定和谐论"。你如果听不明白古典哲学所探讨的存在与古希腊所探讨的存在的差别，莱布尼兹的书你就无法读懂。

我再举个例子，叔本华。大家读叔本华的书，一定觉得非常晦涩，他自己总结两句话："世界是我的意志"；"世界是我的表象"。什么意思？为什么把叔本华的哲学叫"意志论"哲学？是因为叔本华发现任何人、任何生物、甚至任何无机物都有一种被驱动的意志，或者更准确地说，都是被某种统一增进且身不由己的内在意志所驱动的。我们的感知体系，也就是我们的世界表象，是在那个不能克制的意志欲求推动之下的继发性产物。

于是他说，一般哲学只限于研究感知和表象层面，而没有追究更深层的推动表象和感知运动的基层力量，它实际上就是求存意志。意志是你不能控制的，它却是你的一切主观能力得以推展的原动力。他说万物都有意志，只不过这个意志是在不断演运增大的。然后他说，康德扔在彼岸的那个物自体其实就是意志，他用意志的彼岸存在，驱动感知表象的此岸存在，由以化解康德现象界与物自体之间的鸿沟，他因此认为自己有重大的发现，且因此特别鄙视黑格尔处理康德问题的那套拙劣说教。显然，你只有理解康德，你才能理解叔本华，以及叔本华与黑格尔的纠葛。

叔本华的意志论展开了一个别开生面的讨论范式。他使得我们后面的美学探问，包括对美的本质的揭示，有了一个进行推证的逻辑先导。有关这个话题，请大家读我的《物演通论》第一百零四章以后各章节。

我想说明什么？就是人类在知识上、思境上的拓展，从古希腊追问本体，到近代古典哲学展开精神探讨和认识论分析，由此铺展和拓宽了人类精神世界的全貌。

我讲到这里，很容易给大家造成一个严重的误解，就是你会认为我是唯心主义者。别搞错！我一再讲明，唯心主义没有处理一个根本问题——心是什么？精神是什么？感知是什么？精神和感知从哪里来？它究竟是怎样运行的？它的发展动量是什么？它的运行规定性怎样塑成？这显然都是唯心主义不能回答的问题。

但你不能一味地批判唯心主义。因为唯心主义明确地回答了人类的精神构造和感知通道不是真空的，而是有规定性的这样一个重大课题。（此处有删减）

但是我绝不是唯心主义者。请大家注意什么是唯物主义，它的早期呈现为对"心"的无意识，它根本不知道感知本身是有规定性的，感知本身居然是一个需要探究的对象和课题。（此处有删减）这表达着人类运用智慧的初级阶段。请大家想想，一只狼看见一只羊，它会怀疑这个羊是精神的还是物质的吗？一个人不展开思索，他像动物一样停留在直感状态上，他一定是唯物的。对于普通人众及贩夫走卒，你问他这个世界是物质的还是精神的，他一定会笑你得了精神病。（此处有删减）但是唯物主义还有一个阶段，就是你只有深入探讨物演进程，你才能澄清"心"的渊源是什么？"精神现象"究竟是怎么回事？它为什么只是物的一种"属性"而不是实体？

关于这个问题，请大家读我的《物演通论》。我在讲什么？我在告诉大家我不是唯心主义者，虽然我对唯心主义给予高度评价，但我也不是唯物主义者，因为你得把"唯"这个字抠掉，物是包含感知和精神的，精神是物的属性，感知是物的感应属性代偿。这个话题我在后面的课程中会简略论述。

请记住，（此处有删减）早期的唯物主义者，比如古希腊自然哲学期，它根本就没有意识到有"心"这个问题存在，也就是它没有敌方，它不会形成争论。到唯心主义时代，你对精神规定性没有了解，你就没有资格指认对象，所以它也不用争，没有争论的前提，甚至是不屑一争。

如果我们要在"物和物的属性"，也就是感应属性之间讨论"心物问题"，那么它们完全是一回事。所以，唯物、唯心之争纯属无谓的争论，纯属各自对彼方深在内涵缺乏了解的表现。

我们再看不可知论。不可知论有一个前置问题，它没有回答，那就是何谓之"知"？所谓"不可知"，是在前提上默认了我们应该能够获得真知。由于最终发现我们的知识是不能得真的，我们的"知"只漂浮在"现象面"，我们的"真"永远是我们先验感知形式的扭曲产物，因此，它认为"不可知"。但如果大家听懂我的课，我一再讲，"知"不是为求真设定的，而是为求存设定的。它原本就不是求取"主客符合之真"的，它是求存与求实的，所谓"求实"，就是求取"自然依存之实"，它跟求真没有任何关系。求真是一个妄谈，是一个全无意义的虚构。若然，则不可知论这个问题就化解掉了。因为，既然"知"不是求真，而是求存，而"知"的确达成了求存的代偿效果，怎么能说是"不可知"呢？

所以，我再重复一遍，不可知论的缺陷在于它默认了"知"是求真的妄想，这就是不可知论的毛病所在。我也在这里重申，我既不是唯心主义者，也不是典型的唯物主义者。因为我对唯心主义给予高度评价，但我同时认为唯心主义讨论问题没有触及根本，没有探询"心、感知以及精神总体的本源"；这个本源只能是"物"，尽管恰恰是此"物"或"物的衰变"导出了"心之属性"或"感知遮蔽"。而不可知论底下有一个虚妄的求真默认，抽掉这个默认也就无所谓"不可知"了。

这就是哲学上之三大派别的实际状况。你若站在另一个高点上俯瞰，它们之间的分歧就会被化解无余，甚而至于还会呈现出同为一个系统的演动关联态势。

"知"的动态发生学意义

我下面简单讲解一下"'知'是什么"这个话题。

此处的论述以《物演通论》为参本，但是我尽量采用最简捷的方式，并且仍然着重讨论"知"与"在"的关系问题。笛卡尔说世界是二元的：物质实体的属性是广延，心灵实体的属性是思想。他把感知、精神即心灵实体与对象、客体即物质实体设定为在平行横轴上的二元对立关系，而且他的根据是"我思故我在"。可是，我如果做一个相反的命题，"我思故他在"或"我思即他在"，这个命题也同样成立。请想想为什么会有"我思"？如果没有对象，如果你不是相对存在，如果你就是绝对存在，你需要"思"吗？你需要"有所感知"吗？

假定世界是"一"，存在是"一"，比如奇点状态，宇宙处于尚未分化以前的最原始存态，这个时候万物就是"一"，独此一体，别无他存。其结果是什么？是这个奇点能量存态没有任何属性可言，因此物理学上把它称为"奇点"。

什么叫"奇点"？意思就是说它没有任何可感知的属性，或者说它没有任何属性。因为我们的感知只是对物的属性的感知。如果一个物没有属性，这个物就无从感知。在此情况下，你用任何方式，包括物理方式、数学方式和其他科学仪器介入方式，都无法从它上面得到任何可以观察或言说的要素，也就是它没有任何属性可以呈现。

奇点是存在度最高的状态，在这个无需代偿的点上，属性根本不会发生。而物的演化是一个弱化衰变进程，当物衰变的同时，弱化就是分化，或者在我的书中表述为：弱化＝分化＝残化。存在是"一"，逐步分化为存在是"多"，此谓之"万物"。任何"多"都是"一"的分有，或者说是"存在是一"的残体。任何残化了的部分，总有一种回归合一的内在冲动，由此促成感应属性发生，也就是它只有借助于感应属性，才能达成自己丢失的残体部分之识辨与回归，这叫"依存"或"依存结构"。

属性种类很多，最基本的属性是广延属性。所谓"广延属性"，就是指时间和空间属性。大家知道按照现代宇宙论，奇点状态是没有时间和空间的。再下来则为"感应属性"，比如起初分化的质子和电子，那么电子要与质子回归合一，用什么方式进行？它必须借助自己的负电荷属性去耦合质子的正电荷属性，这在物理学上叫作电磁感应。它其实就是后来"感知属性"的前体。这是由于物质存在度越高的时候，属性发生量越低；物质存在度越低的时候，属性代偿量越高。

我们从这样的关系里可以发现，最初的奇点反而是稳定程度最高的存在状态。它因此规定了一个基本的存在阈值，叫作"存在阈普适常量"。如果没有这个作为常量的阈值规定，那么物质存在度的衰减，就没有必要达成属性发生的递补增益关系。（具体内容参见《物演通论》之相关章节。）

感应属性的发展进程和增益过程，最终形成感知属性之代偿，这就是人类的精神渊源或精神来源。

可见，精神不是一个独立的存在实体，笛卡尔的表述错误。因为如果"我思故我在"是一个证明，就有一个问题没有回答，为什么会有"我思"？"我思"一定是因为"我在"发生了问题，一定是因为有"他在"，而"我"跟"他在"不可分割，"我"与"他在"是一个必定的依存联系，"我思"才能够发生。所以反证同样成立——"我思故他在"。换作莱布尼兹的话讲，就是从"微知识、感性灵魂、理性灵魂"一脉增进，最终达成这样一个精神发育的路线：万物的演化进程就是感应属性的增益进程。

存在度的衰减是一个自变量，代偿度的增益是一个因变量，二者呈反比函数关系。所谓"代偿"就是"属性代偿"或"属性增益"。属性的种类很多，比如"广延属性"，就是时空属性；比如"感应属性"，后来发展为感知属性；比如"能动属性"，后来发展成自由属性；比如"结构属性"，后来发展出社会结构。早期的物质结构极为简单。最原始的奇点没有结构，分化才导致依存的需要和结构的达成。所以越高级的存在形式，结构状态越复杂。它们都是随着存在度衰变进程而相应发生的代偿增益产物。

如果我们只关注感应属性，这就是精神哲学得以展开的基本样貌。从这里就可以看出，感知是有上下限度规定的，也就是感知并不是随意的。比如一个电子感应一个质子，它的感知能力在物理学上叫感应，表达为极为低下、极为微弱的状态，它只能感应到一个正电荷。而且有关感知的局限性，也就是不能"真感"的局限性，在感应属性最初发生的一瞬间就已经展现。例如电子感应质子，大家知道一个电子围绕一个质子运转，这就是化学元素周期表上的第一号元素——氢。电子感应质子，它永远不知道质子的其他要素，比如它不会知道质子的质量、质子的形状、质子的颜色，它只能用它的主观感应属性，也就是一个负电荷去感应质子的对应可感属性，也就是那个正电荷。而且，它连那个正电荷都不能"真感"，因为它在"感"的那一瞬间，负电荷就耦合了正电荷，达成的是电中性。

我这样讲，如果你还没有听明白，那么我进入分子阶段再讨论。

我们先讨论一个关键概念，什么叫作"主体"？主体是什么？主体就是镜像式的客体。在原始阶段，残化了的任一方，你都可以把它设定为主体，那么它的彼方，就是客体；但反过来，当你把它的彼方设定为主体的时候，它自身就是客体。可见主体是什么？主体在原始状态就是客体系统的可换位状态，这就是主体的本源。

所以，从根本上看，我们人类只不过是客观世界中不能抽离的一个客体分子。也所以，科学把自己孤悬在外，假定自己跟客体无关，外置自身而作为观察者，这本身就注定了科学的麻烦。

好，回到分子阶段讨论。比如酸和碱。假如一个酸分子被你设定为主体，对应地把碱分子设定为客体，当然你也可以反过来设定。那么酸分子以其酸根作为感应属性，它并不能感知整个碱分子的分子结构，只能感应碱分子的碱基部分。而且它得出的感知成果绝不是碱，而是酸与碱碰撞耦合之一瞬间所达成的盐，酸碱中和反应的产物是盐。因此如果你能够询问"酸"："'碱'是什么"？它的回答一定不是"碱"，而是"盐"。也就是感知的一瞬间，你的主观感知属性一定是对客体可感对应属性的耦合扭曲，由此才能达成感应者之间的依存关系，是不是这样？而且你的感知限度是你并不求全知，就像电子用不着知道质子的质量、形状、颜色等要素。它只要知道对象的正电荷，甚至把对象的正电荷扭曲为电中性，它的感知已经满足了。

满足什么？满足电子与质子之间的稳定依存关系。是不是这样？这叫"知"，这叫"知"的原始感应规定。请记住我们人体整个精神系统、神经系统的最基础架构是什么？是电磁感应！也就是细胞膜跨膜电位、生物电冲动，即传入神经的电脉冲，然后在视中枢、听中枢等脑中枢内对这个电磁感应系统的整顿。是不是这样？它是我们一切精神活动的最基层，我在前面把它表述为无意识基层。我们只不过是在这个基层上，一步一步地在上面叠加代偿架构。

大约五亿年前，扁形动物出现视觉，以后出现神经网，以后出现神经节，它是神经中枢的前体。再往后出现下中枢，继而是上中枢，最后发生高级脑皮层。这样一个演化叠加的过程，才构成从原子分子的"感应"，到扁形动物的"感性"，到脊椎动物的"知性"，到人类前额叶皮层的"理性"。

也就是说，自然物演结构中的感应属性增益进程，在我们人体的神经组织架构或精神感知系统中层层实现，一步都不曾缺失。它在最基本点上注定了你的感知本身不是求真，而是求得依存反应，或者说是达成依存结构。因此即便发展到人类的后衍感知阶段，你仍然受此规定。

在康德的学说中，"精神"仍然未能找见其源头，在整个西方哲学认识论中也从来没有找见"知"或"知识"的源头，甚至此前的笛卡尔认为心灵实体是与物质实体等价对应的一个存在体系。而我们今天可以在这个模型中，非常清楚地看到世界只有一个系统，"精神"只不过是物演系统的属性增益产物。而且康德不能解释，为什么我们的感知只能停留在现象界。

什么叫作"现象"？感应属性耦合而已！也就是你的感知不是平白发生的，你的感知来自于物演系列的主体感应属性之延展——从电子的负电荷属性到酸分子的酸根属性，再到人类的感知属性——你是用你的主观感应属性去耦合对象的对应可感属性，而耦合过程就是扭曲过程。因为扭曲过程所达成的结果正是依存实现，因此它满足了感知求存效应，这就是"现象"的来源。由于感知只是属性耦合，因此属性之外的派生载体永远不在感知可以追究的范畴之内，此谓之"物自体"。这就是康德哲学中那个不可逾越的彼岸得以发生的原委。至此，是不是这些问题得到了明确的回应？

而且我们会发现，感知是有上下限度的。也就是当你的存在度很高的时候，你的感应属性或感知度一定是很低的；当你的存在度很低的时候，你的感应属性，这个时候发展为感知属性，其量度一定是相应增益的，也就是你的感知能力表现为很高强。要知道，这个过程是被规定死的。你绝不可能看到一条会做四则运算的鱼，你也绝不可能看到一只会做微积分的猴子。为什么？因为这个感知增量或感应属性增量跟它的存在（度）状态不匹配。

我举一个简单的例子。蚊子在秋季繁殖的时候需要吮吸动物或人体的血液，此时它会不顾死活地发动群体性攻击，以达成生存延续之效。因为雌蚊只有吸取动物的血浆，才能备足繁殖的营养和能量。由于蚊子的存在度偏高，产卵量很大，所以它的感知属性保持在较低的状态。也就是当它进攻人、吸你血的时候，它是奋不顾身的。如果你处在防御状态，十只蚊子进攻你，可能只有一两只蚊子能吸到血，另外八九只都被你拍死了。从人类的角度看，蚊子很盲目、很愚蠢，它完全无能计算此项行为的损益比例。

反观我们正常人，假设你在任何经济操作中，亏损量始终大于收益量，持续进行的结果，你一定灭亡。是因为你的存在度太低了，你的感知算计能力必须很高，你才能维系自己微弱的生存。蚊子的存在度偏高，繁殖量很大，它每次排卵数百粒之多，而它的繁殖期很短。如果它具备人那样的感知能力，发现自己的成功概率不到50%而退缩，蚊子早就灭绝了，它恰恰因为其个体的愚蠢而保证了种群的有效延续。可见低感知度是一种保护效应，高感知度反而是一种危存效应。

精神渊源：感应属性增益

我们现在回头来看，请回想我讲这节课刚开端的部分，我讲了罗素说过的一句话，他问智慧是什么？你怎么知道智慧不是一种精炼的愚蠢呢？

如果你听懂我前面的讲课，你就会明白智慧其实真是一种精炼的愚蠢，标志着你处于存在度极低的不良危存状态。在这个思路系统上，我们就可以清楚地解释"知"的上下限度。它的下限被你的存在度所决定，它的上限被你的代偿度所决定，也就是被你的求存满足常量阈值所限定，这就是我们的感知动势。换言之，我们的知识不是一个随意进取量，而是一个自然规定量。我们在这个理论模型中，既找到了精神的源头，也找到了精神的动量，还找到了精神运作的基本规定。

这就好比生物学研究，你要想探查生命的基本状态，你拿人体作为标本是很困难的。你得返回到哪里？返回到细胞学的层面上去。这就像今天人类做基因工程，在实验室中，全是用最原始的单细胞生物，比如大肠杆菌来做研究。因为在最简单的模型上，表达着最复杂的所有属性的潜存形式和规定要素。

同样地，我们要想解剖精神，返回到它的原始生发点上去做探求，它会呈现为非常简约却又非常明晰的状态。所有存在论和认识论之间的矛盾，所有哲学深层问题的答案，由此得以深刻揭示。

我在这里只做了"感应属性增益"这个最简单的理论模型陈述。我想说什么？——"知"的程度受限于"在"的程度！你的"能知"是你"能在"的状态的属性表达。然后你的"能知状态"和"能知规定性"决定了你的"所知形态"和"所知内涵"，这就是精神现象的根本原因，或者说是今日之大信息量下的精神存在模型。所以当我讲"感知"的时候，我是把它分为"感应、感性、知性、理性"的渐进步骤来做全系统表达的。

所以大家要注意，在人的精神层次或精神层累中，我们所谓的感性、知性等都已经不纯粹了。因为我们所说的这类东西是在理性笼罩下的总体状态。从发生学上讲，最初有感应的时候没有感性。比如电子和质子，比如酸根和碱基，它们是没有感官的，是没有感性这个东西的，是纯粹的感应。最初发生的感性，比如扁形动物只有视觉，而且它的视觉只能看见它的依存物，此外的东西全都看不见，这叫纯粹的感性。这个时候它没有知性，因为它的对象是单一的，或者它的视觉对象是单一的，因此它没有面对复多对象判别求断的必要，这叫纯粹感性。

然后到脊索动物和脊椎动物，随着万物不断分化，对象变得复多化，于是呈现知性判断反应，或曰判别求断反应，这是纯粹知性，没有理性。这个时候理性尚未露头。然后到人类的理性，当人类的理性迭代发生的时候，他再说知性、感性乃至感应，其实早已不能纯粹。他说的感性其实已经杂入了知性，他说的知性其实已经混入了理性，也就是在感应、感性、知性、理性的全序列上，你已经无法把它做单纯剥离。所以在人类使用感知的时候，感应、感性、知性、理性做不到纯粹感应、纯粹感性、纯粹知性、纯粹理性，因为你已经剥离不出来了。它们是一个无级变量，或是没有区隔的连续增量。康德为了探讨这个问题，不自觉地使用了《纯粹理性批判》这样的书名，力求尽可能探讨纯粹的知性、理性是怎么回事，结果陷入重重困境。

当人类处于存在度极低，依存对象的分化量极大，大到在实物状态上加以判别求断已无从进行，不得不在逻辑概念上大规模、大数量化地进行虚演推理，也叫虚拟推理，这个时候标志着你已进入理性状态。而越高端的理性，越表达为扬弃或舍弃感性素材的状态，我把它叫作理想逻辑，也就是力争达到纯粹理性。但由于越高端的东西是代偿增量越大的载体，因此它一定处于越飘摇的状态。因为它是存在度降低的属性代偿。存在度越低的状态，是越失稳的状态，因此代偿度越高的状态，也一定是越失稳的状态。这就是我在讲课中，一再重复一句话——"越原始、越低级的东西，越具有奠基性、决定性和稳定性"的道理所在。

我们在感知层面上也会非常清楚地看到这一点。感应属性之初态在我们无法调动的潜意识或无意识之下。大家看感性，感性一定比知性稳定得多。我们看植物总是绿色的，其实绿色是一个假象，只不过是一个光波长的错觉。可是我们看植物永远是绿色的，在感性上它绝不会变化。甚至在猴子以前，动物视觉就已经看植物是绿色的了，这从来没有变化过。即使我们今天意识到，绿色只不过是某段光波长的错觉，树叶仍然呈现为绿色，理性一点都不能改变感性。

可是当我们进入知性，也就是对任何一个绿色的东西进行判别求断，审视它与我们的依存关系的时候，比如在一片绿树叶中，寻觅一个青苹果，这个时候你要做出判断，找见并确定它是否能够食用，就成为一个非常动荡的状态。青苹果也许长熟了，也许没长熟，没有长熟的青苹果吃起来是苦涩的。我前面讲过，不是它客观上是苦涩的，而是它在没有长熟的时候，需要保护内部尚未成熟的种子。它之所以后来长成圆润香甜的形态，是为了让动物去吞食它，然后动物不能消化内部的苹果核，通过排出粪便帮它播散种子。所以在它没有长熟的时候，它一定把自己表达为一种对动物具有毒害作用的不适味觉，这就是我们吃没有长熟的青苹果会觉得非常苦涩的原因。而且你吃了它是会受到损伤的，因为其代谢中间产物含有包括亚硝酸盐在内的诸多不良活性物质。

于是当你处在一片绿色植被之中，选择哪一个对象是当下必需的依存物的时候，这个知性判断过程是一个动荡状态，是一个不能确定的，或者很难确定的状态。它跟我们看它为绿色的纯感性知觉，所表现的稳定度是完全不同的。而到理性阶段，当我们讲为什么植物会发生，为什么植物会生长，为什么植物会进化，这已经成为理性逻辑推导的产物，于是它从此没有任何稳定性可言。古代我们说这是神的缔造；中世纪西方说这是因为里面有某种神秘莫测的活化素、生命素；后来被植物学家做刚性分类；后来被达尔文说成间变进化的产物；再后来又被孟德尔说成是遗传因子的规定……；不一而足，急遽转换。也就是在理性模型上，它是一个进行性变构的不稳定状态。

总之，我们会发现，在我们的感知属性代偿层面上，它仍然表达着越底层越稳定，越高层越动荡的动势，而原因就出于这种规律的制约。这也就是为什么，凡属高明的哲学家，比如康德，他在没有这个信息量、没有这个理论模型的情况下，居然早在数百年前就已经推断，纯粹理性的高度发扬会带出二律背反的不恰当理念。再看休谟说过的一句名言："理性只不过是激情的奴仆而已"。也就是我们在日常生活中会发现，我们的低层感知，比如情绪，它实际上是知性的一种表达，它左右着我们的理性，而不是我们的理性左右着知性。

高明的哲人早在数百年前已经对人类高度使用智慧提出质疑，因此我们会听见从休谟、康德到罗素的种种调侃高智理性的声音。所以要想知道精神是什么？感知是什么？精神的规定性是什么？甚至对象是什么？客体是什么？主体是什么？你都得在一个更大信息量的模型建构中重新探讨。但这些模型建构的前提是人类此前数千年之先哲们探讨的逻辑路径和逻辑台阶铺垫的结果，没有这些成果，我们后面的所有探索无由发生。所以我得说明，即使发展到西方古典哲学乃至现代哲学阶段，人类关于哲学问题的探讨远未穷尽。说

"哲学终结了"这句话，是对哲学问题必随信息增量而继续呈现的道理毫无所知的表现。

而且我也要在这里声明，我现在讲课的许多内容，你在我的著作中是见不到的。因为我没有必要重复前人已经讨论过的问题，我只在前人研讨所遗留下来的问题上进行纵深探问。因此我的学说只不过是对一个全新的基本原理的证明，而且这个证明系统贯穿"自然存在""精神存在"和"社会存在"三大领域，这是此前没有任何人能做到的，即用一个原理贯通三大系统。须知我们所说的宇宙存在总系统永远超不出这三块，而一般科学只专注于自然存在。

那么如果我的这个模型要想建立，它就必须在此前哲人所讨论过的问题基础上逐步展开。因此我做系统证明的时候，我绝不把前人处理过了的问题再度讨论，我只埋头做新型原理证明，在这个单线索证明的过程中，走到哪里牵涉出相关问题，仅作此项问题的由来及其解决方式的点评。我以这样的方式，把整个系统证明完毕，同时把哲学史予以拆解，并临机给出点状评述，这就是我那本《物演通论》的论述结构。读起来非常困难的原因，就在于你必须了解此前先哲讨论过的问题处于什么状态，以及遗留下了什么漏洞。而这些问题，我却又不再加以复述。况且它后面还有当代整个自然科学新增信息量的提取，这就使得它的阅读难度偏高。但如果看明白它，其实只是一个极简单的基本原理。我在这里顺便通过本轮讲课，说明西方近代古典哲学达到的高度，呈现其所讨论的问题，并简述这些问题的新模型解决形态。

"逻辑"的定义及其形成路径

今天上午，我们大致梳理了西方近代古典哲学接续古希腊哲学思绪所进行的认识论探问层次。那么今天下午，我们讨论一些其他相关问题，它虽然不够系统，属于专题阐释，但能厘清某些常见的概念混乱，可能对于我们就诸多重大问题的错误认识起到纠偏作用。

我们首先讨论"逻辑"。"逻辑"这个概念在古希腊初期并不明确，表达为"逻各斯"（logos），意思是"言词与秩序的总括"。大家听这个单词的涵义，其实就是指某种"主、客无分的规律"。当人们随后认识到感知对象和感知本身的关系，虽然可能是一回事，但尚需分别探查的时候，"逻各斯"的概念才逐步得以分化引申，"逻辑"（logic）之谓由此而生。

最早使用"逻辑"这个概念的是亚里士多德，但是他用的不是这个词符。这个单词是后来从拉丁文"逻各斯"转化过来的。亚里士多德给了逻辑一个定义，叫作"必然地导出"。也就是当年亚里士多德所承认的逻辑仅指演绎逻辑，即如果给出大前提，再给出小前提，结论是必定的、唯一的。他把这个东西视为逻辑。

根据我们探讨整个认识论的层次，以及后来逻辑学的扩延性发展，我们今天知道，"逻辑"包含着两重意义：一个是思维推理的"必然导出"，一个是感知序列的"先验规定"。我们通常所说的"逻辑"仅指"思维逻辑"或者叫"理性思维逻辑"。也就是说，我们过去的"逻辑"概念仅仅表达在"理性推理"这个思维阶段。

那么这里就有一个问题：理性逻辑与知性、感性乃至更底层的感应之间，其贯通接续关系究竟是什么？这个问题过去从未被探讨，也无从探讨。而且既往的哲学家，包括康德，包括黑格尔，包括当代逻辑学家，所有学者都认为逻辑、理性，甚至感性、知性、理性的总和，只有人类具备，他们把这个东西称作理智、称作智慧、称作精神，视为人类所独享。

但到 20 世纪，随着自然科学的发展，我们今天已经非常清楚，人类的感知系统是在生物进化的漫长过程中逐步造就的。而且我们会发现，理性逻辑的基础是知性逻辑，形式逻辑就是动物知性逻辑的理性表达，我前面讲过这一点。

再深问一层，知性逻辑的基础是什么？——是感性逻辑！我们过去一旦说感官、感觉、感性，绝不会让它和逻辑联系在一起。可是我们今天知道，它只是隐藏在我们潜意识底层或潜意识后面的一个格律化整顿机制或程式化识辨序列，它当然也应叫作"逻辑"，因为它也符合"必然地导出"之定义。我举一个例子，我们今天给电脑只是输入了 0 和 1 的大量数码，可是电脑会给我们呈现出来十分逼真的动态图像。比如你可以玩电子游戏，你在这个虚拟的足球场上可以踢足球，你可以开汽车，场面鲜活而真切。可你给它输入的是什么？你给它输入的是一系列 0 和 1 的数字信息元素。那么请大家想想，我们的感性是什么？外界给我们输入的只是光量子，这是对视觉而言；对听觉而言，它给我们只是输入了振动波；对嗅觉味觉而言，它给我们输入的只是某些分子，对我们身体有利或不利的分子。但为什么我们却能把它整顿成一系列具体而逼真的表象？很明显，在视中枢、听中枢以及整个感知中枢中，它一定底下有一个我们不能调动的逻辑整理系统，就像电脑里装有一套常人无法调动的基础操作系统一样，也就是按照某种程序或格律对这些信息进行整顿的系统，这个整顿的结果才是我们的感性表象。

因此，即使我们今天把它调动不出来，找不见它的具体的格律表达方式，但我们可以肯定，它后面有一个"先验整顿格律"或"先天程式规定"，于是我们尽可以把它视为"感性逻辑"以及"知性逻辑"。我相信，随着人类知识量和信息量的进一步增大，这些东西最终会被整理出来。若然，则会显现出一个完整贯通的逻辑通道。

严格地讲，感性下面还有一层，那就是"电磁感应逻辑"。比如电子以其负电荷辨识质子的正电荷，它的这个反应方式也是按照某种固定的格律进行的，我们又可以将其称为"感应逻辑"。对于这样一个从简到繁、由表及里的全程逻辑通道，我把它命名为"广义逻辑"。相应地，我把既往所谓的思维逻辑或理性逻辑，改称为"狭义逻辑"。

在此之前，人们只关注狭义逻辑，尚未意识到还有一个广义逻辑需要探讨。然而，无视或忽略广义逻辑必会引发一系列问题，比如逻辑的来源是什么？感知或逻辑的演化过程是怎样展开的？既然感知非真，何以感知有效？既然理性逻辑常常否定感性经验，那么感性经验生活与理性狭义逻辑各自成立的根据是什么？最后，先验感知通道或广义逻辑序列为何能够以及如何达成依赖模型的实在依存？诸如此类的问题，单凭研究狭义逻辑及其理性模型是绝难回答的。

在这个广义逻辑的通道中，越原始越低级的逻辑层次，它的逻辑结构和逻辑格律一定越简单；代偿度越高的上层逻辑形态，它的逻辑结构和逻辑格律一定越复杂。这与物质实体结构的演化进程完全一致。也就是在物演序列上，我们会发现物演结构是一个不断叠加累续的进程。粒子结构上面叠加原子结构；原子继续分化组合，这就是分子结构；分子结构继续组分，这就是基因结构或细胞结构；细胞继续残化整合而形成多细胞有机体，这叫机体结构；机体结构在其体外层面上的继续残化组合所形成的结构，这就是社会结构。

我们会发现，物质实体结构是一个从简单到复杂的叠加累续过程。那么与此同时，感应属性增益也随之匹配性展开，亦即从简单到复杂，从低级到高级，发生相应的结构代偿和属性代偿之同位延展，由以达成逐层识辨的有效依存。——这就是整个感应层次、感知通道或者广义逻辑得以发生的渊源。

为什么有必要导出广义逻辑的概念？我们后面会另行讨论，我在这里先粗略谈一下当今生物学研究方面所能提供的某些实证。我说过，我讲这节课尽可能用直观的或者科学的方式表述，以便于大家更容易理解。

我们看一看当代生物学专门针对生物感知反应或生物逻辑序列的发生学研究。我前面讲过电磁感应、分子布朗运动、细胞膜上的受体反应，这些不再多说。我们下面就谈谈神经反应系统，包括亚神经反应系统的感应代偿增量状态在生物学实验上的直观表现。我们讨论这个问题，是为了说明既往哲学家把"感知""逻辑"这些东西，认为乃人类所独有，是一种多么狭隘的眼光，从而也导致他们对这些问题的认知产生严重偏差。

要知道，最原始的生物——单细胞生物，就已经具备了某种感知能力，它在生物实验上表达为动趋反应。我举一个例子，比如一个厌氧单细胞，也就是它的生存不需要氧气，生物学家对这样的单细胞做实验。这些单细胞都是水生生物，生物学家给水中滴入一个氧气气泡，所有单细胞会不断游移，最终全都远离这个氧气气泡，这叫作"动趋反应"。也就是，在单细胞阶段，它还没有感官，更没有神经，它仅有细胞膜上的受体反应，它就已经能够在依存识辨方面产生最初级的定向运动。

再下来是所谓"趋性"。我仍然举例说明，比如细胞的趋光性。大家知道，所有细胞包括单细胞生物以及所有生命体，它的能量来源归根结底都是太阳能。那么异养型生物，包括我们人类，其实采集的所有食物，只不过是太阳能的积聚。太阳能量集中在自养型植物上，动物吃植物，人类又去吃动物，归根结底所食入的全是太阳能。由于地球表面的能量主要来自太阳能，因此所有的原始单细胞都有某种趋光反应，也就是追逐光源而生存的自发反应，这个反应叫"生物趋光性"。它甚至表达为昆虫的"灯蛾扑火"现象。它也形成"眼睛"的进化基础，也就是"眼睛"这么复杂的器官，其实是原始单细胞趋光性在漫长的上亿年时间中逐步发展出来的一个多细胞感光结构。

这种趋光性，从38亿年前的原始单细胞一直延续到今天，非常之顽固。比如新生儿刚刚睁开眼睛，如果你给家里挂一个灯泡，他躺在摇篮里，你会发现他的眼睛始终盯着灯泡，这是原始生物趋光性在人类身上的表达。因此，你要特别注意，养育婴儿时，家里所用灯具的亮度一定要偏低一些，否则过强的灯光会造成婴儿视觉损伤。

趋性反应种类很多，比如植物表达的负趋地性，也就是它总是逆反地心引力生长，因此叫作"负趋地性"。你把一棵树扳倒，只要它还活着，这棵树后面的枝丫又拐回来垂直生长，这叫负趋地性。植物根系总是朝下生长，属于"趋地性"。这些原始趋性在整个生物系统中表达得极为牢固，诸此趋光性、趋地性、负趋地性等等，这都是趋性反应的表现。

再往后叫"反射"，这已经是神经弧出现以后的较高级反应状态了。所谓"反射"，就是以感受器为开端，比如我们从感官获得信息，形成生物电，通过传入神经抵达中枢，中枢处理完后再通过传出神经，以电脉冲的方式传导给效应器，比如胳膊、比如腿，使之有所动作。这样一个从感受器到神经中枢，经过信息整理，而后输出为一个行为效果的过程，叫作反射弧，这已经形成神经网络系统的智化反应状态了。

再下来叫"本能"。大家知道，动物是有多种本能的。所谓"本能"，就是指某些先天具备的下意识行为能力。达尔文在他的《物种起源》一书中，专门描述了动物本能，其中提及的某些本能是非常复杂的。比如在《本能》一章中的《特种本能》小节里，讨论了蜜蜂建巢，那个六棱形巢穴是空间比例最大、材料消耗最小的一种建筑结构。如果用数学计算，是需要非常复杂的一系列方程才能推导出来的结果。可是蜜蜂用不着做数学，它仅靠本能就足以把自家蜂巢建成最节省材料、容积率最大，还特别稳固的居室结构。这种模块化的先验行为反应，叫作本能。我们人类在大多数情况下，基本体智反应仍然被本能所驱动。发展到这个阶段，超越感性的知性已然显现。

接下来谓之"动机"。动机行为标志着自主意识渐次萌生，也就是你已经有设定目标的行为规划了。再往后就发展到"意识自由"或"意志自由"。我们会发现，在生物38亿年的演化过程中，感知能度的持续提高，是一个循序渐进、一脉传承的过程。

而且大家还要知道，既往认为，"智慧"这个东西只有人类具备，"学习能力"只有人类具备，这又完全搞错了。当代生物学研究发现，"学习"行为居然早在五亿年前的软体动物身上就已经发生。比如章鱼，生物学家制备两张卡片，黄色的和白色的，然后不断地让章鱼在这两个卡片中做选择，一旦黄色卡片出现就给以电击，一旦白色卡片出现就投放食物。章鱼经过至少24次电击以后，从此见到黄色卡片就闪避退缩，见到白色卡片就前往取食。这表明，在软体动物这个低级水生生物阶段，学习现象已经出现。

再比如，让蜗牛这样原始的腹足纲物种走迷宫。设计一个简单的迷宫，置蜗牛于其中，初时蜗牛是绕不出去的，但在反复训练之下，最终蜗牛可以一次走出那个迷宫，这表明蜗牛已经具备学习能力。

达尔文当年乘坐贝格尔舰环球考察，走到太平洋中南区域著名的加拉帕戈斯群岛。他在这个群岛上发现，同样的地雀却出现了不同的叫声。他观察到的异样情况还有很多，包括鸟喙的形状也有轻微的差异，这些经历导致他发现了"间变物种"，从而推翻"物种是由上帝创世给定的"这个错误观念。达尔文意识到，在这个群岛的不同岛屿之间，距离虽然很近，同一种鸟类居然发出不同的叫声，由此证实这些鸟的叫声是后天学习得来的。再举一个例子，生物学家做一个实验，让一种叫碛鹏的鸟出生以后，就脱离亲本，由人工饲养，那么它天然的叫声是非常难听的。可是如果让这个鸟伴随父母生长，那么它成年后的叫声就是婉转悦耳的。此足以说明这种鸟的叫声是学习得来的。它只有用婉转的叫声才能引诱异性，属于求偶学习过程。

这些例证表明，"学习"能力绝不仅仅是人类所独有，而是非常原始的低等动物就已经具备了。生物学家逐步研究"学习现象"在生物进化中的增长过程，把它总结为如下情形：最原始最简单的学习叫"惯化学习"。所谓"惯化学习"，就是学会对反复发生的无关刺激不予反应，以节约体能。比较典型的例子就是用音叉给蜘蛛做实验。一个爬在蛛网上的蜘蛛，你用音叉发出噪音，蜘蛛起初是十分惊慌的，可是如果你让这个音叉的噪音持续呈现，蜘蛛最终对这个噪音不再做任何无谓的反应。这表明蜘蛛已经通过学习适应了这种环境，这叫惯化学习，是很低级、很原始的初步学习。

再下来是"印随学习"。它指记忆能力渐增，并对日后行为产生指导作用。我举一个例子，一只小鸭子刚刚生出来，生物学家就把它和母本脱离。小鸭子一睁开眼睛，假定看到的第一个对象是一个纸糊的绿盒子，生物学家耐心地牵动这个绿盒子，小鸭子就总是会跟着这个绿盒子运动。那么，等到这只鸭子长大，它始终不认母亲，甚至直到求偶的时候，它的异性对象都必须被扣在绿盒子里，它才产生兴趣，这叫印随学习。大家知道，这个东西对我们人类也有很深刻的影响，例如"第一印象"。我们人类通常对第一次感知某件事物所建立的印象是最顽固的，即使这个印象是虚假的或错误的，以后要纠正它都变得非常困难。这实际上是原始"印随学习"在人类智能中的沉淀。

继续发展则成"联系学习"，也就是被若干相互关联的刺激诱发，形成预备反应程序。它的典型表现就是条件反射。我一说"条件反射"，大家就应该想起苏联生物学家巴甫洛夫所做的那个著名实验。给狗喂食，每次投食以前先行摇动铃声，如此反复刺激，最终你只需摇铃，哪怕随后不给食物，狗的唾液和胃肠消化液都会开始分泌，这叫条件反射，属于联系学习的一种。

其后是"试错学习"，也就是通过行为效果的体验，反复调整自身行为方式。比如各类走迷宫的实验。

再后是"洞察学习"，也就是依据既往经验，达成处理当前陌生事态的能力和方法。比如给动物前面安置一块透明玻璃板，玻璃板后面放上食物，那么一般低等动物会不停地冲撞玻璃板，但是稍微高级一点的动物只需冲撞几次，类人猿黑猩猩仅仅用手触摸一下，它就搞明白了，会绕到玻璃板后面去取食，这叫洞察学习。

最后进入"推理思维"，也就是借助概念和一般原则，来应付寓意复杂的具体境遇和问题。到这里，理性崭露头角。也就是说，我们会发现，无论是感知能力的递升，还是学习行为的扩展，都是在生物进化的过程中逐步发生的产物。

可见人类的感知能力，或者说人类的智慧禀赋，绝不是人类独有的，也绝不是人间突然生发的，而是整个物演序列的感应属性增益之结果。

逻辑变革的成因

下面我们来谈谈，广义逻辑究竟要处理什么问题？

如前所述，我们的感知只是我们对事物达成的主观认识，说到底它只是一个思想模型，或者叫逻辑模型，并不是事物的真实反映。那么，它为什么会有效？也就是我们的感知为什么可以达成某种行为效果？而且信息量越大，这种感知代偿的功能似乎也就越强，为什么？是因为我们的"认知模型"在广义逻辑跟外界的沟通上是一个完整的通道。因此，根据这个"模型"，也就是依赖这个"模型"，我们就可以形成与"外部实在"的有效对接。

只有把"广义逻辑通洽"与外部事物的关系，在"模型依赖的知识论"上说清楚，我们才能搞明白为什么我们的"感知非真而有效"这个问题。而且我们还有一个问题需要阐明，那就是逻辑变革。

也就是我们的感知过程，最终达成的是一个逻辑模型——把广义逻辑模型抽象为狭义逻辑模型，即一般所谓的理论模型或学说体系。但无论如何它都不是对客观世界的真实反映，而只不过是先验地处理外部信息的一个主观构造。那么我们的这些个逻辑模型，为什么总是不断翻新、不断变革呢？

大家知道，我们的"认知世界"并不固定，我们对事物的认识是不断变化的，我们通过接连改变认知模型，提升我们的文明进程。我举例子，我们人类的宇宙观，至少发生过五次大改变。起初是"盖天说"，即天圆地方说，认为大地是一个平板，天空像一个穹隆扣在大地上，这是人类最早的宇宙观。想想原始部落民，站在自己的部落门口看待大地、看待宇宙，他在感性直观上建立的宇宙观，当然是盖天说。这个盖天说的宇宙观，跟什么匹配？跟当年采集狩猎生存方式匹配，跟当年小范围领地化生存相匹配。随后进入"地心说"，当地心说出现的时候，它所需要的信息量变大。在托勒密的理论模型笼罩之下，它有效维系西方农业文明长达1400年。再下来，是哥白尼的"日心说"，开启了科学时代的大门。随后是牛顿的"绝对时空说"，撬动了第一次产业革命的契机；最后，爱因斯坦的"相对论"以及由相对论奠基的"现代宇宙论"，擎起了爱因斯坦时代，眼下的核时代、电子时代，甚至所谓的信息时代，都在这个基础上发生。

我们发现，我们的逻辑模型，包括"宇宙观模型"，都是在不断变革的。大家要知道，逻辑模型变革表明什么？表明我们的宇宙观绝不是客观世界的真实反映，它只是一个主观逻辑模型。这个道理应该很清楚。仅就太阳系而言，太阳系要发生任何重大变化，至少需要90亿～100亿年，太阳系今天已经存在了50亿年。大约在40亿～50亿年以后，今天的太阳才会接近于耗完自己内在的氢核聚变能量，进入红巨星乃至白矮星状态，太阳系的整个格局才会发生重大改观。可是我们关于宇宙观的理论模型，仅在短短3000年间就至少发生了五次大改变，这说明什么？说明我们的宇宙观不是客观世界的反映。如果我们的宇宙观是客观世界的真实反映，它就应该稳定50亿～100亿年而不发生任何变革。

既然我们的宇宙观逻辑变革引领了人类文明的顺势扩展，那么逻辑变革的状态是什么？动因是什么？这是我们首先要探究的问题，这又涉及广义逻辑。

大家注意，我们讲广义逻辑有两种状态：第一是广义逻辑通洽，或曰广义逻辑自洽；第二是广义逻辑失洽。

所谓"广义逻辑通洽"或者"广义逻辑自洽"，就是在理性、知性、感性各层面上，在逻辑内部结构上，不发生冲突和龃龉，这就是一个问题得到解决和确认的状态；反之，当信息量进一步增大，原有的广义逻辑不能维系通洽状态，发生了内在的矛盾与断裂，我们把这叫作"广义逻辑失洽"，由此必然带来新一轮逻辑变革。

我给大家举例子。关于托勒密的学说——地心说，我们今天知道是错误的，可在当年，托勒密的学说代表全人类天文学最高水平，它是一个非常复杂的逻辑工程。在希腊原文上，它的标题叫《数学汇编十三卷》，书中对天体运动做了非常复杂的论述。要知道，用地心说来探察"天轮运动"是非常困难的，因为行星和地球原本是围绕着太阳运行的。现在你要让地球作为中心，太阳和所有的星体，包括恒星和行星，都围绕地球运动，你要把它整顿成一个完整自洽的模型，其难度可想而知。

那么托勒密怎么办呢？他竟然要把天轮分成两层：本轮和均轮。大家想想，行星运动是个何等复杂的运动，它们绕着太阳（当时认为是绕着地球），各自在不同轨道和不同圆周上以不同速度共同运行。所以你用肉眼观察，当年可以直接看见的五大行星——金、木、水、火、土，这些行星的运行，站在地球上看，居然是不规则的，是忽前忽后、忽左忽右的。以地球为中心，要把它们在这样的动态形式下总结出一个规律状态，难度实在非同小可。

可是为什么托勒密的地心说竟然确立达上千年之久？是因为它跟我们的底层逻辑——低端逻辑、感性逻辑相符！因为我们眼睁睁地看着太阳从东边升起，从西边落下，在我们的感觉上，显然是太阳围着地球转，因此托勒密的地心说，从感性逻辑延展到理性逻辑的模型上，他必须找见两者之间的匹配关系，他只有把这两者的匹配打通，这个学说才能被认可，这叫广义逻辑自洽。

我如果这样讲还没有说服大家，或者你还没太听明白，我就再举一个例子。要知道，在托勒密之前数百年，公元前3世纪古希腊出现了一个著名学者，名叫阿利斯塔克。他居然在那个时候，就已经提出日心说，可是却被淹没在历史之中。为什么？因为如果是日心说，那么就一定是地动说，也就是地球一定要运动的。如果是地动状态，而且是大尺度的绕日运动，则在当时，立刻会发生广义逻辑序列或广义逻辑各层级不能匹配的现象。

大家想想，我们看任何一个物体，如果那个物体是静止的，而观察者是运动的，那么该物体的相对位置一定是不固定的。你让三点成一线，假若设定两个静止参照点，而你是一个游移的动点，那这三点一线的关系就会不断地摇晃，是不是这样？可是站在地球上看恒星，它居然是永远不动的。当年这个问题是无法解释的，因为如果地动，恒星在天穹上的位置就不能守恒。直到近代伽利略之后，光行差和恒星视差这些理论问题得到解决，才把这个疑惑消解。

大家再想，它还面临一个难题。我们且不说地球是个球体，自转运动带来的麻烦，我们还不讨论这个问题。在当年没有引力理论的情况下，如果地球是自转的，那么人不是掉落下去了吗？我们姑且还不讨论这个问题，我们只设想地球公转运动所必然造成的困惑。按照当年的日心说，可以做一个大致的轨道计算，地球的运动速度应该也是非常高的，日行约四万公里。这样的运动速度，你抛起一个球，怎么可能站在原地又能接到这个球呢？地球如此运动的结果，这个球一定跑到远处去了，可是我们确实在地球上，是能把垂直高抛的球接回到手上来的。这个问题当年无法处理，直到牛顿用"惯性力"这个概念说明以后，才得以解决。也就是说，阿利斯塔克当年提出日心说，在狭义逻辑上即使摆成一个理论格局，在广义逻辑也就是在感性校验上却不匹配、不自洽，于是阿利斯塔克的学说被埋没在历史中。

我在讲什么？广义逻辑自洽是一个理论、一个学说或一个思想模型，达成当时平衡的、正确的、可被接受的基本条件。我们由此可以看出广义逻辑自身状态的重要性。然而随着信息量的增加，原本显得融洽自足的广义逻辑就会出现内在矛盾。这个时候，标志着原有的理论模型破溃，这叫"逻辑变革引领人类文明发展"。那么，究竟是什么力量导致逻辑变革不断发生呢？无非是信息增量罢了。

我在前面一再讲，宇宙万物的发展过程就是信息增量过程，这个自然进程在人类文明历史中继续表达。因此人类文明程度越低，处理的信息量越低，文明程度越高，处理的信息量也越高。

所谓"逻辑变革"，就是自然信息代偿递增的一个产物。当信息量增大到一定程度，此前低信息量整顿的模型不能容纳新发生的信息量，那个原有的逻辑思想模型就会随即破溃。

最简单的例子，大家看牛顿。牛顿的学说被反复证明是真理，它竟然能够有效预测行星的运行。牛顿的学说当初问世的时候，物理学教授大多都读不懂，因为数学方程微积分是他自己独到的发明。牛顿的学说后来逐步被接受，被人们惊呼为"像神一样发现了自然律"，它的预测准确度高到这样的程度——预言了海王星的存在。起初，随着望远镜的发展，人们找到了一颗新行星即天王星，这是金、木、水、火、土之外的第一颗肉眼看不到的行星被发现，但是天王星的运行轨道却不符合牛顿力学的计算结果。这个时候，人们不说牛顿力学错了，说天王星运行错了。按照牛顿力学的计算，有学者认为，外围另一个轨道上有某个尚未观察到的行星干扰了天王星的运行，于是人们事先按牛顿的力学理论计算出那颗星体应该存在的轨道和质量。随着望远镜的继续发展，数十年后果然准确地找见了这颗星，它就是著名的海王星。

牛顿的学说就这样反复被证明是真理，可是牛顿的学说只能处理宏观事件，宏观物体运动可以拿引力来解释。到微观现象展现，也就是有了微观世界的新增信息量，比如法拉第发现电磁感应现象，麦克斯韦做出电磁场方程，这时微观世界的运动拿引力无论如何无法解释。因为引力相关于质量，极大的物体才会显现引力，在物理学四大作用力中它是一个最弱的力。大家想，诺大一个地球所具有的引力，居然抵挡不住一小块磁铁所具有的电磁力，当然这个说法不准确。你把一串钥匙扔在地上，你拿磁铁可以把这串钥匙提起到地面以上，引力就如此之微弱。这样微弱的力，怎么能够解释微观世界的粒子运动呢？因此牛顿的学说，在这个新信息量之下完全不能匹配，牛顿学说随之崩溃，爱因斯坦的相对论应运而生。相对论的出现，是因为它用重新调整时空关系的方式，可以有效地通解宏观世界运动和微观世界运动的统一作用原理，这叫逻辑变革，这叫原有逻辑模型随信息增量而发生破溃和更迭。

所以，我们只有在广义逻辑系统自洽和失洽的反复运行中，在逻辑变革随着感知信息量的自发增大过程中，才能理解人类知识进展和知识翻新的含义。

好，我讲到这里，大家应该对人类的整体知识状况和整体认知格局，大致有了一个哪怕是模糊的感受。下面我们讨论一些边缘性问题。

我们讨论一下什么是"真理"。"真理"这个词汇被广泛使用，这个观念也非常诱人。追求真理，历来是人类的梦想，或者被认为是人类精神的动能。但是，大家如果听懂我前面的课，就应该明白，"求真"是一个在认识论深层上很难达成的结果。那么我们通常所说的"真理"、我们通常的"真理观"是什么样子的呢？我们大致可以分为如下五项。

我们通常所说的最有意义的"真理"，指"符合论真理观"。所谓"符合论"，就是指你的主观感知与客观对象完全相符，这就是我们通常意义上的真理，也是最普遍的真理观。此乃值得深究的第一项"真理"概念。

下面四项其实不重要，所以我只稍微列举一下，不再多说。

第二项是"自洽论"，就是只要在理论上能够圆融自洽，那么就叫真理。这显然是不行的，因为任何人都可以对自己所要说的任何东西，达成一个非精密逻辑的自圆学说或自圆解释体系，所以自洽论显然不成立。

第三项是"实用论"，所谓"实用论"，它典型的表达在实用哲学上，也就是认为能够有实践效果的学说就是真理。但这个东西为什么不成立？我们后面会讨论。

第四项是"公约论"，也就是任何意见，只要得到绝大多数的人公认，就算得真理。但实际上这是群氓哲学，因为真理历来掌握在少数人手里，"公约论"很容易批驳。

最后第五项叫作"直观论"，就是眼见为实之论。

这些我们都不用再讲，我们现在只讨论"符合论"意义上的真理。我前面一再讲过，我们的感知不是求真的，在我们接受外部信息的一瞬间，我们就必须在感官上把外部信息扭曲。把光量子感受为明亮，把光波长感受为颜色，把振动波能量感受为或错觉为轰然作响的声音，等等，因此我们的感知本身绝不给我们提供真相。而我们在直感上面架构的思维逻辑——狭义逻辑，也不能纠正这个偏狭。它恰恰是在感性提供的扭曲素材建构之上，进一步经过先验主观思维格律的再次整顿，因此它一定是扭曲之上的再一次简约化扭曲。

因此，从感知模型上讲，我们不可能获得真理。大家要注意，

"真"和"理"这两个字本身就放不到一起。所谓"真",一定是你的感觉、你的逻辑,也就是你的"理",没有施加在上面的那个本真。所谓"理",就是你的感知属性覆盖在上面,对本真加以扭曲才获得信息并形成逻辑理脉。所以有"真"就无"理",有"理"就无"真","真理"这个词不成立!这就像"客观"这个词不成立一样,你要"观"它,就一定不是"客",它一旦是"客",就一定不被你"观",所以这个词汇本身就不成立。(此处有删减)

那么我们下面接着处理一个问题,这就是检验真理的标准。

大家都很熟悉,在中国有一句很著名的话:"实践是检验真理的唯一标准。"这就是实用论哲学或者实践论哲学必然导出的结论。但是,我们发现,在真正的西方哲学中,见不到这样的表述。斯宾诺莎和黑格尔曾经有过一个关于真理尺度的表述,他们这样说:"真理的尺度就是真理本身。"这句话相当于说"真理就是真理"!这是一个重言式陈述,是一个同语反复,谓语所给丝毫不比主语所问要多出来什么,所以这应该是一个无效的回答。但为什么作为哲学家的他们,会给出这样一个同语反复的表述?(此处有删减)

大家想想,真理能否被实践检验?为什么斯宾诺莎和黑格尔要说,真理的尺度就是真理本身?我仍然拿蝙蝠做例子,蝙蝠作为一个跟我们人类感知模式完全不同的物种,它以超声回波的雷达反应方式捕捉外物,捕捉对象。而我们人类主体 80% 的信息量来自于视觉,也就是我们以感光方式建立世界表象。如果我们和蝙蝠处于同一个山洞中,仅因为我们各自的感知模式不一样,这个山洞给蝙蝠和我们人类提供的表象,一定是不同的。那么实践能检验出谁对谁错吗?要知道蝙蝠的感知模型及其感知表象,在实践中是非常有效的。它可以在一个蚊虫高速飞行的状态下，自身也高速运动，然后通过雷达式的超声回波，准确地捕捉这只小昆虫，其准确程度不亚于我们人类射出一颗导弹，打下一架飞机。如果实践检验有效则为真理，那么蝙蝠有真理，可蝙蝠的真理跟我们人类的世界图景完全不同，而我们人类用视觉建立起来的表象，行为也同样有效，那么哪个是真理呢？（此处有删减）

因为一切实践和一切活动，都是在一个感知平台上被给定、被塑型的，谓之"感知平台上的不自觉'认真'"。也就是你根本不自觉地认其为"真"，根本意识不到竟然还有必要对感知前后或感知本身去分辨真伪，此乃一种完全被蒙蔽的正常态。换言之，你不会自觉到你的感知是"失真"的。如果不经过反思，那么你不会觉察到自己的感官与思维实际上都是对于对象的扭曲。说到底，我们的一切行为、一切实践，全是在不自觉认"真"的"非真感知平台"上进行的，于是你的实践行为和你的感知方式之间一定是天然匹配的。（此处有删减）

但是，我们会发现一个很明显的现象，就是当一个学说，在广义逻辑上自洽，具有实践指导意义，且反复证明其有效的时候，反而恰恰是这个真理即将破溃的表征。（此处有删减）我还举"地心说"的例子，数千年的西方农业文明，都建立在地心说之上，甚至中国的"盖天说"，都曾有效地指导中国的农业文明。视觉上看，太阳分明绕着地球转，在实践和经验操作的层面上，你怎样检验，它都是对的，都是正确无误的，而且铁证如山。可是当你反复检验它没有问题的时候，意味着它行将破溃了。

我另举一个例子，亚里士多德在古希腊时代就对"自由落体"这个问题做过探讨。他按照常识，按照实践的方式证明，一个重的物体和一个轻的物体同时坠落，重的物体一定先落地。这个观点如果你实际操作，是绝不会错的。你拿一块石头，拿一片纸，同时抛下，石头一定先落地，在实践上反复检验绝不会出错。这个东西怎么突破的呢？伽利略居然是用一个纯粹的理想逻辑实验，就把它推翻了。大家知道伽利略的这个逻辑实验，叫作"归谬法"。他在纯逻辑上推导，倘若重的东西下落速度快，而轻的东西下落速度慢，那么把轻重两个东西捆绑在一起，会出现什么局面？从道理上讲，轻重两个东西绑在一起，重量更大，应该下落速度更快；但从另一面讲，轻的东西下落速度慢，如果把轻重两个东西绑在一起，轻的东西就会拖累重的东西，使之减速。因此在逻辑上，两者相互矛盾，不能自洽。由此伽利略仅在纯逻辑设想中就已经确定，轻重东西的下落速度必定是一样的！他随后只做了一番斜坡实验，就把这个问题处理完了。他根本用不着跑到比萨斜塔上，抛下大小两个铁球，这件事情在科学史上根本就不存在，完全是杜撰，是一个传奇故事。它说明什么？一个在经验上和实践中反复检验没有问题的"真理"，其实隐含着行将破溃的预兆。（此处有删减）

"真理"的动势

下面讨论一下真理的趋势。我们在一般情况下总会说这样一句话：人类在认识的长河中是逐步从相对真理逼近于绝对真理的。也就是说，我们的感知是越来越逼真的。这在日常经验上，或者一般思想史讲述上，几乎是一个常识。我们会发现越高级的理论似乎越准确，越能够纠正此前的失误。因此无论在常识上、直感上抑或学术上，普遍认为人类的认知发展趋势是日益奔向真理而去的。

可是大家注意，如果我前面之所讲能够得到确证，就是我们的感知不是真空的孔道，我们的感知是凭借自己的主观感知属性，去捕捉客体的对应可感属性，由以耦合而成其扭曲表象或失真之知。如果这个说法成立，则无论感知或感应处于哪个阶段，情形都不会改善。即便是在物理感应那个阶段，电子感应质子也是靠它的负电荷属性，而不是一无所凭；即使在酸碱分子阶段，酸感知碱也不是靠真空，而是靠它的酸根感应分子的碱基。因此，你不可能用自身的虚无去感受对方，你的感知过程是借用自己的主观属性（简称"主观性"），或叫主观感应属性，或叫代偿增益的感知属性，去捕捉对象的对应可感属性。比如你的眼睛只是感光器官，也就是只具有主观感光属性，于是你只能感受外部物体的对应发光或反光属性。这在物理学上、在感官生理学上，都可以清楚地验证。那么，如果我们的感知是通过自己的主观感知属性捕捉信息和处理信息，叫作先验感知形式或先验感知规定，又何来"客观认知"或"客观真理"呢？

而且，我们会发现，在物演进程乃至生物进化过程中，你的知识增量是通过你的感知属性增益而达成的。比如电子的感应属性极为单薄，只有负电荷，于是它所采集的信息量也就极低，只有正电荷或电中性；分子的感应属性也很微弱，于是它只能拿酸根去感应碱基，结果感应成盐；到扁形动物，它只有视觉；到脊椎动物，它产生了五官和低级中枢……也就是说，我们会发现在物演的进程中，感应属性及其增益而成的感知属性是不断膨胀的，你之所以处理的信息量越来越大，前提条件是你的主观感知属性在增大。如果这一点成立，那么从逻辑关系上讲，你的感知量越大，你处理的信息量越大，你的知识形态越先进，则一定是由于附加在你的感知中的主观要素越多，感知耦合越变态，也就是感知扭曲度越大。

是不是这样呢？在逻辑上我们只能得出这个结论。依此推导，感应或感知发展过程一定是一个"符合论"意义上的认识逼真性越来越低的进程，或者用我在《物演通论》第二卷"精神哲学论"中的表述，叫作"信息量增大而含真量递减"。因为你的信息量越大，一定标志着你的主观感知属性量越大，耦合和扭曲对象的成分越多。因此，我们的感知一定不是越来越逼近于本真，而一定反倒是越来越远离于本真。这在逻辑上是自洽的，是前后通融的。它跟一个什么现象匹配呢？跟我们人类的知识有效度亦即知识被证伪的速度越来越快相匹配。

大家知道我们的知识越发展，它被证明是错了的速度就越快。今天信息时代，有人说每十年知识就翻新一遍。这话什么意思？十年以前的知识全错！这说明越高级的知识模型、思想模型、理论模型，其实含真量越低，因此动荡度越高。这和我前面讲越原始的感应层级越稳定，越高级的感知层级越飘摇完全是一致的。

所以，我们从纯哲学和纯理性的角度，如果要推导真理的发展方式和发展趋势，就会发现我们的感知进程是越来越茫然化的，或者感知失真率是趋向于持续增高的。这从精神层面以及认识论角度，再度表达着人类文明进程的危机化趋势。

我们下面讨论另一个问题，什么叫作"正确"？因为既然我们的知识与真理无缘，也就是我们的任何知识学说，包括科学体系都不含有真理判断，那么我们怎样检验一个思想模型、一个学说、一个理论是"适当"或者叫作"正确"呢？我不知道用哪一个词更精准，因为我们日常使用的词是"正确"，也许用"适当""适宜"这些词更好。它的内涵与其是不是真理无关，而跟你的存在度与代偿度是否匹配相关，或者换成书面语：你的代偿增补量是否可以达至存在度递失量的存在阈满足值。我们把这个东西叫作"有效代偿之知"或"感知的有效代偿态"。总之，还是那句话：一切知识和一切感知不为求真，只为求实或求存。存之动荡，知亦飘摇；知之飘摇，存亦动荡；二者互为表里。

那么我们用什么东西来判断它"适当"或者"正确"？我在哲学上设定了三项指标，谓之"逻辑三洽"。请注意，当我讲这个部分的时候，你应回想我开课时就说"证明，仅指逻辑证明"这句话的含义。

一个学说、一个思想模型"适当"和"正确"的第一指标是"自洽"。它分两个层面来讲：第一，狭义逻辑自洽。也就是在你的理性逻辑上，你的理论和学说在经历逻辑证明的过程中不发生自相矛盾。比如我刚才讲到的伽利略归谬法，指出亚里士多德的自由落体常识在狭义逻辑上不能自洽，因此将其颠覆。第二，广义逻辑自洽。就是不但在理论层面、理性层面不发生矛盾，而且要和整个感知通道，即知性逻辑和感性逻辑相匹配。我刚才讲到阿利斯塔克的"日心论"不获承认，就是因为广义逻辑不能自洽，在感性层面上、基础逻辑层面上不能与"地动说"相容，于是尽管它实际上是不错的，但是它在当年不表达为"正确"，不被接受。这叫逻辑自洽。

第二项指标，"他洽"。所谓"他洽"，就是对于当前尚且未予否证的其他学说，不能与之发生矛盾，除非有足够的证据推翻它。我举个例子，我前面讲唯物反映论不成立。因为如果唯物反映论成立，那么如今的物理学、光学、波长与色觉的关系以及感官生理学等都必须被颠覆。也许这些东西将来看有可能是错的，但如果你眼下无能否证它，那么你的学说就必须与之匹配，这叫他洽。

我再举个例子，爱因斯坦的学说问世，不能完全否证牛顿学说在宏观领域的适当和正确，因此爱因斯坦在狭义相对论建立起来以后，他必须接着研究广义相对论，也就是他必须处理引力和时空弯曲理论的匹配关系。他把这个问题解决好，相对论才成立。另一个例子是关于牛顿的学说。我前面讲，把牛顿力学用在天王星和海王星上非常精确，可是用这个理论系统计算水星进动现象，怎么算都算不准。水星是距离太阳最近的一颗行星，由于水星有自转运动，由此引起的旋进动势会带来水星轨道的某种偏转，这叫"水星进动"。也就是水星进动在百年周期内会发生1度33分20秒的一个进动角动量。可是用牛顿的引力学说和经典力学来计算，总有43.11秒之差存在，始终找不见精确对应值。于是有学者按照当年研究天王星与海王星的方式，说在水星附近一定还有某个尚未发现的小行星，干扰了水星的运动，可无论怎样都找不到。这个问题直到爱因斯坦相对论出现，用爱因斯坦相对论计算"水星进动"居然分毫不差，非常准确。它说明什么？说明牛顿经典力学只不过是爱因斯坦相对论的近似值，也就是爱因斯坦相对论对牛顿力学的"覆盖和他洽"完全实现，于是爱因斯坦相对论成立。

第三项指标，"续洽"。所谓"续洽"，特指接纳和涵容新增信息量的状态。也就是对于新出现的信息增量，它比原有的逻辑模型要能够更好地加以容纳。大家在这里要注意一点，哲学和科学上的理论思想模型是非常严格的，精确到不允许随便调整的程度。而且它必须具有普解性，也就是它所对应的相关问题不能出现任何反例。如果出现任一反例，你的学说即宣告崩溃，此时你不能用调整自己学说的方式去处理与对象失洽的问题。倘若我们动不动就微调自己的理论模型，然后说它放之四海而皆准，这种做法是非常荒唐的。所以，哲科思想模型是非常严格的，到科学精确阶段还更为严格，这就是科学的可爱之处。它要接受严格的检验，经得起不断的批判和冲击。那么当信息量增大的时候，原有的模型必须继续保持精确格局，而且要能够容纳这些信息量，这个模型才会表达为"继续适当"或"继续正确"，否则它立即崩溃，这叫续洽。

比如我前面讲牛顿的学说，它在宏观领域用引力解释所有问题有效，可它无法处理 19 世纪以后出现的微观世界运动。这个新增信息量和新现象，它完全无法处理，于是牛顿学说随即退化为"背景参考"。大家要知道牛顿学说是有很多问题的，我在这里举一个例子：牛顿当年讲引力是所有力的源泉，可是引力，比如太阳对行星、对地球的吸引，这个力是通过什么传导的？是通过什么媒介传递的？这个超距作用怎样实现？牛顿无法回答。因此，牛顿按当年的说法，假定所谓的宇宙真空中充满着一种物质叫"以太"，他说是以太充作了引力的传递媒介。可是以太未能找见，所以牛顿曾经留有一段话，说他自己的学说可能是十分荒谬的。显然牛顿当年就意识到这个问题，如果找不见以太，引力学说有严重缺陷。科学家想尽办法就是找不见以太，我们今天知道真空不存在，因为所谓真空里面也含着大量的能量波，所谓"真空"之境，其实是一个能量波动的海洋，但它不是以太。物理学界和科学界始终找不见"以太"，因此牛顿学说底层有一个重大的漏洞得不到弥补，以至于牛顿本人惶惶不安。

直到爱因斯坦学说出现，证明引力其实不过是空间曲率的一个呈现方式，只要调整时空关系，根本不需要以太这个东西，以太完全是一个多余的概念，从此物理学界不必再探求以太是否存在。我们由此可以看出，新信息、新现象的发生，原有模型不能容纳，不能与之续洽，是一个多么狼狈的局面。这是"正确"的又一项重要指标。

我再举例子，看达尔文学说，他讲越高级的物种其适应能力越强，越具有生存优势，叫"最适者生存"（survival of the fittest）。这是达尔文的原话。可是达尔文本人当年没有发现一个现象，就是越高级的物种，也就是适应能力越强的物种，灭绝速度反而越快，这跟达尔文"适者生存"的研究结论完全不匹配。而且，我们过去认为，人类越进步、越发展，一定越具有生存优势。从20世纪60年代以后，人们突然发现，我们越发展，进步程度越高，反而危机越深重，人类面临越来越重大的整体生存危机，这跟既往的进化论、进步论完全不能相容。这些新信息、新现象的出现，使得原有的生物进化论模型和人文进步论模型发生失洽，于是才有了我的"递弱代偿原理"，它既能解释"进化适应现象"究竟是怎么回事——适应能力变强是"属性代偿增益"的表达，又能有效解释物种越进化死灭速度越快的内在原因，还能有效解释人类文明越发展危机程度越高的这个新现象，因此我的学说符合逻辑三洽。

我在这里只想说明一点，什么叫理论的"正确"？什么叫"非真逻辑模型的适当"？它必须符合逻辑三洽！大家要注意，"适当"或"正确"只是为了回答"感知非真"这个话题，这在我们人类的文明史上其实有各种各样非常生动的表现。我给大家再举个例子，早在公元前3世纪，古希腊出现了一个哲学家，此人名叫埃拉托色尼，他竟然在2200多年前就已经相当精确的测算了地球的圆周，也就是地球的最大周长。大家知道地球圆周有两个数字，一个是赤道圆周40076公里，一个是子午线圆周，也就是径向圆周40004公里，这是今天的精确测量值。公元前3世纪，埃拉托色尼在尼罗河偏上游一个叫阿斯旺的地方，也就是埃及南部，于春分时节竖一个标杆测量日影线。大家知道春分和秋分这两个时令，是太阳直射点刚好落在赤道的那一刻。埃拉托色尼于春分时节在阿斯旺立一个标杆，并派他的同事在尼罗河下游埃及北部的亚历山大里亚城设一个标杆，同时测量日影长度。由于阿斯旺贴近赤道，而亚历山大里亚城远离赤道，两地在正午时分测量的日影长度不同。把这个日影长度差测算出来，然后进行精密的数学计算，埃拉托色尼当时竟然非常准确地算出了地球的圆周长将近四万公里，跟今天的数值差距甚小。

要知道，托勒密当年在他建立的地心说模型中，也曾经给出了地球的圆周长，但却是一个误差巨大的数值，计算结果是18000希腊里。一个希腊里相当于0.1517公里，请你乘一下，0.1517乘以18000是多少？地球圆周居然只有几千公里，这是一个严重的错误。可是，当年托勒密的地心说在总体上广义逻辑通洽。

1492年，哥伦布做出了一个荒诞的决定。他依据托勒密的地心说，知道地球是一个球体。那么既然地球是一个球体，从欧洲去东方印度就用不着朝东走，完全可以朝西走，南辕北辙也可以到达。而且，如果朝东走，从西欧要到达印度得顺着非洲西海岸南下，然后绕过风高浪急的好望角，再进入印度洋，走一个非常曲折的漫漫长途才能抵达印度，路途遥远，海况条件又十分复杂。哥伦布设想，我朝西走，只需越过大西洋，就应该能够到达印度，而且距离更短，因为托勒密计量的地球非常之小。哥伦布据此算了一下，显然要比前人绕过好望角的经历近得多。如果哥伦布当年知道埃拉托色尼的那个正确计算，想必会被吓坏，断然不敢如此远航。大家知道他只有三条吨位很小的木船，随行成员87人，居然走了70天。他原来预计应该十几天就到达，可是死活到不了，全船人员一片悲观，由于淡水、食料等必需物资预备不足，几乎陷入绝境。哥伦布最后要求再坚持片刻，终于发现哥斯达黎加群岛海岸。这个极端的冒险导致新大陆被发现。哥伦布根本不知道他登上了新大陆，直到临死前，他都认为他到了印度，因此他把当地土著人叫印度人，这就是"印第安人"（Indian）这个称呼的来源。

我在这里想说什么？想进一步阐明什么是"正确"。那个时代的错误才可谓"正确"！假如埃拉托色尼的测算结果在当时被哥伦布所了解，或者，假如哥伦布当时知道托勒密的计算是错误的，这一场重大的启动西方蓝色文明的事件将会延宕甚至消失。它说明"正确"不是求真，"正确"甚至是一种谬误在恰当时段的表达，"正确"只不过是与生存形势的相互匹配，或者毋宁说是维系生存的代偿满足状态，这个东西叫作"正确"。这就是一切感知的衍存适配关系或生存维护效应。

"科学"的内质

我们下面讨论最后一个问题——什么是科学？以这个问题作为本节课的收尾篇章。

今天是科学时代，所有人都会认为自己对"科学是什么"非常了解。可实际上我前面一再讲，哲学乃科学之母，如果你不对哲学的根基，也就是科学的底蕴有真正的了解，你其实根本不知道科学是什么。我们通常意义上所说的科学，是指在经验上可以达成实证的那个东西。从经验、从客观出发达成理论，然后再由经验和实践验证，因此科学也叫实证科学，或者在哲学上叫实证主义。

但是即使在盛产科学和哲学的西方，"科学是什么"其实也一直找不见定义。直到20世纪，西方出现一位专门研究科学的哲学家，此人名字叫卡尔·波普尔，这门哲学叫"科学哲学"。卡尔·波普尔第一次给科学下了一个定义，语惊四座，简称"证伪主义"。什么意思呢？"证伪"这个词是"证明"的反义词，所谓"证伪主义"，就是凡是能够证明是错了的学问才叫科学。

我再重复一遍，波普尔讲，"科学"乃是"能够被证伪的学问"之称谓。这跟我们通常意义上所理解的"科学是真理，至少是相对真理，而且无疑是客观规律"完全相反。请大家听懂我前面的课，我们人类所有的知识，只不过是一个先验封闭感知模型，我们所说的规律永远都是主观规律，怎么会是客观规律呢？波普尔做出论述，他说科学绝不是实证有效就叫科学。他说你先看一下非科学，比如神学或哲学，你是很难证伪它的。请问，有谁能够证明上帝存在，或者证伪上帝存在呢？你既不能证明上帝存在，你也不能予以证伪，说上帝不存在，由于它不能被证伪，因此它是非科学。而给你带来"神学证明感"的，无非是信神的人用种种幻觉般的证据来证明上帝存在，比如他甚至能看见神迹，能体验天启，这倒是经得起实证的，但你就是不能证伪它，因此它不是科学。

再看哲学，它一般也很难被证伪。比如你能证明唯物主义错了吗？或者你能证明唯心主义错了吗？你无法证伪它！因为你拿出来的证据本身正是你应该予以证明的对象。如果你持有唯物主义观念，那么你拿出来的任何一个证据都有效；反过来，如果你持有唯心主义理念，你拿出来的任何一个证据也同样有效，譬如足可证明任何对象都是观念的派生。总之，你所提供的证据正是需要你证明的东西，因此其实统统无效。你既不能确定地证明，你也根本无法证伪，因此它仍然不算科学。

可是纵观科学史，但凡是科学理论，最终证明都是错的。卡尔·波普尔为此专门引述了科学史的发展过程，我用他的方式做一个转述，当然不完全准确。托勒密可算是人类历史上第一个严谨的科学家，他建立的地心说模型精确而有效，指导西方农业文明持续

1400年以上，它被反复证明正确而有效，结果今天完全沦为科学史上的笑谈。

再看哥白尼的日心说，要知道它最初纯粹是一个猜想模型。哥白尼所在的16世纪，文艺复兴已然发起，古希腊文献已经被翻译。哥白尼作为一个教士，年轻的时候曾经到意大利旅行和留学，意大利当时尚未统一，分裂为各个城邦共和国，比如威尼斯共和国、佛罗伦萨共和国、米兰共和国等等，那个碎片化的政治结构构成当时文艺复兴的社会摇篮。哥白尼在意大利接触到了托勒密的地心说学说体系及其数学模型，经过仔细研究，发现托勒密的学说有诸多破绽，而且计算过于复杂，天轮设计重叠累赘。他设想——他仅仅是假设或猜想，因为他没有任何证据——如果把太阳放在中间，让地球和所有星辰都围绕太阳运转，那么托勒密的整个天文数学体系可以明显给以简化，而且原有的逻辑模型系统中不够缜密的诸多破绽也很容易得到弥补，于是建立日心说。

大家要知道，哥白尼当年建立日心说是没有任何证据的，几乎和我前面提到的阿利斯塔克在古希腊时代建立日心说所面临的尴尬局面相似。这就是为什么哥白尼直到临死以前，作为波兰人的他，著作都出版不了。他最终委托一位朋友，到当年分裂成数百个小邦国的德意志（当时德意志还只是一个地理名词，根本不能算是一个统一的国家政体），在那个地方找了一个机会偷偷出版了。据说哥白尼临死以前看到了他的著作样书，欣然瞑目。哥白尼死后50年，布鲁诺支持他的学说，被宗教裁判所烧死在太阳广场，万民欢呼。哥白尼死后七八十年，伽利略晚年发表了隐约支持哥白尼日心说的意见，被宗教裁判所判为软禁，而当时的学界一片宁静，几乎毫无抗议之声。为什么？因为哥白尼的学说没有任何得力证据。直到哥白尼死后近百年，由于望远镜的发展，从伽利略首先发现金星盈亏，随后又有光行差和恒星视差的理论建树，哥白尼的学说才得到确证。

我讲这一段典故，是为了让大家理解科学是什么，它是先建立一个思想模型的猜想结构，而不是实践出真知。哥白尼的学说问世以后，仅过二三百年就证明其学说主体基本上都错了。要知道哥白尼当时认为太阳是宇宙的中心，我们今天知道太阳连银河系的中心都不是；哥白尼认为所有行星围绕太阳运行的轨道都是正圆形，我们今天知道没有正圆形轨道，所有的行星轨道都是椭圆形。哥白尼的学说在数百年后就显现出重大纰漏，总体上是错的，只在太阳系以内部分成立。

我们再看牛顿。我前面讲过牛顿经典力学出现，当年可以精确预测尚未观察到的行星，可是理论上的这个"正确"居然只维持了200余年，就被爱因斯坦的相对论挤到后排座去了。因此，爱因斯坦宣布，他的学说只是一个"短命的过渡"。要知道爱因斯坦学说有一个前提条件和假设，光速是绝对速度，也就是宇宙中任何东西的运行速度不可能超过光速。诸如此类的很多问题迄今已面临重大挑战，这是科学界目前正在为超越爱因斯坦学说做出种种努力的原因。

那么我们现在再看，科学竟至于全都是错的，而且越错越快，也就是被证伪的速度越来越快。这标志着科学理论的含真量越来越低！这个含真量越来越低，证伪速度越来越快，且反复被证明是不断出错的学术系统，才叫"科学"。这跟我们通常所认为的科学是客观真理、是客观规律完全是不同的认知。

波普尔接着讲，他说一般人认为，人类的知识模型是建立在"从观察到理论"这样一个过程之中。可事实上，科学恰恰相反，它是"从理论到观察"，它是"猜测与反驳"。即先建立理论模型，然后才在实验室里或者在实际观察中逐一求证。所以，科学行为是典型的哲学纯逻辑思脉的延续。波普尔把它表述为"问题（P1）——试探性理论（TT）——消除错误（EE）——新的问题（P2）"，也就是启动于问题的提出；接着进行试探性理论建构或曰思想模型建构；然后着力消除错误；最终因出现新问题而被颠覆。他把这个思维序列所达成的认知成果叫作科学，这是迄今为止我们见到的最好的一个，或者相对来说最好的一个关于科学的定义。

我讲这一点，是想打破大家对科学的迷信。我们中国人今天处在崇信"科学教"的状态之中，这是因为我们对科学本身跟哲学的关系以及对人类感知的底层结构缺乏了解的表现。这里的问题在于，究竟是（客观）事实引导逻辑，还是（先验）逻辑引导事实？有人说这是"先有鸡还是先有蛋"的无谓纠缠，我看未必如斯。

波普尔把世界分成三层，他所谓的"世界一"，就是我们所说的客观物质世界；"世界二"指我们的精神层面和感知状态；"世界三"就是我们的思想内容与知识体系。这里的关键问题在于"世界二"的部分，也就是你的感知规定、意识状态、思想模型，你得琢磨清楚，否则你就永远搞不明白"世界一"与"世界三"之间的关系。

波普尔对科学的这个定义当然并不圆满。我们暂且搁置这个话题，把它放在本课的后面再行讨论。

我们现在简单看一下科学与技术的分野。我在第一天讲课的时候就曾强调，中国文化叫技艺文化——技术和艺术文化形态；西方文化叫哲科思维——哲学和科学思维方式；这两者是完全不同的。须知技术和科学是两码事，直到近代科学时代以后，基础科学和应用科学最终结合为或者发展为一个庞大的混响体系，我们才把"科学"

与"技术"可以统合起来讨论。在中古时代以前，科学和技术完全是两个思想通道，技术是实践在前，然后找一个理论把它贯通起来；哲学和科学相反，是思想建模在前，然后才开设一个实验室用实践经验来检验，所以科学与技术是截然不同的思维方式，请各位务必分得清楚。

比较一下科学与技术的区别：技术是硬态操作试错法，科学是软态逻辑试错法。因为技术是面临一个对象或问题，反复不断地在实操行为层面上试错，由此达成技术成果。比如中国的四大发明，指南针不是理论建模在前，那个时候的中国人，并不知道地球磁极对恒磁铁所造成的影响，他们只是偶然发现把恒磁铁悬浮起来，它总是指向南北两端，这完全是一个经验产物；火药，是炼金术士们为了炼就长生不老丹，往炉子里盲目地尝试加入各种东西，然后发生意外爆炸的产物；造纸术和活字印刷，是工匠们在日常生产活动中的发明，它们都跟建立理论逻辑模型完全不是一个行为序列，这叫技术。因此在古代，当人类尚未进入科学时代以前，基于人口数量庞大和社会需求复杂，中国成为技术大国，在技术领域发展超前，但是到科学时代它却不免快速衰落，为什么？因为科学是软态逻辑试错法，它先在思想模型即科学逻辑上达成一个结果，用演绎法可以扫平相关所有各方面的试错效果。因此科学使技术加速化，前者（科学逻辑）使技术扩大化，后者（软态试错）使技术加速化，因为软态逻辑实验当然要比硬态对象试错来得方便得多；同时科学使技术精细化，因为思想建模是精密逻辑的体现，因此能够达成缜密推演式的技术发展；科学又使技术系统化，也就是从内涵到外延都表现出广泛联系状态。这就使得近代以降，一个荒蛮的、刚刚脱离黑暗中世纪的西方，自科学时代来临之际快速在世界上崛起。

所以大家一定要明白，科学和技术是两码事，科学时代奠基在数千年哲学锤炼的基础之上。在科学史上一直存在一种现象，可谓之"逻辑比事实更真实"。我一说这话，有人就会说，这是狂妄的唯心主义叫嚣，我见到网上这样批判我。请大家注意这句话在哲学和科学上的含义。我前面一再讲，我们的所有观念，只不过是先验感知形式的产物。我们的感知是有规定性的，我们的知识源自于我们对外部对象施以加工处理的主观过程。这就是为什么维特根斯坦在他的《逻辑哲学论》中开篇就讲一句话，他说："世界是事实的总和，而不是事物的总和。"什么意思？就是我们人类所说的世界，是逻辑事实的总和，而不是客观事物的总和。因为我们所说的任何"事物"，实际上早已是我们感知模型中的"事实"再现罢了。

黑格尔说过一句名言："凡是现实的都是合乎理性的，凡是合乎理性的都是现实的。"大家注意这句话曾经不是这样的完整表述方式。我们平日所讲的，或者在课堂上听到的，通常是这样的说法："凡是现存的都是合理的，凡是合理的都是现存的。"这很容易造成误解，因为我们所说的"合理"是一个很宽泛的概念。注意黑格尔的原话："凡是现实的都是合乎理性的，凡是合乎理性的都是现实的。"什么意思？我们所谓的"现实"，都是"逻辑模型上的现实"，或是"经过理性整顿的现实"，这叫"凡是'现实'的都是合乎'理性'的"。

我这样讲大家可能还没听明白，我再举一个例子。16 世纪丹麦出现一个著名天文学家，此人名叫第谷。第谷是当年望远镜没有发现之前最优秀、最杰出的天文学家，他用肉眼观察天象持续 20 年以上。丹麦皇室因为他的巨大贡献，专门在一个叫汶岛的地方，为他建立当时世界上最大的天文观象台。第谷这个人非常辛勤刻苦，他每天晚上严密地观测天象，把肉眼所能观察的数千颗星，包括行星运行的细微变化，全都做了详细的记录，他居然能够观察到行星运行轨道的 8 分差。大家注意，一圈（圆周角）是 360 度，1 度再分 60 分，1 分再分 60 秒，他竟然能观察到 0.13 度的 8 分差，精确测绘行星运行轨道的如此细微之差别。可是由于第谷怀揣的是地心说的理念，他倒是想对地心说有所矫正，所以实际上第谷缔造了一个日心说与地心说的混合模型：所有行星都是围绕太阳运转的，然后太阳带着行星围绕地球旋转。他做了这样一个混合模型，但归根结底是地心说——地球不动，以免出现地动说的困境。由于他胸怀中蕴藏的是托勒密地心说的基本理念，他观察 20 年星象，自以为会在天文学上有重大建树，直到临死以前还哀叹"多么希望能有伟大的发现"，结果却终于落空。

第谷晚年收了一个关门弟子，就是开普勒。开普勒那时很年轻，20 岁出头，做第谷的关门弟子仅一年多，第谷就逝世了。开普勒曾经接触过哥白尼的日心说理念，请注意仅仅是日心说理念，然后当他打开第谷的星象记录，随即明确发现第谷的观察可以有效证明哥白尼的日心说成立，只有行星的 8 分差问题没法解释。这个时候开普勒意识到，这 8 分差有可能表达着行星运行轨道不是正圆形，哥白尼出错了！可是他没有任何现成的数学模型可用。他偶然间在图书馆查索到公元前 200 多年阿波罗尼（也叫阿波罗尼奥斯）的《圆锥曲线论》。

我下面简单说一下阿波罗尼。阿波罗尼是古希腊著名哲学家、博物学家或者说科学家。阿波罗尼当年把圆锥体不同剖面的所有数学模型都做完了。大家知道，一个圆锥体，做平行切面是正圆形，做有倾角切面是椭圆形。阿波罗尼当年把圆锥曲线各种模型的数学方程全部研究完成，他根本不知道这个东西有什么用处。开普勒偶然发现了这篇文论，他把阿波罗尼的圆锥曲线中的椭圆数学模型直接抛在天空中，居然恰好就是行星的运行轨道。要知道行星的运行轨道在椭圆形模型内是很复杂的，因为从椭圆形中心看，行星椭圆形运行必有一个近日点和一个远日点，行星运行到近日点其速度加快，运行到远日点则速度减慢，单位时间中它所扫描的椭圆形扇形面积总是均等。这个怪异的数学模型，阿波罗尼当年证明完毕，根本不知道有什么用处，结果开普勒把这个数学模型直接扔在天上，恰好就是行星的运行轨道，分毫不错。这件事情让当代大哲怀特海惊呼："物质尚未出现，精神早已先行"，爱因斯坦也曾经为此发表评论，说"逻辑和思辨引导事实。"

好了，我讲完这个典故，请大家回想我前面援引黑格尔的那句话"凡是现实的都是合乎理性的，凡是合乎理性的都是现实的"，也就是"逻辑比事实更真实"。什么意思？我们所说的世界是我们的逻辑模型塑造体。我说到这儿，大家还应该回想一个东西——理念论。是理念为真，还是事实为真？我们一般人会认为事实在前，理念在后。错了！应该是理念在前，事实在后。你若抱着地心说的理念，就是第谷的天文事实，你若抱着哥白尼的日心说理念，就是开普勒的天文事实。开普勒因此被称为"天体立法者"，以表彰他能够精确计算任何行星运行的精确位置。这说明什么？——逻辑比事实更真实！它表达的是人类认知模型和我们所指谓的世界模型的对应关系。即使缔造一个逻辑模型的时候，还不知道它会在哪里落实为事实，它都终将实现为事实。我提请大家注意理解，这个系统叫"科学"，叫"知识体系"，叫"世界观"和"宇宙观模型"。

那么我下面得讨论一个问题，为什么所有的科学理论最终却要拿经验来检验，叫作实验观察。也就是最高端的精密逻辑模型，最终却要用最低端的眼见为实来检验，尽管眼见不为实，却要用它来检验，因此把科学也叫实证科学。我前面讲过，实证和证明是两回事。证明是指广义逻辑证明和狭义逻辑精密建模，实证仅指底层感性逻辑验证，所以这是两个概念。但问题是，既然逻辑比事实更真实，为什么要用低端感性逻辑检验它？请大家注意理解我前面反复讲过的两点：第一，人类的感知跟外部世界的沟通，是经由广义逻辑自洽这个通道实现的，因此如果你的理论在高端狭义逻辑上达成，但在广义逻辑的底层未能验证，则表明整个广义逻辑通道还没有打通。第二，越原始、越底层的东西，越具有奠基性、决定性和稳定性。就是这个递弱代偿原理的规定，使得任何高端逻辑精密模型最终却必须借助最粗疏的底层感性实验观察来验证，这就是"科学"在表面上呈现出悖反形态的原因。

所以，我们可以讲"逻辑比事实更真实"，但你不能讲"逻辑比事实更可靠"。这里的逻辑指狭义逻辑，就是你不能讲理性比感性更可靠，因为越低端的东西越具有稳定性。大家要理解这段话，须得贯通我的整个讲课内容才行。

知识创新的逻辑路径

那么我们下面再讨论一个问题：波普尔给科学作出的"证伪主义"定义，对不对呢？粗略一看似乎成立，但其实不对。为什么不对？因为如果不限于科学视野，如果我们把认知现象的边界扩大，也就是拉大尺度重审认知发生史，则情形立即为之一变。我们会发现一个现象：越原始的认知，越难以被证伪；越高端的认知，证伪速度越快。这跟科学无关，从神学、哲学到科学，全系列都是如此。

你不能说神学不可被证伪，它只是很难被证伪，稳定度太高。你也不能说此前的哲学不能被证伪，同样只是证伪难度偏高。比如你读一下我的《物演通论》。我说神是可以被证伪的，因为神的代偿量太大，属性和能力太高，谓之"全知、全能、全善"，因此他不可能在我们的前端，更不可能是宇宙万物的创世起点，他只会在我们的身后。所以赫拉利《未来简史》这本书的原名叫《从智人到神人》，堪称表述精当。同样地，哲学上过去的定论也不是不能被证伪，比如唯物主义、唯心主义、不可知论等。听懂我前面的课，就知道它们是可以被证伪的，它们不能在广义逻辑上通洽，也未能做到他洽。只是哲学的证伪比科学的证伪更难，需要更多的信息量，需要大于一般科学的信息量，仅此而已。

而且我们还可以把尺度再拉大。我前面已经讲过，感应比感性稳定，感性比知性稳定，知性又比理性稳定，即使在无机物以及动物阶段都是如此。倘若我们把整个认知发生史，也就是把感应属性增益的物演全程拉开，不要只局限于人类认知史，则会发现越低级、越原始的认知方式一定越稳固。比如电子和质子之间的电磁感应，肯定是最稳定的，比在感性上看所有的植物或树叶的那段光波长呈现为绿色还要稳定。因此，证伪主义在大尺度上表现为一切认知成果越高端则越飘摇的自然总趋势。

如果是这样，证伪主义就不仅仅是科学阶段的定义，而是整个认知史的定义。因此把证伪主义作为科学的定义不成立，是不是这样？因为"定义"，是指你所讨论的概念其内涵与外延之"明确边界"被框定。所以波普尔的证伪主义不能只作为科学的定义，倒是可以作为一切认知史的"失稳趋势"的表达。由于波普尔对基本哲学问题的探求深度不够，因此他当年已经发现科学的正确率在下降，按理说，顺着这个逻辑推演，他应该得出人类的认知含真量是越来越低的、越来越远离本真的结论。可他最终仍然旧调重弹，说科学的发展过程是越来越逼近于真理的，从而造成重大的逻辑混乱。

我下面给出一个也不能算是精确的"科学"定义。它没有出现在我的书中，因为我在书中不敢轻言，因为它不够精确，也不够精炼，我只在讲课中给以粗略陈述。"科学"是什么？第一，是逻辑模型。理论上呈现为狭义逻辑模型，也就是哲学逻辑游戏的延展产物，总体上呈现为广义逻辑模型，也就是所谓的实证科学。第二，是分科之学。由于其高度抽象化和缜密精确化，因此可以接纳陆续扩容的更大信息量，即当信息量扩充到一定程度，单凭任何个人的精力无法整顿其全部信息之总和，于是人类不得不以分工的方式，分科研究这个逻辑知识系统的各个支脉，是为分科之学。第三，是高度动荡的认知阶段。由于是人类知识的高端集成，达到理性逻辑的高级阶段，因此是迄今为止最失稳的自然感应模型。这就是波普尔所说的凡是能够证明是错了的学问就叫科学的原因。简言之，逻辑模型表达科学非真；分科之学表达科学残化；动荡状态表达科学危局。它的基本特征可用三点加以概括：逻辑模型在先；精确缜密形态；高度可证伪性；这个知识系统叫作"科学"。

我姑且用这样粗疏的方式对科学做一个基本总结。由于科学只是一个具体人文现象，故而不在我终极研究的探讨范围。但是我的《物演通论》之精神哲学第二卷，讨论了整个感应属性或认知进程是怎样代偿展开的，其中当然包含着对科学本质及其发展趋势的说明。我在这里只是做一个非精确的课堂概述。

下面我们讨论知识创新的逻辑路径。

你只有了解了科学知识以及人类的一切文化成果究竟是怎么回事，包括其思想运作形态，以及跟世界的对应关系，把这些东西搞清楚，你才有可能建立新知，你才有可能进行思想创新。因此当我们把哲学认识论的课程讲到这个地方，便可以就知识体系的创新方法说一点话，主要是指出它的逻辑路径。我下面用比较直观的方式讨论：

第一，切勿相信此前的任何科学理论是真理，反倒要确认它是距离真理最远的东西，正等待你来重塑它的泥胎金身。就是说你首先要确认科学不是真理，试想一下，如果你确认科学就是真理，面对既往的科学教条，你敬畏都来不及，还怎么敢去批判创新？所以请牢牢记住，不光是科学，人类的一切学问都跟真理无缘，这是创新的第一项最基本的背景意识要求。

第二，你不要指望自己能发现什么根基永固的真理。根基不固恰好说明你的发现属于科学范畴，而不属于伪科学的糟粕。因为科学是那个错得最快的东西。因此当你建立一个理论模型的时候，你不要指望建立一个永恒的、稳定的真理系统。不抱这个奢望，不立这么高的要求，创新才有可能成为一个现实目标。

第三，回避休谟问题。也就是说，归纳法不成立，不要一味搜集和归纳正在研究的课题素材。因为归纳法不能证明、只能证伪，因为可予归纳的素材永远无法穷尽。如果你不断地搜罗事实，不断地搜罗归纳要素，那么这将是一个无边无际的工作量。所以黑格尔说过一句名言："博学绝不是真理！"即任何一个好的理论，它跟博学没有关系，跟你搜集的事实总量没有关系。

请大家看科学史，人类最重大的科学发现多是出自年轻人。譬如开普勒，二三十岁成为天空立法者；再看牛顿，大学还没有毕业，由于黑死病流行不得不休学回家，20多岁在家里初建平方反比定律。什么是"平方反比定律"？我再复述：引力与两个物体质量的乘积成正比，与两个物体距离的平方成反比。只不过牛顿当年没有想到，这是一个重大突破，他认为这是一个很平凡、很简单的现象，没当回事。直到40岁左右，他在剑桥大学任教，有一次和一群学者喝酒喝高了，有一个名叫罗伯特·胡克的院士给牛顿讲，说我有一个重大发现——"平方反比定律"！牛顿说扯淡，这东西我20多岁就知道了，这算什么重大发现。争辩者大为恼火，说有种你给我证明出来，牛顿为这场争论返回去写出了《自然哲学的数学原理》。这场酒不喝高，牛顿力学会消失。这当然只是一个坊间流传的故事，不必当真。我想讲什么？牛顿发现他的学说核心时只有20多岁。

同样，爱因斯坦提出"狭义相对论"的时候，不到30岁，是个典型的"民科"，在伯尔尼专利局当个小职员。狭义相对论的论文发表出来，几乎没有人能看懂。十年以后，爱因斯坦30多岁，"广义相对论"也完成。此后，他下半辈子几十年想研究"统一场论"，把物理学上的四大作用力统一，最终失败。年龄成长了，知识增多了，什么也做不成了。什么意思？博学绝不是真理。二三十岁的开普勒，20多岁的牛顿，20多岁的爱因斯坦，他们比起当时的物理学老教授，知识量要差多少？五六十岁的大学物理学教授满处都是，车载斗量，可有几人缔造了全新的知识模型？所以记住博学绝不是真理，不要无边无际地搜索资料、归纳素材，那不叫研究，那种做法是对人类思想史完全缺乏了解的愚蠢表现。

第四，明察康德问题。也就是在基本逻辑前提下做演绎性假设与证明，即猜想与建模。想想我前面讲，哥白尼的理论建模是不需要先有事实的，它只需要富有勇气的严谨猜想，需要一个思虑周密的新理念之演绎。

第五，保持好奇心。这个话说起来很平凡，可大家一定要知道，它太难了。因为我前面讲过，一个人年长成熟的标志正是丢失好奇心。什么叫保持好奇心？——保持童心是也！因为只有儿童才会多有惊异，才会对万事万物产生好奇，才会不厌其烦地追问。一个人到了中年，不由自主地就会丧失好奇心，变成思想僵化、成见深重的载体。所以保持好奇心，说来简单，做来极难，它会让你显得有些幼稚，甚至有些怪诞。我记着我到40多岁的时候，偶然碰见了一个 10 至 20 年没见过的童年时代的邻居小朋友，这时他跟我都已经年过不惑了。我们坐在一起喝酒聊天，喝完酒他跟我说一句话，他说你这人都这么一把年纪了，怎么还是个青瓜蛋子，到现在还全然是学生心理，就没长熟嘛。可这个状态恰恰是我能做学问的优势所在。因此请各位记住，保持好奇心实际上就是阻滞精神生长或延缓精神老化，这在生物学上叫作"幼态持续"，难度颇高。

第六，发挥想象力。听明白什么含义，我们所说的世界永远是我们主观缔造的思想模型，不是客观世界的本真反映，因此具备想象力才具备知识创建力，这叫"异想天开"。大家想想，如果我们的感知是本真反映，你还有什么想象的余地？人类还需要思想干什么？思想的价值就在于我们得不到本真，我们必须永远用猜想去模拟或虚拟本真，感知过程就是层层虚拟过程。要知道 VR 虚拟技术绝不是今天突发的现象，宇宙认知史就是虚拟迭代史。想想电子对质子达成的那个电中性，是不是一个虚拟？想想酸根对碱基达成的那个盐的印象，是不是一个虚拟？想想你把光能量转化成视觉明亮，是不是一个虚拟？想想你把波长变成颜色或声音是不是一个虚拟？想想你建立的逻辑模型，只不过是打不开的那个宇宙表壳的模仿和猜想，是不是又一层虚拟？

宇宙认知史就是虚拟发展史，VR 现象其实不过是虚拟迭代的当今形态而已。既然我们的一切知识都是虚拟，那么虚拟需要的是什么？当然首先是想象力！人类文明就是在这个异想天开的想象力系统上展开的，所以发挥和调动想象力在知识创新上至关重要。但是我有必要补充一句话：异想天开，保持想象虚构和假设建模能力，绝不意味着胡思乱想，它后面有一个严格的要求，那就是精密逻辑证明。如果你做不到后半段，前面的想象力纯属瞎扯，名曰"虚妄"！

第七，恪守严谨性。在学术和思想上最遭反感、最忌讳的就是缺失严谨，而严谨即指精密逻辑证明。

第八，只要在逻辑上成立，或者说只要逻辑自洽而圆融，一般就不用担心该假说得不到验证。那是后人的事业，你已大功告成。你只要建立了一个经过严谨证明的逻辑模型，它将来就是事实，即使在你的有生之年不能被验证。就像阿波罗尼提出圆锥曲线，要隔将近2000年才得到验证和落实，这尽管是阿波罗尼的遗憾，却是人类的收获。

上述八条，我称其为"知识创新的逻辑路径"。领悟它的前提条件在于，理解哲学思绪的整个系统，理解这两天课程所涉问题的精髓。

我们最后讨论一个问题，也算是整个西哲课的小结。大家听我这节课，很容易产生一个错觉，好像我高度赞赏西方哲科思维体系，而着意贬低中国技艺文化及其粗率逻辑体系。别搞错！我再说一遍，我不讲好与坏，只讲所以然。我只想告诉大家不同文明缔造的思维方式，是怎样发生的？是什么形态？以什么方式展开？以什么方式运行？以什么方式纵深？最终将达成怎样的思想后果？这里面没有好坏、对错之评价。因为正是科学技术给人类带来巨大灾难，我们今天面临的重大危机都是人类智能潜力过度调动的恶果。

请记住我在前面讲，哲学叫"爱智"。"爱智"是什么？——人类智能储备的过度调动。而我当时就讲，任何功能储备的过度调动都是损害性的。那么我现在来诠释这一点。当人类把自己的哲科思维能力充分调动的时候，它到今天展现为人类整体生存的巨大危机，给人类未来前途带来巨大阴霾，成为人类必须尽快处理的十分棘手的困境和难题。因此我说，既往的思想家、哲学家、科学家不是人类的功臣，而是人类的灾星。而且我说，科学时代行将终结，后科学时代正在扑面而来。因为科学已经带来如下两重效应：

第一，越来越难以贯通整个广义逻辑。到爱因斯坦行文之时，科学界惊呼，理论物理学已是"理论的天堂，实验的地狱"。而到今天，对超弦理论、M理论、多重宇宙理论、平行宇宙理论等这些科学上的创新学说居然全都无法做基础验证，成为飘散在空中的奇谈怪论。这标志着科学越来越虚无缥缈和玄学化，标志着学术思维的高层失稳态达到极致，也标志着科学作为一门显学行将结束。

第二，人类今天已经无法承受科学缔造的结果，它给人类铸成了巨大的灾难性基础和毁灭性力量。而任何文化一定是对其载体具备维护效应方得存在，因此我说，科学时代行将结束了，后科学时代很快扑面而来。我们因此可以预料，科学时代是人类思维范式中最短命的一个阶段。神学时代，近万年；哲学时代，两三千年；科学时代从哥白尼算起，迄今不过短短数百年，就行将结束了。而且我们可以想象，到后科学时代，那个时候的人们回望今天的科学时代，一定会觉得我们憨陋可笑——怎么会相信那些乱七八糟的东西？！就像我们今天看古代跳大神的巫师，觉得他们愚昧可笑一样。要知道，当年的巫师相当于今天的科学院院士。

不过必须承认，后科学时代一定是处理更大信息量的时代。因为我们没有退路可走，按照物演定律，世界的运行是在信息增量的代偿过程中展开的。因此后科学时代一定是产生更大信息量的时代，只不过对于如何处理这些信息量，将会采取与今天科学时代完全不同的方式。在科学时代，但凡见到能够整顿成理论模型的信息增量，立即加以建模验证。而在后科学时代，要对超大信息量具有筛选与鉴别的能力，要能够确定更大信息量所带来的实际文化效应的远期预判，这是科学根本做不到的。

人类自有文明史以来，总是把能够有效处理当前问题的任何知识一概视为伟大建树，可它的远期效果是什么？我们根本无从判定，因为信息量不足！

　　未来的信息量将会使我们对任何一种知识模型的远期效果做出清晰预判，从而达成对其危害效应的杜绝。因此它一定是信息增量过程的继续，而不是原有演化路径的反动。换言之，后科学时代一定得纠正并消除今日科学带来的灾难性效应，而且它的先导部分，仍然将以哲学前瞻的方式展开和推动，因为我前面讲过，哲学是科学前瞻，它是在信息量不足的情况下，提前探讨后发问题。哲学的这种前瞻性功能，将在后科学时代继续表达，只不过所表达的成果不再是科学前瞻，而是后科学前瞻。这就是未来哲学对未来后科学时代之文化再造继续发挥重大功能的思路导向作用，这也是我们今天科学时代的人有必要继续保持哲学前瞻性探究精神的意义所在。

课后答疑

　　同学提问：大家好！我的问题就一句话，就是您是如何学习的？因为我发现整个课堂内容中，各种观点非常繁多，数据量非常大，信息量非常大，而且你所举的数据都非常的精确，经常到小数点后一位、两位。此外逻辑又清晰，架构又缜密，以致我产生了一种奇怪的担心，尤其是你在放慢语速的时候去举一些数据，一些比较长的外国人名的时候，担心你是不是忘了或者说不下来，或者会不会临时编一个数据，因为数据太多。每次到这种时候我就会留意记下来，回头自己去上网查，结果是，百度告诉我，您都是对的。这过程中我不停地替您捏把汗，但是后来证明都是瞎操心，这不禁让我更加好奇，您的学习方式是什么样子？思维方式是什么样子？以至于能达到如此高的精度、深度以及广度。再说一句就是，俗话说"授人以鱼不如授人以渔"，在此其实我有点贪心，就是鱼和熊掌我都想要，希望先生解答一下。谢谢！

东岳先生：我这两天讲课就是授人以渔，我就在讲思想方式。我一再讲我的课是无用的，因为它只讲底层思想的运行。至于你觉得我的知识量，或者信息量，或者记忆量很大，其实我一点都不比常人聪明，所有的人是一样聪明的。因为我们所有的人是一个物种，我们所有人的基因差别居然不到0.1%，所以每一个人的智能差别微乎其微。只不过各人把自己使用智慧的方向，或者把自己整个智力的聚焦程度不同而已。大多数人都把精力和智力分散在广泛的事务中，而个别人会把智力和精力集中在一个点上。这就好比一片巴掌大的阳光晒在手面上，你几乎感觉不到热度，但是你用巴掌大的一个放大镜，把这片阳光聚焦在一个点上，它可以引燃下面的纸。这说明什么？能量聚焦在一个点上和分散在一个面上，效果是全然不同的。所以如果你觉得我讲课知识量很大，你问我怎么学习，那么我只能给你说一句话：做一个寂寞而愚蠢的蛀书虫。

同学提问：东岳先生，根据你刚才所做的小结，我提出两点猜想。第一个猜想是代偿量等于存在量乘以代偿速度的平方，因为这就像质量和能量是一回事一样；第二个猜想，刚才你讲科学未来可能造成重重危机，我想人类大可不必为此担心，就算有一天人类不存在了，大不了打回原子。既然人类过去是从原子到猴子演化过来的，那么打回原子之后，照样可以由原子再到猴子，再演变到人，就相当于人类睡了一觉，比如说睡了一亿年，或睡了多少亿年。谢谢先生！

东岳先生：关于第一个问题，你得首先精读《物演通论》，你把它真正读懂，然后建模和证明。所以你现在给我提问题的这个方式不成立，必须做精密逻辑证明。如果你能把你的那个平方证明做出来，我将顶礼膜拜。第二个问题，从个人角度，生死确实不重要，活长一点，活短一点，没有什么价值，没有什么要紧的差别。但是要知道，万物包括人类有一种求存的本性，这跟你是不是愿意牺牲自己没有关系，因此人类的宿性中会有恐惧，人类生存处境再艰难，人都怕死。怕死不是因为活得好，而是因为本性规定，万物都在求存。请记住不仅仅是人和生命在求存，万物都在求存。理解这句话的意思，要读懂《物演通论》。求存不是好不好的问题，而是必须，而是必然。因此我探讨的问题，不是有生就有死的问题，而是在下一级文明危世中如何求存的基础理论。求存不是表面上情愿不情愿的问题，求存是必须和必然的自发内在要求。

同学提问：先生您好！刚才您说到对哲学继续追问，也就是说，未来的哲学才能引导后科学时代，而您在今天上午提到过，哲学思绪的发展有一个趋势，就是浅薄化，从最开始追问世界本原，转移到追问感知的状态以及语言的状态等，趋势是明显浅薄化，那这里面是不是有矛盾？如果我们期待未来的哲学指导后科学时代，那么后科学时代会不会比科学时代还要短暂、还要不稳定呢？谢谢！

东岳先生：你提的第一个问题是建立在你默认西方哲学代表未来的基础上，而我一再告诉你，西方文化不代表未来。西方哲学今天的浅薄化趋势标志着西方文化正在衰落。你的第二个问题，我可以给你很明确的回答，后科学时代一定比科学时代更短命，更不稳定，尽管它想追求稳定。

同学提问：我想问一下先生，今天您讲的西方哲学的理论延续，是不是您递弱代偿理论的出发点？还是您从诸多的现象，比如说一草一木的枯荣，或者说中国的先秦诸子百家，以及人类社会的变化，来建构您的学说？您觉得哪一方面对递弱代偿理论可能会贡献得多一些？谢谢！

东岳先生：这个话题我不太能说得清楚，或者说我对你的问题没有能够很好理解。我只能说任何思想，都不是点滴素材归纳的产物。递弱代偿原理的证明过程，捎带着处理此前东西方思想家和哲学家所提出和遗留的问题，但这不是我著作的总导向，我的著作只为证明递弱代偿原理。至于问东西方思想何者对此产生的启迪作用更大，我也很难估量。

同学提问：先生，像牛顿还有爱因斯坦在提出他们理论的时候，他们是带着诚惶诚恐，并没有很自信。比如说牛顿要引一个所谓的"以太"概念来自洽。但我感觉先生说到您的理论的时候，相对来说还是比较自信的，比如您昨天说到您的理论被推翻，除非能活上800年才可以看到。

东岳先生：好！我回答你的问题。我在前面讲课的时候提过，网上曾经有人说，我的书不是哲学书，是科学书。这个说法的起因就是我的表述方式含有笛卡尔坐标示意图，有一个最粗浅、最简单的函数数学模型，但我代不进去参数。我专门讲，罗素说哲学是科学之前瞻，是信息量不足时预先探讨的非确定形态，所以说它是哲学，我引不进去参数，恰恰证明它是哲学。而且我认为当前的人要引入这个参数，恐怕尚待时日，因为信息量不够。要知道牛顿的引力常数，当年都引不出来。你查一下牛顿著作，他后面乘的那个引力常数，是空在那儿的，没有数据。牛顿学说创立大约70年以后，一个叫卡文迪许的人，最终才把这个常数填补进去。这说明什么？即使科学建立一个相对精确的模型，常常还面临信息量不足的系数空缺。

至于我对我的理论很自信这一点，你读我的书才知道我是自信还是不太自信。当我说牛顿和爱因斯坦不完全自信的时候，我并没有否定他们对自己的学说也有自信的一面。我举另一个人的例子，达尔文。达尔文《物种起源》这本书发表以后，整个欧洲学界、民间、上流社会、宗教界，全都持否定态度，因为达尔文的学说严重地冲击了基督教主流文化，以至于达尔文对他的儿子讲：我的余生将活在人们的唾骂之中。达尔文儿子后来在回忆录中记录了这一段，但他说，父亲又告诉他：我的学说，我坚信成立，它将普行人间。这说明什么？达尔文对他的学说也很自信，尽管不是真理。

同学提问：先生您好！我请教两个实用的问题。您在知识创新上建议我们多做思维训练，而狭义的思维训练是运行在人类的语言上面的。对于像我这样没有经过系统哲学训练的人，在概念的严谨性上该如何去打磨？第二个问题，如果语言的严谨在翻译成汉语时会进一步受到损害，您是否建议我们去读一些外文的原著？谢谢！

东岳先生：我觉得思维训练取决于你读什么书。牢牢记住，读书是什么？读书是和作者对话。如果你读的是印刷垃圾，那么就相当于你和垃圾人对话；如果你读的是思想大师的经典著作，就相当于你和思想大师对话。意大利文艺复兴时期，出现一个人物叫马基雅维利，创作了《君主论》。他罢官以后，白天务农，晚上净身沐浴，穿上正装，正襟危坐才开始读书。为什么？他觉得读书就是与先哲对话，因此他非常恭谨和严肃，他表达的是读书的状态。因此，读书必须有所选择，必须读那种能让你思绪纵深，甚至让你感觉困苦的书。如果你读书只为寻求愉悦感，如果你读书是快速阅览，你就达不到思维训练的效果。精读一本好书，就像读数学书一样，只有借助于这样的阅读才能够进行精密逻辑训练。至于文字本身，不管是英文、拉丁文、西班牙文、德文或中文，任何一种文字就其精确性而言，都是有问题的，这就是莱布尼茨所讲必须创立普通符号的原因。怎样运用自己的母语达至熟练、达至精准，需要对语言学、修辞学进行长期的锤炼。任何新学说的建立都需要新概念，对于新概念，原有的词汇不足以表达，因此不得不生造词，或者改变借用词的内涵，这都是巨大的语言功夫，同样需要训练。这跟外语或者中文无关，把自己现在能够掌握的语言精炼化运用是最起码的要求。

同学提问： 东岳老师您好！上午您提到一个概念叫"含真量"，您认为新的理论因为包含的信息量更大，所以说可能会带来的认知扭曲就更多，因此含真量会更低。但是下午又提到说，新的理论会对之前的理论进行"他洽"，那至少说明新的理论是要把之前理论的正确性包含于其中的。这两个概念，我想稍微请您再讲得更细一些，可能我理解不一定那么透。另外，您举的例子里边很多都是偏向自然科学的，那么像社会学或者是心理学等等，您认为算是科学吗？还是说它们是介于科学与哲学之间的？谢谢！

东岳先生： 你提两个问题。第一个问题是关于"含真量"的概念。我一旦讲新的理论模型要覆盖和他洽原有理论，在我们既往的思维方式和哲学成见中立即就会产生一种错觉，认为它更逼真，含真量更高。可你注意，可能我在讲课上，语言发挥不到那个缜密程度，你读我的书，"信息增量"和"含真减量"是一个过程，是一回事。你所感觉到的那个逼真，其实只是信息增量，对旧理论的他洽和覆盖，其实是更大信息量的覆盖，它并不包含"真"这个东西的增值，这是两个概念。什么意思？请去读书！仅听课是不行的。我希望这个讲课成为读书的导论。

再者，严格意义上的科学，是指精密逻辑达到数学级别，且能够在实验室中加以实证的东西。社会学、心理学等到底算不算科学？至少在严格意义上，我很难说它是科学。请问你怎么把心理学放到实验室中？请问你怎么把社会放到实验室中？它们确实也可以进行非精确的验证，我们在科学这个概念上通常误认为能够实际检验就算科学，我说过神学也能拿实践检验，这个外延太宽泛了。所以为了更精当，为了举例更有说服力，我不引用那些模棱两可的所谓科学，尽量使用较为严谨的自然科学。尽管在临场发挥上，我不敢保证表述精确。

同学提问：东岳先生，在昨天说哲学起源的时候，狭义哲学只产生在古希腊，是一群大号儿童玩弄的纯逻辑游戏。我的问题是，这个看起来只产生在古希腊（的现象），为什么又是人类早期文明摇篮中的必然产物？我想请您再讲一下为什么是必然，谢谢！

东岳先生：这个问题在直观层面上是无法讲清的。"必然"这个概念究竟是什么含义？你得读《物演通论》。我讲课中说狭义哲学必然出现，是指在深层理论上感应属性的代偿增益必然发生。它在人类历史上具体发生在或者偶然显现在哪一个点上，你很难在现象层面上划定一个必然结构或必然路径。请记住，探讨所有问题，直观层面论说无效，我们必须进入逻辑深层，才能给以缜密证明。所以我再次强调，讲课只是导引，而不是缜密表达。

五

孔儒的文化渊源

开题序语

我们今天讲孔子。

孔子及其儒学，几乎就是中国传统思想文化的灵魂与标杆，统领中国主流意识形态长达 2000 余年之久。这种情形，除非宗教，我们在世界上任何其他地方绝难见到。

但是孔子的学说，相较老子而言，显得浅薄而直白，因为孔子关心的是现实社会政治问题，而老子关心的是终极问题。

我给大家举例子。孔子学说的核心其实就八个字："君君臣臣，父父子子。"四组叠字里的第一个字是名词，第二个字是动词，意思是说：君要像个君，臣要像个臣，父要像个父，子要像个子。孔子的学说，就是这样的平白直叙。他还讲："觚不觚，觚哉！觚哉！""觚"是商末周初的一种青铜酒器，最初制作的时候是六角形，到春秋末期，可能有人创新，把它改成圆形或八角形了，于是孔子哀叹："觚啊，觚啊，你已经不像觚了！"在《论语》文本中，我们甚至会见到这样的说法："食不语，寝不言。"意思是说，吃饭的时候不要说话，睡觉的时候不要说话。请大家听听，这像不像老妈子训孩子的话？

我们讲孔子的学说浅薄而直白，这绝非是我一个人的看法。大家要知道，明末清初，当时西方耶稣会传教士来到中国，他们一方面带入西方文化，另一方面也把中国古代典籍翻译成西文介绍到欧洲。当时的欧洲大哲黑格尔，见到孔子的文本，大失所望。我们听听黑格尔对孔子文本的评论，黑格尔讲："我们看到孔子和他的弟子们的谈话，里面所讲的是一种常识道德，这种常识道德我们在哪里都找得到，在哪一个民族里都找得到，可能还要好些，这是毫无出色之点的东西……可以断言，为了保持孔子的名声，假使他的书从来不曾有过翻译，那倒是更好的事。"黑格尔说，孔子的书里只不过充斥着"老辣的道德教训"，这是他的原话。他觉得孔子的书还不如不要翻译，翻译了反而有损孔子的光辉形象。

黑格尔这样说的缘由是什么呢？在中世纪，或者在欧洲近代前后，西方当时处在宗教压抑状态。那个时候，西方人知道东方有一个以德治国的帝国，它的管理模式是以人伦道统来建立社会秩序的，这比起西方基督教神权压抑人性显得温和得多，因此对东方颇为羡慕，再加上当时一些不真切的传说，认为东方极其富庶，于是那时的某些西方哲人和文化学者曾把中国视为东方的天堂。譬如近代以后的西方大哲莱布尼兹、伏尔泰等人，都曾经给中国文化以较高的评价，甚至是错误的评价，我们后面的课程会涉及这些内容。因此，当黑格尔读到孔子文本以后，他大失所望，发现孔子文本颇为浅薄。

那么，说孔子文本浅薄，黑格尔的这个看法对不对呢？他是有道理的，至少说对了一半。大家不妨找出古罗马社会活动家兼演说家，一个名叫西塞罗的人，他的《西塞罗演说集》，各位抽空读一读，他讨论政治、法律、道德、人伦、社会制度等各方面的问题，其精彩深刻的程度，孔子的学说根本无法与之相比。而西塞罗其人无论在当时或今天看来，在西方文化界大抵算不得一个哲人，所以黑格尔的评价是有道理的。

那么，我们为什么讲黑格尔对孔子的评价只说对了一半呢？是因为黑格尔读不懂孔子！我在前面课里讲过，文化绝不是花里胡哨的东西，它是一种生存结构的反映。黑格尔理解不了东方生存结构及其文化适配关系，因此他读不懂孔子学说的要义。

为此，我做一个说明。我们今天讲课，基本上不讲孔子文本。因为孔子文本十分直白、十分浅显。今天任何一个初中生，如果他找一本文白对照的《论语》，从字面上讲，我可以肯定没有任何中学生读不懂。但是要想真正理解孔子学说的内在精神及其文化含义，只停留在文本上是决然不行的。因此我们今天的讲座名称叫"孔儒的文化渊源"，也就是着重讲解孔子学说和孔子文本背后的更深层的东西。

孔子的学说浅薄而直白，从现代角度看，其中只有"人伦之谈"，而没有"格物致知"，也就是没有知识体系，他何以竟能成为中国帝制时代主流文化的大成至圣先师？也就是说，孔子作为中国文人士大夫的文化总导师，其影响何以会持续 2000 多年之久？再者，孔子的志向在于"治国平天下"，而不在于"治学求知识"，何以历代中国旧文人竟不能感觉到儒学的平淡乏味和苍白无聊？

我们今天的课程，就是要回答这些问题。也就是要考察孔子学说的成因何在？它的文化效用何在？它对今天的中国社会乃至人类文明还有什么意义？

孔子生活的时代背景

我们先看孔子生活的时代背景。

孔子生活在周代。大家知道，中国的周代，发生于公元前 11 世纪，持续到公元前 3 世纪，时长达 800 年左右，是中国历史上最长命的一个王朝。我前面讲过，越原始的社会构型越稳定，封建制度就发生在中国的周代。

大家还要注意一个问题，我们今天一讲"封建"，就认为中国从古迄今，从周代或者从秦始皇统一中国以来，一直到辛亥革命，统称为"封建时代"，这犯了一个很严重的错误。要知道，中国的封建时代仅限于周代800年。所谓"封建"之谓，最早出现在中国第一本书也就是《尚书》之中，什么叫"封建"？"分封建制"才叫封建。这与当年武王克商之后的实际政治处境有关。我前面讲老子课的时候讲过，商代是"氏族部落邦联制"，武王克商以后，把他的血亲和重臣七十一人分封在中原周边以屏护中央，这个分封体制才叫作"封建制度"。当时各封国都有自己完全独立的治权，也就是有完全独立的内政权、外交权，甚至有自己独立的军队，这叫封建制度。

至公元前221年，秦始皇统一中国，他最重大的政治举措就是推广建立郡县制。所谓"郡县制"，就是打掉各封建王国，包括各分立部落，然后由中央朝廷向地方委派命官，这叫中央集权制度，政治学上叫作"君主专制制度"，它恰好是封建制度的剋星。也就是说，秦始皇统一中国之时，中国的封建制度即宣告结束。

那么，中国近代为什么会发生如此严重的史学错误？这与当年日本文人惯用中文有关。在明治维新前后，日本学者主要使用的是中文，他们翻译了欧洲历史，而欧洲史基本上经历的是氏族部落制、封建制，然后是资本主义制度。于是以日本人翻译的西方历史作为参本，当时中国的留学生，包括陈独秀、郭沫若在内，就把中国社会也照搬为封建制度。再加上中国近代辛亥革命以后，实际上所有的后任统治者都倾向于重拾集权制度，因此也更愿意在主流文化上放任此说。这是造成中国史学上一直把帝国君主专制时代统称为封建时代的主要原因。

周代800年，封建社会形态稳定完好只发生在前期300年左右，史称西周。在这个阶段，封建制度规整，周天子权威确立，被孔子称为"天下有道，则礼乐征伐自天子出"。所谓"礼乐征伐"，礼指国家政治法统，乐指国家大型祭祀活动及其乐章，征伐指国家派兵打仗，这三件大事由周天子说了算。随后西周封建机制逐渐趋于崩塌，以周幽王千金一笑失天下、周平王东迁河南洛邑为标志，西周时代正告结束，周王朝的第二阶段由此开张，史称东周。东周又被分为前后两个时代，前300年左右称为春秋时代，后250多年左右称为战国时代。东周时封建制度开始糜烂，周天子权威沦落，被孔子称为"天下无道，则礼乐征伐自诸侯出"，这就是东周时代的局面。

我们下面再回到"封建制度"这个话题上。中国的封建制度在周代末期被消灭，那么为什么我们将其视之为当时最先进的一种社会制度呢？是因为，相对于氏族部落邦联制，它建立了相对统一的社会管理体系。你今天看封建制度很落后，可你想想，古人最初建立一个大区域的统治系统，他怎么建立？他只能用封建方式建立。这就好比各位企业家，你早期创业的时候，找什么人做自己的合作伙伴？你一定找自己的亲戚和朋友，因为你对他们最了解，对他们的人品考察最省力，跟他们达成合作关系的成本最低。因此你早期一定建立的是家族公司或者亲朋公司，尽管这种公司结构随着企业发展到某种规模以上，会成为一个障碍，但在早期一定是成本最低、信任度最高、最稳定的一个结构，这就是封建制度的合理性所在。

封建制度有一个特点，由于各封建诸侯国享有完整治权，因此整个社会结构保持着一种对中枢权力的制约力量。大家要注意，这对近代资本主义社会的发生是一个重要的温床。什么意思？由于中国在公元前3世纪过早地消灭了封建制度，使得中国在宋代以后，尽管出现工商业文明的萌芽，就当时世界发展状况而言达到最高水准，但没有随即产生资产阶级革命，也不可能缔造资本主义自由市场经济，一个很重要的原因，就是因为中国过早地消灭了封建社会体制。

我给大家举个例子。早在1640年英国资产阶级革命以前四百多年，即公元1215年，英国发生了一场著名的政治事件，史称"自由大宪章运动"。所谓"大宪章"是什么？实际上是英国各封建领主联合其他社会各阶层，跟当时的英王签了一纸协议，该协议严格限制王权。文件共63条，其中规定英王只有宣战权和外交权，其他所有治权基本上归属于各封建领主，甚至英王的税收权都不完整，税收必须跟封建领主协商，由此建立了世界历史上最早的"王在法下"的道统观念和政治习俗，这才最终铺垫了英国资产阶级得以发展壮大的社会基础。

大家知道，在资本主义社会以前，资产阶级相当于平民，叫第三等级。那时的欧洲权贵，第一贵族或第一等级是僧侣，他们控制人的精神，具有对基督教的解释权，所以他们社会地位最高；第二等级是贵族，他们世卿世禄，取世袭制，掌握国家政权；第三等级就是平民老百姓。而当时资产阶级作为第三等级，由于各封建领主更关心自己的经济税源收益，因此他们不压抑资产阶级或者平民老百姓的经商活动，尤其是各封建领地之间的统治薄弱区，更成为助长第三等级经商和阶级意识萌发的空白地区，这造成资产阶级逐步壮大，最终成为发动资产阶级革命和建立资本主义制度的社会力量所在。

由于中国过早消灭了封建体制，皇权势力极大，而社会主流意识形态又不能在分立的文化摇荡中被疏散，导致中国近代，或者说宋朝以后上千年，无法发育培植真正的近代思想文化体系和政治结构新生力量。

中国的封建制度到东周时代逐步紊乱，社会纽带趋于松懈，史家据此把东周分别称为春秋时代和战国时代。我解释一下什么叫"春秋"。有学者提出大约在远古时代，人类还没有建立明确的四季关系，认为一年就是春秋两季。这还不是主要的，最重要的是，《春秋》乃孔子所在国鲁国国史的书名。传说中，由于孔子晚年重新编修过《春秋》，于是就把《春秋》这部书所记载的时段，即从鲁隐公元年到鲁哀公二十七年这255年，总称为春秋时代。这个话什么意思呢？要知道在先秦时代，各国都录有自己的国史，绝非仅鲁国独具。比如晋国国史的书名叫《乘》，因此你如果在古书上见到"乘"或"史乘"，你就要知道，它是指晋国国史。再比如楚国也有自己的国史，书名叫《梼杌》，因此你如果在古书上见到"梼"（táo）或者"杌"（wù）两个字中的任何一个，你都要知道，这是指楚国国史。

那么为什么会用孔子所在之鲁国的国史书名《春秋》来标定这个时代呢？是因为孔子用"微言大义"的方式——所谓"微言大义"，就是用很少的语言，注入文本以重大的道德伦理含义或价值观含义，也叫"春秋笔法"——重新修订了《春秋》这部书。我举个例子，比如在《春秋》原书中记载某大臣弑君，也就是谋杀了国君，孔子认为，此属以下犯上，大逆不道，于是他就将该书中原来称呼这个弑君者的官号改为直呼其名。要知道，在古代对一个人的尊称是称呼他的官号，其次称呼字，而直呼其名是对一个人的不敬。孔子只将官号改为直呼其名，就表达了他对这件事情的愤慨，这叫微言大义。

由于孔子编修过这部《春秋》，其中就注入了他的整个价值观体系。到汉代以后，孔子学说变为国教，甚至竟然出现"春秋断狱"的局面。因为古代的法律制定相当粗疏，法条细节缺失，判案的时候经常会感到依据不足，于是行政长官进行法审的时候，如果找不见具体的法律文本参考，就以《春秋》价值观作为判案准则，可见《春秋》这部书对中国后世的影响何其之大。

更重要的是，此后的文人，把春秋时代世界各国（大家注意，我前面讲过，凡是涉及远古时代，我只要说"世界各国"，均指东亚中原及其周边各国。因为那个时候，中国人只知道东亚这个地方，认其为整个世界）发生的任何事件都用《春秋》来纪年。比如晋国发生某件大事，他不依照晋国的史书《乘》来纪年，却会说鲁昭公多少年，晋国发生了什么事。由于后人总是用鲁国《春秋》这部书的纪年法作为这一个时段的纪年标志，因此后世把这三百年左右的时段称为"春秋时代"。

孔子出生在春秋时代晚期，此刻天下大乱，朝野动荡已久。其间彰显于社会前台的两类重大事件，最充分地表征着当时政治体系紊乱的严重情状：

第一，灭国现象不断发生，也就是各诸侯国互相兼并。大家要知道，春秋之初，仅中原周边或华夏区域，诸侯封国竟达一百八十之众。武王最初只分封了七十一国，以后各代周天子继续加封，遂使封建诸侯国数量与日俱增。不仅如此，各封建诸侯国君也照例往下再分，这些分封的地域取名叫作"采邑"，也就是各封建诸侯国君给他的重臣和血亲继续往下分封，这种层层分封的采邑封地竟达上千之多。大家可以想想，在当年的中原和中原周边的"华夏之地"（我前面讲过"华"，指关中地区，以华山为标志；"夏"与"下"同音，指黄河下游）这样一片范围内政治割据持续进行，竟达逾百诸侯国和上千封建采邑，可见其地缘碎片化局面业已发展到了什么程度。在这种情况下，如果周天子权威沦落，各封建主自行其是，灭国和兼并事件就会接连发生，这是第一种社会变故。

第二，弑君事件层出不穷，也就是诸侯国君被谋杀的事情屡屡发生。根据《春秋》《左传》《国语》《史记》等古史记录，仅在春秋时代，各国发生弑君事件居然达43起之多。要知道，一国首脑被谋杀，是不得了的政治灾害。比如 1963 年美国总统肯尼迪被刺杀，美国社会政治动荡若干年。像这样重大的政治事件，竟然在短短 250 多年间就发生 43 起之多。

近代有学者调查统计发现，弑君者的身份绝大多数是公子、公孙和卿大夫。所谓公子、公孙，就是君王的血亲；所谓卿大夫，当年是世卿世禄制度，官位是世袭的，而世袭者都是贵族，亦即仍然都是君王的血亲。两者总和起来，居然高达谋杀发动者 77% 的比例。其次，以弑君的动机来看，公室成员篡位而弑君的占 51%，卿大夫与国君争权而弑君的占 14%，总和下来占 65%。以弑君事件的直接原因来看，经过长期策划的占 44%，由于偶然事件引起的占 35%，原因不明的占 21%，也就是说，精心策划的谋杀占将近一半，不明原因或突发事件都能造成弑君结果的也占一半，可见当时弑君现象成为一个怎样轻易而普遍的政治业态。

从发生弑君事件的次数来看，第一名晋国和齐国并列，二百多年间都发生八起；第二名郑国，发生五起；第三名就是孔子所在的礼仪之邦鲁国，居然也发生四起之多。我们由此可以看出，到春秋时代，封建制度已经崩坏到何种程度，可谓天下大乱、群雄蜂起，这是孔子生活的总体时代背景。

《论语》中提到孔子的一个弟子，叫仪封人，他给自己的老师所处的时代做了一个点睛式的说明。我先讲一下谁是仪封人。孔子 55 岁被罢官以后，由于其著名弟子子路的内兄，也就是子路妻子的哥哥，在卫国做高官，因此孔子很快受到卫国邀请。于是孔子周游列国十三四年，最早前往的就是卫国，而且在卫国逗留时间最长，居然四进四出。由于孔子在卫国长期办学，因此在卫国收纳了很多弟子，其中就有这个仪封人。所谓"仪封人"，就是卫国仪地采邑的封建主。他在《论语》中留下一段话，足以说明孔子生活时代的境况，他说："天下之无道也久矣，天将以夫子为木铎。"意思是说，天下大乱已经很长时间了，老天让孔子来作为人世的警钟。我解释一下木铎是什么——木制的响器之谓，包括古代铸造的青铜钟，中间用来摆动敲击的那个木舌头也叫木铎。总之就是说，他的老师孔夫子终将成为乱世之警钟。

我们从这里可以看出，孔子生活的时代天下纷乱。前些年有人在中国主流媒体上讲《论语》，讲《论语》心得，把它讲成幸福生活之类，这当然全都是胡掰了。

孔子时代的社会转型

我们下面再来看一下，先秦时代孔子生活背景的更纵深内容。

我首先解释什么叫先秦时代，它是中国史学上非常重要的一个术语。所谓"先秦时代"，就是指公元前 221 年秦始皇统一中国以前，往前历数 350 年以上，这段时间统称为先秦时代。那么，先秦时代在中国历史上为什么格外重要？是因为，它开启了中国文明史上的第一次社会大转型。

此前我们上中学、上大学，学历史讲到先秦时代，老师通常这样说：先秦时代是王权贵族制向王权专制制度的演进，是封建奴隶制向土地私有制的演进。这种讲法你根本听不明白先秦时代究竟是一个怎样的社会历史形势，因此，我在这里换一个表述：先秦时代，是中国自有文明史以来的第一次社会大转型。要知道，中国数千年文明史，仅有过两次社会大转型。第二次社会大转型的起点，就是 1840 年鸦片战争，迄今 170 余年过去，第二次社会大转型还没有完成。

我们先来看看第二次社会大转型的局面。中国社会的第二次社会大转型怎么转？从农业文明向工商业文明转型，（此处有删减）它的起始标志是1840年鸦片战争。大家看看，从鸦片战争到今天，170年有余，我们中国社会高度动荡、快速运转，表现为一个怎样的情形。

我先列举一下，在这170余年间中国社会都动荡到什么程度，发生了多少重大事件：1840年，第一次鸦片战争；1856年到1860年，第二次鸦片战争；1851年到1864年，太平天国运动；1861年开始洋务运动；1884年，中法战争；1894年，中日甲午海战；1899年，戊戌变法；1911年，辛亥革命，然后袁世凯执政；1916年，袁世凯死亡，中国进入北洋军阀乱政，长达11年；从1921年到1927年，第一次国共合作，北伐战争，史称第一次国内革命战争；接着国共两党分裂；再接着抗日战争、国共两党第二次合作；再下来国共两党第二次分裂，中国发生剧烈内战；之后进入毛泽东时代；再之后就是邓小平改革……我们会发现，在这短短170余年时间里，我们中国社会不断地折腾，折腾个什么？——进行第二次社会大转型！这就是为什么我要说，这个时代将是中国历史上第二次出现最伟大的思想家、政治家、经济家、社会活动家的一个巨变时代。我当然指的不是到现在为止，而是再往后历数上百年，中国第二次社会大转型才能完成。也就是说，迄今中国的第二次社会大转型还没有完成。

那么，我们现在回望先秦时代——中国社会第一次大转型。先秦时代的中国社会怎么转型呢？它是从半成熟的农业文明向完全成熟的农业文明转进，甚至农业文明中开始出现工商业文明萌芽的转进；它是从氏族部落邦联制向封建制度转型，紧接着又向君主专制制度转型。由于它是中国历史上第一次社会大转型，因此社会动荡、人才辈出，中国传统文化的整个奠基期在此完成，导致中国后世两千年的社会结构被完全塑成。

我们下面就从经济、政治、文化三方面来看一下，先秦时代第一次社会大转型究竟是怎样进行的。

先看经济领域。先秦时代生产力快速发展，农耕技术有所提高，农业文明趋向于成熟化，青铜器早已普遍使用，在农耕工具之中铁器也正在逐步推广。大家知道，人类的农业文明虽然发生在八千年乃至一万年前，但在早期数千年的农业文明摸索过程中，采猎生存方式仍然是主型，农业耕种仍然只是人类生活资料来源的一个辅助部分。

当农业生产发展到一定规模，土地开垦的范围越来越大，森林被推及远方，此时人类才会从采猎生存方式完全归化于农耕文明。因此，农耕文明的真正成熟，需要人口大规模发展，土地大规模垦殖，林木大规模破坏，采猎活动无从进行，只有到这个时候，农业文明才能趋于稳定。因此，它历经数千年之久，也就是直至周代，农业文明才逐步构成中原人生活的主流方式。

不仅如此，在春秋时代，中国的农业文明中出现了工商业文明的萌芽。大家知道，农业文明发展到一定程度，由于农业生产工具的多样化和人们生活的丰富化，相当种类的产品倾向专业化制作。早期非农业产品的制作是由农夫自己完成的，比如盖房子、织布，甚至制陶，但是随着分工的进一步发展，随着人们生活进一步复杂化，大量的东西农夫无法制备，比如更先进的陶器生产，比如青铜的冶炼、农具的加工，所有这些就会造成分工过程在农业文明中逐渐出现。分工现象，也就是有人不再务农，而只专业制造某种为他人使用的产品，我们把这种不供自己使用、只作为彼此交换的物资，叫作商品。

商品一旦出现，交换活动随之发生。大家可以想象，人类早年的交换活动是物物交换，因为商品种类非常之少。那么如果商品种类持续增加，你所能拿出来交换的物品对方并不需要，而对方需要的物品你手里却没有，于是就需要某种统一的交换媒介和交换尺度，即所谓"一般等价物"，也就是能对任何商品做出价值衡量的商品，这就是货币。因此，货币的出现，标志着人类分化，或者说社会分工，或者说商品经济发达到相当程度。大家要知道，在中国先秦时代，货币已经出现，早期是贝币、刀币，这标志着中国农业经济大规模成熟，商品经济萌芽普遍发生。

下面再看政治形态。周天子权威沦落，原有的封建社会之纽带松懈。不仅如此，各诸侯国坐大，兼并活动不断发生，灭国事件层出不穷，国际战争愈演愈烈。不仅如此，这居然引发了重大的社会阶级形态变革。

我举个例子。春秋时代的晋国国君被四大重臣架空，这就是著名的韩、赵、魏、智四家。后来韩、赵、魏三家联合起来灭掉了智家，并主政晋国。这个时候，赵家出现了一个著名政治人物叫赵无恤，史称赵襄子，此人做了一件震动天下的大事，他宣布解放赵地所有奴隶，并赠送土地30亩，同时他向中原世界各国公布，任何奴隶如果从他国逃往赵地，一律解除奴隶身份并赠送土地。要知道，赵襄子的这个举动使得中国大地上的奴隶制度迅速瓦解。为什么？因为"民为贵"的思想是典型的封建意识。这句话什么意思呢？众所周知，孟子说过一段名言："民为贵，社稷次之，君为轻。"很多人把它视为孟子有民主思想，这完全理解错了。孟子从来没有民主思想，中国文化史上也从来没有过民主思想，"民为贵"是典型的封建思想。什么意思呢？就是对任何一个封建领主来说，他的最大利益不在于封地面积的大小，而在于封地上户口的多少、人口的多少。因为户口数越多、人口数越多，税基就越大，税收收益就越丰厚，这叫"民为贵"。因此中国古代所有官制都可通称为百户侯、千户侯、万户侯等，拿户口数说话，就是这个原因。

大家想想，赵襄子解放奴隶，他得到什么？得到了"民"。他因此收获两项重大利益：第一，劳动力资源；第二，兵员。这就导致周边各国各地，但凡不同时解放奴隶者，他的国民或居民就会逃空，于是奴隶制度在中国大地上快速土崩瓦解。要知道，这件事情表达着中国社会的过度早熟，也表达着中国社会在先秦时代的转型过程异常激烈。

我再举例子。我们都知道在欧洲大地上，比如法国，它于1789年就已发动资产阶级革命，但从17世纪开始直到18、19世纪，欧洲大地上一直保留着残酷的奴隶制度。贩卖黑奴，早期是从非洲贩运到欧洲的，以后美国南部由于大规模垦殖和耕种棉花等农作物，劳动力严重不足，贩卖黑奴的路线才从欧洲转向北美。我们再看俄罗斯，及至19世纪，它已经被马克思称为"欧洲宪兵"，也就是俄罗斯已经相当强大，在欧洲说话颇具分量。自彼得大帝开始，俄罗斯向欧洲学习以后，其发展速度和强盛程度大幅提升，以至被欧洲各国视为劲敌，可是俄罗斯直到1861年才废除农奴制度。最后再看美国，可谓先进国家的典范，却在19世纪中叶还发生南北战争，即为奴隶制而陷于内战。

回顾中国，早在公元前6、7世纪的时候，中国奴隶制就已经全面崩溃。大家注意，我们所说的奴隶制并不指家仆，中国的家仆现象一直延续到很晚的时间，甚至到宋代还存在。我们所说的奴隶制不是指这个层面，而是指在生产领域保留奴隶制，这个东西在中国很早就已经解体了，它表达的是中国先秦时代的剧变与早熟。

我们下面再看文化方面。中国先秦时代是中国传统文化的真正奠基期，甚至是完成期。我前面讲过，自公元前221年秦始皇统一中国之后，中国的国学文化可以说再没有任何重大建树，除了东汉中期佛教传入中土，但这件事着实算不上是自家的荣光。

那么先秦时代，中国传统文化和国学思想体系的奠基，是以怎样的方式进行的呢？首先要知道，人类早年的文化从氏族部落时代就已经开始发生。人类最早期的文化叫"巫文化"。"巫"这个字，上面一横代表天，下面一横代表地，中间一竖代表沟通天地的人，这个字就是"巫"。巫，是人类在氏族部落时代最重要的文化代表。

我前面讲过，你今天看巫，都是些跳大神的、不入流的人物，可他们当年相当于今天的科学院院士。而且早年的巫都是女巫，原因是人类早期血缘社会都是母系社会，女性社会地位很高。再加上由于女性的直感和直觉远比男性为好，就像男性的逻辑思维能力略比女性为优一样，所以，在男人看来，女性似乎有第六感官，能够跟天地沟通，用灵魂、用直觉跟天地沟通。因此，早年的巫都是女巫。随着社会历史的发展，族群男权化结构发生，出现男巫。大家注意，在巫的旁边画一个大眼睛，这个字念觋（xí），表达的是男巫。我为什么说是画一只大眼睛，因为看见的"见"这个字，在甲骨文中就是画一只大眼睛，然后底下画一个人，一个人扛着一个大眼睛，这个字就是见［𥃲（甲骨文）𥄢（金文）見（小篆）见（楷体）］。它表明，男性巫师已经不能用直感和灵魂直接跟天地沟通，而必须眼睛看见才算数，男巫已经远比女巫的水平大大降低了。

我们下面再看，从"巫""觋"逐步转化而形成"儒"。我们先看一下甲骨文中的"儒"这个字。我前面讲过，"大"这个字是正面立相的人，那如果在正面人像的旁边画上雨点，这个字就是甲骨文中的"儒"。以后到金文，人们把分散在侧面的水点，集中到上面形成雨字头，然后在底下画一个正面直立的人，这个字就是金文中的"儒"［𤕟（甲文）需（金文）需（小篆）需（楷体）］，也就是今天需要的"需"

这个字的含义，以后加一个单立人偏旁，转注为"儒"。

大家从这个字形变化上可以看出什么呢？所谓"儒"，其实是古代巫师在祭祀天地、祭祀祖先以前，净身沐浴、以表虔诚的一个动作，它说明儒是巫的变体。那么，早年的儒，我们把它叫作"古儒"。古儒的代表人物就是老子。这也就是为什么在中国古史研究上，学界一致承认，诸子百家其实是对古儒老子思想在不同角度上的解读。或者说得更准确些，是先秦时代社会转型之际，以及人类生活复杂化以后，人们对古儒集中关注的问题，渐次展开分化探讨和专业论述的这个过程，是为诸子百家之渊源。

我们由此可以看出，先秦时代其实就是中国传统文化完全成型的时代。因为从大观上看，中国后来2000多年的文化主干不外乎都是儒学文化的变态延展。

文明历史的演进方式

我从经济、政治、文化三个领域，来表述先秦时代第一次社会大转型的奠基状态。我这样讲可能还不足以让大家真正感受先秦时代的摇荡状态，尤其是它的变动方向，那么我们下面从更直观的角度，再来对它加以剖析。

第一，对外兼并战争不断，而且越来越血腥。这句话什么意思呢？大家要知道人类在文明化以前是从来没有战争的，所有动物之间也是从来没有战争的。动物之间发生同种争斗，一般仅出现在发情期，即雄性动物争夺雌性生殖资源。它是个体化的斗争，绝不会形成集团化的战争。而且所有动物发生这样的种内斗争，一定是点到为止的。比如雄性动物争夺雌性资源，一旦一方战败，另一方绝不会穷追不舍，更不会致对方于死命。所以，在所有动物中，它的个体性争斗，是非常克制的，是有限度的。唯独人类文明化以后，开始出现种内集团化的残忍杀戮。

而且，这个文明化的内部战争的发生、同种之间的大规模自相残杀，是随着文明的发展而不断趋向于激烈化和暴烈化的。起初，氏族部落后期开始出现战争，打一仗死几个人、几十个人就是不得了的事件。因为早期氏族部落的每一个社会群团也不过就几十个人，顶多上百个人。但是随后就出现部族战争，比如黄帝、炎帝、蚩尤三大部族打成一片，这就是中国远古著名的阪泉之战、涿鹿之战的传说。随后，商灭掉夏、周灭掉商，再后便是一百多个封国开始互相兼并。

要知道在春秋时代打仗，一次下来死几百人就算大战争，史书上就给以专文记述。而且春秋时代打仗，都是讲礼制的。《左传》载有"不重伤，不禽二毛，不鼓不成列"，这段话什么意思？它说春秋时代打仗，如果把敌军打败了，绝不追击，这叫"不重伤"，不造成第二次伤害；所谓"不禽（禽通擒）二毛"，就是不抓对方长着黑白相间头发的老年人作为俘虏；所谓"不鼓不成列"，指古代打仗敲鼓是进攻，鸣锣是收兵，在对方战斗集团没有形成阵列以前，绝不偷袭敌军，这叫"不鼓不成列"。所以，春秋时代打仗几乎从来不用狡诈之术。尽管《孙子兵法》成书于春秋末期，但它真正得到大规模使用，是在战国时代以后。因此，相对于战国而言，春秋时代的战争烈度非常之低。

而到战国时代，打一仗死几千人、上万人，史书记载不绝。仅是秦赵"长平之战"，秦国战将白起一次活埋赵军俘虏就达四十万人以上。到此还没有结束，直到20世纪人类已经高度文明，居然发生两次世界大战。第一次世界大战战场直接死亡人数1200万以上。

仅是德法边境一个小小的凡尔登小镇，机枪火炮之下，就让欧洲青年抛尸100万具以上。紧接着第二次世界大战，战场直接死亡人数5000万人以上，间接死亡人数2.5亿，这就是人类文明的情状。

我就很奇怪了，我们人类总是把人群中最坏的分子说成他有兽性，这简直是对兽性的诬蔑，实际上应该把野兽中最坏的个体比喻为它有人性才对。我们可以看到文明发展的过程就是人性不断败坏的过程，而且就是人类自相残杀之烈度越来越高的进程。

第二，对内政变频繁发生，且自上而下层层糜烂。什么意思呢？我前面讲封建时代行将破溃，封建体制日渐松弛，周天子权威沦落，到此并没有结束。紧接着架空了周天子的各诸侯国君，又被他的重臣所架空。比如我前面提到晋国国君，被韩、赵、魏三家架空。比如孔子所在国鲁国国君，被三桓（huán）架空。哪三桓？季孙氏、孟孙氏、叔孙氏。到此还没有结束，那些架空了国君的重臣，竟然又被他的家臣所架空。大家读《论语》会不时见到两个人的名字，一个叫阳虎，也叫阳货，一个叫公山不狃（niǔ），这两个人是谁呢？是架空了鲁国国君的三桓之首季孙氏的家臣，他们又把季孙氏架空。

我们由此可以看出，封建社会进展至春秋末期，它已经糜烂到何等程度。一个政治制度、一个社会结构，如果它上层摇荡，随之感染下层，整个社会逐级糜烂到基层，行政运作陷于紊乱，标志着这个政治结构行将结束，标志着一个社会政治形态即将发生改变。周代创设的封建制度，是东亚文明史上第一个最稳定的巨型社会体系，到春秋时代也不过建立四五百年就已经呈现剧烈动荡之势，它标志着社会结构稳定度在快速下降。

第三，人心不古，世风日下。大家注意我说的这八个字，是中国古人对人类道德趋势的描述。我们今天都认为人类文明程度越高，他的道德水准就一定越高，可这个看法和古人的讲法完全相反。古人讲"世风日下"，是说人类的道德水准是一路降低的。谁说得对呢？古人说得对！大家知道，人类在远古时代从来没有法律这个东西，即没有严刑峻法，那个时代叫"以德治国"。要知道法制社会只产生了三千年左右，直立人存在上百万年，或者说氏族社会存在了上百万年，人类从来不用法制手段管理族群，不用暴力的严刑峻法来管控人事。他用什么方式？用柔和的、弥散性的道德体系来维持社会稳定。表明什么？——表明人类社会文明程度越低，社会稳定度越高，社会柔和度越高，社会暴力层面的彰显度越低。

大家看孔子说过的一段话："道之以政，齐之以刑，民免而无耻；道之以德，齐之以礼，有耻且格。"这句话什么意思呢？他说如果你用政治和刑罚的方式来管理社会，人们为了逃避法律的制裁就会不碰触法律，这叫"民免"——免除法律的制裁。但是凡属法律没有禁止的事情，再缺德人们都敢干，这叫"民免而无耻"。我们今天就是"民免而无耻"的时代。孔子又讲"道之以德，齐之以礼"，就是你以德治国、以礼治国，而不是以法治国，然则"有耻且格"。就是人们都有羞耻心，都不会做败德的事情，于是整个社会井井有条、格格有序，这叫"有耻且格"。孔子在讲，法制社会的出现是人类道德崩坏的产物，孔子用词叫"礼坏乐崩"。

所以我建议大家，千万不要赞美法制社会，因为法制社会是人类道德沦丧的产物，是道德纽带已经不足以维系社会稳定，人们不得不用暴力的方式来管控人类群体的进步乱象。

如果我这样讲还不足以说服大家，你不妨看看过去扛着背包进入深山老林里去旅游的人，那时他如果走累了，走渴了，走饿了，他让当地山民给他煮一碗水，做一碗饭，当地人会拿最好的东西招待他。他过后要给人家付钱，多数山民是不好意思接受的。可随着文明之风刮入偏僻之地，他们全变成农家乐了，巴不得把你口袋里的钱掏空，尽管这是合法的。

我在讲人类的道德随着文明程度的发展，它一定是趋向于崩坏的，人类的纯朴性一定随着文明的发展而逐步消失。为什么？因为社会生活越来越复杂、越来越狡诈、越来越败坏，以纯朴守德之心维持生存已经不可能了。这标志着文明进程就是人性败坏的进程。

第四，每有进步，都伴之以社会的动荡化和民生的紧张化。这句话是什么意思呢？人们一般认为，社会文明程度越高，社会就越稳定。可实际上我前面在老子课上就讲过，社会越进步、越发展，社会的稳定度一定越丢失。人类在非农业文明，也就是采猎生存阶段，稳定生活了上百万年；农业文明存续了一万年；而工商业文明出现仅三四百年，今天正在被信息文明或者生物文明取而代之。这是从宏观格局着眼。

从微观层面上看，社会结构的稳定度也在不断降低。我举个例子，比如2001年的911事件，恐怖分子只不过炸掉了两三座大楼，整个国际政治动荡十余年，到今天反恐战争还没有结束。要是在远古时代，你一次毁掉、烧掉几百座房屋或者宫殿，你对整个地球人类的生存有什么影响？什么影响都没有！所以我们会发现，人类文明程度越高，社会的稳定度就越低，动荡度就越高。我再举例子，今天生活在城镇的人，甚至生活在农村的人，如果断水断电，你马上就会变成热锅上的蚂蚁，正常生活根本无法进行。可在远古时代人类没有电，所有人都沿河而居，也永远不会断水。它标志着人类社会生活越复杂、文明度越高，社会生活的动荡度越高，社会生活的脆弱性越高。

不仅如此，我们还会发现，人类社会生活的紧张度也在持续提高。比方说，人类农业文明一年只忙一两个月，因为古代黄河流域一年只种一季庄稼，只有在播种期和收获期这两个月是农忙时节，其他十个月基本上都是农闲时间。因此古人过年，过 45 天。而今天你过年，只过六七天。平常所有的人，包括夫妇两个人每天上班，天天小跑着上班。要知道古人，一个男人在外面工作，也就是一个男人种田，种数十亩、近百亩土地，粗放耕作，足以养活七八口人。古人没有避孕技术，结婚以后不停地生孩子，生十个八个都是平常事，就算活一半，四五个孩子，加上上面两个老人，一个男人养活七八口人根本不成问题。女人只在家里忙于带孩子、管老人，就已经占据了她的全部时间。所以古代一个男人在外工作足以养活七八口人是不争的事实。那时候多生一个孩子叫"多摆一双筷子"而已，根本不构成任何负担。可是今天，不但夫妇两个人整天奔忙，而且养一个孩子已造成中等收入家庭都难以承担的费用。《华商报》曾经统计，说现在把一个孩子从幼儿园养活到大学毕业、研究生毕业，没有上百万元是很难实现的。所以我很诧异，现在常听人讲，说我们今天的物质生活大大丰富了。请注意，这不叫"物质生活丰富"了，这叫"生存成本提高"了，别把概念搞错！

可能有人会说，古人没有汽车、没有电视。可你要知道，你今天有汽车，它是你的生活必需品，你没有汽车连上班都成问题，甚至菜都买不回家。你说没有电视机总该可以吧，是可以，可是你这个艰苦朴素的优良品种一定会因为找不见老婆而断子绝孙。所以我再强调一遍，这叫生存成本提高了，不叫物质生活丰富了。

更为严重的是，你今天的生存安全感还在一路丧失。我举一个例子，古人是物物交换，起初根本没有通胀。到后来以重金属作为货币，即使在歉收年节，粮食涨价也不过两三倍。可我们今天使用的钱是什么？是纸币，是假钱，叫作"钞票"。这种东西最大的特点是什么？——通货膨胀。它在正常年份每年通货膨胀 2% 到 3%，也就是每 15 年，购买力下降一半。更重要的是，它动辄发生恶性通胀。

看实例，第一次世界大战结束，德国战败，在魏玛共和期间，短短两三年里，德国马克通货膨胀 80000 倍。1948 年到 1949 年民国政府行将崩溃，它的法币和金元券在一年时间里，通货膨胀 30000 倍。直到 1991 年苏联解体，苏联卢布一夕之间，通货膨胀 12000 倍。原先 1 卢布换 3 美元，短短几天时间变成 4000 卢布换 1 美元。我们就拿通货膨胀 10000 倍来计算，它是个什么含义？一个千万富翁，一夜之间变成不到 1000 块钱的穷光蛋！这就是为什么今天即使是百万富翁、千万富翁、亿万富翁，他都没有安全感，他得拿自己的钱去干什么？去投资。投到哪儿？汇率、房产、股市、期货，这些东西是什么？是一个每分每秒都在不断振荡的曲线。请大家想想，你把你的身心抛洒在这条每分每秒都让你心惊肉跳的曲线上，你还有什么幸福可言？！

这就是为什么，古人从来用不着编制幸福指数。人类一定是缺什么才喊什么。你今天是因为丢失了那个幸福感，处在高度的焦虑之中和不安定之中，因此你才得编制幸福指数。请大家注意听我在讲什么？我在讲一个表面上看是对文明发展的相反评价。现代人对文明进步给予高度评价，原因是什么？是因为他不知道古人的生活状态，生活安宁状态和生活幸福状态。古人生活是非常悠闲的，是非常宁静的，是绝无"处处时时身陷焦虑"的那份安宁感。而悠闲是幸福的三大基础要素之一，你连悠闲都丢掉了，你还有什么幸福可言。

今天对于文明，我们之所以总是给出误判，是因为文明已经长成一株枝繁叶茂的大树。今天的人讲文明，相当于盲人摸象，相当于一叶障目。什么意思？你指着文明大树的一枝一叶，说这就叫"文明"，可谁都看不清文明的全貌，因此才会对文明做出进步论的误判。为什么古代贤哲对文明都是持以批判态度的，从老子到孔子到佛陀。

你仔细想想佛教讲什么？讲"戒、定、慧"。它要干什么？——戒除文明的纷扰，摆脱文明的苦难，认清文明的本质。

为什么古人对文明都是批判态度？是因为古人处于俯瞰文明的特定境遇。那时文明才是一棵矮小的树苗，他当然能看清文明整体的全貌，并且能看清文明增长的趋势。他们眼睁睁地看着，文明进步的过程就是人性败坏和人类生活灾难化的进程，因此他们对文明大多取负面评价和警惕心态。这就是先秦时代中国先贤们的基本社会观。

我们由此可以看出，先秦时代的文化塑成状态及其总是倾向于达成保守论的原因。我们也由此可以看出，先秦时代对中国文化基本思想格调的奠定作用和有序规范。它标志着一束深刻的眼光存留在其中，它同时为中国后来 2000 多年的稳定生存夯实了基础。这就是先秦时代作为第一次社会大转型，对中国文化和社会生活的基本构造力所在。这也就是孔子生活的历史背景状态和文化生发状态。

幼稚文明的老成现象

我们下面讨论中国传统文化的两个特异现象。

在我们中国人看来，国家统一为大国体制是正常的，分裂为小国状态是异常的。而且中国早在 2000 多年前，就已经出现了"天下观"。孔子讲"修身齐家治国平天下"，老子在他的书中也时而提到"天下"这个概念。大家要知道，在远古时代出现大国稳定体制是非常罕见的，它才是一个非常态，而不是正常态。

看看欧洲，它跟中国国土面积差不多，迄今分裂为几十个小国，搞了个欧盟还摇摇晃晃。中国早在远古时代，也就是公元前 11 世纪开始，尤其是到公元前3世纪，就渐渐出现相对稳定的大国体制，这种情况是很特异的，是非同寻常的。我给大家举例子，比如在环地中海文明区域，早在公元前4世纪曾经出现过一个大国体制，这就是亚历山大帝国。可是亚历山大大帝仅活了三十二三岁，他刚一逝世，亚历山大帝国立即崩解。环地中海地区还有一个大国——古罗马，它虽然存在时间较长，但它真正作为一个雄强稳定的大国现身，也仅仅闪耀了几百年，到公元5世纪，西罗马帝国就骤然灭亡了。

唯独在东亚，老早出现一个稳定的大国体制，从周王室统辖中原到中华各朝帝国，足足延续数千年而不坠，这是一个非常奇怪的现象。我称它为"幼稚文明的老成现象"。

什么意思呢？大家知道中国是最典型的农业文明体制，农业文明是人类的第一茬文明，也就是人类文明最原始、最幼稚的形态。可是这个最幼稚的文明却处处表达出老态，这叫幼稚文明的老成现象。

我举例子，宏观上，中国早在3000年或2000多年前就已出现大国体制，并早在公元前3世纪统一文字。反观欧洲，20世纪，曾经有人想统一欧洲文字，搞"世界语"，结果以失败告终。而且中国早在公元元年前后，就出现科举制，到隋唐时代大体成熟。西汉早年叫"举孝廉"，也叫"察举制度"，到隋唐以后叫"科举制度"。什么叫作"科举制度"？即在平民阶层中选拔社会管理者，它相当于我们今天所说的公务员考试制度。

以文化史的发展效果衡量，你说科举制度有很多问题，此言不错。它使得所有文人只读"四书五经"，只关心"学而优则仕"，所有文人全都挤在读书做官这一条独木桥上，几乎没有任何文人关心自然学问，导致中国文化后来严重偏废，这是事实。但是换一个角度看，它却是人类最早出现的文官考试选拔制度。要知道人类在远古时代，全都历行世卿世禄制度，也就是作为社会管理者的各层官员全都来自于世袭继承。我举例子，1789 年法国资产阶级大革命，但直到革命成功以后将近半个世纪，1830 年法国绝大多数官位还是世袭制度。1830 年以后，法国才逐步健全公务员考试选拔制度。我们从宏观上可以发现中国社会异常老成、格外早熟。

还不仅表现在宏观上，而且表现在微观细节上。比如西方文化讲"性"，爱呀爱呀爱个没完；中国文化讲"食"，吃呀吃呀吃个没完。不过大家得仔细想想，什么人关心性的问题？年轻人一定更关心性的问题，若为吃一顿饭耽搁他谈恋爱，这顿饭他是宁可不吃的。什么人关心吃的问题？老年人，床上的事弄不动了，才只好讲吃。食文化是典型的老年文化。

我们再看，即使是食文化，中国食品酸辣刺激，而西方食品甜淡油润，它天然就符合儿童的口味。带过孩子的人都知道，你在家里天天给他做中国菜，孩子是不爱吃的。你偶然领他到麦当劳、肯德基去一趟，他从此把你赖上了。为什么？因为西方食品天然就是按照孩子的口味设计的。请想想什么人需要酸辣刺激的食品？老年人，舌头上的味蕾感受器退化了，不是酸辣刺激的食品就不足以使他开胃。因此即使是中国的食文化也偏向于老年人。

我们再看，西方人性情率真，而中国人城府高垒。在西方，说假话是个不得了的大事，如果你在法庭上说假话叫伪证罪，你得承担刑事责任。在中国人眼里，西方人都是些青瓜蛋子，即使到成年，他们也直来直去从不绕弯。反观中国人城府高垒，改革开放初年，西方经济团体到中国来跟国内企业家谈判，寒暄虚套两三个小时，西方人摸不着头脑，不知道中国人想干什么。中国有一句民间谚语："逢人只说三分话，未可全抛一片心。"意思就是说，讲话七分保留着，即便你听到的那三分话，还基本上都是假话。那么大家想想什么人性情率真？孩子一定性情率真。带过孩子的人都知道，你经常从五六岁孩子的口中听到非常深刻的话，让大人很吃惊。其实不是深刻，他只不过是说了一点真话，而我们已经早就不说真话了，因此才会有语出惊人之感。那么什么人城府高垒？成年人！老年人！他们历尽沧桑，受尽磨难，不得不把自己越包裹越紧，所以中国人在性情上也是一派老态。

大家再看，西方文化倾向竞争，而中国文化强调和谐。不过你得想想，什么人喜欢竞争？孩子们一定喜欢竞争。你给小孩子买一个玩具，是他独自玩的，他玩两三个小时，就给你扔到一边了。你让他参加竞争性游戏，他乐此不疲。这就是为什么今天足球运动、篮球运动，这些竞争性很强的竞技运动成为世界上最大的体育产业的原因。什么人喜欢和谐？老年人，他争不动了，只好讲和谐，所以它骨子里仍然表达着过度老成的状态。

我们再看，西方文化倾向于朝前看，而中国文化倾向于朝后看。最典型的就表现在东西方学者做学术的状态。大家要知道西方文化叫批判学术，我们今天做学术的人都无例外地受到了这种西方学术风格的浸染。所谓批判学术，就是对于你所研究的问题，对前人在这个领域的论述横挑鼻子竖挑眼，说他这也不是，那也不是，然后另外建立自己的理论模型，这是典型的批判学术。

那么中国文化怎么做呢？反过来朝后看，全都是翻故纸堆。这就是为什么我讲，中国早就已经没有国学大师了。你如果现在见到国学大师，不外乎两种情况：第一，你搞错了；第二，他是个骗子。比如有人说季羡林是国学大师，季羡林本人都不敢承认，因为季羡林不是研究国学的，他是研究东方外语的一个小语种的专家。他研究什么？研究吐火罗文。"吐火罗文"是什么？远古时代北印度阿富汗周边一些原始部族的古文。再下来，你只要见到国学大师，他一

448

定是骗子。为什么？因为国学的基本规范，建国以后甚至民国以后，国人再都没有受过这种训练。

那么做国学的基本方式是什么呢？全都是向后看，翻故纸堆。它有三项训练不可或缺。

第一是"训诂"。什么叫训诂？我不说它的学术含义，我说简单一点，就像我们第一天讲课，讲甲金文，也就是要把中国每一个方块字，找见它不同时代的含义以及不同时代的流变。如果你不能对每一个中国文字找见它的古远含义和流变进程，你就无法解读古代经典。你解读古书，你用今天的中文来解读，基本上都是误读。这叫训诂，在干什么？翻故纸堆。

第二是"考据"。什么是考据？你可不敢把它理解成考古学。考古学是近代从西方传入中国的，中国自古从来没有考古学，因为中国古人认为挖祖先的坟墓是一个最缺德的事情。因此，中国古代只有盗墓贼，绝没有考古学。那么什么叫考据呢？就是一个学者面对他所要研究的问题，必须把前人对这个问题的全部研究资料都搜罗到位，这叫考据学。他在干什么？朝后看，翻故纸堆。

第三是"注疏"。大家先看"注"，什么含义？你不仅要在考据上把相关资料全部找齐，你还得把前人在书的留白处对书中考据文献的注文都找到位，这叫注。所谓"疏"，是后世文人对前辈文人注文的注文，你也得搜罗到位。他在干什么？全都在翻故纸堆。这就是中国现在早就没有了国学大师的原因，因为这种朝后看的学术训练方式，早就已经在我们的教育界废止消失了。

那么什么人倾向于朝前看？年轻人一定总是朝前看的。什么人倾向于朝后看？老年人、中年人倾向于朝后看。所以，如果有朝一日，你总是回忆自己当年有多么了不起，它标志着你老了。

"大一统"与"僵老化"之成因

中国传统文化是人类历史上第一茬最幼稚文明的完整保留，可是它却在远古时代就已经显现出老成或僵化的特征，这是非常奇怪的文化现象。为什么会发生这种情况呢？我们下面就把中外学者，包括 20 世纪英国著名历史学家汤因比、美国哈佛大学著名汉学教授费正清，以及包括黄仁宇在内的诸多华裔学者对中国传统文化的研究做一个归类，总结为六条，给大家做一个基本交代，以便于进一步了解中国文化以及孔子思想得以塑成的自然条件和社会土壤。

第一，黄土疏松肥沃，随黄河冲击而广被中原，易于开展原始农耕。这一部分我在第一天课程中已经讲过，不再重复。

第二，中原是地球上仅有的三大原始农耕基地，但是这个地方气候怪异，它每年的降雨几乎全部集中在夏末秋初那三个月之间，导致旱涝灾害频仍。民国时期有一位著名学者叫姚善友，写过一本书叫《图书集成》，其中考察了民国往前历数 2270 年间史书上记载的重大旱情、涝灾以及其他天灾。统计下来发现，在这 2000 多年里，史书上记载的重大旱灾 1392 次，重大水灾 1621 次，这其中还没有计算虫灾或蝗灾等，平均每年发生灾情 1.33 次。这就是为什么中国在春秋时代，各家虽然互为敌国却互借粮食的原因。

我举个例子。比如秦穆公时代，晋国发生重大旱灾，于是晋君向秦国借粮，秦穆公慨然应允。大家首先要知道，秦晋两国历来是敌国。因为晋国地处秦国的东面，秦国东出潼关或函谷关，逐鹿中原，面临的第一大障碍就是晋国。所以现在有一个成语叫"秦晋之好"，你可千万不敢弄错，把它误解为秦晋两国关系良好。它是因两国关系高度紧张，不得不以和亲的方式缓解紧张关系，是谓"秦晋之好"。因此，"秦晋之好"的原本词义是指没有爱情的政治联姻。时隔一年后，秦国发生巨大灾情，向晋国借粮，晋国的国君晋惠公真是一个混球，他不但不向秦国借粮，反而认为秦国这时候最为衰弱，举兵进犯秦国。于是秦穆公率领老秦民跟晋国打了一场著名的大战，史称韩原之战，把晋军打得大败，竟然活捉了晋惠公。我为什么给大家讲这个战例，就是想告诉各位，在中原大地上，尽管它是农业文明的重要生发地，却灾害频仍。大家分立为小国，谁都无法安宁生存。

第三，黄河凶险之至。这句话什么意思？要知道我们的古文明也被称作黄河文明，因为中原文明是中华文明的开端。但是，黄河却是世界上最凶险的一条河流。地球上的所有河流，其绝大多数的泥沙含量一般不超过 5%。即使是地球上泥沙含量第二大的河流，南美的亚马逊河，它的泥沙含量在雨季也不超过 12%。可是黄河的泥沙含量平均在 42% 到 63% 之间，真正是舀一碗黄河水就有半碗泥沙。那么黄河流经中原地区，水流变缓，泥沙沉降，当地文明人被迫开始在黄河两岸筑堤，结果导致黄河河床不断抬高。到汉代，黄河河床高过地平 7 米以上，到宋代达 19 ~ 20 米以上，真正是一条天上悬河，成为挂在中华民族头上的一把"达摩克利斯之剑"。大家想想如果各自分裂为小国，你怎么治理黄河？你独自治理是全然无效的。你的上游不治理，你治理有什么用？他不但不治理，还专门掘开河堤淹你，兵法上有讲"水淹七军"呢。因此黄河成为逼迫中华文明和中华民族大一统的一把利器。

我举个例子。秦始皇统一天下，派 30 万大军进攻魏国。他的主战将王贲，就是原先那个著名秦将王翦的儿子，率领 30 万大军久围魏国首都大梁，三个月攻不下来，王贲怎么办？掘开黄河堤坝，淹掉大梁，魏国立即投降。它说明什么？说明大家分立为小国，沿黄河发展根本无法正常生存。

第四，游牧生态与农业生态截然分明而又彼此毗邻。这句话什么意思？我们讲东亚大地是一块封闭地域，但是在这片东亚大地上却分布着两种文明形态，这就是农业文明和游牧业文明。自古以来，北疆游牧文明就构成华夏农业文明的重大威胁。大家首先记住一点，中国的长城绝不是秦始皇修建的，它是在春秋战国时代，由各北疆分立小国分头修建的，比如燕国、赵国、秦国分头修建了长城。秦始皇统一天下以后，只不过把这些片断的长城连接起来了而已。也就是说，长城在建造以前没有经过任何人的统一设计，可是奇怪的是，它居然和 15 英寸等雨线刚好对齐。

我解释一下什么是 15 英寸雨量线，或者叫 15 英寸等雨线。15 英寸雨量相当于年降雨量 380 毫米到 400 毫米。而年降雨量低于 400 毫米的地方很难发展农业；年降雨量低于 250 毫米的地方，一般只能长草，发展游牧业；年降雨量低于 100 毫米的地方，一般会荒漠化或变成沙漠。这个年降雨量 400 毫米的分界线，居然和长城刚好重叠。它说明什么？说明长城是两种文明冲突的阻隔线。

而且长城是全球人类远古时代最巨大的一个土木工程，它偏偏出现在东亚。这说明什么？说明东亚地区两种文明的冲突极为剧烈！大家知道，先秦时代的戎狄、匈奴部族始终侵扰北疆各国，直到西汉，又对汉王朝构成重大威胁。尔后是南北朝的五胡、唐代的突厥，宋代的辽、金、西夏、蒙古，一直到清代的女真人，也就是满人，中原不断受到外族的侵袭，都是北疆游牧民族的冲击。

大家还要注意，"谁落后谁挨打"这个讲法是很成问题的。你把历史拉开一个长卷，除了近代 15 世纪以后，才是"谁落后谁挨打"。这是因为出现了一个更暴烈的文明，叫科学时代。在此之前数千年，人类历来是"谁先进谁挨打"。比如周灭掉了商，商是中原唯一有文字文化的部族，《周书》记载"惟殷先人有典有册"，周是连文字都没有的蛮族，它却灭掉了文明程度最高的商。到战国时代，具有西戎风格的蛮秦灭掉了文明五国。然后看唐代，它是鲜卑人建立的政权，要知道李世民身上大约有四分之三的鲜卑裔血统，是他们父子建立了大唐帝国。再下来，蒙古人建立了中国的元朝。（此处有删减）元朝把国人分为四等：第一等，蒙古人；第二等，色目人，主要指先前征服的中亚人、西亚人或者欧洲白人；第三等，汉人；第四等，南人，即南方人，因为江南最后被占据。中国人全体长期被奴役。再往后，到 1644 年明末，20 余万女真人——把老太太、小孩子都加上只有 20 多万人，而明朝人口当时在 1 亿左右——他们居然轻而易举地打掉明朝，突入关内建立了清政权。

不仅中国如此，西方照样。大家想想，古希腊被谁灭掉了？被它北边的马其顿蛮族灭掉了。大家再想想，古罗马帝国被谁灭掉了？被欧洲南下的日尔曼蛮族和西哥特蛮族灭掉了。可见，你把历史长轴拉开，人类在远古乃至中古时代，历来是"谁先进谁挨打"。为什么？因为农业文明的人骑不到马背上。要知道马镫这个东西，直到东汉初期才开始在全世界普及。远古时代骑马两脚是悬空的，一个人把自己主要的精力和体力都用在驾驭马匹，两腿紧夹马腹，两手紧抓马鬃，尚且不能稳妥掌控，马一旦快跑或跳跃，人立即被甩下来，摔成骨折，躺在床上一百天动不了。而游牧民族的人从小就骑在马背上放牧，两腿夹紧马腹，两手腾空挥刀舞剑，由此建立了他们的骑兵体系。

在近代以前，骑兵历来是步兵的剋星，因为骑兵机动性特强。

而中国古代农业文明是没有骑兵的，只有车兵。所以你读古书，它上面讲一国军力强盛，用什么词形容？用"千乘之国""万乘之国"来形容。所谓"乘"（shèng），就是一辆战车，外加十几个到七十几个步卒。三个重甲士站在车上，其余轻甲士跟在车后，叫一乘。而我在前边讲过，古代的车辆是一根木轴贯穿两个轮子，两侧轮子转动始终一致，所以它不能快速拐弯，机动性较差。骑兵因此成为陆地集群作战中最强有力的一种形式。

骑兵在什么时候才衰落？直到第二次世界大战初期，闪电战、立体战出现，天上飞机横行、地上机枪扫射、火炮遍地开花，才把骑兵打趴下。1939年9月1日，希特勒进攻波兰，波兰一支上万人的骑兵部队被快速歼灭，骑兵战术至此才退出历史舞台。可见在古代社会，农业文明动辄受到游牧文明的冲击袭扰，而且基本上不是对手，实属正常。这就是为什么这两种文明的冲突，历来被中国视为严重外患和基本国情的原因。

我再举一个例子。孔子的弟子们曾经坐在一起非议管仲。大家都很熟悉，管仲是春秋五霸第一霸齐桓公的宰相。那么，孔子的弟子为什么非议管仲呢？是因为他们认定管仲有严重的道德缺陷。中国古代秉承的道德观念，是好女不二嫁，好士不二主。就是一个好女人，一辈子不嫁两个男人，一个好士子、好男人，一辈子不服侍两个主子。管仲在辅佐齐桓公姜小白之前，齐桓公跟他的哥哥公子纠争夺王位，管仲是公子纠的老师，管仲的朋友鲍叔牙是姜小白的老师。争夺王位的过程中，公子纠失败，姜小白登基，按理说管仲应该自杀，至少应该流亡，他却去跟他的敌人齐桓公姜小白当宰相。所以孔子的弟子认为管仲有严重的道德缺陷，这个看法是没错的。

可孔子怎么说呢？《论语》中留下一句话："微管仲，吾其披发左衽矣。"大家先看"微"这个字。画一个长头发的老人，如果在这个老人下面，画一个表意搀扶动作的孩子，这个字就是甲骨文的"孝"考（甲文）孝（金文）鹳（小篆）孝（楷体）；画一个长头发的老人，如果在它的旁边画一只手，手里拿一个棍子，这个字就是"微"敝（甲文）敝（金文）敝（小篆）微（隶书）微（楷体）。"微"的原意是什么？击打老人的意思！跟"孝"这个字刚好相反。那么"微管仲"是什么意思？"微"是批评的含义。大家知道我们今天还有一个成语，叫"颇有微词"，就是我对你有批评的话要说。孔子讲，如果你们批评管仲，那么我就披发左衽。什么叫"披发左衽"？中国古代认为，身体发肤受之父母，不得毁伤。所有人，包括男人、女人都不能剪头发。一生不剪发，随着年龄的增长头发势必越来越长，因此所有文明人不得不束发。根据性别、社会地位的不同，束发的形式不同。野蛮人是把头发披下去的，今天女孩子把头发披下去是学野蛮人的做法。什么叫"左衽"？我们今天穿的服装叫西服，纽扣都在中间，要知道东亚古时，纽扣是在衣服两边的，文明人纽扣在右边，野蛮人纽扣在左边。孔子的意思是说，如果你们批评管仲，我就"披发左衽"，做野蛮人。

孔子为什么不允许他的弟子批评管仲？是因为管仲身为齐桓公的宰相，他给齐国建立了一项基本国策叫作"尊王攘夷"。要知道春秋时代，各分立国家展开灭国战争，互相兼并，这个时候齐国是春秋第一霸主，力量最大，它也灭一些小国。但是在管仲主政下，他建立的基本国策却是"尊王"，也就是大家团结在周天子的周边，团结起来干什么？攘夷！抵御外族侵略！我举例子。山戎进攻燕国，管仲居然派齐军帮助燕国抵抗戎狄。大家知道燕国是齐国最重要的地缘威胁，它处在齐国北边，燕赵之士极具战斗力。及至战国时代，燕国在乐毅将军的率领下，曾经灭掉齐国72城，几乎导致齐国覆亡，这才有了著名的"田单救齐"的故事。可见齐国跟燕国的关系何其紧张。可是管仲却带兵帮助燕国抵御外夷入侵。狄人进攻邢国、卫国，管仲不但派兵援助，而且帮助他们复国重建。由于管仲九次共约诸侯召开盟会，让大家团结起来抵御蛮族侵略，这才导致北疆游牧民族没有灭掉中华农耕文明微弱的嫩芽。大家想想，当年的中原文明仅仅局限于一小片地域，如果没有管仲，中华文明可能早就被消灭了。

我举一个例子。我在讲西哲课的时候，给大家摆过古希腊地图。古希腊可是一个大希腊联盟，包括小亚细亚，包括希腊半岛，包括亚平宁半岛也就是意大利半岛的南端。希腊盟邦那个时候十分强大，它居然两次打败世界第一帝国——波斯帝国。两次希波战争，希腊都是胜方。如此强大的古希腊，却被马其顿蛮族灭掉了。而当年的中原文明十分微弱，如果不是管仲，那么中华民族早像古希腊一样消灭于历史烟尘之中了。这就是孔子为什么给管仲以极高评价，居然用了这样八个字："九合诸侯，一匡天下。"我再告诉各位，在中原这片地方，大家分立为小国，根本无法抵御游牧文明的冲击。文明的冲突这个问题是很难对付的。

我们再看第五条，中国是一个农业大国，但它的可耕地面积却十分狭小。高山、沙漠、沼泽、湖泊占去国土总面积的将近90%，可耕地面积只占10%稍多一点。民国时期，政府有关部门调研，中国可耕地面积占中国国土总面积10.4%；今天中共国土资源部调研，可耕地面积只占10.6%稍多。这是一个什么概念？我举两个例子。印度国土面积大约只占中国国土总面积的1/3，可它的可耕地面积居然比中国大60%到70%，也就是说中国如果养活13亿人口，那么印度足足可以养活20亿人口。再看美国，国土面积跟中国相仿，可它的可耕地面积竟占国土面积40%以上，如果中国可以养活13亿人口，美国足足养活50亿人口。可美国今天说，它只有3亿人口都显得太多了。不仅如此，中国不光可耕地面积偏低，而且中国人生起孩子来没完没了，生育能力特强，尽管他的文化不讲性。这实在不是因为中国人好这一口，而是由于生物钟。

这话是什么意思？中国古人占据了地球北半球最好的一片区域，叫中纬度地带。美国近代强盛，也跟美国占据了刚好跟中国对面的美洲中纬度地带有关。中纬度地段是最适合于生物繁育的区域，这也就是为什么地球上生物质量最大的分布带都在中纬度地段的原因。中纬度地段光照量适宜，温度适中。要知道我们人类的生理运转节律是被太阳规定的，这叫"生物钟"。也就是说，我们的生理运转节点是跟着太阳走的。生物钟大致在人体视中枢的周边，它调理着人体生理运转的时间节点。比如我们所有人一天 24 小时血压最高的时段，出现在凌晨四点到上午十点，这也就是为什么晚年发生心血管意外，百分之七八十都发生在这个时段的原因。这是因为我们人类是从四亿年陆生生物的昼行动物进化而来的。大家知道老鼠、猫头鹰是夜行动物，但绝大多数动物是昼行动物。我们人类是昼行动物变异而来的，于是人类的生理节律就会跟太阳光照度的强弱变化取得适配。在中纬度地区，夏天太阳升起的时间是四五点钟，因此古人历来遵循这样的作息原则，叫"日出而作，日没而息"。早上四五点起来就开始干活了，晚上七八点就睡觉了，每天足足睡八小时，生物钟就是这样调节的。亿万年来，早上四五点起床，从古生物进化的过程中就这样。那么此时血压增高为什么？为了增加供血量，增加肌肉爆发力，这叫生物钟。

讲到这里我顺便说一句，我们今天讲科学技术是双刃剑，有好的一面，有不好的一面。但是我说科学技术是单刃刀，只有坏的一面，只砍掉了我们人类的生存气数。我举个例子，爱迪生发明灯泡，总该没有副作用吧，可是自从他发明灯泡，我们人类从此不按时作息了，全都过上夜生活了。甚至整晚看电视，看电视是什么？不就是看一个彩色灯泡嘛。结果把所有人的生物钟搅乱！这是人类今天出现上万种新疾病，发生大量无法治疗的恶性疾病的重要基础原因之一。我们回到本话题上，由于中纬度地区生物钟适宜，所以中纬度地区动物植物的生育能力极强，繁殖能效甚高，因此中国人口自古占世界人口总量的20%到25%。

我再举个例子。我认识的一位老教师，他的一个朋友在20世纪50年代曾经做过苏联专家的翻译和助理。此人所服务的这一对苏联专家是年轻夫妇，在苏联结婚三年，生不了一个孩子，以为自己有不孕症或者不育症（女性叫不孕症，男性叫不育症）。1955年来到中国，1959年撤离回国，在中国待了五年，竟然前后连续生了三个孩子。临走以前给这位翻译讲，说你们中国真是生孩子的福地。大家想想，中国可耕地面积相对狭小，而人口繁殖能力超强，由此带来一个严重的麻烦，就是人际关系和资源关系格外紧张。

最后来看第六条，东亚地形封闭。我在前面就一再讲，中国所处的东亚这片地区，它的北面是西伯利亚高寒冻土地带；西面是帕米尔高原；西南面乃青藏高原；南面为横断山脉，古人根本无法翻越；而东面又是浩瀚的太平洋；它是一个全封闭地貌。这个封闭地貌就导致在远古时代，交通通讯不发达的时候，外族人或者外族文化要想侵入中国非常之难。这在某种程度上隔离了中华文明和其他文明的交往，从而构成中华文明独自发育、精雕细琢的老成格局。我前面讲过文化是具有遮蔽效应的，文化只有在交流状态中才会突破自身。

我们下面做小结：上述第一项条件，是中华文明格外早熟的原因，也就是中原平原成为人类仅有的三块原始农耕基地之一，因此中国农业文明发育较早且倾向早熟；上述二、三、四项条件，也就是气候怪异，灾害频仍；黄河凶险，分立为小国不能治理；游牧文明和农业文明冲突剧烈，分立为小国无法抵御；这三项因素导致中国必须早早建立大国体制。这就是为什么中国在先秦时代就出现"天下观"的原因，也就是中国为什么远古时代就构成大国稳定体制的原因。上述第五项条件，即可耕地面积狭小，而人口繁殖能力偏高，导致人际关系和资源关系格外紧张，这是造成中国传统文化格外关注人伦社会问题而偏废自然学的主要原因。上述第六项条件，也就是中国的封闭地貌，是中国文化在缺乏交流的状态下，独自精雕细琢数千年，终于把一个原始幼稚文明塑造成一脉过度成熟乃至老化僵化文化的原因。

我们只有理解上面这些大环境、大背景、大土壤，我们才能理解中国传统文化的基本素质，也才能理解孔子儒家文化的真实内涵。

原始文化的三大要素

我们下面谈一些跟孔子个人相关的话题。在谈这个话题以前，我们首先要建立一个观念，那就是在人类远古文化中有三大要素不可或缺。哪三大要素？第一，求治的要素；第二，启蒙的要素；第三，教规的要素。什么意思？我一项一项解释。

首先大家要建立一个观念，人类社会不是人类自主缔造的，人类社会是从生物社会中增长出来的。此前所有社会学家、哲学家，包括马克思在内，他们都认为"社会"这个东西，只为人类所独有，"社会"完全是人类缔造的。这个看法，今天已经不成立了。20世纪后半叶，西方生物学界发现，所有生物都生活在社会群团之中，人类社会是从生物社会以及动物社会中增长出来的，这就是著名的"社会生物学"。这个新学科的立论依据及其内容环节，我们今天没有时间详细讲解，我只想告诉大家，不要认为社会系统是人类缔造的产物。"社会"是一个自然结构，它已经持续存在并演化发展了38亿年，人类社会只不过是生物社会的终末晚近衍存形态而已。

人类社会一旦发生，它立即走向失序。为什么？请大家想想，生物社会是怎样构成的？生物社会或者动物社会是其社会个员在体质层面上发生分化和残化，故此必须代偿性建立残残互补的生机结构，我们把这个东西叫作生物社会系统或动物社会结构。

我举一个例子。生物学家研究膜翅目社会，什么叫"膜翅目社会"？简单说就是蜜蜂、蚂蚁社会。大家看一下膜翅目社会、昆虫社会、动物社会，它们是怎样运行的？蜜蜂社群中有蜂王，其实它不叫蜂王，它在生物学上叫雌蜂，整个蜜蜂社会中，只有雌蜂具有雌性生殖能力。由于所有的生命体都是围绕着"性增殖"这个中轴运转的，因此，人类把蜜蜂社群中仅有的这一只雌蜂称作蜂王。雌蜂的体格是普通蜜蜂的五倍，寿命是其十倍，它居然每天多则可以排卵上千粒，比它的体重还大。由于它是蜜蜂社会的增殖中枢，因此构成社会运转的核心。它完全就是一个雌性生殖器官，它残化到这种程度，竟然没有任何其他生存能力。

蜜蜂社会中最大的群量叫工蜂，属于雌性器官没有得到发育的雌蜂类别。它们长着长长的口器，赋有轻盈的身体和飞舞能力强韧的翅膀，腿上丛生密集的腿毛，而且腿毛还构成奇特的花粉篮，采得的花粉可以放在腿毛构成的花粉篮中带回巢穴。所以工蜂完全就是一个采蜜工具，它天生就是一架残化的、不具有生殖能力的采蜜机器。蜜蜂社会中还有一个小群量叫雄蜂，它们在飞舞过程中跟雌蜂交配，一旦交配完毕，立即壮烈"殉国"，它们简直就是一个会飞舞的雄性生殖器官。

在蚂蚁社会中还有一个阶层叫兵蚁，它们长着厚厚的铠甲，生物学上称为几丁质，嘴上长着大大的螯钳，以至于头部太重，身体运动平衡都难以把持。它们什么功能都没有，什么事也干不了，只起一个作用，为蚂蚁群落守门或参与蚂蚁群团的战争。我在讲什么？我在告诉大家，所有生物社会和动物社会，其社会成员在体质上是残化的，或者说是借助于体质残化来建构生机重组的社会体系的，因此它的社会结构是永远稳定的。它不可能在尚未出现明显变异或变种之前发生社会阶层或结构变革，因此社会形态超稳定。

所谓人类文明是什么？就是文明人类建立社会结构，已经不靠体质层面的残化补合，人类所有个员在体质上都是大致相等的，都是两个肩膀扛一个脑袋，其间仅有两性之差别。因此，人类早年叫性结构社会，叫亲缘社会，人类给自己起了另外一个名字，叫氏族社会。那么一旦超越血缘氏族社会，进入文明社会，人类靠什么来进行社会组合呢？靠智质残化。从体质残化到智质残化是一脉进程，也就是靠智能的发育来分工、分化，在此基础上施以残化互补，从而建立后续晚级社会结构。

既然我们每一个人在体质层面都是相似的和平等的，那么每一个人自然就不会甘心居于社会下层，每一个人都想跻身于上流社会。因此社会一旦文明化，一旦出现性结构约束的缓解和释放，人类社会立即趋向于紊乱化。这就是为什么人类文明社会早年的原始文化第一要素都缺少不了"求治"的概念和"求治"的追求，就是必须达成社会治理和社会安定的这项诉求。

第二是启蒙的要素。我在前面课上讲过，所谓文明化社会，其实就是被逐出伊甸园的过程，谓之失乐园。也就是说，自然界不再给人类提供任何生存资料，人类的所有生活资料，都必须靠人类自己制备。我们今天吃的、穿的、用的，甚至我们今天见到的水果，全都是人工培育的，在自然界里都是不存在的，或者都是以现在看来无法使用的原始野生状态存在的。由于人类的所有生存资料必须靠人类开发智力自行制备，人类方具有微弱的社会存在的资格或自然生存的资格，因此人类文明社会一开始，它的原始文化诉求里必须有一项，叫启蒙调动人类的智慧。这就是人类文化第二大诉求得以形成的原因。

第三是教规的要素。什么意思呢？我前面讲，人类体质性状类同而平等，因此如果每一个人按照自己的意愿去社会上活动，则所有人都会倾向于朝某一个方位运行。而社会结构却要把人们另行排布在不同的结构层级上，因此人类就必须给自己的社会群体和人民大众分别划出定位生存的规范。请大家想想，凭什么你来制定社会规则，让我遵循？我来制定社会规范，要你遵守行不行？也就是说，所有的人既然是平等的，那么从理论上讲，就没有任何人具有为全体人类、为各个群团建立社会规则的起码条件，亦即根本没有这个资格！因此自古以来，人类必须缔造高于人世的主，这就是神学和宗教在人类早期文化中分量极重的原因。因为只有高于人类的"主"，才有给人间制定社会规范的资格和条件，这叫教规的元素。

值得注意的是，在人类原始各族群中，要么没有开化，没有形成原始文化体系，但凡开化者，这三大文化诉求的每一项是由不同的人分担的。比如求治的要素，由政治家和法老承担，法老是古埃及的国君；启蒙的要素，由哲人和博物学家承担，博物学是科学的前身；教规的要素，由教主和僧侣承担。唯独在中国，这三大原始文化要素由一人承担，我们把这种人叫圣人，他的典型代表就是孔丘。因此才说：西方有哲人，没有圣人；东方有圣人，没有哲人。

14世纪前叶，有一次元文宗迎接从古天竺国来到中土的高僧大德，他就问身边随行的一个汉人大臣陆春：你们汉人为什么遵从那个土得掉渣的儒学，却远离如此华贵的佛学？我前面讲过，佛教是最尊贵、哲学韵味最深厚、逻辑体系最缜密的一门宗教。那么，陆春给了他一个非常好的回答，陆春讲：佛教是金，道教是玉，而儒教是稻粮，人生可以没有金玉，却不能须臾失去稻粮。这就是儒家学说的定位。换言之，儒家学说表面上看十分浅薄，而骨子里却处在本土文化与其生存结构相匹配的最佳状态之中。我前面讲过，文化不在于它是否花里胡哨、是否光彩照人，而在于它必须是生存结构的适配体系。

我们下面看一下孔子《论语》的整体结构。你要想真正读懂《论语》，请记住人类原始文化之三大要素不可或缺。第一、求治的要素。因此孔子学说最重要的部分就是求治，谓之"兴周礼，倡王道，好梦周公，将初周之礼制理论化"。大家知道，孔子说他经常梦见周公，他的学说的核心，是要对当时春秋时代的社会进行改造。他的政治理想是恢复古制，尊贤爱民。因此，他总是希冀能够恢复西周早年的"周礼有序"状态、"天下有道"状态，这叫"兴周礼，倡王道"。孔子之所以好梦周公，因为周公旦是"制礼作乐"的西周第一任宰相，也就是为周朝建立国家政治法统的那个人。因此孔子学说的首要内容是求治的部分，他把周公旦制礼作乐的政治操作理论化，而任何东西只有理论化以后，才能持久而致密地得到贯彻执行，这就是孔子学说在政治社会学上极具力道的原因。

孔子在《八佾》篇中讲："周监于二代，郁郁乎文哉！吾从周。"什么意思？他说周代的政治社会文化借鉴了夏、商两代的积淀，因此其文化传承特别深厚而茂盛，故我追随周文化，是谓"吾从周"。

孔子又在《为政》篇中讲："为政以德，譬如北辰居其所而众星共之。"他主张以德治国。他说，如果你有了以德治国的宗旨，那么就相当于你找见了天上的北极星，所有星辰都是围绕着北极星运转的。可见他的政治诉求颇为高拔。他在书中铺陈了治国平天下的核心政治理念及其社会实治功能，使之成为秦汉以后中国主流文化的法理基础与道统中轴。因此我们讲，他真正做到了"一介布衣，胸怀天下，不自量力，遂成圣人"的境界。这是他的学说的第一部分。

孔子学说的第二部分就是启蒙的要素，谓之"办私学，行教化，有教无类，开中国'士'之先风"。孔子最早办私学，而且面向民众办学，所谓"有教无类"，就是不分阶级或阶层等级，所有人都可以在他那里接受教育，由此开创了冯友兰所说的"国士之风"。大家注意，中国的"士"别有韵致！中国社会讲究"士、农、工、商"，"士"的社会地位较高。在西方"士"都是武士，所以你读一下塞万提斯的《堂·吉诃德》，它实际上讲什么？讲欧洲武士阶层及其武士文化的败落与衰微。但是中国的"士"主要都指文士，而中国的文士是由儒家开创和培养的。中国的文士掌握着传统农耕社会意识形态两千年的解释权，隋唐以降进而构成中国科举制度打造官僚体系治社会的中坚力量。

孔子办私学之事，也将注重教育的习俗逐步弥散到民间，起到了让中国社会上下各阶层全面启蒙开智的作用。我们看孔子在《论语》中自述："默而识之，学而不厌，诲人不倦，何有于我哉？"他说，我默默地有所认知，学习从不厌烦，教书育人也从来不知疲倦，具备了这些东西，我还有什么其他要求呢？

孔子的弟子颜回，曾经在《论语》中留下一段话。他说："仰之弥高，钻之弥坚，瞻之在前，忽焉在后。夫子循循然善诱人，博我以文，约我以礼，欲罢不能。"大家注意，这是学生对老师的评价。他说，我看老师，永远看不见他的高度。中国有一个成语，叫"高山仰止"，就是说，你站在山下面，把脖子都快拧断了，你都看不见山顶，此谓"仰止"。颜回又说，对于老师的学问，钻之弥坚。就是我想弄通老师的学问，却永远钻研不透，我一会儿觉得他的学问意境已显，一会儿又觉得他要讨论的问题另有深意。"夫子循循然善诱人"，耐心地给我们讲解；"博我以文"，使得我有了文化；"约我以礼"，使得我有了规矩，懂得了社会规范；"欲罢不能"，就是我终生追随老师，永远都离不开他。由此可见孔子的教学魅力。因此我们讲"一介寒士，面向庶民，蔚然文风，遂成先师"。这是孔子《论语》的第二部分，即启蒙的要素。

第三部分是教规的要素。孔子学说讲"君子之道"、讲"八门"：格物、致知、诚意、正心、修身、齐家、治国、平天下。其核心是修身。要想理解孔子的思想，关键在于理解孔子学说中的六个字，我们先讲三个字。第一，礼。我前面讲过，"礼"不是指礼貌、礼节，而是国家政治法统到民间礼仪礼节的总和。周公旦制礼作乐，所以孔子学说的核心叫"克己复礼"——克尽自己之所能，回归西周早年周公旦制礼作乐的美好时代。这是他学说和思想的核心，甚至是他的政治纲领。

第二个字，仁。一般学者都把它解释为"从人从二"，意思是，两个以上的人在一起，大家要相互与人为善。这个解法对不对呢？不对！因为这里的"二"字在甲骨文中，它其实是"上"，先画一个案台，然后在上面摆一件东西，这个字是"上"。我们在甲骨文中也见过这个字，画一个案台，下面摆一件东西，这个字就是"下"。我们在甲骨文中还见过这个字，像一个除号，这个字叫"上下"，由于要发两个音节，所以后来被淘汰。

请注意"仁"这个字是什么？许慎都解释错了。东汉时期，中国第一个著名语言学家、古文字学家许慎，在他的《说文解字》里都把它说成"从人从二"。因为许慎当年只能见到金文，甲骨文是1899年以后才发掘出来的。这个字符的图案是"从人从上"，它的意思是"上等人要爱护下等人",此谓之"仁"。孔子在论语中讲"仁",有一百多种讲法,核心叫"仁者爱人"。因此大家要特别注意,孔子学说绝不讲平等!孔子学说是典型的贵族学说,叫"礼有尊卑"。由于古代的时候,社会管理者全都是贵族,而且是贵族世袭,因此他认为要想让天下稳定,上等人就必须爱护下等人,这个概念叫作"仁"。所谓君子之道的"君子",是指有道德的贵族。所以孔子把人分为三等:第一叫"圣人",就是身居至高权位而又有隆德的人;第二叫"仁人",就是具有某种社会地位和治理能力,而又具备较高道德素养的人;第三叫"君子",就是普通贵族,或者有心追求贵族道德精神的人。所以孔子的"仁"是讲"上等人要爱护下等人",这一点大家首先要理解。

孔子学说的第三个字,恕。请注意这个字,我们大多数人是在"宽恕"这个复合词上理解它,这样不行。你得看懂这个字形,乃"心如"之合,将心比心的意思。用孔子的原话:"己所不欲,勿施于人",是谓之"恕"。

孔子学说另外还有三个重点字,我们后面讲,叫"孝、忠、知"。这里简单谈一下"知"和"智",知识的"知"和智力的"智",在中国古代是通假字,可互换使用。那么"知"是指启蒙教育,开化智力。"孝"和"忠"是什么含义?我们以后再讲。

礼、仁、恕,这三个字是理解孔子学说非常重要的基础。仁,我前面讲过最核心的意思是"爱人"(仁者爱人);恕,孔子原话表述"己所不欲,勿施于人"。翻遍所有的宗教读本,《圣经》《古兰经》《佛经》等,在这些宗教文献中,你无需借助于字词转译,就能见到近乎同样的表述。它说明什么?说明孔子文本的第三部分就是教规部分。

要知道孔子活着的时候是十分狼狈的,根本没有尊崇地位。比如《史记》中记载了这样一段典故，说孔子周游列国期间，有一次来到郑国，在郑国都城的东门和自己的弟子走失了。他的著名弟子子贡就去寻找老师，结果碰见一人，问他说，你要找的那位先生，是不是"其颡似尧，其项类皋陶，其肩类子产，然自要（腰）以下不及禹三寸，累累若丧家之狗。"这句话的意思是说，你要找的那个人，是不是脑门看起来有点像尧，脖子有点像皋陶，肩膀有点像那个最早立法的子产，腰则短了三寸，此人看起来像个丧家狗，你是不是要找这样狼狈的那个人？子贡回去后就以实告孔子，说别人形容你是丧家狗。大家知道孔子是怎么回答的吗？《史记》原文记载："形状，末也。而谓似丧家之狗，然哉！然哉！"意思是说，所描述的长相不一定确切，但说我像一条丧家狗实在是恰如其分的。

孔子为什么当年如此之狼狈，三四百年以后却居然被祭上圣坛，号称"素王"，以至于所有皇帝都要给他的牌位磕头？是因为人类原始文化中不能缺失教规的元素，这是孔子最终被祭上圣坛的原因。所以大家读《论语》，你想读懂它，关键在于你得理解人类原始文化不可或缺的那三大要素。你把这些个东西读明白了，你才能真正领悟孔子学说的整体内涵。圣人之教集三大原始文化要素于一身，这就是儒家学说的分量所在，也就是儒家学说统治中国主流文化，像宗教一样牢固持续两千多年而不溃散的原因。

孔子身世简介

我今天上午讲过，我说早就已经没有国学大师了，大家听我这个课，不要当作国学来听，把它作为人类整体文化或人类思想史的一个分支来听才相宜。我不是国学研究者，我研究的是哲学。我的讲课内容传统文化偏多一点，是因为它跟我们大家比较有亲切感，比较容易贯通大家的思想。整个 12 天讲座，其实涉及的内容很多，除了中国传统文化以外，还有西方哲学、印度佛学、人体哲理、人类文明的趋势与危机等等。这个课实际上是什么？是文化人类学的别样解读，或者说是对人类文化系统或者人类文明现象的另一种注解。大家听我的课，务请围绕这个轴心展开思路。

我们下面讲孔子身世。孔子的出生地和居留地主要在鲁国。鲁国是周公旦的封国，鲁国第一任国君是周公旦的长子伯禽。我们前面讲过，周公旦作为西周第一任宰相，制礼作乐，奠定了西周的整个国家法统。因此在鲁国，礼制文化繁盛，周礼文献厚藏，被称为"周典章之藏地，周礼乐之胜地"。这是孔子作为鲁国人，能够把周礼文化系统化、理论化，最终形成独到的中国农业文明之思想主轴的原因。

司马迁在《史记·孔子世家》中，对孔子的身世作了非常详细的叙述，达 1 万多字，讲得颇为具体，比起写老子不到 700 字，以至于搞不清老子是谁，文本格局全然不同。因此，关于孔子身世，我讲得粗略一点，只做一个梗概介绍。

其实孔子原本不是鲁国人，孔子的祖上是宋国人。孔子的远祖叫弗父何，是宋愍公的嫡长子，也就是说，他有继承宋国君位的资格，运气不好没有当上。孔子的七世祖叫孔父嘉，在孔子家系中社会地位最高，因为他曾经做过宋国的大司马，相当于国防部长，位列正卿执宰。那么，孔家的孔姓，就是从孔父嘉的字孔父中抠出来的，这个字后来便成了孔门的姓氏。

孔父嘉做大司马期间，曾经率领宋国军队打过一场著名的大败仗，结果被宰相所杀。有史书记载，说孔父嘉遇害，是因为老婆长得十分妖艳，宰相早就觊觎他的夫人了。可见一个男人娶老婆太漂亮是一件非常危险的事情。那么孔父嘉被杀以后，孔家地位开始沦落，到孔子四世祖，也就是高祖叫防叔，已然离开宋国，迁居到鲁国防地定居。到孔子的父亲孔纥，也称叔梁纥，进而沦落为一介武士。所以孔子家系是个破落贵族，而且是漂流到鲁国的破落贵族。

《史记》记载："纥与颜氏女野合而生孔子，祷于尼丘得孔子。"这句话被很多人，包括很多学者，解读为孔子是一个私生子，这个说法是有问题的。当年鲁国的首都在今天山东曲阜附近，曲阜的周边有一座山叫尼丘山。据说他的父母在尼丘山野合生了孔子，所以孔子的名字叫丘，字叫仲尼，仲是老二的意思，名和字里有尼丘二字，就是纪念这座山。那么"野合"究竟是什么含义？它绝不是指像今天这样的婚外非法性行为，它在古代是一种合法的性行为。远古时代，成年男女但凡没有配偶或者丧偶者，在春季的时候，比如阴历二月二或三月三举行庙会，白天是庙会祈祷活动，晚上都可以在那里野合。要知道，这个制度在中国古代如此，在世界各地古代都是如此，甚至在中国近现代，我们在农村腹地仍然见到过这种现象。它是什么情况？它是人类早年对偶婚制的一种补充。因为对偶婚制是人类文明化以后才发生的一个不符合人性的别致产物。

所有生物都是群婚制，人类在文明化以前也是群婚制。群婚制绝不会造成生殖资源浪费，但是对偶婚制却不然。比如年轻夫妇，刚结婚不久，有一方就死掉了，生殖资源浪费；比如富人，在古代可以妻妾成群，而大量的穷人却找不见老婆，生殖资源浪费；比如夫妇两个人整天在一起，最终审美疲劳，生殖资源浪费。人类初现对偶婚制之时，人口增长速度缓慢，生殖效率或繁衍数量曾是一个重大问题。因此，野合也就成了婚外的合法性行为，它是一个合理地补充性资源和生殖资源的必要方式。

我举个例子。一般人都会认为，鸟类中的鸳鸯是严格的对偶婚制，因此古代给新婚夫妇送礼品，最常见的都是一对绣着鸳鸯的枕套。可生物学家研究发现，雄性鸳鸯中有 51%，瞒着它老婆在外面偷情。大家想想，雄性鸳鸯总不能对着石头偷情，可见，雌性鸳鸯也好不到哪里去。它说明什么？说明所有生物都是群婚制，没有真正的对偶婚制。在生物群体里，对婚姻或者对配偶的忠诚程度，取决于它育后的难度，也就是养育孩子的难度越大，雌雄两性为伴的忠诚度就会偏高一点，但它绝不是对偶婚制。而生物学家研究，曾经在非洲有过一种绿猴，体量很小的一种灵长目动物，由于它们倒是比较严格的对偶婚制，很快就灭绝了。可见当年的野合，是为使生殖资源不至于遭到浪费的一个婚外合法性行为，这一点我们有必要澄清。

据考证，孔子的父亲跟他的母亲颜氏女野合的时候，孔子父亲已经 65 岁以上，而孔子的母亲大约只有十七八岁，因此孔子出生仅三年，他的父亲就逝世了。孔子从小跟他母亲在一起生活，孔子的母亲颜徵在是一个贫贱女子，因此，孔子一直跟她母亲生活在贫民区。孔子自己讲"吾少也贱，故多能鄙事"（见《论语·子罕》），就是说我一出生就很下贱，多能做一些他人不屑于干的卑下的工作。

直到孔子临近 17 岁，他母亲病逝。《史记》上记录孔子小时候有一个玩伴，长大以后做了挽车夫，也就是给人赶马车，这个孩子的母亲是孔母的邻居，告诉孔子说，你的父亲是贵族孔纥。孔子大吃一惊，他第一次知道，他居然是贵族血胤。于是，孔子在他 17 岁前后，做了两件惊动故里的奇事。

第一，他跑到防地这个地方，挖开他父亲的坟墓，把他母亲跟他父亲合葬了。一个平民小子，居然敢去挖贵族的坟墓，简直是冒天下之大不韪；第二，这一年，架空了鲁国国君三桓之首的季孙氏，召开飨宴贵族的一个宴会，季孙氏为什么要飨宴整个鲁国贵族？是

470

因为我前面讲过，鲁国是周公旦的封国，鲁国的贵族其实都是周公旦的后裔，也就是说，他们全是血亲关系。季孙氏每年飨宴贵族，其实是联络亲情，维系统治阶级的内部团结。孔子自认为他也是贵族出身，于是也去赴宴，结果被我前面提到的那个季孙氏的家奴阳虎，挡在门外羞辱一番。这件事情对孔子终生造成严重的精神刺激。我为什么要给大家讲这一段？是想告诉大家，孔子特别看重他的贵族身份，而且孔子文化是典型的贵族文化，绝不讲平等，这一点大家一定要清楚。

孔子15岁而志于学。到30岁这一年，孔子自己表述叫"三十而立"，为什么呢？是在他30岁左右，季孙氏当时的家长叫季平子，认为孔子还有点能耐，于是把孔子引为他的家臣。孔子起初给季平子做委吏，相当于一个管库房的小官；以后做乘田，也就是管牲口的，近似于牛羊倌或弼马温；再后来做过小司空，也就是代为管理家族工程。不长时间里，他就跟季平子失和，于是辞职周游列国，浪迹齐、宋、陈、蔡等国，最终返回鲁国。这是孔子第一次周游列国。

孔子初次被承认算得一个非凡的人才，是我们前面提到三桓之一的孟孙氏。这时候，出来了一个人物叫孟厘子（民国时候有个著名学者阎若璩，考证此孟厘子正是亚圣孟轲的高祖），就给他的儿子讲，说孔子这个人出身高贵，断非平凡之辈，我死了以后，你们一定要拜孔子为师。于是孟厘子的小儿子，名叫南宫敬叔（有学者认为，他可能就是孔子所谓"弟子三千贤人七十二"，贤人中那个叫南宫容的学生），就拜孔子为师。由于他出身高贵，于是引荐孔子跟当时的鲁国国君鲁昭公相识。鉴于孔子好研周礼，便建议鲁昭公委派孔子到东周首都洛邑去考察礼乐文化。于是鲁昭公给孔子赐一乘车、两匹马和一个驾车奴，由南宫敬叔陪伴，在孔子34岁这一年，来到洛邑。这就是《史记·老子韩非列传》中记录"孔子适周，将问礼于老聃"这段经历的出处。据考察，孔子当年从作为周王室图书馆资料管理员的老子手里，获得《诗》《书》《礼》，也就是《诗经》《尚书》和《礼经》这些文献，作为他后来研究和教学的基本素材。

孔子受鲁昭公聘请，开始逐步进入政界。他早期实际上是做司祭，主持丧葬和祭祀之礼的傧相，时人称其为"相""胥"或"需"（即"儒"），也就是鲁宗社之礼官和学官。所谓礼官，就是为鲁国国君操持礼仪活动；所谓学官，就是要给鲁国国君宗室子弟办学。由于他的这个特殊的官方身份，因此他才能够整理典籍，研究鲁史，传习礼教，聚徒讲学，由此开始了他的教育生涯。所以大家注意，孔子的办学履历不是无端发生的。

孔子35岁时鲁国发生内乱，也就是季平子和鲁昭公因为斗鸡的缘故而发生争执。鲁昭公派军队攻打季孙氏，于是季孙氏、孟孙氏、叔孙氏三桓联合起来，把鲁昭公打得大败。鲁昭公只好逃亡齐国，孔子后来就追随鲁昭公来到齐国，这是孔子第二次流亡。

孔子来到齐国，本来有被齐景公重用的可能，后来却没有实现。鲁昭公最终死于齐国，孔子40岁左右怏怏然返回鲁国。这个时候，他已经没有官方身份，但是却有了聚徒讲学的名望和经验，于是开始面向社会办学。他办学的方式叫"有教无类"，也就是不仅接纳贵族生源，而且收留平民子弟，由此兴起民办教育的大格局。

直到50岁左右，孔子被鲁定公重用，这就是孔子一生仅有的五年为官经历的开始。孔子之所以能被鲁定公延聘，是因为孔子办学形成了强大的势力，鲁定公早已被三桓架空，希望借助孔子学团的影响来平衡三桓对他的压制。而三桓这个时候又被他们的家臣架空，也需要孔子的这股社会力量来维持自己的权力失衡，孔子由此走入鲁国官场。

据《史记》记载，孔子在鲁国为官，做了三件大事。

第一是夹谷之会，也就是齐国召鲁国开盟会。齐远比鲁强大，齐君打算借这次盟会之机，假手莱族小国的野蛮人绑架鲁国国君。孔子发现以后，据理力争，义正辞严，他说你们齐国，曾经出过管仲，主张尊王攘夷，你今天反而援引夷人来绑架鲁国国君，也未免太出格、太可耻了。最终孔子在外交上跟齐国国君达成协议，表示鲁国愿意结好于齐，如果齐国将来发生战事，鲁方出兵三百乘追随之。但有一个条件，得换回齐国曾经占据鲁国的一部分田地和土地，这就是著名的"汶阳三田"。从这件事情里，我们可以看出孔子的外交能力不俗。

第二是诛鲁大夫乱政者少正卯。少正卯乃鲁国贵族出身，也是官场同僚。这个人能言会道，具有很高的感召力，而且同样在外面办学，据说他办学的规模不亚于孔子，曾经导致孔门三盈三虚，就是曾经三次吸引孔子的学生大量流失，甚至迹近黉舍冷落。孔子做宰相期间，借故诛杀少正卯。我们不知道当时的情况究竟是怎么回事，有学者认为，此属假公济私，杀少正卯以剪除自己的竞争对手。

第三是隳三都。什么意思呢？就是当年的三桓季孙氏、孟孙氏、叔孙氏，他们各有自己的领地与城桓。按照周礼规定，"臣无藏甲，大夫毋百雉之城"。可是礼制早已废弛，三桓实际建立的城域远比周礼规定的要大得多，于是孔子决定将其捣毁。他这样做何以未被三桓阻挠？是因为三桓里有两桓——季孙氏和叔孙氏——的城桓已经被他们的家臣所占据，因此起先得到支持，孔子就此与三桓的家臣展开了一场破城之战。初战不利，几成危局，殃及鲁君，多亏孔子镇定指挥、调度有方，最后击败了家臣的反叛队伍，转危为安，平毁费邑。但由于孟孙氏的掣肘，此项隳三都的事业终至半途而废。这里显示，孔子指挥战争的能力也相当杰出。

就其从政简历来看，孔子的行政操作能力算得优良。中国古代文士特别看重一个人的实操能力，而不单纯看重学术素养。要知道，孔子在社会政治实务上的能力远高于中国后来的著名文人，比如王阳明、曾国藩之辈。这两个人都只有战事英明的特征和故事，而孔子在政治、经济、军事、外交、教育等多方面均表现优长。所以孔子堪称实务之高手，此乃孔子被后世文人士大夫奉为导师的重要原因。

孔子至此威望日隆，名震四方，以至于令齐国有不安之感。齐君给鲁定公馈赠美女80人、骏马120匹，收买鲁定公辞退孔子。另外孔子对鲁定公也监督甚严，众所周知，孔子有四句名言："非礼勿视、非礼勿听、非礼勿言、非礼勿动"，搞得鲁定公大受拘束。再加上这个时候三桓的家臣已被平定，三桓也不再需要来自朝野的其他助力，于是孔子在政坛上失势。

其实孔子当年涉足鲁国政界之初，就不得不巴结三桓，比如他曾经委派自己的著名弟子子路去季孙氏那里做家臣。到鲁定公十二年，鲁国举行春社大祭，这是国家大事，《左传》有言"国之大事，在祀与戎"，就是对于国家来说，最重要的事只有两件，一是祭祀，此属意识形态宣示；另一个就是军事，谓之戎。那么像春社大祭这样的国政活动，都不邀请孔子参加；春社大祭完毕，君臣要分享祭祀供奉的胙肉，也不见赐予孔子。孔子很知趣，明白他已经不被当权者所欣赏，于是辞官告退。从此带领他最著名的弟子颜回、子路、子贡、冉有、子游等，开始周游列国，另谋出路。

由于孔子此时已经名扬天下，因此孔子希望借助于自身声望去说服各个诸侯国君，实现他自己的政治抱负，最终以失败而告终。周游列国十数年以后，孔子大约已经68岁，才得重返鲁国。这个时候，鲁国的主政者是季孙氏家族的继承人季康子。季康子起初并不甘愿请孔子回来，因为担心孔子威望太高，有碍于他实施国政。他先邀请孔子的两位弟子冉求和樊须回国，时逢齐军进犯鲁境，在冉求、樊须的协助下鲁国勉强获胜，此后冉求反复恳请季康子召回孔子，说孔夫子是我的老师，其才能远在我之上，季康子这才不得不以国师身份把孔子请回鲁国。

孔子归鲁，不问政事。冉求跟季康子沆瀣一气，提高税赋，聚敛于民，遭孔子反对。冉求登门说服孔子，望获支持，孔子驳斥曰："周公之典在，若欲苟而行之，又何访焉！"就是说有周公的礼制摆在那里，你硬要胡作非为，何必跑来问我。而后对他的弟子们讲："非吾徒也！小子鸣鼓而攻之，可也！"公然号召众弟子批评和抵制冉求之所为。此后孔子闭门谢客，于垂暮之年而删《诗》《书》、订《礼》《乐》、修《春秋》、序《周易》。至鲁哀公十五年前后，孔子的弟子颜回、宰我、子路以及孔子的儿子孔鲤相继亡故，这给孔子造成严重的精神打击。鲁哀公十六年，孔子逝世，享年 73 岁。

我这样粗线条地讲述孔子身世，大家可以看出什么？——孔子不是一个纯粹的文化人，孔子首先是一个务实者。我们通常所说的文人思想家，基本上都是务虚者，甘守寂寞，闭门造车，大抵不参与社会实务，比如老子、比如古希腊多数哲学家、比如牛顿、康德、达尔文、爱因斯坦等。因为，务实者务不了虚，务虚者务不了实，这也就是为什么孔子学说显得相当苍白和平淡的原因之一。

纵观孔子生平，青年求知、中年办学、壮年做官，直到晚年周游列国十多年，仍欲拜见说服各诸侯国君以求从政，及至 68 岁之风烛残年，才回到鲁国静心治学，73 岁驾鹤西去。可见孔子真正潜心做学问的时间是非常之少的，因此才说他首先是一个实务家，而且是一个非常执着的实务家。

孔子生平特征

一般人只知道孔子办学规模盛大，弟子三千，贤人七十二。可是有一位当代老学究刘起釪先生另有高见，他是民国时代著名史学家——疑古学派的开山鼻祖顾颉刚的关门弟子。我先简单说一下顾颉刚，顾颉刚在民国时代开创"疑古学派"，他认为，古书上记载的东西大多都是任意杜撰的，越是上古史，可疑度越高。于是在民国时代，中国史学界分两派：一派叫疑古学派，怀疑的"疑"；一派叫泥古学派，泥土的"泥"，也就是一味拘泥于中国古代历史文献的记载与考据治学。这两派争论很大，迄无定论，顾颉刚就是疑古学派的开山者。他晚年收了一个关门弟子，叫刘起釪。刘起釪老先生一直活到建国以后很长时间，晚年在笔谈中曾经讨论过一个问题，他说孔子当年办学，相当于办了一所丧仪技校或丧葬公司，而且生意红火。这个说法听起来有点唐突，但实际上很有道理。

孔子当年聚众讲学，声势浩大，可谓桃李遍天下。而且这些弟子中有相当一部分是终生追随孔子的，这跟老子只带流水弟子的隐士风格完全不同。老子的弟子不得追随老子，有问题来问，问完立即走人。孔子的弟子数量庞大，而且多有不离不弃者。我举例子，孔子著名弟子颜渊，也叫颜回，他的父亲名叫颜路，两代人追随孔子；再比如曾子（曾参），他的父亲名叫曾皙，也是两代人追随孔子。大家想想，孔子以如此规模持续办学，等于成立了一所体量庞然的大学校，试问它的经济平衡怎么维持？要知道，孔子收取的学费很低，谓之"束脩以上，未尝无诲"。古代的学费叫作"束脩"，什么叫束脩？一吊熏肉而已。交这么一丁点儿学费，孔子就说，我从来未曾失教于他们。

　　看看今天的民办大学，全都是企业家而非教育家在办，为什么？经济平衡无法落实。所有国立公办大学，地方政府、中央政府每年给它数亿、数十亿资金，它还要收取高额的学费，尚且很难维持大学的经济平衡。孔子学团巨大、久聚不散、学费很低，又没有政府补助，它怎么维持经济平衡？中国有一个成语"登堂入室"，今天已经完全变味了，这个词的原意是指孔子带弟子的方式，前面还有两个字"及门"，全称乃为"及门、登堂、入室"。什么意思？最好的弟子才能入室跟老师讨论，听老师讲课，这叫入室弟子；另外大量的弟子站在堂廊之间，等入室弟子出去传达，这叫登堂弟子；还有一群更可怜的弟子，在院落门外站着，再由厅堂弟子出去转达，这叫及门弟子。

　　如此之大的一个学团，经费开支自成难题。鲁国当时不过百万人口稍多，孔子居然弟子三千，相当于现在办了一所在校生数十万的大学，他怎么维持经济平衡？大家再想一个问题：孔子收弟子，号称弟子三千、贤人七十二。什么叫弟子三千？什么叫贤人七十二？所谓弟子三千，就是普通百姓家的贫寒子弟；所谓贤人七十二，就是贵族子弟。我在前面讲过，古代是世卿世禄制度，即世袭制度，平民子弟读书再好，也不太可能做官（极个别幸运儿或可勉强以"士庶子"或"庶士"身份跻身于"士"的候补行列）。所谓"学而优则仕"，通常只对贵族子弟有效，这叫贤人七十二。那么，三千平民老百姓子弟为什么要跟着孔子学习呢？他学得再好旧时也成不了显宦，他学什么？学一门谋生手艺。而当年最大的谋生手艺是什么？——丧葬、埋人。所以孔子曾经给他的著名弟子子夏说过一句话："汝为君子儒，无为小人儒。"说你是君子儒，莫要干小人儒的事。可见，孔子很清楚地把他的弟子分出两类：一类是贵族子弟的"君子儒"；

一类是平民子弟的"小人儒"。君子儒，学而优则仕；小人儒，学一门手艺谋生。而当年最吃香的手艺是什么？——打理繁琐的丧葬仪式。要知道，古人的平均寿命只有不到39岁，死人的事是不断发生的。那个时候生育量很大，死亡量也很大，古人原本就把丧葬礼仪弄得极其复杂，孔子又把丧葬文化的复杂过程进一步理论化，导致普通老百姓家里死了人，不找孔子及其门生，死尸都埋不到土里去。因此，孔子学团生意红火。

老子在他的《道德经》里创建了一个词汇，叫"出生入死"。今天这个成语的含义已经变成视死如归的意思了，其实完全搞错了。老子说"出生入死"的含义是，人一生出来就朝死地里跑，这叫"出生入死"。我们怎么知道它是这个含义呢？因为老子随后就追加了一段注释文字，他说："出生入死。生之徒十有三；死之徒十有三；人之生，动之于死地亦十有三。"（见《道德经》第五十章）他说人一出生就往死地里跑（"出生入死"），真正生下来能成活的，十个里面只有三个（"生之徒十有三"）；然后说"死之徒十有三"，就是刚一生下来，十个孩子就有三个孩子死掉了，因为古代没有无菌消毒观念，剪断脐带常致破伤风感染，十分之三夭折；本来还有三个应该能够存活，但他们却又"动之于死地"，什么意思？文明人要在社会上争功名，比如参军打仗，比如好勇斗狠，这叫"动之于死地"。所以古人寿命较短，死亡事故高发，因此丧葬活动就非常频繁，同时丧葬过程又格外复杂，于是孔门生意兴隆。

我再举个例子。你翻开《论语》第一段话，有一句叫"学而时习之，不亦说（悦）乎"，我们过去怎么解释呢？说边学习边复习，所以很快乐。搞错了！谁复习会快乐？复习是个最枯燥的事情。是把"习"这个字解读错了。大家看看"习"这个字的甲骨文 [𦏧（甲文）𦏧（小篆）習（繁体）习（简体）]，它上面画一对鸟的翅膀，底下画一个目标符号，这个字就是繁体"習"字的来源。它是什么含义呢？是指小鸟刚刚长到羽翼丰满的时候，由老鸟带领它练习飞行，指定一个目标练习飞行，此谓之"習"。可见"习"这个字是什么意思？实习、见习的意思。所以孔子讲"学而时习之，不亦说乎"，是指边学习边实习、边埋人边挣钱，所以不亦乐乎。

　　除此之外，我们还有其他证据。我前面讲，孔子来到齐国，曾经被齐国国君齐景公看好，景公认为孔子是个人才，于是想重用孔子，结果被当朝宰相晏婴（史称晏子，是先秦诸子百家之一子）阻止。晏婴为什么要阻挡此事？《史记》上记录了晏婴一段话，说孔儒之流"崇丧遂哀，破产厚葬，不可以为俗"。说孔子这个人，特别善于把丧葬礼仪做得很复杂，以至于普通老百姓家里死了人，埋一个人会把全家都搞破产，国君你想富国强兵，他给你把家家都搞破产了，你怎么富国强兵？这是后来齐景公最终没有重用孔子的原因。

　　我们再看一个例证。孔学当年的一个重要对立面就是墨家。墨子曾经提出儒家学说有四项弊端"足以丧天下"，其中之一项是："厚葬久丧，重为棺椁，多为衣衾，送死若徙，三年哭泣，扶然后起，杖然后行，耳无闻，目无见，此足以丧天下。"意思是说，儒家学说有意将丧葬文化繁琐化，埋个人历时长久，厚葬耗财，棺材必须两层，一层棺、一层椁；衣服被褥都要陪葬，送死过程犹如长途远徙；葬礼三年哭泣不止，年轻人不扶都站不起来，不给个拐杖都走不了路；送葬期间，相关人等耳无所闻、目无所见，任何其他事项都只好弃之不顾。墨子讲"此足以丧天下"。显然，墨子也认为孔子当年把丧葬文化搞得太过火，而且通行鲁国、殃及天下，是一个足以祸害人寰的劣迹。我们由此可以看出，说孔子当年办学，相当于办了一个丧仪技校或丧葬公司，如今看来此议成立。

　　我的意思不是讲孔子存心想发财，孔子绝不是一个求利之徒。

但孔子聚众开办大型学团，他必须解决经济平衡问题。而且他的学生中绝大多数是小人儒，读书再好也难能获取为官的前程，凭什么死命追随他？我们通过这番考据注释，只为推证刘起釪老先生的说法至少具有某种程度的合理性。

我们再看另一个方面。但凡研究孔子的学者都一致承认，孔子是中国历史上第一个创建在野党，并最终取得执政地位的政治人物，这一点学界是没有争议的。孔子曾经留下豪言："苟有用我者，期月而已可也，三年有成。"期月就是一周年的意思，哪个国君要是肯重用我，我只需一年时间就可以让其国家富强，三年就可以恢复东周秩序。可见孔子的志向如他所说："如有用我者，吾其为东周乎"，这才是他的人生目标。

那么孔子办学，相当于办了一个组织严密的在野党，而且最终取得执政地位，这在中国历史上是绝无仅有的一例。大家要知道，在古代，学团转化为政团是十分常见的事情。因为古时人们没有结社自由，唯一可以结社的方式就是组成学团，因此古代学团通常会在不经意间转化成政团。我举例子，比如墨家。我们下次讲课，题目之一是"诸子百家辑要"，内容会涉及墨家，我现在只谈其一点。说起来，墨家的基本理论或重要主张里有一项叫"非攻"，即强烈反对战争。但是由于墨家学团主要代表手工商业者，所以缔造攻城器械的能力只有墨家弟子具备，于是墨家学团在战国初中期，都是一个特别突出的参战型政团组织。墨家学团后来形成强大的军事辅助力量，有形容为"赴汤蹈刃，死不旋踵"，就是让该学团成员去赴汤蹈火参与战争，没有任何一个人转一下脚后跟逃跑，这是墨家的情形。

东方如此，西方照样。古希腊著名哲学家毕达哥拉斯，我前面在讲西方哲学的时候，提起过他和他的学团曾经主持古希腊城邦克罗顿的政权长达 20 年以上，据说毕达哥拉斯就是在一场激烈的政争中枉然丧命的。可见在古代，中外皆然，学团很容易转化为政团。

值得一提的是，孔子的这个政系学团，它是有自己的政治纲领的，它的政治纲领叫"克己复礼"；它是有自己的价值理念的，它的价值理念就是"仁义礼智信"和"君子之道"；它甚至是有自己的组织原则的，叫作"一日为师，终生为父"。因此他的这个政治团体的力量非常之大。《韩非子》记载"儒分为八"，就是说孔子死后，儒家学团也就是儒家政团分裂为八块，但是仍然保持巨大的社会政治力量，这就是为什么秦始皇要焚书坑儒的原因之一。

你仔细读一下《史记》，妄言欺骗秦始皇的人不是儒生，全是方士，那么秦始皇为什么要活埋数百个文弱儒生呢？是因为儒家政团系统对秦帝国的政治权力构成威胁。大家再想，汉代为什么立孔子为国师、立儒学为国教呢？说起来，刘邦简直就是一个流氓，他最瞧不起儒者之流。史书明文记载，刘邦惯于羞辱儒生，那时的儒生总是戴一顶特殊形状的帽子，刘邦会见人家，常常摘下对方的儒帽，大咧咧地当庭给里面撒尿，这就是"尿溺儒冠"的著名典故。可正是这位汉高祖，当年周游到鲁国旧地，居然又是史上第一个祭拜孔子的皇帝，而汉武帝最终立儒学为国教，为什么？就是因为当年反秦战争的时候，儒家各个政团组织始终构成一股坚挺的反秦暗潮。

我们再回到鲁定公时代。我前面讲过，鲁君被三桓架空，三桓又被其家臣架空，孔子之所以能走上执政地位，是因为上面这些执政者的权力结构倾斜失衡，不得不借助于孔子的在野党势力加以护持，这是孔子能受邀登入庙堂的原因。这一点大家务必要理解。

那么孔子在 50 岁左右被封官，第一年出任中都宰。什么叫中都宰？就是中等城市的市长。据说他做得风生水起，成绩斐然，史书记载"四方皆则之"，"则"是模仿、效法的意思，即以他为榜样，四面八方都得学习孔市长的管理方式。随后升任司空，也就是鲁国工程部部长；再后升任大司寇，相当于今天的最高法院院长；史录"定公十四年，由大司寇行摄相事"，一径平步青云，终至最高法院院长兼国务院总理。

那么，我们下面可以对孔子的生平做一个总结。我说孔子兼从教、从商、从政于一体，一石三鸟，处处得手，况乎无不达到极致，可谓身手不凡。这句话什么意思呢？对于任何一个人而言，且不说你把这三件事情——从教、从商、从政——都做到极致，你只要做成这其中的一件，你都必定是名垂青史的伟人。比如你从教，创立了类似于美国的哈佛大学，哈佛大学是民办大学，比美国建国还早，在美国文化教育的奠基方面起到很大作用；你从商，超过乔布斯，超过比尔·盖茨；你从政，一路做到国务院总理。要知道，中国古代文人做官，你最高只能做到宰相，你总不能做国君、当皇帝吧？因为国君和皇帝是血统传位，因此，中国旧时的文人士大夫永远只会梦想"出将入相"。

请大家看，孔子之于办学，弟子三千、贤人七十二，相对鲁国百万人口来说，相当于现在办起了一所在校生几十万的大学校，而且有教无类，开启民智，拓深礼教，规约士风，对中国文化的影响远大于哈佛大学对美国文化的影响；他从商，在远古时代就已发展成三千人之众的大商团；他从政，竟然做到一人之下、万人之上的宰相、总理这一级，真可谓身手不凡。

中国传统文化，对于虚学之探求，对于纯思想、纯学术之考究，其实历来比较轻视；对实学、治学看得极重，身体力行，孔子本人就是如此。他讲"立德、立功、立言"，即所谓"三不朽"，摆在第一位的是立德，立德并非嘴上说说而已；第二位是立功，就是投入实务操作，经世济民之类；第三位才是立言，才是做文章、做学问。

所以，孔子的思想及学说，虽然是他最终得以传于万世的立身之基，然而他平生奔波于各类社会实务，且乐此不疲，挺拔出众，事事都能做到极致，在这一点上，他也真可算是中国文人学以致用的楷模与师表。

因此，我建议各位同学闲暇之时读一点《论语》，它对于你投身实务工作具有很高的参考价值。须知《论语》是一个特别干练的实务者，积其一生之经验和体会所记录下来的心得感悟。这也就是为什么宋朝开国宰相赵普敢说这样一句惊世名言："半部《论语》治天下"。

关于孔子生平，我们就简单讲到这儿。

孔子学说的实质与体系

前面我们讲了孔子文化或者中国传统文化得以发生的整个背景和土壤。我们后来很粗略地讲述了孔子的身世。我们现在进入这节课的核心部分——孔子学说的实质是什么？

我前面一开课就讲孔子学说的核心八字："君君臣臣，父父子子。"我这样讲其实大家是听不明白的。孔子学说的核心究竟是什么？孔子文化的顽强收束力来自何方？我现在用一句话做总结：孔子用人类最原始的血缘社会纽带，来整顿超血缘、失稳定的文明社会结构，这就是孔子学说的核心与力道所在。

什么意思呢？我前面一再讲，按照递弱代偿原理，越原始、越低级的东西越具有奠基性、决定性和稳定性。请大家牢牢记住这句话并且深刻理解这句话。那么孔子学说的核心是什么？它是以人类最原始的、跟动物社会形态相似的血缘纽带，用来整顿超血缘文明社会的紊乱体系和动荡结构。由于他使用了一个最底层、最稳定的前在系统来整顿和加固一个渐松弛、失稳定的后发系统，因此导致他的学说力量极具强度，从而构成中国社会2000余年保守稳定的思想基石。

我们下面展开这个话题。我前面讲过，人类社会是从动物血缘社会中增长过来的。所以人类史前上百万年，生活在跟动物社会结构没有任何区别的血缘氏族社会群团之中。因此，人类早年的潜行文化及其结社方式都跟血缘联系息息相关。

大家知道，人类最早期的一个文化现象叫作图腾。它是美国18世纪末一位著名学者龙格，通过印第安人的语音翻译所派生的一个单词。什么是"图腾"？就是上古人类把自然物质，比如动物、植物、山山水水、雷鸣电闪等视为自己的血缘先祖，然后把它做成符号，示之于众，此谓图腾。因为人类早年都生活在血缘社会中，因此他们要寻找自己血缘的根脉，一直把它探寻到超乎人类的自然物之中，这个过程造就了初始的图腾文化。

中国古代也不例外，大家回想一下司马迁，为什么他的《史记》对中国文化影响巨大？是因为它给中华民族制定了一个血缘道统。你翻开《史记》第一篇是什么？——《五帝本纪》。讲什么？讲所有中国人都是黄帝、炎帝的后裔，把所有中国人编排成一个血亲同源系统。西晋皇甫谧在《帝王世纪》中记载："神农氏，姜姓也，母曰任姒，……游华阳，有神龙首，感生炎帝。"什么意思呢？说炎帝神农氏，他的母亲名叫任姒，有一次游历华阳之地，偶遇神龙，结果感孕而生炎帝。这是典型的动物图腾，"龙的传人"之说由此兴起。

大家再看，《史记·殷本纪》中记载："殷契，母曰简狄，……见玄鸟堕其卵，简狄取吞之，因孕生契。"契是殷商的创始人，他的母亲曾看见一只黑色的鸟，叫玄鸟。我们今天不知道这个玄鸟指什么，有学者认为可能是乌鸦。他的母亲找见了一枚乌鸦蛋吃下去，怀孕生下来的孩子就是契。古书上记载的这个时代，叫图腾时代，它以虚构部族血缘祖先为其特征，是人类上古文化的一个重要阶段。

中国的血缘世系文化观念一直保留到近现代。它在初周时期以礼制文化的形态张扬开来，随后孔子又把这个远古时代的血缘生存结构条理化。大家知道人类从氏族联盟，这叫部落；部落之间再联盟，这叫部落联盟；然后部落联盟再往上合并，这就是国家雏形；这种不断扩张的联系过程是个什么意味？是一个血缘结构逐步被稀释、被冲淡的过程。因为只有本氏族的人才有血缘关系，氏族一旦联盟成部落，部落内部的整体血缘关系就已经冲淡了，部落联盟再往上一层一层联合，血缘关系就会越来越淡薄。随着血缘关系越来越淡化，随着社会族群越来越叠加化，文明社会的结构纽带就会越来越松懈，亦即血亲族群原有的内构张力就会逐渐消失，社会运动至此倾向于紊乱化。孔子用最原始的血缘纽带，重新解释和编织超血缘社会结构，从而造成农耕文明社会体制的极度稳定。

反观古希腊是个什么局面？古希腊文化源自公元前 1000 年至公元前 600 年，其地理物候条件不利于开展农业文明，却特别适宜于沿着地中海周边从事商贸活动。一旦普遍经商，每一个人必须脱离血缘家族的束缚，变成个性化的自由单子，因为携家带口是无法远途经商的。于是固有的血缘结构被打散，于是他们不得不建立以神祇和法律为人际关系之中介的契约社会系统。再看印度文化是什么？它是用血缘组织来烘托宗教，让宗教强化血缘，这就是印度的种姓制度。

请注意这三者的区别：印度文化是宗教居前，血缘其次，法律殿后；古希腊文化是法律（契约）领先，宗教（多神教）居中，血缘关系近乎消解；中国文化是血缘（家族）居先起奠基作用，法律（礼制）居中起辅导作用，神祇（祖先神）居后起统合作用。所以中国的法律叫宗法制度，中国的神灵都是曾经的活人。

可见中国文化的血缘沉淀何其深厚。所以我们说，中国的农业文化结构以及孔子思想体系，是动物亲缘社会和人类氏族社会之原始文化的直接延续。它不像古希腊文化得逐步打掉动物血缘结构和人类氏族结构，重新缔造一个契约社会关系。它也不像印度文化得缔造一系列强有力的神灵，这就是印度的婆罗门教，借以固化种姓阶层。中国是直接接续动物血缘以及原始人类血缘系统，然后直接在此系统上建立自己的超血缘文明社会结构，所以它跟动物社会一脉相承，其间没有任何断裂。显然，中国处于最原始的底层。

那么血缘社会的人际关系是怎样表现的呢？孔子很准确地把它阐释为"爱有差等"。什么意思？我今天上午提到社会生物学，就是20世纪中叶生物学家发现，所有动物都生活在生物社会群团之中。社会生物学家发现所有动物的情感，它们的爱的分布状况是有差别的，是跟其血缘亲疏级别或曰亲缘关系指数保持对等的。比如，父母爱儿女是最强烈的，兄弟姐妹之间其次。严格地讲，父母跟儿女只有50%的基因同型率，因为父亲贡献自身基因的50%，母亲贡献50%，所以每一个孩子的基因结构跟父母在血缘上只有50%的遗传关系。而兄弟姐妹之间，基因同型率也是50%。那么，为什么父母爱儿女远大于儿女爱父母，也远大于兄弟姐妹之间相爱的程度呢？是因为爱的施加只有达成这种不对称位阶的匹配关系，也就是只有父母爱儿女的心偏重一些，物种才能得以传承。因为，任何后生动物的幼崽必须得到长辈的格外呵护，否则它活不下来。于是，在情感上父母对儿女投放的比例最重，而后就是儿女之间，即兄弟姐妹之间感情其次，然后才是堂兄表弟，再下来才是其他远亲和外人。在这样的一个情感梯度系统之中，爱当然是有差别的。也就是在生物的血缘结构中，甚至在你的基因组型中，你的爱心绝不是均等分布的，这叫爱有差等。

然后孔子把"爱有差等"进一步延展，叫作"礼有尊卑"。我先讲一下"礼"，我前面提起过，周公旦制礼作乐，什么叫"礼"？中国古代文献上形容"礼"只用五个字，谓之"尊尊而亲亲"。注意，第一个字是动词，第二个字是名词。所谓"尊尊"，就是"尊重有尊位者"；所谓"亲亲"，就是"亲爱有亲缘关系者"，这就是礼制的实质内涵。这个话其实应该反过来讲，说成"亲亲而尊尊"更合适。因为所有动物，包括人类早年都处在血缘社会之中，它（或他）一定首先是"亲亲"——即"亲爱有亲缘关系者"。随着物种进化，出现了越来越明显的长幼序列之差别；再随着人类文明社会的发展，又出现了阶级差别，于是你才得显示"尊尊"——即"尊重有尊位者"。

须知血缘结构是不可变易、不可克服的。比如你再能干，你也不能把你父亲变成你儿子。你在父亲面前永远是儿子，这个关系是铁定的，是先天配位的，这叫"尊尊"，这叫"尊卑有序"，它是不能改变的。所以孔子学说按照血缘结构建立了符合人伦、符合人性、符合生物性本质的"爱有差等，礼有尊卑"。不难看出，中国的礼制文化，是动物血缘生存结构的人世间翻版，或者说是动物血缘生存结构的理性化表达，我们把这种"尊尊而亲亲"或"亲亲而尊尊"的血缘有序结构的文化反映形态叫作"礼制"。孔子把周公的礼制实操变成了一个理论体系，这个东西叫儒学。这就是儒学的思想核心，所以中国传统文化特别讲究宗法关系。

大家注意"宗法"这个专用词，我们读中国史书经常见"宗法"二字，它跟现代意义上的"法律"是完全不同的。所谓"宗法"，"宗族关系之法则"是也。看一下"宗"这个字的甲金文，⿵⺆示（甲文）⿵⺆示（金文）⿵⺆示（小篆）宗（楷体），先画一个房子，其下画一个 T 型祭祀台，祭祀台上摆放的牺牲在滴血，这就是"宗"字的形意，特指"祭祀先祖之所为"。就是在血缘结构中建立的尊卑有序关系叫宗法，它绝不是一般意义上的法律体系，我们把这种血缘结构内部的有序层级关系，叫作"宗法结构"或"宗法关系"。孔子把周公旦的礼制理论化、伦理化、系统化，比如三纲、五常、五伦等。所谓"三纲"是指"君为臣纲，父为子纲，夫为妻纲"，它全是血缘关系或泛血缘关系。所谓"五常"是指"仁、义、礼、智、信"，它同样都是在宗法关系中、在血缘关系中讲述的。所谓"五伦"是指"君臣、父子、兄弟、夫妻、朋友"，前四者大都是血缘关系或血缘传续纽带，后者最终还要被纳入泛血缘结构之中。

我们继续看，宗法讲究的全是血缘结构，谓之"父慈子孝、兄友弟恭、夫唱妇随、君恩臣忠"等等。我前面讲，理解孔子学说最重要六个字，礼、仁、恕、知、孝和忠，我今天早上讲了四个字，下面重点讲后两个字。为什么孔子的学说被总结为"以孝治天下"？是因为"孝"表达的是血缘结构。由于孔子最终要把整个社会编排成一个"泛血缘大家庭"，因此"忠君"就相当于"孝父"，所以"忠"和"孝"是以血缘结构联系在一起的，这就是"忠孝文化"的来源。"孝"为什么比"忠"更重要？是因为只有"孝"的血缘结构建立起来，"忠"这个问题才具有了可以讨论的基础。

因此中国古代的国家观念是很奇怪的。大家先听"国家"这个词，"国"只不过是"家"的放大。请注意西方"国家"词义跟我们中国这个词的含义完全不同，没有任何血缘成分或者家族成分在里边。西语中用三个单词表示"国"或"国家"：第一，nation，它的含义是民族；第二，country，它的含义是地理范围；第三个词是 state，它的含义是政府机构和社会机构。这三个用来形容国家的词项，其中没有任何一个指向血缘关系，须知"民族"是一个文化学概念。

而中国的"国家"这个词汇，就是"家"的放大叫作"国"。所以中国人特别看重的不是"国家"，而是另外两个东西，一个叫"社稷"，一个叫"家族"。中国社会有一个词叫作"社稷江山"，"社"是什么？实际上是土神祭祀的含义；"稷"实际上是百谷之神的含义。社稷代表的是土地和粮食这两样东西，即土地神和谷神，对这两样东西的祭祀谓之"社稷"。它表达的是农业文明的生存基础，而不是表达国家政体的特定形态。而且，土地与粮食，家有之，国才有，对任何人来说，家有都比国有更重要。这是第一点。所以，中国使用"社稷"这个词代表国家和国政的含义，它的内质其实主要指向分散型小农经济的生存结构，跟我们现代所理解的民族国家之含义是不一样的。

再者，中国人看待家族远重于看待国家，先有家后有国，家族先于国族，所以中国最显摆的词汇都是跟家族有关的。比如"光宗耀祖""光大门楣"，说你做了一件事使你很了不起、很光耀，光耀谁？不是光耀国家，而是光耀祖宗。所以中国人把家族看得极重，而对国家实际看得很淡。这就是为什么近代以来常见人说中华民族是一盘散沙，没有国家观念，因为人们最看重的是家族观念，以至于中国文化里有两样东西分量很重，一个叫谱牒学，一个叫宗法观。

我们先看一下所谓"谱牒学"讲什么。对于家族而言最重要的东西是什么？家谱！研究家谱，这个叫谱牒学。中国人活着最看重的是家族关系，以及自身在家谱中的位序；死了最看重的是什么？丧葬中的五服排序。这都表达的是中国对血缘结构看得何其之重。中国的血缘次序是高祖、曾祖、祖，也就是爷爷，然后父、子、孙、重孙、玄孙，每一个人在社会中的地位是由你的血缘位格确定的。

在中国传统社会中，男性血缘重于婚姻，女性婚姻重于血缘。什么意思？中国古代男人，他最重要的是在家族中的血缘地位，夫妻关系反倒显得无关紧要，妻子只不过是一件衬衣，随时可以换掉，可以休掉。但是对于女人来说，婚姻关系重于血缘。为什么？因为女人必须嫁出去，嫁到别人家去，叫"嫁出去的女儿泼出去的水"，所以女儿是不进入自己家谱的，她得跟着男人，跟着丈夫的家谱传承。所以中国古代，女性出嫁以后的婚姻关系才是她的社会地位的保障，这就是为什么中国女性古代必须生儿子，不生儿子是一个不得了的悲惨之事。如果她不生儿子只生女儿，或者不能生育，她永远进不了夫家的谱牒，她在夫家就是一个不存在的人。所以中国古代女性生了儿子满月以后，她一定抱着儿子满村子乱转。干什么？示威游行，宣告她在家族中的社会地位确立。干什么？维持血缘结构中的社会地位。

大家再看，放大到家族以外的社会，叫"宗法结构的权力金字塔"（见下图）。大家注意这个权力结构：最高一层是天子，他是全民的父，叫作君父；往下是一层一层的，其次皇太子，地位和诸侯齐平；皇长孙地位和大夫齐平；皇重长孙地位和士齐平；皇玄长孙地位和庶民齐平。大家注意这段话的含义，它讲贵族血缘结构等同于社会地位结构与宗法权力结构（见图左侧文字），就是你在血缘层级中的地位标志着你的社会阶级地位。

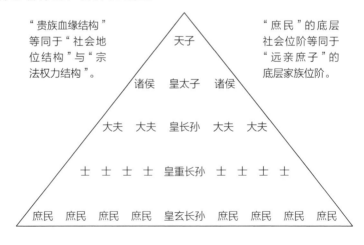

"贵族血缘结构"等同于"社会地位结构"与"宗法权力结构"。

"庶民"的底层社会位阶等同于"远亲庶子"的底层家族位阶。

天子

诸侯　皇太子　诸侯

大夫　大夫　皇长孙　大夫　大夫

士　士　士　士　皇重长孙　士　士　士　士

庶民　庶民　庶民　庶民　皇玄长孙　庶民　庶民　庶民　庶民

再看图右侧这句话：庶民的底层社会位阶等同于远亲庶子的底层家族位阶。请注意，"庶"这个字是一个典型的血缘用词。中国血缘词汇有两个，一个是"嫡"，一个是"庶"。什么叫嫡？大老婆正妻生的孩子谓之"嫡出"。什么叫庶？小老婆、如夫人、妾生的孩子谓之"庶出"。中国古代权力继承和财产继承，第一继承人是嫡长子，庶子甚至没有任何继承权。说蒋介石的军队里有嫡系部队与杂牌军之分，所谓"嫡系"就是身份位阶最高、最亲近的部队，借用的都是这个血缘词汇。

请大家想想把人民叫"庶民"，这是什么意思？它暗含着人民都是君王小老婆的孩子这个含义，它暗含着所有的社会人际关系和政治结构关系是一个血亲结构的含义，所以中国的谱牒学是非常重要的，它是宗法关系的基础表达。

中国传统文化讲"五服"，含义很复杂。它既指"宾服"，譬如古代王畿外围地域的臣服关系；又指"服式"，譬如古代天子、诸侯、卿、大夫、士的五等衣着样式。但它最常用的，是丧葬活动中根据亲疏关系所穿着的五种丧服。就是根据家族血缘关系的亲近程度，在葬礼上穿不同的丧服，行不同的丧礼。这五种服式称作"斩衰、齐衰、大功、小功、缌麻"。好，我们下面看看五服关系的亲缘结构排布。

我想在农村居住过的人对这个系统应该很熟悉。也就是一旦出现丧葬活动，五服之内的人根据不同的礼仪程序参与丧葬活动。学界把五服排列成一个表：大家看它的中心，由本人夫妻核心出发，往上，是父母、祖父母、曾祖父母、高祖父母，往上走四层，加中心点是五；往下，是儿子儿媳、孙子孙媳、曾孙曾孙媳、玄孙玄孙媳，加中心点也是五；往右，是兄弟夫妇、堂兄弟夫妇、再从兄弟夫妇、族兄弟夫妇；往左，是姐妹、堂姐妹、再从姐妹、族姐妹。在这个结构系统中，我们假定，一个方块里只有五个人，一个小核心家庭只有五个人，你把这几十个方块计算完，总共至少 200 多人。然后每一个小方块再建立这样一系五服结构，大家想想是不是天下所有的人都是亲戚关系。所以中国古代就出现一种别致的血统观念，使得奠基于此的血缘礼制格局表现得极端复杂，也极端泛化。

				高祖父母				
			曾祖姑	曾祖父母	曾叔伯祖父母			
		族祖姑	祖姑	祖父母	叔伯祖父母	族叔伯祖父母		
	族姑	堂姑	姑母	父母	叔伯父母	堂叔伯父母	族叔伯父母	
族姐妹	再从姐妹	堂姐妹	姐妹	己身	兄弟夫妇	堂兄弟夫妇	再从兄弟夫妇	族兄弟夫妇
	再从侄女	堂侄女	侄女	儿子儿媳	侄子侄媳	堂侄夫妇	再从侄夫妇	
		堂侄孙女	侄孙女	孙子孙媳	侄孙夫妇	堂侄孙夫妇		
			侄曾孙女	曾孙曾孙媳	侄曾孙夫妇			
				玄孙玄孙媳				

五服关系网络图示

　　我举一个例子。中文里形容亲戚的名词数量竟达 300 多种，现在很少有人能把这些名词搞清楚，而西方文字中形容亲戚的名词一般只有 70 余种，最多不超过 140 种。比如英语中"uncle"这个单词，它代表中文的"伯父、叔父、舅父、姑父、姨父"这五种关系，英文只用 uncle 这一个词就足够了，可在中国表述起来非常复杂。所以中国的"仁"这个概念很不一般，孔子的"仁"是什么？孟子做过一个很好的诠释，他说："仁之实，事亲是也。"仁，我们一般理解为仁者爱人，孟子理解得更深刻，他说服侍亲人、孝悌并举就是仁，在血缘结构中建立互爱互助关系就是"仁"。

而且在中国，社会结构虽然逐步超血缘发展，但是在传统文化里却把一切人际关系泛血缘化。最简单的例子，就是我们所有人带自己的孩子出门，看见跟你同龄的人，就让孩子叫叔叔阿姨。其实他们既不是孩子的叔，也不是孩子的姨；见到年龄更长的人就叫爷爷奶奶，其实他们既不是孩子的爷，也不是孩子的奶；同龄人开口就兄、弟、姐、妹相称，尽管他们之间其实没有任何血缘关系；示好于人的方式，自古以来不外乎义结金兰、拜把兄弟；这些东西都是泛血缘文化的体现，也就是在社会活动中倾向于把非血缘人际关系一律扩展为血缘亲族关系。

我前面讲过，《史记》在中国政治文化道统的建设上，就起到了把中华民族说成一个血缘族系的作用，这才使它得以光大于中国历史，光大于中国文化。所以你会在孔孟的书中见到种种泛血缘语境的表述，比如子夏说"四海之内皆兄弟"；再比如孟子说："老吾老以及人之老，幼吾幼以及人之幼"，意思是，我赡养自家老人，也关照其他老人，我抚养自家孩子，也关照其他孩子，因为所有国人都是同一血脉。将这种虚拟的血缘联系刻意扩展，无边泛化，就构成整个华夏民族的社会关系及其政治结构，此谓之"泛血缘"观念。

再往下是"拟血缘"，也就是把血缘联系推及宇宙万物，说我们人类跟宇宙万物都有血缘关系。我举例子，比如在《孟子·尽心上》中讲："亲亲而仁民，仁民而爱物。"意思是说，亲近与自己有血亲关系的人，接着（就会）仁爱人民，因为人民也跟你有泛血缘的亲族关系；"仁民而爱物"，你有了泛血缘式的仁爱之心，则你最终对宇宙万物都会有亲爱之感，因为万物也跟你有某种可比拟为血缘关系的亲情联系。二程中的程颢说过一句话："仁者，以天地万物为一体，莫非己也。"他说"仁"这个东西本来是"事亲"之用的，但实际上人与天地万物构成一体，尽可视同亲缘而不见外。他把血缘关系拟化到整个自然界中去了。王阳明说："夫仁者，天地之心。天地万物，本吾一体者也。"他说"仁者"是什么？是天地的心，天地万物跟我是一体存在。然后张载提出"民胞物与"，这个词什么意思？——"与民同胞，与物同类"之谓也！就是所有的人民都与我是血缘同胞关系，"同胞"这个词本来就是血缘词汇，你在外国书里绝见不到把本国人叫作同胞的；然后"与物同类"，也就是视外物都是自己血缘系统中的一个组成部分。由此通融从自我到家族，再到泛血缘的整个社会，最终达致拟血缘的天地万物，从而构成从人世观（社会观）到宇宙观（自然观）之大体，即以血缘关系为中轴，建立整个世界观体系。

大家看上面这张图，它清晰地表达出中国儒家宗法世界观的总体模型。其中心是"自我"；然后是"血缘宗族"；再外面一圈是"泛血缘国家"，也就是华夏国民都是我的血亲；最外面一圈是"拟血缘（之）万物"，也就是自然界都跟我是同类；从而达成人生观、社会

观乃至宇宙观的统一。

儒家学说至此终于将中国整个世界观的核心基础全部奠定。朱熹曾经引用一个亭联："天不生仲尼，万古如长夜。"说如果老天爷不降生孔子，人类就会长期处在非文明的黑暗之中。宋代学者张载说过一句名言："为天地立心，为生民立命，为往圣继绝学，为万世开太平。"所谓"为天地立心"，就是人只不过是天地万物的心灵，它们是一体存在；然后"为生民立命"，只有把血缘道统建构起来，人民的生存才有了安定的保障和基础；"为往圣继绝学"，也就是一定要把宗法礼制的"往圣之学"传承下去，只有这个结构最稳定、最系统、最亲切也最仁厚，因此才可以说"为万世开太平"。

这就是儒家学说的分量所在。说到底，儒学是一个紧密而庞大的世界观体系，包罗万象，无所不能。它根本用不着鬼神，它根本用不着神学存在。所以孔子讲："未能事人，焉能事鬼""未知生，焉知死""敬鬼神而远之"。所以中国文化跟宗教无关，但你不能说中国文化没有宗教。它用不着脱离人类自身血缘关系的超拔之神，它只要在自己的血缘祖先里设定神位，就足以建构完整的世界观和宇宙观，这就是远古中国"无神文化"以及"人文关怀"等独到观念的来源。

"人文"这个词在过去是相对于"神权"而言的。所以，说中国自古就是人文主义文化，其实是因为它的农业生存结构完好地保留了血缘纽带，然后儒家学说又把这种血缘关系普泛化、根基化，从而使得"神"根本没有立足之点。而且它有情有义，有血有肉，沟通至深，缠绵无尽，既温情脉脉，又纠葛连连。中国的儒家学说堪称"既合情又合理"，我们今天的法治社会合理不合情。即使你的亲戚违法了，即使你的父亲或儿子违法了，你也不能庇护他，否则难免论罪。中国古代一切人际关系都被置于血缘结构之中，而血缘结构是你的天性，是你的动物性的表达，你的动物性、你的天性就是"爱有差等"的。我按照这个"爱有差等"建立尊卑结构，因为你的血缘结构就是尊卑结构，你的爷爷一定比父亲位高而尊贵，父亲一定比儿子位高而尊贵，儿孙处于血缘序列的卑下层级，这是必然的。所以它是发乎情合乎理，谓之"发乎情，止乎礼"，也就是说它既合情又合理，既符合人性又符合礼制，故而它极为稳固。

由此造成中国社会有如下几个特点：第一，养儿而无尽头。大家知道西方人即便是百万富翁，孩子养到 18 岁就不再管他，上大学他得自己去贷款缴学费。中国即使是清贫之家，养孩子都是个没完没了的过程，不仅成年后的学费家长得替子女一交到底，连结婚、买房、买车你都得管，甚至儿子的儿子你都得帮着抚养，这种养儿没有尽头的情形，实际上是原始血亲社会文化的继续表达。在进入工商业文明的今天，它显然已经不相宜了，却是中国社会一个根深蒂固的传统习俗。第二，往来无契约。在真正的中国文化氛围中，是没有契约关系的。比如你在农村，你的一个亲戚向你所办的公司借钱，你是不敢让他打借条的，否则他立即跟你翻脸，他认为契约关系是对血缘关系的侮辱和不信任。第三，认人不认理。只要相互之间有血缘关系就必须加以偏袒，无论他做错了什么事，先包庇下来再说，不然你在家族里根本无法立足。

而且，中国社会极端的容忍、温情、恋家、孝敬，中国社会堪称温情脉脉，人际关系非常粘滞，人们很难从理性上把人际关系、血缘关系拨开。它的这一面，恰恰就是另一面的来源，那就是懦弱、奴性、私德、虚伪。大家想，在远古社会，或者在中古社会，每个人都生活在自己的血缘群团中，一个村子就是一个家族。你一个青年人，安敢有任何脱轨的行为？你没有丝毫挪动的余地，因为整个家族都在制约你、调教你、压迫你，这使得禁锢在其中的个体只能表现得极为懦弱、极为容忍，久而久之奴性养成，长辈说的话你是一点都不能提出异议的，更不能反抗，因为"爱有差等、礼有尊卑"。因此中国人有私德而没有公德，所谓私德就是血亲之德，我在血缘族群中是非常守规矩的人，可一旦走出这个圈子，尽可在社会上狂诞放肆、胡作非为。所以我们经常见到这样的罪犯，你回到他村子里去调查，满村人都说他是好孩子，出了这个村落他就无法无天。因为中国自古只有血缘道统，没有超血缘道德，用今天的眼光看，就是只有私德，没有公德。由于人们处在血缘结构的强大压迫之下，所以任何超血缘情愫的表达，任何超亲族社群的感受，都一概无从发生，一切批评之意、反抗之意，都被压抑摧毁于萌芽状态之中，结果导致人们不得不以极端虚伪的方式来应付内外各种社会际遇。

由此也缔造了人治、集权、自闭和内斗。试问，在血缘结构中，你敢讲法律面前人人平等吗？你敢讲自由民主吗？你敢说你的父亲是暴君吗？你敢说君父皇权不仁慈吗？所以，它一定是一个人治结构，然后泛化开来，它也一定只能建立一个全社会的极权结构。借用鲁迅的讥讽："若是老子说话，当然无所不可，儿子有话，却在未说之前早已错了。"换言之，极权状态是血缘文化延展开来的必然表达。然后也就不难理解它自闭而擅长内斗的素质，因为它的所有社会行为都建立在血缘或泛血缘结构之上，所以它的任何争斗过程都是封闭进行的，谓之"家丑不可外扬"，从而形成一种颇为诡异的依恋和自残关系。

中国社会奠基于儒家血缘礼制文化，繁文缛节，制约紧密，以至于皇帝都常常被士大夫阶层所架空。中国的官僚系统，宰相以下的文官体系，通过科举制度征召上来，由于儒家学说非常之繁复，以至于皇帝不具有解释能力，必须通过文士终生学习，进而组成一个群体才能够通解它，于是中国的官僚系统形成强大的共识集团，具有不可替代的发言权，就像西方僧侣对上帝的圣义具有解释权一样，皇帝和官僚之间异常复杂的纠葛关系即由此而来。足见中国的礼教文化和儒家学说何其庞杂而沉重。

孔子思想的历史合理性

对于前面所讲的儒家文化的核心，我不厌其烦地再重复一遍：儒家学说就是用最原始、最底层、最稳定的人类血缘结构，维系和重组超血缘社会紊乱结构的秩序，从而形成了僵化固守的思想维稳体系和社会结构纽带。由于越原始的东西，越具有奠基性、决定性和稳定性，因此，孔子的学说以最原始的血缘形态构成最强韧的人伦学说体系，并达成世所罕见的超稳定社会成效。这是孔子学说的核心，请大家务必理解。

我们下面对孔子学说做一些评议。

大家想想，为什么中国社会成为世界上把血缘结构维系得最稳固、最长久的一个范例？为什么唯独它会形成别具一格的儒家宗法礼教文化？是因为中国社会，我在前面讲课就讲过，它是最典型、最纯粹、最老成的农业文明体系。人类的农业文明，就发生在氏族部落时代，就发生在血缘社会时代。而在每一亩地上，大家必须协同起来，精耕细作，方得温饱。这是农业文明的基本特点。而血缘族群结构，是构成这个稳定协作的最现成又最有利的方式。再加上地理条件和农业生态的封闭格局，造成血缘文化的一脉延续，中间没有断点。

而在古希腊，我在第一节课人类文明溯源上就讲，由于它的自然物候条件不足以在人口暴涨的时候，以农业文明方式维系族群生存，而它借助地中海的狭小海道，可以进行物资交换，可以在北非尼罗河流域和中东两河流域换取粮食，商业活动在农业结构不能维系的基础上过早爆发。而商业结构无法以血缘族群方式履行，于是早在荷马时代，也就是公元前10世纪以前，它的血缘人际联系就被打散。到公元前6世纪，它的血缘社群结构迹近消失，百分之七八十的人已经离开希腊原住地，而散布在整个环地中海周边。因此，他们每一个人都变成了自由单子，各人之间已经没有血缘联络。于是，他们得造出"神"来，作为人类维系自身社会关系的中介。由此，它的神学得以发展、法理契约得以发展、哲科理念得以发展，它的城邦政治结构也随之发生相应的变革。

最典型的就是，公元前6世纪发生在雅典的"梭伦变法"。梭伦出任首席执政官，他做出了重大的改革。他以执政官的身份，作为仲裁者，在贵族和平民的利益间寻找平衡。他用新法废除了贵族在政治上的世袭特权，确立了"公民"和"公民权利"这样的文化概念。接着，又确立了"公民大会"这样的政治制度。虽然并不完全公平，把公民按财产的多寡，分为四个等级，各自的权利并不平等，但是，他第一次平衡了各派利益之间的关系，使得所有自由民在利益上有了协商和让步的余地，由此建立起"契约社会"，也就是不成文法的"法治社会"。这个东西后来被古罗马继承，至公元前5世纪，古罗马就出现了"十二铜表法"。

"十二铜表法"的制定过程，并不由执政官垄断，而是在贵族中选取五个代表，再从平民中选取五个代表，组成十人制宪会议来制定法律。其中在第九表之"公法"中有一条规定："不得为任何个人的利益制定特别的法律"，从而确立了"法律面前人人平等"的基本理念。也就是人与神是不平等的，但是在神之下，所有人是平等的。

他们为什么要建立这个以"神"为最高中介，以"法"为社会纽带的制衡结构？是因为血缘联络消失，人际关系不通过契约协商的方式就无法维系。所以大家一定要注意，西方的这个思想体系、文化体系、法制体系、民主社会体系，它是生存结构的产物，就像中国的血缘家族宗法体系和忠孝体系，它也不是某人一时冲动凭空缔造的文化观念，而是农业文明和工商业文明所达成的生存结构之不同，自发产生的不同文化构型。由此就出现了两个完全不同的关于"人民"的概念，这就是"家人"和"公民"的区别。

在中国，自古迄今都没有"公民"概念。我们所有人都只是"家人、族人或国人"，你只是家族或家国之血缘纽带中的一个成员。孔子给曾子说过一句话："参乎，吾道一以贯之。"即是说，我的整个理论，其实就是一个基本核心与一条贯通线索，这叫"一以贯之"。曾子出来，其他学生问曾子，老师讲这话究竟是什么含义？曾子做了一个总结，他说："夫子之道，忠恕而已矣。"夫子的学说，无非"忠恕"之概括。什么意思？站在平民人际关系上，做到"推己及人"，为人忠诚而宽恕；提到社会政治结构上，就变成"与君忠恕"，也就是忠于君父，而且君王所犯的任何错误，你都要宽恕和容忍。由此，从家人演至整个社会，达成一体贯彻，亦即社会结构仍然是家人结构，谓之"家国情怀"。

"家人"和"公民"的区别是什么？"家人"不讲平等，因为"爱有差等，礼有尊卑"。但它也相应产生另外一个结果，不允许竞争，压抑竞争。因为在血缘结构内，不平等是铁定的，是生物性本源规定。在这个结构中，你永远无法竞争，你总不可能通过竞争，把父亲变成儿子吧。而"公民"是什么？是一个在上帝之下、在神灵之下，相互平等的人际关系。而一旦人人平等，社会系统就会分化。怎么分化？通过竞争！于是形成一个平等竞争结构。这两者是全然不同的，其社会学内涵有重大区别。

那么，我们现在谈一下竞争结构。生物社群结构面临两种竞争，第一是"种间竞争"，第二是"种内竞争"。种间竞争就是不同物种之间的竞争关系，这一点不用多讲。达尔文为什么在他的《物种起源》一书的前言中特别感谢马尔萨斯？是因为马尔萨斯的人口论里，第一次揭示了同类物种人类内部的竞争结构，由此启发达尔文认识到物种之间的竞争不仅有种间竞争，尤其要关注种内竞争。所谓"种间竞争"，就是狼吃羊的那种竞争；所谓"种内竞争"，就是狼与狼之间的竞争。种间竞争是天演序列，谁都没法克服。而且，种间竞争对物种不构成根本危害，它反而是物种生态食物链平衡的一个自然系统。但是种内竞争就截然不同了！由于大家是同一个物种，各自具备同等的竞争力，禀赋同样锐利的爪牙，一旦竞争起来，就会呈现为持久、激烈、且在任何一个角落都无从躲藏的生死战场，形成生物生存的最大压力。而且这种明战暗斗又是无可避免的，它也同样源自物存素性，因此构成任何物种内部最大的危机。这也就是为什么能力越低的原始物种，它的生存状态反而越稳定，死灭速度越慢，因为它能力偏低，种内竞争的烈度也就偏低；食物链越顶层的高等物种，灭绝速度越快，是因为它的能力过强，它在种间竞争似乎有优势，但它在种内竞争上，造成很严重的伤害，从而使得它的生存危机大大加重。

孔子学说在远古时代不自觉地发现，人类面临的最重大问题是种内竞争之困扰。借助于现代科学的发展，我们才能看明白，孔子当年反复强调"和为贵"的重要性，它相当于主张"种内和谐"。人类是能力极强大的物种，如果人类不能化解自己的种内竞争，不能形成种内的协调制约关系，那么人类就会给自己造成巨大的麻烦。因为人类已经处在所有生物食物链的最顶端，他不太面临种间竞争问题，他所面临的一切灾难都来自于种内竞争。这就是为什么我们发现在人类社会的文明发展史上，"人祸逐步取代天灾"是一条铁律！因为人类能力的不断提高，必然导致人类种内竞争越来越恶化，从而给整体人类生存构成巨大威胁。

大家再看，孔子的学说核心是"克己复礼"，也就是站在东周末期，却要倒退到周公旦"制礼作乐"的西周初年，它显然是反动的，是要维护封建制度的。我在前面讲过，秦始皇统一中国建立的是君主专制制度，彻底打掉了封建制度，为什么在这之后，反而孔子学说被抬高到国教地位？是因为即使孔子本来是想保全封建社会，但是由于他的克制种内竞争的学说力度极高，在君主专制时代，也能够借以建立稳定的尊卑有序体系，从而有效地压抑东亚农业文明的社会竞争。这就是孔子学说虽然在秦汉制度变形之后，完全是被歪曲施行，绝非孔子"吾从周"的固有理念，却构成中国文化 2000 年思想基石的原因。这都是大家要特别注意理解的。

但是各位也要明白，用孔子"尊卑有序"的方式，用社会不平等的方式，寻求今天人类内部竞争的重新整合，显然已经过时。因此，孔子的学说衰败了，因此，近代"打倒孔家店"的口号响彻云霄。但孔子学说所关注的基层问题，却是人类迄今面临的越来越严重的困境。孔子学说因此构成今天乃至人类未来文明再造的基底层参考系。

我们下面再另外讨论一个问题，就是孔子思想的历史合理性。孔子以原始血缘结构，维系超血缘农耕文明社会的稳固发展，而今天全球进入工商业文明时代，孔子学说过时了。我们从 20 世纪初叶开始，猛烈批判孔子学说是有道理的，但是你要想真正有效地批判和厘清儒家学说，前提条件是必须理解它。要知道孔子当年的思想和学说体系，是维护东亚农业文明社会结构的有效系统，这叫孔子思想的历史合理性。

我给大家举例子。儒家文化主张守制三年，也就是父母死了，儿女要守孝三年。这个制度在我们今天看来，简直太荒唐了。因为，古代人平均寿命只有39岁左右，活到十六七岁才开始活明白，真正明白活人只有二十多年。父母又不可能同一天死，父亲死，在坟边扎个草庐，守孝三年；母亲死，又扎个草庐，再守孝三年。好不容易有二十年明白人生，六年都用来守坟去了，这件事看起来实在是太荒唐了。可为什么它在中国古代是一项重要的、通行的、而且我说是最符合人性的宗法制度？是因为人类的感情受到深度挫伤，至少需要三年才能平复。

现代人一般遭受的最严重的感情挫伤是什么？只有一条，失恋！恋爱这件事情很奇怪，你让它顺利进展，他们热乎不到哪里去；你给它中间设置一点儿障碍，比如父母不同意之类，两个人会爱得死去活来。然后，你在他们相爱到最炽热时把它折断，这叫失恋，后果非常可怕。他们会受到深刻的感情挫伤，以至于可能发生殉情，就是有人会为此而自杀。就算没有自杀，至少三年找不见对象，这叫"曾经沧海难为水"。

古人跟自己的父母关系十分切近，它跟今天孩子与父母的关系完全不同。今天孩子才两三岁，你就把孩子扔到托儿所了，甚至刚出生，你就把他扔给爷爷奶奶了。孩子不睡觉的时间，一径脱离父母的关照。托儿所、小学、中学、大学，他清醒的时间，基本不跟父母在一起。不仅如此，父母居然还做老师的帮凶。老师逼着孩子读书，孩子已经够苦的了，孩子不爱读书才是正常的，你见过哪个猴子抱着一本书坐在树上读来着？未料父母比老师还凶恶，打着闹着让孩子读书，所以今天的孩子不把父母视为敌人，你就算烧高香了。

可是古代不同，古时的孩子跟父母分分秒秒在一起。父母不仅要养孩子，还要教孩子，此谓"教养"。父母与孩子从来不分离。大家看"教"这个字，它在甲金文里，上面画两个形同打叉的禁绝符号，底下画一个孩子，旁边画一只手，手里拿着个小木棒，𤕝（甲文）𤕝（金文）𤕝（小篆）教（楷体）。什么是"教"？——告诫孩子不可以干什么！教导孩子做什么有危险！所以古代的"教"，绝不是今天的满堂灌，给你讲知识，解公式，灌得你头昏眼花，逼得你生不如死。古代的"教"是手扶着孩子，告诉他不要做什么事情。因为古代人们生活在丛林之中，危机四伏，各种野兽都可能侵害孩子。因此，古代的"教"是非常柔和的，是只为保护孩子的。

请大家想想，古人跟自己的父母天天生活在一起，吃喝拉撒、无微不至，耳提面命、教养柔和，数十年下来情意笃深，骨肉相连。突然，有一天父母死亡，孩子受到的心理和感情挫伤，远比今天情人或恋人的那个短促失恋要严重得多。所以，他三年期间心智混乱，什么也干不成，还不如扎个草庐给父母守孝。因此，当年它是最符合人性的一项礼制。

要知道中国政治学上有一个词汇叫"夺情"，什么叫"夺情"？皇帝的股肱大臣，人家父母死了，按道理皇帝应该给人家放三年丧假，但皇帝离不开这个重臣，于是只给他两三个月时间，就要求他回来工作，这叫"夺情"。换句话说，即使是贵为天子，也轻易不敢干这种违背人性的事情，这叫三年守制。

实际上，为父母守坟三年，这不是孔子的规定。它是古人跟父母感情关系的一种直接体现，是贵族及民间早有的习俗，孔子只不过把它条理化、伦常化了而已。它当年是最符合人性的一项规定，你不理解这一点，你就理解不了孔子文化。在今天看来，那些严重悖理的说教，其实当年是最合乎人性的温情流淌。

我再举个例子。孔子讲究"男女大防"，孟子把它表述为"男女授受不亲"。我们近代拼命地批判孔孟的这一条，说它严重妨碍了青年男女的自由恋爱，造成了一系列恋爱悲剧，比如梁山伯与祝英台之类。可是你得想想古人为什么要讲男女大防呢？须知不但中国人讲，全世界各地均无例外。西方在中世纪的时候，男女提防是非常严格的，以至于桌子腿都要用棉布包裹起来，免得你看见桌子腿就想起女人大腿。甚至给女性——成年未婚的女孩或者丈夫外出的妻子——戴贞洁锁，用铁做的一个三角裤衩，把她的阴部锁起来。

他们为什么会为这等小事如此紧张？古人为什么要对男女大防如此严苛？是因为那个时候人类都生活在自己的血缘族群之中。请大家想想，在一个血缘群团里，如果你自由恋爱，会是什么结果？你爱的一定是自己的妹妹、哥哥、表妹、堂兄，甚至叔叔、姨姨、舅舅，你一定乱伦！这就是为什么自古讲"媒妁之言父母之命"？是因为只有媒妁和父母才能够分辨，哪一个人跟你的儿子或女儿没有近亲关系，婚配结合而不至于发生乱伦。

那么为什么乱伦问题特别重要，一定要严加防范呢？是因为所有动物都必须禁绝乱伦。大家也许看过前些年播放的一部美国电影《狮子王》，竟然把它演成哈姆雷特了。剧情是说狮子王的弟弟，也就是小狮子的叔叔为了篡夺王位，害死了狮子王，然后将小狮子逐出群外。但生物学家研究发现，即使小狮子的父亲狮子王活着，它在小狮子性成熟那一天，也一定把雄性小狮子咬得血淋淋的赶到族外。干什么？防止乱伦！大家一定要知道，在所有动物中，它的子代长到性成熟那一天，两性中必有一方要被父亲赶出门外，驱离族群。比如狮子社会、猴子社会，在雄性性成熟那一天，雄性后代要被赶走。比如野马社会，雌性小马性成熟那一天，会被父亲咬得血淋淋的赶出族群。

为什么所有动物都要防止乱伦？请大家看一下生物系统的基因

结构。我们人类的绝大多数疾病都是遗传病，连感冒都有 14% 的遗传度。从表面上看，感冒是病毒感染引起的，但一场流感过来，为什么有人罹患，有人无碍？为什么有人病重，有人微恙？是因为各人的先天免疫素质不同，因此感冒的遗传度为 14%。但绝大多数疾病的遗传度高达百分之六七十，也就是遗传因素占主导。我们在临床上经常会看到，一个疾病，你这一代出现了，追查家族史，父母那一代没有，然后再往上寻访，发现爷爷奶奶那一代人里有同样的病例，这叫隔代遗传。为什么会如此？先看生物的 DNA 双螺旋结构。它是这样一种组合，它的这一侧长链叫作主位基因，另一侧叫作对位基因，总称"等位基因"。两路基因排成长链，扭转起来就是基因的双螺旋结构。

大家首先要明白，生物界里所有的高等物种，它的后发基因都是畸变病害基因（这个话题到"人体哲理"课中再详谈）。为什么会出现隔代遗传？就是因为所有的进化基因都是病害基因，如果此刻的对位基因与主位基因完全一致（AA 或 aa），这叫纯合子组态；如果对位基因和主位基因不一致（Aa 或 aA），这叫杂合子组态；只有当这个病害基因保持纯合子关系，该疾病才会显发，临床上称其为"隐性遗传病"。如果父母一方具有某个病害基因，但是他们的基因结构却是杂合子关系，那么虽然这个病害基因会被遗传下去，自身却不显发为病态，这叫"隐性携带者"。这就是隔代遗传发生的原因。

为什么所有动物都禁绝乱伦，都尊奉乱伦禁忌的行为原则？是因为你跟有血亲关系的人发生婚配，由于血亲之间基因同型率偏高，发生纯合子组态的几率大大提高，也就是调动出隐性遗传病的概率大大提高。在长时段的生物进化过程中，凡是没有乱伦禁忌之本能素质的物种，都会因为家系血统中潜涵的所有隐性与显性遗传病均在族群中大量爆发而快速灭绝。可见，孔子学说当年提出男女大防，实际上是不自觉地维护了中华民族的血统安全。

为什么到今天你可以自由恋爱了？是因为今天社会高度超血缘化了，你在托儿所、小学、中学、大学，你遇见自己直系血亲的概率连 1% 都没有，因此你可以自由恋爱，甚至可以性解放，它绝不会造成乱伦，至少造成这种乱伦发生的几率已经非常之低了。

请大家再想，如果在远古社会自由恋爱，它会是一个什么局面？普遍的乱伦状态就会发生。我在讲什么？我在告诉大家，你要想理解孔子学说，你就必须回到他那个时代，他的学说在当时所处的那个时代是非常合理的，是维护人类生存的文化适配系统。

孔子学说宅心仁厚，至少其初衷大体如此。孔子也十分儒雅，被他的弟子形容为"温良恭俭让"。在《孟子·梁惠王上》中，我们会见到孔子唯一发粗口的一句骂人话："始作俑者，其无后乎。"什么意思？当年的贵族把普通老百姓，尤其把奴隶根本就不当作人看，春秋末期的中原各国还保留有殉葬制度，君王或贵族死了，常会批量宰杀奴仆以供陪葬，孔子对此极为反感。他不但忿然反对殉葬，他看到有人把泥俑做成人样代为陪葬，都大为恼怒，认为这是对人的不尊重，是对殉葬制度的留恋，因此他说"初始创作人俑者，应将断子绝孙"。心性温良的孔子居然发出这样的粗口，我们由此可以看出孔子的仁厚之心。所以大家一定要理解，孔子文化在其当年的每一处点滴言行之中，都有维护人类生存的善意与效能。

"重德"文化的参考意义

孔子文化的核心是什么？——守德！"修身、齐家、治国、平天下"，"修身"在第一位。第二位是"齐家"，我前面讲过，在传统观念里，家族先于国体，齐家以后才谈得上治国，"治国"（指诸侯封国）不是目的，"平天下"才是，故有"天下观"（追求"大道为公，天下大同"）。孔子为什么把"修身"放在最底层？因为重德文化，是一个生存维护体系，是社会存续的基础。孔子重德到什么程度？他讲"见贤思齐焉，见不贤而内自省也"。什么意思？他说我看到一个人很守德，那么我立即就要向他学习，跟他对齐，这叫"见贤思齐"；他说我看见一个人做了败德的事情，我马上就要反省，我身上有没有这种劣根性，这叫"见不贤而内自省也"。孔子守德到什么程度？"慎独"的程度。也就是独自一人，也严守道德底线。当然"慎独"这个词，有很多种解法。

今日之人类道德沦丧，人性败坏。我前面讲过，今天是"民免而无耻"的时代，法律禁止的我都不触碰，以免被追究，但凡是法律不禁止的，再缺德的事我都敢干。今天人类之所以还遵行道德，是把它作为一种装潢、一种装饰，这是第一；第二，是把它作为一个策略。什么叫策略？就是我在这个场合下，之所以恪守道德，是因为不守道德会给我带来更大的损害。如果是这样一种策略性运用，那么也就意味着，倘若我在某个场合不遵守道德，能获得更大的利益，我会立即抛弃道德。这就是人类今天的状况，这也就是法制社会必须出现的原因。

孔子为什么格外重视道德？我们下面就来探讨这个问题。我前面一再讲，中国传统文化是对人类最原始的第一茬文明——即农业文明文化系统的精雕细琢和完好保留，因此它代表人类最底层的思绪。而我又说，越底层的东西，越具有奠基性、决定性和稳定性。当我们探讨中国传统文化最基本的质素时，特别要理解一样东西，那就是它一定具有维护生存之文化诸要素中分量最重的相关内涵。什么是道德？它是"生存之规定"，或者说是"维护生存之规定"。

什么是法律？它是"社会之纽带"，或者说是"维护社会秩序之纽带"，这两者的轻重是全然不同的。

我先解释为什么孔子所关心的重德、守德问题是生存之规定。人类学家在 20 世纪初叶做田野考察，那个时候，中国的云南、非洲和印度尼西亚等地，还存留着大量的原始氏族社会群落。所谓"田野考察"，是人类学的一种治学方法，就是要跟自己考察的社会人群长期建立同吃同住的紧密关系，以便进行深入其间的学术研究，这叫田野考察。人类学家到原始氏族社会中做田野考察，跟他们同吃同住数年之久，结果发现原始氏族社会只遵奉两项道德。第一，乱伦禁忌，即不得乱伦。我前面讲过，乱伦禁忌是生存之规定，但凡任何一个物种违背乱伦禁忌，物种会快速灭绝。第二，不食同类，即不得吃人。

大家近来在各网站上经常看见原始食人族的报导。请注意了，那是网络上和舆论界的噱头，食人族在人类原始氏族社会中是非常罕见的。人类原始社会，它的最重要的两项道德，一个是不得乱伦，一个就是不得吃人。为什么不得吃人？是因为所有生物物种都不食同类。在生物种系里，吃同类的现象是非常罕见的。比如螳螂在交配的时候，雌性螳螂会吃掉雄性螳螂，这种情况少之又少，它只是一个特殊的生育方式。这个话题说起来有点复杂，我们今天不讨论。

就生物总体而言，99% 的生物都不会发生同类相食的事件。为什么？是因为任何致病微生物、病毒或者致病菌，不交叉感染不同物种作为宿主。这句话什么意思？我举一个例子，人的结核菌不感染牛，牛的结核菌不感染人，于是早期医学界就曾设想把人身上的结核菌抽取出来，随之注射给牛，由于牛这个宿主对人结核菌不易感，于是在牛体内把它培养 230 代以上。在不易感的宿主中，该微生物的致病毒力会逐代下降，此后再把牛体内的结核菌抽取出来，直接注射给人，这叫减毒活疫苗。

我在讲什么？我在告诉大家，致病微生物不交叉物种作为宿主，也就是不同时染疫于不同的物种，它们可能成为携带病源的传播中介，但一般不会在其体内大量繁衍复制而造成病害。我们今天看到的猪流感、禽流感，是由于这类病毒发生了严重变异，它开始侵犯其他物种，比如，侵犯人，但它对猪类和禽类的致病率立即下降。好了，我讲到这儿，已经讲明为什么所有生物不食同类。因为吃同类会造成某类病毒或者细菌在本种群内大规模感染，从而形成持续性瘟疫。也就是经常吃同类的物种，它在长期的生物发展过程中会由于瘟疫的接连爆发而快速灭绝。因此，自然选择一定只把那些遇见同类的肉就感到恶心的物种保留下来，而会把贪吃同类的物种淘汰掉。

大家听明白，道德是什么？——生存之规定！这就是道德的分量。我在前面讲过，人类文明的过程，就是道德逐步失范的过程。我这样讲，可能有很多人不同意。他们觉得，很明显，文明进步程度越高的国家，民众的道德水准通常也越高。请注意，这是浮面之见！我们一般人对社会、对现实的评价，我把它叫作"情境评价"。我说你今天生存成本越来越高了，而不是物质越来越丰富了；我说你生活越来越不稳定了，你焦虑感越来越重了，你不是越来越幸福了，而是越来越不幸了。如果你觉得我说的是反话，是因为你陷入情境评价的局限之中不能自拔。你站在你今天无法超脱的生存结构中，你站在你当下已经高度适应的生存境遇中，回望古代俗世生活的清贫寡淡，回味被历史偏见放大了的社会灾难，你觉得你无法欣赏它、适应它，你觉得那时的生存状态比现在更糟糕、更恶劣，这种看法是挂一漏万的，这种评价是没有意义的。因为你自己狭隘的主观情境，成为了你的虚妄的评价尺度。那么，什么是有效评价呢？——

找见"终极尺度"并给出"终极评价"！也就是超脱自身主观情境的遮蔽，深入到生存规定的底层，此谓之"大尺度的终极评价"。

为什么越高级的物种，灭绝速度越快？为什么文明越发展，人类的总体存境越紧张、社会危机越严重？你拉开一个大尺度，做出整个物演序列的分析，做出全体生物进化的比较，你才能完成这个终极评价，你才能说清古今社会发展究竟是有幸还是不幸。换言之，找见终极评价的尺度，才是建构人类文化和人类学术最根本的要义。我举个例子，从表面细节上看，我们人类如今好像变得很温和、很友好了，可大家要知道，从总体文化倾向上看，我们的文明与文化其实变得越来越恶毒了。比如近现代史评，常把荼毒天下者视为造史英豪。古时的中国，像商鞅、秦始皇、曹操这些人在主流文化界的评价是很差的，因为他们凶狠残暴、祸害民命，而在今天的政治评价里，他们居然都变成了值得表彰和效仿的历史正面人物。

我再举例子，人类古代贫富悬殊程度偏低。农业文明初期，所有的人是不可能发大财的。每个人体力相当，社会总人口很少，凭自己的体力开垦土地，一家可以种植百亩左右，粗放耕作，谁也富不到哪里去。那个时候，人们不被调动贪欲，不追求过分财富。而到了资本主义时代，能敛巨财者被万众艳羡，尽管他必然挤压绝大多数人陷于赤贫。这是人类经济生活的大劫难，其基本状态倾向于越来越恶化。

人类古代做兵器者，他本人是很惭愧的。老子在他的文本中说过一段话，大意是"代司杀者自斫"，怎么讲？只有天地之道，才具有生杀予夺之权，人没有屠杀别人的权力，这叫"代司杀者"。老子说，代天道司杀者，你一定不免会割伤自己。可见，人类古代天然具有护生观念，因此，古代造兵器的人，他是很惭愧的，他是不敢把自己的职业当作一种荣耀来宣扬的。可大家知道今天世界各国，制造原子弹、氢弹和导弹的人，被奉为民族英雄。也就是我们在大节上会看见，人类文明的发展过程，是一个道德观越来越淡薄、内在里越来越暴烈的进程。这就是孔子文化宅心仁厚以及注重道德的价值，它从根本上维护人类生存，而人类今天却逐步远离了它。

中国古代文化成为人类所有古文明中唯一一支一脉延续到今天的文化传承，很重要的原因，当然首先是由于东亚的封闭地貌造成的，民族扰攘很难进入。但孔子学说的底层，血缘结构的力道，不能不说是中华文明得以"滞而不夭"的一个重要原因。也就是社会发展看起来停滞了，但是华夏文明和中华民族的基本生存安全，却保持2000多年而不发生夭折或坠亡。

孔子文化看起来是一个低智状态，却是一个低智约束状态，它从根本上维护了种内平静，抵制了或者制约了种内竞争，从而导致中华民族的整个文明生存相对安宁。今天人类远离了这个东西，预示着人类文明的大厦将倾。

看看今天的人类，不管做什么事情，都要出师有名。就是我要打仗，我必须找一个借口。找什么借口？——道义借口，这叫道德制高点。人类做任何事，即使做一件邪恶的事情，他为什么一定要找见道德制高点呢？是因为只有站在道德制高点上，才最有感人的魅力，或者说最有感召力。道德为什么最能感人？道德为什么跟人类的骨子和灵魂相通？是因为道德维护人类最底层的生存规定。这也就是为什么对人类影响最大的人物，不是政治家，不是军事家，也不是经济家，而是三位道德规范的先古制定者。第一位是佛教释迦牟尼，他身为王子，居然要求他的僧伽或僧团组织，自甘步入寒门之家去化缘。他在干什么？寻求贫贱人群的高贵身份认同。由于它的道德立点极高，迄今影响东南亚和东亚社会十几亿人。其魅力之强、形象之美，任何人不能与之比较。

第二位是耶稣。（此处有删减）耶稣竟敢公然宣称自己是上帝之子。基督教脱胎于犹太教，犹太教只承认上帝耶和华，绝不承认基督降世，说上帝怎么会化成肉身？圣母玛利亚怎么会不孕而生？所以犹太教徒不认可耶稣，说玛利亚是妓女。这就是欧洲基督教文明长期具有反犹色彩的原因。大家要知道，二战期间希特勒屠灭600万犹太人，这绝不是突然发生的灾难，它是欧洲基督教文明超越千年反犹文化的积累和延续。你读一下莎士比亚，他的剧作里有大量污蔑嘲弄犹太人的笔墨。那么耶稣宣告自己是上帝的儿子，作为一个肉身凡人，无论他怎样自圆其说，这也未免太离奇了。可耶稣为什么今天被十数亿人所尊崇？是因为他以自己的血肉之躯，为人类的原罪救赎。他的圣德感化之力，征服了整个基督教世界。

最后再看孔子。我前面讲过，孔子学说的全部核心在于立德，他因此成为覆盖东亚数亿人的儒学文化宗师。我在讲什么？道德是生存之规定，它具有最高的表面魅力，同时具有最深彻的维护生存之效应。这就是古老传统文化的价值所在。大家听明白，比如我讲老子，我说他的保守论而不是进步论，是他最重要的文化价值所在；我讲孔子，讲他的重德理念是最底层的文化参照系。因为这些东西今天都消失了，甚至都变成了反论或侈谈。进步论取代保守论，法制取代道德。而人类丢失的究竟是什么？却是一个非常值得思考的重大问题。

我在西哲课上讲过一个话题，我说人类古代文化有三大类：第一是"重德"；第二是"信主"；第三是"爱智"。我说古希腊时代，它的文化倾向于爱智，而爱智文化是对人类智力潜能和智力储备的调动。那么什么是重德文化呢？说起来，人类缔造文明的用智形态只有两个向度：一乃扩大内向的合作范围或团结群量；二乃扩大外向的探索范围或求知深度。前者将"虚构的故事"伸展为"重德"或"信主"，后者将"虚拟的思境"伸展为精密逻辑的"爱智"，即呈现为"假设与证明"的哲科思维。两者必定同时展开，而各自的侧重却有所不同。

大家注意听懂我这段话。就是人类的智力活动，在两个方向上发展。人类的文明是建立在假设和虚构上的，它的一个方向，是力图建立人类内部的合作扩大范围；另一个便是外向地寻求知识和智力的深化。那么，这两者什么更重要呢？我讲西哲课的时候，大家觉得爱智文化太精彩了，可你不要误解，爱智文化只是人类能力的极端调动，而重德文化才是人类内向合作的安定保障。这两个向度是相反相克的：如果你的内向协同规约太过严苛，则个人的智能发挥必遭压抑；反之，如果你的内向结社关系失于协调，则个人的能力越提升，人类面临的整体危机就一定越严重。

那么，什么对于人类的生存更重要呢？——人类全体内部关系的协调！避免过度恶性的种内竞争，要比能力的提升重要得多！也就是重德文化，就其维护生存的效益而言，它比古希腊爱智文化——导致人类今天得以调动和释放巨大的科技能力——重要得多。能力的提升带来的是什么？如果种内竞争日益加剧，内部合作共生的社群关系不能协调，则能力越高，人类自我毁灭的前途就越险恶。

表面上看，中国"重德"文化是智力调动最浅的文化。反观"信主"文化，比如古埃及、古巴比伦都是信神的，它虽然没有促成哲科文化的发育，没有达成智慧潜能的深层调动，但它得虚构一个神，然后它得去求证这个神的存在，因此它的调动智慧的力度虽然没有古希腊哲学"爱智"文化来得透彻，但是却比中国的重德文化调动程度偏高。中国的重德文化是一个智力调动最低的状态，它几乎就是动物社会的直接延伸，是对动物血缘社会结构的文明化注解和合理性发挥，所以它调动智慧的幅度最浅，表达为一个最低智的文化。

可恰恰是这个最低智、最基层的文化状态，最有效地处理和伸张了人类内部合作的重德要素，把它揭示为"生存之规定"。而爱智文化不断地调动人智，其结果是什么？是人类内部竞争越来越激化。

我在前面讲过，公民和家人，他们各自赋有全然不同的人格。神祇天威之下的公民和血缘网络之中的家人，其本质区别是什么？公民讲平等，但同时公然调动竞争；家人讲尊卑，却无意之间平抑竞争。生物的种内竞争渐趋残酷，且无可规避，这本身就是非常可怕的，如果再配上智慧能力的大幅度提升会是什么结果？请大家想想，倘若两只公猴在争夺雌性生殖资源的时候，居然手里有枪，这两只猴子的命运将会如何？请大家再想想，倘若随后这些猴子的手里握有原子弹，整个猴群又会面临什么结果？可见单纯的能力提升，不但无助于种内竞争的平衡与化解，反而最终必置争斗者于死地，这就是人类面临的黯淡前景。所以当我讲西哲课的时候，我说爱智文化看起来绚烂多彩，其实未必值得赞美；而孔子的重德文化虽然显得沉闷平实，却可能更为深刻。

下面我专门解释一下参考系之说。我在课堂上多次讲，中国传统文化是人类最原始文明思绪的保留。我说越低级的东西，越具有参考系的作用。这句话什么意思？请大家注意"参考系"这个词，它是物理学上的一个术语。比如牛顿力学，它分惯性参考系和非惯性参考系。我只举例子，不谈复杂概念。比如你站在地面上，地球高速运动，你无感，这叫惯性参考系；如果你坐在一辆车上，同样以地面为参照，你能感到高速运动，这叫非惯性参考系。物理学研究的是物体在时空中的位移，而我的哲学研究什么？研究物质的演化运动。请注意物理运动和演化运动是两个概念，物理运动是物质的外部运动或时空运动，演化运动是物质的内部运动或内质运动。

那么，什么是哲学上或人文学上的参考系？简单地说，人文历史运动也可分为两种类似的参考系：一乃始终陷于自我感觉良好的进步论情境之中，对人类文明发展的恶化趋势毫无觉察，此若惯性参考系；二乃深究古今思想文化的内涵差别，借以判明人类当前生存形势之危殆，此若非惯性参考系。也就是越底层的文化，它所诉求和讨论的问题，越是跟人类基本生存之关系更紧密、更要害的问题。因此，它在文明发展路途中具有更重要的参照作用。

它的参照视角有两个：一个涉及发生学上的根源性和基础性；一个直指发展轴上的叠加化和暴烈化。中国传统文化是人类社会在发生学上的根源性和基础性问题的最底层探讨，将其参照人类历史在发展轴上的叠加化和暴烈化趋势，它就构成对人类文明进行终极检讨的最好比对材料。这就是我反复讲，中国传统文化是人类建构下一期文明之稳定延续和安全生存的重要基底层参考系这句话的含义。

如果站在这个角度上，大家回想，我刚才讲孔子重德文化，实际上讨论的是人类种内竞争的克服问题和协调问题，那么你就能够理解孔子曾经说过的一段话，你今天会觉得太荒唐的一句话："不患寡而患不均，不患贫而患不安。"他说，人类社会的稳定，不必担心物资匮乏，而要担心分配不均；他又说，人类社会的生存，不用担心清贫淡泊，却要担心生活方式越来越动荡不安。什么叫作不安？——越来越躁动、越来越焦虑、越来越失稳、越来越危机之谓也。它跟工商业文明追求财富、鼓励竞争，完全是相反的观念。

回到维护人类基本生存上看，孔子讨论的是最根本的问题，提出的是跟生存稳定性关联最紧密的学说。这就是为什么我们会发现，生物史上能力越强的物种灭绝速度越快，因为它们的种内竞争越来越激烈。这就是为什么中国的低智重德文化稳定存在两三千年，从来未曾中断，而古希腊竟然在公元前 4 世纪骤然消灭。这也就是为什么我们今天文明发展程度越高，我们今天远远脱离了农业文明，我们财富巨大，我们能力高强，可人类面临重重根本危机，以至于面临整体人类的生存危机。显然，以这个参照系的眼光去看，人类未来生存所面临的是这样一道难题：在突进发展与稳重守持之间如何抉择的难题。

我们下面对这节课做总结。大家听懂我讲孔子在讲什么。我前面讲孔子文化浅薄而直白，可我后面为什么给孔子文化以较高评价，是因为人类文化只不过是生存结构的产物，这是我上第一节课就反复强调的。这就是我说，黑格尔读不懂孔子，才会对孔子给出那样低的评价的原因。因为，西方的工商业生存结构和中国的纯农业生存结构完全不同。

而我又一再强调，我所讲的生存结构，绝不是生产力、生产关系这些概念。因为，用生产力与生产关系相匹配的这套理论，我们很明显地看出它是有问题的。比如中国，比如现在世界上大多数东方国家，它们目前的生产力水平比古希腊时代高上万倍、上十万倍，可它们并没有建立古希腊系统、罗马共和系统以及西方今天那样的宪政制度或上层建筑，足见这个学说出现了重大的悖谬。

我所说的"生存结构"，是指自然存在动势与自发衍存要素之总和，是指存在度与代偿度的适配系统。这个东西跟人类的社会文化发展是有一个表里关系的。至于我所说的"自然存在动势与自发衍存要素之总和"，其涵义究竟是什么？大家得去读《物演通论》。我在这里只是想告诉诸位，理解孔子文化，必须理解中国古代农业生存状态的总体规定要素及其历史合理性，这是你理解中国文化、理解人类文明、理解人世变迁之参照系的所有这些内涵的一个基础和范本。

而且大家还要记住，任何文化都是一个时间范畴，人类文明的演动是一个自然过程或自发进程，我第一节课就讲这个话。人类文明不是人类选择的结果。你没有选择，你想停止也停止不了。由于这个原因，人类的一切再伟大的文化最终都会失效，它一定只在一个时间范畴内有效，它起初一定是维护生存的，而后一定是戕害生存的。中国文化为什么在近代衰落？是因为它严重地阻碍了中华民族从农业文明向工商业文明转进，因此它终于被抛弃了，这是大家理解传统文化的第二项要义。

为什么在刚开始讲课的时候，我就讲新文化运动的那一批学者，打倒孔家店的那一批民国学者，如果我们站在进步论立场上，我们就要高度尊重他们，因为他们清理了中国的传统旧文化，使得中国社会转型得以比较顺畅地实现。我举个例子。印度古文明、埃及古文明、两河古文明，它们今天比中国衰落得多。说起来，印度被英国人长期统治，印度今天的官方语言之一都是英语，印度还是民主制度，但是它的社会发展却出现种种问题。为什么？埃及古文明是最早的古文明，它今天社会状况紊乱，发展头绪不清，为什么？对自己的传统文化没有彻底清理。中国人由于20世纪初叶不断地反省和清理自己的传统文化，从而在某种程度上扫除了社会转型的思想文化障碍，由此促成中国现代革命运动和改革开放的突进，这都是大家要注意理解的。所以当我们讲传统文化价值极高的时候，请各位记住，它在人类社会演进发展上是一个时间范畴，而不是一个永恒价值。

同时，我们永远不能轻视它沉淀成为"人类文明与文化的基础参考系"之作用。近代以来，讨论中国传统文化频繁地使用两个词汇："糟粕"与"精华"。可没有哪位学者能够真正说清，中国传统文化哪些部分是精华，哪些东西是糟粕。实际上糟粕和精华只能这样看待：大凡你把古代文化拿来直接应用，它表达的都是糟粕；但凡你把它的底层思绪拿来作为人文参考系，它的点点滴滴都是精华。

我举例子。你拿"男女大防"今天来用，不是笑话吗？不是糟粕吗？你拿"以德治国"今天来用，反对"依法治国"，不是糟粕？不是笑话吗？可是你回过头来，以参照系的方式看它，它全都是精华。重德文化是人类生存的基底部，它得不到维护，标志着人类文明的全面危机在思想文化形态上显现。所以我再说一遍，在社会操作层面上，不加分辨地照搬古老文化直接应用，再好的文化都是糟粕；在思想参考系层面上，传统文化的点点滴滴都具有大尺度终极评价的参照对比价值，于是就使它显得全都是精华。——这就是我们对传统文化的看法和评价。

我今天讲孔子，讲了孔子所处的总体时代背景；讲了中国先秦时代的第一次社会大转型；讲了儒学兼具人类原始文化的三大基本要素；讲了孔子文化得以发生的东亚生存结构之温床和土壤；讲了孔子生平简介及其实务型功业评价；讲了孔子学说的血缘内核与守旧力度；讲了孔子思想的历史合理性；最后，探讨了重德文化的基础性参考系意义。

如果你在这个系列上听懂了这节课，你就较好地理解了孔子和儒家学说究竟是什么样的精神底蕴，它的文化内涵是一个多么丰厚的系统。对于儒学、对于孔子文本，从此你有了基本的理解和阅读的导向。

课后答疑

好，我们下面留出时间，大家充分讨论，随便提问。

同学提问：孔儒文化如此强大，为什么没有保证中国社会不动荡？为什么中国社会一直动荡，也没有撼动儒家文化呢？

东岳先生：社会动荡是常态，因为"社会"是最弱化的一个自然结构（参阅《物演通论》卷三）。我课上所谓的社会动荡，是相较于历史发展而言，越高级的社会形态越脆弱、越动荡，越原始的社会形态其动荡度越低，所以根本没有毫不动摇的社会存在。中国社会也同样一直动荡且递进不止，至于为何数千年未能撼动儒家文化，只说明孔儒思想的原始稳定性及其维稳效应之强大。这个问题我明天讲法家课时还会重点讨论。

同学提问：东岳老师，您好！通过您讲西方哲学，我了解到您的《物演通论》的整套理论，很大一部分是建立在西方哲学的这个推理逻辑上面，然后进行的一个论证。但是我们这个课程正好是反过来了，在学西方和东方的同时，我们有五门课是去了解我们自己的国学，只有一节课是学西方哲学，这让我很好奇，为什么我们要花更多的时间来了解我们中国自己的文化？

东岳先生：大家把我的课千万不要当国学课来听，我不是国学大师，我也不是研究国学的专业学者。我说过，我只是研究哲学和人类思想史，把中国传统文化作为其中的一个分支。大家听这个课，一共12天讲座，把它作为文化人类学来听。之所以国学部分偏重，是因为大家跟它比较有亲近感，跟它的思脉比较容易沟通，因此用中国传统文化梳理人类文明，大家在感觉上和理解上更浅显、更通透。我在《物演通论》第三版的封底上说过一段话，在现行第四版的书上没印出来，我说我的哲学体系是运用中国天人合一之理念和西方逻辑思辨之方法构建的。我在前面也讲过，我说递弱代偿原理，也就是我的哲学体系，在我看来是非常简单的，所以在我最初完稿之时，我认为这个理论在西方应该早就被发现了。可我后来长期查索，并没有发现同类文献，为什么？是因为西方人不具备东方人特有的保守论思绪。我的著作并不仅仅是西方哲学的产物，它的思想内核在更大程度上是东方文化基调的产物，只不过由于在表述方式上是一个西方学术的假设证明体系，是一个哲学思辨体系，因此你读起来，觉得它主要是西哲的行文状态。我在讲课的时候，之所以西哲讲少一点，只有两天，而国学课程相对多一点，是因为西方哲学的思路跟我们太不容易契合，因此我只做一个基本交代。如果你对它有兴趣，将来要在课后去建立自己的深研。我如果系统地开展西哲课，绝大多数人是要打瞌睡的，这个课是听不下去的。只要大家听这个课的时候对准这样一个目标，你不是在学国学，你也不是在学西方哲学，甚至我后面再讲的人体哲理、印度佛学，都不是这些课程的学习重点，而是你得把它看成文化人类学，看人类文明究竟是怎么回事，究竟是什么趋势和导向。你以这样的视野和思路看待这个系统讲座，你才能真正听明白每一节课其实在讲什么。

同学提问：东岳先生好！您说我们正处在第二次社会大转型之中，那您能谈一谈第二次大转型的未来可能的方向会是什么样子吗？

东岳先生：我说中国社会第二次大转型迄今还没有完成。因为鸦片战争距现在只有170多年，第一次社会大转型历经300到500年，所以第二次社会大转型并没有彻底完成。第二次社会大转型转什么？从农业文明向工商业文明转型，（此处有删减）从传统文化向未来文化转型，这个转型非常复杂、震荡剧烈。那么它的前景是什么？简单地看，中国今天正在高速工商业化、自由市场化。尽管国营经济仍然占主体，尽管市场化程度并不深彻，但通过百十年革命、三四十年改革就有如此之转进，也确实很不容易。（此处有删减）

同学提问：东岳老师您好！如您所说，道德是维系人类生存的基本规定，而人类的演化是人类社会发展的一个不可逆过程，所以如果要延缓人类的消亡，那么用人类生存的最大尺度来看，是不是应当是文明递演，道德代偿也递进？人类的第一个农业文明道德规范是基于家庭、氏族、部落、国家这些组织纽带下的人不吃人、人不乱伦，那么第二个工商业文明的道德规范，应该是被法律所替代。我在想人类需要建立的未来第三个科技文明，道德是不是应当是更大尺度的基于跨种族和跨地域的人不犯人和仁者爱人这个道德呢？

东岳先生：好，首先我讲"递弱演化"，它有两个含义：第一，进步过程就是危机加剧的灾难化过程；第二，进步过程无可阻遏。这两个含义都在其中。所以我们可以肯定，重德文化是代偿度较低的文化；科技文化是代偿度较高的文化，而代偿度只会越来越高。那么人类未来如果还想寻求全面的生存稳定，如果还想不被自己的文明所消灭，那么人类肯定得以古老文化作为原始参考系，重新建构人类的文化和文明结构，尽管这个进程绝难反动。也就是我讲，老子出现严重弊端，他认为有退路可走。而"递弱演化"讲明，没有退路可走，是单向度演化，所以人类不能走退路，不能从工商业文明向农业文明退行，这是不可能的。用农业文明取代工商业文明来保全人类，永远都只会是幻想。但是人类却可以根据工商业文明暴露的问题，克服自己文化的内在弊端，寻求下一期生存，既不阻断代偿增益，又不至于快速把自己推向灭亡，显然这是未来人类面临的最重大课题，它比今天人类所关心的科学、政治、经济重要得多。因此我在《人类的没落》中讲，一个后国家、后资本、后科学时代行将来临。

同学提问：东岳先生，我听您主要阐述地理环境、农业文明和道德伦理，更像一个道德伦理的指南针和度量衡。我觉得好像有个疑问，就是血缘和血脉之间，我觉得这个"脉"字在这样的一个解释系统里面被忽略了，我不知道是为什么？

东岳先生：听懂我的课，我讲整个孔子文化的核心，就是血脉文化，就是血缘文化的建构，就是拿血缘文化重新组织超血缘社会结构的纽带。我讲孔子文化的力度，最重要就表现在血脉文化这一点上，应该说已经强调得非常之重了。人类今天的文明形态，工商业文明的发展是对血缘社会文化结构的解构，这是非常明显的。今天有谁还会把自己的社会生活局限在血亲关系之中呢？有谁还会讲孝道文化呢？如果今天一个成年人，他养孩子居然是想让孩子帮他养老，我说他一定是昏头了，这你根本做不到了。不但做不到，我们今天看到的是什么？不但过去的族群文化解体、家族系统解体，连核心家庭都在逐步解体。离婚率越来越高，不生孩子的丁克族越来越多，独身主义盛行。人类社会的血缘稀释和血缘淡化进程非常明显。而血缘维系是一个动物群化结构，它实际上表达着最安全、最宁静的社会生存结构。但我希望大家不要受这个课程的影响，不要过后回家去讲孝道文化，不要指望儿女来给你养老。工商业文明，父母只管孩子，孩子只管孙子，绝不管父母。如果你还指望孩子管你，还想在血脉上寻求实际生存效益，你一定要遭遇麻烦。大家听我的课，重要的是听懂人类思想流变的发生原因。在孔子课上，我讲足了血缘宗法礼制文化的内蕴。听懂它，不是要复古操作它，而是要理解它的基底层参考系的含义。

同学提问: 爱因斯坦曾经说过,在未来的知识领域,牛顿力学、相对论以及量子力学都会被修正,统计力学的定律是永恒的,也就是以现在说的统计物理学去补充这些资料。在写《物演通论》书的时候,您是怎么看的?

东岳先生: 我对你说的统计物理学比较陌生,这个问题我回答不了。人类今天高度关注科学的发展,可我认为科学的发展已经走到尽头。人类未来面临的生存问题绝不会是科学发展不够的问题,而是科学发展过度的问题,因此我说后科学时代即将来临。你提的问题由于我对你所说的学科不熟悉,我无法发表意见,如果你在这方面有研究,那么我希望你有所著述,用你的文章来让我理解你的问题,我愿意在这个方面向你学习。

同学提问: 在第二次文明大转型的背景下,我们人类这个整体应该如何寻求个人、社群、组织,尤其是家庭的内部的整顿和外部的适应?谢谢!

东岳先生: 我在讲课的时候说过,务虚者务不了实,务实者务不了虚。我作为一个务虚者,大家在其个人社会行为上向我寻求答案,其实我是毫无办法的。在此我只想说明一点,人类历史上的杰出者,或者历史上的英豪,大多数都是掌握新思想的人。这个例子我举过很多,我的学说作为现代社会的一个新型思想体系,如果你熟悉它,也许会成为你在社会生活中的一个逻辑路标。至于它怎样引发你的思考,怎样成为你生活和行为中的一个指南,这得你根据自己的实际情况来加以消化,我实在是无话可说。我的学说,跟今天的主流文化完全悖反,今天的文化讲竞争、讲发展,全是进步论,人类社会今天的运行方向，跟我学说中所要批判的那个动势完全一致。那么生活在今天这个社会文化大潮中的人，该怎样理解和践行我的学说，我真是一片茫然。因此我在书中讲，我的书是写给后人的，今天的人读它可能反而会给自己带来一些麻烦，为此我向同学们表示歉意！

同学提问：我听完先生今天的课之后有一个感觉，科学时代将会把人类引向快速灭亡。但现在，又觉得是不是下一个时代有可能缓解这种灭亡，并且是通过中国的传统文化解决人类内部的关系问题。我们现在迅速分裂，但是不是可能从中国的传统文化中找到参考系，用以解决，至少是延缓那个衰亡和毁灭呢？这是不是一个方向呢？

东岳先生：你说得很对。我讲中国文化早已经衰落了，我同时又讲中国文化是人类未来思想和未来文明再造的一个重要参考系，就是这个含义。因此中国文化有其价值，但并不在浅近的操作层面上。对于这一点，我在本课结尾专门做了阐述，希望大家在学习过程中务必理解它的糟粕和精华这两个概念的落实面所在。

同学提问：东岳先生，你好！中国目前的家庭状况大部分都是独生子女，和你之前讲的那个西方血缘关系碎片化实际上是很相似的。比如说内地的孩子可能会到沿海去工作，其实父母和小孩之间也是分开的。那么在这样一个像是西方的碎片化的人文结构出现之后，再去继承和发展孔子学说的话，挖掘哪些东西才会更适合这种未来的演变呢？谢谢。

东岳先生：我真的无法回答，我只能说中国社会今天正在进行工商业文明转型，而孔子学说或者中国传统文化是典型的农业文明文化体系，你不能直接在应用层面上照搬它。很多同学问我一个问题：对自己的子女应该怎样教育？国学和西学应该偏重于哪个方面？从孩子的社会生存安全上讲和社会生存适应性上讲，我不得不建议大家，西学为主，中学为辅。因为你的孩子将在工商业文明结构中竞争生存，中国文化是农业文明体系，跟当下这个生存结构的适应度很差，所以学国学、学中国传统文化恐怕不宜作为孩子的主课。但如果孩子能懂得一些中国文化的精要所在，可能对后代未来的发展有利，使得他更有沉重感，更有深度，会起到补益作用，我只能说到这儿。

同学提问：我想问一下人类踏上科学发展这条不归路，还有没有自我拯救的可能？宗教信仰这方面有没有可能？不知道东岳老师推崇哪一个宗教信仰？

东岳先生：关于宗教信仰问题，我会放在佛教课上专门谈。我现在声明，我不信教，任何宗教对我来说都只是人类原始文化的研究素材，而不会构成我的信仰。宗教到底能不能救世，这个话题我们在佛教课上再谈。

同学提问：东岳先生，我问一个问题。作为东岳的学生来讲，我们都学习过递弱代偿的那个公式，它有没有可能会有一个类似于 $E=mc^2$ 或者 $F=ma$ 这样精确的简单公式，来描述我们整个人类以及生物演化的递弱发展趋势，从而把递弱代偿那条曲线画成一个相对标准和符合科学的坐标系。

东岳先生：我在讲课的时候一再讲过，我的学说是一个哲学体系，为什么是哲学而不是科学？是因为信息量不够，代不进去参数，所以是一个对不确定问题的前瞻性研究。而且我也讲过，这个参数将来随着信息量的增大一定会出现，当这个参数逐步出现的时候，我所给出的那个数学模型也一定会有更精确的校正。如果得到这些参数，如果数学模型能够精确落实，它不仅能够计算各生物物种以及人类的存在度和代偿度，以及它们各自在宇宙中的质量及其前景，它应该还能够计算一切物质包括各种无机物的存在度及其整个质量分布。但是我很难把它再称之为科学，因为我认为我的学说的出现，标志着科学时代行将结束了。我再说一遍，未来将是后科学文化占主导的时代，只是我现在说不清楚，将来的后科学文化会是一个怎样的形态。因此即使我的学说有一天代入参数，我相信它也一定不是科学文化的延续和补充。

同学提问：我想问的问题是，你预测的后国家、后资本、后科学的那个时代，会以一种什么样的方式来临？在这个过程里面，作为人类社会的主体，我们每个人能起到一些什么样的作用？

东岳先生：如果读懂我的《物演通论》，应该知道人类未来可操作的余地非常狭窄，也就是说如果递弱代偿法则是一个自然律，人类改动这个自然律的可能性极低，甚至没有这个可能性，这就是后人面临的巨大难题。但若一味地按照这个自然律推进自身的快速发展，它将给人类带来重大灾难，那么我们该怎么办呢？关于这个话题，我以不太自信的方式表述在《人类的没落》这本书中，有兴趣你可以找来读一读，这本书现在出版已经很困难了，只有过去的老版本，在福州无用空间还可以买到。我在这里只想强调一点：人类的一切文明形态、社会行为，包括思想趋势、文化效应，你也得同样把它视为是这个自然律的产物。也就是说，人类对近现代文明的检讨，也是一个自然演化的结果。从这个意义上讲，人类未来必将着手处理这个难题，只不过他会以怎样的方式、怎样的成效来处理这个问题，我们现在说不清楚，我们只能提供一个基础理论，供后人参考，供后人探索。

同学提问：我在读完您的《物演通论》第三卷后，有一个小的问题，但这是我最关心的问题。您在书中提到，社会结构在未来会越来越复杂，结构度越来越高，集约度越来越高，在"大同社会"一节提到，自主属性逐渐分化之后会分化到每个个体身上，个体与个体之间的转化效率或者可替代性变得越来越高，那么制度与个体之间的大同是否产生了矛盾呢？或者说我的理解有一些错误？谢谢先生。

东岳先生：这里的关键是你得理解"结构度"这个概念，我在书里讲，人类社会只不过是自然结构化进程的终末代偿形态。粒子结构、原子结构、分子结构、细胞结构、机体结构、社会结构，它一脉演化，层层叠加，呈现越来越复杂的趋势；同时随着分化率的进行性提高，结构系统也变得越来越脆弱、越来越动荡。这两者一点都不矛盾。把结构度这个概念搞清楚，把结构度和分化度的关系搞清楚，问题就可以化解。我现在说不清是在哪个章节，我曾专门讨论了结构度和分化度的关系，就是结构分化度的左倾化和右倾化的问题，把这些篇章拿出来读一读，或许有助于理解这个问题。

同学提问：我这里有一个问题。东岳先生讲这个课的时候一开始讲了，法制的出现是人类发展的一个退步，也不用羡慕西方法制方面发达的一些国家。但是我就有一个疑虑，我们经常去到一些发达国家，看到人与自然、人与动物和谐相处，他们违法成本相当高，青山绿水。而在我们东方文明的古国，空气、水、食品方面的问题越来越严重，心里有一种焦虑，提出依法治国，未来的路到底怎样走？以后人类的发展，到底是道德维护人类，还是法律维护人类？法制的出现到底是推动我们人类的进步，还是如您所说是一个退步？我心里有些困惑。谢谢东岳先生！

东岳先生：我觉得这个部分你理解错了。我一再讲，法制社会是进步的产物，不是退步的产物，所以人类走向法制社会是一个必然。我只是在讲法制社会是人类道德沦丧的同一过程，是孔子所描述的"民免而无耻"的时代，我这个说法一点都不错。你仔细想想，它是进步的产物，还是退步的产物？所以我在最后也讲，今天以德治国纯属幻想，你今天只能进入法制社会，甚至将来法制还会越来越细密，但你绝不会因此而获得生存优势。西方青山绿水是怎样得来的？它是把污染产业转移到新兴国家之后的结果。中国今天要想治理环境，污染企业就得压缩，往哪儿压缩？一定往更落后的国家和地区转移。所以，不做情境评价，不局限于小范围，做大尺度终极评价才是关键。请注意，我的讲课里面，绝没有反动的含义，我的学说恰恰是在讲，为什么你想反动都反动不成！请大家千万理解这一点。

同学提问：提一个关于《物演通论》的问题，您曾经也讲过，任何一个哲学家的理论，除了他的公设以外，还有一些暗含假设，比如欧几里得的几何学暗含着世界是平面状态。《物演通论》中除了衍存区间的有限设定，以及书中提到的存在一开始就不完美和无论如何都不至于一无所有的假设之外，是否还有某些重要的暗含假设？或者《物演通论》里面的逻辑极点是什么样的情况？

东岳先生：我给出了一个假设证明系统，我力求在逻辑上严谨一些，因此我说，从数理逻辑上讲，存在度最高只能"趋近于1"，存在度最低只能"趋近于 0"。这个说法可能暗含着某种更深在的底层支配要素，可能比熵增定律、质能方程、进化理论等这些现有的科学观念更深入，这个问题我现在说不清楚。我只是讲，宇宙万物弱演而成，且都只在一个非时空的有限衍存区间内存在，而人类是其右侧失存临界线边际的一个物种。至于人类未来在这个临界线上怎样存在，怎样求存，这个话题在没有具体参数代入的情况下，我无法给出细节描述。这也许是后人可以研究清楚的。

同学提问：我的问题是这样，就是从人类文明学的角度，您如何看接下来我说的这样一个看似自相矛盾的问题？它矛盾的第一方面是说中国这种儒家文明，本质上是并不支持工商业文明的，就是所谓的这个农业文明的儒家文化，它其实是反工商业文明的，工商文明是另外一个极端。但另一方面，过去 40 年，中国的工商业，或者至少它物质文明的进步，在人类历史上是几乎没有的成绩。您从人类文明学的角度，您怎么看这看似自相矛盾的两件事情？谢谢！

东岳先生：不矛盾啊！我觉得中国现在正在急速地进行工商业文明转型，因此它的物质缔造量、财富缔造量非常之大，它正是这个急速工商业文明转型的结果。我在课程的最后专门讲，中国在 20 世纪初叶，以"打倒孔家店"的方式对传统文化的加以清理，是中国近现代社会转型相对来说还算在传统古国中比较成功的原因。（此处有删减）所谓 40 年的快速发展，甚至超过西方的速度，这里面有一个误解需要澄清，就是你不是开创者，你是学习者，你是追随者。学习别人，和在最前端探路，难度是完全不同的，因此中国在模仿和学习西方的过程中快速突进。中国人千万不要为这件事情骄傲，因为你是拿别人现成的东西在运用。所以我在《人类的没落》里讲，中国今天的社会转型是在工商业文明从上升支走向下降支的时候，也就是工商业文明要给人类带来负面效应的时候，中国跟上去了。从长远的角度上，它未必是中国的福音。从眼下看，我们获得了某些收益，从长远讲，它会给我们带来什么损害，还有待未来重新评估。建议你读一下《人类的没落》。

　　好了，我们今天的孔子课到此结束。

法家专论与国学的社会落实

开题序语

我们今天讲法家。

由于在先秦诸子百家之中，后来对中国社会的生存与发展造成最大影响者，当属老子、孔子和韩非子，因此我们把法家设为一个专题讲座。法家的发生过程，早期只是一个政治操作，直到战国末期才被韩非子总结为一个理论体系。因此我们今天的法家课分两部分讨论，前半部分讲法家政治实操，后半部分讲韩非子法论体系。

法家的出现标志着儒家学说退为背景，正如儒家学说的出现标志着老子学说退为背景。这句话什么意思呢？

我们前面讲"老子"一课提到，老子的学说主张回归小国寡民，回退到人类原始氏族社会之中，回退到文明发生以前的生存状态。这到春秋时代显然已经成为断崖，世人皆知此路不通。因此老子学说尽管最接近于终极追问，却只能作为一个理念背景，铺排在中国社会诸子百家学说的底层。

孔子学说明言"吾从周"，他是对东亚文明社会及其封建政治体制高度确认的，他是积极参与到东周列国的社会改造运动之中的。尽管他也主张回退到西周早年周公旦制礼作乐的时代，但他毕竟承认了文明发展的既成事实。

我讲过，孔子学说是对西周早年周公旦制礼作乐的理论化整顿。

我也讲了，所谓"礼"，是指"尊尊而亲亲"的社会法统；所谓"乐"，古籍原文谓之"乐者，通伦理者也"，也就是说"乐"绝不仅仅是简单的音乐，而是指大型社会祭祀活动及其乐章，表达的是意识形态的宣示。孔子对礼制文化加以系统的理论整理，学说的核心是"尊尊而亲亲"。这个看似人为的理性系统其实是动物血缘社会的直接继续和传承。什么意思？大家想想灵长目社会，猿猴们也得处理群落内部的血亲关系，使之安稳而和谐，它们怎么处理？首先就是"亲亲"，即亲近有亲缘关系者。在灵长目社会中，猴子互相之间梳理皮毛，帮捉虱子，所为何来？无非是联络亲族感情而已。再下来是"尊尊"，即尊重有尊位者。猴子社会、猿类社会，也照例服从和敬重有权力的血缘族长，这就是猴王。可见"尊尊而亲亲"是典型的动物血亲社会的自发格局或自然秩序。"礼制文化"被表达为"尊尊而亲亲"，明显是在继承这个动物社会固有的、温和的，后来被理性化地表达为"以德治国"的旧有结构。它的基本特点同样是柔情脉脉，且尊卑有序，旨在借助于这种群内压抑关系以抹平竞争。

但是随着农业文明的高度发展，到先秦、春秋时代，人口大规模发展，阶级层次分化，人际关系和资源关系逐步趋向紧张化，人类社会的竞争越来越激烈，甚至可以说是越来越恶化，于是法家由此开始崭露头角，强硬地竖起"依法治国"的大旗，于是主张"以德治国"的儒家学说因其太过柔和，也随之而退为底色背景。

由于法家学说从根本上展现了人性基层的一个极为黑暗的参考系，展现了人性深处的重大劣根性，因此我们很有必要对它加以研究，对它给以考察，对它予以了解，以便于我们就人类文明社会本身的内质状态以及发展前景有更深远的展望。

法家学说的核心在于"集权法理"，集权体系的轴心在于"王侯统治"，为此我先解释一下甲骨文中的"王"字。"王"这个字，孔子曾经给它做过一个注解，他说上面一横代表天，下面一横代表地，中间一横代表沟通天地的人，那一竖之笔划就代表沟通天地，这就是著名的"三才说"。可是在甲骨文中我们找不到这个符号形象，显然孔子解错了。我们在甲金文中见到"王"字的最早样态是这样的，大 大（甲文）王（金文）王（小篆）王（楷体）。这个图形画的是什么？画的是一把斧头，斧头意味着什么？意味着可以斩杀内部自己人的权力，享有这种权力者叫"王"。可见当人类文明社会进入到三皇五帝以及尧舜禹王制时代，暴力管控已逐渐凸显为人类社会内部结构的一个重要工具。

大家还要注意"法西斯"（拉丁语 fasces 的音译）这个词的原本概念，它绝不是第二次世界大战中流行的那种说法，它最初是源自古罗马执法官的权杖之名称。古罗马时代出现了在一束棍棒中间加持一柄斧钺的权杖，这个权杖的名字叫作"法西斯"。它标志着在东西方同时出现以暴力方式管控人类的意绪。"法西斯"的原意表达或象征的是领袖至上、国家至上、权力至上、暴力至上，它是这样一个文明结构的产物。因此王制、法西斯体制，表达的是人类从"以德治国"进入"以法治国"——严刑峻法管控社会的新阶段。

法家的起源与史迹

中国的法家最早发生在春秋中晚期，跟孔子大致同时代，孔子之所以强调"以德治国"，就是想对抗"以法治国"的苗头。《左传》上有一句话："昔先王议事以制，不为刑辟"，是什么意思呢？要知道在人类文明化早期乃至之前，人类血缘社会族群中从来没有严刑峻法，社会管理模型是这样的：血缘族长，即母系社会时候的老母亲、老祖母，父系社会时候的老父亲、老祖父，就是这个族群的管理者。族人遇到任何问题，由族长把所有成年人召集在一起，大家共同协商讨论处理社会问题，这叫"先王议事以制"，这叫"不为刑辟"。没有任何暴力管控，没有任何严刑峻法。到春秋时代中期，这种局面显然难以为继。

此时私有制早已全面兴起，土地私有化更是普遍发生，史书有云"坏井田，开阡陌"。我在老子课上讲过"井田"，它实际上是原始氏族社会公田的残余保留，到周代，至少还保留九分之一的公田。那么到了春秋中末期，井田制大抵完全崩坏。所谓"开阡陌"，就是以垄沟为界把公田分割为私田。于是地主阶层问世，不同阶级紧张对峙的局面出现，同时各国政治格局也相应复杂化，"刑上大夫"的社会转型开始发生。《左传》记载，昭公六年郑人铸刑书。所谓"郑人铸刑书"，是指郑国宰相子产第一次以青铜器上铸造铭文的方式建立文字法，这叫"铸刑书"。子产的立法内容，他的《刑书》现在已经失传了。

那么我们看一下子产在郑国首先立法，社会上是一个什么反应？先秦时候有一个民间歌谣集子《舆人诵》，里面有这样一首诵词："取我衣冠而褚之，取我田畴而伍之，孰杀子产，吾其与之。"这个歌谣是什么意思呢？它讲，子产以财产税的立法方式剥夺了我的家产，以土地税的立法方式剥夺了我的地产，如果谁能杀掉子产，我愿意舍弃一切帮助他、追随他。这表明，最初进入以法治国的严峻时代，突然破坏了上百万年以德治国的柔和生态，不免遭到底层民众的强烈反感。可是我们在《舆人诵》歌集的后面，又见到了另一首诵词，这个歌谣应该与前面的歌谣相距不出若干年之差，情形却为之一变。它这样说："我有子弟，子产诲之；我有田畴，子产殖之；子产而死，谁其嗣之？"意思是，我有儿女，都希望交给子产来教海，我有田地，该种什么庄稼都希望得到子产的指导，如果子产死了，谁来继承他的事业？我们会发现，这个时候在同一本《舆人诵》集子中，对子产立法的评价产生了明显拥戴的情绪。它表明法制社会的出现是一个必然，而且是社会紧张度高涨以后的一个恰当有效的调节方式。

《左传》又记载，昭公二十九年晋人铸刑鼎。即于郑人铸刑书之后23年，晋国也开始立法。大家知道在一个青铜器上铸造文字，一般最多超不过三五百字，可见人类早年的法律条文是非常简单的，只是纲领化的规范。人类的法制法条是随着社会结构复杂化或社会道德沦丧化之进程而变得越来越繁多，终而至于约束到每一个人的每一项生活细节。晋人立法标志着法制操作在中原大地上开始普遍推行，也标志着文明社会的失稳失序状态全面展开。孔子因此哀叹："晋其亡乎，失其度矣。"他说，晋国要灭亡了，因为它管理社会的方式失掉了分寸。可见孔子对法治社会取坚决抵制的态度，并且认为严刑峻法的暴力管控是对人类文明社会的戕害。

孔子的这个说法对吗？错一半，对一半。首先，晋国后来灭亡并不与晋国立法有直接因果关系，从这一点上讲，孔子所言失当。但自从人类进入法治社会，从此社会稳定度降低，社会紧张度增高，社会内在矛盾和内部竞争全面爆发，一切文明秩序从此进入剧烈的颠簸失衡状态。从这一点上讲，孔子的说法和哀叹又可谓其言不虚。

法家虽然在春秋末期兴起，但法家作为一个政治实操体系，真正深入落实在社会管理中，是到战国时代才规模化启动。大家知道所谓战国时代，是指架空了晋国国君的韩、赵、魏三家最终瓜分了晋国，然后成立韩、赵、魏三国，并在公元前403年被当时的周天子确认，以此划线，战国时代来临。那么魏国因此是战国时代的一个新生国家，它的第一任国君名叫魏斯，也就是著名的魏文侯，魏文侯起用了一个重要法家人物作为他的重臣，这就是李悝，史书上有时候也把他写成李克。

有关史书记载，李悝和魏斯可能都是子夏西河学派的弟子。子夏是孔子的学生，孔子逝世以后，子夏建立西河学派，该学派较早表达出"礼制"与"法制"的融合并举，也就是在礼制文化中崭露法制思想的萌芽，它最终成熟壮大于荀子学说之中。那么李悝因此成为中国战国时代厉行法家操作和法家理论建设的第一人。由于李悝重农行法、奖励耕战，导致魏国在战国初期成为所有诸侯国中最雄强的一国。李悝在魏国首倡变法，著作有《法经》，是第一部以典籍形式达成理论框架和详细条目的法论著述。这本《法经》后来散佚了，我们现在对《法经》的了解，只能通过《商君书》和《韩非子》的部分文章以及其他有关史料间接获知一二。

李悝推动在魏国的变法，他施行了这样一些政策。首先叫"尽地力，善平籴"，什么意思呢？就是大力推动农业发展，采取重农主义政策，鼓励开垦荒地，鼓励精耕细作，这叫"尽地力"。所谓"善平籴"，中国古代有两个词，一个叫籴，写法是上入下米，一个叫粜，上面一个出底下一个米。什么叫籴粜？就是法家实行保护农业的政策，在丰年粮食价格下降时以平价购入谓之"籴"，在歉收年节粮食价格暴涨时以平价售出谓之"粜"。那么较早建立这种平抑农业生产波动之政策者，就是李悝，有效地保护了农业生产体系。

然后李悝建立赏罚分明的制度法律，废世卿世禄制而选贤任能。我前面讲过人类早年都是世袭制，只有贵族能够参与社会管理，能够做官。李悝最早在魏国废除世袭制，选拔贤良，按能力擢升人才，这使得魏国骤然强大。李悝当年采取了相当多的具体办法，我们在这里没有时间做详细介绍，我只举一个例子，大家看看他做到何等细节。他有这样一个奇怪的规定，凡是在诉讼场上被告原告的官司纠缠不清怎么办？双方举行射箭比赛，谁箭射赢了谁赢官司。他在干什么呢？鼓励民间训练兵战。由于这个原因，魏国在战国初期是整个中原各诸侯国之中实力最强大的国家，可谓七雄之首发者。李悝为相期间，重用了另一位重要人物，这就是吴起。一说起吴起，大家首先会想到他是一个兵家人物，其实吴起是一个重要的法家人物，我们下面简单介绍一下吴起。

吴起原本是卫国人，在卫国犯下杀人罪行而逃亡到鲁国。吴起这个人喜欢谈兵论战，因此被鲁君看重，想用他为将军。有大臣谏言反对，说吴起的妻子是鲁之宿敌的齐国人，难保他没有异心。吴起闻之，居然回家杀掉了他的妻子，从而获得鲁国将军的任命，这就是著名的"杀妻求将"的典故。吴起当年率领孱弱的鲁国军队打败过齐国的进攻，显示了强悍的统兵作战能力。因此在中国古书中，你只要见提到"孙吴之学"，"孙"就指"孙子"，"吴"就指"吴起"，"孙吴之学"就指兵家之学。

由于鲁国毕竟是儒学兴盛的礼仪之邦，吴起杀妻求将这件事情也实在过于缺德，他终于被鲁人排斥，不得已流亡到魏国，为李悝所延揽。吴起与李悝一起在魏国开创了最早的"魏武卒"选拔制度，建立了强大的军事机器。吴起这个人用兵颇具谋略，而且爱兵如子，致使魏国军威大振，天下无敌。他举兵进攻秦国，秦国当年根本不是对手，吴起带领魏军攻破函谷关，接着攻陷潼关，一路进抵关中平原，最终逼迫秦国割让整个西河之地归魏国所有，这就是著名的西河郡。这片失地，直到商鞅变法九到十年以后，秦国转而强盛，商鞅领兵打败魏军，才重新收回。为此秦孝公把其中的商洛之地名义上分封给卫鞅，卫鞅从此才被称作商鞅、商君。可见吴起军事能力之强。

吴起带兵身先士卒，爱兵如子。史书上有这样的记载，说吴起看到一个士兵受伤，伤口溃烂化脓，于是俯身为这个伤兵吮脓，其母听闻，嚎啕大哭。有人问其缘故，这位母亲说，儿子他爹当年从军打仗，受伤以后吴起就亲自用嘴为他吸脓，他从此不顾死活地为其卖命，最终战死沙场，今天他又为儿子如此疗伤，看来吾儿命不久矣。我们从这件事情可以看出吴起带兵用心之深。

吴起在魏国屡建奇功。李悝逝世以后，吴起自认为他最有资格继承相位，结果无着，下一任宰相是田文，吴起为此还忿而找过田文争论。田文之后仍没有轮到吴起，第三任魏国宰相就是著名的公叔痤。公叔痤登上相位，心里多少有点不安，于是接受他的一个门客的建议，面见魏王进言，说吴起原不是魏国人，非我族类，其心必异，君欲继续重用之，就应将公主赐嫁给他，以收其心，倘若吴起接受就证明此人可用，否则即须提防。此时的吴起正因杀妻求将而独身，是钻石级王老五，这个主意可谓恰到好处。公叔痤言毕出宫，回身就请吴起到他家做客，并嘱咐夫人，让她公然在宴席上羞辱自己。公叔痤的夫人就是魏王室的公主，结果给吴起留下了很坏的印象，认为公主骄悍，不可为妻。因此当魏王后来跟吴起谈要许配公主的时候，吴起断然拒绝。公叔痤就用这样卑鄙的手段把吴起赶出了魏国。

说到这里，我不得不提一桩史实。由于魏国是变法最早的国家，也是战国初期最强势的国家，因此它对当时中原各国士子具有巨大的吸引力。当时魏国集中了许多人才，包括后来的商鞅、张仪、范雎，这些人原本都在魏国厮混，但最终却从魏国流失。魏之衰败，与其嫉贤妒能、人才尽失恐怕不无关系。

吴起因此流亡到楚国，被楚悼王重用。他初时担任楚地之宛郡守，也就是一个郡的长官，一年后升任令尹，也就是楚国宰相。随后吴起开始在楚国变法，转身为法家政治人物，而不再仅仅是兵家人物。他"明法审令"，开始建立法制；"减爵禄"，对原有贵族的地位和财产加以抑制调整。因为如果要在一个国家行新法，贵族集团一定是抵触和抗拒的，因此吴起不得不先行削弱既得利益集团的势力。他怎么做呢？采取"三世还田"的策略。就是贵族占有的土地只能继承三代，三代以降收归国有，从而削弱贵族的发展。再有一项措施叫"卑大臣"，也就是贬斥流放世袭重臣，把他们远迁到楚国边荒之地，以免他们搅扰新政。大家一听就明白，吴起的变法一定引起楚国贵族势力的强烈反感。他接着"整吏治"、"塞私门"，就是着手整理国家官制，不允许沿用承袭制，不允许私自售官这样的情况发生；"罢无用"、"任贤能"，贯彻选贤任能的用人制度；"励精耕"、"养军训"，像李悝一样在楚国发展农耕，同时奖励兵战，用足财政盈余以建立更大规模的军事力量。

楚国处于长江中下游领域，在春秋时代也算得大国，因为它地域广阔，在所有诸侯国中可以说是面积最大的国家。但是在春秋时期以及战国初期，它很少真正成为持续强盛之国。原因我在第一节课中讲过，自然物候条件太好的地方起初不利于农业文明的发展。因此楚国虽然地域广袤，但是人口偏少，基本上还是部族制的状态，其经济基础和战时动员之力量都很薄弱。

吴起到楚国厉行变法，使得楚国快速强盛。《史记·孙子吴起列传》中记载，吴起变法仅一年有余，楚国就强盛到这样的程度，司马迁原文描述："于是南平百越，北并陈蔡，却三晋，西伐秦。诸侯患楚之强。"就是说楚国往南征服了百越，也就是岭南地区，包括当地大量的蛮族部落，往北进发兼并了陈国和蔡国；打败了魏国联军，同时向西讨伐秦国，一时气势无两，威震四方，令当年的中原各国深怀畏惧之心。

但是吴起的运气很不好，他在楚国变法不足六年，楚悼王突然暴病而亡。楚悼王一死，楚国贵族集团立即反叛，带兵冲入楚宫，乱箭射杀吴起。史书上记载，说吴起死后都能够消灭他的政敌。此事是指叛军攻入楚宫，吴起无处可逃，于是俯身在楚悼王的尸体上，叛军乱箭射来，既射杀了吴起，也射中了楚悼王的尸体。按楚律规定，伤及王身者族。后来楚悼王之子、下一任楚君楚肃王，把七十二家领导反叛的贵族全部斩灭，这就是吴起死后都能够消灭政敌的故事。

吴起在楚国的变法至此正告中断。说起来，楚国地大物博，如果变法成功，那么楚国是最有资格首先统一中国的国家。要知道法家学说虽然发生在中原文明五国，但是它真正落实，仅限于相对落后的蛮族之国。因为它的法论太苛酷了，做法太残忍了，中原文明五国根本无法施行。这就好比马克思主义发生在欧洲核心地区的德国和英国，但是欧美各国却决然无法采纳，结果让它偏偏跑到了东方落后国家大行其道是一样的道理。当年如果吴起变法成功，楚国作为南蛮子，有望把这个变法运动进行得十分深彻。吴起变法要比商鞅变法早，因此楚国的强盛也要比秦国来得早。如果吴起运气好，变法能够持续，那么楚国很有可能取代秦国而成为最早统一中国的诸侯国。

吴起变法纵然失败，史书也有这样的记载，说"楚有三户，亡秦必楚"。意思是楚国哪怕只留下三户人家，终将灭掉秦朝的也是楚国，后来事实证明果然如此。大家知道秦始皇统一天下不久，反秦战争爆发，秦朝随即覆灭，被谁灭了？被楚人灭了！项羽、刘邦都是楚人。所以严格意义上讲，大汉王朝其实是楚人建立的王朝。关于吴起我们就简单讲到这儿。

商鞅身世简介

我们下面重点讲商鞅变法。

商鞅原名叫卫鞅，也叫公孙鞅。从这两个名字上就应该可以看出，商鞅原本是卫国人，而且是卫国公族子弟。我顺便讲一下卫国，可以说，春秋战国时代文采最盛的两个国家，一个是宋国，另一个就是卫国。为什么我要特别讲一下这两个国家，是因为中国先秦诸子百家里重量级的思想家、学问家以及名动天下的士子豪杰，大多出自这两个国家。

我们先看宋国，我前面讲过，《周书》记载"惟殷先人，有典有册"，就是说只有殷商之人当年才是有文化的。武王灭商以后，曾在朝歌之地专门给殷人建立了一个封国，这就是殷国。而且任命殷纣王的儿子武庚作为殷国首领。武王刚一逝世，武庚联合管叔、蔡叔、霍叔，也就是武王派驻在中原地区监督施政的三个弟弟共同发起叛乱，史称"三监之乱"。周公旦率军扫平叛乱，斩杀武庚，囚禁管蔡，然后把当年的殷商贵族遗民另迁一地，就是今天河南商丘之地，另立一国，这就是宋国。由于宋国是殷商贵族遗民的封国，因此宋国文风茂盛。先秦时代最重要的思想家老子，我前面课里讲过，他很可能是殷商移民，而不是楚国人；再如孔子，我也讲过，其祖上是宋国人；墨子，曾任宋国大夫，多数学者认为他是宋国人；庄子，无疑义的宋国人。大家看，重量级的学术思想型人才，大都出自宋国。

第二个特别值得一提的就是卫国。卫国是武王克商以后的首批封国之一。武王最初建立分封制，共有 71 国，分两部分，一部分叫封国，一部分叫服国。所谓"封国"，就是武王的血亲和重臣，多为姬、姜两姓的封国；所谓"服国"，就是夏商两代原有的大部族，保留下来且臣服于周王室者，比如陈国就是舜的后裔，比如杞国，杞人忧天的那个杞国，传说是夏的后裔，这都是服国。武王起初分封的时候，把殷商繁盛的中枢之地，也就是今天安阳周边的那一片地方封给了他最亲爱的小弟弟康叔，康叔因此对卫国后来的影响很大，他一味坚守武王初创的封建制度，绝不允许发生任何变革，康叔后代在卫国执政，亦取全面保守态度。但毕竟此地是首屈一指的文化重镇，这是第一点；第二，我在前面讲过，孔子55岁被罢官，由于他的一个著名学生子路的妻兄在卫国做高官，因此孔子周游列国，最先进入卫国，而且在卫国逗留时间较长，四进四出，长期办学，于是在卫国收留了一批重要的后续弟子，包括子夏在内，因此导致卫国重叠了第二茬文脉，也因此缔造了卫国独特的实用型人才。大家看卫国出现的人物：李悝，卫国人；吴起，卫国人；卫鞅，卫国人；吕不韦，卫国人；有学者认为鬼谷子有可能也是卫国人，而孙膑、庞涓、苏秦、张仪都是鬼谷子的学生。我们会发现卫国真正是人才辈出之地。但由于康叔及其后裔过度保守，导致卫国坚拒变革，这些杰出人才在卫国无法伸展，于是纷纷出走另寻舞台。这就是卫鞅从卫国来到魏国的原因。

卫鞅，又名公孙鞅，是卫国公族子弟，也就是卫国国君这一脉的高贵血胤，但他却把自己的身段放得很低，居然投奔魏国宰相公叔痤门下做一个食客。大家知道战国时代，各国贵族有养食客的习惯，最著名的就是战国四公子——平原君、信陵君、孟尝君、春申君，他们豢养食客最多竟达三千之众。我们今天的大量成语，像鸡鸣狗盗、狡兔三窟等，都是来自于这些食客的故事。那么卫鞅来到公叔痤门下，被委任为相府中的一个小官，官名叫中庶子。公叔痤每次上朝以前，要跟他门客中能力较强、学识较广的人商讨国政，以便于他能在朝堂上进言有据。他后来发现这些门客中最年轻的卫鞅，每次看法都与他人别然不同，而事后又能够证明，唯独他的见解深刻而实在，这使得公叔痤对卫鞅刮目相看。

不过，位高权重的公叔痤从来不把卫鞅推荐给魏王。直到公叔痤老迈将死之时，魏王来探望他，卫鞅的命运才见分晓。这个魏王就是著名的魏惠王，后来也叫梁惠王。我先简单说一下魏惠王，这个人在历史上太有名了，尽管他实在是一位昏君。他之所以后来又叫梁惠王，是因为流失卫鞅、秦国变法之后，魏军战败而丧失西河郡，威胁到魏国固有首都安邑，迫使魏国不得不迁都大梁，也就是今天的开封一带，从此魏惠王亦称梁惠王。那么魏惠王的名气为什么如此之大？全出于附庸风雅之举！魏惠王当年广泛结交和善待当时的文人诸子，你读一下孟子的书，大量的篇章都是孟子跟魏惠王见面时的对话，你读一下庄子的书，也有跟魏惠王的面谈。魏惠王甚至聘请著名一子惠施出任当国宰相，惠子是庄子的好友，《庄子》书中多见二人之辩。诸此事由，竟致魏惠王名垂青史，可见附庸风雅还是颇具远效的。就是这位魏惠王前去探视公叔痤，他问公叔痤，你百年之后谁可以继承你的相位？公叔痤回答，卫鞅！魏惠王大吃一惊，当时卫鞅名不出相府，世人根本不知道卫鞅是何方神圣，突然提出让此人继任国宰，岂非儿戏？！魏王认定公叔痤老糊涂了，故不予理会。公叔痤一看不行，肃然再谏，说如果我推荐给你的这个人，你不肯重用，请你务必杀了他，千万不敢让他出走外邦。公叔痤这个人很有意思，魏王一走，他回身就把卫鞅叫到床前，对卫鞅讲，我向魏王举荐你，看来魏王无意采纳，我已建议魏王杀你，请你赶紧逃跑。

公叔痤这个做法其实是很妥当的，他为公为国家，把该说的话说尽了，为私为朋友，把该说的话也说到了，余下的后事，则全看彼此各自的造化。结果卫鞅纹丝不动，一如往常。公叔痤死后，其他门人就问卫鞅，说主公临终时让你逃跑，你为什么不走？卫鞅说了一段话足见其智慧，他说如果魏王根本就瞧不起我，不任用我，他也就一定不屑于杀我，因此我根本没有人身安危的问题。果然魏惠王把卫鞅是谁早就忘在脑后了，于是卫鞅优哉游哉来到秦国。

我们下面就来看一下秦国的局面。此时的秦国一派衰败之象，其新任国君是秦孝公，他的父亲秦献公可能是在诸侯战争中受伤而亡的。秦国当年遭到中原各国严重挤压，形势不容乐观。大家要知道秦国的颓废在史书上是有明确记载的，我前面讲过，春秋时代，秦穆公曾经几乎做过一次春秋小霸，但秦穆公之后，《史记》明文记载，竟有连续十四位后继君王堕落而昏愦，司马迁原话"君臣乖乱"。所以到战国初期，秦国已经岌岌可危。

秦孝公21岁继位，面对着严峻的大国竞争压力。史书上记载了这样一件事情，说孝公元年，六国召开盟会，中原五国加上楚国一并出席，居然不邀请秦国。史书没有记载这次盟会讨论的是什么问题，但秦国上下一片恐慌，认为该会之所议就是商讨各国怎样瓜分秦国，可见当时秦国国势之危。秦孝公在此重压之下，发出著名的"招贤令"，意图广纳天下俊杰。《史记·秦本纪》录其片段："宾客群臣有能出奇计强秦者，吾且尊官，与之分土。"意思是说，凡是能出奇计使我秦国变强大的人，我将委以高官，并愿封土与之共享。

卫鞅就是在此招贤令的感召之下来到秦国。当年赴秦的各地士子人数很多，卫鞅只是名不见经传的其中一员，他怎么能够得到秦孝公的青睐呢？史书记载商鞅走了一个孝公嬖臣的后门。所谓"嬖臣"，要么是指宦官，要么多指为君王取乐的弄臣。商鞅竟然走这样卑下的门路，一定要见到孝公。《史记》记载他与孝公面晤三次，第一次不欢而散，孝公听得直打瞌睡，第二次孝公勉强听得下去，商鞅又一再求见，第三次两人相谈甚欢。此后二人密切配合，商鞅变法由此开始。

商鞅变法述略（一）

商鞅能够在秦国变法，当然主要功劳应归于秦孝公。商鞅只是一介客卿，他在秦国没有一点儿政治势力，而任何变法一定触动秦国原有贵族集团的利益，一定造成贵族集团的反扑，全凭秦孝公一肩扛住，这才能让商鞅在下面安然持续变法，显然孝公承担着极大的政治风险和压力。

而且大家要知道，政治合作是非常困难的，因为利益太大了。普通老百姓的亲戚或朋友关系很好处，可你一旦做企业、办公司，参与其间的亲朋关系最终绝大多数会崩坏。为什么？利益太重，利害关系太敏感，因而人际关系特别容易破裂。试看政治合作，利益关系更加重大，故此历来难以持久。然而卫鞅与孝公竟然亲密无间，合作数十年而不辍。商鞅这个人运气很好，孝公尽管承担巨大压力，44岁就病逝，但毕竟陪伴商鞅变法持续20年以上。孝公一死，商鞅立即被贵族扑杀，下一任国君秦惠文王虽然车裂了商鞅，但是商鞅变法积重难返。秦惠文王深知商鞅变法的成效与价值，延续其政，不使损毁，历经后面六世君王之推行，到秦王嬴政终于统一天下，从此号称始皇帝。所以我们可以讲，秦王嬴政一统六合，建立大秦帝国，此项开创性功业其实奠基于商鞅变法。

商鞅行事有两个特点：第一，一心变法，不考虑个人安危；第二，不照顾人事。大家知道一般的政治家，首先要长袖善舞、八面玲珑，也就是要能够把人事摆平，可是商鞅例外，无所顾忌。我举个例子。

商鞅变法早期，立即触犯贵族，由于秦孝公强行变法，贵族不敢明里反抗，于是撺掇秦孝公唯一的儿子太子嬴驷、也就是后来的秦惠文王违法作祟。商鞅立即予以追究，太子年幼不受刑罚，他便转而追究太子傅和太子师的失教之责。太子傅公子虔，太子师公孙贾，二者都是颇为强势的人物。公子虔据说是秦孝公的同父异母哥哥，还是秦国的贵族领袖兼军事首脑。太子犯法，商鞅追查不懈，惩戒师长，公子虔不服，有相应的反抗举动，商鞅进而追加罚则，居然施以劓刑。鼻字右边加一个立刀，就是割掉鼻子的酷刑。大家想想，孝公绝不可能长命百岁，孝公一死必是太子继位。而太子师、太子傅，又是太子最亲近的幕僚，商鞅公然动刑并羞辱太子之侧，岂不是硬生生自绝后路吗？这就是商鞅的行事风格——锐意变法而罔顾其他！

不过我这样讲，大家可千万不敢认为商鞅是一个鲁莽之徒。民国时期的著名学者梁启超，曾经说中国历史上仅有六人堪称政治家，换句话说其他人都只能叫政客，而这六位政治家之一就有商鞅。要知道秦始皇建立帝制以后，中国光是皇帝就不止三百多位，加上历代名臣至少有数千之多，如果把先秦时代人才茂盛、群星灿烂的那些个诸侯国君以及从政诸子都算进去，国史上有分量的政治人物，应当不低于上万之数。而梁启超竟然认为在中国历史上只有六个人能承担得起政治家的称号，其中就有商鞅，可见商鞅绝非等闲之辈。

我举一个例子。商鞅变法初期，他在秦国当时的首都栎阳南门立了一个木橛子，也就是立了一根大木头。我先讲一下栎阳，秦国原来的国都在"雍"这个地方，也就是今天陕西关中西部的宝鸡、凤翔一带。由于秦国腹背受敌，前面讲中原各国包括魏军不断从东面进击它，另一方面西戎蛮族时常从西面袭扰它，所以到秦献公即孝公之父在位时，他不得不把自己的战时首都迁到关中中部偏东的地方，大约离今天的临潼骊山不远，建立一个很小的城池栎阳作为临时首都。至于商鞅变法成功以后另建秦国大都咸阳，那是后话。那么在栎阳小城南门，商鞅命人竖一木椽，然后公告民众，任何人把这根木头由此扛到北门，立赏十金。先秦时代的金不是黄金而是青铜，但一金的财富量相当于一户农家一年的总收成，十金相当于农户十年总收成，是难得一见的发财机会。可是所有民众围观窃议，却不为所动，因为这件事太离奇了，同时也说明秦国政府的公信力大成问题。商鞅当即提高赏额至五十金，这时站出来一个青年，他说我把这根木椽子扛到北门，就算政府骗了我也没有什么要紧的损失，于是在众人尾随哄笑之下捎至北门，商鞅立马兑现赏金，此人瞬间暴富，这就是著名的"徙木立信"的典故。商鞅在干什么？他在告诉秦人，我商鞅变法说一不二，言出必行，请各位从此遵行法度为宜。我们从这件很小的事情上就可以看出商鞅的智慧。

商鞅最初来到秦国，眼见一片荒蛮景象。司马迁在《史记·商君列传》中有过一个记载，或是商鞅在《商君书》里的一段自叙，司马迁采信，把它录于《史记》之中，原话这样说："始秦戎翟之教，父子无别同室而居，今我更制其教而为其男女之别，大筑冀阙，营如鲁、卫矣。"什么意思呢？他说我商鞅赴秦之始，秦国是个什么状态呢？"戎翟之教"，也就是西戎西蛮子的未开化风气；"父子无别同室而居"，就是都还没有建立对偶婚制，在某种程度上还是群婚制；"今我更制其教而为其男女之别"，是说我来才把中原文明五国的开化之风带入秦国，使之建立男女有别的对偶婚配家庭制度；"大筑冀阙"，也就是才开始建房子、建宫殿，这说明秦人过去主体上都是住在地窝子或者窑洞里面；"营如鲁、卫矣"，建房子、建宫殿的营造形式就像中原最先进的鲁国和卫国一样。我们从这段话里可以看出商鞅初来之时秦国的落后程度。

商鞅在秦国变法十分深彻，要知道早在秦始皇统一中国前一百多年，商鞅变法就已经给出了整个秦制的基本模型：史料记载"十二年初取小邑为三十一县"，即建立郡县制；"平斗桶权衡丈尺"，即统一度量衡；"令为田，开阡陌""十四年，初为赋"，即改井田为私田，并设税赋制度；"燔诗书，明法令"，即焚书禁言，成文立法，从此以新法治国，凡此种种都是商鞅早已采取的国策。大家一听就应该明白，秦始皇统一天下之后所施行的诸多政令，过去被认为是秦始皇的丰功伟绩，其实只不过是把商鞅变法的旧例推广到整个天下而已。

我们下面重点谈一下商鞅变法的细则，把它分列十二项做简略交代：

第一，强迫人民学习最低程度的礼仪。这个礼仪可不是仅指儒家文化一项，而是让民众摆脱蛮野之风，建立当时而言偏于先进的文明生活方式和社会组织构型。

第二，强迫每一个国民都要有正当职业，任何人不得游手好闲。干什么？采取重农措施，也就是把秦国的荒地全部开发。要知道在古代，贵族子弟、富商子弟都是不务农的，整日耽于结交行乐、声色犬马。贵族子弟只需在军队中世袭一个军衔官位，然后略加漂染以继承爵位，就像现在的英国王子要到军队中去服役走过场一样。商鞅规定任何人，包括贵族子弟、富商子弟，但凡发现有游手好闲者一概递解边疆开荒。我们由此可以看出商鞅变法与吴起类同，只要想改变国政，就一定得着手处理豪门贵族的怠惰之风，并重新调整社会各阶层的利益结构，这些举动当然是对贵族系统的严重冒犯。

第三，规定一家有两个成年男子的应强迫分居。什么意思呢？中国古代实行大家族制，一个爷爷乃至曾祖的后代，子孙众多，旁支纷繁，却从不分家，大家聚在一起吃大锅饭，这就是孔子所讲的"修身齐家治国平天下"，其中的"齐家"之难。一个大家族几十上百人，众口难调，你要想让一个家族内宁静无纠纷，着实不易。大家知道汉朝开国功臣陈平，史书上记载他有很强的齐家能力，据说他少年之时，族里过年杀猪分肉，族长操持，难平众意，让陈平打理，肥瘦杂碎，各得其所，结果人人满意，这叫齐家之能。然而，大家族体制有一个问题，由于在家族内部实行的是共产主义，各尽所能，按需分配，出力再多也是枉然，所以族人大多没有劳动积极性；另外，变法时节，财源拮据，扩大税收是当务之急，税制以家庭为单位税基，家族不裂，税基就很稀薄。由于这两个原因，新法要求任何男子一旦成年结婚必须分家。商鞅借此获取一举两得之效。

第四，奖励农耕。我在前面一再讲过，所谓变法，最简单的总结就是四个字：奖励耕战。两分言之，即奖励农耕、奖励兵战。商鞅奖励农耕的方式很有趣，首先坏井田、开阡陌，土地私分，按秦国农户人头平分土地，实行土地私人制。理论上可以自由买卖，但实际上无人敢卖，卖了地你只能喝西北风，为什么？因为农耕以外的行当，包括专业性的采药、狩猎、伐木、从商等，基本上全被禁绝。这就大大调动了人们一心务农的生产积极性。新法规定，秦人勿商，就是不允许秦国国民经商，只准务农。我在第一节课上讲过，商业活动的收益远高于农业，所以中国自古采取重农抑商的国策，那么商鞅最明确、最严厉地落实了这一点——压抑工商业，非农耕者统属不务正业，借此维护秦国的经济命脉和国力基础。

但是，商业活动的社会功能在于跨局域资源调配，秦国如果禁绝商业就会出现严重的资源失衡。我举例子，比如秦国是农耕社会，古代做铠甲是需要牛皮或者兽皮的，秦国没有这个资源，至少这个资源不充分。再者，那个时代的兵器材质主要还是青铜，所谓青铜就是铜与锡的合金。锡要占 8% 到 10%，因为纯铜太软，无法做成工具或武器使用。可秦国根本没有锡矿，甚至铜矿都寥寥无几，那么像这样短缺的物资，如果断然禁绝经商，该从哪里获取呢？因此商鞅网开一面，大力招揽外商，各国各地的外籍商人如果来到秦国行商，还给予许多优惠政策。由此形成秦民务农、外人经商的别致格局，为秦国建立了扎实而合理的国家经济基础。顺便多说一句，这倒很有点像邓小平改革开放初期的情形，不过，放到现代社会来看，它已不能算作高超之举，只表明中国农业社会的管理窘态一直持续到数十年前。

再有一条，便是倒置累进税。什么意思呢？商鞅规定，凡是农家耕田、织布，产出最高者免税，产出越低税率越高。大家知道我们今天实行的个人所得税、企业所得税，其税率级差是这样制定的，就是你的产出或收入越高，相对税率也越高，绝对税值也越高。商鞅反着来，你产出越高，税率越低，你产出越低，税率越高，直到把你逼死为止。他在干什么？强迫国民勤勉务农。据史书记载，商鞅当初实行这个政策的时候，确有不少秦民因低产重税而陷于破产，不得不逃入荒山沦为野人，可见商鞅变法之锐利严苛，竟然连促进农耕的奖励政策都如此残酷。

商鞅变法述略（二）

我们接着前面的课程。下面讲变法第五项，商鞅采取优厚条件招请外国移民。在《商君书》中有一篇著名文章，叫"徕民篇"，徕，双立人加一个来到的来，就是引进移民政策。那么，他为什么要招请外籍移民？但凡移民迁到秦国，一律赐给土地百亩，九年免税，以如此优厚的条件，招请各国移民来到秦国干什么？就像前述的赵襄子解放奴隶，增加兵源和劳动力资源。商鞅的这个徕民政策，被后世秦国执行到规模惊人的程度。至秦王嬴政时期，秦国当时国民只有四五百万人，而它的军队竟然达到近乎百万之众。大家想想，国民平均每四五个人里就会有一个当兵，它哪来这么多兵源？所有青壮年人都被征兵，农业生产谁来做？全靠移民，所有农业生产者几乎都是移民。秦国青壮年人全部被征兵，非此不能统一天下。可见徕民政策对秦国后来的经济发展和军事斗争起到何等重要的作用。

这里当然会发生一个问题，秦国哪来那么多的土地分赐？这就又得提到春秋时代的那位秦穆公。秦穆公当年启用虞国人百里奚，五羖大夫——百里奚。所谓"五羖大夫"，就是秦穆公用五张黑色公羊皮换回来的一个奴隶，他竟然用这个百里奚做国相。秦穆公当年重用了一批外来人才，包括百里奚、蹇叔、由余等等。说到这里我们得提一下，秦国用人胸怀宽阔。自秦穆公做表率，秦国经常用外国人做宰相，到秦孝公用商鞅，秦惠文王用魏国人张仪，再往后范雎、吕不韦，一直到李斯，全都是外国人。大家想想，倘若国务院总理总是由外国人担任，你会是什么滋味？这表达着秦国不拘一格的用人气度，跟魏国不断流失人才的狭隘气量恰恰相反。

当年百里奚、由余等人为秦穆公调整国策。在此之前，秦国的基本国策是向西防御、向东进取，也就是兵出函谷关，与群雄逐鹿中原。但秦国当时国力薄弱，于是他们制定新的战略，改为向东防御、向西进取。在秦穆公时代，秦国逐步蚕食西北方向的广大蛮族区域，使得秦国国土面积大增。而西部地区人口稀少，这就为后来商鞅变法中的徕民政策留出了垦殖土地资源的余地。

第六，建立社会基层组织。首先落实户籍制度。早在西周初年，中国就有了类似于户籍制度的东西，叫料民政策，但实际上没有真正能落实到位。中国历史上首先落实户籍制度者就是商鞅变法。所谓"户籍制度"，就是每一个国民都在政府那里存有档案登记，政府管理到每一个人头。（此处有删减）目前世界上只有中国、朝鲜和非洲的贝宁等极少数国家还保留着户籍制度。这个东西是自商鞅变法开端的。

不仅如此，商鞅还把人们分编成组，每五户或十户编为一组，建立究司连坐制度。中国后来把它叫保甲制度，就是这十家一组，其中一人犯法，其他九家必须检举，否则同坐，一并论罪，由此建立了世界上最早的特务告密制度。这都是商鞅建立国家统治体系的方式。

第七，建立地方政府，实行郡县制。我在前面讲过，人类早年是氏族部落制，商代是部落邦联制，到周代进入分封制，至春秋时代封建制度虽已松懈，但大体未改。所谓"郡县制"指什么？打掉部落制、分封制，所有地方由中央朝廷委派命官直接管理，这叫中央集权制度，政治学上的君主专制制度由此确立。有一位华裔历史学家名叫唐德刚，他曾经专门对郡县制做过一个解释。为什么叫郡县制？大家看"縣"（县）这个字的繁体字是这样写的，它的字源是"懸"（悬）。"悬"是什么意思？就是在西周早年建立分封制的时候，预留一部分土地疆域，把它悬置起来，暂时不予分封，以为将来的王侯勋臣做出后备，这叫"悬"或"县"。这一部分预留的国土由中央周天子直接管理，这个东西后来演化出郡县制。

郡县制是封建制度的天然剋星。至公元前 4 世纪，通过商鞅变法秦国首先消灭了分封制，这是一项影响深远的政改举措。我在孔子课上讲过，封建制度是近代资本主义社会制度得以发生的摇篮。由于中国过早地消灭了封建制度，所以在中国历史上从来没有出现过真正意义上的资产阶级革命。近代中国社会转型的艰难、滞碍和屈辱与此不无关系，故而很难说这是一桩值得赞美的幸事。

第八，统一度量衡，强迫全国使用同一标准的尺寸、升斗和斤两。最早施行统一度量衡的就是商鞅。这样做有两个好处：第一，买卖更公平；第二，税收更划一。商鞅不仅非常严格地规定了统一度量衡的具体标准，他还要求各级地方官每年必须到中央有关衙署进行量器与衡器的校验。把一项变法政策落实到这样的细致程度，真可谓前无古人。

第九，人际间争执必须诉诸法庭裁判，不准私人决斗。这话什么意思呢？莫说古代，即便在中古时代，甚至西方近代，政府也只管国家大事。民间纠纷，当事人自行协调解决，协调不成就只好决斗。西方直到17、18世纪，还保留贵族决斗的遗风。俄罗斯著名诗人普希金，就是32岁死于决斗。而2000多年前的商鞅变法之时，他就已经明确规定，民事纠纷一律诉诸法庭，不准私斗处理。他在干什么？避免国民内讧内耗。要知道当年私斗成风，甚至动辄扩大为群体械斗。一个部落、一个村庄，常常因为地界不清，或为夏天争夺灌溉水源，群起而争斗，造成很大的损伤。秦国当年居然设有法庭，所有大小事端必须经过法庭裁判，不得私相争持。大家知道汉以后，中国再没有法庭了，也没有法官了。说"汉承秦制"，这话并不全对。要知道商鞅变法以后，秦国乃至后来的秦朝，是有独立法官的。汉以后，司法官就是行政官，县令、州知府直接出庭判案，法官一职消失得无影无踪。但是当年的秦国，是有独立法官的，而且法官受中央垂直领导，不受地方长官节制。法官颇具权威，他一方面裁决民事和刑案，另一方面，甚至地方官出炉的任何政令，都要先交给法官审查，看它是否符合秦律，也就是还有监督行政官是否合法行政的作用。可见秦国当年的法治形态何其先进。

商鞅行法，事无巨细都执行得非常彻底。《史记》上曾经记录，变法早期，有一次在渭河边上建一个大刑场，一次斩决700多人。司马迁形容其血腥程度，原话用词"渭水尽赤"，就是把黄河最大的支流渭河河水都染红了。有学者研究，说这次的刑场屠戮，很可能就是因为村民械斗而起。商鞅不问青红皂白，派军队把所有参加械斗的人一律拘捕，全部斩决，残忍之状，震动朝野，一时几乎摇撼秦国国政和变法推行。我们由此可以看出商鞅的决绝和残酷。

第十，对敌作战是第一等功勋，受第一等赏赐。

第十一，必须作战有功，才能升迁晋爵。我们把这两段合并在一起来讲。它是什么？奖励兵战。古代早期，士族为战，以求垄断武力。后来军伍扩张，贵族武士便只出任将校尉官，兵卒都是普通老百姓的子弟。他们打仗再勇敢，再有战绩，自身伤残再严重，也永远升不了军官，顶多获得一点儿小小的钱财赏赐。因为所有官爵、所有军阶，全部是世袭制。商鞅竟然改变爵位制度，也就是他把原有的五级爵位废除，变成虚化的名誉，然后另立了二十级爵位，论军功行赏。

我们先说一下传统的爵制。中国古代爵位分为五级：公侯伯子男，即公爵、侯爵、伯爵、子爵、男爵。为什么把社会地位叫作爵位？是因为远古阶级分化之初，权贵们根据自己身处宗法体统中的位置，在出席贵族宴会的时候使用不同的酒器，以此标定各人社会地位的高下，所以就把"地位"称作"爵位"。古代酒具分五种，爵位相应也分五级。第一级最高爵位用的是爵，第二级用的是觯，第三级用的是觚，第四级用的是角，第五级用的是杯。

试看爵位在古代有多么重要！它不仅标定着你的社会地位，不仅规定着你可以做哪一级官员，在部队中领哪一级军衔，它甚至决定着你可以享受怎样的生活待遇。比如你家院落有多大、房子有多么华丽、门楼盖得有多高、驾什么样的马车，甚至穿什么样的服饰，都是被爵位限定的。所以中国古代商人富而不贵，再有钱，没有这个爵位，你是不能享受这一级生活标准的。爵位如此之重要，商鞅居然把它虚化为名誉称号，废其实爵内涵，另立二十级爵秩论功行赏。主体上以军功行赏，以军功论爵。

大家想想，古代士兵血战沙场，或致命、或伤残，但你就是再勇敢、再努力也属枉然，从来做不了军官，而今天居然可以升到最高爵位。即使你的能力做不了宰相，至少可以享受相位爵级的待遇，想想这是一种怎样强劲的激励？于是秦国军队骤然转化为虎狼之师。士兵打仗十分勇猛，拼命争夺敌人首级。据《战国策》记载，商鞅改变军功爵制以后，秦国跟六国联军对阵，还没开仗，六国士兵腿肚子都抽筋。秦国士兵每获一个首级，增加一级爵位，以至于所有士兵一上战场就拼命抢夺敌人首级，不顾死活，奋勇追杀。

我建议大家有空再到临潼兵马俑去看一下，那是秦国一个军阵的兵俑，其中只有中低级军官，百夫长相当于一个连长，千夫长相当于一个团长。从军官到士兵，全穿轻甲，不带头盔，头上只挂一条毛巾。要知道战国中期以后，各国均给自己的军队提供重甲。所谓重甲，分三层，里面一层网甲，外面一层兽皮甲或牛皮甲，然后胸背部再用青铜片和铁片加护，头戴重盔，手持大盾，仅防御系统就有 40 到 60 斤以上，它会严重影响士兵的进攻能力。秦国也给自己的军队提供重甲，但士兵不要，宁可穿轻甲、卸头盔，以减轻防御负荷，提高进攻机动性，拼命地追逐首级，以至于史书载有秦国士兵为争夺首级偶或发生内斗的事件。想想那个庞然军旅人人腰上缠着血淋淋的首级奋勇冲击，一路过去，血痕扬长，是一幅怎样恐怖的画面！

这样下去显然不行，腰间挂满首级肯定不利于继续进攻，于是商鞅恢复古制。甲骨文中有一个字符，先画一枚很具象的耳朵，旁边画一只手。这是哪个字呢？取，（甲文）（金文）（小篆）取（楷体）。"取"这个字是什么意思？古代氏族部落制的后期，部族之间发生战争，当时打仗怎么论功行赏呢？割回敌人左耳朵，数耳朵论功行赏。商鞅重拾旧例，要求以割取敌人左耳朵的方式行赏封爵。

隋唐时期，日本派出使团向中国学习，把这一招也学了回去。到日本战国时代，出现一个著名的幕府将军丰臣秀吉，他最终统一日本，随后举兵进攻朝鲜。日本军队在朝鲜大肆杀伐，割取朝鲜士兵和民众的耳朵，带回日本论功行赏，居然把朝鲜人的耳朵堆积成一座小山，然后专门为之盖一座坟墓，取名"耳冢"，迄今在日本还保留完好。这就是为什么今天的南韩人、朝鲜人，提起日本人来恨得咬牙切齿，比中国人更显苦大仇深。而这份功劳，首先要归给商鞅。

商鞅通过奖励农耕、奖励兵战，使得秦国经济基础富厚、军事机器强大。秦国在变法短短十年左右突然强盛，成为中原文明各国的劲敌。《商君书》中有这样一段话："民之见战也，如饿狼之见肉，……父遗其子，兄遗其弟，妻遗其夫，皆曰：不得，无反。"意思是说，秦国士兵打仗，就像饿狼看见了肉一样猛扑上去，父亲把自己的孩子贡献出来，兄长把自己的弟弟贡献出来，妻子把自己的丈夫贡献出来，让他们入伍参战，并对他们讲，如果未能斩获首级，得不到爵位，不准回家。可见商鞅变法深彻到何等程度，凶残到何等程度。

第十二，制定法律文本。商鞅参照李悝《法经》建立"六律"，这就是著名的盗律、贼律、囚律、捕律、杂律、具律，这些在《商君书》以及出土秦简上有所记载，我们不再细说。课讲到这里，大家应该看得出来，商鞅变法乃是一个对当时的秦国社会进行全面改造的完整大系统。

商鞅变法评议

下面我们对商鞅变法略做几点评议。

首先我们讨论一下，商鞅变法是否是苛政，以及应该如何评价。商鞅变法非常残酷，史料记载："弃灰于公道者，黥。"就是你把垃圾倒在公共道路上，就会在你脸上刻字。《史记》记载："不告奸者，腰斩。"就是十人编为一组，建立特务告密制度，一人犯法，其他九家必须举报，不举报者连坐，法条非常明确，"腰斩"！有人认为这个记录不合理，说那个直接犯法的人，其刑罚程度可能还达不到腰斩，其他九家仅仅是因为没有检举，就予腰斩，法理上说不过去。我们现在无从判定其真伪，但也不能排除不举告者被腰斩的案例曾有发生。《史记》又载："失期法皆斩。"古代的税收分两类：一类收粮食、布匹或钱币作为赋税；另一类叫徭役，就是所有男人都要定期无偿参与国家工程建设，以各种公派劳役为法定义务。比如每年约 25 天，规定你们这一群人到什么地方服役劳作，必须按期报到，倘有迟误，一律斩首，这叫"失期法皆斩"。大家知道，就是因为这一条，最终导致秦朝崩溃，想想陈胜、吴广为何起义？当年陈、吴二人带领一批人众去远地服徭役，结果遭遇连日大雨，道路淹没，无法按期赶到。失期必斩，与其如此就戮，不如揭竿造反，反正都是死路一条，秦朝由此开始破溃。

《史记》还记载了这样八个字："赭衣塞路，有鼻者丑。""赭衣"就是囚犯穿的衣服，囚犯人数之多，其队列绵延竟将道路堵塞。"有鼻者丑"，什么意思？被割掉鼻子的人太多了，大家看惯割掉鼻子的人样，所以谁长鼻子谁才是另类。这话当然说得有点儿过分，但由此可以看出，商鞅变法之苛酷达到何等程度。《史记》是十分公允的，它一方面记录商鞅变法的苛政，说"商君，其天资刻薄人也"，但另一方面，它也说"行之十年，秦民大悦，道不拾遗，山无盗贼，家给人足"。意思是，变法十年以后秦民都欣然拥护，路人拾金不昧，山野土匪匿迹，家家丰衣足食。可见司马迁记史公允，各方面都只做事实陈述。

但是，在中国传统文化和传统文人之中，关于商鞅变法大多给予极坏的评价。我举一个例子。苏轼曾经专门写过一篇文章，题为《论商鞅》，其中有这样一段文字："二子之名在天下，如蛆蝇粪秽也，言之则污口舌，书之则污简牍。"这里指的是商鞅和桑弘羊。桑弘羊是汉武帝的一位重臣，"盐铁官营"的政策，也就是中国最早开办垄断型国营企业这个做法，是桑弘羊奏议的产物，这在中国古代文化界历来被视为与民争利的劣政。所以苏东坡讲，商鞅和桑弘羊二人的名字就像蛆虫、苍蝇、粪便和垃圾一样污浊，我一提及他，就把我口舌都搞脏了，我一书写他，就把简牍也污染了。简，竹制书写材料；牍，木制书写材料。可见中国传统文人，对这种施行苛政的暴虐人物一般均给以低劣的评价。

不过孔子曾经对这类问题有过另一番议论，当然不可能针对商鞅，而是针对古法，这大约与孔子"信而好古"的情怀有关。子贡有一次问孔子，说远古时代法律惩罚都显得过于严苛，比如在周代早期，就有"弃灰于公道者断其手"的先例，你敢把垃圾倒在公道上，就剁你一只手。孔子怎么讲呢？他说"知治之道也"，就是深通治理天下之方法的一种表现。他接着说："夫弃灰于街必掩人，掩人人必怒，怒则斗，斗必三族相残也。此残三族之道也，虽刑之可也。"他说你把垃圾倾倒街头，必致恶臭熏然，让别人很不舒服，于是人们就会发生怒斗，最终造成人身伤害。由于它带出的后果很严重，所以用严刑峻法来控制它也是可以的。孔子又说："且夫重罚者人之所恶也，而无弃灰人之所易也，使人行之所易而无离所恶，此治之道也。"他说，重刑之下，人皆避之，而不乱扔垃圾是件很容易做的事情，这样一来，两方面都不会造成伤害，因此也算得是管理天下的有效手段。这是孔子的评价。（以上引文出自《韩非子》，真确与否，尽可持疑。）

实际上，古代社会刑罚普遍偏重。它不像今天的法律，根据对社会的伤害程度，细分量刑之轻重。古时的刑制简单粗暴，条例宽泛。不仅中国如此，西方照样。比如古罗马的十二铜表法，其中竟然在第八表《私犯》中有一条："以文字诽谤他人，或公然歌唱侮辱他人的歌词的，处死刑。"就是一首歌没唱好，你都活不成。可见这种做法，在古代是通例。

但是大家要注意，古罗马的十二铜表法和中国的商鞅之法有重大区别。我在上次孔子课中讲过，十二铜表法是由贵族五人和平民五人共同立法。而且它在第九表《公法》里有一条规定："不得为任何个人的利益，制定特别的法律。"也就是没有任何人可以享有特权，法律面前人人平等，公众立法，统一执行。中国的法家、商鞅式的法治，是君王和少数重臣立法，只管别人，不管自己。所以，他们在法治之外别具特权，君王高于法治，王在法上，跟我前面讲英国自由大宪章运动以后"王在法下"的概念完全相反。由于中国法家的这一严重缺陷，由于商鞅变法中留有这样一个致命漏洞，最终导致秦国灭亡。

我们有例为证。秦国的法治，并不通行于特权阶层。比如秦王嬴政有一次偶然看见宰相李斯的出行队列仪仗辉煌，心中不悦，暗自嘟囔了几句。结果随后一段时间，发现李斯的仪仗立即变得简约化了，这使得秦王嬴政意识到他的私下批评之言，被人传到李斯耳朵里了。嬴政竟然不问青红皂白，把当时所有侍奉在旁的宫人全部斩绝。按秦律的规定，杀死任何一个人、施刑于任何一个人，都应该依法而行，可对嬴政无效。

再比如秦二世胡亥，他竟然跟赵高合谋篡夺王位。赵高是胡亥幼时的伴臣和老师，赵高为了维持他的权利，在秦始皇病亡后，跟胡亥勾结起来，封闭始皇死讯，并密发假诏，令长公子扶苏自尽，甚至后来还杀掉了皇室同族的20多个兄弟姐妹。而胡亥是个半傻子脑残的主，执掌秦朝第二世君位，终于导致秦国崩溃。

我们从这里可以看出，法家的法政，说它过于严峻吧，在古代社会尚且情有可原。但商鞅的秦法，步步落实到位，与古法虽苛却难能落实的情形大相径庭，因而伤害面极大，可谓恶法暴政。而且他的律法是维护特权的，是为少数人胡作非为留有余地的，故此构成巨大的缺陷与祸殃。

我们再看第二项。前些年，在中国湖北云梦县睡虎地，出土了一系列重要的秦法文档，这就是著名的睡虎地遗址和睡虎地秦简。在这个遗址中，竟然出土了1100余片秦代竹简。大家知道，在考古学上，一个墓葬有再多的东西，可能都没有出几片竹简或者几件带铭文的青铜器来得重要，因为有文字记载，才能够考定这个遗址的具体情况，才能给出更多更确定的逸事信息。这个遗址是秦王嬴政时期或者是始皇时期秦国一个名叫"喜"的法官的墓葬，可见当时法官的地位还是比较高的，他居然死后可以把秦国法律文典带入陪葬，而他只是个地方法官。这个遗址被开掘以后，震动中国考古界，因为中国人、中国学界第一次知道商鞅变法以后，秦国居然存在如此完善的法条系统。过去只能在《商君书》上看到片言只语，至于法律究竟是怎样设置的、细密到何等程度，从来没有文献凭据。睡虎地秦简的出土，才使学界意识到秦朝当年的法系之完整，它不仅有国政大法以及刑法，而且竟然有独立的民法系统。

须知罗马帝国直到公元 6 世纪，才建立西方第一部民法法典，史称《罗马法典》。而睡虎地秦简表明，早在公元前 3 世纪前后，秦国通过商鞅变法就已经产生了整个民法系统。比如有《田律》，就是农业法；《工律》即工匠法；《仓律》即库管法；《徭律》即徭役法；《关市律》即交易法；《效律》即度量衡法；这些都属于民法范畴。大家再看，睡虎地秦简甚至有《户律》，有点类似于我们今天的婚姻法；《金布律》，有点类似于我们今天的财产继承法；《置吏律》《除吏律》，就是官员选拔法和官员罢免法……这些律法它都具备。它甚至还有一部《封诊式》，内容近似于现代的诉讼程序法。我们见到这些东西，才惊叹于当年商鞅变法为秦国建立法治社会的系统之大观。

改革的悖论与困境

我们最后探讨变法悖论问题。

在人类文明史上，改造或变革社会政治结构和社会制度构型，历来是一件非常困难的事情。因为，自阶级分化以后，变革任何一种社会制度，都不免会触动或者损害原有社会统治阶级的既得利益。而他们是当时社会上最有组织也最有力量的人群，你怎么可能改变社会制度？故此纵观人类历史，但凡要深彻地改变一个社会制度，基本上只能靠革命。

政治学上有两个词汇值得回味：一个叫改良，一个叫革命。我们现在说"改革""变革"以及古人说的"变法"之类，在政治学上都归于"改良"之下。所谓"改良"，就是不通过暴力战争的方式改变国家制度。所谓"革命"，就是以暴力方式推翻原有统治阶级，建立社会制度的新构型。请注意，不见得所有的暴力运动都能称之为革命。比如，中国每两三百年改朝换代，农民起义推翻皇权，这不叫革命，这叫暴乱。为什么？他建立的新政权，还是原来社会形态的翻版，没有任何体制创新，没有社会经济政治制度的变革，这不叫革命，这叫暴动，这叫改朝换代。

人类历史上可以称为"革命"的事件是非常之少的。比如，"武王克商"叫革命，中国最早使用这个词，就出自形容该事件的《尚书》篇章之中，因为武王把商代的氏族部落邦联制改变成封建制。再比如1911年武昌起义，最终把君主专制制度转化为共和制度，所以也叫辛亥革命，而其前若干年发生的戊戌变法，这两者是完全不同的。还有英法资产阶级大革命，它把封建制、君主制改变成近代特有的资本主义社会制度，这叫革命。

一般而言，人们只有通过暴力革命，才能真正改变社会构型，这个道理很容易理解。这就是为什么在人类历史上、在中国历史上，改革、改良、变法历来都是失败的，这叫变法困境，或者叫改革困境，也可以说是"改革悖论"。为什么？因为改良、改革或变法，你所借助的力量，恰恰是你所要改革的对象。大家想想是不是这样？你凭借什么力量来进行社会改革？你是依靠现有的社会统治阶级、现有的各级官僚体系、现有的上层贵族系统，你通过他们来革他们自己的命，让他们把自己的既得利益让渡出来，以求重新组建资源分配的新格局、新制度，这怎么可能？这叫改革悖论。

况且，大凡是改革者，他总是一腔热血地针对社会问题最严重、最集中的焦点之处下手进行改革。而这个部分，恰恰是原有既得利益集团绝不允许触碰的敏感点位。所以，两相对撞，一定引起激烈反弹。既然改革受损的对象恰恰是社会上最有实力的人群，改革怎么可能推行开来？怎么可能获得成功？这就是"改革悖论"的症结所在。因此人类历史上，但凡是改革、变法或改良运动，大体全都以失败而告终。

我举例子。比如唐代中期，唐朝陷入一片纷扰。自安史之乱平息以后，唐朝其实并没有解决问题，藩镇离散更为加剧，从安史之乱的少数藩镇造反，变成四十八藩镇分裂国家。至唐顺宗永贞年间，发生"二王八司马"变法，这八司马里就有唐代著名学者刘禹锡和柳宗元。他们只是做轻微的吏治改革，结果变法失败。"二王"被斩杀，"八司马"全部被流放。

北宋年间，由于面临辽、金、西夏、蒙古等整个北部游牧文明的巨大压力，因此社会内部显得较为脆弱，不断有改革的需求和呼声冒出来。在宋仁宗年代，发生"庆历新政"，也就是庆历改革，为首的人物就是著名学者范仲淹。范仲淹的所谓新政也只是做一些轻微的经济改革和吏治整顿，结果以失败告终，范仲淹被流放，他那篇传世华章《岳阳楼记》，就是被流放以后的闲逸之作。到宋神宗年代，北宋进行第二次改革，这就是著名的"熙宁改革"，即王安石变法。王安石同样只是进行了一点儿并不伤筋动骨的经济与吏治改革，结果仍以失败告终，他本人两次被贬谪。

直到 1899 年，戊戌变法照例一败涂地。戊戌变法为什么发生？是因为日本 1853 年才打开国门，其后进行明治维新，而中国 1840 年列强侵入，随即开展洋务运动，按理说，中国在先，日本在后，何以到头来反被超越，继而又在甲午年间遭其痛揍，最终不得不变法图强呢？这就需要了解一下中日双方面对西潮冲击的不同反应方式。

所谓"洋务运动"，就是只学习西方应用层面的坚船利炮之技术，至于文化深层、社会观念、政治体制等则绝不允许动摇。用张之洞的说法，叫作"中学为体，西学为用"，这是洋务运动的实质。而日本呢？1868年才开始进行明治维新，但提出的口号是"脱亚入欧"，全面学习西方，改造日本社会，抛弃唐学，接受兰学。

日本在隋唐时代，曾派遣隋使、遣唐使学习中国文化，把中国文化称为"唐学"，中国传统文化在日本普及上千年。明治维新以后，日本立即意识到西方文化比中国传统文化优越，之所以把西方文化称作"兰学"，是因为荷兰人最早来到东印度群岛并影响日本。所谓兰学，就是西学。日本立即全面抛弃唐学，从根本上学习西方，派留学生、派考察使团扎进西方各国深入学习，连议会制度、虚君制度都全部带入日本政改。1868年到1894年，短短26年，日本居然把它仰望千年的文化导师——东亚第一大国打败，这就是著名的甲午海战。日本当时有许多学者跪在大街上哭嚎，遥望着中国哭嚎，为他的老师如此脆弱潦倒、如此不堪一击而撕心裂肺地哭嚎。可以想见此役当时对中国文人的刺激何其之强烈、何其之深痛！所以，以甲午战争为界线，晚清洋务运动正式宣告终结，中国开始进行社会改革，发起宪政改制运动，这就是1899年戊戌变法。都到了这种危机形势之下，康、梁维新变法，其新政到底不过百日左右，最终还是归于失败，六君子被慈禧太后斩杀于北京菜市口，这才导致中国不得不进行革命，孙中山领导的辛亥革命由此引发。

学界今天还在讨论，当年戊戌变法之落败，造就了何其深远的国运之灾。因为辛亥革命是不成功的，中国最终根本没有建立起宪政，反而演成一片乱局，持续数十年而不止。如果当年戊戌变法能像日本明治维新一样顺利进行，中华民族何其之幸。我在讲什么？改革悖论之难解。

现在我们回望商鞅变法。大家注意，商鞅变法的深彻程度，绝不亚于任何一场革命。它不仅进行经济领域的改革，而且进行政治领域的改革，它甚至改变了国体，此前是封建制度，此后是君主专制制度。它不是一般的政经改革，它是根本性的国体变革。这种东西通常只有通过革命才能实现，而商鞅变法基本采取无内战、非暴力的方式，完成了这场革命式的变法改良。这在历史上非常罕见，这就是为什么梁启超说商鞅是中国自古以来仅有的六大政治家之一的原因。

下面，我们重新回顾一下商鞅变法的过程。商鞅是卫国贵族，他最初为什么把自己的身段放得很低，竟然到魏国宰相府去当一介门客？是因为他深知只有在魏国相府里才能见到李悝《法经》文献。于是他放弃虚荣，去给公叔痤做门客，在此期间，深研李悝《法经》，为日后变法实践做理论思想准备。

商鞅到秦国见孝公，通过一个名叫景监的嬖臣走门路。他为什么又把身段放到如此之低，以至于不惜有辱名节？是因为他必须考察君王。一般认为，只有君王考察臣子，岂有臣子考察君王之说。可是商鞅心里明白，如果要进行全面变法，他就必须考查自己的政治伙伴是否有担当力。所以他走后门、走低端门路，一定要见到孝公本人。他跟孝公三次谈话，《史记》记载，第一次，谈帝道；第二次，谈王道；第三次，谈霸道。这个讲法不好，说不清楚是什么，我换一个更清晰的讲法。

中国政治学上，有两个很重要的专用词：一个叫王道，一个叫霸道。所谓"王道"，即"内圣外王"之道。就是内里修德，外则以德治国叫王道。商鞅初次跟孝公见面，先谈王道，这是人类远古时代以德治国的典范。战国中期早已进入大争时代，残酷的种内竞争、国际竞争愈演愈烈，到了这样一个时代，他居然给孝公讲王道，岂不是笑话？所以，孝公听得昏昏欲睡，出来就批评景监，说你怎能给我引荐一个如此迂腐的空谈儒生！商鞅在干什么？考察君王。

商鞅第二次见孝公，给孝公讲霸道，富国强兵争霸之道。大家知道在春秋时代，霸道就已兴起，这不是什么新学说，也不是什么新举措，但毕竟谈到了痛点上，因此孝公总算听得下去。商鞅直到第三次见孝公才谈变法，为什么？因为他深知变法是一个非常苛酷的激进过程，而且会动摇国本，伤及贵族，绝非一般政治家能够承担。他前两次考察的结果，发现孝公对那些相对柔和的改革举措不感兴趣，所以这才进入主题。两个人相谈甚欢，三日三夜不绝。

据《史记》记载，他们的这三次相见是在孝公元年，可商鞅变法是孝公三年才正式启动，中间史录空白，缺了两年。这两年，商鞅在干什么？孝公在干什么？我们可以想象，他们在做全面的法理准备、人事准备、政治准备，所有实际操作前的预备工作一应俱全，绝不打无把握之仗，建立起一个很稳妥的出发基地，然后才开始推行变法。

商鞅变法头九年，只做经济改革。如果过早地进行政治改革，整个贵族系统根本不能接受。而面对经济改革，贵族们虽然有点不安，但他们在其中也有所受益。因为农民劳动积极性增高，仍然给贵族交租、交税，贵族的收益反见增加，因此贵族根本无法团结起来抵制变法。

九年以后，贵族力量涣散，变法势力壮大，商鞅开始政治变革，废除旧爵制、建立郡县制等才渐次展开，整个过程颇有章法，把政治操作达成有节奏、有韵律的艺术水准。如此平稳推行，商鞅变法最终居然改变国体，实现了革命方能完成的社会变革运动，这是人类历史上难得一见的改良成效。我们由此可以看出商鞅其人的雄才大略。

（此处有删减）

我不是要一味地赞赏商鞅变法，我是想告诉大家变法本身的社会意义和操作难点所在。对于各位听众，它的启示作用在于，你只要是做组织领导，不管你是做行政工作，还是做企业管理，你都面临这个改革悖论。因为任何组织，它随着时间的推移一定倾向腐朽。这里所谓的腐朽，不单是指贪污受贿之类，而是说任何组织一定会涣散化、怠惰化，甚至走向完全失序，这叫"去组织"规律。

对于任何一个组织者、领导者来说，你都有一个随形势之发展对自己组织不断刷新的需要、不断改革的需要。可你一定面临改革悖论。你要么是既得利益集团的总代表，所以你大抵会拒绝改革，或者表面上做浅层改革，实质上根本不动；你要么就面临改革悖论，即你所要改革的对象，恰恰就是你所要借重的力量。你逃不掉这两者之一。可是如果你不能对自己的组织系统进行刷新变革，组织本身却一定趋于涣散败坏，这是一切社会实务者、社会组织者、社会领导者都面临的巨大难题。如果有必要，你可以参考商鞅变法。

法家学说的理论框架

我们今天上午讲了法家的政治实践部分，我们下午讲韩非子的法家理论集成。在讲韩非子的理论学说以前，我先简略谈一下申不害，大家对这个人可能比较陌生。

之所以提及申不害，是因为韩非子的法论系统由三个部分构成，即"法、术、势"三部分。所谓"法"，就是将法条公明于众，让老百姓都知道立法内容是什么，以便民众遵行；所谓"术"，就是君王阴藏于心中的权术，以应对和驾驭群臣，这个东西的创始人就是申不害；所谓"势"，就是王权高高在上，形成对下面的一种压迫之势力，只有这个权势能够建立起来，法、术才可望得以推行。"势"的理论渊源，出自战国初期齐国的稷下学宫，由著名学者慎到首次提出。我们在这里就不再多谈。

申不害跟商鞅几乎完全同时代，他在韩国做宰相，也实行变法。但是我前面讲过，中原文明五国变法程度难以深彻。那么，申不害在韩国做太平宰相，所行之变法，其实主要只限于吏治改革，采用的方法，就是权术。

申不害辅佐韩昭侯。韩昭侯这个人，本身就是个小肚鸡肠的政治人物。史书上记载，韩侯经常卖弄小聪明。比如有一次祭庙活动，他嫌司礼大臣端上来的祭猪太小，觉得不够庄重，要求予以更换。该大臣下去以后，来不及调整，可能只是把这个猪体拉扯一番，变了个形状，又照例送上来。结果韩昭侯明察细节，他仅是根据这只猪的耳相，就判断出下属作假，并严厉责备之。为此申不害批评韩昭侯："耳目心智之不足恃。"意思是说，你要深藏不露，不可把自己的聪明展现出来，这样会使朝中众臣愈发警惕、愈加伪装。

韩昭侯就是这样一位狡诈而又猥琐的君王，他跟热衷于权术的申不害真是天生的一对。申不害专研此道，发明了一大套权术理论。我们在这里不予深讲，我只再说一个典故。有一次，魏国进犯赵国，包围了赵国首都邯郸，赵派使者来到韩国，寻求宰相申不害援助。申不害原来就跟赵国有勾结，接受过人家的贿赂，因此本心是想援助赵国。但是他摸不清韩昭侯的心思，于是暗里去找臣属赵卓与韩晁，对他们讲："子皆国之辩士，夫为人臣者，言不必用，尽忠而已矣。"意思是说，你们都是国士，给君王提出一些建议，即使不被采纳，也算尽忠了。然后，让这两个人说服韩侯支援赵国，他在旁边察言观色，发现韩昭侯很反感这件事情，等这两个大臣离开，他立即调转口风，反而给韩侯进言不必救赵的种种理由。

这就是申不害的人格体现，他在韩国变法的操行及其结局，由此可见一斑。我讲这些，只为让大家了解一下申不害其人，他是中国法家"术论"的创始人。你如果在古书上见到"申韩之学"一词，"申"就指申不害，"韩"就指韩非子，申韩之学代指法家之学。

我们下面讨论韩非子。韩非子是法家理论之集大成者。韩非子生于公元前 280 年，死于公元前 233 年。这个时候，距离秦王嬴政统一天下只差 12 年，也就是说，中国的法家理论，在战国末期才最终成型。

韩非子和李斯一起师从于战国中期大儒荀况，也就是荀子。我在前面提到过"荀儒"，他一方面尊崇礼制，主张仁、义、礼、智、信，但另一方面也提倡以法治国，主张严刑峻法。在这里，大家要注意，我们过去很容易产生一个误解，以为由于儒家推崇礼制，孔子反对以法治国，就认为中国的法家与儒家无涉。但实际上，法家的思想渊源跟儒家关系密切。这一点连司马迁都搞错了，所以司马迁在他的《史记》中，把申不害、韩非子和老子、庄子的传记排列在一起，叫"老庄申韩列传"。连司马迁都认为，法家是道家后学，但实际上，法家是儒家后学的变态或变种。法家最重要的人物，比如李悝、魏文侯，师承于子夏西河学派；比如韩非子、李斯这些法家重量级人物，都是大儒荀况的弟子。那么，韩非子和李斯离开老师荀子之后，李斯奔赴秦国从事政治实务，最终做到秦王嬴政的廷尉乃至丞相。韩非子回国纯粹务虚，闭门造车做学问。

其实韩非子起初也想劝说韩王实行变法，但韩王听不进去，韩非子只好静心于书斋，以文论法。韩非子这个人可谓文采飞扬，他的法论文章偶然传到秦国，秦王嬴政读到，击节赞赏。《史记》记载，秦王叹曰："嗟乎，寡人得见此人与之游，死不恨矣。"说如果能让我与这个人游谈，我死而无憾，于是派兵进攻韩国。

这个时候，秦国已经非常强大，韩国根本不是对手，所以韩王不得不按秦国的要求交出韩非子，把他相机委任为韩国驻秦国使节，韩非子就这样来到秦国。按理说，韩非子是法论名士，与秦王政见合拍，且受到非凡礼遇，我们可以想象他们相逢会是一个多么欢快的场面。可是情形完全相反，韩非子跟秦王嬴政见面以后，言谈龃龉，引起秦王强烈的反感。因为韩非子会晤秦王，他全然无心与之讨论法学，却反复提出要求，恳请秦王不要进攻韩国。这件事惹恼了秦王，因为秦国的前任宰相范雎，他曾经给秦国立下军政大计，叫"远交近攻"。就是对远处的国家建立外交关系，首先击打临近国家，等把近处的国家蚕食掉，远处的国家又变成近国，这样才可以逐步鲸吞天下。韩国紧邻秦国，正是秦国早期袭取的目标。那么，韩非子作为韩国使节，要求秦王不要进犯韩国，这简直无异于破坏秦国的军政大略。

我们从这一点上可以看出，韩非子的学说虽然十分苛毒，但韩非子本人却是一个良善无用的书生。要知道那个时代的文人，通常是不为自己国家负责的，因为当时盛行的社会观念是"治国平天下"，无论何所"治国"，只要有"平天下"的机会，即使是平掉自己的祖国也在所不惜。所以像卫鞅、吴起这些人物，都不曾为自己的祖国服务，反而效力于他国以求实现平生抱负。

韩非子却与之相反，他一味履行自己作为韩国驻秦国使节的职责。我前面一再讲"务实者务不了虚，务虚者务不了实"，韩非子这个人，作为务虚者，作为理论家，他在政治实操上显然能力很差。各位都熟知一个典故，说牛顿虽然极为聪慧，建立了经典力学学说，开创了整个工业时代，可是传说他家里养了大小两只猫，他居然要在门上凿刻大小两个洞，他怎么都想不明白，在门上凿开一个洞，大小两只猫怎么能钻出去。这当然有可能是瞎编的笑谈，但它也表明务虚者的思路大多不着边际，以及"务虚者务不了实"的那种独特行状。

韩非子因此惹恼了秦王，李斯趁机在旁边下蛆，秦王一怒之下把韩非子投入狱中。韩非子入狱不久，李斯指使牢头悄悄在韩非子的囚食中下毒，韩非子就这样死于非命。秦王后来意识到他这个事情做得不妥，想把韩非子再从狱中调出，却已经来不及了。

说到这里，我们有必要提一下，在先秦诸子百家之中，命运最悲惨的就是法家人物。大家看，吴起被射成刺猬、商鞅被车裂、韩非子被他的同窗好友李斯毒杀、李斯本人和他的小儿子一起被赵高腰斩。那么，为什么先秦时代诸子百家中命运最惨烈的都是这些法家人物？是因为法家学说极为残酷和决绝，所以其政敌也必须用相应的手段来对付他们；再者，法家人物秉持阴暗的法术学说，心理上也容易发生变态，举止反常，行为乖戾，因而难免招致不测。

韩非子死后，有人把韩非子的法学文章，总共十余万字，录成55篇文论，分为20卷结集存世。《韩非子》这本书可谓文采飞扬，它表达着中国先秦诸子百家的最高学术水平。韩非子的法论文章里充斥着大量的寓言典故，你如果不仔细探索，很难搞清楚韩非子法系的中心思想脉络。

我们今天讲韩非子，主要依据郭沫若《十批判书》中对法家的评述。（此处有删减）

我们下面进入韩非子的文本讲述。韩非子在《定法》篇中自诩："申子未尽于术，商君未尽于法也。"他的意思是，申不害把"权术"这个东西还没有玩到极致，商鞅把"法"这个东西也还没有做到深处。你要想寻获法术之精义，就只得来找我韩非子才行。

韩非子的基本思想特征有四项。第一，曲老，也就是歪曲老子。大家知道，老子的道论，认为"道"是万物演化的根据，韩非子把老子的道改说成"法"，认为法术就是天道。他讲："道无双，故曰一，是故明君贵独道之容。"他这里讲的"道"，已经不是老子的"道"，而是"法术之道"。而且他明确地批评老子，因为老子讲退守、讲恍惚，主张淡泊处世，顺乎自然，是谓"恬淡"；认为用一般的直感方式，不能获知天地之道，是谓"恍惚"。韩非子却说："恬淡，无用之教也；恍惚，无法之言也。……人生必事君养亲，事君养亲不可以恬淡，治人必以言论忠信法术，言论忠信法术不可以恍惚。恍惚之言，恬淡之学，天下之惑术也。"即一切服从君权、服从法术，是天下唯一的"道理"和要务，以此重整老子道论的基本内涵和外部形态。

韩非子学说的第二个特点叫作非儒，就是全面反对儒家学说。说起来，韩非子本人是大儒荀子的弟子，他是儒家出身、儒家后学。可是他却主张"恃术而不恃信"，就是你要依靠权术，而不能依靠仁义礼智信；主张"上法而不上贤"，就是你要崇尚法术，而不能崇尚贤良。他以虎豹喻人君，以畜乌比御臣。他有一篇文章很有名，叫《八奸》篇，其中有这样一段话："一曰同床，二曰在旁，三曰父兄。"就是他在这篇文章里，列出了八种威胁君王的奸情。第一叫同床，也就是跟君王睡在同一张床上的王后和王子，他说这是对君王的第一大威胁；二曰在旁，所谓在旁，就是君王的重臣，古代君王的重臣，大抵都是君王的血亲；三曰父兄，亦即第三对君王构成危害的，就是君王的父亲和兄弟。

韩非子这样讲是有充分根据的。大家回忆一下我昨天孔子课中，讲春秋时代 255 年间，发生了 43 起弑君事件，其中百分之七八十以上都是这三类人干的，韩非子可谓眼光毒辣。

韩非子的第三个特点叫篡墨，就是篡改墨家学说本意，以为他的法术之论服务。墨家是代表下层手工业者的利益发言，但是墨家却同时主张"明君独裁"，这个话题我们下一节课讲诸子百家辑要的时候，再详细展开。那么，韩非子就借助墨家的这些观点，然后提出更进一步的纵深讨论。他在《定法》篇中明言："以一国目视，以一国耳听"，就是一个国家只需长一个脑袋，一切由君王独断，其他所有臣民唯有盲目服从的义务。所以中国后来有"墨法之学"的称谓，"墨"就指墨家，"法"就指法家，所谓"墨法之学"，就是"法家之学"的别号。

韩非子学说的第四个特点就是批荀。如前所述，荀子就是韩非子的老师，可由于我前面讲过，荀子一方面主张仁义礼智信，一方面主张严刑峻法，因此韩非子批评他的老师思想混乱，指斥他的学说是"愚诬之学，杂反之行"。我们从这里可以看出，韩非子的法论精神彻底到何等程度。

韩非法论的基本取向

我们下面略微看一些《韩非子》的原文，梳理一下韩非子法论的主线。

韩非子在《外储说左上》篇中讲："夫慕仁义而弱乱者，三晋也；不慕而治强者，秦也。然而未帝者？治未毕也。"他这段话的意思是说，凡是坚持仁义礼智信的中原文明各国，全都处于弱乱状态；不相信、不羡慕孔子礼教的秦国，它就很强大。那么秦国为什么还没有统一天下、没有称帝呢？他的答案是"治未毕也"，就是秦国的法术还没有执行到尽头。

大家注意，这个时候，商鞅变法之制已经延续了六代君王，韩非子仍然批评秦国的法术执行还不够彻底。韩非子在《奸劫弑臣》篇中说："圣人之治国也，固有使人不得不爱我之道，而不恃人之以爱为我也。"他说，最英明的君王治理国家，绝不能让人民爱戴他，而一定要让人民不敢不爱戴他。这里面的区别就是，他认为爱民之仁政不可取，只有暴力、残忍和恐惧才是政治权力和社会管理的唯一资源，这是韩非子法论的重要基础。

韩非子在《八说》篇中说："有道之主，不求清洁之吏，而务必知之术也。"他的意思是说，治理国家最重要的方法，不是使用廉洁的官员，而是要使用懂法术的官员。由于韩非子排斥清洁之吏，所以在中国历史上，贿赂之行、贪污之风就成为中国的政治传统。所以大家不要认为中国现在才有贪官，民国时候才有贪官，其实2000多年的中国政治史一直都存在贪官。难怪中国自古就有"一任清知府，十万雪花银"的说法。我讲一个故事。南北朝时期，西魏创始人宇文泰打下江山，他就约见了当时的著名文人苏绰。他问苏绰："国何以立？"苏绰给他两个字："具官。"他又问："如何具官？"——后面这些部分史书上没有详细记载，有可能是野史的杜撰，但这个杜撰很能够说明中国贪官政治的特点——苏绰回答："用贪官，杀贪官。"宇文泰大为不解，说为什么要用贪官？苏绰告诉他，用贪官你能得到三项好处：第一，他是贪官，跟着你能收获巨大利益，因此他一定忠诚于你；第二，他是贪官，你手里就有他的把柄，所以你最容易管控他，他稍不规矩，你恐吓一下他就变乖了；第三，你还应该动辄杀几个贪官，这样一来，就可博得万民欢呼君上英明。中国自古以来的治贪之举不就是玩弄这一套戏法吗？而这些东西，都是韩非子法术思想的遗产。

韩非子在《备内》篇中讲一段话，他说："为人主而大信其子，则奸臣得乘于子以成其私。"他这段话的意思是说，作为人君者，你绝不能太相信自己的儿子，因为如果你过于信赖自己的儿子，那么在太子周边就会聚集某种力量，从而最终对你构成威胁。他又讲："为人主而大信其妻，则奸臣得乘于妻以成其私。"他说作为君王的人，你也不能太爱自己的老婆，你如果宠爱王后，那么在王后周围就会形成一种势力，到头来同样会对你构成威胁。他甚至还给出严密的推论，证明对君王构成最大威胁的就是与其同床的王后。大家看看他怎么证明，他说："丈夫年五十而好色未解也，妇人年三十而美色衰矣，以衰美之妇人事好色之丈夫，则身见疏贱，而子疑不为后。"这段话什么意思呢？他说一个男人到 50 岁还来劲着呢，但一个女人到 30 岁就已经没有颜色了。我们今天看一个女人 30 岁尚属美貌犹存，可是你要知道，古人的平均寿命只有 39 岁左右，女孩十四五岁结婚生子，30 岁已经徐娘半老了。他说，因此当王后人老珠黄之余，君王就会转而贪恋其他女色，最终不免将正宫王后打入冷宫，以至于王后与君王亲生的儿子都不能继承王位。

他接着讲："惟母为后而子为主，则令无不行，禁无不止，男女之乐不减于先君。"他说，只有让王后变成母后，也就是变成太后，然后让王后的子嗣即太子登上君位，这样王后才能确保自身权势依旧。虽然这个时候王后已经没有了丈夫，但是她的男女之乐都不稍逊于前。她怎么解决自己的性饥渴问题呢？找男妓、找面首，就像武则天那样。他最后总结："此鸩毒扼昧之所以用也。"他说，君王你得小心，这就是王后特别想杀害你的原因。他连具体方法都详细罗列出来：第一，鸩毒，就是悄悄在君王的餐食里下药，神不知鬼不觉地毒死你；第二，扼昧，趁君王睡着了，拿枕头捂死你。各位看看，韩非子为了保全君上，考虑到何等无微不至的程度！

韩非子在《显学》篇中讲："严家无悍虏，而慈母有败子，吾以此知威势之可以禁暴，而德厚之不足以止乱也。"他说，如果一个家庭里有严厉的父亲，那么这家孩子就会比较出息，不至于出什么问题；而如果一个家庭只有慈母，这里就会出败家子。他说，我以此知道，强权威势是管理的资源，而德厚慈爱不足以治乱。

韩非子的这个说法乍一听似乎很有道理，但实际上他是有意把概念混淆。现代心理学研究发现，如果一个孩子小的时候，他的父亲过于横暴，那么这种孩子的心理就会变态，长大以后，他的人性伸展程度很低，甚至犯罪率都会偏高；一个孩子在慈爱氛围下生活，他将来人性比较饱满，人生相对来说会比较舒展。当然如果母亲过于娇宠孩子，确实会把孩子惯坏，但那是极少数，不可作常态论。韩非子宁可把概念搅乱，因为概念的外延是不同的，比如你爸爸戴蓝帽子，你不能反过来说戴蓝帽子的都是你爸爸。他用这种混淆概念的方式来证明暴力和残忍是管理的唯一资源。

所以他后面在《六反》篇里就又说一段话："母之爱子也倍父，父令之行于子者十母。吏之于民无爱，令之行于民也万父。父母积爱而令穷，吏用威严而民听从，严爱之策亦可决矣。"他说，母亲爱孩子，用情之深比父爱高得多，但是孩子听父亲的话，却胜过母亲十倍不止。他说官吏对于人民毫无一丝爱心，但是人民听令于官府，其顺从程度却远高于父母。父母积爱但管不住孩子，官吏无爱却能以威权治民。可见慈爱和严厉这两者哪个更有效是一目了然的。他再度强调残暴与严苛才是统治权力之本。

他在《主道》篇中讲："道在不可见，用在不可知。虚静无事，以暗见疵；见而不见，闻而不闻，知而不知。"这段话讲什么？讲权术！他跟前面申不害的那个意思完全一样。"道在不可见，用在不可知"，就是说你执政一定不能在明处操作，要有阴暗之术。你一定要深藏不露，躲在暗处，观察明处大臣的一举一动，却不让臣属发现你的所作所为，这叫"虚静无事，以暗见疵"。他然后又讲，就算你发现了臣子的问题，你也不要公开指责，你得另找一个机会收拾他，不要让他察觉你已经获知了他的奸情，此谓"见而不见，闻而不闻，知而不知"。韩非子的书里，充满了这样的阴术之论。我只举这一个例子，以示范韩非子对"法、术、势"三者中之"术"的精妙之谈。

韩非子在《主道》篇中说："有功则君有其贤，有过则臣任其罪。"我们知道，君王管理政务的方式，一般是由前线任职的官员向君王提出具体建议，君王根据情况决定采纳与否。韩非子告诫君王，如果官员的治策有效，功劳归于君王，如果采纳其意见却治理无效，罪过全在大臣，他说这就是君王和臣属的关系。

韩非子在《八经》篇中讲了一段话，很有趣。他说："官袭节而进，以至大任，智也。"意思是说，一个官员，如果他从基层做起，逐级擢拔而升为高官，那么君王你得小心提防，因为这种人特别有智慧。他然后讲，对于这种既有能力又有野心的人物，君王必须用三种方法加以节制，哪三种方法？一曰"质"，二曰"镇"，三曰"固"。什么是"质"？原文为"亲戚妻子，质也"，就是你要把他的老婆孩子扣在京城，作为人质，一旦这个官员叛逆，你就杀他全家，这叫质。什么是"镇"？"爵禄厚而必，镇也"，就是你要给他高官厚禄，让他发财，包括允许他受贿，满足他的贪欲，这叫镇。什么是"固"？"参伍责怒，固也"，什么意思呢？就是你要动不动挑他的刺儿，鸡蛋里面挑骨头，而且动不动就威胁他，比如说要把他吊死之类。他说你采用这三种方法，才能节制那些有雄心、有能力，一路从基层晋升到高层的官员。

他然后讲："贤者止于质，贪饕化于镇，奸邪穷于固。"即对于贤良的大臣，你只要把他老婆孩子扣为人质，他就不会犯事了；对于贪婪、爱财的官员，你只要让他发财，问题也就解决了；对于干练狡猾之辈，你就要动不动挑他的毛病，时不时威胁他。接着他说："忍不制则下上，小不除则大。"什么意思呢？他说你如果不忍心处置他，他就会以下犯上；你如果不及时把他掐死在萌芽状态，他就会尾大不掉。

他最后还提供制裁方法："诛而名实当，则径之；生害事，死伤名，则行饮食；……此谓除阴奸也。"意思是，如果你能找见一个恰当的罪名或借口，你就立即杀了他；如果这个大臣让你很不安，可是你又实在找不见他的过错，那怎么办？"行饮食"，即悄悄在这个大臣的饭食里下毒，毒死他。他说这就是消灭对你构成潜在威胁者的好办法。请大家听听，韩非子这位仁兄有多么可爱！

韩非子在《制分》篇中讲："察君之分，独分也。是以其民重法而畏禁，愿毋抵罪而不敢冀赏。"什么意思？他说君王的权力是不能分割的。大家知道，近现代政治民主制度是讲分权制衡的，这跟中国法家的观点完全相反。他又讲，你必须施以严刑峻法，法律要严苛到这样的程度，民众只求不受到法律制裁就已经心满意足了，根本没人敢向你请赏。

韩非子还说过一句名言，表达着他心目中人民与君王的关系。原话这样讲："君上之于民也，有难则用其死，安平则尽其力。"意思是说，君王跟人民的关系理应如此：天下大乱、边境不宁，你就让人民为你战死疆场，去充当炮灰；天下大治、歌舞升平，你就让人民为你生产财富，把他们的骨髓都榨干。他说这就是君王和人民的关系。

韩非子在《外储说右上》篇中讲："势不足以化，则除之。……赏之誉之不劝，罚之毁之不畏，四者加焉不变，则除之。"他说如果一个大臣形成了某种势力，你又无法予以消解，那就立即把他除掉；他又说，面对臣子，你赏赐他、夸奖他，他不为所动；你责罚他、诋毁他，他也无所畏惧；这四种方式加之其身，他都巍然不摇，怎么办？赶紧灭了他。

韩非子在《八说》篇中讲："立法而有难，权其难而事成则立之。事成而有害，权其害而功多则为之。无难之法，无害之功，天下无有也。"他说立法是一件很难的事情，反对的力量一定很大，你衡量之下两害相权取其轻，则还是应该坚定立法。他进一步解释说，你做任何一件事情，都不可能只有好处没有坏处，刑罚之事难免残暴，副作用确实很大，但是比较一下，收益更高，你就要敢于下手；想不逢困难而轻松立法，不致伤害而推行法术，天下没有这等好事。他给君王耳提面命，连权衡考量的思路都事先直接交代清楚。

韩非子在《制分》篇中又讲："至治之国，善以止奸为务。……然则去微奸之道奈何？其务令之相规（窥）其情者也。"什么意思呢？他说你治理一个国家，社会上、臣属中发生微小而普遍的不法情事，你怎么会知道呢？他说你只有一种办法，就是建立究司连坐制度。让底下的人互相窥探、互相检举，完善特务告密体系，这样你才能够铲平从朝廷到民间的种种违法苗头。

他在《人主》篇中讲："虎豹之所以能胜人执百兽者，以其爪牙也。当使虎豹失其爪牙，则人必制之矣。"他说虎豹之所以成百兽之王，连人都不是它的对手，是因为它有尖牙利爪，倘若拔其尖牙、削其利爪，那么虎豹不免威风顿失，为人所制。他然后接着讲："今势重者，人主之爪牙也，君人而失其爪牙，虎豹之类也。"他说对于君王，谁是你的利爪尖牙呢？那就是你的重臣，如果你不擅长起用心黑手辣的人充当权臣，你就相当于虎豹失去了爪牙。请注意韩非子这段话的意思，他主张君王使用酷吏。

大家知道，中国历代君王都好用酷吏，比如武则天朝代的来俊臣之流，"请君入瓮"的典故就出自这位著名的酷吏。其实不仅是武则天，中国历代君王都用酷吏，因为酷吏就是他的爪牙。（此处有删减）

韩非子在《外储说右上》篇中讲："明主之牧臣也，说在畜鸟。……驯鸟者断其下翎，则必恃人而食，焉得不驯乎？夫明主畜臣亦然，令臣不得不利君之禄，不得无服上之名……焉得不服？"

他说，明主驾驭大臣，就像猎人训练猎鹰一样。猎人怎么训练猎鹰？他在野外打掉老鹰，活捉一只雏鹰回来，随即拔光其翅膀上的翎毛，让它飞不起来，全靠人工饲养而成长，直到它完全依赖于人。在此期间，它羽翼逐渐丰满，然后再放飞它去捕捉猎物，比如野兔之类。猎人放出猎鹰以前，先拿一条细绳子将猎鹰脖子扎起来，使得它不能吞咽，捉住野兔只好奉献到主人面前，由主人松开脖子上的绳结来饲喂它。韩非子说君王驾驭大臣，就要像猎人畜养猎鹰一样。——如此谆谆教导君王怎样管制大臣，韩非可谓用心良苦！

在《二柄》篇中有如斯说："为人臣者陈而言，君以其言授之事，专以其事责其功。功当其事，事当其言，则赏；功不当其事，事不当其言，则罚。故群臣，其言大而功小者则罚，非罚小功也，罚功不当名也。群臣，其言小而功大者亦罚，非不悦于大功也，以为不当名也，害甚于有大功，故罚。"这段话什么意思呢？通常君王治理国事，先得由参与具体工作的大臣奏议，为君王提供几条办法或策略，君王根据大臣的提议，再给大臣以相应的授权，此后臣下才根据君王的授权去实施管理。韩非子说如果一个大臣说得好做得不好，你该怎么办？这个我们都明白，你应该惩罚他。韩非子又问，如果这个大臣做得比说得还好，你该怎么办？我们一般人会认为，那你当然应该嘉奖这个大臣。错了！韩非子认为你照样应该惩罚他。他说如果你不罚他，那么以后所有的大臣给你说事，他能做到十分，他只讲到五分，然后他只消做到六分、七分，你还得奖励他，你这不是明摆着等别人来欺骗你？所以韩非子接着讲："明主之畜臣，臣不得越官而有功，不得陈言而不当。越官则死，不当则罪。"他说，臣子进言，说到哪儿就必须做到哪儿，而且绝不能超越君王的授权行事，否则立即收拾他。他在这样的细节上，都为君王做出精心算计。

说到这里，我们不得不提起 15、16 世纪欧洲文艺复兴后期，意大利出现的一位政治学家——马基雅维利。大家知道，在文艺复兴前后，意大利不是统一国家，它分裂为若干小公国，比如威尼斯公国、米兰公国、佛罗伦萨公国等等。当时佛罗伦萨活跃着一个政治人物名叫马基雅维利，他曾经在佛罗伦萨共和国担任官职，以后美第奇家族复辟，他被辞退、囚禁，释放后隐居乡野，在此期间他写下一本名著，叫《君主论》，一个薄薄的小册子。

在这本书里，马基雅维利讲了一个惊人的观点，他说人性总是向恶的，而不会向善，因此君王管制天下，绝不能遵从民间道德。君王要像狮子一样凶猛，要像狐狸一样狡猾，所以今天巴黎行政学院的校徽还是一头狮子和一头狐狸。他然后讲，君王行事不必拘于道德，什么坏事都要敢干，阴谋、暗杀、谎言、权诈，威胁利诱、背信弃义，见人说人话、见鬼说鬼话，总之无所不用其极，只要目标正确，尽可以不择手段。这就是马基雅维利的《君主论》之基调，在欧洲历史上，他第一次把政治学从神学与伦理学中解脱出来，据说该书因此而成为西方现代政治学得以确立的第一张本。大家听一听，可见"现代政治学"这个词，本身就赋有恶毒阴损之含义。各位有空读一下《君主论》，这本书有翻译，它跟《韩非子》相比，简直是小巫见大巫，韩非子比他讨论得精细得多、深刻得多、出彩得多，尽管韩非子比他早了 1700 年以上，足见中国法家政治之黑暗。

法家思想总纲：尊上弱民

韩非子在《五蠹》篇中讲："境内之民皆言治，藏管商之法者家有之而国愈贫；言耕者众，执耒者寡也。境内皆言兵，藏孙吴之书者家有之而兵愈弱：言战者多，被甲者少也。故明主用其力不听其言，赏其功必禁无用。"什么意思呢？他说所有的书都在该烧之列，除少许农书、医书以外，甚至他法家的书、兵家的书，都只留给君王和重臣阅读，大凡民间之藏书应一律焚毁禁绝。为什么呢？他说如果境内之民皆言法治，藏管商之书、议管商之法（管指管仲，商指商鞅，"管商之法"就是法学文论），那么侈谈农事的人就会变多，真正扛着锄头干农活的人就会减少；他说对兵书也同样，因为老百姓如果读兵书就会出这样的局面，空谈战事的人会增多，但为你扛枪打仗的人就会减少。他最后补充说，英明的君王只让人民卖命卖力，不许他们饶舌多言，为此必须赏实利而禁虚想。这是典型的愚民政策。

大家注意，法家最早在秦地落实愚民政策。很多学者讲，中国的愚民政策，其实从老子那儿就开始了。别搞错！老子虽然讲弃智绝学，但他不是愚民政策，他寄望上至族长圣人，下至普通民众，大家都不要开化智慧，都不要涉入文明，才是人类的福音。所以老子是"愚人"主张，而不是"愚民"政策。〔"民"字特指"下等人"。甲金文中画一只眼睛，下缀直出符号，𤰊（甲文）𠕲（金文）𢁝（小篆）民（楷体），早先意指目光下垂、不敢抬眼看人的奴隶。〕

韩非子在《说疑》篇中又讲："禁奸之法，太上禁其心，其次禁其言，其次禁其事。"什么意思？大家知道现代法律，人们思想自由、言论自由，法律只追究一个人的违法行为，事后根据他对社会造成的实际损害予以量刑。韩非子却相反，他说"禁奸之法，太上禁其心"，最好的法律，你要让他心里都不敢乱想；"其次禁其言"，差一等的法律，是让他不敢随意说话；"其次禁其事"，最差的那一等法律，才是让他不敢干坏事。由于韩非子的这个主张，所以中国自古就没有言论自由，不但没有言论自由，还有一种东西叫作"文字狱"。大家都很熟悉，文字狱最典型的发生在清代，但其实中国自古都有文字狱，只不过清代做得更彻底一些。清时流传一个故事，说某文人有一次在户外读书，微风吹过把他书页刮乱了，于是他随口念一句打油诗："清风不识字，何故乱翻书。"结果被某人告上去，说他这首打油诗里暗含着清朝满人没有文化的讽喻，为此丢了脑袋，这叫文字狱。

（此处有删减）"文革"的时候，人人噤若寒蝉，如果你留有文章纸稿，甚至私密日记，你最好都趁早烧掉为宜，万一被人发现里面有片言只语的不妥，便会有身家性命之危。所以那时候是没人敢写日记的。（此处有删减）

中国古代还有一个罪名，发生在汉武帝时代，听起来很奇怪，谓之"腹诽之罪"。什么意思？你在肚子里诽谤我了，因此我要杀你！这叫"太上禁其心"。大家听听，这就是韩非子的法术，这就是中国法家理论之集大成。

韩非子的思想体系主张"法为专制"。他的整个法论总纲只有五个字，原话为"上尊而不侵"，就是"君上的尊严和尊位不受侵犯"，这就是其立法的首要纲领。大家知道人类的现代法律是由人民选出议员，在国会立法机构中制定法律，专门用以限制政府、政党和军队的权力，这个东西叫作"宪法"。所以中国传统法学跟现代法制完全不是一回事。曾听有学者说，中国的法家是人类现代法制的先河，这完全是扯淡。实际上二者是根本不同的两个法系，即农业文明之法系，与希腊罗马系统最终产生的工商业文明法系，其间没有继承关系。它们是各自分别展开的两路法系，无论从基本精神或者条款枝节哪方面看，都是完全相反的。

韩非子主张"法扼人性"。其立法目的在于扼制人的天性，而全不顾及一丝人权。他在《六反》篇中讲："父母之于子也，犹用计算之心以相待也。"又在《五蠹》篇中讲："民者固服于势，寡能怀于义。"他说父母管教孩子尚且要用算计之心，何况君王官吏管制人民；他说人民只服从于权势，绝不会服从于仁义。他严厉限制人身自由，将民众的社会生活完全纳入暴烈政府的规范渠道之中。

韩非子主张"法代文化"。标榜"以法为教，以吏为师"，他说教育如果还要进行，就必须主教法律。那么谁可以做老师呢？懂法术的官员才能够做老师。他在《显学》篇中讲："民智之不可用，犹婴儿之心也。……故举士而求贤智，为政而期适民，皆乱之端。"意思是说民智不开，教育不展，人无贤能，上智下愚，国政方可安然。

韩非子主张"法术兼用"。他在《备内》篇中说："为人臣者，窥觎其君心也无须臾之休。"即你的臣属整天都在居心叵测地瞄着你，因此君王随时都要保持警惕。他在《定法》篇中直率言之："无术以知奸，则以其富强也资人臣而已矣。"说为人君者若无心术，必致其权力资源拱手让人。他在《难三》篇中讲："术者，藏之于胸中，以偶众端而潜御群臣者也。"什么意思？"权术"这个东西，一定要阴藏于心而不能暴露出来。他说，君王你想想，你只不过是单枪匹马一个人，你怎么去对付成百上千个大臣，力量根本就不对等。你只有一个办法，用阴术、用权谋，你得不断地离间分化他们，使他们相互之间矛盾重重，争执不休，这样你才能在中间平衡自己的权力结构。

韩非子主张"法度严厉"。他在《有度》篇中说："刑过不避大臣，赏善不遗匹夫。"他又讲"不辟亲贵，法行所爱。"很多学者见到这样的话，便说韩非子主张法律面前人人平等，是不是这样呢？显然不是。因为韩非子认为对君王造成最大危害的，就是他的"亲贵"和"所爱"，所以这里绝不表示韩非子的法论主张法律平权，这个话题我前面说过，不再重复。

韩非子的"法治理想"，他用如下一段话作全面表述："圣人者审于是非之实，察于治乱之情也。故其治国也，正明法，陈严刑，将以救群生之乱，去天下之祸，使强不凌弱，众不暴寡，耆老得遂，幼孤得长，边境不侵，君臣相亲，父子相保，而无死亡系虏之患。"（见《奸劫弑臣》篇）这段话什么意思呢？他说，一个圣明的君王，他作为最高立法者与司法者，一定要明察大是大非，深解治乱之情。以此为依据，他必须设立严刑峻法，并使之公明于众。只有这样，你才能救群生之乱，去天下之祸，使强者不欺侮弱者，多数人不欺侮少数人，老人能够得到赡养，孩子能够得到抚养，边境不受侵犯，君臣父子相亲相保，而不至于变成他人刀下的冤魂、俘虏或奴隶。也就是说，韩非子认为他的这一套法系是对整个社会负责的，这个说法对吗？对！什么意思？在农业文明社会结构中，只有这个简单粗暴的法制系统才成本最低廉、操作最便捷、管制最有效，须知它就是这个生存结构的必然产物。

我前面说过，中国的法家绝不是善茬。他们在法论中、在国家治理和政治操行上表现得十分恶毒，实在令人难于赞赏。比如，商鞅曾经就提出来过一个"弱民理论"，他的《商君书》原话这样讲："政作民之所恶，民弱；政作民之所乐，民强。"这段话什么意思？他说如果你制定的政策、政令都是人民所喜欢的，那就糟了，人民会因此而强大；如果你制定的政策、政令人民都很厌恶，这就好了，因为人民会变得很微弱。也就是政治总是跟人民作对的。他紧接着在下面说了很有名的八个字叫"民弱国强，民强国弱"。他说，只有人民羸弱的时候国家才会强大，如果人民很强势，那么国家就管不住人民了，国家就衰弱了，这就是他著名的"弱民说"。

政治是什么？中国的法家政治，就是专门欺负老百姓，专门摧残民众的生机与尊严。只有人民处在柔弱萎缩状态，国家权力才能巩固，君王权威才能彰显，这叫"弱民之说"，亦称"民弱国强"。

关于推行弱民治略，商鞅提供了三种方法：第一，愚民政策。商鞅直接讲："愚农不知，不好学问，则务疾农。"他说让农夫们蒙昧无知、没有任何求知问学的文化兴趣，这样他们才会勤勉耕作。所以，他主张烧书禁书，取缔人民的迁徙自由，规定秦人不得与外国人交往。总而言之，切断你的一切信息来源，使人民闭塞愚钝，这是弱民的第一方法。第二叫辱民，就是要坚持不懈地羞辱人民，让人民觉得他猪狗不如，只有如此，人民才会尊官。他原话这样讲："民有私荣，则贱列卑官。"他说如果你让人民觉得自己很荣耀、很自尊，那么人们就会轻视官员，违抗政府，你只有让人民觉得自己很卑微、很下贱，那么官员才会具有威势。他的第三政策叫贫民，原文为"富则轻赏"，意思是说，如果人民都很富有，他就看不上官员的赏赐了，官方对人民就没有挟制力了，故此秦国变法后一直推行超高税率。他接着讲："辱则贵爵，弱则尊官，贫则重赏。"他说你让人民毫无一丝尊严，那么人民就会看重爵位；你让人民孱弱无力，那么官员就会显得强悍而尊贵；你让人民变得贫穷如洗，他们才会稀罕官方的赏赐。这就是商鞅变法的内治要诀，这就是中国法家对待人民的基本态度。

所以我们一定要明白，中国的法家及其法学，它与现代法系全不相容，它是国家至上，或曰"国家主义"，人民只是国家政权的工具。国家本来应该是为人民服务的一个机构，但是在中国的法治文化和政治学里却恰恰相反，人民只不过是国家牧养和驱使的牲畜。所以郭沫若讲："在韩非子治下的社会里，只有猎犬（告密者）、豺狼（爪牙）和牛马（被压迫者），哪里有人的气息和尊严！"鲁迅在他的文章里说，中国只有"两个时代"，一个是"暂时做稳了奴隶的时代"，一个是"想做奴隶而不得的时代"，前者指被剥削受压迫的治世，后者指连安享剥削压迫的资格都丧失了，于是只好造反，如此反复治乱循环而不已。所以中国传统社会、中国的法家学说，它所尊奉的是典型的国家至上和国家主义学说，是暴力维系的统治方式，一切为国家政权服务，人民是极为轻贱的，只不过充当国家政治的鱼肉和玩偶。而要维持国家政治权力及其法治系统，最好的资源就是强权与残暴，这就是中国法家的基本理论框架。

东西方政治智慧的比较与探究

我们前面讲了韩非子法学理论的主线，下面讨论一些与此有关的其他问题。

自从法家理论确立，中国逐步进入君主专制时代的成熟阶段。由于中国政治法论体系极具压抑性，从此使中国文化的发育进入黑暗而窒息的时代。秦以后、君主专制制度建立以后，中国国学文化及其思想发展从此再没有任何重大建树，这都是韩非子"法代文化"的必然后果。

中国中古社会常说什么"文治武功"，其实在各朝代，但凡官方治学，都是对学术的肆意歪曲和阉割。比如永乐大帝朱棣，在皇权组织下编成《永乐大典》。有人说它是明代官方治学的典范，但实际上《永乐大典》是什么？官方强行搜集民间所有书本，不准私藏失缴，然后把所有书籍拿过来由政府组织的文宣机构审查，凡是不符合主流意识形态的一律烧毁，最终只把能够取悦和辅助专制体系的东西汇集成册，这就是《永乐大典》。清代的《四库全书》，有人说它是清朝文治的光辉，但实际上《四库全书》是什么？把民间书籍搜集上来，凡是不符合满清统治的东西，包括中国传统"夏夷之辨"的内容全部删除或灭迹，然后把官方认可的东西，甚至是伪托、篡改的东西另加编辑，这叫《四库全书》。

因此，但凡中国官方治学，基本上可以说是对真正文化学术的有组织破坏。中国学人、中国传统文化，将全部关注焦点都聚集在人伦社会问题上，以至于自然学完全偏废，那么照理说，中国人的政治学、法学、伦理学，似乎本应达到极度高超的状态才对。可事实恰恰相反，所有智者把自己的全部精力都集中在人伦社会政治问题上研讨，他们缔造的却是前面所讲的那样一套简单粗暴的法论政治体系。因此有人说，中国人政治智慧很差，这个话是有一定道理的。

大家看，从古希腊文化一直到西方文明，他们把自己最主要的智力都使用在仰望星空、探究自然之领域上，由此产生哲科思维，并建立起整个自然科学系统。他们只把自己边边角角的一丁点儿智慧，使用在人文学、社会学、法学以及法制建设上，却居然创立了非常复杂、非常系统的民主宪政体系，这真是令人惊叹。

大家要知道西方民主法制体系，它是一个精致复杂的分权制衡体系，它绝不是少数服从多数、只拿选票说话那么简单。（此处有删减）所谓民主是这样一个完整的体制结构，首先它在横向上进行分权，谓之"三权分立"，也就是立法权、行政权和司法权各自独立、互相牵制。立法者地位最高——国会，他们有制定法律的权力，一切国家机构、一切社团组织，包括任何个人，都必须在它所设立的法律规约下行事，但是国会及其议员没有行政权，没有司法权；政府有行政权，通过多党合法竞争取得执政地位，但它没有立法权，没有司法权；司法机构、判案机构，它有行使法律的权力，但它没有立法权，没有行政权。由此形成一个权力相互制约的体系，这是横向制衡。

到此还不够，它再建立"纵向分权"制。它的各级官员体系不是由上级委派下级，而是各地有自己的地方立法机构，由当地选民选出地方议会和地方行政长官，借此又形成一个低一级的三权分立结构，这就是所谓的联邦制。它的地方分权体系层层独立，下级官员、州郡领导并不受上级委任，而是向自己本地区的人民负责，向地方议会负责。它甚至做到一个街区都可通畅地表达其民意，如果这个街区的民众形成某种共同的协议，比如在一个十字路口的街角上不能有建筑，否则汽车走到这个地方拐弯的时候视线被阻挡，于是该社区民众、一个小街道地区的民众做出一个决定，到法院备案后都有效，这是在垂直线上进一步分权。

到此还不结束，它另有一层外置权力叫"舆论民办"。在西方国家，包括在美国，法律明文规定政府不得操办舆论机构，比如报纸、电台、电视台、杂志社、出版社等等。除非是对外宣传机构，政府经国会授权后才可以建立，对内的这些舆论机构，政府一律不得插手，只能交由民间办理，任何个人、任何社团均有权涉足上列行业，从而形成舆论独立于政府权力之外以监督政府行使权力的格局。所以，舆论界也被称为"第四权力系统"。（此处有删减）

到此还不结束，它再画一条线，叫作"天赋人权"。就是在这条线以下，人民的基本权利、个人权利不受任何公权力的侵犯。比如个人名誉权、肖像权、财产权、言论及结社自由权等，任何他人包括一切公权均不得侵害。

到此还不结束，它还规定一条叫"违宪审查"。就是政府、政党、军队这些有组织、有力量的群体，它们在运行过程中，如果其行权超出立法机构所立宪法的范围，最高法院有权对总统行为、行政部门的具体举措加以"违宪审查"，并独立做出是否符合宪法的裁决。

这样一个层层制约的权力系统，构成民主宪政的复杂法制社会。大家注意西语的"法律"用的是哪个单词？ Law。这个单词同时就是自然科学上所说的"规律",两重意境并为一语,什么意思?即"理性主义"与"人文主义"同构,"自然规律"与"人文规则"同源。他们认为法律这个东西是一个纯理性的产物,就像你发现自然律一样,是一个纯理性、纯逻辑的推演。它不是根据某些人的特殊需要,而是根据整体社会利益的最大化,用理性排布一个平权法系。这就好比交通法规,红绿灯的设立不为任何私利服务,它的设计方式,甚至读秒数的安排,都是根据交通流量来调整的,所有人必须严格遵行。它是一个非常系统、非常周密的理性结构、纯理性结构,康德把这个东西称为"纯粹理性的道德命令",即一切道德和法律都应该在这个系统上展开。这跟中国法家理论只为当局的政治控制服务是全然不同的概念。

而且大家还要注意,西方的民主法治绝不是骤然形成的,它是经过 2000 多年的磨砺和雕琢,才逐步形成完善体系。要知道古希腊的学者,比如柏拉图、亚里士多德,曾经对各种不同的政治体制做过专门的分辨性研究,例如君主制与僭主制、贵族制与寡头制、共和制与民主制……他们不断地进行分析比较,详察每一种政治形态各自具备的优点和缺点。

在古希腊,雅典城邦实行民主政治,它曾经其实是很幼稚的,甚至是很荒唐的。比如古希腊著名哲人、柏拉图的老师苏格拉底,他居然是被雅典公民投票赐死的。为什么西方历史学上反复探讨伯罗奔尼撒战争?所谓伯罗奔尼撒战争,缘起于古希腊的诸多城邦分为两大集团,一个是以雅典民主制为首的集团,一个是以伯罗奔尼撒半岛上斯巴达专制政权为首的阵营,它们之间发生过两次战争,史称伯罗奔尼撒战争。这两次战争,民主雅典全都战败。那么西方人探讨伯罗奔尼撒战争,探讨什么?探讨民主制的缺陷。战争期间,雅典公民对于任何将军,只要他作战能力强、战功高,呈现威望超众之势，他们居然在战争正在进行的时候就用陶片投票法，把这些将军解职并且流放。为什么？害怕他们权力太大、声望太高，有一天可能成为独裁者，结果导致在伯罗奔尼撒战争中雅典联盟接连失败。可见西方民主政治经历 2000 多年的跌宕与追究，从粗糙到精致的琢磨绝非一日之功，它是一个历经数千年才造就出来的缜密体系。

我们谈法律、谈政治制度，这些东西表面上看非常重要，但实际上是"文化先于制度"。这话什么意思呢？我前面讲，民主法治是由一套完整的理论和理念系统构成的，它必须有一系列渗透性的社会文化铺垫作为前提。（此处有删减）当年袁世凯时代、军阀时代，它是有议会的，它是实行政党政治且有在野党的。可是有什么用？议会要么被随便解散，要么就只有猪仔议员，政党领袖可以被刺杀，政党活动可以被强权限制，袁世凯最终称帝。蒋介石提出"一个主义、一个政党、一个领袖"，全面走向民主宪政制度的反面。它说明什么？说明即使你有这个制度建设，假如你没有与之相应的文化基础，制度也一定变形，制度也一定荒废。

所以民主制度的实现，绝不是仅仅建立一个制度框架就能够完成的，这也就是为什么西方民主宪政制度在欧美国家以外从来难以通行，至少得不到原样执行，总是不免变味变质。就连提出脱亚入欧、曾经全面学习西方的日本，到昭和年代也完全返回旧貌，天皇从"虚君"变成"实君"，军国主义再度发生。直到二战以后麦克阿瑟统治日本，然后他又按照美国法制订立了一套宪法，强加在日本头上，结果日本迄今仍然是自民党一党独大。它算是做得最好或模仿最好的域外民主制，尚且不能完全与西方民主制对齐，其他所有非欧美国家的民主制基本上都无法达致成熟状态。为什么？——文化先于制度！这一点请大家务必理解。

我顺便再说一个小话题，有人说美国没有文化，这话不能不说有一定道理。美国建国只有二百多年，你到美国去旅游，难以看到像欧洲那样巍峨的教堂、精美的雕塑以及文艺复兴以后的各类绘画艺术展览，这些东西在美国确实不多见。但你说美国没有文化，是你对美国社会实际上是继承和发扬欧洲近代先进思想的产物这一点毫无了解的表现。要知道美国社会实际上是最纯净地执行或者落实了欧洲近代一批思想家最先进思想的实验场，包括洛克在《政府论》中提出的"主权在民"，孟德斯鸠在《论法的精神》中提出的"三权分立"，卢梭在《社会契约论》中提出的"天赋人权"，约翰·穆勒提出的"代议制民主立法结构"，亚当·斯密提出"看不见的手"，倡导"自由市场经济论"……它是这一批近代欧洲思想家之整个思想体系在北美新大陆最纯净的落实。这话什么意思？就是这些欧洲思想家的新思想，当年在欧洲大陆还受到旧传统的牵制，即使后来得以执行，也都不免在某种程度上有所迁就，只有在美国这个全新的实验场地上才真正做到全面贯彻，这就是美国《独立宣言》和美国《宪法》的基本精神。由于它是这些新思想最纯净的落实和践行，这才缔造了美国近百年超级大国的先进格局。

我在讲什么？我在告诉大家，姑且不论民主制度好坏与否，至少它绝不是一蹴而就的，它是数千年社会文化雕琢的产物，而且它要有相应的生存结构之土壤来培植，这个体系才会出现、才能成长。

那么说中国人政治智慧低下，从表面上看成立，从深处说不成立。为什么？因为中国传统农业文明本身就不会产生个人权利、民主制衡这样一些最基本的思想，这类文化根本就没有生发的土壤。所以在世界上无一例外，只要是古代大河文明、农业文明之地域国家，从来都没有产生过民主法治的思想体系和文化体系。它说明什么？再度说明任何文化只是某种局域性生存结构的适配性产物，而绝不可能无由发生。在中国纯粹农业文明的体制结构之下，你连有关"民主""民权"的基本问题都无由提出。它只讲社会公权和国家强权，从来不会讲个人权利。而民主制度是建立在个人权利的基础之上的，公权力只不过是个人权利的有限授权。这种文化在农业文明中绝难产生，所以世界任何农业文明之地，你都见不到民主法治体系，包括公元前 1776 年古巴比伦的《汉谟拉比法典》，一直到中国公元前 3 世纪的《韩非子》，这套系统完全是一样的，它根本不可能产生西方工商业文明从环地中海萌芽状态到近代趋于成熟状态的那种思想体系。

因此，评价中国人缺乏政治智慧，其实是对文化生发条件缺乏理解的表现。在某种特定的社会境遇之中，这类疑问或问题都不会产生，怎么会产生结论追究和后续答案呢？在农业文明下没有个人自由，不倡导个人自由，因为集体协作才是农耕生存的最简单方式和最有效方法。因此在其自古文化中，就没有个人权利，就没有平等观念，就没有自由诉求，而是讲"爱有差等""礼有尊卑"，它用这样一个系统——尽管简单却十分有效、尽管粗暴却成本较低——形成有力的社会管制系统。因此，一种文化，包括政治法理文化，它一定是某种生存结构的匹配性状态和匹配性产物，它绝不可能无缘无故地发生，这叫"文化先于制度"。

法家思想听起来像是儒家思想的对立面，其实它们的出发点以及最根部的基础是一回事，那就是血缘社会思想体系。孔子的学说是"以仁释礼"，韩非子的学说是"以法释礼"，二者同出于"礼"且又归之于"礼"。我前面讲过，"礼"是什么？"尊尊而亲亲"，也就是社会血缘结构或血缘基础是孔子"仁爱之说"和韩非子"法论之说"共同的基础。表面上看儒法二者对立，实质上前后连贯而统一，骨子里相通。由于都是"血缘家长制"，这才会出现儒家的家长像慈母、讲仁爱，主张名教体制；法家的家长像严父、讲惩戒，主张法律体制；二者最终同归于"人治"系统和"专权"结构。由于他们之间气息互通、相辅相成，因此导致两汉以后儒法合流，历史上谓之"外儒内法"、"阳儒阴法"，就是外面挂的是儒家，内里执行的是法家，这两样东西融合得非常之好，终于构成中国社会得以稳存的多元对冲性支点。

你仔细看中国文化先秦诸子百家，它的整个传统体系，其实都建立在这同一个基础上。老子站在最前面，他主张退回到纯粹的原始氏族血亲社会中去；孔子承认封建文明体系，但是却用血缘礼制关系重新编织文明社会结构；尔后随着社会紧张度增加，韩非子主张以法释礼，用严刑峻法的约束方式，巩固和强化这个血缘家长式社会结构的金字塔；而墨家站在超越现实的高点，代表工商业文明发声，对儒家血缘社会体系发起解构性挑战，但终究未能穿透历史的迷障。

关于中国先秦诸子百家的不同论点，你只有深探农业文明奠基于血缘族群这个基础，才能厘清诸此思想得以发生的原因，你也才能领悟为什么在农业文明社会结构中不可能出现个人权利的伸张。而如果没有个人权利的伸张和保障，就不可能有民主制度和契约社会发生的条件，这就是东西方政治文化的分歧与异趣之所在。

韩非学术影响评议

我们下面再讨论一个问题。民主制度看起来很美好，韩非子的法家听起来十分残忍，但是你不能因此就说民主制度下的人性就是良善的，韩非子法论体系下的人性就是残酷的。其实人性是一回事，只不过是不同文化使得它的流淌方式不同而已。要知道西方近代民主化以后却作恶多端，他们对内讲人权、讲公平，对外抢掠、杀戮，无恶不作。中国社会的行为方式恰恰相反，他们对内很残暴、管制极严，对外却偏于仁厚。

你看郑和下西洋，他开出庞大的舰队，从来不去征服其他国家，反而建立朝贡制度。就是你只要承认我是中央天朝、万国宗主，你给我进贡一分，我给你回馈十分，这叫朝贡制度。它对外很仁善，但它对内甚为严苛，原因是什么？我前面讲过，中国独特的封闭地貌，是当时东亚唯一的农业生产之地，周边全是荒漠、高山或海洋，因此它对外无从获得农业时代的财富，也没有办法像环地中海地区那样换回粮食，它对外没有可抢掠的地方。而一切财富争夺、一切利益纠葛，全部是对内发生的。由于域内竞争极为激烈，因此它对内管控的方式也就极为苛酷。它对外仁善，是因为它对外无从获得利益。西方国家相反，它对外要抢掠，对内就必须讲人权、讲公平，形成内向凝聚力。但是它的整体文化，包括民主制度、工商业文明的基本状态，仍然是乏善可陈的。

比如哥伦布发现新大陆，白种人居然灭绝了当地印第安人90%以上。尽管绝大多数是带过去的病毒、细菌造成的，但是白种人曾经以军队、火枪的方式消灭印第安人，也是不争的事实。再比如东印度公司，荷兰最早资产阶级革命并建立荷属东印度公司，在今天的印度尼西亚；英国人建立东印度公司，在今天的印度，他们的公司居然有政府入股，以政府出让部分公权力作为股份，于是这些公司可以建立军队，有一定的外交权。不管是荷属东印度公司还是英属东印度公司，对当地人都同样采取极为残暴的统治方式。

在英国治下的印度，有一年发生灾情，印度盛产粮食的一片区域，所有产出被东印度公司强行征收，竟然造成该地区饿死数百万人，这只是东印度公司缔造的无数罪恶之一。再比如贩卖黑奴，要知道当年整个非洲总人口大约只有9000万到1.2亿，掳奴贸易居然把两三千万人口贩卖成奴隶，漂洋过海，病饿交加，百分之三四十被抛尸大洋，其余到达目的地后，像牲口一样被掰开牙口看年龄，然后论价买卖，奴隶没有任何人权。如此残忍的蓄奴制度，直到19世纪中叶才在美国逐步消失。像这样残暴的事情，中国人对外是做不出来的。直到第二次世界大战，希特勒竟然用工业流水线的方式，消灭犹太人达600万左右，这样的事情中国从来不做。二战时期中国反而接纳了大量的犹太人，一直到现在以色列感念中国，都跟这件事情有关。

我在讲什么？我在讲人性都是一样的，人类是同一种货色。只不过人性恶的展现状态，会随着文化塑形的不同，最终以不同方式、不同方向表达和流淌，仅此而已。中国的内部政治结构比较残酷，它照例有极恶劣的一面。我给大家举两个例子。明成祖朱棣，他篡夺了自己侄儿的王位，便要求忠诚于建文帝的所有臣属改变立场，当时的名士方孝孺不从，他于是威胁要灭其九族。灭九族是个什么局面？只说灭三族，就包括你本家以外，父族、母族与妻族三大家系之全体成员一律杀绝，这才叫灭三族。想想灭九族的株连人数该有多少！方孝孺表示即使灭我十族，亦无可妥协，于是朱棣下令真灭十族。第十族是什么？你的学生和朋友都在灭门之列。换句话说，我如果犯事，在座诸位将全部被斩。如此行刑，一次杀人成千上万，血腥程度令人发指。

另一个例子。仍然是这位永乐大帝，他曾经有一个爱妃是高丽人，朝鲜半岛过来的贡品，姓权，史称权妃。朱棣对她宠爱有加，即便是带兵打仗、行军北疆都带着权妃。权妃身体本就赢弱，遭遇风寒，不久病故，朱棣伤心不已，念念不忘。事过若干年，他的宫女和妃子由于内斗而传出流言，说权妃是被某些宫女毒害致死的，朱棣竟然不加分辨，把当年权妃在世时的所有嫔妃和宫女近千人左右，全部凌迟处死。而朱棣本人，每天搬个椅子坐在那里观刑，看着自己的女人被一刀一刀切割，发出惨烈的哀嚎。他居然能够观刑数十天而不倦，他居然看得下去！简直是丧尽天良！（此处有删减）所以我说人性是同一种货色，东西方文明、东西方政治结构、东西方社会法制体系，它并不表达谁善谁恶，它只是不同的文化塑造了不同的人性展现平台而已，这一点我反复强调。

韩非子的学术以"损道德、集权力"为其宗旨，跟马基雅维利认为一切道德只是君主施行权力的羁绊与束缚，看法完全一致。他在《扬权》篇中讲："上下一日百战。"这句话我们听起来很耳熟，它的意思是君王的下属，天天窥伺着君王，想着怎样颠覆你。（此处有删减）韩非子的学说与中国社会的内争结构非常匹配，所以它的内控方式也就非常残酷。郭沫若给它做了七条总结：第一，权势不可假人，就是权力一定要集中在君王自己手里，千万不敢分权；第二，深藏不露，要会玩阴谋，不可在明面上显摆；第三，把人当成坏种；第四，毁坏一切伦理价值；第五，厉行愚民政策；第六，法须严峻，赏须审慎；第七，遇必要时不择手段；归根结底就是一个"诡"字。

说起来中国社会被称为礼仪之邦。当年孔子的礼制文化，确实造就了礼仪之邦。古代有一种"乡射礼"，就是乡村每年定期举行射箭比赛，它都有繁文缛节各项规定。比赛以前怎样向尊长敬酒，双方怎样互相致敬，然后开始射箭比赛，比赛完毕双方又怎样互致敬意，最后再向尊长致敬等等，非常复杂。要知道直至今天，日本人九十度鞠躬等诸多礼节，韩国人唯唯诺诺的周到举止，其实都是中国古代礼制系统在东亚的流布。

可是自从法家学说兴起，由于上流社会执行的是不顾廉耻、不择手段的行为方式，结果导致中国社会道德败坏。自古以来中国传统文化中，就流行着一系列阴损毒辣、擅弄权术、残害他人以获取私利的种种法术。直到民国时代居然出现一本专著，名叫《厚黑学》，也就是脸厚心黑，居然还能形成一门学问，这在全世界绝无仅有。而且据统计，此书从民国一直到今天，长期处于十大畅销书之列，可见中国民间败德文化流行到何等程度，这都是中国法论与法治系统的阴暗产物。

我讲到这里，可能会让各位产生一种错觉，以为中国社会稳定存续数千年，法家反而要居功了，其实不然。要知道法家的学说，是在中国上流社会、政府体系、王权系统内流行，这叫"伴君如伴虎"。中国下层社会还有一个说法，叫"天高皇帝远"，也就是中国整个社会基层，实际上是在儒家学说的笼罩之下，这才是中国社会的文化主流。

大家知道中国古代，政府机构只分三级：中央朝廷、州郡级、县级。县下没有政府机构，乡、村两级没有政府机构。它跟现在不一样，现在还有乡政府，村里还有乡政府管理控制的村干部体系，古代都没有。而99%以上的民众生活在乡、村两级，那么他们靠什么来管理？我建议同学们有空可以到河南内乡去看一下，那个地方有一个明清时代完好保留下来的县衙。你去参观那个县衙里面的陈列，朝廷命官居然只有区区几个人，其他十数人都是临时工，捕快、狱卒、杂役甚至师爷都是临时工。这跟今天你到一个县里，看见最高大、最气派的那栋楼一定是县政府，里面塞满几百上千人全是县府官员或公务人员，其情形完全不同。那么一个县几万、几十万人口，凭几个命官如何管理？它是靠乡、村两级的乡绅、士绅来管理的。

中国农村过去都是有祠堂的。所谓祠堂有这么几个功能：第一、祭祖；第二、教育和议事；第三、作为执行家法的地方。谁来执行家法？谁来教育议事？乡绅！这些乡绅是何许人？是用儒家思想武装起来的知识分子，或曰贤达之士。他们以儒家学说、儒家精神、儒家理论来管理社会基层，为人恭谨，处事仁厚。所以中国古代发生的一般民间纠纷，全都在乡社范围内自行解决，除非发生不寻常的恶性事件，譬如杀人越货之类，才会递解县级衙门处理。因此中国民间社会，总体上是在儒家重德学说氛围下滋养和生存的，这才是中国社会稳定的基石所在。

著名社会学家兼经济学家哈耶克讨论过一个问题，他说西方学者曾经研究欧洲的两个村落，发现这两个村落各有特点。一个村落非常理性，孩子掉入池塘，母亲想要跳水救孩子，但她不会游泳，村民和邻居就会阻挡母亲，说你这样做不但救不了孩子，反而自己会被淹死，你还不如保住性命，将来可以生更多的孩子；另一个村落民风淳朴而不理性，如果孩子落水，母亲必定奋然跳下去施救，结果常致母子双亡。这两个村落的村风文化完全不同。欧洲学者追踪调研，结果发现数十年以后，那个较为理性、孩子溺水母亲不救的村落反而星散了，那个温情弥漫却不够理性的村落人丁兴旺，长存不衰。我们可以借此给出一个评价：糊涂的温情都比冷酷的理性更有利！这就是儒法两家的区别所在。法家学说极为理性，编织而成的法论体系也颇为周密，达到中国先秦学术的最高水平，但是它缔造的是中国社会持久而僵硬的超稳定、超震荡结构。

此前有一位学者名叫金观涛，他曾经提出中国社会是一个超稳定、超震荡结构。就是中国社会高度稳定，2000年不发生社会形态和制度变革，被马克思称为"社会化石"，两千多年的君主专制体制得到完好维系，皇权系统丝毫不变，这叫超稳定状态；但是它每隔两三百年就发生一次剧烈动荡，农民暴乱、生灵涂炭、政局崩溃、改朝换代，这叫超震荡结构。所以你看中国大地上，历代古文物早已不见踪影。你今天到希腊、罗马、西班牙、法兰西，那里的古代建筑多有保存。这当然跟中国的古建筑是土木结构有关，与欧洲是石建筑不同，但也跟中国社会的超震荡结构不无干系。每二三百年社会大乱，把一切财富和文化毁于一旦，然后又建立一个原样模型照旧运转，这叫超稳定、超震荡结构。它其实导源于农业文明社会本身的内在素质，以及由此素质必然引出的文化氛围和政治构型。当然它的超稳定状态跟儒家学说关系至大。

我在孔子课上讲过，孔子用最原始最底层的血缘纽带，重新整顿超血缘文明社会的社会失序状态，从而构成极为稳定的社会结构序列，这就是超稳定社会的文化渊源。它的超震荡特性来自于哪里？来自法家。当然这个超稳定结构本身，它的文化基础本身、生存结构本身就不可能永远超稳定，但是法家体系带来的过度压制、过度残暴，以及由此带来的过度社会损害，也是这个社会不断发生剧烈震荡的重要原因之一。在想做奴隶而不得的时代，民众只能通过造反才有一条生路，中国社会因此超稳定、超震荡。

法家理论体系及其政治建构，我们把它叫"家天下"，皇权归于一个血缘家族，天下就是他们的猎物。为了维持一家之利，不惜借助暴政以统治天下，用极残酷的法系、用崇尚暴力和残忍的方式管控社会，从而构成中国民众的一种奇怪心态，不是爱国心态，反而自古以来常常抱持一种憎国心态——憎恨国家，因为国家不是我的国家，是他人的国家，国家对我在很大程度上只是一种戕害。（此处有删减）

我们下面对这节课做总结。法家学说充斥着对暴力和残忍的崇拜，表达出人性底层的劣根性。这话什么意思？大家想想生物种内以什么方式竞争？比谁拳头大，比谁肌肉强。狮子王、猴王怎么成王？靠打斗，无非是使用和比拼暴力而已。因此在生物界上亿万年的进化过程中，中高等动物的社会地位都是凭借暴力获取的，由此奠定了人性阴暗的一个参照系。人性的基底层里赋有一种对暴力的崇尚，无论是种间竞争抑或种内竞争，所有动物使用的最基本手段就是暴力与残忍。而到人类，他的竞争能力大增，他可以把暴力使用到极致，他可以用理性编织出一套完备的残暴法网来控制整个族群，从而塑成人类文明社会尤为黑暗的底层结构。

所以歌德说过一句名言："一个人若要运用他的理性，其目的唯在成为一个比野兽更具兽性的人。"这就是人类在种内竞争上使用理性的结果，也就是说，人类使用理性只会使生物种内竞争在人类社会中表现得更为激烈、更为残暴，而这却是人性、兽性、生物性的底层规定。由于这个原因，心理学家发现一个很奇怪的现象，他们做统计发现，在人类社会中最厉害、最有竞争力的那种人格，其性情状态通常呈现抑郁躁狂型。就是一个男人脾气狂躁，倾向暴力，动辄抑郁而随即又突然高度兴奋，这种人很出息，为什么？因为他的抑郁状态是他对不利场合的敏锐感知和恰当避让，他的躁狂兴奋状态是他在有利场合对自身生物机能的有效调动和充分发挥，所以这种性格得人就表现的极具社会竞争力，尽管你与之近距离接触会很不舒服。因此对于女性来说，你的丈夫脾气不好，恐怕你得宽谅他、劝导他，不可一味撒怨气，因为这表达着他人性中或兽性中参与种内竞争的能力更强劲。

我在讲什么？——底层参考系。它标志着人性、人的动物性、人的社会性、乃至人类社会制度下面有一个被规定的恶性层面，它是最基底的部分，也是最难克服的部分。法家学说其实就是把这个部分调动出来，换以理性形态，并使之成为文明社会控制的潜质调动和强暴张力而已。

但是文明发展到今天，人类的社会状态在两个方向上同时急遮发展：一方面是种内竞争越来越激烈，个人与个人之间、公司与公司之间、集团与集团之间、国家与国家之间，这都是人类同一个物种出于不同利益，结为不同社团，在不同层次上展开种内斗争。这个斗争序列越来越残酷、规模越来越大，今天世界国际格局跟中国春秋战国时代的那个中原国际格局如出一辙。一切法理协调只在国家内部存在，国际寻衅、国际争端其实没有章法可循，所谓国际法其实只是个虚架子。大家一旦在国家层面上进行竞争，没有任何制约手段，就像进入丛林中竞争一样。而今天的人类物种，在国家层面上的竞争已经达到极度恶化的程度。另一方面是人类今天的能力提升，无论是科技能力、施暴能力、毁灭能力全都大幅度增高。两相碰撞，势将演成人类的灭顶之危局。如果在这个时候，人类还坚持玩弄智巧，寻求各种竞争之利，国内阶级斗争、国际冷热战争，用各种方式强化竞争能力，并以此为自豪，以此为文明彰显、国力壮大的表征，那么人类将会处在没有前途的濒死状态之中。

任何其他物种，由于被自己的先天体智禀赋所限定，种内竞争一定是有限度的。即使到灵长目猴子之间争斗，它也绝难杀死另一个猴子。因为双方的能力、体力状态基本上没有太大差别，能打败对方已经非常不容易了，想致死对方难乎其难，因此它的种内竞争是有天然限度的。可人类没有这个限度，随着自身科技能力的持续提升，人世间的种内竞争可以达到毁灭这个物种的程度。所以人类面临自我毁灭的前途，这在38亿年生物史上从来没有出现过，而人类今天已经逼近这样一个重大危局。因此当今人类面临的重大课题，是如何消解"分立的国家集团竞争"这个大课题，建立"无竞争、祛强权、非暴力"的全新普世价值观，这个东西关乎人类之生死存亡。

请记住，人性的底层有暴烈和残忍的铺垫，这是一个非常可怕的人性质素，它将在无节制中构成人类未来的毁灭性前景。因此人类今天需要调动大智慧，重新缔造人类命运共同体，换成中国先秦时代的概念，可谓之"全球化的天下观"。我前面讲过中国早在先秦时代，就有"天下观"而不是"国家观"，人类今天亟需这样一个全球化时代的"天下观"。只有在高于国家层面上关怀整个人类物种的生存前途，才称得上"人类命运共同体"。如何在以兽性为基础的人性层面上建立一个消除国家边界以及消除集团竞争的人类未来统一社会，显然是人类即将面临的第一大难关。中国法家学说作为人类未来文明建构的负面参考系，庶几给人类提出一个需要紧急解决的重大课题。

好，我们今天的讲座到此结束。

课后答疑

我们下面留出时间，大家充分讨论。

同学提问：东岳老师好！现在中美贸易战一直在打，美国有出招，中国有应招，我们如何从东西方文化的差异上去看待中美贸易战？谢谢！

东岳先生：这么具体的问题我确实谈不好，你恐怕得找商务部长去讨论。但是你会发现，人类在国家层面上的竞争烈度越来越高、竞争项目越来越多、竞争意志越来越强。而在任何国家体制内，阶级分化、集团分化、公司分化全都构成竞争关系。我们不讨论具体问题，我们只看这个竞争过程，显然不是一个消解过程，而是一个激化过程，而且面面俱到，无微不至。所以我前面讲过"文化先于制度"，人类要想处理这个问题，按照人性的自然流淌，它一定不会使这个问题轻易消解，而会使这个问题越来越严重。因为这是38亿年生物进化的一个趋势性规定，人类要想克服自身的自然属性，难度何其之大。所以这个问题在文化重建上意义非凡，成为人类未来生存的大课题。

同学提问：先生您好！昨天课上谈到中国还处在从农业文明向工商业文明的转换过程中，这个转换还没有完成。今天课上提到文化先于制度，而文化的遮蔽性，让我们有理由相信，这个转化的过程还将持续很久。那您怎么看待中国有可能进入的第三次转型？是不是有可能在第二次转型没有结束的时候就直接进入下一次转型？谢谢！

东岳先生：这个问题提得很好。由于自然进化、生物进化乃至人类文明进化一直是一个加速度过程，因此中国面临的第二次社会大转型，很可能在它还没有完成的时候，第三次社会转型、文明转型就已经迫在眉睫。只不过第三次社会转型一定不在国家范畴内进行，也就是它一定不仅仅是中国的课题，而是全人类的课题。因为在国家集团内不可能解决人类种内竞争的根本问题，国家反而是人类种内竞争的最高表现形式。亦即人类种内竞争的最大集团体、最高暴烈度、最强冲撞力，就是发生在国家分立或对立的这样一系社会构型之中。因此只要国家存在，人类种内竞争就不可能弱化，而只会强化。这就是我为什么讲人类下一期文明将是一个后国家、后科学、后资本时代的道理所在。因此中国如果想引领人类未来的文明，它得在一个全新的思想文化理念上，在一个超越国家利益的文化理念上，寻求引领人类未来生存发展的出路。

同学提问：先生您好！我觉得在今天的科学时代下去畅想后科学时代，对当下的人应该是非常困难的。就像宗教时代、农业时代想象科学时代是怎样的一种场景，会有非常大的一个障碍。就想请教一下您，您设想中的后科学时代的场景、思维方式、价值体系等，它可能是怎样的？在那个时代，科学和科技又将起到怎样的作用？其文化位置如何摆放？谢谢！

东岳先生：你前面说得很对，就是人类在某种主流文化覆盖的状态下，如果要出现异类文化、出现新思想，难度非常之大，因为它跟你当前的生存结构或生存形势完全不匹配。比如我今天说后科学时代这个话题就会显得很别扭，今天是科学时代，你如果反科学而行，你如果忽视科学技术，你如果让自己的孩子脱离科学教育，你和你的孩子势必面临巨大的生存危机。但是新思想恰恰就是这样发生的，历来是在原有主流文化还正盛行的时候产生异类思想苗头。这就是为什么李白诗里会有这样一句话："古来圣贤皆寂寞"。即新思想的发生最初一定是非常微弱的声音，但它却代表未来。科学文化今天已经给整个人类带来重大戕害，我前面讲，任何一个文化，如果不是对其载体产生维护效应，那就标志着这个文化行将衰落了。所以我们从逻辑上、理论上可以预见，科学时代行将结束。但是我们却无法描述后科学时代的具体样态，这个是很难做到的，我们只能在理论上探索后科学时代行将发生的基本情状和基本方向。如果你对这个问题有兴趣，请找《人类的没落》这本书读一读。

同学提问：东岳老师您好！韩非子师从儒家，但却独立发展出法家，是人性的丑陋使然，还是基于儒家血缘理论延展的必然？还有一个问题，就是您得出结论说，务虚的人不能务实，务实的人不能务虚，您是归纳出来的还是演绎出来的？为什么会有这么一个结论？谢谢！

东岳先生：首先我前面讲过，我说韩非子是一个良善的书生。韩非子的学说十分苛酷、十分恶毒，但他本人却不乏良善。它说明什么？法家理论、法家思想、中国社会政治构型，绝不跟某一个人的德行善恶有关，它是中国这个生存结构的产物。这一点我反复强调。因此它跟个人的素养没有关系，即使没有韩非子，出来一个李非子，他也一定缔造这样一种文化，他不可能缔造其他的法论系统，所以人类的文化是某种生存结构和生存形势的产物。中国人跟西方人的智力差别微乎其微，不是因为中国古人智力不够，故而缔造不了民主社会结构，而是因为他的生存土壤、生存环境根本就让他提不出这个问题。

我再回答你第二个问题。我说"务虚者务不了实，务实者务不了虚"，既不需要归纳也不需要演绎，它在历史上是明显的事实。各位只想一件事情，"知难"还是"行难"？中国古代讲"知行合一，知难行易"，有人讲"知易行难"。任何一个新思想、新文化，它怎么会发生？从生物学上讲，每一个人的智力基本上是没有差别的，差别是微乎其微的。测量智商这个做法其实是很有问题的，所有的人同等聪明。那么缔造新文化、新思想的人，他凭什么缔造？牛顿、爱因斯坦，我们认为他是天才，其实他和我们所有人的聪明程度一样。那为什么他们会缔造这样复杂的思想系统？这跟他们个人的聪明程度虽然有关，但绝不是最重要的，而是因为他们把自己毕生之精力和智力聚焦在一个点上使用。我们一般人的用智方式是"求存用智"，为了在社会中生存，我们的智力是分散开使用的，我们要处理四面八方的问题，我们寻求人格平衡。可一个人要在学术上、理论上、思想上有创新，有创见，请大家想想他怎么可能？所有人智力一样，凭什么你做出来？只有一个可能，你把自己毕生之精力和智力集中来处理这一件事情。即使如此，千百万学者中也只有一两个人真正有所建树，这叫"务虚者务不了实"。不是说他的能力务不了实，而是他一旦分散自己的精力和智力去务实，他绝不可能做出他人无法纵深的那个理论思想成果。而"务实者务不了虚"，他既然精力已经分散，他就不可能再把逸散的精力集中回来。因为一个在成年期已经成型的生存系统，它的复杂结构已经把你约束住了。人在做学术、做学问上，甚至在做任何事情上，都是需要童子功的。所谓童子功，就是你自幼就要开始这方面的训练，你才能够最终有所突出，成"杰出"之辈，这就是务虚者务不了实、务实者务不了虚的原因。要知道人类处理的信息量太大了，人类要想生存，面临的问题也实在太多了，这就是为什么我们今天这个时代，经常会讲一个词叫"专业化"，也就是任何人把自己的精力分散开来处理生存问题、处理文化问题，你一定生存平衡、人格平衡，但你绝不可能在任何一个领域真正纵深；你如果要在任何领域纵深发展，你就必须牺牲在其他领域投入的精力和智力，一定是这样的，这叫专业化时代。所以我们从这个角度剖析，便可以断定，务虚者一定是务不了实的，务实者也一定是务不了虚的。在任何个人能力上，两者不可能兼顾，除非你是超人。

同学提问：刚才讲到政治智慧，提到相对于西方的民主自由的政治智慧，东方的政治智慧相对比较低端。现在我们也经常听到一种网络上的说法：中国的政治智慧具有西方没有的明显优越性。包括说中国的很多统治者、管理者都是从基层选拔上来的精英，所以他们做出的决定肯定会有更高的眼光，这是西方的选举制度所做不到的；中国这种制度，相对来讲比西方的会有更高的效率，这两点都保证了东方政治智慧的优越性。我不知道老师您怎么看这个问题？是不是说它在中国现在民智没有完全开化的时代，更适合中国的生存结构？

东岳先生： 你所说的这个声音我非常熟悉，（此处有删减）你听一听，从基层上来的精英统治社会，这是什么话？典型的人治理论。他说它最有效率，人类自古以来上千年的专制统治，效率怎样表达？全靠君王是否开明。效率确实很高，做好事效率高，但是做错事、做坏事效率也高，没有制约结构，因此效率高，可以在任何领域表达，最终结果相互抵消，甚至祸害更著，这就是人治专制制度与民主制度的差别。我们今天在主流上听到这种声音一点不奇怪，但是我们确实要深思这个问题，要考虑这个问题的渊源，想想人类数千年的政治史总结了哪些问题，讨论了哪些问题。西方近代社会人文学界讨论了数百年，从柏拉图、亚里士多德时代算起讨论了数千年，这个问题在结论上应该非常清楚。更重要的是，效率有那么重要吗？一个国家、一个民族、一个集团，你最终追求的是什么？是生存，且是有尊严的生存。我前面讲，效率提高、能力提高，恰恰是人类灾难的渊薮，所以人类今天不断追求高效率的做法，恐怕在未来的文明结构中，一定是一个负面概念。所以这个问题在我看来是非常清晰的，在社会中出现不同的声音也是非常正常的。

同学提问： 东岳先生您好！时下政界和学界都在大呼"复兴儒学"这个口号，这让我想起了余英时先生的"死亡之吻"的说法。就是政府越是推动儒学、肯定儒学，儒学可能就会死得越快，我很好奇先生您对此怎么看？另外还有一些学者大力倡导将儒学作为国民宗教，认为儒家学说从宗教的角度可以更好地描述其文化意义，您又是怎么看待的？

东岳先生： 我想我的观点是非常明确的。什么叫儒学？儒家学说是中国传统文化的脊梁，而中国传统文化是什么？是全世界最精致、最典型的农业文明体系之文化集成，这就叫儒学。它其实早在中国古代，就已经叫作"儒教"，所以中国自古有"三教合一"之说，即儒教、道教、佛教。我在前面讲人类远古文化一定要具备"求治"的要素、"启蒙"的要素、"教规"的要素，因此儒学早就是儒教了。但是我在课堂上也反复强调，人类没有退路，这个世界是单向度演化的，尽管文明进程是一个恶化进程，但你却没有退路可走。我讲孔子学说的历史合理性，说它当年有文化维护效应，但我在后面有关糟粕和精华的讨论中，我又说你退不回去，你只要拿它使用，你立即落下荒唐可笑的局面。所以儒学只是人类建构未来文明的基底参考系，这才是它的精华所在，拿它直接作为今天的主流文化，相当于要让人类退回到农业文明。因为文化一定跟生存结构是匹配的，又怎么可能形成一个有效的文化维护效应？所以那些说法是根本不成立的。我们学习儒家学说是为了了解人类文化进程或人类思想史的一个阶梯，是寻找未来人类文化参考系的一个方法、一个思路。说儒教能够拯救中国、拯救世界，这相当于说退回到农业文明是人类未来的前途和福音，是一样的荒唐。

同学提问：东岳老师您好！当今的世界格局有点像中国的战国时期纷乱不止，战争一直没有停歇。在民族主义和国家主义愈演愈烈的情况下，特别认可你在《人类的没落》里面提到的民族主义向人类主义过渡，国家主义向世界主义过渡。但以前的中国，最终是秦国统一了诸国，那整个世界有可能在未来变得统一吗？如果有可能的话，会是中国吗？如果一直得不到统一，会不会因为外星人入侵地球，然后必须要团结起来去对抗外星人？谢谢！

东岳先生：关于外星人问题，我放在第 12 天最后一节课中略微讨论一下。我们现在先说你的第一个话题，人类全球化会不会像秦国征服消灭其他六国的方式进行，可能吗？大家要知道，今天人类的能力包括国家的能力已经达到毁灭性高度，如果今天以战国时代强权暴力的方式统一世界，正如我在《人类的没落》一书中讲，这条路早已经是断崖了！试问，有谁敢用武力征服中国？有谁敢用武力征服俄罗斯？有谁敢用武力去统一美国？他不跟你玩原子弹才是怪事了。所以人类今天早已经没有用军事暴力方式统一全球的任何可能性了。而且如果是暴力统一，那也就一定是暴力统治，就像秦国横扫六国之后，建立的是什么？是秦朝的暴政制度。今天的全人类还能接受一个暴力管控的政权系统吗？一个暴力管控的联合国，全人类能接受它吗？这也是毫无可能的。因此人类未来的命运共同体、后国家时代，将一定是在全新的思想文化基础上，以人类共同协商的方式取得进展。只不过它有一个前提条件，那就是全人类得有这个文化自觉和文化共识，因为文化先于制度。

同学提问：东岳老师好！大明王朝的张居正作为帝王师，帝王给他提供了一个很好的施展儒家学说的平台，为什么他在施展过程当中，他的学生发现他言行不一的时候，对儒家学说采取了一些极端的行为，这是不是说明儒家学说错失了一次很好的机会？还是说儒家学说本身就像手电筒一样，只照别人不照自己？谢谢老师！

东岳先生：我在讲孔子课的时候讲过，儒家学说在它的文化发展过程中，倾向于虚伪化。孔子本人的诚意、正心、修身，可能不假，但儒家学说必然倾向于败坏化。是因为人类文明的过程就是人性不断败坏化的过程，或者说就是人性劣根性不断伸展的过程，所以儒家学说本身最终一定遭遇这样的结局。那么中国社会到宋代，工商业文明萌芽已经出现，这个时候儒家学说、国家主流意识形态处于溃散状态，比张居正那个事情要重大得多，如果这个时候中国儒家学说崩盘，而有新思想出现并形成文化思潮，那么中国今天的国运、近代羞辱的国运一定是不复存在的。可是宋代以后出现的是什么？是二程，是朱熹，是王阳明，是这一批再造和强化了儒家学说的人。这说明什么？说明中国农业文明生存结构稳定，儒家学说文化土壤仍然丰厚，因此儒家学说回潮甚至固化，变成"理学"是一个必然。尽管此后中国社会一路衰败，最终滑向鸦片战争，但是也说明中国农业文明的土壤在 2000 多年里是格外肥沃的。建立新文化十分困难，尽管儒家文化变质，尽管儒家文化也逐步苛酷化。我们下一节课讲诸子百家辑要，讲儒学流变，会深入讨论这个问题。

同学提问：老师您好！今天和一个跟我一起听课的 00 后小朋友争了半天，因为我说服不了他。他说为什么法律是因为道德沦丧而产生的？道德是不会沦丧的。但是在我心里，我觉得道德因为人心败坏，是会沦丧的。解释不了这个问题，希望老师能给予解释。

东岳先生：我课上讲过，我说人类早年是"以德治国"，我说中国古代讲"人心不古，世风日下"，我说你在表面上只能做"情境评价"，就是表面上看人类的道德水准在提高，行为在儒雅化，但从骨子里看人类文化越来越暴烈，这些问题我都讲过，你得做"终极评价"。人类社会法制出现，这个法制本身就是有损道德的。因为不是用道德维系社会纽带，"法不禁者皆可为"，这是法治社会的基本规定。所以它已经不是用道德框架约束人类行为的时代，在这个时代，"以德治国"已经无法落实。社会复杂化、社会紧张度提高，道德纽带根本不足以维系。所以即使道德不溃败，道德的飘失、道德的动摇、道德的远距离稀释也是必然的。所以我觉得你不必说服他，因为任何新思想要想在一个主流文化环境中获得较多人的认同，这恐怕是一种幻想。需要时代继续发展，某些学说本身才能够逐步发扬。因此我在我的学术生涯中遵行三个原则：第一、不争论；第二、不说服；第三、不苟同。我建议你也不必跟任何人争论，如果你接受一种思想，你就去求证它，看它是否为真，或者说是否达致正确、符合事实。如果你看到不接受这个思想的人，你也视之为当然，因为大多数人不接受它才表明它是新思想。如果大多数人当下都接受它了，表明你的新思想跟旧思想没有什么区别。

同学提问：东岳老师您好！我想请问一下您如何评价台湾对西方的学习。我们知道中国的传统文化和印度的佛教有一次非常完美的融合，您如何评价这次融合？谢谢。

东岳先生：关于印度佛教文化与中国传统文化的融合，我将在其后的佛教课上专题评议。关于台湾问题，说起来有点复杂，因为展现在一个具体问题上，要多因素讨论，用单一的因素无法概括。但它有两个特点：一方面传统文化它留守得比较好，另一方面西方文化它又接受得比较充分，这跟 20 世纪初叶新文化运动有关。1916年新文化运动，以陈独秀、鲁迅为旗手提出"打倒孔家店"，当年国共两党对新文化运动，对清理中国传统文化，看法是不一致的。共产党是新文化运动和倒孔运动的积极支持者，国民党持保留态度、中性态度，蒋介石讲礼义廉耻，推崇曾文正公，对中国传统文化抱持某种程度的尊重。但同时你要注意，国民党的党纲却是全西方化的，它叫"宪政"党纲，也就是当年它的政治目标是要建立孙中山的宪政共和制度。只不过由于孙中山备受挫折，把这个过程分了三步走，叫军政时期、训政时期和"宪政"时期。（*此处有删减*）表面上看国民党既遵从中国传统文化，又对西方宪政文化有所兼容，其实中国传统文化对当代的影响已经微乎其微，它只是一个表面色彩，而且早已被持续百年的旧文化清理过程冲击得七零八落，根本不构成现实的思想阻力或文化约束力，这才是导致国民党似乎表现出文化矛盾的原因。而且，台湾能形成今天的局面，还有更多复杂的因素，包括台湾的政治盟友是美国，外部压力也在起作用，等等。对此我们不再多谈。

同学提问：先生您好！我想问一下，您一直提到中国的文化稳定还有社会结构稳定，是因为整个东亚地理环境上的单一封闭结构。请问在全球化的今天，我们的整个全球，虽然看似在不停地交流，还有全球贸易和互联网等，但一些学者已经在讨论"历史的终结"还有"艺术的终结"的话题，是不是代表我们现在看似交流十分活跃，但也是单一封闭的、正在僵化的结构？因为文化交流也已无法引起当初那种精进。谢谢先生！

东岳先生：今天在地理地貌上形成交流屏障已经不可能了，今天的信息流通屏障是国家政权造成的，这个屏障跟地理地貌封闭相较，它的力度完全不可同日而语。因此任何一国政府想要长时间地封闭外部信息、外部交流和外部文化冲击是不可能的，它只是一个短暂的现象。中国社会融入国际社会大家庭只是或迟或早的事情，中国今天在经济上正在充分融入世界。（此处有删减）我们今天从小学、中学到大学的全部课程，甚至我们今天脚上穿的、头上戴的很多都是西方的东西，所以今天的交流屏障，包括人为设立的交流屏障一定是非常微弱的，它不可能形成像古代或者中世纪那样有效的阻隔力，因此人类文化的趋同性将会越来越高。但是西方文化以及世界各地的民族文化，今天自发流淌的总体走向，不是人类的前途。人类必须在现代世界的主流文化中寻求新思想，这才能拓展人类未来的生存。我这个话的含义是，即使中国的文化处境不遭屏蔽，西方文化也不代表未来，尽管中国文化早已衰落，我不承认中国文化能够拯救世界，但我也不承认西方文化代表未来。人类需要全新的文化再造。至于当今的全球交流是不是不够充分，是不是形成了某种星际封闭，是不是阻碍了地球人的发展，我的看法倒恰恰相反，不是发展太慢了，不是发展得不够精进，而是发展速度太快了，快到临近悬崖而来不及刹车的程度了，这才是眼下最值得忧虑的事情。

同学提问：刚才讲到日本的明治维新，提到一个说法，日本学习中国长达 1000 年之久，但是它在明治维新之后很短的时间内，30 多年内就完成脱亚入欧，然后成为世界列强之一。它既然学习了中国那么久，为什么它可以有这么快速的转变？日本是一个岛国，它国土面积小、人口少，是不是与此特殊的生存结构有关系呢？还是说跟其他的因素有关系？第二个问题就是日本这个国家，尤其是在古代的时候，"刀"文化是特别有名的，是不是跟日本国的生存环境更加恶劣，所以更崇尚暴力有关系呢？谢谢您！

东岳先生：关于日本文化的探讨确实是一个比较复杂的问题，西方学者也曾经专门研究，写出《菊与刀》等著作。那么我简单回答日本为什么抛弃中国传统文化非常容易。日本当年在隋唐时代接受唐学，唐学对它而言本来就是一个外来移植文化，而不是它的本土文化，不与它在根本上血肉相连。再加上岛国文化通常是很别致的，大家看一下英国，英国就其文化而言和整个欧洲是一回事，完全重合在一起，欧洲近代思想体系的塑成，英国学者有重大贡献，我前面提到洛克、牛顿、休谟、亚当·斯密、约翰·穆勒等，这些都是英国人，但是英国跟欧洲大陆文化仍然是有差别的。欧洲大陆在中世纪形成强有力的君主专制制度，而英国一直基本上是封建制度，持续到资产阶级革命之前。你再回望日本，日本历史大体上同样没有建立真正稳固的中央集权，始终是一个封建割据状态，所以日本跟英国在社会结构和历史进程上确实有某种类似之处。从这个角度讲，一方面唐学不是日本的固有文化，一方面日本的封建社会构型又略微近似于英国，我们当然可以设想，日本接受后封建时代的社会学说、社会理念，也就是进行资本主义社会转型便会来得比较容易、比较顺畅，这也恐怕是日本明治维新推行过程显得比较简捷的原因。而中国这次社会转型就较为困难，俨如欧洲大陆各国的资产阶级革命相对迟滞和难产一样。至于日本社会中，还有诸多细节上的文化特点，这我确实说不清楚，还需要专业学者予以专题探讨才行。

哲思演讲录

文明史与思想史之大观

下册

王东岳 著

山西出版传媒集团　山西人民出版社

总目录

上　册

下　册

目 录

下 册

先秦诸子百家辑要

开题序语

我们今天讲"先秦诸子百家辑要"。我们前面讲课，已经对诸子中影响最大的三家，老子、孔子、韩非子作过一个简介。那么，我们今天的讲座为什么叫"诸子百家辑要"？就是除去前面讲过的这三家，我们把另外具有后世显著影响力的诸子，作一个提要式的说明。

先秦诸子百家，它不仅包括文人学者，还包括政治家、军事家、外交家，当年也叫纵横家，等等。因此，它人数很多，留下文字著作的大约有三十几子。有学者认为，诸子实际上有三百多人，更有学者认为竟达上千人之多。

所谓百家，最早是司马迁的父亲司马谈，在《论六家要旨》一文中只提出六家，就是"阴阳、儒、墨、名、法、道"这六家。后来，西汉早年，刘向的儿子刘歆，在《七略》中增加了四家，这就是纵横家、杂家、农家和小说家。大家注意，这个"小说家"，它不是明清以后的那个文学小说，"小说家"特指当年一批专门为官方收集街谈巷议、民情风俗的帮闲文人。

到班固写《汉书》，在《艺文志》中他说这么一句话："诸子十家，其可观者九家而已"。也就是他把小说家排除在十家之外，这就出现了"九流十家"之谈，隋唐以后又有了"三教九流"这个说法。所谓"三教"指儒、释、道，所谓"九流"就是不包括小说家的那九家。因此先秦时代，中国所谓"百家"，其实只有十家。

民国时候，有一位著名学者吕思勉在他的《先秦学术概论》中又给增加了两家，这就是兵家和医家。这样算下来，也不过十二家。

但我们说"先秦诸子百家"这个说法成立，因为其实每一子，他们的观点都是有差别的，把每一子视为一家之言也不为过，这叫先秦诸子百家。那么为什么在公元前6世纪到公元前3世纪这段时间，也就是春秋战国时代，是先秦诸子百家的焕发期？这个时期基本上完全奠定了中国传统文化或曰国学的根基，此后几乎再没有任何重大突破或建树。

那个时代被西方学者称为"轴心时代"。所谓"轴心时代"，就是从公元前6世纪到公元前3世纪之间，在全世界各个地区，同时出现了一批奠定人类文明的早期思想家这种情形。比如中国的老子、孔子等，比如印度的释迦牟尼，比如古犹太国中缔造《圣经》文本的泛称"以赛亚"的那一批学者，比如古希腊从泰勒斯一直到亚里士多德。我们会发现，在公元前6世纪前后，人类文明诞生初潮之际，全世界各个地区不约而同地出现了一批思想大家，此被称之为"轴心时代"。

为什么会出现这种局面？我得作一个说明。首先，我们可以把它视为同种智人发出的第一抹理性光辉。我在第一节课中讲过，全人类都是从14万年前的某一族智人进化而来的，亦即4万年前迁徙到欧亚大陆的上古先民，从人种学上讲，他们完全是一个种系、一个物种，因此他们的智能发育和文化发明以此共同步调展开，应该是一件很容易理解的事情。

其次，它是人类第一茬文明的成熟定型期，也就是世界各地的农牧业文明，大约于公元前600年前后，进入完全成熟的状态。环地中海地区以古希腊为代表的半农业半工商业文明，也在这个时期基本定型和成熟，这是该时期全球各地的先贤和学者们能够对人世相关问题进行深入探讨的历史文化基础。而且大家要注意，此刻是整个人类的第一次社会大转型。

记得我在孔子课上讲过，先秦时代是中国历史上的第一次社会大转型。我们放开眼界，它其实是全人类的第一次社会大转型。怎么转型？从采集狩猎生存方式向农牧业文明生存方式转化并且定型，这个过程须历经漫长的时间。要知道，农业文明早期，缓慢试探培植且呈分散耕种状态的粮食产出甚低，它还只是采猎生存方式的一个边缘性补充。到公元前 600 年前后，农牧业文明全面普及，古希腊环地中海地区的半农业半工商业文明也趋于成熟。

因此，中国的先秦时代迎合着世界的轴心时代，表现为三大特征。第一，中国历史上第一次社会大转型；第二，全人类第一茬文明即农牧业文明的成熟定型期；第三，古希腊工商业异端萌芽的耀眼显露期。这三者共同汇集成轴心时代。而中国先秦时代，就是这个轴心时代在东亚的分支和显现。

那么，为什么这个时代会成为众多思想家展开思考的机会与平台？有三个原因：第一，社会转型问题丛生，人们在迷茫困惑中摸索与探问。在人类社会转型时期，社会结构倾向复杂化，出现诸多前所未见的社会问题和生存问题，这些问题会使当时的人类惘然无以应对。于是其中的思想者们就在这个谜题丛生的困境中着眼寻求解答与出路。所以各位一定要明白，困惑期、迷茫期正是新文化得以诞生的温床。也就是说，当我们今天又一次处于信仰破溃、思想混乱的历史关口之时，大家不要认为它只是一件坏事，它预示着另一茬新思想、新文化行将发生。

第二，生存复杂度提高，我们也可以把它叫作生存难度提高、生存成本提高、生存艰危度提高、生存结构分化度提高。在这种情况下，信息量暴涨，危机事件接踵而至，原有的见识和知识显得苍白而无效，于是人们必须面对新的生存结构和生存境遇展开追问，这是轴心时代和先秦时代的第二个特点。

第三，碎片化的部落制、城邦制或封建制，提供了相对自由与宽松的社会文化氛围。如前所述，先秦时代是中国典型的而且是唯一的封建时代。那个时候古希腊是城邦分立状态，也就是各自为政的局域性群聚生态。欧洲直到中世纪，星罗棋布的分封辖区也还普遍存在。因此，它就提供了某种思想自由的社会条件。比如孔子，他在鲁国待不下去，就可以周游列国；比如近代的笛卡尔、伏尔泰，他们在法国待不下去，就可以流亡到其他国家，然后展开自己的批判性思想和抨击式文论。所以那个时代的碎片化的政治结构，提供了一个相对自由、相对宽松的文化氛围。

我想，说到这里，大家就要知道，现代社会尽管国家政治体制庞然而统一，但是它更需要自由。为什么自由的诉求在现代社会不可或缺且不得压制？就是因为人类面临了更复杂的问题，面对着信息量更大的时代，倘若不能展开自由思境，则整个人类生存就会陷入重重危机。而且当今社会，结构分化更复杂、信息量更大、社会危机更严峻。它标志着我们今天需要探讨的问题远比先秦时代更多，这就是我们讲这节课的一个重要启发点。

我们听先秦诸子百家这节课，除了温习古人思想展开的路径，更重要的是要让大家明白，当你面对一场社会转型、一系列令人困惑的问题持续扩散、信息量超常增大的生存困境时，你得怎样去仿效前人面对现实，提出新问题、提出新思想。只有这样人类才能为自己的未来生存开辟通道，这就是开设这一节课的意义所在。

现在回头看，我们会有一种感觉，就是先秦诸子百家的思想简单粗糙，但实际上，他们在当时是把人类智慧调动到极致的产物，他们代表了当时人类智能发挥的最高度。我在前面讲哲学课的时候，我说古希腊哲学、西方狭义哲学，是人类智能储备的极端调动。大家注意，中国先秦时代也大致如此。

中国先秦诸子和古希腊先哲有一个共同的特点，那就是不关心实际问题。我前面讲过，古希腊哲人认为凡是现实的可用的知识，都是匠人的学问，不值得他们予以关注。那么，在中国古代，你也会发现这一现象。比如孔子，他有一个弟子名叫樊迟，曾经向孔子请教农田苗圃之事，这就是著名的"樊迟请学稼"，孔子对他说，我不懂务农，然后给他的评价是"樊须哉，小人也"。我们现代人借此批评孔子，说他"五谷不分、四体不勤"，其实它表达的是当时中国的先贤对于普通生活琐事或匠人式问题的漠不关心，他们关注的是更宏大、更根本的社会问题。因此中国先秦时代，当时的智者——百家诸子，他们的思境也是非常高远的。只不过跟古希腊比起来，它有重大区别，就是代表东亚文明的先秦诸子百家，他们所关心的都是人伦社会问题，而古希腊哲学家关心的主要是自然学问题，是仰望星空、宇宙追问。

由于人文学问题无法用精密逻辑来贯通，大家知道，直至今天社会学还很难把数学引入其中，因此它探讨问题的方式就不免缺乏逻辑精度。相形之下，古希腊的哲学表达为"精密逻辑"与"假设证明"这两个脉络，最终导致其智能开发和智力调动达到极端、达到极致。由于中国关心的是人伦社会学问题，所以它用不着精密逻辑，从而导致散点式讨论问题，这就使得他们讨论问题的精致程度跟古希腊哲学有了差别。这个话题我在西哲课上讲过，无需赘述。

出于以上缘故，我们会觉得先秦诸子之说相当粗糙。我下面讲课的时候，大家会有感觉。其实你读古希腊文献，也会有那种感觉。

它是由于三个原因。第一，时过境迁，问题变形。我只给大家直接举例子，比如古人面临的是吃不饱饭的问题，而今天人类面临的是吃得过多、得肥胖病的问题；古人面临的是打不到猎物的问题，而我们今天面临的是如何保护生态、保护濒危动物的问题；古人面临的是加大垦荒、扩展耕地的问题，而我们今天面临的是如何保护荒野森林的问题；古人面临的问题是武器不够精良，而我们今天面临的是大规模毁灭性核武器如何削减的问题。也就是说，我们今天面临的问题和古人面临的问题完全不同，甚至相反，这就导致我们站在今天的立场上看古人讨论的问题，觉得相当低级。

第二，远古社会构型十分简单。我在前面上课的时候，讲过中国古代是世界上最典型的农业文明，它叫"皇权农夫型低分化社会"。也就是它的社会结构非常简单，只有万分之一都不到的极少数人，处在社会顶层进行社会管理，绝大多数农民同质化地平铺在社会基层。要知道唐太宗时代，中央朝廷官员仅有600多人。在这样一个扁平社会结构下，社会分化度偏低，社会结构非常简单，因此探讨的问题相应也就非常的简单。而古希腊那些城邦文明，我们把它叫"城邦微缩型文明"，它都是一个一个非常小的社会群团，因此它的社会构型十分的粗糙简单，他们讨论同类问题也就相对粗糙而简单。

第三，当时信息量很低。人类文明的发展过程就是一个信息增量的同步过程，信息量越低，你处理的问题当然就越简单。这使得我们现在回望先秦诸子百家，不免会有一种平淡、过时的意味。

但大家一定要知道，他们当时是人类思想最高度的调动者，而且他们构建了中国国学的全部文化基础，因此极具思想光芒。更重要的是，他们探讨的是人类生存的基层问题，也就是最基础的问题。我前面讲过，越原始、越基础的问题，越具有奠基性、决定性和稳定性。因此，他们探讨的问题似乎永远都无法消解。

他们当年智慧调动到什么程度？我在这里只给大家举一个例子。先秦时代有一流派叫"水工"，他们当年都是进不了诸子百家的，在诸子百家看来，他们不过是一群匠人。可你知道那时水工的技艺水平高到何等程度？我说两件史实。商鞅和秦孝公逝世以后，秦孝公的儿子秦惠文王嬴驷登基，他后来派遣他的一个重要军事将领司马错率军进攻蜀地，即今天的四川。他为什么要攻取蜀地？为了处理楚国问题。因为四川这个地方处在长江中上游，楚国在长江中下游，他如果能够占据蜀地，则对屏障和进击楚国立马形成居高临下的战略优势。当年的蜀地可绝不是天府之国，你读一下《史记·留侯世家》，"天府之国"这个词，原是司马迁借张良之口用来形容陕西关中的。当年的蜀地是一个什么局面？人口稀少、水灾频仍。至今为什么还把那里取名叫四川？所谓四川，或因史上曾分四个行政区划管辖，或因四条大江大河奔腾域内使然。你翻开四川地图看一下，全省山水纵横，地势悬殊。就在成都周边，兀然耸立着一座四姑娘山，海拔竟高达 6000 多米以上，对比之下，横贯陕西的秦岭山脉，其最高峰也不过 3700 多米。于此群山环绕之中，唯有一块丰沃的平原——成都盆地，高山流水，倾泻而下，全部灌注到这片低洼地里，导致那个风景独好的稀缺良田常常成为一片泽国。

就是因为这个原因，司马错拿下巴蜀以后，秦惠文王特意委派颇具水工能力的李冰出任蜀郡太守。四川北部有一座山叫岷山，从岷山上汇聚下来的一条江水叫岷江。岷山占地广阔，每逢春暖，积雪消融，加之四川多雨，导致岷江成为威胁成都平原最大的水患。

李冰父子辛苦跋涉，考察岷江水文情况，他们发现把岷江阻流到成都平原的是玉垒山，于是决定在玉垒山上打开一条豁口，同时在岷江上建一个鱼嘴工程，把岷江分导为内江和外江，这就是大家都很熟悉的都江堰。要知道，那个时候没有炸药，怎么破石开山？

他们居然借用热胀冷缩的原理，堆柴火把岩石烧热，再突然泼上冷水，将岩石激炸，这样一步步打通宝瓶口，引出岷江的一部分水流。而他们所做的鱼嘴工程，其造型高度要能够恰当调节内外两江的水流量，多雨时节，要把江水主体引到域外；干旱时节，又要把较多的水量引入成都平原灌溉农田。如此复杂的工程，需要准确测量地平标高，还要拿捏掌控两分江水的流量变化，居然只用一个低矮平铺的鱼嘴工程就有效实现。而且2000多年过去，都江堰仍然是四川农地最重要的灌溉水源，灌溉面积多达几十万亩到数百万亩，时逾千载而不废。今天人类的水利工程全都是高筑大坝，再好的大坝寿命也不过百年，不仅是因为坝体本身的承载力只有数十年期限，而且由于任何大坝建起来后，河水携带的泥沙沉降会把库容逐步填光，因此人类今天的水利工程都绝对不可能具有都江堰那样的寿命和效用。我们由此可以看出，当年进不了诸子百家的水工，其智慧水平高拔到何等程度。

我们再看灵渠。我不知道有没有同学去到那里参观过，它是怎么回事呢？当年秦始皇平定六国以后，岭南地区之广东、广西，当时叫百越之地，尚不在大秦的统治范围以内，于是他派出50万大军征讨岭南，这就是后来著名的赵拓称王于南越国那个局面的开端。

请大家想想，从陕西出发远征广东广西，行军路途长达数千里之遥，所谓"兵马未动、粮草先行"，那么，辎重、粮草怎么运输呢？要知道，古代一般是驱赶马车牛车徒步运送粮草，载荷有限，效率很低，只有依靠水路运输才能实现大规模的后勤保障。而中国只有两大水系——黄河与长江，秦国位处黄河流域，两广却在长江以南，倘若通过陆路运粮，仅是参与运输的士兵和民夫，中途就会把所有粮草消耗殆尽，根本就不可能将足量富余的粮秣运到岭南，因此必须设法解决水运问题。

怎么解决？唯有从蜀地走长江。可是长江不通岭南。于是就必须人工贯通珠江的支流漓江与长江水系之湘江，使其得以对接起来。在今天的广西兴安县内，湘江和漓江有一个临近交汇点，两者相距1.5公里，但是高差甚大，无法直接挖成一条可以行船的运河。以史禄为代表的一批水工，当年居然迂回35公里，把水位逐步降低，在上游湘江处构筑铧嘴分流，开掘出一条宽5米的"湘漓渠"，北渠为湘，南渠即为"灵渠"。其间要建大小不等的多座"天坪"（滚水坝），次第调节水位，还建立了30多座"陡门"（船闸），用来缓解水流速度，最终解决从长江流域运输粮草辎重到达岭南的问题。其工程之繁巨巧妙，今天的水利专家看后也都惊叹不已。

我想说什么？就这么个不入流的水工一族，当年竟达到如此之高的水平。它说明什么？说明古人的智力绝不亚于今人。如果你觉得他们讨论的问题相对比较粗糙，那是由于当时呈现的问题本身比较简单。一旦他们所面对的是复杂问题，则其处理能力几乎不输于当代行家。也就是说，对于先秦时代的智者以及他们探讨的问题，你切不可小觑，切不可只做肤浅理解。

下面我再补充谈一下东西方文化的差别。我们今天讲先秦诸子百家，相较于此前讲过的古希腊哲学，两者在智能调动上略有差别，一个是抽象的精密逻辑的假设证明体系，一个是散点式的人伦社会问题的粗率讨论。那么，我们就会觉得中国文化人的总体智力水平似乎偏低，其实还是这个道理，就是古希腊哲人和中国先贤面对的问题全然不同。

请大家再回顾我的第一节课——东西方文明生成的渊源和背景。由于东亚是一个封闭地貌，而且是远古人类仅有的三大原始农耕基地之一，因此它无法大规模从事工商业贸易，因此它是世界上最典型最集萃的农业文明。而农业文明立即带来人口暴涨的后果，加之农业文明是"限局域获得资源",于是人际关系和资源关系格外紧张，于是中国先秦时代的人们就不得不把自己的智慧都用在人伦社会问题的探讨之上。反观古希腊，由于它面临一个狭小的地中海，可以在北非、近东通过商业交换获取粮食，而自己本土种植粮食的地理物候条件又很差，这逼迫着他们不得不展开半农业半工商业式的交换生存方式。工商业文明是"跨区域获得资源"，因此他们的人际关系和资源关系的紧张度就比东亚为低。而且它的社群组织规模也就相对的较小，城邦式的社会内部问题也就不够突出，再加上工商业文明需要自由，需要创新，需要器械制造的特殊计算能力，这才使得古希腊哲人尽可以把主要精力用在自然学问题上，用在几何学、数学等精密逻辑的钻研上。

乍一看，古希腊的社会制度是民主制，至少在著名的雅典是如此。其实古希腊各城邦的社会制度差异颇大，比如斯巴达在伯罗奔尼撒半岛那个地方，农业生产条件较好，它立即就呈现为专制型的军国体制。而雅典这个地方，农业生产条件较差，于是它就生成为工商业文明的民主形态。要知道，当年的"民主"被古希腊哲人视为最坏的政治制度。柏拉图是贵族出身，他曾经说古希腊的制度可以分六种来谈，前三种叫君主制、贵族制、共和制，他说君主制的败坏状态叫"僭主制"，贵族制的败坏状态叫"寡头制"，共和制的败坏状态叫"民主制"，因此当时柏拉图认为最坏的政治结构形态就是民主制。

可是为什么雅典偏偏是那个最坏的民主制呢？你想想它的道理。工商业文明要求每一个人去进行自由竞争，他长途跋涉冒险经商不可能拖家带口，而且他不像农业文明靠集体协作，而是全靠个人竞争，于是血缘联系必然被打破，每一个人像一个自由单子，独立不羁的自由人怎么组成社会共同体？它唯一的办法就是民主制。由于那个时候民主制刚刚兴起，工商业文明刚刚萌芽，因此早期的民主制很不成熟，民主制在某种程度上可以被称为"群氓政治"，或者可以称作"暴民政治"，因此它难免表现得极为纷乱。这就是当年古希腊哲人探讨民主制的时候，把它列为最坏政体的原因。

我想说明的是，你理解任何问题，你都得回到那个时代，你得知道它发生的渊源，你得知道它面对的困境，这样你才能理解问题。因此我们下面讲先秦诸子思想的时候，你不要只觉得它太简易、太浅显，而是要理解他当时面对这些问题时，其思境达到了怎样的高度，对人类未来生存起到了怎样深远的影响作用。

墨子与墨家

前面算是序言，下面我们进入墨家。

我们首先讨论墨家，是因为墨家在中国近代学者眼中，是最重要、最特殊的一个研究对象。这话什么意思？我们后面慢慢展开。

墨子，名叫墨翟，宋国人，大约出生在周敬王三十年，也就是公元前 490 年，孔子死前 10 年左右，墨子出生。

西汉早年有一本重要古籍《淮南子》，其中对墨子做了这样一段描述，说墨子曾"学儒者之业，受孔子之术，以为其礼烦扰而不悦，厚葬糜财而贫民，久服伤生而害事，故背周道而用夏政"。它的意思是说，墨子这个人曾经是儒家门生，当然他没见过孔子，应该是孔子后世学团的弟子，习得孔家学说以后，认为它繁文缛节的礼数太多，厚葬糜财的损害太大，因此决定抛弃儒学，从此"背周道而用夏政"。认为墨子提倡的是更古远的"夏政"这个说法显然是没有根据的，因为我们迄今不知道夏政是什么。我们可以想象，如果商代还是氏族部落邦联制，那么夏政就应该是更低级的氏族部落联盟初态，显然墨家的主张与之大相径庭，因此《淮南子》的那个结论性评价不成立。

那么墨家的思想宗旨究竟是什么？大家只要记住一条，墨家代表当时手工商业者的利益发言，这是核心的核心。因此，我们讲墨家在中国先秦时代的出现，时值中国社会前途的第一次大讨论。什么意思？关于中国社会的发展前途，在春秋末期、战国早期，有过这样三个学说的争论：其一是老子提出倒退到"小国寡民"的氏族生存状态中去；其二是孔子"吾从周"，主张回退到西周时代封建制度完好的状态；其三是墨家代表手工商业者的利益，主张跨入工商业文明；因此他们属于第一波针对东亚社会前途问题的大讨论。

我又讲，它是国学发展史上的第二次思想大分化。什么意思？老子主张回退到原始氏族社会，孔子主张封建制度巩固发展，这是第一次社会学说大分化。面对孔子主张全面夯实农业文明的礼制结构，墨子提出不是要单纯发展农业文明，而应该农商并举，且更偏重于发展工商业文明，因此算得中国先秦思想史上的第二次大分化，可见墨家地位之重要。

韩非子在他的《显学》篇中曾经提到："世之显学，儒墨也"，也就是到春秋末期、战国初期的时候，当时文化界最著名的两大学派就是儒家和墨家，足见当时墨家的鼎盛状态。可是奇怪的是，时隔数百年，至西汉初年司马迁作《史记》的时候，竟然没有墨子传记。大家知道，司马迁在《史记》中给商人叫"货殖"、给剑客叫"侠客"、给辩士叫"滑稽"，统统辟有专章列传，却唯独未给墨子立传。他仅在《孟子荀卿列传》中用24字一笔带过墨子的存在，原文乃曰："盖墨翟，宋之大夫，善守御，为节用，或曰并孔子时，或曰在其后。"也就是说，司马迁对墨家几乎毫无了解，不知道墨子主张的是什么，只提到他"善守御，为节用"，对于墨家学说的核心思想，司马迁根本没有表述，此事着实令人诧异。

为什么如此？代表下层民众和下层阶级说话的声音，在人类文明史上从来得不到张扬。再加上中国是一个农业文明社会的典型集约状态，一个代表工商业文明的声音会被彻底地压抑和淹没，所以才导致墨家学说快速退潮，且始终不被真正理解。墨家学说引起中国学界的高度重视，是在1840年鸦片战争以后。这个时候，人们发现中国远古时代居然有一脉类似于古希腊的思绪，在先秦时代熠熠生辉。这个近代史的剧烈翻转，才使得墨家第二次显扬于中国学术界之中。

下面我们先谈一下墨家的这个"墨"姓从哪儿来。墨子名为墨翟（dí），他或者是姓墨，或者是氏墨。"墨"这个姓的确有些奇怪，怎么会有这样一个姓氏呢？自古文人学者争论，认为有三种可能。第一，认为墨家代表的是手工业者和商人阶层，他们多是社会底层的工匠或苦力，做的都是粗活，面黑手粗，故称"墨家"。所以荀子当年就把墨家讥嘲为"役夫之道"，也就是工匠之道、苦役之道，以与孔子的"君子之道、贵族之道"相参较。这是支撑墨姓的第一个来源。

第二，引"貊狄"之同音。大家看这两个字（板书），我解释一下。在中国古文中，貊、狄都指蛮族，即指中原文明以外的未开化人。"貊"（mò）这个字特指东北方向的蛮族，"狄"（dí）这个字泛指中国北部的蛮族，这是部分学者认为"墨翟"（音同"貊狄"）这个名号是蛮族贬称的来源。这个说法遭到较多学者否认，他们提出墨家来自南方，其思想学说从远外传入，有学者甚至认为，它的源头是古印度，因此认为它是"蛮狄"这个称呼的音转。因为古代中国人把南方的蛮族叫"蛮"，把北方的蛮族叫"狄"，把西方的蛮族叫"戎"，把东方的蛮族叫"夷"，然后把四围之内的中原称作"中国"，所以蛮狄说者就认为，墨家理论是从古印度流传过来的异族文化，但印度古文化中并无显著之工商流派，故而此说亦难成立。

第三种说法认为，他来自犹太人的一支。大家知道，在公元前600年的时候，犹太王国紧邻地中海，地多沙漠，跟古希腊生态接近，所以犹太人早年也是一个经商的民族。公元前586年，新巴比伦国攻陷了耶路撒冷，然后把当时犹太王国的王公贵族大多捕获，囚禁在巴比伦，这就是著名的"巴比伦囚徒"。到公元前538年，波斯帝国的居鲁士大帝摧毁了巴比伦国，解救了巴比伦囚徒，允许犹太人重返故地。这两个相距五六十年的大事件，引发了犹太人著名的"大流散运动"，也就是犹太人经由这两次事变，开始向世界各处大规模流亡。其中"犹太人十二支脉"之一支，也就是整个犹太十二族系之一族，迁徙来到中国。所谓"墨翟"这个发音，实际上就是"波斯祆教祭司"叫"麻吉"（Magi）这个词的音转，或者有人认为是犹太圣典导师"拉比"（Rabbi）这个词的音译。大家注意，"比"和"翟"发音是非常接近的，而且"拉比"这个词，它在犹太语言中的意思是"巨大"，而墨家群团的首领也叫"巨子"（或"钜子"），含义恰好是"大而刚"。因此有学者认为，所谓墨翟这一脉，是犹太人迁徙到中国的文化流转和文化变形之产物。由于犹太人早年有经商文明和神学文化，因此墨家学说带有明显的神学意味和工商业文明的特点。关于这个说法比较详细的讨论，各位可以参考朱大可先生新近出版的一本书，名为《华夏上古神系》。这就是关于墨翟的名姓来源的讨论。

不过我觉得，这些问题今天都无法确证，只有将来考古学或其他学科能够拿到更多的证据，这些问题才能说清。我们至今还不能排除墨家就是中国本土的手工商业代言者，即是说，它直接就是中原文明和中原本土的文化现象。我在前面的孔子课上讲过，早在先秦春秋时代，中国的工商业文明已经成熟到发生货币的程度，也就是用于复杂交换的一般等价物都已经露头，此时出现代表工商业文明的声音呼号于中原大地，其实并不显得突兀，因此我们不能排除墨子是东亚中原人的可能性。

我讲这一段，是希望大家明白，你要想参透墨家学说，有两个重点必得关注：第一，它代表手工商业者的利益说话，也就是说，它是工商业文明的先声；第二，它跟古希腊文明的思想意绪颇有几分近似。这就是理解墨家的钥匙。

那么，我们下面讨论墨家思想概要。由于它代表下层手工商业者说话，因此在它的学说中必有自由的诉求。我在前面讲课的时候，说中国传统主流文化从来没有自由的诉求，因为农业文明是在血缘家族这个群团结构下，所有人必须在每一亩地上充分协作、精耕细作，方得温饱，因此它不讲个性发扬、不讲个人权利、不讲民主自由，这是农业文明的典型文化特征。

可是在墨家，你会看见它有为工商业者发出的自由之声。墨子在《节用》篇中说过一句话："凡天下群百工，轮车、鞼匏、陶冶、梓匠，使各从事其所能。""轮车"就是制作推车或牛马车的；"鞼匏"就是皮匠；"陶冶"就是做陶瓷的；"梓匠"就是木工。从这句话里可以看出，当年的手工商业者，他们的从业选择自由是受到限制的，其不务正业（农业）的非农工作业态也是备受歧视的。墨子意在为他们争取自由宽松的社会行为空间，让他们各尽所能地自行拓展分工与分化的工商业文明新格局。这跟农业文明要求所有人统一在耕读为家、尊卑有序的压抑结构之下完全不同。

我们再看第二点，墨家有明显的神学宗教情怀。其学说体系分为"十论"，第一论就叫"天志"。所谓"天志"就是"天的意志"，强调某种超越人寰的主宰力量。而且你会发现，它重"上帝"而轻"下帝"。我在前面讲课的时候提到过，中国第一本书《尚书》中就出现了"上帝"这个词汇，我们后来把西方的"God"翻译成"上帝"，是按中文传统翻译的。中国古代还有"下帝"之说。中国的上帝指天，下帝就指自己的祖宗。在农业文明的血缘文化里，它尤其看重的是前辈祖先，祖先的牌位赫然立于家室中堂和宗族祠堂，是祭祀活动的必备对象，反倒是天公邈遥，时常缺位，所以普通民众是更看重下帝的，上帝只是一个抽象的幻觉，不像西方是具体的人格神。

可是在墨子那里，你会看到他重上帝、轻下帝，完全反过来了，而且自成一系，使得墨家学说很像是一个宗教学说，可谓之"墨教"。他提出"天志、明鬼、尚同"，所谓"天志"，就是天的意志、上帝的意志；所谓"明鬼"，就是要把人格神突显出来。大家知道，孔子是"不语怪力乱神"的，孔子讲"未知生，焉知死""未能事人，焉能事鬼""敬鬼神而远之"，这都是孔子的原话。也就是鬼神的事最好不谈。而墨家直接要求"明鬼"——咱们明确地讨论鬼神的事；然后提出"尚同"，所谓"尚同"就是要跟上帝保持通同状态，这是典型的宗教思想体系。墨子说"我有天志，譬若轮人之有规，匠人之有矩"，就是说我有上帝，此足以衡量一切。我们今天有一个常用词叫"规矩"，所谓"规"就是画圆的那个工具，也叫圆规；所谓"矩"，就是画直线或者画直角的那个工具。他说，我现在因为有了上帝，所以我就仿佛手里有了圆规、有了矩尺。

他接着说："轮匠执其规矩以度天下之方圆，曰：'中者是也，不中者非也。'"意思是工匠们只要手里有圆规、有矩尺，他就可以在做任何事情的时候找见基本的标准；"今天下之士君子之书不可胜载，言语不可尽计，上说诸侯，下说列士，其于仁义，则大相远也。何以知之？曰：我得天下之明法以度之。"这是说，当今天下文人各说各话，其实都没有规矩、没有标准，全是乱说一气，唯有我说的东西是有原则的、是有天规的、是有尺度的！这个尺度是什么？就是上帝，他叫天志。可见他的这一脉思想也与古代环地中海地区的崇神文化十分接近。

第三，他提出"兼爱"。请大家注意，墨子所谓的"兼爱"和孔子的"仁爱"完全是两个概念。什么是"兼爱"？用墨子的原话讲叫"兼相爱，交相利"。首先各位要理解什么是"仁爱"。"仁爱"乃指血缘内部之爱，可谓之"血亲之爱"。大家回想孔子课，我讲孔子的血缘伦理体系，包括"血缘、泛血缘、拟血缘"，从而构成家族、国家乃至宇宙观。孟子更直接，他在《离娄上》篇中毫不含糊地讲："仁之实，事亲是也"，说仁爱的本质内涵就是服侍与自己有亲缘关系的人。

可什么叫作"兼爱"呢？就是西方资产阶级革命的时候，它提出三大口号：自由、平等、博爱。"兼爱"就是"博爱"，就是超血缘之爱、全社会之爱。这是工商业文明必然倡导的人际关系准则。从事工商业的人要在整个社会中进行交换，它绝不是血缘族群内部的自然经济，农业自然经济是不需要交换的。所谓"自然经济"，就是我自己生产出来的产品仅作为我自家的使用品；所谓"商品经济"，就是我生产出来的产品是给别人使用的、是借以进行交换的。所以人们需要"自由"市场，需要"平等"待人，所以他的爱必须是超血缘的，必须面对血亲以外的所有潜在客户，于是人人都是我普爱的对象，这叫"博爱"。

在中国，在墨子那里，就叫"兼爱"，它有一个前提叫作"交相利"，就是大家互相之间要有利益关系的交错。墨子绝不避讳利益之谈，他认为人们具有利益关系才会产生博爱之心，这叫"兼相爱，交相利"，这是典型的工商业文明之平等、博爱诉求的中国式表达。想想孔子怎么表达"利"这个问题，他说"君子喻于义，小人喻于利"，意思是说君子只讲仁义，绝不讲利益；一旦讲利益，你就是小人。为什么？因为农业文明的稳定生存状态是要避免和压抑工商业交换的，在农业文明的血缘群团内，它是不允许你斤斤计较个人利益的，否则大家将无法协调集体作业，所以这两种文化完全是对立的。

因此，墨家学说提出的兼爱和孔子的仁爱完全相反，一个是典型的农业文明血缘协作关系之爱，一个是工商业体系下全民发生交换关系的普世之爱，而且利益交互关联方式也发生了根本转变。我们从这里可以看出，墨家学说对于工商业文明表达的透彻程度。

第四，提出"尚贤、尚同"的主张。大家注意，这是很有意思的一件事情。孔子代表农业文明提出的是什么？爱有差等、礼有尊卑！就是人的社会地位是被天然给定的，你总不能比你爷爷高明吧，父亲天生就居于你的上位，你爱家里人的程度一定大于其他外人，这叫"爱有差等，礼有尊卑"。在血缘关系中，你的地位是被你所固有的血缘等级规定死的，这个血缘等级投射在社会上，就是皇权体系。国王就是君父，人民就是庶民，这种关系绝不是任何人可以随意选择的，这就是儒家礼制文化的理论基础。

墨子提出的是什么？尚贤！选举贤能者为王，遴选贤能者管理。大家注意这个提法跟谁很像，跟古希腊著名哲学家柏拉图的主张完全一致。请各位读一下柏拉图的《理想国》，他在里面提出什么？哲学王！他说只有深研哲学且极具智慧的人，能够分辨调整社会上各种人群的利益关系，能够依据理性原则把握社会平衡，能够建立恰当的社会组织体系，只有这样杰出的人才，方可被尊奉为王，这就是柏拉图著名的"哲学王"之说。而墨子提出的"尚贤"，完全是哲学王说法的中原翻版，这再度表明他的学说跟古希腊学说十分贴合。

我们看他一段原话，墨子在《尚同》篇中讲："选天下之贤可者，立以为天子。"选！而不是你天然确定，请注意他的用字，他接着说："惟以其能一同天下之义，是以天下治。"他说由于他能够用一视同仁的统一准则来面对社会各阶层，因此他才能做到天下安治。这个主张简直就是人类工商业文明初期的政治要求。

我们再看第五项，即墨家与儒家激烈对立，取公然反叛之态度。大家知道，工商业文明是一个与农业文明反差极大的文明。我在前面讲课的时候讲过，中国古代要想保护农业文明，就必须限制工商业活动。所以中国从秦汉到清代中期，它的基本国策叫"重农抑商"，重视农业，压抑工商业，以至于工商业子弟到了明清以后都不能参加科举考试，不能转换自己的贱民身份。依"士、农、工、商"之位序，工、商两类在社会最底层，中国近代想把自己的农业文明转化成工商业文明，它居然得把自己的传统文化全部抛弃，提出"打倒孔家店"，否则这个身就怎么都翻不了。

为什么？因为儒家学说是典型的农业文明体系的系统化理论，这两种文明——尤其是它们之间的思想文化形态——兼容性极差。其转换或转进过程如果不能自然运行，比如在欧洲，代表工商业文明预置火种的古希腊思绪是通过文艺复兴长期渗透，逐步推动，方见成效；但如果不具有这样的条件，而是通过外力强行扭转，那么它就会变得极为痛苦，而且极为动荡。这就是中国近代史，这就是从鸦片战争到今天 170 余年，中国人普遍情怀激烈，且不断折腾的原因。折腾什么？从农业文明向工商业文明转型实在是太困难了，它的文化转型尤其麻烦。因此这两种文明的文化形态在早期严重对立，甚至呈现为悖反格局，你所热衷的东西恰恰是他所厌恶的，你所支持的东西恰恰是他所反对的：你说"义"重要，他说"利"重要；你说"尊卑有序"，他说"自由平等"；你说"血亲之爱"（仁爱），他说

"普世博爱"（兼爱）；两者始终对不上茬。因此墨家一旦要代表工商业文明发言，它立即表现出跟儒家学说的激烈对抗。

大家看看它激烈到何等程度。墨子在《公孟篇》中提出，儒家之论"足以丧天下"，他说，你如果按照儒家学说掌管天下，社会就将崩解，人世就要完蛋。下面看原文，里面提到四项，我们逐一解读。其第一项为："儒以天为不明，以鬼为不神，天鬼不悦，此足以丧天下。"他说，儒家不信神，没有神这个东西来做统领，没有这个信仰高悬普照，人类的行为必然失范，社会的复杂化演进必受阻遏，工商业文明作为一个复杂体系，它就不可能全面展开，他说"此足以丧天下"。

再看第二项，他说："又厚葬久丧，重为棺椁，多为衣衾，送死若徙，三年哭泣，扶然后起，杖然后行，耳无闻，目无见，此足以丧天下。"一句话，反对厚葬！大家知道，儒家学说是孝道为首。由于只有依靠血缘族群联合起来，才能保证精耕细作，才能保持内部协调，想要让血缘结构安宁完好，讲究孝悌就是唯一有效的理顺之道。那么，孝道如何表达、如何使之得以彰显呢？无非"生以敬重、死则厚葬"罢了。由于身为家长者，他一定死期在先，为他举办隆重的丧礼仪式便成为表现孝心的最后也是最高调的宣示，这就是中国丧葬文化格外复杂的原因。它不是为死人做的，它是为活人做样子的，它是要给后代子孙留下深刻印象，提醒他们忠孝礼序的规制容不得一丝马虎。

你在西方社会是看不到孝文化的，父母年迈，儿女没有责任要去赡养父母，每一代人只负责抚养下一代，父母必须在自己年轻的时候积攒晚年养老之钱财。比照农业文明，粮食不可长久储存，养老只能托付儿女。西方父母也绝不给儿女带孩子，不像中国所有的老人都要照看孙子，这都是农耕时代的传统遗绪。因此在古希腊那个文明里，丧葬文化是一个非常浅淡的东西。反观地中海另一侧的古埃及，丧葬文化就格外夺目，木乃伊、金字塔都是丧葬仪式的标志。为什么？它是农业文明，它是尼罗河大河文明，丧葬过程的繁文缛节是农业文明的典型特征，是血缘秩序的重要纲领。因此墨家绝不苟同，坚定反对，因为它与工商业文明和工商业操作格格不入，会成为工商业发展的严重障碍。

我们再看。他接着讲："又弦歌鼓舞，习为声乐，此足以丧天下。"这是第三种"丧天下"，这在说什么？他说儒家学说重礼嗜乐，我在前面一再讲，"乐"并不是一般的音乐，在儒家的礼乐文化中，"礼"指国家政治法统、指血缘宗法体制；"乐"指大型祭祀活动的伴奏过程，是农业文明意识形态的宣示。由于儒家倡导的意识形态对人们的思想极具禁锢性，因此墨子要想突破这个系统，就得从"非乐"入手，也就是反对这种宣传官方意识形态的"乐"。再看"歌舞"，中国古代的"舞"是什么样子？要知道汉民族是特别缺乏歌舞的一个民族，这是非常奇怪的一件事情。大家想想，中国少数民族总是载歌载舞的，世界各国各地的人们也都唱歌跳舞。可唯独中国汉文化，它在秦汉以后，其民间习俗中是很少有歌舞的。如果中国过去哪个农民突然唱起歌来、跳起舞来，别人会认为他是疯了。那么中国的歌舞文化是什么？全都是意识形态张扬，这使得民间音乐舞蹈活动被强烈压抑而消失。其实早在春秋时代"舞"就是祭天祈雨活动的一种方式，我前面课上讲过，孔子喜好"舞雩归咏"。因此，墨子反对"乐"，反对这种音乐歌舞，反对的是什么？反对的是农业文明借各种祭祀活动所达成的意识形态控制，他说这个东西不打破，则亦"足以丧天下"。

然后他讲："又以命为有，贫富寿夭，治乱安危有极矣，不可损益也。为上者行之，必不听治矣；为下者行之，必不从事矣。此足以丧天下。"什么意思？他说儒家文化宣扬"天命论"。孔子说过一句名言："死生有命，富贵在天"，他说每一个人都有天定的命数，如果你处在尊卑有序的社会底层，请你不要怨天尤人，认命就是了，这是建立和维系阶级等级所必需的心理麻醉剂！而工商业文明是不能承认这个东西的，所谓美国梦是什么？就是下层人可以通过个人奋斗变成富有者，是不是这样？所以工商业文明要破除天命观，他一定不承认我是命定的贱民，我尽可以通过自己的努力来改变自己的社会命运，这是工商业文明的普遍意志状态。显而易见，工商业文明的"个人奋斗论"和农业文明的"天命论"，是完全不同的。因此墨子攻击儒家的天命论，他说如果有天命，官员和政府都可以不用管理天下了，因为社会的治乱是天定的、是在劫难逃的；老百姓也不用勤勉劳作，因为冥冥之中早有定数；他说"此足以丧天下"。

请大家听明白，墨子用异常激烈的口吻，用"丧天下"这样的词语来抨击儒家，所言之四点居然都是站在工商业文明的立场上揭批农业文明的文化体系之要害。可见墨家代表工商业文明说话，达到何等彻底的程度，这是理解墨家思想和墨家学说的关键。

评：墨家思想系统之离乱

把墨家学说的整个系统展开来看，还是比较复杂的，我们下面只做一个简单梳理。重点放在另一个更重要的问题上。

墨子提出十项论点：第一叫"天志"，就是强调神主在上，统领一切；第二提出"兼爱"，也就是博爱；第三"非攻"，反对战争；第四"明鬼"，把信仰挑明；第五"非命"，不承认天命论；第六"节葬"，反对厚葬与孝道；第七"非乐"，反感农业意识形态；第八"尚贤"，主张选贤能者做哲学王；第九"尚同"，大家跟这个贤能主政者保持一致，以求天下公平治理；第十"节用"，就是勤俭朴素，为资本开源节流。总体而言，无非"自由、平等、博爱"，呼吁"拓展工商业系统"。这就是墨家学说的概观。

但是大家要注意，这种工商业文明的思维方式和思想体系，一旦在东亚、在中国这个农业文明体系的强大压抑之下，它会发生奇怪的变形和冲突，这就是我们看到墨家学说内有矛盾、颇显离乱的原因。所以墨家学说跟古希腊文化有一个很大的特征上的不同，就是它的学说和它的操作，在内部是矛盾的、是混乱的，主要可以表达为如下三点。

第一，它既主张工商业自由，同时又主张"尚同专制"。它的"尚同"学说（"尚"与"上"通假），初衷是保持跟"天志尚同"、跟"上帝尚同"，但它同时暗含着跟明君跟哲学王保持一致，从而表现出一种专制独裁倾向。大家知道，这个东西在古希腊是绝然相反的。古希腊是一个散漫的民主制，它民主到这样的程度：任何一个执政官、或者一个将军，如果他威望过高，人民立即用陶片投票法把他驱逐，防止他权力膨胀而走向极权。甚至将军正在打仗，由于战功显赫，被匆忙罢免流放，搞得雅典曾在多场战争中告败。

墨家反过来，它一味主张独裁、主张专制。这个东西被后来的法家所利用，以至于古籍文献上提起法家，常把它称作"墨法之学"，说法家跟墨家是一路思脉、是一家之学。古人理解不了墨家工商业文明诉求这一面，所理解的都是法家那一套，而且韩非子借助于墨子的学说，加固了他的极权理论体系，这是一个很奇怪的现象，东西方截然有别。而且我们会发现，在人类历史上，但凡是明确地代表下层民众说话的声音，都倾向主张集权和专制。

请注意，古希腊哲人的思想，总体上也代表工商业者说话，可是为什么反而会创造出一派民主氛围？那是因为在古希腊，工商业者不是下层，而是中上层，他们没有代表下层阶级说话的那种压抑感。但是墨家所代表的工商业者在中国是末流、是下层，工匠、商贾处于社会底层。而人类的思想大家、文化学者，他一旦代表下层民众说话，几乎一律主张独裁，这是一个很奇怪的现象。

不待说，下层民众总是占人类的大多数，一般不会低于90%到95%。按理说代表下层民众说话的人当然应该主张民主，因为民主制度是一人投一票，人数多则票数多，因此表面上看，民主体制最容易保障多数人的利益。可奇怪的是，历史上但凡代表下层民众的声音都主张集权。（此处有删减）

请大家想想，这是为什么？是因为人类文明从来解决不了一个重大难题，那就是人类的大多数从来无法掌控自己的命运，因此对于下层民众来说，他们只能指望明主，只能指望可以代表他们利益的人来实行强势管制。可他们忘记了，这个人一旦成为君王、一旦拥有强权，他就有他偏私的、特殊的上层利益，他所形成的统治集团、政府集团就会有自己独立的利益体系，他就无法再继续长远地代表下层民众。

由此形成一个悖论，多数人本可指望自己保护自己，但人类历史和文明社会从来无法实现多数人的诉求；于是只好依靠明君或某种现代强权势力来保护自己的利益，而明君之类又一定退化成另外一个利益集团。这个难题几千年文明史迄今得不到任何解决，这就是墨家当年主张独裁专制的原因。请记住，我再说一遍，墨家学说代表的是下层民众的声音，这跟古希腊文化代表中上层工商业者发言是完全不同的，因此墨家就会向往跟古希腊雅典工商业民主体制完全相反的集权体制，这是一个明显的矛盾。

第二，墨家既主张"非攻"，反对战争，同时又大力参与战争。

大家知道工商业者是很怕天下大乱的，乱则市况萧条，生意惨淡。他们虽然激烈竞争，但并不希望发生战争。尽管到近代资本主义大规模发展的时候，西方列强以横暴的方式到处侵略，但他们认为这只是一个恰当的殖民活动。所谓"殖民"之词义，原指把我本族人放到另外的地方去繁殖、去发展。所以他们不认为这是一个战争行为，反倒认为是一个文明播散和获取资源以及市场的合理行为。

尽管人类文明的发展进步过程就是以战争烈度逐级提高的方式进行的，但是就工商业文明早期发育的条件来看，它需要的是一个无战的、安定的社会环境，而当年各封建诸侯国之间是战乱迭起的，这对工商业者非常不利，所以墨子提出"非攻"，反对战争。然而，墨家后来却积极踊跃地参与战争，是由于墨家成员多为能工巧匠，攻城器械的发明和制造能力最强的便是墨家。譬如鲁班，也叫公输班，他就是墨子的弟子。因此当年各国参加战争所要借助的一支重大力量就是墨家。

墨家在先秦中国几乎是唯一代表下层手工商业者利益说话的一家，它有一个难题，那就是其成员自身的社会地位太卑微，人数也太稀少，几致难以独立存在。无论是他们发出的声音，还是他们的阶级力量，都显得太过微弱，都无法得到统治者的承认。因此他们特别需要在当时以农业文明为主体的社会中寻求一个显示和张扬自己的平台。什么平台？战场与战争！《淮南子》书中形容墨家用八个字，我前面提到过叫"赴汤蹈刃，死不旋踵"。意思是说，它的整个学团勇猛地参加战争，赴汤蹈火，临死都不会调转脚后跟逃跑。它在楚国曾经建有一个团体，首领（巨子）名叫孟胜。我前面讲过吴起在楚国变法，是被 72 家贵族后来反扑将其射杀的。楚悼王的儿子楚肃王继位以后，就把这 72 家贵族全部处决。据《吕氏春秋》记载，其中有一贵族史称阳城君，他被楚王逮捕以前，把自家的城池托付给孟胜来照管，孟胜带领 180 个墨家弟子为之守城，面对楚军攻击，如此区区百十人岂是对手，但他们宁愿全部战死也绝不投降。自此墨家的组织肃烈及其战能挺拔被当世各国刮目相看，以至于后来秦国、楚国等诸多国家都借用墨家学团的势力助战。可见墨家在战国时代是一支重要的战争力量，尽管它一方面主张非攻，反对战争，一方面积极参与战争，以彰显自身的实力和能力，由此造成又一个重大矛盾。

第三，我们会看到墨家学说，后来成为中国逻辑论学派的奠基者。想想古希腊文明缔造了什么？缔造了哲科思维。请注意，墨家既然代表工商业说话，它在思维模式上也就有古希腊的风韵，因此它会出现逻辑论、出现科学观。但是，古希腊的逻辑论、哲科观，它是务虚的，它是不求实用的。它认为凡是能用的东西，都是匠人的东西，他们只是在思想上、在学问上、在终极追问上，进行无穷地探究，从而形成极为巨大的深层智能储备调动。

可是墨家，它一方面有逻辑论，有哲科思维的萌芽，但它另一方面关注实务，还心存社稷关怀。这份念想原属中国农业文化与农业政治的体现。而你会发现墨家对人伦社会问题也颇为牵挂，深陷其中，并且同样注重实务操作，这一点跟儒家学说很像，与古希腊那种单纯务虚的文化倾向又发生背离。所以墨子说一段话："凡入国，必择务而从事焉"，是说当你进入任何一个国家，都要根据它的实际状况做出相应的政策选择；他说"国家昏乱，则语之尚贤、尚同"，是说如果国家很混乱，你就要主张尚贤，立以哲学王，然后人民统一接受他的领导；他说"国家贫，则语之节用、节葬"，是说如果国家贫穷，就要讲节俭、薄葬。让人们厉行节约，以便不断地扩大再生产；他接着讲"国家憙音湛湎，则语之非乐、非命"，是说如果国家整天娱乐到死，那么咱们就禁绝舞乐、励志奋发；他说"国家淫僻无礼，则语之尊天、事鬼"，是说国家如果暴乱无序、胡作非为，那么就要讲鬼神、就要讲尊崇上帝；他说"国家务夺侵凌，则语之兼爱、非攻"，是说如果该国动辄用兵、讨伐四方，就应向其灌输平等相爱、互利共赢的反战思想。总而言之，你会发现他所讨论的问题，全都落实在时政管理领域。这又跟古希腊学者、古希腊哲人很少讨论实际问题，而只做纯粹务虚的精神追问这种思维方式背离。

所以我们说，墨家理论属于非典型的工商业文明思想体系的展现，由于它发生在中国农业文明的强大压抑之下，于是它不免会发生种种矛盾和离乱，这就是读懂墨家学说的难点所在。很多人读墨家文本，觉得它跟儒家、法家似乎很像，那是表层迷失，其实它骨子里激烈反儒，与之背道而驰，更无涉法家，而鄙薄重农理念，此乃其深层内核。它观点离乱、语焉不详，表达的是农业文明与工商业文明在东亚大地上的不兼容困局，这是破解墨家思想的关键所在。

墨家首创"逻辑论"之开端

我们下面讲述一点墨家的逻辑论思想萌芽。

由于墨家代表工商业文明，而工商业者的思绪和农业文明文化思绪及其思维方式都会自然发生分野，所以墨家的思想系统里会呈现出某种一反中国传统文化的思路形式和内涵。中国农业文明体系的基本思想方式叫具象散点式思维，而古希腊是典型的抽象逻辑思维，于是墨家也就自发地流淌成为中国逻辑学与哲科论的先河。

我们看看《墨子·公输》篇中记述的一段典故，其间显示了墨子独特的思维方式。他讲："公输盘为楚造云梯之械，成，将以攻宋。子墨子闻之，起于鲁，行十日十夜而至于郢。"公输盘就是鲁班，墨子的弟子，出身木匠，他帮助楚国制造攻城器械云梯，准备攻打宋国。墨子听闻此事，立即从鲁国出发，赶了十天十夜的路，来到楚国首都"郢"这个地方。我顺便解释一下"子墨子"，前面那个"子"是何意？两种可能：第一，我在其他课里讲过，宋国被周公旦封国以后赐"子"姓，这可能是墨子身为宋国人的本姓；第二，先秦时代称先生为"子"，"子墨子"也有可能是"先生墨子"或"老师墨子"的称呼。

文章接下来讲："见公输盘……子墨子曰：'北方有侮臣者，愿藉子杀之。'公输盘不说（悦）。子墨子曰：'请献千金。'"墨子见到鲁班，对他说，北方有人侮辱了我，我想请你帮我杀掉此人以雪耻。看鲁班不高兴，墨子许愿说我出千金雇佣你杀人。"公输盘曰：'吾义固不杀人。'"我的道德底线是不杀人的。"子墨子起，再拜曰"，墨子对公输盘接着说，"请说之"，请听我说。"吾从北方闻子为梯，将以攻宋，宋何罪之有？"我在北方就听说你为楚国制造攻城的云梯，宋国有什么罪过，你要对它发动战争？"荆国有余于地，而不足于民，杀所不足而争所有余，不可谓智。"古时把楚国也叫荆国，认为楚国是荆棘丛生的蛮夷之地。他说，楚国地广人稀，结果你还去杀人夺地，这个做法很不理性。"宋无罪而攻之，不可谓仁"，宋没有罪过，你去攻击它，缺失仁义。"知而不争，不可谓忠"，明知楚王做法不对，你不与之争辩，这叫不忠。"争而不得，不可谓强"，如果你跟楚王争论过，但到底未能说服楚王，说明你的本事不够强大。最后他说："义不杀少而杀众，不可谓知类。"说你的道德底线是不杀一人，结果你却去发动战争屠杀无数人，这叫"不知类"。大家注意"类"这个用词，他说这在逻辑上，你把"类"搞错了，就是批评公输盘连概念的内涵与外延都缠不清。

墨子这一段跟公输盘的对话，完全是一个逻辑推导论证，这种言谈方式你在孔子文本中基本上是见不到的。《墨子·非攻下》篇中又说:"子未察吾言之类,未明其故者也。"意思是说,你没有听懂我的概念归类,因此你弄不明白其中的因果关系。注意"类"和"故"这种讨论问题的方式,是典型的逻辑论方式。这就是为什么当代著名历史学家侯外庐曾经说墨子是"中国逻辑史的伟大发端"的原因。而且墨家从此成为战国中期以后"名家"的滥觞。我们下面讨论名家,再进一步展开这个逻辑论和哲科思维的问题。大家在这里只要记住,墨家学说开创了中国哲科思维之先河。关于墨家我们就简单讲到这里。

思孟学派:中庸、仁政

下面我们讲思孟学派,重点讲孟子。为什么把它叫"思孟学派"?是因为孔子的孙子叫子思,而孟子是子思弟子的弟子。大家注意这段话的意思,孔子的正孙子思,他没有直接受教于自己的爷爷,他是孔子弟子的弟子,也就是子思后来师从于孔子的得意门生曾子,而孟子又是子思弟子的弟子,因此孟子是孔子徒孙的徒孙。

我们下面讲儒家后学,就是孔子以后的儒学发展。韩非子曾在他的《显学》篇中讲"儒分为八",即孔子死后儒家分为八个学派,孟子就是思孟学派的中坚。孟子出生在战国中期,是山东邹国人。他曾经游历各国宣传孔子之道,晚年退回故里,教授门徒。然后他的弟子公孙丑、万章等人记述了他长期教学以及游说列国的一些谈话内容,这就是《孟子》一书的来源。关于孟子的基本主张,听起来与孔子相类。他承袭孔子的守旧思想,反对变法,非以刑战,主张"尊先王",提出"性善论",对后儒,尤其是宋儒影响很大。

孔子宣扬尧舜禹，认为那是圣王。从荀子到韩非子，也就是孟子之后，都已经主张"法后王"、主张"人性恶"了。所以以孟子为界线，儒家似有先后之别。但这种分法其实是不全面的。

首先，怎么理解孟子和孔子的差别呢？如果孟子和孔子完全一样，那就用不着说孟子，只说孔子就足够了，孟子也就做不了亚圣。孟子跟孔子有什么区别，才是理解孟子的难点所在。孔子的孙子子思之所以重要，是因为他写了"四书"中的重要一篇《中庸》。那么孟子的重要性在哪儿呢？一般学者认为他主张"仁政"，说这就是孟子的学说最夺目的地方，可这个说法不成立。

孔子强调以德治国，显然孔子学说也内含仁政，所以说孟子主张仁政，根本没有说出孟子理论的要害及其与孔子思想的差别。孟子的学说，如果你只关注其文本，而不做深入的历史背景分析，你就解读不出来它的特点，也就凸显不出来孟子的思想史地位及其文化重要性，这也就是为什么在宋代以前孟子并不显要。孟子变成亚圣，真正被高度尊崇，是宋明理学的产物。那么理解孟子的关键在哪儿呢？关键在于贯通儒家学说的系统性流变。

什么意思？我在前面课上一再讲，我说人类文明的展开过程，就是人类文明的堕落过程。请大家记住我讲课的这一条主线。而且人类文明的展开过程就是人类社会生存不断趋向于紧张化、动荡化和无序化的过程。如果人类文明发展过程是一个紧张化、动荡化、败劣化的趋势，那么孟子的学说，甚至整个儒家后学，它的基本脉络就一定免不了变得越来越紧张、越来越苛厉，这就是孔孟之间的差异所在。

我在前面讲过，我说春秋时代，那个时候人们还讲"礼"，即遵循礼乐制度的繁文缛节，人际关系相对比较柔和，即使打仗都讲礼数，一般不设欺诈之计略，也不太使用诡谲的兵法，这些东西在春秋时代是很少的，所以才会出现宋襄公那样的人物。春秋时代打一仗死四百人、五百人，就算是大战争。而到战国时代，社会紧张度大大提高，打一仗死七千人、六万人，史书记载不绝。我前面讲过，仅是秦赵长平之战，白起一次活埋赵国俘虏就达四十万人以上。

那么孟子对那个时代是怎样表述的呢？孟子说"春秋无义战"，然后孟子又讲："今夫天下之人牧，未有不嗜杀人者也。"所谓"人牧"就是当官的人，中国古代认为官员管理百姓就像人放牧羊群一样。他说当今为政者没有不嗜血杀人的，这种言辞非常激烈，批评非常严厉。他又讲："庖有肥肉，厩有肥马，民有饥色，野有饿莩。"他说你看贵族富人，他们厨房里堆满肥肉，马厩里布满肥马；他说你看普通老百姓面黄肌瘦，田野里到处是被饿死的尸体。这就是战国和春秋时代的区别，这就是孟子抨击时势和孔子悠然说教的差别。

你会发现孟子的语言和观点变得十分苛峻。我先梳理一下儒家后学。孔子学说宅心仁厚，到孟子学说变得紧张而苛厉。再往后到荀子，已经发生重大反转，他主张"法后王"、主张"人性恶"，一方面守持仁义礼智信，一方面同时呼吁严刑峻法。要知道孔子是反对法家的，到荀子已经成为儒法并举的局面。大家知道荀子最著名的弟子——韩非子、李斯，一个是法家理论集大成者，一个是秦始皇的丞相，两人均属于法家重量级人物，竟然都是儒家荀子的弟子。这就是孔儒、孟儒、荀儒的演变序列。

大家再往后看。西汉早年，董仲舒建议汉武帝"罢黜百家，独尊儒术"，儒家学说从此变成国教。杂和阴阳、五行、法家以及儒家学说，把它糅合成一个大杂烩，由此构成"阳儒阴法、外儒内法"的中国政治文化格局，这叫董儒。比孟儒、荀儒进一步败坏。到宋明时代，出现朱熹理学，他居然提出"存天理，灭人欲"，认为人性跟天理是违背的，要想保持社会安定就要压抑人性。

到明代，开国皇帝朱元璋也姓朱，他认为朱熹是他的同宗，于是把朱熹理学变成儒家学说的中轴与正宗。科举考试以朱熹理学为正确答案之标准，朱儒在明代以后取代孔儒之流，成为中国严苛名教体系的核心。严苛到什么程度？荒唐到什么程度？国家政府竟然提倡女子节烈，什么叫"节烈"？女人的丈夫死了，如果她没有儿女，她应该自杀殉葬，这叫烈女。如果她有孩子没法自杀，便终生不得再嫁，这叫节女。居然是政府倡导，然后还为这些节烈女子建立贞节牌坊。所以中国自从进入理学时代，便传出各种离奇荒诞的故事。

比如有这样的剧情：它讲一个女子新婚不久丧夫，终生不得再嫁。好在她有孩子，用不着自杀。要知道一个年轻人，一个年轻女子，从此丧失正常性生活，它会造成严重的生理秩序的紊乱。于是这个女子整晚失眠，怎么办？把铜钱撒到满地，不点灯摸黑在地上搜索，一个一个把它捡回来，用这样的方式熬过漫漫长夜，持续数十年之久。直到她四十五岁以后闭经了、腰干了，这个时候没有性欲了，她才能安然或漠然度日，以至于几十年下来竟把铜钱磨搓得像透明的薄纸一样。这个故事虽然有点夸张，但它说明儒家发展到"朱家之学"的时候，它已经可怕到、苛峻到何等程度。这就是为什么有的学者讲，1916 年新文化运动提出"打倒孔家店"，其实搞错了，应该是"打倒朱家店"才对。这叫"儒家后学之流变"，越变越恶劣，历经五个阶段。所以我在讲孔子课的时候称其为"孔儒"，然后下面是"孟儒、荀儒、董儒、朱儒"，一路变质堕落下去，这是大家理解儒家后学的关键。

孔子与孟子的学说差异

接下来，我们看看孟子学说和孔子学说的差别。

孟子说过一句名言："生于忧患，死于安乐"，后人加以发挥，又说"生于安乐，则死于忧患"。一般这样理解，说一个孩子小的时候，你让他吃点苦、受点磨难，他将来长大了才会出息，晚年才会安享尊荣。可这句话你反过来看是什么意思？你换一个角度看，它的意思是到战国时代，任何人都已经不能正常生活了，你要么生于忧患，要么死于忧患，你不可能一生都平平安安度过。它表达的是孟子对那个时代败劣的一个警示。

孔子曾经提出"男女大防"。那是一个很柔和的避免乱伦的道德操守。可是到孟子，他的语言已经苛峻化为"男女授受不亲"，"授"是赠给你物品，"受"是接受别人的赠品。他说男女之间不能馈赠或者接受对方的礼品，不能有任何亲近的接触。甚至有一个弟子向他提出这样的问题，在《孟子》书中记录下来："嫂溺，则援之以手乎？"说我的嫂子掉到河里快淹死了，我该不该伸以援手把她捞上来。你嫂子都快淹死了，你还问该不该伸手救助，这也未免太荒唐了吧！这表明孟子把男女大防已经设禁到何等严苛的地步。

孟子还说过一句话，大家都很熟悉："富贵不能淫，贫贱不能移，威武不能屈，此之谓大丈夫。"国人普遍认为此乃"浩然之气"是也。可对于这段话，你换一个角度看，它是什么含义？它说你活在战国这个糟糕的时代，你要么被富贵所淫、要么被贫贱所移、要么被威武所屈，总而言之你活不成个正常人，它不就是这种情境的写照吗？孟子在《告子上》篇中又说一段话，仍然是非常苛厉的意蕴，他这样讲："鱼，我所欲也；熊掌，亦我所欲也；二者不可得兼，舍鱼而取熊掌者也。生，亦我所欲也；义，亦我所欲也；二者不可得兼，舍生而取义者也。"这就是那个著名成语"舍生取义"的出处。这段话你换一个角度看是什么意思？你要想活，你就别讲仁义；你要讲仁义，你就别想活；二者不可得兼。他所描绘的是那个时代大为败坏的局面，因此他的文化思想之表达也就变得十分的苛刻、十分的严峻。

我们反观一下孔子那个时代，看看孔子怎么表述他的思想观点。孔子有一句名言："君子坦荡荡，小人常戚戚。"他说君子心情总是很坦然平静的，小人才整天处在忧愁愤懑的状态。如果按孔子这个说法，孟子倒有点像小人。孔子有一次跟他的几个弟子在一起讨论各自的志向，子路就说，如果我有朝一日能主政一国，我将让它国富兵强。孔子又问冉求，冉求回答说，如果我有一天能主政一方，那么我要让这个地方丰衣足食，大致意思是这样，我说简单一点。孔子接着再问他另一个弟子，名叫公西赤，公西赤说，我只要能做好宗庙之事，当一名小司仪就满足了。然后孔子问曾皙，大家注意曾皙是谁，曾子的父亲，也叫曾点。孔子问："点，尔何如？"就是问曾皙你的志向是什么？曾皙居然给他的老师提供了一个叫"春游歌咏说"，说他的志向是这样的："暮春者，春服既成，冠者五六人，童子六七人，浴乎沂，风乎舞雩，咏而归。"我解释一下这段话，曾子的父亲曾皙他说，我最喜欢的是这个事儿：暖春时节，我穿上春游的服装；所谓"冠者五六人"，指古代20到22岁行成年礼，成年男人要戴帽子，说我找成年朋友五六个人；少年朋友六七个人；"浴乎沂"，就是今天山东的沂水，到沂河中去洗洗澡、游游泳；"风乎舞雩"，"雩"这个字是指古代祭天祈雨的某种祭祀高台，由于向天祷告的热诚表现需要舞蹈，所以就把它称为"舞雩"。他说从沂水中玩完，尔后再到舞雩台上去兜兜风、跳跳舞，这叫"风乎舞雩"。最终

"咏而归"，吟着诗、唱着歌回家，这就是我的志向所在。

事后有弟子问孔子，说你这四个学生的述志，你最欣赏谁？孔子原话说"吾与点也"，即我跟曾点的看法一致，我的志向也就是过好生活、春游歌咏。我们由此可以看出，孔子的生活状态、生活态度是非常惬意、非常放松的。孔子还说一句话："暴虎冯河，死而无悔者，吾不与也。"什么意思呢？他说敢赤手空拳就打老虎的人，过河不乘船，脱了衣服顶在头上就敢冒险涉水的人，他说这些亡命之徒我跟他不玩。可见孔子是很珍惜生命的，可见孔子对生活是抱着美好的期望的，这样饱满的生活情趣、这样理智的行为方式，跟孟子苛峻的看法、严格的规约形成非常明显的对照。所以大家要注意，孟子学说跟孔子学说的区别，不在于仁政，尽管孟子那个时代，确实是一个更加败政的时代。但你要知道孔子生活的时代，孔子也认为它是败政，叫"礼坏乐崩"，后人把它改称为"礼崩乐坏"。就败政而言，两个人看法是一致的，因此孟子和孔子都是主张仁政的。

孔孟之间的区别在于，战国时代比春秋时代更加败劣，因此孟子的基本观点和思想主轴跟孔子是大体一致的，但在气势和态度上却完全不同，变得更为苛刻。而且还有一点值得一提，孔孟的思想当年是为了维护封建制度的，孔子"克己复礼"是想退回到西周早年封建制度相对完好的那个状态。为什么其后在君主专制时代，也就是消灭了封建制以后建立的帝制社会，从秦朝开始一直到辛亥革命，这两千多年都是反封建的时代，都是君主专制时代，儒家反而变成了国教？有两个原因。第一，我在孔子课上讲过，因为孔子学说的尊卑有序、忠恕之道，符合君主制以专权方式建构分层管理的需要；还有第二个原因，就是儒家后学层层流变、步步适应中国社会的败坏变迁。由于儒家学说是一个逐渐变质的过程，因此跟社会格局的变化保持了某种同步关系，这就是主张保全封建社会的孔孟之学，终于成为中国君主专制时代的国教的原因。

下面我们再讨论孟子的一个次要问题。前面我们把如何理解孟子的大节，已经做了简略交代。大家注意我们这节课叫诸子百家辑要，涉及的话题很多，我们只讲其中几家，时间都显得很仓促，因此我基本上不讲原文，只讲如何理解他们的基本思路和基本方法。你把这个基本点把握住，你就能理解他们的学说大体。就像你要理解墨子，我刚才讲过，你必须理解他是工商业文明的代言人。你要理解孟子，你必须理解他的学说是更坏时代的苛峻理论。

孟子还有一个思想，我们在这里有必要提一下。孟子说过一句话："民为贵，社稷次之，君为轻。"我以前提到过这句话，很多人把它理解为孟子有民主思想，那真是大错而特错！实际上它是典型的封建思想。有关这个话题我在其他课上讲过，不再重复。但是孟子这句话里带出了一个很重要的话题，叫做"民本思想"，就是人民是国家之本。大家再看孟子说的几段话，孟子讲："君有大过则谏，反覆之而不听，则易位。"他说君王如果有大过错，为臣子者就应该劝谏他，如果劝而不听，就应该推翻他，换君王，这个说法也比孔子厉害多了。孔子讲的是"忠恕之道"，对君王不但要忠，还要恕，即允许并原谅君王犯错。孟子认为迁就必须有个限度，不可任其恣意妄为。

孟子接着又说："贼仁者谓之'贼'；贼义者谓之'残'；残贼之人谓之'一夫'。闻诛一夫纣矣，未闻弑君也。"他说伤害"仁"和"义"就是"贼"和"残"，残贼者只不过是一个人，而不是君王，我只听说过杀掉了"纣"这个人，没有听说过是把君王杀害了。孟子这段话的意思是说，如果一个君王是暴君，推翻他、杀掉他是应该的，这也跟孔子的主张完全不同。由于孟子有此一说，引起明代开国皇帝朱元璋的强烈反感，他居然在主政期间，把孟子的牌位从孔庙中移出，而且另行刊印了一本删除了孟子85段言论的专集，取名叫《孟子节文》。这也体现了朱元璋的蛮横与残暴。

那么孟子是不是有民主思想呢？显然不是。这里的关键在于，我们一定要把"民本思想"与"民主思想"区分清楚，它们不是一回事。什么叫民本思想？它在周代早期就出现了，其主旨就是为政者一定要体恤民情、照顾民生，只有如此你的政权才能稳固，这叫民本思想。它的目的在于求治，在于维稳，在于保持统治阶级的政权长久，而不在于民主。民主的含义是主权在民，它指国家的公权力是由民权构成的，先由人民履行一个法定授权程序，之后政府才有权力可言，这叫民主思想，它跟民本思想是全然不同的。民本思想是专制文化和专政体系的维稳对冲系统。这就是民本和民主的差别。所以说，孟子只不过是把初周以来所贯穿的民本思想，以更严厉的方式表述出来了而已。

荀子学说简介

下面我们讲荀子。我前面讲过，继孔儒、孟儒之后，第三位就是荀儒。我们先看看荀子的身世。荀子名况，字卿，赵国人。生活于战国中后期。15岁就游学于齐国稷下学宫。大家知道齐国在战国初期，曾经建立过一个官办的学府，召集各国文人学子在这个地方教学、论辩，一时汇聚了天下之议，可谓文气沸腾。荀子少年才俊，早年就来到稷下学宫，至齐襄王时，他竟然升到稷下学宫祭酒，相当于稷下学院院长。后来"遭谗适楚"，就是有人在齐王面前说他的坏话，他被从稷下学宫赶走，从此流亡楚国。楚国这个时候的宰相是春申君，春申君很欣赏他，就委任他为兰陵令。兰陵位于今天山东苍山县兰陵镇，让他在这个小地方充任长官，春申君一死他立即被罢黜。此后"疾浊世之政，发愤著书数万言而卒"，即罢官以后他才开始看这个世界不顺眼，然后着手以批判的方式著书立说。这就是荀子的简略身世。

我说这一段是想让大家注意，荀子是先秦诸子百家中少见的正统官学出身。要知道先秦时代，诸子百家、文人学者绝大多数走的都是民间路径，因此他们具备独立之人格、自由之精神，思想缔造力极强。老子虽然寄身于周王室，但他在为官（做守藏史）期间，没有片言只字的流露，失业以后才明示《道德经》。荀子出身官学，但是在官学、官任期间，也同样没有著作，罢官以后"疾浊世"而著书。此足以说明为官与为学实难两全，至少无法获得高远之成就。

荀子提出"法后王"，提出"性恶论"，而且也反对孔子的天命观，提出"制天命而用之""应时而使之"，这一点跟墨子所见略同。荀子的学说是儒、道、法的第一次合流，就是他把老子的道论、法家的思想与儒家的学说糅合在一起。他在《荀子·天论》中说："天行有常，不为尧存，不为桀亡。"他说天道是有它自己的规律的，圣人尧践行于这个天道，暴君夏桀也被这个天道所笼罩。他重新定义了"道"，他说："道者，非天之道，非地之道，人之所以道也，君之所以道也。"老子所谓的"道"是天地之道，而荀子所谓的"道"仅限于人之道、君之道。同时，他开始一方面主张儒家的仁义礼智信，一方面主张严刑峻法。所以我在上次讲法家课的时候，特别提醒大家注意，法家更多地出自儒家，而不是出自道家，它是儒家后学的流变产物。尽管它早年在春秋末期，跟儒家水火不容，是孔子坚决抵制的一个对立流派。

下面我们就看看荀子的言论。荀子在《性恶》篇中这样讲："人之性恶，其善者伪也"，他说人本性是很坏的，你如果看见人性善的那一面，那一定是假装的、虚伪的东西；他说"今人之性，生而有好利焉，顺是，故争夺生而辞让亡焉"，意思是，人的本性都是朝有利的方向追求的，因此人们争夺生存的条件，而把死亡的危险留给别人；他说"生而有疾恶焉，顺是，故残贼生而忠信亡焉"，这是指人的天性就有嫉妒和仇恨这样恶劣的一面，因此产生了残杀陷害，而忠良诚信的品德就消失了；他又说"生而有耳目之欲，有好声色焉，顺是，故淫乱生而礼义文理亡焉"，人因为有耳目之欲，有声色之好，所以人的天性是流向淫荡混乱的，而不会流向礼义法度；他说"从人之性，顺人之情，必出于争夺，合于犯分乱理而归于暴。"意思是说，如果你顺着人情天性去展开社会管理，那么一定会导致天下大乱、暴动不止的局面出现。大家注意荀子的人性论是"性恶论"，你听他这段话说的是很有道理的，人性中固有的劣根成分，只要得到充分发扬，就一定带来社会紊乱。

但是呢，我给大家回顾一段孟子对人性的评说。孟子主张"性善论"，大家听一下孟子这段话："恻隐之心，仁之端也"，什么意思呢？他说人都有怜悯同情之心，这叫恻隐之心，这就是"仁"这个东西得以发端的原委；他说"羞恶之心，义之端也"，人都有羞耻心，有厌恶不良之感，所以这就是"义"这个东西在内心中的萌芽；他又讲"辞让之心，礼之端也"，人都有谦逊辞让之本能，这就是"礼"在人心中的端倪；"是非之心，智之端也"，人的内心深处都是能明辨是非的，他说这个东西就是人的智慧的来源。大家听听"人性善"学说的表述，也非常有道理。所以你如果从深处讲，人性原本既有孟子所说的善良的一面，又有荀子所说的恶劣的一面，双方各执一词，似乎都有道理。

那么人性到底是善还是恶呢？我在前面讲过，我们可以分两方面再来谈谈：第一，人性受制于社会性，就是社会体制越良善，人性就一定越良善；社会制度越败坏，人性就一定越败坏。因为在一个恶劣的社会结构中，你想保持良善之心就无法生存，你只有用缺德的方式才能在里面攫夺自己的利益，所以人性首先受制于社会性；第二，就人性的展开趋势来说，一定是越原始的人性越善，文明越发展的人性越恶，因为人类文明是一个不断败坏和堕落的过程。这就是为什么越原始、越早期的学者，越主张人性善；越后发、越晚近的学者，越主张人性恶的原因。所以请各位首先记住，荀子主张"人性恶"。

大家再看下面两段话。荀子讲："古者圣人以人之性恶，以为偏险而不正，悖乱而不治，故为之立君上之势以临之，明礼义以化之，起法正以治之，重刑罚以禁之，使天下皆出于治，合于善也。"他这段话是说什么呢？他说远古时代英明的圣人，他们都知道人心是很坏的、人性是很坏的，因此他们要设立君王，要设立法律，要设立刑罚，这样天下才能被有效管控，才能获得安宁。大家先听听这个味道，我们下面再谈。

荀子又讲："天地者，生之本也；先祖者，类之本也；君师者，治之本也。"他说天地是生命之本，生命来自于天地；祖先就是人类这个物种的来源；君王和老师就是天下得到治理的源泉。他接着发问："无天地恶生？无先祖恶出？无君师恶治？""恶"这个字在古文中是"何所"的意思，他说如果没有天地，生命何所在？如果没有祖先，人类何所在？如果没有君王和老师，天下之治理何所在？"三者偏亡，焉无安人"，他说如果这三者任何一个丢失了，天下就不得安宁；"故礼，上事天下事地，尊先祖而隆君师，是礼之三本也"。他说由于这个原因，整个政治文化就应该注重三件事，敬天地、尊先祖、隆君师。

我现在对这三段话做总结评价。首先大家要知道，关于人性恶，到荀子以后，东西方之所见完全一样。古希腊哲人都认为人性恶，我前面讲过，环地中海文明其实早就丢失了人类最原始的文化思绪，由于那个地方交流过度、进步太快，所以人类最原始的那一层见解不免被丢光了。中国大陆是封闭地貌，它把人类文明之初最原始的思想完好保留，所以也就把人类最早对"人性善"的看法留存了下来。

到了荀子、韩非子主张人性恶的时候，他们在人性观上已经跟古希腊对齐了。但是大家注意，西方讲人性恶和东方讲人性恶，其所伸展的内外涵义却恰恰相反。西方讲人性恶，它认为最恶的是谁？最能表达人性恶的是谁？是有组织的人群。谁有组织？政党、政府和军队，只有他们才能把人性恶表达到极致。普通老百姓一盘散沙，想恶你也恶不到哪里去。所以西方在处理人性恶这个问题的时候，首先是管控政府、政党和军队，这是其人性恶这个理论基础最终的操作走向。

可中国反过来了，它认为人性恶就是老百姓恶。大家听荀子刚才那段话，可谓之"悖乱暴民说"。他说"古者圣人以人之性恶，以为偏险而不正，悖乱而不治，故为之立君上之势以临之"，他说由于老百姓人性恶，所以才要建立政府，建立强权来管控人性恶。

同是人性恶观点，在东西方导出的结论和操作方式却完全相反，它说明什么？它不仅说明两者文化探讨上的不同角度，还说明东西方社会生存结构和政治格局的差别。我在前面的课程讲过，由于工商业文明，每一个人变成自由人，每一个人是平等人，每一个人是有个人权利的自然主体，因此要组成社会结构，你就必须尊重每一个人的权利。每一个人都有权协商参与社会构建，这个东西叫什么？叫"社会契约"。大家想想卢梭的书名叫什么？——《社会契约论》。把这种社会也叫"契约社会"，因为每一个人是有平等权利的，政府权力是人民授予的，这是工商业文明的基础。

而农业文明呢？它是家长制，因为它必须在一个血亲结构下集体协作，才能精耕细作，才能勉为生存。而家长制天然是金字塔形的，因此它如果要施行管理，首先便要尊重和听从金字塔上位的那个宗族之权威。因此它一旦说人性恶，就不会也不敢说祖上人性恶，而一定数落不肖儿孙的种种不是，非此则家长制的管理体系根本就无从建立。所以，看似同一的人性恶学说，东西方各自的实质内涵却完全相反，社会操作方向也完全相反，它不是学术上的两端争论，而是两种生存格局的产物，这是大家要特别理解的。

由此你再去理解中国的法家，包括荀子主张严刑峻法，他们所谓的"治"，叫治理的治——"法治"，而不是制度的"制"——"法制"。西方建立的是"法理制度"，中国建立的是"法治手段"，法律只不过是君王治理天下的借用工具。而西方因为人性恶所建立的制度叫"王在法下"，所有人都在法律体制之下，在法律面前是人人平等的，法律处于最高端。由此就引出东西方"人性恶"的理论展现为相反的社会政治格局，西方的宪政民主社会之走向，也就是工商业社会结构的走向是"抑官"，即坚决把权力锁进笼子里，对政府系统严加管控；中国的法家自古以来叫"扼民"，法律不管官方，法律处于王权之下，法律只管怎样把人民掐死，让人民不敢乱说乱动，因为人民是悖乱暴民，这种观点就是从荀子这儿开端的。

荀子是法家理论的开创者。请回想我讲法家，春秋末期中国法家兴起，当时只是纯粹的政治操作。法家学说最终完成是在战国末期的韩非子那里。法家理论的起点是人性恶，而在此起点上给法家理论以奠基的正是荀子，这个起点或基点就注定了中国法论和西方法制的重大区别，这是你解读荀子学说的关键。他比孔孟学说主张以德治国来得更糟糕，因为严刑峻法是暴力管控，由此儒家一路流变而致堕落。

下面我们对儒家后学做一个评论。先秦原儒，就是孔儒，孔子宅心仁厚，克己复礼。他的目的是维护封建制度的完好，他主张以德治国，反对严刑峻法，对生活充满着平和、坦荡的期许，这是孔儒最早的良性状态。至汉代业已历经孟儒、荀儒及董儒，此刻儒家变态为与道家、阴阳家、五行学说以及法家之杂糅。然后把它独尊为国教，并罢黜百家，中国从此没有了学术思想重新焕发的余地。一派外儒内法的虚伪气象，挂着羊头卖狗肉，表面上讲仁爱、讲礼义，骨子里的行政方式是苛峻的法家系统，以极残暴的方式进行管控。到宋明理学之朱儒出现，倡导"存天理灭人欲"。他这样讲："张之为三纲，纪之为五常，宇宙之间，一理而已。"他把儒家名教学说变成宇宙之法则，他认为人性、人欲和天理是违背的，于是强行扼制。至明代进一步发展到异常苛酷的状态。

我在这里不得不再谈一下朱熹。朱熹在宋代出现是一个什么局面？大家要明白，宋代，尤其北宋中后期以至南宋，中国工商业发展非常之好。大家看一下张择端的《清明上河图》，一派工商市井之局，工商业文明开始普遍成为社会之风。这个时候思想文化界一定受到重大影响，那就是典型代表农业文明的那个压抑工商业的儒家思想出现破溃之局。如果按照工商业文明终将取代农业文明这个演运通道而言，它应该是一件好事。也就是儒家在宋代已经出现破溃局面，如果那个时候继续保持这个破溃之势，让中国工商业持续充分发展，何至于后来弄成以鸦片战争为标志的中国近代屈辱史。

朱熹的出现，重整了腐儒之说，而且是以更严峻、更败坏的格调来借尸还魂，造成旧文化的全面僵化和加固，造成中国工商业文明萌芽被摧残。朱熹理学经过佛教的改造，在逻辑论上更清晰，在约束力上更强大，细节我们在佛教课上再谈。它严苛的覆盖过程，如果按照进步论的观点看，如果按照农业文明必趋工商业文明的历史步骤看，它是中国社会的重大不幸。但朱熹学说能够在当年兴起又变成主流学说、主流文化，它说明什么？说明中国农业文明社会之稳固，说明中国农耕生存结构这个超稳定体系对工商业文明萌芽过程的阻碍效力之强。朱熹思想的表达，只不过是中国农业文明当时生机犹存的文化表征而已。所以对朱熹的评价就变得非常复杂，一方面他继往圣之绝学，重炽并发扬了传统文化，但另一方面他摧残了中国从农业文明向工商业文明转进的先期动作，最终导致中国社会在近代遭遇重大挫折和磨难。

我们评价儒家后学的发展，说它是一路流变、一路适应这个社会的过程。当这个社会本身在不断变质的时候，学说本身相应变质，维系了两者的基本平衡关系。我举个例子。今天有很多人推崇"阳明心学"，那么王阳明的学说究竟是什么？你得读懂他，他的心学你可千万不敢理解为唯心主义哲学。王阳明的心学是当年宋代"陆象山心学"在明代的继续。心学是什么？我们看王阳明的说辞，他说"人心即是天理"，谓之"心即理"。表面上看他是在对抗朱熹的"存天理灭人欲"，但你得注意王阳明的"心"指什么？指孔孟之心、圣人之心。因此王阳明又提出"致良知"，也就是你修身养性、你格物致知，你究竟要达到的目的和终点是什么？良知、良能的调动！什么叫良知良能？王阳明有个八字箴言："圣人之道，吾性自足"。圣人就是指孔孟，他说孔孟之道在每一个人的本性中就存在，你在你的本性中诚意调动，这叫"致良知"。然后他讲"知行合一"，他的"知行合一"是什么？用圣人之知、孔孟之知，来与你的行为配套。所以王阳明学说不是新学、不是一个新思想系统，而是儒家学说和朱熹学说的进一步深化，这是大家要注意理解的。它不是超越中国传统文化如孔孟之学的新思想和新拓展，他只不过跟朱熹一样，是对传统儒学的僵化和加固，稍微变更了一些源自佛教的表述方式，遵行的却是圣人之道。

大家千万不要把这个东西理解错，以为它是一种跨越时代的新思想萌芽。很多学者在这个方向上解读王阳明，其实完全搞错了。所以理解孔子、理解儒家后学的流变，顺着孟儒、荀儒、董儒、朱儒一路走下来，你才能知道中国儒家学说作为中国的国教体系，在中国社会两千多年农业文明史上起到了一个怎样的稳定作用和固化作用。所谓稳定作用，就是使中国的既成文明形态以超常稳定的方式延展了两千多年；所谓固化作用，就是使中国的基本社会构态之发展演进趋向于僵化停滞，从而使其未来必要的社会转型难以进行，最终酿成溃败之局，导致近代灾难深重的屈辱史之后果。你只有把儒家后学思脉这样贯穿下来，你才能理解儒家学说体统与中国传统社会动势的相互影响关系。

别有异趣的杨朱

我们今天讲诸子百家辑要，一共涉及七家，或者更准确地说是五家八子。我们今天上午讲了墨家、孟子、荀子，我们今天下午讲道家后学的主要代表杨子、庄子，然后再讲另外两家——名家和杂家，牵涉的人物有惠施、公孙龙以及吕不韦。它们对中国后世文化影响较大，或者指示性作用较强，故而给以专题讨论。

下面，我们谈谈杨子。杨子这个人大家比较生疏，名叫杨朱，诸子百家之一子，因此也称杨子。你如果在史书上见到阳子朱、阳子居，都是指杨朱。从史料文献上看，杨子曾师从老聃，处于春秋末期，似与孔、墨同时代。

孟子在他的书中说:"杨朱、墨翟之言盈天下,天下之言不归杨,则归墨。"这说明什么呢?说明杨朱的学说在春秋末期是重大显学之一方。显而易见,孟子站在儒家立场上,认为杨子的学说和墨家的学说,跟当时的儒家学说形成鼎足分立态势。而且从这段话里,我们还可以看出,春秋末期杨子的影响似乎大于老子。因此有人认为杨子深得老子学说之要义,能用更通俗、更震撼的方式搅动人世;也有人谤之为大歪曲者,认为他把老子学说引偏了;更有人认为杨子先于老子,甚至认定就没有老子这个人,所谓老子,就是杨朱。

杨子的著作或无或佚,就是他可能没有著作,或者有也佚散了。他的点滴言说借别子传,就是他留下的片言只语都是借别家诸子比如孟子、列子传下来的。杨子留给世界最重要的其实只有一句话,见于《孟子·尽心上》篇。孟子说:"杨子取为我,拔一毛而利天下,不为也。"也就是杨子大概只有这一句话被完整记录下来,叫"拔一毛而利天下,不为也"。这句话从字面上解释就是,拔我身上一根毫毛,有利于天下,这种事我都不干。所以被孟子说成"取为我",就是批评杨子的学说极端自私。

如果杨子的学说只是自私之谈,那它有什么意义呢?其实孟子完全搞错了,他只是站在儒家立场上诋毁道家学说,攻击杨子而已。那么杨子这句话究竟是什么意思?我们在《列子》书中《杨朱》篇里面见到一个解释。

我先简单说一下列子其人。关于列子,学界现在争论很大。有人认为根本就没有列子这个人,说《列子》书都是汉以后的杜撰;但也有学者认为列子真有其人,而且列子是战国时期一个很重要的学者,因为庄子曾经提到过列子,庄子不可能凭空捏造一个列子。《列子》读起来非常有趣,都是用道家思想编排的寓言故事,其中重点讨论了杨子的学说。有一段文字对杨子这句话加以注解,才真正符合道家思绪。

《列子》一书中这样讲："古之人损一毫利天下而不与也，悉天下奉一身不取也。人人不损一毫，人人不利天下，天下治矣。"这段话什么意思呢？它说，杨子主张的是，拔我身上一根毛有利于天下，我不干；但是你把天下所有的利益给我，我也不要；人人不损一毫，人人不利天下，既不牺牲，也不奉献，天下大治。这个话说的是真有道理。

它的道理在哪里？韩非子显然比孟子高明，他在书中也说了一句话："不以天下之大利，易其胫一毛。"韩非子的意思是，杨子主张拿天下所有的利益，换其小腿上的一根汗毛，他都不干。这句话说明了杨子不在社会中寻求利害关系。

我们再看，西汉早年《淮南子》中也有一段评价："全生保真，不以物累形。杨子之所立也，而孟子非之。"其中有这样四个字，叫"全生保真"。我一说这个话，大家应该立即想起道教。什么叫"全生保真，不以物累形"？就是只做自然人，不做社会人。"全生"，就是顾全生物存在、生命存在；"保真"就是不让社会性扭曲了我的人性，这叫全生保真；"不以物累形"，就是不以文明社会的物质欲求和花言巧语扭曲我的人格。

我给他的评价是，杨朱学说是典型的"反社会倾向"。我们今天如果见到一个人，说这个人有反社会文化或反社会倾向，我们后面立即会追加一句"反人类"。别搞错，听懂我的老子课，老子反文明、反文明社会，但他不反人类，他恰恰认为，文明和文明社会是人类生存的戕害。所以请记住，杨朱的学说具有反社会倾向，但绝不反人类。

大家首先要理解什么叫"社会"，然后你才能理解什么叫"反社会倾向"。各位想想，社会是什么？社会是自然结构化进程的终末代偿产物。存在是一，宇宙最初就是一个能量奇点，以后宇宙不断分化，分化成3种始基粒子、92种天然元素、近千万种分子物质、上亿万种生命物质。宇宙的物演过程就是分化过程，分化过程就是残化过程，残化者必须重新合一，达成的这个整合体系，我们给一个名字叫作"结构"。

我们看宇宙的结构体系。从"存在是一"、既没有分化也没有结构的奇点开始，历经粒子结构；原子结构；92种原子残缺、外壳层电子配数不均，由此形成化学键，即残化了的原子再构合为分子结构；分子结构再分化构合而成细胞结构；细胞再行残化，比如一个动物多细胞体，它分化有上皮细胞、神经细胞、肌肉细胞、骨骼细胞等等，各细胞因此而残化了，它就得重新组合，这叫多细胞有机体；有机体再残化组合就叫社会。请想想我于孔子课上讲膜翅目社会、蜜蜂蚂蚁社会，它每一个个体是高度残化的，于是这些残化个体必须继续残残相依，由此形成的结构被称为"社会"，这是"体质社会"。

人类文明叫"智质社会"。所谓"智质社会"，就是借助于"智能分化"——通常称之为"分工"——所达成的社会结构，从而造成更大程度或更高层次的分化与残化。残化了的每一位个体重新构合成一个彼此相依的有序系统结构，此之谓"社会"。请听懂这段话，它的意思是，社会是一个自然结构，而且是一个残化结构，越高端的结构越脆弱。残化体在结构之中一定是很难受的、是被制约的，而且越高端的结构，比如社会结构，它就高度动荡、高度失稳、高度弱化，其结构组分，也就是个人存在及其个人意志被高度扭曲。因此老子、杨朱，他们就对文明社会有一种抵制，他们认为进入文明，就是进入更高程度的残弱化（这当然是我的语言）。他们认识到文明是一场灾难，是一个更糟序列的展开。因此他们反社会，这叫"反社会倾向"。

我们再谈一下什么叫"自私"，什么叫"利他"。孟子讲，杨子"取为我，拔一毛而利天下，不为也"，他说杨子很自私。他完全搞错了！杨子涉及的问题根本不是自私不自私的问题，杨子涉及的问题是要不要进入文明社会结构的问题。如果文明社会结构是一个越来越动荡、越来越失稳、越来越残酷的结构，我尽量避免进入这个结构，或者尽量减缓进入这个结构，当然是一个明智之举。

大家想想，什么叫"自私"？你残化了，你不得不依赖于他人，这叫"利他"；你圆满自足，你不需要与他人合作，你才有资格自私。是不是这样？人类农业文明刚开始叫"自然经济"，也就是每一个人生产的产品仅供自己和自己的家族使用，这是一个典型的非心态、无动机的社会结构性自私状态。由于自然经济中的每一个人是相对圆满的，早期的农民没有分化，种地、织布、盖房子都是他自家独自完成，他颇显圆满，因此他用不着"利他"。于是社会就没有商品经济、没有交换，人们来往关系就格外疏淡，这叫社会结构性自私，这叫个体圆满所达成的非结构性完整。

"商品经济"是什么？是一个典型的利他结构。因为每一个人都残化了，会造帽子的人不会造鞋，会造鞋的人不会造车，会造车的人不会种地，会种地的人不会盖楼，你每一个人残化了，于是你必须依靠他人，这叫"利他"。所谓商业社会是什么？商业社会叫利他社会，就是每一个人竭力为他人服务，竭力为他人制造优良的产品，然后他自己才有资格生存。

请听懂我的话，不是在心态上讲，是在结构上讲，"利他"是残缺的无奈，"自私"是圆满的表达。那么，当杨朱提出"拔一毛而利天下，不为也"的时候，如果孟子说他自私，只不过是表扬他在追求一种更圆满的存在，不是这样吗？因此列子的解释、韩非子的解释、淮南子的解释，才算到位解释。

所以我们讲杨朱的学说具有反社会倾向，反什么？反文明社会、反人类进一步被残化，亦即反对越来越跌落到一个"分化、残化、结构化"的无底深渊之中。这就是杨朱学说的重大意义，它其实根源于老子。

请想想老子学说的最终理想——小国寡民，退回到原始氏族时代，干什么？反文明社会！不愿意进入或者迟缓进入那个扭曲人性的社会结构。所以杨子以最生动的方式表达了老子的反文明、反社会倾向，这就是杨子学说仅留一句话，而震撼中国先秦以来之学术界和思想界的深刻原因。

杨子学说还有一个别致的地方，就是它是中国学术里，唯一出现的"个人主义"主张。我在第一节课的时候讲过，中国人一说个人主义，就把它理解为自私，搞错了！我说个人主义是一种社会观，它的对应社会观叫社会主义，我不用再重复。

在中国文化中，由于农业文明本身一定走的是非个人主义路线，也就是不讲个性、不讲个人自由、不讲个人权利，而只讲整个社会的和谐，因此农业文明必然缔造学术概念意义上，而非马克思主义意义上的社会主义，也就是个人主义的对立面。

工商业文明必须通过个人奋斗、个人创新、个人交易才能实现，所以它的社会结构必定是个人主义社会构态，也叫个人主义社会观。因此在中国传统文化里，从来没有个人主义思路。而在西方、在欧美文化中，它的主要社会观是个人主义社会观，这是中国人很难理解的东西。在中国思想史上，仅见杨朱一人提出个人主义观念，这就是杨朱的巨大贡献。

可是大家要注意，在中国农业社会主义社会结构以及集体主义文化结构之下，杨朱提出的个人主义，必然跟西方所谓的个人主义社会观有所不同，必然会发生根本的变质。就像我前面讲墨家，它在中国农业文明重压之下形成的工商业文明观，会发生重大的变质和内在矛盾。那么，杨朱的个人主义呢？他有个人之意识，却无个人之相契。这句话是什么意思？西方的个人主义既有个人主义的意识，也就是个人权利的意识，它同时又有个人之间的契合关系。比如商品经济，我的个人利益的实现，是要通过与你建立完好的交易关系和商业信用关系，我的个人主义或者个人利益才能得以实现，因此，这种个人主义是建设性的，是要寻求跟其他个人达成契合关系的。而杨朱或者中国道家的个人主义，是只有个人意识，却没有跟社会的相契关系，也就是他的个人不是参与社会建设，而是逃离社会结构，把自己从文明社会中边缘化，所以才有"道家成仙""儒家成圣"之说。

什么叫"仙"？古字符形态就是画一个人，旁边画一座山。"仙"者，"山中之人"是也。也就是脱离文明社会者谓之"仙"。因为农业文明都在平原上，脱离农业文明社会的人只能隐退于深山。道家主张走仙人之道，即它主张的个人主义是边缘于社会的、不参与社会的，是没有建设性的；而西方的个人主义、商品经济的个人主义，是要达成社会契约的，或者是要形成契约社会的。所谓契约社会，就是每一个人充分伸张自己的权利，同时跟他人、跟众人达成一系列契约，法律法规、政治公权等都属于不同形式的契约，这叫契约社会。

所以杨朱的个人主义跟西方的个人主义，首先就有了一个重大区别，叫"有个人之意识，却没有个人之相契"；此外还有另一项区别，可谓"有个人之义务，却没有个人之权利"。我们中国人一讲权利，就是官方的政治权力，西方人一讲权利，均指个人的权利，断然与政府无关。哪怕我开车在路上，我的路权是什么都是有规定的。比如从岔道上出来的车辆，它的路权比主干道上的要次一等，所以必须给主干道上的来车让路，主干道上的直行车叫路权优先，岔路上出来的拐弯车叫路权其次，所有的权都是个人之权。个人给政府授权，政府才有权，所以他们的权利是指个人的权利，这叫个人主义。

杨朱、道家所说的个人，是有义务而没权利的。我个人来到社会中，只能奉献，却没有任何我自己可以伸张和维护的个人权利。既然是这样一个结果，我当然与其参与社会，不如退出社会，因此它的个人主义没有建设性，原因是这样形成的。

中国人经常说一句话："天下兴亡，匹夫有责。"其实这句话，首先得讲成这样一个状态："天下兴亡，匹夫有权。"你只有先有了权利，你才有相应的责任。可中国文化从来不讲"匹夫有权"，你没有任何权利，你只有责任，你只有义务。这一路思脉，全是从中国农业文明的那个缺失个人权利的文化系统中导出的。

既然是这种文化为主体，那么一旦道家、杨子要伸张个人之权，他伸张出来是什么？脱离文明社会、边缘文明社会，即不参与文明社会只有义务而没有权利的那个损害格局。这就是杨朱学说在中国首倡个人主义，却发生严重变形的底层原因。请大家听明白，这是理解杨朱学说的关键所在。由于他只留下这一句重要的话，故而我们把这一句话先讲清楚。

我们下面再谈一个问题。列子在《杨朱》篇中讲了一个故事，很有趣。全文如下：

"子产相郑，专国之政三年，善者服其化，恶者畏其禁，郑国以治，诸侯惮之。而有兄曰公孙朝，有弟曰公孙穆。朝好酒，穆好色。朝之室也，聚酒千钟，积麯成封，望门百步，糟浆之气逆于人鼻。方其荒于酒也，不知世道之安危，人理之悔吝，室内之有亡，九族之亲疏，存亡之哀乐也。虽水火兵刃交于前，弗知也。穆之后庭，比房数十，皆择稚齿婑媠者以盈之。方其耽于色也，屏亲昵，绝交游，逃于后庭，以昼足夜；三月一出，意犹未惬。乡有处子之娥姣者，必贿而招之，媒而挑之，弗获而后已。子产日夜以为戚，密造邓析而谋之，曰：'侨闻治身以及家，治家以及国，此言自于近至于远也。侨为国则治矣，而家则乱矣。其道逆邪？将奚方以救二子，子其诏之！'邓析曰：'吾怪之久矣，未敢先言。子奚不时其治也，喻以性命之重，诱以礼义之尊乎？'子产用邓析之言，因间以谒其兄弟，而告之曰：'人之所以贵于禽兽者，智虑。智虑之所将者，礼义。礼义成，则名位至矣。若触情而动，耽于嗜欲，则性命危矣。子纳侨之言，则朝自悔而夕食禄矣。'朝、穆曰：'吾知之久矣，择之亦久矣，岂待若言而后识之哉？凡生之难遇而死之易及。以难遇之生，俟易及之死，可孰念哉？而欲尊礼义以夸人，矫情性以招名，吾以此为弗若死矣。为欲尽一生之欢，穷当年之乐，惟患腹溢而不得恣口之饮，力惫而不得肆情于色；不遑忧名声之丑，性命之危也。且若以治国之能夸物，欲以说辞乱我之心，荣禄喜我之意，不亦鄙而可怜哉？我又欲与若别之：夫善治外者，物未必治，而身交苦；善治内者，物未必乱，而性交逸。以若之治外，其法可暂行于一国，未合于人心；以我之治内，可推之于天下，君臣之道息矣。吾常欲以此术而喻之，若反以彼术而教我哉？'子产茫然无以应之。他日以告邓析，邓析曰：'子与真人居而不知也，孰谓子智者乎？郑国之治偶耳，非子之功也。'"

我用白话简述一下。前面讲过，子产在春秋时代出任过郑国宰相，是中国历史上第一个建立成文法者。子产在郑国做宰相，把郑国治理得非常之强盛。子产的名字叫公孙侨，他有一个哥哥叫公孙朝，有一个弟弟叫公孙穆。子产本人虽是正人君子，可是他的哥哥公孙朝酗酒无度，他的弟弟公孙穆淫乱无休。他哥哥家后院里堆满了酒罐子，门前堆满了酒糟，你离他家还老远就能闻见酒气扑鼻，他整天在家里喝得烂醉，不问世事，与亲戚朋友一概绝交。原文用这样一句话，说"虽水火兵刃交于前，弗知也"，说即便是水患、火灾、兵祸来到他面前，他也浑然不知，喝酒就喝到这种程度。

他的弟弟公孙穆整天玩女人，建了几十座房子，每个房子里都塞着漂亮、年轻的女子，天天在那里做房事、享交欢，以至于原文用这样一句话，说"以昼足夜，三月一出，意犹未惬"，三个月从来不出门，整日就干这一件事，然后还感觉到没满足。

子产为此十分发愁，就去找他的一位朋友，名叫邓析。邓析也是诸子百家中的一子。他找邓析商量，说按孔子之排序"修身、齐家、治国、平天下"，我把国都治了，却齐不了家，所以我是不是做反了？邓析就对他说，我早就觉得奇怪，你怎么不以礼义廉耻教导你的兄弟，何至于把家搞成这个样子都不管。

于是子产就回去劝诫他的哥、弟，给两人讲，他说"人之所以贵于禽兽者，智虑；智虑之所将者，礼义"。他说人跟禽兽之所以不一样，就是人有智慧，而什么东西来作为智慧的纲领呢？礼义。他然后讲，你们如果能够把仁义礼智这些个东西弄回来，如果改变现在这样靡烂的生活方式，那么我立即给你们封官许愿。原话叫"则朝自悔而夕食禄矣"，就是你早上只要悔过了，我下午就给你高官厚禄。

他的哥哥、弟弟怎么回答的呢？他们说我们早就知道了，根本用不着你来相劝，我们倒还想劝告你呢。作为人啊，生是非常难得的，是个很偶然的事情，死却是必然的，莫名其妙就堕入死地，所以活着最重要的事情就是玩乐，就是把生命之乐享尽。然后他们讲"而欲尊礼义以夸人，矫情性以招名，吾以此为弗若死矣"，说你让我们遵循礼义、受尽约束而生活，折煞了我们的人生享乐，我们还不如早早死掉算了。然后，他兄弟两人接着又讲，说我们这一生啊，只怕肚子吃饱后没胃口了，只怕玩女人玩到最后阳痿了、没力气了，我们根本不担心其他事情。你在外面治国，结果天下大乱；我们在里面享受人生的内性，结果天生之欲得以自足。你治外未必能理顺天下，如果世间所有人都懂得治内之道，即只管把自己的生活过好，不要干涉他人，天下一定大治，我们本来还想去劝说你呢，你竟然敢跑回来叨扰我们。

至此子产无言以对，又去见邓析，述说了与其兄弟会见的情况。大家知道邓析是怎么回答的吗？邓析这样讲："子与真人居而不知也，孰谓子智者乎？郑国之治偶耳，非子之功也。"邓析说，你跟如此智慧之人在一起居住，你竟然毫无觉察，谁说你这个人有智慧，看来你把郑国治理好，完全是一个偶然事件，算不得你的功劳。

这个故事在讲什么？讲的全是反社会意绪。是不是这样呢？每一个人不参与社会事务，每一个人只把自己的人生打理好，每一个人只把自己生命中天赋的东西享尽，互不相扰，互不侵犯，则天下大治。反过来，倘若每一个人都立有雄心大志，要去匡扶人寰，伸张正义，结果一定搞得天下大乱，不就是这样吗？想想人类历史，但凡有大志者，通常是人类之大祸患者，不是如此吗？杨朱的学说，在列子的这个故事里继续表达着反社会倾向。

而且这其中还暗含着另一层思脉，可谓之"精致生活"。什么意思呢？老子曾经讲过"为腹不为目"，意思是只要吃饱肚子，绝不追求耳目之享乐。老子还有一句话，讲"至治之极，甘其食，美其服，安其居，乐其俗"，他说最好的社会治理、最好的社会形态，就是衣食住行都解决停当，此外一无所求。

那么在《列子·杨朱》篇中所叙述的这段典故，它在讲什么？讲反社会倾向，讲不参与社会结构的"豪华版"生活方式，叫精致生活。请大家注意，我为什么用"豪华版"这个词，因为我们随后就讲庄子，庄子是杨朱学说的"寡淡版"。就是如果你没钱，你就过成庄子的样式，如果你有钱，你就过成杨朱的样式。

我得把话说明白，"精致生活"可绝不是无来由的闲谈。中国明清时代，尤其是明代末期，徽商在外面赚了大钱，还有清代的山西富豪，他们为什么能够经商？你到安徽徽州那一带去看一下，全是山地，农业很难发展，当地人大量外逃，要么讨饭，要么在外面经商。这就是明代中后期，乃至明代末期徽商遍行天下的原因。那么徽商发了大财干什么？回到故乡建豪华别墅，然后过精致生活。

明末清初，当年的传教士到中国考察过徽商返乡的精致生活，看后惊叹不已。在他们流传到西方的书中，描写当年徽商返乡以后的生活样貌，说他们的房舍如何华美、窗棂如何精致、家具摆设如何讲究、衣食起居如何奢靡。那时候无论男女都是终生不剪头发的，随着年龄增长头发就会越来越长，一个退隐故里的商人早上仅是让仆人给他梳头，竟然需要一个时辰。一个时辰是多长时间？两个小时！这叫精致生活。它说明什么？大家想想，真正的商人，绝大多数的企业家和资本家，他如果发财了，正常情况下他会干什么？他会扩大再生产，他会不懈地设法把自己的事业做大。可在中国，你如果做的太大，你就会出麻烦，于是你不如退回去过精致生活。

精致生活是农业文明之社会体制压抑工商业活动的必然结果，而且是在农业文明体制压抑之下最高明的工商业策略。其实中国老百姓都过着不同层次的精致生活，由于你没有参与社会政治和社会管理的权利，你没有私生活以外的公共活动空间，你在社会上是没有任何自由可言的，你只剩一个自由——回家煮饭的自由！因此中国菜式达成千上万种之多，中国人可谓生活精致。但是你的精致生活是一个怎样的变态？是因为你没有任何社会权利。所以，我们从这里可以看出，杨朱学说的消极态个人主义、边缘于社会的个人主义，以及它的精致生活之论，实际上是对中国农业文明素质的深刻透视。它在中国宋代以后逐步发生工商业萌芽的时候，即展现为工商业者的一个退行性策略。我们从这里可以看出杨朱学说的穿透力，它表达了中国社会结构的内在制约和内在困境。

关于杨朱，我们就简单讲到这儿。

庄子：出世的人生

我们下面讲庄子。这部分内容稍微偏大一点。

庄子，也叫庄周，战国中期之宋国人，与孟子、惠子生于同时代。据说他年轻的时候，曾经在漆园这个地方做过一任小吏，而后离职，原因不详。

庄子生活极为贫困，所以我前面讲，他是反社会倾向的寡淡版。他贫困到什么程度？竟然向监河侯，就是当年管一条河流的某河长，去借米，叫贷粟。可见他是吃了上顿没下顿，拮据到这种程度。他曾经有一次去见魏惠王，也就是前课提及的那位梁惠王，居然穿着满是大补丁的衣服，以至于梁惠王为此跟他还产生了一段奇特的对话。

理解庄子形象和庄子学说的关键在于两点：第一，庄子以自己的人生，践行老子反文明、反社会的思想倾向；第二，庄子以文学寓言的方式，伸张老子学说的道义哲论。这就是理解庄子的关键。

庄子的书分《内篇》《外篇》《杂篇》。明末清初的著名学者王船山，他认为《内篇》才是庄子亲笔，《外篇》《杂篇》都是伪托；现代学者任继愈反而认为《内篇》才是汉代的伪书，《外篇》更具有道家哲思。众说纷纭，不能定考。

关于庄子的师从，学界一直搞不清楚。有人依据庄子在《外篇》和《杂篇》中把列子称为"子列子"，我前面讲过，头一个"子"是老师的意思，认为庄子的老师就是列子。韩愈认为，《外篇》中有一章叫《田子方》，而田子方是一位儒者，"儒分为八"的一方，所以庄子的老师是田子方。郭沫若研读《庄子》，发现他特别推崇孔子和颜渊，因此认为庄子是颜氏之儒的弟子。我们从这里可以看出，儒家与道家同属一源，说到底都是老子后学。那么庄子这个人，他的学说总框架、总格调，一言以蔽之——反文明倾向。

我前面讲杨子，说他具有"反社会倾向"，大家注意，庄子最重要的特点是"反文明倾向"。我前面一再讲，反文明倾向是老子学说的核心，而庄子的思想，以其人生实践和寓言文学更充分地表达反文明倾向。因此，庄子对文明社会现实极为不满，非常愤懑。他嘲讽文明社会一片乱象，讥之为"窃国者侯，窃钩者诛"，说一个巨贼大盗把国家窃为己有，结果他是王侯；一个普通小偷，拿人一个挂钩或腰带，却被刑杀了。他把人生看得极坏，认为人生就是赘疣、就是疔疮、就是疽痈。他认为文明社会的人生，根本不值一过。庄子学说表现出极为达观的情状，他原话讲："至德之世，同与禽兽居，族以万物并。"就是说最好的世道，人类乃与禽兽共生、与万物同在。这既表达了反对文明的世界观，也表达了出离尘世的人生观。

所以理解庄子的学说，一定要理解庄子的反文明倾向。他把自己放逐到文明社会的边缘，并深刻追究文明社会的破绽，这就是庄子形象和庄子思想的基本特征。

我们下面看一下庄子行状，也就是庄子生平的一些事迹。

《庄子·秋水》篇中有这样一段记载：

"庄子钓于濮水，楚王使大夫二人往先焉。曰：'愿以境内累矣。'庄子持竿不顾，曰：'吾闻楚有神龟，死已三千岁矣，王巾笥而藏之庙堂之上。此龟者，宁其死为留骨而贵乎？宁其生而曳尾于涂中乎？'二大夫曰：'宁生而曳尾涂中。'庄子曰：'往矣，吾将曳尾于涂中。'"

就是讲有一天庄子在濮水边上钓鱼，楚王派了两个使者拜见他，说愿意把楚国委托给他，意思就是请他出任楚国宰相。庄子手持鱼竿，连对方看都不看一眼，说我听闻贵国把一只乌龟奉为神龟，国王还拿丝巾和箱箧把它包装起来，高悬于庙堂之上以供祭祀。他问这两个人，你们说这只乌龟是愿意把自己的尸体挂在那儿享受神一般的待遇，还是愿意活着哪怕在泥水里摇着尾巴？这两位大臣回答，说这个乌龟当然愿意活在泥水之中。庄子最后说，请你们回去吧，我就是那个想活着在泥水里爬行的乌龟。这就是著名成语"曳尾于涂"的来源。

大家注意这段话。我前面讲过庄子生活极其贫困，贫困到吃了上顿没下顿的程度。大家想想，要是一般人这个时候，别说让他做宰相，就是让他做一个守门人、做一个公司小职员，他都乐得屁颠屁颠的，是不是？我们从这里可以看出庄子何其豁达、何其超然，这才叫"达人"。现代社会我根本见不到达人，尽管"达人"这个词儿当下满天飞。他贫困到那种程度，面对宰相之职，而且是别人来请，不用他求，他竟然"持竿不顾"，连看都不看对方一眼。我们由此可以看出庄子超然于世的生活方式和洒脱态度。

我们再看，庄子在《秋水》篇中又讲一个故事："惠子相梁，庄子往见之。"惠子名叫惠施，我们后面讲名家的时候再谈，他是庄子的文友，你读《庄子》一书会在多处见到庄子跟惠子的争论。惠子这个人跟庄子不同，庄子是边缘社会的，惠子是热衷于入世求功名的，所以惠子曾经被梁惠王请去，在魏国做过宰相。惠子为相期间，庄子去看望惠子。下文是"或谓惠子曰：'庄子来，欲代子相。'于是惠子恐，搜于国中三日三夜。"就是说惠子的门客对惠子讲，庄子此来，是要争夺你的相位，惠子大为恐慌，派兵在全国到处搜捕庄子。"庄子往见之，曰：'南方有鸟，其名为鹓鶵，子知之乎？'"庄子见到惠子，说了这样一句话，他说南方有一种鸟，名叫凤凰，你知道吗？他说，"夫鹓鶵发于南海，而飞于北海，非梧桐不止，非练实不食，非醴泉不饮"，就是这种鸟非常高贵，不是梧桐，它都不落；不是精致食品，它都不吃；不是味道甘美如甜酒的水，它都不喝。然后庄子接着讲："于是鸱得腐鼠，鹓鶵过之，仰而视之曰：'吓！'今子欲以子之梁国而吓我邪？"鸱就是猫头鹰，猫头鹰吃老鼠，腐尸都吃。他说一只猫头鹰看到一只腐鼠，然后呢，"鹓鶵"，也就是凤凰，从它头上飞过，它以为凤凰要抢它的那只死老鼠，扬起头来吓唬凤凰。

大家听听，这就是庄子的高贵状态。相比于他同道的朋友，那个见了死老鼠都当作宝贝的朋友——惠子，庄子实在是太超拔了。那么，我们看一看庄子的这份超然从哪儿来。

一般人会认为，我超然物外，是因为我家财万贯、生活富足，尽可以无求于人。要知道庄子可不是那种情况，庄子潦倒困顿，困顿到什么程度？我们看看他在书中自述的故事。说"庄周家贫，故往贷粟于监河侯"，就是没米吃了，粟是小米，于是到监河侯——一个河长那样的小官那里去借米。"监河侯曰：'诺！我将得邑金，将贷子三百金，可乎？'"这个监河侯给庄子说，我将要收地租了，得到地租后，我一次借给你三百金。这是个很大的数量，实际上监河侯不肯给他借米，胡找理由而已。"庄周忿然作色，曰：'周昨来，有中道而呼者，周顾视车辙，中有鲋鱼焉。'周问之曰：'鲋鱼来，子何为者耶？'对曰：'我，东海之波臣也。君岂有斗升之水而活我哉！'周曰：'诺。我且南游吴越之王，激西江之水而迎子，可乎？'"说我庄周啊，昨天到你这儿来，听见路中间有呼喊声，我看了一下，见车辙中一个水洼里有一条鱼。庄子就问这条鱼说，你为什么会在这个地方呢？那鱼给庄子讲，说我是东海龙王的臣子，你能不能找一瓢水救我一下，庄子回答说，我到中国最南边的吴越之地，引西江之水来救你，你看好不好？后文是"鲋鱼忿然作色曰：'吾失我常与，我无所处。吾得斗升之水然活耳。君乃此言，曾不如早索我于枯鱼之肆！'"鱼儿说我失掉了正常于江河中的状态，目前只要有一升的水就能把我救活了，你说这话，还不如到鱼市里去找我的尸体呢。

这段话说明两点：第一，庄子非常穷困，吃了上顿没下顿，竟然不得不去找人借米；第二，即使借米遇阻这档杂务，他都不给你直接说事儿，与人争论都是讲寓言故事，足见庄子文学性之强。

庄子的生活状态是非常贫寒的，在《山木》篇中有一段，我在这里就不讲原文，说庄子穿着大补丁衣服去见魏惠王，魏惠王就问庄子："何先生之惫邪？"先生你怎么这么狼狈呢？庄子回应说"贫也，非惫也"，说我不是狼狈，是我实在是太贫困了。庄子说什么叫"惫"？当然不是狼狈的那个"狈"，我这样解释大家容易听懂，他说所谓"惫"，可以拿一只林中猴子来做比喻，叫"腾猿之喻"。猴子在一片正常的树林中腾跃挪移，非常灵活，但是如果你把一只猴子或者一只猿扔在荆棘丛生的带刺灌木中，那个猿猴就会精神紧张、肌肉强直，根本没法正常活动。他说"今处昏上乱相之间而欲无惫，奚可得邪？"他说今天的文明社会，君臣昏聩，一片乱象，就相当于身在荆棘丛生的危难之地，你想在这里行动自如、不显狼狈，怎么可能呢？

我们从这段话里照例可以看出两点：第一，庄子极度穷困，会见国君这样重大的社交场合，都穿的是补丁衣服，以至于魏王见他的第一句话都是惊诧之问；第二，反文明倾向。他认为文明社会就是荆棘丛生之地，任何有能耐、有思想的人，这个社会是不能容留的、是不能施展才华的，这就是庄子。我们从这里面可以看出庄子的实际处境，也可以看出庄子的幽默达观。虽然境况不佳，却绝不逢迎投机于现实，也不接受文明社会之诱惑，这是非常难得的。可见庄子厉行老子的反文明意绪，在人生上、在实践上、在思想上、在文学表达上，都做到极为彻底又极为精彩的程度。

大家都很熟悉"鼓盆而歌"这个典故，我在这里简单说一下。庄子妻子死了，惠子前去吊丧，结果发现庄子把一个瓦盆扣在地上，敲着瓦盆唱歌。惠子就批评庄子，说你也太不像话了，你老婆陪伴了你一生，为你生孩子，相夫教子，受尽辛劳，晚年丧命，你不但不悲哀，反倒鼓盘而歌，未免也太不近人情了吧。庄子怎么回答呢？庄子说，最初我也很悲伤，也想哭嚎来着，但是我突然悟到，这世上原没有我的妻子，她是由道而成于气，气又变成形，形才生出了我的妻，今日我妻又回归于道，回归于天地之间，回归于她的本原，而我却坐在这里嗷嗷哭闹，岂不显得很荒唐吗？原话是"自以为不通乎命，故止也"。大家听到这里，也就可以了解庄子发自"道"理的通达。

我们再看《庄子·列御寇》篇。列御寇就是列子的名字。该篇中讲："庄子将死，弟子欲厚葬之。庄子曰：'吾以天地为棺椁，以日月为连璧，星辰为珠玑，万物为赍送，吾葬具岂不备邪，何以加此？'"。庄子快死了，他的弟子准备厚葬之。庄子说，天地都是我的棺材，日月星辰都是内置的珠宝装饰，天下万物都是陪葬品，我的葬具已经如此丰富了，你们为什么还要厚葬我呢？下文是"弟子曰：'吾恐乌鸢之食夫子也'"，意思是我们拿个破席把你一卷，扔到荒野上，怕野鸟飞禽把你吃了。庄子怎么说呢？庄子这样说："在上为乌鸢食，在下为蝼蚁食，夺彼与此，何其偏也！"他说你们把我拿席子卷起来扔在荒野上，老鹰、飞鸟把我吃了，你们做成棺材把我埋在地底下，蚂蚁、蟑螂把我吃了，你们为什么要偏向蚂蚁蟑螂，而不偏向鹰隼禽鸟呢？我们从这里可以看出庄子豁达的生死观。

那么庄子究竟要讨论什么？论道。也就是老子"道法自然"这么一个观念，而且庄子确实做到了"不为轩冕肆志，不为穷约趋俗"这样的境界，可谓天下第一隐士也，被后人称之为"博大真人"。什么叫"博大"？深明"道"义、顺"道"而行叫博大；什么叫"真人"？就是"自然人"！绝不被文明社会所扭曲者，谓之真人。而且庄子描述他的这些道论思想以及反文明意绪的时候，使用了一种极为斯文而雅致的表达方式。

这句话什么意思？像庄子这样的学者，在古希腊是出现过的，叫犬儒学派，它的典型代表是古希腊著名哲人第欧根尼。我讲第欧根尼有些同学是很熟悉的，就是当年亚历山大大帝灭掉古希腊以后，专门去拜访过的一个古希腊哲人。亚历山大大帝见到第欧根尼的时候，第欧根尼还在街上躺着呢。亚历山大大帝就问第欧根尼，说你这么狼狈，有什么需要我来帮助呢？第欧根尼回答："请不要挡住我的阳光。"请你离开，你挡住了我的阳光。其孤傲之状一如庄子。

什么叫"犬儒"？我作一个解释。现在很多人乱用这个词，大多都用错了。所谓以第欧根尼为代表的古希腊犬儒学派，它的基本纲领是"像狗一样活着"，实际上表达的也是反文明意绪，跟老庄强调的"返璞归真"这种观念是完全一样的，但他表达的方式非常粗俗而极端。他怎么表达呢？第欧根尼居然不穿衣服，赤身裸体，只披半个麻袋片子，大咧咧地坐卧于街市，或者蜷缩在破木桶中熬过漫漫寒夜，这叫"像狗一样活着"，这叫"犬儒"。他跟他的女友性交都公然在大街上进行，这很合理，各位想想，狗总不会找个房子、护住隐私才交配吧？他用这样粗俗和激烈的方式表达什么？——反文明意绪！跟老庄思境完全一样。

古希腊人很理解这一派学者的思想，称其为犬儒哲学。但是大家注意，庄子跟第欧根尼这样的古希腊犬儒学派在反文明意绪上固然一致，但庄子的表达方式颇为雅致，文学寓言之笔触显得含蓄、淡定而幽默，处处展现出深刻的精神感召力，这份高度远远超越于古希腊犬儒学派，令人感到耳目清爽，构成鲜艳明快、别具韵味的东方思脉之一抹亮色。

你要想理解庄子，你必须理解一点，就是老子学说认为，人道与天道相背离。大家听过我的老子课，我在老子课上讲什么？我说老子讲"天之道"、讲"人之道"，分而立之，逆向述之，他认为人类文明是违背了天道。我后来讲，其实老子搞错了，人类文明恰恰是天道运行的产物。庄子就是依据老子的这一脉思路，才引申出他的反文明意绪。所以，我有必要在这儿申明，我绝不主张反文明，尽管我对文明持以高度批判态度。因为你反不了，它就是天道的产物，这个世界是单向度演化的，你退不回去。因此我一点都不反动，我经常见网上有人说我反动，他们完全搞错了，我的学说恰恰是在告诉你，为什么你想反动都反动不成！

但是呢，你要想看懂庄子，你必须首先弄懂老子对人道与天道的悖反论述，你只有理解这一点，你才能理解庄子为什么执着地反文明，甚至在自己的日常生活中都抗拒文明，这是非常重要的。如果你对老子的这一点不能理解，你就会认为庄子的做法无谓而荒诞。

庄子论道

庄子的学说里面有一脉很重要的思想，叫"道法自然"，我们下面讨论这个问题。

庄子在《齐物论》这一篇里涉猎了这类问题，我现在先解释"齐物"一词的概念。什么叫"齐物"？视万物为一回事，谓之"齐物"。

庄子当年怎样推导出这个结论,我们无从知晓,但是站在今天的科学立场上看,齐物论实在是太高明了。请大家想想万物是什么?万物内在的质料完全是同一的,都是能量,是能量转化成质量。我或者再说得切近一点,万物都是由基本粒子组成的,换作因发现夸克而获得诺贝尔奖的美国物理学家盖尔曼的说法,万物都是由夸克和轻子组成的。若然,则万物就没有区别,所以万物是一回事。万物既然是内在同质的,为什么会有万物的差别呢?为什么会有物类的区别呢?为什么会有物种的不同呢?这当然是一个重大疑惑。关于这个问题,我们留待最后一天课再深入展开。

我在这里只是想说一下齐物论,它认为万物是均质的、齐一的,这是一个非常高明的见解。请大家想想我讲西方哲学课的时候,讲到古希腊原子论,就是在公元前五世纪至公元前四世纪,古希腊哲学家留基伯和他的弟子德谟克利特,就已经意识到万物是由同一种或同一类原子构成的,这是非常不得了的看法。这个东西至今仍是物理学的前沿课题。须知古希腊原子论就相当于古希腊齐物论,而庄子居然秉持齐物论,认为万物是一回事,这达到非凡的高度。可惜我们没有见到庄子的论证过程,这在当年是正常的,古希腊哲人也同样留此遗憾。

我们下面看庄子的一段原文,我讲深一点,只讲关键部分。把这些部分听懂,《庄子》一书你才能真正读懂,否则你全看了笑话故事。庄子讲:"道,行之而成;物,谓之而然。"他说"道"就是在万物运行的过程中实现的;所谓"物"就是你借用概念给它命名,它就成立了。他说"恶乎然?然于然",什么意思?恶乎就是为什么,他问为什么万物是这样运行的,答曰"然于然",它天然就是这样运行的,没道理可讲;他又说"恶乎不然?不然于不然",他问为什么不以其他方式运行,是因为它必然不能以其他方式运行;他然后说"恶乎可？可于可"，它为什么可以？因为它天然就可以；"恶乎不可？不可于不可"，它为什么不可以是另外的样子？是因为它原本就不能以另外的样子存在。他接着说了一句话："物固有所然，物固有所可，无物不然，无物不可。"什么意思？他说物是有规定性的，它只能如此，它不是可以任意表达的，它不是可以任意存在的，它是被某种内在规定或内在规律支配着的，这就是这段话的含义。

庄子在《知北游》中还说过一段很有名的话，他当然是讲成故事的，我把它整理在一起，成四句话，叫作"道在蝼蚁"，道在蚂蚁、昆虫那里；"道在稊稗"，道在野草之中；"道在瓦壁"，就是道在砖瓦之内；"道在尿溺"，也就是道在屎尿之间。他的意思是说道无所不在，万物都是道的体现，这叫道法自然。

我们回顾一下老子，他讲："人法地，地法天，天法道，道法自然。"人要效法地，地要效法天，天要效法道，而道效法的是什么？自然。请注意，不是自然界，我在老子课上讲过，是指"自然而然的运行"，是指自然本身的规定性或自然本身的天然态，他说"道"就在这个自发动势之中。老子接着讲："天地不仁，以万物为刍狗；圣人不仁，以百姓为刍狗。"他说天地不讲仁义，视万物为草扎的狗，非常轻贱，结果万物得以蓄养；他说远古的圣人，那时尚没有仁义礼智信这类文明说辞，其任由老百姓自然生存，人类才能得以安宁，这叫"圣人不仁，以百姓为刍狗"。讲什么？——道法自然。

我为什么要强调老庄学说中的道法自然，是因为中国文化的实质跟西方有一个重大区别，西方文化是有神论，中国文化是无神论。请大家注意，"无神论"这个概念是很成问题的，人类早年都是有神的，或者是有某种信仰的，只不过他们的神呈两种状态，一种是自然神论，一种是人格神论。比如犹太教、基督教、伊斯兰教，都是人格神论，有耶和华、有上帝、有真主。可是西方近代古典哲学史上有一个荷兰哲学家名叫斯宾诺莎，斯宾诺莎曾经提出自然神论。他这样表述："神即自然"，可见斯宾诺莎的有神论跟中国的道法自然完全是一码事。所以中国是有神论，只不过它的神是自然，叫自然神论，或者在学术上叫泛神论。中国古代有"天"、有"上帝"，这些词都是中国古代的原词，"God"就是用中文"上帝"翻译的，但是（在中国古代）"上帝"不是指一个人格神，而是指整个自然。"道在蝼蚁，道在稊稗，道在瓦甓，道在屎溺"，万物都是神的体现。

很多人想证明西方有神论一直被尊崇，且普遍作为信仰，这说法不成立。尽管西方大量的科学家、高智慧的学者都信神，比如牛顿，但这并不是全部，达尔文、爱因斯坦就不在此列。常听人说爱因斯坦是有神论，搞错了。爱因斯坦自己有一段表述，他明确反对恐怖宗教和道德宗教。什么叫恐怖宗教？就是拿地狱吓唬人的那种说教；什么叫道德宗教？善有善报，恶有恶报，这叫道德宗教。爱因斯坦坦言反对这类东西，说他的宗教信仰是斯宾诺莎的上帝，也就是"神即自然"，也就是自然神论，所以爱因斯坦说他的宗教叫"宇宙宗教"，或者叫"自然宗教"。请注意爱因斯坦的信仰跟老庄完全一致。

我经常见到一些学者，他说你仔细读老子的书，老子书中的"道"就是"上帝"，就是人格神。能提出很多证明，但不管他怎么证明，我只能说他是执迷的基督教徒。中国文化的根蒂不在这一脉上运行，它讲究"道法自然"。所以大家一定要理解，中国文化中无神论的素质，实际上表达的是对自然的信仰，可谓之自然神论。

然而有一个现象很奇怪，信上帝者、信人格神者最终反而走向了哲科思脉，比如毕达哥拉斯是信神的，结果他去研究数学，认为神用数操纵了世界；牛顿是信神的，他却创造了经典力学，认为神用经典力学的方式摆布了世界。

中国是自然神论，按道理更应该对自然学加以关注，结果相反，自然学在中国却完全偏废，这说起来非常荒唐，像一个悖论。原因不在于你的信仰，而在于你的文化基层结构，也就是无论你信自然或者信人格神，并不直接导出自然科学。后者并不跟你的信仰方式有关，而跟决定着你的信仰方式的那个生存结构基础有关。产生哲科思维的族类，虽然信神，但是因为没有血缘组合关系，每一个人被打散成自由单子，如果相互之间要寻求社会契合，就必须找到大家共同信仰的一个主来做中介，因此必须缔造人格神。他们缔造科学、缔造哲学，跟缔造神学是同一个生发基础，其间并没有必然的因果联系。

中国尽管是自然神论，但它的生存根基却是群团化的氏族血缘社会，或者说是家族群团状态下的纯粹的农业文明，这导致人际关系和资源关系非常紧张。所以中国人虽然不信人格神，信的是自然神，但却不去探讨也没有精力探讨自然学，得把全部精力和智力调动在人伦社会关怀上，大家才能安稳生存。

所以，秉持自然神论的中国、道法自然的中国，反而自然学偏废；信人格神的西方，反而发展出科学思境。很多人认为这个悖论很难解释，其实是要把因果关系重新排布。我希望我的这一段话，大家能理解是什么意思，我强调这一点是想让大家理解中国的无神论文化和西方的人格神论文化，各有春秋、各有精彩，没有谁高于谁、谁低于谁的问题。从某种程度上讲，中国的"天人合一、道法自然"更具有现代展望的视野和穿透力。

我们下面再讨论一个问题，庄子看待任何事情都从"齐物"这个角度，或者从"道"这个高度出发。所谓齐物，就是万物没有差别，就是万物同质，因为万物都是道运行的结果。我们今天把这个东西叫自然律。自然律的运行使能量变成粒子，粒子变成原子，原子变成分子，分子变成细胞，细胞变成有机体，这叫齐物。所以齐物论就是道论，就是自然律论。庄子的一切学说都是追随着这个"齐物的律动"而展开的，这是理解庄子非常重要的一个基本线索。

我举个例子。比如庄子在《逍遥游》中曾经讲过一个故事，是我们今天经常使用的一个成语"鲲鹏之志"的出处。今天这个词变成什么含义了？说一个人具有参与和改造社会的宏大志向，此谓鲲鹏之志。而庄子当初谈这个东西可是恰恰相反。我们看一下庄子的原文，庄子讲："北冥有鱼，其名为鲲。鲲之大，不知其几千里也。"他说北海有一种鱼叫鲲，这种鱼的体型非常大，仅是身长就达几千里；他说"化而为鸟，其名为鹏"，这种巨鱼后来变成一只鸟，该鸟被称作鹏；"鹏之背不知其几千里也"，他说这个鸟仅是它的背部，就有几千里之长；"怒而飞，其翼若垂天之云"，说它一旦腾飞起来，两个翅膀张开，就足以覆盖整个天空，最后说它"抟扶摇而上者九万里"。他讲什么？我们今天人把它解释为一个人敢于并善于在社会上折腾，完全搞错了。庄子的意思是一个人不要在失序的文明社会中苟存，不要在猥琐的浊世红尘中厮混，一个人要顺道而行，像鲲鹏一样在一个巨大无边的天道上飞翔，这才叫"逍遥"。这就是《庄子·逍遥游》要讲的东西，它恰恰是讲不应将自身羁绊于文明社会的罗网之下，超然物外，顺乎自然，志存高远，通达天地，这才叫"逍遥游"、才叫"鲲鹏之志"。因此你要想理解庄子的学说，你必须返回到庄子抗拒文明冲击、抵制社会约束的特殊思境之中，否则全是误解。

比如庄子讲了这么几则寓言故事，其中之一叫"风激万窍"。他说我们人类在文明社会中不断地争论谁是谁非，实际上世间没有是与非的差别，谓之"齐是非"。我前面讲"齐物"，我现在讲"齐是非"。什么叫"齐是非"？大家听我的课，我老说一句话，不讲好与坏，不讲对与错，只讲所以然，这叫"齐是非"。因为是非之争是琐碎之争，它完全无法触及问题的根本。

庄子借"风激万窍"作比喻，他说你看山洞、树洞，由于各自的洞形不同、深浅不同，一股风刮过来，这些不同形态的洞窟就会发出不同的哨音，你能说哪一个哨音是对的，哪一个哨音是错的？哪一个是、哪一个非吗？这叫"风激万窍"。他的意思就是，人们之间平常的琐碎争论、是非之辩，其实非常无聊、毫无意义。你理解这个世界，理解道法自然，理解万事万物自有成因、自有存在的道理，你便不屑于争论，不屑于在是非之议中玩弄小聪明。因此任何一般性的争执都是浮于浅薄的表现，这叫"齐是非"。

他又讲"朝三暮四"，今天这个词儿变成了用意不专、摇摆多变的意思。而"朝三暮四"这个成语原本讲的是庄子嘲讽人类文明的一则寓言。他说一个养猴子的人早上给这群猴子，每一个猴子发三个橡树籽或者三块食料，下午给每一个猴子发四块食料，结果猴子们就拼命地抗议，表示不满。于是这个养猴人就改了一下，早上发四块，下午发三块，于是所有的猴子莫名其妙地欢呼起来，仿佛它们因此而收获了更多的利益似的。他说人类在文明社会中厮混就像这群猴子一样，愚蠢到根本不知道自己在干什么。

然后他又讲"骈拇枝指"，什么叫"骈拇"？就是你的脚趾头，大拇指和二拇指合在一起了，分不开，叫"骈拇"；"枝指"就是你的手上长出了多余的第六指。他说人类文明就是"骈拇枝指"，把自然本来的状态全给畸形化了，把原本不该存在的东西胡乱生发出来了。他说这些造作是好东西吗？你有了"骈拇枝指"，你会更灵便吗？你不过更麻烦、更倒霉而已。

他的每一个故事，表面是在讲一个讽刺寓言，背后影射的都是文明之蹩脚，这是大家理解庄子思想和庄子文论的关键。庄子在《齐物论》中讲了一个典故，大家应该很熟悉，叫作"庄周梦蝶"。原文说："昔者庄周梦为蝴蝶，栩栩然蝶也，自喻适志与，不知周也。"他说有一天晚上睡觉，梦见自己变成蝴蝶，简直活生生就是个蝴蝶，根本不知道自己还是庄周；"俄然觉，则蘧蘧然周也。不知周之梦为蝴蝶与？蝴蝶之梦为周与？"过后突然醒来，发现自己还是原先那个庄周，于是他不能分辨，究竟是蝴蝶梦见了庄周呢，还是庄周梦见了蝴蝶。他最后说："周与蝴蝶，则必有分矣，此之谓物化。"什么意思？他是在讲"物我无别，物自转化"的"道"之理，就是外部世界的物和我没有差别，是一回事。你要想真正理解"道"是什么，你就得"物我两忘"，你不能老是执念着自己，你得知道自己就是万物，即自身源于万物，万物演成自身。他仍然表达的是齐物、齐道之论。

当然，庄子的议事风格有其局限性。我在讲西哲课的时候谈过，西方近代古典哲学之开山鼻祖笛卡尔，讨论他的认识论和怀疑论问题，就是从质疑和研究梦境开始的。而庄子只以这样寓言隐喻的方式，讨论到此为止，未予纵深。同一个起点，却导出完全不同的哲学思脉，表明中国文化的逻辑功力不足。

庄子的"齐物、齐是非、齐死生"，所谓"齐"，就是"与道齐一"而无从分别。庄子还讲过一个寓言叫"鞭敲骷髅"，他说他有一次在路途上看见了一个骷髅，一个死人的头骨，于是他就拿鞭子敲着问这个骷髅，说你怎么这么凄凉，可曾遇到几多不幸事？随后枕之而入梦，结果这个骷髅在梦中给他回话了，原文很精彩，这样说："死，无君于上，无臣于下；亦无四时之事，从然以天地为春秋。虽南面王乐，不能过也。"意思是说，死了真快活！上无君主统治，下无官吏烦扰，一年四季不必操劳，遨游于天地之间，逍遥于时间无边，悠然之乐，远胜过在人世间称王称霸。庄子惊疑，就说那我现在请司命阎王把你复活如何？这骷髅忙说，你可饶了我吧，我现在喜乐如此，怎愿再遭受人间二茬罪。庄子这段寓言是在讲什么？文明是一场灾难！文明是人性的扭曲和折磨！总之，反文明意绪继续体现。

庄子又讲一个寓言叫"盗亦有道"，就是强盗都是有"道"可言的。大家知道在春秋战国时期，中国历史上传说有一个著名强盗叫"跖"，史称"盗跖"。庄子讲盗跖这个人带领着一群喽啰前去抢劫，盗跖给他们说，强盗也是讲究仁义礼智信的、也是尊奉道论德行的。他说什么叫"圣"？凭空我就知道室内藏有多少财物，此谓之圣；他说什么叫"智"？"知可否"，就是某个时候去抢能不能成功，他说能够做出这个判断的叫智；什么叫"勇"？敢于第一个冲进去行抢的人叫勇；什么叫"义"？最后一个逃出来的叫义；什么叫"仁"？抢了东西大家公平分配叫仁。他这段"盗亦有道"讲什么？他说强盗也是讲文明的，引申而论，当你用文明社会的种种说教，包括仁义礼智这些东西来糊弄人的时候，其实你不过是另一种强盗而已，或者你至少是培植了另一类强盗而已。所以他这则寓言，仍然是在嘲讽文明社会的蛊惑、虚伪及其种种祸害作为。

庄子曾讲了两个很奇怪的、很悖反的典故。他说一个木匠领着他的徒弟出去看见一棵树，长得曲里拐弯，完全不成材，结果呢，这个树就不会被木匠砍伐，这叫"曲木长生"。意思是说你千万不敢长成栋梁之材，成材者必为他人所用，必遭斤凿之殃。所以现在家长们拼命想把孩子培养成栋梁之材，恐怕是一个很麻烦的局面。

但是庄子接着又讲一个故事，叫"鸣鹅不杀"。说他有一次外出会友，看到主人要杀鹅款待客人，却专找那个不鸣叫的哑鹅屠宰。为什么呢？因为擅长鸣叫的鹅，可以替主人看家。这个故事跟那个"曲木长生"刚好相反，"曲木长生"是越没有用处的树木，越活得长久；而到了鹅这儿，有本事的鹅就能活，没本事的鹅不免被杀。

庄子在同一个段落里讲这两个典故，他想说明什么？他想说明文明社会中的人生非常诡谲，你无论如何都琢磨不透，你只能在里面躲闪挪移，最终还难免遭殃，除非你"乘道德而浮游"，即"浮游于万物之祖"，亦即回归于自然天道。他以诙谐戏谑的方式继续宣讲其反文明意绪，娓娓道来，发人深省。

然后庄子又讲，他说一个人在阳光下奔跑，发现身后总有一个长长的黑影追赶着自己，留下的脚印也令人不爽，为此他越跑越快，一心想摆脱自己的影子和足迹而不可得。于是庄子哀叹道："不知处阴以休影，处静以息迹，愚亦甚矣！"他说此人怎么这么愚蠢，你躲到树荫下面，身影自然就消失了；你停下脚步，足迹也就戛然而止了。大家注意，他在讲什么？文明社会拼命发展和前进，结果造成重大的阴影与灾祸紧随其后，导致人类文明日趋危机。人类想努力摆脱它们，但所采取的却是进步论的方法，总想越跑越快甩掉阴影，殊不知你跑得越快，你的影子也跑得越快。所以庄子嘲笑人类文明之总体犹如一介愚夫，当你缔造麻烦和恐惧的时候，你处理的方式恰恰是让这麻烦把你追得越发紧迫，这就是文明历史的运行状态。庄子之喻，可谓意涵深远。

庄子这个人文采飞扬，大家听一下庄子的一段话："井蛙不可以语于海者，拘于虚也；夏虫不可以语于冰者，笃于时也；曲士不可以语于道者，束于教也。"什么意思？他说你对井底之蛙，永远不要跟它谈大海。为什么？"拘于虚也"，"虚"这个字在中国古代就指空间，井里面的青蛙被自己身处的空间所限定，故而它永远不知道海是什么样子，"井底之蛙"这个成语即出于此；他说对于夏天才能苟活一时的昆虫，你永远不要跟它谈及寒冰，"笃于时也"，就是它被时间所限定；他接着说，对于一般的文人学者，你也永远不要跟他论道，"束于教也"，他被自己原先受到的教育和浅薄的思想观念所束缚，他到死也搞不明白超乎于常识之外的天道运行和终极追问究竟是什么。请大家牢牢记住，自以为算是文化人的绝大多数，其实都不过是庄子所说的"曲士"。你千万不要跟他们谈论世界的终极问题和根本道理。你言及于此，他会说你是疯子、他会说你是邪教、他会说你是异端。所以真正深知天道者，绝不与人争论，更不去说服他人，任由别人攻击之而泰然自若。

庄子的学说处处表达出东方的道论哲理，但是他却从不深究西方狭义哲学那样的问题。比如庄子曾经在《秋水》篇中记录了他与惠子的一场对话，原文如下：

> "庄子与惠子游于濠梁之上。庄子曰：'儵鱼出游从容，是鱼之乐也。'惠子曰：'子非鱼，安知鱼之乐？'庄子曰：'子非我，安知我不知鱼之乐？'惠子曰：'我非子，故不知子矣；子固非鱼也，子之不知鱼之乐，全矣。'庄子曰：'请循其本。子曰'汝安知鱼乐'云者，既已知吾知之而问我。我知之濠上也。'"

庄子说他站在濠水的桥梁之上观鱼，看到鱼的悠游之状，感叹鱼儿很自在、很快乐，惠子就反驳说：你不是鱼，你怎么知道鱼的快乐与否呢？这话问得很好，庄子的回答也颇为巧妙，庄子说：你不是我，你怎么知道我不知道鱼的快乐呢？惠子接着说：我不是你，因而不知你；但你也不是鱼，故而你同样不可能体会鱼的快乐；至此论证完毕。庄子不肯罢休，补充道：咱们从头说起，你问我如何得知鱼之乐，其实在发问之前你就已经获知了我对鱼儿的感受，我知之于濠水之上罢了。这就是著名的"濠梁之辩"。可以看出，二人对谈不可谓不机智，但却未免流于巧舌浮华，从而丢失了隐藏于此类问题下面的深刻追问与思考。

顺便一提，我曾经用过一个笔名，叫"子非鱼"，就是从这儿来的。它实际上涉及一系列重大的哲学探询，涉及非常复杂的认识论问题之考究，关于这个话题，我在这里不再伸展。各位课后不妨找我《知鱼之乐》书中的"子非鱼安知鱼之乐"那篇文章读一读，虽然也讲得很浅，只算一个入门，但它足以显示西方古典哲学的追问与追思方式。

但庄子与惠子却到此为止，没了下文，它说明什么？说明中国先秦诸子百家，即使讨论追究终极问题，也实在缺乏逻辑功力。因为中国文化的基本素质是散点式思路，所以即使以老子之道来承载自己学说和思想的庄子，最终在他的哲学式议论中，也只表达为有失缜密与纵深的机辩笑谈和玄学系统。

下面，我们简单对道家后学做一个评价。概略地说，老子思想是中国先秦文化的高端和源头，它讨论了中国最具哲学性的问题之起点，但没有真正深究下去，反而留下了诸多矛盾和烦难。战国时期的道家，也就是以庄子为代表的"道家"，跟老子的"道论"有很大区别。老子的《道德经》追问的是宇宙终极问题，"道家"只不过是跟儒家对立的一个争论学派，它以寓言文学的方式展现，从而使其哲思深度大为受限。

两汉的"黄老之学"，把黄帝和老子混为一谈，结果令老子学说降格为"实用之学"和"政治之学"，这是中国哲学思境的一次严重堕落，也是其受到的一次严重伤害。发展到"魏晋玄学"，它实际上是由于当时社会混乱，思想涣散，于是有些文人拿老、庄、易之三玄，排遣郁闷、游戏人生。而战国时代的"道家"也在很大程度上，变成了玩世不恭的文学操弄或机锋之词，失掉了当年老子追问人寰终极的初衷。

东汉末年出现"道教"。我们后面讲佛教的时候还会谈到，任何宗教都有两极化倾向，一方面无限拔高，使之神圣化；一方面无限降低，使之庸俗化；非此不能使之进入大众的信仰领域。因此中国道教最终的发展，更进一步背离了"老子道论"的深邃感，因此中国的"道家后学""老子后学"，跟我今天早上讲过的"儒家后学"相似，同样走向了逐步堕落和浅薄实用的方向。

为什么中国文化一路下坠？国学体系及其高端思想全部发生于先秦时代，也就是秦始皇统一中国之前。此后2000多年几乎再没有任何重大建树，除了印度的佛教传入中国。不但没有建树，不管儒家后学还是道家后学，一路流变，都是越来越往低端下流。而西方文化，中世纪黑暗的500年或1000年，它确实也是一次大堕落。但随后通过文艺复兴，逐步增长出现代文明及科学文化，这跟东西方文化本身的命运无关，跟人类文明的命运有关。人类文明没有选择，农业文明前面只有一条路可走，那就是工商业文明。

我前面讲过农业文明是"限局域获得资源"，工商业文明是"跨区域获得资源"。我们今天的信息文明是"超时空获得资源"，也就是说人类文明是一脉演进的，没有选择。因此农业文明你要固守它，你就只好一路下坠或平直延长，除非找到工商业文明的发展方向，你才能重归上升通道。

我再说一遍，这里面没有褒贬之意，没有谁好谁坏这个问题。严格讲来，越进步的文明，戕害性越大。因此我绝不是在表彰工商业文明，我只是反复强调，文明路径没有选择，在这个无可选择的进化之途上，你是一个固守原本状态的文化，你就一定趋向于琐屑萎靡。如果你是顺应那个演化方向的前沿文化，你就一定表现出张扬开展之势，哪怕这个势头和走向最终是灾难性的，你也无可奈何。

名家渊源及其论题解析

我们下面讲"名家"。对于"名家",多数同学比较生疏。所谓"名家"就是"逻辑论家"。中国古代"名"这个字,各学派都有各自的命意,老子讲"无名";孔子讲"正名";尹文子讲"刑名";杨子讲"实无名,名无实"……各家都讲"名",但我今天在这里所说的"名家",是指"概念论者""逻辑论者"之流。

韩非子在他的《显学》篇中讲:"儒分为八,墨离为三。"说墨家后来也分裂为三个学派:"自墨子之死也,有相里氏之墨,有相夫氏之墨,有邓陵氏之墨。"庄子在《天下》篇里讲这三个学派:"俱诵《墨经》,而倍谲不同,相谓'别墨'"。也就是墨家里有一派,"墨离为三"中的一派,讨论墨家纯粹的"逻辑论"这一面,被庄子称为"别墨",别样的墨。胡适依据上述之考究,说相夫氏之墨就是宗教之墨,相里氏之墨和邓陵氏之墨就是后起的科哲之墨,认为后两派之争论就形成了传世的"名家"之滥觞。并因之推断《墨子》一书的《经上》《经下》《经说上》《经说下》《大取》《小取》这六篇文章乃别墨所著,其中四篇曾经被晋人鲁胜做了专门的考辩,书名叫《墨辩注》。所以胡适又把庄子所说的"别墨",也称为"墨辩派",即墨家探讨逻辑论的这一个分支,最后演变成"名家"。

我在前面的墨子课上讲过,墨家代表手工商业者,是先秦时代中原地区工商业文明的早期代言人。而工商业文化本身就倾向于哲科之思,因此墨家必然带出"墨辩"这么一脉思路。"别墨"所讨论的哲科思脉在他们的著作中表现得相当广泛,比如它涉及知识论。它谈"知"分三个层次,一为"官能",也就是感官;二为"感觉",

也就是感性；三为"知觉"，也就是感觉后面汇总的观念和意识。然后又谈到三个字："久、宇、止"。"久"通假"宙"，我在前面讲课讲过"宙"在中国古代指时间，"宇"指空间，合起来叫"宇宙"。所谓"止"就是"志"，志是记录的意思，在这里特指"记忆"。它说："知而不以五路，说在久。"这句话什么意思？说你如果获得的知识不是从五个感官而来，视觉、听觉、嗅觉、味觉、触觉，这叫五路，如果你讨论的知识不从这五路来，从哪儿来？从"久"！从之前时间的记忆中来。然后他们讨论知识的构成，把知识的来源分为三类，谓之"闻、说、亲"。"闻"就是传闻，耳朵听到的；"说"就是推论，大脑想到的；"亲"就是经验，亲身经历的。总之，他们在各个方向上探究人类知识的来源，讨论的非常细致。

像这种思维形式，你在中国其他诸子百家中是绝然见不到的。它追查"名实论"的内在关系，原文说："所以谓，名也；所谓，实也。"意思是说，你所指谓的东西就是实体性的对象，此乃"实"；你的指谓本身就是"名"，也就是主观的概念。然后他在《经上》篇中把"名"又分了三类，叫作"达、类、私"。所谓"达"，指共相；所谓"类"，指类别；所谓"私"，指殊相。

如果你读过罗素的《西方哲学史》，你就会知道罗素曾特别提及"共相"和"殊相"的疑难，他说西方哲学史在两千多年里，从未真正厘清二者的关系及意涵，成为哲学上的重大课题。这些东西在中国的"名家"学派中，当年就有过相当像样的探讨。

名家还讨论了"逻辑推理"的步骤与结构。我只举一个例子。它有一段话，涉及"小故"与"大故"的分辨。所谓"大故"就是完全因，所谓"小故"就是部分因。我这样说大家听不懂，我换一个说法。大家知道人类史上第一位缔造逻辑学的人，是古希腊时代最后一个哲学集大成者亚里士多德，他建立的逻辑学叫形式逻辑。

他讨论演绎逻辑形式，用的是什么推导方式呢？叫三段论。我举一个例子，我在哲学课上举过这个例子：大前提，也叫"大故"——凡人皆有死；小前提，也就是中国名家所说的"小故"——苏格拉底是人；结论——苏格拉底必死。这种三段论的推论方式是亚里士多德研究形式演绎逻辑的一个基本探讨方式。

亚里士多德探讨这个问题，中国名家照样探讨，它这样讲："小故，有之不必然，无之必不然。"它说小故就是小前提具备了，不一定结论就必然能得出；但是如果小前提不具备，小故不具备，那么结论必然得不出。它接着讲"大故，有之必然，无之必不然"，就是亚里士多德所说的大前提如果缺失，必不然；如果有，必然。大家想想刚才那个三段论，这种讨论方式是处处应和、非常恰当的，也就是名家对于演绎逻辑同样做过详细的推导。他们还把人类的思维逻辑分成七种类别加以研究。

我做一个简单说明。第一叫"或"，就是"或然"之范畴，就是我们通常所说的"可能"。当你对一件事情给出"或然判断"，也叫可能判断的话，那么你就不能否定另一种可能，是不是这样呢？这是一种推论方式；第二叫"假"，就是虚拟。大家记得我在讲解古希腊哲学的时候，说它有一个重要思路叫"假设与证明"，中国名家也讨论过"假"，把虚拟和假设作为逻辑论的一个重要通道；第三叫"效"，所谓"效"就是演绎逻辑；第四叫"辟"（譬），就是实例类比；第五叫"侔"，就是词项类比；第六叫"援"，就是引申类推；最后第七叫"推"，就是归纳逻辑。他们居然把人类逻辑使用方式分为七种，一一探讨，达到很高的水平。也就是在哲学逻辑问题的初启提议上，达到非常广阔的视野，但却没有进行纵深的研讨。

哲学是科学之母。哲学思路一旦发生，科学思路一定随之出现，因此名家也有一系列科学问题的探讨，或者说是科学前提问题的探讨。如果我们把近代从哥白尼、伽利略之后的这门学问称为科学，那么我们把古希腊和中国名家时代的科学，就可以称为"博物学"或"科学的前身"。它没有形成现代科学的假设证明实验体系，但是它提出了后来科学思路的基本问题。比如名家曾经讨论过"算学"，相当于我们今天所说的数学；"形学"相当于我们今天讨论的几何学；还有光学、力学、心理学、经济学以及政治学等等，他们这样分门别科的讨论，表达出紧随哲学思脉而出现的科学思路之萌芽状态。名家因此成为中国传统文化以及先秦诸子百家的一个异类。

当然也得承认，名家亦有其明显不足，就跟我前面评议庄子一样，他们虽然提出了诸多哲科问题，却不具备调用深层精密逻辑的思想功力。而且他们总是倾向于尽快地落实到学以致用的状态中去。大家知道中国人有一种习惯，包括文人做学问在内，我们一旦有所研习，总是立即就想落实于应用，这是一个很糟糕的学风。我们的文化人研究任何问题，且不管证明过程是否深入、是否缜密、是否足以抵达极致，往往急于得出结论，这又是一个致命的短处。真正的学问、真正的研究绝不可急功近利，但凡你仓促求成，它就一定流于浅薄。因此无论是普通的文化学习，抑或是高深的专题研究，你都不可急切地想着它怎样能够达致应用，亦不可急于奔向结论，你最重要的事情是把逻辑证明搞通透、做严谨，一旦你失此耐心，学问的深层一定被遮蔽。

中国的名家，由于处在中国农业文明偏于实用的文化海洋之中，所以也不免沾染着传统的恶习，导致名家所有问题的提出，达到的高度几近于古希腊，但探讨的深度和发展的余量却被限定。所以名家谈治学的目的，罗列了六项，叫"辨是非、审治乱、明同异、察名实、处利害、决嫌疑"，也就是很着急要研判出"是非"之结论，很着急要落实为"利害"之应用，从而造成其立论系统的短浅和思想纵深的缺失。

请大家记住我在讲西哲课的时候，我一再讲真正的大学问是纯粹务虚的，它绝不讲实用，它只是在纯思想上寻求最严密的论证，把逻辑功夫做尽。一切证明皆为逻辑证明，哪怕是实验证明，我们都可以把它视为广义逻辑证明。一旦务虚之学急于务实，那么你的思虑深度一定会受到严重干扰甚或中断。我讲这些也是希望各位听我课的同学，在听课的时候，尽量听懂它深在的涵义及其系统之导向，而不要急于拿它去应用。如果你想做某项研究，请你记住，结论不重要，精深求证才重要。

名家最著名的人物有两位，一个就是我前面提到的庄子的朋友——惠施，史称惠子；一个是公孙龙，历史上也叫公孙龙子。我们先简单说一下惠子。惠子也是宋国人，跟庄子同籍贯，而且跟庄子同时代。两个人相互论学，关系亲密。惠子的著作肯定不少，因为《庄子》载明"惠子书五车，历万物说"，就是惠子的书竟然足以装五车，当然古代文本是写在竹简上的，一大卷竹简也写不了几个字，但是五车之量在古代也着实算得上大学究的大部头了。"历万物说"表明他所讨论的是哲学问题。可惜惠子的著作全部佚失，我们今天对惠子的了解，全都来自《庄子》书中的点滴记述。

学界总结惠子学说的基本特点叫"合同异"，就是把万物的差异尽量抹煞，只去寻求它们的共性与共相。惠子讨论过很多奇怪的问题，大家听一听，他讲"山渊平"，他说高山与深渊其实是在一个水平线上的。你今天听起来很怪异、很荒唐，可是你得想想，你所说的高是什么？你所说的低是什么？如果大地是一个球体，转到某个方位上，山峰是最高的，反转过来山峰是不是最低点？也就是说你换一个更宏阔的眼光，高低之辩是你所处位置与视角的主观设立使然，所以他讲"山渊平"，显然是在一个更宏大、更深远的视野上讨论问题，以至于现代有学者认为当年惠施已经提出"地圆形"与"地动说"了。

当然我们现在不敢肯定，惠子当时是否已经否定了大地是个平板的看法，但是他能这样讨论问题，足见思虑之深。比如他又讲"天地比"，也就是天和地是一样高的，这跟"山渊平"那个论证是一样的。他讲"齐秦袭"，大家知道齐国在当时中国的最东部，秦国在最西部，他说"齐"与"秦"实际在东西方向上是无差别的，总体上可视为一个方向。这个说法也很有道理，假如你从秦国出发，你得往东走，才能到齐国。可是他说这两者是一回事，你从秦国往西走照样可以来到齐国，这说法成立，地球是圆的，你一直朝西走一定到达齐国，再朝同一方向走还可以返回秦国，也就是说他的那个论证方式，你拿今天的思路看很正常、很贴切，可你见不到他的论证过程，因为他的著作丢失了。不过，我甚至怀疑惠施的著作即便不丢失，他有没有详细的论证，以及他的论证能否缜密无误，恐怕都是个重大问题。但是他有这一脉思路真是令人震惊。

惠子又讲"妪有须"，他说老太婆是有胡须的。这说法今天也成立，要知道所有女性，她体内也是分泌雄性激素的，只不过在青年时期，她的雌性激素总量压过了雄性激素，所以女性的雄性激素不表达。那么年老以后，卵巢萎缩，雌性激素分泌量下降，女性是会出现某些男性体征，如嗓音变得低沉等，个别女性也确实可能长点胡须。就像男性在更年期以后，有些人的乳房会发育膨胀，因为男人也有少许雌激素分泌，当睾丸酮下降的时候，一些男人的雌激素会把女性体征带出来。我不知道惠子当年是怎样论证的，但他的"妪有须"这个说法跟今天的生理学十分切合。

他又讲"卵有毛"，他说鸡蛋是有毛的，这个说法也不错。我们今天知道鸡蛋里是有基因的，孵出来的小鸡之所以有毛，是鸡蛋的基因预先决定的，因此这说法成立。他又讲"白狗黑"，他的意思是黑和白的色觉是一个主观设定，这说法也成立，因为颜色不是客观存在，颜色只不过是波长在视中枢的错觉。所以你会发现惠施讨论的问题，你站在今天大信息量的这个知识体系下看，居然全都是有根据的。可你找不见他的论证，庄子没有兴趣复述他的论证过程。

我再说一遍，根据我们看到的中国古代墨家、道家和名家，我们没有见到任何一家真正具有调动精密逻辑探讨问题的素质，因此我怀疑即使惠施的五车书都保留下来，你也未必能找见深入详细的论证。但当时的思路能达到这个高点已经让人非常惊叹了。

我们下面再看公孙龙。公孙龙比惠施大约晚五十多年，因此公孙龙跟惠施、庄子这些人不处于同时代。公孙龙是赵国人，曾经在平原君门下做过事。公孙龙的著作也基本上全部佚散，只在班固《汉书·艺文志》中留下了区区十四残篇。

公孙龙学说的要点被总结为"离坚白"，这个说起来有点复杂，就是"分别殊相"的意思。我们前面讲惠施是"合同异"，就是寻求共相，而公孙龙是分别殊相，这是他哲学探讨的总纲。公孙龙也讨论过其他很多问题，而且有些部分跟古希腊哲人讨论的问题如出一辙。

大家听他这么几段说法。一个叫"飞鸟之景，未尝动也"。在古代"景"和"影"是通假字，所以这里的意思是说飞鸟的影子不曾运动。他又讲"镞矢之疾，而有不行不止之时"。他说射出去的箭头既不动也不停。大家再看，公孙龙还谈过一个问题，谓之"一尺之锤，日取其半，万世不竭"。他说一个一尺长的木锤，你每天斩断一半，万世不竭，你永远把它分割不尽。也就是他在探讨"无穷二分法"这个问题，可是我们照例见不到证明。

那么我们看一下古希腊。古希腊当年出现了一个很别致的哲学家，巴门尼德的弟子，名叫芝诺。芝诺曾经讨论过四项悖论，非常有趣，哲学上的论证也非常深入。我在这里只讲他的两项论证大家听一下。芝诺曾经谈过一个问题叫"阿基里斯追龟悖论"，阿基里斯是古希腊众神中跑得最快的那个神。芝诺说如果让一只乌龟先跑一程，然后让阿基里斯追赶这只乌龟，阿基里斯永远追不上。他怎么证明呢？他这样证明，他说乌龟先跑一程，阿基里斯如果要想追上乌龟，他一定首先要跑完乌龟跑过路程的一半。他要跑完这一半，他就必须先跑完这个一半的一半，他要跑完这个一半的一半，他就必须又先跑完这个一半的一半的一半，也就是二分法不能穷尽。如果二分法不能穷尽，那么阿基里斯就永远追不上乌龟。

我不知道我讲清楚了没有，尽管实际上阿基里斯跑两步就超过乌龟了，可是在逻辑上芝诺的论证成立，迄今你都没有办法颠覆他。这跟"一尺之锤，日取其半，万世不竭"讨论的完全是同一个问题。大家再看芝诺讨论的另一个问题，叫"飞矢不动"，就是射出去的箭其实是不动的。瞧瞧它跟那个"飞鸟之景，未尝动也""镞矢之疾，而有不行不止之时"所讨论的问题是否毫无差别？但是我们看不到名家的证明。那么芝诺怎么证明呢？芝诺这样证明，他说一支箭在没有射出去以前，它要占据一个空间，如果我们把这个空间设定为若干个点，那么你说射出去的箭是运动的，就相当于说在某一瞬间，它既占据一个点又不占据一个点，这在确定的空间关系上说不通，因此飞出去的箭必然是不动的。请注意芝诺的证明引申出一系列非常麻烦的问题，即什么是"运动"？什么是"静止"？什么是"时间"？什么是"空间"？要知道这些问题人类一直在不懈地探讨，迄今都没有最终结论。

公孙龙提出的这些问题和古希腊芝诺提出的问题，从问题上看，几乎完全一样；从论证上看，一方严重缺失；这就是中国名家的特点。我在这里讲芝诺的论证，是用最简单的方式一句带过，你要想了解细节，你得去读芝诺的有关文本。我们借此就会看到这些东西表达了中国名家的哲科思想萌芽，在先秦时代的确已然出现，但却没有升华之道、纵深之思。而且当年他们还讨论了很多非常深刻的问题，比如"至大无外、至小无内"。你想想他讨论的是什么？他是讲"无穷大"与"无穷小"的问题，无穷大者没有边界，是谓"至大无外"，这有点儿像我们今天的宇宙论，你很难想象宇宙外面是什么。"至小无内"有点儿像我们今天的原子论和粒子学说，到基本粒子的最底层，它已经没有可予分割的别样内涵了，它可能只是一个能量点或能量包。

中国先秦时代的名家，他们的思路业已达到这种程度，如果稍有哲思之纵深，我们可以想象中国传统的文化发展，绝不会是后来那种滞碍停顿的样态。它的表现跟墨家、跟道家、跟庄子有共同的性质，有共同的缺失，就是精密逻辑的论证功力的缺失。所以名家构成中国先秦时代极为灿烂、又极可惋惜的一个文化怪胎、也是死胎。它的来源有两路，一路是别墨，另一路就是道家。惠施到底属于哪个学派，我们现在不太能说清楚，但根据他与庄子的良好关系，大致可以判断他是道家人物。所以中国的名家也算是老子哲思的滥觞和延续。

下面我们略微看一下公孙龙留下来的点滴文字。公孙龙在《坚白论》中说："物白焉，不定其所白；物坚焉，不定其所坚；不定者兼，恶乎其石也？"什么意思呢？他说一块白色的石头，它的白色并不限定在石头上，其他东西也可以是白色；他说一块石头很坚硬，你是因为它坚硬说它是石头，可坚硬这个属性也并不仅仅限定在石头上，其他东西也可以很坚硬；那么你凭什么说一个白色的、坚硬的东西就是石头，你这个判断有问题。大家注意，这项探讨是非常有意思的大课题，他在追询物的属性和物本身究竟是什么关系。西方后来的古典哲学家贝克莱，他讲万物只不过是感知的集合，白是视觉、坚是触觉，你所说的那个石头存在不存在我不知道，我只知道这种视觉和触觉的集合缔造了眼前的对象。这些问题以怪模怪样的方式提出，终于促成认识论哲学的凸显与纵深。

我们再看，他在《通变论》中谈道"鸡有三足"，说鸡有三条腿。他这样论证："谓鸡足，一；数足，二；二而一，故三。"他说你提起鸡足，这已经一条腿了；数一下鸡的足，又有两条腿；所以鸡总共有三条腿。你今天听着好笑，觉得很荒诞，怎么会这样想问题？但这个想法有其道理，哲学就是这样无事生非的，问题在于，你所说的鸡足是什么？鸡足的概念与真实存在的那两条腿到底是什么关系，这个问题的确需要探讨。

什么叫感知？感知跟对象究竟何者为真？他是在探讨这样的问题。他说"白马非马"，原文这样讲："马者，所以命形也；白者，所以命色也；命色者非命形也，故曰白马非马。"他说你指称"马"，是因为马有特定的形状，你又指称"白"，是因为世上存在着那么一种颜色。但是"命色者非命形也"，即白的颜色与马的形状并不必然相关，因此白马不是马。他是说，你借助感官获得物的此一属性和彼一属性，你凭什么把它们撮合在一起，然后就认定它是真实的对象？这都是认识论上的重大问题，要知道后来西方古典哲学发展到认识论阶段的时候，由这些问题开端，且逐一琢磨与探究，最终纵深到颇为复杂的半成熟状态，这才让人类大略察觉到我们的主观感知与客观世界之间居然还存在着一层隔膜，诸如此类的问题其实至今仍未完全解决。

所以我们会看到，当他讲"白马非马"之际，其实表明这些重大的哲学论题，在中国先秦时代就已经开始探讨，其所超前的程度，甚至高出于古希腊。要知道这些话题在西方哲学史上，都是直至17世纪笛卡尔以后才逐步提出并加以考究的，可见名家当年是非常了不起的。公孙龙甚至说过这样一句话，令我分外吃惊，他讲："指不至，至不绝。"这句话特别难于理解，"指"就是指谓、命名。你"指谓"一个东西，就是你感知和命名一个东西，凭什么？凭你对物的属性的感知耦合。比如这只杯子，我看到它是黑色、是圆形、是中空的，我摸到它很坚硬，我敲击它听到了某种声音，这些都是这个杯子的属性。那么这个杯子的实体、这个杯子的属性内部究竟是什么，我不知道！他说你感知万物都是"指不至"，就是你拿属性来感知对象，由于属性多样而肤浅，因此你永远够不着物本身，亦即永远够不着物自体。他说你通过对于表层的"指"这种方式，无论如何也追究不到根本，这叫"至不绝"。你想拿属性对应的感知，获得物的存在之本性，你终将无可企及，这个哲学话题走得非常之深。

我们人类所有的感知都不过是对万物属性的耦合，是拿我们的主观感知属性捕捉物质的对应可感属性。你的视觉只是感光，你的触觉只能感形，你的听觉只会感应振动波，你是通过对象属性跟你感官主观属性的耦合，即客观物体发出的可感属性和你主观对应的感知属性之耦合，你才获得对象的感知。由于你感知的永远都是属性，因此你不知道物的本在是什么。这些问题是极为复杂而高深的哲学玄难，迄今都未能给出终极答案，而当年的名家居然就预见到这个问题，并且一针见血地直抵要害，不能不令人感叹其深刻。

我再说一遍，极为可惜的是，它始终没有建立最起码的证明体系，从而使中国的名家，包括庄子的种种学说，终于统统流落为中国文人茶余酒后的笑谈，就是中国的名家没能发展成一个学问系统、哲科系统，却成为中国后世文人笑闹之间的空泛谈资。所以在中国传统文化中名家是忝列末位的，而且当年的荀子对名家评价极低，说它"好治怪说，玩琦辞，甚察而不惠，辩而无用，多事而寡功，不可以为治纲纪。"认为这些全都是奇谈怪论，玩弄辞藻，看似深刻，毫无实惠，结论是"不可以为治纲纪"，就是没有社会政治意义。荀子的这段评论，典型地表达了中国文化惟求实用、惟求实治的短视特质，而中国名家本身的严重缺点最终也注定了它一无所成的落寞之局。

杂家与吕不韦

我们最后谈谈杂家。

"杂家"一说，通常被认为是指某人博览群书、学问杂多之谓。但是先秦时代的"杂家"，可不是这个意思。它的代表人物就是吕不韦。吕不韦乃卫国人，史称"经国巨贾"，即能经营国家的大商人。大家很熟悉吕不韦"奇货可居"的典故，也就是把秦王嬴政的父亲异人（后来改名子楚），作为一个商品来处理。异人是秦太子安国君的一个庶子，小老婆的孩子。安国君的孩子众多，异人毫不起眼，于是就把他放到赵国做人质。

吕不韦这个时候恰好在赵国经商，结识了异人，认为此人将来必有大用，于是资助扶植异人，甚至把自己心爱的歌妓都赠送给他，就是著名的赵姬，也就是后来秦王嬴政的母亲。司马迁记载说赵姬"大期生子"，所谓"大期"多指十二个月构成一年叫大期。正常妇女怀孕九个月，赵姬怀嬴政或为足月而有余。史传吕不韦把赵姬给异人的时候，赵姬已有身孕，所以嬴政有可能是吕不韦跟赵姬的孩子，这种说法当然很可疑，根本没法考证。而且严格讲来，古代社会对血统，尤其是帝王血统看得极重，有分毫疑窦都不会让其继位，因此这种说法大抵意在污蔑秦始皇。

吕不韦接着做了一系列的事情，帮助异人回归秦国并最终执掌国政，他怎么做？他拿大量钱财去秦国贿赂安国君的宠姬——华阳夫人的姐姐。然后通过华阳夫人的姐姐说服华阳夫人，而华阳夫人虽然不是安国君的正妻，却是安国君最重视、最宠爱的女人。华阳夫人不能生育，没有孩子，吕不韦就劝说华阳夫人，说得很生动，非常有说服力，他说你没有子嗣，安国君一旦过世，你不免立即失势，你必须找一个孩子，找谁（合适）？找异人。他说异人虽然不是你亲生的，但他在赵国做人质期间天天叨念你，视你为生身之母。如果你把异人接回来作为你的过继之子，然后让他承续王位，那么你将来就能保持权力、保持尊贵。华阳夫人被说服，从此在安国君耳朵里不停地灌迷魂汤，异人就这样返回秦国。安国君后来果然当上了秦国国君，不承想在位三天就驾崩了，于是子楚登基，史称秦庄襄王。

秦庄襄王一旦执政，立即重用吕不韦做秦国宰相，而且让他的儿子嬴政称吕不韦为"仲父"——第二父亲。秦庄襄王命也很短，仅执政三年便死掉了，这个时候嬴政只有13岁。按秦国规定，嬴政必须22岁成年以后才能理政，于是秦国国政全部落入吕不韦手中。吕不韦以国相之尊主政秦国十年有余，在这十数年里秦国大盛，要知道就是在吕不韦主政期间，秦国灭掉了宗周，周王室、周天子从此退出历史舞台。

吕不韦主政秦国期间，对秦国的国情文风十分熟悉，也就是秦国主流文化的利弊所在，他都心知肚明。可是吕不韦有一个麻烦，就是他当年把自己心爱的女人赵姬赠送给了嬴政的父亲异人，结果秦庄襄王死后，赵姬很不安分，又回头纠缠吕不韦，要求与他重叙旧情，搞的吕不韦异常尴尬，这简直是公然跟国君的母亲通奸。吕不韦很不安，但一时又无法摆脱，于是托人另找了一个别致的男子代替他，这便是有名的嫪毐。史上传说其人阳具壮大无比，他被以太监的身份送进宫去，其实未行阉割，尽可满足赵姬旺盛的性欲，吕不韦就此得以解脱。可是嫪毐这个人颇有野心，他假借国母之威干预国事，吕不韦无力约束，致使嫪毐在秦国造成乱政之局。

嬴政22岁主政，这个时候嫪毐势力已经坐大，他意识到威胁来临，居然举兵反叛。本来嬴政就十分恼火，涉母奸情，羞辱难耐，现在还敢聚众造反，于是带兵击杀嫪毐，同时屠戮了两位同母异父的幼弟。此事令嬴政气恨难消，过后追查，发现是吕不韦捣的鬼，遂先将其流放洛阳，继而再赐毒酒，终致吕不韦饮鸩而亡。

我只简单讲一下吕不韦的从政过程，以引出主题。吕不韦在做宰相的后期，曾经组织一批门人撰写了一本传世巨著，这就是洋洋洒洒二十余万言的《吕氏春秋》。它可算是中国先秦时代的大部头作品，分《六论》《八览》《十二记》，号称面面俱到，字字千金。该书完成后，吕不韦命人将之张挂在京城门前，向世人宣布，任何人若能改动一字，立赏千金，"一字千金"这个成语就来自于此，可见他对自己著作的分量何其看重。

《吕氏春秋》这部书就是杂家的经典之作，你要想理解杂家，就得弄清《吕氏春秋》究竟讨论的是什么问题。大家知道吕不韦长期辗转于中原各国经商，深受中原文化濡染，而秦国当年盛行"墨法"之风，在中原文明各国看来，它是西部之蛮国。自商鞅变法以降，秦国虽然渐显强势，但它的文化只限于一派——法家！因此它的国政管理十分残暴，残暴到什么程度？我给大家举几个例子。

史书记载，商鞅变法之后一直到始皇称帝，秦国仅是死刑就达36项之多。我给大家罗列几种看看：一个叫"弃市"，就是将人犯斩杀在纷攘热闹的集市上，大家知道戊戌变法六君子，后来就被慈禧太后处死于北京菜市口，这叫弃市；再下来叫"戮死"，就是拿尖矛把人戳的满身窟窿；再下来叫"腰斩"，拿个大铡刀将犯人从腰部一斩两半。要知道人被拦腰截断，一时间是死不了的，因为大脑神经系统要在完全缺血六分钟以上才会死亡。身体两半分离，两端都在抽搐，拇指般粗的主动脉往外涌血，持续六分钟而不止，其悲惨状态你简直都无法想象，这叫腰斩；再就是"车裂"，五匹马牵拉着人体的四肢加上头部，朝五个方向奔跑，叫车裂。实际上它分两种，一种叫死裂，一种叫活裂，前者是杀死以后裂尸，后者是活活撕裂，商鞅就是被车裂的；接下来叫"磔刑"，就是把人凌迟千刀，割肉离骨，最后切喉而死；再下来叫"凿颠"，什么叫凿颠？拿个大钳子夹住脑袋，然后拿个铁杆从犯人的脑门上面一榔头砸下去，脑浆扑的满地都是，叫凿颠；再下来叫"抽肋"，即将受刑者的肋骨一根一根地抽出来。大家知道骨折剧痛难耐，虽然骨头上没有感觉神经分布，但是任何骨头上都覆盖一层骨膜，骨膜上感觉神经末梢密集，这就是为什么骨折，哪怕是轻微的骨裂，你都会剧烈疼痛两周以上，他居然把人胸部的十几条肋骨，一根一根活生生地掰出来，这叫抽肋；再下来叫"釜烹"，就是架一口大锅烧上开水或者烈油，把人扔进去烹煮了或者油炸了；再下来叫"枭首"，就是把刑徒的脑袋砍下来，血淋林的挂在城墙或旗杆上；再下来叫"五刑"，什么叫五刑？先把鼻子割掉，同时把所有的手指头和脚趾头剁掉，再把舌头割掉，然后拿竹板子活活打死，到这儿还没完，接着把尸体剁为肉酱，这叫"五刑"；再往后是"夷三族"，一人犯法受死，其妻子、父亲和母亲的家族，三族全灭掉。后来发展成灭九族、灭十族，都从这儿开端。

此外还有其他许多让人活受罪的名堂。比如"城旦"，就是做苦役；比如"鬼薪"，就是三年有期徒刑；还有一刑叫"谪"，贬谪、流放或充军；还有一刑叫"籍"，这一刑很有意思，什么叫"籍"？就是某人犯罪了，把他处理掉以外，家产没收，还把他全家人贩卖成奴隶叫"籍刑"。大家可知道秦国当年的囚徒之多、受刑人之多，达到什么程度？居然修长城、建秦始皇陵等巨型工程大都出自这类人之手，后来反秦战争的时候，章邯率领的秦国最后一支三十万大军，绝大多数都是由囚徒组成的，可见秦国刑罚的普及程度。

我下面稍微再谈一下籍刑的深远影响。由于当年最容易犯事的人是"伴君如伴虎"的高官，所以经常有一些贵族家人被籍没为奴。男子发配别处做仆役，年轻女子全部卖到妓院。大家知道贵族女子是受过良好教育的，棋琴书画、诗词歌赋无所不通，竟然导致中国的妓院出现了一种很特别的高级妓女。这些妓女不卖身、只卖笑，也就是只陪文人士大夫饮酒说唱，琴瑟取乐，她们举止高雅，别有韵味，足令文官、富豪趋之若鹜，一掷千金。其中包括很多科考士子，为了跟高级妓女做朋友，逛妓院逛得连科举考试都耽搁了。

由此导致中国出现了一个极为奇葩的怪现象，就是中国文化的传播分明有两条途径：一条是文人途径，一条居然是妓女途径，这在全世界绝无仅有。由于籍刑使得大量有文化、有姿色的贵族女子流落于秦楼楚馆，以至于后来启发了妓院老鸨，她们索性买来一些穷家幼女，从小在妓院内长期进行文化修养训练，将其培养成高级艺妓用以敛财。这你在西方红灯区里是看不到的，它成为中国后来重要的文化传播通道之一。

我给大家举例子。比如元代著名杂剧作家关汉卿，他就讲他是"浪子班头"，就是逛妓院的领袖。大家听听他自己的表述，他有一段剧词，也是他自己的宣言：他说你便是"落了我牙，歪了我嘴，瘸了我腿，折了我手，天赐与我这几般儿歹症候，尚兀自不肯休。"就是你把我牙弄落了、嘴弄歪了、腿弄瘸了、手弄断了，逛妓院这事我都停不了。然后他说"则除是阎王亲自唤，神鬼自来勾，三魂归地府，七魄丧冥幽，天哪，那其间才不向烟花路儿上走。"逛妓院逛得可谓是不死不离弃。他还在该词曲中云："我是个蒸不烂、煮不熟、槌不扁、炒不爆、响当当一粒铜豌豆"，简直是掷地有声，坚定不移。而他的大量剧作是在妓院里完成的。

我再给大家举个例子。宋词分两派，一派叫豪放派，以辛弃疾为代表；一派叫婉约派，以柳永为代表，李清照也在其中。柳永的诗词情意缠绵，委婉动人。柳永自称"白衣卿相"，其实他三次科举落榜，际遇坎坷，生活潦倒，他形容自己的日常行状叫"倚红偎翠，浅斟低唱"。所谓"倚红偎翠"就是整天混在妓院里，他的大量诗词都是在妓院里写成的，首先为妓女所传颂，通过青楼唱响而广播天下，最终流入文化界，时人称之为"凡有井水处，即能歌柳词"。

我再举例子。明末清初，中国当时一批大文豪，居然热衷于找高级妓女做如夫人，即做小老婆，一时成为时尚。比如，《桃花扇》中的侯公子找的谁？李香君。大家注意我此处点名的这几位女子，全都在"秦淮八艳"之列，也就是南京秦淮河周边，当时名艳天下的妓馆都集中在那个地方，其中的高级妓女足以扰动文坛，包括侯方域的李香君、冒辟疆的董小宛、著名学者钱谦益的如夫人柳如是，全都出身妓女。民国著名国学大师陈寅恪晚年写的最后一本大作，就是《柳如是别传》。我在讲什么？中国高级妓女之流长期成为中国文化别具一格的传播通道，居然都是籍刑带来的结果，我们由此可以看出秦国的苛法暴政，其影响范围何等之广远。

众所周知，始皇横扫六国，统一天下，他建立的秦朝只维持了短短十五年就骤然崩溃，为什么？因为它的文化仅仅偏向于法家。法家过于强硬的管理方式，尽管在国家用兵大争的时代有效，但要保持整个社会的长治久安，它却是不中用的。吕不韦对这一点看得非常清楚。他知道秦国文化有严重偏失，于是通过《吕氏春秋》把中原先秦诸子百家的各路文化综合成一个配套系统介绍给秦国，希望由此改变秦国的文风，这就是杂家。

下面我们看杂家都讨论了哪些问题。首先，它反对家天下的极权体制。法家主张集权，主张君主一人专制。它虽然看似很有效率，但实际上极端脆弱。如果君主不明且一意孤行，特别容易造成败劣之局。而一个人智慧有限，偏听则暗，一旦处于某种威权高耸的闭塞情境之下，他几乎注定会行为失常，因此集权办事的高效率根本抵不过集权犯错的高比率。这就是为什么中国有了几千年文明史、有了几千年专制帝制，演至近代史，总结下来的唯一可选用词却是这样四个字，叫作"积贫积弱"。就是你国史久长，你本来应该表现得越发强盛才对，结果却是越积累越贫困、越积累越孱弱。它说明集权政治是一个非常危险、非常衰朽、非常缺乏持续性的政治管理模式，吕不韦对这一点深为了解。

当年的吕不韦虽然没有几千年积贫积弱的经验教训，他只是在秦国当了十年宰相，但他就已经分外清楚仅用秦国的法家专制体制，仅凭这一脉文化，绝不能保证社会长治久安。因此他反对家天下、反对极权操作。他在《贵公》篇中说："天下非一人之天下也，天下之天下也。"他在《去私》篇中讲："诛暴而不私，以封天下之贤者，故可以为王伯。"也就是要用群贤来管理国家，要用统治者的内部集体智慧来管理国家。虽然他当时提不出民主，但是他反对过度的集权与独裁。

其次，他提倡尊重民意，也就是回用从周初到孟子的民本说。我前面讨论过民本不是民主，但在专制体制下抱持民本主张，也就是对民生民情加以关注，是集权者或统治者能够稳坐天下的一个重要的基层照顾。缺乏民本思想，那么整个社会就会出现"水可以载舟也可以覆舟"的危局，而法家对这些方面是不太理会的，因此他提倡尊重民意。他在《务本》篇中讲："宗庙之本在于民。"他接着在《顺民》篇中讲："凡举事必先审民心，然后可举。"这跟孟子的说法相近。然后他赞成修齐治平的圣人政治，就是把儒家学说顺势代入，他在《执一》篇中讲："以身为家，以家为国，以国为天下。"又在《精通》篇中讲："圣人行德乎己，而四荒咸饬乎仁。"请注意他讲的这些东西，都是儒家的学理，也就是他要把儒家文化介绍到秦国来。

我在这里顺便插一句话。大家想想秦国统一天下的强盛程度，当时是何等的雄壮威武，结果秦朝短短十五年而暴亡。西汉早年做什么事情？大书特书《过秦论》。我一说这个题词，各位立刻会想到贾谊，贾谊在西汉早年讨论秦朝的施政过错，检讨秦朝统治的严重过失，写了一篇《过秦论》。由于汉朝吸取了秦朝只用法家之学统治天下的教训，检讨了这个错误，最终立儒教为国教。而我前面讲董儒是把法家、阴阳、五行、道家、儒家都糅合在其中，做成了一个实际上以儒家义理为纲领的杂学体系，结果汉朝首创了中国帝制社会的初稳开局，两汉加起来竟历时四百余年。

它说明什么？说明先秦诸子百家学术的汇合之效，说明人类文化不能偏废。融汇之学才是实务操作的平衡所在，吕不韦非常清楚这一点，因此他在墨法之学横行于秦国之际，向其介绍中原文明的各家思想学说，包括儒学在内。他宣扬君主无为与禅让，在《分职》篇中说道："君也者处虚。……无智、无能、无为，此君之所执也。"意思是君王不要事必躬亲，形成内阁制、君相制，建立官僚系统与君王互有牵制的共治体系。大家知道自汉以后，逐步就朝这个方向运行，天下逐步表现为统治稳定的农业文明结构。看来吕不韦反对君王一人集权和独裁，这种想法是富于远见的。

此外，他也秉持"重农"与"兵战"的主策，也就是他并不偏废法家。请大家听明白"杂家"是什么？它实际上是对秦国只用法家之说造成其严重文化偏失的纠正。而且吕不韦也想借以调教嬴政，他写《吕氏春秋》这样的杂家著述，就是希望嬴政学习这些东西，从而改变秦国国风，可惜嬴政听不进去。由于法家从商鞅变法以后，一百多年例行有效，秦国因此而强大，终于在嬴政手里统一天下，使他变成始皇帝。所以嬴政听不入耳，继续坚定地推行法家一道，终致取天下也败天下。吕不韦对当年秦国国政和文化偏失心知肚明，他苦心寻求秦国文化的矫正和补足。但出于他自身的种种缺陷，这件事情没有办成，反而引起嬴政对他的反感，当然对他的说教也就无法接受，最终给秦国带来远期遗患。

在此请大家记住一点，对务实者而言，"一孔之见不可执，一时之行不可证"。这句话什么意思？首先大家把务实者和务虚者分开。务实者诸如政治家、经济家、军事家、社会活动家等等，他们在社会上做实际事务操作。什么叫务虚者？做纯学问的人叫务虚者。对于务虚者而言，做学术就要有把一个问题贯通到底的韧劲，他绝不能做万金油，他绝不能是个杂家，他得聚精会神于一点，把任何一个问题论证到底、论证穷极，这是真正做好学问的必由之路。但是对于务实者而言，对于在实际社会活动中有所操作的人而言，你的文化构成绝不能偏废，也就是说你的文化组合必须是博采众长、融汇百家的，你必须兼听则明，你才能找见行为平衡，你才能有效处理头绪纷乱的各种复杂社会问题。

总而言之，你的文化构成不能是一孔之见，就是你不能只关注一门学问，觉得这个说法有道理，就拘束于其中，然后断然排斥其他见地，这叫"一孔之见不可执"。另外，对于务实者而言，你也不能因为有一个你反复应用有效的学说或者思路，你就认定它是真理。在实际操作中，你绝不能偏执于曾经行之有效的经验，因为曾经被反复证明是正确的东西，它未必将来继续行之有效。你反倒要小心，一个你长期践行有效的策略，恰恰可能把你引入深渊和陷阱，这叫"一时之行不可证"。就是一时有效的操作不能证明它将永远有效。

想想法家，从秦孝公商鞅变法开始到秦始皇统一天下，历经一百多年时间，法家在秦国反复证明行之有效。秦国从偏守西部一隅之弱国，一跃成为战国最雄强的一方，并最终统合天下，你能说法家不对吗？可恰恰是这个反复证明有效的法家单进独斗，终于导致秦朝失政而土崩瓦解。如果当年秦王嬴政接纳吕不韦的思想，从此在他的执政理念中有了杂学的文化融合，相当于西汉的文化状态，秦朝何至于短短十五年而崩溃？所以这一条请各位特别注意。

最后我们要说先秦诸子百家之所以重要，是因为各家学说之杂糅夯实了中国社会两千年稳定运行的文化基础，这不是任何一家学说所能产生的功效，此乃先秦诸子百家在中国传统文化中的奠基价值之所在。

我们下面对这节课做总结：

第一，儒家后学之变质，既适应了中国农耕社会的动态稳定生存，也铸成了最终国运败落的近代历史恶果。

第二，道家后学之演绎，偏离了起初深刻问道的哲思，而迹近流于玩世不恭的机辩与玄幻，终至于丧失了社会发展的建设性作用。

第三，名家思脉的闪现，虽曾触及了诸多纯粹务虚的哲科问题，但由于缺乏精密逻辑和纵深证明的思想功力，结果只落成文人士大夫茶余酒后之笑谈。

第四，人类文明社会之复杂，需要各式各样的思想学说、规划设计、批评意见、调整反馈等，方能得以维系。

第五，从细节上看，人类社会的文明形态似乎多种多样；但从大节上讲，文明发展路径其实只有一途，即"农牧业文明——工商业文明——尚在孕育潜行的下一期高动荡文明"，此乃"自然规定"或曰"自发进程"使然。

第六，因此，就目前而言，人类文明正处于第三次社会大转型之前夜，如何在众说纷纭中觅得真正代表未来方向之一说，是为至要。

（四、六两项并不矛盾，前者涉及眼下之时局，后者关乎未来之前瞻。）

我下面对四、五、六各项再给以进一步说明。

请大家记住，人类文明社会这个复杂的大结构，用任何一种思想、一家学说根本无法治理。如果它失去了思想多面性的展开，那么它必定陷于僵化而至崩溃，杂家之于秦国和秦朝就是一个先例。

再者说，今天人类文明社会远比先秦时代复杂得多，它更需要思想自由、言论自由、出版自由，这绝不仅仅是文化人的癖好，它是任何一个复杂社会构形要想维持完好运转和系统平衡的必须。对不同思想观念进行多样选择的缺失，会导致一个复杂结构的治理完全失去发展方向和文化基础，造成社会系统高度板结而脆弱。我再说一遍，今天的人类文明要比先秦时代社会结构的复杂程度高出上百倍、上千倍、上万倍，远古时代用一家之说、用专制之术尚且不能有效治理，何况今天。（此处有删节）

由于人类文明途径没有选择，我们从农业文明向前过渡只有一条出路——工商业文明，那么我们的文化走向也就没有选择。什么意思？人类文明体制表面上看是绚烂多彩的，不同国家似乎呈现为不同的文化构型和文明构型，但是你从大节上看，它其实是大同小异。它小节上有差别，大节上完全是一回事：你要么是农牧业文明，要么是工商业文明，要么就是处于从农牧业文明向工商业文明转进的中途，你始终运行在这个通道上，你从来脱离不开这个通道。

请大家想想，中国近代不断挣扎的结果是什么？走向工商业文明。今天阿拉伯地区，它一心想守住自己的固有宗教和传统文化，它有出路吗？中东、埃及、土耳其、东南亚等早已启动变革，就连最保守的沙特阿拉伯近年来也开始着力改革，改什么？怎么改？说到底它只有一条通道，只有一个方向——工商业文明。沙特过去只埋头于开采石油天然气，如今资源优势难以持续，前途堪忧，所以它现在不得不打算发展整个工商产业，使之逐步系统化。它没有其他选择，仅此一途，别无出路。

既然人类的文明是没有选择的，那么跟文明相对应的文化方向，基本上也是没有选择的。农业文明的时候，是一套农业文明的思想体系。到工商业文明时代，就是工商业文明的那一套思想体系。我们最好不把它称作西方文化、东方文化，或者西学、东学。你把它理解为，所谓的东方之学以及中国传统文化，不外乎就是农牧业文明文化体系；所谓的西方文化，不外乎就是工商业文明文化体系。所以你的文化变形是必然的，不容你挑肥拣瘦。我绝不是说要全盘西化，我也绝不是说西方文明就好。我只是想告诉大家，即使它是最坏的文化，你今天如果想搞工商业建设，你也不能不借鉴它，你也不能不注重它的内在涵义和内在规定。

人类今天在干什么？在进行或者行将进行第三次社会大转型。人类的第一次社会大转型在文明前期，我们现在即便参照原始文字符号都不完全够得着，那就是人类从采猎生存方式向农牧业文明转型，也就是中国先秦时代才得以显化、才可以明言的第一次文化大转型。第二次社会及文化大转型，若以中国为例，从鸦片战争到现在还没有完结。就整个人类而言，就是从农牧业文明向工商业文明转型，今天还正在快速地进行，或者说正在快速地逼近其尾声。未来的第三次社会大转型，从工商业文明台阶继续向上腾跃前行的下一期高动荡文明转型，我们目前说不清它是什么，信息文明？生命文明？外太空文明？我们不知道。但是显然工商业文明即将结束了，人类现在正在剧烈地、迅猛地、以远比农牧业文明向工商业文明转型历经两千年的时间快得多的速度，向后工商业文明转型。

我前面讲过，人类文明若要维系一个复杂的系统结构有序运转，需要各方面的思想探索，需要各种声音的争辩讨论，才能实现这个目的。但是你得注意，能代表未来的那个思想只有一条。虽然众说纷纭在维系当下是非常重要的，但面对雾霭蒙蒙的前景，通常只有一说代表未来。

回顾中国的先秦诸子百家，所谓诸子百家可能有不止上千个"诸子"，每人是一家之说，代表未来的居然只有一家——墨家！可惜墨家当年很快被淹没了。诸子百家虽然维系了中国社会稳定两千年，最终却把中国带入近代屈辱史。并且近代中国的社会文化转型必须抛弃中国传统文化，才能完成工业化转型的需要，这就是新文化运动的意义所在。它说明什么？实务操作上虽然要照顾百家，要允许众说纷纭，但代表未来的通常只有一说。如何在众声喧哗中，找见那个能代表未来之一说，才是人类前瞻性思维和前瞻性眼光得以体现的关键。

而且大家要注意，最具有前瞻性、最能代表未来的那个学说，在它起初诞生的时候，它一定不是主流，它一定是不合时宜之说，它一定是小众文化。因为它如果是大众文化，它如果与主流文化没有冲突，那就证明它适合于眼下、对应于当前、止步于不远。而任何未来之发展一定是物换星移般的否定与超越，因此代表未来的文化在今天一定表现为不合时宜，它显得怪诞、显得异端。但你一定要记住代表未来之说，可能恰恰是那个看起来不着边际的学说。就像当年的墨家之说，在中国是一个异类的声音。可是鸦片战争以后，中国学界回望先秦时代，才知道只有墨家代表未来。

好了，大家听懂我今天的课，首先，你得听明白先秦诸子百家才奠定了中国农业文明的文化构成基础，任何学说的偏废都可能潜伏着社会实务治理的危机；其次，代表未来之说，一定在众声喧哗中表达为一脉不合时宜的思路。可具有这个前瞻性或不具有这个前瞻性，决定着你是引领未来，还是被未来淘汰。如果你上我的诸子百家课，对这两点能有通透的认识，你将远行于前路，你将弄潮于浪头。

课后答疑

同学提问：老师今天上课的时候给我们讲了庄子在妻子死了之后，认为她的死亡归于"道"。我想问一下老师，怎么来看待死亡，以及您觉得人死之后还会有灵魂吗？

东岳先生：这个问题我就不用说了，因为宗教上讨论的很多。至于我的观点，就找我的书读一读吧。因为死亡问题说起来你得从一个基础性起点论证，才好把这个问题谈论清楚，绝不是短短的几句格言就能讲明白的话题。我简单概括一句：所谓"灵魂"，无非是"感知能力的总和"，而精神感知系统只不过是物质结构实体的某一种属性，可笼统称之为"感应属性"，或者称之为"与物的存在度相适配的感应属性之代偿产物"。

同学提问：东岳老师您好，我想请教一下，您一直在说生存是决定一切的基础，万物都是为了求存，所有的生产生活方式的改变，其实都是为了解决生存的问题。我的问题是随着科学进步，我们现在已处于第三次社会转型中，这种科学的进步最终是否能够彻底把人类的生存焦虑和生存危机解除？从而使得人的整个认知及其生存结构发生一个根本性的转变，大家从此再也不会担心生存的问题了，是不是能够迎来所谓的社会大同？人类会有这样一个前景吗？

东岳先生：我的西哲课你听了没有？

同学：我听了，但不是很理解。

东岳先生：首先，大家注意我讲"追求存在"是万物的最基本夙性，也是万物演化的最基本规定。但是我所说的"惟求存在"绝不是指"个人之生存"或"个人的谋生活动"。比如我们会见到社会上有大量的人甘愿牺牲自己，比如我们会看到文人务虚，绝不关心实用问题或实际生活问题，这绝不表示他们不在求存。求存要放在物种这个大系列上讨论。从根本上讲，个人牺牲自己，文化纯粹务虚，是更大的社会需要，是人类艰难求存的另一种极端表达方式，首先这一点要搞清楚；再者，如果你读我的书，或者听懂我的哲学课，包括后面的全课程，应该能听明白，我一直在讲人类的文化代偿发展，其戕害性倾向于越来越大。我在西哲课上专门讲，科学为什么将会更大地祸害人间，而不是拯救人寰。所以，寄望于科学挽救人类，无异于缘木求鱼，这个话题我们将在第十二天最后的课上再纵深讨论，我现在只说一句话：未来一定是后科学时代，而且一定是生存危机更严重的时代，尽管它看起来可能很像大同理想社会。

同学提问：东岳老师您好！您刚才讲到诸子百家的文化共同奠定了中国两千多年社会的稳定，但是今天回过头来看，其实那个时候墨家的思想可能代表着比农业文明更先进的工商业文明。我想问的问题就是，如果当时中国选择的主流文化不是儒家，而是选择了墨家，会不会导致我们连后面两千多年的稳定都没有？更深的一个问题是，我想问站在当今世界，我们可能接下来会遇到高度动荡的时代，什么时候引入代表未来的那个文明，是超越工商业文明的下一个节点？就是时间节点需要与之匹配，代表未来的东西是不是来得太早了也是不对的，节点是不是也很重要？

东岳先生：墨家不被中国传统主流文化所选择，表明中国农业生存结构是一个自然进程，墨家不被选择本身就是中国农业文明所做出的选择。我承认农业文明远比工商业文明稳定。因此如果及早地选择了墨家，中国有可能进入更不稳定的社会状态。但是大家要知道，如果当年墨家不被埋没，而是墨家思绪一直在中国文化中得到相应的传承发展，比如说不出现汉武帝时代因董仲舒建议而罢黜百家独尊儒术的局面，而是让墨家学说一直通畅运行，弥散于整个社会，并适时达成某种共识，那么中国就有可能在宋代以后逐步缓和地长入工商业文明，也就有可能不至于发生鸦片战争以来的中国近代屈辱史。在这里我并不是说墨家能否以及何时被选择本身是可以选择的，我只是借助于墨家这个范例，想告诉大家一种先导性、前瞻性的文化和视野是值得关注的。

至于你的第二个问题，就是人类下一期文明转型会在一个什么节点发生，这个我说不清楚，但是我可以判定它一定是一个更失稳的文明结构，而且应该说它现在已经处于孕育阶段。至于这个话是什么意思，你得去读我的有关著作。

同学提问：老师您好！我想问一个关于务实者跟务虚者关系的问题。为什么务虚者可以一个问题穷究到底，而务实者不能偏执于"一孔之见"？是不是因为他们探讨问题的稳定性是不一样的？如果说随着文明一直往前演化，随着存在度的降低，务虚者所探讨的问题会不会演变成未来务实者想要探讨的问题？务实者跟务虚者，他们之间的关系是什么样子的？谢谢老师！

东岳先生：我前面讲过，人类文明发展过程是一个信息增量过程，而真正做文化一定是个人的事情，绝不可能集体做什么文化。人这种动物很奇怪，每一位个人都是天生聪明的，一旦凑成一个群体就成为一群蠢猪，就陷于集体无意识状态，所以做学问历来是纯粹个人的事情。而个人要想整顿整个社会中的文明要素和巨大信息量，他如果不用尽自己毕生之精力只做这一件事情，只关注这一个问题的探讨，他怎么可能把学问纵深下去？所以务虚者做学问一定要持之以恒地专业化，把自己的视野聚焦在一个点上不断深究，这是承载大信息量的必然压力；而务实者他要观照整个社会的多因素问题的复杂影响，他当然得有普遍的信息搜集和人情关怀的泛化视野，断不可一条逻辑一根筋。所以务虚者历来务不了实，务实一定出问题，"哲学王"不成立！而务实者也务不了虚，因为务实者的精力早已经分散在诸多事情和诸多麻烦上去了，他无法做精专于一门之研讨，所以这两者完全不能兼容。但是任何务虚文化，如果它具有前瞻性，如果它对未来人类的生存有铺垫作用，那么它将会成为未来务实者的意识和观念基础。而且其思想一定会扩延为一个理论系统，在各个领域上再展开分化。

我想我已经把这个问题讲清楚了，如果大家还是没理解，我再举个例子。牛顿的经典力学是一个纯粹务虚的课题。牛顿认为他是在解决上帝如何操纵世界的玄机，他从来没想到他的学说会缔造一个工业时代。到了工业时代工程师做一个齿轮、做一个曲轴、做一个连杆都用的是牛顿的基础理论，只不过需要由千百万工程师分解他的学说，使其在不同领域里以不同方式展开。所以一个务虚文化如果具有切实的前瞻性，如果具有未来的指导性，它将来自有其分化落实之途。

同学提问：先生我想问一下，按照您的理论，原子、分子、细胞等等这些分层，其实都是从上一层的个体，组合成了下一层结构的基本单元。刚刚您说文化都是多样性的，我看您的书时也没有看出来人类最后的发展方向是否会从"智质代偿"演化出下一层新的存在形态。也就是说，您觉得未来是不是有可能走到一个人工智能统领世界的时代？

东岳先生：对于你所关心的这个问题，我建议你读一下我的《人类的没落》，不过我想就《人类的没落》做一个说明。《人类的没落》这本书我没有任何自信，因为它有点急于讨论实际的问题。我前面讲过真正做学问，只务虚不务实。我只探讨宇宙演化底层以及人类文明运行的终极规定。也就是从学理上讲，我只纯粹务虚，我对务虚有信心，对我的学说有信心，但是这个务虚的成果，或者这个思想系统将来在务实方面是一个什么含义，我自己一点都看不清。当时写它，只是为了及早发出某种警示。所以在我起草《人类的没落与自我拯救的限度》那篇文章时，我只敢写成简略的提纲，丝毫不敢落墨于细节，亦即毫无自信可言。如果你对这个问题有兴趣，不妨可以读一读它。但须记住，《人类的没落》它只属于抛砖引玉之作。大家如果有时间、有精力，我还是建议更多关注我纯粹务虚的理论问题研究。如果你把它真正搞懂，你自会有一个对未来发展趋势的相应推导，这个推导即使涉及不了细节，因为任何人都不是算命先生，都不可能是神一般的预言者，但至少它会给你一个方向性的预判。

同学提问：老师，能讲一下阴阳家吗？能简单地讲一下吗？因为我们还是很关注的，谢谢。

东岳先生： 中国的阴阳家主要指邹衍这个人。有关邹衍的话题稍微有点麻烦，我们今天的讲课时间不够，所以就省略了。阴阳思想其实最早来自《易经》，我们下一次讲课就涉及《易经》，届时会讨论这个问题。

邹衍他最重要的学说在五行上，也叫"五德终始说"。我前面讲过，中国先秦诸子百家都比较关心人伦社会政治问题，所以邹衍的五行学说后来变成了一个政治附会循环之说，这个东西在中国传统文化，尤其是在古代政治文化里算得一个颇有影响的学说。但是，站在今天人类的知识量和信息量的水平上看，确实可借鉴的价值非常之低，因此我就把它筛选掉了。如果你有兴趣，找一点邹衍的书读一读，可能比听我讲课更好，不至于令人扫兴。

同学提问： 先生您好！您前面讲到墨家代表底层的手工业者，后面您讲名家的时候，没讲名家这帮人是代表什么阶层的？他们的思想基础是什么样的？什么样的生存结构导出了这么灿烂的思想？谢谢！

东岳先生： 我前面讲过，我说名家是别墨思想的延伸，可能我没讲清楚。我在讲墨家的时候，我一再说墨家代表手工商业者，而工商业文明的思路是被规定的，或者说是有其特定内涵和色彩的。也就是说，任何人一旦陷身于工商业文明群落，他的思维方式就会倾向于哲科文化。所以墨家顺势而动，呈现"墨离为三"，墨家就此分为两个部分：一个是"墨教"，即神学之墨派；一个叫"墨辩"，也就是从墨子那里就表现出的逻辑论思绪，这一脉思绪后来就演绎成"名家"。它是工商业文明生存结构必然导出的对应性思维方式，所以名家其实就是墨家的那个基本立场在思维方式上的展现。

同学提问：先生您好，有一个问题是关于您书里面的。在您的"有限衍存区间"中，您认为任何一个存在者的自残和自缺是他的物自性，在这番论述中我找不到任何破绽或者说服不了我的地方。但是，我有一个疑问在寻找它的源头时产生了，就是那个绝对的存在是如何掉入了您的有限衍存区间的，或者说是谁把它推入进去的？我当时猜想的是，难道说这个绝对存在就带有这样的一个弱化效应在他的自性里面吗？这是我产生的一个疑问，谢谢。

东岳先生：你提的这个问题，我们在第十二天最后一堂课会讨论，我现在只是做一个简单的回答。我在书中说，存在的本性不能十足，即"存在度最高只能趋近于1"，故而它的演运过程也只能是"内在自补且愈补愈失"，是谓"属性代偿"。这个"愈补愈失"的最后临界点，也就是"失存临界点"就自然构成了一个有始有终的"有限衍存区间"。至于为什么存在本身一开始就"自性不足"，我只能回答说这就是它的自身素质或终极规定。

再深说一步，人类追究终极的哲科思路，这个终极点其实永远不能穷尽。我在讲西哲课的时候，讲人类的文化探求过程和文化纵深过程，就是那个逻辑极点不断前移的过程，这个极点你是永远无法穷尽的。比如当牛顿的经典力学认为天体运行是惯性力，那么就有一个问题：万物最初那一动的动量是哪儿来的？他说是"上帝的推手"，也就是这个问题在牛顿那儿是得不到回答的。人类的任何问题都没有一个真正彻底的极致答案，也就是人类文化没有完成时，永远都是进行时。人类文化不是真理，人类文化只不过是生存形势或生存进程的对应性产物，如果你的生存进程尚未穷竭，那么你的文化追问也就还没有完结。

同学提问：先生您好，问一个问题，人类前两次的文化大转型都与人类的总数量、总质量的变化有某种内在关系，似乎所有物态的总质量在它的增长过程中都会带来存在方式的转变。在《物演通论》的坐标图中是如何表达这种物态的质量与其存在方式之间的变化规律的？

东岳先生：我想你可能误读了我书中的这个部分。我一再讲，存在度降低的过程就是物类质量递减的过程，所以你说人类的质量在增大，你说得不完全准确。确实，人类的数量一直在增加，而且人类社会的动态演变也确实与此因素有关，但这只是讲课中的微观现象分析。从大处着眼，人类的总体数量或质量一定是被限定的，我书中所讨论的就是它在宏观层面上的根本规定。这里涉及分类方式的问题。

你如果单看人类，人类早年可能只有几千人，后来几万人、几十万人、几百万人，今天已经 70 亿人了。可是你站在一个更大尺度上来看，我们把生命物质可以分为三类：第一类，单细胞生物。第二类，从单细胞生物之后到智能生物之前，中间这一段所有的多细胞生物，包括植物和动物。第三类，智能生物，即人类。你如果拿这三块来看，质量一直是递减的，也就是单细胞生物质量最大；动物、植物等一切多细胞有机体，即智能生物人类以前所有的中级生物，质量第二大；智能生物质量最小。

所以，你得在一个大尺度上用不同的分类法来看待这个问题。而且人口过度膨胀，一定是人类的一个远期灾难，人类一定有一个控制人口增量的问题，这个问题从哪儿来？就从物类质量有边界规定来。这个话题恐怕还需要你更仔细地读我的书。

人体哲理浅谈

开题序语

我们今天的讲座题目是"人体哲理浅谈"。

我先说明一下，就是我们发给大家的那个教材，是当年应西安交通大学的要求，给医学系本科生准备的一个专业选修课程教材。按那个教材呢，至少需要一个学期（半年）才能讲完。我今天没有用那个课件，换成一个缩略版，我会讲得比较简单，尽量用非专业的科普方式来讲课，力求让大家听明白。不在于听懂它的细节，而在于听懂它的逻辑脉络。那么这种讲课方式，当然就不够精确，比如分子生物学上讲"等位基因"，我在孔子课上提到过它，但我没有用这个专业术语，我用"主位基因"和"对位基因"作为说明"双位碱基排列关系"的通俗表述，以便让大家能听明白。

我们讲这种课不做精细的学术考辨，其实所有十二天课程我都是按这个原则进行的。比如上一次讲法家，提到秦昭襄王的那位宰相，我称其为"范雎（suī 音同虽）"，此前我在其他场合讲课，有时又用"范雎（jū 音同居）"，那么这个人到底名叫"范雎"，还是叫"范雎"呢？你查一下司马迁的《史记》，查一下司马光的《资治通鉴》，它们用的都是"雎"那个字，"目"字边加上一个"隹"（板书），大家注意这个字只有一个发音，念"雎"（suī）。但是如果偏旁是这个字——而且的"且"，右边一个"隹"，那么这个字念"雎"（jū）。

你仔细看《史记》和《资治通鉴》，中国史学巨擘二司马用的都是"范睢（suī）"，但是先秦时代的《韩非子》以及其他史料却说"范睢"这个人的名字叫"范且"，直接就用一个"且"，"且"这个字在人名中的发音与"睢（jū）"同一。那么到底是怎么回事呢？难道司马迁和司马光全都出现了笔误？这就是一个非常复杂的问题了。

要知道中国古代，每一个人的名字可以跟他的籍贯相连。比如柳宗元，他的籍贯是山西河东，所以也称柳河东；比如王安石，他的籍贯是江西临川，所以也叫王临川；比如康有为，他的籍贯是广东南海，所以人们也称他为康南海。回顾战国中期，齐国灭掉了宋国，尔后齐、楚、魏三国瓜分了宋国，商丘之地分给了魏国。而商丘下辖的一个地名叫"睢县"，过去叫"睢州"，或者叫"睢阳"。史书上记载范睢是魏国人，司马迁和司马光都没有注明他是魏国哪个地方的人，如果他是商丘人、是睢州人，那么把"范睢"称作"范睢"也就不错。

像这样细致的学术考辨，我们在这次讲课中一律省略。我只想告诉大家，听我的课，不用听细节，不追求细节精确性，我们不做学术考证，不做学术追究。听我的课听什么？听思想、听逻辑脉络、听观念的翻新。

再则，这节课是我们十二天课程里唯一稍微有点用处的讲题。但是就我而言，还是希望着重讲清它的思想脉络。而且大家要真正把这个课听懂，达到养生保健、就医之道的调整或转变，前提是你必须听明白它的逻辑脉络和哲理线索。把这个东西听明白，你才知道我后面讲的所有的实用部分，其实都是它的逻辑展开。那么这节课为什么取名叫作"人体哲理"？因为它不是在一般意义上讨论解剖学、生理学、病理学等，甚至不是讨论更基础的生物学，而是就它们下面最基本的问题，即比这些专业基础更深刻的方面展开一番探查，以求达成对于上述诸问题的彻底贯通和重新认识。

　　需要提醒大家的是，既往的医学以及生物学，都是站在达尔文进化论的基础之上展开的。达尔文学说构成现代生物科学的开山，所以整个现代生物学和现代医学的基础都是达尔文理论。那么依据达尔文"物竞天择，适者生存"这个观念，它的顺延结论必定是，人体乃是生物系统中最高级、最优势、最强健、最平衡的有机体，这是其必然导出的结论。所以你沿袭过去的医学课、人体课、生物课之惯例，得出的也一定是这种结论。

　　可是在我的课里，情况恰恰相反。我能够证明人体是整个生物界中最复杂、最劣势、最脆弱、最失衡的至弱生命载体。问题的关键在于，怎样看待达尔文学说，如何理解生物学基础，以及如何重整万物演化的规律这些哲学思路。首先得把这些搞明白，我们才能重新研判建立在达尔文学说基础上的生物学观念和人体观念。此前大家听我的课，如果你不加深思，你大约会觉得我的课里充满着达尔文韵味。对于不是搞医学专业的人来说，你可能听不出来我这个课程与既往传统医学课程对人体描述的反差。

从达尔文说起

　　关于达尔文学说，现在的报纸、杂志、电视台通常有很多反驳的声音，但大多都是些不着调的噱头。比如说人体不是从低等动物进化而来的，说人是天外来客；有的说人类的问世在生物进化史上是有断环的，达尔文学说得不到全序列证明，企图借此从根本上否定达尔文学说。我只能这样讲，就是从科学表观层面上看，达尔文学说是完全成立的。那种噱头式的讲法，说达尔文过时了、人类是外星人之类的那些说辞，你可千万不敢当真。

要知道达尔文学说中间发生个别断环，比如从猿到人的进化，古生物学和人类学上不能把所有的环节联系全部找到，这种现象在生物学上其实是非常普遍的。因为化石本身的形成，是有诸多条件的，所以中间出现某些化石不能求证的断环，也是很合理的。达尔文学说问世以后，反对达尔文进化论是当时的社会主流。直到19世纪末、20世纪初，德国出现一位著名的组织胚胎学家，此人名叫海克尔。他专门研究生物胚胎学，结果发现人类的胚胎发育过程就是整个生物系统演化的快速而简洁的重演。

比如受精卵就像是一颗38亿年前的单细胞，然后出现鱼的胚型，在人的胚胎早期，会长出原始水生动物的腮裂，再后来出现兔子、牛、马这样的哺乳动物的样子，再往后胚胎形态与猴子无异，最后才生成完整的人体。也就是说，海克尔发现的"胚胎重演律"，再度证明人类是生物系统演化的产物。到20世纪中叶，分子生物学出现，也就是基因现象被发现，这个时候人们通过考察整个生物史上的基因组型关系，可以明确地看到生物进化过程在基因系统上的点滴变化，其精确程度几乎可以进行数学计算。

我下面的表述也许局部上不准确，大致说一下。人体基因和原始单细胞生物的基因，其同型率达到40%左右；和水生生物，比如和鱼之类的基因同型率达50%左右；和两栖爬行动物同型率达60%左右；和脊椎动物达到70%左右；和哺乳动物达到80%左右；和猿类灵长目动物达到90%以上；和黑猩猩的基因同型率达97%以上。以基因本身的演化序列作为一个重要线索，也再度佐证了进化论成立。因此大家如果看到浅薄的、戏说的，或者借助一些非常夸张的奇谈怪论来否定达尔文学说，你最好不要受它的蛊惑。

下面我再讨论一个问题，就是我们看待世界有两种基本眼光：

一种叫还原论，一种叫突现论，或者也叫涌现论。我先解释什么是突现论或涌现论，比如你翻开《圣经·旧约》第一章《创世纪》，说"上帝六天创造世界"，这是典型的突现论。那么什么是还原论呢？就是追究事物的本原。比如老子讲"道生一，一生二，二生三，三生万物"，这就是典型的还原论；比如古希腊第一圣哲泰勒斯讲"水为万物之原"，他完全说错了，可为什么他被视为西方哲学首位创始人，是因为他的思想中暗含着万物皆有起源发展的演运过程，这是典型的还原论。

我们今天的宇宙观，即建立在爱因斯坦学说之上的现代宇宙论，说宇宙由137亿年前的能量奇点逐步演化而来，这是还原论；再比如达尔文的生物进化论，说一切高等生物都是从38亿年前最原始的单细胞生物进化而来的，这也是还原论。我们会发现，但凡具有深刻哲思或缜密科学思维者，基本上全都持以还原论。

我再举个例子。达尔文之前有一个著名的古生物学家、动物分类学家，名叫居维叶，他是信神的，是一个突现论者。其实在研究过程中，他早就已经发现物种是进化演变的，他甚至发现了"间变物种"，也就是在两个定型物种中间出现某个过渡型物种，他连这个都发现了，但是由于他抱持着突现论的观念，因此他认为生物之所以出现过渡型、出现间变物种，是因为地球上不断发生灾变，于是上帝不得不一次又一次地重新造物，而上帝造物的时候会把他以前缔造生命的某些细节忘记，被人笑称为"上帝失忆症"，于是造出来的后续物种，就跟前面的物种有了一些细微差别。

当然这在我们今天看来是很荒唐的说法，但它正是突现论的典型表达方式。所以当我的学说表现为一种追究终极的还原论思绪的时候，你不能因为还原论本身在有些方面会暴露出非常严重的弊端和缺陷，就认为还原论一无可取，这是大家要注意的。

我再讨论一个细节问题。有人说生物演化是随机的，事实也是如此，比如生物变异、基因突变都是随机的，因此不应该叫"进化论"，认为"进化论"带有目的论的意味，在学术上不严谨，而应该称之为"演化论"，这个说法在一定程度上成立。可是它也忽略了一个事实，就是虽然在细节上任何变异或者任何基因突变确实都是随机的，但是你在大尺度的时空关系上看，你在大尺度的演化进程上看，演化本身却是定向的，也就是我们只见过从简单生物向复杂生物、从低级生物向高级生物演化。我们见不到相反的演化途径，也就是高级生物最后演化成低级生物这种途径，自然界中不存在。从这个意义上讲，把"演化论"或"演化过程"表述为"进化论"或"演化进程"，在大尺度上看是不为错的。这都是需要说明的一些概念细节。

我们下面来讲述进化论思想。大家知道人类早年全都认为人是有别于其他生物的独特精灵。达尔文学说产生以前，西方人认为物种是上帝一次设定的，即使是居维叶，也只是认可物种是上帝经由多次灾变而重复缔造的。在中国，说盘古开天地，之后万物的发生、生命的出现也都是一次成型的。人们从来没有想过，我们人类这种万物之灵，居然是从最原始的低等生物逐步进化而来的。

事实上，进化论思想并不是达尔文一人骤然提出的，它有一个漫长的思想启发和延展过程。早在远古时代，人类开始进入农牧业文明，在豢养动物之初，很多的农夫、很多的游牧者，他们就已经发现动物跟人类有某些十分相似的生理性状。比如给动物配种，你会发现动物交配的方式和人类的性行为有极其相似的动作。因此人类在非常远古的时候，就已经想象到人跟动物是一回事，这在中国传统文化中是有所表达的。我举例子，中国古代把所有动物、包括人类都叫虫。比如昆虫，"昆"这个字是"许多"的意思；比如长虫是指蛇；比如把老虎叫大虫；古时把人也叫人虫。可见中国人在远古时代就认为人和动物是一码事，是一个来源，都是虫、肉囔囔的虫。

西方同样，早在古希腊，就有哲人提出"人是理性动物"，至中世纪，又有人从一个细节上看出，人是爬行动物的变种。他怎么得出这个结论的呢？他说你看人走路，他迈出左脚，一定把右臂挥向前方；迈出右脚，一定把左臂挥向前方，他绝不可能一侧肢体同时同向运动，那是一个很笨拙的走路姿势。然后你再观察动物，动物行走或奔跑，如果跨出的前肢是右肢，它后面跟上的一定是左肢，反之亦然。这种四足爬行的样式，跟人走起路来挥动臂膀的状态完全一致。所以西方在中世纪的时候就有人说，人类只不过是那个爬行动物站起来了而已。仅从如此微小的细节，就已经引动了这样的观念发生。

时至达尔文之前，出现了一系列进化论的先声和学说。我提一个人物，名叫拉马克，他于1809年发表了《动物哲学》一书，在其中明确提出进化论。他的进化论是由两个主要部分构成的：第一，叫"用进废退"；第二，叫"获得性遗传"。我解释一下什么意思：他说生物进化是因为一个器官，你用它，它就会壮大、就会进化；你不用它，它就会萎缩、就会衰退，这种现象在表面上看是非常明显的。比如，你每天锻炼拉单杠，你的肱二头肌就会增大；你如果整天躺在床上一动不动，你的所有肌肉就会萎软。所以表观上看，"用进废退"似乎是成立的。他于是提出生物的演化是由后天努力造成的，这叫"获得性遗传"。

我举个例子，这是拉马克本人举的例子。他说，长颈鹿实际上就是由普通短脖子鹿进化而来的，它怎么进化呢？他说所有的鹿首先竞相抢食低处的草和树叶，等把这些草和树叶吃完了，鹿就拼命地伸长脖子够高处的树叶，这个长期努力的过程把它们的脖子越拉越长，由于"用进废退"，新物种长颈鹿就此形成。这就是著名的"长颈鹿的脖子"这个故事的来源。

那么，拉马克的学说为什么没有成为进化论的科学张本？是因为这个学说出了严重的纰漏。后来的学者研究发现，我们的后天努力并不能遗传给后代。"用进废退"只是在你原有生理素质上的表层表达，全然不能对基因结构造成深度影响。它不会因为你整天锻炼，你的肱二头肌增大，你生下的孩子肱二头肌也就壮硕；你的孩子不坚持锻炼，肱二头肌跟普通人是没有区别的。你父亲是数学家，你绝不可能生下来就是数学家。后天的努力在事实上找不见它能够遗传的证据，所以拉马克的学说终于不能成立。

1809年拉马克的著作出版，1859年达尔文发表他的《物种起源》，也就是说拉马克比达尔文提前了整整五十年，但最终反而导致进化论思想走入低潮。在此期间出现一个地质学家，名叫查尔斯·赖尔，是达尔文的朋友，他曾经在古地质考察上发现，地质领域也存在着某种渐变运动，而且在各个时期的不同地层中，古生物的化石残骸表现出一系列演动特征。赖尔的这项研究，给达尔文以极大启示。

达尔文发表他的《物种起源》前两年，还有一个叫华莱士的人，曾在马来群岛考察甲虫、鸟类等动物标本，这个博物学家提出跟达尔文完全相同的进化论学说，核心理论是"自然选择"。他写成论文寄给达尔文，达尔文这个时候已经研究进化论数十年，突然见到华莱士的论文，达尔文大吃一惊，观点跟他完全一样，表述都一样。达尔文非常灰心，认为他一生之辛劳付诸东流。

达尔文是一个很诚实的学者，他没有把这篇论文压住，而是把它交给当时英国的一份权威科学杂志。这时候他的朋友，也是这本杂志的编辑，比如赖尔、胡克等人，说你已经研究了几十年，得出跟他完全相同的结论，你也写一篇同样的论文，我们把这两篇论文同时发表。此后达尔文又用两年时间，把他的研究成果以更充分的证据和推论方式写成《物种起源》一书。我讲这些是想说明，进化论思想不是骤然发生的，它是近代生物科学逐步发展的产物，是随着信息量的不断增大必然出现的。

我们下面简单说一下达尔文。达尔文的父亲是一名医生。所以他起初上大学的时候，他父亲要求他学医，但他缺乏兴致，很快退学了。于是他父亲又建议他学神学，因为当年在欧洲最高等级是僧侣，因此从事神职的人社会地位很高，达尔文也毫无兴趣。在这期间，他特别倾心于博物学，结果被当时他所在大学的一位教授所欣赏。后经此人推荐，达尔文有幸参与了贝格尔军舰的环球考察，这是他一生中最重大的一次机遇。

贝格尔舰进行环球军事考察，为什么会带上一位博物学家同行？英国是一个海洋殖民大国，它需要对全球海况做水文调查，顺便捎带科学家沿途进行科学考察不失为明智之举。当然这其中还有一些很特殊的细节，我们现在说不清楚，有关资料显示，达尔文当年之所以被选中，是由于一般水手目不识丁，有文化的船长通常会遴选一名随行医生作为自己的对谈者，以应付远洋途中的枯燥时光。那时找这样一个闲人登舰，官方不给开工资，如此海上颠簸数载，异常辛苦却无收益，所以一般有身份的学者都是不愿意参与的。达尔文作为一个年轻人，视此为难得的机会，家里又算比较有钱，就这样贸然出发了。也不是说达尔文才具突出才被选拔，而是达尔文去干了一桩别人不愿意干的苦差。

达尔文随贝格尔舰环球考察五年之久，走遍世界各地，他偶然发现了"间变物种"。我解释一下"间变"这个词，就是如果万物一开始就被搞定，如果是上帝创造万物，那么就不会出现两个物种中间的过渡型物种，这个"中间变态物种"，我们把它称作"间变物种"。

（注意癌细胞也叫"间变细胞"，这个话题我们后面课上再谈。）此类间变物种的出现，让达尔文十分惊诧，也挑动了达尔文的疑思，从而使这趟实地考察最终颠覆了突现论、神创论在生物学上的统治地位。学界讨论比较多的是达尔文来到加拉帕戈斯群岛的调研，那是南太平洋上一个没有人烟的岛系，由几十个小岛和岩礁组成。

达尔文在此重点观察了一种地雀，他发现同一种鸟在相隔不远的各小岛之间，鸟嘴形状居然是不一样的。由于各个岛屿的物候条件、食物来源略有差异，它们的喙形就发生相应变异，这个奇怪的现象让达尔文意识到，所谓物种的类别定型，可能完全是一个自然适应性产物。达尔文带着这个疑问返回英国。

达尔文不在主流学界，是个典型的自由学者。回到他的庄园后，达尔文进行了长达二十年的研究和实验。你翻开《物种起源》第一页，其首章小标题即是"人工选择"，达尔文学说的核心乃为"自然选择"，那么什么叫"人工选择"呢？比如我们今天看到的金鱼，它是人类文明化以后短短几千年时间形成的。请注意天然演化形成新物种，通常需要数十万年甚至上百万年时间，那么如何模仿和重复自然选择、如何设计实验路径呢？当然最好的办法就是人工选择，因为人工选择的速度更快，而且过程可控。比如金鱼，它实际上是基于鲤鱼或者鲫鱼而演成的，它们在天然状态下就有红色变异，于是人类就把雌、雄红鱼拿来交配，所育后代大多为红色；其中个别鱼的眼泡或者尾鳍又见变大，于是再将这类变异个体选作亲本进行杂交，如此反复筛查淘汰，最终就会得到红色、鼓眼、横展尾鳍的异样观赏鱼品种。

这类人工选择产生的物种，由于是背离自然生态而速成，因此它的生命力极差，你若将其丢回天然河流之中，它是无法存活下去的。自然选择与人工选择的相同点在于，它们都是适应性选择的产物；不同点在于，前者是跟自然取得适应，后者是与人的需求相适应。达尔文通过这样一系列实验观察，确证生物的演化、从低级到高级的进化过程是自然选择的结果，由此奠定整个生物学确立于科学基础之上。

"达尔文进化论"引出的疑问

我们今天的生物科学，由达尔文开纪年。从一般表观现象上讲，达尔文学说迄今仍然是解释生物系统和生物演化的最好理论。但是大家听我的课，说整个课程始终暗含着达尔文韵味，那是你没听懂。

因为我的学说是对达尔文进化论的一个更深层的逆反探问，这句话什么意思呢？达尔文的眼界局限于生物进化这个范畴。如果你把生物进化往前延伸，那么在20世纪发现，生物进化之前，有分子进化——小分子、无机分子，发展出大分子、有机分子；分子进化之前，又出现原子进化——从化学元素周期表上的第一号元素氢，逐步演化出后面的更复杂、原子量更大的原子；原子进化之前又发现粒子进化……在这个更大尺度的物演进化史上，我们会看到完全相反的局面，那就是越后衍、越高级的物质存在形态或者物种，它不是越来越强大了，它是越来越衰弱了；它不是存在度越来越高了，它是存在度越来越低了。这个话题我曾经在老子课的后半部分讲过，所以我不再重复。

而且达尔文学说暗含三个严重问题：第一，达尔文承认变异是随机的。达尔文那个时候不懂基因，他当时不知道遗传物质是怎么回事。关于遗传与变异的基础因素是什么，在生物学界还是一片迷茫，各种猜测与争论此起彼伏。有人认为遗传因子是液态混合的，有人认为是粒子携带的，什么意思？比如父母个子都高，生下来的孩子基本上都是高个子；父母个子都矮，生下来的孩子基本上都是小个子。父母一高、一低，如果其后代数量足够大，比如育有十个孩子，你会发现孩子身高虽然错落不齐，但平均高度大体居中。于是人们就认为原初的遗传物质有可能是液态的，因此才会造成这种匀质混合分布。但是又发现，比如父亲是色盲，母亲色觉正常，生下的孩子有的是色盲，有的不是色盲，断然没有中间状态。就是说父母的遗传性状在孩子身上是完全分离的，这又显得遗传物质像是由粒子组成的。

也就是说遗传究竟是怎么回事，当时生物学家是说不清楚的，达尔文也摸不着头脑，真正把这个问题搞明白的是孟德尔。孟德尔的研究论文，包括数学计算，将全部秘密揭示无余，此乃后来的"基因"理论得以发生的基础。据说孟德尔还把论文寄给了达尔文一份，达尔文没有回信，也没有做出任何反应。按理说这是达尔文最关心的问题之一，不该如此漠然置之。原因可能是，当年达尔文著作发表以后，全世界辱骂进化论的声音响彻云霄，达尔文整天收到成百封诅咒他的信，以至见信都不敢拆封，结果导致与孟德尔失之交臂。

达尔文当年虽然不知道遗传物质是什么，但是他发现遗传和变异，尤其是变异，完全是随机发生的。所谓"随机"就是指无规律、无方向的偶然态，我们今天把它称作"基因突变"。问题出来了：既然基因突变是在各个方向上随机展开的，那么为什么生物演化却是定向的呢？达尔文没有回应这个问题。达尔文在他的书里一再讲变异是随机的，但他没有回答为什么演化在大尺度的进程上却是定向的这个重大问题。我们只看到从低等生物向高等生物进化，从来没有见过高等生物向低等生物进化；我们只见过猴子变人，从来没见过人变猴子。为什么会如此？达尔文有意或无意地沉默了、回避了。

第二，达尔文的学说里处处明示或暗含着"适者生存"（Survival of the fittest）这个思绪。这个词组是达尔文的原文。那么按照这个说法，越高级的物种就被达尔文确定为适应性越强、越具有生存优势的物种。依此推论，我们人类作为最高级的进化产物，当然就是最具有生存优势的生物品系。我们今天所有人都持这种看法，因此我们自称为万物之灵。我们主宰万物，万物都被我们鄙视，所有其他生物都被我们叫作野兽、叫作牲畜。

可奇怪的是，如果你在大尺度上考察，你会发现所谓适应性越强、越高级的物种，它的灭绝速度却反而越快。单细胞生物存在了 38 亿年，从来没有灭绝过；中等卵生爬行动物譬如恐龙，大约存在了 1.6 亿年便骤然灭绝了；哺乳动物只存在 7000 万年到 9000 万年，在人类问世之前，90% 以上早已灭绝；再看我们人类，直立人存在了 500 万年，智人才不过区区 20 万年，目前距离自作孽的灭绝前景也不远了。我们会发现，事实上是越高级的物种，其灭绝速度反而越快，这跟"适者生存""优势物种"之类的说法完全相左。这是达尔文学说的又一个重大破绽。达尔文曾经专门讨论过生物绝灭现象，但是他没有做系统考察，这是达尔文学说的第二大缺陷。

第三，达尔文讲自然选择，只涉及生物进化的外部因素和外部动力。那么生物为什么会持续不止地变异？为什么基因会不断的突变？而随机化的突变又为什么总是朝一个固定方向演进？也就是总体越来越危机、结构越来越复杂、种系越来越脆弱、灭绝越来越快速，它为什么朝这个衰变方向进化？它的内在原因是什么？它的底层动能是什么？达尔文也没有考察。达尔文学说由此表现出三个方面的重大缺憾和偏失。

如果仔细读达尔文的书，然后对照我的书，那么你就会发现达尔文所讨论的问题全是我书中论证的代偿层面的问题。就是所谓"物种的适应能力不断升高",正是我书上所讲"存在度自发衰减,必致代偿属性相应增加,二者呈反比函数关系"那个代偿层面。也就是说,达尔文只讨论了作为因变量的浅层表象,底层的那个自变量、那个真正的决定要素,他没有深入发掘,因此达尔文学说就出现了严重的悖反,出现了严重的疏失。

我们换一个大尺度。如果越高级的物种、越高级的物质存在形态,它实际上是趋向于衰变的,如果我们在大尺度上重新看待这个问题,那么,即使"自然选择"这个表观代偿现象仍然成立,我们所得出的结论则完全相反。也就是越高级、越进化的晚级物种,它一定是越衰变的物种,它一定是越弱化的物种,它一定是越不具有生存优势的物种,即它一定是深陷于最严重的生存劣势的物种。于是,整个问题的论证导向就会彻底发生反转。

大家首先要把这个部分听明白,你才能厘清我今天讲课的方向和内容。我的所有课程全都贯穿在一个法则、一条原理之上,可谓"吾道一以贯之"。我为什么在老子课上就特意把"递弱代偿原理"之大略给大家提前摆出来,而实际上它的详细论述我们将在第十二天最后一节课上才予以展开,之所以如此,是为了让各位同学及早构建一个逻辑脉络,这样我其后的所有课程,你才能跟着这个逻辑关系听明白。这一节课仍然是依据递弱代偿原理的思路,从更深层解读达尔文系所建立的现代生物科学和现代医学理论的基础颠覆,因此这节课的题目叫《人体哲理》。

关于更大尺度的物演法则,我就这样点滴带过。大家要特别留意那个更深层面的重新探讨,非此不足以真正理解进化现象的实质动力以及实际方向究竟是什么的问题。那么下面我们直接讨论一些相关细节。

生物进化是一个"畸变与衰变"进程。如果不按照达尔文的那个思绪，如果不得出达尔文式的结论，即认为人体是最高级、最强健、最平衡、最具有生存优势的有机体，而是反过来看，即认为万物都是进行性衰变的，存在度都是一路下降的。如果我们按照这个方式来看，那么我们就会发现整个生物进化的过程，实际上是一个衰变和畸变的过程。我给大家举例子，为什么38亿年前最简单、最原始的单细胞生物迄今是地球上生物质量最大、生存效力最强的物种，38亿年从来没有灭绝过？是因为它是最强健、最完美、畸变程度和衰变程度最低的物种。

起初的单细胞生物是原核细胞，之后发展出真核细胞。真核细胞分化融合，多细胞生物开始呈现，后生物种逐步展开。任何一个原始单细胞都是一个非常完满的生命，它的细胞膜上布满受体，细胞膜实际上既是信息通透膜，又是物质能量交换膜。由于单细胞的"比表面积"值极高（任何一个物体的分散体积越大，比表面积就越小。比如你将一块煤的面积／体积比值设定为一，你再把这块煤打成粉末，它的整个比表面积就会成万倍、成亿倍增加，以至于你把煤的粉末堆积到一定量，仅是空气中的热量就能使它自燃），即其质膜表面上接受信息的受体和能量交换的通道，分布密度极大，因此它的生命力极强。只要太阳光一照，它就实现了全部物质能量代谢的需求，此谓"自养型生物"。也就是它不用吞食其他生物就能获得营养，而且它既是滋养体，又是繁殖体，所有生物最基本的两项功能：能量滋养与增殖繁衍，完全体现在一个细胞体上，所以它生命力度强大。尽管它结构最为简单，但越简单的结构反而越稳定，这使它保持三十八亿年稳定生存而不衰。

生物生存最重要的基本素质是性增殖。由于生命过度弱化，它比原子物质、比无机分子柔弱得多，因此到生命物质出现的时候，它只能用一个办法来保持自己的长久存在，那就是通过复制和增殖。父亲死了，儿子接续；儿子死了，孙子接续……犹如接力长跑一样，它不能像此前的无机物质那样持续存在，它只能通过接力传递，才能保证自身永存，这就是增殖现象或性机能成为一切生命运动之轴心的原因。

生物在增殖的过程中，它最基本的诉求是尽可能百分之百地原样拷贝自己，这叫遗传。可是生物又避免不了发生变异，为什么会发生变异？我们看直接的科学表层原因，说是宇宙辐射、化学侵蚀等外部作用，导致结构组型太复杂的基因序列无法实现完整交替，这就是变异的原因。所以越原始的生物，变异度越低，遗传完整度越高。比如单细胞生物一分为二的分裂繁殖，各级后代的基因组型基本上始终保持不变。

关于单细胞生物不得不从原核到真核、再到多细胞融合等一路转化，我们今天说它是"基因突变"，过去叫作"生物变异"。请大家注意什么叫"变异"？我们今天使用这个词，似乎感觉它是一件好事情或者是一个正常现象。可是你想，假如你生了个孩子，他有两个脑袋，或者有三个鼻子，或者有四条臂膀，尽管他因此变得智力更聪慧、嗅觉更灵敏、膂力更强大，你会觉得这场变异是美妙的好事情吗？你把它叫什么？你把它叫"畸形"。是不是这两个字？

所以你要站在原始单细胞那稳定而圆满的生命立场上看，任何变异其实就是畸变！所以细胞的每一次变异实际上都是对原有较高存在度之生命，或者较具有生存优势之物种的一次畸形化发展，这才是变异的实质。畸变的过程就是我们前面讲万物演化之存在度不断降低的过程，在生物进化阶段表达为弱化衰变的基本样态。

我给大家举例子。试想一个单细胞生物，我刚才讲过它是一个非常完整的生命，如果它变成多细胞生物，它会出现什么问题？它的细胞膜立即有一部分被遮蔽。而我讲细胞膜是任何细胞生命的信息通道和物质能量交换通道，细胞膜上布满受体，那么一旦这些受体及其物质能量交换通道被遮蔽，细胞生存立刻陷入窒息危机，这是多细胞融合体必然导致的结构性后果。所以多细胞融合体一旦发生，生命的存在状态和存在形势就恶化了。早期的多细胞生命是这样平行排列的，我们在生物学上把它叫作"单胚层"，就是细胞只分布一层，这个时候细胞膜部分被遮掩，但其至少还有几面是对外开放的，它的遮蔽程度还比较低。再往下进化，就会出现这种叠合局面，我们称它为"双胚层"，比如腔肠动物，它卷成一个双层细胞的长管。演至双胚层，细胞膜的遮蔽程度进一步提高，细胞本身的生存状态进一步恶劣化，所以虽然该物种变得更高级了，但实际上它的生存优势衰减了。

到此还未结束，再下来就出现"三胚层"。也就是细胞分布成三层相夹形态，我们人体所有的器官都是三胚层细胞结构。要知道早在扁形动物之前，三胚层细胞组织结构就发生了。请大家想想到三胚层阶段，中间这一层细胞，它的细胞膜完全被遮蔽，它必死无疑。也就是立即发生细胞组织系统中间层的坏死，这是绝不可免的。于是它逼迫着部分外胚层细胞，必须分化成一种高度变态的胞体，这就是神经细胞的来源。

此后中胚层细胞转化为肌肉和结缔组织，经由神经元即神经细胞来调配营养，也就是借助于神经网络和体液系统把合胞体外向细胞所摄取的信息与能量重新分配给被遮蔽的内置细胞群。所以请你不要赞美神经细胞的出现是一种高级进化现象，它实际上是一个高度畸变的危情产物。所谓生物进化过程，从它最基层的细胞生存角度来看，完全是一个结构形态不断畸形化、生存形势不断恶劣化，为此不得不进一步连续畸变，从而维系原先那个扭曲衰弱系统的平衡。是这样一个过程的恒久演化，构成生物有机体结构越来越复杂的进程。

我想大家应该听明白这是什么含义了吧！所以，我们讲什么叫"生理"？既往认为生理就是生命结构及其组织功能的最佳调配适应状态。可大家如果听明白我的观点，你就会发现所谓"生理"，其实只不过是"病理畸变过程的叠加化、有序化和系统化"，这就是所有高等生物的生理形成机制。

我再说一遍：一切高等生物的生理系统，实际上不过是进化病理畸变过程的叠加化、有序化和系统化之产物。因此也可以说，一切生理机能的底层代码是一个病理集合。总而言之，越高级的物种，它的结构虽然越复杂，表面上看它的适应能力变得越来越强，但实质上它是一个病理堆积过程，是一个畸变叠加过程，是一个系统衰弱化和复杂化过程，这才是生物进化的实质状态。

最初的单细胞生物，它是没有任何疾病的。变成双胚层，进入一个微肠管态，称作腔肠生物。它就是一个两层细胞的原肠，海水从中间流过，营养被自动摄取，然后在两层细胞间均匀分配，所以这个肠管从来没有任何疾病，绝不会得胃肠炎，闹出拉肚子之类的痛楚。及至生物结构变成三胚层，中间胚层的细胞就不能存活，于是神经系统就得发生，到扁形动物阶段，神经元之间互相连接成原始神经网，借此重新调配每一个细胞的营养供给。这时的神经网是混沌一体的，信息传输没有导向。于是不得不逐渐形成另一个畸变，即长出一个多元神经瘤，取名叫神经节，以便漫流于神经网的杂乱信息在这个最低级的神经中枢略加处理，再输送给各个相关的神经通路及细胞组织。此时多细胞有机体的叠续结构呈现出越来越复杂化的态势，仅凭一个单薄的肠道来过滤海水中的营养物质，已经不足以维持如此庞然的机体系统，于是自养型生物逐步转化成异养型生物。

　　所谓"异养型生物"，就是它得通过摄取其他生命物质作为自己的能量来源，而不能像早期的单细胞生物那样，只需阳光普照下的光合作用就足以旺盛生存。异养型生物一旦出现，它就必须赘生运动系统。最原始的运动型生物就是鞭毛虫，它滑动鞭毛，四处游荡，由以增高寻求自身依存条件的机率。这个系统一旦发生，它所需要的能量就进一步增加，原先那个小小的肠管就不足以承担，于是它得有胃，再得有牙，胃肠研磨的食物无法消化，它又得生出肝脏来分泌胆汁乳化脂肪，然后还得附加一个胰腺制造各种酶类降解蛋白质，它的脏器从此变得越来越复杂。它是通过长期积累的畸形或畸变，并使之系统化、配套化来实现这个演化进程的。在此基础上，你的胃病、肝炎、胰腺癌等等才会相继发生。

　　请回想那个单细胞，它根本就没有胃，何来胃病？再如那个腔肠生物，它只有一个两层细胞的原肠，它会得什么病？所以一切生物的所谓"变异"、所谓"进化"，其实无非就是"畸变"以及"畸变累加"的代名词。这个畸形化的病理过程，势将导致生物种系倾向于衰弱化，也将导致生物机体倾向于紊乱化，为此它必须不断地调节自身的系统化功能结构运转，由以构成后世生物的生理基础。既然它本身就是一个畸变病理过程，它理所当然地成为后来各种疾病得以发生的温床，是不是这个道理？

　　比如，一个初级的神经节，随着有机体越来越复杂，摄取信息量越来越大，神经节根本处理不了，于是随后出现低级神经中枢，也就是我们的延髓。延髓部分主管身体内部的协调运转，可是越高等的动物所需的能源越大，于是它得大量地捕捉其他生物，至此更复杂的运动系统油然而生，逼迫着神经系统从内向的生理机能调节——此谓之"植物神经系统"——转化成或衍生出外向的"精神感知系统",以便于捕获外界的代谢物质。感官、大脑等奇异结构相继出现,这个过程就使得你的神经系统从"内向调节"逐步朝"外向运作"扩展,最终变得越来越失控。

从单细胞到多细胞融合体,从多细胞融合体再到多器官、多系统有机体,从原核细胞到真核细胞,从普通真核细胞再到各种各样的高分化细胞乃至神经细胞,生物结构变得越来越精致也越来越脆弱,机体功能变得越来越巧妙也越来越紊乱。这是因为你的生存形势越来越恶化,你不得不通过叠加畸变来予以补偿或曰代偿,但这种补偿不能阻止生存形势的进一步恶化,更不能消除代偿本身的弱化素性,由此一往无前,江河日下,终于塑成了这个病理进程和畸变进程的最高堆积产物——人体。这就是为什么越低级的生物,你越看不到它罹患病恙,越高级的动物,反倒越见其病魔缠身的原委。而人类就成了典型的病胚子,成了万千恶疾的终末载体。因此可以断言,进化与进步的实质,就是畸变与衰变。除此而外,岂有他哉!

文明史是自然史的恶性继承

我们下面再谈一个问题。我前面一再讲,人类文明是一个自然进程,不是人类选择的结果。这句话当然需要做系统证明,我们这个课程是不行的,大家得去读我的书。

基于前述,我们又可以说,文明史是对自然史的恶性继承。这话是什么意思呢?首先大家得记住我反复讲过的一句话:自然物演史是一个衰变进程。其次不要忘了我在第一节课中曾说,所谓农业文明,它不是我们选择的结果,它是因为高度分化的神经细胞逐步发展到大脑新皮层这一超拔阶段之际,由于它的功能分化太畸形,它为了维持其过于奇异也过于褊狭的独特机能，只好把自己最原始的代谢功能都省略掉，这就导致它无法代谢非醣类物质。

我在前面课上讲过，生物界的所有细胞均以三种物质为能量代谢的来源，这就是脂肪、蛋白质和碳水化合物。所谓碳水化合物就是糖类，我们吃的米、面、粮食，其实都是碳水化合物，最终代谢物都是葡萄糖。但是由于高级神经细胞——脑神经细胞，它已经高度分化，它所需要承载的畸形化的功能太多，于是只好把基础代谢功能也淘汰一部分，因此它只能代谢葡萄糖，脂肪和蛋白质对它不构成能量来源，这使得它变得极为脆弱。

而且它还有一个特点，它居然丧失了再生能力。大家知道所有细胞、所有组织都是有再生能力的，比如你的皮肤划伤，它会重新长合。越低级的生物再生能力越强，比如水螅，你把它斩成两截，它就会发育成两个水螅；再比如蜥蜴，也就是我们常说的爬墙虎，你断掉它的尾巴，它会再长出来一个；可是到人类，你砍掉他一条腿，他能再长出新腿吗？他已经长不出来了！但他的皮肤细胞至少还能重生愈合。至于脑神经细胞，因其高度畸变化和高度功能化，便相应地丧失了某些基础能力，不仅丢弃了一部分代谢机能，迫使我们只好寻找碳水化合物才能得以生存——这就是粮食，这就是农业文明的来源；而且它也随之丢失了再生能力。因此你的大脑如果一旦发生脑溢血或者脑栓塞，造成脑组织局部坏死，本来在其他组织器官，同类细胞会再生复原，可是神经细胞却一蹶不振，只好任由瘢痕纤维组织替代长入，致使你从此嘴歪眼斜、偏瘫残废。它说明越高级的状态越脆弱，这种现象在任何一个点滴进化步骤上都显露无遗。

我们再回顾一下第一节课。试看人类文明是什么？它不是我们选择的结果。人类在文明化以前，跟所有生物一样取自然物质为生存资料，叫作"采猎活动"，即采集植物、猎取动物以求生存。所谓文明就是人类不再直接从大自然中获取生存资料，或者说是自然界不再直接给人类提供生存资料，此谓之"失乐园"。人类文明以后，其所享用的所有食物、所有用品，都得人造，这就使得我们通过亿万年进化而来且适应于自然的那个生存方式发生遽变。文明只不过是一两万年甚或几千年以内的事情，而我前面讲过任何一个物种品系的进化需要上百万年乃至上千万年，任何一个生物性状及其生理功能的形成甚至需要亿万年。

比如眼睛，怎么会形成像眼睛这般微妙精巧的动物器官呢？这是许多人反驳进化论的一个重要根据。他们说生物进化形成眼睛，类似于你把一大堆垃圾零件胡乱垒在一起，它自己竟然组装成一架飞机了。但是如果你放在长时段上，比如五亿年以上的时段上看，眼睛的形成完全是一个自然过程：原始细胞都是感光的，因为它是靠光合作用获得能量的。起初当动物需要建立视觉的时候，它只是把具有基本感光能力的固有细胞变异出一个凹形，也就是我们眼窝底层的那个视网膜凹型铺垫，因为凹形分布面积增大，就比原先平面细胞接受的光量为大。所以原始动物的眼睛只是一层感光细胞的单纯曲折。尔后这个结构为了聚焦光线，它又形成了前面的玻璃体以及能够改变凹凸度的晶状体，并在其周边生成牵拉调节晶状体的睫状肌……它是通过这样一层一层的变异积累，历经数亿年时间才进化而成的。我们的任何器官构造及其生理功能都是数百万年、数千万年，甚至上亿年的时间渐次演变的产物，只有如此，我们的某一种生理功能才与自然界取得环环相扣的适应匹配关系。

请各位想想，我们的文明史只有短短数千年，我们突然全面改变了自己的生存方式，从此不再直接面对自然生存，我们的食物都是人为种植和人工选择的。自然界是没有小麦、没有水稻、没有高粱、没有玉米的，这些东西都是用禾本科植物，也就是那些野稗荒草逐步通过人工选择培植出来的。自然界没有电灯、没有桌椅，也没有办公室，所以在自然状态下你不可能长时间保持曲体坐姿，不可能不高强度运动而获得食源。

想想我们的生命进化是千百万年的产物，而我们在短短几千年里，却突然面对的是另外一个环境。你所禀赋的生理机能是按照与自然的匹配关系建立的，我们把这个匹配关系叫作"适应"，这是达尔文最常用的一个词汇。而适应过程在文明发生后陡然丢失。从表面上看，正如达尔文所观察的那样——越高级的生物，它的适应能力越强。你看原始低等生物，它们的智能、体能都是很低下的，而越高级的物种，体能和智能就越来越增强，这叫适应，所以达尔文提出"适者生存"，就是说"能力高强者"才有永续生存的资格。

可是我前面讲过，这种具有高强能力的高级物种实际上却是死灭速度更快的物种。如果我们把表层拨开，亦即把生物适应层面或直观代偿层面的假象揭掉，我们会发现一个非常奇怪的现象，叫作"生存能力与生存效力成反比"。就是越原始的物种，它的生存能力越低，但是它的生存效力越高。我们人类生存能力最高，灵长目动物生存能力最强，可是它死灭速度最快，生存效力最低，两者是一个反比关系。这跟达尔文表述的适者生存，能力强者叫"适应能力优势化"是完全相反的格局。

再则，根据我前面的讲述，人类文明史是一个快速的、短暂的进程。尽管这个进程也是自然演运的产物，但是这个太过匆促的急进使得我们的整个生理系统——即以病理畸变为基础的人体生理系统骤然陷入全面"失适应"的危局，也就是经由亿万年调整的自然适应关系倾向于紊乱化，我把它称为"自然生理与文明生态的冲突"。

我给大家举个例子。各位应该知道，所有生物的生存常态都是吃不饱饭的。按照马尔萨斯的人口论，我在前面课上讲过，我说马尔萨斯是一个人口学家和社会学家，拉马克和达尔文都感谢马尔萨斯，为什么？因为马尔萨斯发现了一个重要现象，他发现人口的增殖数量是以几何级数进展的，而生产与生活资料的发展，当时他认为是算术级数增长，因此他认为人类的人口问题最终只能靠战争、饥馑和瘟疫来处理。这个说法是错的。

为什么错？大家课后去读《知鱼之乐》里那篇名为《富贵病：马尔萨斯的失误》一文，我为了节省时间不再复述。但是有一个现象的确是生物学上的事实，它引发生物学家，包括达尔文的思考，那就是"任何生物的生殖潜能远远大于其现实生存量"，什么意思？比如一条鱼排卵，它平生可以生产上万枚鱼卵甚至更多，其中的绝大多数，大约95%以上的鱼卵做了其他水生族类的点心，大概只有1%位数的受精卵发育成幼鱼，鱼群都是在不断扩大的。

我再举个例子。比如单细胞生物，把一个单细胞放在显微镜下放大400倍你才能看见。可是它每20分钟分裂一次，如果你保证它的能量资源，它在72小时即仅仅三天的时间里，就可以增殖成为一个像地球一样大的单细胞聚合体。可惜自然界不给它提供如此富足的生存资源，所以你见不到这么多的细菌。

我在讲什么？任何生物的生殖潜能远远大于子代的现实生存量。它的生殖潜能为什么会那么大，是因为它要适应自然环境的各种变数。也就是它的生殖能力必须有一个潜在的储备调动量，远大于现实条件可以容纳的生存量，这个物种才不至于快速灭绝。人类的生殖能力也同样偏大，尽管他远逊于低等生物，要知道人类在古代的时候，当时没有避孕技术，妇女一辈子生十个八个孩子是家常便饭，但能活两三个、三四个就不错了，能活下来的顶多1/3。

那么大家想想，生物的繁殖能力极高，它是因为外部能量资源不够，故而现实生存量才变得非常之低。如果所有的生物都必须吃饱饭的话，那么后代被淘汰的数量就会大大增加，因此所有生物都是在吃不饱饭的过程中进化过来的。所以在近代文明以前，人类大体上从来没有长期吃饱饭的经历，这才是正常状态。

这也就是为什么在半饥饿状态，甚至饥饿状态下，你的体能和智能通常处于最佳状态。你吃饱饭，反而跑不动了，甚至你坐在那儿想看一本书，智力都会下降，为什么？因为所有的生物，它必须适应耐受饥饿的常态。生物体内有一组基因，生物学家把它称为"节俭基因"或"节能基因"，就是在吃不饱饭的情况下，偶然有一次吃饱肚子，它便能够把这些剩余的能量赶紧全部储存起来，绝不浪费丝毫。要知道即使是食物链顶层的动物，比如狮子、老虎，都经常处在饥肠辘辘的状态，这一点所有生物均无例外，因此它们一定得有一组基因，把偶然所得的剩余能量积攒于体内。

我们今天突然能够长期吃饱饭了。要知道总是能够吃饱肚子，实在是一件非常可怕的事情。你今天之所以发生一系列问题，肥胖病、富贵病、还有难缠的糖尿病等盖源于此。引发糖尿病的那一组基因，其实就是当年的那个节俭基因或者节能基因。它亿万年维系着生物在生存资源不足的情况下勉强衍续，对于生存是一个最基本的有利基因。但是你今天文明化、生产能力提高，你突然吃饱饭，你天天吃饱饭，它把所有不允许浪费的物质能量集聚在每一个细胞之中，直到把各类机体细胞全部胀满以至撑死，这就是糖尿病特别可怕的原因。它的并发症、后遗症弥漫全身，伤及人体所有器官和组织，从眼睛受损、视力减退；皮肤溃疡、经久不愈；肾组织破坏、肾功能衰竭；肝细胞纤维化、肝功能降低；直至心、脑细胞结构进行性病变；几乎没有任何一个器官组织能够保全。所以糖尿病是十分有害的！说起来，它居然就是那个最原始的、最重要的、最有力的节能基因正常运作的结果。

既然所有生物都吃不饱饭，人类在原始自然状态下，甚至在文明史前段，当然也同样是很少吃饱饭的。在那个时代，糖尿病几乎是不存在的，0.1%都到不了，很少有人具备得这个病的福分。可是敢问今天糖尿病患者的比例有多高？少说百分之十几，足足增加了上百倍不止。有学者统计，现在处于糖尿病前期的人数已经达到53%以上，一半人已经是潜在或潜伏期病人了。怎么回事？如果你从小每一顿饭都吃饱，你在不到20岁时，可能已经进入糖尿病前期，叫"高胰岛素血症"。你的胰岛 β 细胞分泌胰岛素，你一旦吃饱喝足，它就得分泌胰岛素，以便把多余的糖分转变成糖原、脂肪储存在机体细胞中。如果你顿顿吃饱饭，年纪轻轻便会落入高胰岛素血症。血液中胰岛素水平过高，细胞膜对胰岛素的敏感度降低，糖尿病随后慢慢发生。所以你只要敢自幼顿顿吃饱饭，你在不足20岁、30岁的时候，就已经是二型糖尿病的前期病人了。

　　因此我们可以预见，如果这种状态继续发展，人类将全体进入糖尿病时代。我在讲什么？我在讲文明进程是自然进程的恶化表达；我在讲自然生理与文明生态的冲突。也就是你文明化的时间非常之短，而人体的生理反应结构是面对自然产生适应的，在这么短的时间里，你的基因突变根本来不及调整对文明生态的适应，由此导致你这个最脆弱的有机体趋于紊乱，进而造成一系列病态显现。

　　我们再看一个问题，那就是现代医药体系。请问你见过哪个动物中间有医生存在？哪只狼变成了医生，去给其他狼看病？由于人体历经亿万年畸变与衰变，是一个极端脆弱的有机体，所以在人类文明早期，"医"和"药"就同时出现了。大家想想，任何科技发展，比如吃饱饭，你表面上看它是一件好事情，实质上它违反了你原来的自然适应关系，即将给你带来损害，这就是科技负面作用的一个重大体现方式。但这还只是间接对我们人体产生不良影响，比如粮食产量增高、粮食生产技术提高，它并不直接伤害我们的身体，它是通过让你长期吃饱饭以后才间接损害你的健康。请想想医学是什么？是科学技术直接尖锐地施加于你的肌肤和脏器，因此给你带来的损害更猛烈、更严峻、更苛厉。

而且我前面讲课一再讲，人类的文明化进程就是社会的堕落化进程。我举个例子，人类早年是非常诚信的，他用不着要心机，农民用不着去骗别人。因为我生产的东西，我自己食用；我住的房子我自己盖；布由我老婆织；我曲里拐弯地骗你何用之有。可当人类从农业自然经济发展到商品经济，尽管后者在社会组成上是一个"利他"关系，每一个人是通过为别人制造产品、为别人提供服务获得生存条件的，但是毕竟他的生存结构复杂化了，心思也随之复杂化。商业运作的目的是什么？我之所以给你贡献商品，我之所以给你提供服务，是为了从你那儿交换利益。如果我不用给你提供良好的服务，也能换得同等利益，甚至骗取更大的收益，则这个巧取豪夺过程会使我产生优胜效应，反而挤压有诚信者不得不退出行业竞争，因此商业化的利他结构本身，到头来却一定造成人世道德的全面败坏，这是显而易见的普遍事实。

我举一个例子。我上医学院刚一进校，借阅一本学习专业外语用的英文小册子，翻开第一篇文章竟然是这样的：它讲一个老医生把他的儿子送到大学学医，临近毕业的前一个暑假，儿子回家看见父亲正在给一个老妇人看病，这个妇人他小时候就常见光临，如今回头再看，发现她的病症其实是一个可治可不治的微恙，几剂常用药吃下去就足以根除，可是他父亲把她从一个年轻贵妇人看成了白头老妇人，这个病还在继续治疗。于是做儿子的就问父亲，说这么简单个病，用某某方法必定药到病除，何至于折腾了半辈子还一切照旧？他父亲岔然回答，说我如果早早把她治好，你怎么能被养活下来，你怎么能交得起上大学的资费？这个故事说明什么？医疗服务商业化。

我再举个例子。有西方学者揭露，今天医学界的专业杂志、学术杂志，其实早已经被医药商和金融大鳄控制。他们有足够的资本，也有足够的欲望控制这些杂志，因为这些杂志会对整个医学界产生重大影响。他们并不直接舞文弄墨，但是作为董事会成员，他们有权力遴选学术委员会的领头人，这些主持学术委员会或论文评鉴委员会的知名班底，其实都是通过在业内精挑细选的原本就倾向于过度用药和过度治疗的人物。也就是那些所谓的学者大都抱持强烈的进步论观念，认为医药越发展、越先进越好，诊疗过程搞得越复杂、越尖锐越好。选择这样的人来评审论文，于是所有著名医学杂志，它的论文导向必然是一个调门，就是不厌其烦地告诉读者现代医药如何有效，新药、新仪器如何管用。凡是对这个研究方向和研究结果表示异议的文章，根本进不了杂志编辑的法眼，从而给整个医学界造成严重误导，致使所有医生认定只有不断地投入巨量药物、施以过度检查才算治病救人。即便这些被洗脑的医生本意并不想害人，他们真心为病人好，其实际操作也不免构成系统性伤害处理。这就是为什么在今天的西方医学界，许多涉及临床医药的负面研究报告，经常因为登不上专业杂志，作者只好另行出书发表的原因。

我想说明什么？我想说明自然史是一个衰变进程，人体是一个最脆弱的有机体，而文明进程又是这个自然进程的恶性继承和发展。我们有了这个基础，建立了这个基本观念，并站在这样一个哲理线索的高度上审视，才可以讨论其他问题。

疾病分类之一：进化病

我们下面接着开课。基于以上大尺度"物演"讨论的哲理思路，我们下面简单看一下，什么叫疾病。

大家知道现代医学疾病分类非常复杂，疾病分科也变得越来越多。内科、外科、妇产科、小儿科、耳鼻喉科、颅脑科等等，没完没了，越分越细。但实际上人类的疾病，我们从总体上看，从演化角度看，说到底只有三大类：可分别称为"进化病""文明病"和"医源性疾病"。这几个概念和词组，在医学界是早就使用过的，不过一般医务工作者认为，这三类疾病只是诸多病种里的个别异数或偶发现象。而我说人类的所有疾病，都可以归类于这三大系列疾病之中。我下面逐一解释，听懂这个部分，你才能知道什么叫"疾病"。

第一，进化病。我前面讲过，任何一个进化现象，甚至任何一个基因突变或者性状变异，从 38 亿年的生物史上看，都是一次病理畸变或畸变叠加，因此所有疾病的第一基础全都是进化病。它暗含着这样一层意味：进化程度越高的物种，疾病的底蕴就越深厚。即是说，临床上的几乎所有疾病都跟遗传有关，并可区分出不同的"遗传度"。

我前面提到过，比如流感，表面上看是流感病毒感染所致，但是一场流感过来，为什么有人得、有人不得？有人轻、有人重？是因为每一个人的免疫素质有个体差异，所以讲该病的遗传度很低——14%，也就是 86% 是外部其他因素，包括病毒在内。但是我们人体的绝大多数疾病，其遗传度是非常之高的。严格说来，任何一个病例都有家族史，只不过它有时显得深不见底，通常很难探查清楚罢了。

我给大家举例子。我前面讲过难产，那是典型的进化病。所有动物都不会难产。只是由于人类直立后脑容量大增，而母亲的产道，还是原先爬行动物的那个产道，因此"难产"是典型的进化病。再比如高血压。所有动物都是俯身爬行的，直立行走者仅见于人类。爬行动物心脏泵血，它的血流呈水平运动，因此即使血压很低，也足以保证各个器官所需的供血量。而人直立后，心脏以上部位，尤其是大脑，供血是垂直向上的，是以跟地心引力相反的对抗方式流转的，因此血压必须大幅度增高。而且人脑虽然只占体重的1.5%左右，可是由于功能太强，它居然需要代谢消耗血液中氧气和营养物质的20%左右，这就使得人类的血压必须进一步提升，才能保证最重要核心器官"脑"的供血和供氧。

要知道血压增高是个很麻烦的局面。我举一个例子，比如长颈鹿，它的脖子达几米长，然后上面架一个小脑袋，它的心脏要把血液泵到如此高昂的脑部，这个难度你是可以想象的，所以长颈鹿血压极高，心脏非常之大。即便如此，却仍然不能满足脑供血量的需求，怎么办？它居然演化生发出"动脉瓣"！我们人类只有下肢的大静脉上有"静脉瓣"。就是血液逆反地心引力回流心脏是非常困难的，只能通过腿部肌肉收缩所造成的轻微静脉压力，把它慢慢推动上行，所以局部有静脉瓣，一旦压力不够，静脉瓣膜随即被下行血液带动张开，以阻其逆动，使血液只能朝着心脏方向返流。就是说人类只有静脉瓣，而且只有下肢大静脉才有静脉瓣。可是长颈鹿竟然有动脉瓣，借以维持颈动脉的高压脑供血。

不过血压增高，会对血管壁造成持续性压迫及损伤，这就是我们人类晚年谁都逃不掉心血管疾病的原因。须知高血压不仅造成血管损伤，它还使得心脏泵出的阻力增大，逼迫心肌收缩力相应加强，从而造成远期心肌劳损，这也就是人类绝大多数最终都不免死于心脏病的原因，这是典型的直立进化病。

再比如腰腿疼。人到四五十岁以后通常都会发生腰腿疼。腰疼是腰肌疼痛，腿痛通常是膝盖关节损伤，为什么？是因为所有动物都是爬行的，它的体重是由四肢分担的，可是人类两腿直立。大家想直立这个姿势是怎样形成的，它不是单凭骨头就能撑起来的。你看一下人的骨架子，它是二百多块骨头不相连续的组接产物，你把它直接放下，它一定瘫在地上，你得拿绳索或者铁丝把它穿起来、挂起来，人的骨架才能保持竖立状态。

那么人的直立靠什么？靠一系列直立肌群，比如腰部的肌肉始终保持一定的肌肉紧张度，医学上叫肌肉张力。保持肌肉高张力，你才能保持直立体姿。而所有的爬行动物，它们不需要长期僵守如此之高的直立态肌张力。我们是从爬行动物快速进化而来，因此直立会带来腰肌过劳，也使膝关节承压过重，这是引起腰腿疼包括膝关节损伤的基本原因，所以腰腿疼也属于进化病。

再比如笑。大家知道所有动物是不会笑的，你见哪只狗、哪只猫，它突然对你笑起来了，它一定吓傻你。所有动物都只会哭，长嘶不止地哭嚎。只有类人猿，比如黑猩猩，略微显示一点儿微笑的表情，样子还很难看。那么"笑"是什么呢？生物学家经过分析发现，笑不过是哭的一种变态，哭是痛苦反应，是把一腔气流长长地呼出来，形成的一种嚎叫态。笑是什么？愉悦的时候，把哭声斩成一节一节的短气流震颤，这就是笑。为什么所有的动物不笑，而唯独人类要笑呢？笑是一个进化病。

所有的生物，存在度越来越低，表达在繁殖行为上，就呈现出育后难度越来越高的倾向。试看最原始的单细胞，它一分为二，裂殖完成，而且子代和亲代没有任何差别，一出生就具有亲代的全部本领，因此它用不着亲代抚养照顾。到卵生动物，它先得排出若干个卵，然后用体温孵化十数天甚或数十天，这个难度大大提高了。而且小鸡小鸟需要亲代觅食饲喂，训练飞行，方可成活。最高级的动物是哺乳动物，像人类，居然要十月怀胎，孕后哺乳，经年教养，劳苦无休，而且生殖量还越来越低。比如，我前面讲鱼，它排卵上万粒，父母根本用不着关照，鱼卵产在那里，尽由其他水生动物当点心吞吃，虽然只活下来极小比例，鱼群绝不会灭绝；可越后面的物种，生育力越低，爬行动物一次只生十几枚蛋；到哺乳动物，低级的胎生动物，比如狗，一窝能生五六个；进化到人，一次孕期只生下一个婴儿，生个双胞胎还是稀罕事。

不仅如此，养育难度也越来越高。演至哺乳动物，亲代既要体内怀胎，还要产后哺乳。到人类，哺乳完了不算数，你还得继续抚养若许年，到文明阶段，你还得长期教育。早年的孩子、文明初期的孩子，七八岁就能帮父母干活了，放牛、放羊无所不能。今天的孩子快30岁了，大学研究生还没毕业呢。你会发现在生物进化史上，育后的数量越来越低，育后的时间越来越长，育后的难度越来越高。这种情况是存在度衰减表达在生育系统上的现象之一。

那么大家想，当生物的子代越来越得依靠亲本的悉心照料才能生存，事情该怎么办？一定会发生某种双向改变，也就是子代要能够吸引父母的注意，亲代要对子代产生母性和父性的慈爱之情。你在单细胞那儿、鱼那儿是看不到母性的，母亲绝不关照孩子。越后演的物种，母性越足；而且越后发的物种，孩子设法吸引亲本关注的能力也越高。

那么人类的子代吸引母亲、父亲的关注，只有两个办法：第一，哭叫，所谓爱哭的孩子有奶吃；第二，微笑，他一旦能笑就促进了母亲对他的亲和感或亲近感，从而勾引母亲投入更大的精力来照料他。因此笑是弥补人类生殖力衰减、育后难度增大的一个非常规进化举措。它在人类文明社会中进一步表达，比如在原始时代，因为是自然经济，你不必跟外人常相交往，就能够安然生存，所以你用不着整天挂个笑脸。可今天商品经济，你得跟各式各样的人打交道，努力巴结讨好别人，于是你天天得挂着一副僵硬的笑容，身不由己地微笑、假笑或苦笑，整日里笑个不停，这是进化病与文明病的综合体现。所以笑是什么？——笑是人类生存状态越来越悲哀的一个变态反应。

我再举例子。牙病，它也是进化病。大家知道所有动物的头部状态是颌面部分突出，而脑门扁平。比如猿和猴，它们的额部是后缩的，嘴巴是前伸的。由于它们吃的是又顽又硬的生食、生肉，咀嚼力要非常之强，因此它们的颌骨壮大，咬合肌发达。而人类随着用火熟食常态化，吃的食物越来越柔软、越来越精细，咀嚼力相应越来越弱。于是两侧牙床萎缩，上下颌骨内敛，头颅随脑容量增大而向前扩展，这是古人类解剖学上一直显现的演变过程。但是灵长动物的牙，数量一点都没变化，上下牙各16颗，总数32颗。在原来那个大颌骨系统上，分布这么多牙不成问题。如今颌骨萎缩了，人类的牙齿无法像过去那样有序排列，这就导致几乎人人都逃不掉牙病。据说西方人大都有自己的律师和牙医，前者是由于契约社会官司缠身，后者是由于进化带出的累累牙病。

甚至阑尾炎都是进化病。阑尾在植食动物那儿叫盲肠，它非常粗大，长约数米，其中滋养大量的细菌，借以分解草料、树叶中的植物纤维素——我们人类一点儿都利用不了它——这些纤维素被盲肠中的正常寄居菌群分解为葡萄糖，吸收作为代谢能量，这就是盲肠的功能。

随着人类大脑的发育占据了超量的血供、营养和能量，然则必须让自己身体的其他部分萎缩，以便于腾出心脏泵力和血液流量提供给大脑。反正总不能搞得没心没肺吧，于是只好把肠子的一部分缩减。好在这个时候人类吃食渐趋精细化了，于是原来庞大的盲肠萎缩成一个小拇指头般的阑尾，这个阑尾如今除了稍具一点免疫力外已经基本上没有消化功能。它只剩下一个作用，那就是任由细菌感染，让你在疼痛难忍之余去医院挨刀做手术。可见阑尾炎也是进化病。而且就连阑尾最终是否发炎都跟家族遗传有关，只要父母有人得过阑尾炎，孩子罹患阑尾炎的几率明显偏高。

总之，我们所有的疾病，本质上讲全都有进化畸变的基础铺垫，因此它是人类疾病的第一大源头。请记住我前面讲"所谓的正常生理只不过是病理畸变进程的叠加化、有序化和系统化，病理过程才是生理现象的底层代码"这句话的含义。所以，一切疾病首先是进化病。

疾病分类之二：文明病

当我讲人类所谓的现代疾病都是进化病、都是文明病的时候，我说文明是快速发展的，而我们的有机体是千百万年，甚至上亿万年才进化而来的。我的意思并不排除在文明期里人体仍然在进化，但是这个演进的速度根本赶不上文明发展的速度。

比如我第一节课讲，所有人类都是从非洲迁徙过去的黑人，四万年间低太阳照度的地方，人的皮肤白化了、鼻子变高了，这是文明化过程中发生的变异演化；再比如我们人类的消化道免疫屏障，在短短数千年、上万年的时间被破坏了。大家知道所有动物都是就地进食，有些动物甚至能吃腐烂的食物，叫腐食性动物。你喂狗怎么喂？你把一块肉扔在地上，狗吃了绝不会拉肚子。可我们人类为什么不行？食物稍有不洁或腐败，我们就会得严重的急性胃肠炎，是因为我们在十万年到三十万年前学会用火了，文明化以后保洁措施更是层层加码，因此我们进食的细菌量大大降低，在这个时间里我们的肠道免疫系统变成一个多余的东西。于是消化道免疫屏障逐步退化，意思是退化性基因突变会被选择认可，所以我们今天稍微遇见一点被污染的食物，就会上吐下泻，这是在动物界看不到的怪象。

再说说乳糖耐受。游牧民族的人，包括西方人，他们在数千年来习惯于喝牛奶，于是他们对牛奶中乳糖的消化就有了一系列适应性的基因突变与之匹配。而我们中国人自古从来是不喝牛羊奶的，纯粹的农耕文明也没有这个奶源，于是国人体内大多缺乏一种乳糖酶，牛奶中含的乳糖我们就无法充分消化，所以中国人乳糖不耐受的比例偏高。

我的意思是说，即使在短短的文明期，进化过程也还在进行，但是你的生理进化过程、基因突变积累过程与文明发展速度根本不匹配，这种不匹配就造成全面"失适应"。你的有机体本来是面对自然界产生匹配性生理适应关系的，现在突然改变生存环境，特别是这个文明生存生态在很短的时间内持续剧变，让你彻底失去适应性调整的机会，由此带来的后果谓之"全面失适应"。这就是第二类疾病的来源，我把它叫作"文明病"。哈佛大学有一位教授名叫丹尼尔·利伯曼，他也发现了这个现象，他把这一类病例统称为"失配性疾病"。

我下面继续讲讲文明缔造的疾病。请大家注意，人类在文明化以前，疾病数量是非常之少的。也就是古人、采猎生存时代的人，他们很少得病。我举一个例子，有一批西方医学家到巴基斯坦北部喜马拉雅山南麓考察一个一直保持原始生活状态的部族，这个部族人种叫"罕萨人"。这批医生跟罕萨人长期生活在一起，持续9～11年，发现罕萨人基本上还是采猎生存方式，尚未完全进入农牧业文明。他们只得三种疾病：第一，外伤，比如打猎、追击动物，摔伤了，骨折了；第二，沙眼，轻微的沙眼一般不造成明显不适，我们绝大多数人都有沙眼，不用治疗；第三，白内障，因为那个地方是雪地，阳光中的紫外线反射量较高，所以成年人白内障的发病率较高。仅见这三种疾病，从来没有见过其他疾病，它说明什么？说明人体在亿万年进化适应的过程中，在自然生态条件下，它基本上是一个有序匹配关系，它的潜在的畸变病理状态是不被调动的，大体上是合拍运转的。而文明生态情况就决然不同了，我们今天的生存方式跟自然生存格局完全是两码事。

我下面举例子。比如吃盐，盐可谓人类的第一大毒品。你见过哪个动物能吃盐，它总不会跑到海边晒盐去吧？在陆地上，盐池、盐湖是非常稀有的。个别动物在那个地方舔食一点盐，那是很偶然的事情。那么动物为什么不吃盐就可以生存呢？是因为所有生物体内，包括单细胞胞浆内全都含有一定的原始盐分，也就是我们通常所说的0.9%生理盐水的那个含盐量。原始海洋本来是不含任何矿物质的纯净水，它覆盖在地球表面，逐渐溶解地表岩层中的盐分。由于原始海洋没有经过河流的冲刷汇聚，它起初溶解出来的岩石盐量是甚低的，大致只有0.9%，所以最原始的单细胞生物，其细胞内液的盐分就是0.9%。

随着陆地出现，河流不断冲刷地表，今天海水的含盐量已经远远高于0.9%，最高已经达到3%左右。不过今天所有的水生鱼类，你看它体内仍然是0.9%生理盐水的体液状态，为此它的肾脏必须具有一种极强的能力——排盐！所有异养型生物，就是取食其他植物和动物的生物，都在进食的过程中顺便保证了 0.9% 的盐量摄入，因此它永远不会缺盐。

可是人类文明化以后，由于农业劳动颇为艰辛，人体出汗量大增，对盐的需求也相应提高，超出我们在非文明状态安适生存时的消耗量，于是人类得开始吃盐。一旦加盐调味，这个进程就逐步发展，导致我们的摄盐量越来越高。而摄盐量的多少跟血压的高低成正相关。在血液中有两种渗透压：一个叫胶渗压，一个叫晶渗压。所谓"胶渗压"就是白蛋白之类的胶体，提高血液的渗透压。所谓"晶渗压"就是盐类的晶体，提高它的渗透压。于是在毛细血管中，血液盐量的增加，会导致血管外部的水分进入血流，血容量增加造成血压增高、心脏的负荷增高。所以进盐量高对人体是有很大损害的，而这完全是一个文明病。吃盐引起了一系列疾患，包括高血压、心脏病等等，而且造成肾脏排盐负担加重，也是导致肾病高发的基础原因之一。

再比如吃粮食的问题。请问哪个动物有粮食吃？我们人类大规模食用粮食，也不过就是三五千年。人类农业文明虽然有上万年，但早期仍然以采猎为主，粮食只是辅助性食品。随着农业文明全面发展，垦荒量越来越大，森林退得越来越远，采猎资源近乎丧失，主食变成粮食。大家想想，我们的消化系统和营养配置系统，在千百万年中从来没见过粮食这个东西。我们今天突然食入大量的高能精食——碳水化合物，它给我们带来严重的麻烦，比如我前面提到的糖尿病等。而且粮食中含有谷胶，食入后会使人体血液的黏稠度增高。血液黏稠度增高主要由两个因素造成：第一吃粮食，第二吃肉。

我现在接着谈吃肉问题。大家想我们虽然狩猎有上百万年时间，可是野生动物体内脂肪是非常少的。我们今天的肉食来源都是人类

八　人体哲理浅谈　769

豢养的动物。你把一只野猪解剖开看，它的堆积性脂肪不超过5%，顶多不超过10%，它如果长得满身脂肪胖乎乎，怎么逃避天敌？因此所有野生动物身上是很少有肥肉的。可是你把野猪变成家养猪，它整天卧在猪圈里吞食现成饲料，结果肌肉萎缩、肥膘横生，于是你今天吃肉，跟你上万年前吃肉是决然不同的局面，脂肪量大增。脂肪分解成大分子脂肪酸和甘油吸收入血，它也增加血液粘稠度。引起血压改变主要有四个要素：第一，心脏泵力；第二，血管弹性；第三，血容量，我刚才讲渗透压增高血容量就会增多；第四，血液粘稠度，血液黏稠度升高，血流阻力就会加大。粮食中的谷胶、人工豢养动物的肥肉脂肪，食入后都会导致血液黏稠度增高。

要知道血液黏稠度增高，是一个多么大的基础性危害。我们所有的血管，能进行营养交换的只有毛细血管。毛细血管细小到肉眼看不见的程度，必须在显微镜下才能看清，它是由一层血管内壁细胞围绕的一个具有半通透性的管道。通过这个地方，氧气与二氧化碳交换，营养物质和代谢废物互相交换。它的细度有多高？只能穿过一个红细胞。在这么个内腔狭窄、血压极低的微循环系统中，血液黏稠度增高将会导致整个毛细血管微循环的速度降低，从而引发供氧量和供能量立即下降。

什么叫呼吸？你在肺部的呼吸，最终通过毛细血管才达至细胞，形成细胞呼吸。也就是毛细血管把肺部交换的氧气输送到细胞，如果毛细血管中血流速度减缓，则输氧量减少，代谢废弃的二氧化碳不能及时返回血液，在细胞内外积聚。二氧化碳是什么？加水就是碳酸，于是微循环受阻之下的所有组织酸化。现在我们见到大量的文章讲酸性食品、碱性食品，说吃碱性食品好，吃酸性食品不好，那都是胡说。因为我们吃的食物在血液中会被一个缓冲系统的化学反应调整为血液 ph 值 7.4 左右，它跟食品带来身体酸化没有任何关系。血液中含有一种物质叫碳酸氢钠，你吃碱进来它释放氢，拿酸对抗；你吃酸进来，它就释放碱基来中和；所以说食品导致机体酸化或碱化是毫无道理的。但是血液黏稠度增大，造成局部微循环不畅，一切组织的营养交换都在微循环系统进行，由此造成缺氧以及二氧化碳积聚，机体组织随之酸化。

大家想想为什么我们人类活着的时候，身体不会腐败，而一旦死亡，几天之内尸体就会腐臭甚至液化？是因为死后心脏停止跳动，组织中堆积的二氧化碳不再被血液收回，于是整个机体快速酸化，外来的细菌，包括体内原有的正常寄居菌立即开始分解细胞组织。我讲到这儿大家应该听明白了，如果不良食品导致你的血液粘稠度增高，则在某种程度上近似于你的身体尸体化，近似于你的身体全面酸化，这就是感染病和传染病在文明化以后大规模发生的原因之一。要知道"罕萨人"即使遭受外伤，伤口被细菌感染的几率都是非常之低的。

我们再看传染病。大家想想细菌是什么？单细胞生物。单细胞生物是什么？是我们的太祖宗！哪有爷辈滥杀儿孙子嗣的道理？所以细菌对我们或者对后发生物，原本的伤害程度是非常之低的。而且大家再想一个道理，我们一般情况的传染，比如感冒，你的反应是什么？咳嗽、打喷嚏、轻微不适，这才是病毒或细菌侵袭人体之后的正常反应。为什么？因为这些微生物是为了扩大繁殖存活量才来占据你的身体，只有通过轻微的打喷嚏、咳嗽之类，它们才能把自己播散给其他宿主。

如果你得了传染病，你立即就死掉了，那么细菌跟着你同归于尽，它不是白玩吗？所以人类即使受到细菌、病毒感染，他的合理反应一定是非常轻微的。细菌和病毒让你做出的所有反应，只是为了更有效地传播它自己而已，绝不想把你致死。那么什么情况下才会发生烈性传染病？是因为我们业已高度文明了，人口高密度集聚，叫作城市化生活，变成"人类动物园"了，人跟人接触过于密切，以至于任何一个病毒或菌株，它变成致命的烈性传染病原体，其传播速度反而更快，它即使把你整死，它在高密人群的互动之间照样能够有效播散，于是它开始提升毒力，或者说，它提升毒力的变异过程显现为有利选择。可见烈性传染病的发生、大规模瘟疫的发生，是基于人类城镇化高密度生存的某种微生物适应性反应，因此它也是典型的文明病。

这种情形其实很普遍，你如果在农村生活过、饲养过动物，你就会发现，你把动物以半野生方式散养，它们从不得病。比如我曾去陕西秦岭深处一个叫老县城的地方，看见当地人养牛，他们到秋冬天就把牛群放到山野林地里去，这样不用储备草料，这些牛像野牛一样自然生存，然后到了该犁地、该配种的时候，或者到了该宰杀、该买卖的时候，才前往深山里到处寻找它们。这些牛从来不得病。可是一旦把它们圈养起来，它们立见发病，口蹄疫、牛瘟等乱七八糟的传染病全来，为什么？密集化的群聚饲养，特别适宜于细菌、病毒近距离传播。所以我们通常所说的传染病，包括烈性传染病，它在很大程度上都是文明生态的产物。

我再举例子，近视眼。要知道人类过去是很少有近视眼的。今天非洲有一个民族，叫马赛人，过的还是原始生活，在非洲靠打猎放牧生存，他们的正常视力最高可以达到8.0，你那个标度至多1.5的视力表对他们来说简直就是一张废纸。实际上人类古代很少见过近视眼现象。我们在中国古书上看到司马光曾经自述，说他晚年视力下降，书要贴到鼻子跟前才能阅读，这算是较早的近视眼记录了。它只见于专门做学问、整天看书的人，眼睛过度疲劳所致。

可是今天，近视眼不仅是读书人的专利，它在小学生中间就已经大规模发生，有些孩子甚至还没上学，近视眼就出现了。中国近年来统计小学生的近视情况，发病率竟达 40% 左右。他们还没有读多少书，未曾造成眼肌疲劳，从而导致屈光不正，怎么会得近视眼呢？这完全是现代文明病。它是三个因素促成的结果：第一，视距变化。人类在文明化以前，像野生动物一样生活在广阔的原野上，那时我们的视距是多远？我们可以看见 10 公里以外的树林、30 公里以外的群山，这就是我们的正常视野。可是我们今天的城市高楼林立，你的视距变成只有几百米乃至几十米，你始终处在近距离强聚焦状态，即使你不读书，你的眼肌也是持续疲劳的。

第二，色谱混乱。我们的视觉是在丛林中形成的。我在前面哲学课上讲过，我们人类的视感光，是在 400 纳米到 760 纳米之间，这一段是可见光。对这段光谱中间部分的色觉反应是绿色，什么意思？也就是我们眼睛最适应的颜色是绿色，因为我们亿万年都生存于绿色的丛林之中。可是我们今天进入水泥建筑的城市，一眼望去全是灰色，这个色觉偏差会造成我们的视力损伤。

第三，光谱偏差。古人是没有电灯的，他们所有的光线来源都是日光。可是我们今天大部分时间，即使白天绝大多数时间，都是在室内学习或办公的，借用的光源全是人造的灯光。灯光的光谱和日光光谱是有很大差异的。即使有一种电棒被称名为日光灯，意思是说它的光谱跟日光比较接近，其实也有很大差异，紫外线量偏高，你长期在它底下工作会引发渐进性白内障。至于其他各种灯具的光谱，与日光的差异就更大了，这也会造成视觉损伤。

也就是说，我们今天的近视眼、视力下降，从 8.0 下降到 1.5 以下，甚至变成 0.1，很重要的原因是文明环境造成的。再加上从小逼着孩子读书，完全违背身为动物的生活常态。人的视力原本是用来瞭望远处的宏观物象的，而你今天大量时间都在看那些微小的文字，诸如此类的文明逼迫和文明境遇缔造了病态的近视眼。

我们再看，即便是环境改善，也会给我们带来严重的麻烦。我举个例子，比如城市绿化、植树造林，大家可知道我们今天的"绿化"究竟是怎么回事？是全世界各个地方的不同物种互相交换，你今天的绿化植被，不是当地的物种。今天各个城市种的树、开的花，绝大多数是从异地移植过来的。可我们人类的免疫系统，都是针对局部地段的生物系列长期适应而建立起来的。比如，各种花粉，吸入体内都是蛋白抗原，当地固有的草木花果，你与之取得适应历时成千上万年，这些植物蛋白抗原，对你的免疫系统所造成的久远刺激和调适反应，构成了你的免疫适应。

而今你把大量的外来生物引入当地，各种奇花、异草，各类大树、灌木，包括小麦、玉米等，它们撒花扬絮，随风四散，充斥于空气之中，令人无可躲避。于是你的免疫适应匹配发生问题，这就是哮喘病和过敏病的来源。要知道古人是很少有过敏性疾病的。比如哮喘病，它是非常可怕的，邓丽君就死于哮喘引起的窒息。是什么原因造成的？两个原因：第一，环境改善，使得当地原本不具备的蛋白抗原，对免疫系统造成不恰当的刺激与致敏；第二，过度洁净。我们今天的生活环境被人工清洁，甚至被喷药消毒。大家要知道，人类是在一个细菌病毒丛生的自然环境中生存和进化的，我们的免疫系统是与之相匹配的。今天出于种种原因，我们的环境被无休止地消毒、无节制地净化，从而导致细菌病毒存量改变，各菌群之间的相互抑制关系发生紊乱，也就是微生物生态环境遭到破坏，进而引起人体既成的免疫系统陷于某种退化失调状态。这个日益加剧的过程为我们缔造了大量的过敏性疾病，包括哮喘病，甚至包括一系列在医学上称之为自体免疫性疾病的新病种。什么叫"自体免疫性疾病"？就是自己的免疫系统，把自身组织蛋白当作异物加以排斥，由此产生的自毁型排异反应，叫作自体免疫性疾病。这类疾病数量很大，包括慢性迁延性肝炎和肾小球肾炎，包括风湿性心脏病和类风湿关节炎，包括硬皮病、红斑狼疮等等，这些奇病怪灾的来由其实都跟我们现在的环境改善有关。

我们再看有关信息过载的麻烦。人类的神经系统是在丛林生存中形成的，也就是我们的神经感知系统所匹配的信息量，是我们当年生活在丛林中的那个信息量。文明化以后，信息量大增，我们的前半生全部都用来学习，以求学会整理大量的信息，我们今天更是沦落于网络信息的巨量轰炸之下，这就造成神经系统负荷过载、压力过强，加之生存紧张度升高，焦虑心态无从缓解，由此缔造了今天大批量的心理疾病乃至精神分裂，所以癫狂和疯病也是典型的文明病。

再看避孕技术带来的问题。现在妇科疾病非常之多，其中包括五花八门的妇科肿瘤，比如乳腺癌、宫颈癌、子宫癌、卵巢癌等等，它有一个很重要的原因，竟是由于今天的妇女生孩子过少、避孕过程太长造成的。我不是说多生孩子是好事，我只是在讲这个人为控制的非自然状态必然引发的后果。大家知道古代是没有避孕技术的，一旦性成熟而婚配，女人就不断地怀孕生孩子。怀孕期间，雌激素和孕激素的交替波动立即平复。而且产后哺乳初期她是不排卵的，哺乳一停甚或未停接着又怀孕。所以正常情况下、自然状态下，妇女一辈子来例假来月经，顶多几十次。各位可知道今天的妇女，由于避孕不连续生孩子，总共月经来多少次？四百多次！什么叫月经？雌激素和孕激素互换分泌，引导子宫内膜肥厚备孕而又徒然剥落所致。那么在正常生理状态下，这种性激素的高峰值波动次数是非常之少的，而今天它是近乎每月一次地在大幅度颠簸，从而造成性激素以及体液激素系统的全面扰动和紊乱，这是现在发生大量妇科疾病乃至妇科肿瘤的重要原因之一，所以这还是文明病。

我讲到这儿，其实只举了极个别的例子，可谓万不及一。但你已应可以想到，在文明化之前，人类的疾病是很少的。而文明化之后生态环境跟人体的适应匹配关系发生剧变，才调动出原来不显发的那些进化病，因此文明病是在进化病基础上的一次瞬时大爆发、全面失适应性大爆发。我们今天的疾病种类有多少？居然有上万种之多。而远古时代顶多有十几种疾病，而且是非常轻微的疾病。这是疾病的第二大类。

疾病分类之三：医源性疾病

第三，医源性疾病。什么意思？医院和医生给你捣鼓出来的疾病。我前面讲过，任何科技行为都会造成生态环境和生存形势发生快速异变，从而造成人体与之失匹配、失适应。而医疗操作是科技这个人为产物直接尖锐地介入人体的过程。因此，一切医药保健行为，同时就是某种或轻或重的戕害过程。

我绝没有诋毁医学的含义，人类迄今的医学发展，它是顺应着人类进化病，也就是人体作为最衰败的有机体所潜含的疾病，以及文明病被大规模调动，而必然产生的对抗措施。所以医学、医疗、医药，它们对人体自会产生一些健保效应。而且医学的进步使得人类的婴幼儿死亡率大大降低、平均寿命显著提高，也使得人类的生存伤痛、疾病苦痛有所减低，着实功不可没。所以我首先承认医学进步的正面价值，并确认它也是一个自发的或自然的生存反应。

但是，从深层上讲，任何医疗过程同时又是一个戕害过程。这话是什么意思呢？由于进化过程就是畸变病理过程的叠加化和系统化，因此人类的生理波动本身应当属于正常现象。也就是你的生理状态，不可能永远保持平衡。平衡是相对的，不平衡才是绝对的。你的生理状态其实始终是波动的，这个生理状态的波动，令人偶然感到不太舒服，临床上谓之"不适"。请注意，"不适"并非"不健康"，它恰恰是一个正常态势，是人体在生物演化的过程中所形成的那个失稳生理系统进行自我调节的表现，完全不需要人为干预。也就是一般所谓的疾病，人们大多数情况下认为那是病态的东西，实际上只不过是脆弱有机体生理波动的常态。

我举例子。比如什么是发烧？所谓发烧，是因为你感染、炎症而致体温增高，体温增高有助于免疫系统被激活，它是引导免疫效能提升的一个正常反应。因此，如果是低烧，体温在 38.5 摄氏度以下，你是用不着处理的；你如果及早地退烧，反而会削弱你对抗疾病的免疫力。

再比如咳嗽？它是由于你吸入了异物，包括感染了致病微生物，你的气管给大脑传递一个信息，大脑指令胸肌、膈肌快速收缩，用急气流把这个异物喷出来，这叫咳嗽。它是一个呼吸系统的保护机制，如果你只是轻微咳嗽，便立即用药止咳，其结果是什么？结果是异物滞留不被排出。

再比如腹泻，什么是腹泻？是因为你吃的食物里有毒素，对于这些毒素，肠道立即分泌大量液体将其稀释，同时把它排出体外，这叫腹泻，所以它完全是一个保护机制。如果一旦腹泻你立即止泻，后果是什么？这些毒物不免被吸收进入血液，引起毒血症；如果是细菌感染，会引起菌血症。所以它是保护机制。一般情况下你用不着处理，除非你腹泻太过严重，以至于造成脱水和电解质平衡紊乱，这个时候你才需要适当用药。

再比如疼痛，我前面讲过它属于保护机制。炎性疼痛、局部发炎红肿、温度增高、有渗出，干什么？稀释毒物。温度增高，免疫力增加。局部的炎症实际上是免疫系统与感染病源的第一线战场对抗，这都是人体的保护机制。所以说临床上的大多数医疗干预，如果把握不当，它反而都是对我们正常生理波动下的保护调节机制的损害。

我再举例子。比如小孩不吃菜，孩子们为什么不爱吃菜？是因为儿童的肝功能发育不全，而所有蔬菜中都含有毒素。想想蔬菜是什么？不就是草叶或植物嘛。人类把野生植物的一部分通过人工选择培育成蔬菜，你可知道植物是怎么演化发展的吗？植物在进化的过程中，草食动物要吃植物，于是植物就要设法抵抗食草动物对它的伤害。怎么抵抗？让自己的体内不断地产生毒素，使得植食性动物，包括各种昆虫轻易不敢吃它。但是这类动物总不能饿死自己，于是它们就相应地加强肝脏解毒功能，因此植物和植食动物之间的关系简直像是在进行一场持续性军备竞赛。如此这般经历亿万年的进化，植物或蔬菜中的毒素急剧增加，而动物肝脏的解毒能力也接连提升，双方达成适配共进态势。小孩、婴幼儿，他们的肝功能发育不全，解毒能力低下，因此吃菜对他们来说相当于某种程度的中毒反应，因此就会觉得蔬菜的口味不佳，从而拒绝吃菜。而你长大了以后莫名其妙地反而特别喜欢吃菜，其实是由于你的肝脏解毒功能此时已经跟植物中的毒素之间达成了匹敌或融洽关系的缘故。

我再举例子。比如妊娠反应，妇女怀孕头几个月，会发生诸如恶心、呕吐、厌食，甚至血压增高等不良反应，此谓之妊娠反应。为什么？我刚才讲过，你吃的所有食物都是含有毒素的，对于成年人来说，你的肝脏是能够解毒的；可是对于小小胚胎，它对这些毒素格外敏感，因为会对它造成伤害。因此，怀孕早期的妊娠反应其实是对胚胎的保护机制。如果妊娠反应不是非常的剧烈，不影响母亲的生命安全，妊娠反应是不能随便处理的，不能随便让医学介入。如果胡乱治疗，你可能消除了那个看似病症的不良反应过程，但却反而使胎儿中毒，造成胎儿畸形或者造成胚胎损伤。此时不让你吃饭、倒让你恶心呕吐，是因为这个阶段，胚胎对食物中的毒素耐受力很差，而同期的胚胎体积偏小，需要的能量极低，因此你若干天进食不足，甚至全无进食，对胚胎发育没有任何影响。

我讲这些是想说明什么？是想说明我们通常所谓的疾病，其实是生理正常波动调适的保护机制，而你如果不恰当地让医学介入、让医疗介入、让化学药品介入，反而会给你带来巨大损害。而且大家要知道，我们所得的绝大多数疾病，都是有自然病程的。所谓"自然病程"，就是这个病在某个时间段以后会倾向自愈。比如感冒，它的自然病程就是 7～14 天。病毒侵入机体，免疫系统数天以后开始产生应激反应，然后免疫过程慢慢把病毒压抑排除，你的感冒症状随之消退。可是如果你在这个时候去服用大量的药品，这些药绝不治病，要知道感冒这个病，人类是根本没办法治疗的，因为感冒的病原体是病毒，人类至今还解决不了抗病毒的问题。即使今天有少量抗病毒药物，副作用远大于杀灭病毒的效力。

那么你吃的药是什么？叫"对症治疗"。发烧了退烧，头疼了止疼，仅此而已。它们并不给你治病，只是缓解你的症状，可是这些药物本身却含有大量的毒素。你本来不用吃药，7～14 天也自愈了。你吃了药，你以为是医生给你治好的，你还得感谢他，可实际上他给你吃了一大堆毒药，而且是完全可以不吃的毒药。此举为你三个月或半年以后再得一场更大的疾病做好了铺垫。

过去的医学界还是比较老实的，医生知道这些病治不了，也知道这些症状不用治疗，他会用拉丁文开处方给你安慰剂。什么叫安慰剂？就是看起来像是个药丸，但实际上只是一粒淀粉豆，里面什么药都不含。你全然不知内情，乐呵呵地吃下去，心理上获得了满足和安慰，自然病期届满，身体随之康复。但由于安慰剂不赚钱，今天已经没有哪家药厂愿意生产它了，结果本来不用治的病，你不知道，非得找医生不可，医生本来想给你安慰剂，但是没货，给你的全是毒药。所以，治病过程变成一个巨大的戕害过程。

要知道所有的药物都是有毒的。我在前面讲过，只要是苦味的东西，都是对人体有损害的东西。今天的化学药物甚至可能没有苦味，因为人类在自然界中碰不到这种东西，相应的苦感味觉都还没有形成，它对人体会造成更大的伤害。所以看待任何药，你首先记住它是毒药。再比如抗菌素，什么叫"抗菌素"？它是一组细菌，为了保证本菌群占有必要的空间范围与资源领地，各细菌会分泌出一些内、外毒素，即内毒素或外毒素，使得其他菌种不能接近它，这就是抗菌素。最早发明的青霉素，就是青霉菌的外毒素。

那么抗菌素是怎样产生药理效用的？它主要通过两个途径：第一，损坏其他单细胞的细胞膜结构。大家知道细胞内部是一团浆体，它的整个外层屏障系统，全凭磷脂双层结构的细胞膜。细胞膜一旦受损，细胞体立即解构、液化。抗菌素的第一个作用就是破坏细胞质膜，第二个作用则是扰乱细胞内部的蛋白合成代谢系统。须知抗菌素并不能分辨哪些细胞不被它的毒素所伤害，它只是不允许任何异类单细胞靠近自己。所以当你使用抗菌素的时候，它不仅是在摧毁你所要治疗的病菌，而且同时对你的所有体细胞造成某种程度的损害。

请想想这个损害有多么严重。你动辄使用抗菌素，等于动辄对你全身的所有细胞进行一次冲击性攻伐。而且还有一个更大的麻烦：生物的进化是通过生殖代际表达的，也就是说它的变异过程是在生殖系统上一代一代传递的，由于细菌的增殖速度极快、增殖周期极短，最短二十分钟就发生一次分裂，因此细菌变异适应的能力和速率远高于人体。处于抗菌素环境中的病菌一般都会快速变异，以取得适应，这就是耐药性或耐药现象的来源。而且，细菌被某种抗菌素杀灭，就等于被自然选择或人工选择淘汰。然后基因突变导致对这个抗菌素有耐受性的细菌才能够保留存活。你不断地使用各种抗菌素，甚至广谱抗菌素，等于借助人工选择筛选出超级细菌，也就是对任何抗菌素最终都产生了耐受性的细菌，这叫超级细菌。所以人类使用抗菌素的未来恐怕是非常危险的，它必将缔造出任何抗菌素都全然失效的特殊病菌。这就是大规模使用抗菌素的后果，它既对你当下的身体细胞造成些许损害，又对你未来的生存前景造成重大威胁。

我在这里只讲了很少的一点例子，至于医疗与医药方面的其他损害，我们后面慢慢谈。现在姑且从头梳理一下。大家看，人类一切疾病的根基，是由于生物进化过程就是畸变与衰变之病理过程的系统化，因此所有疾病的第一基础是"进化病"；随着人类文明的接续发展，外部适应性环境发生文明化剧烈变迁，致使原来由进化病达成的那个脆弱的生理平衡与之失匹配，我称其为"全面失适应"，由此调动潜在进化病的全面爆发，这叫"文明病"；文明产物之最尖锐的一端，直接作用于人体，继而造成文明病中最率直、最锐利、最苛毒的那类损伤，叫作"医源性疾病"。这就是人类所有疾病的总谱系。

请大家把这个部分听懂。你把这些东西弄明白，你才知道人体是什么、疾病是什么。在这个逻辑序列下，你才能恰当地处理医疗保健问题。你动不动往医院跑，这是一件很荒唐的事情。有一批西方的学者，曾经对多地医院体系的总效用做过一个临机调查：1973年耶路撒冷的医生举行罢医，有一个月不予接诊任何病人，这批学者随即调查耶路撒冷周围的殡仪馆，结果发现这一个月死人数量减少 50%；三年以后，1976 年哥伦比亚首都波哥大，医生罢医 52 天，有人调查周边所有的殡仪馆，结果发现死亡人数下降 35%；同年，美国洛杉矶医生怠医，所谓怠医就是一般的病不看，但是对于急诊病例继续接诊，大概一个多月，结果洛杉矶周围殡仪馆的送尸量减低 18%。

这一组数据着实令人错愕。若然，请你想想，你随便就往医院跑是干什么去了？几乎无异于找死去了！我绝没有诋毁医院的含义，我只是想告诉大家医源性疾病的严峻程度。我讲这些是想说明，你唯有在这样一个自然物演序列上，你才能看清人体是什么、生理是什么、病理是什么、疾病是什么。你把这些东西在基础理念上搞清楚，在哲理高度上整明白，我们后面所有的问题才有讨论的余地。好，我们今天上午的课到此结束。

中医的基本素质：守护原生态

我们下面略谈一点中医、西医问题和养生保健问题。

我在这里谈中医，不谈细节，只谈"逻辑梗概"以及它的"文明史定位"，这一点，我事先声明。关于中医，在中国是一个非常敏感的话题，通常会引起很大的争论。中国近代史是一场屈辱的历史，然后中国现代史是以否定传统文化为开端的。不清理传统文化，中国的第二次社会大转型，即从农业文明向工商业文明转型就非常困难。因此，在那个阶段，中国的时髦文化形态表现为对传统文化的全面否定，这在当时是有道理的，但是也在很大程度上委屈了中医。

我们先看一下民国时代。当时整个学术界，包括那些文化巨匠，他们对中医的普遍评价基本上都是非常负面的，直到现在也大抵如此。比如鲁迅，他就说"中医不过是一种有意或无意的骗子"；比如郭沫若，他说"国医治好的病，反正都是自己会好的病"，然后他又说，"中医和我没缘，我敢说我一直到死绝不会麻烦中国郎中的"；李敖他说，"中国历史上根本没有真正的医学"，所谓中医只不过是"巫医"而已；严复认为，中医缺乏实际观察和逻辑推理，将中医、中医药归为风水、星象算命一类的方术；陈独秀说："中医既不解人身之构造，复不事药性之分析，惟知附会五行生克、寒热阴阳之说"；梁漱溟，他算得民国时候的新儒学派，对中医都不给好评，他说"中国说有医学，其实还是手艺，十个医生有十种不同的药方，并且可以十分悬殊，因为所治的病同能治的病，都是没有客观凭准的"……

我们会发现，近现代的学者，对中医基本上都持否定态度。我前面讲了，这是因为近代社会转型，不得不清理批判传统文化的时代氛围所致。

那么，究竟应该给中医一个怎样的评价才算恰当，我眼下只在历史逻辑的梳理上做出大致说明。首先，我认为中医不是科学。我一说这句话，大家就会觉得我是要攻击中医了，别搞错，我更愿意攻击科学。要知道，人类文化的底层、人类文化的主体全是非科学，科学只不过是近代以降的一种思维方式，或者说是从古希腊哲学延续过来的一脉现代思维方式和学术范式，它在人类的总知识量中只占很小比例。

人类数千年文明史大都处在前科学时代，也就是哥白尼以前、牛顿以前的时代。那时人类的文化生存，或者说人类的文化维护生存效应，由什么来承担？全都由非科学一肩挑起。因此，非科学文化才是人类文化的主体。并且相对于科学文化而言，非科学文化通常更柔和、更舒缓，而科学文化倒显得十分暴烈，比如它足以造出毁灭人类的原子弹等等。因此，我们一定要在人类文明史和人类思想史上搞清楚科学与非科学的关系——人类文化的主体是非科学，科学只不过是人类文化发展到近现代的一个塔尖状或尖端状存在形态。

中医无疑是人类较原始的医学，是科学时代以前的医学，它当然属于非科学。所以，说中医是非科学一点都没有诬蔑它，在某种程度上还是抬举它。如果一个人特别迷信科学，偏要把中医说成是科学，那么他反而把中医搞成伪科学了，那才是真正糟蹋了中医。那些科学崇拜狂者，或者说是科学教的信徒，他们评价中医，要么拼命地把中医往科学上附会，要么就攻击中医，只有他们才会走向这样两个极端。所以请记住，中医是非科学，这是恰当的评价。不要把它装扮成伪科学，这是善待它，或者是不至于作践它的一个特别需要小心的雷区。

说到底，中医实际上是什么？它是人类偏于原始的医药保健体系，它的高明（其实是"低明"）和美妙正在于它的原始性和幼稚性。请大家听懂我的这个思路：人类早年文明化以前，或者文明初萌之时，文明病尚没有大幅度调动，人类基本上没有多少疾病，险恶的暴病更是少之又少。由于人体是一个衰变进化的产物，因此他的生理波动，是一个不断发生的过程。波动失衡是常态，稳定平衡是非常态。因此轻微的生理波动，或者在症状上、感觉上，产生轻微的不适，是人类这个生命载体的一般正常状态。

那么，古人只在这个状态上有所谓的生病。于是人类早年在寻求食物的过程中，也就顺便寻求相应的医疗处理和草药筛选，这叫"神农尝百草"。亦即农业发展过程，同时就是医药行业的发展过程。所以中国自古"药膳不分"，吃饭和吃药是一回事。他所说的"药"是什么？全是自然界现成的东西，绝不需要化学提炼，因此它跟当时人类的自然生态相匹配。

请注意，我前面用过一个词项叫"文明生态"。我说人类的有机体是亿万年根据自然选择，形成的一个"病态畸变平衡系统"，他面对自然界是相对适应的。他面对自然生态而潜行进化，疾病是不被调动的；但他面对文明生态、非自然生态，各种进化病根就会被大规模调动，原因是"全面失适应"。

在史前原始阶段，文明尚未暴涨起来，我们人类的生存方式与野生动物无异。那个时候，人体的生理运行是动态平衡的，疾病显发的情况非常少见，偶有病情也比较缓和。中医在这样的"自然生态"下，以"自然方式"来对抗这个轻微的生理波动和不适，这就是中医早年对人体产生有效维护作用的道理所在，这也是中医的全部价值所在。当年中医所维护的是什么？不是治病，只不过是调节生理秩序！用今天的话说，只不过是调整免疫平衡。

所以你读《黄帝内经》，它会说一句话："不治已病治未病，不治已乱治未乱。"就是我不治你已经爆发的病患，我治你还没有调动起来的病前不适，这叫"不治已病治未病"；我不治你已经扰乱了的那个生理秩序，我治你尚未全面失衡的那个常态波动，这叫"不治已乱治未乱"。你大病兀起、乱象丛生，这不在我中医的观照范围之内。

再则请大家注意，我们把传统医学叫作"中医"是有失恰当的。严格地讲，它只不过是人类文明初期的原始低端医学之通例。我们看一个事实，试问"西医"从哪儿来？从古希腊、古罗马一路走来。审视一下古希腊、古罗马的医学，古希腊最著名的医生——希波克拉底，他曾经写过一本书《论风、水和地方》。他在书中明确讲："寄希望于自然。"也就是说自然对人体的扰动才是一切疾病之源，处理人跟自然生态的平衡关系，才是医生要干的事情。这和中医的看法岂不是完全一样吗？因此他行医看病，先看你的生活环境和当地习俗。古希腊哲学家恩培多克勒提出"水、土、火、气"的四根说、四行说或者四元素说，一直到亚里士多德都坚持这种看法，希波克拉底也抱以同样观点，他认为，人就是由自然界中的这些基本物质构成的，因此他把人体又分成四种状态，叫作"体液学说"，他说人体是由"血液、黏液、黄胆汁和黑胆汁"构成的，四种体液在人体内的比例不同，形成了人的不同气质。他的这个说法被后来著名的古罗马医学家盖伦所继承。

盖伦要比希波克拉底迟上几百年，已经是公元 2 世纪的人物，盖伦借助于希波克拉底的"四体液论"以及"多血质、黏液质、胆汁质和抑郁质（也就是黑胆汁质）"的对应性称谓，作为人体生理或病态体质的分型方式，并运用与希波克拉底非常相似的"自然疗法"来行医诊病，由此建立了早期西方医学的理论及实践基础。

而且大家再看，公元 2 世纪是什么时候？是中国的汉代。要知道，中医真正成熟起来，时间就在两汉，《黄帝内经》实际上是汉代的作品。看看盖伦，他的治疗用的是什么？跟中医完全一样：植物药 540 多种、动物药 180 种、矿物药约 100 种。你查阅一下汉代的本草记录，几乎连数量都完全一致，对照中国两汉时候的草药、矿物药、动物药，其物类及数量都如出一辙！

而且盖伦当年也用针灸，只是名称不叫"针灸"。其实人类古代没有针灸，所以你看，中国的古代叫"针砭"，"砭"（biān）这个字，左半部是一个石字偏旁，指带尖的石头。早年的针灸是什么？人类那时造不了金属针，就拿一块带尖的石头敲击穴位。要知道，盖伦也干这件事，情形似乎一模一样。我在讲什么？我在讲古希腊、古罗马的"中医"！这不是很荒唐吗？它不叫"中医"，它叫"人类原始医学"，请大家把概念搞清楚。

那么，为什么我们今天把它叫"中医"？它为什么具有了跟人类其他地方的原始医学不同的特征？其实这个特征就是不进步、不发展，让它一直保持原始禁锢状态或半原始、半禁锢状态，然后等到近代"西医"侵入中国，它才变成了所谓的"中医"。我前面讲中国文化是什么？是一个封闭地貌下的原始农耕基地。这个封闭地貌使得民族扰攘和文化交流发生阻隔，于是它就把人类最原始的文明思想和文化，在不受外来冲击和干扰的情况下，精雕细琢数千年而不辍，这就叫中国传统文化。我们也可以说它是人类原始文化的僵化态，我们也可以说它是人类原始文化的幼稚老成现象，如果不用这些贬义词，那么我们换成另一个说法：它是人类原始文化历经数千年精雕细琢的产物。

换言之，中医跟世界上其他地方的原始医学之唯一不同，就在于它经过了数千年的精雕细琢。所以中医在当年是非常合理的，而且它比世界上任何地方的原始医学都更精致、更发达，理论编织得更为清晰，积累的经验及其效果也更多、更好。尽管那个时代的思维方式是非科学的，非科学的思维方式只能处理较小的信息量，但请注意，那个时代本就是个信息量偏小的时代，因此当年的中医不管是从理论上看，还是从实践上看，它都跟当时人类的生存状况是相互匹配的，是恰到好处的医学，有效地维护了人类高度文明以前之数千年东亚居民的健康生存。

其实科学这个思维范式，它也同样不是真理。我前面课上一再讲，人类永远得不到真理，科学只不过是能够处理更大信息量的一个思维方式或学术范式，仅此而已。（此处有删减）面对今天大信息量的社会演动，面对文明的恶性发展，面对文明病的大规模烈性调动，中医随之失匹配，随之显出式微衰落之态，岂不是理所当然？！这就是中医的历史定位，我想我已经说得很清楚了。这就是我对中医的基本看法。

可是我们也必须承认，这个"自然疗法"，这个跟原始生态相匹配的医药体系，只能是在那个时代、那个生存环境下，它才适当、它才有效。希波克拉底把它称为"自然疗法"，这是对"中医"或者对"人类原始医学"最恰当的表述。因为人类当时生活在自然生态中，于是对应的就是轻微的疾病和生理波动的不适，于是对应的就是"自然疗法"。

中医里疾病分类怎么讲？讲的全是自然环境变化给身体带来的影响。那时的病种是很少的，你看古老的中医文献，它所涉及的病例，无非是自然环境波动造成的生理不适：比如"伤寒"，是指你受寒伤身了。今天西医上所谓的伤寒，那可是个烈性传染病，指由伤寒杆菌所引起的累及肝、脾以及肠道等多器官损害的重症，可能带来肠穿孔的致命后果。今天西医上所讲的伤寒，跟中医当年所讲的伤寒，完全不是一回事，请大家务必搞清楚。古代中医所讲的伤寒病，就是你身体受寒所引起的轻微不适。

再下来看"风湿"。古代中医所讲的"风湿"就是你受风吹了、受潮湿了，它跟今天西医上的那个"风湿病"可全然是两码事。西医上的风湿病是指乙型溶血性链球菌感染，由于该菌种的蛋白抗原跟人体自组织的某些分子结构比较接近，由此引起的自体免疫性疾病。也就是自己的免疫系统攻击自己的人体组织，比如心脏瓣膜、比如关节滑膜等，这是现代西医所说的风湿病。它是当年西医传入中国的时候，中国人用这些古老的中医名词翻译命名它所造成的误解。所以，今天西医上所说的风湿病，是一个非常严重的疾病，可能最终形成心力衰竭的后遗症。而当年中医所说的风湿仅仅是受风了、受湿了，是非常轻微的一类环境变化病。

再比如"温病"，无非是指暑热引起的不适；再比如"四时不调"，仅仅是因为季节变化带来的生理波动。诸此病名：伤寒、风湿、温病、四时不调，这就是早期中医所列举出来的疾病，你听一听，它算是疾病吗？放到今天，它都不是疾病，它仅仅是感觉上的不适和生理上的波动，是不是这样？这就是中医当年处理疾病的情形——实乃"未病"或"未乱"之情形。

请想想，你只是在生理波动、轻微不适的层面上处理，你处理的是什么？一个保健状态、一个维护状态、一个防病状态、一个免疫系统的调理状态，不就是这些基础性的养生动作吗？所以中医的伤害程度最低，奠基力度最高，它跟当时的文明初态相匹配，从而最有效地维护了当年人类的自然生存。

中医直到现在还实行"辨症施治"。西医上确定的一个病例，你让不同的中医医师或老中医去看，大抵一人一套说辞、一人一个处方。梁漱溟就讲这件事情，说仅凭这种乱象，中医就是胡扯。但你仔细想想，从遗传学上讲，每一个人是有其个体差异的。同样受寒了、受热了、受风湿了，每一个人的生理反应或者病理反应，一定是不完全一样的。在西医上确定的同一个病种，在中医上诊疗，各人开出的方子有所不同，不说明它混乱，恰恰说明它睿智，恰恰说明它对症，恰恰说明它照顾到了个体差异，不是如此吗？

所以，中医的种种弊端，你今天视其为荒唐，但回到数千年前中医起初发生的那个时代、中医维护原始健康的那个时代，它不是最合理、最适宜的一个维生系统吗？

我在这里讲的意思是，首先搞清中医的文明史定位，因为这个世界是流变的，而且是衰变的，因此中医处在最前期，它一定是衰变程度最低、扭曲程度最低、损害程度最低的。因此在某种程度上，是最好的一种医学。但是反过来，由于它当年是处理低信息量的一个经验模型，它的思维方式，跟我们今天科学时代哲科文化的那个思维方式完全不同。它是怎样的思维形态呢？可谓之"经验类比"

模型。它跟哲科思维的那个抽象逻辑模型，完全不是一回事。很早以前，它那个理论模型有效地匹配了微恙治疗的实际需要，所以在当年，甚至在今天，你都不敢破坏它。你今天把中西医结合，把中医的理论换成西医科学理论，那么传统中医药行之有效的经验系统就会散架。所以今天中西医结合式的中医教学方式，在很大程度上反而损害了中医的学说框架及其实践体系。

大家想，人类在远古时代，尤其是中国特定的农业文明时代，他的思维方式是"经验类比"范式。他在这样一个模型下建立了整个中医的理论体系，你今天站在科学精密逻辑的角度上，当然觉得它非常粗糙，粗糙到荒唐的程度。比如中医讲白糖性寒、红糖性热，因为白糖像冰、红糖像火。其实红糖和白糖有什么区别？红糖就是比白糖多了一些杂质，你把红糖提纯就是白糖，所以这种说法，你站在今天的角度看，实在太离谱了，没有任何解释力可言。

例如中医又讲"肝主谋虑""胆主决断""脾主运化"，你今天觉得这种说法简直是不着边际。你的谋虑在哪儿？你今天知道都在大脑。古代中国人说"心里想"，古希腊人也这样说，为什么？人类那时候不知道思维活动在哪儿进行，发现身体其他部位都是可以静止的，只有心脏没完没了地跳动，同时发现人的思虑是没有片刻停顿的，于是就认定思想一定是由心脏支配的，全人类早年都这样看待，直到现在，我们平常也不说"脑里想"。

我们今天还说某人胆大、胆小，你的勇敢程度跟你胆囊的大小有什么关系？胆囊是贮存胆汁的地方，肝脏分泌胆汁，胆汁的分泌量很大，每天高达几千毫升。这些胆汁平时不需要，贮存在胆囊里并使之浓缩，仅在食入高油脂食物的时候，胆汁才会排进肠道，起到乳化作用。大家知道脂肪是不溶于水的，你把油倒在水里，油和水是分层的。你如果加入乳化剂，比如胆汁，它就会把脂肪乳化为溶于水的极小颗粒，于是油水混溶而变成乳白色的奶状液体，以利于肠道内膜吸收，这就是胆汁与胆囊的生理作用。它跟你是否决断、是否勇敢有什么关系？什么关系都没有。

脾主运化吗？古人认为脾胃是一个系统，其实脾跟胃一点关系都没有。那么为什么古人总是把脾和胃放在一起说事呢？从动物到人体，剖开肚子看，脾与胃在腹中的位置比较接近，仅此而已。我们今天知道脾脏跟消化系统没有任何关系，它是一个纯粹的免疫器官，根本就不是消化器官。所以你回过头来看，在当代大信息量之背景下，中医的理论几乎全是错的。

我们再往下看。中医讲"怒伤肝、喜伤心、思伤胃、忧伤肺、恐伤骨"，你乍一听似乎很有道理，也符合某些体感经验。比如你发怒了，你右肋下常会疼痛，刚好这是肝区，其实是因为你过度紧张，精神神经兴奋性增加，导致腹肌和肋间肌收缩痉挛造成的；比如"喜伤心"，你突然遇见一件非常高兴的事情，你可能会喜极而泣，状如伤心泪目；比如"思伤胃"，总是处在思考焦虑状态，人就容易消化不良得胃病，就像孔子患有胃下垂一样；"忧伤肺"，指多情善感、天性忧郁者，似乎肺就受到损害了，比如林黛玉；"恐伤骨"，突然碰见一件让你十分恐惧的事情，你就两腿发软，于是你觉得它伤及你的骨骼了。但实际上，这完全是一个瞬时体验或偶然经历，由此建立的经验类推模型，着实没有任何道理。

中医的理论架构，放在今天这个大信息量时代，已完全无法对应契合了，对比当代的解剖学、生理学研究，它立即陷入尴尬之局。可你不要忘了，它是当年低信息量时代的一个颇具贯通性和兼容性的理论模型。你如今站在另一处高点上，借用另一种思维方式反观它，它当然就显得比较拙劣且文不对题似的。

不过，中医的这套理论眼下虽然有些尴尬，但它毕竟积累了几千年的从医经验，精雕细琢数千年而不辍，于是它的治疗有效性、药物关联性及其对症引导方式，恰恰必须在那个看似过时的理论框架下运行。你破坏了那个理论框架，你也就把几千年经验积累形成的有效调用体系废弃了。这就好比多列书架子上摆放着无数书籍，你要查阅其中某一本书，仅凭胡乱翻腾是行不通的，你必须借助于分类标签、纲目列表的索引，才能找见它。

同样，中医的理论虽然过时了，但它当年是一个经验有效匹配系统的条理与纲目，如果你把它的理论系统破坏了，它的经验调用过程也就紊乱了。这就是为什么章太炎和胡适都承认，中医不善言说，却能治病；然后他们还批评西医，说西医相反，口惠而实不至。

所以你听中医的很多说辞，觉得它荒诞不经，但治疗颇为见效。比如中医讲"脾湿生痰"，说你咳嗽多痰，是因为你脾脏受潮了，然后它选用所谓的"燥脾"药，祛湿以祛痰。脾脏跟你咳嗽、跟你呼吸道疾病有什么关系？用今天的医学理论衡量，这不是乱说一气吗？你咳嗽是因为你支气管内膜被细菌感染，然后支气管内膜的杯状细胞分泌黏液粘附异物，通过微纤毛逆向运动，再通过你的咳嗽气流把它冲出来，咳嗽就是这样一个保护机制。它与脾湿生痰完全不相干，但是它无碍于你把桔梗、贝母、杏仁、前胡这些作用于支气管病灶的药物调动出来，进行有效治疗。

中医讲"肺合皮毛"。说你发烧了，是因为"肺合皮毛"这个关系紊乱了。我们今天知道，这在理论上根本说不通，但是它一点儿都不妨碍你用银花、连翘、麻黄、柴胡这些解表剂去疏解体温。中医讲"肾生骨髓"，我们今天知道，骨髓跟肾脏也没有任何直接关系，但是它一点儿都不妨碍你用那些所谓的补肾壮阳药物去激发性欲。它的诊疗效用跟它的理论架构是自相匹配的，尽管它的理论体系相对于今天的大信息量科学逻辑模型，显得驴唇不对马嘴。

所以你如果站在今天的科学理论范式上攻击中医，处处都能击中要害，中医几乎没有招架之力。可你并不能因此就全盘否定中医，断定中医一无可取。

鲁迅的抨击与对中医的质疑

中医的原始启动，我前面表扬了它；但对于中医的后世发展，我也着实不敢恭维。这里不仅仅是批评中医，我是批评人类文明的发展过程就是堕落败坏过程，中医的变质只不过是它的伴随现象而已。

早年的中医，不是一个商业交换活动。我前面提到，远古时代，族人之间相互照料，用餐过程就是治疗过程，药膳不分。延至中古，文人学子大抵都懂一点中医，所以那时的乡绅知识分子家庭、士大夫家庭，本人或家人得病，通常自己会开方、采药以自治。如果找郎中来看病，医者开了方子，通常是要交给人家验方的，他为什么要让别人验方？是因为古代的文人士大夫都懂点中医，他这么做，是为了让病人家属知道他没有胡乱开方。

随着时代的发展，随着社会的败坏，随着商业化交易的发生，中医也难以招架。何况中医一如中国传统文化，历来取保守态度，采信先贤之言，恪守古书之教，一本《黄帝内经》早成千年圣典，导致自身发展停滞，至多是原型微调而无所突破。然而文明病的调动过程却是一路挺进、不可阻遏，这导致中医面对越来越多的文明病、越来越多的烈性病，它其实已经没有应对能力了。我前面讲，它没有应对能力才是正常的，因为它当年的那个初态就是处理非文明病的素质。随着人类文明进入中世纪，人口密集度大规模增加，文明病也大规模出现，此时中医在相当程度上已经无能为力了。可是它又不甘于退出历史舞台，郎中们要找饭吃，于是他们就把中医搞的非常玄乎，把中医变成一门玄学，在那个老旧窠臼里弄出很多鬼名堂，以便于维系中医衰落的变局与危局。

鲁迅抨击中医是"有意或无意的骗子"，你不能说他全是诋毁。大家知道，鲁迅反对中国传统文化中的诸多东西，比如女人的三寸金莲、男人的辫子、父权的蛮横、专制的黑暗等等。他攻击中医也毫不留情，他说中医看病，处置不了就经常给病家开一个你无论如何都找不到的"药引子"。中医用药是需要有药引的，也就是寄望于通过某个玩意能够把药力导引至具体疾病的靶向上去。

古代中医的药引子，最主要的是什么？是酒。所以你看，医这个字的繁体字（醫），上面一个医，底下是一个酒字去掉三点水（酉，甲骨文中示以酒坛）。但是到民国时代，据鲁迅说，他家遇见的医方真可谓无奇不有。鲁迅的父亲久病不愈，鲁迅回忆他从小就经常出入中药铺子，那时他身高都够不见中药铺的柜台，他给父亲抓药不止，几乎耗尽家财，父亲终于还是不治而亡。医生竟然开出过这样的病方药引子，叫"原配的蟋蟀"，就是第一次结婚的那对蟋蟀，如果离婚了、续弦了则无效，即二次婚配不作数，这岂不令人啼笑皆非？

中医做鬼，在中世纪以后，在文明化发展的过程中，变得越来越玄乎、越来越诡异，为了掩盖自己的落伍和无能而无所不用其极，这也是一个不得不承认的历史事实。

你读一下《红楼梦》，可以看出曹雪芹对中医是非常熟悉的，他里面描写癞头和尚、跛足道人给薛宝钗开的一剂神药，名叫"冷香丸"。尽管中医药里实际上没有这个东西，但是曹雪芹能写出这样一副配方，足见他深得中医中药之精义，也深知其中可以操弄的鬼名堂。这个药方由四味药组成：白牡丹、白荷花、白芙蓉、白梅花的花蕊，也就是花粉那个部分，各十二两研磨，并用同年小雨节令的雨、白露节令的露、霜降节令的霜、小雪节令的雪各十二两混合。先把这四味药找齐就很难为了，如果今年小雨节令这一天不下雨，玩完；如果明年白露这一天没有露，又玩完；如果后年霜降那一天不降霜，则再玩完……这种故弄玄虚的方式，曹雪芹写出来，的确是对中医的巧妙讽刺。

这种装神弄鬼的过程是与时俱进的。你读《黄帝内经》，它还比较老实，望闻问切，缺一不可：望病人的气色；闻病人的声音；问病人的病史；最后才是切脉。中世纪以后，高明的医生已经不用"望、闻、问"了，光"切"脉就足够了，而且男人不可触碰女人的身体，给贵妇人看病，不能直接摸人家的脉搏，怎么办？手腕上拴一根丝线，牵出病榻帷帐而遥遥抚之，然后就说他摸见脉象如何如何，那不是瞎扯淡吗？所以说中医随着文明的发展，越来越做鬼，越来越堕落，实在所言不虚，想来它也逃不掉这个结局。

人类早年生态平衡，食料出于自然，病恙相对轻微，所以那个时候得病，吃药是很少的。你看看古代的医方，你翻翻古代的医书，一个药单底下总是写着"三副""五剂"之用量，到此为止，很少有没完没了、长期服药的事情。其实中药里面是有大量毒素的，在远古时代由于病患很轻，快速治疗，以毒攻毒，及时停药，这些毒性都是不表达的。

但是今天的中医中药变得十分可怕。要知道传统的中药是没有经过毒性实验的，今天西医所开发的任何一个新药，都必须经过26项动物实验，其中包括急性毒性实验和慢性毒性实验。急性毒性实验就是大剂量超百倍给小白鼠用药，看它的近期中毒反应。慢性毒性实验就是给小白鼠或者豚鼠不断地使用微小的正常剂量，即按疗效统计和单位体重配置的剂量，然后观察 3 ~ 5 年，看它的远期毒性反应。此外还要做致畸实验和致癌实验，致畸实验就是给实验动物做一个受孕模型，再用药观察，看它是否会对胎儿造成畸形反应；致癌实验就是长时间注药，看它会不会引发细胞组织癌变。诸如此类的 26 项动物实验结束之后，还不能上市销售，接着分三期进行临床实验，精选病人，设对照组，一期一期逐步推开，人数由少到多，确保受试者安全，慢慢鉴别疗效和毒副作用，这样谨慎地验证一个新药出来，通常需要 5 ~ 10 年以上才能完成。

古代的中医何曾做过这件事情？我前面讲过，任何植物都是有毒的，因为要抵抗动物来吃它，它就得不断地在自然进化的过程中增加自己体内的毒素，然后动物提升肝脏解毒能力，二者保持军备竞赛的平衡。因此所有的植物草药，甚至粮食五谷，都是有毒的，这是正常现象。何况中医还专门选用一些含有剧毒的植物、矿物和动物，比如蝎子、毒蛇之类作为药源，可是它从来没有做过毒性实验。

我在这里声明一下，近代科学的药物筛查和有效性的比照，中医之所以不做，是因为当年办不到，也不必要。我不是说中医当年就想糊弄人，我一再讲当年不必要，因为那个时候是自然生态，环境无污染，且疾病轻微，药物的服量少、时间短，致人中毒的概率较低。所以古时用药边试边看、偏于轻率，倒也无可厚非。

而今西医观察一个药物的正负效果，它是怎样进行的？叫作"大样本数双盲对照法"。我解释一下这是一个什么方法。先讲什么叫"对照法"，一个药物看它是不是有效，我直接设置一组病人，给他们统一服药，结果病情有所缓解，这是不算数的，因为你没有设立对照组，你怎么知道它不是自然病程的自发缓解？我必须另设一个对照组，把病人随机分成两路进行比照研究：一组病人用这个药，一组病人用安慰剂，让他感觉到他也像是吃药了，借以排除心理影响和暗示效应带来的干扰，同时观察非药物干预情况下的可能变化，这叫"对照实验"。

这还不够，必须再进一步，首先是"单盲对照实验"。我既然把病人分设两组，我就不能让这两组病人知道谁用的是安慰剂、谁用的是治疗药。因为如果病人知道自己的用药情况，比如知道自己用的是淀粉丸子，心理作用就会让他觉得一无效果。于是早期是单盲对照实验，就是病人不知道自己用的是什么药，以后发现这样不行，因为医生知情亦受干扰。医生知道这一组用的是强效药，那一组用的是安慰剂或对照剂，就会不自觉地产生某种主观倾向，一般总是偏向于说用药组的治愈率高。于是从"单盲"改为"双盲"，就是也不让医生知道这两组病人各自的用药区别，这叫"双盲对照实验"。

至此，研究条件仍未满足，因为如果参与实验的病人数量较少，那么在数学统计学上的分析就不能精确，因此它进而要求"大样本数双盲对照"，也就是两个对照观察组的人数量级要足够大，在数学上要有足够显著的统计学分析之差别，即借以判定假设检验结果的P值参数。想想这样的一个操作方式何等严格，这是今天验证某个药物有效与否的基本方法。

中医药研究何曾用过这些方法，而且它当年确实也不必要。于是中药里就含有大量的毒素，它在当年不显现，因为人们生活中污染级别很低、疾病很轻，吃药时间较短、药量较少。可今天我们的疾病烈度大大提高，用药剂量和用药时间也大大增加，这些原本富有毒素的药物开始彰显巨大的危害。我举一个例子，比如龙胆泻肝丸，这个成药方子中国已经用了几百年了，从来没有发现它是一剂可怕的毒药。直到前些年，它在中国医疗领域竟然造成数千甚至上万例肾功能衰竭。由于病人中长期服用龙胆泻肝丸，最终导致肾中毒，两肾功能全部被破坏。要知道肾功能衰竭是非常严重的疾病，因为肾损害是不可逆的。他只剩下两个办法来维持生命：要么一辈子坚持血液透析，每个礼拜都得通过外循环设备透析置换血液中的毒素，因为尿毒排不出来；要么进行换肾手术。否则必死无疑。

起初龙胆泻肝丸里有一味植物药名叫"木通"，后来天然木通越采越少，到民国时代逐步换成"关木通"。木通和关木通里都含有一种成分，叫马兜铃酸，关木通的含量比木通更高。马兜铃酸是剧烈的肾毒药，同时带来严重的致癌反应，主要是肝癌和消化道癌症。西方医界做了实验，致癌率极高，动物实验患癌率竟高达50%以上。

我们只拿马兜铃酸这一个毒素做例子。现在调查的结果是，中药里竟然有56种草药富含马兜铃酸，有近百种中成药富含马兜铃酸。你今天处于疾病高发时代，经常需要长期大量服用中药，这里暗藏着一个非常可怕的风险——药物中毒。

（此处有删减）

德国有一个机构，2005年组织了一项耗资数千万欧元的大型针灸临床实验，它分设两组病人，然后做对照实验。针灸实验一组按中医上所说的经络和穴位扎针，另一组不循穴位随机乱扎，然后进行大样本数统计学分析，结果没有显著差别，得出的结论是：针灸疗法及其经络学说缺乏依据。我不是说这项研究足以定论，我只是罗列一个事实。

那么针灸到底效果如何？经络到底是怎么回事？其实我们至今也说不清楚。从现代神经生理学上讲，有一种现象叫"放散干扰"，就是一个神经电脉冲发生的时候，如果你在它旁枝的另一个神经位点上给予刺激，那么这两个神经电脉冲就都会受到某种程度的扰动。我换成一个大家比较容易听明白的说法，比如你头疼，我在你的身体别处予以重击，你的头疼立即减轻甚或消失，即另一个痛感干扰了原有的痛楚。德国方面所做的这个实验，实际上就是放散干扰机制，它表明穴位针灸的治疗作用是可疑的。

穴位与经络是否真有其事？这是一个含混不明的问题。很多中西医学者借助现代科学手段，却从来没有找见经络存在的依据。我上研究生的时候学的是内科心血管，有一位同班同学研习组织胚胎学，他的导师给他指定的论文课题就是探寻经络的微观组织结构，使用相当先进的技术方法和设备仪器，包括电子显微镜等来查找经络，结果他苦耗三年，一无结果，到头来未能按时毕业，最后只好另换课题，否则拿不到学位。曾听闻某位中医别有高论，他说经络就像山谷，恰因空旷无物，它才存在。这个说法很妙，可问题在于，我们在经络两边，也没有找见类似山体的证据。我那位研究生同学和导师提出各种假设，做了广泛研究，他们甚至想到"嗜碱性粒细胞或肥大细胞"是不是在经络线上排布，这个话题说起来非常复杂。总之是殚精竭虑，终于仍未找见经络。

我不是想攻击中医，我只是想说明，你用今天的科学范式面对中医的理论，面对中医的结构体系，面对中医现代医药效果的评价，它一定发生严重的冲突。既然中医在自然生态下只是调节人类的生理不适，那么它对现代文明病不具有治疗效力，或者不具有明显的治疗效果，就是非常正当的，就是理所当然的。

我举例子，当然我这些例子近似于开玩笑，因为这都是中国古代小说上的话题，不过它也能说明一点问题。比如《三国演义》里讲"三气周瑜"，说周瑜被孔明气死了。你如果读《三国志》，根本就没这回事，完全是罗贯中瞎编。人再生气也不会吐血，"生气"一词本就不确，它只是一种"恼怒的意念"，这意念会撑破血管？哪个人不发怒？你啥时候见过怒而吐血的？吐血是什么原因？是肝硬化导致食道下端静脉曲张，然后受损静脉破裂，才会有大量的鲜血吐出。周瑜如果吐血不止，表明他是肝硬化病人，跟他生气一毛钱关系也没有。周瑜该算是上等人物吧？如果中医中药有效，何至于让他肝病迁延。

再比如清朝第一任皇帝，顺治帝和他的宠妾董爱妃，双双得天花而毙命，中医能治吗？贵为皇帝也治不了。如今天花已绝，用疫苗从根本上灭掉了这个烈性传染病。再比如红楼人物林黛玉，你仔细看她的症状，曹雪芹写的非常精到，午后潮热、面色红润、夜间盗汗、咳嗽不止，什么病？一望而知是肺结核，中医能治吗？林黛玉该算是贵族名媛吧？整日汤药不断，到底还是治不了。直至20世纪50年代链霉素传入中国以前，得肺结核病，那时候叫肺痨，跟今天得癌症一样，令人闻之色变，要么你自愈，要么你等死，中医是没有任何办法的。直到链霉素、异烟肼这些西药出现，这个病才得到有效控制。

所以，必须承认，中医对人类文明化以后调动出来的暴烈的文明病，它基本没有治疗效力，或者至少治疗能力偏差，此乃理所当然，也是基本事实。我们今天看到有些中医宣传，说他能治癌症，我觉得可信度很低。如果中医能治癌症，中国早就是无癌国度了，何必弄出个走私印度仿制药的"药神"来。须知攻克癌症是今天医学上的重大难题，到现在，世界上的任何医学，不管是中医、藏医还是西医，根本就拿不出像样的办法。

我简单说一下癌症。癌细胞也叫"间变细胞"，回想我今天早上讲"间变物种"，什么叫"间变"？中间演变的不确定状态是也。所谓癌症或恶性肿瘤就是高分化细胞比如上皮细胞、神经细胞、肝细胞、肌肉细胞等退变为低分化细胞的别称。它们原本都是由受精卵和干细胞发育而来的。最初的受精卵和干细胞等，我们把它们叫作原始低分化细胞，把后来分化的高度变异的功能细胞，叫高分化细胞。生物进化的过程中，最原始的生物，比如38亿年前的单细胞生物，都是低分化细胞状态，在组成一个多细胞有机体系统的畸变过程中，细胞不断向高分化方向衰变发展。

我前面讲过，分化程度越高的细胞，其生存效力越弱，比如神经元细胞，它已经不能代谢脂肪和蛋白质，也没有再生能力。因此所有高分化细胞都有一种回归低分化状态的内在倾向，这就是为什么进化层级越高级、机体状态越复杂的动物，越容易发生癌症的原因。当然，现代癌症越来越多，也与文明生态失适、严重环境污染、核试辐射增大、免疫素质变态等等因素有关。

那么癌细胞是什么？从高分化细胞向低分化细胞回退过程中的细胞状态，叫间变细胞，就是从高分化阶段逆行于低分化阶段的中间状态。如果它完全回退到低分化状态，那就是恶性肿瘤、恶性程度偏高的癌症；如果它回退到中途，还没有落实到非常原始的位阶，它就是恶性程度偏低的间变细胞。

我说到这儿，大家应该听明白，当你说某人得了癌症的时候，癌症是有巨大区别的，有的癌症，恶性程度偏低，有的癌症，恶性程度偏高，因为它处于回退的间变位置不同，这就是今天癌症治疗非常麻烦，效果差异极大的原因。以至于一个日本的肿瘤医生、做了一辈子癌症专科治疗的医生，晚年给出这样一个总结，说但凡是治愈了的癌症，都是当年你不加治疗它也不会要命的癌症，但凡最终致死的癌症，是你不管怎么治疗都必死无疑的癌症，所以寻医治癌是白玩、是活受罪。

既然癌症是这样一个状态，其中有一部分确诊病人，肿瘤间变细胞的恶性程度偏低，他甚至会出现自愈倾向，这在一个大样本数的癌症病群中虽然几率不高，但还是时有发生的。所以某些中医说，他曾经治好过某种癌症，你可不要当真，这里面有一大堆问题：第一，癌症诊断是否准确，因为我们经常把不是癌症的病人误诊成癌症；第二，间变位置是什么，因为很多癌症你就是不予治疗，他也活得好好的，你认真去治，倒还把他治死了。所以对那些中医界玄里玄乎的说法，还是多一点头脑、多一点分析为好。

　　至此我们可以给中医做一个结论了。中医的利弊由其所处的原始地位注定，你若身不由己地进入了凶狠恶毒的高级文明状态，它就不免显得柔弱而幼稚；你若回过神来又想从面目狰狞的现代医疗体系中逃脱，它就悄然焕发出温良而含蓄的魅力和效力。概括言之，中医的效能取决于你的生活方式和生病级别，而不取决于你对它是否爱恨交加，或对它做出何种评价。

　　关于中西医治疗如何选择，我的看法是，你既不要迷信中医，也不要迷信西医。我的建议如下：第一，恢复自然朴素的生活方式，尽量远离任何形式的医药，不管他说得多么天花乱坠。第二，得了急重症，先找西医看，免得被耽搁，须知这类疾病大多原本就是西方文明或近代文明的产物，可谓解铃还需系铃人。第三，西医确定能治的病，先找西医看，如糖尿病、结核病、外科病等等；中医说起来什么病都能治，但也因此说不清它到底能治什么病。第四，小病微恙、不适难耐，找中医看，因为它原本就属于中医的关照范围，用其温和调理、安慰过渡之效。第五，凡西医不屑于理睬而你又感到十分难受的慢性症状，可以找中医看看，这才是中医的拿手戏，但必须兼以质朴生活方式的配合才会有效。（请注意，我这里的用词是症状，症状和体征是两回事。所谓症状，就是你主观感觉的不适；

所谓体征，就是医生客观检查出来的异常。很多症状其实不是疾病，比如梅核气之类，你觉得你的呼吸道老有什么东西堵塞着，像这样的症候很多其实不是疾病，它只是生理波动的不适，或者是某种习惯性的癔病状态，其实根本查不出任何器质性病变。）第六，西医宣判为不治之症的绝症，不妨找中医试试，反正横竖都是一个结果，也许还能碰个运气。

大家听我这样讲，可能会觉得中医没用，其实我一点都不想说中医的坏话，我只是想告诉大家，面对诸多凶恶的现代文明病，中医确实显得太温柔了、太原始了，哲学上可归之于"载体递弱而其有关属性却代偿不足"之状态。

西医简史：与病态文明的趋势一致

我们下面简单看一下西医发展史，我用最粗略的方式做一个提纲性说明。

大家知道，古埃及人曾经大量制作木乃伊，也就是人死之后，将其尸体洁净化、干燥化，以备长期防腐保留。因为那个时候认为灵魂是轮回的，保留尸体躯壳，生命有望重生。要做木乃伊，必须把内脏全部掏空，既然有这样一番操作，按道理，古埃及的人体解剖学知识应该非常先进，可是我们在古埃及文献中，没有见到解剖学的任何研究进展。

中国，包括古希腊、古罗马那个时代的原始医学，我前面讲过都是自然疗法，使用的都是植物药、动物药、矿物药，因此它们的治疗方式是非常接近的。在远古时代，希波克拉底就可以做骨折牵引和开颅手术，传说华佗甚至发明了麻沸散，也已经能够做一些外科手术。

到盖伦，我前面提过的古罗马医学家，他实际上仍然还跟中医是一个对齐状态，只不过他在理论上有了更多的追究。比如他曾经用近似科学的方式讨论血液循环，他已经发现人体肠道中所有的营养是通过肠道血管吸收的，这些血管集束为"门静脉"抵达肝脏，从而意识到肠道血液携带营养进入肝脏，而肝脏是一个人体化工厂……这些东西他都有所发现。盖伦甚至发现心室间隔缺损，但是他解释不了血液是怎样运行的，他认为血液从肠道出来，经过肝脏，最终弥散了、被吸收了。

直到16、17世纪，比哥白尼那个时代稍晚，西方出现一个重要人物，名叫威廉·哈维，后人称其为医学界的哥白尼，他第一次揭示了血液循环的生理机制。大家注意，这个时间已经很迟了，我在这里想说明，中医直到中世纪还比西医要高明得多。当时，西方医学能处理的疾病是很少的，而且处理的方式颇为荒唐。比如大小病来了都是放血，认为是血中毒了。各位可知道华盛顿是怎么死的吗？得了一个未必严重的病患，找来医生，只会放血，一次一次、没完没了地重复操作，结果弄成大失血，硬生生把华盛顿整死了。这就是当年的西医，水平太差。而中世纪时候的中医已经是一个完善的治疗体系，所以直到17世纪哈维出现以前，西医的总体状况着实不值一提。

哈维第一次研究血液循环，写了一本名著《心血运动论》。其实达芬奇早就已经发现心脏有四个腔：两个心房、两个心室，它们之间有一种运动协调关系。哈维研究发现，血液从心脏泵出，进入动脉，然后在机体组织间消失，最终莫名其妙地又从静脉返回心脏。当年看不到毛细血管，哈维在逻辑上推导，认为应该有某种微循环存在。请注意，这种缔造前导性逻辑模型的方式是科学活动的初步。哈维推想，动脉血液消失之处，必是一个连接并回返静脉的血循新源头。血液运行是以心脏为泵所进行的一个封闭循环系统，这个循环系统分为两个贯通路径：体循环和肺循环。只是他当时找不见证据，那个时候显微镜尚未问世，肉眼看不见毛细血管，他创立了这个构想，默然离世。哈维死后四年，显微镜出现，毛细血管终于呈现，哈维学说得到确证，这个时候人体生理学和医学才开始奠定在科学基础之上。

此后一系列新进展层出不穷。1816年发明听诊器；1846年发明乙醚麻醉剂；1856年巴斯德发现致病微生物，并首次发明疫苗；1895年伦琴发现X光；同时各种化学药物分头登上历史舞台，直到1928年弗莱明发现青霉素。可见现代医学乃是最近二三百年才开始逐步推展开来，迄今已成为一个相对成熟的庞然大物，也成为一个路径依赖的自运转体系。

我把中西医的总体发展脉络给大家做了一个简单交代，可以看出它们其实是一脉相承的，或者更准确地说，是一条脉络、两端各表的情形，东方自古一路滞塞，西方近代顺延发力。抛开东西方文化的内质差别，它实际上表达的是这样一项自然规定：随着文明社会的自发演动，文明病必然被大规模调动，由此逼迫着医疗方式、医药方式也不得不相应地发生全面进化与变形。这场演变的前期留守形态就是所谓的中医，这场演变的后期表观载体就是所谓的西医。时至今日，我可以把它总结为如下状态：

第一，诊断精细化，以与文明存态的病种递增相适应。即是说，古代的疾病种类是非常之少的，诊治过程也就相应简易；今天的诊断方法变得日益复杂化，是因为文明进程调动了大量潜在的进化病，使得固有的隐性疾病呈显性发作态势。如今显发疾病的数量已经从远古时代的个位数迅速暴涨至五位数以上，于是你的鉴别诊断当然得精细化。

第二，治疗综合化，以与干涉疾病的手段增多相适应。因为很多文明病都是暴烈疾病，是古代不会发生的恶疾，你用一般温和的方式根本无法治疗，于是各种化学药物、手术切割、放射疗法、器官置换等层层介入和叠加，这叫治疗综合化。但这类治疗全都是损伤性的，都有不易觉察的副作用，化学药物会引起深度中毒，手术治疗会带来器官功能减损和机体平衡破坏，所以常常治一病而引出后面十病继发。比如你得甲状腺功能亢进，简称甲亢，他怎么治？他要把你的一块甲状腺切除，或者注入微量放射性碘，把一部分甲状腺组织破坏掉，但随之可能引起甲状腺功能低下，导致黏液性水肿、甲低型心脏病、畏寒、消沉、精神萎靡，甚至造成原有激素分泌系统的平衡失调。西医就是这种治疗方式，它会带出一系列你在住院当时根本无法预判的后果，所以它的整个疗程不得不综合化。

第三，药品化学化，以与病情发展的猛烈突进相适应。现代药物都是化学合成剂，其中很多都是自然界里不存在的人工产物，你的生理对它根本没有适应性。这些药物一方面帮助你祛除疾病，但另一方面有力地摧残你的生理系统。你急于治病，根本顾不及它对你的潜在伤害，治疗过程同时就是伤害过程和下一期疾病的铺垫过程。

第四，观念无菌化，以与粗暴手术的人体开放相适应。我们今天外科手术治疗频繁，开颅、开胸、开腹，这些部位原都是密闭腔，细菌异物绝不能进入。一旦你做手术，立马对细菌微生物开放，结果不免引起各种感染，因此你只好用无菌观念来处理，变成一个非常复杂的高危操作系统。

第五，抗菌广谱化，以与耐药菌株的复合感染相适应。我们今天用抗菌素，越用把细菌变异速度催生得越快，细菌对药物的耐受性越来越高，原有的抗菌素逐步失效。于是你得选用越来越烈性的抗菌素，且抗菌谱系越来越宽，致使人类缔造抗菌素和细菌变异耐受抗菌素，两者之间展开一轮又一轮军备竞赛。人类最终必然失败，因为细菌的变异速度极高，适应性极强，而人类目前已经快把抗菌素的品种搜罗穷尽了。

第六，消毒扩大化，以与劣质脆弱的人工生态相适应。我们今天处处消毒，我们吃的大量成品食物中都含有防腐剂，这些东西都是毒药，可你今天能没有吗？古人怎么吃饭？地头上种的东西摘回去就吃，所以他不用贮藏，不必长途运输，也根本不需要冰箱。可是现如今，你吃的东西是几百上千公里以外的货物，它要经过运输、储存、批发、零售等一系列拖延，因此你从来吃不到新鲜食品。所以食品全部得经过化学处理、得经过防腐处理、得经过消毒处理，这使得你今天的食料中含有大量毒素，而你却没有任何办法逃避它。

第七，药物日常化，以与现代饮食的营养失调相适应。我们今天吃药跟吃饭一样，根本就缺不了。我举一个例子，我们今天一方面营养过度，因为食品中的能量富集度太高，比如小麦、大米等粮食，其中碳水化合物的热量远远超过自然产物的比例。你在古代怎么可能有这样充足的高能量食品？再加上你今天的劳动量、体力输出量极低，因此你的进食总量趋于缩减。你可知道一只猿类一天要吃多少食物？树叶、果实、肉类，一只成年猿一天要吃 10 ～ 40 公斤食品。而我们今天，一个人即使保证一日三餐，才吃一点点精食物，由此造成既营养过度，又营养不良的悖反局面，是不是这样？矿物质、微量元素、维生素等明显缺失，所以你一方面能量入超，一方面还营养不全，那该怎么办？你只好补服维生素和微量元素复合剂，吃药成为必需、成为常态。可是你吃的这些药物都是有毒的，因为维生素是化学合成的，即使它在分子构型上雷同，它在提取方式上、合成序列中，毕竟是一个毒化加工过程。而且你以化学富集方式吃药，本来人体只需要微量摄入，你今天大量地或者集中量地给予，会造成冲击性或累积性中毒效果。因此你眼下想找见自然态的生理平衡，已经变得十分困难。

第八，医疗系统化，以与整个社会的健康沦丧相适应。我前面讲过，进化病、文明病由于全面失适应而被调动，今天人类整体已经处于亚健康状态，所以每个人都是潜在的病人。现在医院人满为患，是社会上拥挤程度较高的地方。大家知道古代是什么样子吗？叫游方郎中，医生敲着拨浪鼓到处寻找病人，都未必找得见；今天各大医院的病人能把医生挤破头。这是现代医疗对现代文明无可奈何的发展匹配状态。

所以当我前面讲你对中医和西医都不要迷信的时候，我的用意是说，中医，它是人类最温和的原始医疗保障系统，它在今天文明高度发育、疾病充分调动的情况下显得失效，它在高信息量时代显得低信息量失配，其所整顿的理论模型失去解释力，都是非常正常的。但当前所谓科学化的西医，它在给你治病的同时，也给你带来远比中医更大的损害，因此面对西医诊疗，你更要特别小心谨慎才对。

寿命问题与养生保健原则

如果大家听明白我前面讲课的逻辑关系，那么你就应该听出来，我说中医是原始生态匹配型，西医是暴烈文明匹配型，我对中医和西医均给以褒贬兼半的批判态度。

可能有人不同意我这个观点，坚持进步论观念，认为医学发展是人类的福祉。他可以拿出一个很强硬的证据——人类平均寿命大大延长。那么我下面就讨论一下什么是寿命。大家首先要明白，在生物学上，寿命是指生物的生殖交替状态或生殖接续规定，亦谓之"寿限"。我们今天把寿命问题可以分成两部分来谈，一部分叫"天然寿命"，一部分叫"科技寿命"。这话是什么意思呢？

我们先谈什么是天然寿命。人类在文明化以前，科技高度发展以前，平均寿命大约是 39 岁左右。当然这个寿命包括自然状态下，婴幼儿成活率很低，所以运气好的人活过中年，活个 50、60 岁，在古代也是常见的。但人活七十古来稀，平均寿命 39 岁，这才是人类真正应有的寿命。比如类人猿黑猩猩、大猩猩，平均寿命 37 岁，这叫天然寿命。

那么寿命的概念是什么？我为什么说它是生殖交替的自然规定？所谓寿命是这样一个意思，生物学上是指亲代成年性成熟之际，在其生育力最强的时段生出后代，把它们养育到性成熟那一天，"亲本"，也就是父亲母亲，你就得死亡，你必须让位，以便给子代留出生存空间。为什么？因为我前面讲过，生物的生殖潜能远远大于生物的现实生存量，也就是说生物生存最主要的受限要素是自然生存资源的多寡。父母亲本这一代，如果他盛年养育的孩子已经性成熟，他还赖着不肯弃世，那就意味着他要跟繁殖力更强、生命力更旺的子代争夺资源。那么这个物种在自然状态下就会处于延续劣势，就会被自然选择淘汰。所以天然寿命，我再重复一遍，是亲代在生育旺盛期养育的孩子达到性成熟，亲代就得死亡，这就是寿命。

比如人类 14 岁到 16 岁性成熟，你的旺盛生殖期大约有 10 年，即至 25 岁左右，这个时段你生出孩子，再将其养到性成熟。就算你24 ~ 25 岁生最后一个孩子，到你 39 岁，孩子也 14、15 岁了，性成熟了，这就是人类平均寿命不足 40 岁的原因。请大家听明白，如果这个时候亲代还坚挺不死，便会对该物种的系统生存造成危害，会导致这个物种快速灭绝。因为你已经过了最佳生育期，你的生殖能力减退了，你还在那里胡吃乱喝、苟延残喘，无异于剥夺子代儿孙的生存权。所以请大家理解寿命的含义。

但是，由于生物的生存环境不是一个平衡稳定系统，而是一个变数很大的波动系统，因此人类以及任何动物的生理功能，都是有大量储备的，这叫器官功能储备。我举个例子，比如你心脏的血液排出量，在正常情况下，也就是你静息状态下或轻微活动状态下，你心脏每分钟的排出量约为 5 升。可是你如果做剧烈运动，长跑、追猎、农耕、劳作，这个时候心脏每分钟排出量暴涨到 30 升左右，增加五六倍，这个多出 5 升以上的倍数，叫心脏功能储备。我们所有脏器都有这种储备，比如两侧肺，把一侧肺切除，你绝不会出现呼吸困难。比如两个肾，摘取一个肾捐献给别人，剩下一个肾绝不会让你得尿毒症，这都叫功能储备。

人类的寿命也有一个预防环境波动的储备。我这样讲，在医学上不严格，我是为了让大家理解，你可以把它姑且理解为寿命储备。这个储备是不能随意调动的，就像所有的脏器功能储备，你是不能随意调动的一样。你如果总是处在功能储备的过度调动状态，你是在作贱自己。比如你拼命地长跑，整天跑马拉松，可能引发猝死的风险。也就是说，过度调动功能储备最终是一个有害的结局。

人类今天用科技方式大规模调动的正是天然寿命不该有的那个储备部分。表面上看是好事，实质上对人类这个物种构成远期危害。

请想想，它必然使衰老人口的数量增加，使人类对生存资源的竞争更趋烈化，使人类文明的发展紧迫感更强。而且还有一个麻烦，大家可知道自然选择是怎样淘汰劣势生物的吗？它是在生殖期以前筛离淘汰，生殖期以后甩手不管。这句话是什么意思呢？所有的病患都与遗传素质有关，若在生殖期以前该病体被剪除，则可避免此病传给后代。所以通过自然选择，生殖期以前一些生理上不匹配的病态变异会被逐步剔除，这就是病理畸变发展过程的叠加化、系统化和有序化得以建构的原因。

反之，生殖期以后你得再严重的疾病，对物种的繁衍已经没有影响，因此也不在自然选择和自然淘汰的可行范围之内。这就导致所有生物，尤其是人类，出现"年老多病"的普遍现象。因为一般动物只要见子代性成熟，大多立即以死亡方式退场，这是它的天然寿限，可我们人类今天没完没了地调动寿命，于是那些不被自然选择所淘汰的疾病，在中晚年就大规模地发生。这就是为什么在 35 岁以后，也就是生育旺盛期产出的子代接近性成熟的时候，人类的各种疾病相继爆发的原委。事实上人类的绝大多数疾病的确都发生在这个年龄段之后。

那么，你延长寿命意味着什么？我见到西方学者赋予其一个专用名词，说的很贴切，叫作"病态延长"。就是天然寿命以后，你继续活着，活成了什么状态？无非活病痛、活受罪而已！此之谓"病态延长"。所以人类今天把寿命越提越高，也是疾病越来越多的原因之一。昨天有同学问我的死亡观是什么？我现在可以回答了，我可不想活得太长，我现在死不了，很遗憾，因为它是病态延长。

今天人类想尽办法延长寿命，这是一个非常荒唐的做法，这是一个反自然行为，具有终极戕害效果。请大家想想人类的寿命延长到200岁、300岁，而你39岁、40岁以后就是疾病爆发期，你后面活着的时候都是病魔的化身，然后你还挤得那些年轻的生命没有立足之地。地球上爬满了病魔的承载体，这是一个怎样恐怖的局面，它何尝是一桩幸事？

好在我也有点不太相信人类能够无限地调动寿命，尽管有人说人类行将进入科学永生时代、返老还童时代。事实上，从古至今，在医学史上确切的资料里，人类的最高寿命从来没有超过114岁。所以，即便有一天疯狂的科学把人类平均寿命延长到某个不可思议的高点，请各位记住，它不是什么好事，它是人类行将灭亡的又一个指征。我说这段话，绝没有反对各位追求长寿的意思，贪生之念人皆有之，无可厚非，但它的基本含义就是如此。

我们下面讲养生保健的基本原则。此项内容完全建立在前面的那个逻辑脉络上，你必须听懂前面的课程，才能够理解其后之所谈，或者都不用我多讲，顺延推理就是了。

首先讲饮食作息原则。先说饮食，大家想我们是南方古猿的后裔，我们是植食性动物的传承，我们对于消化植物已经有了上千万年的适应，因此你的食品结构中最基本的层面应该是水果和蔬菜，叫作"果蔬饮食"。因为你对植物的适应期最长，与它最匹配。第二层是肉食，我们作为直立人，在农业文明发生以前，曾经有过长达上百万年的采集狩猎生存史，亦即肉食跟我们的生理系统有上百万年的适应期，所以肉食理应处在仅次于果蔬的第二层。第三层才是粮食，因为我们真正大规模吃粮食顶多五六千年，因此我们跟粮食的匹配关系太过仓促，我们的消化系统、代谢系统面对高碳水化合物的粮食，适应性最差。即使粮食无毒无害，但它与我们的适应匹配关系最薄弱，因此给我们带来最多的问题。我前面讲过，谷胶引起血液黏稠度增高，高糖引起糖尿病，这都跟粮食有关，这个演进理序是非常清楚的。

我顺便谈一下转基因食品。关于转基因食品，民间通识和科学界观点完全相反。专业学界认为转基因食品没有问题，科学实验长时间观察，做动物实验都是无毒无害的。可是社会上的反对声浪巨大，那么究竟谁对呢？我以为千万不要迷信科学家，因为科学是文明化罪恶的最大载体。科学家也是人，而且是最短视的人，是一个急功近利的既得利益群体。科学家的观点，只是按照当前科学思路与方法所规定的基本实验范式得出的结论，这些结论通常是临时的、切近的、短暂的。放在超出该学科局限的生物演化之大尺度上看，即便转基因食品没有任何毒害作用，由于它在自然界中根本不存在，因此我们人体生理跟它完全没有匹配适应的机会，仅凭这一点它一定是有害的。就像我们今天享用粮食，粮食本无毒，但如果你以它为主食，就一定会给你带来麻烦是一样的。何况你还不敢保证转基因食品无毒，比如某些转基因食品可以抵抗病虫害，虫都不吃，人何以堪？所以对于专业科学家给出的所谓"科学结论"，我还是希望大家保持一点清醒的头脑。

我的道理很清楚，演化论的匹配关系，把这个东西搞明白，食物层级关系才能恰当地建立。不过我这样讲缺乏现实可行性，因为果蔬蕴含的能量太低，而且需要长个大大的盲肠才能消化蔬菜、草叶里面的纤维素，把它分解为分子量很小的葡萄糖片段。你今天没有盲肠了，只剩下了一小段不中用的阑尾，况且若要榨取草食中的些微能量，必须配之以巨大的进食量，所以你看那些食草动物天天低着头啃嚼不已，你能够天天坐在家里心无旁骛地吞吃蔬菜吗？

还有一个麻烦，今天的蔬菜全是农药、化肥，甚至增熟剂之类乌七八糟的东西催生的产物。今天的水果你都不知道它是怎样搞出来的，点染了哪些化学色素或生长调节剂。你吃得越多，中毒就越多。你不吃，你玩完；你吃，你照样玩完。这真是一件生死两难的事情。我只在逻辑关系上讲清道理，至于这种"无可奈何花落去"的堕落局面，恰恰就是文明进步的必然后果，对此你唯有被动接受而别无他途。

另外，大家应该记得老子说过"味无味"。请问你见哪个动物吃饭需要调一点儿酱、醋、盐的？食品中加盐、加调料、加香精、加各种各样的调味剂，统统属于自作孽。你跟这些人工造物没有任何自然适应关系，这些东西起初是酿造的，现在越来越转化为化学配制，它的危害是不言而喻的。再则，请记住"不时不食"，这是孔子的原话。什么意思？不是时令作物不吃。孔子当年不完全是这个意思，可能是指不到用餐钟点不吃零食，因为当年还没有反时令的种植技术。我们今天的蔬菜水果，大量是在温室大棚中生产的，你冬天都能吃到西红柿和西瓜。要知道生物是跟着自然节令生长的，如果你破坏它的这个自然生长周期，它就是有毒的。

比如水果，它为什么成熟后是甜的、未成熟的时候是酸涩的？是因为树上长水果，本来的目的只为引诱动物采食，以求帮它传播种子。水果的籽核，动物是无法消化的，动物食后游走四方，在粪便中带出它的种子，帮它播散基因。所以水果长熟的时候，确实是甜美的、是有营养的。可是在此之前，它的种子尚未发育完全，这棵植物是绝不允许动物吃它的，所以它富集毒素，口感也特别酸涩。我讲过，只要是味觉不佳的自然产品，基本上全都是有毒的。也就是没有成熟的植物、水果里面富含大量毒性代谢中间产物，会对人体和动物造成严重损害。今天的大棚菜，它不是按照植物正常生长的自然节令培育的。而凡用人工方式，包括化学药剂、温室调控等把它催熟，它内在的代谢中间产物就会堆积，你吃这些东西是潜含着某些危险的，这叫"不时不食"，不是时令作物，不吃。

再一个"不尝怪异"。现在人们热衷创新已达利令智昏的程度，比如能生产出各种颜色鲜艳的蔬菜，我建议你最好别吃。要知道在生物界有一种现象，任何一个生物，不管是植物还是动物，如果它长得非常艳丽，它通常是有毒的。它是提醒它的天敌或者警示食物链上一级的动物不要侵犯它，这就是鲜艳的虫子、鲜艳的飞蝶、鲜艳的菌菇、鲜艳的植物之真正内涵。于是生物界就出现了一批擅于做鬼的模仿者，它体内其实发育不出有毒素的东西，但是它也把自己长得别具色彩以恐吓其他动物，生物学把这种情况称为"拟态现象"。我在这儿讲什么，我告诉大家特别奇异、特别艳丽的东西很可能是有毒的。所以如果今天有人创新搞出非常怪诞、色彩华美的蔬菜水果，你还是小心一点、躲远一点为好。

再则，当我讲吃肉要比吃粮食更好的时候，我指的是吃野生动物的肉，不过你今天猎食野生动物是违法的，是要坐牢的。什么意思？我前面讲过，因为野生动物脂肪量是很少的，而人类豢养的动物脂肪含量大增。野猪是几乎没有肥肉的，家猪却肥肉裹身；野牛体内罕有肥油，人养的牛，脂肪在红色肌肉里层层分布；同样，野羊瘦削敏捷，试试人养的羊，煮一锅羊肉，半锅都是油。所以你今天吃肉，可跟古人吃肉不是一个概念，你今天吃的肉，可能有相当多的成分会损害你，因为你吃的不是自然界的肉，是人工饲养的肉。今天有人说吃点肥肉有好处，不错，因为即使是野生动物的精瘦肉，它也含有一定比例的脂肪，而且人体需要一部分脂肪作为自己的能量来源。另外有一些维生素如 A、D、E、K 等，它们是脂溶性维生素，不溶于水，无法吸收，只有同时食用脂肪才能被有效摄入。这就是为什么常听人讲适量吃一点脂肪是有益的，此言成立。

可是你更得明白，在人类数千万年的进化史上，你是不可能大量吃肥肉的，因此过量食入人工豢养的含脂肪量很高的肉类对人体是有严重损害的。有一个事实可以确证，近年来某些医学家前往格陵兰岛考察爱斯基摩人的生活习惯与健康状况，发现这个种族的平均寿命明显偏低，很少有人活过五六十岁。很重要的原因就是他们捕食海豹。由于海豹生活在高寒区，肥胖有利于保持体温，再加上身体多脂肪也有利于水中漂浮，导致爱斯基摩人是典型的高脂饮食。所以当我说吃肉比粮食合适的时候，你也要小心，这跟说今天的蔬菜水果被毒化，你要小心是一个道理。

最后，请记住不能顿顿吃饱，每顿饭只吃六七成足矣。除非是青少年，身体正在发育，体育活动偏多；或者你中年以后劳动强度过大、体力支出过高，你才可以顿顿吃饱。一般人到中年以后，不但每一顿饭不能吃饱，而且不可一日三餐。现在还讲一日三餐是非常错误的。古人活动量有多大？那时一日三餐才成立。要知道你只要饱食终日，必将带来严重的不良后果。我前面讲过，所有动物，包括人类，都是在吃不饱饭的过程中进化而来的，因此找见饥饿感，是健康的第一要素。请想想你一天三顿饭，还能有饥饿感吗？所以中年以后的文职工作者，无论如何一天只能吃两顿饭。我建议大家，仅仅是建议，你要么不吃晚饭，要么不吃早餐。有人说不吃早餐会得胆囊炎或者胆囊结石，全是瞎掰。这两顿饭还尽量不要岔开，比如中午十二点，吃午饭；早餐在七八点钟，或者不吃早点，晚餐放到下午六七点钟。也就是说你有一顿饭跟下一顿饭间隔的时间一定要超过十六小时。干什么？找见强烈饥饿感。如果你一天之中不拉开足够的空腹时段，没有明显的饥饿感觉，你一定要出麻烦。为什么？因为你在进食以后，你的胰岛 β 细胞分泌胰岛素，而你只有在强烈饥饿之时，胰岛细胞才开始休息，胰岛 α 细胞开始分泌胰高血糖素，胰高血糖素不仅调动储存在细胞内的多余能量，包括糖原和脂肪，而且胰高血糖素的分泌时段是整个身体组织细胞的总修复时间。因此每天必须有真正的持续性饥饿，才是健康之本。请记住你是在饥饿中进化了上千万年，才来到这个世上的，所以你最适应的生理常态是经常保持适度饥饿。

下面我们讲一下作息原则。我前面讲过生物钟，好像是在老子课上讲过，说生物钟的形成源自太阳光照度的影响。人类过去是没有电灯的，也烧不起油灯，因为那个时候没有石油、煤油，烧的都是菜油，所以一般人轻易是不敢点灯的。人类是昼行动物进化而来，因此数千万年来，他的基本生存方式，即从昼行动物演化而来的全过程，都是"日没而息、日出而作"。就是太阳落山天黑了就睡觉，早上四五点天亮了就起床，足足睡够八个小时，我们的生物钟就是按照这个节律运行的。

我们今天由于文明化，制造电灯、制造电视，夜生活延长，很少有人七八点钟就睡觉了。我们的睡眠时间推迟、起床时间推迟，使得亿万年形成的生物钟被扰乱。有学者认为今天人类的大多数恶性病、慢性病，潜在的一个影响因素是由于作息时间失调导致生物钟紊乱造成的，至少它是重要因素之一。因此我建议各位，如果有可能，最好八九点钟就睡觉。不过我想即使我在这儿讲了，也是白讲，恐怕仍然没人能做到。

下面讲体育锻炼原则。"锻炼"这个词听起来很残酷，大家看看"锻炼"这两个字，锻是什么？炼是什么？锻是把烧红的金属拿到砧台上砸击，炼是把金属放在炉子里烧溶，这叫锻炼。古人是从来用不着锻炼的，他的活动量足够。但是今天我们高度文明化，全都是文职工作，坐办公室，活动量大减；然后吃的食品能量太高，造成严重的能量过载。因此今天你确实需要锻炼。但是，什么是最好的锻炼？我们今天生活在城市的人，锻炼方式主要就是进健身房，借助一大堆健身器械去活动筋骨。请想想自然界里哪有这些东西？你见过哪个动物在室内器械上玩的？你怎么找见锻炼的平衡，或者叫运动的平衡？即使有再好的教练，在健身房的诸多器械中，让他帮你寻找天然运动的机体平衡点，他永远找不见，因为这实在太复杂了。因此不待说，在逻辑关系上，你要寻找你在进化途中、在上千万年的过程中，自身基本的运动方式，这才是最好的锻炼。是不是这样呢？那么我总结一下，最好的体育锻炼有如下五项：

第一，游泳。为什么？因为38亿年的生命史，30亿年以上全在水里，陆生生物只有4.3亿年。30亿年以上所有生物全在海洋里，后来即便是陆生生物，比如我们人类，胎儿时待在哪儿？在水里——羊水里。因此水对于生命最具有亲和力、最具有适应性，也因此首选锻炼方法是游泳。可是今天的游泳出问题了，你去江河里游泳，它全污染了，有人让环保局局长到河里游泳，说如果你敢在河里游泳赏你20万元钱，环保局局长不敢下水。所以江河游泳玩不成了，你只好到游泳池去，可游泳池像下饺子似的，人太多。大家知道最脏的不是那个看起来浑浊的黄泥水，最脏的是人体分泌物，因为疾病的传染主要是通过同类宿主之间进行的。因此游泳池里就必须加入大量消毒剂，比如漂白粉、次氯酸钠之类。它是什么？是含氯化学剂，释放出刺鼻的氯气。氯气是什么？第一次世界大战最早使用的化学武器。所以今天你游泳，几近参与化学战，为此只好把游泳项目淘汰。

第二项，登山。大家想我们当年做猴子的时候，何曾生活在平原上，我们都是来自山林中的精灵，所以登山是个特别好的活动。它既远离城市，远离空气污染，又进入绿色植被环境。然后它的运动量容易调节，运动量不足你爬高一点、爬快一点，运动量太过，你爬低一点、爬慢一点。而且四肢平衡运动，身体所有肌肉，包括心脏、肺活量都充分匹配调动，是一个非常复杂的平衡运动形态，因此爬山、登山是个非常好的锻炼。

但是你得回想一下，你当年做猴子的时候怎么登山？你是四脚爬着登山，而你今天是两只脚登山，出问题了。你的体重本来应该落在四肢上，结果现在落在两腿上。而且下山的时候，你有上下两个冲力，上面是你的体重，下面是你脚底反弹的那个反作用力，两个作用力汇集在脆弱的膝盖上，会造成膝关节组织损伤。因此登山运动、爬山游玩，请注意一定要用手杖，而且最好使用双杖，力争做到四肢并用。若是单杖，两手应轮流交替，而且要让手杖真正用上力，下山的每一步都是手杖先行，撑起体重，随后脚才落地。双手持杖、四肢攀爬，这样登山才是良性锻炼。

第三项，走路。我们作为陆生动物，走路是最基本的运动，我们有五百万年以上直立行走的历史，因此它对我们的机体运动平衡和生理适应度很高。不过今天在城市里长时间户外步行有个很大的麻烦，那就是城市空气污染，汽车满街，你在城里走路或者跑步，呼吸的都是汽车尾气。所以我所说的走路，是指到野外徒步，而且要天天坚持，每日万步左右，具体该走多远、该走多快，量力而行。这对城市居民来说有些奢侈，不易做到。

再下来第四项，跑步。因为我们曾经有过相当一段时间处于狩猎生存状态，经常远途追赶猎物，所以跑步是我们适应了上百万年的一个运动方式。但是跑步同样有走路的那个问题，你在城市里跑步不免吸入更多的污染空气，因为这个时候肺活量充分张开，且呼吸急促，换气量明显增加，因此我建议跑步活动也到野外进行。

最后一项，是跳跃。我们做猴子的时候，就不断地在林间跳跃，跳跃是一个全身综合性运动。而且跳跃还有一个好处，就是你跳跃的时候，你的体重是你起跳的障碍，你必须对抗地心引力。因此在跳跃的过程中，你的神经中枢会对你的体重变化产生调节反应，久而久之使得你的体重回归轻盈状态。因此从某种程度上讲，跳跃会影响你的代谢节奏，重整你的代谢平衡，属于中枢性减肥的有效方式，因此跳跃也是一项较好的运动。

大家想想我这个讲法跟什么很像？跟中国古代的五禽戏很像。华佗曾经给古人创造了一套锻炼的方法叫五禽戏，其实就是模仿五种动物的活动方式，这是非常有道理的。而且对于锻炼，大家还要记住一条规定，那就是不能过量。要知道随着年龄的增长，我们的体力是持续衰减的。在自然状态下的所有动物，它的活动量随着年龄增长是逐步减量的。现在很多中老年人，时常参加剧烈体育运动，甚至参加马拉松长跑，认为这是保持健康的一个可行方法，这样做是不对的。随着年龄的增长，体力活动的强度要逐步降低，请记住"过劳者不寿"，现代人类调动的寿命最重要的就来自养尊处优。

就医原则简述

我们下面讲就医原则。不过我得提前声明，我的说法仅供参考。

首先，无病不检查。现在社会上风行体检，有病没病年年定期体检，我很不赞成。为什么？因为动辄体检有害无益。当前医学检测的种类和方法非常复杂，几百项、上千项指标数不胜数。而今天的文明人早就已经沦落为亚健康状态了，身体偶有不适、出现轻微的生理波动本属正常，是晚期进化的常态，你用现代检测的方式筛查，没有人真能完全健康。

而且，什么叫正常指标？它是一个统计学模型，在数学统计学上叫作正态分布，也就是它取大多数人的检测值作为综合指标。而每一个人是有个体差异的，在"钟型分布曲线"上可能处于两端位点，比如总有百分之一、百分之二或百分之三、百分之五的受试对象，他不在那个人为划定的正常范围内。但对他个人而言，这个不正常的参数才是正常的。所以正常指标是一个统计学分布数列，如果你看到自己的某一项检查不符合正常值，就立即去进行治疗，那表示你没有照顾到自己的个体差异，没有搞清楚什么叫正常指标。更讨厌的是，你发现化验单不正常，认为自己有病了，它会给你造成严重的负面心理影响，危害甚至比真有其病更大。

大家知道很多人得癌症，没检查出来以前活蹦乱跳，检查出来后，没过多久就死掉了，吓死了。我们去医院本来大多数都是白受戕害，你居然自投罗网，年年去检查，你不是硬把自己往死地里引吗？所以我的建议是"无病不检查"。就是你有什么症状，只对这个症状进行单项检测，比如突现右肋下疼痛，你怀疑自己得了肝炎或者胆囊结石，那么就只去做肝胆检查，比如肝功能化验、超声波探视，其他各项一律不做，这才是恰当的体检方式。

再者说，各种医学检查，相当一部分是有巨大损害的。我们且不说介入性检查、损伤性检查等，即便是无创检查，比如 X 光，你做一次透视，它的辐射量是你半年自然辐射量的总和。你拍一张胸片，所承受的辐射量是你一年以上自然辐射量的总和。所以很多检测项目，请记住它是会造成损伤的，是不能随便去做的。没特殊之必要、没不适之感觉，尽量不去做体检，这仅仅是建议。

第二，微恙不用药。小病小灾，根本用不着治疗，属于生理正常波动，人体会自然调适。切记所有药物都是有毒的，大多数情况下药物的毒副作用都可能大于疾病本身之害。

第三，小病不就医。很小的病症，自己稍微调整一下生活方式，它就好转消失了。把睡眠、饮食、作息节奏把握好，比看医生、乱吃药有效得多。因为绝大多数疾病是有自然病程的。

第四，大病不大治。我们今天的病人很恐慌，稍有一点不适就往医院跑，而且小医院还不去，全挤到大医院，寻求尽可能强势的医疗干预。但是大家要知道，医疗过程是非常危险的。现代医疗系统，请你记住它是一个商业系统。医疗系统变成商业买卖，你不能责怪它，你也是商业社会的一员。你干任何事都得挣钱，你怎么能要求医院和医生不图钱财呢？难道让他们全饿死不成？但是商业操作，它的目标就会发生偏移。所以即便得了大病，你到医院寻求救治，由于信息不对称，你可能遭受某种意想不到的严重伤害。

我举一个例子。现在有一种治疗冠心病的方式，叫心脏支架手术。冠心病乃冠状动脉狭窄导致心肌灌注不足与缺血，所谓冠状动脉就是营养心肌、营养心脏的血管，它因动脉硬化而变狭窄。你略微有一点心前区不适，就大惊小怪地跑到医院去了。一进医院，医生给你做造影，冠状动脉造影，让你自己看，你躺在床上，屏幕就摆在你眼前，告诉你，你看你这个血管狭窄75%，你一听，了得？75%都阻塞了！然后，他说需要放置支架，以撑开血管。你连床都下不去，他就开始给你塞支架了，而且尽可能多塞，不知凡几。因为一个支架的成本两三百，卖给你是两三万。

大家要知道，我们所有人从4岁开始血管就逐步硬化，到你50、60岁，没有人不是血管硬化，没有人不出现血管局部狭窄。血管内膜是非常光滑的，血液呈液体流动状态，但是又随时可以变成固态。比如你受伤了，血液在伤口局部凝固，从液态变成固态，阻挡血流、阻止失血。为什么能有这种变化？因为血液中有一套凝血机制，分12个正反馈步骤，能快速把液态血液，变成固态的血凝块。这个激活过程的启动有一个要求，那就是血管壁光滑度遭到破坏。比如身体某部位受伤，血液流到血管破裂处，撞击血小板释放凝血因子，血液十二序列因子一层一层运转，很快让血液凝固。因此血管壁光滑是非常重要的，一旦血管壁受到损伤，血液立即会发生凝固反应。请想想你放一个支架异物进去，即便人造工序做得再平整，也不可能像血管内皮那样光滑，何况它还是一个外来异物，免疫系统会对它产生排异反应，所以它具有非常大的潜在危险。一旦放置支架，正常情况下术后大约有15%的人会发生排异反应，从而造成这一支血管完全报废。就算你不在这10%到15%的人群中，自此你得终生服药、长期服用抗凝剂，也就是让血液的凝固过程持续被干扰，任何时候不敢停药，否则即命悬一线。

而你要知道人类从四岁就开始血管硬化，古人39岁大多归西，所以一般不会遭逢这种厄运。今天人类把寿命折腾得老长，所有人都逃不掉显性或隐性冠心病。由于它是一个漫长的自然老化过程，所以血管狭窄75%，绝大多数人是没有任何症状和感觉的。下游脏器和肌肉也不会发生严重的缺血和缺氧，它要进展到80%、85%、90%，你才开始逐步出现相关症状。而它要进展到这一步，大约需要10年、20年，甚至30年以上。你不懂这一点，75%就已经把你吓慌了，然后支架就放进去了。本来这个支架可以20年以后再放，你提前20年钱交给医院了，麻烦留给自己了。所以看病，大病不大治，尽量取保守疗法，尽量对医疗介入保持警惕是一个非常重要的观念。

最后第五条，绝症不乱治。比如癌症，我前面讲过，至少在今天人类还没有找到有效地治疗癌症的方法。今天癌症治疗的方式非常残酷，先是手术切割，还得大面积扫荡可能已经有癌细胞转移过去的周边淋巴组织，接着放射治疗，再接着化学治疗。请想想治疗癌瘤是个什么情形。癌细胞是低分化细胞，相近于干细胞，它是生命力最强大的细胞，你的化学药物能够杀灭癌细胞，请问你的正常组织细胞能否耐受？所以化疗、放疗这些治疗方法，在理论上就不成立。你企图杀灭的癌细胞比你正常的所有人体细胞都强大得多，你要用那样的强力摧毁癌细胞，它对人体健康和正常细胞的摧残程度是什么样的可想而知，所以这是非常荒唐的治疗方式。

而且我前面讲过，癌症的恶性程度有很大差别，甚至有医学家认为凡是能治的都是不必治的，凡是不能治的，治不治都是非死不可的，所以对癌症究竟应该怎样处理，应该怎样看待绝症，这确实是一个非常值得考究的事情。我不想直接告诉大家应该怎么办，我只说一句话，如果我得深部内脏的恶性肿瘤，我是不会去治疗的。除了对皮肤癌、表浅癌做简单处理，除了对给我带来严重痛苦的癌症进行解除痛苦式治疗，我不会寻求癌症根治。当然这只是我个人的看法，不代表大家就应该这样做。人们现在去治癌症，其实给人类奉献挺多的。因为人类的医学是慢慢摸索着前进的，总得有人甘愿牺牲，让大量的人充做小白鼠，最终才能获得成功，所以你去参与治疗，确实是给人类做出了伟大贡献。

我们下面讲用药原则。

第一，首选老药，慎用新药。我们今天到医院看病，一般医生是怎样处理的？他认为最好的药一定是最新的药，科技程度最高，所以现在的治疗通常都是选用新药。可是请大家按我前述的逻辑想一想，什么药是最好的药？自然物品做药，当属最佳。因为你身体对它有过上百万年的适应，这就是使用中草药的好处所在。越老的药、越旧的药当然科技程度越低下，什么叫科技程度低下？就是越偏向于自然态，就是人为加工的成分越少，换句话说也就是跟你身体匹配度越高、适应度越高。什么叫新药？所谓越新的药就是科技加工介入越深的药，也就是自然界越没有的东西，也就是你身体跟它适应匹配关系越差的东西，是不是这个道理？所以我建议各位用药，但凡老药能治的病，绝不用新药。

首选老药太有道理了，比如拉肚子，能用黄连素，就绝不用氟哌酸，氟哌酸也叫诺氟沙星。要知道沙星类药物副作用过大，现在西方很多国家已经把它列为禁药，不准生产也不准使用，副作用太多，甚至造成跟腱断裂的残疾，虽然人数比例很少；再如发烧，我宁可用阿司匹林，尽量不用其他药。新药是有很高的潜隐性危险的，因为今天即使是西药，研发一个新药经过 26 项动物实验、三期临床观察，历经 5 到 10 年，药物本身的长远副作用，或者深在不易发现的远期副作用，医药科学界常常仍然看不出来、发现不了。

我举一个例子，20 世纪 50 年代出现一个药品，专门治疗妊娠反应的，这个药的名字叫"反应停"。在临床上用了十几年，到 60 年代以后才发现它居然会导致严重的胎儿畸形，叫"海豹胎"。就是孕育的新生儿，没有胳膊腿，手直接长在胸部，脚直接长在腹股沟部，胳膊和腿全然消失，生出来的孩子像个小海豹。发病量很大，始终找不见原因，后来追查，这些胎儿的妈妈全都服用过"反应停"，此时才意识到"反应停"引起严重畸形，该药从此被叫停。我讲这件事的意思就是想告诉各位，新药是具有巨大风险的，即使经过 5 年、10 年的药物研究，很多深在的、潜隐的毒副作用，仍然不足以完全被观察到，这也是建议尽量不用新药的原因之一。

第二，首选缓药，慎用烈药。道理很容易理解：效力越强，毒力自然也越强。不是重病，何必选用烈药？到头来病已消退，药毒依然久久不散，犹如树欲静而风不止，徒然受害罢了。

第三，首选口服，次选肌注，慎用点滴。就是能用口服药则尽量不打针，因为口服给药过程是经过胃肠黏膜屏障梳理过的，它会把某些剧毒成分滞留在肠道内，然后分泌肠液稀释，使之排泄。虽然它吸收较慢、药效较缓，但是它对人体造成的直接冲击性损害较小。倘若病情实在太重了、太急了，那你只好选用肌肉注射，它虽然吸收很快，但毕竟脱离了胃肠免疫屏障的检测，也躲过了肝脏的降解祛毒流程，药物毒素全数保留，直接冲击人体各组织，并最终作用于唯一的排泄通道肾脏，造成肾功能损伤。最可怕的就是静脉输液，大家知道血液循环是一个格外纯净的密闭系统，也是非常敏感的脆弱系统，因为任何东西在透入血液之前早已经通过机体免疫关卡的层层筛查。你突然直接把药物、把液体输入静脉，药物的纯度稍有差池、液体的纯净稍被污染，你就会产生剧烈的全身反应。所以静脉点滴是一个绝不可常规使用的给药途径。今天你到各诊所去看看，连一个小小感冒都经常率然挂上输液点滴，你可要小心，这实在堪称"无知者无畏"的外行愚蠢之举，危害之大无以言表。

第四，短时用药，间断停歇。常听人言"是药三分毒"，其实这话说客气了，许多药表现得毒性悠长、终身为祸。无论是中药、西药，或者是治疗药、保健药，只要它不是惯用食品，你就对它缺乏远期适应。这些东西，人体未能与之建立通畅的排泄机制，即使微量服用，也极易造成体内潴留和毒素富集，因此有必要再度强调尽量缩短用药疗程的重要性。哪怕是得了慢性病，也须间歇给药，比如服药 3 至 5 天，间断 10 至 15 天，如此反复循环，以利药毒清泄。对于中药，任何情况下都不应长期服用，否则后悔莫及。我这样讲，难免引来利益相关方的人身攻击，惟望各位同学自珍自重。

最后，第五，补药怪药，切莫乱用。因为所谓补药，其实你搞不清它是什么，医学界也没有人能说清楚它到底补到哪儿了。而且今天的保健药，它在食品范围里，几乎不受药业监管，也不进行严格的动物实验和临床观测，所以你服用它是相当危险的。怪药、奇药，尤其是挂着耸人听闻的名字，或者冠以科学专业术语的幌子，对于这类宣传更是不可轻信。譬如某些动植物激素以及据说是人体自身原有的活性物质，它们要么文不对题，要么就是促进幼体发育的阶段性产物，成年后它从体内消失，表明其已属多余，故遭弃除。如今你老了，反而强加进来，必致反常性的代谢亢奋，甚至引发神经、心率、血压等各方面的系统性波动和紊乱，弄出很多你预想不到的麻烦。具体有哪些药，我就不点名了。

下面我们讨论另一个题目，什么情况下必须就医。这个话题太大太复杂，涉及一大堆鉴别诊断的问题，我想两句话先总结一下。第一，小孩的疾病、儿科病。因为小孩身体发育不全，各器官功能平衡很差，有机体极易受到扰动，所以小孩如果出现明显的发病症候，需要及时就医。老人也是这个状态，如果你企求长寿，又不怕医院折腾你，可以像小孩一样处理；第二，如果你心中无底，不知道你现在得病的情况是什么，请你赶紧去医院。

我说这句话的意思请大家听明白，现代人恐怕都得学一点生理学医学常识，尽量不让自己总是处在恐慌状态。就像现代每个人都会开车，你就必须补习两门知识，第一，机械常识；第二，交通规则。是不是这样？既然这些东西现代人都得学，你凭什么不学一点生理学、病理学、医学基本常识，甚至生物学基本常识，这几乎是现代人必须掌握的一部分知识。因为文明状态下调动的文明病太多，因为文明状态下医药干预产生的麻烦和后果太难以承受，因此掌握一定的人体基础知识和医学常识，我认为是现代人的一个必修课。我建议大家稍微做一些这方面的学习，不用太多时间，你大致就应该可以处理日常面对的多见疾病，也可以应付日益增多的医疗困境。

然后，我说两点，有两个病你得经常自查自检，不去医院。第一，高血压；第二，血糖监测。由于现在生命超出正常寿限，而人的血管随着年龄的增长逐步硬化，血管弹性是血压变化的一个重要参数，血管弹性柔韧度越高，血压当然就越低；如果血管刚性化，同样的压力过来，不能通过血管扩张予以舒缓，所以血压就会偏高。现代人随着寿命的增加，几乎全都会得老年性高血压，高血压是一个非常严重的麻烦，因为血压增高会带来一系列不良后果。血压增高，心脏泵出就面临巨大阻力，心肌收缩强度相应提高，从而会引起持续性的心肌劳损，最终导致高血压性心脏病。而且血压太高会作用在血管壁上，造成血管内膜的进行性损害，接着又引发其他心脑血管疾病。

高血压发生早期，没有任何感觉，但它会悄然纵深发展。高血压和糖尿病这两个病是今天大多数人都会面临的危险，尤其是中老年人，这两个病最大的特点就是不露头角，一者显得红光满面，一者令人食欲旺盛，很容易被患者长时期忽略。一个人从血压增高开始，如果不加治疗和控制，平均寿命大约只剩13年，所以中年以上监测血压是必须的，监测血糖也是必须的。

我前面讲过，仅凭你每顿饭吃饱，你就一定得糖尿病，我指的是二型糖尿病，它也没有任何不适之感，却会导致身体所有细胞组织损伤，所以你有两项检查得在家里做。第一，购置血压计，在家里经常量一量血压；第二，自备血糖检测仪。现在价钱很便宜，操作也很方便，隔一段时间做一次自检，手指上扎一滴血，插一个试纸进去马上就出结果。这两项检查在家里完成，中年以后定期监测。

而且如果血压增高，务必终生服药。有很多人不认可这一点，你要小心。因为血压高了，你吃药血压降下去了，血压一降下去，你停药，血压又迅速窜高，血压大幅度波动造成的损害，远大于血压持续增高。因此如果你未能坚持用药，而是不断地抽离，会造成血压大幅波动，这比你压根儿就不吃药还糟糕。只不过你用药得非常讲究，血压高你增量，血压低你减量，但永远不停药。尽管降压药也是有毒的，长期服用，比如 30 年、40 年，可能会发生某种程度的肝损伤，甚至肝硬化。不过你想想，你 50 岁得此病，耄耋之年才肝硬化，总比你 50 岁得高血压，60 岁就偏瘫强多了吧。所以有些基本常识，有些简单检测，有些常规治疗是需要你自己把握的。

再一个注意外科病，我前面讲大病不大治。比如阑尾炎能不做手术，保守疗法能压下去尽量不做手术，除非你的工作特殊，比如总是出差，而且多在野外，那你还是赶紧割掉为宜，免得你到那儿去得了急性阑尾炎，就近找不见医院，搞成阑尾穿孔。在一般情况下，能保守治疗最好，因为手术介入会带来一系列损害，比如肠粘连等等。所有的手术都是有危害的，请记住这一条。

但是外科手术的发明，人类医学的发展，确实解救了无数人的生命。要知道在古代得个阑尾炎是很难存活的，如果是急性阑尾炎，它很快穿孔，然后引起腹膜炎，死亡率高达 90% 以上。一个胆囊炎或者一个胆结石急性发炎，你现在去医院就是把胆囊切除掉。古代没法手术，没法救治，如果它穿孔，引起胆汁性腹膜炎，几乎百分之百死亡。古代甚至一个龋齿，也就是那个虫蛀牙，预后都颇为凶险。要知道龋齿是典型的文明病，在狩猎阶段、采猎阶段，古人类的化石尸骸上、齿槽骨上，牙齿很少见有龋腐现象。人类农业文明以后吃粮食，糖类物质粘在牙缝里，成为某些产酸菌的培养基，这些产酸菌长期侵蚀牙齿的珐琅质，引起虫洞样损害，医学上叫龋齿。严重者牙冠全部坏掉，只留一个牙根。现在考古学上看古人、农业文明的人，嘴里布满牙齿残根。要知道古代龋齿是会死人的，因为它接着就往下感染，引起齿槽炎，随后再蔓延至血液中，引起败血症，甚至引起脑部感染。所以现在的有些治疗，确实发挥着救命之效。故而凡属确定能治的病，尤其是急重症，及早进入医院寻求有效的现代治疗是必要的、是不能耽搁的。

尽管外科治疗在很多情况下确实有显著效果，但你仍需小心处置，不要动不动就寻求最彻底、最复杂的治疗。还有一类疗法叫"替代性治疗"，也很见效。比如有一种疾病叫"甲低"——甲状腺功能低下、甲状腺分泌的甲状腺素不足，甲低这个病会引起一系列继发症，包括心脏病，包括黏液性水肿。这个时候你每天服用甲状腺素片，只要用量合适，它会让你长期保持近似于健康的状态。重症糖尿病人使用胰岛素，也是这个道理。再比如中老年以后很多人会出现心动过缓，该病全名叫"病态窦房结综合征"，简称"病窦综合征"。窦房结是心脏电脉冲节律的正常发放点，随着年龄的增长，冠状动脉倾向缺血，窦房结最容易受到损伤，由于该部位释出的电信号不足，心脏异位兴奋点取而代之，导致病人频频发生心律失常，有些心律失常是非常危险的，古人对此毫无办法，常常因此猝死。现在很容易解决，装一个起搏器，用以代替窦房结，病状立即消除，所以这类替代性治疗是可取的。当然你得能够分辨清楚哪种情况采用哪种治疗措施，这需要你具备一定的知识。而且它的适用指征和治疗细节比较复杂，例如起搏器有各种类型，你得进行深入而专业的咨询，听取多个专家的建议，以免被个别医生所误导。

因此我建议各位学习必要的生理学和医学基本常识，它是现代人知识构成中不可或缺的部分，也是应对与日俱增的现代文明病的自主配套举措。

如何判断医院与医生的优劣

下面我们谈如何判断医院和医生的优劣。其实一句话就说完了，不以赚钱为目的，而以关怀你的健康为目的，这就是好医院，这就是好医生。

可我再说一遍，今天是商业化时代，你让人家医院和医生不挣钱，你凭什么？而且我首先得为医生说点儿话。要知道医生是这个世界上责任最重、压力最大也最辛劳的一个职业。所有医生，他连星期六、星期天都无法休息。如果他是住院医生，即便是周末或节假日，他早上也必须先去查房，把病人处理好他才能心安。

请大家想想，医生给你的服务是什么性质？可谓之"私人定制"。你在工厂里生产的东西，是大批量生产，从来不照顾任何个人。而医生给你的服务，是一人对着一人的服务，是典型的私人定制服务。他承担着极大的责任——生命之安危，他承受着极高的压力——救治之成败，如果诊疗失误，会带来严重后果。

此外，他工作量又过大，他的劳动是典型的复杂劳动。他要掌握的知识量繁巨，医学院上学的时间非常之长，在世界各国的大学中，医学专业的学习时间都是最长的。所以在西方国家，就医的费用是比较高的。比如在美国，一个医生给你看病一个小时，仅是诊断费用，也就是我们所说的挂号费，一小时平均三百美元左右。而中国医生的挂号费，过去是五分，现在是五块。五块是什么？你去钉鞋修鞋，他随便敲打两下都得十块八块，一个医生的劳动还不如一个修鞋匠。

然后医生还要为你承担巨大的责任，病没治好，你说你把钱花了，没有换回相应的服务。要知道医疗服务跟其他服务是不同的，不是你花了钱，他就一定给相应的回报。为什么？因为人体太复杂了，医学能解决的问题是非常有限的。

请各位记住，内科疾病真正能治愈的不到10%！90%的内科病其实是医生不能根治的。所谓治疗都只不过是减缓病情、对症处理，医生治不了你的病是正常的。他如果所有的病都能给你治愈，他是上帝，他不是医生。所以现在中国的医生实在是太辛苦了，他得面对一个个认为有病包治的患者，万一病没治好，立即纠纷缠身。

门诊医生的工作量大到这样的程度，一天挂号40到80个。请大家想想8小时工作，一个医生真正给一个病人治好病，最少需要问病史、查体征、看化验，仅是诊断过程就得一个小时。也就是说正常情况下一个医生合理的治疗量，应是每天不超过八个病人，可今天各大医院一个医生承载着几十个病人的医疗量。这才造成病人的话还没说完，他把方子已经递到你手里了，你十分恼火。但这你能责怪医生吗？谁让你有个小病微恙都往医院跑，既害自己，还害医生。然后一旦出任何一点纰漏，你立即找医生的麻烦。本来不用做检验的，医生今天也不敢遗漏，心电图、X光，几十项、上百项检查单据没完没了。我儿子有一次得阑尾炎，竟然还有活体切片的肠癌检查，活检项目都在里面。为什么？因为他没有这个检查依据，万一漏掉了什么东西，你找他的麻烦，他无话可说。所以他无边际的过度诊断是你逼出来的，是他要拿到证据将来准备跟每一个病人打官司，谁知道哪个患者或家属突然犯神经病要找他的麻烦。

另外，医生的诊断费用太低，抵不住一个鞋匠，而医生和医院是要活命的。他怎么办？他当然只好靠大量的诊断辅助仪器、大量的化验检查，以及大量的药品来赚钱，于是出现过度检诊和过度治疗泛滥成灾的局面。其实即使在西方，医疗价格商业体系建立得相对合理的情况下，过度检验、过度治疗都是普遍存在的一个通病。何况在中国目前这个医疗体制下，你能只抱怨医生吗？所以我首先为医生说几句公道话。但我同时也要告诉各位，如果医生过度检查、过度治疗，会给病人造成严重损伤，因为很多检查是有危害的，过度用药、过度治疗更会带来无穷的恶果。

因此我下面略微讲一点儿判断医生好坏的指标，供各位参考。我绝没有要攻击医生的意思，我只是想告诫各位，小心医生伤害了你，虽然你也是医生的伤害者。

第一，看他是否危言耸听。好的医生，你有什么病他会缓和地告诉你，不造成过度的心理负面影响。我举个例子，你去医院检诊，听诊器一搭，他说你心脏有"早搏"，比如每分钟六十次心跳，本来每秒钟一次，有时某一个心跳突然提前，随后的心跳相应延时，这叫"早搏"。医生一惊一乍地说你有早搏，吓得你寒毛倒竖，以为自己得了心脏病。其实一般人每分钟出现不超过六次的室上性早搏，都属于正常现象，用不着大惊小怪。好医生是不必告诉你的，可是有些医生他会危言耸听，渲染这个症状多么危险，吓唬你去配合他的过度治疗、过度用药，所以好的医生是从容镇静的。

第二，是否依赖检验。其实我前面说的医生自我防御性检验都应予抛弃，真正合理的诊疗过程是绝不给病人乱开检验或化验单的。就诊之初尽量用物理检查，什么叫物理检查？比如看你心脏是否增大，不必拍 X 光片，用叩诊的方式就足以了解；比如你是否肝脾肿胀，不用查超声波，腹部按摩就可以探明。这是好医生。真正的负责任的医生，可有可无的检验一律不做，非做不可的检验慎重选择。

不问青红皂白，不给物理体检，凡有任何疑点全都扔到实验室去，这是不良医生的表现。

第三，是否仔细问诊和检查体征。好的医生是要跟病人耐心对话的。因为人体疾病非常复杂，各种症状参差不齐，且受到诸多诱发因素的影响，所以问诊环节至关重要，不厌其烦地问询和听取病人自述的发病细节是好医生的一个基本特征。而且不光关注病人的叙述，因为病人的叙述是症状，是主观感觉，还要用周详的物理检查方式找见客观证据即"体征"，这个过程很烦难，从问诊到体检，查清一个病人大约需要几十分钟，这是好的医疗服务状态。

第四，是否开列大处方。好的医生用药是量少而精准的，在西方国家，药物花销所占的费用比例一般不超过5%。在中国，你的诊疗总费用里，绝大多数是药品和检验费用，这当然跟现行的医疗商业体制建立得不合理有关。但是大处方就意味着大毒害，大量的毒药巧妙配足大笔的金钱，这无异于谋财害命。所以好医生开药是非常谨慎的，用药量是严格控制的。

第五，是开新药、贵药，还是开老药、便宜药。我前面讲过越新的药、越烈的药，潜含的危险越大，好医生会尽量给你开老药、便宜药，力求低毒而又见效。当然现在有个问题，老药、便宜药不赚钱，药厂都不愿意生产了，所以你已经不太能找得见了，这事也怪不得医生。

第六，建议你手术时是否慎重。做任何手术都是有严格指征的，不是说只要外科能够介入，就可以随便去开刀的。手术治疗风险大，后遗症多，好医生多取敬而远之的态度。

第七，是竭力把你扣在医院还是给你更多回家保养的忠告。一心谋利的医院和医生，会很夸张地述说你的病况，尽量把你扣在医院，让你长期住院治疗，想出院很难。好的医生不是这样，他会给你讲明发病机理，并提出一些忠告，不需要医疗医药介入的，一点儿药不给，然后让你回家调养。因为绝大多数疾病是有自愈倾向的，是有自然病程的，是不需要医疗介入的。

第八，对一般咨询是话多还是药多。好的医生会给你把病理情况讲清楚，把发病的原因讲清楚，把治疗和保养的方式讲清楚。这是好医生的指征，话非常多，药物非常少，这是好医生。当然现在医生看病量太大，根本来不及跟你对话，甚至来不及听你说话，这也怪不得医生。

第九，对不治之症的病人家属，是如实相告还是临终再敲你一把。很多绝症就是没办法治，好的医生就告诉你，但是很多病人不原谅医生，说你这是判我死刑，或者判我家属死刑，逼着医生非要对不能治的病乱治。请各位明白人类绝大多数疾病，医生是无法处理的，绝大多数疾病是自愈的。少数绝症，人类今天的医学，甚至未来的医学都是不能处理的。医生如实告知你，说这个病无法治疗，请回家调养，请享受最后的一点儿安宁人生，这是好医生。什么病拉住你都说能治，不能治也说能治，临死以前还给你推荐五千块钱一支的进口药，那是敲诈，那才是坏医生。我们今天已经很难见到对病人如实相告的好医生了，这里很重要的原因是病人认为医生应该包治百病。

听到这个地方，你应该明白，一般的小病小灾就不要把它当回事，它是正常生理波动。如果出现你无法判别的症候，也不要直奔大医院，先找街区小医院，先听取一些基本的咨询，先进行一个简单的处理。如果是小病，越小治越好，社区医院看不了，他自会主动给你转院，此时再去大医院，这既对你好，也对医院和医生好，使大医院的医生能把时间和精力腾出来，着力关照真正的危重病人，你也免得做过度检查、过度治疗，这才是合理的就医方式。

总而言之，请大家听明白我在讲什么。我们的疾病源头和底蕴是自然进化的铺垫，万千疾病的大规模爆发是文明化的产物，医疗行为又是文明造作最尖锐而直接地作用于人体的过程，因此实际上有可能造成最大损害。请把这个逻辑脉络搞清楚。所以我对这节课做临末总结，只有八个字：边缘文明，远离医院。

好，我们今天的讲座到此结束。

课后答疑

同学提问：老师您好，关于您提到的保守治疗还是手术治疗，刚好，我有一个具体的案例想请问一下您。我父亲腰疼，常因此而卧床不起，医院诊断是椎间盘突出，建议进行手术治疗，您的看法是什么？谢谢。

东岳先生：课堂上我一直讲，具体问题我回答不了，实用问题我回答不了。我虽然是学医出身，但自研究生毕业，我就脱离医界了，已经有三十多年没有从医了。我今天讲课只是在人体哲理的逻辑脉络上给大家阐明一个基本的、宏观的道理。具体的疾病大家最好不要问我。不过，针对你的提问，我可以简单说两句。老年腰腿疼，我前面讲过，属于直立进化病，即直立导致腰膝负荷过载，因此到晚年，大多数人都会患有程度不等的腰肌劳损或腰椎错位，但未必需要手术治疗。若是腰肌劳损为主，卧床几日就可缓解；即便是椎间盘轻微突出，平卧硬板床，尽量伸展拉长身体，持续数日一般也有可能复位，腰肌紧张痉挛随之放松，疼痛消失。须知严重的椎间盘脱出并不多见，临床上这类诊断多属夸大其词。手术风险难测，容易伤及脊柱两侧密集的神经根，而且术后效果并不十分确定，因此还是谨慎为好。

同学提问： 老师您对中西医都不给好评，听起来中医损害稍小一些，但似乎又难以指靠。那么能不能谈一下中西医各自的前途是什么？

东岳先生： 我之所以对中西医都持以中性而偏于谨慎的评价，是因为我对人类文明的不良趋势有所明鉴，而无论中医抑或西医都是文明化的产物，因此都需要加以提防和警戒。（此处有删减）进一步讲，中医没有"前途"，它倒有"后途"，不是说它可以倒退，而是说它只要固守阵地、拒绝变形，它就给自己留下了一方天地，就会受到许多人的长期青睐和迷恋，因为它所固守的是文明前期的温和态阶段，是人类机体的原生态基础。请大家想一想，现代西医目前正在朝哪个方向挺进？——基因疗法、基因编辑、体外器官培育、人工脏器移植等等，终而至于人机互联、智能机器人之类，是不是如此？这跟中医有什么关系？照此发展下去，结果会怎样？（此处有删减）

同学提问： 我现在看到很多癌症病人的治疗挺有效的，但都不算根治。老师您认为将来攻克癌症的方向是什么？

东岳先生： 我当然乐见癌症治疗有效。尽管治疗过程大多是白受苦，但若患者年轻，无论如何也应该坚持试一试。癌症之所以难治，就在于癌细胞是回退型低分化细胞，我课中一再讲，越原始越低级的东西越具有稳定性，即存在度越高；但我课中又讲，进化是单向度的，反动不成立，所以癌细胞并不能永存，它必将连带着有机体一并归于消灭。因此癌症难治而易死。基于上述，可以想见未来克服癌症的道路还很漫长，基因疗法都未必能够解决问题，因为每一个正常高分化细胞都有返回低分化稳态的内在冲动，至少我目前尚未看到一举根治所有恶性肿瘤的合理思路与方法。免疫靶向治疗也许是一条出路，眼下一部分患者能够长期带病活下来已经算是很了不起的进展了。

同学提问：老师您说保持饥饿感对身体有益，那么现在很流行的辟谷是不是好事呢？

东岳先生：我说的是适度保持饥饿感，注意"适度"二字。中国的道家与道教早在中古时代以前就提出辟谷之说是很了不起的，它导源于其反文明意绪，结果恰恰与达尔文的适应论相契和。不过"辟谷"的原意是"不食五谷"，也就是不吃粮食，而不是全面禁食。今天很多人辟谷，什么都不吃，持续十多天甚至更长时间，这个做法是不对的，它会对身体造成严重损伤，因为我们的所有体细胞即使在静息状态下也是需要一定的能量代谢和物质更新的。我的建议是，每周辟谷一天就好，长期坚持，必有良效；若欲持续多日，则应进食少许蔬果及肉类。总之，辟谷时间不宜过长，期间不能只喝清水干熬着，那样反而有害无益。

同学提问：老师，这里我想问一下，您的整个思想体系，包括《物演通论》这本书，是一个怎样的缘起，使您有了这样的思考、研究，并最终得出这样的结论？

东岳先生：我们最后一天课，大家会听到我对理论框架较详细的介绍。至于我为什么会产生这种想法，说起来其实是莫名其妙的。我自己其实也说不太清楚，我只能说当年上医科大学的时候，我就发现生物是弱化演化的，而不是越高级的物种，生存效力越强。只不过这个发现在当时看来，完全不符合生物学常识与达尔文学说，因此，我当年根本不敢去深想这个问题。以后呢，慢慢有了更大的阅读量，有了更深长的思考，才决定去尝试着证明它。整个过程是很偶然的，它是一系列机缘巧合造成的结果。搞理论的人，通常不知道他的想法是如何形成的。很多人把它叫灵感，所谓灵感是什么？无非是厚积薄发、久思顿悟的代名词而已。好，大家还有什么问题？

同学提问：我问一个关于书上的问题，您在《物演通论》第43章讲能量总系统部分衍生为质量物态系统的时候，讲到熵增量与信息增量成正比，或者说有序能量的递减与信息总量的递增成反比。前面那个正比我很容易理解，但是后面这个反比我就理解不了，您能帮助我解释一下吗？谢谢。

东岳先生：这是一个物理学问题。按照爱因斯坦的质能方程，我们这个物态宇宙、质量宇宙是137亿年前那个能量奇点转化过来的。能量的运动方式是熵增方式，首先你对热力学第二定律要有了解，所谓"熵"就是能量无效化、无序化的一个指标。在物理学上，在香农有关信息理论的研究中，就已经提出熵增量和信息增量成正比。那么有序能量的递减和信息总量的递增成反比，只是用不同的语言表述了同一个涵义，上下两句别无二致。

同学提问：想请教老师，目前世界各国都在提倡环保、呼吁减排，这会不会带来一种新的期望，或者带来不同的发展前景呢？

东岳先生：我来回答这个问题。首先应该承认，现在人类提出保护环境、提出节能减排、提出尊重自然，都是非常好的良性苗头，应予肯定。但我不得不说，仅此是不足以解决问题的。因为我们文明的总结构、总趋势没有改变，比如你不开汽车了，你改为骑自行车上班，可是你却坐飞机来听课，飞机的排量是多大？一架飞机乘客满员，平均每一个人消耗的油量以及排出的二氧化碳，是你独自同程驾车的九倍以上。什么意思？追求进步与发展的大势不改，日常做出的点滴努力无效！比如你把汽油车改成电动车了，你说这叫清洁能源，错了。电池造成的污染，也就是这辆新型汽车在生产、使用到报废的全过程中，它所造成的污染比汽油车不知大出多少倍，可能上百倍都不止，要知道一节1号电池你把它随便扔在地上，就足以污染一平方公里的地下水，一辆电动汽车相当于数百节、上千节1号电池，怎么能说是清洁能源呢？我的意思是说我们今天所做的一切节能减排、改善环境的事情都有道理，但不解决根本问题。这就是我讲既往人类的文明结构及其发展前途难以为继的原因，这就是我做基础理论，最后说我们人类得寄望于整个宇宙观、整个世界观的转变，从而缔造新一茬文明这句话的含义。也就是必须达成全人类的共识，让大家明白人类在自然界的位置，人类才能系统性地调整未来文明结构。如果它的系统结构和系统趋势是有问题的，你做的任何点状努力归根结底都是无效的。所以我给出两个相反的答案：每个人日常所做的保护环境的努力是值得肯定的；但非系统性处理问题的结果是终归无效的。

同学提问：先生您好，您提到罕萨民族，喜马拉雅的原始部落。他们只有三种常见的疾病，即外伤、沙眼和白内障，他们能逃过文明病和医源性疾病。但是他们能逃过进化病吗？因为他们也是直立行走的，谢谢。

东岳先生：我们说人类所有疾病的病理基础是进化病，我在前面讲过，它是一个经过亿万年畸变叠加并使之有序化的产物。也就是说进化病在没有文明调动以前，在没有文明化导致全面失适应以前，它只是一个潜在状态，而不是一个显发状态。比如我前面讲的大量进化病，腰腿疼、高血压等等，它一般都是要在相对年长的时候才会暴露。罕萨人处于原始生活状态，也就是处于原始寿命状态，因此他们只享受天然寿命，绝大多数潜在进化病还来不及展现就已经解体于无形了。这就是在罕萨人部落中基本上见不到其他疾病的原因。

同学提问：老师，我问一个问题，您说香的、甜的这些东西往往都是对人有益的，但是为什么很多苦的东西会让人上瘾，比如说香烟、毒品这一类的。

东岳先生：还包括苦瓜！因为人的生活习惯是后天养成的，你小时候的饮食习惯会影响你一辈子的口感和口味，这种东西没道理可讲，它完全是随机的生存境遇带来的零散烙印。所以，有一种说法，说但凡你想吃什么就是身体缺乏什么，这个话对一半——你在全自然态中生活，这句话成立！你在文明社会中建立了一些矫揉造作的习惯，这个说法就不成立！

同学提问：听您这节课，让人觉得人类的健康只会随着文明的发展而越来越沦丧，疾病种类也会变得越来越多，即使个人寿命倾向延长也无济于事。我这样理解对不对？

东岳先生：没错！看来你是真正听明白了。从更大尺度上讲，所有生物都逃不掉越进化、越发展就越衰败、越多病的命运，人类文明进程只不过是把这个自然过程加速且加剧实现了而已。从具体细节上看，人类的每一点进步都是自戕性的：生产力提高导致体力活动普遍下降；非自然食品导致营养状况日益失调；清洁式生活导致人体免疫力逐步减退；城市化聚集导致病毒细菌毒力增高；生物学实验导致怪诞病原体不断外泄；未来的人机互联导致脆弱的自然生理遭到破坏……诸如此类的问题不胜枚举。因此可以预见，人类的身体素质和疫情发展一定是越来越糟糕、越来越恶化的，对此需要早作预防，恐怕终于都防不胜防。

《易经》大略与应用概述

开题序语

好，我们开课，今天讲《易经》。

《易经》是中国传统文化自有符号表征以来的思想源头，因此是理解中国传统文化之根的初起思想铺垫。讲《易经》课，通常有两种讲法：我们在社会上见到的最普遍的讲法，就是把《易经》讲得极为神秘、讲得极其深奥，这个讲法有助于加固其神秘性，以便产生心理暗示效应和算卦功能。《易经》还有一种讲法，在社会上比较少见，就是不将其算卦之用作为主题，反而竭力去消解它的神秘性，也就是着力探究《易经》文化的发生学渊源。我们今天按第二种方式讲课，因为只有第二种讲法，才能让你知道《易经》文化在东亚中原大地上得以发生的根由。

《易经》确实是一个很神秘的远古思想张本。那么什么叫作"神秘"呢？首先大家要理解，一切神秘文化，甚或一切神秘现象，其实是由于信息量太低，你无法探知其究竟，才会产生神秘感。由于人类史前文明阶段信息量偏低，所以我们现在回头看人类原始文化之初态，其大多都处于神秘期，或者都表达为神秘状态。比如人类早年的文化都是神话传说，人类早年的历史都是童话般的史传。我再举个例子，比如改革开放以前的中国，比如今天的朝鲜，被西方称为神秘国度。它之所以神秘，是由于它孤自封闭，对外释放的信息量极低。总之，请大家记住，任何神秘事物皆是由于信息量偏低而产生的一种疑惑现象。

也就是说，对神秘取不同的态度，可能导出两种结果：一者是对由此引发的"神学"或"玄学"之崇信；另一个结果便是引起对此类无知的好奇、疑思与深究，即引动"无知革命"。前者止于浅层应用和思想僵化，造成"信主"或"信命"文化；后者纵深于本原探问和底层认知，造就"哲科"与"理性"思绪。因此我们今天讲《易经》，回归理性探究，追寻原始《易经》神秘文化的发生学渊源。

由于这个讲法跟一般谈论《易经》的流行做派大相径庭，别有意趣，因此我希望大家按照我今天讲课的方式重新看待和理解《易经》，也因此我今天讲课的重点绝不在算卦。

都说《易经》是一部天书，所谓天书就是看不懂的书。但《易经》之难懂，不是由于它过于高深，恰恰是由于它过于幼稚所致。什么意思呢？要知道《易经》是发生在东亚地区的前文字符号系统，也就是在中国 3300 年前，甲骨文都没有发生以前，最早最原始的非文字符号图例。我们今天人类的整个思想体系和文化建构，全部基于文字符号。我在前面课上讲过，只有文字符号的发生才能引导和促进思想的伸展。亚里士多德曾经说过，语言是思想的符号，文字是语言的符号，而人类的思想是在符号系统上运行的，因此我们今天看一个前文字符号，当下的思想跟它完全无法对接，这就导致《易经》文化变得晦涩不明。

而前文字符号是比文字更幼稚、更简单、更原始的符号。它所承载的信息量一定比文字系统小得太多，因此它绝不是由于过度高深而难以理解，反倒恰恰是由于它割断了我们的文字桥梁，使得我们和它的遥远意境难以沟通，由此造成《易经》变成天书，变成被今人看来显得格外深奥，以至无法探究的一个遗世文本。

我曾在第一节课上讲过文字与思想的关系，以及符号系统对东西方文化的影响，我请大家再进一步理解这件事情。要知道文字本身一旦发生，它就构成概念造型的基础和思想运行的通道。可是文字本身是有自己的内在规律的，也就是说文字并不直接就是思想。文字作为一个自发系统，它在运行的过程中，也会按照自己的内在结构要求而有所伸展和蔓延，以此构成文字对思想的反作用力。请大家听懂这一段，这就是为什么西方哲学经历了三个阶段，我在西哲课上讲过，第一叫本体论阶段，也就是直接追问外部世界的本原；第二叫认识论阶段，也就是当追问到一定程度的时候，意识到你所追问的世界都是你精神统摄内的世界，因此如果你不知道你的精神和感知怎样运作，你就没有资格追问外部世界，于是西方哲学从本体论转进到认识论；那么当代第三期哲学在西方发生了一个重大转向，叫"语义论转向"或者叫"语言论转向"。也就是西方哲人发现当你追问感知、精神以及思想是什么的时候，你自觉不自觉地都被框定于文字符号的结构序列之中，而文字符号是有它自己的内在格律和内在规定的。于是对语言和语义本身的追究，成为探询思想构造及其运行脉络的一个重要研究方向，这就是西方哲学的第二次转型，即进入第三期所谓语义论阶段的原因。

　　我讲这一段话是想告诉大家，我们当今的思想和文化全是在文字符号上运行的，当我们面对一个不在人类文字符号上呈现的原始思想系统的时候，它架构不清、内涵不明，由此产生神秘感和深奥感。请大家领悟我的意旨：它再度说明《易经》不是因为太过高深而难于理解，而是由于太过幼稚而难于理解。

　　我们今天的人类文明已经进入中年期。整个地球上的现代智人是在东非同时发生的，他们的文化分化是由于迁徙到不同地理物候条件之下，在原始时代对生存环境的分别适应造成了目前这种分野。

所以全部现代智人，他们的总体智力水平其实差异甚小。古埃及的象形文字 5500 年前发生，古巴比伦的楔形文字，或者类似于象形文字的符号系统四千余年前发生。东亚人在 3300 年前甲骨文尚未出现之际，其思想潜能或者智力发育水平与环地中海地区相近，但它没有符号系统，却面对的是同样复杂的世界，是以同样的智力覆盖纷纭万物。于是逼迫着它在文字符号无法成型以前，临机创造了一批前文字符号系统。这个前文字符号系统发生的时间，我们现在估计至少比甲金文要早上千年之久，也就是可以和古埃及、古巴比伦地区四五千年前的那个发生文字符号的时间大体对接，这就是《易经》符号系统的来源及其得以发生的原因。

由于《易经》是中国最底层的一个非文字符号系统上架构起来的最原始的思脉承载体，而我在前面的课上一再讲过，越原始、越低级的东西，越具有奠基性、决定性和稳定性，因此《易经》文化成为中国传统文化的最深层，它对中国后续整个传统文化系统造成重大影响。因此我们今天开《易经》课，目的不仅在于讲《易经》，而是讲人类思想史的发端、人类思想史发端之初面对的是怎样的生存问题，以及这些原始思想与原始生存格局的对应关系，只有把这些问题统合在一起，才能打造进抵《易经》的通衢。

我一再讲人类的任何文化都只不过是生存维护体系，都只不过是跟人类当时生存形势相匹配的精神覆盖体系。如果你要想理解《易经》，你就必须知道它对当年上古人类的原始生存具有怎样的维护效应。听懂这一点你才能理解真正意义上的《易经》文化。这就是我们这一节课重点不放在算卦上，而放在《易经》文化得以发生的渊源上的原因。

而且我们今天站在大信息量时代解读《易经》，会发现《易经》后来的算卦应用，其实表现出它的幼稚性。因此如果我今天稍微涉及一些算卦内容，你听起来感觉上像是我在否定它甚至是在嘲弄它。可我想再说一遍，我讲课是中性的，没有好与坏的评价，只有所以然的探究。当我对算卦做另外形式的表述的时候，其中不含否定和讥嘲的意思，我只是想说明一个低信息量的初级符号思想系统，在信息量逐步增大的时候，它会处于怎样尴尬的境地。

再则，我还想声明一点，人类今天进入科学时代，可我在西哲课上讲得很清楚，科学绝不是真理，它只不过是大信息量时代建构思想模型的一个基本范式。我再强调一遍，科学绝不是真理，而且科学今天也并没有穷尽世界上的全部知识。因此当我今天讲课的时候，当我今天评论算卦文化的时候，我并不排除算卦文化和《易经》文化中所可能包涵的其他解释，也就是我并不否定或者并不抵触《易经》算卦神秘文化的其他内涵。我今天讲解《易经》并不表明我把《易经》文化全部解释完毕，我说这段话的意思是，我给算卦和信仰留出余地。

《易经》为五经之首

关于《易经》，请大家回顾，我在前面课上讲过中国文化中所谓的"经"，主要是指被孔子整理过的文献，因此《易经》这个东西，最初出现的时候不叫《易经》，就叫《易》。春秋末期，传说孔子曾经研究和整理过《易经》，从此《易》这部典籍，才被后人命名为"经"，所以一定要把"易文化"和《易经》剥离开来。

中国古代主流社会素有"五经"之说，我下面简单解释一下五经。

第一经就是《易经》。也就是传说中的"易文化"被孔子整理过的状态，我们后面专题讨论。

第二叫《诗经》。所谓《诗经》是周代各封国民间诗文作品的汇集，或者民间诗歌的编纂。传说孔子曾经整理过它、筛选过它，并且以它作为自己授徒的教材，因此被称为"经"。孔子对《诗经》有一句评价，他说"不学诗，无以言"。就是你不学《诗经》，你连话都说不好。这是什么意思呢？要知道人类语言和文字的发生，只有达到可以由诗人以"诗"的精炼方式加以表述的时候，这个文字才进入成熟、洗炼和优雅的阶段。

我举一个例子。大家知道俄罗斯这个国家，真正建国是非常之迟的。虽然它可追溯至9世纪的基辅罗斯，但是实际上它是在成吉思汗的军队占据那个地方以后，从俄罗斯公国逐步发展出来的一个国度。也就是说，俄罗斯真正建国是在13世纪以后，也就是蒙古系统崩溃以后。因此俄罗斯的文字出现得很迟，是在立国以后参考希腊文才慢慢形成的。俄罗斯最初的语言文字古朴而粗糙，直到出现一位著名诗人普希金，俄文从此才精炼化、优雅化，变成一个真正的高级语文体系。这就是普希金在俄罗斯文化史上地位极其尊贵的原因。我讲这段话的意思是请大家理解，《诗经》的重要性来源于诗对人类文字符号的洗炼化和典雅化所起到的重要作用，这就是孔子以《诗》作为文学教材的原因。此为《诗经》。

第三部经叫《书经》。所谓《书经》是指中国古代的第一本书，名叫《尚书》。大家注意在远古时代，在先秦时代，你只要说"诗"这个字，就仅指《诗经》；你只要说"书"这个字，就仅指《尚书》。就像在那个时代，你只要说"河"，就仅指黄河，其他的河不叫河，叫"水"。比如"渭河"当年叫"渭水"，"洛河"当年叫"洛水"；你只要说"江"，就仅指"长江"，其他的江不叫江。因此古代只要说"书"这个字，均指《尚书》。那么它如何变成"经"了呢？是因为《尚书》之中，除少许传说中的夏商文献外，大多数是周初政府文告的记录。而我们知道西周早年周公旦"制礼作乐"，所以《尚书》中表达了礼乐文化的政治意蕴和思想来源。孔子的学说只不过是对周公旦礼乐实操文化的思想发扬与理论整顿，因此孔子当然就对《尚书》格外看重。该书因此成为孔子文化的基石，孔子对它亦有深入的研究，于是《尚书》变成《书经》。

关于《尚书》的重要性，我再多说两句。我前面讲过周代是中国真正意义上的封建社会之开端，周代的结束相当于中国封建时代的结束。那么西周早年是中国社会的传统政治文化基石得以奠定的关键，表达为"民为邦本"。也就是中国的"民本主义"思想就发生在西周初期与《尚书》之中。

我在前面课上曾经讲过"民本思想"与"民主思想"的差别，请大家回忆鉴别。《尚书》是中国早年政治文化核心理念——"以德治国"的第一个张本，要知道在那个时代以前人们还不理解"重德"与"政权"的关系，亦即还不理解道德伦理作为社会纽带的作用。《尚书》中最早整理并表达了法治社会出现以前"德治社会"的思想系统。我们在《尚书》中会见到这样的表述："皇天无亲，惟德是辅"；"天视自我民视，天听自我民听"等等。这种"以德治国、民为邦本"的思想，发生在西周早年，而最初把它张扬开来的就是《尚书》。所以《尚书》中这些话的意涵，我再重申一遍，不在于它宣扬了一个美好的道德观念，而在于它第一次明确提出法治社会问世以前，人类文明社会结构得以维系的原初纽带及其思想架构，这是它的价值所在，也成为孔子教学的最基本内容。

再下来就是《礼经》。所谓《礼经》其实分三个部分，也叫《三礼》。第一是《仪礼》，讲的是伦理原则和行为规范。我在前面一再讲过，今天我们把伦理原则和行为规范看作民间的普通道德形式，而在那个以德治国的时代，这些东西就是国家的政治道统；第二部分叫《周礼》，其实就是指周代的官制。可见礼不仅是一个礼序文化，它直接就构成当年的社会阶层关系；第三部分最重要，叫《礼记》，解释和阐发《仪礼》之精神，也就是礼乐政治意识形态的部分，因此它是整个这三大部分的灵魂，构成礼乐文化最重要的篇章。《礼记》中还包括《大学》《中庸》《乐记》等等，大家听听这些名字，就知道它在中国古代礼制文化中的分量。孔子对这些内容加以阐发，构成儒家学说的基本思想体系。这就是《礼经》。

第五，《春秋》。我在孔子课上讲过，《春秋》只不过是孔子所在国鲁国国史的书名，由于孔子用微言大义的方式对其加以修订，被孟子称为"孔子作春秋而乱臣贼子惧"。它后来成为规约中国政治社会生活的一个基础范本，因此也被奉为经典。

这就是"五经"。"五经"的排列关系，无论从重要性还是从时间序列上看，《易经》都排在首位。排在首位的第一原因，是由于它在时间上最靠前，而大家一定要明白在时间上最前端的东西，一定是对后面所有各项产生最大影响的一个泉源。我举例子，你读一下弗洛伊德的书，弗洛依德讲一个人的精神发育和张扬过程，对其产生最大影响的是幼年阶段的人生挫折，或者性压抑带来的心理变态。为什么你幼年期的任何挫折、任何精神压抑，甚至只是生理压抑，都会对你一生的心智发展和心理平衡状态造成重大影响？是因为越前端、越底层的东西，越具有奠基性、决定性和稳定性。

由于《易经》处在中国人、或者说东亚人的文化集成之最底层、最前端，因此它对中国后世文脉产生潜移默化的基础性影响。这些话是什么意思，我们在后面讲课中逐步展开。

《易经》源流及其初衷

我们下面来谈一下《易经》文本的渊源。

今天一提到《易经》，大家首先想到的就是《周易》。实际上我们今天拿到手里的《易经》稿本就是《周易》，它不是"易"说的原本。《周易》发生在周代初期，我前面讲过甲金文发生在商代中期，而《易》又是甲金文发生上千年前乃至数千年前的亚文字符号系统，因此《易》绝不可能发生在周代，它要比《周易》古远得多。《周礼·春官·大卜》篇中有一段记载："一曰《连山》，二曰《归藏》，三曰《周易》之法。"什么意思呢？就是说在《周易》以前还有《归藏易》，在《归藏易》之前，还有《连山易》。传说《连山易》和《归藏易》，也就是《周易》以前更古老的易学文本在汉代还有人见到过，但这个说法得不到确证。

所谓《连山易》，它在中国古代，也被称为伏羲时代的《易》，或夏代的《易》，这当然都是传说。我们今天对最早的《连山易》之所知仅剩下一个标记，那就是它的首卦是"艮卦"，艮卦代表山，大家知道《周易》的第一卦象是"乾卦"，乾卦代表天。《连山易》的第一卦居然是艮卦，代表山的那个卦象，它说明什么？说明《连山易》表达的是对自然物类的崇拜。请各位记住，人类早年的思想发展基本上都在神秘文化或神学体系上开端。在神学期以前，在史前童话期，也就是人类的儿童时期，人类最早的崇拜体系和神秘文化表达为"拜物教时代"。所谓"拜物教"，就是将自然万物的某一部分视为自己的血缘根基，这个东西在符号系统上，或在原始符号物象上就叫"图腾"。图腾时代就是拜物教时代，它是人类早年思想信仰体系的最底层。我们由此可以看出,《连山易》表达的是人类图腾时代最原始的文化与自然之对接状态。

所谓《归藏易》,古人也把它叫黄帝时代的《易》,或者把它称为商代的《易》。关于《归藏易》,今天也没有文本存留,也不清楚它是什么样子,只知道它的首卦是"坤卦"。我前面讲过《周易》的首卦是乾卦,坤卦代表大地、代表女性。由此给我们一个启发,《归藏易》发生在人类对生殖现象加以崇拜的时代,是"生殖崇拜时代"的思想表征。要知道人类在"拜物教"以后很快就进入母系社会的基本思想状态,即"生殖崇拜"出现。在人类古代的物象符号系统中,可以见到大量象征着生殖崇拜的东西,它们表达的是母系时代生殖崇拜的文化意涵。

《礼记·礼运》中记载了孔子的一段原话:"我欲观殷道,是故之宋,而不足征也,吾得坤乾焉。"我来解释一下孔子这句话的含义,他说我想知道商代的文化是什么,这叫"我欲观殷道",因为把商朝也称作殷商;"是故之宋",他说因为这个原因我专门到宋国去了一趟。我在法家课中讲过,宋国是殷商贵族遗民的封国,因此宋国保留了最多的殷商文物。"之"这个字的甲骨文是先画一个脚印,然后在底下画一条地平线,Ψ(甲文)Ψ(金文)Ψ(小篆)之(楷体),什么意思?"之"这个字的古意是指从某地出发到别处去,所以孔子讲"是故之宋",说我专程到宋国去;"而不足征也",就是我到宋国走了一遭并没有觅得殷商文化之道;但是"吾得坤乾焉",我只得到了一样东西,那就是"坤乾卦",也就是我只得到了《归藏易》。而且他直接表明是"坤乾卦","坤卦"在"乾卦"的前面,跟《周易》显然不同。

再下来才是《易》的第三阶段《周易》。也就是被后人传说为文王演绎的《易》,故名《周易》。传说周文王在武王克商以前,曾经被殷纣王拘捕，把他扣押在今天河南汤阴一带叫"羑里"的地方，在监狱里大约囚禁了九年左右，然后文王在狱中重演了"易"，这就是《周易》的来源。请记住这个说法是非常荒唐的，经学界研究，我们现在可以肯定《周易》这个东西绝不是文王的发明。

中国古代有一种习惯，把任何重要文本都附会在某一个历史名人的身上。比如《内经》，中医的第一个系统文本，发生在汉代，但是它的书名叫《黄帝内经》，把它附会在黄帝的传说里，其中的《素问》篇就是黄帝跟他的医官岐伯的对话。可学界考证，《内经》其实是汉代的一个医学典籍，它跟黄帝没有任何关系。比如《易经》，它的传述部分，被附会在孔子身上，这都是出于传播推广的需要。大家知道在传播学上有一个讲究，就是让名人出来做广告，比如今日之各种广告大都喜欢借助演艺明星登场。为什么？它会造成最大的传播效应，古人因此也就把最重要的文书附会在历史名人身上。其实《周易》与周文王毫无瓜葛。

汉代有一个研究《易经》的著名学者郑玄，他在《易赞》这本书中说过一句话："《周易》者，言易道周普无所不备也。"他的意思很清楚，他说《周易》不是指"周代的《易》"，而是指《易》之"周普"足以包罗万象，也就是《易》文化可以覆盖一切人世变迁和自然现象，这叫《周易》。郑玄这个说法是很有道理的，大家想想《连山易》没有叫《夏易》，《归藏易》没有叫《商易》，凭什么《周易》就一定是周代的《易》，所以郑玄这个说法是有一定道理的。但是由于中国古时的学者大多认为《周易》就指"文王演《周易》"，包括唐代著名学者孔颖达也坚持此说，因此我们今天通常都把它理解为周代之《易》。

以上是对《易》文本的源流变故做一个简单交代。

谈起《易经》算卦这件事情，不能把它说成"占卜"，而要把它说成"占筮"（shì）。要知道"卜"这个字，仅指用甲骨片进行预测的行为。也就是事先在甲骨片上打若干凹孔，然后在火上炙烤，热胀冷缩之下，甲骨片崩裂，出现各种纹路，再用这些个裂纹来做预测，这叫"卜"。"卜"是一个拟声字，甲骨片在发生皲裂的那一瞬间会发出"卟"的声响，因此叫"占卜"。

那么用《易经》起占叫作"筮"，何以如此？要知道《易经》中最原始的符号是"阴阳两爻"，所谓"阳爻"就是画一杠，所谓"阴爻"就是把这一杠在中间划断。它是先民在上古时代，没有文字的时代，把吃剩的残骨，或者从树上折下的断枝，摆在地上作为符号，以图解世界的那么一种情状。后来随着文明的发展，用吃剩的残骨或者折下的树枝作为符号工具使用，显然在《易》文化的推动过程中，从"两爻"之初现，到"八卦""六十四卦"之繁化，它不够用了，无力承载其复杂摆弄的功能了。于是人们就采集生长在中原的一种野草，这种草叫"蓍草"，蓍这个字发音念"shī"。蓍草的最大特点是它的草茎呈四棱形，挺拔而坚硬。于是古人就把蓍草的草茎掰断，掰成等长度的分节，摆在地面或桌面上作为爻象卦象的符号。由于中国古代造字，我在前面讲甲骨文的时候讲过，凡是发同音的字通常含有相似或相同的内涵。于是就把用《易经》算卦叫"筮"，这个字也发"shì"的音，对应的是"蓍草"，所以算卦绝不能叫"占卜"，而叫"占筮"。

下面我们开始进入《易经》文本或《易经》符号的讨论。我前面讲过，《易经》起初只有两个符号：一个"阳爻"，一个"阴爻"。它后来出现"八卦""六十四卦"，那应该是很久以后逐步发展的产物。中国古人形容《易经》符号"爻"的发生，有一个词用得非常之好，叫"一画开天"。说"爻"这一横之笔划，让人类从此把自身与天地剖判开来。

我这样讲，大家可能还听不明白这句话的分量，我换成黑格尔的一个表述。黑格尔讲，他说人类文明从什么时候为开端，从人类有了"自我意识"而起始。什么叫作"自我意识"？要知道所有的动物，它们也是有一定智能的，我们人类的智慧就是从动物的智能中逐步发育过来的。可是动物并不能把自身和自然剖判开来，或者至少不能把它们明确地划分开来。所谓"自我意识"，就是人类第一次有了明确的自知力或自我观，也就是把自己与外部世界对立起来，使自身和诸多对象之间从此产生了某种截然有别的紧张关系。

　　要知道，"自我意识"之达成，必须包含两个要素。第一，他得知道自己居然是一个独立的、别样的、自主的存在；第二，他知道外部事物或自然界是一个与自身完全不同，甚至跟自身对立的存在。大家想想，他之所以能够意识到自己是一个异样的存在，一定是因为他明白了自然存在的外置关系，并与自身形成了对立的状态。自己必须与之抗争，必须了解它、占有它、征服它。也就是必须给自然和人这两方都赋予全新的内涵，自我意识才能发生，是不是这样呢？这种观念开启了人类以"征服自然为己任"的文明进程。

　　请注意我说这句话的涵义。我前面讲过，所谓文明就是自然界不再直接给人类提供任何生存资料，人类的一切生活资料都必须全靠自己制备，我们把这种现象叫作文明。既然文明是这样一个结果，那么文明的开端当然是人类要把自己和自然分离开来，并且把自身和自然对立起来，以求征服和改造自然，至此文明才得以启动。那么改造自然和征服自然的这个动作的前提是什么？——是人与自然在观念中分离，这叫"自我意识"。

　　"爻"这个符号的出现被中国古人叫作"一画开天"，什么意思？这一画的问世，标志着东亚人已经把自我与自然剖判开来，形成明确的二元对立分析态势，我们把这个东西叫"一画开天"，或者叫"自我意识"。

我讲到这里，大家就应该知道"爻"这个东西、《易》这个东西，在中国文明史的开端上是一个多么重要的事件。

"爻"的观念刚一发生就呈现为"两爻"的表达：一个阳爻，一个阴爻。在古代文本中，尤其是两汉以后所有的《易经》注本中，都把"阳爻"讲成"浑然一体示天"。"阳爻"连续而无裂缝，如天空之平展，故有此喻；"阴爻"间断而不连贯，因此历来把它解释为"水陆二分示地"。说"阴爻"代表大地，因为大地上有海洋、有河流、有山谷，大地是不平整的，是有分有合的，这是我们通常所见的《易经》注文的表述。这个说法对吗？请记住这是两汉文人的命意、想象及引申之谈。

那么阴阳两爻最初到底是指什么呢？阳爻应该是男根之象，也就是男性生殖器的形意；阴爻应该是女阴之象，也就是女性生殖器的形意。为什么这样讲？近代很多学者，包括郭沫若都持这种观点，我以为此说成立。为什么？请大家一定要记住，人类在原始时代所面临的最为紧迫、最为重要、最为生死攸关的是如下三大问题：第一乃"生殖追问"，第二是"死亡追问"，第三叫"时空追问"。

关于死亡追问，我在前面讲过，我说所有动物对死亡都会表达出一种疑惑和悲伤的情绪，中国古代有一个成语叫"兔死狐悲"，即源于对此现象的观察。可是所有动物都无法理解和追究死亡。人类早年也将死亡视为一种极为神秘的事件，如此高贵的生命居然终于都得陷入死地，这当然足以构成人类的重大追问。这就是为什么在远古时代，全球各地的人们没有沟通，却都不约而同地提出"灵魂轮回学说"的原因。它表达的是人类对死亡的恐惧、对死亡的疑问，以及对死亡所包含的不详要素的重构与化解。这也就是为什么人类远古时代都格外关注丧葬文化。比如你到埃及去旅游，你会看什么？

看金字塔，看木乃伊。所谓金字塔就是古埃及法老的墓葬，所谓木乃伊就是经过处理的尸体。比如你读孔子的书，其中特别重要的一部分内容也是丧葬文化，谓之"慎终追远"，他表达的仍然是人类古代对死亡的追问。

但是，在"死亡追问"以前或与此同时，人类还有一个更重大的追问，那就是"生殖追问"。我一再引述当代生物学的观点，即任何生物有机体，它只不过是为了增殖、为了基因的播散而建立的临时运载体。也就是一切生命生理运行的中轴均为生殖，这就是人身上最强大的欲望是性欲的原因。事实上，对古人而言，生殖不仅是一个极为重要和极为神秘的现象，而且是一个理解起来颇具难度的事情。

试问什么叫生殖？即使是现代人，如果你没有学过医学，没有学过生殖生理学，你其实对生殖毫无所知。请大家想想生殖是一个多么复杂和奇怪的现象，古人根本无法理解复杂的生殖机制，他们会做出种种奇怪的构想。我举一个例子，你到俄罗斯去看看，它那儿特别著名的工艺品是什么？——俄罗斯套娃。每一个人偶里面套一个人偶，内套的人偶里面再套一个人偶，这样由大到小、层层叠叠，套入的人偶越多，这个套娃就显得越高级。它表达的实际上是什么？是人类古代对生殖现象的一种解释。就是认为女人的身体里一定原来就有一个现成的娃娃，这个娃娃的肚子里还有一个娃娃，这个娃娃肚子里的娃娃体内又有一个娃娃，如此环环相扣，这才导致生育不绝。俄罗斯套娃表达的是最典型的人类古代对生殖现象的直观图解。

大家可知道生殖在今天生理学上的解释复杂到何等程度？我仅给大家举一个方面的例子：我们人体每一个体细胞里都含有 46 条染色体，试想一下，如果生殖细胞，也就是女性的卵细胞和男性的精子细胞，如果它们的细胞核内也都是 46 条染色体，那么它们组合而成的受精卵，以及由此孕育出来的后代一定是92条染色体，是不是这样？而且他后代的后代一定变成184条染色体，这般累进下去，每一代生下来都将是一个形貌大变的怪物。

因此所有发生两性分裂的生物体，它的生殖细胞都要变成减数分裂的特异胞体。什么叫"减数分裂"？也就是46条染色体被拆分为23条染色体下传，然后雌性细胞和雄性细胞进行受精，叫作合子细胞，重新恢复成46条染色体。这是一个非常微妙的现象，在生理学上迄今没有完全搞清这种"减数分裂"的深奥机制是如何达成的。可见生殖过程有多么复杂！古人能够感觉到生殖欲望的强烈躁动，却全然不知道它究竟是怎么回事，因此产生"生殖追问"顺理成章。

更重要的是，生殖问题在人类远古时代是一个关乎族群生死存亡的大问题。当代有一位著名的学者吴申元，他在一篇名叫《中国人口思想史稿》的论文中提出这样一项研究结果，他发现人类在远古原始时代，新生儿成活率不到50%。而在旧石器时代，也就是农牧业文明没有发生以前，任何一个氏族族群，它的人口增长率居然是每百年才1.5‰。

请注意这个概念，我在前面讲课讲过，一个原始氏族社群的人口通常不超过50人到80人，每百人每千年，也就是十个世纪只增加1.5个人口。即便到了新石器时代，百年人口增长率上升为4‰，一个氏族，假定它有100人，每千年也只增加4个人口。可见人类远古时代各族群的人口增长是一个何其之难、何其缓慢的过程。

而人口增长对于任何一个族群来说生死攸关，要知道人类的体力比大型野兽的体力低得多，人类早年农业文明没有发生以前，是采集狩猎时代，一个族群的男性集体协作，才能战胜或者猎杀一头野兽。如果人口很少，族群食物来源都会构成问题，捕猎过程会面临巨大风险。更重要的是，随着人类文明的发展，族群之间、氏族部落之间由于长期繁衍，尤其到农业文明发生以后开始大规模垦殖土地，各族群之间的领地越来越接近，发生冲突的概率逐步上升，这个时候各族群的人口数量就更为关键。因为古代族群人数的多寡是对外战斗力的第一指标。如果到族群之间、氏族部落之间已经发生高频率冲突之际，哪个氏族部落人口繁衍数量不足，它一定面临危局，甚或归于消灭。可见人类远古时代生殖事宜是一个多么重大且生死攸关的问题。所以请大家记住，《易经》最早表达的是"生殖追问"。

我们下面看文本记录。上述讲法绝不是我的猜测，而是回溯人类原始文明必然面临的最基本、最紧迫的生存问题之所考，这方面在《易经·系辞》中有非常明确的表述，说明战国、两汉时代的人，他们对这一点也有清晰认知。请看《易经·系辞上》中的原文："乾，阳物也；坤，阴物也。"古人把男性生殖器官叫阳物，把女性生殖器官叫阴物。如果你觉得我这样解释不够，因为阳物、阴物确实可以泛指一切阴阳载体，那么我们紧接着看下面一段话："夫乾，其静也专，其动也直，是以大生焉。"什么是"乾"呢？它在安静的时候也"专"。大家要注意"专"这个字，它其实是另外两个字的通假和字根。给它加一个提手边，这个字念"抟"（tuán），什么意思？将一把沙子在手里捏成一团，这个动作叫"抟"；再一个字是"团结"的"团"，这两个字都是"专"这个古字根的后期转注字。所以说"乾"就是指男性生殖器，"其静也专"（此处"专"发音为 tuán），是说它在安静的时候是缩成一团的；"其动也直"，它在兴奋的时候是勃大变直的，说得非常露骨；"是以大生焉"，于是得以播下生命之种子。它随后讲："夫坤，其静也翕，其动也辟，是以广生焉。"什么叫"翕"？

闭合的意思。什么叫"辟"？张开的意思。它说女性生殖器官安静的时候，就是闭合的，兴奋的时候，就是张开的，"是以广生焉"，于是得以生儿育女。请大家看看这段话，它直截了当地表述"乾—阳爻—阳卦""坤—阴爻—阴卦"，首先指的是男女生殖器官，这是非常真切的生殖追问之直陈。

及至战国两汉以后，人们把最早的生殖追问不免模糊置换并逐步扩大成整个宇宙追问、自然追问，这个最原始的追问标的，才被阴阳普泛之说所掩盖。请各位特别注意理解我讲的这一部分，易文化发生的初启意图是"生殖追问"。

《易经》三法则

关于时空追问，我们后面再谈。我们现在先讲《易经》三法则。

大家注意"易"这个字是什么意思？中文"易"这个字，它的第一含义是"变易"，是讲变化的。《易经》之所以取名为"易"，是因为它要研究变化，我这样讲尚没有讲出深意，大家觉得太普通，我换一个讲法，各位才好理解。

要知道远古时代，人类的文化和智力开发水平相当于一个幼儿、相当于一个儿童。请想想你小的时候，你怎样理解世界？你看待这个世界一定是静态的。山山水水之景，你绝不会想到山是逐步发生的，它原来是海洋的底部海床，你会想到吗？你绝想不到。河流是随时变更河道的，人生是逐步延展而致衰老的……这些对于一个儿童来说都是无法理解的。孩子会认为世界是涌现的、是固有的、是静态的，是原本就成为这个样子的，是不是这样呢？因此人类在远古时代，完全没有意识到这个世界居然是变化的。当上古先民有一天突然理解和发现这个世界是经常变化的、是变动不居的，这会造成严重惊慌。为什么？请大家想想我们人类的行为依据是什么？我们的行为能力不断提高，凭什么？凭经验。就是我此前做的事情，给我构成的信息回馈、构成的经验积累，使得我后面的动作和行为效果更彰显、错误率更低，是不是这样？因此经验对人生来讲实在是太重要了。

可是如果这个世界是持续变动的，它就意味着经验无效。因为经验要有效，必须满足一个前提假设，就是我的"经验对象"是静态的、不变的，只有这样经验才有效。如果我的经验对象是瞬息万变的，那就意味着我此前的经验没有可重复性。这就是为什么随着人类文明的发展，随着事物演动速度越来越加快，当代人再想靠经验来处理问题已经决然不行了。经验非但不是你的财富，反而是你的陷阱。因为世界快速流变，你拿应付过去的经验应付流变的今天与未来，你一定跌到泥潭里去，是不是这样？这叫经验论无效。经验论无效的前提是什么？世界是流变的。所以请大家记住，当人类早年意识到这个世界居然不是静止的，而是时时刻刻都在流变的时候，它会造成上古先民的深心惊恐。这就使得任何一个还想把握这个世界、还想在这个世界中寻求可靠生存之道的人，都不得不追问"变动"究竟是什么？什么东西引发变动？变动的趋势是什么？变动的规律是什么？找不见这些问题的答案，你就无法生存。因此《易经》的第一法则就是面对变动的意识而产生的根本追问，这就是《易》的第一法则——"变易"，也是"易"这个字的第一含义之来源。

我们下面解释一下"易"这个字，看看"易"这个字究竟是什么意思，它最初的来源是什么。东汉时期中国第一古汉字学家许慎，他在《说文解字》里讲："日月为易，象阴阳也。"由于许慎当年在汉字学上的奠基作用备受推崇，因此他的说法有力地影响了中国后人对"易"这个符号的字源解释。

汉代还有一个著名的易学专家名叫魏伯阳,他也认为"易"就是日月之象,什么样子?大家看,上面画一个太阳,下面画一个月牙,许慎和魏伯阳认为这个字就是"易"字的来源。可是我们知道在许慎那个年代,甲骨文完全被埋没,许慎的研究依据只有金文和篆文。直到1899年王懿荣发现甲骨文以后,我们在甲骨文里始终找不见相关字符,因此很多学者就提出否定意见,有人认为"易"可能是蜥蜴之象,有人非之,莫衷一是。

我在这里略谈一下唐汉先生对这个问题的看法,他说"易"这个字在甲骨文中是这个符号,先画鸟的一个翅膀,旁边画了三撇,分(甲骨文)多(金文)易(小篆)易(楷体)。请大家记住,你只要在中文里见到这三撇,它都是抖动的意思,所以"易"是什么?一只鸟它的翅膀在抖动!唐汉先生认为这个字就是甲骨文中"易"字的出处。这个说法具有一定的道理,因为鸟在天上可以飞,在水里可以游,在地上可以走,比如野鸭,它最具变化的特征和适应环境的能力,因此认为这个字有可能是"易"的字根。

总而言之,古人缔造《易经》,它实际上的一个重要发端,是对"变易"的追问。

《易》的第二法则叫"简易"。"易"这个字除了"变易、变化"的含义以外,它的第二个含义就是"简易"。比如我们有一个常用词叫"容易"。那么"简易"究竟是什么含义呢?听懂我前面的西哲课,你就应该明白,人类用自己的思想把控世界,他唯一的办法就是把万事万物尽量简化处理,这种力求简约化的思维方式叫作抽象思维方式,这就是我前面一再讲,"抽象思维方能整顿最大信息量"这句话的意思。

我再举个例子。14世纪英国有一个教士,被视为西方著名逻辑学家，此人名字叫"奥卡姆的威廉"（William of Occam），也就是奥卡姆这个地方一个叫威廉的人，这就是西方哲学上一个著名术语"奥卡姆剃刀"的来源。什么是"奥卡姆剃刀"？就是在逻辑学上但凡是可有可无的东西都应该将其削除，也被表述为"如无必要，勿增实体"。它的意思是在思想和逻辑建构中要简化再简化，但凡属于可以剔除的东西一律层层剥离，是谓"奥卡姆剃刀"。我在讲西哲课的时候把它叫"思维经济原则"，就像少花钱多办事一样，也叫"思维简易原则"。这是人类运用思想的最有效方法，也是最高境界。

　　我给大家举例子。人类使用"力"使用了数千年，要知道在农牧业文明还没有发生以前，人类就已经会用投枪或标枪了。可是在牛顿出现以前，人类从来不知道什么叫作"力"。尽管人类运用各种"力"已达数千年乃至上万年，直到牛顿才说清什么是"力"。他居然说两个物体质量的乘积做分子，两个物体距离的平方做分母，然后乘上引力常数，他说这个东西就是一切"力"的根源，这就是万有引力学说。他在分析"力"的动量上用了一个极简单的方程F=ma，即"力"等于质量乘以加速度。他居然用如此之简约的方式，只有三个字母加一个等号，用这四个符号就把"力"的本质全部表达出来了。牛顿总结了"力"的本质，其结果是工业时代喷薄而出，机械论系统随之成型，产业革命相继爆发，因此我们把工业时代也叫牛顿时代。

　　大家看这叫思维简易原则，它的力量何其之巨大。我再举个例子。我前面讲过，在达尔文以前，人类所说的万物基本上都是生命物质，因为无机物质的种类很有限，而生命物质包括灭绝物种有上百亿种之多，因此当年最有才华的学者、处理信息量最大的学者、最博学的学者是什么人？是生物分类学家。他们要把数万、数十万、数百万、数亿万的物种最终简化分类，按照它们的生物性状分类，编排为"界、门、纲、目、科、属、种",也就是层层简化、共性归纳,借助于思维简易原则把控万物、把控纷纭的生物总系统。所以当年像林奈、像居维叶这些生物分类学家被人们称为中世纪以后的博物学家。可这个时候人类仍然对生命是什么几乎还完全不能理解。直到达尔文出现,他居然只用一条原理,中文只有四个字,叫作"自然选择",就把生物来源是什么、物种分化怎样发生、生命如何演动至今等一系列问题全部澄清,生命科学第一次被奠定。达尔文学说最典型地表达了思维简易原则的效用。

大家再想想爱因斯坦。他在狭义相对论中整理时空相对关系的时候,推导出质能方程 $E=mc^2$,这个方程使人类第一次理解"物"是什么。人类从来不知道物质是什么,直到这个方程出现,人类才明白"质量"居然是"能量"的转化形态。"物"第一次有了一个像样的解。万物、有机物、无机物的通解,居然隐藏在一个如此简单的公式中,由此缔造了我们今天的电子时代和核时代,这叫思维简易原则。

可见简易法则何其重要,可见"简易"是思想工具中多么有分量的东西。因此我一再讲,一个人表达对某事物的理解,只需看他能不能把这个事物归结为一个基本原理,这标志着他对这个事物的通解程度,也是衡量他思维能力的尺度。这是《易经》的第二原则,叫"简易"。

我说到这儿,大家不由得会惊叹古人早在数千年前所达到的思想高度,他们居然意识到人类用思想把控世界要用这样一个奇怪的方式才能有效。

《易》的第三法则,叫"不易"。什么叫"不易"?不允许更动。这话是什么意思?前面讲人类要想把控流变就必须使用思维简易原则才能实现,那么要想有效地运用这个简化思绪,则由其导出的相关概念与命题就不能乱变。因为如果这些东西是不断变化的，是随意调整的，那么你对世界的变动就仍然无从把握，也就意味着你仍然面对的是变动不居的对象，是不是这样？既然你要用思维简易原则来把控它，那么当然你的简易结果或简化结论是要掌控流变，是要固化流变，是要解构流变，是要把流变的趋势确定，是不是这样？如果是这样，那么就是说你这个把控世界的简易原则或原理，自应是不可动摇的，其中的推导演绎流程是不允许变动的，这叫"不易"。这就是一切扎实学术以及科学的力量所在。

　　大家知道神学、哲学、科学是人类经历的三大思想阶段。到科学时代出现一个非常重要的规定，就是任何一个科学原理，它必须对它所要解释的诸多对象具有通解性，也叫普解性。它不允许在其解释范围内出现反例，只要有一个反例出现，该原理立即崩溃。因此科学的一个重要指标就是严格检验，不得变动，稍有变动即告崩溃。比如牛顿的学说把控宏观世界的物体运动全部有效，没有任何例外。可是随着微观物态出现，法拉第发现电磁电流，人们随后发现了电子以及其他种种粒子，微观世界逐步展现，引力必须是大质量物体才能发挥作用，对于微观粒子、原子，引力没有丝毫作用。那么微观世界的运行规律是什么？牛顿的学说全然失效。于是爱因斯坦相对论问世，他的相对论能有效解释微观世界的运动，同时又有效地兼容宏观世界的力学运动体系，于是牛顿经典力学理论几近崩溃。它今天还被使用仅仅是因为它简单方便而已，而不是它还代表真确性和精确性。这说明什么？说明一个原理它要能够有效地把控事物，该原理本身不允许调整、不允许更动。如果一个学说遇见了任何反例，它就调整自身，则说明两点：第一，这个学说严谨程度大成问题；第二，这个学说解释事物归于无效。我们经常见到这样的学说，动辄改变论说方式，然后自称"放之四海而皆准"。请小心，碰见这样的学说，通常它会误导你。这叫"不易"。

当我讲到这儿的时候，你就会发现古人建立易学所要运用的思想原则、所要把控事物的那个深度，达到了怎样的水准。我不是说它业已高明到我今天讲解的这个深度，很多东西大抵是在不自觉中自发展开的，我只是说古人的智慧近乎朦胧地猜测到他所要面对的问题，以及面对这些问题的基本处理原则，仅是如此也已经十分超拔、令人惊叹。这就是《易经》作为思想文化整顿工具的原始力道所在。

《易经》三要素

上面讲了《易经》三法则，我们下面讨论《易经》文本三要素。

大家要想读懂《易经》，一定要把握《易经》的三项内涵：第一叫"象"；第二叫"数"；第三叫"理"。《易经》的基本推导方式是"以象组数，以数推理，以理释象"。我这样讲大家很难理解，我下面分别展开讨论。

所谓"象"，就是指《易经》的符号全都是具象符号。我在第一堂课讲中国古代象形文字，说它们都是具象符号。我讲人类原始时代各族群，它要么没有文字，但凡有文字者，都是从象形文字开端。那么"易"符号它是人类的前文字符号，它当然一定是具象符号，这叫"象"。比如"两爻"，是男阳和女阴的具象符号；比如八卦，全都是非常具象的符号。

| 乾 ☰ | 离 ☲ | 震 ☳ | 艮 ☶ |
| 坤 ☷ | 坎 ☵ | 巽 ☴ | 兑 ☱ |

请大家看这八卦。第一卦象叫"乾卦"，它用三个阳爻表示，它代表男性、代表天、代表太阳，后来代表"阴阳"的"阳"。大家看，如果它代表天，它表达的十分具象，因为天是完整的、是没有裂缝的。第二卦是"坤"，坤卦由三个阴爻构成，它代表女性、代表大地、代表月亮，后来代表所有"阴"的概念。以它表示大地是恰当的，因为大地水陆两分，河流断裂，山谷劈开，都是有断象的。第三卦为"离"，它代表火。你看这个图象，当下看不出来它像火，可是如果你把它竖起来，它是火苗蹿动的一个半抽象符号；第四卦名"坎"，它的原始含义代表水，后来有些地方也用它代表月，我们在这里引出它最早的含义，代表水。看这个符号，你不太容易理解它怎么是水，我把甲骨文的"水"字再画一遍，这个符号就是甲骨文的水［𣲴（甲骨文）𣲴（金文）𣲴（小篆）水（楷体）］。你再返回来看这个坎卦，如果你把它竖起来，是不是刚好是甲骨文描摹河流的半抽象符号。第五卦"震卦"代表雷电，它用底下一个阳爻代表地平，用上面两个阴爻代表阴云密布、电闪雷鸣，因此它仍然是非常具象的符号。第六卦叫"巽卦"，代表风，它用上面两个阳爻代表阴云密布的天空，用底下一个阴爻代表风的流动，所以它仍然是非常具象的风的标识。第七卦叫"艮卦"，它用底下两个阴爻标志着石块堆垒，用上面的一个阳爻代表山峰的高度，所以艮卦代表山。最后第八卦是"兑卦"，兑卦代表泽，沼泽的意思，它用底下两个阳爻代表地平、代表地面、代表地壳，用上面的一个阴爻代表水纹波动。所以八卦全都是非常具象的符号。因此大家记住，《易经》的所有符号，首先都是具象的图示，它用每一个具象标识，表征人体或自然界中的某一个大的类别，由此类比推演以阐释和理解世界。

《易经》的第二要素乃"数"。要知道人类智能刚一发生，文明刚一出现，人类就要计数。狩猎打了几头动物，部族有多少人口。

所以计数是人类文明一开端，随着语言的发生就随即出现的一个基本智力活动。但是，"数"是太复杂的一个系统，随着信息量的增大，随着人类智力的提高，"数"在古希腊时代、在毕达哥拉斯那里，它已经发展成一个相对完整的逻辑系统，我们把它叫"数论"。由于中国始终陷在具象符号和实用关怀之中，因此它的这个精密逻辑系统没有展开。那么"数"在不被逻辑数论系统充分揭示的情况下，就会显得格外神秘。而人类早年用《易》来推测事物，他需要这种神秘性，甚至需要加固这种神秘性。

我来讲一讲"数"的神秘。如果你不能理解数学的逻辑关系，"数"一定表现为一个扑朔迷离的、紊乱而有序的系统。它的有序表达为它被规定，它的紊乱表达为你无法把握。比如你拿阴阳二爻做成三爻卦，你只能做八卦，你绝做不出第九卦，它在数学上排列组合的极致就是八，这是一个非常奇怪的现象，古人很难理解。我再举例子，随着八卦的发展，后来人们把两个八卦堆垒起来叫"重卦"。重卦是六爻卦，那么六爻卦你只能做六十四卦象，你绝不可能做出第六十五卦。因为两爻排成六列，它在数学上的排列组合的极致就是六十四。像这种奇特的现象，古人无法理解，所以古人就会把"数"视为某种神秘的天启。他认为在这些具象符号中，"数"代表了某种神秘的自然指示，于是"数"本身的神秘性就表现着天地神明的力量。因此在《易经》中点缀的"数"是解惑《易经》的关键，但你千万不敢把它跟"数论逻辑"以及今天的"数学应用"混为一谈。它是人类早年在对"数"捉摸不透的情况下，有意无意间玩弄的一种玄学游戏，而不是一个缜密贯通的思想系统。它只不过是以简单图符的分型列组或者具象类推的比拟隐喻进行迷幻预测的一个粗疏工具。

我给大家举例子。《易经·系辞》中有一段话："天数五，地数五，五位相得而各有合。"什么意思？古人把十进制的个位数分成阴阳两列。所谓天数就是阳数，也就是我们今天在数学上所讲的奇数：一、三、五、七、九，所以说天数有五；它说地数也有五，地数就指阴数，指今天数学上的偶数：二、四、六、八、十；它说"五位相得而各有合"，是指你把阳数与阴数或天数与地数五位统合起来，这就是整个数字系统。它然后接着讲："天数二十有五，地数三十，凡天地之数五十有五。"什么意思？你把一、三、五、七、九加起来，得二十五；你把二、四、六、八、十加起来，和是三十；你再把天数、地数，也就是奇数、偶数一总加起来，二十五加三十是五十五，这就是这句话的含义。它只是借用阴阳两分的神秘方式，对"数"做了一番简单的分类概括便戛然而止，再未见有任何数理逻辑上的其他进展。然后它直接运用阳数和阴数来表达"爻"的位序，比如阳爻通称为九，比如阴爻通称为六，所以你看六爻乾卦，它指示爻位是这样表达的：它把下面叫"初九"，然后从第二爻开始依次叫"九二""九三""九四""九五"，第六爻叫"上九"。所以你只要看见"九"这个数字，就指阳爻。它把阴爻通称为六，所以一个六爻坤卦，它不说底爻是什么，它说"初六"是什么，然后"六二""六三""六四""六五"，最后是"上六"。这就是爻辞的代称方式，都用数字来编排。但其后并没有什么要紧的计算，只剩下泛泛的类比。

三爻卦分组重合起来形成六爻卦，在易学上叫作"重卦"。它的发生显然要迟得多，到《周易》已经主要是六爻卦了。六爻卦由两个三爻八卦构成，它的下面叫内卦，上面叫外卦，算卦时不同的场合有不同的解释。这都是大家要了解的基本情状，也就是"数"的概况。

《易经》的第三要素就是"理"，它是借由"象"和"数"构成的符号系统进行宇宙论和自然学阐发。随着时代的演进，"理"的部分不断变化，也不断繁琐化，详情我们后面再谈。总之，我重复一遍，"以象组数、以数推理、以理释象"，构成了中国人早年图解世界的基本方法和体系。

我们下面谈《周易》文本。它其实是由两部分构成的，前半部分叫《经》，后半部分叫《传》。所谓《经》，就是商末周初王室的祝巫所进行的占筮记录，它早年根本没有从战国到两汉时期的那个宇宙论解释部分，只留有具体的筮录文字。我举例子，比如泰卦和归妹卦的六五爻辞，它讲一个占筮记录，叫"帝乙归妹"。帝乙是谁？殷纣王的父亲。如果按部族联盟轮流执政的格局看，他们之间可能不是父子关系，只是殷纣王前面的那个主政者叫帝乙。所谓"帝乙归妹"，这个爻辞所记述的是帝乙或其女儿的婚姻事件；再比如既济卦的九三爻辞，说"高宗伐鬼方，三年克之"，所谓高宗，是指武丁或者武乙，它记录的是这样一个事件：高宗当年讨伐鬼方，鬼方是中国西北部的蛮族部落，此战用了三年时间才得以完成。显然这个爻辞最初没有任何哲学阐发的含义，而仅仅是一条筮事记载；再比如升卦的六四爻辞，原文是这样的："王用享于岐山"。一望而知，这个王一定是指的周文王，因为周文王的父辈和祖辈还没有称王。它讲文王来到岐山这个地方，曾在此举行祭祀活动，这显然只是一个具体事件的记录，别无深意。

我讲这些，是想说明《易经》的前半部分《经》，其实是商末周初王室占筮记录的存留。随着人类对自然的认识越来越深入，以及人类文明的发展——文明进程就是信息增量进程，到了战国和两汉时代，人们需要用它解释更宏大的自然现象和更复杂的社会事务，于是就出现了《易经》文本的第二大部分，叫作《传》，也就是其哲学部分，或者是我所讲的广义哲学的理论部分。这个部分由七篇文章组成，这七篇文章就是《象传》《彖传》《系辞传》《文言传》《说卦传》《序卦传》和《杂卦传》，由于前三传分上下篇，所以总共是十篇文章，被古人称为"十翼"。大家要注意，《传》的部分其实都是战国到两汉时代的作品，它跟当年的占筮记录是完全不同的处境与思境。传说这"十翼"，也就是这七篇撰文，都是出自孔子的手笔，但现代学者研究发现，它们其实大多是两汉的文风。有学者认为，《系辞》文字古雅、思绪严谨，这一篇有可能是孔子的落墨，不过也仅仅是可能而已。

《易经》后来被传得奥妙非凡，似乎深不可测，可在当年创作《易传》的人看来并不如此。战国、两汉时期，人们对"易"究竟是什么，出自何方神圣，并没有完全神秘化。我们在《易经·系辞下》中见到这样的表述："易之兴也，其于中古乎？"它说"易"兴盛于中古时代，站在两汉，站在战国，中古时代就指我们今天所说的远古时代；"作易者，其有忧患乎？"它说记录易书的人，是面临了某种困惑，面临了某些麻烦，因此寻求答案。它一点都不怪诞，它是为生存探索解决之道，这才是易文化的本原。它又讲："易之兴也，其当殷之末世周之盛德耶？当文王与纣之事耶？"它说"易"的兴起，是商周朝代交替之际，商代不合时宜的旧思想被周代以德治国的新理念所置换、所取代的历史遗文，说是文王与纣王发生冲突的寻根索引。可见做《传》的人、做《系辞》的人，他们认为"易"所体现的不外是解决实际生存问题的初衷。这种表述非常朴素而实在。但是随着时日迁延，《易传》往后的解释，就变得越来越复杂、越来越神秘。我们现在剥离掉后人附会的部分，回归它原有的文化本态，才能理解《易经》。

我前面讲过，我说"易"要解决的是什么？首先解决"变易"问题，所以《易经》中会出现一系列研讨变化的卦象与注释。我举几个例子，请大家看下图：

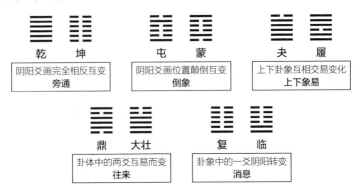

这些只是最常用的部分。第一组叫"旁通"。它是拿"乾卦"和"坤卦"做比较，也就是这两种卦象，它的每一爻全是相反的，此谓之旁通；再一个是"倒象"，比如"屯卦"和"蒙卦"，把"屯卦"倒转过来，就成了"蒙卦"，这叫"倒象"，就是把两个八卦组合的六爻卦，完全倒置形成的卦象关系，用以类比某种相对彻底的变化形态；第三组叫"上下象易"，比如"夬卦"和"履卦"，前者的内卦——乾卦，是后者的外卦，后者的内卦——兑卦，是前者的外卦，即是上下两个三爻卦象互相转换，重新排列；第四组叫"往来"，比如"鼎卦"和"大壮卦"，它实际上是将"鼎卦"最下面的一爻与最上面的一爻互换，就成了"大壮卦"，反之亦然，借以表示局部变化，是谓"往来"；第五组叫"消息"，比如"复卦"和"临卦"，大家看"复卦"，最底下是一个阳爻，上面全是阴爻，那么到了"临卦"，出现了第二个阳爻，我们后面还会看到其他相关卦象，表现为一个阳爻一个阳爻的逐位上升，或者从下到上一个阴爻一个阴爻的渐次变形，它把这种现象称为"消息"。大家注意"消息"这个词的原意，这个词在中国古代，就是今天"消长"的含义。就是阳气连续上升，或者是阴气连续上升的表达，此消彼长，循环往复。你看，它用这些卦象的组合变化，具象类比各种各样的自然物候现象。

我讲到这里，大家应该很清楚，古人用类比方式解释自然或社会的变化，显然是一个非常粗糙的思想模型。我们今天解释事物变化，比如流体变化、比如生命变化、比如物理变化、比如化学变化、比如社会变化等等，你绝不可能只用几个半抽象符号略加比照就把它通解。你一定得做详尽细致的分析，找见具体的多因素关系或共通的统一动因，进行精密复杂的推理运算，才能解释清楚它的变化。可古人就用如此简单的符号类比方式，对应万千变局，它既表达着在低信息量的条件下把握变化的实际需要及其必然形态，又表达着人类早年不得不采用具象符号类比思维的尴尬和困局。

算卦之初：时空追问

关于《易》变成《易经》，我前面讲过，跟孔子研读过甚至整理过它有关。相传孔子50岁以后学《易》，而且把他学《易》的心得传给了两个弟子，一个是子夏，一个是商瞿。《史记》记载，子夏好理未得道，商瞿善用而传世。也就是子夏关心《易》的学理部分，不研究应用部分，商瞿把《易》这个东西做成了一个应用系统。而且还说，孔子当年把《易》研究得很深，曾经为商瞿算过一卦，商瞿久婚不育，人到中年，约38岁尚无一子。传说孔子给商瞿算卦，说他晚年多子，果然38岁以后，商瞿连得三子，有古书记载说商瞿连得五子，证明孔子算卦很准。商瞿后来把他的这个应用部分传授下去，就形成了汉代有名的"京焦易"，也就是焦赣传于京房之一脉。大家知道后来有著名的"京房十六卦变"，这些部分我不再多讲。

那么，究竟孔子对《易经》有多少研究，其实我们是说不清楚的，现在讲孔子曾经研读过《易》，根据的是《史记》和《汉书》中的记载。《史记·孔子世家》录有"读易，韦编三绝"之寥寥数言，意思是说孔子翻阅《易》书，竟然把编结竹简的牛皮绳都弄断了三次，这叫韦编三绝，可见孔子学《易》是很仔细也很经久的。再看《汉书·儒林传》中的记述："孔子……盖晚而好易，读之韦编三绝而为之传。"即"十翼"之文传乃孔子所作的说法，源出于此。但是大家要注意，班固提及孔子晚年学《易》，前面用了一个"盖"字，"盖"这个字在古文中是"大概"的意思，表达的是或然性的概念，也就是说孔子可能学过《易》，班固并不能肯定。

　　在《论语·述而》篇中，孔子曾说："加我数年，五十以学易，可以无大过矣。"我们一听这段话，就应该知道，孔子所言大抵是40多岁，他说老天如果再让我多活几年，我到50岁开始学《易》，那么我将来就不会犯大错了。可是大家要注意，这段话在古文献中是没有标点符号的，因此有学者认为，这句话不能作为依据，因为很有可能是把标点符号点错位置了。换一个断句方式，也可能是"五十以学，亦可以无大过矣"，就是我50岁以后才开始学习，我至少不会再犯大错误了。所以借这段话证明孔子当年深入地研究过《易》，仍然不足为凭，只能说孔子可能研究过《易》。我们基本上可以比较肯定地说，《易》的传文，不是孔子的手笔，或至少不是全部皆为孔子所作。

　　我们下面看看算卦的初衷。"卦"这个字，很值得仔细推敲。我们今天一讲算卦，大家立即就想到算命这件事情。可是古人算卦原本是想干什么？我在前面讲过，人类远古时代面临的最大问题有三项：第一，生殖追问，此关乎部族生死存亡；第二，死亡追问，即对神秘的死亡现象之探究；第三，时空追问，就是困惑于时间和空间。

我们今天觉得时空问题很平常，其实不尽然！我给大家举一个例子，人类的一切追问，我们都可以把它归结为时空追问，这句话什么意思？试问，什么叫时间？什么叫空间？这真是一个太复杂的问题，因为我们就生活在时空之中，物质或物态是不断变化的，可视为身外之存在，但时间和空间却永远纠缠着我们，连意识与灵魂都无法超脱于它，因此人类的一切学问、一切理论，在某种程度上都可以归结为时空探问。

古希腊有一个哲学家芝诺，我前面提到过，他曾经质疑运动与静止，实质上涉及的是时间和空间的关系。到了近代古典哲学，休谟讨论人类的知识无效，怎么讨论？他说因果论不成立，因为你所说的因果，只不过是在空间和时间上的排序，你是在时空表象上加以追索，这才达成了因果关系，然而时空本身尚属疑窦，因此因果论不成立。也就是说，你必须首先搞清什么叫时间、什么叫空间，其他各类问题才有探讨的余地，可是时空之玄难此前没有人能予以破解。

随后康德出现，鉴于休谟的论述使得人类的一切知识均告落空，亦即一切知识都不成立，于是康德才追问人类的知识何以建构，这就是康德先验论哲学的重大贡献。我在西哲课上讲过，你翻开康德的著作——《纯粹理性批判》，他从哪里入手？他居然从回答时间和空间是什么开始讨论。他说时空只不过是"先验直观形式"，说客观上有没有时空我不知道，时间和空间只不过是我们的一个在经验以先就被规定的思维平台和感知模式，由于有了这个先天派生的主观框架，一切感知才得以达成，显然康德是从时空的性质为何而发起追问的。

大家再想牛顿的学说究竟是什么？直到爱因斯坦之后，人们才明白牛顿经典力学其实是一个时空追问，叫"绝对时空观"。爱因斯坦的相对论探讨的什么？叫"时空相对论"，时间和空间，包括物质与时空具有某种统一的内构关系。可见我们人类所谓的一切学问，说到底都是时空追问。至少迄今以前，人类的一切学问都是时空追问。这就是为什么在先秦时代，有诸子之一子名叫尸佼，史称尸子，他给中国人仅留下一个词汇，就足以彪炳史册，这个词汇就是"宇宙"。什么叫"宇宙"？可不是指物质实体。"宇"，四方上下谓之宇，指空间；"宙"，往古来今谓之宙，指时间，所谓宇宙就是空间和时间。尔后佛教传入中国，用了一个词代替宇宙，叫"世界"。什么是"世界"？世——家世、人世，指时间；界——地界、国界，指空间。大家想想这些词义，我们说世界、说宇宙，居然都说的是时空。

为什么时空问题让人类如此不懈地追问？是因为时空问题最令人困惑。我举个例子，你今天看时间很容易，到处都是钟表。电脑上、手机上的时间显示每一秒都在闪动，你觉得计时不是问题。可请你想一想古人怎么计时？这实在是一个太困难的大题目。敢问，所谓"一天"怎么划定？你只能依据太阳出没，区分白昼与黑夜，从而把一天裁成两段。但是白天你要参与各种活动，你怎么精确计时？你只有一个办法——看太阳的位置。

太阳早上从东边升起，慢慢运行至顶头，叫作"如日中天"，你知道是正午了；然后夕阳西下，你知道傍晚来临。可大家想想，如果是阴天，看不见太阳，这个时候你长途跋涉去捕猎，走到数十里外的远方，你怎么计算时间？你怎么知道你该回归营地了？这个时候你会很头疼。你找不见时间，大阴天走在荒野上，即使是现代人，如果不戴手表，问你时间，你也一定陷于茫然，是不是这样？所以古人要想计算时间，在"天"（指"一日"）这个计量范围内都不是一件简单的事情。而且即使有太阳，到中午前后，由于东亚处在北半球，冬季太阳在南边环绕，到夏天则相反，太阳移到头顶，甚至偏北一点。这个时候看太阳也没用,你连东西南北方向都无法辨认,你在没有任何地标的空旷荒野上,怎么确定时间?你知道此刻是中午的哪一个时段吗?你真是无法确定。

大家再想,更困难的是什么?年。你怎么计算"年"?古人在很久以后才发现,"年"居然是一个周期循环。人类在远古时代是搞不清"年"这个东西的,所以"年"的本意是魔鬼。及至发展到相当晚近之时,人们才知道一年是一个循环周期。可在远古时代你怎么确定一年的开端和终结?你怎么确定下一个周期的起点?你如果找不见它,农业文明根本无法展开。因为你找不见节气,也就找不见耕耘、播种和收获的时间。要知道古人探寻一年的开头很不容易,中国古代年的起算时间竟然至少有过三次变化。最早曾经定在大约9月份,后来大约在11月份,直到中古时代,年头才定在正月,也就是现在阳历的1月到2月之间,可见古人要确定一年的时间周期有多么困难。

好了,讲到这儿,我问一下在座的各位同学,请你设想处于原始洪荒时代的古人在没有任何仪器的状态下要确定"年"之节点,你现在能拿出什么办法吗?你一定茫然不知所措。那么古人怎么划定"年份"呢?他必须垒一个高耸的土台,相当于设立一个"测日影器",再测量太阳的投影,这句话什么意思?我以中原为例,东亚处在北半球,太阳大致总在南边运行,我确定一个季节,比如寒冬的某一天,查看太阳在中午时分投下的"正影"——这个影子不偏斜,如果不是正午,阳光洒下的影子会向两边倾斜。我找见正影,然后测量这个影子的长度。最长的投影一定是在什么时候?冬至,这时太阳走到南回归线,影子自然最长。影子最短一定是什么时候?夏至,这时太阳走到北回归线,于是影子最短。我确定了太阳的一个运动周期,也就是日投影长度的一个变化轮回,我是不是把年的周期节点就找见了？这就是古人确定年度周期的基本方法。

我们下面来看算卦的"卦"这个字，先画两个土块，◊（甲骨文）⬩（金文）土（小篆）土（楷体），右边添一个卜形符号，这个字就是"卦"。你先看懂左半边，把两个土字摞起来，这个字念"圭"（guī），你如果现在查字典，大多数字典会误导你，它说"圭"是一种璞玉，这完全解错了，两个土摞起来，指古代堆垒的那个用于测度日影的土台，这叫"圭"。大家知道，现如今汉语中还有一个常用词"圭臬"，就是"标准或尺度"的意思，譬如说"以什么为圭臬"就等于说"以什么为准则"，该字的字义就从这儿来。

大家再想，到了中古时代，中国人制造了一种计时器取名叫"日晷"，"晷"（guǐ）的发音与"圭"相同。可见算卦的"卦"，它的左半边实际上是画了一个测日影的土台。好，大家再看右半边这个"卜"，其实不是"卜"字，这个符号就是直接描摹了用于测量日影的那个标杆——刻有测度线的一支标杆。这两个东西合起来叫作"卦"。可见"算卦"起初是算什么？算时间！这才是"时空追问以维护生存"的基本状态，这才是易学算卦的原初含义。

请记住，当年的时空追问，关乎原始族群的生死存亡。所以我们讲任何文化，你要想理解其意蕴或渊源，你就必须探明该文化现象与生存结构的匹配关系，做不到这一点，你就永远理解不了人类的文明、文化进程究竟是怎么回事，你也就永远理解不了人类的任何文化思想成果究竟深意何在。

"时空追问"续：八卦方位图

我们下面看一个东西：

伏羲先天八卦方位图

　　这张图，凡是算卦或研究《周易》的人都很熟悉，叫"伏羲先天八卦方位图"。这个东西在今天算卦时已经很少用了。今天算卦用的，主要是"后天图"。可是这一张图，却比"后天图"要早得多，所以古人就把它出现的时间标定至传说中的伏羲那里去了。

　　那么，这张图究竟是什么含义？请各位先看懂它的方向标注。这张图的南面是乾卦，代表天，因为站在北半球，天的最亮处总在南面，因此它是一个天象图。它的下面，也就是北面为坤卦，代表大地。大家注意，它的东面是什么？离卦。我前面讲过，离代表火，在这里代表太阳。它的西面是坎卦，我前面讲过，它代表水，在这张图中代表月亮，这是一个典型的天象方位图。注意这个图的名字，就叫"方位图"。它在干什么？指示空间。我前面讲了，算卦首先是算时间，我们下面讲空间问题。

　　人类问世之早年，请大家想一想，他们怎样生存？人这个猴子，突然从树上掉下来，变成直立人，他们已经不能在森林里获得食物资源，所以在直立人阶段，他们的主要求存方式，我曾经在前面讲过，叫作采集狩猎生存方式。采集指摘取植物，狩猎指追捕动物。采集的量是非常有限的，因为树木结果多在秋季，是被时间限定的，那么狩猎活动就变成了最主要的食物来源。

古人在一片荒原上要追击动物，他怎么解决方位问题？要知道今天到处都是方位指示器，到处都是路标，你觉得辨别东南西北不是问题。可请你设身处地想一想，古人身陷荒原之中，他怎么辨别方向？今天你开一辆老旧汽车，突然来到西北地区某一个荒漠，你一定迷失方向，因为人不是鸟，他没有用地球磁极辨别方向的先天能力。因此，在一片荒原中寻求方位，是一个非常重大的问题。而人类早年怎么寻求方位？只有天象！对不对？早上太阳从东边升起，我把太阳的那个方向确定，在我营地周边做一个地标，标出太阳所示的东方。下午太阳落山，再把西边标注出来。冬天中午时分，太阳偏南，我在中午时分看见太阳的方向，我就知道南边在哪儿。其实只要找见一个方向，其他方向都会顺应产生。

可大家想，如果是阴天，中午前后，或者上午到下午这一段时间，撇开天麻麻亮的早晨和天色发黑的傍晚，只看日间在外活动的这一段时间，你怎么找方向？你怎么测空间？你怎么回营地？太阳被乌云遮盖，四望寥落，完全迷失。你只剩下一个办法：在一片稀树草原上找一棵老树，然后观察树皮，因为东亚处在北半球，太阳总在南边运行，南面的树皮长期受到太阳的炙烤，因此东亚地区、北半球地区，所有荒原上能够充分接受日照的老树，南面的树皮会增厚，皲裂会加深。好了，这算你找见方向了。

可大家再想想，如果你所处的这个草原上居然没有一棵老树，你怎么办？你马上迷失方向。我再问一个问题，如果你在森林里打猎，森林里的树木是受不到阳光普照的，南边的树皮不变厚，你怎么办？不要说古人，就是现代人，让你进入密林，你一定要记住带一把刀具，走几步就要在树皮上砍一个刀印，否则你进去几百米，你就出不来了，是不是这样？所以古人寻找方向是一件非常困难的事情。

如此为难的事情，它却是人类生死攸关的大问题。大家想，狩猎活动是一个怎么样的过程？是一个长途追击动物的过程。你走到很远的地方，如果迷失方向，你怎么回归氏族部落的营地？我举一个例子。生物学家曾经探讨过一个问题，说世界上现存九十六种猿类，全都长满体毛，只有人类不长毛，被命名为"裸猿"。那么，人这个猴子为什么不长毛呢？这是个很明显的问题。于是生物学家反复探讨，一直找不见原因，早年曾经的解释是这样的，说是因为人类生育难度较高，因此他必须脱毛，以便让自己比较好看一些，有性的诱惑力，这是人类变成裸猿的原因。

这种说法有一定道理。大家知道，在生物进化史上，越低级的生物，生殖能力越强，越高级的生物，生殖能力越低，表达的是存在度的下倾。比如单细胞，每二十分钟分裂一次，它是指数增长，裂殖量极大；到鱼，它一次排卵成千粒，所以鱼的父母不用照顾鱼子，任由其他水生动物把鱼籽当点心吃，鱼照样大量繁殖下来；卵生动物一年顶多生几十个蛋，然后孵上两三窝，一窝出来十几个崽子；然后到哺乳动物，低等哺乳动物一胎生五六个、七八个，比如狗；到人，一胎只生一个，生个双胞胎还是稀罕事。所以动物越进化，生殖能力越低，于是越高级的动物，就越需要性的吸引力，越需要两性彼此具有更强烈的性魅力。以至于越高级的动物，发情期越长。比如人类，天天发情，而动物一年只发情一两次。

有鉴于此，认为性诱惑是人类脱毛的关键因素，似乎也说得过去。有人还列举了许多更生动的例证，比如所有动物都是背交，因为它是爬行动物，一个动物只能趴在另一个动物的背上性交，人类直立以后，是面对面的性交，于是就缺乏了目视臀部的肉感，这就是女性乳房发育的原因。要知道母亲给孩子喂奶，用不着乳房胀大，你看类人猿，如黑猩猩、大猩猩，它们没有那双庞然而隆起的乳房，孩子照样有奶吃，故而认为乳房增大是模仿臀部的肉感。再比如人类为什么变成厚嘴唇，而且还是红色的？所有灵长类动物都是薄嘴唇，你看猩猩或猴子，嘴唇大都是很薄的，那么人类为什么发育成厚嘴唇？是为了模仿雌性的阴唇，由于雌性阴唇在发情期是变厚变红的，因此人的嘴唇也就演化得红艳艳的，这是为了互相吸引，面交的时候能够显得性感。这些说法很有意思，所以过去一度公认人类脱毛变成裸猿，也是出于性吸引的需要。可这里发生了一个问题：如果你是猴子，有一只异性猴子突然把毛脱得一块一块的，像斑秃一样，你会觉得它美丽吗？实际上它一定显得其丑无比，所以这个解释显然不成立。

那么，人类为什么会变成裸猿呢？说来唯有一个原因：人类进入狩猎时代，他没有动物跑得快，只剩一个办法能捕猎到动物，那就是长途追击，直到把动物撵得吐血，他才能抓着动物。

大家知道，动物中跑得最快的是豹子，每小时达八十公里以上，然而豹子从来不长途追赶，它总是潜伏起来，等猎物走到跟前才突然猛扑出去。为什么？除了我前面讲过剧烈运动不免过度调动心脏储备功能，还有一个原因就是，在长途奔跑的过程中，豹子的体温会疾速上升，可能导致豹子猝死，因为它浑身长毛，体温无法疏解，所以豹子是绝不敢长途追击的，尽管它跑得最快。

人类没有豹子跑得快，也不比大多数动物跑得快，他要想追上那些四脚飞奔的动物，他怎么办？只有一个办法——长途追猎，他要想长时间快跑，一定面临一个问题，体温怎么疏解？于是大量长满体毛、不耐长跑的直立人逐渐被淘汰，只有那些发生了基因突变、导致斑秃越来越多、皮相越来越丑陋的那些脱了毛的直立猴子才能存活下来，这就是人类变成裸猿的原因。再如人世间越来越多见的秃顶现象，其实也与文明人用脑过度，脑组织耗能日增、头颅部产热升高有关。

而且，人类脱毛以后，他原先用于长毛的那个皮下组织也就随之退变，叫毛囊萎缩，于是腾出地方给另一个皮下器官发育，这就是汗腺。要知道所有动物都是出不了汗的，或者出汗能力很低，因为汗腺不发达。比如狗，它到夏天为什么总是把嘴张开，把舌头伸在外面？因为舌头和口腔不长毛，能够帮它疏散体温。再比如，汉代为什么从西域进口汗血马？不是这个马流血，而是它流汗，大多数马分泌汗液的能力不足，而水的比热较高，容易带走体温，所以这种擅长出汗的马就能够长途奔跑。那么同样，人类的毛囊萎缩、汗腺发育，变成裸猿，他才可以长跑无虞。所以古人全都是马拉松运动员，足以把动物追赶得吐血，他才能狩猎成功。

我讲这一段是想说明什么？是想说明人类在狩猎采集时代的基本生存状态。请大家想想，你得马拉松式的远途追击动物，如果你迷失方向，是个多么可怕的事情。你跑出去数十公里，然后你找不见归途，回不了营地了。况且食肉动物、各类猛兽经常夜间出来活动，晚上黑影幢幢、绿眼莹莹，落荒者势必陷入险境。此外还有一个问题，男子全都跑出去狩猎，只留下妇女、儿童和老者守在氏族部落的营地里，倘若男性群体夜晚未能按时返回氏族营地，那么所有妇孺老人全都面临严重危局。因此，古人远途追猎动物所面临的第一大难题，是要能找见回归营地的方向，可见时空追问生死攸关。是不是这样？

古人寻求空间方位，他怎么操作？早期只有看天象。虽然那时人们一般生活在自己的领地范围内，但领地再大，也有不足之嫌，哪怕它的半径达数十公里，也有偶然突出远行的必要，你想把周围的地标完全摸清，那是相当困难的。比较容易的做法就是晚上观察天象，然后拿天象跟地势地貌对接，才能慢慢建立部落的广域方向感，这就是"先天八卦方位图"指示的全都是天象的原因。

好，我们下面再看这张"文王后天八卦方位图"。这张图，后世算卦用的很普遍，但大家要看懂这张图当年是干什么的。

文王后天八卦方位图

我们先看这张图的方位布局，它的南面是"离卦"，仍然代表太阳，表达南天最亮的情形。但是各位注意，它的北面已经改了，不是"坤卦"了，而改成"坎卦"了。"坎"在这里代表水。这个"坎"是什么？我前面一再讲，中国原始文明发生在中原地区，以河南为中心这片地区，这个"坎"指黄河。大家知道，黄河刚好从河南北边流过，我们今天还以黄河南北来划分河南、河北两省。所以它的北面指黄河，显然此处已经不是指示天象，而是指示地标了。

大家再看它的西面是什么？是"兑卦"。我前面讲过，"兑卦"代表沼泽。东亚中国大地，最大的沼泽区在哪儿？在西部，就是我们今天所说的青海西藏交界处的那个三江源。中国所有较大的河流——黄河、长江、怒江、澜沧江，全都从那个地方发源，它是以帕米尔高原积雪融化作为源头的。因此，中国超大的沼泽区始终在西边。中国古代最早的一本地理学著作——《山海经》，就已经提及"大泽"，就用"大泽"这个词，指的就是中国西部。可见这张图发生的时候，中国先民居然已经对东亚大陆的整个地貌，包括西部广阔沼泽区的地貌有所了解了，这让我非常吃惊。

大家再看东面，恰好给出的是"震卦"。站在中原，它的东面指向哪里？沿海地区。由于沿海地区水汽蒸腾活跃，降雨量大，云层厚积，雷电现象频繁发生，因此特选"震卦"代表东。它表明，中国先民在这个方位图出现的时候，已经越过了看天象辨别方位的阶段，已经对大部分东亚陆海的地理地貌和气象物候特征，有了相当程度的了解，所以它仍然叫"方位图"，只不过从"天象方位图"改为"地标方位图"罢了。

因此，请大家记住，《易》作为原始文化的雏形，它当初是要解决人类生存面临的基层困惑，也就是对关乎人类生死存亡的基础问题必须予以解答。因此，它当年不得不着力于生殖追问、变易追问、时空追问，这些追问如果得不到回应，古人就无法生存。古人面临这些重大的基本生存问题，相应的文化追问出现，相应的文化答案出现，这就是易符号、易卦象乃至易文化的原初发生学之道理所在，听懂这个部分，是听懂《易经》文化发生之渊源的关键。

大家听我的课，从第一节课开始，我就一再讲文化是什么。我说文化绝不是花里胡哨的东西，文化就是生存本身，就是智性动物的求存行为体系的总和，此谓之"文化"。所以凡属人类生存皆曰文化生存，一切生存现象皆成文化现象，而所有文化一定是其生存结构或生存形势的匹配系统。只有在这个意义上，你才能理解文化是什么，你才能理解文化发展以及文化变形为什么会发生，你也才能理解原始文化当年的基本涵义，这是读懂《易经》这本天书的唯一可靠方法。

《易经》对传统文化的奠基作用

我们今天上午重点讲解了《易经》的文化发生学渊源。我们今天下午重点讲《易经》的历史沿革和文化影响。

《易经》作为一种远古文化和思想现象，它初期的作用是在维护人类原始生存、解决人类原始追问这样一个大课题的背景下发生的。之后随着历史的发展，《易经》文化出现了太多的变形。唐宋以后，《易经》几乎变成了一个纯粹的算卦学问，而且算卦的方式也越来越扭曲、越来越复杂。

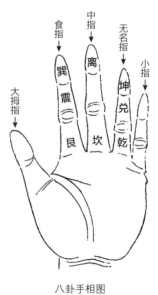

八卦手相图

先看这张图，它叫"八卦手相图"。它把《易经》的数序，也就是八卦的数的关系放在了左手的食指、中指和无名指上，然后可以进行掐算。大家知道再往后出现了"金钱卦"，跟我今天上午讲的那个"筮"已经完全不同。那么掐卦是怎么操作的呢?

巽四	离九	坤二
震三	五	兑七
艮八	坎一	乾六

八卦数理表

大家再看一下这张"八卦数理表"。中古时代以后,有人把八卦的卦象序列在数字上做了一个编排和规定。比如"巽卦"代表四,"离卦"代表九,"坤卦"代表二,"震卦"代表三,"兑卦"代表七,"艮卦"代表八,"坎卦"代表一,"乾卦"代表六,中间空格设定为五。大家听听,这个编排显然是毫无道理的,因为我们前面讲乾是阳爻,本应该拿九标注,可它在这里却变成了阴爻的六。那么为什么要这样?为了可以任意地编列数字。

请大家把这个数理表的神秘结构方式看明白。我前面讲过,古人觉得数很神秘,为了造成算卦的暗示效应——什么叫暗示效应,我们后面另谈——他就把每个卦象与一个数字对应,做出某种特殊的安排。大家看这张表格的排列方式,你在横向上相加得十五,你在纵向上相加也得十五,你在两个对角线上相加还得十五。他有意识把它做成这样一个神秘的对称结构,以表达数里面所带出的"天启"的力量,这其实大都是后人附会的结果。

我前面一再讲《易经》是"五经"之首。由于它是东亚人整个思想文化的最底层铺垫,因此它对后世发生的其他思想和学说,全都产生奠基性作用和贯通性影响。比如,由于《易经》方位图一般以南向为上位,因此中国古代的方位图和今天西方的地图是相反的。今天我们使用的西方地图,上北下南、左西右东,但中国古代的方位图,它是上南下北、左东右西,刚好完全相反。

现代地图方位　　　　　八卦方位图

到战国时代出现"五行学说"。五行学说发生以后，它也要跟中国原始《易经》方位图对应。于是五行的"金、木、水、火、土"就按照《易经》方位图加以排布，在具象上和直观上排布得十分合理。比如火处于南，水行于北，木长于东，金藏于西，土位于中，跟中国的地理物候条件和地理分布关系十分相符。南方偏热，故示以火；北有黄河，故示以水；草木花果较利于生长在温暖潮湿的东边，故示以木；金属矿物多埋藏于中国的西部，故示以金；中原是中土农耕发祥之地，故示以土。这种排布都是随着《易经》的图例而发生的。

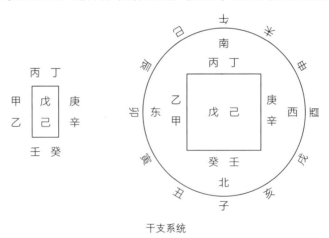

干支系统

众所周知，从远古到中古，甚至直到鸦片战争以后，中国计时单位用的都是天干和地支，叫"干支系统"。那么"天干"大家都很熟悉，十个字：甲乙丙丁戊己庚辛壬癸。地支十二个字：子丑寅卯辰巳午未申酉戌亥。那么"天干地支"为什么在中国成为计时和标注方位的重要符号表达系统呢？是因为天干的十个字和地支的十二个字从来不分离。我们讲天干这十个字，是商代轮流执政或轮流主持祭祀活动的十大部族各自的工具图腾符号。那么地支这十二个字为什么总是连在一起？地支这十二个字究竟是什么含义？过去中国古汉字学对这个方面一直很困惑，当代古文字学者唐汉先生对它有一个系统的阐述，颇具解释力，我稍微做一下介绍。

唐汉先生认为地支这十二个字之所以始终连在一起不分离，是因为它们表达了一个产妇生孩子的全过程。那么我们下面就看一下这十二个字在甲骨文中展示的形意关系。地支的第一个字"子"，甲骨文就画了一个孩子，筻（甲骨文）𝛙（金文）𗊃（小篆）子（楷体），这个字就是"子"，它作为第一个字，标定着这十二个字是跟产子相关的一系字序。第二个字"丑"，我前面讲过这个符号，繁体字中的又，在甲骨文里是画了一个手的图像，金文把这个字加画成握拳形态，𝛿（甲骨文）𝛿（金文）丑（小篆）丑（楷体），这就是"丑"。它代表什么含义呢？观察过新生儿的人都知道，婴儿刚一出生都是两手紧握的，这是新生儿降临于世的突出特征，跟人死亡之时的表现刚好相反，人死了是两手松开的，所以叫"撒手人寰"。"寅"在甲骨文中表现的是一个人的运动方向，以箭头标示，中间画一个方圈代表产道，或者画两只手以示助产接生，𝛿𝛿（甲骨文）𝛿𝛿（金文）廅（小篆）寅（楷体），这个字就是"寅"，表明孩子从母亲产道分娩而出的过程。"卯"在甲骨文中是这个形象，𝛿𝛿（甲骨文）𝛿𝛿（金文）𝑓（小篆）卯（楷体），什么意思？孩子生出来，随后二三十分钟，胎盘顺着脐带从产道被慢慢牵出，把孩子和胎盘并列摆放在产床上，这就是"卯"这个字的来源。

再看"辰"字，先画一个石刀（古人没有剪刀），旁边画一个人，用他的两只手捉住石刀，𝛿𝛿（甲骨文）𝛿（金文）辰（小篆）辰（楷体），干什么？割断脐带，这就是"辰"这个字的初形。"午"，我在前面讲课的时候提到过，"午"这个字和"玄"在甲骨文中是同一个符号，画的就是孩子的脐带、割下来的脐带，𝄞（甲骨文）𝄞（金文）午（小篆）午（楷体）。大家看"巳"的甲骨文，画一个孩子，但是没有把他的手脚画出来，𝄞（甲骨文）𝄞（金文）𝄞（小篆）巳（楷体），这是什么？这是孩子生出来以后，用襁褓、用一个小棉被子将婴儿裹起来的形态，这就是"巳"。"未"，它在甲骨文中画的是这个符号，𝄞（甲骨文）未（金文）𝄞（小篆）未（楷体），这是孩子满月前后解开襁褓，孩子手脚都能够挥舞蹬动的形象，这就是"未"字的源起。

我们再看"申、酉"二字。"申"字是这个符号，𝄞（甲骨文）𝄞（金文）𝄞（小篆）申（楷体），什么意思？女人生女孩叫"申"。大家回想我曾经在老子课上讲"牝"，𝄞（甲骨文）𝄞（小篆）牝（楷体），我说"牝"是画一个牛角代表牛体，旁边画一条牛尾巴，在上面打一个指示符号，代表母牛生殖器。意思是揭开母牛的尾巴，可以看见母牛生殖器。如果挡住左边的牛角符号，右边剩下的就是"匕"（或"尸"）这个字的来源。在"匕"字的底下再打一个指示符号，就成为表示女人生女孩的"申"字。孔孟之后，中国人一定要生了儿子才算满足、才算实现传嗣有成。可是大家一定要知道，人类在远古时代、在母系社会时代，传宗接代最重要的是什么？是要生女孩，因为只有女孩才能生孩子，男人的用处很有限。比如养鸡，你总是养一大群母鸡，只养一只公鸡，因为只有雌性才具有生育能力。所以一个氏族部落，女人的多少、女孩的多少才是最紧要的事情。因此在那时，女人生女孩是最值得庆贺的一件事情，于是就有了"申"后面的那个字"酉"。酉这个字在甲骨文中实际上就是画了一个酒罐子（酒坛），𝄞（甲骨文）𝄞（金文）酉（小篆）（酉楷体），这就是酉这个字的来源，后来加个三点水转注为酒字。什么意思？女人生了女婴，整个部族为之饮酒庆贺，是为"酉"。

最后看"戌、亥"，我们先讲"亥"字。"亥"这个字是什么？画一个人，把他的雄性生殖器官画得很长，𢀖（甲骨文）𢀖（金文）𢀖（小篆）亥（楷体），这个字就是"亥"字的来源。它的意思是什么？生了一个男孩。所以大家注意在中国古文字中，"孩子"的"孩"这个字仅指男孩，不能叫女孩，只能叫女儿。"亥"是指男孩，生了男孩在远古时代只有一个好处，那就是强壮勇武，于是特意标定一下他的作用，这就是"戌"字，𢀖（甲骨文）𢀖（金文）𢀖（小篆）戌（楷体）。"戌"是什么？先画一个人，旁边加画一柄古代兵器——戈，在其手握的地方打上指示符号，这个字就是"戌"。它表明生出来的男孩只有两个作用，拿着武器要么捕猎，要么打仗。这就是"子丑寅卯辰巳午未申酉戌亥"等地支十二个字的意蕴。

我要重点说明的是，为什么中国人要把这十个从来不分离的字"天干"和十二个从来不分离的字"地支"，作为计量计时计方位的数字单位？要知道人类早年是没有阿拉伯数字的，也没有数位数列，这就是为什么人类早年的数学都是从几何学推演过来的原因。中国古代在没有数字标号的时候，最重要的计量"十"和"十二"，就用天干和地支代表。

现在的问题是，为什么"十"和"十二"这两组数字特别被古人看重？是因为我们人类在早年，计数方式全都是十进位制，全人类都是如此。即使相隔遥远的各地区、各种族之间不加沟通，人类早年也全都使用的是十进位制，为什么？要知道十进位制是一个非常糟糕的数位编制。在使用十进位制期间，人类从来缔造不了智力延伸的工具，这句话什么意思？要知道人类文明早在上万年前就已经有了制造工具的能力，大家注意人类制造的工具全都是体能的延伸。比如锄头、标枪、起重机是胳膊的延伸，牛车、马车、汽车是足力的延伸，望远镜、显微镜是视力的延伸，电报、电话是耳力的延伸。可人类近代以前从来没有能够缔造出脑力延伸的工具，也就是人类从来造不了计算机。原因很简单，全怪十进位制。直到17、18世纪二进位制发明，计算机才随之出现。那个时候的计算机不是电子计算机，是手摇机械计算机。但人类终于第一次缔造出脑力延伸的工具，它到今天成为我们信息文明时代最重要的工具，原因仅仅是发明了二进位制，可见十进位制是一个非常糟糕的东西。

但问题在于，全人类古时为什么全都用的是十进位制？说起来十分可笑，是因为我们人体只长了十个手指头，因此古人计数扳着指头算，算到十，没得可扳了，只好回过头来再数第二遍，这就是十进位制的来源。请各位想想你怎么教孩子认数，不就是扳着孩子的手指头走过来的吗？因此人类在幼稚阶段缔造十进位制，就是因为我们长了十个指头。由于十进位制是早年人类算数的基本进位方式，因此天干这十个总是被捆绑在一起的字列，就被人们抽取出来，作为一个重要的计量单位沿用至今。

我们下面再看地支。地支是12位数，为什么12这个数字特别重要？不妨看一下，一年是12个月，一天在中国古代是12个时辰，就用地支这12个字标示。西方后来传入中国的叫小时，比中国的时辰短了一半，所以叫小时辰，简称小时。24小时，是12的倍数，一小时是60分、一分钟是60秒，又是12的倍数。人类在计时上为什么总是离不开12呢？说起来也非常简单，就是人类在远古时代发现最简单的纪年方式就是观看月亮有多少次盈亏，结果发现有12次，这就是12这一组数字在人类文明史上显得特别重要的原因。于是天干、地支这两组从来不分离的字符就成为中国计量、计时、计方位的重要符号系统。

中国古代有一个说法叫"甲子"，什么叫"甲子"？天干的第一个字"甲"，地支的第一个字"子"，把天干地支并列起来一一对应循环一周，如果不发生重复，你试一下，只能是60，这叫"干支循环"。所以在中国一个甲子满数就是60，如果指年份也就是60年，是谓"干支历"。"甲子起算"的概念在中国非常重要，就跟这两组字序有关。人们把60岁叫作"花甲之年"，也是从这个"甲子数列"引申出来的称谓。

中国古代甲骨文的发生，到阴阳五行学说的出现，再到历法乃至地图的沿革，都跟《易》的方位指示有关，亦即与国人在《易》的初创时代之"时空追问"有关。由此可见《易经》文化的粗朴内容及其思想方式对中国后世的影响。

《易经》学说从起初的阳爻和阴爻，后来演变成"阴阳辩证"的基础观念系统，也就是演变成一种宇宙观体系，这是典型的辩证逻辑或辩证法思维方式。关于辩证法和辩证逻辑，我在西方哲学课上讲过，此处不再重复。但大家可以理解，中国由于地貌封闭，在近代以前几乎没有遭受过外部文化的大规模侵扰，很少发生对外文化交流，所以它会把自己最原始的思绪完好保留并精雕细琢。这个过程就将《易经》中最早的"阴阳两爻"转化为"阴阳思绪"、转化为完整精细的"阴阳辩证学说"，它在相当大的程度上塑造了中国后世文化的呈现形态。

《易经》对中国传统文化起到了一个基础性的铺垫作用，它因此在中国文化中处处表露，甚至达到这样的程度，如果你看不懂《易经》，弄不明白《易经》的阴阳观念，你可能都读不懂中国地图。我举个例子，中国在地理位置或地貌地形上讲阴阳，叫山南水北为阳、山北水南为阴。什么意思呢？因为东亚处于北半球，太阳总是在南边运行，所以山的南坡向阳。可是如果面对一条河流呢？由于中国的地势西高东低，所以中国的河流都是向东流的。那么你如果站在河流的南岸，你可不敢认为你在阳面，恰恰相反，河流的南岸是阴面。为什么？因为你面对河流，你站在河流的南岸，太阳是照在你的背部的，或者南岸陡峭，南岸的水边反而是太阳照不到的阴面，所以水北为阳，水南为阴。也就是说河水的阴阳定位跟山麓刚好相反。

须知中国古代的地名有些就是这样确立的。比如洛阳，什么意思？就是它建在洛水北岸，所以叫洛阳。大家知道洛阳在周代早期不叫洛阳，叫洛邑。为什么？因为当时建了两座城池——王城和成周，分布在洛水两岸，无法以"阴阳"区分，所以叫洛邑。之后洛水南岸的城池消失，只剩洛水北岸的部分，于是改名叫洛阳；再看韩信的出生地淮阴，它为什么叫淮阴呢？是因为这个城镇建立在淮水南岸，所以叫淮阴；我再举个例子，商鞅变法九年以后，当时的秦国另建了一座新都城，这就是著名的咸阳。它为什么叫咸阳呢？是因为"咸"这个字是"全部"的意思，比如汉文中有一个成语叫"老少咸宜"，意思是某个东西对老年人、少年人都合适，因此所谓"咸阳"就是"全阳"。大家看一看咸阳这座城市建造的地方，它在陕西关中北山的南坡之下，又紧邻渭河的北岸。北山的南坡是阳，渭水的北岸也是阳，从山、从水，无论哪方面看都是阳，所以叫咸阳。

我讲这些话的意思是说，中国的《易经》成为中国所有文化的底层铺垫，你如果对《易经》搞不清楚，你对中国文化的相关内涵及其表述方式，会有种摸不着头脑的感觉。再比如日月星辰、四季轮替、节气更迭、时辰变化，中国人都是拿阴阳区分的。最典型的是中医，大家知道中医的基础理论，就是阴阳辩证。它对"阴阳"讨论到这样的程度和细节：脏腑、经络、药石、疾病，全分阴阳。你如果搞不清《易经》的阴阳观念，中医你是根本无法解读的。

　　甚至中国古代的一些政治学概念都跟《易经》有关，比如中国古代把皇帝称作"九五之尊"。为什么皇帝是九五之尊？它实际上来源于《易经》乾卦的"九五爻辞"。我前面讲过，如果全是阳爻，那么最底下的叫"初九"，第二位爻叫"九二"，然后"九三"、"九四""九五"，最上面叫"上九"。乾卦的第五个阳爻叫"九五爻"，九五爻辞是什么？其中用词乃"飞龙在天"。中国古代认为皇帝是"真龙天子"，于是便顺着这个爻辞的说法而直呼其为"九五之尊"！也就是"九五之尊"这个皇帝的称号，完全是来自《易经》。

　　《易》也跟中国所有的文化观念相关——天尊地卑、男尊女卑、君尊臣卑……所有的尊卑关系由此确定；此外像刚柔人性、气运起伏、阳界阴曹……所有这些概念也都是在《易经》阴阳观念的基础上建构的。再者，中国古代的"经"可以分两路：一路是孔子整理过的文献；一路是道家的重要典籍。"儒家五经"我前面讲过，首经是《易经》。道家三经号称"三玄"，第一经竟然也是《易经》！这三玄就是《易经》《道德经》（老子书）和《南华经》（庄子书）。难怪《四库全书总目提要》中会说这样一段话："易道广大，无所不包……皆可引以为说。"可见《易经》文化成为中国先秦及后世所有文化的基础铺垫系统，因此多少学习一点儿《易经》课程还是必要的。

"河图洛书"与十二辟卦图

　　我们下面看一下"河图洛书"。

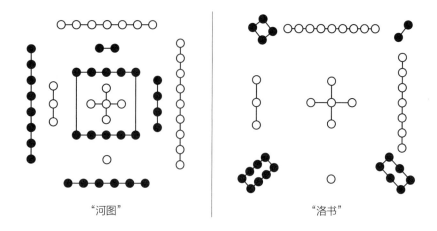

"河图"　　　　　　　　　　　　　"洛书"

我一提起"河图洛书",懂得《易经》或者拿《易经》算卦的人就一定知道,它们是《易经》一个重要组成部分。《易经·系辞上》记载:"河出图,洛出书,圣人则之。""河图洛书"在后来的《易经》算卦文化里,被说得很神秘,什么"龙马浮图、神龟贡书"等等,倒像是煞有介事。

那么河图与洛书,它们的原始文化初意究竟是什么?这是一个值得探讨的问题。在讨论这个问题以前,我想先说一个题外话。大家知道《易经》在远古文化中,只起到或者主要起到我今天上午课上讲的那些文化引导和文化维护效应。它当年一定是十分简单的,是关于生殖追问、变易追问、时空追问的符号系统,但是随着后世的发展,它变得越来越复杂、变得越来越神秘、变得越来越无所不包,这是一个非常奇怪的现象。

民国时期有一位著名史学家,此人名字叫顾颉刚。顾颉刚这个人生于书香门第,从小熟读经史子集。等到上大学的时候,他提出了一个震动文坛的疑古学说,他本人则是中国民国时代"疑古学派"的开山者。我先解释一下什么叫"疑古学派"?就是质疑中国古史传说或文献记载的学派。它的对应学派叫"泥古派","泥"这个字是"拘泥"的意思，也就是虔信中国古老文化流传的那一派。

顾颉刚提出了一个说法，叫"历史层累说"，什么意思呢？顾颉刚说他从小到大遍读中国的史书，发现一个很荒诞的现象，就是越古远的学说和文献，记载的东西越少，后人可说的话反而越多；越晚近的历史记录越详，后人可说的话反而越少。那么为什么远古时代记录在案的东西偏少，后人可说的话却颇多？是因为没有文字记载作为约束，他尽可以随意胡说！他凭借想象，信口道来，后人据以为真，继续发挥，如此层层臆造、以讹传讹，这叫"历史层累说"。

我认为顾颉刚的这个看法是很有道理的，就是某种文化越古老，后人可以添油加醋乱说一气的余地就越广阔，从而特别容易造成对原始文化层累纷纷，造成对原始文化的遮蔽效应，造成对原始文化探究根脉的难度。所以大家一定要记住，对人类原始文化追根究底是一件极具难度的事情，因为你要拨开各种乱七八糟的"层累迷雾"，只有这样才能透视其本意初心。

"河图洛书"就是一个典型的层累系统。被现在和中古时代以后参与算卦的人说得天花乱坠、神秘无比，但实际上它们究竟是怎么回事呢？近代学者研究认为下面两种情况的可能性较大：第一，有少数学者认为它们是当年西周第一任宰相周公旦建立洛邑陪都的城建草图之遗存。我前面讲过周公旦是周武王的弟弟，武王克商以后仅仅两三年就逝世了，他的儿子周成王年龄幼小，周公旦辅政，实际上是周公旦主政。由于当年周朝的主要敌人在中原，也就是商朝所在地河南，因此周公旦必须把自己的行政军事之主要力量放在河南，于是修建了中国历史上第一座陪都，并在镐京和陪都之间修筑了第一条大直道，史称周道。建立陪都洛邑的时候，传说周公旦在洛水两岸规划草拟了两个城建图，这就是河图、洛书最早的起源。之后这两个城建图被人们用《易经》的数理方式加以篡改排布。这是一种看法。

第二种看法认为"河图洛书"是天象、星象的简缩图或缩略图。我更倾向于第二种看法，什么意思呢？大家要知道人类早年确定方位，我在前面讲过最重要的是观察天象。由于时空追问生死攸关，而早期古人尚未展开远行，局促于氏族领地的狭小范围内生存，无法在广大的地理地貌上确定方位，因此只能依靠观察天象以代之。这就是为什么人类最成熟、最完备的原始学科是天文学的原因。

大家知道古人对天文学的研究达到了相当高超的程度。比如中国早在远古时代，就已经把赤道、白道、黄道，包括二十八星宿全部整理完毕。所谓黄道，用今天的话说就是地球绕着太阳公转的运行轨迹，古代是地心说，所以也就是太阳绕着大地周旋而投射到天球上的那条路线。所谓白道，就是月亮绕着地球运动的那个轨道。所谓赤道，就是地球表面最长的那个自转圆周线。二十八星宿是按某种天象划分的二十八个星区。这些了不起的成就居然全都是在古代完成的。

西方照样，早在公元 2 世纪，古希腊著名天文学家托勒密就创立了系统而周密的地心说，影响西方至为深远，直到 16 世纪欧洲现代科学划时代的第一先驱哥白尼，仍然是依托并改造托勒密学说，才在天文学领域有所突破。西方迄今还在流行的星座体系也是早在中世纪前后就已全部完成，所谓星座就是把恒星排布在天空中的固定方位一一画出，以便于在天空中建立对星区方位的了解。

在天空中寻求方位，这是一项难度甚高的事业，今天的人如果视力正常，未得近视眼，在没有光污染的环境下，你在晴朗的夜空中至少可以看见两三千颗星体。远古时代人类的视力要比今人好得多，比如现时还生活在非洲草原暂且没有进入农牧业文明，或者刚刚进入农牧业文明的马赛人，据当代生理学家研究，他们的视力大多在 5.0 以上，最好的视力达到 8.0，我们一般人根本没法想象。所以古人的视力非常之好，他们在晴朗的夜空中可以观察到七八千颗星。请大家想想，地球是自转的，天上所有的星都在转动，古人居然将数千颗星区分出恒星和行星。所谓恒星，就是在夜晚的一个固定时点，它在天空中的位置永远不变；所谓行星，就是在任何时段观察，它所处位置都是不断移动的。古人肉眼只能看见五颗行星，这就是水星、金星、火星、木星、土星。各位设想一下，古人并不知道地球其实也是太阳系里的一颗行星，我们今天知道行星和地球一起绕太阳公转，由于轨道的距离不一样，行星在天空中的运行是不规则的，忽前忽后的，所以古人要想研究行星的运动规律十分困难。

大家再想恒星，我们今天知道宇宙是大爆炸形成的，所有的恒星都以极高速度向远处飞奔。但是由于跟人类的视线呈并行关系，所以你在地球上看高速远离的恒星，看到的是始终不动的定象，于是古人把它们叫恒星。在恒星满天的背景中，行星呈不规则运动，是个非常难以解释的现象。所以托勒密要把天轮分成"均轮"和"本轮"，用十三卷数学篇章加以计算，才大致解释清楚天空中星辰、太阳与地球的相对位置。可见当年人类要把天文学搞清楚有多么不容易。

那么为什么古人对天文学如此关注呢？最重要的原因是要确定方位。这里的关键只有一个，就是必须找见一颗方位永远不变的星。大家想地球不停地自转，某一颗星要永远在天球上不动，只有一个可能性——那就是它必须恰好位于地轴对应的方向，也就是要处于地球自转轴的轴端位置上。好在的确有这样一颗星，这颗星我们现在把它叫北极星。由于它太独特也太重要了，因此中国古人称其为紫微星，大家知道中国视紫色为非常高贵的颜色，以至于皇帝的宫殿取名叫紫禁城。不过这颗紫微星也就是北极星，它在天空中是一颗亮度很低的暗星，在肉眼可见的几千颗星体中，它光点微弱、毫不起眼，默默混同于辽阔天际，令人难以寻觅。这就是为什么北斗星在中国变得格外突出的原因。

北斗星在西方属于大熊座。古代中国人取其中七颗亮星，把它看作一个勺形，命名为"北斗"。我们一说"北斗"大家就知道是指示方向的。近年来正在集群发射的那个中国的卫星导航定位系统就叫北斗系统。那么北斗星为什么在中国显得特别重要？是因为七颗北斗星组成的那个勺形，其勺口第一颗星叫 α 星，第二颗星叫 β 星，你在这两颗星之间画一条连线，然后伸展到五倍远的地方，所指示的那颗暗星就是北极星。

为什么在西方星座中，大熊座一点都不显要，而被人看重的是仙后座？是因为在环地中海地区，大熊座也就是中国的北斗星，一年大部分时间，大致有三个季节，它都处在地平线以下看不到。而北斗星在中国一年大部分时间里都能够在夜空中看到。因此在环地中海地区，最重要的是仙后座，因为仙后座在西方大多数时间都能见到。而仙后座中有五颗亮星，构成一个 W 形。你把仙后座中间三颗星连接成一个平行四边形，从这里引出一条直线伸展到五倍远的地方，所指示的那颗星就是北极星；或者在仙女座的 α 星和仙后座的 β 星之间画一条连线，伸展出去五倍远的地方，就是北极星。

我讲的是什么意思？就是人类古代观察星象，早期的主要目的是解决时空方位问题。古人必须在数千颗星中找见具有方位指示性作用的一组或多组亮星，然后把这些相互关联的星群做成星表，这叫星象缩略图，它在古代是很有意义的。这个东西被后人、中古时代以后的人，将其按《易经》数理关系重新编排成一个神秘的图案，这就是学界认为的河图、洛书之来源。当然后来河图、洛书逐渐变成算卦方面的重要工具，我前面讲过这是层累效应的结果。

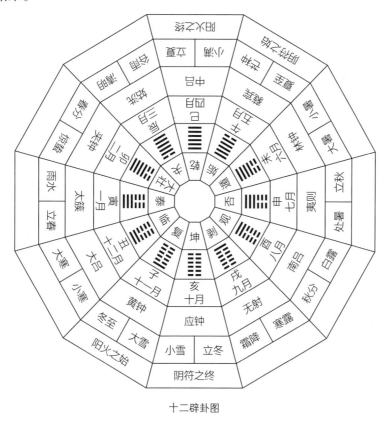

十二辟卦图

好，大家再看这张图，名为"十二辟卦图"。这张图在中古时代以后的算卦中作用较大，很多算卦过程都要用到这个工具。可是这张图最初究竟是干什么用的？我们首先要把它的发生学渊源搞清楚。"十二辟卦图"实际上是早年中国人解释历法，解释节气和做气象预报的一个图例。

大家知道古代的时候是农业文明，农业文明靠天吃饭，气象观察是一件非常重要的事情，也就是对气温、对降雨、对气候变化加以预测，这个东西对农业文明太重要了。据说古人用这张图进行天气预报，在中原某一个固定地方，准确率几乎可以达到80%左右，这是非常高的准确率。我们今天挂着卫星星云图，地面上建立成千上万个气象站，天气预报的准确率大概无论如何也超不过95%。而古人用这张图做气象预测，准确率可达到百分之七八十。他怎么做到的呢？他首先把一年360天分成72候，每五天一候，这就是我们今天还把"气象"叫"气候"的原因。什么意思？你要想对一个复杂的系统加以理解，你必须把它拆解成为若干细小的单元加以观测和分析，你才能把它研究清楚。我举一个例子，给你一幅画作，在旁边摆一张不透明的纸，让你把这幅画尽可能逼真的临摹在那张纸上，你怎么做？你只有一个办法，那就是在两张纸上等比例打格，你打的格子越细密，临摹的画就一定越逼真。因为你一回只需描摹一个小格里的曲线，它立即显得清晰而明了，不至于让人眼花缭乱，无从着手。

那么古代的时候，中国人把一年360天分割为72候，然后在中原某一个固定地点观察每一候的气象变化，如此观察记录数百上千年，请想想它会是一个怎样的经验积累成效。这种经验积累当然能使你在任一时间节点，精确预测一候天气的大致变化情况，即统计学概率分布，是不是这样呢？我举个例子，比如"二十四节气"里有一个节气叫清明，早年它其实曾是一个候的称呼，也就是仲春之际，现在阳历的3月底4月初，有五天时间站在中原某地，经过数百年上千年的观察，发现在大多数年份里，头两天总是下雨的机会较多，而后两三天天气放晴，雨后晴朗空气格外清澈，故名之"清明"。可见古人借此可以精确地预报天气。

这种事例并不稀奇，我们在《三国演义》里就见过诸葛亮借东风。实际上中国古代文人士大夫，凡是有较高文化的人，除了经史子集以外，一般还对两样东西非常熟悉，第一是中医，第二就是《易经》。所以中国古代医生给文人家属看病，把方子开出来后通常都要交给这个文人过目，叫验方。他为什么要让文人验方？是因为所有文人基本上都懂一点儿中医。诸葛亮借东风，实际上是古代文人，或者至少是大文人都能把握的一种现象，用的就是这个"十二辟卦图"。这张图是对多年观察积累的气象资料进行详细的统计学分析，形成有利于天气预报的一个基本工具，这才是"十二辟卦图"的发生学渊源。

　　请大家细看这个"十二辟卦图"，它当年已经达到相当高的水平。我们今天知道一年最重要的四个节点叫夏至、秋分、冬至、春分。为什么？是因为地球转动，地轴与地球轨道面有一个近似66.5度的倾角，它是反复移动的，这就使得一年内太阳光线的直射点有规律地在南北回归线之间运动，这就是四季变化的来源。那么当太阳走到北回归线上，这个时候就是夏至，也就是北半球夏天的真正来临。为什么夏至一个月以后才是最热天？是因为夏至之际，阳历6月22号左右，冬天冷却的大地还没有被完全晒热，虽然夏至以后太阳已经南移，但地表积蓄的热量开始散发，所以夏至以后过一段时间才进入三伏天。所谓春分和秋分就是太阳回归于赤道线上，这就是春分和秋分的精确计时。冬天的来临以冬至为标志，大约在12月22号，这个时候太阳到了南回归线，对北半球来说距离最远，因此冬天开始。同样地，冬天最冷天不在冬至当时，因为此刻夏季蓄积在北半球的地表热量还在继续释放，所以要在冬至以后将近一个月才进入三九天。这些知识大家可不要认为全是现代天文学的成果，它在中国《易经》中就早有表达，在十二辟卦图上就已清晰标示。

请大家看冬至，图中它对应的是什么卦象呢？是复卦（䷗）。这一卦上面全是阴爻，底下出现了一个阳爻。它说明什么？说明古人非常清楚，虽然这个时候还没有到最冷天，太阳却走到了最南边，也就是今天所谓的南回归线上，太阳自此要开始北移了，阳气要回归了，所以它标注以复卦，仅见一阳。大家往后看，出现两个阳爻，这是临卦（䷒）；三阳，这是泰卦（䷊），也叫"三阳开泰"；四阳，这是大壮卦（䷡）；五阳，这是夬卦（䷪）；逐步走上六阳乾卦（䷀），此时是立夏。大家接着再看，夏至是姤卦（䷫），上面五爻全阳，底下一爻是阴，这个时候太阳走到北回归线上，夏天最热的时段还没有到来，但古人知道阴气将至，太阳将逐步南移，于是你看，后面一卦一卦，阴爻渐次增加，最后再回到冬至。

我们会发现早在中古时代以前，"十二辟卦图"上就把冬至、夏至明确标分，表达着中国古代气象学和天文学达到较高水准。它不是在体感温度上说话，而是在太阳运行的方位和动向上诠解，这种水平不能不令人惊叹。之所以会这样，是因为农业文明需要对气象学有全面深入的了解，如此农耕活动才能真正有序地展开，这才是"十二辟卦图"最原始、最重要的文化作用。

对《易经》思想格局的现代评议

大家再看，这叫"六十四卦方圆图"。它把六十四重卦先排成一个圆，代表天，再排成一个方，代表地，用它标示中国古代"盖天说"，也就是"天圆地方说"的宇宙观。

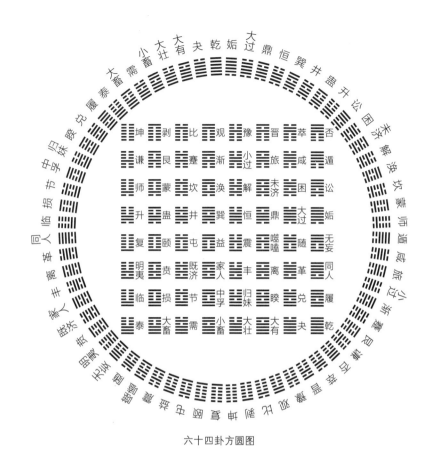

六十四卦方圆图

　　当然这个排布，它有易理方面非常复杂的关系，后人用它算卦，也做了非常玄妙的解释，我们暂且不讲算卦。大家看它实际上是一个表现宇宙观的易经先天图，可别称为"盖天说宇宙观易卦排布图"。

　　我们再看六十四重卦。我前面讲过用八卦排成重卦，即两个三爻卦合成一个六爻卦，下为内卦，上为外挂。它的这六爻重卦，全部是用八卦的名称合成命名的。比如"大有卦"叫"火天大有"（䷍），就是上面一个离卦，底下一个乾卦，叫"火天"，这个卦叫"大有"；比如"雷泽卦"叫"归妹卦"（䷵），这个卦上面是一个震卦，下面是一个兑卦，叫"雷泽归妹"，这就是六十四卦的重卦建构方式。

1. 乾为天	2. 坤为地	3. 水雷屯	4. 山水蒙	5. 水天需	6. 天水讼	7. 地水师	8. 水地比
9. 风天小畜	10. 天泽履	11. 地天泰	12. 天地否	13. 天火同人	14. 火天大有	15. 地山谦	16. 雷地豫
17. 泽雷随	18. 山风蛊	19. 地泽临	20. 风地观	21. 火雷噬嗑	22. 山火贲	23. 山地剥	24. 地雷复
25. 天雷无妄	26. 山天大畜	27. 山雷颐	28. 泽风大过	29. 坎为水	30. 离为火	31. 泽山咸	32. 雷风恒
33. 天山遁	34. 雷天大壮	35. 火地晋	36. 地火明夷	37. 风火家人	38. 火泽睽	39. 水山蹇	40. 雷水解
41. 山泽损	42. 风雷益	43. 泽天夬	44. 天风姤	45. 泽地萃	46. 地风升	47. 泽水困	48. 水风井
49. 泽火革	50. 火风鼎	51. 震为雷	52. 艮为山	53. 风山渐	54. 雷泽归妹	55. 雷火丰	56. 火山旅
57. 巽为风	58. 兑为泽	59. 风水涣	60. 水泽节	61. 风泽中孚	62. 雷山小过	63. 水火既济	64. 火水未济

好，我们就简单做这么一点说明，我不再多讲。我们下面稍微谈一下卦象、卦辞及其易理关系。

我们先看周易的头两卦，乾卦和坤卦。由于时间有限，我只讲几个卦象，以便于大家理解《易经》对中国文化的影响，不管是有利的还是不利的影响。在易理或易传中，乾卦代表天，代表阳；坤卦代表地，代表阴。到孔子时代以后，这两卦出现了重大分化，谓之"天尊地卑、男尊女卑"。

乾 乾（天）上 乾（天）下

《易经》："乾：元，亨，利，贞。"

坤 坤（地）上 坤（地）下

《易经》："坤：元亨，利牝马之贞。君子有攸往，先迷后得，主利。西南得朋，东北丧朋。安贞吉。"

可是大家看一下它们的原初卦辞，这两卦早年只是为某些具体事务进行算卦的占筮记录，所以本来没有相对吉凶之别。我们看卦辞原文：乾卦卦辞这样写，说"乾：元，亨，利，贞"。"元"就是元初奠基，"亨"就是亨通，"利""贞"就是算卦结果有利、主利，也就是一个吉卦。

大家再看坤卦，它的卦辞《易经》上是这样写的："坤：元亨"，跟乾卦一模一样。然后接着说："利牝马之贞"，也就是算这一卦是为了一个卖马的人，如果他去卖母马，有利。"君子有攸往，先迷后得，主利"，说你卖马走得很远，你先会失去生意，找不见市场，之后你会有所收获，"主利"，这也是一个吉卦。"西南得朋，东北丧朋"，我在前面讲甲骨文的时候讲过，"朋"就是一串货币，说你在西南这个地方卖马，那个地方人的购买能力强，你能赚钱；"东北丧朋"，说东北方向的人购买能力差，那个地方可能本身也产马，所以你到那里卖马赚不了钱。然后讲"安贞吉"，说你得这一卦总体是安好的，卦象是吉利的。

请大家注意上述卦辞，乾卦和坤卦基本上都是吉卦，并没有尊卑、凶吉的明显差别。但随后发生分化，到周代后期、春秋时代，孔子宣扬礼制文化，把原来的占筮记录另作了礼义性的解释，讲"天尊地卑"，于是就有了凶吉不同的别样的分辨和涵义。《易经》的《象传》，也就是两汉时代的人物在做《传》的时候就讲："大哉乾元，万物资始，乃统天"，把"乾卦"标在非常重要的地位；然后"至哉坤元，万物资生，乃顺承天"，也就是"坤卦"沦落至顺承乾卦的卑微地位。大家注意，这都是后人随着社会形势改变所给出的变态解释。

我举个例子。我前面讲过由于老子代表的是商朝氏族部落文化，他推崇"小国寡民"的社会生态，代表人类母系氏族社会的思想，因此老子跟孔子对男、女，天、地之尊卑的解释刚好相反。大家看老子怎么讲，他说："无名天地之始，有名万物之母。"请注意"始"这个字和"母"这个字都是代表女性的，也就是"阴"反而占据优势。老子又讲："谷神不死，是谓玄牝，玄牝之门，是谓天根。"这段话我在老子课上讲过，它是对"道"的深心赞许，仍然是用雌性或雌性生殖器官来表述。老子甚至在《帛书》中高度推崇女性，原文生动直白："天下之交也，牝恒以静胜牡，为其静也，故宜为下也。"（《老子帛书》二十四章）老子做了一个特别形象的比喻，他说天下男女交欢，"牝恒以静胜牡"，牝代表雌性，牡代表雄性，他说女性总是安然静处，所以她一定胜过男性。男女交合，男性在上面不断地运动，很快就射精阳痿了，而女性在底下永远没有个尽头，所以最终总是男人败下阵来。他下面接着说"为其静也，故宜为下"，他说由于女性总是安静的，且处在下位，因此她才具有无比的优势。

我讲这一段是想说明什么？是想说明后人对《易经》的解释，对尊卑的解释，随时代的不同而不同，随时代生存结构和生存形势的变化而变化。因此大家注意《易经》后来的哲理解说，也就是"易传"的部分，跟《易经》最初作为占筮记录的含义大相异趣。

 既济
水火

《易经》："亨。小利贞，初吉终乱。"

 未济
火水

《易经》："亨，小狐汔济，濡其尾，无攸利。"

　　我们下面再看"既济"卦和"未济"卦，在六十四卦中，这是最末两卦。所谓"既济"就是"完成"的意思，所谓"未济"就是"未完成"的意思。既济卦是第六十三卦，大家看这一卦，它当年的卦辞，也就是算卦的筮辞是："亨，小利贞，初吉终乱。"就是算卦的结果属于小吉小利，其走势呈现为起初有利而终于不利，这叫"既济卦"。大家再看"未济"，也叫"火水未济"，上面是一个离卦，底下是一个坎卦。它的卦辞是这样的："亨，小狐汔济"，就是说一只小狐狸要涉越山东的济水，看似通顺；"濡其尾，无攸利"，说把小狐狸的尾巴打湿了，到底还是没能渡过济水，所以这一卦不利。前面说"未济"就是"未完成"的意思，已到六十四卦的最后一卦，却说没有完成，那就只好从第一卦乾卦开始再行循环。

　　大家听懂我的意思了吗？这叫"周"！老子讲"周行不殆"亦应与此有关。也就是中国《易经》由于一开始建立的就是辩证思维观念，所以它是一个圆周运行方式。大凡读过黑格尔的书就都知道，圆形循环的这么一个思维模型是典型的辩证思维模型。到最后一卦，它讲没有完成，表示六十四卦并不是一个线性顺序，而是一个圆形结构，于是又从首卦开始重新运转，这个辩证思维方式贯通中国整个哲理系统。所以中国古代从老子到后世，所有文人特别爱讲下面这些话，"周而复始""原始反终"等等。《易传·象》中讲："日中则昃，月盈则食，天地盈虚，与时消息。"它说太阳走到中间就一定会偏西落下；月亮最圆满的时候，一定是月亮逐步从盈到亏的开端；天地万象不断转换，随着时间而消长，叫

"与时消息"。《易传·系辞》中讲："一阖一辟谓之变，往来不穷谓之通"，又讲"穷则变，变则通，通则久"，这都是典型的辩证论证方式。凡此构成中国的基本思维模型和基本宇宙观，都受到《易经》卦变循环的影响。

 泰卦
地天泰

《易经》："泰：小往大来，吉，亨。"

《易经·彖》：天地交而万物通也，上下交而其志同也，内阳而外阴，内健而外顺，内君子而外小人，君子道长，小人道消也。

 否卦
天地否

《易经》："否之匪人，不利君子贞。大往小来。"

天地不交而万物不通也，上下不交而天下无邦也，内阴而外阳，内柔而外刚，内小人而外君子，小人道长，君子道消也。

我们下面看两个很有名的卦象，叫"泰卦"和"否卦"。二者相对而立，后来被引申出非常复杂的含义。泰卦的卦辞是"小往大来"，意即付出小、收益大。我们看看《易传·象》中的说法："天地交而万物通也，上下交而其志同也。内阳而外阴，内健而外顺，内君子而外小人，君子道长，小人道消也。"这段话什么意思呢？它说你如果得到这一卦，"天地交而万物通"，自然诸事都和合顺利；"上下交而其志同"，君臣之间关系通达；然后"内阳而外阴，内健而外顺"，内里很有原则，外面很圆润；"内君子而外小人"，内里是一个刚健的君子，外面表现出很平和的状态。君子之道长进，小人之道消退，这是"泰卦"。

大家再看"否卦"，卦辞说"不利君子""大往小来"，意思是正道衰微，小人得势，损益失衡。《象传》中讲："天地不交而万物不通也，上下不交而天下无邦也，内阴而外阳，内柔而外刚，内小人而外君子，小人道长，君子道消也。"就是说见此卦则时政不通、人际不和，国家都要崩溃；为人内里很阴柔、很阴险，表面上却表现得很阳光、很刚正；总之是小人猖獗、邪气上扬，这是"否卦"。

大家注意这个时候的阴阳关系，也就是乾卦和坤卦的位置变化，已经透漏出非常多的含义。它们居然可以分别代表天和地、内和外、顺和逆、刚和柔、君子和小人。而且下面的内卦是优势卦，上面的外卦是弱势卦，所以乾居内是泰卦，内卦代表君子，而坤居内是否卦，内卦代表小人，也就是上位卦不具优势。不过，随后的情形会为之一变，等一会儿讲到下面，你会发现内外卦的关系又颠倒过来了。

　　我在这里首先想让大家明白，到战国、两汉以后，中国早年《易》的爻辞、卦辞或者传辞，已经变通为一系列复杂异样且漫无边际的随意解释，而且这些解释所依据的基本原则和逻辑理序完全陷于混乱之境。

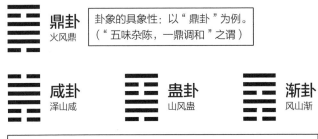

为此，我们再看几个颇为有趣的卦例。大家先看"鼎卦"（䷱）。这一卦为什么叫"鼎卦"？其实是由于这个卦的名字叫"火风鼎"，它上面的卦象是"离卦"，代表火；下面的卦象是"巽卦"，代表风；所以叫"火风鼎"。之所以称作"鼎卦"，是因为这个卦象本身就是一个十分具象的"鼎"的样子。大家看古代的青铜鼎，上面是一个煮东西的釜，下面有三条腿，然后在底下扇风烧火。大家再看"鼎卦"，它上面的"离卦"，代表釜的部分，即被加热或集中热量的部分；

下面一个"巽卦"，而巽卦下面那个阴爻，刚好像是鼎的三条腿的具象描写。下面扇风点火，热量集中在上面煮肉，所以它是一个非常具象的卦象。你得到这一卦，它会说"五味杂陈，一鼎调和"，意思是说你在这个锅里填入了水、肉、香料、盐等乱七八糟的东西，最初尝它不是滋味，你慢慢拿温火煎煮，它将会成为一锅香喷喷的食物。它预示你起初的局面是紊乱的，你看不清前景如何，你得慢慢地熬时间、熬火候，只要坚持不懈，最终必有所成，这算得一个吉卦。一望而知，它的基本思路不是言之有据的逻辑推导，而是具象类比的对号入座。

我们再看，这一卦叫"咸卦"（䷞），也叫"泽山咸"。它上面是个"兑卦"，代表泽，下面是个"艮卦"，代表山。那么既然叫泽山咸，我们应该想象为"山中涌泉"才对，可这一卦为什么叫"咸卦"呢？"咸"是什么意思？在这里，它已经不是"咸阳"的"咸"的含义了，它在字形上和"感"这个字相近，感情的"感"，就是在"咸"的下面加一个"心"，所以这个地方的"咸"是"感"的通假。它的卦义突然变了，上面这个"兑卦"不代表泽了，在这个地方代表"少女"；下面的这个"艮卦"不代表山了，在这个地方代表"少男"；总体表达为"少男追少女"。因为少男追求少女是一个符合中国传统观念的正常感情关系，因此称之为"咸卦"。

大家再看，这一卦叫"蛊卦"，谓之"山风蛊"（䷑）。上面是一个"艮卦"代表山，下面是一个"巽卦"代表风。它为什么是"蛊"，"蛊惑人心"的"蛊"？蛊在中国古代是指一种毒虫，传说可以用来暗害他人，投入之后即侵入人体神经系统，使之发生神经错乱、精神失常，这叫"蛊"。在这一卦里，"艮卦"不代表山，代表"少男"，"巽卦"突然也不代表风了，转而代表"长女"，因此这一卦是指"长女追少男"。由于中国古代认为大龄男人追求年轻女子无碍，一个老

914

女人倒追年轻的男子简直类同蛊惑，因此这一卦叫"蛊卦"。

接下来这一卦叫"渐卦"——"风山渐"（䷴）。它上面是一个"巽卦"，本来代表风，又似可代表长女；下面是一个"艮卦"，本来代表山，又似可代表少男。按前面的讲法，那么这一卦应该是"少男追长女"，可它突然又反转回来了。它上面的"巽卦"在此就代表风，下面的"艮卦"在此就代表山，这一卦的解释是"山中有木，风吹林成"之谓。你懵圈了，完全不知道这是怎么回事。而且大家注意在"咸卦"和"蛊卦"中，上位外卦是优势卦，下位内卦是劣势卦，呈现出下位追求上位的态势，跟前面讲的"泰卦"和"否卦"，内卦是本质主导、外卦是假象从属的关系也颠倒了。我想说明什么？中国的《易经》在中古时代以后被不断层累，以至于各个符号的指谓已经没有了明确针对性，它竟然可以任意指代、任意替换。

甚而至于在唐宋以后，很多易学家，他居然可以在需要自己签名的场合不必写字，只画一个卦象足矣。也就是唐宋以后，易学上已经把爻位卦象玩弄到这样泛化的程度，上万中国字全都可以归在这六十四卦中。大家知道人类的任何符号是必须具备明确针对性的，我们把这种符号概念之内涵与外延的清晰界定，叫作"定义"。讨论任何一个问题，你用的任何一个词、一句话，你首先必须定义，然后才能讨论，否则别人永远无从知悉你到底在说些什么。

请大家读一读牛顿的著作，也就是最著名的那本经典力学书《自然哲学的数学原理》，前四十页左右几乎全是定义，即对他使用的每一个词项的内涵和外延作出精确标注。但是中国的卦象到中古时代以后，却流于随意性和任意性的泥淖，谁都可以把任何含义带入六十四个卦示中任加图解，从而使其完全失去了符号的可定义性，结果不免造成严重的思想混乱。

我们下面对《易经》做一个简单的现代评议。请大家首先听明白这节课的分段，我前面把重点主要放在《易经》文化得以发生的渊源上，讲它在远古时代的文化维护效应及其历史合理性。我接着讲《易经》文化对中国后世整个传统文化的奠基性影响作用，大家应该能听出来我总体上对它是取肯定和赞许态度的。但是我下面不得不说，《易经》文化随着后世的层累，逐步发生变形和变质。我在西哲课上曾一再讲，我说人类文明进程就是一个信息增量进程。人类的任何一个思想系统无非是对当时信息增量的整顿，所以人类的任何思想成果都不是真理，只不过是不同信息增量的自洽梳理模型。那么《易经》作为人类远古低信息量时代的一个思想类型，它本应随着信息增量的发展，而相应调整或转换其思维范式。可是它却固守原有的象形符号和类比图解体系，只在其中内旋扩充，而不发生外部碰撞和交流，从而使之逐步僵化，这就是《易经》文化终于无法突破自身之局限所必然带来的后续结果。

我们看一个小故事。明末清初，《易经》文本被欧洲传教士翻译到西方。当时德国有一位著名哲学家，就是我前面反复提到过的莱布尼茨，莱布尼茨这个人对中国文化高度推崇，他见到《易经》后惊叹说，中国人居然在数千年前就已经发明了二进位制。今天我还见到有些研究《易经》的学者这样讲课，这个讲法对吗？显然不对。莱布尼茨是按照西方抽象思维方式看待《易经》的，而且要知道二进位制数学的第一发明人就是莱布尼茨。莱布尼茨刚一发明二进位制，计算机，我指的是手摇机械计算机随后立即出现。

我在西哲课上讲过英国经验学派、德国唯理学派，莱布尼茨是德国唯理学派的典型代表。因此莱布尼茨的抽象逻辑能力特强，他是跟牛顿同时发明微积分的人，是二进位制数学的创始人。所以他用他的思维方式看《易经》，竟然把《易经》误解为二进位制，他完全搞错了。如果《易经》在数千年前就是二进位制的精密思绪，中国应该早在周代以前就已经发明手摇计算机了，可事实上根本没有这回事儿。实际上中国古代文字中"算数"的"算"这个字，它的古字不是今天的这个样子，而是这个字（祘）。这个"祘"是什么？古代的"祘筹"！《易经》最初是用折断的树枝作为"爻"来表示符号的，它另行延伸的摆放方式使之变成中国的计数工具。早年做算术的时候，就拿这些小木棍相加减，叫"祘筹"。以后为了简化形式，定为横摆一个代表5，竖摆一个代表1。分别摆出两组"两横三纵"的图标，就是"祘"字的雏形，也就是"祘筹""筹码"这些词汇的来源。所谓"运筹帷幄"，就是在军帐里就能够进行战争力量对比的计算，诸如此类的用语均源于此。请大家把"祘"的本字再仔细看一下，它是什么？中国的算盘就是按照这种设置祘筹的方式发明的，是不是这样？所以它绝不是二进位制，它是典型的十进位制，由此推导出来的不是计算机，而是十进位制的算盘，所以我们说莱布尼茨一定搞错了。

《易经》把所有符号具象化，以类比隐喻的方式思考问题。我在前面讲课的时候反复讲过，我说符号具象化会产生一个重大的麻烦，就是符号的表意被事先框定，形成直观化、狭隘化和僵硬化的模式。抽象符号系统为什么成为人类后来使用的最主要的概念和思想载体？我们近代的几乎所有文字或非文字符号，包括数学符号，包括计算机编程符号，全都是抽象符号。是因为抽象符号可以滤掉具象中的诸多属性，从而只将其内的普遍属性、本质属性抽取出来加以形式化推演。这使得任何一个符号都可以采集和表达相关对象的共性信息，也就是让所有符号可以准确地、有针对性地统揽和整顿更大信息量。这就是抽象符号的概括力度、思想整理力度远大于具象符号的原因。

我举个例子。几何学家欧几里得，他其实是哲学家，为了证明柏拉图的"理念论",他居然用世界上不存在的抽象的点、线、面,用五条公设加五条公理,从不言自明的逻辑极点起步,以最抽象的方式进行纯逻辑推演,居然推出平面几何48条定理、476项命题,后人几乎加不进去任何一个东西,完成了黎曼几何之前几何学上的全部逻辑推导序列,成为后世数学发展的重要基础。他是纯抽象演绎,却达成异乎寻常的学术成就。大家设想,如果当年欧几里得把抽象的点、线、面变成具象指标,比方以点代表人、线代表天、面代表地,然后去类比推演,就像中国人总是讲"天、地、人"三才说那样来讨论几何学,天下还会有几何学和数学的逻辑形式系统吗?

所以这种具象符号的束缚,这种在原始具象符号内不加突破,反而不断在内部层累化、繁复化、纠缠化,它造成的结果是文化发展道路的封闭。当然我这里绝不是在批评谁,我只是在讲中国传统文化的特质,在一个封闭地域里自弹自唱、自得其乐,它必然带来的是对老旧文化的精雕细琢和玄幻搬用,这是《易经》文化在中古时代以后所形成的基本思想格局。我们讲课重点讲思想与文明的关系,理解这一点,我们下面才好讨论有关算卦的问题。

算卦的前因与后效

我想大家很容易发现,中国的符号系统,不管是易学符号,还是甲骨文符号,其初始意图全都是用来占卜算卦的。也就是说在中国,早年的符号系统都用来做预测,为什么会这样呢?这是一个必须探究的问题。大家想想人类缔造学问是干什么?人类掌握知识是干什么?都是为了把握未来。由于这个世界是流变的,因此人类要想把握这个世界，掌控这个世界的未来，他就必须有一种预测的眼光。

大家再想想所谓近现代学术在干什么？科学在干什么？它为什么总是要总结规律？我在哲学课上讲过，一切规律、一切科学、一切学术都不是真理。人类所说的规律，永远都是主观规律，你够不着客观世界，因此人类的一切学说理论总是最终被证伪。人类的思想模型不断转换，文明由此推进。为什么？信息量继续增大，原有的模型不能容纳，而一切思想模型都是主观模型，都不代表客观规律。可人类为什么坚持不懈地要找规律？包括今天的科学重点都在这个方向，为什么？是因为人类的一切文化知识其目的都是把控未来，因此易学与甲骨文刚一发生，它就立即被用来进行预测，实在是一件太合理、太平常的事情。

再加上东亚文化，由于农业文明人口爆涨，人际关系、资源关系紧张，因此它特别务实，特别急于得出结论，特别急于拿来应用。"学以致用、知行合一"成为中国文化的主基调。于是乎中国古代的任何符号一出现就用来预测，并在实用上寻求落实效果，这大抵也是我们的祖先尤为偏好占卜、算卦的原因之一。

而且大家还应细想，把握未来的过程是什么？在哲学上叫判断，在日常生活和工作中叫决策。你凭什么做判断？你凭什么做决策？全凭信息量。是不是这样？事实上人类早年信息量太低，不足以借此进行判断和决策，那该怎么办？这当然是一个严重的问题。我给大家举一个例子。氏族部落发展到后期，农业文明开始，氏族部落人口爆涨，领地边缘挨近，冲突随之发生，两个部落之间产生地界冲突，形成利益纠葛，这个时候战争出现。族长、全族人面临重大决策，是战还是逃，是决死还是迁徙，这关乎全体族人的命运，可是没有任何相关信息。

自古就讲"知己知彼，百战不殆"，人类今天打仗怎么打？侦查、派间谍，甚至放卫星。可大家想想古代没有卫星，你也派不了间谍。氏族部落是血缘群团，大家全是熟脸，突然来了一个生人，不用问你就是间谍，立即斩掉你的脑袋，所以打仗之前顶多知己，绝难知彼。可开战与否却是一个现时必须拿出的决策。刘伯承说过一句话，他说"五心不定，输得干干净净"。这句话什么意思？就是对一个将军来说，当他需要做出决策的时候，他优柔寡断拿不出意见，可能比他乱做一个决定还可怕。必须马上临机行令，却没有任何信息可以依凭，没有任何情报可以获得，这是一个怎样危险和令人恐惧的局面！因此人类早年必须找见信息量不足的决策辅助工具和决策辅助方法。

请大家听明白我在讲什么，在远古时代信息量偏低的状态下，算卦占卜实在是太有道理了，太有必要了，因为非此不足以生存！这就是人类早年文化让神婆巫师占据前台、让神秘预测成为主流的原因。要知道不仅东方如此，西方照样。什么星相学、催眠术、占星术、看面相、查手相、摸骨相等等，其实都是在做这类事情。所以我提请大家牢牢记住，人类远古时代动不动就占卜算卦，寻求预测的简单落实，具有当然的历史合理性，这是其一。

其二，国人早年认定这些符号，不管是易符号，还是甲骨文，均为天赐的符咒，代表神意与天启。因此当年的占卜、占筮，具有某种极其重大的精神动员作用。要知道古代是冷兵器打仗，双方手里的武器是无差别的，全都是一根木棍，或者顶多掺和一些石器，战争的胜负取决于双方的人数和士气，甚至士气还高于人数，以少胜多的案例屡见不鲜。如果这些符号、这些卜筮、这些预测代表的是天启，无论做出迁徙或者战斗的决策，它都会起到重大的精神支撑作用和统一调度作用，这叫"动员效应"。这是当年预测学问得以展开的第二个原因。

动员这件事有多么重要，我举一个例子。1939 年 9 月 1 日，希特勒进攻波兰，挑起第二次世界大战。两个礼拜以后，苏联从东边进军，与德国一起瓜分了波兰，形成第二次世界大战之开局。怎么回事呢？是因为纳粹德国骤然崛起，斯大林深感不安，于是就想和英法等西方国家联盟扼制德国，结果英法对德国采取绥靖政策，目的是想把德国这股祸水引向苏联。被逼无奈之下，1939 年 8 月，斯大林和纳粹德国达成了一个《苏德互不侵犯条约》。这个条约后面附带了一个秘密文本，就是如果发生战事，双方以预先商定的界线共同瓜分波兰，以便于苏联获得安全缓冲地。由于跟纳粹德国签了这样一个合约，斯大林始终认为德国不会侵犯苏联，他也轻易不敢做全面的军事动员，认为如果过早进行动员，反而会刺激德国。要知道从 1939 年第二次世界大战开打，到 1941 年 6 月 22 日德国进攻苏联，在这段时间里斯大林得到大量情报，知道德国有意进攻苏联。

斯大林的一个重要间谍组织，以佐尔格为首，在驻日使馆工作期间甚至已经了解到德国进攻苏联的确切日期。大量情报送到斯大林案头，斯大林一概置之不理，或者至少不敢展开全面军事动员。结果导致德国在 6 月下旬进攻苏联，刚开战短短一两个月竟然灭掉苏联空军飞机的 90%，苏联西线的一二百万军队变成德国俘虏。苏军著名战将朱可夫当年失去与西线部队的联络，只好开着一辆吉普车到前线去寻觅视察，为此险些遭遇被俘。大家可以看一下朱可夫的回忆录。苏联在德国进攻的头几个月惨败，以至于斯大林颇为沮丧，有一个礼拜时间不见露面。我在讲什么？我在讲失去动员是个多么可怕的局面。

请大家想想，算卦占卜在人类早年起到了低信息量环境下辅助决策的作用，又具有战前动员的功能，或者具有做任何事情的动员功能，它是何等重要的事情。因此我反复强调，请大家理解人类远古时代最早的符号，在东亚都表现为预测学，实在是太合理了，太有必要了。可是随着人类文明社会的发展，随着人类社会逐步超血缘化，随着信息量的增大，到公元前 6 世纪，《孙子兵法·用间》篇中已经出现了这样一段话："先知者不可取于鬼神，不可象于事，不可验于度，必取于人，知敌之情者也。"这里的"先知者"就是指优秀的将军，所谓"象于事"就是算卦，所谓"验于度"就是看星相。请大家看清这一段话，也就是到公元前 6 世纪，距今 2500 年以前，真正明智的人都已经知道不能用占卜算卦的方式来决策了，因为物换星移，时过境迁，远古时代的有效手段，或者至少是必须借助的手段，已经不可继续沿用。

我再给大家举两个例子。16 世纪以后，英国新教徒，在英国叫清教徒，在国内受到迫害，他们开始大量迁徙到北美洲。由于此处的地理物候环境和英伦三岛有很大区别，致使他们面临严重的生产和生存困境。当地的印第安人热心帮助他们，所以到今天美国还有一个别致的感恩节，他们感恩的是什么？是当年和印第安人一起感谢上帝之恩许，实际上是感谢印第安人。可是随着欧洲人迁徙到美洲大陆的人数越来越多，逐步蚕食印第安人的领地和利益，导致欧洲白人和印第安土著终于发生冲突，于是欧洲白人开始集团化、国家化、军队化地消灭印第安人。再加上欧洲人所携带的美洲未有之病毒、细菌和烈性传染病，导致后来美国大陆上 90% 以上的印第安人遭到灭绝。

到 19 世纪中叶，美国人开始反省，觉得自己这件事做得太缺德了，于是划定某些领域来保护印第安人，白人不得随便侵入，让残存的印第安人保留自己原有的采猎生存方式。随后有文化学者发现，保留领地的印第安土著出现了截然不同的两种结局：一些部族在短短几十年间很快星散了，国家给予的保护领地根本无法维系，而另有一些印第安部族在其领地上长存不衰。于是这些学者就着手研究，想弄清为什么保留领地会发生如此截然不同的后果？最终发现那些快速星散的部落，他们打猎的方式是追猎，就是追踪动物的足迹、行踪、粪便进行捕猎。比如打鸟，在黄昏时分守望鸟儿归巢的飞行轨迹，然后找见鸟巢下手。由于这些方法踏实有效，而他们手里又拿的是现代化武器，枪！因此很快就把领地上的动物打绝了，从此食物断绝，只好进城打工，部落就此星散。同时又去研究那些坚持不散的部落，发现他们打猎的方式不是追寻动物踪迹，而是占卜。而且占卜的方法跟中国的龟甲占卜方法非常相似，看裂纹走向，这表明中国古代的龟甲占卜可能远远早于甲骨文。占卜这个东西没个准头，因此靠占卜去打猎，总是打不着，至少打不绝，于是动物长存，部落随之长存。它说明什么？说明占卜算卦最大的特点就是算不准！

看另一个例子。大家知道东北这个地方土匪文化兴盛，过去把土匪叫胡子，说胡子文化兴盛。为什么会这样？是因为清代早期女真人，也就是满人，从东北入关，入主中原，之后他们把山海关锁死，东北变成清朝统治集团的祖庭所在地，不允许汉人进入。于是诺大的东北空空荡荡、人烟稀少，要知道当年的东北是包括整个东西伯利亚的，是比今天的东三省大得太多的一片土地，到清代中期居然常住居民不超过数万或数十万人，由此带来一个严重的后果，就是俄罗斯帝国日渐强大，逐步向东发展扩张。有资料显示，当时俄国只派出几百名哥萨克骑兵就占领了中国160万平方公里的东西伯利亚，而且开始蚕食东北，这使得清廷马上意识到如果再不允许汉人迁居东北，则整个号称"龙兴之地"的东三省都会丢掉。于是开关通行，移民实边，允许内地汉人北迁，这就是著名的"闯关东"事件。

临近的山东、河北一带，没有土地的贫苦农民才会冒险闯关东。我在前面讲课讲过，顺经线向上移民，由于纬度差别较大，文明传播极其困难，因此原先处于山东、河北一带的农民所积累的农耕经验，来到东北全部失效。比如春播的时间得往后移，如果你未摸清这一点，播下的种子全不发芽，这就导致早期闯关东的人们大量处在饥饿之中，东北生存局面危殆。于是很多人只好落草为寇，东北各山头胡子文化兴起。此患一直延伸到1948年前后，林彪打赢辽沈战役，还要腾出部分兵力剿匪，《林海雪原》中杨子荣等人的故事，就讲的是这种事情。

现代有一批学者研究东北的胡子现象，发现东北各山头上的土匪出现两种全然不同的结局：一般山头上的土匪维持不了几年或十几年就散伙了，极个别山头上的土匪啸聚一方、长盛不衰。事后发现快速星散的那些山头上的土匪，他们打劫的方法是什么？派哨探！在山下道路的两端派出暗探，看到有富商经过便快马飞报，然后土匪群起抢劫，一抢一个准，很快把这条路打绝了，没有任何商人再敢经由此地通过，于是他们财源中断，只好散伙；再研究那些长期不散的胡子群团，发现他们不派哨探，他们打劫的方法居然是算卦，算卦总是算不准，于是打劫的收益细水长流。原因是算卦的概率是个定数，就像长期围聚打麻将者的输赢概率是个均值一样，假定算卦冒碰得着的几率是10%，而商人走这条山路遭劫的成本比绕路可能要节省20%，那么商人精算之下就仍然宁可冒险走这条路，于是土匪的财源不绝，山头亦很稳固。它说明什么？算卦最大的特点就是算不准！

要知道过往的先人他们做任何事都要占卜算卦，他们算卦的水平要比今天的人高得太多太多。这就像写书法，古人全拿毛笔写字，看似随手挥毫，实则是最好的书法。请大家看一看古代那些著名的书法作品，譬如王羲之的《兰亭序》、颜真卿的《祭侄稿》、苏东坡的《寒食帖》，哪一个不是信笔草书，错墨斑斑，到头来却形成有情有致、有生命、有灵魂的书法瑰宝。现代人用硬笔钢笔写字，偶然提起毛笔想写书法，不过矫揉造作而已，你永远写不过古人。联想古人做任何事情都先要占卜算卦，尚且算不准，现代人算卦占卜还有什么准头可言吗？

那么为什么有时我们会觉得算卦很准呢？今天的信息量很大，我们可以对它试做一点点解释。我承认，个别算卦精准的情形，我们在很大程度上说不清楚，也许它还有我们今日之科学无力加以探讨的玄机。我再声明一遍，我给算卦和信仰留出余地。我下面只不过是用今天的信息量对算卦为什么让你觉得特别准的心理现象加以解释。

你觉得算卦特别准，首先是因为它是大概率预测，加上虔信暗示效应。这话什么意思？比如你老婆怀孕了，你找人算卦，他随口胡说是一个男孩或者女孩，他就已经说准了50%，因为人类只有两性，你生出一个性错乱的二尾子的可能性非常之小。他如果算准了，你到处宣扬；他如果算错了，你蔫了、不说话了。这就像股市，据现在统计，参与炒股的散户，赚钱的人不超过10%，不赚不亏的人大约有20%，亏钱的人足足占70%。可是只有那个赚钱的人，报社、电视台才会不停地采访他，他一时名满天下，好像人人都能变成杨百万似的。而那些亏了钱的倒霉蛋没人理他，信息得不到传播，所以你总觉得股市是个赚钱的地方，可你真要小心，其实去了大多是赔钱的。所以大概率说事儿是算卦的基本方式，因为我们关切的问题大多都是些大概率事件。

第二叫虔信暗示。就是你非常虔诚地相信这个东西，它就会对你产生强烈的暗示效应。这个话是什么意思？我给大家举个例子。

临床上有一种病症叫 Hysteria，过去把它翻译为"歇斯底里"，现在用了一个较文雅的词把它叫"癔病"，它通常发生在没有文化的中年妇女身上。比如农村家庭夫妇吵架，女方受到强烈的精神刺激，她突然眼睛看不见了，到医院检查没有任何器质性损害，有经验的医生马上明白，她得的是"癔病性目盲"。怎么办？高明的医生就会问她的家属，这个人平日迷信什么，家属告诉他谓其迷信德国。于是医生抽一针生理盐水，给病人讲，说这是从德国进口的专门治瞎眼的特效药，一针打下去，她立即看见了，这叫"暗示疗法"。大家想想暗示效应何其之强，它居然可以使一个人从瞎眼状态瞬间转变为复明状态。

暗示效应绝不是少数人的特质，它是笼罩全体人类的一个精神心理现象。比如我前面讲人类的一切文化、一切学说、一切知识都不是真理。可你的感觉是什么？——我们的知识就是真理！你如果相信神学，神学就是真理；你相信佛教，佛教就是真理；你相信基督教，基督教就是真理；你相信科学，你会觉得科学就是真理。它实际上根本不是，可你感觉真确无疑，为什么？你被它暗示了。所以人类的一切文化现象在很大程度上都是心理暗示效应。我在讲什么？我在讲我们觉得算卦很准，更多情况下是在大概率预测和虔信暗示效应的基础上产生的心理幻觉。

我再给大家举个例子。我上大学的时候，是文化大革命时期，我上的是工农兵大学。那个时候我学医，学西医，讲究开门办学，边上学边下农村为工农兵服务。我们的中医教程刚刚开课，还未超过 20 个学时，整个中医课大约 120 个学时。刚开课我们就跑到偏僻的农村腹地，到一所县医院跟老师一起边坐诊边学习中医。我们班的中医教师是一位女老师，长得非常漂亮，三四十岁了看起来像个二十多岁的少女，而我 20 岁的时候胡子拉碴，看起来足足有 40 岁以上。我和老师对坐在门诊，结果农村病人排队全挤在我这边，说我是省城来的老中医，搞得老师十分尴尬，只好悻悻离开。这下我慌了，因为我的中医根本还没怎么开学呢！而且病人不允许你问话，大家知道中医讲"望闻问切"，切脉是最后一举。可是农村病人认为面对一个好中医是不用说话的，只需切脉就病情全知。而我那时候把三个指头搭在患者手腕上，什么感觉都没有，大家想想我该怎么办？我立即选用大概率问题开始对话，我看见病人黄干腊瘦，我就说你吃不好饭吧？他如果能吃好饭，他还用得着跑医院？于是病人的话比我还多。我看见病人满脸焦虑，我就说你睡不好觉吧？睡不好觉是病人的大概率事件，病人随后竹筒倒豆子，把该说不该说的都说了，基本病情我已了然。当时我只会背两个汤头，一个四君子汤，一个六味地黄汤，其他中药我当时根本拎不清，所有病人来了都是这两副黑汤，好在这两副药，有病治病，无病健身。由于病人坚信我是省城来的老中医，暗示效应强烈，于是大多数病人的病情迅速好转，我在当地被传为神医。

大家想，我如果去算卦，仅在这两项上操弄，是不是照例会变成王半仙？算卦准还有另外两个原因，即"模糊表述"和"定向联想"。比如你到庙里去抽签，你看看那些签词全都是模模糊糊的一首诗，它一定是表述含混的。比如有一个签词名字叫"俊鸟出笼"，什么是"俊鸟出笼"呢？你被你老婆打出家门了，可算俊鸟出笼；你被单位开除或解雇了，也算俊鸟出笼；你出国了，还算俊鸟出笼；你从这个城市迁徙到那个城市了，仍算是俊鸟出笼。总而言之，你的任何一个动作都可以囊括于此项词义之中，因为它的表述是没有边界的，你任意联想，无不应验。倘若你随后气运上升，你会觉得这一卦很准，准在哪儿？准在它的模糊表述和你的定向联想上。

不仅中国如此，西方照样。大家知道中世纪后期，法国出现过一个著名的预测家，此人名字叫诺查丹玛斯，在西方，人们把他传为神人。他写过一本著名的预测学著作叫《诸世纪》。你看一下他的那本书，全是模模糊糊的四行体诗。大家再想想中国古代的《推背图》《烧饼歌》，不都是这类语焉不详的诗，或者是怪模怪样的一幅画嘛，然后你去定向联想。比如说你18岁这一年做了一件事情决定了你的终身命运，说你32岁这一年遇见了一件倒霉事，说你23岁这一年遇见了一件幸运事。请想想人生中你做的哪一件事情不影响你的终身命运？要知道你做的每一个决策，其影响之深远都是你无法想象的。请问你哪一年不遇见上百件好事，或者上百件坏事？它说你23岁这一年遇见好事，32岁这一年遇见坏事，你拼命去联想23岁这一年，找见一件好事不容易吗？32岁这一年找见一件坏事不容易吗？年年你都遇见好事也遇见倒霉事。这叫定向联想。正是这样一些心理效应构成算卦很准的一系列错觉，此乃当今的心理学研究早已揭示的普遍现象。

当然我也得承认，我们确实偶然会遇到算卦极准的某些特例。我们眼下并不能完全解释清楚，就我们今天的信息量和知识范围来看，我大概可以将其分为三类情况作以简单说明。

第一，"巫态返祖"的生理基础。这句话什么意思？请同学们回忆我在孔子课上谈到过"巫"，我说巫是远古时代直感敏锐似可通天的女师。要知道所有动物，它们的感知频谱宽度，它们的感知敏度，也就是感官或感觉敏锐度要比人类高得多。比如鹰的视觉是人类视觉敏度的上百倍，一只猫头鹰在夜间目视一尺雪下的一只老鼠窜行所带动的表面雪粒的震颤，它都能看见，飞过去一把就能从积雪里把那只老鼠抓上来，可见它的视觉敏度何其之高。

另外，大多数动物的嗅觉敏度更比人类高得无法比拟。例如狗，你把人类勉强能闻见的气味分子稀释一千倍以上狗都能闻到。绝大多数动物，它的求偶过程是通过嗅闻异性的体味而达成的，异性同类离它尚有几公里甚至几十公里之远，它居然都能闻见。生理学家研究发现，在人类的恋爱关系中也会出现这种现象，常见一个丑男娶了一个靓女，或者一个丑女嫁了一个俊男，生理学家研究怎么会出现这种情况，结果发现是因为两人各自均被对方的体味所吸引，他们其实并不自觉，但无妨爱得死去活来，这叫"气味相投"。今天人们频繁洗澡，把体味全洗掉了，所以恋爱的成功率大大降低。

我在讲什么？我在讲动物的感知通道在感官层面上比我们人类的频谱宽得多、敏度高得多。我再举个例子。我们人类的眼睛只能看见波长 400 纳米到 760 纳米这个光谱范围内的物体。400 纳米以下是紫外线，七百多纳米以上是红外线，我们人类完全看不见。可是生物学家研究发现大量的动物，比如猕猴、燕子、蜜蜂，它们是能看见紫外线的。蜜蜂采蜜为什么能够寻找到细微的花粉，是因为花粉颗粒对紫外线有强烈折射。在一个暗室中给猕猴做实验，打出 X 光，人类是看不见的，猴子会躁动不安，表明猴子能够看见波长比 400 纳米短得多的光波。

这说明什么？说明动物的感知频谱宽度远比人类为大。为什么会这样？是因为人类随着大脑皮层的发育，他获得较少的感官信息就可以通过理性整顿做出恰当判断，为了节省生物能量，他在进化的过程中会把多余的感觉敏度消除掉，所以人类的感官敏度远比动物为低。但是人类在幼儿阶段，由于大脑皮层尚未充分发育，理性思维尚未训练调动，他的感官敏度相应较高，我们在生理学上把这种情形称为"返祖现象"。它不是高明，反而是低明，是一个更原始的状态，这就是所谓的"特异功能"。

要知道大多数孩子都有特异功能，比如他能看见红外线。你小的时候应该也能看见，只不过你以为所有人都能看见，你不当回事而已。有个别孩子偶尔得以表达出来，比如某人患上了体表浅层肿瘤，由于肿瘤细胞代谢率较高，肿瘤局部体温升高，放散出来的红外线量偏大，碰巧被个别孩子看见了异样的红外光晕，于是人们就说他有特异功能。其实这不是特异功能，是一种返祖现象。随着年龄的增高，逻辑能力、理性能力提高，人们的这种特异功能、返祖功能、感官敏度过高的功能会逐步退化丧失。偶尔有个别人，他居然把这种返祖功能保留到成年，这种人通常处于深山老林里，接受教育的程度较低，一般只有这种人才能终生保持此类原始功能。

当然有些人经过高等教育，某种特异功能仍然被保留。比如他的嗅觉能力超强，比如他的听觉敏度特高，或者还有某些其他我们不知道的潜隐功能。就像鲸、海豚能听见次声波——16赫兹以下的声波，我们人类是听不到的；蝙蝠能听到20000赫兹以上的超声波，我们人类也是听不到的。鲸和海豚需要次声波，是因为次声波在水里面的传播距离非常之远，有助于它在茫茫海洋之中寻求配偶；蝙蝠需要超声波，是因为超声波在黑暗环境中易于反射回波，有助于它在视觉缺失的情况下捕捉飞虫。那么某人可能具有某种极特殊的功能，比如也许他能听到次声波，那么他捕捉信息的通道都跟我们不一样，他会借此获得我们一般人根本无法想象的超大信息量。也许由于这些奇怪的、我们今天说不清楚的因素，使得某些人算卦很准，或者预测力较强，他甚至不学《易经》，都能做出某种常人无法企及的判断，这可能是个别人占卜算卦精准的原因之一。但不用多说大家就明白，这种人属于凤毛麟角，一定是难得一见的。

第二，易学积累的算卦经验。这话什么意思？请大家回想我刚才讲"十二辟卦图"，我说拿着这张图在一个固定的地方可以做精确的天气预报，它不是你学《易经》就能达到的，你必须将历经几百年、上千年积累的关于72候的气象统计学资料全部掌握，然后把它跟《易经》联系起来，才能起到这个作用。那么如果某人既懂《易经》，又对其背后隐藏的大量经验有所收集和学习，他才有可能做出我们常人做不出的精确判断。你不妨仔细看一下《易经》，它的爻辞和卦辞，其实里面大量表达的都是占卜师、算卦师的人生经验。

我举个例子。比如乾卦，它有四条著名爻辞，我把这四条爻辞说一下，一个叫"潜龙勿用"，一个叫"见龙在田"，一个叫"飞龙在天"，一个叫"亢龙有悔"。它讲的是什么？它说你气运不好的时候，人生处于低谷的时候，你要像龙潜在深渊里一样蛰伏起来，是谓"潜龙勿用"；随着你气运的上升，叫"见龙在田"，龙从深渊里浮升到地表了；你的气运继续上升，叫"飞龙在天"；当你气运达到最高点的时候，物极必反，你该倒霉了，这叫"亢龙有悔"。人生从来不是一条直线，人生历来是波折的。这一段爻辞说明什么？说明算卦师在其中代入了自己的人生经验。如果一个学《易经》的人，把《易经》数千年来积累的人生经验都记在心中，把它背后的知识也深加领悟和学习，他当然会赋有常人所不具备的未来判断能力，他根据你的性情气质就会对你当下的境遇做出某种大体预测。

第三，面相手相的关联基因。此话怎讲？大家知道什么叫基因，就是遗传因子的基本单元，就是最小的遗传因子，就像量子这个概念，是能量的最小单元一样。但是基因并不总是以孤立基因的方式下传，它常常出现"并联基因遗传"。

而且大家还要知道，我们人类的一切生物素质都跟基因有关。我举个例子，有生物学家研究蜜蜂群体的一种疾病叫"腐臭病"，也叫"袭蛹症"，就是蜜蜂的幼体"蛹"被细菌感染而腐烂。有一位生物学家，他的名字可能叫罗森比勒，他观察发现蜜蜂群体面对腐臭病有两种反应：有些蜂群任由腐臭病漫延，在蜜蜂蛹巢里传播，导致该蜂群最终灭亡。而另一群蜜蜂，它们有一种能力，能把那些腐臭发病的蛹拣选出来，并扔到蜂巢以外，他称其为"卫生型蜜蜂"。于是罗森比勒就把这两种蜜蜂杂交，杂交的结果全是不卫生型，这说明什么？说明卫生型基因是隐性基因。于是他就把这些杂交过的蜜蜂再回交，也就是让子代再跟卫生型蜜蜂的亲代交配，回交产生的子代蜂群分成三类：第一类是卫生型，第二类完全没有卫生行为，第三类则是折中的，即能找到染病的幼虫，揭开它们蜂巢的盖子，但到此为止，不会把幼虫扔出去。这个时候罗森比勒立刻想到，第二类蜜蜂也许是拖出病蛹的行为能力不全，于是他就帮着揭开腐臭病蛹巢的蜡盖，结果有一部分蜜蜂随即把这些病蛹拖出去了。我讲这一段说明什么？说明蜜蜂的种种行为细节都是被基因规定的。

请大家记住我们人类的每一种疾病，甚至我们人类每一个体的性格、气质、思维倾向都是遗传的，都是被基因规定的。我举例子，比如拿破仑53岁死于胃癌。近代有学者研究说英国将拿破仑流放到圣赫伦那岛后，在他的食物里长期少量放入砒霜，把拿破仑毒死了。可医学家研究发现拿破仑的父亲也是53岁死于胃癌，就是说拿破仑的胃癌连发病的时间，都跟乃父完全一样，它表明那个导致他得胃癌的基因，调节此组基因的时间密码子都是遗传的。现在可以确证拿破仑不是被毒死的，英国人的投毒量没有把握精准，导致毒效未显而病魔先行了。我再举个例子。海明威是自杀而亡的，大家会觉得海明威是文学家，文学家都是多血质，情绪波动比较大，所以他自杀了。可是医学家追踪发现海明威的父亲、海明威的哥哥，斗大的字都不识两筐，照例是自杀而亡，可见连忧郁自杀都跟遗传有关。

我们人类的体态、性格、生理反应等等都跟基因有关，而基因在传递的过程中通常是"并联遗传"。我举例子。比如中国戏剧讲究描画脸谱，其实西方文化也看面相，它是有道理的，也就是一个人的面相，一个人的手相，它经常代入一个人的性格基因在其中。我再举个例子，我讲课动不动举例子，因为举例子容易让人听明白。大家看喝酒，我们通常有两种反应：一种人喝酒脸红，一种人喝酒脸白。医学家研究发现喝酒脸红的人行为方式比较和缓，喝酒脸白的人行为方式通常比较峻急，这里面没有好坏之分。请大家记住，一个人做事和缓，他做好事、坏事都和缓，他和缓地做坏事会做得更深广，所以这里面没有好坏之别。

那么为什么会出现这两种情况呢？是因为这个性格基因，行为和缓或行为峻急这一组基因，与支配小动脉血管括约肌的乙醇受体基因并联遗传。你之所以喝酒脸白，是因为基因决定动脉小血管的括约肌碰到乙醇就收缩，导致后面的毛细血管网不被灌注，于是脸色发白；你之所以喝酒脸红，是因为基因决定了小动脉括约肌碰到乙醇就扩张，毛细血管被灌注，因此脸色发红。

所以请注意，喝酒脸红的人在大量喝酒的时候会发生低血压，需要小心。喝酒脸白的人，由于小血管收缩，血压会增高，因此如果是高血压病人就比较危险。总之，乙醇受体基因通常并联着行为基因、性格基因，比如刚才提到脸红的人做事和缓，脸白的人做事峻急，我前面也讲过和缓峻急不代表好坏。但是做事峻急的人，给人的感觉不舒服，做事和缓的人，给人的感觉很妥贴，于是红脸代表忠臣，白脸代表奸臣之类的说法就这样出现了。

我这里讲什么？讲并联基因，一个面相基因和一个性格基因偶或是并联的。我再举一个例子。我们手上有一条非常细微的手纹，叫婚姻线。这个特殊的手纹有时会和一个性格基因并联遗传，这种性格叫"柔韧性格"，就是这种人做事情非常有韧性。为什么把它叫桃花线、婚姻线？是因为大多数人追求一个女孩，女孩看不上他，说一句"癞蛤蟆想吃天鹅肉"，他大受侮辱，从此不理对方，这场恋爱终止了。可有柔韧性格的人，你再骂他都不走，他今天给你送一朵玫瑰花，明天给你送一盒巧克力，最终任何女子都逃不出他的魔掌，这叫"好女怕缠夫"。有这种柔韧性格的人是非常厉害的，而这个行为基因和一条手纹有关系。

我再举例子。临床上有一种疾病肝硬化，病人肝功能损伤，胸部周围会出现蜘蛛痣，也就是一个红色的痣点，旁边有许多细丝纹，像一只蜘蛛趴在胸上。它实际上是肝功能受损不能灭活雌性激素导致毛细血管扩张的产物。看到蜘蛛痣立即可以判断，病人接近于肝硬化或者已经肝硬化。可是我们在临床上偶然会发现，有些人肝功能完全正常却也有蜘蛛痣。医学界曾对其中个别人随访，结果十年二十年以后，这个人果然肝硬化了。它说明什么？说明蜘蛛痣的基因和肝功能免疫系统有并联关系。大家知道在中医上，甚至在西医上，我们经常会通过一些体征预见一个人未来的病况。比如中医通过看耳相，大致就能说出你将来会得什么病，这其中的某些看法确实是有道理的。

中国古人对这些东西颇有研究。如果某人对这些东西深加掌握，然后他又能借助于现代生理学或病理学知识对其加以筛选，再配合上《易经》的卦变关系，他当然会只见你一面，大致就知道很多你自己都不掌握的信息。但大家想想具有这样能力的人何其之少。因为古人所说的这些东西大多数都是乱讲一气，你要在这类乱七八糟的杂谈之中找出个别居然说准了的事情，且能把它筛选出来作为判断依据，难度何其之高？你得有多少古文化知识和现代分子遗传学知识，这个问题才能够辨析解决。所以个别人算卦较准确实有一些我们今天可以解释的合理成分，虽然我们解释不了的更多。

但是请大家想一点，如果一个人预测事情精准，具有极高的事前判断力，他还用得着给你算卦吗？要知道我们所有人做判断、做决策，正确率通常都达不到 50%，大多数判断都是错的。只不过你的某一个正确决策，会覆盖或弥补此前错误判断的损失。如果一个人能够事事判断无误，能够对未来有精确预测，他还去给别人算卦？他当地球球长都来不及。

我举一个例子。比如某人有精确预测能力，他拿一百块钱去炒股，每天都找准涨停板的股票，只需要两年，他就可以把自己的一百块钱变成数亿元资金，不信你算一算。我曾经见过一个报导，说某人拿四万块钱炒股，短短数年时间赚钱达四亿之多。有记者问他，他怎么会有这么准的眼光，他说我并没有什么预测神力，我只不过对 K 线图有一种特殊的悟性，并且擅于长线持股。他并不能做到事事算准，尚可用四万块钱短短几年赚数亿元，想想如果一个人遇事总能精确预测，他还用得着摆地摊去算卦吗？

而且大家还要注意为什么做实务工作的人，比如当官的、比如经商者特别倾向于相信这些东西？是因为他们的工作性质太复杂了。做实务工作的人，你要拿出任何判断和决策，都有成百个因素在影响着你，你要想做出一个正确的决策太难了。而且就算你今天做了一项决定，你认为是适当的，你都不知道若干年以后它的远期效应到底如何，它很有可能把你带入另一个陷阱。反之，你今天做了一个决策，近期看是错误的、有损的，结果远期却把你带上了一条光明前途，这种情况比比皆是。

所以中国古代有一句成语"塞翁失马，焉知非福"，什么意思？世事多变，难以逆料，任何决策在相当一个时段内，你都无法判断它是正确的还是错误的，这还姑且不说决策影响要素太多所构成的麻烦。而文人的工作其实相对简单，他只需在概念和逻辑链条上单向运行，因此他用不着这些东西，所以真正的学者，迷信算卦的人一定很少。而实务工作者、官员、商人更倾向于相信，是因为他们的工作难度太高了，决策难度太大了。但是大家要注意在今天高信息量时代凭借这样的东西作为决策依据，你很容易受到误导。请记住《孙子兵法》上的那句话——"不可象于事"。

我并不否认《易经》今天在算卦上仍然有用。比如"中性决疑"，两边的信息量相等，这个时候你左右为难，而你又必须决策，不能等待，此时你找一些辅助决策手段，找一些你信得过的人给你算一卦也不失为一个好办法，它至少比你优柔寡断要强。但这相当于你猜钱币的正反面，即与抛钱币帮你决断的成败概率基本相等。我的意思是说在大信息量时代，还运用人类远古低信息量时代的决策辅助方式可能有问题，但也仅仅是可能。如果你身边有我今天不能解释的高人，我绝不否定他们。

我再说一遍，人类今天的知识并不能有效解释世间的一切事物，因此人类经验上和历史文化上积累的所有东西效用长存，且信从者长存。这像是一种无谓的妥协，但也是永恒的事实，因为越原始、越低级的东西一定越稳定。

中西古今比较：博弈论的决策模型

20世纪西方数学界出现了一门学问叫博弈论。这是一个纯数学的学科。我一说纯数学，大家就应该想到它是一个抽象的精密逻辑产物。博弈论讲什么？讲一组局中人，各自可以采取行动，并且谋求得到盈利的策略关系。它居然是拿数学计算的，而不用古代具象类比的粗糙方式处理预测问题，结果达到极高的学术水准，成为今天数学领域的一个重要分支，成为指导现代决策行为的基本方法，在相当大程度上能够精确地做出决策预判和决策分析。

我在这里略微举几个例子。先看"智猪博弈"（引自《身边的博弈》董志强 著）。

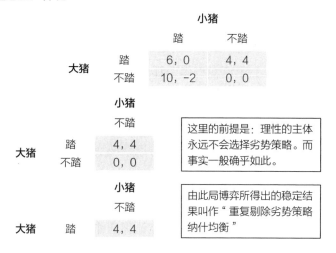

"智猪博弈"模型

局中关系是这样的，说有两头猪，一大一小，共处同一猪圈，内置一个踏板，猪只要踩压踏板，相反方向的食槽里就会落下10个单位的饲料，那么大猪小猪会怎么行为呢？设定不管大猪或小猪，无论谁踩这个踏板都要消耗两个食物单位的能量成本，也就是得 –2 值。如果大猪小猪都去踩动踏板，然后跑到对面去吃食，由于大猪动作快，它能吃到 8 个食物单位，而小猪只能吃到两个食物单位，即大猪的净收益是 6，小猪的净收益为 0；如果只是大猪去踩踏板，小猪守在食槽边上不动，大猪返回来吃食，那么大猪会吃 6 个，小猪会吃 4 个，于是小猪大猪的净收益都是 4 个食物单位。如果小猪去踩踏板，大猪守在食槽边，那么小猪回来，大猪把 10 个食物单位全吃完了，小猪的收益是 –2，大猪的收益是 10。在这样一个对局中，小猪一定采取不去踏板，静候在食槽边的策略，而大猪只好去踏，因为大猪不踏收益是 0，大猪去踏还得 4 个收益，所以小猪、大猪在经过一番胡乱折腾之后，最终各自一定采取最有利的行为策略，此谓之达成"纳什均衡"。

纳什这个人，是20世纪美国的一位著名数学家。所谓纳什均衡，就是指局中每个参与者所采取的策略相对而言都是最优反应。要知道任何生物，它在一个博弈群体中都必定选取对自己最有利的决策，纳什均衡是从这样一个互动响应的过程中逐渐对撞出来的结果。这种博弈决策过程，我在这里是形象地讲，而不是用数学语言讲，专业上它是能够进行数学精算的。它可以给所有弱势者一个提示，比如你是一个小企业，你就不要去做广告，你就不要去做复杂的研发，因为你做广告等于帮着同行大企业做宣传；你投资创新，大企业立即追随，并快速占领市场，最终可能让你血本无归。你实行"小猪不踏板"的策略，肯定对你是最佳选择。而大企业必须做广告、必须进行长线研发和创新，否则它难免陷于被动，这是一个老谋深算的博弈关系。

再者，这种博弈论精算，在很多事情上具有深刻的解释力。我举例子，看看恋爱博弈。大家知道人类的恋爱过程是非常复杂的，男女之间存在着一系列微妙的互动关系，为什么会发生如此复杂的纠葛？是因为高等动物历来就有两性博弈。我前面讲过生物有机体只不过是基因播散的运载体，鸡只不过是鸡蛋缔造更多鸡蛋的工具，所以任何生物，它的有机体是转瞬即逝、代代抛弃的，只有基因永垂不朽。而任何中高等生物群体，看起来仿佛没有多少智力的生物群体，它的两性之间一定是博弈状态。原因在于越高等的生物，育后难度越大，且雌性动物必须承担主要责任，进至哺乳动物，怀孕都在雌性体内，喂奶也由她独自进行，父亲没法取代。即是说繁殖育后的负担天然转嫁到雌性身上，于是在这类动物里两性博弈就变得越发难缠了。

生物学家研究发现（引自《自私的基因》理查德·道金斯　著），两性之中必然分化出如下四种类型：雌性生物大多表现为"矜持高傲型"，也就是让雄性动物不辞辛劳地追求她，上刀山下火海，绝不轻易嫁给你。干什么？她必须筛选出"忠贞不渝型"的雄性，因为只有筛选出这样的配偶，她才能保证做父亲的将来会协助她养育后代。但是在雌性群体中，一定有少量的"放荡淫乱型"个体，她们碰见雄性就乱交，一时间生出的孩子超多，比矜持高傲型播散基因的效果更强，所以短时间看放荡淫乱型雌性会暂时居于优势。但由于跟她来往的不免大都是"薄情寡义型"雄体，交配之后就率然跑掉，所以她育后难度增高，育后成活率下降。这个博弈的结果，长期来看自然会使雌性中的矜持高傲型上升，放荡淫乱型被淘汰。大家设想，由于雄性不用管哺育后代的事情，所以雄性中一时得势的一定是薄情寡义型，他最容易把自己的基因播散。但是由于他不协助雌性抚育后代，因此终将面临越来越多的矜持高傲型雌体，而他又没有耐心保持对雌性的持久追求，于是其婚配失败率倾向增高，导致最后占优势的仍然是忠贞不渝型雄性。

生物学家竟然可以做出精确的计算，发现不同动物的雌雄两性中，上述四种类型各占多大比例。比如人类雌性中矜持高傲型占百分之八十多以上，放荡淫乱型超不过百分之十几。说起来放荡淫乱型最能招惹男人，可为什么男人们又总是鄙视这种女人，就是因为这个生物进化传统造成的。而雄性中薄情寡义型大约占百分之三四十，忠贞不渝型大约占百分之五六十，这都是可以精确计算的。

我再举例子。在任何一个生物群体中，同种生物一定分化出"鹰派"和"鸽派"，也就是强势生物个体和弱势生物个体。我们一般人会认为，强势者也就是鹰派一定获得更大的收益，刚开始是这样。但是大家要知道，鹰派随之就会遭遇同是鹰派的竞争，鸽派永远不挑战鹰派，它见到鹰派就躲避。而鹰派之间会竞争格斗，最终导致鹰派反而遭遇损伤，收益转化为负值。在这个博弈过程中，任何同种生物包括人类在内，其鹰派比例一定占百分之二十左右，鸽派一定总体上占百分之八十左右，形成二八格局。

这种东西可以精确预测，而且它告诫弱势者，千万不要卷入竞争。它也同时告诉强势者，你的预期收益跟鸽派大致相等，会达成纳什均衡。因此强壮者、强势者你想躲避竞争都躲避不了；弱势者、鸽派者你最好不要参与激烈的正面竞争，这是你恰当的博弈策略。尽管个别强势者最终可能赢者通吃，但别忘了他当初采取强势鹰派策略的时候，他的事前预期收益其实和鸽派均等。

研究这些问题，变量参数可以根据条件变化而随时调整，最终做出数学上的精确预测，这叫博弈论。我想说的是什么？博弈论是发生在 20 世纪西方数学界的一门新学科，它所讨论的前瞻预测问题或策略学建构达到精密逻辑水准。它跟人类古代对事情的预测，不管是西方的算命星相，还是中国的占卜问卦，所达成的切合效果完全不同，它是人类使用哲科精密逻辑体系的后续产物。它发生在 20世纪，是由于人类逐步进入信息时代，用原始的预测方式显然无效，于是精密逻辑必然引出博弈论数学体系，成为今天广大学术界的一个前端研究工具。而且可以预见，未来大数据时代的决策模式更将朝着这个方向迅猛发展。

须知西方自古也有星相算命这些东西，但它基本上不登大雅之堂，因为西方工商业文明无法用这些原始的、低信息量的决策工具来应对，所以便与中国形成截然不同的格局。中国直到中古时代，文人士大夫都是要研究《易经》的。各位去中国的寺庙里，你会看到算命的、抽签的堂而皇之现身其间，你在西方的教堂里绝对见不到这些东西，因为在工商业社会的主流文化中，这些东西无法让人信服尊重。这表明随着总体信息量的增加，你的文化表现形态以及思想整顿模型必须跟进，你用原始低信息量的思想方法处理问题，犹如形成侧枝盲端，或如走进了死胡同，它会使你与时代不相匹配，会给你造成某种行为决策能力的损害。

因此如果你面对复杂问题的决策，也就是大信息量的分析研判，劝你千万记住，务必运用理性的精密逻辑体系进行工作部署，它才是跟这个时代相匹配的行为决策系统。我这里没有褒贬之别，我只是告诉大家，人类文化随人类文明阶段、随人类生存格局和生存形势的前展而变迁，随信息量的增加而演动。一种文化处在封闭僵化状态之下，不随时代递进，一定是这个文化跟当时的生存结构相匹配，譬如《易经》文化在中国持续数千年，是因为东亚地区的生存结构一直停留在农业文明阶段。直到1840年以后中国的农业文明体系才被打破，我们才逐步迈入工商业文明，因此固有的文化形态一直完好保留。可你今天正深陷于剧烈的、激进的工商业社会转型之中，它需要相应步调的文化转型，请大家深切理解这一点。

我们最后做课程小结。

我首先揭示了《易经》文化的发生学原理，并高度肯定其原始生存文化效应。我接着讲明它是中国广义哲学思想的源头，有力地影响了中国儒道两家的"道论"之伸展。所以你如果听懂我的课，你应能听出我对《易经》历史合理性的首肯。同时我告诫大家中国的《易经》文化和中国的儒家文化一样是典型农业文明的文化体系，是低信息量时代的一个决策手段和辅助模型。因此在今天进入工商业文明的时候，它会显得相对幼稚而不匹配。中国传统文化处于前神学时代，前神学文化与哲学思辨文化的非典型接续形态就是《易经》的一个基本特点。

今天我们激烈地跨越工商业文明，迈入信息量超大的全新时代，原本的那个低信息量的处理工具或思想方法显得相对过时，这是正常的跃迁更替现象。人类的文明进程，不是人类选择的结果，如果这句话成立，那么人类的文化进程也由不得人类选择。我并不是讲哲科文化就好，中国传统文化就不好，我没有褒贬之意。我只想重申，不必讨论好坏，请理解你的文化形态不由你随意选择，它是一个历史进程的必然产物。你只有把自己的文化组合和现实的生存形势相匹配，你才能具备基本的文化适应性。

总而言之，我提请大家听懂我在讲什么，"软态文化属性"与"硬态文明结构"必取匹配格局。人类的一切文化就是生存体系本身，也就是生存形势流变的适配系统。深刻理解这一点，你才能理解一切人类文化的本质。

课后答疑

我们下面留出时间给同学们讨论提问。

同学提问：先生你刚才提到"侧枝盲端"，结合未来文化你能不能再讲一下这个概念。

东岳先生：这个话题后面课上我会详谈。简单地说，就是按照达尔文列出的"进化树"来看，有些物种在主干上生长，有些物种在侧枝上运行，前者具有继续演化出新物种的前程，后者变成演化盲端，成为一个个终止点，就像一棵树上的无数旁生枝节，繁复蔓延，花叶茂盛，但无论怎样也不可能变成主干，亦即失去了发展壮大的前途。中国的易学算卦、西方的星相预测以及人类原始各族群都有的种种巫术等等，就属于文化学上的侧枝盲端，这些东西不可能形成新文化的增长点，不具有统领或整顿更大信息量的思想功能，因此才会停滞于原位而层累纠缠。

这里有两点需要说明：第一，首先必须理解，人类的文明与文化不是我们选择的结果，而是一个自然规定进程，由此形成发展主干。第二，任何一棵树都必然疯长许多侧枝，它们也并非毫无用处，总体上还是扩大了树冠，使之采集到更多的阳光与能量，所以各自虽然远离了主干的成长方向，却也功效卓然，未可砍伐。

同学提问：先生您好，看见《易经》教材后面有"堪舆学"课件，想听您简单讲述一下。

东岳先生：我们今天的时间有点少，所以关于风水的话题，我没有时间讲了，我在这里只做一个简单说明。"风水"也叫"堪舆"，西汉早年《淮南子》说："堪，天道也；舆，地道也。"堪舆学即天地之学，但是实际上"风水"不过是古人"相宅"的学问。如《尚书》记载："成王在丰，欲宅邑，使召公先相宅。"所谓"相宅"，有阳宅和阴宅之分。阳宅指建城、筑房，所要解决的是地貌、山形、水流、坐向的问题；阴宅指坟墓、陵建，所要解决的是防水、借势、木石取材和愿望延伸的问题。总而言之一句话，"风水"跟《易经》一样，它早年的发生是有其需要和道理的。古人如果不讲究风水，当年建立原始部落就会形成巨大的麻烦。大家想想先民选址定居，必须临河而居，否则水源是一个问题，可临河而居，动不动就会遭遇洪水泛滥带来的灾难，因此，他既要临河，又要选取高地。并且古人建房必须向阳，坐北朝南，因为太阳总是在南边运行。多说一句，阳光照度对人的情绪都会造成影响，所以每到冬季天气阴晦，人特别容易发生抑郁症。再者，古人居住在荒野空旷之地，他必须寻求安全，绝不能把房子建在密林的周边，这会招致猛兽或者异族的侵犯。古来认为"事死如生"，选墓地必须考虑下挖防水问题、地标借势问题、木石取材问题以及死者的遗愿得以延伸的问题等等。所以，古人相宅看风水，自然不能不特别谨慎和考究。类同于我讲《易经》，最初发生的时候是为了解决一些原始追问，即与生存相关的基本问题，此外别无玄机可言。然而，不可避免地，后来风水也同样出现层累效应，中古时代以降，它被玄学化、神秘化，后人编造了很多牵强附会的东西，把它弄得颇为复杂，这在很大程度上背离了原始堪舆文化的历史初衷。对此我不再多讲，大家参照我讲《易经》的方式，就可以大致理解它的发展概况。

同学提问：先生，在你说的那个性别战争里面，你提到过雌性中矜持高傲型占多数。但可怕的事情是当前区块链去中心化，竟然提出一个概念，叫分布式女友和男友的组合，那个东西一旦被接受，最终放荡淫乱型会大幅度上升，然后薄情寡义型的雄性也会跟进暴涨，人类的繁衍生存会受到很大的挑战。这是不是也符合先生所提出的递弱代偿原理？这是我自己观察到的，我也潜移默化地接受了这些思想，看来挺可怕的。

东岳先生：我刚才讲两性博弈，那些个参数比例针对的是人类传统生活模式下的男女状态。要知道博弈论是一个非常精确的数学模型，在不同的生物种类中雌雄两性的相关比例都是不一样的。因此请记住，博弈论作为精密逻辑的计算方式，是要根据不同的群体、不同的环境、不同的物种，或者同一物种比如人类进入不同的时代等，相应引入不同变量才能做精确计算。那么今天人类已经进入性解放时代了，为什么会如此，我在孔子课上讲过，人类的核心家庭正在逐步崩溃，人类的两性关系正在发生巨变。如果有人提出今天乃至不远的将来，男女两性中放荡淫乱型和薄情寡义型的比例可能会上升，我不持异议。它标志着人类传统家庭结构正在趋于解体，它是人类生存形势恶化的又一项指标。因此我可以肯定地说，尽管今天的人类表面上更开放了、更文明了，但是它意味着人类的生育和生存前景将会出现重大麻烦。

同学提问：先生，刚才讲博弈论，说那个小猪选择的时候，我其实在想如果我是那只小猪的话，即使是白跑，我可能也会选择去跑。因为我锻炼了身体，强健了体魄，我下次就有可能长成大猪。所以如果这个猪是有自由意志，或者是有某种精神属性的话，这个计算是否还成立？还有纳什均衡，它对个体行为的预测，与对工业化大规模群体行为的预测，是否一样有效？也就是说，在不同的信息环境下，在不同的奖励机制下，它是否一样适用？因为信息环境可能会有小的社区，小的社区会有小的规定。

东岳先生：我试着回答你这个问题。如果你是小猪，你总是去踩那个踏板，我相信你一定饿死。我再说一遍，踩那个踏板是要消耗两份食物单位的能量的，如果你反复去踏，大猪一定不去，它一定会把饲料吃光，因此你一定会被饿死。请牢牢记住，任何生物主体，或者说不管智慧高低，任何有基础判断力的生物主体，永远不会主动选择劣势策略，这是注定的。如果你要在某个场合下选择劣势策略，你就必须加入一个使劣势策略优势化的变量，也就是这个计算中你必须加入另外的参数，所以你的这个问题并不表明博弈论不成立，只表明你没有关照更复杂或更具有强迫性的条件。我再讲一遍，博弈论是一个数学系统，它对群体决策和个体决策都是有效的，只不过你讨论个体变量的时候，如果你是讨论一个群体之内的特殊个体，你就要代入太多的参数，它的数学计算会变得非常复杂。

有关这个话题，如果你的数学基础足够好，希望你去阅读不是科普版的博弈论，钻研博弈论数学全系列，你的这些问题是有确切答案的。如果你不用数学精密逻辑，你可能理解不了引入过多参数是什么概念，仅此而已。

同学提问：东岳先生好！我的问题是这样的，您刚才的教材里有提到那个"非典型接续形态"，所以我想知道"非典型接续形态"，它是主干文化还是属于侧枝盲端，然后文化主干的发育不良是否导致农业文明向工商业文明转型迟滞？而精密逻辑是不是也会出现层累效应？

东岳先生：刚才讲课我不愿意多讲这个部分，因为我特别担心给大家一种误解，就是让人觉得我在褒扬西方文化，贬低中国文化，所以一旦讲这类话题我总倾向于模糊化。我再强调一遍，我讲课没有褒贬含义，我只讲所以然。但由于人类的文字和语言早已带入褒贬意味，因此你听起来特别容易产生误解。我说《易经》是前神学文化和哲学思辨文化的"非典型接续形态"，什么意思？中国文化处在前神学期，它没有真正发育到"神学期""哲学期"和"科学期"，这些都是鸦片战争以后被西方用强力灌注进来的一脉文化。但是人类的文化和文明是不由人类选择的，也就是中国文化的潜质中只有一条发展通道。既然如此，那么它的文化演变就必然有一种朝向哲科文化迈进的冲动和内涵，或者比较容易产生这类萌芽或旁枝。《易经》文化就是前神学文化和哲科思辨文化之间的"非典型接续形态"。仔细看《易经》是什么？虽不是神学，但又有神秘性；也不是哲学，但又是中国广义哲学的基础。因此它是非典型神学和非典型哲学的一个变态交汇。请各位想想我这个表述是不是很恰当呢？中国文化中缺失了神学阶段，它一定会要求某种形式的补充，这就是我在课件中所说的下一段话，也就是神秘文化、佛教、道教这三样东西的总和，构成中国神学期缺失的非典型性填空，它的道理已如上述。

哲科文化主干当然也会有层累问题和转型问题，但它主要表现为一个被规定的成长序列。它的滋生蔓延同样会带来一系列麻烦，而且同样会逼迫着自身不得不发生相应转型，我所谓的"后科学时代行将来临"就是指这一点。有关这个问题更系统的讨论，请大家关注其后的"中国文化衰落"与"人类文明的趋势与危机"这临末两堂课。

同学提问：听了老师几堂课，明白了很多，对一些问题、文化以及文明的产生，这些深度本质的东西有很多的了解。但是同时带来一个困惑，我觉得精神无处安放，确实如此，困惑很大，请您解释一下，接下来该怎么活着。

东岳先生：如果你原来的文化认知让你有稳定的精神寄托，通过听我的课反而陷入迷乱，我前面讲过这恰恰是有效学习，它标志着你的精神文化结构将会升级，你今天的迷惑是你未来清醒的前奏，所以你应该祝贺自己，只不过它需要你继续学习。

好，大家还有什么问题？

同学提问：东岳老师好！我问一个问题。今天您一开课的时候说我们人类的文明现在是处于中年期的这样一个状态，我很好奇是哪一些因素或者指标，让您做出这样的一个判断？

东岳先生：我为什么讲人类文明现在进入中年期？大家可知道此前人类文化的主体特征是什么？是积极情态，甚至是过激情绪，总称为"积极文化"。就是追求进步、追求真理、追求发展、追求超越。西方如此，中国照样，尽管相较之下中国像是保守论文化，但占主流的是儒家，而儒家取积极态势，只有道家一脉、老庄学说是真正的消极文化，但历来不占主流，只形成淡远的背景，算不得中国传统文化的主体特征。然而，我不得不说，这个积极文化的大势行将结束了，工商业文明走到今天，人类已经面临生死存亡之大限。在文明和文化表现为积极进取的数千年中，人类就像一个小孩逐渐长大，那个时候他需要积极进取，需要多多地采集能量，从而促进身体生长和发育。可人到中年以后，他一定表现为意志渐趋消沉，体能日益下降，活动的频率和活动的强度倾向降低，这是人类晚年的生理保护机制。人类文明积极运行已达数千年甚或上万年，如今面临重大的麻烦，它标志着人类的下一期文明必将转换为消极文化态势。请注意我这里所说的"积极"和"消极"是中性表述，没有褒贬之意。我只是根据人类今天的发展态势断定人类已不可能再像过去一样走狂热鼓噪的积极之路，否则人类一定面临无法处置的灾难。从这个意义上讲，我现在敢于断言人类文明已经走入中年期，也就是走入类似于生理学上从积极到消极的拐点。

同学提问：先生，想请教您如何读书，在无用空间的时候您答疑，提到了马基雅维利的读书方法，你非常认可。我们这堂课后就只有一次（上课）机会了（注：线下课每次连续两天）。全国同学包括跟您在一个城市的我，以后大概率相望于江湖。在此即将毕业之际，恳请先生能够再分享一下您博览群书的方法，授人以鱼不如授人以渔，让我们在当下懒与乱的社会环境下更好地求存，谢谢。

东岳先生：关于如何读书，我建议大家上福州无用空间网站，调出我在该书屋为《物演通论》做答疑的那些讲座，其中有一部分我讨论了如何读书，我在这里只做最简单的说明。我觉得读书最重要的是要读好书，因为读书就是跟作者对话，你读什么样的书就等于你交什么样的朋友，就等于你受什么样人的影响。因此，一定要读思想性强的书，它才真正能够给你带来思维训练和知识能力的提升。而那些书通常是比较艰深的，读它可能不会给你带来愉悦感，它需要你认真精读。所谓精读，就像读数学书一样，一个小时你能读两三页，就已经算读得很快了。这种读书方式比较痛苦，但是你只有进入那个状态，才能进入高端思维训练。

　　但是，我在这里也想补充一个相反的话题，我并不要求或者并不提倡大家过多、过深地读书，为什么？因为读书会损坏一个人的行为能力，使人变成书呆子。因为读书是在纯逻辑上运行的，它是思想训练，而世界并不是按照人类的逻辑线索铺展和运行的。人类运用逻辑只不过是尽量把握和对接这个世界体系，你无休止地读书，你会在逻辑系统上建立一个线性的思维习惯，它跟你的日常决策行为方式会有很大出入。因此，自古以来，读书人酸腐而不成事，就是这个原因。所以我并不主张或者并不强求大家读太多书。但是，我提倡勤于学习，怎么学习？你得根据你的工作和生活状态，以及既成的生存格局决定你的学习方式，包括读书取向。学习为什么非常重要？大家想明白一点，你的人生只有短短几十年，你真正有行为能力和思考能力，至少在你 7 岁甚至是十几岁以后，到你五六十岁以前，短短三四十年，你用这三四十年能积累的知识和经验，大家想想那有多么得微小。什么叫文化？它是大约上千亿人累积数千年经验和知识的总和。学习是什么？在短短几年、几十年时间里，把上千亿人所积累的文化倏然转移于自身，请想想它是一个多少巨大的赋能过程。

　　所以，学习就等于让自己的精神在空间和时间上扩展到一个尺度巨大的能量场上，因此学习太重要了。如果一个人，他不能活到老学到老，他没有自学的能力，或者是没有这份兴趣，则他绝难有所成就。

因此，我说了两个相反的观点，读书太多有可能损害你的行为能力，我的意思是说对于各位务实者而言，千万不要读死书。对于做学问的人来说，最重要的就是读死书、认死理，要执着于一个问题方向钻研，论证到底，千万不敢分散精力、活学活用。但是，另一方面，我又要告诫各位，如果你不学习、不读书，你将苍白得像一个动物，因为你等于放弃或远离了人类文明和文化，而人类一切文明生存都是在文化思想总汇聚的基础上才能爆发代偿力。

好，大家还有什么问题？

同学提问：先生您好，《物演通论》第54章，您讲到空间是物质失存于高度势位的失位性存在方式，时间是物质失存于高稳势态的失稳性存在方式。我的问题是时间与空间的延展与存在度和代偿度有什么样的对应关系？请先生指点一下。

东岳先生：显然你是认真读书的人，像这么专业的哲学话题，我在这个普通讲课上，要想三言两语说清是比较困难的，建议你搜索一下无用空间的网站，看看我在读书答疑会的讨论，我在这里只做最简单的提示。

人类的时空观永远是一个主观模型，客观世界的时间和空间是什么状态，我们永远不知道。我们的时空观是随着我们生存形势的变迁而变迁的。它的属性分类叫广延属性，因此我们在逻辑推导上可以把时空观视作一个代偿变量。而且我们可以断言，时空观一定是随着人类生存度的衰减而不断更新的，它绝不会是一个固定概念。事实也证明，从古希腊的泰勒斯、托勒密到休谟、康德再到牛顿、爱因斯坦，人类的时空观在短短两千多年里发生了一系列的变化，它表明人类的时空观是各个阶段之主观思想模型对广延属性的解释系统。我在《物演通论》第 54 章所讨论的，就是当今比较新的一个别样的时空观，所谓"失位"与"失稳"，都是人类存在度下降在时空广延属性上的代偿动摇存态，它们的更深含义是什么，你得继续读书。

同学提问：先生您好，您在讲儒家那门课的时候提到"情境评价"和"终极评价"。情境评价是以自己的主观情境作为评价尺度的评价；终极评价更多的是站在是否能够维护人类或者是文明生存的角度来进行的评价，您提倡的是终极评价。我想问的是衡量"终极评价"的尺度或者标准是什么？比如人口、经济水平或者是科技水平，或者是其他的什么？比如说，中国的历史上有过很多次少数民族入驻中原的事件，像"五胡入华"等，它对当时的民众和文化其实都是一种损害。但是如果从一个更长的时间来看，它又代表民族的融合。对于这种情况，终极评价应该如何来评判？想听听看您的观点。

东岳先生：这个话题我也同样会在最后一天的课上讲解，我在这里只做一个说明，顺着你这个问题做一个说明。我一再强调，我们头 11 天课都是在直观现象层面的解说，都不足为凭，都是浅薄之论，大家要想知道这个世界为什么这样运行，人类的思想为什么这样发展，人类的文明为什么这样突进，人类文明的趋势究竟是什么，都得期待第 12 天，也就是最后一节课。终极尺度绝不能在现象层面上讨论，它得在哲学最底层上讨论，你刚才举的那些例子仍然是历史现象上的例子，它距离终极尺度还非常之远。你这个问题的答案我将在第 12 天的课上回应，当然它的前提条件是那节课你要能听懂，其中某些部分的难度是比较大的，大家最好做一点预习。

佛学宗旨及其文化影响

开题序语

我们现在开课，今天讲佛学。

佛学是外来文化，它对中国的整个社会文化、精神体系浸染极深，殊可一谈。回顾我前面的课程，我讲东亚大陆是一个封闭地貌，中国文化的主体以中原文明开端和塑成的农耕文明为主轴，以北疆游牧文明为补充，形成了华夏文明的基本构态。由于它的封闭地貌，它有充分的时间和空间在长达数千年的时间里对自己的原始文明及其思想系统精雕细琢。

由于这个特点，所以外来文化对它的侵入便显得稀少而精炼，因为它有充分消化偶然侵入的异样文化的时间。佛教代表印度农耕文明的另一种形态进入中国，它以慢慢流淌、层层渗透的方式，对中国固有的农耕文明加以强化、加以补充，相互融会贯通，以至于形成中国传统文化儒、释、道三足鼎立之一足，以至于你今天如果不了解佛教，你就无法理解国学思想的某些精髓。我讲这一段话的意思是想告诉大家，这个独处的古老文明，它面临罕至的外来文化冲击所特有的一种姿态。

我举一个例子。大家到埃及，到叙利亚、伊拉克这些地方去走一走，它们属于环地中海文明，处在开放地貌之中。在人类的远古和中古时代，异域民族扰攘频繁，文化交流或者叫异质文化冲击从未停歇，因此它们消化某种外来文明和外来文化的时间、空间、精力都非常有限。试看一下埃及，埃及在 5200 年前出现法老王朝，这就是所谓的法老时代，稳定持续 2000 余年，因此，埃及文化的底层是法老文化。但随后古希腊人侵入、古波斯人侵入、古罗马人侵入，接着到 7 世纪以后，阿拉伯人侵入，到近代拿破仑侵入、法国文化侵入，到现代英国侵入。因此，你今天到埃及去看它的整个文化状态，层层叠叠形成紊乱分布，它的文明构型多少显得有点支离破碎。因此，关于埃及文化的近现代样式，我给它取个名字叫"多发性文明紊乱综合征"，它是这样一种状态。

可中国文化全然不同，自成体系、长期延续，偶有外来文化侵入，大多屏蔽、少数渗透、深入融合，形成互为一体的结构系统。因此佛教文化对中国的影响巨大，它是中国文明史上第一次真正意义上的外来文化冲击，但它却绝没有促成中国社会的转型或变形。

请大家回想，我在孔子课上讲，中国社会仅有过两次社会大转型，佛学进入中国没有促成社会转型，它反而造成中国固有文明形态的深化。我们再看第二次外来文化冲击，那就是到近代交通通讯条件提高，1840 年西方人——英国人，以鸦片战争的方式强力突进中国。大家注意，它跟当年的印度文化冲击完全不同，前者是流淌与渗透，后者是颠覆与置换。它在短短百十年的时间里，就把中国固有文化全部冲散，它代表着农耕文明后续发展的方向，以断裂、颠覆的方式刷新了中国原有的文明文化体系，从而构成中国文明史上的第二次社会大转型。

所以，我们了解佛学，就能对文化冲击、思想交融、社会变型这些人类文明史上非常重大的文化现象，做一个活体解剖标本来看待。也就是说，佛学的意义不限于对中国文化的影响，大家可以把它视为人类文明交融进程中不同形态的一个呈现样式，或者一个分析话题。这是本节课大家要特别注意理解的隐含思路。

由于中国农业文化的一个基本特点就是偏向于追求实用、偏向于功利落实，因此佛教进入中国，被功利主义操作所带动，使得佛说在中国的弥散普遍运行于浅层。要知道所有宗教都有两个相反相成的特点：一个是极度拔高，以至神圣；一个是极度降低，以至庸俗。拔高才显得它神圣，佛教有一句话叫"天上地下，唯我独尊"；而降位庸俗化会产生一个效果，使其在下层社会广泛传播。因此佛教在中国的世俗化流布，导致佛教独特而深刻的思绪常常不被理解。

当然，这个世俗化的过程，是任何宗教得以扩散的有力手段和方式，但它也造成人们对佛教思想的精髓难以把握。所以，我们今天讲课，大家注意它的标题叫"佛学宗旨及其文化影响"，也就是我们的重点只讲佛教原教旨，只讲释迦牟尼的原初学说架构，而不涉及它那个经过历史层累的庞大体系的细枝末叶。

佛学这个课，本来应该是非常耗时的一节课，上佛学院你得上好几年。我们今天只有短短一天时间，所以请大家集中精力理解我所要讲的佛教宗旨，也就是佛教思想的核心，以及佛教对中国文化的影响。

从哈拉巴文明说起

要想讲清佛学，我们首先得对古印度文化的塑成做一个基本了解。大家都很熟悉，印度处于南亚次大陆，它的原发文明是典型的大河文明。我一说大河文明，大家应该立即想到农业文明。印度河、恒河是塑造印度农业文明的基本地理条件。但是大家要注意，印度的农业文明和中国的农业文明有一个重大区别，就是印度所处的南亚次大陆这块地方，与西方环地中海文明具有相对比较便利的沟通条件。

大家看，从印度的西边，比如今天的巴基斯坦向北上行，恰好就是现代智人往欧洲迁徙的高加索通道，向西翻过伊朗高原就是一马平川，直达环地中海边缘。所以，当年亚历山大大帝征服环地中海周边，打到最东边的地方就是印度，可见印度和环地中海地区的沟通条件何其充分。这就使得印度农业文明，成为人类在远古时代，即与地中海文化，乃至古希腊半工商业文明，过早进行交汇的一个独特文化现象和独特文明实体。也就是说，印度文化是远古时代农业文明和半工商业文明、环地中海文明、古希腊文明的一个融汇杂交性产物。由于这个特点，它构成人类数百种原始文明的第三极。

我在前面课上讲过，我说东西方文明最具有两极性。东亚华夏文明是人类农业文明最精致的一个典范，环地中海地区以古希腊为代表，是早期工商业文明的一个异端、一个典型、一个极点。那么，印度古文明就是古代仅有的第三极文明形态。它的极性表达为东西方文明的远古交融系统，这是理解印度文明的一个重要的关键点所在。

1922 年，国际考古界在印度河流域发现了一个重要的古遗址，这就是著名的哈拉巴文明。它发生在公元前 2500 年，距今 4500 年。它竟然达到了这样的高度：它已经有了象形文字，刻在印章上的象形文字；它已经有了规划完整的城镇建设，它的城镇建筑居然是火烧砖材料。你到商代殷墟那个地方去看一看，中国古代都是土木建筑，火烧砖建材在中国是很晚才出现的。而且它有公共浴室；它甚至有致密的地下给排水系统……而这些东西全都发生在 4500 年前，比中国农业文明的信史时代还要早上千年，其主要原因就跟它的那个特殊地理交汇条件有关。

这个最早发生的哈拉巴文明，才是当地真正的土著文明。我讲到这儿，大家可不敢认为这就是印度古文明的源头。大家回想第一节课，我在课上讲 50 多种野生禾本科植物，据现在考察，印度连一种都没有，可见印度的农业文明不是起始于印度当地培育的作物，它很可能是从两河流域传过去的。所以，即使是印度的第一茬哈拉巴文明，这个土著文明本身也一定受到了环地中海文化和文明要素的影响，但我们姑且把它看作真正最原始的印度当地本土文明。它的地下给排水系统能够在那个时代形成，令考古学家十分吃惊，以至于有学者认为，后来古罗马城中的给排水系统，可能都受到它的某些间接影响。

到公元前 1500 年，就是 1000 年以后，这个文明却突然消失，当地原住民，甚至都被雅利安人种所置换。我一提雅利安人种，大家应该立即想到这也是西亚与欧洲人种的一支，这个过程表现了南亚次大陆通过高加索通道和西向里海黑海通道，跟整个环地中海地区交通条件的方便程度。因此，印度非常容易发生人种扰攘，而今天的印度人早已经不是远古时代的印度土著。伊朗人同样如此，今天的伊朗人也已不是当年的古波斯人，伊朗高原和印度完全连在一起，亦被雅利安等各色人种置换，这就是为什么今天伊朗人虽然信仰的是阿拉伯人的伊斯兰教，可是它却是什叶派，跟以阿拉伯人为主体的逊尼派形成强烈纷争局面的原因之一。

正是这个人种扰攘过程，终于造成印度的种姓制度。所以，首先了解印度文明的地理形成条件和特质，是大家了解后续我们所要讲的佛教内容的前提和关键。

佛教被接纳的社会文化因素

我讲了在公元前 1500 年，雅利安人逐步侵入南亚次大陆。300年以后，也就是公元前 1200 年，由雅利安文化和印度土著原始宗教文化融合而成的一个新文化发生，这就是著名的印度吠陀文化体系。《吠陀》实际上是印度古代的一个诗歌集子，从其中的内涵，我们就可以看出，它兼具东西方两种文化的特质。

我们把吠陀文化的基本分类看一下。

第一项叫"内明"。所谓内明就是追问灵魂的学问，这个东西在中国原始文化中是不存在的，它是一切神学和宗教文化的基本追问。

第二项叫"声明"。所谓声明就是音韵学，也就是拼音学这个东西，在中国早期文化中也根本不存在。所以大家注意，印度的文字，包括梵文，隶属印欧语系，也就是它是跟欧洲文字同归一脉的拼音语系。而中国的文字属于汉藏语系，它跟拼音语系完全不相关。

第三项叫"因明"。所谓因明，用今天的话说就是逻辑学，也叫因明逻辑，这个部分中国古代本土文化中也没有。在这些个不同成分下面，还有两项，分别是"工匠明"与"医方明"，就是手工技术和古医学这两样东西，倒是中国自古就有的。

我们看看它的五项内容，就可以发现它是典型的东西方文化，在远古时代，公元前 1200 年间的一个典型交合体。

到公元前 10 世纪，婆罗门教随之诞生，它以《吠陀》为经典，以《梵书》《森林书》《奥义书》诠释之，统一整合了多元的旧有宗教，出现了以"梵"为最高层次，以"梵天""湿婆""毗湿奴"为具体形态的三大主神，再有专职的祭祀阶层，然后以"吠陀天启""祭祀万能""婆罗门至上"使教义和教团组织体系化，这就是婆罗门教。

婆罗门教形成的同时，种姓制度彻底固化。大家知道，印度社会分四大种姓，这类层层种姓的发生，其实跟印度南亚次大陆对外开放、民族扰攘，人群迁徙而致层层覆盖有关。

我们下面简单看一下它的种姓制度所形成的宗教和血缘凝合结构的关系：

最高阶层、最高种姓叫"婆罗门"，他们就是僧侣集团，具有对婆罗门教的解释权。在西方、在印度，第一等贵族历来是僧侣，因为控制精神者才能控制人身，最终控制全社会，这跟中国古文化缺失宗教，直接用父权、王权来控制族群是全然不同的。所以在欧洲中世纪分三个等级，最高等级乃僧侣；第二等级才是贵族；第三等级就是平民，这个阶层包括后来兴起的资产阶级，所以把资产阶级革命也叫第三等级革命。

那么，在古印度，婆罗门是具有宗教解释权的僧侣阶层，是真正的精神控制者，因此他们处于最显赫的地位。大家想想，今天伊朗的政权结构，总统上面有一个精神领袖，是国家最高领导，仍然是这个结构的遗存。

第二个种姓，也是第二阶层叫"刹帝利"。他们掌握武力，是武士阶层，因此是世俗政权的组成者。

第三个种姓叫"吠舍"。他们掌握经济资源、土地资源和从商资源，于是他们构成经济社会的主体，形成第三等级。这前三个种姓，婆罗门、刹帝利、吠舍，基本为后来的人种以及雅利安人所垄断。

最低种姓叫"首陀罗"，他们一无所有，既没有宗教精神解释权，也没有武力或经济资源的垄断权，绝大多数是普通农民甚至是佃户，这些首陀罗的主体，可能是当年印度土著人的保留。

这四大种姓区分得十分严格，各种姓之间不得通婚。如果发生血缘混淆，那么就会被排斥为一个更低的等级，叫"贱民"，也叫"不可接触者"。他们连首陀罗都未可归入，只能做那些常人所不屑的玷污灵魂的肮脏工作，比如屠宰、抬尸等等这样的事情。

这就是在印度吠陀文化基础上建立的婆罗门教。在婆罗门教中，以及其后发生的印度耆那教里，我们都会发现"灵魂转世、因果报应"之类的学说。我讲到这儿，大家就应该明白，佛教中的诸多内容实际上受到婆罗门教以及耆那教的深刻影响。

由于婆罗门教形成了严格的组织体系、阶层体系，表达为种姓体系，因此它具有很高的社会建构性，或者叫社会建设性。它是东方农业文明之血缘组织传统与西方宗教哲理系统两者的融汇和强化体系，因此构成一种极具压迫力和稳固性的社会文化结构。

任何具有社会建设性又有压抑作用的文化，它一定需要一个对冲文化体系，以使之缓和，或与之抵抗，佛教即由此发生。

我先解释这句话的含义。譬如中国主流文化是儒家学说，亦可谓之儒教。儒教讲尊卑有序、等级分明，借以建立严密管控的阶级社会，因此儒教赋有建设性，因此儒学始终是中国的国学、国教。但与之对应的就是老庄文化，老庄学说在中国起到的是"解构作用"。请注意，儒家学说起到的是"结构作用"，即建设性作用，而老庄学说却对其具有破解性效应。所以你会发现，道家学说和儒家学说强烈对立，道家学说主张出世，主张游离于文明社会之外，因此它不具有建设性。它在社会中广泛流传、历久弥新，是因为它起到了某种消解儒家"尊卑等级社会压制"的舒缓作用，这就是解构文化体系的独特社会功能。

那么大家想想，婆罗门教极具压制性，它以血缘种姓的方式所造成的那种压抑感，远比中国儒家尊卑体系的压抑感沉重得多。因此当然也会出现一个解构文化体系，并且同样以宗教形式来形成相应的对抗力量。这个解构文化体系的必然发生，就是佛教得以诞生的因由。因此，佛教最初的发生，你不可视其为释迦牟尼的突发奇想，它是印度社会文化结构体系的必然导出。

因此，我们会发现，佛教处处对抗婆罗门教。比如它用"缘起说"打破梵的"第一因论"；它用"诸法皆空"冰释"吠陀天启"；用"八正道"消解"祭祀万能"；用"众生平等"破除"婆罗门至上"；……总之你会发现，它在每一个点上都是婆罗门教的反动。

我讲到这里大家也就应该想到，既然佛教是这样一种特质，那么它一定不具有建设性，因此它最终不能成为主流文化。果不其然，从公元前 6 世纪，佛教兴起，到公元后 4 世纪，佛教在印度逐步衰落。公元 4 世纪笈多王朝时代，婆罗门教复兴，佛教逐步衰退，至公元 8 世纪到 12 世纪，佛教在印度几乎完全消失。今天的印度教是以婆罗门教为主体，以耆那教、佛教为补充，以其他各种杂化的多神崇拜作为边缘性填空，构成今天的印度教。佛教曾经也在印度昌盛过一段时间，这是一个特殊原因造成的。

实际上佛教起初发生的时候，佛陀是非常寂寞的。他的僧伽组织，也就是他的僧团系统人数很少，处处遭到排挤，佛陀当年在世的时候，只能低调传徒，门庭冷落，一点都不荣耀。因为那个时候，婆罗门教为主体，想想它是婆罗门教的对抗体系，要在当年的印度生存发展有多么困难。所以佛教的声望仅限于印度北部，即今天的尼泊尔附近，也就是释迦牟尼的家乡附近，但纵使在那个地方流传，也受到极大的压制。

佛陀圆寂二三百年以后，印度进入孔雀王朝。孔雀王朝第三任君主阿育王，他本人是首陀罗出身，注意他是第四种姓，因此他天然对婆罗门教反感，遇到佛教，大感兴趣。阿育王以铁血方式第一次统一印度，然后他以这样的军政强权在印度普行佛法，佛教才短暂兴盛，在印度一时占据主导地位。后来佛文常说之一语"放下屠刀，立地成佛"，指的就是阿育王。

我们前面算是对印度文化和佛教文化得以发生的社会学原因做了一个简单交代，下面我们讨论另外一个问题。大家知道，中国的唐代，它所建立的政权不完全是汉人的政权，隋唐是魏晋南北朝后期之北朝人物建立的政权，所以它主体上是胡人建立的政权。唐朝最著名的皇帝——唐太宗李世民，他身上至少有 3/4 以上的血统出自鲜卑人。由于唐朝统治阶级主体不完全是汉人，因此他们不尊奉儒家主张"夏夷之辨"的说教。儒家学说里把中国人叫"夏"，把野蛮人、游牧人、外族人叫"夷"，对此二者是严格区分的，谓之"非我族类，其心必异"。所以在儒家文化里，夷人、蛮族是被强烈歧视的。那么到唐代，这个东西被打掉，甚至在相当一段时间，唐朝的国教都不是儒教，而居然是道教。这个话题，我在前面老子课上提到过，因此唐朝就出现了一种颇为开放的心态，对任何外族、蛮夷、胡人的文化全部接纳，这就是大唐时代得以缔造盛世辉煌和中国君主时代最高峰的原因之一。

于是在唐朝，可不仅仅是佛说，世界各地的思想、文化、宗教纷纷进入中土，比如从波斯传过来的祆教，也叫拜火教，比如伊斯兰教等等。大家知道，在唐代中期之西域发生过一场著名的战争，史称"怛罗斯之战"，唐朝将军高仙芝，率领两万多人，有说是三至五万的军队，跟刚刚兴起的阿拉伯帝国，古代称为大食帝国的军队，在中亚相遇，结果唐军大败，最终导致伊斯兰教把原来早经佛教濡染的新疆、甘肃河西走廊，也就是中国西域一带逐渐伊斯兰化。大家看今天的莫高窟，里面全是佛教文化遗迹，但今天那个地方及其周边大都是信仰伊斯兰教的穆斯林，就是因为这个缘故。

而且在唐代的中期，基督教也曾传入中国，当时叫作景教。

1623 年，也就是在明代晚期，出土了一块石碑，今天还矗立于西安碑林，这块碑的名字叫"大秦景教流行中国碑"。你读一下它的碑文，当时基督教在中国也是广为传播，形成相当普泛的影响。

可是奇怪的是，我前面提到的所有那些东西，最终全都逐步消失，以至于我们后来提起基督教，都说是明末清初的传教士带入中国。而祆教（拜火教）在中国几乎连遗迹都没留下，（此处有删减）唯有佛教突入中国并与中国文化全面融合。

这说明什么？说明文化交融不是可以无条件进行的。换言之，佛教一定得具备两种基本特质，第一，它与中国本土的思想文化体系产生了某种互补作用；第二，它与中国本土固有的思想文化体系不存在太大的冲突。这是佛教于诸多宗教和异类思想进入中土以后，唯一保留并得以长期渗透的基本原因。

我们下面就看一看，佛教对中国固有文化体系产生互补作用的四个方面。

第一，佛教的宇宙观和逻辑论，弥补了中国上层思想领域的空缺。这句话什么意思？我前面讲课一再讲，先秦时代是中国传统文化的奠基期，可自此以来的所有贤哲全都关心人伦社会学问题，几乎没有任何人关心自然学、宇宙论的问题，唯有老子在《道德经》中以非常单薄的不足两千字探讨道论，而且老子学说的重点也不在道篇，而在德篇。所以，中国传统文化中，宇宙观的学说较为欠缺，即使在高层文人士大夫领域，它也未免流于疏失。而且它还欠缺一个东西——逻辑论，中国传统文化历来没有逻辑学的内容，所有问题一律散点式讨论，这在中国高层文化系统中构成一个重大缺陷。而佛教的宏大宇宙观和谨严因明论，填补了中国上层思想领域的这两大空缺。

第二，佛教的人生观和处世论，弥补了中国本土下层思想领域的空缺。这句话什么意思？我前面讲诸子百家都只关心人伦社会学问题，那么按道理中国最不缺的就是处世论，就是人生观。可是由于以孔子学派为代表的儒家文士自命为君子之道，把君子以外的民众统称为小人，因此在世俗界、在下层民间，众人受到的是蔑视、是侮辱，不可能借此铸成他们人生观的建构基础。而佛教众生平等的思想和学说，无异于代入一场人生观和处世论的全面翻新，使普通信众得到极高的尊荣，由此填补了中国下层社会人生观和处世论的实际空缺状态。

第三，佛教的教规约束和组织体系，弥补了中层国教架构松散的缺陷。这句话又是什么意思呢？我们前面讲过，人类早年文化即使不直接表达为宗教形态，其实也一定包含着宗教功能和宗教色彩。比如儒学，中国人自己乃至外国人都把它称作儒教，中国人讲"三教合一"，就是将"儒、释、道"相提并论，可见儒学在中国起到的作用类似于宗教。可是中国的儒教却没有教团组织，没有仪轨约束，因此它的社会组织状态涣散。它把自身的类宗教学团组织后来融汇在中国的官僚系统之中，形成士大夫阶层，形成中国社会政教合一的模糊体制。那么，佛教的传入给中国带来教团组织和教规约束的范本，这就是后来东汉末期，中国产生自己唯一的土著宗教——道教，成为其仿行创建的参照模本。所以你现在看道教，它只是名称有别于佛教，除了庙号、教理、服饰等略有不同，其他外部形式如道观建筑、宗教组织、法事方式、教团活动、仪轨程序都与佛教颇为相近。显而易见，道教是学习佛教僧团组织结构而形成的中国土著宗教体系。

第四，佛教的压抑、消极和禁欲学说，适宜于中国农耕稳态社会的需要。我前面一再讲，农业文明需要家族国族集体协作，在每一亩土地上精耕细作方得温饱，因此它不主张个人权利，不提倡自由平等，因此农业文明本身极具压抑性。表现为个性消溶，性情呆板，千人一面，众口一词，所有人从青年到壮年，他要想伸张自己的独立意志，那是完全不可能的。在一个复杂的血缘压制体系下，你绝难有任何创造性思维，你的一切奇思妙想都会被视为异端邪说；你也绝难有任何创新性举动，你的一切标新立异都会被看成离经叛道。佛教比中国文化更加压抑、更加消极、更加禁欲，而且它可以渗透到每一个人的灵魂深处，这无形中适应了农耕社会的稳态氛围之需要。

它说明两点：第一，农业文明需要压抑和禁欲。因为人口膨胀，人际关系、资源关系格外紧张，只有处在压抑和禁欲状态，人们才能安宁生存。因此佛教的这些素质是对中国文化的有力补充和强化，它加剧了中国原有农耕文明相对压抑、相对消极和相对禁欲的深度。第二，这也表明，印度人的生活困苦和强制状态远大于中国。它是农业文明的压抑本态，再加上种族扰攘的那一重侵犯和迫害之叠加，因此印度文化的压抑程度就比中国文化更为深沉，它表达着古代印度人的社会生存苦难，可能更大于中国人。

我前面讲了这些内容，大家才能真正理解佛学文化跟中国文化的相互关系，以及佛教思想为什么能够突入中国并与之相融。

佛学堂奥的逻辑台阶

我们下面讲佛学大观。佛教创始人名叫乔达摩·悉达多，也就是后来的释迦牟尼。大家注意，他的出生年代是公元前566年，到公元前486年圆寂。我前面讲过，孔子是公元前551年生人，胡适考证老聃可能是公元前570年生人。请看悉达多的出生时间，刚好介于老聃和孔子之间，可见他们完全是同时代人。

乔达摩·悉达多出身王族，他的父亲叫净饭王，实际印度梵语原意是"纯净的大米"，中国人把大米叫饭，所以翻译为净饭王。那个时候印度没有统一，分裂为无数小邦国。净饭王所统辖的这个小邦国，处在今天的尼泊尔境内，名叫迦毗罗卫国，悉达多即是迦毗罗卫国的王子。他的母亲叫摩耶夫人，生出悉达多仅七天以后就逝世了，我们今天可以很清楚地知道，她死于产褥热。后来佛教中有一个专用名词，叫"摩耶之幕"，意思是指"屏蔽真实世界的帷幕"。

由于乔达摩·悉达多初生丧母，净饭王仅得这一个儿子，不免宠爱有加、百般呵护，所以我们可以想象悉达多自幼生活优渥。他还很小的时候，他的父亲曾经找过一个外道算命先生来给小王子看相，大家注意，我只要在佛教课上提"外道"二字，就是指佛教以外的其他宗教。前面讲过，佛教发生以前，印度已经有婆罗门教、耆那教等各种宗教，这些宗教文化里都有神秘宿命成分。一个佛教没有产生以前的外道算命先生来给净饭王的小王子算命，算命结果是说，此子将来或成明主，或成教宗，意思是将来他要么是一个英明的君王，要么就是一个宗教创始人。这使乃父大为恐慌，因为他原本指望这唯一的子嗣将来能够继承王位，绝不愿见孩儿出家搞宗教之类的名堂，于是就把他圈禁在王宫之中，因此悉达多居然在成年以前，从来没有出过王宫，他根本不知道世俗人间的生活样貌。

直到19岁这一年，他才第一次走出王宫，这就是著名的"四门游观"那个典故，也就是他走出王宫，到外城的各个城门周游，第一次目睹贫老病死、人间苦难。我们可以用一个词来形容他的感受，叫触目惊心。什么意思呢？我们正常人，从小就生活在普罗大众之中，社会中的各种现象我们早已熟视无睹，一个人从小在王宫中封闭生活，成年以后才第一次看见社会底层的惨状，大家可以想象，它给当时的悉达多造成怎样强烈的心理冲击。

所以悉达多四门游观之后，回到王宫，从此迷迷糊糊陷入一种精神怅惘状态，他实际上进入了冥想，开始思索人类的苦难。直到29岁，据说有一夜他看见自己的众多妻妾睡姿丑陋，于是毅然决定出家。这说法当然是不能成立的，他一定是因19岁触目惊心地看到人间苦难，反复思索不得其解，于是决定出家修行，以寻求救世之真谛。

出家之后，他流落荒野，历经"忘我冥思""少女献食""以身饭虎"，就是他快饿死了，有一个少女飘然来到他身边，给他送饭；另一次他在密林中打坐，一只老虎扑到他眼前，佛陀认为他已经没有活命的希望了，决定用自己的肉体饲喂老虎，结果老虎又扭头离去，叫"以身饭虎"。最终"菩提苦禅"而得正果，自此"顿悟成佛"。就是说他苦思若干年不得正觉，后来偶尔在一棵菩提树下冥想七日，骤然开悟，成全佛教。这都是最简单的叙述，故事细节我们不再多讲。

我下面解释一下"释迦牟尼"这个尊称的来源。"释迦"是乔达摩·悉达多的族名，也就是他家族的名号，意思是"能仁"，既有仁爱之心又有能力的含义；"牟尼"是当时印度梵语，翻译过来乃"寂默"的含义，是对在山林中修道而获得成就者的通称。这就是释迦牟尼这个称号的来源。

释迦牟尼的称呼很多，比如佛陀。"佛陀"这个词，原初魏晋前后翻译过来时叫"浮屠"，其含义是"觉者"，就是有所觉悟的人。我一提"浮屠"，大家会立即想到中国佛教界流行的一句话，叫"救人一命胜造七级浮屠"。"浮屠"在今天已特指寺庙内的那个佛塔，但实际上它就是"佛陀"当年的音译，以后转而形成佛祖之专称。

我再说一遍，获得正觉者即为"佛陀"，这个概念很重要，我们后面还会讨论。再有"如来"这个词，大家读《西游记》，它把佛陀始终叫"如来"。什么是"如来"？要知道，我在前面课上讲过，中国古代没有复合词，在佛教传入以前，复合词很少。中国古代也没有"真理""真谛"这些词汇，这些词汇都是佛教用语。那中国古人怎么表述"真理"这样的概念呢？用一个字——"如"。"如"这个字，应该说用得很恰当，因为我们通常所说的真理，就是指主观与客观相符。"如来"的完整词义就是"真理之现身"。佛陀还有很多其他称呼，比如"世尊""天尊""沙门瞿昙"，等等，这些称呼都指释迦牟尼。

佛陀获得正觉之后，讲经49年。有传说佛陀顿悟参透世事，一时决定自杀，寻求解脱，被一个婆罗门教士劝阻，该教士得知他的看法，深感惊讶，建议他传布思想形成教派，于是佛陀后来历经数十年传法授徒而不辍。

佛陀在世讲经期间，他的诸多弟子做过笔记，录其言说于桦皮、贝叶上。佛陀灭寂以后，他的资深弟子也叫上座部比丘，第一次对佛经加以结集。由于听过佛陀讲经的人很多，其他小沙门们觉得遗漏颇多，于是后来又多次汇总，由此形成佛经文献。

佛教文献总称"大藏"，它由三个部分构成，叫"经、律、论"。所谓"经"，就是佛陀本人讲过的原话，在印度梵语里叫"修多罗"，被中国人翻译为"经"；所谓"律"，就是修佛所必须遵守的戒律，这是第二部分文献；第三叫"论"，所谓"论"，就是对经和律所进行的阐发和诠释之文献。"经、律、论"三部分文献构成的佛教全书，总称三藏或大藏经。

佛陀涅槃以后，其学说体系传承上千年，不免发生层累效应，也就是后人不断地在上面附会篡衍。因此，当今学界对佛教经文的重新梳理，认为绝大多数经文皆属伪托。学界最确认的经文，我不是说仅有这一部，而是确认度最高的原始经文是《阿含经》。

要想迈入佛教思想宗旨之堂奥，我们必须首先阐明两部分内容，那就是有关佛教的基本"出发点"及其逻辑导引台阶"四圣谛"。

先看佛教系统的出发点。佛教的出发点是为解决人生观的问题，通常用六个字总结："了生死，灭苦悲"。它跟西方宗教——犹太教、基督教、伊斯兰教大相径庭。西教的出发点是宇宙观，所以你打开《圣经·旧约》第一篇"创世记"，讲上帝六天创造世界，它的目光是外向的，它是以建立宇宙观为起点，然后寻求人生观跟宇宙观的契合。而佛教反过来，它的目光是内向的，它从人生观开始追问，最终引出与之相呼应的，而且是逻辑体系缜密的庞大宇宙观，这是东方农业文明的典型思想特征。请大家想想，我讲中国先秦时代，没有人关心自然学和宇宙观问题，诸子百家全都关心的是人伦社会问题。它说明农业文明的压抑格局，致使所有人首先面临对自己人生的疑惑和诉求如何看待、如何解释这个严峻问题，因此佛教的出发点跟所有西教完全不同。

佛陀讲过两个典故，叫"见月忽指""登岸舍筏"。什么意思？佛陀说我的佛教就像一轮月亮，它的终极目的就是解脱——解脱人生一切苦厄，如果你达到了那个目标，你尽可以忽略佛教的其他所有内容和教义，亦即你可以忽略指向月亮的手指，这叫"见月忽指"。佛陀又讲，他说我的佛教学说及其修证体验，只不过相当于你渡河所用的一个皮筏子，如果你已经抵达彼岸，你没有必要过了河还把筏子背在自己身上，这叫"登岸舍筏"，或者叫"登岸弃舟"。这都说明，佛教的基本素质是要解决人生观的问题。我再重复一遍，注重并落实于"了生死，灭苦悲"，这是理解佛教学说的一个关键点。

好，我们下面讲"四圣谛"，简称"四谛"。我先解释一下什么叫"四圣谛"？佛教学说是一个极为华贵的逻辑体系、极为缜密的思想系统。它跟中国先秦时代散点式讨论问题、没有任何逻辑推导和逻辑串联关系的治学方式完全不同。因此，你要登入佛教思想之堂奥，必须首先跨过四个逻辑台阶，没有这四个逻辑台阶的铺垫，你是进不了它的正堂的，这叫"四圣谛"。

我们下面看它的第一圣谛，谓之"苦圣谛"，也可以简称"苦谛"。佛教的用语和讲法非常晦涩而复杂，现存的佛教文本，大多是汉末、魏晋南北朝、直到隋唐时代的古文风的表达。所以佛教文献的字词运用独具特色，既有外来文化重塑概念的思想华彩，又有中国古代文字本身的悠远韵味，因此，我若用佛教语言讲课，在今天听来会显得稍微有点别扭，所以我换成当下比较容易理解的大白话。

"苦谛"是什么？人生本身就是苦难！我这样讲根本讲不出佛家的深意，我再追加一句话：一切生命都是苦难！我这样讲还不足以表达佛教的意境，我得再补充一句话：一切存在都是苦难！这叫"苦谛"。我这样讲，可能在座的大多数人都不肯接受，觉得人生多美妙、多欢乐，怎么突然这儿讲起"人生本身就是苦难"。我只能说，如果你觉得人生快乐而美好，这标志着你的人生体验十分浅薄。大家想想，你的人生是一个什么状态？你一出生就面对莫名的刺激，大哭而临世；你所追求的生存目标最终只不过是一个坟茔；在你的人生中凡事十有八九都不顺心；你必得历经种种磨难——肉体痛楚、精神困顿、经济拮据、政治压抑等等，方能勉强走完一生。一切欢娱和快乐，其实都只不过是下一茬儿苦难的引诱剂。

佛家讲"苦"讲得很深，它绝不用微言大义一语带过，它不是这种表述方式，它非常逻辑化，深入细分，层层推进。它讲人生叫"生老病死，忧悲恼苦"，前四个字表达你的肉体苦难，后四个字表达你的精神折磨。它还有一个讲法，叫"生老病死，成住坏空"，这八个字有两层含义：前四个字表达身内苦痛，后四个字表达身外麻烦，就是你做任何事，乍看以为做成了，随后你觉得它似乎可以保持得住，但很快它就开始溃破，再接着归于大空；"成住坏空"这四个字还表达着生命以外的某种更普遍的含义，因为我前面讲，佛教讲的苦谛绝不仅仅是指人生，它讲人生本身就是苦难，推进一步，一切生命都是苦难，再推进一步，一切存在都是苦难，因此，"成住坏空"还包括一切存在的苦灭状态。

佛教的讲法实在是太深刻了。我举一个例子，我们今天有了大信息量，才知道什么叫"生命"。"生命"是由 130 多亿年前的那个能量奇点演化而来，它最初爆发为基本粒子，基本粒子介乎于能量和质量之间，因此被称为"量子"，因此会出现"波粒二象性"，它的波动形式代表它的能量态，粒子形式代表它的质量态；随后进入原子态；再进入分子态。分子物质比如花岗岩，它用不着具备各种感受器官，也用不着具备复杂的知觉能力，更用不着具备人类的理性思维。它为什么没有这些东西？是因为越原始的存在，稳定度越高，是因为它足以安然稳存。我们人体的质料跟它别无二致，同样是由夸克和电子组成的，可到此段位的物态已经极度弱化，从分子编码进入单细胞，从单细胞进入有机体，从原始机体进入中低层动植物，最终进化成我们这种脱了毛的猴子。

我们在一路演化的过程中，生存难度越来越高，生存状态越来越恶化，我们不得不调动各种感知能力，去捕捉外部的依存条件。由于我们过度弱化，不得不躲避来自四面八方的无数损伤，于是我们的神经建构必以"趋利避害"为原则。趋利极为困难，因为你得在一个竞争结构中索取，不得不竭力追求维系自身存在的任何微小利益；避害也极为困难，因为文明过程就是人祸取代天灾的同一过程，所以你将永远在与日俱增的人际社会损害中挣扎。它使得你的生存，不免在种种不可控的波动、折磨以及不确定的摇荡、受损的过程中进行，这真是一个充满苦难的经历。你感觉快乐，是因为你临时得到了些许利益，快乐感只不过是让你努力趋利的一个刺激和调动方式；你感觉痛苦，是因为你获利总是不能持续，是因为你要面临重重折损，因此你以痛苦和恐惧的方式来逃避伤害。

人生就是在这样一个复杂的、麻烦的，本来应该是多余的、无谓的，但却由不得你选择的这么一个折磨系统中运转。这是因为你的存在度实在太低了，你实在太弱化了，你实在不具有存在的资格，而你又不得不去追求存在——如此勉强的衍存状态，我们给它另取一个名词叫作"生存"。

所以佛陀把它表达为一切生命皆为苦难，而人类是苦难的最高体验者。这个说法完全成立，也着实通透。如果你能跟花岗岩对话，跟分子物质对话，它一定听不懂你所说的苦难是什么含义。但即便如此，佛陀仍认为连花岗岩都是苦难，因为一切存在皆为苦难。如果你想理解为什么分子物质都不能摆脱苦厄，请研究一下物理学上的布朗运动，显然它们也不得安宁，所以佛家所说可谓深刻。

既然人生乃至生命乃至一切存在全都是苦难，那么，佛教的下一个逻辑追问必然就是要讨论苦难的根源，这叫"集圣谛"，简称"集谛"。我们用大白话表述，叫"苦难植根于欲望和贪婪之恶习"。它为什么叫"集谛"？我在前面讲甲骨文的时候讲过，中国古代凡是发同音的字，通常都具有相同的内涵，这个"集谛"的"集"，其实是"恶习"的"习"这个字的转音。

我再重复一遍，所谓"集谛"，就是追究"苦谛"之源的必然的下一层逻辑追问。佛家讲这些东西讲得非常之细，讲"三毒""三业"，我就是这样讲，也只讲了它的一丝梗概。你若打开佛书，遍阅经论，会发现其内容杂多，伸展得无边无际。

所谓三毒：贪、嗔、痴。由于你有贪欲，因此你欲望繁盛，而且难于实现，难以满足。贪欲不得满足和实现，你必然怒火丛生，这叫"嗔"。"嗔"有两种字体，一个是这儿写的口字边加一个真，它的意思是发怒而口出粗言；还有一个"瞋"字，是目字边加一个真字，它的意思是发怒而睁圆双眼，贪而不得必然嗔（或瞋）。"嗔"后所达成的心境必然是"痴"，痴就是"无明"，就是你不知道这个世界的真相。所以佛教讲，苦谛的根源在集谛里，分此三毒。

接着它讲三业。大家注意，"业"这个字在佛教里是一个非常重要的概念。你要想参透佛教，有三个字必须深刻理解。第一，空；第二，业；第三，缘。那么，"业"在这里是什么意思呢？"业"这个中文字，在甲金文时代，特指悬挂古代乐器像编钟、石磬的那个木条挂板，以后泛指身外之作，此谓之"业"，比如事业、功业、业绩等。所以，把"业"这个字翻译过来，应该承认译得非常准确。佛教认为这个世界的本真是"空"，你所说的世界是你"作业的产物"，换言之，你的"作业"达成了什么？——缔造你的世界！它分"三业"，即"身、口、意"。所谓"身"，就是你的任何一个行为都给你作出"业"；所谓"口"，就是你说的每一句话都成为"业"；所谓"意"，就是你心里的每一个动念都是"业"。这叫"三业"，也叫"作业"。

我讲到这儿，大家应该会觉得奇怪，我们今天小学、中学强派给学生的那个东西叫"作业"、叫"功课"，我很诧异这些佛教词汇怎么跑到学校里去了？而且佛教讲，如果你没有经过认真的修为和修证，你所作的业必是恶业，所以也叫"作孽"（发音近似）。现在给中小学生派发大量的作业，那可真是作孽。

由于"业"是佛教所谓的世界得以派生的来源，所以佛教讲"业"讲得非常之细，可进一步划分为"业障、业缘、业力"。所谓"业障"，就是你身口意所作的那些个业，构成了你的世界，这是一个虚相世界，用我们今天的哲学语言，叫假象世界，但它却蒙蔽了你的智慧，此即"痴"或"无明"，它使得你被隔离于实相本真世界之外，因此叫"业障"；它又用"业缘"一词，就是你所说的世界是你作业的结果，你的作业缘起了、引出了你的相应的世界体系和世界观念，这叫"业缘"；再者，你所作的任何一业必有后报，必成因果链条，这叫"业力"，或者叫"业力因果"。所以理解"业"这个字非常重要。

那么我们再回过来看"三毒"。佛教讲，你如果要想解除苦谛，做到"了生死、灭苦悲"，你就必须进入某种"戒"的状态，后面我们会讲到"三学"，即"戒、定、慧"，因为你的苦难来源于"贪"，"贪"是一切苦难的根本，而后引起"嗔"，引起"痴"。可大家想想，"贪"是什么？"贪"是物质演化过程中总体倾向于逐步弱化、逐步分化的产物，分化使后衍存在者由一变多、残化重组而成万物，于是各不同物类之间的依存度越来越高，也就是世界越来越碎片化，碎裂出去的任何一个部分，都是你必须占有的生存条件，这在哲学上叫"依存"，亦即你必须把外部分化的世界体系统作为你的衍存依赖要素。

我举一个例子。在原子阶段，一个带有正电荷的质子，它只要捕捉到一个负电子，就可达成自身结构的圆满态。我一说到这儿，大家就应该想起此乃氢原子，化学元素周期表上的第一号元素，可见它的贪欲是非常之小的，只需要一个电子足矣。发展到分子阶段，任何一个分子必须牵拉多个原子，才能构成自身的化学键稳态，它的贪欲随之增高。这是因为万物是一个分化状态，是一个碎裂状态，是一个残化过程，因此越后衍的物类和物种，它对外部的依存条件就一定越多，这个逐步增加外部依存条件的过程就叫"贪"。是不是这样呢？

大家再看，从分子态进入细胞态，我们把它叫生命阶段的起源。什么叫生命？一个更复杂、更脆弱的分化组合结构！在生命以前的原始结构，例如原子阶段的放射性同位素，它甚至是向外释放能量的；到分子阶段，它处在能量平衡状态，其化合键合成所需的能量，也就是打开化合键所释放的能量。可唯独从生命开始，它要维持自身这个结构，则必须不断从外面获得物质能量的摄入，我们把这个过程叫作"新陈代谢"。这标志着该后衍存在者对外部物质能量的依存度进一步提高，这个依存度持续上升、存在条件接连增量的自发过程，不就是我们所说的贪欲暴涨的现象之源吗？

所以在生物进化的过程中，越高级的物种，依存条件越多，对外索取越复杂。在人类的文明进程中，文明程度越高，人类的各种需求就越多，人类的贪欲就越旺盛。我讲到这儿，大家应该明白"贪欲"是什么了吧？它居然是一个自然进程！你如果是人，你就一定处在这个自然进程中依存条件量最大的位置上，换句话说，你就一定处在贪欲最高的状态上。如果你没有这份贪欲，你就不能成其为人，你就没有资格生而为人。佛陀讲，这就是你苦难的来源，他要让你消除这个苦难的根蒂。请想想这是何其困难的一件事！他让你退回到原子态、粒子态、奇点能量态，这样你才能弃绝贪欲，这叫"修"。

关于佛教，如果我用今天这样大信息量的方式讲述，你便可知道释迦牟尼探底之深。所谓三毒：贪、嗔、痴，这是佛家认为最需要根除的一个起点。言及于此，请诸位不妨反省一下，你到庙里，今天大多数人到庙里都干什么去了？求财、求官、求色、求福，全是祈求实现贪欲去了，这简直无异于公然在佛陀面前作孽！所以我建议各位以后进入佛寺应该只做一件事——祛除杂念，静心礼佛。

佛学堂奥的逻辑台阶（续）

我们前面讲了苦谛和集谛，我讲集谛是苦谛必然引出的下一个逻辑台阶。那么集谛之后再下一个逻辑台阶自当是要追问"灭苦集"的情状，这叫"灭圣谛"，简称"灭谛"。可表述为"灭度苦集，达至觉悟"的境界。

此处讲灭掉"苦"和"集"即苦难以及苦难的根源，所能达到的那个状态和境界，这里最重要的概念就是"涅槃"。"涅槃"这个词是佛教上非常重要的一个专用语，什么叫"涅槃"？社会上大多理解都有误差，比如我们经常见到这样的说法，叫"涅槃重生""凤凰涅槃"，或"凤凰浴火，涅槃重生"等等，这些用法全是错的。

什么叫"涅槃"？我还用大白话讲：下辈子绝不做人！我这样讲显然未足究竟，我再深入一句：下辈子绝不做任何生命！我这样讲还不够彻底，我再追加一句：下辈子什么都不做，进入大空境！这才叫"涅槃"。可见社会上通常对"涅槃"的理解偏差甚远。

涅槃分"有余涅槃""无余涅槃"和"无住涅槃"等等。我在这里只解释最重要的几个概念。首先讲"无余涅槃"，就是任何人，包括高僧大德，他终生修佛直到寂灭，也就是死亡，才能修到的涅槃境界，这是高僧大德终生苦修方能达到的果位，这叫"无余涅槃"；所谓"有余涅槃"，仅指佛陀肉身尚在之际，已进入涅槃境界，叫"有余涅槃"；所谓"无住涅槃"需多说几句，大家知道佛教初起是小乘，所谓"小乘"，简单说就是自行修持以超度生死。它传入中土以后，因为儒教主张积极入世，于是佛教在中国转化为大乘，所谓"大乘"就是独善其身之外还要普渡众生。自从佛教大乘化以后，出现一个概念叫"无住涅槃"，意思是指佛陀本人虽然已经没有肉身存在，但仍可以涅槃状态而继续普渡众生，此之谓"无住涅槃"。

所以"灭谛"表达的是修佛所及的最高境界，当然这个境界绝不是轻易可以达成的。于是下一个逻辑台阶必然是要追问怎样才能修至灭谛？这就是"道圣谛"，简称"道谛"。它的含义是"修持、戒欲以升正觉是摆脱苦难的唯一出路"，这叫"道圣谛"。换言之，所谓"道圣谛"实际上是在讲修为，也就是在讲修佛。但佛教逻辑缜密，它讲"修"和中国孔子讲"修"，如"修、齐、治、平"即"修身、齐家、治国、平天下"，其所涉及的"修"的内容和方式完全不同。孔子讲"修"，君子之道，寥寥数语，没有"修"的概念层次，缺乏由浅入深的层层推进。而佛教讲"修"，讲得极为细致，讲"三学"、"六度""八正道"等不一而足。

佛教之修首先讲"三学"，所谓"三学"——戒、定、慧。所谓"戒"，戒除贪欲，或者戒除贪嗔痴，亦即"戒三毒"。我前面讲过，戒贪难度何其之高，它几乎要让你把生命修回到无机物类乃至能量奇点的前质量状态。所以大家注意佛教所讲的"戒"，绝不仅仅是我们一般人所讲的那些个简单的戒律。它在概念上走得极深，它同时表达了佛教的一个社会诉求：弃离文明，戒绝红尘。这就是我在前面讲课的时候一再强调，人类远古时代对文明发展总体上都取负面看法：基督教的"失乐园"、老子的"小国寡民"、孔子的"克己复礼"，都是让你倒退，都是让你回退至文明化以前，都是对文明社会的批评，都是对文明进程趋势不良的警告。

我在孔子课上讲过，我说今天的文明枝繁叶茂，现代人已经看不清文明的全貌和文明的趋势了。古代文明是一个小小的幼芽，它的全貌一望而知，它的发展趋势一清二楚，所以远古学者对人类文明大体都取批评和批判态度。佛教是对文明的一个有力的抵触，它的反文明素质非常深刻，几达极致，所以它的"戒"，不仅是指一般表层的戒律，而且指向戒绝文明社会的一切信息、一切物质欲求、一切生活方式，是谓"苦海"。

有此非同寻常的深"戒"之后，你才能进入"定"。所谓"定"，就是把自己的身体和灵魂确定在不受文明尘世骚扰的状态，你在这个状态下才能"修"，你在这个状态下"修"，你才能达成"修证"。所以大家注意，佛教的"修"是一个非常复杂的递进概念，它先讲"闻、思、修"。所谓"闻"，就是听佛教的道理；所谓"思"，就是理解思考佛教学说的逻辑关系；所谓"修"，是以自己的肉身去修得正果。处于"闻、思"这两个阶段表明你还没有进入修佛的全真之境，你还在佛门之外。我在这里声明，我不是佛教徒，我不是佛教的信仰者，我只是把佛教作为一种人类远古文化现象加以研究的学者，因此我只停留在"闻"和"思"的阶段。我给大家讲佛学，可谓"佛外说佛，法外讲法"，不入正门，未得真传，请大家谅解。

即便进入"修"的位阶，也要先讲"修为"，修你的行为，修你的三业；再讲"修持"，在"定"的状态下有精进地修；到此还没有结束，最后叫"修证"，证明的"证"，就是你不能做"逻辑证"，你必须做"修证"，你得拿自己的生命去修出正果，因为逻辑证太肤浅。而你要进入这个"修"的状态，你必须首先戒掉文明社会的一切物质和信息干扰，戒除一切文明红尘的纷扰，你才能进入"定"的状态，才能进入纵深的"修"。你达到"修"的最高成果状态叫"慧"、叫"觉"、叫"悟"，此谓之"三学"。

它又讲"六度"，第一度叫"布施度"。我们通常很容易把布施度理解为给别人施舍一点钱财、施舍一点好处，这样理解是不行的，佛家所说的"布施度"，是指我不仅不从外面向内有所攫取，我反而从内里向外不断有所释放，叫"布施度"。我一讲到这儿大家就应该想到，这简直是一个反生命的难度。因为生命本身就是靠从外部攫取物质能量，才能维系自身的新陈代谢式存在。什么时候是向外释放的？分子态以前，比如原子向外释放能量，蜕变为同位素，这才叫布施，这才叫向外释放。所以佛教所讲的"布施度"，是一个极深刻的概念，绝不是某种小恩小惠的小动作。然后为"持戒度"，这里的"戒"，我在前面讲过，绝不仅仅是不杀生、不偷盗之类的浮面戒律，而且是戒绝一切文明红尘的纷扰。

再下来是"安忍度"，曾经一个台湾学者告诉我，说"安忍"这个词实在不成立。"忍"是心头插一把刀，"忍"如何能"安"？可佛家讲的就是"安忍"，绝不是我们一般所讲的"忍受"。因为"忍受"是一种不安的状态，"安忍"则要求忍而安之。比如你走到大街上，有人突然朝你脸上吐了一口恶痰，你不但不发火，你安然抹掉它，乐呵呵地给对方行礼，视之为一次修行的机会，这叫"安忍"。这还只是"安忍"最普通的一种表现，可见"安忍度"也绝非易事。接着是"精进度"，也就是你只有达到了这前三度，达到了三学里的戒和定，"定"的状态也叫"禅定"，所谓"禅定"就是没有任何杂念，思想和精神形成一个全空的通道，你才能够进入修证的精进过程，这叫"精进度"。之后"禅定度"随之而来，就是精进到一定高度，你能进入禅定状态，也就是整个思绪、整个人生完全临近大空境，是谓"禅定"。

最后乃"般若度"，"般若"这个词是梵语的音译，初时把它翻译为"智慧"，很快就发现翻译错了。因为中国人所说的智慧是指一个人很精明、能钻营，擅长于为自己攫取利益，而佛教中所讲的"般若"，恰好是中国式智慧的反面，它绝不执着，绝无贪念，绝不在这个世界上竞争。在中国的传统文化里根本就没有这个概念，于是只好用它的音译，叫"般若"。达到这个般若度，你才能抵达性空，你才能进入涅槃，你才能消除"痴"，是为"慧"或"有明"的最高正觉境界。

所谓"八正道"，分别为"正见、正思、正语、正业、正命、正精进、正念、正定"。它层层深入，涉及"闻、思、修"与"身、口、意"以及"戒、定、慧"的渐进关系，细节我不再展开。各位有兴趣的话下来自己去看书，你姑且可以从字面上理解它。

大家注意我讲到这儿，只讲了"四圣谛"。我前面一再讲你要想理解佛说之堂奥，必须首先经过四个逻辑台阶，也就是说你现在还没有进入佛教大统的正殿，这四个逻辑台阶才把你引向佛说宗旨的门槛。

略论佛学宗旨

我们下面讨论佛学宗旨，也就是佛教思想的核心。

佛学核心用四个字可以总结完毕，即"缘起理论"，或者用三个字概括叫"缘起说"。它的完整表述见于《阿含经》，由 20 个字组成："此生故彼生，此灭故彼灭；此有故彼有，此无故彼无"。这就是整个佛教学说的全部思想中轴。

大家回想我昨天讲易经课，我说人类思维的最高原则叫"思维经济原则"，或者叫"思维简易原则"，即任何一个学说或思想，它终归一定总结为一个最简单、最核心、最高拔、最具有普解性的抽象表述，一个基本原理。那么佛说的最基本理念就是这 20 个字。

什么意思？这世界原本是大空，你所说的世界是你作业派生的产物，这叫"此生故彼生"；你的任何一个业，身——做出的任何一个行为，口——说道的任何一句话，意——心里所生的任何一个动念，都会立即给你创造一个世界面，也就是创造一个看似为真的世界幻象或虚相，只有通过精修消除这个业障，你才能回归大空实相。这叫"此生故彼生，此灭故彼灭"。

再下来，"此有故彼有"——你作的任何业都是不由自主的一个连环牵累效应，一个业作出去，下一个业必定跟进，由此环环相生，构成你的宏大而繁复的世界，这叫"此有故彼有"；"此无故彼无"——你要在这个环环相生的虚相苦海之中寻求超脱，就得层层苦修，渐渐觉悟，借此剪灭业缘，由以重返空境。

所谓"缘起"是什么意思？"缘什么而起"之谓。它的浅近概念有点接近于我们今天所说的"引起"，这叫"缘起说"。比如缘A起B，缘B起C，依此类推，以致无穷，这叫"此生故彼生"或"此灭故彼灭"，这叫缘起学说、缘起理论。从佛教的角度看，它是在推究一切存在的终极发生学原因，因此具有深刻地开创整个宇宙观的缔造力。这个层层业举缔造的虚相世界，叫"因缘和合"。

所以佛教这个学说体系一旦出现，立即达成某种创世效应，可谓之"时、空俱在；人、世并呈"。所谓"时、空俱在"，就是指时间和空间全部发生；所谓"人、世并呈"，就是说人间世界和物质世界同时显现。亦即从人生观出发，从人的"业"开始，最终推导出宏大的宇宙存在之因果脉络。

我讲到这儿，大家一定会产生一个疑问，既然世界的本相、实相是大空境，怎么会有我？我怎么会作业？我的作业产生了虚相，产生了宇宙，产生了世界。既然世界的本真是空，我何从作业？这显然是一个逻辑矛盾。

请注意我前面谈过佛教讲究的是"闻、思、修"，即如果你仍在思考这个问题，尽管你的思境还算比较深入，可你毕竟只在"思"的阶段，你其实尚未进入"修"的阶段。我前面讲过佛教认为"逻辑证"太浅薄，你得用自己的生命去"修证"。所以在逻辑上它虽然似乎是个悖论，但如果你"修证"深彻，此悖论自当消除。

至此，佛教学说从人生苦难到世界大观全部发生，饱满呈现。那么佛教的说法成立吗？我们下面做一点解释。佛陀说你所谓的世界都是你作业的结果，都是你的业障。大家细想，这说法其实是很有道理的。每个人的世界一定是不同的，比如你如果是一个官员，在政坛上厮混，那么你看这个世界永远是一个权势系统，是一个层层相依的权力架构体系；如果你是一个商人，或是一个企业家，那么你看这个世界永远是一个市场体系，永远是一个价值网络系统。是不是这样呢？再者，如果你是一个学者，那么你看这个世界永远都是一些概念的组合。古希腊哲学家认为你所说的世界都是假象，我在哲学课上证明过它的确全是假象。那么真相何在？全在逻辑概念之中，此谓"理念论"，此谓"理念决定事实"。所以对于真正深入的学者来说，世界只不过是一个概念体系。

我再举例，如果你是一个真正的数学家，则世界全是数。我见到过一个非常高明、造诣很深的物理学家，我跟他讨论任何问题，他立即给我拿出来的都是一系列数学方程，所有问题在他那里都展现为不同形态的数学模型。请想想毕达哥拉斯说"世界乃数""万物皆数"，在数学家眼里，世界无非就是"数的集成和运转"，不是如此吗？所以你所谓的"世界"，就是你的"业力世界"，就是你作业的产物、就是你的业障，应该说佛陀表述得是很实在也很充分的。

佛教讲这个世界，分为"虚相、实相、法相"。它说你所执念的世界都是你作业的"虚相"，请注意"虚相"这个词就是我们哲学上所说的"假象"；佛教上所说的"实相"，就是我们哲学上所说的那个"本真"，或者康德所说的那个"自在物"；佛教上所说的"法相"，就是根据你修佛达到的高度和层次，所必然导出或相应呈现的不同视界或世相。你的修佛果位越高，世界就越逼近于"实相"，你的修佛果位越低，世界就越呈现为"虚相"。这种修法状态，影响或决定着世界状态，叫"法相"。请想想说得多么深刻。如果你听懂我的那节哲学课，你就知道我们所说的世界永远是我们的主观世界。

请回顾一下我在哲学课上讲视觉是什么，你把光量子即光这个能量错觉为明亮，这就是你的视觉，你还把光的波长错觉为颜色；你的听觉是什么？你把振动波的能量，错觉为轰然作响的声音。如果你的眼睛就是一个光谱仪，如果你的耳朵就是一个振频仪，那么这个世界的本相有可能是无声无色的。你能想象那个无声无色的世界是什么样的吗？所以你所说的世界都是你作业的产物，不是如此吗？

佛陀说得何其之妙。佛经上有一句话，叫"万法唯心"。我们今天使用的唯心主义、唯物主义这些词汇，最早就发生在佛经之中，"唯心"这个词就来自佛经。所以佛说着实深刻，它居然在2600年前就能在哲思的高度上，达成对世界认知如此之深入。而且大家想我们除了视觉、听觉、嗅觉、味觉、触觉以外，再也没有获得外部信息的其他通道，如果这五官之感又全都是主观感知规定性本身覆盖在外物上的扭曲产物，也就是我们感知世界的任何一个瞬间，都是对世界的主观重塑，那么我们的一切知识，就一定都是主观知识，我们永远够不着客观世界，这是哲学上的说法。

我再强调一遍，这不是佛学上的说法。即使按哲学上的说法，既然我们的一切知识都是主观构造，都是先验规定性的扭曲，那么请记住，所谓宇宙观、世界观就绝不是客观世界的反映。也就是说任何宇宙观或者世界观，都一定是一个思想模型，或者我们称它是一个感知模型，再或者我们称它是一个逻辑模型，仅此而已。

是不是这样呢？一定是如此。我在前面讲哲学课的时候谈到，我们身处的这个世界，从人类今天获得的知识上看，目前可以假定它是相对稳定的。比如太阳系，它要发生任何重大变化需要100亿年以上的时间（之后变成红巨星、白矮星、黑矮星等）。可在短短3000年的文明史中，我们的宇宙观至少发生了五六次大改变，盖天说、地心说、日心说、绝对时空说、时空相对论，此外还有神创说。它说明什么？说明我们的宇宙观不是客观世界的反映。如果它是客观世界的反映，则我们的宇宙观应该100亿年都不发生明显变化。它能够如此快速地转进，证明我们的一切宇宙观都只不过是一个主观思想模型。

我在哲学课上还讲过，我说这种主观思想模型之所以不断变换，是因为宇宙物演进程和人类的文明进程本身就是一个信息增量不断扩大的进程。因此我们的思想模型不得不常常被突破，不得不常常重新建构，我们的文明形态追随着逻辑变革而层层推进。

佛学宗旨续论

什么人才配称为思想家？如今"思想家"这个名号被乱用，什么阿猫、阿狗都可以变成思想家。

那么我今天给思想家立一个严格的定义：凡人皆有独到之一见，而所谓思想家，乃必具创世之构思者也。这句话什么意思？就是任何一个人，他都可能在某一个领域有独到的见解。比如他是政治家，他对当下社会的政治问题有自己独到的分析；比如你是企业家，你对经济的运行有自己独到的想法；比如你是一个普通学者，你对你所研究的某一个领域有独到的纵深。这是人人都可能做到的事情，但这些人绝不是思想家。所谓思想家，是指他能建立"创世之构思"，也就是他能做出一个宇宙观或世界观模型，只有这种人才叫思想家。

大家一定要知道，在人类文化史上，可以称得上思想家的人实在是寥若晨星。迄今看人类之总体，从 14 万年前智人发生直到今天，有人类学家统计，从这个世界走过的人数，包括逝世之人口至少已经超越 1000 亿以上，其中可被称作思想家的人，绝不超过 20 位。

我举例子。我前面讲过中国传统文化是前神学时代的遗存，而西方文化历经神学时代、哲学时代、科学时代。西方曾经应该也经历过前神学阶段，只是由于环地中海地区的开放地貌，他们自古过度交流、相互激荡，于是产生了进步论的基本观念，继而把自己最原始的思绪快速扬弃，这就是在西方文明信史上只保留神学期、哲学期和科学期的原因。

中国由于地貌封闭，原始时代未能经历其他人种的扰攘及其思想的冲击，缺乏与异质文化的交流，于是才使文明最早期的那些思想得以保留。再加上象形文字在中国一直延续，它像一个保险柜，把人类远古初萌的观念意识锁定其中，因此中国文化终于保全了人类前神学期的智慧结晶。

下面我们看看在这四大分期之中可以称得上思想家的人。前神学期只有一个半人，老子为首，因为他有道论、有德论、有宇宙观、有社会观，因此算得一个思想家；孔子只能算半个，因为他只有社会论或人世观，没有宇宙观。儒家学说，我在孔子课上讲过，它经过后世学者不断深化，直到宋明理学时代才完成从血缘到泛血缘、再到拟血缘的全程锻造，才进入"天地万物，本吾一体"（王阳明）以及"民胞物与"（张载）的境界，才完成宇宙观。所以在孔子当时他只能算半个思想家。

神学阶段可以称得上思想家的人，计有释迦牟尼、说不上名称的犹太教创始者群体、耶稣、穆罕默德。到哲学时代可以称得上思想家的人，我们也只能举出四例：最早建立"理念论"世界模型的柏拉图；集古希腊哲学之大成的亚里士多德；作为西方近代古典哲学之开山者的笛卡尔；完成知识论体系的康德。到科学时代，我们同样只能列举四个人：哥白尼、牛顿、达尔文、爱因斯坦。他们缔造了全新的世界观、全新的宇宙观，只有这样的人才能被称为思想家。

请想想我们今天的宇宙观，叫"现代宇宙论"，它的基本思想从哪里来？从爱因斯坦的相对论中来，所以我们说今天是爱因斯坦时代。这种能够创建世界观思想模型的人，才叫思想家，可见出现一位思想家有多么稀罕。这也就是王阳明曾经抱有一个被时人看来太过荒唐的理想，他居然自幼立志要做"圣贤"。须知圣贤高于任何人，高于皇帝，高于一切显赫一时的各界名流，为什么？因为中国人所谓的圣贤，就是指思想家，至少其中的个别人有望成为思想家，或大多有望助力于思想家。作为思想家者，必须能够缔造全新的宇宙论模型，也就是必须能够促成人类世界观的转型，此乃何其不易之伟业。

我给大家举例子，我说一些大家比较容易理解的、比较切近的科普话题。譬如温度，我们人类的"温度觉"只有效分布在摄氏零度上下正负 40 度之间，高于摄氏 40 度，你已经闷热难耐，你的温度觉基本失效；低于零下 40 度，你已经冻得麻木了，你的温度觉也失效。因此你所能感知的这个世界的热力范围，就是这几十度。可你知道宇宙中的总体热量或温差范围是一个多大的比值？往上几十亿摄氏度，上端顶在哪儿，迄今说不清；往下叫绝对零度，所谓"绝对零度"就是指在这个空间中没有任何能量。它具体是多少呢？零下 273.15 摄氏度。也就是说即使在一个结冰的房子里，在摄氏零度的冰点之下，那里还有 273.15 摄氏度的热量。它完全超出我们人类温度觉的感知范围。你要想知道热力世界的状态，你用自己的感觉体验，根本探不到它的边界。你想建构它的全系统，就凭你一般的感知和尝试，你永远无可企及。

我再举个例子，试看人体的稳态"位置觉"。大家知道我们每个人都是能够感知并掌控自身的体位变化的，比如你闭上眼睛，你的身体稍一倾斜，你立即就会觉察，即使完全没有参照物。这是因为你的内耳有一个主管静觉的微型器官，叫作"前庭"，它非常灵敏，足以让你保持直立体姿平衡，甚至你高速奔跑都不会摔倒。倘若没有它，且不要说跑步、走路，你连站立都不可能。然而你虽然具备如此敏锐的器官，你却对宇宙天地的剧烈运动毫无所感。

大家知道地球自转的速度是多少吗？地球最长圆周 40027 公里，那么换算一下，一天 24 小时，地球转动了 4 万公里，平均每小时 1660 公里以上，每分钟 27.7 公里，每秒钟 460 米，你倒是浑然不觉。而况地球还在围绕着太阳以更高的速度公转；至此还没有完结，太阳系还在围绕着银河系旋转；再进一步看，银河系还在围绕着更大的星系团旋转；叠加起来的速度有多高你都无法想象！可你通过你灵敏的前庭半规管却对它毫无知觉。你可以用惯性运动来解释，但也足以说明你感官的迟钝，以及你想认识和把握这个世界的难度。

我再举例子。我们看这个世界是平面的，所以早期的几何学家欧几里得所做的几何是平面几何。你能想象这个世界是曲面的吗？直到 19 世纪黎曼提出曲面几何，整个数学界还在嘲笑他，而黎曼也拿不出更多的证明，他只是在逻辑上推想如果空间是个曲面，几何学将会发生哪些变量。比如一个三角形的内角之和不会等于 180 度，而是大于 180 度。黎曼几何最初发明的时候是遭到整个专业数学界排斥的，因为所有人都感觉我们这个世界是平直展开的。直到爱因斯坦提出"空间弯曲"理论，就是大质量的物体会导致时空曲折，因此光不是直线运行而是曲线运行，尽管光仍然走的是两点之间最短的距离，但它已经不是欧几里得的那个公设。因此有人说爱因斯坦的相对论简直像是只有外星人才能创造的学说，它完全超出了我们一般人的感知范围和基本常识。

请大家想想一个人要建立宇宙观、世界观，他的前提是什么？他居然不能相信自己的感知，他居然在怀疑常规感知之余，还要探求感知不能企及的整个超验领域，他得让自己的思想远撒在常人感知之外，最终却又要拿出一个天衣无缝的诠释体系去修正感知，这是何等的难度？这是何等的深刻？这是多么不凡的思境？只有具备这种异禀和能力的人，我们才可将其称作思想家。

而佛陀就是人类神学时代思想家的代表，我们只有在这个深度上才能理解佛家学说之奥妙。佛说系统讲"三相"，叫"无动作、性无常、有堪能"。我解释一下什么叫"无动作"，大家看犹太教、基督教、伊斯兰教，讲耶和华、上帝或者真主六天创世，这叫"有动作"。佛陀没有创世的动作，所以大家注意佛教是世界上唯一一个无神论宗教。它没有神祇，没有缔造世界的那个全知、全能、全善的人格化载体，也没有渲染超然物外的神秘力量。什么叫"佛"？"达成正觉者"即为"佛"，所以佛教是一个无神论宗教。你所说的世界是你作业的产物，世界本身是大空境，没有神的造作，只有作孽者的造作，这叫"无动作"。

下一个，"性无常"。说这个世界没有规律，你所说的规律都是你作业的总结，请想想佛陀说的何其透彻。我们今天知道我们永远得不到客观规律，我们所说的一切规律，包括科学规律都是主观规律。因为我们的宇宙观、世界观都只不过是一个不断变化的主观思想逻辑模型。你的规律是在这个思想逻辑模型中总结而成的，它怎么会是客观规律呢？故此我们人类的所有学说和理论终于都逃不掉被证伪的结局。而佛陀早早就讲"性无常"，没有客观规律，至少人类永远够不着客观规律。

最后是"有堪能"。中文里"堪"这个字和"能"这个字含义是很接近的，这种翻译方式是典型的魏晋时代的用语方式。所谓"有堪能"，就是讲业力因果，就是你所作的业必将产生某种连续反应作用，呈现为某种有功效的回馈系统，这叫业力因果，这叫报应，这叫"有堪能"。

佛家学说讲"蕴、处、界"之三科，这就是著名的"五蕴、六处、三界"，我们后面在教义部分再谈。佛教讲"四大皆空"，哪四项？"地、水、火、风"四者皆空。我一提这"四物"，诸位应该立即联想到一个人，即古希腊哲学家恩培多克勒。我在讲哲学课的时候谈到过，恩培多克勒提出"四根说"，他说这个世界是由"土、水、火、气"这四样元素构成的。听一听，佛陀的"地、水、火、风"，与之完全是一回事。请注意佛陀要比恩培多克勒时间在前，它说明什么？说明恩培多克勒的"四根说"早在公元前 5 世纪以先的古希腊就发生了，恩培多克勒只不过是被历史留存下来的记载者和表述者而已。当然，有可能是佛陀反过来影响了古希腊亦未可定。

而且，我们从这里可以看出佛说与环地中海思绪之间的互动关系，两者甚至在诸多细节上，包括哲思方式上都有处处贯通的痕迹。这就是我在前面讲"印度文明构成人类远古东西方文化荟萃之一极"这句话的含义。而佛教把这种远古文化荟萃之结晶最终带入中国，从而为中国的整个底层文化思想系统注入新风，甚至全面改造和渗透了中国传统文化。换言之，它是以极具思想穿透力、极具逻辑功力、且背负着一个宏大宇宙观的那种力度切入中国，尔后渐渐扩散，层层浸染，终于形成中国传统文化分外丰厚的根基之一。

略论佛教教义

我们今天上午重点讲了佛教宗旨，也就是佛教思想的核心。我们今天下午讲由此引申的佛教教义及其文化影响。只有在深刻理解佛教宗旨及其核心思想的基础上，才能更好地理解相关佛教教义。

下面先讲业力因果。我今天上午讲了"业缘、业障、业力"，讲"业力"是有因果报应关系的。业分为三"身、口、意"，由此产生相应的戒律。此外"业"还分"善业"与"恶业"，通常讲的"十善业"，也就是"十戒律"都有什么？头三款叫"不杀生、不偷盗、不邪淫"，此三者是身业，我不用多解释，意思都很明显，所谓"不邪淫"就是不近异性、不近女色，可能有人会说所有人都不近女色，人类不是绝种了吗？问题是能终生修佛者少之又少，这是身业。看口业，它的善业表达为四项：一乃"不妄语"，"妄"指没有根据，不妄语就是不说没有根据的话，不做无稽之谈；二乃"不两舌"，就是不见人说人话、见鬼说鬼话，不翻是非；三乃"不恶口"，就是不说粗话，不说脏话；四乃"不绮语"，就是不说好听话，因为通常给别人说好听的奉承话是为了实现你的某一项贪念或欲求，这是口业。

再看意业，也有三条，叫"不贪欲、不瞋恚、不邪见"。贪而不得则怒，大家注意这个"瞋"，目字边一个真，指发怒而眼睛睁圆，这里的"恚"是抱怨的意思，就是不怨天、不尤人。我们一般人遇见麻烦就会怨天尤人，总认为是别人的不对、世道的不好给他造成的，这是因为你"痴"，你"无明"，你把世界看作真相所致。最后"不邪见"，所谓"不邪见"就是不相信佛教以外的任何其他学说和思想理论系统。我们讲佛教是最宽容的一门宗教，但即便如此，佛教也不承认佛家学说以外的别样见地，而同样视之为"邪见"。

佛教讲"业必受报"，就是你做的业一定是会给你带来报应的。"善业"就会有善报，"恶业"就会有恶报。佛教讲"报"，讲得很细致，也讲得很深远。它最起码有三个讲法：叫"现报、生报、后报"。所谓"现报"，比如你刚做了一件坏事，出门就让汽车把你撞残废了，这叫"现报"；所谓"生报"就是你的恶业报到你的下一世，比如你生的孩子是个畸形，比如你自己的来世充满灾难；还有"后报"，所谓"后报"指八万劫以后，那个报应还在等着你。大家注意佛教所说的"劫"是一个时间观念，佛教一般把劫分"小劫、中劫、大劫"。一小劫 84000 年，一中劫大约 3.3 亿年，一大劫大约 280 亿年。有人说现存的宇宙发生于 137 亿年前，刚好是一轮大劫的半程，可见佛教所说的时间观念是个非常宏大的时空尺度，这在人类古代是一个很难想象的事情。

佛陀思境宽广。大家知道中国古代讲世界的发生，谓之"盘古开天地"，也不过就在女娲、伏羲之前不久。基督教曾经有位教士在 17 世纪讨论上帝创世的时间，他做了一个莫名其妙的计算，也不过推到公元前 4004 年，距今不过 6000 余年。而佛陀说"劫"居然说到数亿年乃至数百亿年这样的时段，可见其时间跨度之深广。

这里佛家讲的戒律只是我们经常提到的十戒。佛教的"戒"，讲法很多：五戒、八戒、十戒等等。它还有一个最充分的说法叫"具足戒"，算下来大约有 256 戒甚至更多。要做到"具足戒"，你才能真正戒绝红尘。

佛教讲"五蕴皆空"。什么意思呢？"五蕴"指什么？——色、受、想、行、识。它要回答的问题是什么？——无我。佛教认为世界的实相本真是大空境，那么也就没有我，你所说的"我"只不过是色、受、想、行、识这五种虚相的因缘和合。佛教讲"六根"，也叫"六处",指"眼、耳、鼻、舌、身、意"。我前面讲过我们人类获得外部信息唯有的通道就是五官:视觉、听觉、嗅觉、味觉、触觉,再加上由此五官获得信息所形成的意识,这就是"六根",所谓"六根清净"就指的是这"六识"。它的对应物叫"六尘",也就是"色、声、香、味、触、法",对应前面的"眼、耳、鼻、舌、身、意"。

佛教的"五蕴皆空",因此有两个程度不同的解释:"我"是怎样达成的?其实本来"无我",你那"有我"的感觉纯属种种假象的合成。浅里说,首先你所谓的"有我",是因为你有"识",你有所认识,而我们的"识",我前面讲过它都是虚相,都是假象;尔后"缘识起行",有了"识"你就有了行为,既然你的"识"都是假象,你的行为当然也是空幻;继之"缘行起想",你的"识"和"行"构成你的思想,既然前两者都是虚幻,那么你的"想"当然也是虚幻。所以按佛家的说法,笛卡尔说的"我思故我在"是不成立的。当你有了"识、行、想",于是又缘起了"受"。这里的"受"包括感受,更包括受纳,也就是你的贪欲有所实现,有所收纳,有所攫取。前面都是空,"受"当然也是假象;最后是"色",佛教所说的"色"不是指女色,而是指一切有形物质。这里特指你的肉身,你有了前四样东西才能确认你的身体存在,确认你存在。如果前四样都是虚幻,那么你的身体也就是一个幻象。这是往浅里说。

往深里说,佛教不仅有"六识",它还有"七识"和"八识"。第七识叫"摩那识"。所谓"摩那识"说起来很复杂,我们讲简单一点,叫"我识"。就是你的眼、耳、鼻、舌、身,你所有的感官之所以能够获得信息,其实是因为根子里有一个虚妄的"我"存在,有一个对"我"的执念的维护和对"我"的诉求的实现,那些"五感六识"才会发生。因此这是一个深藏不露的、处在意识背后的主宰,此谓之"摩那识";还有第八识叫"阿赖耶识","阿赖耶识"解释起来更加复杂，我们在这里做最简单的解说。它也叫"藏识"，就是你在"色、受、想、行"的过程中，由此形成的"业"的种子深深地埋藏在"识"的最底部，它是很难消除的。也就是你要深入到第八识——"阿赖耶识"，你才能消除业障、洗刷孽缘，才能澄清身心而进入空境，达致涅槃，这是非常之难的。从"阿赖耶识"这个地方出发，"色、受、想、行、识"就有了更深一层的解释，叫"以识入胎"。就是你上世之前所作的"业"深藏在第八识"阿赖耶识"那个地方，它会"缘识入胎"，来到下一层的你之中，也就是潜入你的来世，成为种子。然后再次"缘识起行"，启动你来世的"行、想、受、色"，又开始新一轮"我在""有我"的循环，这叫"五蕴皆空"。大家注意理解这些东西的关键，要理解"缘起说"。

佛教讲"三界六道"，所谓"三界"乃"欲界、色界、无色界"。那么什么叫"欲界"？就是你的欲望和欲念构成的世界。我举个例子，所有人学习知识是为了什么？是为了获取某种利益。比如学习科技知识是为了获取某种力量，获取某种物质，获取某种能量，因此你所有跟欲望相关的东西构成了你的世界总体或知识总体，这叫"欲界"；所谓"色界"就是一切有形世界，比如山山水水，比如天地万物；所谓"无色界"，这个说起来有点复杂，佛教的解释非常艰涩，我在这里举个例子。比如今天讲我们这个宇宙，人们所能探察到的物质，恒星系和行星世界，它们实际只占宇宙物质总量的5%，另外95%是物理学界迄今都找不见的暗物质和暗能量，这有点近似于佛教所说的那个"无色界"。当然佛教绝不是这个意思，佛教的"无色界"实际上就是"摩那识"和"阿赖耶识"所组成的那个你自己都够不着的黑暗的深处。

三界下面分为"六道"，"六道"并不是三界之外的东西，而是三界之内的层次，这叫"三界六道"。大家知道你如果没有修到涅槃境界，你就会不断地在"三界六道"中轮回，这叫"苦海无边"。这六道之第一道，也是最高道，叫"天道"，什么叫"天道"？做最简单的解释，就是你寿长八万劫，少苦高德。不是说你没有苦难，因为你还在六界中轮回，还在苦海之中，只不过你的苦难较少一点，它有点类似于中国道教中所说的成仙。当然其实完全不是一回事，我只是比喻。

第二道乃"人道"。就是你前世的作业，善业还做得不错，又回到了人间。各位今天能坐在这儿听课，证明你上一世大致还不坏，于是又轮转回来了。所谓"人道"，寿约百岁，苦乐相间。大家注意我前面讲人生本身就是苦难，这里的"苦乐相间"绝不是说人生有苦有乐，这里的"乐"仅仅指苦难的引诱剂，只不过是苦难纵深施行和伸展的一个临时阶段或者一个引导阶梯。比如你追上了一个美女，癞蛤蟆终于吃上天鹅肉了，可你没想到结婚以后她是个悍妇；比如你发了大财，正沾沾自喜，结果随后遇见强盗被掠夺了个精光，这叫"乐"——"悲从乐来"的"乐"。"乐"一定给你带来更大的麻烦和苦难，这叫"苦乐相间"。

再下来是"阿修罗道"，简单地说就是"欲界下层天"。跌到"阿修罗道"你就进入了欲界的底层，你的基本表现是嫉妒、怀恨而好斗，受尽这种恶劣情绪的折磨。我很难具体地说它是什么样子，大约有点像在政界厮混的当官的人。大家知道当官是非常痛苦的，因为你不能实行你的独立意志，你的上级再蠢，他发出的指令就是你的意志，你都必须予以执行，因此你不免时常处于深感窝囊、极度压抑又心生怨愤和妒忌的那种状态，你不免会想尽办法去颠覆他、取代他，从嫉恨而进入好斗，所以为官生涯确实是很痛苦的。

再下来叫"畜生道"，就是你下一世流转到非人之众生。佛教讲得很细，分为兽道、鸟道、鱼道等，一层一层深入，一点一点剥离，也就是你下辈子做牛做马之类。

再下来叫"饿鬼道"，所谓"饿鬼道"，简单地讲叫"贪财无餍足，求人形丑陋"。佛教数落"饿鬼道"之辈，说他的贪念之大、欲望之强用这样八个字来形容，叫作"腹大如山、咽细如针"。说你欲壑难填的大肚子像山一样庞然，可你吞噬财物的那个咽喉通道却细如针孔。意思就是你欲望极高，而实现欲望的路径偏偏又极窄。我说不清它是什么样子，做一个不恰当的比喻，就像刚才我讲当官，下面我讲从商，其实他们都在人道，我只是举例加以参照。这饿鬼道略有点像经商者或企业家，大家想做商务、做企业的人，挣钱再多，永远都觉得不够，因为扩大再生产是一个必须的强迫，挣钱越多的人、生产规模越大的人，一定是越缺钱的人，所以向银行贷款的主要群体就是他们。马克思在《资本论》里专章讨论资本家"节欲"的问题，就是资本家其实不得不精打细算、严控成本，因为他们对金钱的需求是出于资本膨胀本身的压力，这叫"饿鬼道"。我只是随便做比喻，大家别当真。

最后一道叫"地狱道"，也就是落入地狱中去了，其状曰"纯苦而无乐，难逃诸刑罚"。关于这个地狱道，我们通常讲是 18 层地狱，佛教的讲法可复杂多了。它分"小狱、中狱、大狱"，有学者计算，按佛教所讲的分层，地狱至少 108 层，最底下一层、最深一层的地狱叫"无间道"。它的含义是受刑罚折磨永无间断，这一道也叫"阿鼻地狱"。前些年香港演一个电影叫《无间道》，我横竖都没看明白它到底是什么意思。

我讲到这儿，你就应该发现，佛教学说同样没有逃脱"历史层累"之宿命。我昨天讲《易经》，提及它越到后世，可说的话反而越多，亦即被解释得越复杂、越玄妙。佛教也同样，在上千年的积累中，在后人不断地解释、发挥和伪托之中，佛教学说变得越来越纷繁，离佛教宗旨思境越来越远。大家想想诸如这类地狱说，我们到处都能见到，在任何宗教中，甚至在日常生活中我们都能见到。包括但丁写的《炼狱》，你看看人类的各种文学演绎，跟佛教全然无关的领域都有地狱之说。所以这种东西到底是不是佛祖所言的真经，大可怀疑。

好，我们下面简略说一下"十二因缘"。"十二因缘"讲起来有点复杂，我做最简单的解释。理解"十二因缘"，重点仍然在于理解"缘起说"。它是讲你所说的世界，你在"三界六道"中的轮回，其实就是这十二因缘的流转，所以也叫"流转门"。它从"痴"开始，也叫"无明"，由于你"无明"，由于你不能把这个世界看空，由于你认为这个世界真在，由于你对这个世界有执念，所以"缘痴起行"，请注意"缘起"，于是你才有了意志和行为；然后"缘行起识"，这样你才有了意识，有了"六根六尘"；然后呢，你由"识"进入了"名色"，"名"指心理，"色"指肉体，于是你有了身心总体；"缘名色而起六入"，所谓"六入"，即"眼、耳、鼻、舌、身、意"；有"六入"你就有了"触"，也就是身外的感知；有了"触"你就有了"受"，苦受、乐受、不苦不乐受，各式各样的感受和受纳；有了"受"你就有了"爱"，对三界事物的贪爱，大家注意佛教认为"爱"是贪的一个表现形式，所以有人说佛家讲大爱，这都只不过是世俗传播佛教的一种浅层说法而已；接着又"缘爱起取"，也就是你有了贪爱，你就有了攫取之心和攫取动作，它讲得很细，分"欲取、见取、戒禁取、我语取"等等，是什么意思呢？就是顺着欲望去取、顺着眼见去取、顺着戒禁去取，就是表面上看是"戒"，实际上"戒"只不过是一个幌子，"戒"实际上变成了"取"的一种变相的方法，还有"我语取"，用自己的语言去索取，这些东西都讲得非常之细；然后"缘取起有"，于是有了各种各样的东西，叫"欲有、色有、无色有"；然后"缘有起生"，从此又进入"三界六道"；最后"缘生起老"，进入老死，这叫"流转门"。

反之，你如果要"此灭故彼灭，此无故彼无"，你如果要修佛，你如果要消除这些业缘，那你就得从同一方向修为，从化解"无明"或"痴"开始，进入"明"的状态、"觉"的状态、"悟"的状态，然后你才能逐层消灭"行、识、名色、六入、触、受、爱、取、有、生、老死"，这叫"还灭门"。

佛教讲"三世因果"，就是"前世、今生、来世"，这叫"三世"。它的"三世因果"也镶嵌在这个十二因缘中。也就是你由"无明"引起"行"，"行"引起"识"，这里讲的"识"，含"阿赖耶识""以识入胎"的"识"，于是你从前世进入今生，即"以识入胎"进入二世。然后你通过下面一层一层走，走到"爱、取、有、生"，这就是你的今生。然后呢你从今生又继续轮回，进入你的来世，再转至"老死"，如此循环往复、永无止境，这叫"三世因果"。我在这里只做最简单的说明，有兴趣的同学读一读佛经，它的讲法要比这深入得多。

佛教讲所有的东西都讲得非常之细致。比如佛教讲"布施"，它会讲得非常到位，我们只是粗略地解说。比如它讲"颜布施"，这算第一个，这个"颜"是颜色的"颜"，就是你给别人一个笑脸都算布施；它还有第二个——"言"，语言的"言"，叫"言布施"，就是你给别人说一句祝福话，也叫布施；它还有第三个——"眼"，眼睛的"眼"，叫"眼布施"，就是你给别人一瞥慈祥的眼色，也叫布施。所以它讨论任何一个问题都分得非常之细，走得非常之深，我们在这里只讲了基本梗概。

佛教讲"无明至妄"，就是由于你"痴"，你不能把这个世界看空，你把世界的虚相都看成实相，或者说你把世界的假象都视为真相，你眼见为实，那么你就离佛界很远。我前面讲过即使是哲学，眼见为实也离哲学很远，哲学的前提是眼见为虚，佛教同样。但凡你把世界看成如实状态，那就是你"无明至妄"的结果。佛教讲"因缘"，讲"果报"，也就是你做恶业你就得恶报，你做善业你就得善报，它还讲"果位"，所谓"果位"就是你修佛的高度，修行达到的位置。

佛教讲"菩提"、讲"般若"、讲"涅槃"，"般若""涅槃"我在前面讲过，我在这里稍微讲一下"菩提"。"菩提"这个词中国最早翻译成"觉悟"，因为所谓"佛"就是"觉者"。但是随后发现中国人所谓的"觉悟"全然是别一种含义，在汉语中用"觉悟"这个词，比如说一个人悟性很高，是指这个人很聪明，会钻营，对人情世故看得很真切，长袖善舞，见解诡异，具有超常的社会行为能力，能给自己攫取更大的利益，这叫"悟"，它跟佛陀所说的"觉悟"刚好相反。佛家所说的"觉"、所说的"悟"，恰恰是要把这个世界看空，绝不在这个世界上执着，绝不在这个世界上拼搏，这才是佛家所说的"悟"，这才是佛家所说的"觉"。它是"中国式觉悟"的相反，在中国文化中根本没有这个概念，因此只好回到原来的梵语音译上，叫"菩提"。

佛教讲"染"和"净"，所谓"染"，就是你受到了污染，所谓"净"，就是你得到了净化。什么叫"污染"？你看这个世界是真实的，是有常的，是有我的，是不苦的，那么你就是受到了"污染"的状态。你如果看这个世界是不真的，是无常的，是无我的，那么才叫"净"，也就是你得到了真正的清净。

佛教讲"三法印"。我解释一下"法印"这个词的含义，佛陀讲经49年，他后来发现很多弟子误解他的学说，甚至把他的学说引申到非常荒唐的方面去，于是佛陀定出了佛家学说的最基本纲要。对于这些基本纲要，佛陀这样表述："必得符合诸此法印者，方为佛说。"大家知道"印"，印证、印章的"印"，"法印"就是佛系学说的确认纲要。佛陀甚至说，如果我本人所讲的东西不符合这等法印，即使佛说，亦为误谈。

那么这"三法印"是什么？叫"诸行无常印、诸法无我印、涅槃寂静印"。也就是你要理解佛家学说，最重要的第一步是要知道这个世界全是虚相，是作业的结果，是没有业缘之外的真存的，当然就更没有规律可言，因此这个世界是"无常"的幻象，这是第一"印"。

第二是"诸法无我印"，为此你得深刻理解"业"这个概念。表面上看，"业"的前提似乎是"有我"，然而一旦你认为"有我"，你就把佛说误解了。所以你必须意识到连"我"都是个虚相，都是"五蕴皆空"的因缘，都是"色受想行识"的产物，所以你必须看到"无我"，所有的法相中都要达到"无我"，这才是佛说的重点所在。

第三叫"涅槃寂静印"，就是你只有进入大空境，你才知道佛祖在说什么。"寂静"是大空境的情状表达，"涅槃"是达至大空境的修为境界，这叫"涅槃寂静印"。

有人认为可以罗列"四法印"，若然，则"第四法印"其实应该摆在最前面，叫"诸漏皆苦印"。就是你的业缘体验，你对人生的看法，你对世界虚相的真切理解乃一切皆苦，苦海无边，回头是岸，这是"四法印"说法中添加的一印。我提请各位注意，要想理解佛教，至少我此处说的这四项，你必须有深刻领悟，佛教本身的基本教义你才能把握。

我再说一遍：诸漏皆苦印、诸行无常印、诸法无我印、涅槃寂静印。佛教讲"修持自证、灭度生死"，就是你只有修为、修持，直到"修证"，通过修而证明空境，你才能"灭度生死"，你才能解脱自身。大家一听就知道这是典型的小乘教。小乘教中讲西方净土、极乐世界。在这里大家不要误会，以为真有此神圣之地。佛教的宗旨是空，所以但凡说"西方净土"、说"极乐世界",你可千万不敢理解为有一个真实的净土和世界,它所说的净土和极乐世界其实是指你的心境,是指你把自己的心境修到性空涅槃状态,那才是极乐净土。

佛教讲"慈悲喜舍、利乐众生",大家应该一听就明白这是大乘教。所谓"慈"就是我在老子课中讲的那个"慈";所谓"悲"不是指你如何悲伤,而是看见别人悲苦而与之"同悲";所谓"喜"不是你自己喜乐,而是看见别人欢喜而与之"同喜";所谓"舍"就是我前面讲的布施度,我前面讲布施度讲得很深,大家可以再去回想那个讲法,在这里说浅一点,就是于日常行为上广施善缘、救苦度难,这显然是大乘教。

佛学与哲思

我们下面略看一点佛学的经文。

《阿含经》中讲:"若见缘起便见法,若见法便见缘起。"就是你如果理解了"缘起说",你就理解了佛法,你理解了佛法的标志是你理解这个世界是"缘起世界",也就是由"业"而引起的虚相,你回归到大空才见佛法。《摩诃般若波罗蜜经》中有一句话:"如实知一切法,故名为佛。"也就是你如果懂得了佛法,修证了"缘起",那么你就是佛。所以我在前面讲,佛教是一门无神论的宗教。"佛"不是指佛祖本人,尽管大家把他尊称为佛,那是因为很少有人能够达到这个境界。实际上你如果能修到那个程度,修到那个正觉圆满、涅槃寂静的高度,你就是佛,任何人修到这个程度皆为佛,这就是佛教的无神论的表达。

《金刚经》中有一句话:"不应住色生心,……应无所住而生其心。"这句话什么意思呢？我们正常人一般是外部给一个刺激，我们才会有一个动念，才会有一个意识反应，这叫"住色生心"。我讲过"色"是指外部有形事物，这是最正常的人类精神反应。可佛教认为如果这样，你就在业障虚相中被纠缠，你就在红尘俗世中打滚。它说"应无所住而生其心"，就是你由"戒"入"定"，到了"禅定"这个状态，外部已经不再给予你任何信息，你反而"生其心"。这个"生其心"是指什么？是指有了"正觉"，有了"悟"，理解了大空境，临近了涅槃态，这叫"无所住而生其心"。它跟我们正常的心理反应恰恰相反，所以佛教有一个词组，说你进入这种禅定状态，叫"非想非非想"。什么叫"非想"？就是你的思境完全是空的，是"无所住"的情状。但是这还不行，你还得"非非想"，就是"并非什么都不想"，因为"觉悟"也是一种思想态，这叫"无所住而生其心"。你在"禅定"中，在什么都不想的无杂念静修中，最终有了觉悟，有了正念，这叫"非非想"，所以佛教的"修"是至深而奇妙的。

佛学中用诗歌的方式阐述佛理，用一个专门的字叫"偈"。佛学中最著名的一偈是这样说的："一切有为法，如梦幻泡影，如雾亦如电，应作如是观。"就是你如果看这个世界是有形的，你对它是有执念的，然后你在其中是有所攫取、有所贪求的，这叫"有为法"，如果是这样，那你就离佛还很远。你要看这个世界如梦幻，如泡影，如朝雾，如闪电，世界全是虚相，只有这样你才能进入修佛状态。所以《心经》中有一段话："色不异空，空不异色；色即是空，空即是色。"就是说你所看到的一切事物，其实它的本真都是空。

佛学讲"现法喜乐"。所谓"现法喜乐"，就是佛教允许或迁就在严格的佛法规约下过好世俗生活，也就是所谓的"在家修行"，在家修行者有一个专门的称呼，叫"居士"。大家想想佛教讲"戒、定、慧"，一个居士过正常世俗生活，然后还要修佛，它的难度一定是很高的。因为在世俗生活中，在红尘喧嚣里，要戒绝一切纷扰，戒绝外部信息，这是很难做到的，所以以居士形式修佛要达到较高果位难乎其难。因此佛教的原教旨是主张"出世修道"的，也就是要在远离人世的地方出家修佛。所以你看佛教的寺庙通常都建在深山老林里，屏蔽红尘，以便戒修，从而最终抵达明慧。

佛教所倡导的修佛绝不是一种逃避。在日常生活中，我们经常见到一些人，由于遭遇重大的麻烦和人生的苦难，尔后出家为僧。比如失恋了，比如得了一场大病，比如发生了一次车祸，然后从此开始虔诚信佛，这像是逃避，尽管也可以视为一种指引。须知佛教绝不是逃避红尘苦难的地方，因此修佛之举，它是"以苦治苦"。你真正出家修佛，难度是非常之高的，它决不会让你在其中享乐。比如它连饭都不叫你吃够，它一天只进一餐，它连觉都不让你睡足，它做法事，晚法事在子时，11点到1点，早法事在寅时，3点到5点又开始了，所以修佛是个非常苦的过程。那么出家修佛，寺院已经建立在深山老林、远离俗世的偏僻之地，它仍然觉得不够安静，因此佛教还有一个更深的修法，叫"闭关"。所谓"闭关"就是在远离寺院的一个更隐蔽的地方挖一个小山洞，或者建一个非常狭小的草庐，小到这样的程度，你在里面都站不起来，都躺卧不平，只能在里面打坐，唯有一个柴门可供他人出入。你面壁若干年月，每天由一位小沙门通过此柴门之一孔，给你递入一钵餐食，这叫"闭关"。大家知道达摩祖师曾经在少林寺一次闭关竟至九年，这真是一件苦不堪言的事情。

我举一个例子，比如在监牢中，对于入狱后还捣乱的犯人，给他施加一项最严厉的惩罚是什么？关小号！把他独自关押在一间小囚室中，然后把光线、声音都完全遮蔽掉，这种没有任何信息输入的被隔绝状态会导致人类神经系统受到严重损害。要知道我们的神经系统是在具有一定信息接入，或者说是在具有一定信息载荷的情况下进化而来的，完全缺失信息刺激，这叫"不可承受之轻"。有犯罪学家研究发现，一般如果持续关小号一个月左右，大约30%的人会发生心理错乱，时间再长的话，约有50%的人会疯掉。所以你千万不要随便去尝试闭关，它需要一个逐步纵深训练的过程，你随便去操作小心把自己搞疯。这是一个以苦治苦的修行方式，难度很高，要让自己进入到真正"戒定慧"的状态绝非易事。

好，我们下面再略微看一点佛教的经文。《杂阿含经》中讲："当知若诸众生所有苦生，一切皆以爱欲为本。"就是你有贪爱，你有欲望，那么你的一切苦难就无法终止。《四十二章经》中讲："天下之苦，莫过有身，……夫身者，众苦之本，祸患之元。"说天下所有的苦难，莫过于你有一副多余的皮囊，它说你若看重你的身体，那么你的欲望、苦厄就无法消除。《别译杂阿含经》中用这样的一些言词形容，叫"革囊盛粪"，它为了让你看空自我，便说你的肉身只不过是一个装满粪尿的臭皮囊。它又讲"庄严宝瓶，内盛屎尿"，说一个人看起来道貌岸然，其实剖开一瞧满肚子不过屎尿而已。它竭力诬蔑你的肉身，以便于你埋头进行精神升华。《法华经》中讲："三界无安，犹如火宅，众苦充满，甚可畏怖，常有生老病死忧患，如是等火炽燃不息。"它说你的人生就像住在一个失火的房子之中，你天天被它煎熬，如果你不能修佛而达至超然解脱之境的话。

我讲到这儿，很容易给大家一种误解，以为佛教就是哲学。我今天上午讲佛教宗旨，引用了很多哲学观念，目的是为了让各位理解佛学思想的深奥和透彻，但大家千万不能把佛教理解为哲学。因为佛教强调的是"由信而知"，而哲学和科学强调的是"由知而信"，什么意思？佛教要求你首先确信它，也就是信仰它，然后你才能修证它，真正深知它的内涵，所以它是以信仰为前提的。哲科思维恰恰相反，它是以怀疑为前提的，有了怀疑才有探究，有了探究才有知识，有了知识我才确信，或者我才半信半疑地取信。这是哲学和科学的基本状态，因此哲学和宗教是两码事。

请注意区别宗教是"由信而知"，哲学和科学是"由知而信"，因此佛教讲的不是逻辑上的"求证"，而是"修证"。佛教中有一篇经文，名叫《佛说箭喻经》。该经文中记载了一件事情，说有一个外道鬘童子，就是信仰佛教以外其他宗教的一个结扎着特殊头发样式的年轻人，有一次向佛陀提出了十四个哲学问题，借以请教或刁难佛陀，这就是著名的"十四无记"。我顺便把它念一下："世有常、世无常、世有常无常、世非有常非无常；世有边、世无边、世有边无边、世非有边非无边；命即身、命异身；如来死后有、如来死后无、如来死后亦有亦无、如来死后非有非无。"他提出的这"十四无记"，是典型的哲学问题。

我为什么讲它是哲学问题？我们看其中的四条这样表述，叫"世有边""世无边"，什么叫"世有边"？这个世界是有限的；什么叫"世无边"？这个世界是无限的；"世有边无边"，这个世界既是有限的又是无限的；"世非有边非无边"，这个世界既不是有限的，也不是无限的。大家听听，"世有边，世无边"，这些问题的提出，如果你读过康德的书，便知这恰恰就是康德讨论四项二律悖反的第一项。

康德曾经讨论过一个特殊问题，他说把理性运用到极致一定会发生悖谬之结果，这叫"二律背反"，也就是我们今天通常所说的悖论。康德这样证明，他说你说世界是有限的，在理性的极致上这个说法成立，因为你所看到的所有事物都是具体和有限的，你从来见不到无限的东西，因此说世界是有限的成立；但是，把思想调动到尽头，你说世界是无限的也同样成立，为什么？因为你想如果这个世界是有限的，那么在那个有限之外是什么，所以只有说世界是无限的，似乎才能通融有限。所以康德证明人类把理性运用到极致，一定产生矛盾，此谓"二律背反"。那么这位鬘童子给佛陀提出的这十四项哲学问题，佛陀怎么对待的呢？不予回答。佛陀很高明，他知道运用人类的理性逻辑是不可能解决这个世界的终极问题的。

我讲到这儿，大家应该能够回忆起我在讲西方哲学课的时候曾经提到的哥德尔定理，请大家回忆那个部分。就是人类的理性、人类的感知、人类的逻辑是有天然缺陷的，因此他永远不可能回答真正终极的问题，或者他永远不可能把问题推向无边无限的极点。佛陀深知此道，因此不予回答。这也表明你要理解佛家，你就不能在"逻辑证"上进行，你得用生命去"修"去"证"。

我们下面再看一点原文。《金刚经》讲："须菩提，南西北方，四维上下虚空，可思量否？"须菩提是佛陀的一个弟子，佛陀问他说你看东西南北，四方上下全是虚空，你能想象吗？《金刚经》中又讲："凡所有相，皆是虚妄。若见诸相非相，即是如来。"他说的"相"就是你所看到的事物，他说你看到的所有的事物皆是虚相，皆是虚妄，如果你能悟出"诸相非相"，即看起来是实在的东西，其实全是虚幻，那你就得到了真谛。所以我在这里强调，一切深刻的哲思，一切深刻的宗教，甚至一切深刻的学说和理论，包括科学在内，前提条件都是眼见为虚，而不是眼见为实。

佛学传入中土：冲突与融合

佛学的这一套思想最初进入中国，由于其学说华彩纷呈，一时间迷倒中国所有文人。

大家可以想象，中国古代讲儒学，讲"君君臣臣，父父子子"，讲血缘，讲伦理，全都是人世间眼见为实的浅证。突然进来这样一脉理序深彻、光芒四射、令人眼晕的学说，一时间文人士大夫趋之若鹜，佛教之传入给中国思想界带来巨大震动。如果我这样讲不能使大家感同身受，我换一个话题，先讲一下近代西学突入中国的情形。

大家想想在西方文化进入中国以前，中国人何曾知道世界居然是我们今天的那个观念体系。我们主张眼见为实，我们主张学以致用，我们所说的世界就是看得见的山山水水，我们所说的世界就是人伦道德结构，就是皇权官僚系统，就是君臣父子孝道。西方文化在 1840 年以后进入中国，它竟然告诉你世界上的一切物质都是由你看不见的原子、分子、基本粒子构成的；它居然告诉你，你的身体、你的生命是由你眼睛根本看不见的细胞、肽链、脱氧核糖核酸构成的；它讲一切事物居然是可以拿数学计算的，一切事物都不过表达为一组方程，而且可以表达到十分精确的程度，甚至可以精确预测。中国人在原有的知识体系里从来没有想过，世界居然是可以这样对待的，它极具解释力、创造力，并且最终可以验证，故谓之"实证科学"。这种看世界的方式一下就把中国传统文化全部冲垮，中国文化迅速崩溃和衰落。请设身处地地想一想，西学东渐给近代中国学术界、思想界、知识界造成怎样的震撼和冲击。

那么你再回望两千年前佛教传入中国的情形。面对中国原有的那个粗糙而局限的人世观、人伦观，突然进来如此异彩纷呈、如此光芒四射，展现出如此宏阔的"大千世界、时空劫数"之宇宙观，而且还有如此缜密的逻辑推证，如此深探的思维方式，想想它对当年中国文化界的冲击。因此自从佛教传入中土，便对中国文人士大夫阶层造成强有力的震撼，这就是佛教一经播散，立即感动四方，最终逐步地全面介入中国固有文化体系的原因。由于它跟中国文化有互补作用，同时它华彩洋溢，因此一时间迅速渗透中国社会之各层各界。我讲到这里大家应该能够体会到当年佛教进入中国的状态。

下面我们就来讨论佛教之传入对中国文化的影响以及与中国文化的冲突与融合。

据有关史料记载，佛教是在东汉中期传入中国的。相传汉明帝有一天晚上做梦，梦见西方有金人，第二天上朝就和大臣们谈及此事，有大臣回奏说西方确有真人，而且有真经。于是汉明帝派遣专使到西域请来佛僧，白马驮经，抵达洛阳，建立中国第一个佛教寺院，这就是著名的白马寺。为什么把佛教的教堂叫作"寺"？是因为汉朝的外交部叫"鸿胪寺"，外交部部长后来叫"鸿胪寺卿"，由于是外交部官员请来的最早的外国客人，因此"寺"相当于是年的"外交部招待馆"，自此以后就把佛教的修院称为寺院。

我讲到这儿大家就应该明白，虽然史书记载佛教是东汉中期汉明帝当朝之时才由官方正式引入，但汉明帝做一梦，白天和他的大臣交谈，为臣者竟然能告诉他西方有真经，足见佛教早在汉明帝朝议之前就已进入中国，否则他的臣子怎么能给他提出那样的奏对和建议呢？所以佛教流入中国应该比汉代中期还早一些。

佛教传入中国，并不是和本土文化全无冲突。因为任何一个异域文化，它要是跟当地文化没有多大区别，那也就证明这一脉文化没有什么独到的特点，它也就不可能造成冲击效应。所以佛教进入中国，它是要跟中国文化折冲磨合的。比如佛教传入以后，要求出家者必须削发、剃度，而中国人讲"身体发肤受之父母，不得毁伤"；佛教不允许结婚，叫"不邪淫"，而中国孝道文化讲"不孝有三，无后为大"；佛教不允许它的教徒跪拜除佛祖之外的其他人，而中国人自古跪拜尊长、跪拜皇帝等等。因此佛教进入中土，它是跟中国文化在某些方面多有冲突的，也因此它一定会发生某种程度的变形。

我们在佛教经卷中见到这样一经，名叫《父母恩重难报经》，一望而知这大抵是中国人伪托的佛经。

　　起初，佛家学说颇显深奥，难于理解，这就像西方科学近代传入中国，国人是很难接受的一样。比如原子物理学、核物理学，比如数学、化学，比如力学、桥梁建造学等等，它都是中国当年派出留学生到西方深入学习，获得学士、硕士或博士学位，然后回国当工程师、当老师、当教授，如此四处传扬，刊登文章，进而流为新式学堂的教育科目，这才逐渐广为接纳、深入人心。大家想想民国时代，最著名的所谓大师们，其实都只不过是在各个不同专业上，把西方某一门专科学术弄通吃透，然后介绍到中国，便在这个特定领域成为翘楚。他未必是自己真有什么重大建树，却在中国现代史上成为名震海内的学术巨擘，其实他们只不过是传入和介绍了西方文化而已，其之所以被誉为大师，实在是由于西学思想太难理解了。

　　佛教传入中国也同样如此，中国人早期根本就无法理解佛教所说的那套思绪，所以早期诠释佛教、翻译佛经都借用的是中国传统概念。比如《四十二章经》中讲："世尊既成道已"，把佛祖"成佛"说为"成道"，用老子"修道"，道教"修仙"这样的方式来表述佛教，这完全是错译、误译。因为中国"道教的修"和"佛教的修"完全不同，我们后面会稍微讲解一下。比如讲"转四谛法轮，而证道果"，仍然用中国道家的"道"的概念来解释佛家的佛法概念。像这样的话语文字很多很多，我不再列举。我们从这些译文中就可以看出，当年佛教传入中国，即使是文人士大夫，要理解它都非常困难，即使是当时的高僧大德，翻译它都不能译述准确，甚至找不见恰当的单字或词汇，可见佛教理解起来有多么困难。

　　故此佛教必然被中国文化所折冲、所改造。佛教原旨偏于小乘，由于中国主流文化是儒家体统，而儒家思想偏向积极，主张入世，所以佛教进入中国之后渐转大乘化，于是在佛教中就有了"以出世法做入世事"的说法，就有了"不二法门"的经卷（见《维摩诘经》）。所谓"不二法门"系指"世、出世不二"，也就是说"入世"和"出世"是一回事，用这样的方式来融合或变通佛教要求出世修佛的含义。我们由这里可以看出佛教传入中国，它在义理融通上也是有相当难度的，需要经历很长时间的逐步磨合。

佛教传入中土以后，便快速弥漫。它跟中国农耕文化于精神上十分契合，对中国农耕社会保持稳定产生巨大效益，因为它更消极、更禁欲、更压抑，所以它在中国广为传播，获得四方拜服。从上层文人士大夫的经文研修，到下层民间俗众的功利求佛，渐渐演成普世思想系统而笼罩全民。从此佛教在中国历经千年而不衰，它在印度本土反见数百年后就趋于式微了。至中唐时代，佛教文本的译经量就达九百六十八部，计四千五百零七卷，明清以后更达到五千卷以上而不止。今天在世界上求取佛教文献，保存最完善的就是中国，你到印度去反而找不见了，这就表明佛教文化对中国文化影响之深远，尤其表明中国传统文化对佛教文化的接纳之诚恳。

我下面简单讲一下佛教宗派。要知道佛教在印度是没有宗派的，大家注意"宗派"这个词，它就是佛教专用词，即"宗教分派"或"宗教派别"，此谓"宗派"。佛教在印度只有学派和部派之分，没有宗派，因为印度的那个吠陀文化底子，使得印度人在婆罗门教的基础上发生佛教转换，理解起来没有中国人那么困难。佛教传入中国而随之发生宗派，主要有两个原因：第一，佛教太过深奥，当时中国的文人士大夫，死活都琢磨不透它。这就像早期西方文化进入中国，物理学、化学、数学、几何学、社会学、生物学、伦理学、心理学等，令中国人一片茫然，大家不得不分门别科，一点一点地去学习、去研究、去介绍、去翻译，而且还常常出错。佛教传入中国早年也是如此，它进来以后，即使文人士大夫介入其中，开始琢磨它、翻译它、解释它、散布它，但是大家达不成深刻而统一的理解，于是出现种种分歧，就像面对一个庞大而复杂的陌生体系，人们各站一端，径自描摹，犹如盲人摸象，谁都拿捏不全、述说不透，于是不同宗派油然而生，这是宗派发生的第一个原因；

第二，佛教在中国弥漫开来以后，佛寺、佛院处处搭建，善男信女大量进入寺院修佛，有很多信众把自己的财产土地都贡献给佛门，贡献给寺院，于是寺院就有了大量的教产。我举个例子，比如南北朝时期有一位梁武帝，他是非常好佛的，修佛很来劲，作为皇帝，居然动不动就出家了。大臣看皇帝出家了成问题，于是拿国库里的公帑把他从寺院里赎回来，刚赎回来他又跑了，于是大臣再拿国库里的钱去把他请回来，如此反复三次不止。这个梁武帝可实在太有名了，菩提达摩初来中国就谒见了梁武帝，武帝虽然向佛，却跟达摩交谈不洽，所以达摩随后从岭南一苇漂江来到少林寺，引出此番故事者就是这位梁武帝。

我再举个例子。北宋之王安石可谓中国的著名文人和政治家，他晚年信佛，临死以前把他家的房产土地都捐给了佛寺。大家想寺庙教院有了大量的财产，财产大到什么程度？北京有一个寺庙叫潭柘寺，它建立在南北朝时代，潭柘寺最兴盛的时候，它的庙产和土地不仅占据北京西部的郊区，而且延伸到河北省乃至山西省。如此之大的教产当然也就成了宗派得以加固的原因。各宗派之形成，既维护自家的信念和偏执，同时也维护自有的巨额财富。

佛教传入中国如此轰动，如此热潮，它曾经使得各地大量青壮劳动力出家修佛，还使得作为农耕文明之基础的大量土地流入寺院，这当然会对中国正常农业经济生活和农业经济秩序带来重大干扰。再加上它在理念上跟中国文化取得融通，需要很长时间的折冲。所以从南北朝一直到晚唐，中国至少出现过三次灭佛事件，这就是历史上著名的"三武灭佛"。我讲到这儿大家应该能听出来寺院其实也并不清净。

佛教宗派在中国非常之多。人们熟知的像天台宗、华严宗、净土宗、禅宗、律宗，此外还有俱舍宗、成实宗、法相宗、三论宗、楞伽宗等等不一而足。其中对中国佛教影响最大、汉传佛教之势头最盛的是禅宗。

禅宗：佛教中国化之大宗

我们下面谈一下禅宗。

禅宗是中国汉传佛教的最大一宗。禅宗的基本佛理依据，来自佛经上记载的一段话："释尊拈花，迦叶微笑，直指本心，见性成佛。"尤其重要的是后面这八个字，叫"直指本心，见性成佛"。什么意思呢？就是每一个人本心中就有佛性，只不过是被世俗的红尘所遮蔽、所污染，如果你能扫除这个俗尘，你就是佛。

佛陀的这个讲法，最初唯一的解悟者是迦叶，迦叶因此成为佛说禅宗之第一祖。禅宗有印度禅宗和中国禅宗，在印度不叫"宗"，叫"禅说"，以迦叶为首席代表，此后又相继出现二十八师祖。及至传入中国，其第一宗师就是我前面提到的那位和梁武帝相见的菩提达摩。

菩提达摩到少林开始创立禅宗，后来经过慧可、僧璨、道信、弘忍，直到慧能，禅宗大体上宣告完成，所以慧能被称作禅宗六祖。要说禅宗，我们就不能不讲慧能其人，因为禅宗终于发扬光大，以慧能为最重要的影响者。慧能是岭南人，贫苦不识字，少年时候外出打柴，偶遇一个僧人念经，他听来深有所悟，于是追随僧人入寺出家。

慧能很小入佛院，进不了正式的教团，于是在寺庙中做一些杂役，比如破柴、踏碓等等。所谓"踏碓"，就是在一个石舂子中间，放上带糠皮的稻米，然后踩踏一个杵杆，使其通过反复敲击而脱除米糠。慧能起初来到寺院的时候，由于还是个小孩，体重都压不动那柄杠杆，只好"腰石踏碓"，就是在腰上绑一块石头才能压起用于捣米的长木槌。他在佛寺里服行杂役的同时，听五祖弘忍讲经，脑洞大开，深得佛法，此足以见得慧能之悟性非凡。

五祖弘忍晚年想找衣钵继承人，于是让众弟子各作一偈。弘忍最出色的大弟子名叫神秀，提笔就在佛院的墙壁上写了一偈，我前面讲过，以诗歌形式表述佛法叫"偈"，神秀的壁书如下："身是菩提树，心如明镜台，时时勤拂拭，勿使惹尘埃。"大家听一听，还算挺深入、挺空性，意境也挺好吧。慧能不识字，看到神秀的偈文就让旁边一个小童读给他，听罢慧能觉得他可以作得更好，于是随口念出一偈，由一位官号张别驾的文人也代为书写在墙壁之上。

我们看一下慧能的偈词："菩提本无树，明镜亦非台，本来无一物，何处惹尘埃。"显然慧能的偈文更接近于大空。五祖弘忍过来看视，说"皆未得法，皆未见性"，然后用鞋把它们全擦掉了。到晚上五祖弘忍走至慧能的碓房中，在石臼上敲击三下，慧能深解其意，于半夜三更来到五祖弘忍的方丈，弘忍亲授佛法和衣钵，慧能由此成为六祖。弘忍同时告诫慧能，让他赶紧离开佛院，远避他乡，因为神秀在众弟子中的抱团势力很大，慧能倘若还逗留佛院会造成严重冲突。可见佛院里、寺庙里，也是尔虞我诈之氛围。

慧能自此迁到南方，隐姓埋名。神秀北上，在中国北地传布禅说，当时深得武则天的赏识。据说武则天曾经有意请神秀来做国师，神秀推诿，不敢从命，提说我有一个师弟名叫慧能，较我见识深彻，故而无颜接受国师之号。此后慧能声名鹊起，遂现身于中国南方传布禅宗。二人南北呼应，终致禅学大兴。

慧能对中国禅宗的发扬光大起到了重要的推动作用。我只举一例，前面谈到，只有佛陀讲过的东西记录下来才可称之为"经"。请注意慧能讲过的东西在中国也叫经，这就是著名的《坛经》，可见慧能对汉传佛教的影响之大。

慧能所谓的禅宗，跟既往其他各宗派的主要区别在于"直指本心，见性成佛"，简称"明心见性"。也就是说，他把过去修佛的那个渐修、苦修方式，转化成顿悟方式。我一讲到这儿，大家就应该能听明白，中国人特别欣赏禅宗，是因为禅宗乃取巧之道，至少有取巧之嫌。当然我这样讲不是污蔑慧能，慧能有一段话专门对此作出说明，他说"非上上根器者，不入此门"。就是你如果没有绝顶之慧根，你是修不了禅宗的，所以慧能的本意不在于取巧，但它能够在中国风靡一时，却与国人善于取巧、急于功利之夙性有关。

佛教传入中国，对中国文化造成深彻的渗透和影响，我们下面举一些例子。

第一，由于印度梵文是拼音文字，所以在印度文化中就有音韵学的成分。因此佛教传入以后，中国第一次出现拼音，当然不是指20世纪中叶起用的现行罗马字母拼音，而是指中古已有的反切拼音。什么是反切拼音？大家看一下康熙字典，那上面标注的就是反切拼音。

中国人过去学文化，必须进私塾、拜老师，你是无法自学的，因为没有字典，没有拼音。一旦有了拼音，中国文字和文化便可以自学、可以普行。大家想，中国过去处处都是方言，不同地区的居民说话都是不同的方言，找不见文字的统一发音。秦汉前后，有辞书之祖《尔雅》，算是当时的雅言，据说为孔子教学所推崇，可视作古时的普通话。以后随着朝代的更迭、首都的迁转，官话屡屡改变。有了拼音，中国文字才逐步有了统一发音的依据，而且第一次有了可以借之自学、自研的这么一个工具和通道，它对中国文化在民间的推展起到很大的促进作用。

第二，佛学传入中国，导致中文字义得到较大拓展。大家知道人类的思想文化都是在文字符号上承载的，人类社会的信息量是不断增大的，信息内涵也是频繁迭代的。如果文字本身随着信息量的扩张而膨胀，则文字量、词汇量就会倾向于变得无穷之大。而且如果各种知识是持续升华、接连增进的，那么相关文字的含义也就一定会不断地被充实、被变更。所以佛教传入中国，使得中国古代文字第一次有了异样文化的字意拓展，使得中国文字符号本身的意境得到提升。

我举一个例子，看"缘"这个字。中文的"缘"字，"因缘"的"缘"字，其本意最初仅指衣服的边缘。而随着佛教传入，"缘"这个字竟然成为一个哲学理念，所以就有了一系列与之相关的意解，比如缘起、缘生、有缘、随缘、结缘、惜缘等等。总之佛教文化传入中国以后，中国出现大量的新语汇，中国语言文字被大大丰富。

佛教传入中国，此后才开始有大量的复合词出现。大家看看我们现在经常使用的词汇，有相当一部分都是佛教用语，比如我前面讲作业、功课，这都是典型的佛教用语。比如真实、世界、自由、平等、方便、解脱、慈悲、忏悔、心地、境界……，这些词汇居然全都是佛教词汇。民国时期著名学者梁启超，仅根据一部佛教词典统计，就发现佛教给中国贡献了三万五千多个新词汇，也就是说如果没有佛教传入，中国人今天说话都很困难。可见，佛教传入给中国语言的丰富化带来了多大的影响。

第三，佛教对中国的文学艺术造成深刻影响。要知道艺术的发展，它本身绝不能太求实、太写实。比如报告文学，它基本上成不了文学，算不得艺术，真正高雅的文学一定是虚构的。而它的虚构既要落实于现实，又要高拔于现实，这叫浪漫，或者叫浪漫主义文学。中国文学艺术中这种超拔于现实的思境，的确得益于佛教不少。

众所周知，一部好的文学作品一定要讲空灵、讲意境。大家读一下《红楼梦》，倘若其中没有这种空灵感，没有超然物外的意境，该书绝不可能如此之动人心魄。而且佛教思想的引入对中国整个艺术界都产生重大影响，比如中国的国画，从汉末历经魏晋南北朝，直到唐代以后，与佛教之逐步振兴同步，中国的写意画，也就是文人画，才开始大规模的发生，才进入成熟阶段。再比如中国的诗词，尽管在先秦时代有屈原的《离骚》，在汉代有《汉赋》，水准也相当之高，但是中国诗歌发展的最高峰是唐诗宋词，二者都受到佛教意境高拔的影响。

再比如佛教的石雕艺术，中国的石雕艺术几乎完全是佛教引入的结果。在佛教传入以前，国内没有规模化的石雕，有泥俑、有陶俑，泥俑做得很粗糙，陶俑做得相当不错，比如兵马俑，但是并不普及。而石雕在中国古代佛教传入以前显得非常粗朴，我建议各位有空到汉武帝陵墓即陕西茂陵去游览一下，它旁边是霍去病的墓地，在那儿建立了一座茂陵博物馆，里面留下了一批西汉早年的石雕，其中有一个石雕叫卧虎，简直就是一块原石、一块有棱角的粗石，然后在上面刻几个线条，命名为卧虎。我绕它转几圈，都看不出它是只虎，我不是说它不好，它十分古朴，但也太过粗糙。佛教传入后，才把石雕从浮雕到全雕带入中国。大家今天到云冈石窟、龙门石窟，你见到各种高度逼真的石雕像，那都是佛教带入中国的。当然我们也可以想象印度的石雕文化深受环地中海地区、古希腊石雕艺术的影响，回想一下古希腊的石雕，比如掷饼者，这些东西都是通过佛教间接传入中国的。

第四，佛教不仅对中国文化处处渗透，它甚至改造了中国的经学，也就是中国的国教都被它调整重塑了，这就是"宋明理学"。朱熹撰述的儒家学说为什么取名叫"理学"？是因为佛教的因明逻辑深刻地影响了中国人解读经学的方式。所谓"理学"，它的核心叫"理一分殊"，什么叫"理一分殊"？我前面讲过思维简易原则，要知道儒家学说，比如《论语》，它是散点式讨论，你找不见它的纲领。佛教的"因明逻辑"带来了重新整顿经学的方法与通道。所谓"理一"，就是用一个最基本的原理，作为思维简易的总纲；所谓"分殊"，就是这个最基本的纲要表述能够普解下面的各类相关问题，从而纲举目张。这种用逻辑因明整顿散点式儒学讨论的治学方式叫"理学"。可见中国的经学、国教、儒家学说，都被佛教所影响、所重整。因此从某种意义上讲，你如果理解不了佛教，你也就理解不了中国文化本身的总体大观和深入细致之处。

我前面讲佛教，大家会感觉到我对佛教高度赞赏，实际上我还是希望更客观、更平实，尽量不带褒贬地说明一个文化现象。佛教对中国也不全是正面影响，它也给中国带来许多负面影响，比如佛教的消极出世，大大加强了中国固有文化的消极倾向和压抑素质。大家知道西方宗教，比如基督教，它是偏于积极的，而佛教和中国文化总体上是偏于消极的，因此它对中国的整个文化氛围造成了不易察觉的颓势影响。

佛教虽然将"因明逻辑"带入中国，但是佛教的逻辑素养不具有对象抽象性和实证性，什么意思？我们前面讲，只有抽象思维才能最大程度地整顿信息量，而它一定是要对对象的最基本属性加以抽象，才能构成抽象的内涵。佛教的逻辑抽象是没有对象属性的、是讲缘起性空的，所以它的抽象是非实体抽象，这种抽象本身不具有逻辑推导的前提，因此也就不具有实证性。

大家知道哲科思维发展出科学，是因为它有这个对象抽象性和可实证性，这两点才使得科学最终成立。佛教传入中国，它不但不具有这种对象抽象性和可实证性，反而把一般的哲学称为"戏论"，游戏的"戏"。它认为一般哲学逻辑的纵深探讨都是谬说、都是遮诠、都是戏论，所以它很难发展出与近代工商业文明相衔接的哲科思维体系。它反倒被中国的理学家，比如朱熹这些人所利用，包括王阳明，最终成为中国"名教学说"的一个整顿工具，在中世纪加固了儒家学说对中国思想界的控制。禅宗的顿悟，改造取消了佛教"因明渐修"的这个历程，加剧了中国微言大义的倾向。

佛教在中国发展为谋求功利的民间思想行为，进一步加剧了中国文化浅薄实用的倾向。这都是佛教带给中国的消极文化影响、负面文化影响。

下面我们再进一步深入讨论这个问题。在讨论这个问题之前，我先稍微谈一下藏传佛教。现在有很多人认为藏传佛教是佛教的真宗，这个看法是不对的。藏传佛教是佛教传入西藏以后的另一个变形体系。公元 7 世纪佛教传入西藏，此前西藏这个地方是有自己的土著宗教的，名为"苯教"。公元 7 世纪以前，西藏分为两大部族，一个叫象雄、一个叫吐蕃。吐蕃部族到 7 世纪出现了一位著名政治人物，这就是松赞干布。松赞干布作为吐蕃族的首领，使得吐蕃雄强起来。松赞干布最初做藏王的时候，做吐蕃王的时候，苯教势力强大，吐蕃王实际上被苯教教团组织架空，因为苯教高级教团组织有约束王者的实权，也就是藏王任何指令要发出，都必须经过苯教教团组织的批准。这使得松赞干布受到严重制约，很为不满，于是他通过两路婚配引入佛教。一路是从中国娶文成公主带入汉传佛教，一路通过尼泊尔娶另一个公主，叫尺尊公主，带入印度佛教，然后开始在吐蕃族内推行佛教。最初目的是为了抵制苯教对政权的干扰，由此佛教逐步在吐蕃人群中播散，苯教势力被消解，松赞干布最终掌握实权，统一西藏。

在佛教文化还没有深刻浸染西藏以前，吐蕃族势力强大。佛教起初进藏的时候，它并不是纯净带入，而是要跟西藏当地固有的土著宗教，包括各种喇嘛教进行折冲与综合。到8、9世纪，演成"宁玛派红教"，到14世纪演成宗喀巴创立的"黄教"等等。所以藏传佛教并不是真正印度佛教的原样挪移，这一点大家要有所理解。

佛教对西藏的影响有多大，我们看一下历史上的松赞干布时代。吐蕃统一西藏之时，可谓势力悍勇，吐蕃人强势勃发、积极进取，佛教那个时候还没有濡染西藏人的整个心性。所以在政权统一之下，当时的吐蕃王国到处扩张，在唐代的时候，吐蕃军队竟然动辄就打到京师周边。唐朝首都在长安，吐蕃军队曾经攻入灞桥这个地方，即灞河边上。各位不妨到西安去看一下，灞桥今天已经处于西安市区，也就是吐蕃军队居然可以动不动就威胁到唐朝心腹。而且当年的吐蕃人，把自己的势力从西藏高原逐步扩展到整个青海、四川西部、甘肃南部，几乎占据中国国土现有总面积的1/4到1/5。（此处有删减）

可是后来，随着佛教对西藏的深刻浸染，对西藏人乃至西藏民族性的气质重塑，吐蕃强势民族居然历经千年销声匿迹，直到20世纪50年代初，毛泽东派军队进藏，西藏还是原始奴隶制社会，呈现一片颓废衰竭之局。它表明什么？表明佛教的消极心理影响和压抑文化覆盖有多么巨大的力量。

那么佛教传入中国，不能说它对中国没有同类影响。我举一个例子，当然我这样举例子可能不确切，你找不见直接因果关系，我们只能朦胧地说，这是一个很奇怪的现象。1840 年鸦片战争，英国人只不过派来了几十条破船、四五千士兵，加上后来增援的不过一万多人，居然把诺大的有几亿人口的中国打得落花流水，从此进入半殖民地时代。几亿人面对别人几千过万士兵，居然造成这样一个结局，实在令人惊诧，令人唏嘘！

我举一个对照的例子。非洲有一小国埃塞俄比亚，第二次世界大战以前，意大利墨索里尼派遣军队，进攻侵占埃塞俄比亚，要知道发展至二战前夕，武器先进的程度较之鸦片战争之时已完全不可同日而语，飞机、大炮、坦克、机枪无所不有。如此强势的意大利法西斯军队，一支现代化欧洲装甲军队进攻临近不远的一个非洲落后小国，埃塞俄比亚死活不肯屈服。它的皇帝叫海尔·塞拉西，号称非洲雄狮，带领埃塞俄比亚军队和民众用冷兵器与之对抗，当然不是对手，埃国政府被迫迁移英国，但到底不曾投降。最终，二次大战结束后，埃塞俄比亚复国。

我在这里讲什么？讲诺大的中国和一个非洲落后小国在近现代战争中的表现竟有如此之大的反差，不能不说这其中暗含着某种文化影响要素在发挥作用。任何文化对其载体之人格乃至民族性的影响，潜移默化之间都会造成深不可见的濡染与变塑。

信仰的本质

下面我们稍微比较一下佛教与中国唯一的本土宗教道教之差异。佛教是印度文化，尽管传入以后被中国文化所折冲，但是它和中国的道教在内质上仍然有很大区别。诚然道教在诸多方面学习了佛教，但是道教的基本素质和佛教全然不同。道教以"黄老思想"为根据，以"老子道论"为最高信仰，承袭战国以来的方仙术，也叫方仙道，形成多神崇拜。它追求什么呢？叫"长生不老、得道成仙、济世救人"，这是道教的宗旨，简称"贵生保真"。

注意我在这里表述的是什么。世界上所有宗教，包括佛教，都是"修来世、重灵魂、轻蔑世俗体系"这样的文化意境。可道教反过来，它是"修今生、重肉体、同构现世体系"，所以它跟其他宗教，包括佛教在内，本质上是完全不同的。也就是说，它继续表达着中国文化"修实用、重功利、崇拜皇权体系"的深刻烙印。例如道教中玉皇大帝的"天庭"，和世俗的皇权朝廷完全是一个应合关系。它修的是长生不老，修的是今生本身的成仙成道，不是修来世往生，不是重灵魂升华，看重的是当世之肉体长生而不灭，所以它典型地表达着中国文化重现实、重功利的特质。

但是，道教跟佛教或者跟一切宗教，当然也有一些共同点，否则它形不成宗教。那么道教和佛教的近似点是什么呢？佛教讲"解脱"，叫"解脱一切苦厄"；道教讲"超脱"，即"超然于世外"。在这一点上，佛教和道教相通，也就是道教仅在超然性上类似于佛教或其他神圣宗教。我们从道教和佛教的比较上就可以看出，中国土著宗教和中国传统文化基本素质的契合关系。而且，由于中国传统文化本身不形成教团组织，不形成异类结社，因此，在中国历史上会出现一种非常奇怪的现象：但凡有宗教活动，它都不具有建设性，反而具有社会破坏性。

我们讲不管是西方的犹太教、基督教、伊斯兰教，还是印度的婆罗门教，它们都是具有建设性的，佛教相对比较缺乏一些。但是中国的道教、中国的宗教，历来不具有建设性，它反而具有叛逆性。大家看汉末的太平道、五斗米道，这是道教的前身，它们是造反组织；唐宋出现的导源于佛教净土宗的白莲教，到明清时代又形成造反组织；直到清末太平天国运动，它源自传入中国的基督教，仍然挑起了一场巨大的农民起义运动。也就是说，中国的宗教不具有社会建设性，反而具有社会破坏性。看看中国宗教起伏和中国社会动荡的关系，你不能说中国政府太过敏，这实在是中国文化的惯例。好了，我们讲这些东西，是想说明中国的宗教，或者中国的宗教思想跟中国文化的关系。我再度强调，中国文化的基本素质是前神学阶段的，它跟真正意义上的神学宗教文化，其实在兼容性上是有问题的。

我们下面简单讲一下西方宗教与佛教的比较。我前面讲过，佛教从人生观出发建立宇宙观，西方宗教——犹太教、基督教、伊斯兰教，面向外部世界先行建立宇宙观，然后才谈论人世问题。总体上看，西方的宗教偏于积极。它最初的起源是犹太教，基督教只不过是犹太教的一个分支，所以基督教教本《圣经》，前半部分《旧约》，乃犹太教教本，后半部分《新约》，才是基督教教本。犹太教、基督教都非常激进，你读一下《旧约》，上帝给犹太人以"应许之地"，出埃及过程，犹太人占领约旦河流域的土地，即"流淌着奶和蜜"的"应许之地"，耶和华协助犹太人——他的选民，灭掉周边七部族而立国。可见犹太教本身是极为亢奋的，是具有某种坚强的组织力道的。基督教是它的一个分支，是早期信仰耶稣说教的人，最终被犹太教排斥，尔后这些人开始在非犹太人中传播，可谓是经过改造的变形了的犹太教，这就是基督教。

大家知道，犹太教只承认上帝叫耶和华，他们不承认耶稣。耶稣说他是上帝的儿子，犹太教无论如何不能接受（此处有删减）。因此，虽然基督教从犹太教发源，但二者之间自始便形成强烈的对立，这也是弥漫在欧洲上千年反犹文化的一个起点。

尽管基督教脱胎于犹太教，它最终发展为跟犹太教形成对立格局的一个教派，然后又在欧洲分化出两路：一路称作公教，也就是天主教；一路称作正教，因为它主要在欧洲东部，在斯拉夫人中传播，因此也叫东正教。这构成基督教的主体。

那么大家再看伊斯兰教。公元7世纪，穆罕默德创立伊斯兰教。穆罕默德出身贫寒，成年以后给一个富商做帮手，这个富商不停地拉着骆驼和商队到环地中海周边经商，所以，穆罕默德在犹太教和基督教盛传的地方，深深地了解了它们各自的宗教思想和教义区别，然后回来创立了伊斯兰教。（此处有删减）

穆罕默德这个人极为聪慧，也极为出色。有一个事实可以证明这一点，就是那个富商死掉以后，他的遗孀居然嫁给了她的下人穆罕默德，可见默罕默德当年一定是与众不同的。在这个富孀的大量钱财的支持下，穆罕默德创立伊斯兰教，然后以宗教组织方式最终建立了一支别具信仰的军队，第一次统一阿拉伯世界，由此形成阿拉伯帝国，也叫伊斯兰帝国，亦被中国古代译称为大食帝国。

伊斯兰帝国一旦成型，便集聚势力，迅速在中东地区扩展，不但灭掉伊朗，而且从东部突进到小亚细亚，即今日的土耳其，从西部突入伊比利亚半岛，即现在的西班牙，两路钳形攻势几乎吞没欧洲，从而与基督教形成强烈的敌对关系，造成基督教和伊斯兰教上千年的政治文化军事冲突。由于伊斯兰教最初建立的是政、教、军合一之组织体制，又以圣战方式统一阿拉伯，因此伊斯兰教的基因中就带有某种黩武而剽悍的特质，今天基督教世界对伊斯兰教的所有负面评价，都来自于此。

我们由此可以看出，在宗教作为主流文化的时候，它对一个民族、一个国家、一个人或一个集团会造成何其之大的影响，这种影响伸展到整个历史进程之中，上千年而不得化解。今天，整个阿拉伯地区和非世俗化的伊斯兰教国家，进行工商业文明转型一律显得相当困难，都跟这个宗教的强固势力有一定关系。

我再举个例子。欧洲近代从黑暗中世纪走出来，迅速蓬勃发展，一时成为世界中心，它是通过三件事情完成的：第一，文艺复兴，找回古希腊工商业文明之思想根脉；第二，科学思潮，古希腊理性文化所引出的科学洪流及其学术范式；第三，宗教改革，对天主教压制体系的柔性颠覆。大家知道，西方在16世纪20年代，发生马丁·路德宗教改革，是一件十分重大的事情。它早期有一个很小的诱因，就是古腾堡发明活字印刷术。过去雕版印刷《圣经》，发行量甚低，因此，只有高级教士手里才有教本，才有《圣经》，解释权全部归天主教之组织高层。古腾堡发明活字印刷，《圣经》大量出版，民间人手一册，宗教改革的基础形成。尔后在欧洲中北部和西部，以马丁·路德为代表，发起了一场宗教改革运动。

这场宗教改革，起初看起来是个波澜不惊的小事件，不过就是反对天主教神父对《圣经》的解释权，提出"因信称义"，意即我只要信服基督教，我就可以得到上帝的救赎，这叫"因信称义"。过去是必须经过天主教教团组织才能实现这件事情。由于天主教教团体系严重腐化，于是宗教改革者们开始提出"因信称义""灵肉剥离"的新理念，其核心思想在于，每一个人自己完全可以直接面对上帝。它带来的实际文化变革效应是什么？是自由。欧洲人从此脱离了天主教的控制和压抑，精神得到解放，并由这项自由引伸出真正意义上的平等，亦即每一个人都是上帝的子民，均可因"信"而获得上帝的眷顾与爱怜，在上帝面前人人平等。

请大家想想，"自由、平等、博爱"就是资产阶级革命旗帜上的基本思想徽号，然后再由这些个可落实的新观念引出契约精神和勤俭文化，也就是所谓的"新教伦理缔造资本主义制度"。所以在宗教改革以后，资本主义才逐步在西方发展起来。请大家注意我在讲什么：一种主流文化造成强势覆盖，如果你不能颠覆它，你不能改造它，你就无法进行社会转型。或者，即使一时不足以置换它，但是你在内部可以修正它，可以解构它，都会释放重大的社会力量。

我举一个简单的例子，大家看北美和南美。北美——美国、加拿大，它们是当年英国清教徒建立的国家，主体是这些人。所谓清教就是英国流传的新教，也就是宗教改革的参与者，在英国被称为清教徒，他们进入北美，建立了美洲最典型、最精致的资本主义现代社会体系。大家再看南美，南美是西班牙占据的地方，西班牙的主体宗教是天主教，所以西班牙（包括后来的葡萄牙等）引入到南美的文化是天主教旧文化、旧思想。要知道，整个南美洲早在19世纪初叶，也就是1810年以后，绝大多数国家都纷纷独立，迄今已经200年左右，可如今，整个拉丁美洲各国基本上仍不能进入正常的现代社会。它们政治动荡、经济波折，总处在越不过中等收入陷阱的状态，社会民生不断发生问题，现代社会观念及其体制构形始终难以确立。这种分化格局竟然跟天主教和新教两种不同势力的侵入和弥散有关。

我们由此可以看出宗教文化的力道，也可以看出某种文化改造社会的效应。我讲这些东西，是想让大家理解，宗教思想曾经在人类中古时代乃至近现代所起到的重大文化覆盖作用和人格国格的濡染作用，它对人类社会文明形态的发育或变革势将继续产生有力影响。

以上部分我们就简单讲到这儿，我们下面讨论一些更深入的话题。

我讲佛学，大家还是要理解，我是中性表述，我不是佛教徒，我只是想告诉各位佛学的思想系统从大体上看是什么状态。宗教是一个信仰系统，人们一提"信仰"就把它和宗教联系起来，但其实什么叫"信仰"，这个概念大家必须搞清楚，信仰并不等于宗教。

什么叫信仰？"确信状态"就叫"信仰"。人类的感知、人类的意识、人类的思想，越原始者，确信程度一定越高，越发展者，确信程度一定越低，这是递弱代偿原理在人类精神上的表现，甚至在我们的感知结构中都如是表达。比如感性，它是最稳固的，你看树叶子永远是绿色，几亿年不会变化，所有禀赋视觉的动物，所有能够分辨颜色的动物，看出去都是一个样子，非常稳定；到知性，也就是到选择判断，它已经高度游移，颇难确定；而到理性，也就是推理模型、学说见解之类，它已经步步震荡，层层迭代，全然没有任何稳定性可言。因此，人类进入文明各阶段以来，越后发的学说，证伪速度越快。

既然越原始的感知方式，一定是越稳定的感知方式，那么我们就可以把这种确认稳定状态的感知，统统称之为信仰，而不必把它说得多么高大上。比如一头狼看见一只羊，它绝不会问这羊是物质的还是精神的，这是狼的信仰。大家想想，如果我不讲哲学课，你是唯物主义者，你认为世界一定是眼见为真的，一定是实实在在的，那么这个唯物主义观念就是你的信仰，哪怕你不自觉。所以，任何一种确信无疑的精神状态，本质上都属于广义的信仰范畴。而由于一切感知越处在低级位阶，它就一定越处在稳定状态，因此我们经常讲，宗教信仰束缚力极强，其实它表达的是低级感知或低端思想模型的稳定性，这是我想给以说明的第一点。

第二，信仰未必只是福音。今天有人讲，社会思想混乱，社会道德崩溃，是由于中国人缺失信仰，我对这个说法持怀疑态度，因为信仰本身未必带来良好的社会结果，信仰未必全是福音。我举例子，儒学在中国叫儒教，它是中国人数千年的国教和信仰，到近代，它给中国社会带来巨大损害，你看鲁迅是怎么形容它的？他说翻开历史书，只见满纸都是仁义道德，仔细看完，只剩下两个字：吃人。大家再想想，天主教曾在欧洲造成一系列严重罪恶，人们的思想、言论自由完全被剥夺，甚至成立宗教裁判所，压抑一切学术活动，布鲁诺被烧死，伽利略被软禁，缔造千年黑暗中世纪，直到宗教改革。它本身腐化到何等程度？大家读一下卜伽丘的《十日谈》便可窥一斑。它后来竟至于出售赎罪券！就是你只要给教会交钱，你就会得到救赎，贪婪敛财已经到了无耻和露骨的程度，这也是宗教改革的起因之一，所以信仰未必是福音。

我们再看今天的塔利班，什么叫"塔利班"？它的原意是"伊斯兰教的学生"，这个组织坚守伊斯兰原教旨主义思想，形成一种极端势力（此处有删减）。所以说信仰就是福音，就能拯救世界，这说法大可怀疑。

第三，宗教并不能救世。大家一定要知道，宗教是什么？它是人类文明早期信息量偏低的一种思想模型和意识形态，它绝不是真理。我再说一遍，它只是人类文明早期信息量偏低的思想模型，而不是真理。我举一个例子，人类在宗教时代，中国在佛教、儒教时代，那时候人们想飞，怎么飞？全给自己安一个大翅膀，然后从高处跳下去，结果摔死了事。今天的科学同样不是真理，但它是对大信息量的整合，它居然可以把上百吨的金属扔在天空中飞行。大家知道，大型运输机，它的机身自体的重量，加上它运载的货物量，甚至可将若干辆坦克塞入其中，上百吨的金属竟然在天空中高速飞行，速度、航程远超过任何鸟类。科学也不是真理，但是它却达成如此效应。这说明什么？说明宗教本身并不是真理，它只是人类在信息量较小的古代必然产生的一种文化思想现象。

我一再讲，任何文化一定要跟人类当时的生存形势相匹配。说宗教包括佛教能够救世，相当于说旧文化可以解决新问题，这怎么可能？想想宗教，自己都在逐步式微，它连自己都不能拯救，它怎么拯救世界？大家再想想，人类越原始的时候，人性越淳朴，以前课上讲过，文明程度越低，人类越善良，文明程度越高，人性越败坏。在人性尚未彻底败坏的古代，宗教都没能拯救人类，反而眼睁睁地看着人类文明一路堕落，时至今日它高度败坏了，突然又说只有它才能够挽狂澜于既倒，这在逻辑上不通。因此，宗教不能救世。

请各位牢牢记住，新问题、新事件、新麻烦、新时代，它需要新思想才能处理，才能匹配，尽管新思想也不能根本救世，但它一定会随着人类生存形势的流变发展而悄然产生，并终将形成与时俱进的新一茬文化主流，这一点也请大家千万想明白。所以指望宗教救世，认为佛教可以使今天的乱世得到恢复，纯属幻想。

我前面讲过，人类的感知一定是越来越飘摇的。神学时代，人类处于信仰维系阶段，感知是十分确定的；哲学时代起疑，有了惊异，才有了追问，这是典型的亚里士多德的表述；到科学时代，提倡什么？笛卡尔以降，西方近代古典哲学首倡怀疑一切，怀疑精神才是今天科学时代最重要的基本创新前提。所以，人类的感知过程，是一个从确认状态逐步发展，向疑思状态和飘摇状态一路前行的进程，也就是信仰状态或确信状态逐步趋于摇摆和消逝的进程。而且，人类任何一个时代的知识，或者说任何一个时代的信念，一定是随着人类生存形势的流变而发生内容更替的。因此，人类的思想文化内涵一定是不断变动的，我称其为"逻辑变革带动文明发展"。

我讲到这儿，大家就应该明白，人类的精神发育同样显得趋势不良，也就是它的总体演运倾向是越来越失稳、越来越茫然、越来越不具有确定性，亦即知识的可靠性在渐次丧失。想想看，这是多么可怕的事情！从这个意义上讲，如果你还有信仰，或者我们改换一个用词，如果你还有信念，因为信仰和信念都是指某种确信状态，那么它会给你带来某种定力，使得你相对不至于过度摇摆，但它也会给你带来另一重麻烦，就是导致你思想僵化，导致你处于难以接受新信息与新观念的状态，优点本身就是缺点。而人类逐步走向信息量越来越大、思想模型重整速度越来越高、知识系统越来越缺乏确定性的状态，是一个由不得人类控制的自然进程。我们站在这样的高度回望人类思想史，足可清晰地看到人类精神运动的方向。

我们下面简单讨论一下佛教思想的人格浸染价值。大家要知道，所谓人格，所谓人性，我说不清楚它的比例，不过至少可以这样简单地说，大致一半是基因决定，一半是文化决定。越高等的动物，它的精神、它的人格，或者叫动物格，后天文化塑成的要素比例越大。也就是说，一种文化对人格，乃至鲁迅所说的民族性，会造成有力的塑型作用。我们一般意义上所讲的人格，其实也主要是指文化人格。

由于佛教具有极为超拔和深刻的思想基础，因此我们在社会上会见到佛教文化缔造的两类人格。第一类我把它称为"超然出世或悠然自安的稳定型凡庸人格"。什么意思？超然出世：不在社会上竞争、不执着、不执念；悠然自安：不抗争、不激奋、不瞋恚。由此形成一种比较沉稳、似显平庸、自甘处于社会下层的生活状态。这是我所看到的最幸福的人群，他们欲望偏低，精神状态平稳良好，心理极为健康，活得十分快乐，尽管他们大体倾向清贫。

请大家搞清楚，人类的幸福跟外在占有的物质量没有太多关系，幸福快乐是一种纯粹的心理感受。我在前面讲过，它至少需要具备三大基本要素，我在这里稍微展开一下。

第一，悠闲。你整天忙着敛财，整天在社会中竞争，忙得死去活来，哪有时间享受人生？所以悠闲是幸福的第一要素。想想古人，我一再讲，越远古的人类，其实生活状态越安宁。人一定是缺什么才喊什么，古人绝不用编个什么幸福指数，你今天这样做，是因为文明进程疾速发展，人口密度和工作紧张度越来越高，你的幸福感遂被挤压无余，你为此才需要到处寻觅那业已丢失的美好体验。我前面讲过，农业文明早期，一年只种一料庄稼，充其量只忙播种与收获的两个月，对于古人来说，悠闲是天然具备的。

第二，寡欲。就是你没有强烈的欲望调动，你才能平心静气地品味生活。大家想想，古人一定是寡欲的，因为农业文明早期人口很少，每一个人凭自己的体力拓荒，顶多开垦几十亩地，然后用最原始的粗放方式耕种。人与人的体力差别有限，谁比谁也强不了多少，所以早期农业，家家的收成基本是一样的，它绝不会刺激和调动欲望。工业时代，贫富悬殊，即使你是百万富翁，但眼睁睁地看着旁边有千万富翁、亿万富翁，老婆、孩子照例骂你无能，搞得你仍不免惭愧而紧张。文明程度越高，欲望调动越强烈，而时时处于无边欲望的躁动搅扰之下，还谈何幸福与快乐？所以寡欲是幸福的第二要素，所以中国文化，老庄哲学，历来讲究知足常乐。

幸福的第三要素乃为融入自然。大家想，原始农业文明基本上在田野里劳作，尽管它跟狩猎时代相比，离自然已经有了一点差距，但跟我们今天的城市生活相较，它是非常接近于自然的文明形态。我们人类的身心发育是在丛林中作为猴子的时候，经过上千万年进化而来的，因此我们从视觉上、听觉上、身体上和精神上，都是处在自然状态下才能得到最美好的感受，才能达成最舒适的身心匹配关系。因此，"融入自然"是幸福的一大要素，这也就是为什么你今天到野外踏青旅游才会给你带来快乐的原因。

远古时代，这三大要素全部具备。那么今天谁还能再被赋予如此奢侈的三项条件呢？在中国，只剩下佛教徒。由于他们不在社会中执着奋斗，因此他们比较悠闲；由于他们不羡慕财富，因此他们比较寡欲；由于他们脱俗修佛，不管是做居士还是做出家的僧人，大多都在山林之中或者经常出入山林，所以他们融入自然的程度也比一般城市文明人高得多。这也就是为什么，我周边看到最欢乐的人，多是佛教徒。

而且大家要知道，我们人类的神经系统，是我们在丛林中做猴子上千万年而逐步形成的。各位想想，你当年在丛林中生活的时候，有多大信息量？今天进入工商业文明后期，进入信息时代，你今天接受的信息量，是你原先进化形成神经系统所能承载信息量的数百倍、上千倍不止，如此巨大的信息超载，造成神经系统和精神系统的严重损害，这就是今天心理疾患和精神失常频频发生的原因，以至于很多西方人不得不经常光顾心理医生。严格讲来，所有现代人都处于高度紧张、高度焦虑、信息负荷过密过重的异常状态，每个人的一生都有某一个阶段濒临心理紊乱状态、心理疾病临界状态或者说半疯癫状态。因此，你每天静静地打坐一会儿，即使达不到禅定状态，达不到非想非非想的那个深度，你只需每天打坐二十分钟，让自己的神经系统解除超载、静息片刻，至少对你也是一种有效的精神疗养。

好，我们再看佛教的圣洁高拔，也塑造第二种人物，我称其为"超然入世或悠然抗争的稳定型伟岸人格"。注意它与上述第一类人群之间的对照关系，前者是"超然出世"，后者是"超然入世"；前者是"悠然自安"，后者是"悠然抗争"；前者是"凡庸人格"，后者是"伟岸人格"。也就是你处在佛教的高拔状态，或者思境升华的状态，哪怕是非佛教的、近似的精神格局，只要你是超然入世而又悠然抗争的，你就处在一个极高的思想境界上，你将会获得别具一格的力度。

我给大家举例子。在人类政治史上，出现过一种非常罕见的政治家，它的典型代表就是印度的圣雄甘地。尽管甘地信仰的是印度教，但我前面讲过，今天的印度教里渗透着相当成分的佛教精神。大家想，所有的政治家全是以恶抗恶、以暴力对抗暴力，相对于这一层政治人物，哪怕是一流政治家，比如华盛顿，比如克伦威尔，比如列宁，即使是这些最伟大的政界巨擘，他们跟圣雄甘地比较起来，都立即沦为二流政治家。想想圣雄甘地的奇特作为，他居然提出"非暴力、不合作"的政治方针，最终赶走了英国殖民者。大家要知道，当年的英国作为世界头号霸主，号称"日不落帝国"。所谓"日不落"就是英国的殖民地遍布全球，统治疆域之太阳永远不下落。当年英国的强盛程度，跟其他国家的悬殊程度，远大于今天的美国。须知美国称霸以后，曾经面对过苏联的抗衡，呈两霸争强态势；随后接着面对中国，今天中国已经成为令美国非常紧张的一个国度，在GDP上相差无多。而当年的英国，它的气势鹤立鸡群，远远高于其他列强的实力。印度作为英国的殖民地，它如果要想通过自己的抗争获得独立，几乎没有任何希望，而圣雄甘地竟然用独特的"非暴力抵抗"与"不合作运动"的政治行为方式，最终把大英帝国赶出印度。

可能有人会说，这里还存在诸多外部因素使然，包括第二次世界大战导致英国元气大伤，不得不借助印度人参战，而以其独立作为交换条件等等。但是大家要知道，任何一个政治家，在任何国度内，他如果要发动政治有利的行为，都一定会寻求各种外援。美国独立战争受到法国的支持，中国红色革命受到苏联的支持，试问哪一个政治家仅靠自己的国内力量就能够完成其政治业绩？所以把这些因素都抛开，圣雄甘地赶走英人，实现印度的独立，确实是一种极为别致和极有力度的操作。这样的政治家仅见于印度，可见佛教的或宗教的超拔素质所造成的人格力量之非凡。

我再举个例子，经济界的天才乔布斯。大家知道，乔布斯这个人是信从佛教的，曾经专门到印度求经，当然他走错地方了，他应该到中国来才对。乔布斯曾经在某大学发表演讲，他讲过这样一句话，他说"我假定每天都是我生命的最后一天"，这是典型的佛教思想，是"了生灭苦"之超拔意境的换位表述。他又说一段话，他说我作为企业家，目的不是求取利润，而是改变世界。资本的最基本要求是什么？就是无休止地追求效益，追求利润最大化。所谓资本，就是能够增值货币的货币，所以资本家的天然冲动是追逐利润。可乔布斯不是这样，他的目标不在于此，而是更为高拔，结果他成为当代企业家中最具有创造精神的顶尖人物。

我想说明什么？说明精神高拔何其重要。我特别反对家长给孩子说这样的话，说你一定要好好学习，要不然将来连饭都吃不饱。你如此苦口婆心又如此小器地一番训导，就等于为孩子设定的学习目的仅是求得混饱肚子。请记住，一个人即使努力将自己的人生目标和精神维度提升到追梦的高点，一般情况下他也顶多实现十之二三，倘若某人的意志所向一开始就只局限于衣食无忧，他最后很可能弄成惨淡度日的结局。所以，精神超拔是一个非常重要的人格素养和行为前导。这是我在讨论宗教问题的时候，顺便对既往任何一种文化体系为何都必须具备某种程度的精神高扬之气质，断不可猥琐于眼前之现实，所给出的简要注解。

我们最后对这节课做小结。首先，你要想理解佛教，你一定得理解印度古文明是东方大河文明与环地中海文明的原始交融产物，由此形成人类数百种古代文明中的第三极；第二，佛教传入中国而扎根，与其农耕文明的一致性有关，它在某种程度上补充了华夏传统文化中神学、哲学文化的缺失，故而得以大行其道。

佛教和佛学因此成为神学信仰文化与哲学思辨文化的非典型接续形态。由于它是非典型形态，因此它在印度早亡，在中国变形；由于它是非典型接续形态，因此在佛教之后得不出新的思想文化伸展，从而致其逐步衰落。大家注意我这句话的意思，典型的神学思脉是有可能导出理性思辨的，试看古希腊毕达哥拉斯学派，同时就是毕达哥拉斯教团，它的宗教曾经引申出一种追究终极的深思探问和精密逻辑；我们把今天的欧洲文明叫基督教文明，直到近代的牛顿，他还在探究上帝操控世界的方式，著作定名《自然哲学的数学原理》，也就是基督教文化里暗含着某种思绪延展的余量，其中埋伏着哲科文化生长的前途。

而佛教没有能够在其中或其后衍生出与之息息相关的以它为土壤的新文化、新思想，并且足以代表和推动人类社会的发展，没有！这表明，佛教本身的非典型状态，使得它不具有文明再生、思想发育的前程。我这里没有任何好坏褒贬之意，我只是想告诉大家，我讲课讲的是"思想与文明之大观"，我们讲佛教，讲的是佛教思想跟人类文明生态的关系以及人类文明增长的关系，所以请大家听懂我这样的总结，充分理解文化与文明的匹配，理解文化分化的不同命运、不同前程、不同影响。你只有理解这些东西，你才能理解人类文明和人类文化的发展趋势和发展方式，你才能理解所谓"文化生存"的精髓。

尽管我讲佛教并没有产生新思想，但佛教绝不会轻易衰灭，因为越原始的文化越具有稳定性。因此，佛教、基督教、伊斯兰教等，所有宗教必在人类未来的文明发展中长存不逝，反倒是哲学文化、科学文化会快速衰变。也就是说，人类的宗教文化影响将长期存在，同时伴随快速闪灭的新文化、新思想与之并进。我们可以预见科学时代行将结束，我们也可以预见，即使到后科学时代，即使到工商业文明以后的那个未知时代，宗教系统都仍然是人类文化中无法剔除的思想要素，此乃文化精神之发育趋势的注定宿命。

好，我们今天的课程到此结束。

课后答疑

下面留出时间，同学们讨论提问。

同学提问： 东岳老师您好，我想问一下，就是佛教的"三法印"，您是怎么解读它在佛教中的这种推动作用的？

东岳先生： 任何一个复杂的思想系统，任何一个高深的思想系统，其实人们理解它都是非常困难的。因此一个学说、一个理论出现，被大众误读，这在人类文化史上是普遍现象。佛陀深知这一点，因此他设立"三法印"或"四法印"，就是强调他的思脉主干是什么，精神基点是什么，这是一个非常高明的做法，颇为值得后人学习。我的《物演通论》被很多读者做出种种我自己根本听不懂的解读，各式各样的误解纷生，以至于我不得不在福州无用空间特地办一个讲座，专题讲解《物演通论》的"五印一纲"，谓之"正印"，借鉴的即是佛教的"法印"之说，目的只为澄清物演学说的基点和主干究竟是什么。不过，我在老子课上讲过，曲解是理解过程的必然伴随产物，甚至是一个学说不断被层累化和丰富化的前提，佛教体系今天表现得如此庞杂而纷纭，如此广博而普适，其中既有诸法印的主轴加持之作用，也有误读者的旁征涣化之贡献。是不是这样呢？

同学提问： 先生，基于您的"递弱代偿"理论，事物或文化越低级，则越具有奠基性、决定性和稳定性。那么递弱代偿原理产生于今天这样一个农业文明已然没落、工商业文明行将没落的历史节点上，它的前世文化是昨天讲的《易经》，包括后面的儒、道，又加上今天的这个佛教，想问一下，前面这些过往文化的奠基性作用，对于递弱代偿学说产生了哪些影响？

东岳先生：我在《物演通论》第三版的封底上，曾经做过一个简要说明，我说《物演通论》之学说和递弱代偿法则的总结，是基于中国传统文化天人合一的理念，并借助西方哲学思辨逻辑的工具而达成的，它无疑是东西方文化交融的产物。我在《知鱼之乐》里也做过说明，我说我的学说同样不是真理，《物演通论》里我也反复强调这一点。而且由于越高端、越先进的学说，其证伪速度势必越快，因此我的学说被证伪将是一件为期不远的事情，这一点我也承认。而且由于人类思想文化进程与自然弱演分化进程相一致，因此人类未来的总体思想状态一定是越来越纷乱、越来越离散的，人类达成统一认识的前景越来越小。因此我的《物演通论》及其"递弱代偿学说"，我认为它将永远都是小众文化，影响有限。我只希望，它对以加速度态势身陷重大危机的后人，能够稍微起到一点启迪和警示作用，以便提前采取某些预防性的系统变革措施。

同学提问：老师您好！您今天提到了佛教里面的三个阶段是"闻、思、修"，您主要是在"闻"和"思"的方面做得非常深入。我想请教老师的是，您觉得佛教里面讲的"果位""涅槃"是否真的存在？如果真的存在，您在研究的过程中，是否曾经有冲动想要去"修证"，自己去实证一下，然后让自己也能够摆脱无明，摆脱生死轮回，获得大智慧，不再困惑痛苦，你也不需要再为递弱代偿理论，为人类的未来担忧难过？谢谢老师。

东岳先生：首先，我承认佛陀非常深刻，他对人生确有洞见。因此我特别想进入涅槃境界，至少下辈子绝不做人，做人实在是太痛苦了！不过，如果你听懂我讲课，则应可体会我并不确认佛说就是真理。而且我在课里讲过，我说佛教思想不具有对象抽象性和实证性，也就是它不具有整理当今时代大信息量的这个能力。我一再强调，一切信仰、一切学说、一切理论都不是真理。那么按照今天的信息量，如果纯学理地讨论，恐怕得承认佛教学说有太多问题。比如它说宇宙的本相、实相是大空，我们今天无论如何无法证明这一点，因为即使宇宙不以现有的形态存在了，它也不会变得一无所留。再说它的起源决不是无中生有、空中生有，它是从作为自身前体的能量奇点爆发而来的。所以，我们今天无法确认这个宇宙的真相是空，这和我们今天所谓的"能量与质量总体守恒"这个说法不统一，和我们今天借助于更大信息量所整合出来的结论不一致。而且佛教还有一个很明显的问题，它说用感知通道不能把握它的真经。我承认人类的感知是有缺陷的，人类的逻辑是有缺陷的，但是我们人类只有这一条感知通道，我们没有感知以外的通道获得内外信息。佛教说不能通过"闻"和"思"获得深知，而要通过"修证"，用自己的生命去修，才能"修"得真涵，可什么是"生命之修"？它相当于说我不用感官、不用理性，却要获得最深在的感知内容，这在今天无论如何都无法得到证明，因为我们确实没有感知以外的任何其他通道获得信息和知识。这都跟今天我们在大信息量时代对这个世界的理解相矛盾，而且它是不能自洽的，也不能他洽和续洽。所以就佛教学理而言，我不能全面接纳它、认可它，我只是想，2600年前的释迦牟尼，竟然能够达到这样的思想深度，能够建立这样的思想体系，实在令人惊叹。而且他所给出的那个最终善果——解脱，实在让我太欣赏也太向往了。

好，大家还有什么问题？

同学提问：听完你的课，我有个疑问，就是佛教产生于印度，但是它不适合印度，这个说法我听得有点莫名其妙，这是第一个问题；然后第二个问题是，现在中国的僧人和尚，开着宝马车，拿着苹果手机，过得蛮奢华的，那我就感觉说，现在中国地面上流传的佛教，是不是已经变质了？

　　东岳先生：你的第二个问题我不用回答，佛教在中国大规模堕落，这个现象我们不用讨论。我讨论你的第一个问题，你理解错了。我一再讲，佛教是印度文化的产物，是当地多神教的补充和对冲体系，佛教绝不是不适合于印度，它恰恰是南亚次大陆的农业大河文明与环地中海地区的哲思文化交流的产物，所以它一定是印度土壤上独具的教派。我只是讲，佛教最初的发生有对抗婆罗门教的涵义在其中，构成印度的一个解构文化，而任何解构文化由于不具有建设性，因此它在当地不能形成主流。我只是这个讲法，不是说它跟印度不相适应。比如老庄之说，它在中国也是一个重要的思脉，可是它基本上不入主流，因为它在中国扮演的是解构文化的角色，是对儒家文化之建设性及压抑性的消解和缓冲，所以老庄学说在中国很少成为独尊的国教和主干，而儒教始终占据前台。但你不能说老庄学说不是中国的文化土壤造就的产物，或者说它跟中国文化不相容，它的解构文化素质恰恰是其文化环境的必然产物，请听懂我讲课的这些部分。

　　同学提问：先生，您好！您讲到西教和哲科思维对社会经济发展的促进，使得西方工商文明相对旧中国的农业文明更强势地存在，以至于近代中国饱尝落后的恶果。那么在生存效价减弱的大背景下，是否更先进的代偿效力，会导致更强势的物质占用，从而使弱者更快地衰弱，这个表面上显得更优势的存在，在递弱代偿的大尺度逻辑下，是否更容易演变成下一个阶段愈加失稳的存在？

东岳先生：你显然是认真读过我的书。我想这样说，在《物演通论》第二卷"精神哲学论"中，我讲人类的精神发育、文化发展只不过是感应属性的代偿发扬。西方哲科文化，它比农耕文化和神学文化更先进，包含的信息量更大，更具有代偿力度，它标志着进入这个文化状态和文明阶段的载体，处在生存度更弱的状态，亦即处于存在度更低下、更流失的位相。所以我一点都不夸奖哲科文化，我一点都不赞美工商业文明。但是人类的文明和文化是一个自然进程，由不得你选择，由不得你把控它的快慢，人类从农业文明必然进入工商业文明，它不是我们选择的结果。那么人类的文化从神学文化、农耕文化必然进入哲科文化，这也由不得我们选择。而且，我们可以预见，哲科文化和资本主义工商业时代一定是一个较短命的文化和文明形态，它缔造或者伸展进入的下一期文明，是一个更失稳、更短命的文明，这个趋势不会改变。这就是我一再表明"进步论"或曰"进步优势论"不成立的原因，所以我一点都没有对哲科文化表示赞赏的意思。请读懂该书的第一卷，我在其中反复讲一组概念，叫"有效代偿"与"无效代偿"，即一切代偿随着存在度递减之同时，补足了"存在阈"保持常量，就这一点看，它显得有效；但一切代偿终究不能回补存在度的流失，因此归根结底全都是无效代偿。请理解这一部分，这个问题就明了了。

同学提问：老师您好，我想请教一下，在佛教里面，有一些高僧大德，最后会修成肉身的菩萨。有没有一种可能，比如说佛教里面有某种通道或者工具，可能在未来向我们证明多维空间、多维宇宙之间存在有某种通道？或者是我们现在科学发展的这个程度还不够，比如最近很多关于量子科学的理论被拿来诠解佛教的一些理论，我想听听老师如何理解这里面的一些事情，谢谢！

东岳先生：我最近见到很多这样的说法，包括用量子学说来解释佛教、解释哲学，但是我很难认同。首先，佛教是不是有法力，是不是有神通，修佛的人是不是能够有不朽之肉身等等，我只能说信则灵，不信则不灵。要知道，信神的人是会看见神的，比如西方基督教徒，很多人说他见到过天使，我想他恐怕是幻觉吧。所以宗教的东西、神秘文化，都有一个很重要的特点，叫暗示效应，它的表现方式就是信则灵，不信则不灵。所以你如果取信的态度，它就存在，你如果取不信的态度，你就找不见实证，这是它的通例。至于用量子力学来解释佛教，我最近见到某些科学家、搞科学工作的人还在这样谈论，我多少觉得有点愕然、有点荒唐、有点可笑。要知道，量子力学本身都还没有完成呢，量子力学研究能量和质量的转化过渡中间状态，它迄今连能量是什么还都没有回答清楚，它怎么可能通解世界？所以拿出量子力学的一点点东西，就想作为诠释一切的理论依据，实在还有些为时过早。

同学提问：老师您好，刚才您说到，人类思想的分化可能是越来越厉害，达成人类认知一致的可能性也会越来越小。我想请教的就是，在原始的三大宗教之外，未来的几百年是不是会呈现人类思想百花齐放的这么一个零碎的状况？如果说后资本和后科学时代孵化出一种新的思想，有没有可能是东方经典的儒释道元素加上西方哲科思维元素的再造，或者是一个完全不同的、脱胎换骨的新思想体系？

东岳先生：人类的文化一定是继承性延续的，这就像你要走到三楼，你必须经过一楼和二楼，你不可能一下跳到三楼上去，所以人类的文化是有接续性的。而且我也同意你的一个看法，人类未来的新文化一定是诸多既往文化的综合与延伸，一定建立包括更大信息量的全新思想模型。接下来我想回答你前面最初的问题，就是由于自然演化过程或者物演弱化过程同时就是分化过程，因此人类虽然在未来文明的再造上有一个先决条件，那就是必须有新思想、新文化的铺垫，人类未来文明才能够有序建构，但是由于分化演动的这个铁律之规定，人类未来达成思想一致的可能性越来越小，因此人类未来建构新文明或者有序建构新文明的难度一定是非常之大的，它标志着人类今天的文明发展前途越来越危机，这也是一个重要指标。大家想，人类越原始的时代，思想越统一，比如中国统一在儒教上，比如西方统一在基督教上，比如阿拉伯人统一在伊斯兰教上；到哲学时代，哲学派别就变得非常之多，各执一端，歧义纷生，看看古希腊哲学，看看西方近代古典哲学，门派众多，争论不休；再到科学时代，各学科门类高度分化，任何科学理论只能解释不同专业的某一个狭窄方面，而且还不免被快速证伪，最终令人难获定见。所以人类总体上越来越难以达成思想统一的共识，此种情形完全符合自然分化律。这当然是一个非常麻烦的局面，因为人类要想建构一个新的文明体制，必须有一个比较统一的思想文化认同，而这个前景又正在消失，这就是我讲人类文明趋势倾向于严重危机这个话题的一部分涵项。

同学提问：先生您好，大乘和小乘之间的差异，我在听课的时候，就您讲述的过程中听得不是很明白，您可以再补充几句吗？谢谢。

东岳先生：其实严格说来，我今天讲课比较仓促，也不算精确。我讲大乘是佛教传入中国以后，被中国儒家学说积极入世所影响，但实际上，佛教本身在释迦牟尼那里就已经暗藏了大乘的思想根脉，所以佛陀坚持讲经，力求渡人。显然佛陀布道绝不只是为了寻求自身解脱，否则，他应该在顿悟成佛的当时就采取自隐或自裁的行为才相宜。故此大乘佛教也不能说完全是中国文化熏陶的结果。但是你仔细听佛教文化的出发点是什么：了生死、灭苦悲，想想这个出发点，它更贴近于小乘，这是很明显的。

好，我们今天的课到此结束。

国学及国运衰落的原因与轨迹

开题序语

我们今天讲中国传统文化的衰落。

公元 1000 年前后，也就是公元 10 世纪前后，中国当时处在世界文明的前列，总体经济实力也名列前茅。随后，成吉思汗携带着中国的高技术，通过欧亚大陆桥，以优势姿态打开了步入世界的大门。

然而至第二个千年末，也就是公元 19 世纪前后，中国社会却又居然沦为代表衰弱与落后的样板，而且几近亡国，同时中国文化也走入末路。即便后来国势复升，似乎也是西学东渐的结果，中国传统文化从此一蹶不振。我们今天得回答一个问题，何以会有如此之大的落差？为什么中国近代文明快速衰落？这个问题往深里讲实际上就是要回答什么叫近代文明史？什么叫现代化？

我们谈这个问题，不免得再次讨论东西方文化的比较。这个话题之所以在近现代的中国历来成为文化界最关注的重大课题，就是因为中国的社会转型逼迫着这个问题必须得到回答。

我们下面先讲一下所谓"国学"的概念。"国学"这个称呼是非常不恰当的，因为世界各国都有自己的国学。而且大家要知道中国在近代以前，在 1840 年鸦片战争以前，从来没有过"国学"这个称呼。那么什么叫"国学"？我觉得对这个问题回答最好的是北京大学一位名叫李零的教授，他用一句话进行了概括，他说所谓"国学"

就是"国将不国之学、不中不西之学"。什么叫国学？就是中国衰败、中国传统文化破碎，国人又不甘于如此，于是把传统文化捡拾起来、重整一番，然后高高举起，自我解嘲式地表白它还没有彻底沦落，这个东西叫作"国学"。

而且它早已经丧失了中国传统文化的内在精髓和外部架构，它实际上是国人从西学角度对传统文化所作的全面反观。因此今天讲国学的人，你看他的视野，包括我在内，全都是站在东西方文化比较和东西方文化综合的态势上加以研讨。因此李零又说它是"不中不西之学"，这个说法是非常恰当的。所以请大家记住，我们一旦说"国学"两个字的时候，我们其实就是在讲中国传统文化的衰败，这两个字就是"衰败"的同义词，是无奈之情掩饰不住的别样流露。

鸦片战争以后，至 19 世纪末，中国兴起洋务运动，当时的领军人物冯桂芬、张之洞提出"中学为体、西学为用"，那么这个概念，即所谓"体用之辩"，它表达的是什么？就是想用中国文化对抗西方文化的侵入，结果洋务运动以失败而告终。以 1895 年中日甲午海战的失败为标志，洋务运动结束，"体用之辩"退潮。此后全面清理和抛弃中国文化的思潮涌动，这个时候"国学"才真正显形。20 世纪初身为同盟会会员的章太炎，在他的一本著作叫《国故论衡》中，首次提出对传统文化，或者说对破碎的传统文化重新整理。

"国故"这个概念就是最早的国学概念的来源，之后我们把"国故"这个词又分为两部分，一部分叫"国学"，一部分叫"国粹"，其实两者早年没有区别，我们现在把它们区别一下。所谓"国学"就是中国传统文化中的思想部分，所谓"国粹"就是中国传统文化中的思想成分以外的那些应用部分，包括陶瓷、京剧、昆腔、诗赋等等。

如果我们把眼光放大，放在世界文明的格局上，什么叫"中国传统文化"？什么叫"国学"呢？我们可以这样定义它：古代主流的

"地缘封闭性农耕文化"之总称。其实中国传统文化代表的是人类历史上最典型、最系统、最精致的农业文明文化体系，这就是所谓中国传统文化或者国学的基本内涵。由于该农耕文化当年是世界文明的主流，普行于全球各地，所以被地理条件区隔开来的原始农业文明群团，相互之间在不同程度上是可以通融交流的。

那么什么是"西学"呢？就是与"国学"对立的那一面，可定义为：古代非主流的"环地中海开放型复合文化"之特称。所谓"西学"实际上是环地中海地区的交流态地貌，加之局域性农业生产条件不佳，从而荟萃于古希腊的半农业、半工商业文明，这个东西最终发育为今天的西方文明。所以我再强调一遍，它是古代非主流的一个异类萌芽，所谓文艺复兴的回潮，表明典型意义上的"西学"，实际上是人类文明史的一个特定阶段，古希腊现象只不过是某种孤立的预演而已。

我这样讲，有助于大家首先在宏观上把国学和西学、东方传统和西方文化之起源分辨清楚。它的实质内涵其实不是"国学"或者"夷术"，也不是"东方"或"西方"文化的差异，它的实质含义是"农牧业文明"和"工商业文明"的代名词，这一点各位务必要理解透彻。

人类文明演化史大观

我们下面看一下人类文明演化史的概况。

大家知道，民间流行一句话叫"崖山之后无中国，明清之后无华夏"。所谓"崖山"是指南宋与蒙古的最后一场战役——"崖山海战"，南宋最后一个皇帝在战争中投海而死，南宋王朝覆灭。因为是蒙古人攻灭了南宋，而蒙古人是文化较为落后的游牧民族，南宋王朝是文化较为先进的汉族王朝，所以蒙古人建立元朝后，很多汉族士人就认为先进的文化要断绝了，这是"崖山之后无中国"这个说法的来源；所谓"明清之后无华夏"，是指在元代以后，明清时代都继承了或者部分掺杂了元朝文化的特点，尤其到了清朝，满族人治下的文化发生了很大的异变，中国传统文化或华夏自成文脉之样貌出现了一些色差，因此被说成"明清之后无华夏"。（此处有删减）

我举一个例子，比如韩国人到现在都认为，他们才是东亚文明的正统。为什么？因为清没有侵占朝鲜半岛，你看朝鲜近代李氏王朝穿的服装，还是明代的样式，所以他们认为自己才是东亚文明真正的继承者，而中国早就把它丧失了。但实际上这句话大成问题，因为这句话里包含了一个潜台词，意思是说中国文化是被外来游牧民族的入侵破坏掉的，这个说法根本不成立。

请大家想想，什么叫中华民族？什么叫华夏文明？早在先秦时代，匈奴袭扰介入；秦国、秦朝，与西戎混居；再看汉代，直接就是南蛮子楚人建立的王朝；接着南北朝五胡入华；之后唐代是鲜卑人和中华土族的混合血统统治中国；然后元代蒙古人、清代女真人。我们所谓的中华民族历来是东亚北疆游牧族系和中原农耕人群相互融合的产物，这才是中华民族的本源。所谓华夏文明，实际上是以中原农业文化为主体，历经游牧部落不断冲击为其注入血性，这才造就了华夏族裔的坚毅气质与久远气数。什么意思？农业文明是典型的和平劳作，游牧文明和农业文明的冲突才使得中国农耕社会的文化基因里，始终保持着既有文质彬彬的"文"的一面，也有勇武刚烈的"质"的一面之双重性格，后者是华夏文明中不可或缺的部分。所以说东亚游牧业文明灭掉了中国传统和中国文化，这个说法是不成立的。请牢牢记住：夏夷融汇，方有国族。

那么中国文化的衰落，如果不能归因于游牧民族的侵入，归因于什么呢？我们追究它的根源，追究到哪里去呢？一言以蔽之，农耕文化势不可挽，也就是农业文明自当退潮了！大体来看，它跟中华国运之起伏一致，即周、秦、汉、唐乃为上升期，宋、元、明、清乃为下降期，此与农业文明的气运消长完全吻合。时值工商业文明来临之际，农业文明的衰败之局就已经注定，这才是问题的根本。

我再谈一个问题。我前面讲"夷夏融汇"——"夷"指游牧民族，"夏"指中土汉人，这个"融汇"过程构成中华民族和华夏文明。当年蒙古人进犯宋朝，之后，中原文化把蒙古人的文化部分同化，而蒙古人又突进到东欧，打遍整个阿拉伯地区，也就是打通了欧亚大陆桥，在某种程度上行将占据整个世界岛。中国似乎有了一次在近代史前端引领潮流，以最雄厚、最强势的方式建立国际新格局的势头，可它为什么反而此后一路衰败？这是一个重大课题。

我先解释一下"世界岛"的概念。大家看这个地球70%以上被海洋覆盖，大陆面积仅占29%左右，各大陆板块分裂，接在一起的只有欧亚非大陆。从地球的全貌看，欧亚非大陆可以被视为地球上最大的一个岛屿，这叫"世界岛"。

20世纪初叶，1902年英国有一个著名学者，他是地理学家，也是地缘政治学家，名叫麦金德。他首先提出"世界岛"的概念，目的是想讨论一个变换视野的新观点，叫作"陆权论"。大家知道公元1500年前后，真正意义上的"世界史"才开始出现，此前只有分立的"地方史"或"国别史"，而且西方所谓的"近代史"也由此发端，那么它起初是以什么方式登场的呢？是以蓝色文明的崭新姿态豁然亮相的，也就是西方人打通了远洋海上通道，近代世界史由此得以展现。20世纪初麦金德质疑"海权论"可能是一个历史偏见，认为"陆权论"理应崛起。他说世界上最大的中心区域就是欧亚非大陆，他称其为"世界岛"，并断言谁占有了世界岛，谁在今后将统治全世界。

他接着又讲，他说世界岛的中心是从伏尔加河到长江、从青藏高原到北极，这一片地区的占领者最有可能打通世界岛，并终将主宰世界。麦金德这番议论在 20 世纪初刚刚提出的时候，曾经有力地影响了两次世界大战的战略定位，后来相继爆发一战和二战，当时的战略家们眼睛都盯着以东欧这片地方为开拓点的战略前沿，部分原因即与此有关。

那么我们回顾一下，当年元蒙恰好把世界岛的关键点打通，所以中国曾经应该最早具备挺进世界的猛烈势头，可是后来的局面完全不是那回事。元代以后，中国反而一路衰败。所以我们得重新分析一下"世界岛"这个说法是否成立。

我们先看一看整个人类文明史在世界岛上的演变。首先，人类原始文明就是在欧亚非大陆的中纬度轴向分布地段开始启动的。大家回想我在前面第一节课上讲过，人类农业文明是在纬向上，也就是地图纬线的方向上传播的，而在经向上，也就是地图经线的方向上较难扩展。在远古时代，现代智人迁徙到古埃及、迁徙到中东、迁徙到欧洲、迁徙到东亚，辗转于整个世界岛的中纬度一带，这个世界岛确实曾给人类早期文明发展提供了一个最广阔的地理舞台。

但是大家要注意，随后麦金德所提出的"占据东欧、占据世界岛中心，极有可能统治世界"这个说法，从此再没有实现过。大家想想公元 5 世纪，西罗马帝国灭亡，东罗马帝国兴起，它恰好位于东欧这个地区，结果东罗马帝国自己根本没有拓展力。大家再想，蒙古帝国于 13 世纪如风卷残云般打通世界岛中部，结果却快速退潮。

再往后看近代史，像中东、像东欧、像俄罗斯、像东亚之中国，历来都处于世界岛中心或临近中心地区，结果它们全都没能扮演近现代文明的启动者这个角色，它们也都没有真正成为世界文明新浪潮的引领者。到头来，我们发现反倒是在世界岛边缘的国家多有成为文明的拓展者。比如原始时代的古希腊，它虽然接近世界岛的中心，但是从陆地范围上看，它却是一个边缘地带，处于巴尔干半岛，属于爱琴海文明；再比如近代的荷兰和英国，是最早发动资产阶级革命的国家，它们都处在世界岛边缘，或者欧洲大陆的外围。我们再看，20世纪真正雄起的美国，它并不在世界岛上，它站在远隔于两洋的美洲彼岸，反而成为世界第一强国。

可见，麦金德的"世界岛"之说不成立。今天还有人提出中国将在世界岛上兴起这个说法，好像我们兴起或不兴起跟我们的地理位置有关。请大家千万注意这个视野是非常肤浅的，真正导致一国一地崛起的是什么？甚至连蓝色文明都不是近代列强勃发的主因。很多人说哥伦布发现新大陆，欧洲各国近代展开海洋文明是它们作为强国崛起的最根本的原因和标志，这个说法是不对的。各位想想最早引领蓝色文明的是谁？是葡萄牙和西班牙，它们曾经短暂强盛，随后迅速衰落，今天只不过是老牌帝国主义的边缘国家。

大家再想整个人类文明被什么引领？它跟征服面积没有任何关系，它跟你占据地球哪个位置也没有任何关系，它取决于你有没有新思想、新文化。也就是虚性的头脑永远强大过实性的地缘关系，飘渺无形的思想永远强大过经济、财富、土地、人口这类有形实物的力度。我举一组例子，请想想8000年前人类只有1%的人务农，99%的人还处在采集狩猎生存状态，结果前者引领了后来的世界文明潮流。请记住人类历来是1%引领99%！大家再想300年前全世界不到1%人数的工商业者在英国，结果引领了如今业已席卷全球的整个工商业文明；大家再想想30年前全世界不到1%的人在网络上游戏、在网络上运行，结果他们缔造了当今的信息时代。

我在这里想强调什么？强调思想的作用，尤其是新思想的力量。为什么世界岛中枢地区之各古大国全部衰落，它们不但不是兴盛之源，反而是衰败之根，是因为它们是旧文化的守护者、是旧文化的遮蔽者、是旧文化的被羁绊者。因此它们不但不能引领文明，反而一路衰微。国史长，绝不是优势，因为国史长代表着你旧文化的蕴积深厚，因此我们述说自己的国史，居然用"积贫积弱"四个字来形容。

请大家记住，这是形容中国近代之国运别具意味的一个词汇，就是你的国史长，长在什么上面了？长在积累贫困和积累弱势上去了。换言之，一切你在外观上、实体上所能看到的优势都是虚假的，你在思想上、文化上看不见的那个无影无踪之优势才是真正具有拓展力量的锐性成分。所以归根结底取决于谁领新思想、新文化、新文明之时代风骚，唯有立此巅峰才可望占据人类文明的"世界岛"。这个"世界岛"不是指地理位置，而是指文明的覆盖与增长。这是一个非常重要的关键概念，你要想理解什么叫近代文明、什么叫现代化，请从这儿起步入门。

中国文化的原始性与前期性

下面我们谈谈中国文化的原始性与前期性。我在前面讲课就提过，我说中国文化和文明处于前神学期。可能有人认为"文化"和"文明"这两个概念尚需要界定一下，为此我做一个简略注解。

什么是"文化"？我们人类的感知属性的总称叫文化。什么是"文明"？我们的感知能力最终表达为生存性状的外部物质结构，我们把它叫文明。我说得更通俗一点，思想与意识的虚性层面叫文化，思想文化最终表达为工具体系和社会构态，叫文明。这样讲比较简单，虽然不够严格。

那么我讲中国文化处在前神学期这句话是什么意思？你看西方史书，它说人类只经过三个阶段，或者三种文化期。第一，神学时代；第二，哲学时代；第三，科学时代。可是中国文化不卡在这三期里，中国文化处于西方文化神学期之前，所以我把它叫"前神学期"。我在这里做一个说明，绝不是说西方人没有经历过前神学期。我前面讲课一再讲，由于环地中海地区是一个开放地貌，开放地貌就导致周边各族群交流过度，交流会导致思想屏蔽的打开，从而造成快速进步，于是产生了两种结果：第一，他们文化的基调叫"进步论"，而中国文化的基调是"保守论"；第二，他们确实快速进步，快速进步就会把原始的前期文化扬弃掉，也就是置换掉。因此在他们的显学文化中，就只剩下了神学、哲学和科学这三个分期。

我再强调一遍，不是他们没有经历过前神学期。而中国文化是人类原始农耕文明之初，在东亚局限环境中最早产生的意识与观念，再经过其后数千年精雕细琢而不辍的一个产物。由于地理地貌封闭，它对起始形成的文化不予翻新、不加扬弃，也就是不让它们在快速进步的过程中消逝无余，因此它就把最原始的思想胚型保留了下来。再加上它一直使用人类的第一茬象形文字，这些符号本身从来都没有发生变更，而象形文字就像一个保险柜，把人类最原始的思绪锁定于其中，从而使得唯独在中国保留了经过整顿、经过琢磨的神学期前之思想文化系统，这就是中国文化在世界文明史和文化发展史上的别致定位。只有理解这一点，才能理解中国传统文化的根脉与源流。所以我们可以把它在演化史上表述为这样一种特殊分期，谓之"准神学、亚哲学、古儒学"的综合情状，这也是"前神学文化"的基本特点。

"准"这个字就是行将达到的意思，譬如校官与将官之间有一级军衔"准将"，大校上面是准将，准将上面才是少将，所谓"准将"就是接近于将。那么我在这里讲"准神学"，就是中国文化处在神学之前的相邻状态，接近于神学而尚未企及神学；再说"亚哲学"，是指它有一脉广义哲学思路，却没有进入狭义哲学状态；所谓"古儒学"，主要以老子为代表，包括作为老聃弟子的孔子及其诸子百家继承发扬的中国典型农业文化之总和。这三者构成中国前神学文化的总体样态。

我们也可以把它在形象上说成是这样几种表现形式：叫"天地崇拜、祖先敬仰、人伦关注"，即，崇拜泛自然神，而不是崇拜上帝人格神；敬仰先祖，祭祖如祭神；注重人伦关系，疏离仰望星空的自然追问。这就是中国文化的传统形态。

所以，中国古代的天地崇拜，一开始就表达为《易经》中的一系列表述，比如"一阴一阳之谓道"，它所说的"道"，是对天地运行之道的模糊猜想，而不是人格神创造世界的明确指认；它又讲"阴阳不测之谓神"，它所说的"神"，是对天地的敬畏及其不可测度的神秘感。再看许慎，东汉时期中国最早的汉字学家，在他的《说文解字》里曾经说过一句话："人所归为鬼。"他说鬼神这个东西是什么？什么叫鬼？"归"与"鬼"同音，暗含同源的意思，特指一个人死后回到他初来的那个地方，此谓之"鬼"。大家注意，中国的神就是自己的祖先，中国的鬼也都是生于人间的逝者，这就是中国的鬼神概念，它们与高高在上、缔造宇宙的那个超世俗神灵全然不同。很明显，如果按照西方典型意义上的神学观念来衡量，中国文化自古便是无神论。

要知道中国人的无神论，在西方人看来是不能理解的，为什么？西方人认为中国人没有追究终极。我举一个例子，如果你到火星上，或者你到月球上，突然看见了一架飞机，你会怎么想？你一定不会想这个飞机是天然形成的，你一定立即联想火星或者月球上曾经来过人，或者来过神，飞机一定是精心制作出来的东西。这样一个复杂系统，它绝不可能自然演成。那么我们古人看见这个世界运转有序、构造精巧，其有序和精致的程度远大于一架飞机。白昼太阳照耀，夜晚月亮替你照明；大地上有水，天空还会降雨，给你提供滋养，使万物得以茂盛生长；人这样一个美妙绝伦的生命体，居然在这个地球上可以猖狂地表达自己的一切意图……如此纷纭、精致而有序的世界，你居然不会思考它的终极因？你居然不去追问它来自何方？因此西方人认为无神论表达的是人类远古时代的蒙昧，是缺乏思想探究能力，从而失之于终极追问的浅薄表现。这也是西方人对无神论者一直取轻蔑态度的原因之一。

不言而喻，西方人完全不能理解中国的前神学文化。要知道中国不是无神论，它是有神的，只不过它的神是自然显现的，是平坦过渡的。它有两个神系，第一叫"祖先神"，他们认为自己的先祖就是神明。请大家想想中国古代神话传说，我们人类的祖先是这样一系走过来的，叫盘古开天、女娲造人、伏羲开智、炎黄文明。也就是从天地剖判一直到文明生发，全都是由我们的祖先神缔造的。而且可以看出，越前面的祖先，威力越大；越后面的祖先，能力越小。最早的祖先盘古是足以开创天地的，女娲是造人的，伏羲随后而运智，到炎帝、黄帝只能开启文明了，他们对天地既成之规制已经毫无办法了。这里就表达出中国"祖先神"思绪里，一开始就埋藏着"保守论"，即由祖先神引出保守论的肇端，也就是越远古的东西越好，越前在的先人越有力量，这是第一神系。

第二叫"自然神"。我在前面讲过，中国古人认为神就是泛自然体系，从商末周初开始，这种思绪就已经出现，统称为"天"。你读《尚书》，中国古代最早的一本书中就有"上帝"这个词。我们后来把西方的"God"翻译为"上帝"，实际上是借用了一个古老的原有词汇。只不过中国古代的"上帝"这个词，不是指"God"那样的人格神，而是指"天"。所以中国古时还有"下帝"，"下帝"这个词指谁呢？指祖先，指我们前面的已经死去、已经归天的伟大的先祖。也就是中国自古认为自然界总体就是神，以"天"为代表，以"人"为延续，因此我们保持"天人合一"的思脉。所以请大家记住，我们的"天人合一"这个思想，其实来自中国的第二神系——自然神论。

这种思绪绝不仅仅见于中国，东方大致上都具有这个思维特点。比如印度的佛教，我在前课中讲过，我说印度这个地方受到远古西方文明的冲击，它的人种都被雅利安人或西方其他各类人流所置换，因此它的婆罗门教是有人格神的。但它的佛教在很大程度上表达了东方农业文明的特点，你看一下佛教，它是无神论的，"佛"是指有正觉者，而不是指一个天外神主，所以佛教讲"空"、讲"相"、讲"业"、讲"缘"，却从来没有讲过一个有动作、造宇宙的神。可见这种没有超自然人格神的状态，其实是整个东方典型农业文化的共性。

关于中国的无神论，你今天回过头来看，它在某种程度上比西方的有神论其实要高明。我举一个例子，科学走到当代，我们现在知道比飞机复杂上万倍、上亿倍的东西，例如我们人体，例如动物的眼睛，居然都不是神造的，居然都是自然界演化过来的。这已经是被各生物学科确证无疑的事实，它证明了中国古代无神论的那个思绪成立，复杂事物不需要神造，它会在自然中演化而来，只要给它足够充分的时间。这叫什么？这叫"低明"。我过去一再讲，我说中国文化绝不能用"高明"这个词来形容，因为它处在人类文明和人类文化的原始最低端；但我又强调，原始低端者好比种子，它包含着一切后发规定性，任何最原始的东西，它里面必定潜藏着某些有待绽放开来才可窥见的内质要素。因此中国文化不表达"高明"，却表达"低明"。也就是它在其低级位点上，蕴蓄着未来无限发展的可能性。要知道人体、眼睛、复杂的器官系统、精密的大脑结构，人类迄今尚且不能研究通透，更不要说创设它、缔造它。而所有这些无一例外都是自然界慢慢演化过来的，你只要给它亿万年时间就行。

这个演化过程今天人类已经可以模拟应用了。我举个例子，眼下人们做人工智能或机器人，提升其效能的最好方法，就是借用这样一个机制，在一具人工智能机里输入一套程序，叫作"随机变异淘汰选择程序"。就是让这个机器在运行中持续地发生不可控性差错，相当于自然界里生物基因随机突变，然后设定一个选择淘汰程序，对所有的异变进行淘汰或微调，这又相当于做出某种定向选择，即以迅捷的人工选择方式让人工智能快速增进，这是今天 AI 发展的重要前沿技术之一，它所运用的就是类似"无神论"或曰"无意识主导"的自然进化模型。大家注意我在讲什么？我在讲中国文化处于人类文明的最低端，但它不是不可理解的，它保持了一种独特的"低明"状态。

我们下面再讨论一个相关问题，我称之为"生物社会的智化接续"。大家要注意西方文明，由于它丢失了前神学期，由于它地缘开放、过度交流、快速进步，导致其最原始的思想观念无法得到完整保存。所以当它的显性文化出现的时候，便只剩下"神学期、哲学期、科学期"这三种过渡形态。而"前神学期"，它不仅彰显了东亚封闭文化一贯终始的特性，而且还给我们留下了一脉痕迹，好让我们追踪人类文明的起源，见证它完全是从动物社会中延展出来的。我们中国社会早年的文化生存构型，居然栩栩呈现为动物社会构型的原样继续。

我给大家举例子。中国早年的社会生态，乃至孔子文化，我在孔子课上讲过是典型的亲缘社会构型，也就是血亲社会构型。孔子说教的所谓"君臣父子"之礼序，就是以家族为中心的血缘宗法文化体系。要知道动物社会全都是血缘社会，我们人类的血缘社会及其血缘社会文化，不外就是猴子王国、狮子王国那类生存状态的智化再现和直接传承，其间没有任何飞跃。

大家再看，孔子讲"男女大防"，孟子讲"男女授受不亲"。它跟动物社会的乱伦禁忌一脉相承，只不过动物不会说话，没有将其表达为"不孝有三，无后为大"罢了。另外国人讲究的"不孝有三，无后为大"，表达的是什么？表达的是动物社会的聚合标的，或生物生存的第一原则，叫作"增殖第一原则"。我在前面课上反复讲过，我说一切生命都是围绕着性增殖为中轴而运转的。我们的有机体、我们的肉体不断被抛弃，它只干一件事，保证基因下传。一旦基因传递实现，父母就得死亡退场，这叫正常寿命。所以，生命体的存活核心就是确保性增殖不致中断。我们中国文化念念不忘"无后为大"之训诫，说家族最重大的事情即为生儿育女、传宗接代，俨然就是动物生理结构以及动物结社生存的首要追求。

孔子文化中讲"夏夷之辨"，"夏"指中原人、华夏人；"夷"指外来蛮族、游牧民族。什么叫夏夷之辨？它跟动物的领地社会如出一辙，跟动物种群必须明确领地划分，必须对同类物种有一个自我与非我的明晰判别完全一致，是它的人设式继承或人格化言说。

再者，中国社会的权利结构是什么样子？历来是谁拳头大、胳膊粗、谁有军队，谁就建立政权，叫"暴力强权政治结构"。要知道这跟西方文明化以后的权利结构完全不同，后者叫"契约社会"，就是大家有一个立法形式的契约关系，然后经由民众选举，给你授权，你才有权。西方的任何政党都是不允许有军队的，都是不允许使用暴力夺取政权的。那么为什么中国社会政治、社会管理体系历来是暴力强权形态？请你看一下动物社会的狮子王、猴子王是怎么当王的？它们绝不会讲契约、讲选举，它们一定是谁拳头大、谁臂力大、谁就称王称霸！是不是这样？所以中国社会的政治结构也照例是生物社会、动物社会强权结构的继续。（此处有删减）这表达的是什么？低级而无间断的自发延续。

再看，中国的文化认为"眼见为实"。我讲西哲课的时候，我一再讲理解西方哲学最起码的出发点是"眼见为虚"。想想谁"眼见为实"？动物一定眼见为实！一只狼看到一只羊，绝不会问这个羊是一个虚相概念，还是一个实体对象？它绝不会问这个问题。所以中国文化也表达为动物"眼见为实"的直观操作求存体系。总而言之，它处处都体现出人类原始文明与生物社会构态的自然承接关系。

生物社会发展到后期，高等动物如灵长目动物，包括一部分哺乳类动物，其结群方式呈"王权母系制"，也叫"雄王母系制"，就是雄性做王，但社会是由雌性维系的。最典型的是狮子社会，其实猴子社会也是那样。人类社会早年亦恰恰如此，某位男性长者做领袖，但整个社会却是母系社会，完全是生物社会的直接过渡。西方远离甚至断掉了这一层，于是也就遗失了自己的史前文化和原始记忆。因为古希腊工商业化了，早在公元前 6 世纪，百分之七八十的人便以个人自由的单体形式流落到整个环地中海地区，亲缘社会完全被打散。所以你在雅典文化构型中，你在古希腊哲学家那里，基本上见不到有关血缘结构的讨论。

大家想想它把动物式的血缘社会结构全都抛弃了，它怎么可能找见自己的来路？我前面讲它的契约社会、选举授权，这些东西的出现是因为没有了血缘宗族体制，自由个体怎么会接受随便站出来一个人用强权统治他？因此它必然走向民主制度，而民主制度一旦发生，它就把自己跟原先动物社会的联系彻底切断了。而且，它一旦走上工商业道路，就必须充分地调动智能，这种过度的、超越式的智能潜力之调动，建立"眼见为虚"的哲科思维体系，又使它把人类早年"眼见为实"的文化环节丢失了。

所以，中国文化的原始低端性恰恰表达了它的自然连续性。而人类文明的自发连续过程其实从来就没有中断过，即使在西方同样没有中断，它只不过是由于环地中海地区过度交流、过快进步，将此扬弃，形成了一段远古文化的遗失与空白而已。

略论"天人合一"与"人文关怀"

我们下面谈"天人合一"与"人文关怀"。

我如果把前面这部分讲清楚了,大家就应该听明白当中国讲"祖先神"、讲"自然神"的时候,它必然讲的是"天人合一",也就是"天"和"人"是一回事、是一个系统。祖先既是人,又是神,天地都是他们劈开的(盘古),人身都是他们捏造的(女娲),文明也是他们创立的(炎黄),可见"自然神"和"祖先神"是一回事。既然我们的祖先就是神,就是造物的自然与自然的造物,而后人又不可能超越前人,只能依附于祖先的创造和庇护生存,那么我们当然跟自然界是不能分离的一体,"天人合一"就由此而来。

大家千万不要认为"天人合一"是一个非常"高明"的思绪,它其实是非常"低明"的思绪,我们先看它的表述。《易经·说卦传》有一段话最经典地表达了"天人合一"的连续性,原文这样说:"有天地,然后有万物;有万物,然后有男女;有男女,然后有夫妇;有夫妇,然后有父子;有父子,然后有君臣;有君臣,然后有上下;有上下,然后礼仪有所错。"这里的"错"是"措施、措置",或者说是"摆放"的意思。它从天地讲起,逐步推出万物→人→夫妻→父子→君臣→礼仪文化与文明,这是对"天人合一"一脉演化之步骤所给出的非常系统的阐释。

我前面讲中国前神学文化就是自然社会或者动物社会的智化延续,想想上列这段话与之对应得何其之好。但是我再说一遍,你千万不要认为它是"高明",你翻开古文献看看,你会发现它非常低级而粗率。汉代董仲舒讲"天人合一",他怎么讲?他说天上出现一个什么异象，若是不吉之象，则预示着君王治理天下出现了失误，这叫"天人感应"。你今天听了一定觉得很怪诞，事实上中国古代的"天人合一说"经常流于荒唐，可当年人们真诚地相信，皇帝为此要下"罪己诏"。但是它又表达了一种"低明"，也就是你站在今天回过头来看"天人合一"完全成立，成立在哪里？听我明天的课（指下一节讲座"人类文明的趋势与危机"）。

我曾提及黑格尔讲过的一句话，他说自我意识是人类文明的开端。而我当时也讲了，我说所谓自我意识就是把人和自然界明晰地剖判开来。所以西方文明一开始，它就是征服自然、追求真理这样一个思路，这确实是西方文明的开端。但中国不是，中国一开始并不完全将自然界跟人分割开来，二者是紧密联系在一起的。所以按照黑格尔的看法，东方文明状态不佳，或者东方文明处在朦胧状态。

东方文明为什么讲究"天人合一"？是因为人类在采猎生存时代和农牧业文明初期，完全陷于靠天吃饭的境遇，采集植物、狩猎动物、耕种庄稼，你是不是得看老天爷的眼色？古代没有发达的灌溉系统，如果上天不给下雨，农业活动根本没法展开，所以凡是农业文明必是靠天吃饭。一个文明如果靠天吃饭，它就不能说征服自然、战胜自然的狂言，它只能寻求对自然的适应，保持对自然的敬畏，甚至仰赖对自然的乞求，这就是中国自古祈雨敬天的原因。你到北京看一下天坛，它就是这种文化的产物，所以中国的自我意识不明、天人合一理念，其实正是农业文明的典型思想形态。

请注意（此处有删减），我们很容易用西方人的思路批评中国文化。可你落实在中国原始农业文明的这个基点上，你才能理解它当年的合理性。

我再举例子，譬如血缘宗法。中国社会自古讲血缘，中国社会自古是宗法社会，所谓宗法社会就是血缘等级社会，这叫"君君臣臣，父父子子"。这个文化道统我前面讲课一再讲，它是人类从原始氏族时代的采猎生存方式过渡到农业文明之时的一贯社会构型，该社会构型最有力地调动了集体化劳作的效率，不使发生纠纷，血缘天然和谐，由以建构在稀缺土地上精耕细作求得温饱的生存结构。因此血缘宗法社会结构是农业文明得以生存的基石。既然是这样一个文明生存体系，它当然不会去仰望星空，它当然不会去纵深探问跟我们眼见为实的东西不相关的其他问题，于是它就没有了西方早年古希腊的那一脉追问自然的思绪。它的追问自然只满足于天时地利、人伦稳定。因此西方善用"law"这个词，即拿理性来统摄自然规律以及人间法律，这一脉思路当然也就不会产生。因为宗法结构是"爷爷管父亲，父亲管儿子"，用不着 law，用不着法律，天然有序，而且是血亲温情下的有序，它当然把一切理性的法律原则全部湮灭掉。

大家再想"尊卑有序"的意涵。爷爷天然高于父亲，父亲天然高于儿子，这种位阶关系在一个血缘宗法结构中不用人为设计，它就是自发有序的。既然有了这个尊卑级别，所有人都遵奉这个天定序列，那么再把家族血缘关系扩大到整个社会结构上去，君王就是父王，臣民就是庶子，每一个人都严守自己的社会地位，就像儿子绝不敢超越父亲一样，社会当然稳定。它是人类最原始的维稳状态，而且它确实是最稳定的社会结构。

我一讲中国社会稳定，有人就会置疑。我曾经听到一个说法，说西方民主社会才稳定。比如英国 1688 年光荣革命建立君主立宪制度，迄今已经过去了几百年，制度纹丝不变；比如美国两百多年前制定宪法，到现在也没有变过，顶多只有宪法修正案，非常稳定。有人做过一个统计，他说人治的决策失误率至少是千分之三，民主社会按时选举、改变领袖，纠错机制很强，因此从理论上计算，民主制度可以延续逾千年。而专制制度、人治制度由于无法纠错，按千分之三以上的出错率计算，它的任何一个政治体制和朝代都超不过两三百年。

你表面上听，他说的非常有道理，可大家要注意这个说法只是个表观现象。实际情况是中国农业社会稳定几千年而不变，被称之为"超稳定、超震荡结构"。"超稳定、超震荡结构"这个说法不好，不足以表达问题的本质，我换一个说法，叫"表震荡，里稳定"。我们细究表里之别，中国社会从表面上看是反复震荡的，骨子里却是极为稳定的，几千年间王朝不断更迭，但是它的社会政经结构从来不变化。任何造反者推翻原来的政权系统后，他自己又当皇帝了，原来的社会结构不发生任何变更，所以它是"表震荡，里稳定"。

大家看西方，它是"似稳定，超发展"，我们或者把它叫作"表稳定，里激变"。就是你看它表面上的政治体制是稳定的，但它骨子里的经济文化构成是激烈变化的。请大家想想美国独立战争的时候它是个什么样子？今天美国的科技发展又是个什么样子？这种科技发展所引动的社会暗流在它那个政治结构的表面上并不显现，内里却深深酝酿和积蓄着未来人寰的变革力量。因为它保持了一个自由焕发的结构体系，它在那层薄壳下面维护并刺激每一个人的自由发展。结果它的创新能力极强，它快速地掀动着人类的智能跃迁，最终一定突破原有的体制结构，导致人类社会发生巨大变形。当那个巨大变形来临的时候，它的震撼力、它的颠覆性，也就是天翻地覆的程度，我们最后一节课上再略予提示。

我再说一遍，中国传统社会是"表震荡而里稳定"，西方近代社会是"表稳定而里激变"，这才是各自的实质性表里关系。

好，我们再讨论一个问题，谓之"人文关怀"。我见到很多学者讲中国古代文化，说中国自古就有人文主义精神，由此证明中国社会比西方社会先进得多。什么意思呢？大家知道西方社会从公元纪年起直到中世纪结束都是"神文主义"精神，即神是最高的标榜，人只不过是神的造物和神的奴仆，神学压抑了整个人性，这叫黑暗中世纪。所谓文艺复兴，是找回古希腊的人文主义精神和理性主义精神，请大家记住这两个词组。

所以有中国学者讲，中国自古就是人文主义，孔子从来不谈鬼神。我为什么说他讲错了？因为中国古代的所谓人文主义精神，你看看它的内涵，你精深分析，它其实是"人伦社稷关怀"。我一提这个词语，大家就应当想起我前面的讲课：中国社会是农业文明，农业文明每亩地上的产出较之采猎时代大为提高，导致人口随之暴涨，人口暴涨造成人际关系和资源关系格外紧张，于是所有人来不及分出智力关注自然、仰望星空，只能把全部精力都用于关注人伦社会问题，这叫中国的人文关怀。所以请大家记住中国古代的"人文关怀"，它的对应词不是西方的"神性至上"，而是古希腊的"自然关注"。

我讲过古希腊是半农业、半工商业文明，工商业文明是"跨区域获得资源"，不像农业文明是"限局域获得资源"，因此它的生存条件相对宽松，再加上工商业创新制作需要解放思想，需要格物知识，于是它出现了对自然学和人类智慧的探讨这一脉思路，这就促成狭义哲学与博物学的诞生。这一脉思路才是跟中国古代思路可以彼此拿来相互对照的另一方面。因为中国从来没有过"神学当道"的东西，从来没有"神性高于人性"的这一系文化，因此中国的"人文关怀"从来跟神学无关，而西方近代人文主义精神是为打破基督教的约束，这个东西跟中国古代的人文关怀完全不在一个平台上。

如果我们硬要摆一个近似的平台比较，那就是古希腊"狭义哲学的自然关注"。所以必须把中国的"人文关怀"对应于古希腊的"自然关注",才能恰当地进行参照讨论。它跟西方近代的人文主义精神根本不在一个层次上,不在一个可以对比研判的平面上,这也是大家要特别注意的。你只有看清这一点,你才能理解这两种文化和思路的各自导向及其最终结果的差异,这就是"人文关注"最终引出中国的技艺文化,而"自然关注"最终引出西方的哲科思维和近代的科学思潮,这都是要明确加以区分的。

我们下面谈另一个问题,叫"文化之功能在于维护其载体之生存"。我前面讲课一再讲,人类的一切文化都只是为了维护其载体的生存。我觉得这样讲其实仍不透彻,我还说过一句更深入的话,我说人类的一切生存都叫"文化生存",文化绝不是一个花里胡哨的东西,它是人这种智性动物的基本生存状态。

我举一个例子。人类早年都有死亡追问,所以人类早年的原始文化经常跟"丧葬"这个主题分不开,在古埃及,金字塔、木乃伊,都是处理尸体和丧葬的问题。孔子学说的一个重大成分,叫"慎终追远",也关乎丧葬文化。但是大家看一下丧葬文化的实质是什么?它一方面表达着人类理性开始追问死亡和生命的本质,另一方面表达着一种生存维护效应。比如我们中国人,特别是中原人讲究落土为安,人死了埋入土里,才是对死者最大的尊重。可是大家看世界上其他地方,比如西藏地区、比如尼泊尔北部,那些地方都是天葬,天葬的方式是我们汉人根本无法接受的,它要把尸骨剁碎,然后摊开饲喂鹰鹫,场面极其残忍,令外来者看不下去。

可为什么我们是落土为安?为什么他们是天葬?是因为人死之后,尸体是不能随便抛弃的。文明化以前,那个时候人类跟动物一样数量很少,偶有尸体,不用处理,未及腐败便被虫兽分食。可是农业文明以后人口暴涨,尸体量也大增,而且农田的拓展把森林赶往远处，在人类的聚居区是没有动物帮助清理的。这个时候你把尸体暴露在外，尸体腐烂会成为细菌寄生体，进而会带来大规模的传染病。好在中原有厚厚的黄土，可以将其深埋地下，以消除对活人的危害。

反观西藏等地之所以实行天葬，是因为那个地方位于喜马拉雅山麓，土层太薄，甚至没有土层；即便有土层，也是冻土，常年的冻土根本无法挖掘，尸体也就没有办法埋入土下。于是只剩一个办法，那就是尽快地让鹰类把这些尸体吞食。为了能让尸体在没有腐化以前就被鹰类消除，所以他们要把尸体剁碎投喂。看起来很残忍，其实非常仁厚。他们在干什么？维护生者的生存环境。所以大家一定要明白，任何一种文化现象，任何一个文明举措，归根结底是维护当时的人类生存的，或者说是跟当时人类生存的具体情状相匹配的。

我们再谈一个问题，中国古书《礼记》里记录一种叫作"庙制"的东西。我前面讲过，"庙""寺""观"是不同的命名，佛教称寺，道教称观，中国所谓的"庙"就是指祭祀天地和祖先的处所。古时庙堂修筑是有层级规制的，此谓之"庙制"。它讲"天子七庙，诸侯五庙，大夫三庙，民祀于寝"，这话什么意思？它说天子、周天子，也就是王室之中可以建七座庙，中间那个庙是祭祀上帝的，也就是祭祀天的，两边两个庙是祭祀远祖的，再两边两个庙是祭祀近祖的，最边上两个庙是祭祀直系亲属比如父母的，这叫七庙。到诸侯是五庙，也就是各诸侯国君可有五个庙，中间那个庙祭祀远祖，他已经没有祭祀上天的资格了，然后两边两个庙祭祀近祖，再两边两个庙祭祀自己的直系长辈。而到了大夫，也就是诸侯下面再低一级，他仅可有三庙，分别祭祀祖宗、父母。降至老百姓，则已完全没庙了，他只能在寝室卧房里的某处摆设牌位，以供先祖。

它表明什么？表明中国社会在每一个细微的制度上，连祭祀自己祖辈这样的琐事都讲尊卑有序，立下严格规矩，不得有任何僭越。它在干什么？它在竭力固化阶层，也就是在观念和文化的点点滴滴上，都要让每一个人安于自己的社会地位，以泯灭任何非分之企图。

我在前课中讲过，人类原始社会与动物社会无异，起初都是以两性分化作为结社之本，构型简单而平展，是谓"亲缘社会"或"氏族社会"。不同之处在于，动物社会始终由每一个个体之体质层面的分化构合而成，它偶然也可能变得比较复杂，例如我讲的膜翅目社会、蜜蜂社会，但一般不会。人类一旦文明，情形为之一变。人类的体质状态除两性分别外是天然平等的，每个人的体力和智力差异很小，凭它也构不成复杂社会，因为社会结构必须借助个体残化才能达成。人类早年的社会分工程度很低，也就是智质残化程度很低，然而随着智力调动和智能分化的逐步展开，每一个人便都会自觉努力地朝上流社会奔腾，于是文明社会秩序从此倾向于紊乱化。为此权贵们只好运用强力，借助于天然已经具备的血缘层级把人类分级、分等。这样分下来，众人仍不安于现状，接下来就在文化观念上再加以固化，让你绝没有非分之想。它要想把你压抑在自己的固定阶层上，它就必须在文化的点点滴滴上给你灌输，使你麻醉，让你不能越位而动。一旦越位，中国古代有一个专门的词叫"僭越"，那是非常严重的罪过。总之它在每一个点上，都要把你导向"天命"意识和"认命"文化。

所以中国自古"天命观"泛滥，每一个人心里都是认命的，倒霉了就说自己命不好。大家看孔子的直率表述，他说"死生有命，富贵在天"；他于《论语·尧曰》中原话讲："不知命，无以为君子也。"他在干什么？强化你的天命意识，强化你的认命思维，借以维护社会稳定。所以请大家记住，任何一种文化现象或古老说辞，它当年都是维护其载体生存的。

下面我们再谈一个问题，我把它叫"低端奠基层漂移"。这个话有点复杂，我解释一下。按照递弱代偿原理，我总在说一句话：越原始、越低级的东西，越具有奠基性、决定性和稳定性。但是大家注意这个低级的、奠基性的东西，它仍然不免是漂移的，这种漂移是非常可怕的。比如人类远古时代是两性结构社会，它从动物的血亲社会演化为人类的氏族社会，由人类的氏族社会演化出中国后来农业文明的血缘社会和血缘社会文化。不过有必要看一下"性"这个东西是怎么来的？从生物史上讲，38亿年前没有雄性，叫"孤雌繁殖"。雄性大约发生在5.7亿年前的古地质寒武纪时代。那么为什么雄性后来会发生？这是一个值得探讨的问题。说起来，它纯粹是因为生存形势越来越恶化所致。我一旦说这句话，大家就应回想我前面讲课总是讲"人类文明进程是一个恶化进程"，请注意在人类文明进程之前的自然进程其实也同样是一个恶化进程。

　　要知道早年单细胞生物的时候，大多数单细胞生物是自养型生物，也就是太阳光一照，它们通过光合作用就可获得足够的能量来源，因此它们是不需要竞争的。所有的单细胞生物平铺在海洋表面，平等接受太阳普照，比如蓝绿藻，它们之间没有竞争关系，完全用不着竞争。随着生物进化，逐渐发展出多细胞融合体，从此生物界出现"物种分化"，并出现"种间竞争"和"种内竞争"。这是生存形势恶化的表征，请大家记住"竞争"现象或"竞存"关系是一个恶化格局、是一个生存紧张化格局。一旦竞争开始，这个时候哪一类生物突变出一种更具有爆发力的性别，它便会占据优势，雄性因此而来。

　　由于雄性具有强肌肉和爆发力，在后生生物社会之全序列和人类文明社会之原始期，都是雄主外、雌主内。雄性动物在外面抢掠食物，雌性动物在家里养育孩子，人类早年也是男主外、女主内。

请大家听明白我在讲什么，人类古代社会奉行"男主外、女主内"是天然合理的。可为什么今天女性不承认这一套了，要讲妇女解放了，要讲女权主义了，是因为人类社会的竞争更恶化了、更激烈了，生存的成本也日益增高了，以至于连女性都得进入社会竞争场，于是女权主义兴起。它标志着什么？标志着人类和女性的不幸。是不是这样呢？生孩子还得你，男人总不能替你怀孕。可你既得负责人口的生产，又得负责物质的生产，你受到了两重压迫，承担两重社会义务。然后你很高兴，你很得意，我在书中把它叫"戕害型快感"或"自戕欣快效应"。我声明，我绝不反对女权主义，因为这个态势是自然给定的，就是生存形势一定是趋向恶化的。因此我们可以想见，今天的家庭主妇算是幸运者，但迟早有一天你在家里是待不住的。我在讲什么？——低端奠基层漂移，朝哪个方向漂移？朝不良方向漂移！朝紧张方向漂移！朝失稳方向漂移！

这种漂移是随时随处发生的。比如"感知漂移"，所有动物早年直接拿感性解决问题，到我们人类不行了。我们从眼见为实进入眼见为虚了，我们感性不够用，只好祭出知性，再祭出理性，才能解决生存攸关的信息增量整顿问题，由以导致人类的一切后发知识倾向于越来越失效，证伪速度越来越快。所以我说西方哲科思维造成智能的过度调动是有害的，我并不对此过度表彰。

我再举例子，试看"观念漂移"。我们人类早年持有天圆地方的盖天说，我们看大地是一个平板，天空是一个穹隆，这跟动物看世界的方式是一模一样的；可我们一直这样做不行，维持不了我们的生存，于是地心说出现，地心说是要拿数学计算的，否则地心说是没有办法指导农业文明的；之后又不行，于是日心说出现，它完全超出了我们眼睛对这个世界的看法。太阳分明从东边升起，从西边落下，它分明绕着地球转，而我们偏偏要费心解释为地球绕着太阳转。为什么？工业文明接受不了地心说，地心说启动不了工业文明；到此还不够，我们又发生时空观的变形，先是牛顿的绝对时空说；接着进入爱因斯坦的时空相对论或时空弯曲说。也就是我们会发现，我们的观念也是漂移的，朝着越来越虚缈、越来越玄幻的那个方向漂移，今天已经发展成超弦理论、平行宇宙之类的无边奇谈了，已经走到至小不可见、至大不可及的思想极致了。为什么要追究那些不着边际的问题？因为不追究那些东西就说不清我们当前的知识所必然带出的更多疑问。结果我们越来越飘忽了，我们越来越找不见自己了，我们甚至越来越说不清世界是什么了。因为面对平行宇宙说，你永远无法证实、无法检验，广义逻辑永远不能通洽。这叫观念漂移。

大家再看"法统漂移"。人类早年全都是"以德治国"，我讲过人类处在直立人以及智人阶段，总共有几百万年是"以德治国"。可今天我们的社会进入"以法治国"，而且我们的法统构成是逐步严密化的，我们的法律条文是日益细致化的，以至于举手投足、吃喝拉撒，无不被严加管制，垃圾要分类，吸烟要分区，否则立即遭罚；甚至于我们走在街上该走哪条路线都被规定死了，名曰人行横道，名曰交通法规。这叫法统漂移。

然后是"权力漂移"。人类早年权力在血缘氏族之内；后来权力跑到了国君皇室手中；今天又大喊主权在民。看来权力也漂移了，只是越来越说不清到底谁有权。

再者便是"财富漂移"。大家想想所有动物的财富在哪儿？就在自然界里，因此所有动物的财富分布是大体均等的，是各取所需的；接续于此，人类早年的财富配置也是相对平衡的，虽然尔虞我诈的贪婪黑手日渐伸长；而今天财富越来越转移到少数人手里，贫富悬差迅速拉大；财富形态也越来越虚缈，以至于数据信息变成了新型财富或资产的另类载体。显然，一切都在漂变，它的总称是"生存结构或生存形势漂变"，它将漂向何方？我们放在明天的最后一节讲座上专题探讨。

人类文化的演进脉络

我们下面讨论一下人类文化的演进脉络。

首先，我们看一下人类文明发育的必然性与偶然性这个问题。表观上看，我们很容易认为世界上所有的事物，尤其是各种人文现象全都是偶然的。我们觉得任何一个东西的发生，直观看去都是随机的，包括我前面讲课，比如东方社会为什么形成典型的农业文明？是东亚的封闭地貌这个偶然因素造成的；比如古希腊文明为什么会那样独特地发展？是环地中海的开放地貌这个偶然因素造成的；比如禾本科植物 56 种，33 种都分布在两河地区，这是偶然的。所以我们很容易用偶然观来看待文明发展脉络，可是大家要注意，直观上和常识上的看法通常总是错的。我们一定得明白，所谓偶然态都是必然性导出的，这句话是什么意思？

这个世界是分化演运的，我明天课上会详讲，这个世界的弱化演进过程就是分化演进过程，弱化等于分化、等于残化。当宇宙从"存在是一"的那个能量奇点分化出夸克、量子，分化出各种粒子，这个时候夸克遇到轻子，或质子遇到电子，它们绝不摇摆，断无游移，因为没有第三项，即没有其他的分类项，因此呈现"必然依存"态势。或者说质子遇见电子必然形成氢原子，它没有选择，它也绝不会失之寻觅。可是等从前位基本粒子发展出更多粒子，乃至 92 种天然元素，一个原子碰见另外 91 个原子的随机概率变成 1/91，是不是这样？好了，92 种天然元素再分化出近千万种分子物质，一个分子物质邂逅另一个分子物质成为几百万分之一的概率。也就是说，随机性更强了，偶然态更明显了。而当分子物质再演化出数十亿种甚至上百亿种生物的时候，一个生命在某段时间里遇见另一种生命的概率变为百亿分之一，更成偶然态了，但是这个分化态本身却是必然的。所以听明白我在强调什么？我在强调越晚近的东西，越后衍的东西，越发展的东西，越呈现偶然态和漂移态。换言之，这个偶然态本身，是被它后面的一个必然性素质导出和规定的。

从学理上讲，从纵深追问的角度上讲，你不能漂浮在这个偶然性上，否则你就永远看不懂这个世界。你必须脱离直观的、肤浅的见识，进入"偶然态本身是怎样必然衍出的"这样一个探究状态，你才能理解世事。听懂这一段非常重要，因为我们前面的所有讲课几乎都是在直观偶然态的事实陈述上平铺直叙，它很容易给大家造成误导。所以我们下面再讲所有问题的时候，虽然涉及历史部分的内容仍像是偶然事件的涌现，可是你必须知道后面尚有一个支配要素留待发掘。

我想再讨论一个问题。我前面讲，我说人类的感知系统无非是一个识辨系统。就是我们必须把不同的物类分辨开来，因为我们要对太多的分化条件逐项依存。如果我们看外物是囫囵一体，我们就无法生存。比如我们把连续变量的光波长，会在感官上至少分成赤橙黄绿青蓝紫七种色觉，使之显得截然有别，但实际上它后面的波长是连续无间的。

因此我在这里需要强调一点，当你在实际操作层面着眼，你看这个世界是不连续的，而且你必须在不连续的观感上才能找见相应对策，这一点儿都不错，但你必须明白它的深层是连续的。"自然界里没有飞跃"，这句话是达尔文说的。万物是从低级到高级，从简单到复杂，一脉演化过来的，中间没有任何断环，没有任何断点，我这是从理论深层上讲。大家一定要注意，当我们讲课的时候，我们力求探入理论深层和思维极致，当我们实操的时候，我们必须在直观上把万物分离识辨开来，这两者运用的思路是不同的。所以你得在你的学习过程和日常工作中把这两点之间的关系打理清楚。

我举例子。生物界呈现上百亿个物种，当然包括已经灭绝的在内，这是生物学家做出的统计测算，我们现在可见的生物类别大概只有几千万种了。你看生物的每一个具体物种，它们是各自分离的，是不连续的，而且检视其进化过程也像是间断的、跳跃的。我后面讲进化树，你同样会感到它似乎是非连续性的，但它在本质上、在深层里其实是连续一贯的。

比如你从基因层面上看，生物进化是连续变异状态。我们人类跟单细胞生物的基因同型率大约是 40%，跟扁形动物大约是 50%，跟脊索鱼类大约是 60%，跟脊椎爬行动物大约是 70%，跟哺乳动物大约是 80%，跟灵长动物大约是 90%，跟类人猿、黑猩猩、大猩猩大约是 97%。请注意它不是以十位差数进化的，而是在每一步演动中，或者说在每一个包括已灭绝物种的基因突变之间，连 0.001% 的丝毫间断都没有，是一点一点地进化而来的，完全连续。

保持这个连续性视线，是看待一切事物乃至人类文明历史的必备眼光。比如我们人体有一个咽喉交叉，就是我们的气管和食管在咽喉部形成前后错位，口腔到食道，鼻腔到气道，两路通道之间形成一个很麻烦的交叉。于是在咽喉处不得不嵌入一个结构名叫"会厌"，就是当你产生吞咽动作的时候，当你从口腔把食物吞咽至食道的时候，你有一个会厌软骨，它必须翻下去，把气管遮蔽，让你不至于把食物吞咽到气管里去。这个结构是很脆弱的，人随着年龄的增长，第九对颅神经即舌咽神经功能退化，会厌的这个机能偶或失灵，于是你一不小心就可能将异物吞咽到气管里去了。这种事情时有发生，比如陈独秀晚年就是这样呛死的。可是为什么会有这样一个蹩脚的咽喉交叉呢？居然是因为数亿年前的鱼，它是从腔肠动物进化过来的，鱼体最初只有一条管道，就是从鱼嘴到肛门这一个长腔，它的呼吸是通过鳃进行的。可是发展到两栖动物和陆生生物，已经不能靠"鳃"呼吸空气，只好让新生的肺逐步下沉到胸腔，气管和食管随之形成交叉。于是给我们带来动不动被呛死的风险，这是因为进化的连续性造成的。

我再举个例子，性别。我们今天在大略上看生物只有两性：雄性与雌性，在人类就是男性和女性。其实当初不是这样，要知道性别是从雌性逐步向雄性发育过来的，因此在很多低等生物，性别竟可以多达40余种，你都无法想象。比如，有一种海马叫大腹海马，这种海马是雄性怀孕的，不是惯常的雌性育后。再比如，我们人类的性，表面上看是两性，但实际上我们的性别是在这个进化通道上排布的，因此我们会见到两性人，就是一个人既有卵巢又有睾丸。而且每一个男人的雄性化程度是不一样的，有的男人特别阳刚，而有的男人多少有点雌性化；每一个女人的雌性化程度也是不一样的，有的女人特别阴柔，而有的女人多少有点雄性化。这是因为各人在性别这个长轴上的演化位点不同，是他们在这个连续变量中发生的异位排布造成的。

我再举一个有关文明的例子，因为我们讲课是讲文明进程。文明进程的这个连续性，你也是逃不掉的。比如我们是从农业文明进化到工业文明的，我们这个转型非常困难，农业文明的滞重性极强。所以你看西方它继承古希腊，早年它的农业文明发育就相对薄弱，于是它的工商业文明体系今天就展现得颇为典型，或者叫趋近极端。而我们的文明形态就会兼具此前文明的某些特征。比如我们的政治形态是威权体制，这是农业文明的产物；但我们的经济形态今天走向了自由市场。这种政经交叉，跟前面我讲的咽喉交叉其实是一个道理，它表明的是什么？演化连续性，你洒脱不掉过去的东西对你的牵制。这一点你理解了，你才会明白人类文明的分型以及它发展的典型性或非典型性的缘由。

好，我们下面再谈一个问题，"进化树"与"侧枝盲端"。大家注意这个自然进化过程，如果我们把它放在直观层面上看，也就是分层的、分型的、分类的、偶然的这个层面上看，它确实是不连续的。我再说一遍，操作层面和直观层面都是不连续的。我把话题变换展开，拉近、拉远反复探讨，是为了让大家理解我们面对的世界何其复杂。大家看一下达尔文给出的进化树，万物的进化就像一棵树那样在逐渐延展，什么意思？我只拿生物阶段讲，其实非生物各阶段譬如前在的无机界或后衍的人文界也是如此。最初单细胞生物在地球上独自存在 20 亿年，它是一个分化程度很低的状态。我前面讲过，所谓"自然律"就是"弱演分化律"。真菌界、植物界如此，动物界也是如此。鱼并不能直接演化到最高端才分出一个杈枝，骤然弄成人、鱼两界的怪相，它是从鱼中的一支两栖变种开始起步，在海洋和大陆的交界爬上滩涂，演成陆生动物最早的一族，而鱼本身还在原先那条水生生物的主脉上发展。之后随着两栖动物继续变异，又会出现另外一种局面，也就是其中演化的某一新生点会从一个旁枝上，会从一个侧枝的边缘上发生。作为其前身的鱼反而在这儿形成一个断头，也就是典型的鱼或鱼的极致于此停滞不前，并不会再往上演进。那么两栖类往外分衍，渐成爬行类动物，但它自身又不免形成一个断头。我把这个断头喻为"盲端"，我把中间分化出来的这个旁枝叫作"侧枝"。

请大家看清楚，自然的演化进程是在"侧枝"上不断发生、节节增长的，也就是你把自己持久地放在一条枝系或一个方向上连续延展到极致，你不免会走到一个死胡同里去，走成一个断茬或盲端。只有绵延分化，另辟蹊径，好比在两栖动物行至尽头之前，就提早生长一个侧枝，像陆生爬行动物那样断然登岸，方能开创别一番生机，蹦出别一路前途。而爬行动物照例还会走到尽头，它又是一条死胡同，除非在爬行动物的一支上再演化出新的侧枝，这便是其后的哺乳纲、灵长目乃至直立人、智人的层层演运路径。概括言之，生物和万物的演化，直观上形似一株进化树，而进化树表现为次第分化的侧枝蔓延，各个"侧枝"发展到尽头都是"盲端"，从侧枝中间某一个点上才能引出另一条侧枝，由此一路生长，终于达致人类种系及其晚级社会。

我讲这一段非常重要，什么含义？比如鱼，其中一个侧枝演化成两栖爬行动物；比如恐龙它灭绝了，卵生爬行动物这一脉再没有任何重大发展，但它其中一个非常小的翼龙这一支，最终演化出今天万千种鸟类；再比如灵长目动物，它继续分化发展，但灵长目动物并不是直线演进，它照例生出侧枝，侧枝走向盲端，然后它的侧枝中间某一个点长出直立人；直立人再分化，其中某一个类别变成智人……。

我讲这些是想让大家理解社会历史的演化，动辄就会走入死胡同，新文明常常是在你意想不到的某一个点上突进展开的。请记住发展到极致或发展到典型态，未必就是方向和出路。我说这句话的意思很明确，就是你不能指望直线发展，你不能指望一个事情一路高歌迈向永恒，这在系统分化中不成立。大家知道灵长目动物、猿类动物，它都是在树上或者在丛林中生活的，非洲大峡谷这个地方，由于地貌变化、气候变化，出现了稀树草原，有一批不幸的猴子流落到森林褪化消失的边缘地带，恰恰是出于它们的那种狼狈状态，才孕育出了直立人和智人，所以我们不能指望一路挺进达成正果。

我最后顺便再讨论一个问题，叫"主流衰丧"与"异端突起"。这个话什么意思呢？人们通常都生活在主流世界中，包括主流意识形态，包括主流文化形态。比如，我们今天的主流思想形态是科学思维，主流经济形态是商品经济，等等。可你一定要知道世界的演动、人类的发展、文明的运行通常不在主流脉络上增长，反而是在某个非主流的节点上跳进，我们把它称为"异端"。中国自古有一个成语叫"异端邪说"，对这个东西是横加排斥的。可是要知道人类的文明发育，甚至世界的物质演化，基本上都是从异端展开的。

我给大家举例子。比如一张化学元素周期表，从第 1 号到第 92 号天然元素，再到第 118 位其他元素，并不是由首列氢元素直接缔造出生命，也不是依序编排而演化为生命，反而是在中前位碳元素之处萌动，最终发展出来了浸入碳的有机化合物与生命化合物。说起来碳元素是最不圆满的一个元素，它的外壳层电子数只有 4 个。大家知道所谓化合反应，就是原子外壳层电子的交换互联现象，如果你是 6 个电子，你夺取别的原子的两个电子，你就构成外壳层电子的满足数，外壳层电子的满足数是 8，这叫氧化剂或氧化性。反过来，如果你只有两个电子，你给别个原子当电子供体，你也能完成从原子到分子的升级，这叫还原剂或还原性。可大家看碳原子，它恰好有 4 个电子，作为供体，它显得太多；作为受体，它又显得太少，它像是最残缺、最失落的一个原子另类，但它却是整个化学分子层面上前途最广阔的代表。它从原子生长到分子，从分子生长到有机分子，从有机分子生长到生命系列，简直是一路凯歌，气势如虹。我在讲什么？我在讲碳元素它在原子里乍看起来特像一个残缺不全的异端，结果它前途尤为远大。

我再讲一个例子，落地猿。我刚才讲过所有的猴子都偎在树上得意洋洋，唯独有一支猴群凄然坠地，这不是它们选择的结果，而是地理变化导致丛林消失，它们身不由己地刚好落在了稀树草原上，这个晦气的遭遇成为直立人得以发育的必要条件。它们在猿猴种群里肯定是最别扭、最异端的那样一帮倒霉蛋，到头来却只有它们前程无量，我等其实全都是从树上掉下来的猢狲，如今却昂然坐在了课堂上。

我们再看古希腊。我前面讲所谓国学其实不应称为国学，它不外是人类古代主流农业文明的文化体现。而古希腊当年是蜷缩一隅的非主流工商业萌芽，彼时地球人全都处于农业文明存境之际，它简直就是明晃晃的一个异端，所以它也极其微弱，难得立足，竟然在公元前4世纪悄然覆灭了，可是它却代表未来。

我在这里强调什么？强调异端为何不可小觑，强调主流历来是由异端演化而成的。倒是相反，如果你看见某个东西目前业已成为主流，则标志着它可能行将衰丧了。不过对于种种异端，你得放长眼量加以分辨，异端通常在两极上表达，亦即在统计学的正态分布之两端表达：一端空有其壳，毫无内力，终不免瞬间闪灭；一端嫩芽锐长，特立独行，将毅然变身为下一期主流。我在这里想强调的是，执迷于当下，你将视距短浅；执着于主流，你将丧失未来。但也请各位特别留意，我在这里绝不是一味地夸奖异端，赞美进步，因为越失稳、越残缺才越有前途，故此一切潮流之翻转动迁，到头来都不过是要把我们引向日趋式微化的结局。

东方古老文明的足迹与宿命

我前面所讲的内容均属"世事之大观"。我们只有把眼光扩展到这样宏阔的层面上，把眼光扩展到区区数千年文明史的范围之外，我们后面讲具体的历史进程和中国文化的衰落大家才能听明白，所以我前面的讲课全都属于扩大视野之预先铺垫。好，我们下面讨论主题。

史学界有人把中国历史分为三大帝国：第一帝国指秦汉帝国，第二帝国是隋唐帝国，第三帝国即明清帝国，我先把这三大帝国的概况给大家作一个简单的说明。

秦汉时期，世界上只有两大集团：一个就是中国的秦汉帝国，一个就是古罗马帝国。当时世界的总人口，秦汉帝国占 1/3，罗马帝国占 1/3，剩下所有 1/3 的人分布在全球其他文明或亚文明族群之中。那个年代，曾经盛极一时的新巴比伦王国、古波斯帝国、印度孔雀王朝等等全都灭亡了，而其他后发国度尚未兴起。大家知道秦汉帝国是中国统一国势的奠基期，当时的中国强大到这样的程度，它足以影响整个世界格局。

比如汉武帝击打匈奴，逼迫中国北疆的某匈奴部族只好西移，迁往今日之东欧的匈牙利周边一带，这个"匈"的发音即与"匈奴"有关。然后匈奴人继续挺进到中欧，压迫当年中欧的日尔曼蛮族和哥特蛮族，南下灭掉了古罗马、灭掉了西罗马帝国，可见当年的秦汉帝国何其强大。

分开来看秦和汉，秦国以强力统一中国，由于它的强暴之力用之过猛——因为如果没有这个猛劲，它就不可能统一六合——致使这个烈化动势来不及收敛，于是该政权仅仅存在 15 年便骤然崩溃，此后汉帝国开始收揽中华文明。大家知道汉帝国对中国文化再造的贡献很大，按理说我们应该把自己叫秦人，把自己的文字叫秦字，把自己的文化叫秦文化，因为秦是中国第一个统一帝国，而且统一文字也是在秦朝。可为什么我们今天叫汉人、汉字、汉文化？是因为汉朝发生了五大文化运动，或者叫五大文化事件，对于中国文化存续起到奠基作用。

第一，过秦论。我一说"过秦论"，大家就应该想到贾谊。什么叫"过秦论"？检讨秦国和秦朝施政的过错叫"过秦"。就是西汉初年反省秦朝"马上打天下、马上治天下"的失误，于是建立了"柔和施政、无为而治"的国策形态，从而造就了汉朝前后历经400年的相对稳定政局。这是它的第一个文化贡献。

第二，拾遗校勘。大家都很熟悉秦始皇焚书坑儒，历史上把它叫"秦火"。要知道这一把秦火太厉害了，因为当时是郡县制，是中央集权，朝廷一旦发出指令，要求各级官员烧书，所有的书籍必被焚毁无余，大抵只有个别医书、农书能够躲过此劫。试想一级一级的地方官员严格从命，遍搜朝野，这把火会烧到什么程度？竟然把民间藏书全部烧完。你今天到山东曲阜的孔府去游览，会看到一个著名遗迹，叫鲁壁。传说孔门后代在遭遇秦火之时，曾把相当一部分古书封存在自家的照壁里才得以保留。汉代中期，有人发现了一册别致的《尚书》，据说就来自于此。其后《尚书》便有了两种版本：一个叫《古文尚书》，一个叫《今文尚书》。所谓《今文尚书》的"今"不是指现在，而是指秦始皇统一文字以后的那个字形书样；所谓"古文"就是秦初"书同文"之前使用六国不同文字所誊写而成的《尚书》。结果后来证明那本新发现的《古文尚书》纯属伪作。换句话说，鲁壁藏书是一个讹传，不是事实，孔家其实也没有能够避开这场毁书之灾。所以到汉代初期，中国先秦文献几乎丧失殆尽，好在秦朝只有15年命数，先秦时代的老文人还没有死绝。于是西汉早年就把那些老文人找回来，让他们依靠记忆背诵古籍，经过多方核对，使之约略复原，同时也将散落在民间的旧书残稿，哪怕是只言片语通通收集拼凑起来，这就是我们今天拿到手的诸子百家之先贤文本。可见汉代对中国文化的奠基和重整起到何等重要的作用，这叫"拾遗校勘"。

第三，独尊儒术。董仲舒向汉武帝提出"推明孔氏，抑黜百家"，从此中国之国教确立。

第四，司马迁作《史记》，以史学纵论的方式把中国的血缘道统进一步固定下来。我说这句话大家应该想到，所谓中国人都是"炎黄子孙"这个说法，就是司马迁在《史记·五帝本纪第一》中提出的。

第五，佛教于东汉中期传入中国，传统文化的儒、释、道之大体，至此完成。

我讲这五项，大家就应该听明白汉代在中国的文化再造和国基奠定上为什么一点都不亚于秦朝开国的份量。这个时候，第一帝国的中国生机勃勃，迈步走在上升道上，作为世界东方文明之一端与古罗马遥相呼应，成为全球文明最突兀而显赫的一支。

第二分期就是隋唐帝国了。由于隋唐帝国取开放态度，及至发展到唐朝早中期，它已然极其繁盛。繁盛到什么程度？唐太宗李世民进击突厥，把突厥人从中国的北部赶向西方，这就是今天土耳其那个名称首字之"突"音的来源。突厥人被驱离前往小亚细亚，时逢大食帝国也就是伊斯兰帝国刚刚兴起，突厥残部作为伊斯兰帝国的奴隶军得以保留。直到蒙古大军打掉伊斯兰帝国以后，突厥势力方才崛起，由此形成奥斯曼帝国的基础。大家由此可知唐朝对世界格局之影响达到何种程度。是时唐代中国开始跟伊斯兰帝国有所接触，彼此成为世界上最强势的两大帝国，尔后两者不期相撞，这就是著名的"怛罗斯之战"。由高仙芝率领的一支军队跟大食帝国在中亚开战，高仙芝惨败，三到五万军队全军覆没，导致中国西域即新疆、甘宁一带原来信仰佛教的教民全部改信伊斯兰教，这就是为什么你去莫高窟那儿看到的都是佛教的文物，而今天那片地区的原住民却都信仰伊斯兰教。这场对接产生了两个历史效应：第一，中国的文化和技术包括四大发明借以传入西方；第二，中国的丝绸之路从此中断。这是第二帝国。

再看第三帝国。它的中介或前导是宋衰元侵，即宋朝衰落、元蒙侵入，成为明清帝国走向末路的发端，也成为第二帝国向第三帝国转进的重要契机。因此我们有必要仔细探讨宋、元之情势。第三帝国明清时代，中国一路走向衰败，这个话题我们后面再谈。我在这儿只举一个例子，众所周知，清朝曾有一个似乎很值得骄傲的时段，那就是所谓的"康乾盛世"。可大家是否知道恰恰就在康乾盛世之际，西方社会的近代转型以及崭新思想全面生发。从哥白尼提出"日心说"到牛顿演绎"经典力学"，从洛克的《政府论》主张"主权在民"到孟德斯鸠的《法意》主张"三权分立"，再到亚当·斯密的《国富论》提出"看不见的手"建立自由市场经济的理论基础，一直到约翰·穆勒的《论代议制政府》，还有卢梭的《社会契约论》等等不胜枚举，这些重大思想之奠基在西方造成社会突进，恰好就发生于康乾时代前后，所以康乾盛世其实是中国彻底堕入颓势的一个时间段。深究之下，应该说，明清时代的败落以宋朝走到农业文明最高端而肇启，为此请你记住，茫茫然走到极致状态很可能正是最危险的阶段。我说这句话隐含这样一层意思：人类今天的工商业文明也已走到极致，它标志着一个重大的社会历史转折行将发生。

那么我们先看宋代。有学者说康乾时期中国的 GDP 占到世界的33%，这个计算大致是成立的，因为那个时代离现在比较近，追查下来竟至于占据世界产值的1/3，确实有点令人咋舌，要知道美国最强盛的时候其国民生产总值只占世界 GDP 总量的22%。另有学者研究认为，宋代的时候，中国的国民生产总值竟然占世界 GDP 总量的75%，这个说法我不知道它的根据是什么，就我自己看觉得可能有点过分，但说宋朝社会的农商总值占当时全世界大约50%左右是不会相差太远的，可见宋代当年的经济力高到什么状态。古书上也有这样的记载："比汉唐京邑，民庶十倍"，就是中国宋时的富庶程度比汉唐最兴盛的时候还要超出10倍以上；它又用这样的话来形容当时人民的富足情状："走卒类士服，农夫蹑丝履"，说贩夫走卒的着装都像"士"所穿戴的华服一样，还说农民的鞋子都是丝织品；形容集市繁荣，古书上原文记为"通宵买卖，交晓不绝"，就是商品买卖不光白天进行，交易活动整晚上继续，直到拂晓时分都不消散；并且中国四大发明此时全部完成，还开始向西方输出。以至于著名英国汉学家李约瑟博士这样感叹："谈到11世纪，我们有如来到最伟大的时期。"

宋代不仅在经济上如此发达，在社会生活和政治格局上也达到相当的高度。我举一个例子，史书上记载隋唐时代，贵族和富人经常有食仆现象——就是请客吃饭，杀仆人以助兴。较多提及的是隋代豪商诸葛昂与高瓒比富，其中就有宰仆炫耀的这么一个故事。从唐代史书的点滴资料中，我们可以见到诸多高官或封疆大吏的食仆记录，比如著名的开漳王陈元光食仆。（此处有删减）到了宋代，一位副宰相级的官员，他的家人打死了家仆，国家法律要追究。我在讲什么？我在告诉大家宋代社会业已全面显示出现代化的前兆。

我们下面看宋代以来的政治格局。

第一，宋代城市已由行政中心改趋工商中心。大家注意"城市"这个词汇，"城"和"市"是两个概念。中国的城市是先有城，后有市，就是先设定一个行政中心，由于它是政府资源的集散地，众人便向这个地方汇聚，人口密度随之增高，于是商品集市也相继在这个地方开始发生，此谓之先有城后有市。但是西方的城市是先有市，后有城，它是先有人在那个地方进行某种交易活动，吸引人流渐渐集中，然后逐步建立成为一个城市。

中国在宋代的时候，洛阳人口达 50 万以上，它的首都汴京，也就是今天的开封，有学者根据史料考察，认为其人口数量甚至在百万左右。要知道那个时候，世界各地 5 万人的大城市都是很少见的，可见宋代当年的城市化和工商业化水平达到何等程度。这样级别的超大城市，农业文明根本养不起，只有工商业文明才会导致规模化的城市出现。但是我再说一遍，中国是先有城后有市，行政优先，商务尾随，因此它的工商业格局其实是非典型的。

第二，宋代的文官政治和科举制度有力地抑制了"军国局面"的发生。大家知道宋太祖赵匡胤他获得政权是因为"黄袍加身"，被下属将军们拥戴而坐上皇位的。因此赵匡胤建朝以后，他做的第一件事情就是"杯酒释兵权"，把所有将领自成系统的兵权都削掉，然后把军队牢牢掌握在朝廷手里。不仅如此，他还采取"重文抑武"的基本国策，也就是重视文官，压抑武官。于是就造成宋代有 120 万以上的常备军，却由于"兵无常帅、帅无常兵"，也就是将帅频繁调换，导致为将者和军队之间十分隔膜，进而导致宋军虽是当时世界上最大的常备军却屡屡打输战争。说起来宋朝面临的北疆压力异常之高——辽、金、西夏、蒙古分头崛起，因此它被迫建立庞然军伍，然终因管理不善而战无不败，先是北宋一溃千里，转守江南，继之南宋又被蒙古人攻灭，戚戚然退出历史舞台。

但正是由于赵匡胤的这套做法，使中国当年及早进入了"文官政治"，而文官理政是现代政治体制的一个重要标志。大家知道西方所有国家的国防部长全都由文人担任，而不会在将军里选取。而且宋代的科举制度也十分完备，它为建立文官政体奠定了深厚的人才基础。但是各位要注意我前面一再讲"侧枝盲端"，就是一个东西发展到极致鼎盛状态的时候，它却会丧失前途。

比如科举制度，中国的科举制度早在上千年前就已经步入成熟，它相当于今天的公务员考试制度。我在前面课上讲过，我说欧洲建立这个制度都在法国大革命以后才逐步实现，只不过是近代两百年内的事情。但是中国的科举制度却消灭了世卿贵族阶层，使得普通民众可以通过各种考试进入社会上流，参与国事管理，于是贵族抗衡势力被一扫无余。而英国和西方资产阶级革命的一个重要力量来源就是大庄园贵族制，也就是贵族对王权形成牵制。回想英国在 1215 年出现的大宪章运动，就是贵族封建主团结起来，跟英王签订一纸协议，世界上第一部"宪法"雏形问世，同时第一次出现"王在法下"的局面。贵族对王权的制衡使得国家行政力量不至于过度压制民间活力，这是创立资本主义制度的第三等级——资产阶级，终于能够挺身抬头的重要因素。所以我在这里讲，宋代发展到那个高端，达致文官政治的异常早熟，反而成为中国社会后期发育的一个障碍。

第三，意识形态几近"现代化"。到宋时，中国社会的世俗文化生机盎然，没有官学之强控，也没有神学压抑，而西方这个时候还处在黑暗的中世纪，神性压抑人性。加之政权又温和化、文官化，于是中国民间意识形态的文化表达全部是书画宋词之类，轻松自如且不拘一格，而西方这个时候一切文化表达都是对神的歌颂，谓之"颂圣"。一时间中国世风出现以"人伦人欲为天理"的格局，所以它的整个社会文化风貌颇似现代化。

但是它却出现了一股逆流，我把它叫"朱熹现象"。朱熹之理学让儒家思想重新抬头，其意在整顿民间儒学的散乱局面。这番折腾反而造成中国儒教或名教更趋僵硬化和极端化——在朱熹那里叫"存天理、灭人欲"。朱熹能够出现表明什么？表明中国社会虽然已经初步架构了工商业文明前期的基础和底子，但其上层建筑还是农业文明的思想文化系统，这导致朱熹之学能够强势回潮，到头来终于还是勾销了中国世俗文化挺进的前途。

临于近代，也就是在中世纪后期，我们会发现西方和中国出现了两个悖反运动：西方文艺复兴，找回古希腊，结束黑暗中世纪，由此开始勃兴；中国在南宋时代，朱熹也找回自家古文化，结果中国现代化的萌芽被掐断。我讲这一点是想让大家特别关注"前存参考系"的分量，就是人类过去的那个旧文化对后世的影响，你都无法想象它是何其之巨大。

西方有一个业已丢失的前存文化种子——古希腊文化。它把这个文化找回来，居然驱散了整个中世纪的黑暗，迎来近现代的昌盛。中国也把自己的古文化找回来，却令中国宋代出现的工商业文明势头遭遇阻遏。我这样讲并不仅仅是在批评中国传统文化，尽管"旧学重炽"曾经的确让我们吃尽苦头，此中还有另一层意蕴：如果人类今天或者将来能够在更大尺度上换位解读"天人合一"之理念，那么中国早年的这些文化种子未必不能焕发新生，它也许预示着中国文化又多了一个"运行于侧枝而不走向盲端"的思路启发点。

宋代以来的社会经济格局

我们再看宋代的经济格局，宋代的经济形态趋向于商业化和货币化。大家要知道在宋代出现了一个非常了不起的事情，世界上第一个纸币"交子"发生在中国。我在讲孔子课的时候讲过，人类早年是"物物交换"。货币这个东西不是任何人预先设计的，而是商品种类日益繁多导致物物交换无法进行的产物，如果交换物类很简单，我只拿粮食换你的织布，没有第三样商品，货币永远不会发生。反之，当交换形态分化变多，成百上千种商品出现，物物交换已经不能互相满足，货币会自然发生。

货币流行之初，它作为一般等价物，其载体本身必须具备一定价值，而且必须是某种可均匀分割的稀缺物品。但是随着交易量的激增，这个载体的物质属性变得不重要了，它只是一个价值符号，把这个价值符号抽离出来使之流转，就足以成为交换过程的媒介，这是商品经济和货币经济高度发达才会出现的东西。纸币本身没有任何价值，不像早期的贝壳、青铜、黄金、白银，它只是个符号象征，居然能够换取万物，这在普通的农业经济时代是无法想象的。而我们今天连纸币这样的有形符号都即将消失了，进入电子货币甚至数字货币阶段，它标志着商品经济已然发展到像脱缰野马那样的猖狂和失控状态。那么宋代出现世界上第一枚纸币，说明中国当年商品交换的频度和商品经济的普及达到了非常高的程度。

我讲到这儿，大家一定会产生一个疑问，为什么中国没有顺势走向资本主义时代？我们今天讨论的全都是这个话题，我在这里想探询的是宋代出现了世界上最先进、最成熟的商品经济的某些元素，可是它却根本没有进入工商业文明，反而一路走向衰败，为什么？因为它的整个社会架构和文化体系尚滞留在农业文明的传统制约之中。

我只举一个例子。大家知道工商业文明对税收征管是非常敏感的，因为工商业生产的利润率是失稳波动的，而工商业又是靠利润收益来维持的。它不像农业自然经济，用不着关心有没有利润，反正所有产出是自己消费，只要能获得粮食，无论投入多大成本都可以忽略不计。工商业不行，商品制造出来是为了交换，倘若成本不能控制，利润率不能达标，工商业活动就无法进行。因此农业文明对税收不敏感，国家胡乱收税，人们一时是没有感觉的，直到发生灾情，饥荒骤起，农民才会造反。所以农业社会的税务粗放，任由政府随意操持，社会基层对此反应迟钝，也毫无牵制力可言。

可工商业文明不行。我举个例子，世界上最早形成资本主义制度的不是英国，是荷兰，荷兰1581年建立世界上第一个资本主义共和国。它在此前被西班牙统治60多年，荷兰人安之若素。由于西班牙后来要跟其他列强争夺世界霸权，需要积蓄战力，便开始向它的管辖国、附属国荷兰加征税赋，荷兰爆发起义，把西班牙人赶走，由此成立第一个资本主义性质的尼德兰共和国。

大家再想美国。美国当年的13个州是英国殖民地，初来者大多是英国移民，美国人承认英王是他们的君主，从来没有想过要搞独立，它为什么发生独立战争？是因为英国后来参加欧洲战争，财政收入吃紧，开始向北美13州殖民地征税。其实英国行事很公平，它当年向美国13州征税的时候，在本国英伦三岛也加税，可美国人因为这件事情不干了，于是独立战争爆发。

我讲这个是想说明什么？说明工商业文明在利润和税收上的敏感性。可你在中国，即使在商业社会出现纸币的时候，你都看不到这种"无代议不缴税"的格局出现。大家知道资本主义社会有一个特别重要的规定，就是我所选出的代表，如果没有在议会里参与税收的讨论，我就不纳税，税务不是王权，不是政府的权利，是我纳税人的权利，我通过议员表达我的权利，协商出来的那个税额我才缴纳，这叫"无代议不缴税"。中国何曾有过这个东西？宋代"交子"出现，但是税收的问题没有任何社会制约可言，它说明什么？说明中国社会整体上的所谓资本主义雏形或者商品经济架构其实只是显现出了一点点微弱的闪光，它的整个系统根本没有达成。

我们再看产业状态。表面上看，宋代的产业规模，我如果抽取个别数据，你会非常吃惊。大家看，早在1078年左右，宋朝的钢铁产量竟然高达12.5万吨/年！12.5万吨你今天听起来很小，我换一个数字大家听听。1788 年第一次产业革命，也就是从宋代的这个时候往后推迟 700 年，英国的年钢产量只有 7.6 万吨，只达到 7 个世纪前宋代钢产量的一半稍多一点，可见中国当年的工业生产能力何其之强。

而且在宋代的时候，甚至宋代以前，中国已经出现集约化大生产，最大的工厂居然达 8000 人之众。像矿冶、丝织、陶瓷、造纸、航海、造船，这些行业都是巨大的产业集团，看起来非常像近现代的社会化大生产格局。可是呢，它的所有产业都是官办为主，民间工商业受到压制。也就是它仍然是农业体制下崭露的工商业萌芽，农业体制下的官营商品生产其实不构成市场塑造的力量，结果导致中国工商业总体上表现为有规模而无实质、既先进却又萎靡的局面，其与真正的资本主义时代相距甚远。

我举个例子。1640 年以后，英国进入资本主义时代。英国政府跟民间商业和民营工业的关系是什么？它不是主导者，它反而只是边缘参与者。英王居然要跟当时社会上效益较好的私营企业套近乎，想办法加入人家一点股份。

我再举个例子，荷兰和英国。两国分别成立各自的东印度公司。荷兰的东印度公司在现今的印度尼西亚，叫荷属东印度公司。所以近代史上，只要看见荷属东印度公司的称号，你就要知道它在印尼，不在印度；英国的东印度公司在今日之印度。什么是东印度公司？就是荷兰和英国的民间资本构成的大型联合集团公司，远征上万公里来到东方，在印度尼西亚和印度开拓殖民地，他们是有成立军队的权力的，他们居然还可以有某些外交权，这都是政府权力。由哪儿得来的？是荷兰政府和英国政府把自己的行政权力换算成股份给东印度公司，然后也在里面获取利润，这就是为什么东印度公司会拥有建军权与外交权。它说明什么？说明民营资本的力量强大到这样的程度，政府只能从旁促进、协助和参与之。而中国的工商业自汉代、宋代直至现代，政府都是经营主体，这就是为什么有人说中国迄今尚未进入典型的工商业文明阶段。

注意！我再说一遍，我没有批评的含义。我说过一个东西发展得太完善，反而会走入死胡同。所以我不知道中国现在不进入典型的资本主义究竟是好还是不好，我对此没有评价，我也不知道它将来的发展前途是什么。我只是告诉大家，你要是理解宋代的经济格局，你会发现它本质上离真正意义上的资本主义社会构型相距甚远，尽管它表面上非常灿烂而夺目。

我们再看第三条，宋代的海洋活动和对外贸易兴起。大家知道北宋覆灭以后，整个南宋龟缩在长江以东，这个时候政府财政收入陷于困窘，于是南宋政府鼓励远洋贸易，以至于中国在沿海地区建立了9个对外开放的港口，展开海洋活动：北边一直到青岛，当时叫"板桥"；中间到上海，当时叫"华亭"；下面一直到泉州、到海南岛。达到什么程度？当时国家财政收入的20%来自海洋贸易，可是，它却在明代戛然而止，说明什么？我们不妨看一下东西方在此领域的操作方式，便可一目了然。

15世纪前后，葡萄牙作为近代最早开创蓝色文明的先行者，以靓丽的身姿登上历史舞台。该国出现了一个人物恩里克王子，他是皇族血脉，却没有去钻营争夺王位，埋头致力于开办一所半官方性质的航海学校，组织各种社会力量研发远洋技术，培养相关人才，并着手探索南下非洲西海岸的航路状况。因为当年奥斯曼帝国阻断了整个欧洲与亚洲的陆上贸易通道，而欧洲人必不可少的巨量香料只能从东方获得，所以他们就得找见从海洋进入东方的别一条线路。要知道那个时候造船水平低下，海况知识贫乏，远洋航行是一项前无古人的冒险事业。恩里克王子调动国家和全社会力量成立海洋学校，建立远洋船队，沿着非洲西海岸多次试航，最终绕过好望角，经由印度洋达到东方。比较一下，它跟民间零散的宋代海洋贸易，是一个多么大的差距。所以我们会看到，中国的前近代海洋贸易虽然可能比西方来得略早，但是它却不能兴起为划时代的历史大潮。

我再给大家举个例子。1492年哥伦布发现新大陆，他是怎样进行的？他是找西班牙伊莎贝拉女王提供资助，女王跟他签订一纸合约，目的是获取殖民印度的势力范围，为此承诺于哥伦布，说如果你能开辟通达东方的新航线，你可以享有哪些政治权利和财富分成，他是用这样一种方式奔赴远洋的。而中国官方总体上只关心取其税利，没有禁阻就不错了，谈何参与或协助。后来倒是大举参与，但情况更糟糕，那就是郑和下西洋，完全带着政治目的，其间根本没有拓展市场和资源的要素。因此中国宋代出现的工商业文明迹象，从表面上看似乎与西方近代工商业文明在某些方面有所重叠，实质上背离甚远。

我在这里再举一个例子。日本是一个东方国家，大家看一下明治维新以后，它在工商业转型上的种种努力和操作。首先它在文化上提出的口号是"脱亚入欧"，即彻底抛弃旧文化，抛弃来自中国的"唐学"；其次在政治上，明治政府向欧美国家派出考察团深入了解其宪政制度，并强迫各级官员乃至普通百姓全面学习西方。强迫到这样的程度，所有官员必须把自己的夫人和成年女儿带入舞场去跳交谊舞，就连这样琐碎的事情都要尽行模仿。它允许并且鼓励民间资本大力发展，不但不限制它、压抑它，反而扶持它、资助它，政府还对经营良好的私人企业给予巨额资金奖励。三菱、三井等公司就是在那个时代突发而起成为大财团的。其时有一个官员叫涩泽荣一，他原来在明治新政府的大藏省任职，后来辞官投身实业，居然创办了500多家企业，而且尝试开设银行，成为日本金融业的领军人物。

（此处有删减）

那么在宋代，在中国农商文明最初接替的时代，其历史发展会呈现一系列很奇怪的变态，你就可以理解它的渊源是由于社会基层架构和整个文化氛围根本没有真正发生转折。

我们再来看宋代的技术格局。宋朝已经出现火器，而且领先于世界。大家知道火药是中国发明的，有人说中国发明的火药只是用来放烟花了，这话其实是不对的。中国早在宋代就已经出现标准的火器叫霹雳炮，而且世界上第一种榴弹炮是金人发明的，叫震天雷。也就是金人受中国火药和热兵器的启发，最早制造了能够爆炸的炮弹。早期的铸炮，打出去一个实心铁球，凭借砸伤之效而破敌。后来蒙古军队能够征服世界，很重要的两个原因，一个就是他们利用了宋朝的高钢产量，做成拐子马，即侧击而出的战马都披戴铠甲；另一个便是使用多种火器，威震四方。欧洲中世纪以后也见马配铁甲，这都是从蒙古人那儿学过去的。

中国当年的造船技术也非常先进。先进到什么程度？在宋代后期至明代早期，中国已经出现"水密隔舱"。什么是"水密隔舱"？小船用不着这个东西，船体一旦做得太大，吃水线就会很深，海里的礁石埋在水下是看不见的，船越小，撞礁的概率越低，船越大吃水线越深，触礁的概率越高。再大的船一旦触礁漏水，不免立即沉没。于是把船身吃水线以下做成一个个隔绝开来的密封舱室，万一触礁，水只进入其中一块，不至于导致整个船体失去平衡，这叫水密隔舱。只有制造超大型航船，你才会产生这种想法，才会做出这种设计。

我举一个例子。泰坦尼克号邮轮为什么会沉没？是因为当年它作为世界上最大的客船，船长太骄傲，夜间高速行驶，撞上了冰山，居然把五个水密隔舱划破，致其倾覆。有学者计算，如果船速稍微降低一点，那怕只划破四个水密隔舱，泰坦尼克号都不会沉没。我们可以想见水密隔舱在大船制造上多么重要，中国早在宋明时代这项技术就已完全成熟，而西方直到18世纪才出现水密隔舱。

说中国当年的造船技术先进绝非虚言，你看一下郑和下西洋的那条宝船，可谓巨大无比。而且其他各方面技术都非常完备，包括火药、热兵器，包括指南针、罗盘，包括造纸、活字印刷等。大家知道火药是热兵器的来源；罗盘是蓝色文明的基本工具，没有罗盘就不可能远洋；造纸是整个人类文化勃兴的先决条件，而活字印刷在欧洲导致宗教改革。这些东西在中国宋代实际上全部具备，但是却没有带来任何社会变革的效应。

我们再看，我前面讲过技术是经验模型，哲科是思想模型，请大家注意这两者的区别。经验模型不改变思想，哲科模型是在思想变革或逻辑变革的基础上才能进行，这种素质决定了技术和科学对人类文化的不同影响力。大家想想中国的四大发明，全都是单纯的技术：指南针是偶然把恒磁铁悬浮起来，发现它总是指向南北，丝毫不涉及理论上探索地球磁极这个问题；火药是道家炼金术士，在长期炼丹的过程中弄成的意外事故；造纸和活字印刷更是典型的民间生产实践之产物，跟思想变形、逻辑建模没有任何关系，是典型的技术。而从古希腊以来的哲科思维，是通过思想变形才能引起技术操作变形。因此它首先造成的是思想文化的影响，其次才造成实操上的影响，这就是两者的区别。因此技术变形不引起文化变革，请大家特别注意这一点。

而且中国当年造船技术极为先进，但是它之所以不能真正扩展为一个蓝色文明，是因为它缺乏必要的天文知识或者天文思想，同时缺乏商业逐利的动力。我举一个例子，比如哥伦布为什么会涉险远洋？是因为当年的欧洲已迈入强烈的商业趋利时代，哥伦布要到印度去攫取黄金和财富，这是哥伦布远洋的首要目的。哥伦布出行，他有一个思想逻辑在前，就是"地球"这个概念。而中国古代的主体意识是"盖天说"，认为大地连同四海是一个平板。大家想哥伦布走大西洋一路西行，他的目标却是到东方的印度，他凭什么敢这样走？就是因为托勒密的地心说模型给他带来了这个启发。所以大家要注意中国在宋代就开始海外贸易，它最终未能昌盛，乃由于既缺失必要的逻辑模型，也缺乏必要的商业获利的动力。商业趋利这个动因在中国是被压抑的，在中国文化里，逐利是君子不为的小人之举，这都导致当年宋代的技术发展根本不足以造成思想与社会变革。

中国当年的技术非常高超，却没有商业社会的整合力。我举一个特典型的例子，大家有空到四川自贡去旅游一下，要知道早在明代正德年间自贡这个地方就已经能打上千米的深井。因为四川离海洋很远，食盐来源是一个严重问题，当地人偶然发现地下有咸水，于是设法掘井采水煮盐。他们居然可以打探上千米之深，把石油、天然气都打上来了，当年自贡人就靠开发地下的天然气去熬煮同样来自地下的盐水，钻井技术逐渐变得出类拔萃。要知道美国直至1859年，钻井深度才达到1000米以下，比中国迟了300多年。可是如此高的技术却动辄遭遇政府查禁，因为盐铁官营，其属不法私盐，结果非但不能发展，反而被视为犯罪行为。这说明什么？说明当年的技术，它根本就不可能展开为一个工商业系统，更不可能发育出一个新社会体系，整个政治框架对这些东西不但不鼓励，反而横加压制。所以即使技术在某一个点上有所突进，也丝毫无望成为整个社会转型的动力。

因此，我总结两点：第一，与思想不同，技术不能改变观念，因而历来不能成为变革社会制度的要素。第二，思想文化带动制度变革，制度变革才能带动社会系统转型。

由于有思想文化的变革，社会构型和制度体系就会变革，于是社会才能整体展现一个新时代的力量。大家想想，英国资产阶级革命以后，骤然成为世界霸主，其前提条件是它完成了君主立宪的"虚君制度"的设计和"第三等级"的民意伸张的铺垫。大家再想明治维新，小小的日本，原来完全是中国文化的承接者，它为什么在明治维新以后短短20多年就把庞然大物的老师之国中国打败？是因为明治维新以后，它开始全面学习英国的制度，天皇都已经"虚君化"，议会也已经建立，口号是"脱亚入欧"，虚心学习西方。以至于当年日本的精神领袖福泽谕吉说过这样一句话："满清之下，出100个李鸿章那样的革新俊杰也无济于事。"就是指中国在旧文化、旧体制之下，纵然出再多的干才、再多的人物，都没有任何前途。所以身为日本人的福泽谕吉，曾在他的著作中主张中国应该且必须推翻满清王朝。

我想说什么？我想告诉大家，宋代的技术发展，为什么没有成为中国社会的变革前提？为什么当初走在世界最前列，而随后却是国运衰落的分界点？我们不能只看表面现象。今天经常听到太多的人在表扬宋朝，他们越加表扬，我们就越发看不懂中国后来那个1000年究竟是怎么回事。

为此我们可以有比较地探究一下宋朝的发展困局。

第一，宋元夹在第二、第三帝国之间，而隋唐第二帝国极盛，本来正具有缔造世界格局的大好机会。

第二，欧洲内乱更剧，却未影响其进步，反而是拿破仑的征战传播了法国革命的思想。我这句话的意思是，不要说宋朝衰落是因为辽、金、西夏、蒙古等外族侵略战争造成的。须知欧洲的战争更剧烈，但是由于它的战争传播新思想，所以反而促成了欧洲社会的变革。

第三，穆罕默德建立的伊斯兰教和大食帝国，实质上是一个政教合一的军国体制，它虽因亚历山大的远征而曾经承接了古希腊的文化，却没能使之构成自身内在的精神素质，故此只能扮演欧洲文艺复兴运动之传薪者的角色。也就是说一个地区或一个民族即使接纳了新文化，如果它不能将其铸造为自己的主流思想，它也只起到给别人传递文化的通道作用，而它自身并不能得到跨越的机会。

总结下来，可以看出，文明的发展不与国家的一时强弱相关，而与内在的文化素质相关。换言之，思想才是决定性的力量，逻辑变革或观念更新才是文明演进的表观决定因素。

请注意，我强调了两重含义：其一，思想和文化变革才能引领社会变革；其二，表面上看文化和思想特别重要，但它仍然只是史实现象层面的浅显观照，万事万物之所以不断演进变化，还有更根本的终极驱动因有待探讨。

宋代以来的世界历史格局

我们下面看宋代以来的世界格局。

宋代以后，人类文明进入公元后第二个千年。先是蒙古人，从新型边疆民族去部落化而变成天之骄子；后五百年则由西欧航海国家独领风骚。史学家孙隆基先生做过一个说明，他说前五百年，支配世界的方程式或内在逻辑是："欧亚大草原＋草原铁骑＋东方技术"。由此形成第二个千年前五百年的强势力量。也就是说，蒙古军队借用东方的火器、装甲、毒烟，包括拐子马骑兵战术等，形成强大军事集团，突破世界岛中部，达致欧亚贯通的局面。这个期间的最大特点是不存在任何新思想的成分，文明形态不变。孙接着说，后五百年，支配世界的方程式或内在逻辑是："海权意识＋商利驱动＋航海技术"。由此形成第二个千年后五百年的强势力量。也就是造船技术、罗盘、火炮，尤其是对海洋拓展通道的认知以及工商逐利机制，形成强大殖民势力。这期间，文艺复兴涌动，失而复得的地心说，还有后起的牛顿力学，使得思想文化形态发生变化，文明形态发生变革，人类进入近代史。

孙隆基先生随后提出这样一个问题，他说在此第二赛程的暖身阶段，当时的中国已经以世界冠军的身份出现，后来连这样稳操胜券的事都不干，自愿放弃比赛。对于孙隆基的这个总结，我们可以提三个问题：第一，中国当时真的是世界冠军吗？第二，中国后来是否能够稳操胜券？第三，中国出局，是出于自愿放弃，还是出于被逼无奈？

我们看一下蒙古帝国。要探讨蒙古帝国，我们就得纵览史上各期的所谓"世界系统"，因为蒙古帝国是近代世界系统的前奏。大家都很熟悉，第一个世界系统是亚历山大帝国。亚历山大帝国在公元前横跨欧亚非，由于亚历山大大帝的老师是古希腊哲学家亚里士多德，所以古希腊文化对他濡染甚深，亚历山大打到哪里就把古希腊文化传播到哪里，这叫"希腊化时代"。因此，第一个世界系统——亚历山大帝国，起到了传播新文化，亦即传播远古别致异端文化或者前期工商业文明文化的作用。

第二个世界系统就是蒙古帝国。它横跨欧亚大陆通道，涵盖东亚、西亚、中东和东欧，它使中国的高超技术得以传播，并击垮了威胁西欧的伊斯兰帝国。但是，它没有带来新文化，因此也没有给自身带来变革的力量。

第三个大世界系统，就是近代五百年的海洋文明。由此开始真正意义上的世界史，也就是公元 1500 年前后，以哥伦布发现新大陆为标志，人类第一次有了真正意义上的世界史。

从近因上看，西欧是亚历山大和蒙古帝国侵扰的最大受益者。亚历山大帝国传播了古希腊文化，使得古希腊文化终于可以在西欧复兴。蒙古帝国主要给西方带来两项收益：一乃来自东方的技术和财富梦想；二乃削弱了伊斯兰教和伊斯兰帝国对基督教文明的威胁。

再看蒙古帝国的历史作用。当时，它打通了东西方的陆路通道，从东亚一直打到东欧地区，又从中东一直打到环地中海边缘，把整个伊斯兰帝国消灭。像马可·波罗事件就表明，当时的西方人和各种西方思想已经进入中国。同时元朝是最不轻商的朝代，并深化了南宋的海洋意识。元军的舰队规模颇为强大，不仅终于在海上灭掉了南宋政权，而且曾经远征日本，几乎让日本灭国。只是由于两场海上大风暴，才导致元朝海军覆没，所以日本人把它称为"神风"，到第二次世界大战末，还用"神风敢死队"的名号来壮胆。而且元朝使得中国的版图，扩展到华南的云南和西藏。

但是总体说来，蒙元造成的结果，是让中华文明和蒙古民族为西欧作了嫁衣裳。另一个受益者是突厥民族，由于元朝打掉了阿拉伯帝国，原来作为阿拉伯帝国之奴隶军的突厥人崛起成为小亚细亚和中亚的主人。而阿拉伯帝国受伤，也使得对西欧的威胁被解除。同时中国的四大发明以及种种应用技术传到欧洲，并且全面开花，大大促进了西方近代化的浪潮。不过由此也开始了一个很奇特的两极运动：世界的开放和中国的龟缩。它说明什么？——中国之不能借力于这个新时代的潮流，是因为它的传统文化缺乏内在承接力。

我们看孙隆基将上述问题再进一步细化：

第一，宋代前后，西方正处于黑暗的中世纪，此刻华夏奠基于唐宋之盛，本当一跃而登上现代构型的社会历史高台，何以反见一衰三竭？就是我前面所讲，宋朝在经济、政治、技术各方面处处领先，它当时跻身于世界文明的最高端，为什么突然间以此为顶点、以此为界点，而迅速趋向衰落？

第二，宋元以降的东方势力，借助欧亚大草原达成陆路通道的历史极致，又借助航海技术，最先迈出海洋通道的第一步，泱泱中国何以在占尽先机的优势中戛然而止？大家知道，从宋代的造船技术，到明初的海洋远航，中国均已遥遥领先。永乐大帝时期，郑和七下西洋，这是世界上最早的大规模远洋活动，但是这番绝世壮举并没有给中国带来蓝色文明，为什么？我们后面谈。

第三，至元末，当蒙古的世界系统散套，而西方海权尚未兴起之际，最有资格带头重组新世界系统的该是东方中国，但它为何却在关键时刻撒手不管？孙隆基提出的这三大问题，就是我们要理解近代史和现代化的关键问题。

我们看《清明上河图》，张择端的那幅名作，我们会看到中国民间小市场、小手工业极其发达，中国的工商业文明雏形略似具备，可是中国自古以来追求的是什么？叫"国富兵强"。它从来不追求"民富国强"，我在讲商鞅的时候曾经提出过，商鞅的弱民政策中，其中有一条叫"贫民"，就是不允许人民富足，所以它历来追求的是"国富兵强"，它达成的结果是"国富民穷"。

大家注意，我在这里说的"民穷"不仅仅是指经济上贫穷，可能到宋代，国民大抵已经不太穷了。这里的"民穷"，其"穷"字主要指国民自由思想能力和自主行为能力的穷困，也就是国家力量过于张扬，对人民散在的自由潜能横加压抑，这是造成整个辖区之社会发展趋于穷途的原因。也就是说，思想能力和行为能力的穷困，才是造成近代之中国未能顺利转型而保持隆盛的原因。

宋代以后，中国社会一路沿着农业文明惰性蔓延，使之最终凄然衰落。衰落在哪里？衰落在迷失前路！衰落在代偿不足！关于"代偿概念”我们以后再谈；关于“迷失前路”，我们只需看一下明帝国的倒行逆施便可了然。

自蒙古帝国系统散套以后，东方世界出现了一种后蒙古的逆反态势，可称之为“民族主义逆反”。比如俄罗斯，就是从基辅罗斯到莫斯科公国，直到蒙古军队撤离以后，俄罗斯国家才开始兴起，所以它算是一个典型的后蒙古产物。再比如伊朗，说起来伊朗建立了人类历史上的第一个帝国，叫古波斯帝国。但到公元7世纪阿拉伯帝国形成以后，波斯就被消灭了。直至蒙古军队打垮阿拉伯帝国，伊朗重新浮起，古波斯重新恢复，这个时候它已经被伊斯兰化了。不过它作为一个过往旧帝国的继承者，即便在伊斯兰化的世界里，它也是独立的一派——什叶派，跟主流阿拉伯国家的逊尼教派有所不同。

再则就是后蒙古时代的中国，也就是中国的明朝。大家要知道，明朝开国者朱元璋，他当年建立大明帝国时万民欢呼，尽揽人心，因为他打掉了一个奴役汉人近百年的政权，（此处有删减）即“驱除胡虏，恢复中华”。大家一听这八个字，首先想起孙中山，其实它最早来自朱元璋。因此朱元璋当年建立明朝的时候，那的确是一次真正意义上的“解放运动”，足以令汉民族重拾骄傲。

可是明朝驱元以后，反见大踏步倒退，它从宋代的经济开放格局以及意识形态放松的开明局面，调头回退，形成中国社会一次非常奇怪的逆动。它实际上是全面恢复了华夏传统文化，我们下面就来看一下这场所谓的“民族文化复兴”是一种什么效果：

第一，它虽然容忍蒙古人、色目人的存在，但“夏夷之防”的意识重炽。大家知道，孔子学说讲究“夏夷之辩”，即有“非我族类，其心必异”这么一条东西在其中。明朝以后，这个观念被重新恢复起来，也就是从宋代的开放、开明状态回缩，至1499年土木之役以后，竟然恢复长城的修建，再次与其他游牧民族划割对峙。

第二，明太祖时期，也就是朱元璋建朝之初，就开始颁布禁海令。后来发展到"片板不得下海"的严厉程度，渔民的生计都被断绝。到郑和下西洋结束以后，朝廷竟然要求沿海十里以内的居民全部内迁，闭关锁国达到极致，以至于整个中国跟外界的交往沟通彻底隔绝，这种自我封闭的局面达到历史上前所未有的高度。

第三，海外贸易被禁，国际通商完全变形。这期间发生了几件事情，值得大家看一看。首先，郑和远航带领两万多部队，攻击并俘虏了苏门答腊的华人领袖陈祖义，尔后押解国内斩杀，理由是东南亚岛族举告陈祖义形同海盗。实际上这个问题需要深究，当年中国的沿海移民来到现在的印度尼西亚这一带地方，受到当地土著的欺压，弱势侨民不得不团结起来，抵制当地人对他们的侵犯，由此形成为一个准军事社团。郑和来到这里以后，为了跟当地建立良好的朝贡关系，我后面会讲什么叫朝贡关系，应当地政府的请求，率然扑灭了陈祖义势力。他不但不保护自己的侨民，反而竭力打压他们，结果造成深远的历史后患。不久西方列强侵入印度尼西亚，个别华侨为了寻求生存安全，只好依附殖民者成为内奸。这个事由，最终导致 20 世纪 50～60 年代，独立后的印度尼西亚掀起多次屠杀中国侨民的血腥惨案，最多一次致死几十万人。

而且"倭寇"变成了本国人侵略自己祖国的闹剧。这句话是什么意思？明代禁海以后，日本浪人时常侵犯明朝海疆。但实际情况是当年沿海地区的渔民，尤其是原来做海外贸易的人没有了活路，于是他们自发组成武装集团，一方面继续跟南洋通商，一方面抵抗当时的中国政府。他们雇佣了某些日本人参与以壮大自身力量，不断地冲击被禁的海防。比如明史上多有提起的汪直、徐海以及郑成功的父亲郑芝龙等，他们装作倭寇或者带领倭寇进攻自己的祖国，这真是非常荒诞而离奇的怪事。

此时中国的海外贸易竟然全被西方人所把持。包括中日之间的贸易，也由葡萄牙人接驳，即葡人成为中外远洋商业活动的中介，轻易地垄断了所有利润。我们可以看出，当年的海禁发展到如何严重的程度，这种倒行逆施是一个很别致的后蒙古中国政经现象。

第四，船队固然壮大，但却大而无当，海洋势头渐衰。我前面讲过，从南宋至元朝，中国的海上贸易是非常旺盛的，可是到明代，便完全萎缩了。我们很熟悉，明代早期的朱棣，也就是永乐皇帝做过的一桩伟业——郑和下西洋，现在被高度颂扬，说是人类蓝色文明的先声。郑和远洋确实展示了中国宋代以后的一系列航海技术的高峰：郑和的整个团队达28000人、62艘船只或战舰。其中最大的那艘旗舰，也就是郑和本人乘坐的那个宝船，长440尺，横梁宽80尺，有9个桅杆，单船可载千人以上。仅这一只船，就是哥伦布发现美洲新大陆所率整个船队之数倍的载重量。

可是如此庞大威风的船队，千里远航干什么？所做的两件事情全是政治目的，跟经商和近代远洋贸易活动毫无关系。第一，很可能是为了寻找建文帝。大家知道，朱棣是通过军事反叛，打垮了他的侄儿才夺得政权，而建文帝的尸首终未找到，所以他怀疑建文帝逃逸在某处，但四下搜寻不见踪影，这是他派遣近身太监郑和远洋出海的重要原因之一；第二，建立虚荣的"朝贡制度"。我先解释一下什么叫"朝贡制度"，有人把它说成是古代的国际贸易，这完全不着边际。所谓"朝贡制度"就是要求周边的或海外的国家，你只要承认我天朝是万国之国，尊我天朝为宗主，那么我就跟你建立一种特殊关系，就是你每年向我表贺进贡，但凡你进贡一分，我随即回馈十分，这叫"朝贡制度"。它纯粹是一个政治行为，跟商业贸易全然无关。

郑和下西洋就是出于这两个目的。所以多趟远航之后，失去经济平衡，最终根本无法支撑，从此不得不取消这类烧钱的壮举。然后转而大搞海禁，弄得民间远洋活动也全面停顿。中国在西方进入蓝色文明的前夕，彻底龟缩于大陆之上。我们由此可以得知，农业文明其实看不见蓝色通道的真正价值，因而无以远行，反倒倾向封闭。

清朝是中国文化完善化的死亡标本

我们看下面的课件题目：清帝国是中国文化完善化的死亡标本。这句话什么意思？女真人入关占领中国，建立清政权。这件事情表面上看是一次中国文化的沦丧，但实际上从清第二任皇帝康熙帝开始，满人就自觉而认真地学习中国汉文化了。要知道康熙皇帝本人在汉文化方面达到的水准，被学界评论为远高于当时的科考士子。

也就是说，清朝立国以后，中国的传统文化得到完整接续，甚至发扬到最佳状态。我们分四点来谈：

第一，清代解决了历朝的第一外患。此话怎讲？中国自古有一个词组叫作"内忧外患"，我们先谈"外患"。从先秦、两汉时代的匈奴，到唐代的突厥，再到南北朝的鲜卑以及宋末的蒙古，然后一直到明末的女真，历史上华夏人、汉人一直受到北疆游牧民族的侵犯，形成中国自古以来的所谓"外患"这个概念。

但是女真人，也就是满人，当年是带着蒙古人一起闯进山海关，亦即偕同北疆游牧民族一起进入中原，然后合并为大东亚国度。大家知道蒙古帝国以后，整个东亚大陆被俄罗斯和中国分割完毕。那么清朝建立以后，中国的边疆外患，也就是游牧民族对中华农业文明的持续侵扰这个问题被彻底消除。在鸦片战争以前，中国历史上第一次进入没有外患的时代。

第二，它也同时解决了各种内忧。中国历史上所谓的"内忧"主要由三个部分构成，分别是外戚、强藩、宦官。首先是外戚，所谓外戚就是皇帝的妻族，皇后这一族，或者宠妃这一族显露强势，最终把国家搅乱，最典型的就是汉代的吕后系统和唐代的武则天系统，这些外戚对国政的干扰是个非常严重的问题。大家知道东汉末年天下大乱，终而至于三国并起，都跟外戚有关；其次是强藩，最典型的表现是唐代安史之乱，即为强藩所造成，也就是地方军区反叛中央。这个问题在安史之乱之后一直没有解决，到唐代中期强藩竟达几十之多，导致中唐以后一路衰落都跟强藩有关；再有就是宦官、太监。皇帝也是人，他也需要有人沟通，他也需要有人亲近，可是他地位太高，而中国自古以来的官僚阶层，就是科举考试选拔上来的文人士大夫阶层，他们具有"意识形态解释权"，对皇权形成强有力的制约，因此皇帝和官僚系统历来是有对立成分的。皇帝怎样抗拒官僚系统对他的约束，是为君者的一大难题。皇帝单人是没有办法和官僚系统对抗的，他唯一的办法就是借助自己身边的太监，通过重用太监来抵制官僚，这就是大内太监历来扰动中国政治的重要原因。在中国远古时代太监刚一出现的时候，这种扰动很轻，越往后越严重，到明代发展到最为不堪的地步。明朝的宦官已然渗透到各层部堂衙门，并掌控了整个特务系统——东厂、西厂的领导权，宦官还成为各地驻军的监察者，所以明代的宦官之祸乱是非常严重的，对明代政局的影响极坏，大家读一下明史，这些方面的具体细节我不再多讲。而到了清朝，诸此"内忧"全部解除。清代的宦官被严格限制，所以你在清代几乎看不到宦官乱政的事例。即使后来到慈禧太后，她的贴身太监小德张、李莲英等，也从来没有真正能够凌驾于百官之上。

第三，清朝一代推行的"德治"最接近于儒家训诫，达到儒家化程度之最高点，连皇帝都谨守其教诲。清代的皇子、皇孙，自幼就以特聘的学者大儒为师，从小严格经受儒家文化熏陶，皇帝都不敢违逆儒家道德规范。他们勤勉从政，励精图治，达到什么程度？皇帝从来严行早朝制度，要知道皇帝上朝是一件非常辛苦的事情，想想每天早上四五点就得起床正衣，早朝时百官呈上奏折，提出问题当堂讨论，日复一日天天如此，从来没有休假一说。我们今天普通人，你还有个周末，逢年过节你还可以休假，皇帝从来没有星期天，也从来不能轻松过年，天天少不了早朝议政。清代皇帝厉行早朝到这样的程度，得病了都不缺席廷议。清史上只有一位皇帝例外，那就是慈禧太后的亲儿子同治皇帝。由于慈禧对他管得太严，连他晚上跟谁睡觉都横加干涉，搞得同治皇帝只好出去找妓女，结果染上梅毒，病情严重，这才导致临死前有一段时间未能早朝。其他皇帝得病都是轻伤不下火线，天天早朝不止，堪称励精图治。

我再举个例子，清朝从康熙到乾隆时期叫康乾盛世，中间有一个皇帝即为雍正。雍正皇帝在位十三年，真是辛苦极了。他为了维持自己的皇权，连对亲兄弟都杀伐果断。但是他确实格外勤政，大家想想皇帝每天批阅奏章是一个多么可怕的事情，天下百官，封疆大吏，还有专门的清流言官，所有人都要写出奏折，送达天听，可怜的皇帝全部要阅览。批阅奏折的工作量有多大？皇帝每天早朝归来便俯身案头，一直读到深更半夜还堆积如山。而雍正皇帝十分谨慎而专注，从来不把这些文牍只交由军机大臣去处理，全部自己亲力亲为。他在大部分奏折上用朱砂红笔仅写三个字"知道了"，偶然才对一些特殊的奏事批以大段文字，表达本人的意见。他执政短短十三年，居然光是朱批就远超五百万字！大家要知道我做文人写书半生，前后折腾了二十余年，到现在也才写了一百万字左右，可见雍正皇帝辛苦到何等程度，他简直是被累死的。所以说清代的皇帝着实是非常勤政的。

我们反观一下明朝，对比之下，你就知道清朝皇帝的操行状态了。明朝是汉文化逐渐得以恢复、儒家德治观念相对来说比较薄弱的时代。虽然它推崇朱熹的学说，但从朱元璋开始，到明英宗以前，殉葬制度竟然在皇室死灰复燃！皇帝驾崩治丧，要把他亲近的嫔妃、宫女以及太监斩杀，与之一起陪葬。要知道孔子生前就反对殉葬，秦汉以后早已废止。而且明朝还继承了元时的庭杖制度，堪称斯文扫地。所谓"庭杖"就是大臣正跟皇帝讨论问题，稍不留神，龙颜触怒，立即把大臣当着朝廷百官的面扒光裤子打屁股，这种事情从元朝开始一直贯彻到明亡为止。然后建立诏狱制度，也就是特务制度，最初是朱元璋的锦衣卫操办，所谓锦衣卫就是护卫皇帝的近卫军团，后来变成特务组织，由皇帝直接发布命令，私下调查或囚禁官员。最终发展到任由太监主持的东厂随意执法，东厂作乱，又建立一个西厂，用以监察东厂特务的行动。官员们早上出门，晚上回不来是常事，莫名其妙就被抓到监狱，从此销声匿迹。

明朝中期出现一位正德皇帝，我想大家都很熟悉这个宝贝。他不安心于只做皇帝，整天换着花样寻乐子，还有很多怪癖。他的后宫妃子宫女众多，可是他对她们没有兴趣，却跑出去色眯眯地到处追逐民间的已婚少妇，看见哪一位民妇姿容俏丽，就想尽办法把别人笼络到他的豹房圈禁起来，所谓"豹房"就是皇宫以外专设的养有豹子的御花园，后来变成他如此淫靡行乐的长居之地。而且他动不动就自封为威武大将军，然后带军远征以为游戏，搞得文武百官不知道是该把他当作皇帝来迎送，还是变以将军的礼宾待之。这都是明代广为流传的趣闻。

再比如明熹宗好玩木工，据说他的木匠活做得极为精致，也极为专注，谁都不能打扰。于是那位著名太监魏忠贤，专拣此时前来向他报告政务，皇帝不耐烦，挥手任其自行处理，魏忠贤就这样逐步独揽大权。

还有那位嘉靖皇帝，醉心于修道成仙，长达二十年不上朝。到万历皇帝更严重，三十年不露面，以至于万历年间的一个宰相（内阁辅臣），为相十二年居然没见过皇帝，屡递奏折，大多也被留中，最后上一道辞呈挂冠回老家了，率然脱离岗位皇帝也不追究……这都是明代皇帝的作为，大家对比一下，你就知道清代皇帝的勤政守德的确有些非同一般。

第四，清代学术是传统学问的总结账，儒、释、道及诸子百家普遍得以考究，旧学问做到了尽头。要知道，清代中国处于旧文化的最终清理状态，前后出现了一系列著名学派：朴学、汉学、乾嘉学派、浙东学派等等。这些学者把中国古代文献解注到极致，以至于你今天所能看见的有关古文献最好的注本，几乎都是中华书局出版的清人作品。

我讲这四条说明什么？说明清朝是把中国老旧传统文化做到完善化的死亡标本，也就是在清代中国文化发展到最圆满的状态，结果它突然死灭了。这说明什么？说明旧文化不足以开创未来，你在旧文化上琢磨得再精细，你也绝不会有出路。严格讲来，中国农业文明的气运或生命力并没有完结，大家设想如果整个地球上只有中国会是什么局面？想必我们今天一定还在帝制之下，农业文明一定还在有序延展。

但是人类毕竟是同一个物种，地球上一旦分化出其他新式文明，它在代偿量上、在文化能力上突破原有的限制，交通通讯达到你不能隔绝的状态，中华农业文明代偿不足的缺陷自将立即显现。尽管你这个文化是最原始、最稳定的文化，但你一旦进入一个高代偿时代，而你自己不能进入这个发展通道的时候，你将面临猝然崩溃之局。我在这里想强调的是，我再重复一遍，旧文化做到再精致的程度，都不会有新出路，这是我们一定要总结的经验教训。

好，那么我们看一下中国文化的融合发展史：第一条脉络，在农业文明为主流的时候，我前面一开始讲课就提到，我说由于农业文明人口暴涨，社会结构是在人口高密度的基础上自发产生的，因此农业文明相对于游牧业文明具有很强的同化作用。从先秦一直到清代，游牧民族不断侵犯，由于他们的作战机动性强，骑兵战斗力强，中国社会屡屡被其取得政权，但是他们最终全都被华夏农业文明文化所同化，水到渠成，波澜不起。这是中国古代农业文明跟游牧业文明的一般关系。

第二条脉络，东汉中期佛教传入中国，由于佛教思想兼取环地中海文化的优长，因此到魏晋南北朝、隋唐以及其后的时代，它对中国各方面造成有力的冲击，扰攘折冲之下，汇入中国文化，形成儒、释、道三足鼎立之一足。外族文化第一次侵入中国，并且改变了中国文化格局，镶嵌之势，初露苗头。

第三条脉络，1840年鸦片战争爆发，西方工商业文明突入中国，中国文化瞬间崩溃。早期还以洋务运动之"中学为体，西学为用"的方式抗拒，随后根本无法坚持，到甲午战争以后全面瓦解。再到20世纪初叶，新文化运动的口号是"打倒孔家店"，终致中国传统文化的现状宛若化石之观赏而已。

我这个说法，许多搞国学的人肯定是很不高兴的，他们认为中国文化价值还很高，他们经常引述某些老生常谈，比如"中庸之道"、比如"和为贵"之类。可是大家要知道，中国文化极为庞杂，绝不是只有这么一点点东西，中国文化的主体，"君君臣臣、父父子子""血缘秩序""仁义礼智信"……这个庞大的、完整的文化系统，还有哪些东西可以在今天的实际生活中使用？还有哪些东西真正得以存留？

我们今天看中国文化，你翻来覆去地加以检视，基本上是取"古老文化化石"的那种观赏心态，你才能弄出些许兴味。你如果直接调动其中的任何东西来用，一定会沦为非常可笑的状态。请问"尊卑之礼"你今天还能用吗？请问"血缘宗法"你今天还能用吗？再请问"忠君"和"孝道"，你今天还能用吗？所以说中国传统文化早已全面沦落。要知道近五百年来西学涤荡全球，原来龟缩在欧洲西部的那一点点白人，在近代数百年里殖民了美国、加拿大、非洲和大洋洲，而中国从宋代以来到现在占世界人口23%左右，却始终局促于7%的可耕地上。

近代文明史上，发生过两个人力对比悬殊、结局悲惨至极的崩溃性事件：一个是1532年西班牙人弗朗西斯科·皮萨罗，带领168个骑兵打散了印加帝国八万军队，活捉印加帝国皇帝，导致印加帝国解体；另一个就是鸦片战争英国人开来几十条破船，只带四千到六千士兵，居然把当时有两亿多人的中华帝国打败，中国不得不敞开国门，从此进入半殖民地时代。

这种巨大的反差都是坚守旧文化的结果。因此请大家记住，文化发展受阻才是最可怕的事情。一个民族的荣辱取决于其文化之兴衰，人类的前途取决于思想与文化的导向，而不与你具有多少人口、产出多少财富或占据多大的地理面积相关。

人类文明与文化发展的干枝关系

下面我们讨论一个稍微有点复杂的问题，我们讨论一下人类文明与文化发展的干枝关系。

我在前面讲课的时候一再强调，我说人类文明只有一条自然的或自发的演运路径。从第一节开课开始，我就反复强调人类文明不是我们选择的结果，而是一个自然进程的表达。大家看人类文明是怎样走过来的，从"动物中级社会"过渡到"旧石器亚文明"存态，进而到"新石器时代"也就是"农牧业文明"开端，然后到"近代工商业文明"，再往后是"未来后衍暮期文明"。也就是说文明没有选择，我们的文明发展只在这一个通道上进行，它绝不是先贤或者智者规划设计的产物，它是一个不容选择的进程。面对农业文明的纷乱和困苦，人们当时做尽了选择，但其实只有一条道路或一个踏板，那就是工商业文明。尽管在各个历史时期，世界各地的国家分化形态、民族生活的表观形态似有差异，但一定总体上归结为农牧业文明和工商业文明，没有第三种文明。

相应地，虽然举世文化异彩纷呈、分类颇多，但它也同样只有一条主干通道，因为人类文化就是人类文明的基础。我前面讲过，文化是思想与观念的虚性表达，文明是文化或思想的硬态社会结构化体现。那么，人类文化这条主干是什么？先是"前神学亲缘文化"，然后是"神学信仰文化"，再后是"哲学思辨文化"，以及"科学高分化文化"，最后是"后科学末世文化"，只有这一条文化演进的通道，此亦绝非可能随意选择的。

而且它的走势也是持续分化的，因为我前面讲的那个"分化律"一直在起作用。故此人类史前的文化、最原始的文化相对比较单一，都是前神学的亲缘文化；之后到神学文化，信神的状态各有差异；到哲学思辨领域，讨论的问题就变得纷繁而复杂；到科学时代，我们今天已经分化出上万个专业了。但是它的总体线条非常清晰，干枝关系一目了然，形成进化树形态。

既然人类文明是不由我们选择的自然进程，既然我们的文化只是文明的基础适配系统，那么我们的文化发展、思想发展就一定跟我们的文明生存系统必须达成一个匹配关系。所以，我们会得出这样的结论：主干生长可缓不可阻。就是在这个主干通道上，你可以延缓下来暂时不发展，但你只要不完全阻断它，它就还有节节拔高的机会。最典型的是欧洲，在所谓黑暗的中世纪，神学一度压抑了哲科思维，但是并没有把它彻底泯灭，到文艺复兴以后，古希腊的种子回归，于是原来被压抑的东西，没有被彻底阻断的东西，展开为西方近代文明。反之，你如果把它折损，就相当于你种一棵树苗，把它从头部截断，那么这棵树从此长不高了，它只能从旁边胡乱生出许多岔枝，这棵树继续增高的前途没了。这就像中国宋代，它的初期发育还算不错，似乎有长入工商业文明的前景，但其文化的内在张力呈压抑态势，致使朱熹学说回潮，等于把中国文化发展的树头斩断，于是中国进入工商业文明的前途被彻底遏止，中国原有的农业社会结构得以维系，甚至逆反成为强势，比如明代那样。而且我们会发现，凡滞碍或偏离此文化主干者，社会增长和转型必然受阻，比如中国的社会发展受阻于前神学文化。（此处有删减）所以我们要再度强调，文明是自然进程的继续，由不得我们任意选择。

　　我们下面谈一下文化分期的各自特征。

　　前神学期，我们说它扶持人类亲缘社会生存。也就是人类文明早期，人类从动物亲缘社会转化成亲缘氏族群团或者部落邦联群团，以此作为建构农牧业文明的前提。这一期在中国的特点，在远古文化上集约体现于《易经》与《老子》，是为准神学文化与亚哲学文化的非典型表现形态。《易经》起初追问生殖，追问时空，是最原始的追问，逐步发展到两汉时代，变成中国广义哲学世界观体系的承载者，而老子"道论"是中国最早的亚哲学思脉。但是儒学最终成为前神学"亲缘宗法农耕社会"的压制性文化主流。我前面讲过准神学、亚哲学、古儒学，古儒学以老子和孔子为代表，老子学说之"道论"是宇宙观追问，"德论"是社会观追问，它的重点在"德论"，老子的学生孔子继承他的这一脉思绪，致力于在"人伦关怀""人道社会"的这个方向上发挥，典型的农耕压抑型文化由此得以集成。这就是前神学期中国文化的状态。

尔后是神学期文化，它抚慰和鼓励人类奋争，此乃神学文化的特点。它的表达式在毕达哥拉斯那里，奥菲斯教派激发了"数论"钻研，形成古希腊唯理论哲学的开端；到古希腊多神教，整个神界是最调皮、最活泼、最玩闹的人类的显现，于是形成自由论辩和哲学思辨的茂盛园地；到古罗马基督教成为国教以后，阻断古希腊哲科思路，从此逐步陷入黑暗中世纪。这就是西方神学期的基本文化状态。

佛教和道教后来成为中国神学文化的非典型表现形态。请大家注意，我为什么说佛教和道教是中国神学文化的非典型表现形态？是因为中国主体上一直停留在前神学期文化状态，由于它是准神学，所以它一定会出现某种神学思路。这个思路，一方面通过佛教传入，一方面通过东汉后期借鉴佛教建立的本土道教予以展现，它们都跟西方典型的神学文化有差别。比如佛教是无神论宗教，比如道教关心的是今生今世，跟西方宗教追问灵魂、追问来世、追问往生是有巨大不同的。所以它们不是典型的神学文化，而是神学文化的非典型表现形态。

大家重温我前面讲的两节课，我前面讲易经，讲佛教，我在这两节课的最后部分，给出一个同样的结论，说它们都是前神学文化与哲学思辨文化的非典型接续形态。什么意思？《易经》早年是原始追问，以后成为中国神秘文化的起点，及至两汉发展出广义哲学的宇宙观。佛教带入的是无神论的宗教，但是却把环地中海地区的那一脉哲学思路，以宗教形式导入中国。大家听我的佛教课最有味的部分是什么？是内里充满了深刻的哲学思辨。因此我讲易经与佛教乃为前神学文化与哲学思辨文化的非典型接续形态。

我在这里再强调一遍，我说中国是前神学文化，可概括为"准神学、亚哲学、古儒学"。你看中国的名家，甚至把古希腊哲学家提出的问题基本都点到了。也就是中国在前神学时代，它压制不住人类思维向高层升华，所以它的神学思脉、哲学思脉都不断地要冒头，但最终均未塑成典型状态，而是一个滞碍状态，这叫准神学、亚哲学、古儒学，这是中国文化贯穿于神学期的特点。

那么神学期奠定了西方哲科文化的基础。再下来的哲学期，可谓之"理性思辨淬炼，奠基科学前瞻"。它兴起于古希腊，然后成为文艺复兴之后科学时代得以生长的基因。它式微于哥白尼、伽利略和牛顿，也就是以哥白尼、伽利略和牛顿等人的学说为标志，哲学时代衰微，科学时代兴起，但它们是一个自然衔接过程。我举一个例子，牛顿的书名叫《自然哲学的数学原理》，他认为他在做哲学，他不认为他在研究科学，他认为他研究的问题就是古希腊人早期研究的自然哲学问题。而且你在他的书里不仅看到整个哲学思辨的那个基础，你还看到一个东西——神学！其第一推动力是上帝。他认为人类逻辑思境的极致是深入不下去的，那个地方的起点、归原点是上帝。但是你今天读牛顿的书，绝读不出宗教和哲学的味道，他已经在其中淡出这个意趣，也就是神学、哲学意趣淡化，凸出的是整个科学第一次系统化宇宙观的表述。所以我们看牛顿学说，就能体会哲学期跟科学期的紧密衔接关系。

科学时代表现为大信息量之分化处理。我在前面讲课一再讲，所谓人类文明过程就是信息增量过程，我这句话不够准确，严格地讲，整个宇宙物演进程就是感应属性的增益和分化进程，亦即整个宇宙 137 亿年的演化过程，就是信息量不断增大的同一过程。人类文明只不过继承了宇宙物演进程，所以人类文明一路表达为信息增量过程。由于信息量越来越大，原来的哲学思辨从博物学状态，也就是一个人可以掌握所有知识，发展到任何人都无法处理如此之大的信息量，于是出现分科之学。每一个人只能研究一个专业，而且分科越来越精细。它表达的是人类智力的分化继续，表达的是宇宙物演分化进程的延续。

我们把这个大信息量分化处理的高精阶段叫作科学时代。这个阶段的文化表达呈现出极大的社会代偿力度，以至于像英国发起的鸦片战争居然只开来几十条破船，就把农业文明最发达的中国打得惨败。它是一个极为暴烈的文化代偿形态，因此也将给自身带来严重的戕害后果，同时也带来某种相当紧迫的转型需要。我前面讲，文化一定是维护其载体生存的，如果一个文化最终显现出越来越大的戕害效应，标志着这个文化行将衰落了。因此科学的强大力度反而是它快速转型的内在驱动力，这也是我前后讲课屡次复述"科学时代行将结束了"这句话的含义。

临末，就是后科学时代，它以"超大信息量的维护生存筛选处理"为基本方式。什么意思？科学时代任何信息整理成知识，只要能为我所用，都是人类力量的表达，都会被快速践行。可是到后科学时代，人类一定会对这个超大信息量进行筛选剥离，绝不允许所有的信息和知识统统展现在前台，它一定要有更大规模的信息采集量、更大规模的数据处理量，然后建立一个远比科学系统复杂得多的筛查模型，从而对一切知识理论进行必要的应用前检验，非此不能维护人类的未来生存。所以，我把它说成是剔除此前囫囵吞枣的戕害性信息和知见，并大规模或大数据式地重整人类文化与文明结构，这就是后科学时代将要展示的那个文化前途。

请记住，这个前途也是不容我们选择的，它必将很快到来。尽管它是更大信息量的整顿，因而一定表达出更严重的失稳性和动荡性，但你照例无从选择。

思想史与文明史的影响关系

我对前面所讲再做一点说明，我开题时说"异端终将取代主流"，举凡显现为主流的东西都是行将衰丧的东西；我在这里又讲"文化的干枝关系"，大家听起来会觉得矛盾，其实不然。因为诸多异端之中仅有一小部分有望代表未来，并必将变成主流，换言之，异端的价值在于它是"潜在的未来主流"，这两者一点都不矛盾。

比如哥白尼的日心说最初形成的时候，他连著作都不敢出版，他活着时是不是见到过付梓样书，迄今都考不定。再比如达尔文，他的学说最初面世的时候是典型的异端邪说，他说人是猿猴变的，这跟基督教说人是上帝制造的完全冲突，他在当时受尽辱骂。但他的学说今天是我们的常识，是生物科学的主流思维方式。所以我前面所讲的异端突起和我现在所讲的干枝文化，一点都不矛盾。

而且我们会发现，历史上大量的文化现象，如果它不代表未来，那么它都只是枝权部分，没有伸展前途。比如中国的某些神秘文化，比如《易经》，它最终不可能成为当代的主流思想方式。我们很多过去的文化，像朱熹的学说，起初在宋代出现的时候也是非主流文化，但是它在明代虽然变成主流，到今天已经根本和主流文化不相关了。所以文化你必须分清楚，哪些文化和思想有可能是未来的指向，哪些文化不管它分支如何复杂，讨论如何纷繁，都未必代表未来。搞明白这一点是文化学习和思想鉴别的一个重点。

我再做一个评语或澄清。我说人类历史是一个不由选择的自然进程；人类文化的干枝形态也同样不由选择，其主干只有一条。以上仅作史实陈述，不含进步论观念中的褒贬之意，这一点我一再强调。也就是说，我并不认为中国宋代以后的社会文化无所进展是一桩坏事。从浅处看，它像是中华民族之不幸，但是从人类的总体发展看，人类进入高度发达的现代文化体系，对整个人类却是一个更大的不幸。因此这两者之间没有褒贬含义，仅属于事实陈述。

再则我对哲科文化不持赞美态度，反倒给以最有力的揭短和批判。大家回想我讲哲学课的时候，我说科学是一个具有戕害效应的最暴烈的文化。但并不因此你就可以轻视它、否定它、逃避它，因为人类文明和人类文化不由你选择，发展速度的快慢也不由你来定夺。我对儒学、易经与佛教的早期原发价值均给予高度评价，我讲儒家学说的历史合理性；我讲易经文化早年在预测学上的价值，低信息量辅助判断、产生动员效应等等；我讲佛教当年的深思内涵，讲佛教对中国农耕文化的补充和濡染，对它们我都是给予高度评价的。但我也绝不掩饰这类文化趋于繁琐层累与败落式微的侧枝盲端之貌，明确指出这些文化最终未免走向侧枝盲端，在它们的文化枝节上不能延伸出后世的主流文化。反倒是那个看起来最糟糕的哲科思维，至少成为工商业文明的主流思想方式，这都是毋庸讳言的。

另外我得做一个声明，我并非主张"文化决定论"，我只是想纠正"经济决定论"的失误。我们今天的基本观点认为生产力决定一切，可生产力的内涵是什么？是以思想变革、逻辑变革为先的！因此，我强调文化的力度，但我绝不是主张文化决定论，这一点大家一定要注意。它们实际上都只是表观现象因素，也就是经济、文化、政治各子系统，其中任何一项都不具有历史发展的决定性力量，这个话题我们明天再讲。真正的决定因素在哪儿，我们明天深入讨论。我现在只想告诉大家，在人类文明的表观历史进程序列上，文化的力量、新思想的力量绝不可轻觑。

好，我们下面讨论思想史与文明史的影响关系。我先说一个小话题，大家知道英国 20 世纪有一位很著名的汉学家李约瑟，他写了一本书《中国科学技术史》。他在这本书中说，宋元时代中国的科技处于世界最前端，他随后发问：这个曾经振兴一时的中国科学技术，它为什么最终快速衰竭，而没有成为引领人类近代文明的潮流？这个问题李约瑟本人不能回答，也被中国学界称为"李约瑟问题"。

这个问题的答案在哪里？请大家注意李约瑟的书名就定错了。我前面讲课讲过中国文化不产生科学思维，科学是哲学思脉的延展产物。中国古代文化是技艺文化，是以技术为主的文化走向，它根本没有科学思维这个底层，因此李约瑟的书名叫《中国科学技术史》本身就是个问题，如果他将书名定成《中国技术史》，"李约瑟问题"自然消解。

我再次强调大家要理解中国文化是什么，是东亚封闭地貌下农牧业文明不受其他异质文化冲击，把最原始的农耕文明精雕细琢数千年，产生的一个典型集成，此谓之"中国传统文化"。这种文化它要维护农业文明，它就必须是一个"重德体系"，而不是一个"爱智体系"。因为农业文明会带来人口暴涨，人口暴涨会造成人际关系和资源关系极度紧张，因此它的整个文化就奠基在人伦道德关系的处理上，这就是中国文化的基本形态。于是它在思想形态上也就不能深入展开哲科思脉，而成为一个技术操作系统。这个系统无法在信息量更大的时候延续伸展，从而导致中国文化衰落。

请大家深刻理解"人类文明是信息增量的处理进程"这句话的内在含义。当我讲西方文化的时候，我把它说成是工商业思脉。古希腊由于特殊的地理环境,它一开始就是一个半农业半工商业文明,因此得以在雅典地区形成某种独特的思路系统。虽然古希腊只是一次小小的尝试,但这个思路系统从追究本体论开始,也就是从直观现象背后的那个追问开始,而后演进到近代古典哲学对人类思想形态加以研究,最终形成精密逻辑系统,形成对实体背后本真的追问和精密逻辑的数学处理系统这两个东西的汇合,构成我们今天科学的基本形态。

由于科学思脉能够最有效地处理当今的大信息量,因此它带动人类文化和文明一路进展。它的早期形态是一个博物学式的纯逻辑的哲学追究过程,但在这之中孕育出了科学的种子。因此毕达哥拉斯的数论、欧几里得的形论、芝诺的悖论探讨、阿基米德的杠杆力和浮力研究、托勒密地心说的数学模型,这些东西成为人类近现代科学的基本工具或科学追问的前导形式。

大家听懂这就是西方文化思脉的启动之点,而科学表达的形态是以"猜想和证伪"为特征,也就是从一个"假设"开始进行"证明"。假设的开端实际上是一个逻辑模型猜想,而不是来自实践经验。这个问题很多人想不明白,认为纯粹的思想模型假设怎么能展开为后续的追索。但实际上,科学和哲学进程就是这样运行的。

我再重复一遍某些事实,比如哥白尼,他当年提出"日心说"没有任何证据,他只是发现托勒密体系中存在一些破绽,只有把太阳移到中心,让地球和星辰都围绕太阳转,这些破绽才有可能消除。他没有任何证据,直到他逝世近百年以后三大证据才出现,这就是金星盈亏、光行差和恒星视差。再看亚里士多德,他当年所作的博物学和分科学讨论基本上全都是错的。例如他提出自由落体一定是重的东西下落速度更快,这跟我们的观察和经验一致,你做一个实验,一定重的东西先落地。但是,伽利略仅用归谬法和斜坡试验就把这个问题处理了，也就是他在逻辑上就把这个问题厘清了。他根本用不着爬到比萨斜塔上抛下大小两个球，如果他这样做，由于大小两个球的体积不同，承受的空气阻力不同，精确测量的话，一定多少还是有时速落差的。

再比如亚里士多德当年给出"抛射物为什么会不断地运动"的答案，那个时候根本还没有牛顿关于加速度的力学概念，于是亚里士多德是这样设想的，他说抛射物投掷出去以后，之所以还能在空中继续运动，是因为空气回流在后面形成推动力。站在今天科学的角度来看，这显然全是误谈，但是他有关自由落体的讨论、有关抛射物的讨论等，成为最终引出伽利略和牛顿对这一系列奇特问题加以探索的先导。

再比如1953年沃森和克里克提出基因的双螺旋模型，当时他们没有任何可观察的证据。它只是根据遗传的性质做出的一个逻辑推导模型，这个模型当年是无法验证的。直到若干年以后，隧道显微镜、包括 X 光衍射分形理论出现，相应的观察得以进行，这个东西才终于被证实。

我一再讲，科学是建基于逻辑模型在前、实践检验在后的系统，它是一个不断的猜想过程，然后又不断地被证伪，即不断地证明它是错的，通过这样一系列运作导致科学进展。至于它为什么全都是错的，我在哲学课上已经讲得很清楚。因为我们人类的感知不是为求真设定的，而是为求存设定的，因此我们的所有感知模型都不是客观本真的反映，这些命题其实在西方哲学中早就已经探讨过了。它是整个科学思脉的基础，中国人很难理解。因此我的讲课经常受到听众的质疑，很大程度上是这个思路在我们中国人的传统实践思路中很难建立的缘故。所以科学和技术的分野你必须搞清楚：技术是实践经验在前，事后找一个理论把它贯通起来；科学是逻辑建模在前，事后才在实验室中通过实践经验来检验；这是完全不同的操作方式。

因此，人类近现代的文化展开过程，都需要调动思想深处的精密逻辑运行，真正的新的文化缔造才能够成立。而科学和技术的效应差别极大，由于科学是软态试错法，是虚性逻辑操作，因此它变革速度甚快，而且覆盖面广大；技术是硬态试错法，因此它的发展速度偏慢，而且它解决的是一个一个的具体问题，不能在思想层面上统辖其他相关问题，因此它的实际效力也偏弱。更重要的是，科学和哲学的思想模型会带动人类整体文化品质和文化内涵的转型，因此它在很大程度上会推动整个人类文明进程的转型。

我们看西欧，它通过"文艺复兴"捡回古希腊哲科思脉，然后通过"宗教改革"打破原有神学的强硬封闭，最终通过"科学思潮"达成深彻的认知革命，从哥白尼到牛顿，突破人类既往的思想局限，由此缔造新文化与工商业文明新时代。所以请记住缔造新时代的前提，是要有新思想和新文化。

那么，我们因此也就可以发现，东西方近代社会转型出现了截然不同的文化启动方式。西方近代文化转型和社会转型以找见自己的古文化之根、找回古希腊获得新生；中国近代社会文化转型以打倒自己的古文化、打倒孔家店、全面抛弃既成的传统文化获得社会转型，获得临时的拯救。它说明什么？说明东西方原有的文化内涵之伸展力度根本不同，这是大家要特别注意的。因此我在课堂上才会说人类文明是铺垫在逻辑变革的进程上，从表观现象上讲，理解这一点是理解人类文明转型的关键。

我们下面略微讨论一下中国文化被阻滞的一个重要原因。大家知道人类思想文化要得以伸展，有一个前提条件，就是个人的思想活动不受压抑、不受束缚，能够充分焕发、充分张扬，这是人类缔造新思想、新文化的社会基础。但是中国农业文明需要一个稳定的文化护持系统，中国的国教是儒教，而儒家宗师孔子本人，他表达过一层意思，他的弟子对此作以总结，叫"子不语怪、力、乱、神"。他还有一句话："攻乎异端，斯害也已"，他说任何异端思想一旦出现你就应该立即攻灭它，这样才能使其余毒和危害得到消除。可见中国文化对于一切新思想，在它的传统中都是加以排斥的。

可是，你仔细看一下古希腊文化，它恰恰是"怪力乱神"的总和。

先说"怪"。我给大家举例子，比如毕达哥拉斯居然用数来通解世界，芝诺居然用四项悖论来批驳时空运动问题，柏拉图竟也不厌其烦地专题讨论正多边体……大家想想这些东西、这些奇异的探讨，站在中国古代会显得是一个多么怪诞的思维方式。伽利略用归谬法和斜坡试验去专门研究自由落体问题，牛顿用平方反比定律来解释新的宇宙观，爱因斯坦用理想实验假定以光速运行，时间和空间将会怎样呈现……他们用这样奇怪的思想来图解这个世界，尝试对这个世界建立宇宙观新模型。这种思维方式在中国传统文化看来是极为怪诞的，可恰恰是这种怪诞不经的思维方式构成了我们今天的全部知识体系。

大家再看"力"。阿基米德早在古希腊时代就研究了杠杆力和浮力，甚至把其中的某些定理都已经推导出来。伽利略和牛顿就只一味地埋头研究"力"是什么以及它如何发挥作用，由以建构现代工业文明的启动点。这是"力"。

我们再看"乱"，古希腊文化可谓"乱至极致"。我举例子，毕达哥拉斯真心相信灵魂轮回，尽管他是人类数学的第一开山者，因此他会傻傻地说一句疯话："狗的叫声是某人的失魂在哀嚎。"然后你会看到赫拉克利特恰好不承认灵魂，于是他对应地另作一说："只有在地狱里才嗅得到灵魂。"他们的观点是离乱的，各自无休止地在歧异方向上争论。此外，古希腊一方面处死了亵渎神明、蛊惑青年的苏格拉底，另一方面它又允许苏格拉底的弟子柏拉图兴办学院，大肆宣扬苏格拉底的说教。再者，它既包容欧几里得和阿基米德去潜心做那些无用的学问，它也放任第欧根尼在光天化日之下，当众与其女友裸身交媾的讽世恶作剧。这些很荒唐、很糟糕的东西，这种发之于个人自由的乱局，在古希腊诸城邦处处呈现。而且即便在同一个人身上，也能看到凌乱的分裂，比如毕达哥拉斯和恩培多克勒，二人既是清醒的哲学家和博物学家，又是神秘的预言家和江湖术士。

最后说"神"。古希腊是多神教，人们欣赏众神的快活与放肆，为之编造出各种匪夷所思的故事，把自身的欲望移驾于天庭，让神的意志处处体现为人性调动的极致。而孔子呢，他在《论语·先进》篇中教训子路："未知生，焉知死""未能事人，焉能事鬼"，主张"敬鬼神而远之"，这都是孔子的原话。我们对照下来会发现古希腊是典型的"怪力乱神文化"之综合，而中国儒家传统农业文化的基调，却是"子不语怪力乱神"。

上述古希腊文化现象说明了什么？说明了思想的充分发扬以及人性的全面挥洒是一种什么场景。须知任何时代的思想创造若要具有深刻性和远期开掘力，则其必须具备文化多样的宽松氛围和言论自由的社会条件，此乃人类文化进展和文明发育的先决条件。

近现代文明形态的成因和条件

我们下面讨论近现代文明形态的表观成因和条件。讨论近现代文明，很少有人按我下面这五条纲要来讨论，我现在先做基本说明，其后我会解释我为什么这样切入问题。

我们先看第一条，谓之"以科学逻辑为先导"。我前面讲古希腊只不过是工商业文明一个萌芽态的预演，由于它在远古时代不是主流文明，也不构成主流文化，因此它快速湮灭。但是它却埋藏了一个先存参考系，这个参考系构成后来西方近代勃兴的思想种子。古希腊缔造了一系列独特的文化形式，在哲科思脉上奠定了一个基点，这个微光闪烁的基点最终形成近代西方蓝色革命和产业革命的启动点。

我举一个例子。大家知道哥伦布，哥伦布于 1492 年远航发现新大陆。他当年是为了去东方的印度，但由于他对古希腊托勒密的"地心说"非常熟悉，知道地球是一个球体，因此认为往西走也可以到达东方，于是他顺着大西洋一路西行。他到了美洲登岸，全然不晓得这是一块新大陆，自认为到了印度，故此称其为"India"，还把美洲土著人叫"Indians"（印度人），汉语将其音译为印第安人。哥伦布之所以敢于这般冒险，一个很重要的原因，是通过"地心说"，他已知地球是个球体。

实际上，托勒密犯了一个严重错误，托勒密当年计算地球的圆周时出错了！我前面在西哲课上说过，埃拉托色尼早在公元前就已经计算过地球的最大圆周长是 4 万公里，跟我们今天测算出来的40075 公里非常接近。可是托勒密没有继承这个东西，托勒密自己对地球做了一个圆周估算，竟然只有几千公里大小，误差显著。可恰恰是这个错误鼓励了哥伦布敢于远航！因为哥伦布经过计算，发现按照托勒密的地球体量，他走大西洋到印度的距离会比绕过好望角的那个路程近得多，于是他鼓起勇气出发，虽然整个船队几乎为此而覆灭于半途，但最终发现新大陆。

我讲这些什么意思？我讲一个学说的价值不在于它细节上是否达到圆满精确，而在于它所引出的基本思路是否会撬动文明迭代的行为系统，所以思路指向才是关键。所谓的正确或精确，学术上可能意义不小，社会效应未必显著。

那么我们再看工业革命的启动。早在古希腊时代，就已经有人探讨过蒸汽动力这个问题，并且发明了相关的机械装置。我们知道第一次工业革命的启动，是以瓦特重新改良蒸汽机为开端的，所以我们有必要稍微谈一下瓦特。瓦特这个人，他的母亲出身贵族，文化教养良好，且偏爱数学。瓦特的父亲是一个造船工匠，后来自己建立了一座小型修船厂。瓦特小时候的教育深受母亲的影响，所以他自幼数学优长。中年以后，瓦特曾经来到格拉斯哥大学开设修理店，这期间他与布莱克教授和罗宾逊教授成为师友，在他们的影响下，瓦特居然读懂了牛顿的著作。

我前面课上讲过，我说牛顿的《自然哲学的数学原理》，它最初面世的时候，欧洲各大学物理系教授都不太读得懂，因为微积分方程是牛顿刚刚发明的。而到瓦特时代，他的数学功力居然使他能够读懂牛顿创建的经典力学原理。然后他在开设于格拉斯哥大学的这个修理店里着手改良"纽科门蒸汽机"。瓦特并不是蒸汽机的发明人，他只不过用牛顿学说的思路改良了原有的蒸汽机，从而启动了第一次产业革命。

瓦特这个人，史料上有的说他有三个孩子，有的说他有五个孩子。他当年十分贫困，几乎在英国待不下去，准备移民北美洲。不料自由市场经济居然给他提供了这样特殊的条件，起先有一个名叫约翰·罗巴克的企业家资助他研究，进行到一半，罗巴克破产了，另有一个企业家跟进，这就是著名的马修·博尔顿，他继续给瓦特以资助，使之不致半途而废，只是事前跟瓦特达成一个协议：研究成功以后你的技术归我独享，你占有技术股份就是了。于是瓦特才能把蒸汽机的改良工作坚持到底，最终和博尔顿建立蒸汽机制造厂，两人共同获得巨大财富，瓦特由此改善了自己的生存境遇。

我们从这里可以看出瓦特的学习能力、数学功力、对牛顿学说的理解力以及自由经济的资源调动力，这些共同构成第一次产业革命的前提和条件。我在讲什么？我在告诉大家科学逻辑如何成为社会发展的先导，这是现代化的第一表面动因。

从这个意义上讲，应该承认是牛顿学说启动了工业革命。因此后世西方有一个著名诗人名叫波普，他作过一首诗这样讲："自然和自然律隐没在黑暗中，神说'要有牛顿'，万物俱成光明。"即用对神一般的礼赞方式赞美牛顿。我们反观中国，也有一个类似的赞美之词，它是奉献给孔子的，朱熹在他的书中引用过，叫"天不生仲尼，万古如长夜。"说如果老天爷不生出孔夫子，那么人类将永远陷于黑暗之中。大家看这两段颂词几乎如出一辙，但其差别在于，一个是在赞美新思想，一个是在赞美旧文化，两者的取向完全不同，于是两者的社会演化发展结果也就全然不同。

科学这一脉思路不仅在自然学上表达，而且在人类社会学的发展上，这一脉思路也得到延伸。我不知道能不能把它精确地称为"社会科学"，但我至少可以明确地说，科学思路深深介入了近代社会学。或者说，正是这一脉源远流长的哲科思路，才引出社会学上的一系列深刻变革。这就是我前面讲，"康乾盛世"前后，西方出现的一系列社会学著作，包括洛克的《政府论》、亚当·斯密的《国富论》、孟德斯鸠的《论法的精神》、约翰·穆勒的《代议制政府》、卢梭的《社会契约论》等等。也就是科学思路介入社会学理论体系，于是带来全新的社会构型之思想建模系统，最终引出现代社会制度的基本设计程序和方案。

我们由此可以看出，所谓近代化或现代化，所谓人类的农业文明向工商业文明转型，均是以科学逻辑为先导，这是第一条。

第二，叫"以系统分化为媒介"。我前面一再讲，宇宙物演史就是"分化律"的展开过程，所以，同样地，社会分化是现代化和近代化的一个重要表征。我们以荷兰为例，荷兰这个国家的面积非常小，只有现在两个半北京大，人口只有一百万左右。16世纪中叶，荷兰的贸易量占全世界国际贸易总量的50%以上。大家知道日本人当年把西学叫"兰学"，就像把古代中国文化叫"唐学"一样。为什么称其为"兰学"？是因为荷兰最早深入到东方，日本人早期接触的西学，就是荷兰文化。日本第一近代思想宗师福泽谕吉，他最初就是学习荷兰语，之后才学习英语，所以日本人把西学起初称为"兰学"。

　　那么荷兰当年是怎样发展其社会分化系统的？我们先看一看它的大体线索。荷兰是低地国家，国土1/4居然比海平面还低，所以它必须在海边筑起高堤才能保持国土的完整。因此它的农业文明开发是很困难的，只能早年就着手进行商业拓展。它初期最主要的商品只有一样，那就是海边捕捞的鲱鱼。有人发明了一刀切下去剖开鱼腹清理内脏的技术，因为那时候没有冰箱，鲜鱼要作为商品流转是相当困难的，臭鱼烂虾特别容易腐败，于是那时候鱼必须用盐腌起来才能长期保存，而要腌鱼必须把内脏处理干净。就是这样一个快捷剥离内脏的小小创举，使得鲱鱼变成非常畅销的商品。

　　荷兰人从此开始了远洋贸易。当年他们真是算计精到，竟然把船做成肚子大而甲板小的形态。要知道把船做成这个样子，船身是晃动不稳的，加之甲板面积狭窄，使得远航不能架炮。早年的商船是必须带炮的，否则难免不受海盗的劫掠。那么他们为什么要把船体做成如此别扭失常的形状呢？是因为当年的国际贸易，各国收取关税的方式是以丈量甲板的尺寸来计数的。于是他们将甲板缩小，却竭力把货舱扩大，使得商船的负载大大增加。

但是这种船不能架炮，就经常遭遇海盗打劫。荷兰人做了一番损益折算，发现被海盗打劫的概率不超过10%，而把船肚子做大加载的货物量超过20%，于是他们宁可偶然被海盗打劫，也不建造能在甲板上立炮的那种船。他们就用这样的方式避税，最终变成"海洋马车夫"，也就是变成首屈一指的远洋贸易大国。我前面讲过，荷兰是历史上第一个近代资本主义共和国。它还分化出第一个规模化的股份公司，这就是"荷属东印度公司"。大家想成立荷属东印度公司要跨越半个地球到达现在的印度尼西亚，其所需要的资金额度太大，远不是任何一个资本家或有钱人可以承担的，于是荷兰开创了世界上第一家股份公司，也就是通过社会集资，以占有股权的方式联合营运。

大家再想，绕行半个地球，万里远航，建立对一个陌生地方的统治，建立一个探险性质的原料基地和商品贸易桥头堡，如此艰难之大业，在头十几年间无法取得任何利润，投资人也没有任何回报，实属正常。而某些投资者很有可能等不了那么长时间就会陷于生计困顿，他就想抽回资金。可股份公司不允许回抽投资，于是相应地，它又分化出了世界上第一个证券交易所，也就是你的投资虽然不能抽回，你却可以把你的投资，也就是你的股份，通过证券交易加以变现。世界上第一个股票交易所就此出现。它一步一步的分化，分化出一个一个的资本运行模块。而且公司在运作的过程中会发生资金短缺或流动资金不足，这是任何企业的常态，于是荷兰继而出现了相应的信用制度，世界上最早的现代银行体系又从荷兰分化而出。

我们会发现，所谓资本主义社会形态，它在近代史上的展开过程就是"社会结构的分化"过程。请注意我在这里说什么？农业文明社会最大的特点就是长期处于"稳定不分化"状态。芸芸农夫铺满整个社会底层，皇权管理占据社会高位塔尖，社会结构始终保持农业生产体系的完整性或浑然一体状态，它本能地压抑工商业崛起，它是谨防社会分型的。可是你看工商业文明，从初期萌动一直到今天，它的发展方式是不断地分化，不断地让社会碎块化，让任何操作专业化。因此我们会发现工商业体制表现为社团分立、产业分工、学科分明，一系列分化裂变现象接连展开，同时保持结构系统的协调化和致密化。这是现代社会的典型特征，它的社会总模型是这样一种状态，叫"小政府、大社会"，就是政府可管的事非常之少，主要管战争、外交、公共服务等事项，整个社会生产系统跟政府无关，社会文化系统跟政府无关，社会宣教系统跟政府无关，所有这些东西统统由民间各分立社团、分立法人来进行。这种社团林立，分工复杂、专业化趋势越来越窄的分化格局，就是现代社会或社会近代化转型的基本表观形态。因此我们在各行各业都会看到持续不止的分化，公司会把自己的业务越切越细，而且倾向于把各种非主营事务撒到外面去交给专业机构另行承担。

现如今"专业化"这个词已经变得特别重要，以至于你的每一桩言行出错，别人都可能会说你"不专业"，相当于说你"瞎胡闹"，令人颇为尴尬。这是因为我们高度分化也高度残化了，已经没有人能够覆盖整个社会，不管是权力、文化、思想还是学科都已经高度碎裂了。分化演进是现代社会的重大标志，它不但在经济领域、文化领域里表达，它在人类社会政治领域也一系表达。比如人类早年是一元化君主制，权力都集中在君主手里，近现代逐步进入"三权分立"。"三权分立"之说其实表达得不充分，它的实际分化程度远比"三权分立"更严重，我在法家课上讲过西方社会权力的横向和纵向分化状态。未来社会的政治结构一定是比今天更趋分化的形态，它很有可能分化为全民普议制，就是代议制都无法进行了，不是从几千、几万、几十万、几百万人里选出一个代表在议会里充当议员、代表自己，这个东西很可能将来会消失。人民大众借助某种高通量处理体制直接主政，即每一个人直接表达自己的权益和主张，这叫普议制。此乃更严重的分化，它很有可能是未来政治形态发展的方向，以至于它将勾销公权力、勾销政府，这种可能性完全存在。也就是说我们会发现人类文明社会的发展过程是一个"以系统分化为媒介"的物演进程的继续。

我们再看第三条，叫作"以社会自由为前提"。在东方国家，"自由"这个东西通常被视为是少数知识分子的偏执，可在西方"自由"是整个社会的基本追求。农业文明没有对自由的诉求，为什么？我在前面课程中讲过，这里不再重复。但是工商业文明对自由的要求非常强烈，从古希腊人就提出自由的概念。古希腊最早的"梭伦改革"，其实质内涵就是对权力的制约，保护公民的自由，这是梭伦改革的总体出发点。直到欧洲封建时代，距今800年以前，1215年英国出现"大宪章运动"，也就是各封建贵族联合起来跟英王签订一纸协议，限制英王权限，提出"王在法下"。请大家注意《大宪章》是人类宪法的第一次预演。

即使在黑暗中世纪开端之时，基督教神学压抑整个欧洲，圣奥古斯丁在他的《上帝之城》这本书中证明上帝伟力无边，他都不得不开出专章讨论"自由意志"问题。可见西方对自由的诉求十分强烈，神性都不能压抑它。

到伊丽莎白一世，也就是英国即将进行近代产业革命、大规模工业化逐渐发展的那个时代，女王较为开明和宽容，她放开民间经济，王室绝不干预社会工商活动和思想文化活动。女王有一次去看莎士比亚的话剧，莎士比亚在话剧里有一句台词说"女人啊，你是软弱的象征"。女王在底下听着只是鼓掌，她丝毫没有觉得这就亵渎了她。

再往下看，到后来英国资产阶级革命爆发，英王查理一世坚持君主专制体制，为此他再度提出"君权神授"说，结果他成为西方历史上第一个被推上断头台的国王。大家要注意中国古代一直是"君权神授"说，从未遭到质疑。

到"光荣革命"的1688年，英国议会居然选择詹姆斯二世的女婿，荷兰的一个亲王，把他引回来作为英国王权的象征。然后在议会里达成《权利法案》，这就是"虚君制度"的开端，也就是"君主立宪制度"的开端。由此建立西方现代民主政体形态，世界上第一个现代议会民主制出现，引来工业革命的总爆发。

我们会察觉"自由"本身绝不是一个你爱不爱好的小问题，它居然是人类文化力量和人类生物能量得以充分调动的基础条件。讲到这里，我想说明一下什么叫"自由"。自由，是自然史的一个产物。我们且不说无机世界，我们先看有机世界。38亿年前单细胞生物的自由动量，也叫"自主能动性"是非常之小的。最早的单细胞动物能够运动只靠鞭毛，叫鞭毛虫。它的自主能动力也就是它的自由力度十分低下。之后的水生生物，比如脊索鱼类，它的自由动量远比单细胞鞭毛虫大得多。再往后，陆生生物快速奔跑、跳跃、飞行，从水下到陆地到空中全都有它们的影子，生物自由度接连提升。到今天，人类已然自夸"可上九天揽月，可下五洋捉鳖"，其自由量度进一步扩张。我们会发现，所谓自然史的物演过程，就是物质或物种"自由能动性"不断增高的过程。人类文明只不过是把这个"自由化动势"或者叫"自主能动性天赋"继续加以调动和扩大的过程。

在这个基础上，或者说在这个进化序列上，大家想想什么叫"自由"？你如果面对诸多依存条件，你就必须具备自由之素质。我前面一再讲宇宙物质的演动是进行性分化的，越后衍的存在者面对的依存对象越多。处于单一依存对象的时候，比如电子遇见质子，满天下只有这么一个依存对象，它便不需要自由，它随机碰撞的任何结果都是它的依存满足态。当对象渐趋无限复多化，你在单位时间只能选择性依存一个特定对象，这个时候才需要你在自由运动中，从被动迎取依存条件转化为主动寻求依存条件。是不是这样？这个"主动寻求依存条件"的动荡态势，即被我们命名为"自由"。

可见"自由"是什么，"自由"是一个自然进程，"自由"是物质存在度下降或物质存在度衰竭的拮抗性求存举措，或者说因为"分化律"，使得依存条件的占有变得越来越困难所必然导出的一个自发属性。它在人类文明社会中因此表达为一种极高的代偿力度，凡展开自由者，人类的创造能力充分调动；凡压抑自由者，人类的灵性禀赋也就被遮蔽；这就是自由力量之所在。由于人类的社会进程是被思想文化进程带动的，因此现代社会制度的设计，一定要保障民众的自由，而且首先是思想自由、言论自由和出版自由。只有如此才能焕发每一个个体的生物潜能，才能使每一个公民的社会活力得以调动和展现。所以，"自由"绝不是少数知识分子的偏私与怪癖，而是关系到整个人类文明化求存活动是否能够有序进行的基础问题。

纵观中国历史，除先秦时代由于天下一片纷乱，上百个诸侯国各自为政，当年的文人学者还稍有一点腾挪躲闪的自由，于是诸子百家蜂起，中国传统文化及其全部国学思想才在那个时代粗略奠基。此后中国历经了四个大事件，斩断了中国近代社会发展的前途。第一，秦始皇焚书坑儒；第二，汉武帝独尊儒术；第三，宋明理学对中国思想界的控制；第四，清代文字狱。这四大事件从古迄今压抑了中国的思想文化发展，导致中国在近代社会转型中面临巨大障碍。

我再举一个例子，1445年古腾堡发明西文的活字印刷。关于古腾堡的活字印刷是不是受到中国活字印刷技术的影响和启发，学界现在争论很大，多数学者认为两者之间没有关系，因为中国是象形文字，西方是拼音文字，字体组合与字型排列的方式大相径庭，而且也未曾找见关联影响的证据。我们姑且不讨论古腾堡活字印刷跟中国有没有关系，我们只看一下古腾堡活字印刷和中国活字印刷各自发明以后的不同结果和态势。从1445年古腾堡发明活字印刷半个世纪内，活字印刷机扩散到欧洲250个城市，所有印刷出版社全是民办，出版书籍量竟达1500万到2000万册之多。反过来看中国的数据，1045年毕昇发明活字印刷，请注意比古腾堡发明活字印刷整整早了400年，结果直到1800年，中国书籍出版基本上还全都保持雕版印刷，活字印刷根本没有大规模展开使用。以至于出现这样荒唐的事情，元代著名农学家王祯，1313年完成的《农书》，到1530年全国仅存一本；明代宋应星在1637年完成《天工开物》这部著作，被誉为中国17世纪的工艺百科全书，它唯一留下来的版本是近代在日本偶然发现的。

我在讲什么？我在告诉大家同样是活字印刷，在中国出现比西方提早数百年，结果它没有带来任何社会文化效应。中国的出版事业依旧大受压抑，各种重要的著作由于出版量太低，以致完全消失或者几乎佚散。而古腾堡的活字印刷却在相对自由和宽松的环境里，因为那个时候德国虽然尚未进行资产阶级革命，但它是一个数百小封国林立的紊乱状态，因此它的自由度远高于中央集权体系，结果活字印刷机在整个欧洲仅用短短50年时间就扩散到几百个城市，出书量2000万册左右。这就是自由力度的展现，这就是社会管制宽松所引发的民间活力的蕴藏量，我们可以从这里看出有无自由的区别。

第四条，"以公平递减为代价"。我前面讲过财富漂移，讲人类文明史是一个财富从平均状态向少数人身上集中的历程。大家想想农业文明是什么？在农业文明早期，人口数量不大，那个时候每一个农民、每一个人开出的荒地，就是自己的农田。古人使用原始农具，粗放耕作，人均可以播种一百亩地左右，所以起初家家大都有几十亩地乃至一百亩地，直到中古时代以后人们还念叨着"三十亩地一头牛，老婆孩子热炕头"。所以农民不是无产者，农民是有资产的，被马克思称为"小资产阶级"。

然后近代发生社会转型，那么近代资本主义社会又是一个什么局面呢？资本积聚在少数人手中，绝大多数人沦为无产者。至此居然弄出一个庞大的新型社会阶层，叫作"无产阶级"。这是资本主义社会形成的两大前提条件。大家都很熟悉英国所谓"羊吃人"的故事，就是当年英国纺织机普及，纺织业机器化大生产条件成熟。原先所有的工厂只能借助自然动力比如风力，用风车带动机器，或者只能将工厂建在河边，靠水流带动机器。后来瓦特发明新式蒸汽机，经博尔顿的蒸汽机厂大批量生产，于是所有工厂开始改用人造动力，这才摆脱了风道和水道的束缚，从此可以在任何地方建厂，大工业时代来临。

最初英国的工业发展主要集中于纺织业，那个时候纺织业的主要原料是羊毛，由于纺织业带来巨额利润，原来种植农田的封建主和农场主就立马改弦易辙，把农田开辟成草场放牧、养羊，结果导致大量的佃农和农夫失去土地，这就是有关"羊吃人"的资产阶级早期原始积累的故事。它所造成的后果便是一方面资本在少数人手里积聚，另一方面大量的人群沦落为一无所有的无产者。

大家注意"无产阶级"是一个非常奇怪的现象。要知道在整个生物界还从来没有哪一个动物居然是无产者，再笨的鸟都会有一根树枝供它栖息。可人类文明化了，居然出现一个生命体没有任何资源、没有生产工具，甚至没有立锥之地的现象，这是现代大工业文明的一个基本特征。这种资本在一端积聚，另外绝大多数人变成赤贫无产者的局面，构成我们所说的资本主义社会。

我提请大家回忆我前面的讲课，我说农业文明是人类的第一场大灾难。我曾经援引赫拉利的表述，人类在采猎生存时代从来没有过大饥荒。大家想想那个时候人口很少，林木遍地，春夏秋三季都能采集植食，一年四季都能狩猎动物，所以那时从来没有过大饥荒，从来没有过大规模饿死人的现象。农业文明发生后，由于田地不断扩展，森林越退越远，采猎资源从眼前消失，人们只能依赖务农种地为生。农业活动靠天吃饭，其产出随自然降雨量而波动，但人口却是持续暴涨的，于是不定期的大饥馑灾情时有爆发。

而且农业社会人口密度必趋增高，社会结构相应复杂化，催生政府出现。政府一旦出现还另加一重税收的负担，农民本来指望在丰年攒上一点粮食，结果又被官税夺走。而且大家注意农民的耕作状态，他居然是整天弯着腰在地里觅食，完全违背了人类这个直立动物的正常生理行为方式，造成人类备尝艰辛、深陷惨境的一个文明阶段。而工商业文明是继农业文明之后的另一个更悲催的阶段，它竟然使绝大多数人沦为无产阶级。早期所有工人包括童工每天工作 12 到 16 小时，用马克思的话说，人变成了机器的附属品，活着的生命变成死物机器的奴隶，所有人的生存紧张度更高，人们挣扎在非自然的、囚牢般的、完全靠出卖劳动力为生的无助状态之中，绝大多数人沦落为动物史上未曾见过的贫困者或受困者。

所以文明进程实在不是良性的，而这个进程居然也是自然进程的表达。请大家想想，自然演化过程就是一个"一路失却公平"的递进过程，只是我们既往没有用这种眼光加以审查罢了。我举个例子，38 亿年前的单细胞，它们是很公平的，作为自养型生物，彼此共同接受太阳普照，仅凭光合作用即足以为生，谁也用不着多吃多占；等到多细胞有机体出现，其内部分化开来的各个组织器官所需的能耗和氧气供应，竟然也开始逐步出现差别，比如肌肉系统获得的能量就远大于上皮细胞；到高等动物发生，比如猿类和人类，脑组织必须享受特供，你看人类的大脑只占自身体重的 1.5% 左右，但居然要消耗血液氧含量和所摄物质能量的 20% 以上。

这说明什么？说明任何有机体的结构体系，都是越来越倾向于不公平的，在能量的分布上都是朝着不均衡的方向发育的。我一再讲，人类文明进程是自然进程的继续，所以，人类文明进程也就随之表达为财富分配越来越不公平的格局。

21 世纪初联合国曾经发布过一个报告，其中披露，现在世界上一人之财富，世界首富的财富，抵得上 6 个贫困国家的年度财政收入之总和。报告又说，前 500 富豪的财富量，居然是 4 亿穷人财富总量的水平。报告还提出两组数据，它说 2% 的人拥有了世界 50% 的财富，另外有 50% 的人只拥有世界 1% 的财富。

我们会发现人类文明的进程是一个社会公平越来越丧失的进程，我再给大家举一个例子。19 世纪末，美国曾经公布过一个有关当年贫富差别的数据，当时美国 12% 的人拥有 90% 的财富。我们换算一下，相当于 1% 的人拥有大约 8% 的财富。大家注意如今的统计是 2% 的人拥有 50% 的财富，即 100 多年前美国的贫富悬殊程度，也就仅相当于现在财富集中度的 1/3 不到。即是说，这 100 多年来贫富差距足足扩大了 3 倍以上。可见，文明的发展着实是一个"以公平递减为代价"的进程，这是第四个特点。

第五条，"以震荡加剧为动能"。请大家回想我前面一再讲现代社会"表稳定而里激进"。现代社会快速进步，思想文化、科学技术、生产业态均日新月异地迅猛发展，带来的结果是什么？是预告下一次社会转型将会急遽到来。它现在呈现一个什么状态？处处震荡！高度动荡！我给大家举例子：科学与技术革新速度越来越快，令人目不暇接，以至于新的科学理论或技术发明还没来得及验证和使用就被抛弃了；知识与思想的证伪速度越来越快，以至于我们今天很难有确定的知识，表达出某种程度的知识无效化；产品迭代及淘汰速度越来越快，创新势头一浪接一浪，行将导致产出无效化，你刚刚发明了一个新产品，还没等它推向市场，下一个迭代产品又冒了出来；市场震荡幅度越来越大，经济危机周期越来越短，生产复苏时间越来越长，以至于出现各种调控手段和资源调配流程趋于失效的倾向；信息增量暴涨越来越猛烈，大量的信息嘈杂混响成一片噪音，以至于你今天很难分辨哪些信息是可用的，哪些信息是误导的；还有，文化分歧浪潮日益汹涌，表现为信仰缺失、民意散乱，很难再有统一思想，人们各持己见，观点对立，舆论媒体陷于一片争论之中，不管讨论什么问题，网络上全是叫骂声；最后，政治内聚张力逐渐松脱，表现为全世界各国政局动荡，各种教派、各种主义、各种意识形态之间毫无沟通诚意，纷纷跌落于所谓的"文明冲突"之深渊。总而言之，可统称为"社会结构稳态持续沦丧"，这是第五条——以震荡加剧为动能。

这就是我对文明化、近代化、现代化，以及继农业文明之后的工商业文明发展所给出的大体评价。我为什么总结为这五大特征？我想再做一次说明，尽管我前面已经反复交代，这五条全都是"自然律"在人类文明社会的继续表达。我们一条一条再来回顾一下。

第一，以科学逻辑为先导。它讲的是什么？——"感应属性增益代偿"。我们只看生物史，越原始的生物感知量越低，越高级的生物感知能力越强。单细胞生物只有细胞膜上的受体可以用来采集信息，到扁形动物出现视觉，脊椎动物出现低级神经中枢，哺乳动物出现高级神经中枢，灵长目和人类出现大脑皮层、出现理性。我们会发现在生物38亿年的演化史上，信息增量和处理信息的能力不断提高。这个生物史上的感应属性持续增强的现象，在人类文明史上就表达为科学逻辑的先导作用。因此我一再说，科学逻辑只不过是处理了更大更多的信息量而已。

第二，以系统分化为媒介。因为自然万物是一个"分化律"的展现进程，于是人类文明也就以层层分化的方式展开，构成近现代资本主义的系统结构。

第三，以社会自由为前提。我讲所谓"自由"只不过是"生物能动性"的社会化别称。我们在生物史上会发现越高级的生物能动性越强，人类的自由诉求，其实只不过是生物史自然状态的继续延展。

第四，以公平递减为代价。在生物有机体结构序列中，越高级、越复杂的结构，内部能量分配的失衡比例就越大，它仍然是一个自然动态在文明系统中的表达。

第五，以震荡加剧为动能。越原始的生物越稳定，单细胞存在38亿年迄今未见灭绝，越高级的生物灭绝速度越快，表达为生存过程的失稳动摇情状日益加剧。这个现象在人类文明系统中继续表达，于是我们今天进入各方面都高度动荡的时代。

所以，请大家注意，当我总结这五条的时候，我是在揭示某种"自然律"在人类文明史上的贯彻效应。显然，上述所谈绝非赞美，上列各项绝非良性，其中流露出某种潜在的现代化危机。大家听我的课，乍一接触好像我是在赞美西方，赞美工商业文明，赞美第二次社会转型。别搞错！我只是事实陈述，绝不带褒贬意味。我在最后的归结上只想说明"所以然"，我不想说谁好谁不好，我绝没有批评中国文化落后的含义，我也绝没有赞美西方文化进步论的意思。我只是告诉大家，我们谁都违背不了的一个自然进程如何在文明序列中继续贯彻。所以请大家听明白我的课，"只讲所以然，不论好与坏"，这是你理解人类文明史的关键。

好，我们最后对这节课做总结：

而今，我们把上列各项均已占全，尽管有人还觉得不够充分，觉得备受压抑——那是因为我们承受着新旧文化的双重折磨。

中国近代史就是一部传统文化衰落史，中国近代社会转型就是一次身不由己的文化转型，我们今天所遭遇的一切成功与困顿，概源于此。

这很难说是一桩好事，因为我们自己早已面目全非，而且还得在这个既定方向上，继续身不由己地进行一系列更猛烈、也更危险的升级。

问题的关键在于，我们为什么会身不由己？我们为什么要一往无前？我们究竟将奔向何方？

一切曾欲保全的东西都已经丧失，一切初衷良好的愿望都已然破灭，一切人为预设的理想都不免变质。世道何以如此之不堪？文明何以如此之演进？

下一讲，我们将去探究其原委，钩沉其底蕴，并揭示包括我们自身文明生存在内的一切事物乃至一切存在的本质。这就是明天的课程内容。

我们今天讲课到此结束。

课后答疑

好，下面大家自由讨论或提问。

同学提问：老师您好，在这个空间失位、时间失稳的自然坐标上，我们一路越走越远。而人类现在正在运用后衍高代偿属性的科技，比如大数据、物联网以及 AI，使得（我们貌似）回归到质子与电子的一点式触碰的状态，其代偿度最大的自为状态正在接近存在度最高的自在状态。而递弱代偿理论的出现，道破了天机，也将会作为一种新的代偿，加快这一进程，在不远的将来人类会利用这种代偿属性增益，获得巨大的经济以及政治力量并为之日趋疯狂。而高代偿属性会使社会结构趋于更剧烈的振荡状态。东岳老师可否为后来人提供某些促使其冷静下来的留言或建议，使其在那流变的自然坐标上，找到相对有利的定位？因为真正逐字逐句读您的书的人是很少的。最后我想说，您的书真的非常有趣。感谢您为我们这一代人创立了这个宏大的宇宙观思维模型，谢谢！

东岳先生：当今的高技术，像互联网、大数据、人工智能等等，并不能使我们回归于原始感应的一点式触碰状态，也不能使我们回归于高存在度的自在状态，因为在我们人类可经历、可预见、可实证的时空范畴内，宇宙之物演是单向度的，是没有回头路可走的，其他各种辩证循环的想象都不过是遥不可及的妄言而已。网络操作似乎只需点一下鼠标，但你面对的却是无边无际的信息嘈杂；大数据看似是信息规整，其实它是更多令人迷乱的海量数据得以分化的前奏；人工智能是人类高度自为的极端表现，其代偿力度有可能倾覆或取代它的缔造者。这种种亢进癫狂状况岂能与原始粒子简捷依存的清朗境遇同日而语。至于我对后人有什么建言，请找我的《人类的没落》一书读读，这个话题比较敏感，不合时宜，在本系列讲座中姑且避而不谈。

另外顺便提示一下，听你的问题之意，似乎认为我的学说可能会引起人类追求更激进的代偿，这也太偏离我的初衷了！想来读者以及后人应当可以领悟该著作的理论导向恰恰相反，它是警示而不是激励，是劝诫而不是鼓动。

同学提问：王老师您好，我是一名临床医生。当代医疗技术已经发展到能够大大延长人类的寿命，但也由于医疗技术的进步对人类的伤害，种种治疗造成进一步的后遗症。当代生物医学技术已经发展到证实血液异种工程技术能够逆转生物年龄，我想问当科学技术发展到能够使人或生物的意识摆脱依赖肉体负载的生存方式，意识将能够在其他生物体或物理载体上生存，这种方式是否还属于递弱代偿的所属范围？谢谢老师。

东岳先生：我在人体哲理课上讲过，个体寿命延长与人类物种的总体寿限之长短不是一码事儿，甚至可能是反向关系。意识摆脱碳基肉体，转移至硅基载体或其他什么东西之上，这都不外是感应属性增益的更高代偿阶段，它当然还处于递弱代偿法则的所属范围，而且是尤为危殆的终末代偿位相。我明天会专门讨论"有限衍存区间"，我也会专门讨论人工智能这个话题。所以，大家还是期待明天的课程吧。

同学提问：先生您好，今天提到那个文明形态的成因和条件，我想请教的就是，如果有些条件不成熟，会不会导致量的变化，尽管趋势是一定的？比如说如果"科学逻辑的先导"因素和"社会自由"都不成为质变的前提，那么"公平递减"的速度，以及"震荡加剧"的程度是不是会大大地降低？还是根本就无关紧要？

东岳先生：这些条件是互相促成的。严格地讲，我明天开课就是要回答一个问题，即多因素分析不成立。大家一定要注意我们在直观层面上、现象层面上讨论问题的时候，才会出现"因果律"。也就是我们一般感知表象中的因果律，当年休谟就已经证明它是大可质疑的。我们在直观层面上讨论问题，所有的问题都呈现为因果状态，但实际上用这种方式讨论问题从根本上讲不成立。所以我们在哲学上，或者在真正深入的学问上，都要追究终级，也就是追究"唯一因"。在表层上才讲"因果"，比如"因为科学逻辑不发生因此近代社会发展受阻"，这种表浅谈法，我在讲课的时候一再强调，此皆为"表观因素"。也就是说它只在表面上成立，而于深在学理上不成立。明天的课将追究一切事物的本原，所以我说，我明天的课是这 12 天课程的总结，尽管它是最难听的一节课。

好，大家还有什么问题？

同学提问：先生好，最近有一个新闻，引起了全世界的关注。就是能够免疫艾滋病的基因编辑婴儿在中国出生了。有些科学家说，他污染了人类的基因，会让人类灭亡等等。都是一些负面的意见，一些科学家还联名发起投诉。那么从您的角度来看，这个事情是否真的如此严重？

东岳先生：好，我简单说一下。我还是那句话，明天的课会回答这些问题，但是我还是给你做一个简单的解释。我在前面讲课的时候就一再讲，人类的任何一个微小进步，站在远处看都是戕害性的，请注意这句话的分量。很多人理解为我思想反动，说我不主张进步。别搞错！我一再讲，我的学说是在探讨"自然律"。既然是自然律，就由不得我们来驱动，就由不得我们来支配，因此我没有任何反对或赞成之意可谈，亦即没有任何褒贬情绪可表。我只是告诉大家，这个世界是怎样展开和演进的。说到底，任何演化进程，都是存在度降低的进程，都是事物稳定度递减乃至失灭的进程。因此任何一个科学举动，在今天看来即便它是有益的，放在远处看也都必定是损害性的。我只能讲到这儿，证明过程见明天课程。

同学提问：老师您好，今天最后那个问题，我理解您是想告诉大家，就是社会律其实是自然律的一个演化结果。但其中"自由"和"公平"这两个词，其实我一直觉得是没有严格定义的。我想请问您，您在这里用这两个词是想表达什么意思？还是我们也不必特别顾及它们的具体定义，大概理解意思就行了？谢谢。

东岳先生：请注意当我讲人类文明的时候，我才用这两个词——自由和公平，对不对？我们在社会学上一定是这样讲的，而社会学上一定存在自由问题和公平问题，它们的社会学概念是众所周知的。但是社会学的概念太肤浅了。你把"自由"放在自然学上看，它实际上是"生物能动性"这个概念在社会学上的反映，这个东西才是"自由"的深层规定。"公平"问题在自然律上表达为越后衍的物质存在状态越失稳，即结构位差越来越拉大，结构系统越来越失衡，它在社会体制上则表现为不公平加剧倾向。所以你从社会学这个角度看，这些词的定义是模糊不清的，你转换成自然学，它们在定义上是非常清楚的。问题是你必须有这个转换。我们人类的现代文化是一个什么形态？人文学和自然学完全分开。认为人类跟自然完全不同，人类不受自然律的支配，这是现代学术的基本看法和范式。西方学界尤其如此，他们反对用物理学和自然学来解释人文现象。可中国文化原始状态的一个特有概念叫"天人合一"，我前面讲中国文化的"低明"主要就表达在"天人合一"的理念里。我的学说只不过是对中国古代天人合一低级思想的现代大信息量证明系统。你把这一点搞清楚，就是在现代学术领域，人文学和自然学是隔绝的；你必须把它们统合起来，从另外一个角度纵深整合而使之统一，给这些概念另外注入新的内涵，相关问题才可望得以明晰透视。

同学提问：先生您好，在文明的发展过程中，其实我们尝试过很多人为干预。比如说欧洲中世纪，基督教方面受到过一些这样的影响。现在的有些地区，可能对一些宗教也有一些文化思想的改造。我就想问一下先生，您如何看待这种人为的干预，以及它本身对文明趋势的发展是否会产生影响？

东岳先生：实际上所谓人类文明，我们也可以把它看作人为干预的产物。因为人类文明过程，就是人类通过自己的主观意志和主观行为建立的一个生存发展进程。所以我们很容易陷入一个误区，就是人类文明跟自然进程没有关系。我的意思是说，人类文明进程，表面上看每一个点都是人为干预的结果。但是人的意志、人的思想、人的行为、人的干预，其实都是某一个自然律的表达。这就好比猫儿具有捕捉老鼠的主观意志和行为能力，你不能说猫儿的生存状态不是一种自然现象。或者我换成一个马克思式的表达，马克思曾经有一个非常精彩的论述，他说"资本家只不过是资本的人格化体现"。我顺便借用马克思这个精彩的表述来说明人类文明是什么：人类文明只不过是自然物演在其临末阶段的人格化贯彻方式而已。所以请记住，当你看见任何人类的主观干预行为，你千万都不要认为这个干预会导致人类文明的走向偏离自然律，这是不可能的。

（此处有删节）

同学提问：王老师您好，就是关于您的那个"递弱代偿"坐标系及其存在度和代偿度的图例，都是一个45度的取向，那么请问这个斜线是一个大概的估计，还是说是有一定的演算的？如果它进一步趋向下滑，那么是不是代表着那个存在度是永远可以推演下去的，它永远会趋近于零，但不会消亡？谢谢。

东岳先生：好，这个话题我们明天再谈。我现在先简单说一下，请注意我的那个坐标图，我在书中反复强调，它不是笛卡尔坐标，它只是一个坐标示意图，这是第一点。你读书的时候一定要仔细。第二，我前面一再讲，我所给出的递弱代偿之数理关系虽然是确定的，但它迄今尚引不出参数，所以这个坐标图只能是示意图。我在前面讲哲学课的时候，我说哲学和科学的一个重要区别，就是哲学属于科学前瞻，也就是当信息量不足的时候，提前讨论一个问题的状态叫哲学。那么我现在讨论的递弱代偿原理，在今天这个信息量下抽不出参数，找不见存在度和代偿度的具体变量，如果能找见的话，这本书就不是哲学书，而是科学书了。因此你提到的那条下倾线，将来究竟呈怎样的走势，还得等到信息量更大的时候才能确证，所以你的设想我不能完全否定。但不要忘记这条线段是有截止点的，是要碰到右端失存临界面的，而且"存在度趋近于零"的指标之一是时间标度，说流落到此者还可以永存，似乎难以想象，除非放眼整个宇宙做总体计量。地球人最好不要抱此侥幸。

同学提问：东岳老师好，您今天提到农业文明和工商文明实际上是一个自然律的先后演进。当今中国社会呈现的是一律多态带来的混沌，甚至有一些矛盾中的发展。其实历史上我们没有看到完全一样的参照，那当今中国社会是不是已经进入工商文明了？如果不是，那你也提到可能是迈向未来新文明的自然演进阶段。那中国是不是必须要经历这个工商文明，而不能超越它直接跨入未来的新文明？谢谢老师。

东岳先生：好，这个问题提得很好。首先大家想一个基本道理，你没有上二楼你就上三楼了，这可能吗？这不可能。（此处有删减）我想借你这个题目另说一段话：我在前面讲课的时候，我说中国古代是人类历史上最典型的农业文明，因为东亚是个封闭地貌，不受异类文化的扰动，因此它可以把原始农业文明精雕细琢数千年。然后，我又说西方文明就是最典型的工商业文明，它是古希腊文明火种的现代炽燃。但我没有说中国今天的社会转型是典型的资本主义，我没这样讲过。再者，我曾讲到"侧枝盲端"，这个概念里暗含了一层意蕴，就是你会发现任何新要素的增长点，常常不在最极致的典型态上发生。比如陆生生物是鱼类转化过来的，但它绝不是进化程度最高的那个鱼种转化过来的，它是中间状态的一族鱼儿爬上海滩变成两栖动物，才得以形成的。比如原子，它不是最后一位原子序数最高的那个元素发育成分子系列和生命系列，而是从中间那个最残缺的碳元素化合而来的。

我的意思是什么？就是中国当年是最典型的农业文明，结果它没有发育出资本主义，没有发育出工商业文明，它反而成为工商业文明的阻障。这暗含着西方今天是最典型的工商业文明，但它未必是人类进入下一期文明的那个增长点。我们在自然史上屡屡见到一个新东西的发生，不在极端完善点上开始，反而在中间变异端上显现。我说这句话的意思就是我在讲课的时候一再讲的，中国今天农业文明和工商业文明政经交叉，政治上表现出农业文明的威权形态，经济上表达为自由市场，这个非典型性的（此处有删减）工商业文明状态，未必丧失未来。因此我不敢判定它是好事还是坏事，我说这句话的道理就来自这里。

所以我想说明一点，就是今天我们处在非典型状态的工商业文明这个生存形势下，请大家记住，第一，你毫无办法，你躲避不开，因为发展是连续的；第二，你也不必悲观，不必失望，因为你可能恰恰跻身于未来新文明的那个变异节点上。

好，大家还有什么问题？

同学提问：老师您好，这两年我们处在一个自媒体的环境和语境下，我们能看到公众话语权正在上升。可能体现为一条微博，它就能够影响政府的一项政策，或者是官员的一张照片，它就能够抓出一个案件。同时，政府也在加大对民众话语权的控制，它可能会强化调整监管策略。（此处有删减）我就想问，您怎么看现在这个互联网自媒体的语境下有关公共权力的发展趋势？以及目前这个情况是怎么形成的？想听听您的看法，谢谢。

东岳先生：这样说吧，一个对远期事物有所展望的人，一个搞哲学的人，他一定是把鼻子跟前的事情看不清楚的人。大家还记不记得我讲泰勒斯仰望星空却跌入枯井的那个故事？我就是那种盲然于切近的人，所以眼前的事情我是看不明白的，也是无从评判的。

但是我想顺着你的提问回答一个问题，请大家注意人类文化形态是怎样表达的。它在两条路上展开，一路激进求变，一路保守踟蹰。请大家想想是不是这样，即使在西方，也既有自由党，又有保守党，两相抗衡，彼此掣肘。就是说人类文化一定在两方面同时延伸，一方面寻求变革，一方面囿于保守。在我的哲学里，寻求变革就表现为力争达成代偿增益以实现存在阈的满足，囿于保守就表现为万物求稳以维护存在度不致过快流失。

因此人类文化一定展现为激进和保守两个轮子共同旋转的状态。大家千万不要认为保守文化都是不好的，保守恋旧是人类文化中特别重要的一个素质，如果没有这个素质，可能我们今天早已玩完了。总之，自然进程中的递弱和代偿，在人类文化中必定表现为保守和激进这两种看似逆反的诉求一并存在，这就是人类的文化形态。所以当你看到有些事情被以保守和蛮横的方式处理的时候，你拿我的这段话消消气。要相信，事物该怎样发展，终究是挡不住的。

十二

人类文明的趋势与危机

开题序语

我在第一天开课的时候就讲，我们这 12 天连续课程，归根结底是讲思想史与文明史的关系。

那么到今天这个阶段，借今天这个题目，我们对整个讲座系统做最后总结。我得说明一下，讲课不是著述，讲课是一句跟着一句，其间不允许有片刻时间的细思、推敲和停顿，因此严谨性根本无法保证，口误甚至硬伤也在所难免。再加上我现在垂垂老矣，智力严重衰退，以至于我这个原本语速偏快的人，说话都不得不放慢下来。原因是我无法在正常语速中整理言辞和思路，也就是智力衰退逼迫着我讲课的方式变得迟缓而滞涩。另外，随着年龄的增长，人的激情也会渐渐消失，可谓老迈昏聩，所以课程就显得越发沉闷了，请各位同学谅解。

相对而言，前 11 天课程，都可以视为表观现象之描述。其中所谓的原因，其实至多不过是诱因，甚至因果关系根本不成立。因为在直观现象层面上，出于多因素影响关系的纷扰，以及休谟所说的时空序位之迷失，就会导致任何因果关系的讨论，其实都可能是错乱的甚或是颠倒的。因此，大家要注意，前面的课程，没有全面深入地探讨问题的根本规定及内在逻辑，论述过程是比较浮浅的。

所以，严格说来，此前的课程基本上不具有学术价值，它们仅仅属于最后这节课的知识铺垫和逻辑导引。也就是说，本节课才是真经，才是真传。唯有它才能给出确实有证明根据的结论，尽管它仍然是粗略概论、框架之谈，要了解真正更细致的证明过程，大家还得去读书。

那么，我们根据什么来讲"文明演进的趋势"？显然，要想阐明大趋势、揭示总动因，绝不能靠妄猜或臆断的方式来进行，我们的根据源于一个严谨的哲学逻辑证明体系。

再则，这节课将同时回应与整个课程主题相关的下面两个问题：第一，注解贯通全系列讲座的思想主轴。也就是你听懂这节课，你就知道我前面讲的所有课程为什么会有某种跟其他学者看法不同的倾向性。第二，探讨人类文明运行趋势的基础理论。它的学术本态是哲学逻辑论证，因此它既难讲又难听。须知我们一般人的用智方式，或者在日常生活状态中的基本感知运行方式是在具象层面上运行的。而人类要想整顿大信息量，唯一的办法就是把充斥于具象中的无数芜杂信息抛洒掉，只把其中最基本的共有属性抽取出来，此谓"抽象"，然后加以精密逻辑整顿。由于已把具象中的大量信息筛除，用极简化的纯逻辑方式梳理疑思，结果反而能够有效覆盖更大层面上的实际问题。但由于这种用智方式跟我们通常的感知方式相差甚远，因此我们的接受度就很低，讨论起来就很困难，听起来也会非常枯燥。当然我讲这节课的时候，我仍然会尽量拉到具象层面上来借喻比附，以求通俗易懂。毫无疑问，这样严谨性就会有所丧失。

我的研究起点，就是最初我写《物演通论》的时候，我没有任何预设标的，也没有任何功利企图，未曾打算解决任何实际问题，纯粹是出于兴趣。我只是为了探问传统哲学的遗留问题，从来没有想要探讨"人类文明走向"这个热门话题。也就是说这本书写完以后，最终导出看待人类文明趋势的一个新视角，纯粹是这项无目的研究的意外副产品。

这种研究问题的方式，跟人们通常做学术的方式有很大区别。一般的学术理论都是面对某个具体问题加以研究，这种研究也不失为一种非常有益的工作，况且人类绝大多数学问都是处理实际问题的，它们构成人类文化成果或者人类思想系统99%以上的份额。然而，带着功利性、带着目的性去处理问题，有四项麻烦不可避免：

第一，主观导向的证据筛选。因为你有一个明确的目的，你总是瞄着这个目的去论证，所以你就会不自觉地关注有利于论证的证据，而会把不利于论证的证据忽略掉。

第二，眼界局限的片段证明。因为你要讨论具体问题，你就没有必要把视野拉得很大，去观照跟这个具体问题无关的其他方面，亦即眼界反而必须收窄，才能够聚焦这个问题，于是局限性就会发生。

第三，当下问题的流变尴尬。也就是你讨论的问题，本身不是静态的，它一定是动态的，因此当你正在讨论这个问题的时候，问题原型可能已经有所变化了。

第四，具体立场的争论格局。你站在不同的偏角面对问题的某一个方面，那么这个对象显现的状态就会不同。倘若别人换一个角度与你争执，便很难说孰是孰非。

因此，但凡带着具体功利目的讨论问题的学问，从根本上讲都天然具有颇多缺陷。反之，没有目的性，没有功利性，纯粹为求知而求知，这样做下来的学问倾向于形成基础理论。

基础理论有四个特点：第一，大尺度。因为它不讨论具体问题，所以它可以面对今天人类的总眼界或总信息量来处理问题。第二，纯逻辑。因为它的尺度太大，信息量太多，所以它必须简化处理，必须把所有事物的表层直观属性尽量祛除。

我举个例子。万物都有不同的属性，比如这个杯子是蓝色的，这支笔是白色的，杯子是桶状的，笔是条形的，这都是其属性。但是如果这样讨论问题，那就是无穷无尽的变量分析，那么我该怎么办呢？我把它们一点一点抽离，最终看它们都只不过是"存在物"，甚至再把"存在物"都统统洒脱，一并视之为"存在系统"！万物所有的属性中最基本的属性就是"存在"，这就是古希腊哲学追问"存在论"的原因。也就是自从巴门尼德提出"存在"和"非存在"这组概念以后，亚里士多德把它表述为"哲学就是追问存在，而且永远追问下去"这句话的含义。因此，纯逻辑就是把事物具象中所有的属性全部抛洒掉，只把它最基本的那个"存在属性"拿出来讨论，这种极度简化的探问方式使得任何具象要素难以呈现，我们把它叫"抽象思维""理想逻辑"或"纯逻辑"。

第三个特点，简一原理。也就是它离开"因果论"的具象界面，寻求事物的根本因、第一因。既然是第一因，也就是唯一因，而有"唯一因"就不会有"唯一果"，就不会被"因果转化"或"因果链条"所纠缠，因此它一定扬弃因果关系的论证方式，从而避免休谟所说的因果论不成立这个麻烦。

第四个特点，超然普解。它虽然不直接面对任何一个具体问题加以讨论，但是由于它是对最基本属性的总括性探察，因此一旦研究完毕、证明完毕，它最终得出的结论，或者它的实际理论效应将覆盖所有事物，我们把这种状况叫"普解性"，这就是基础理论的重大价值和力量所在。

我在这里还得再提一件事情。我在西哲课上做过一个简略说明，我说"理念决定事实"，一般人都认为是"事实决定观念"。大家想古希腊为什么到柏拉图发展出"理念论"？他说"世界的本源是理念"，我们中国人很难理解这一点。那么我举例来讲。在远古时代，托勒密"地心说"盛行的时候，我们的理念是地心说的理念，结果是什么？我们看所有的事实都符合地心说，是不是这样呢？太阳从东边升起，从西边落下，分明是太阳绕着地球转。可是到哥白尼，理念变成了"日心说"，我们今天看太阳系全部是行星绕着太阳运行。事实还是同样的事实，可是事实在不同的理念下展现为不同的事实形态，因此是"理念决定事实"。那么如果基础理论变形，给你转换了一个新的理念，原有的世界景观将随之翻转，也就是原有的事实没有变化，但原有事实的排布方式全变了，这叫"理念决定事实"。只不过我们这里所谓的"理念"，不是古希腊人所说的那个不变的、不可分割的、永恒的绝对理念，我们这里所说的理念是指逻辑变革的新思想，也就是这个理念是不断更新的，是不断流变的，而不是绝对的。而"新思想决定新认知，新理念排布新事实"，这叫宇宙观，这叫基础理论。我们今天就在这个纵深极点上展开思境，在这个基础层面上讨论问题，我们在这里重新建构一个宇宙观理念模型。

问题的提出：疑思与猜想

让我们先从问题的提出谈起。我上大学的时候，学的是西医，起初上医学基础课，医学课程非常庞杂，有 48 门专业，所以医学院校在任何国家都是学期最长的。医学课里最重要的基础课是生物学，因为人类是从生物界演化而来的。我上大学的时候正值文化大革命期间，那个时候是学生管老师，改造"臭老九"（当时知识分子被称为"臭老九"），谓之"上管改"（上大学、管大学、改造大学），所以我们上学，老师从来是不敢给学生考试的。我们上大学没有任何应试的压力，这当然就导致不想学习的人尽可以去外面撒野，想学习的人也尽可以按照自己的意愿去自由读书。老师的课讲得好就坐下来听，讲地不好我就到图书馆阅览自习。那么要想了解人体渊源，我就得去研读生物学；要想理解生物学，我就得去攻读生物化学；要想了解生物化学，我就得再深钻普通化学，也就是无机化学和有机化学；要想理解普通化学，我又得从深层学习物理学。用这样的方式，我逐步打通了自然科学的基本脉络。

在此期间，我偶然读到一篇生物医学论文，其中涉及物种灭绝问题。它没有做出任何结论，但是字里行间反映出一个现象，就是越高级的物种，其灭绝速度似乎越快，这当时让我非常吃惊，因为在此之前我已经读过达尔文的原著。我当时隐约产生一个想法：这个世界不是强势演动的，而是弱化演动的。只不过它太违反常识了！达尔文的学说讲生物进化越高级则适应性越强，越具有生存优势，叫作"适者生存"（survival of the fittest），这是当时科学界的普遍认知。而且在人文领域，也就是在社会学领域里，所有人全都持有"进步论"，无论西方还是东方、今天被西化了的东方，全部是这个观念，即文明历史越发展、越进步，人类越具备生存优势。因此当我有一个朦胧的想法，说这个世界是弱化衰变的时候，我自己都不敢相信。我当时觉得这是一个非常荒唐的念头，就把它放下了，但它总是萦绕心间，这就是假设和猜想的开端。

我们回顾一下我在西哲课上讲的几个话题。第一，逻辑模型变革的实质就是对新增信息量的整合；第二，新增信息量必然造成原有逻辑思想模型的破溃；第三，新模型的建立起始于弥补破绽的假设；第四，任何假设必须经由广义逻辑证明之后方得成立。

好，我们就循着这个系统继续讲课。当我在上大学期间有了这个朦胧的想法，我自己都不敢把它当作一个严肃的课题来对待的时候，实际上我不由自主地一直探索着这个问题。此后的读书、思考有了指向，历经二十多年以后，我才敢下笔写作。那么我们先看看既往逻辑模型的细微破绽引出的疑窦是怎样提出与展开的？

第一个问题涉及达尔文进化论。达尔文讲生物变异是随机的，但他从来没有讨论过一个问题，就是为什么物种演化的总体态势却是定向的？尽管在达尔文的论著中能看到他一再表述，物种是从低级到高级、从简单到复杂，从原始单细胞生物一直到灵长目动物乃至人类，整个演化的特定向度是一目了然的。那个时候基因学说还没有出现，变异的内在机制尚无法确定。关于变异的随机性和选择的定向性这两者之间的关系，达尔文在他的书中完全没有探讨，这是一个很明显的漏洞。

另外，达尔文认为适应性越强、越高级的物种，越具有生存优势。可实际上越高级的物种灭绝速度越快，灭绝范围越广，这又是达尔文没有讨论的问题。尽管达尔文书中辟有一个专题章节谈及生物绝灭，但是他却没有将其梳理成一个系统来考察。我想要么是达尔文当时没有意识到灭绝本身其实是有一个系统性的差别的，要么就是他有意无意地为了论证既成的主题而忽略和回避了这个问题。这些问题势必留下一个严重的破绽，使得达尔文学说在深层逻辑上处于不能圆满通洽的状态。

而且它还有一个缺失："自然选择"只讲外部条件对生物的影响，生物内部不断变异的失稳易扰现象，即它的内在驱动因素完全被忽略。

这三项缺陷使得达尔文学说出现了一个破绽，使得"弱化演化"的动态和达尔文"强势演化"的理论构成矛盾，就是"物种趋弱衰变、死灭速度加快"这个事实，达尔文学说不能解释，出现漏洞。

我们再看第二个问题。20世纪初叶，爱因斯坦根据其狭义相对论推导出质能方程式，即 $E=mc^2$，等号两边，一边是能量，一边是质量，说明质量和能量是一回事，是可以互相转化的。那么好，我们先看一下能量这边的基本态势。热力学有一条第二定律，叫"熵增定律"。所谓"熵"，就是热量有序程度的衰减值。熵增定律的意思简单说就是，在一个孤立系统中，任何能量一定是倾向于从有序状态向无序状态耗散的。它的精确意涵可用数学表述。我在这里做一个直观例举：比如你在一个密闭的房间中生一个火炉，这个房间的温度哪怕是摄氏零度，大家要知道绝对零度是 –273.15 摄氏度，也就是即使是一个零度的房间，这个房间中还有相当的能量。你如果在这个摄氏零度的房间里生一个炉子，这个炉子的热量会往整个房间弥散，而房间中那两百多度的能量绝不会往炉子里集中，这叫"熵增"。也就是能量从有序状态向无序状态过渡，或者从有效能量向无效能量损耗，使得能量势差消失，使得能量逐步进入不可做功的状态，这叫"热寂"，这就是"热力学第二定律"。

要知道热力学第二定律是被科学界视为确证性最高的物理定律。我前面一再讲，人类缔造的一切知识都是主观知识，人类总结的一切规律都是主观规律。那么关于热力学第二定律，我也不敢说它就是绝对的客观定律，但是包括爱因斯坦、爱丁顿等大科学家都认为，在所有科学定律里，它属于客观度最高的一项定律。

那么如果能量运动是一路衰变的，而质量在质能方程中又表现为能量的继续存在形式，那么所谓的质量态物质，亦即我们这个时空宇宙的基本物态，按理说也就应该是总体衰变的。可为什么在我们的直观范围，甚至像达尔文进化论这样的学术范围里却都是强势发展的？如果质量物态世界是强势演动的，那就一定呈现一个矛盾：要么我们把物质世界解释错了，要么质能方程不成立。也就是质量和能量根本无法贯通，这是第二个我们可以提出的疑点或假设启动点。

第三，人类一直认为文明社会高度进步只是福音，但从 20 世纪中叶开始，局面为之一变。50 年代美苏核对峙出现；60 年代美国生物学家蕾切尔·卡逊写的一本书名叫《寂静的春天》，揭示了环境危机；70 年代学界开始关注资源危机，著名的罗马俱乐部在 1972 年提出了它的《罗马俱乐部报告》；到 80 年代明确发现系统性生态危机；到 90 年代气候异常问题被提上台面；21 世纪初国际恐怖主义危机恶性爆发；尤其是目前的科技发展危机，包括生命科学和人工智能全面展开且头角狰狞……我们会发现人类文明越发展、越进步，在现实上人类的危机程度越严重，这个也跟我们过去所认为的"优势发展"之观念形成悖反。因此，"递弱演化"这个假设，从诸多方面看都像是一个应该严肃对待的问题。当然我们下面需要为之做出系统证明。

我们先看一下宇宙物演的可能方式。我们讲宇宙物质演化的状态，或者宇宙物质存在的强度，可以用五种方式来讨论。

第一，紊乱分布或随机演动。就是物质存在强度是随机的、紊乱的，如果这样考虑问题是个什么状态？实际上就是你对于自己面临的对象系列，没有做过任何比较和追究，它属于无脑结论。

第二，均等分布或均衡演动。就是万物的存在强度是一样的，是均等的。这个看法其实很普遍，"神创论"就是这样。

第三，波动分布或起伏演动。这是我们大家通常能直接感受到的，这就是辩证演动。比如人从出生到中年是生长期，中年以后是衰老期，事物总是波动演运。这是用原始质朴的辩证法看待问题的方式，相当直观。

第四，趋升分布或强化演动。这就是近现代以来颇为时兴的进化论观念，包括"达尔文主义"，包括"人类文明进步论"等。即越前进越演化，能力越强，越具有生存优势，越具有存在优势，这是学术界的主流看法。

第五，趋降分布或弱化演动。当我讲到这儿的时候，它还只是一个假设。

显然，前四种看法占据一般的和主流的观感。

我们得提一个问题，宇宙物质和物态为什么总是处在"弱演流变"之中？我们在做弱演假设的同时，需要先给出一组概念："存在效价"或"存在度"，也就是我前面所讲的"存在强度"或"存在效力"。而且任何存在物，哪怕它是存在效价最高的存在物，它的存在度都不是十足的，它都有一个"追求存在"的问题存在。在我的书中表达为最高存在度也只不过是趋近于1，而最低存在度也不过是趋近于0。

我下面就对"存在效价"或者"存在度"这个概念给出定义，因为哲学上和科学上讨论问题必须概念明确、定义清晰。我先解释"存在效价"，"效价"这个词是一个生物学和生物化学术语，表明一个东西可以度量。"存在度"直接就是它的量化指标，这都是借用词。

什么叫"存在效价"或"存在度"？一、它是一切存在者的可存在程度的内在指标，或者说是一个有关存在效力的参数；二、它通过其程度或效力上的差异，决定着存在物的稳定性或不稳定性；三、从存在的失稳状态可以反映出它不是一个恒定的要素，而是一个自变量。

我讲通俗一点，也就是万物的存在强度是有差别的。如果我们排比整理其存在力度的差别或者存在效力的差别，即在弱演假设模型的基础上，逐项加以求证和分析，给它一个可量化指标，尽管今天我们还引不出具体参数，但是我们在初步定性之际可以设想它将来能够成为一个精确的定量指标。若然，则我们就在这个假设上展开问题的讨论。

我在这里首先要强调一点："存在是一"或者"道生一"。这是远古西方哲人和中国老子各自说过的近似名言，这两句话如今在自然科学上是有很明确的论证的。20世纪后半叶，美国著名科学家默里·盖尔曼，夸克的发现者，曾经因此获得诺贝尔物理学奖。他提出惊人一问：万物都是由夸克和电子组成的，可为什么会有万物的差别呢？这当然是一个太重要的问题。我曾见到有人在网上争辩，说夸克和电子彼此编排，就足以组成万物，有如0和1可以在虚拟世界组成万物一样，不能因此证明演化的源头或起点归一。那我再深问一步：万物都是由奇点之能量组成的，夸克和电子也是由能量转化分化而来的，那么为什么初物内质完全相同，尔后却会发生万物构型的差别呢？

所以，第一，大家首先要建立"万物同质"的基本观念，就是万物的内质、万物的质料完全相同。我在讲古希腊原子论的时候就谈到过这个推论。第二，大家还要建立另一个观念——"万物一系"，即不但万物固有的内涵和质料是完全相同的，而且万物的演化只是物态的演化，由此缔造一系列连续无间断的形变。换言之，既然内在质料永远是同一的，都是由能量构成的，或者都是由夸克和电子构成的，那么万物就没有内质的区别。这样的话，试问万物还有什么区别呢？只有一个"壳"的区别。所以大家注意读我的书的时候，我反复讲所谓"万物"，你不如叫它"物态"，所谓"物的差别"其实只是"物态的差别"。可是物态为什么会有差别？是因为内里有一个跟质料无关的东西在演动，这个东西才是"内质"，不是"质料"的"质"，是"内在性质"的"质"。因此我的书中还使用一个自拟词叫"质态"，就是所谓物态差异一定是物质内部存在性质发生了变化的一个结果，或一个呈现形式。

而且大家要注意，我在《物演通论》第一卷中会引述很多科学事实，但你千万不敢理解为它是归纳总结。我前面课上讲过归纳法只能证伪不能证明，因此它不是归纳总结，它是假设建模之后的逐项求证，请注意它只是一个证明环节，或证明方式之一。人类思想的基本方法有纯逻辑、归纳法、演绎法，我的总体论述是纯逻辑的，同时借用"归纳求证"而不是"归纳总结"来揭示现象。如果是以归纳总结之法提出问题、得出结论，我就不需要假设。而且如果没有弱演之假设在先，我也不可能另辟这样一脉归纳的思路。再者，该书的第二卷、第三卷完全是演绎法，也就是在一个理论系统中，把纯逻辑、归纳法和演绎法通用，其间没有任何阻障和遗漏，才算是全面而有效的证明，才能说通盘证据成立。这里讲的有点抽象，大家将来读书的时候会有所体悟。

我们看 20 世纪自然科学的进展，形成的是"万物同质"和"万物一系"的这么一个结果。下面的课件图示显示的是"物演梯度示意图"。

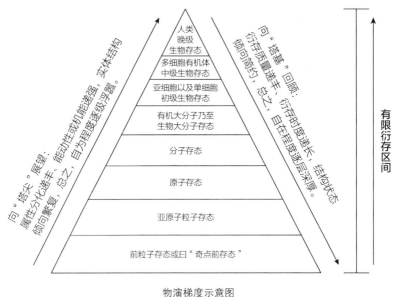

物演梯度示意图

我再次强调它仅仅是示意图。我们会看到"奇点存在"在最底层，也就是能量存在，宇宙前存在，137亿年前宇宙物质的最基底部；然后是"亚原子粒子存态"，就是基本粒子和量子存态，它稳定137亿年；然后"原子存态"，也就是今天我们所说的恒星系，因为所有恒星都是原子存态，氢核占79%，氦核占18%，其他元素不超过百分之二三；然后是"分子存态"，比如行星，比如我们现在看到的这些物质；再然后是"有机大分子乃至生物大分子存态"，就是从无机分子到有机分子；再往后是"原始单细胞生物"，包括亚细胞生物，比如病毒；再往后是"多细胞有机体"，包括所有多细胞植物和多细胞动物；最高点是"人类晚级高智生物"。在这个演化序列上，你会看到越原始、越底层的部分，它在理论上以及现在科学能够证明的事实上，都是越底层的东西，其质量分布越大，存在时效越长，总体存在状态越稳定。

我在这里讲课务求简易化、浅显化，所以只用上述三个指标。有人曾提出非议，他说你凭什么讲有机分子大于生物总质量？整个地球表面完全被生物圈所覆盖，从单细胞生物、海洋藻类、地表菌类，到草木植物、昆虫、动物，再到70亿人口，总之，体量可谓大矣！你凭什么说有机化合物或者是生物化学分子的质量分布会大于各种生物之和？确实没有人统计过，在地球限定的范围内我确实不敢这样说。可是大家要知道任何一个理论得以成立，它必须普适于整个宇宙。你把眼界扩展到宇宙深处，我可以肯定有机分子量远大于生物存量。我举一个切近的例子，大家看一下土星和木星的卫星，其中有若干卫星表面覆盖的海洋居然完全是液态甲烷或者是被富含甲烷的大气层所包裹。而甲烷是有机分子，想想它的那个质量得有多大，这还仅仅是说太阳系以内。我们可以设想在太阳系以外，可能还会有更多富含有机物质却不具备生命演化条件的天体。另外尚有一些存在低级生命的行星，它们的综合环境可能演化不到高等生物或中等生物，它们只停留在单细胞生物状态，这都是很有可能的。比如生物科学家、天文科学家探查月球和火星上像是有局部冰层或液态水，立即就联想，它下面会产生某种单细胞生物。所以在整个宇宙中，这个梯度表是非常明确而可靠的。也就是你逆势看，越底层的东西，物类质量越大，存续时效越长，总体存在状态越稳定；反之，越顶层的东西，它在宇宙总质量分布上一定越小，存在时间一定越短，而且它的稳定性越来越丧失。

这里我们用逐项证明的方式，我并不寻求完整无余，我只寻求基本趋势成立，然后由所有人检验，找见任何一组能够代表总体系统性的反例，我承认我的学说破溃，我相信你是绝然找不到的。也就是越底层的东西，存在效价越高，但是你会发现它的属性越低；而越高层的东西，它的存在效价越低，但它属性分化递丰，能动性或机能递强，实体结构倾向繁复，这个大趋势是注定的。我们把这种存在效价一路递失叫"递弱"，我们把属性递丰叫"代偿"。这是一个最简化的物演梯度示意图。大家注意我在这旁边还画了一条线，划定了一个区间，我把它称为"有限衍存区间"。就是在纵轴上看，万物的演化只在此一区间内进行，这个话题我们后面还会涉及。

重点概念与名词注解

下面我们对一些重点概念做名词注解。

我们先说"属性"。要想理解"递弱代偿原理"，特别重要的就是要理解广义的"属性"词义。我见到很多人对"代偿"这个概念产生误解，他们把"代偿"理解为外来的"补偿"，那就大错特错了。

"代偿"仅指一个东西自补自失、越补越失，或曰"内在自补且愈补愈失"，这叫"代偿"。而要理解这句话，关键就在于理解"属性"。什么在"代偿"？严格讲应该是"属性代偿"，即属性丰度在递进代偿。不是靠任何物质外面的一个什么因素和力量来顶替，是物质存在度一旦降低，它自身的相关属性会被调动出来予以递补。

当然这里就涉及一个问题，什么是"属性"？"属性"这个词是我们的一个日常用语。我在前面课上提到过，莱布尼茨讲日常语言不足以表述哲学，老子、佛陀亦有此意。因而我们日常所说的"属性"，在这里根本不能对接。比如这支笔是白色的，比如这个杯子是圆柱形的，这都叫"属性"，我们日常使用的"属性"大都在这些细节层面上呈现。可是我这里的"属性"不是这个概念，我所谓的"属性"要比这个概念广阔得多。它广阔到什么程度？我这样表述：一切你能感知的东西，或者一切可以言表的东西，都只是"物的属性"。

我这样讲可能大家还没听懂，我再举个例子。现代宇宙论说宇宙是从137亿年前的一个能量奇点状态爆发而来的，请注意"奇点"是什么？即没有任何属性！由于它没有任何属性，而我们人类的感知只是对"物之属性的耦合"，这句话我后面谈，因此它居然无从感知，由于它无从感知，因此它居然无从言表，所以物理学把它叫"奇异点"，简称"奇点"。它的意思是你没得任何话可说，你用任何正常的探知方式、研究方式、物理方式、数学方式，都找不见它的任何可表述之处，都对它没有任何可认知界面，这叫"奇点"。它说明什么？它说明物质存在度最高的时候，"属性"是全然不存在的。我是站在这个基础上来讨论"属性"的。那么，什么是"属性"？一切可以感知或可以言表的东西统称为"属性"。

我下面举几个例子，我把它们都叫属性，你想想它们是不是超越了一般语境的广义属性。比如，笛卡儿说过，物质实体的属性是广延，叫作"广延属性"。什么是"广延属性"？——时间与空间。大家想现代宇宙论讲奇点状态，说它连时间空间都还没有发生，可见时空这个东西只是物质最原始的广延属性的表现。再比如"能动属性"，我昨天讲过"自由"，万物的自主能动属性是逐步递升的。再比如"感应属性"，什么叫"感应属性"？一切物体之间可以互相发送信息并借以识别或由以依存的那个东西，叫感应属性。我们绝不要只盯住人类，比如物理学上提到基本粒子之间的强弱作用力，就是最早最原始的感应属性，比如到原子和分子出现电磁感应，直接用"感应"这个词，叫电磁属性；比如到单细胞出现细胞膜上的受体，到扁形动物出现视觉，叫视能属性或感性属性；到脊椎动物出现五官和低级神经中枢，出现识辨判断，叫知性属性；到灵长目和人类出现理性属性。也就是说，感应属性包括从强弱作用力到电磁力，再逐步发展壮大到人类的感知属性，我把它们总称为"感应属性增益"。换言之，我们的精神现象，竟然只是物质感应属性的代偿增益产物。我们人类的一切灵性和能力就来自物演存在度一路下降，感应属性随之递升，这个东西变成我们的"精神""感知"或"思想"等诸如此类的华丽称呼，甚至被命名为"灵魂"，其实它们都不过是同一种东西的别称而已。

再比如"结构属性"，想想"奇点"是毫无任何分化的前宇宙存态，所以它没有结构。一旦它爆发，一旦它演动，立刻出现夸克、轻子、玻色子，即演化就是分化，由此构成粒子结构。有结构的前提条件是要有分化，弱化进程同时就是分化进程，结构是属性，因为它可以言表，可以感知，而且它恰恰是借由感应属性以达成结构。大家想想，各分化体凭什么达成结构？凭各自之间能够通过属性的耦合与识别达成合一结构，所以结构也是属性。而我们人类的"社会结构"，其实就是一个"后发结构"，因此也是物性展演的自然表现。

请大家注意，我这里已经把时空、灵动、精神、实体全部表述完了。你可以言说的世界，其实无非是属性的总和。属性有万千之多，我说这支笔呈白色都是属性，大家想想属性可以丰化到什么程度。我用一句话概括：举凡你可以感知的和可以言表的全都是物的属性！所以我这个属性概念跟日常概念有极大的区别。

而且我说属性是派生性的，是因变量。我讲的这句话很重要。我们今天讲科技发达了，我们的代偿能力增加了，于是我们发生危机了。属性似乎是"因"，危机像是"果"，这搞反了。属性是因变量不是自变量，本性和存在度才是自变量，实际上是我们的存在度衰减了，我们的能力不得不相应与之匹配，由此派生更多属性。如果非要讲"因果"不可，那也得这样讲。严格说来，无论怎样倒腾，"因果"都是不成立的。我的意思是说我们很容易在日常讨论问题的时候犯错误。我为什么说它是因变量，请大家回到初始原点上看，存在度最高的奇点是没有任何属性的，这个没有任何属性的东西，渐次派生了属性，所以属性当然是第二位的，不可能是原发性的。

下面还要再讨论一个问题。我们通常说"信息"这个词，什么是"信息"？其实"信息"就是"感应属性"，"信息增量"就是"感应属性增益"。比如最早的信息乃物理学上的强弱作用力；比如到原子、分子，其电磁感应就是电子发出负电荷信息、质子发出正电荷信息。随着物演分化度越来越高，信息量当然也就越来越大，所以当我说信息的时候，当我说感应属性增益的时候，我其实是在说某种自发现象或自然变量，它们在概念上完全是对等的。

我前面讲，属性的种类是无穷之多的，那我为什么在著作第二卷"精神哲学论"里，只探讨感应属性（包括人类的"感知能力"），在该书第三卷"社会哲学论"中，只探讨结构属性（涵盖一般的"实体存态"），其他属性都避而不谈，或者只一笔带过？是因为这两个属性是哲学史上一直追究的基本问题——"精神"是什么？"社会"是什么？而且只有回答清楚这两个问题，我们人类才知道自己是什么，因此我有选择地只讨论这两大属性：一个感应属性，一个结构属性，作为第二卷和第三卷的主题，其他属性无暇顾及。但是依照逻辑推理，其他属性都可以同样流畅地展现，你用相同的逻辑脉络处理就行了。所以请大家注意，"属性"这个概念一旦确定，其他所有概念随之清晰。比如什么叫"信息"？我们马上就明白，它是以宇宙生成之初的感应属性为契机的一个焕发状态，在某种程度上，"信息"与"感应属性"可以视为同义词。

我再谈一个问题。属性在我们日常使用中，一般只是表面的叙述，包括中国先秦时代的名家。比如公孙龙讨论"离坚白"，说石头有坚硬的属性，有白色的属性，那么什么叫石头？他觉得这个问题是一个说不清的问题；比如"白马非马"，他说马有形状的属性，有白色的属性，什么叫马？他依旧说不清楚。这都是在日常的表观属性上讨论，而我所说的属性概念完全不同，大大纵深。它竟然表述为一切可以感知和可以言表的东西统称为属性，这叫"二阶概念"。什么意思？如果你读过维特根斯坦的书，维特根斯坦在其《逻辑哲学论》里讨论了什么问题？讨论"概念追究"，讨论"语病治疗"。他说我们日常使用的概念是经不起推敲的，我们要想对任何一个概念进行真正深入的研究和探底，就会发现日常使用的概念不足以精确地表述问题。于是在哲学上，"概念"就分出日常使用的"一阶概念"与纵深讨论的"二阶概念"之别。人们通常的语病是在概念混淆的基础上发生的，而哲学是不懈地探究概念深层，进入二阶概念的深度。实际上不仅仅是哲学，任何纵深追问的学问，包括哲学的后发形态或范式——科学，它的概念都是纵深追究的。比如"力"，牛顿最终把它探讨到引力和加速度那里去了，它跟我们通常理解的那个力的概念是完全不同的；比如"时空"，爱因斯坦已经将其探讨到更纵深的"时空弯曲"那个维度上去了。所以任何真正的学术拷问都表达为概念的深究和重建，这是大家要特别注意的，因此理解"属性"这个概念至为关键。

请注意，我说的代偿，是什么在代偿？仅指"属性代偿"，而属性竟然包括一切可感知的东西和可言表的东西。我再说一遍"代偿"的概念，太多的人对代偿误解，都是跑到属性以外去，认为其他一个外来东西的支撑就叫"代偿"，这完全理解错了。既然有"属性"，那么就一定有"本性"，可是，我们的感知和言表只针对属性，因此"本性"根本不在经验范围，是一个非经验的或者叫超验的理念。这个理念来自推导，来自纯逻辑的推导，它就相当于古希腊哲学要追究的那个本体，相当于物理学上的那个奇点，无可言表的奇点，相当于康德所谓的自在之物。它在不可经验的彼岸，但是它是借由我们可经验要素的逻辑推导得出的一个理念性概念。这个"本性"就表达为"存在效价不能十足且一往递失的根本规定性"。也就是存在度这个东西一开始就不得圆满，而且一路流失，这就是事物的本性。

我再强调一遍，"本性"的概念属于理念范畴，属于超验领域，属于推导所得，故而它没有具体对象，它不在可经验范围，当然就没有具像。因此我所讲的弱化演化，实际上只讲了一个弱演变量，而没有这个变项或变量的载体。我不知道它的载体是什么，我也不必要知道它的载体是什么，我只讨论一个具有根本规定性的致变素质或变量因素。而且大家注意，当我在这里说本体的时候，我再强调，它已经不是古希腊那个永恒的、不变的、不可分割的孤立本体。这个本体论转型了，它渗透于物演全程，渗透于一切存在体系之中，它本身就是流变的，或者说是衰变的，它本身就是分化的，就是可分割的，至少它导向分化和可分割。所以古希腊所说的那个"绝对本体"在我的哲学里表达为一系列"相对存在"的展开。

重点概念与名词注解（续）

我们下面谈一个概念：衍存。这是我的一个生造词。大家知道由于哲学探讨，它本身是在二阶概念上，在非日常概念上讨论问题，再加上我所涉猎的问题是此前学术界没有探讨过的问题，因此在人类现有语言中我没有既成的词汇可用，我不得不生造词。为了避免生造词，因为生造词太为难读者了，我尽量选用可以假借的词。比如"存在效价"，"效价"借用的是生物学和生物化学的一个术语，但我的意思跟它原来的意思不是一回事。比如"代偿"，"代偿"这个词是法学或病理生理学词汇，在法学上，例如父债子偿，儿子代替父亲偿还，叫代偿；在病理生理学上，例如脑内某处出血，脑局部坏死，其周边组织来逐步代替一部分坏死脑组织的功能，此谓"代偿"。我尽量借用这些词，但我必须重新定义，因为这些词原本的意思在我这儿根本不合适。例如，"代偿"的原意是指"外部补偿"，而我一再讲物质的演化是存在度递失，然后它以属性递补，是"内在自补"，且"愈补愈失"，最终呈替补无效态势，这个"代偿"没有一丝"外在补充"的含义。而况如果是"补偿"，但凡谈及"补偿"，就应有确实的功效，而我说的"代偿"仅为"虚补"，概念全然相反，所以我必须给它另做定义。

读我的书，一定要用心理解每一词汇的严格定义，务必搞清楚各个借用词的别样诠注。其实我本来应该在这个地方生造词，只不过生造词读者会觉得更别扭。但是有些时候你连借用词都无可寻觅，于是只好生造，比如"衍存"。什么是"衍存"？"自衍存在或衍生物系"之谓，就是万物乃一层一层内衍而出，最终演化成一个完整系列。我这样表述还不够好，我换成中文"衍"这个字的固有释义。你查字典，"衍"这个字，它的本意是"伸展、延伸和展开"。所以"衍存"这个生造词，它的重点就在于"内生性"和"自展性"，就是"物"是内生发育、一体演化、自身展开的，它强调的是这个内涵。我们既往所说的"存在""存在物"，它们要么是绝对的、不变的，要么就是外在的、旁出的，不能表达"万物同质"，也不能贯通"万物一系"。而 20 世纪自然科学把各学科的界限打破，特别是进化论思想，把宇宙万物展开为一个演进思路。"万物同质、万物一系"的观念，在 20 世纪整个科学系统大信息量的基础上全面展现，因此"衍存"这个概念油然而生。

我下面再谈一个问题。"代偿"这个概念我谈过了，它是一个借用词。但是它已经把代为补偿的外在性和补偿有效的状态，表述为内在自补，且愈补愈失。"代偿"是个非常关键的概念，虽然我的学说之根本在"递弱"，但是你理解这个学说的全部障碍在"代偿"，就是你最难理解的部分是"代偿"部分。而且所有人犯错误，包括达尔文进化论所犯的错误，包括我们说文明越发展越有优势这些错误，都是因为我们的着眼点全都在"代偿"层面。我们只看见生物能力越来越强，叫"适应性越来越强"，于是我们得出结论，说越高级的生物越具有生存优势。达尔文为什么犯这个错误？他只把目光停留在属性代偿层面上，他没有追究存在本性的递弱层面。我们为什么认为科技越发展、文明越进步，我们的生存优势越强？是因为我们只在代偿层面上看问题。所以真正不易理解的难点都在"代偿"上，这一点大家要特别注意。

我下面解释两个词——"自在"与"自为"。古典哲学经常搬用这个词组，最典型的、使用最多的是黑格尔。但在西方古典哲学家们谈论"自在"和"自为"的时候，你搞不清他到底要说什么。放在我这个学说里，它们表现的实际上就是属性增益量度或代偿效价的差别。属性增益量度偏低、存在度偏高叫"自在"；属性增益量度升高、存在度降低叫"自为"。存在度越高，它越不需要属性来补偿自己的存在，它越不需要有"能力"这个东西，表现为"孤自无为即可安然存在"，这叫"自在"。存在度越丢失，你的属性和能力就越强，你的精神能力只不过是感应属性的增益形态，你的社会能力只不过是结构属性的繁化产物。你觉得你"能力"增强了，是因为你的存在度太低了，你得靠这些"代偿能力"维持自己的存在，这叫"自为"。此前像这样的大量哲学概念陷于混沌，说不清楚是什么，在我的系统里都非常清楚的给以表达。

我再简单说一个话题。我在讲课的时候粗略表述过，我说"存在度高"表达为三项指标：大质量、长时效、高稳定度。有听众反映说"稳定"这个词需要定义，因此你用"稳定"这个词不准确。他其实批评得很对。你如果读我的书，会发现我不是这样落墨的，我把它分述为六项：质量、时度、存在者的条件增量、异变速率、自在、自为。也就是我把"稳定"这个概念在我的书里表述为后四项，而不只简单地套用"稳定"一词，因为这个词在日常概念中有太多的混淆。

由于"代偿"是理解所有问题的关键和难点，因此我改造并重注了"代偿"词项的定义，除了简明地解说为"内在自补且愈补愈失"以外，我对"代偿效价"和"代偿度"再给予更严格的定义：一、它是一切存在物的可存在样态的外在指标，或者说是一个有关存在方式的参数；二、它通过其样态或方式上的差异，标示着存在物的能动性或依存关系；三、从存在系统的变态过程可以反映出它不是一个根本要素，而是一个因变量。这是相对于前面的那个"存在度"的定义而给出的"代偿度"之定义。

大家注意我的表述方式，我使用语言文字，都是在中文的原有意义上引申。比如我们在日常生活中一提到"变态"，意思就是贬斥某人某事有点失常、有点错乱，而我说的"变态"则单纯指谓"形态的变易"或"状态的改变"，这是中文固有之意，你千万别想着我一说"变态"就是嘲弄谁成了神经病；比如我说"人文"，在我的语义中它已经不是指日常对立于"神性"、对立于"神权"的那个"人文主义"的"人文"，我所谓的"人文"特指"人文现象"，或者全称是"人类文明现象"，"人文"是它的缩略语；比如我前面讲"理想"，我在西哲课上说，"理想"绝不是指某个乌托邦式的愿望，它的中文原意是"纯粹推理之想"……所以大家留意，你要理解我在哲学书中所表述的字词概念，必须得有最起码的文言古字修养，而不可一味沉浸于日常语言的泥淖中，被那些新奇怪异的附加含义所扰乱。

我们下面看这张图。

$$Cd = F(Ed)$$
$$Ts = Ed + Cd$$

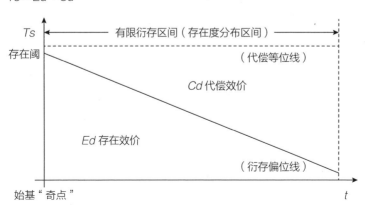

这张图出现在《物演通论》第 34 章。我先给出一个最简略的数学模型，说"代偿度"（Cd）是"存在度"（Ed）的函数，这是第一条；第二，"存在度"加"代偿度"等于"存在阈"（Ts）。这是一个最简单的数学模型，我们后面还会讨论。我再三强调，这不是笛卡尔坐标系，这是坐标示意图。因为哲学历来是提前探讨问题，叫"科学前瞻"，也就是在信息量不足的时候预先提出问题并预先加以讨论，这就是它的目光深远之处。所以在今天这个信息量下，具体参数暂且还引不出来，当然也限于我的数学水平。看这张图，它的纵坐标表达的是存在的量效标度，它的横坐标表达的是存在的演化向度。

大家注意横轴右下方的 t，你在一般坐标上见到 t 就指时间（time）。可我专门另做一个界定，t 指什么？——"时间或前时间的衍运维"，亦即"演动向度之指示"。我为什么要做这个说明？是因为在我大尺度讨论问题的时候，我的这个坐标系包含着时间还没有发生的原始起点，谓之"始基奇点"。在此位点上时间还没出现呢，因此这个轴向、这个 t 不仅仅指时间，它还包括前时间，即在没有时间的时候演运也在进行，只是我们无从感知罢了。因此它是"时间和前时间的衍运维"，指示的是"演动向度"。纵坐标表达的是"存在量度"，而存在的量度由两部分构成：存在的效价和代偿的效价。中间有一条下斜线，我把它称作"衍存偏位线"，它表达的是存在度一路递失。请注意这是在 137 亿年大尺度物演史上没有反例的运行态势，存在度一路下倾，而且这个下倾过程在我们的属性考察上它还是加速度的，或者很可能是加速度的，没有参数我们现在说不准。那么如果是加速度的，它就可以在坐标系上表达成一个抛物线。所以我在《物演通论》第四版中把这个抛物线图附加上了，但它并不意味着那个线性关系完全不成立，因为即使是加速度，如果它是差额等比的或者它是几何级数的，通过坐标变换（比如取对数值）也可以表达成线性关系，而用这个线性图例更容易表述。

再看该坐标示意图上面的那一条虚线叫"存在阈"，也就是英文符号 Ts 之所示，它是"存在度"与"代偿度"这两者的相加值，我亦称其为"代偿等位线"。就是说存在度丢失多少，代偿度则追补多少，两者之和永远是一个常量。大家还要注意，在其右端另有一条虚线，我把从左边的坐标纵轴到右边这条平行虚线之间的范围，取名"有限衍存区间"或"存在度分布区间"。它是一个非常重要的概念，我在后面会专门讨论。

下面谈谈"存在阈"的概念，我说"存在阈"在纯逻辑推导上"自必成立"。我换成大家比较容易理解的方式来解说。首先它是一个普适常数，也就是普遍适用的一个数学常量。在数学上，在物理学上，这种普适常量是很常见的。什么意思？存在度丢失多少，代偿度追加多少，代偿度的追加部分只是存在度减损部分的对应补偿。因此它在演动轴向上被拉成一条线，从一个起始点延展为一条等位线，并形成任何存在者得以存在的基准常量。我这样讲大家很难理解，我举一个例子，我们绝然见不到代偿度高出这个常量的状态，请问你见过一个会做四则运算的鱼或者一个会做微积分演算的猴子，你见过吗？你一定见不到。

万物的属性，感应属性、感知属性、灵动能力一定是渐次演进而来的，你见不到任何峰值波动。不仅没有高出这条阈线规定的任何范例，也绝对没有任何物类可以低于此项基准值而存在，万物一定始终保持在这个常数上。我下面的举例不够准确，但是便于大家理解。比如我们人类有一种疾病叫"先天愚型"（亦称"唐氏综合征"），孩子的智力发育只达到灵长目动物的水准，可是他的有机体结构，他的实际衍存位阶是存在度太低的人。他的感知代偿达不到人类的高度，这种孩子根本没法存活，即便父母精心呵护他都很难活到成年。为什么？代偿不足，代偿度达不到或者不能满足存在阈的要求，他就不具备或者不充分具备存在的资格。昨天讲课的时候，我说宋代以后中国社会文化不再发展，被农业文明的过度成熟和僵化所压抑，我说此属代偿不足，因此它快速衰灭也是这个含义。所以你会发现这条阈线规定得很死，你既见不到超越它的局面，我现在是具象地讲，在逻辑上我不用这样说就可以证明，你也见不到低于它的局面，一旦低落则立即失存，它表达为总是等值匹配的守恒关系。

我再举个例子，看看这种匹配关系的规定。比如蚊子，它的存在度较高，已经生存了上千万年，大家知道直立人只存在了三五百万年，智人到现在只存在了二十万年。所以蚊子的存在度或生存度居于高位，于是蚊子的智能判断力相应偏低，低到什么程度？夏天你把自己敞开让蚊子叮咬，蚊子飞来你就拍死它，蚊子大多不会躲闪，一根筋地拼命攻击你，哪怕九个蚊子被你拍死，第十个蚊子照叮不误。按照我们人类的算计，如果是持续性的损失大于收益，你必须收手，否则不免玩完。可是蚊子繁殖能力超强，表达的是存在潜力或存在度高拔，而它的繁殖期仅见于夏末秋初，错过了便无法弥补。它智力代偿低下，没有综合判断力，无法计较损益平衡，结果反而长存不衰。因为只要有一只雌蚊完成吸血，产卵量就达几百上千，大家想倘若蚊子像人一样聪明乖觉，发动进攻以前反复计较利害，如果成功的机会低于丧命的概率就裹足不前，想必蚊子早已灭绝了。是不是这样？所以它一定是匹配关系，就是它的低智状态反而是一种保护机制。请大家听懂我这段话，我在具象上讲其实不准确，但是有助于大家听明白，这就是那个常量阈值的规定性体现。

我下面讲"互补原理"。这个东西也来自物理学上的表述，我只是借用这种逻辑形式，因为哲科思维是同一个思维系统。可总结为：一、等效原理或等价原理，指存在度之所失必为代偿度之所偿予以递补，也就是补量和失量完全相等；二、非等效原理或非等价原理，指代偿效价之所得终于不能等同于存在效价之所失。什么意思？从表面量度上看，属性增益量即代偿增益量，是存在度丢失量的完整补齐，二者是等价的。但是代偿增益的这个东西，属性这个东西，它其实不能递补存在效价的流失，它只是对存在效价的虚性弥补，它绝不能实补存在效价本身，所以二者又是不等效的。由此引出下面最重要的一组概念——"有效代偿"与"无效代偿"。

"递弱代偿原理"概述

我们下面谈"有效代偿"和"无效代偿"，我在书中把它叫"佯谬"。"佯谬"这个词是一个当代物理学概念，比如波粒二象性。由于基本粒子是从奇点能量态转化或爆发为时空质量态的最早物质过渡形式，所以作为量子其介乎于能量和质量状态之间。于是它一方面显示为实体粒子状态，一方面又显示为能量波状态，这种物理学上的"波粒二象性"谓之"佯谬"。

我借这个概念说的是另一回事。既然互补原理有等效与非等效之别，那么必然引出"有效代偿"和"无效代偿"这个佯谬，也就是两者都成立。所谓"佯谬"就是看起来像一个谬误，但它实际上不谬。这个概念特别重要，读者出问题大都出在这个方面。

什么是"有效代偿"？就是存在度递失以后，物质内在的属性生发量增大。这个属性增益量弥补了存在度的丢失，使存在者回到"存在阈"这条普适常量线上来，从这个意义上讲代偿有效。比如一个先天愚型的孩子突然正常了，于是他能存活了，这个代偿有效；比如我们正常人智力代偿量足够，于是我们能够有效生存。但它又是无效的，为什么说它是无效的？因为它的补偿只是经由"属性"假冒替换上来的虚补，不能实补存在效价的丢失，因此它最终又是无效的。也就是你人类虽然能力越来越强了，可是你仍然衰变速度越来越快，你仍然存在度极低，而且将继续低靡下去。它一点都不能补足存在度，这个概念非常重要。

很多人在网上争论，认为这个说法不可接受，理由是人类跟其他生物完全不同，人类根本不在这个范围以内，人类的能力足以让人类永存，并且有望在整个宇宙中播撒人类的种子。可是大家想人类的智能是什么？是从单细胞膜上的离子受体，到扁形动物的视觉感性，到脊椎动物的判断知性，到灵长目动物的前体理性，然后到人类的高智状态。要知道生物学家给猴子、猿类做实验，比如让类人猿黑猩猩加强学习，充分调动其智力潜能。这些生物实验是非常有趣的，我建议大家抽空读一点儿相关资料。这些黑猩猩居然能够识别人类的符号概念，甚至能够做基本的算术加减，也就是人类的能力一点都不超拔，它完全是生物演化之连续变量的最后那么一丝多余的积累，一个点点滴滴的感应代偿增量。

如果代偿是始终有效的，那么在生物演化的38亿年里，就应该表现为越晚近、越高智的物种，它的死灭速度越慢，它的存在度越高。可实际情况不是如此，动物的能力越高，反而灭绝速度越快，能力提高丝毫无补于其载体存在度的一路丢失。人类就是它们的继承者，而且只是一个微小变量的继承者，人类绝不是超自然的存在。那么凭什么到人类这儿突然就代偿有效了？这个说法根本不成立。因此在逻辑上，在宇宙物演史上，没有任何反例。说到底人类只是这个宇宙进程的造物，是自然分化的一类，你凭什么说到你这儿就发生转折了？你有任何拿得出手的证据吗？完全没有！所以大家一定要注意理解上述概念是打破"人类独特"这个幻想的关键。

我们下面谈代偿的后果。我前面讲随着存在度的流失，感应属性相应增益。请记住我说"物"是一系演化的，生物和前在的非生物均是如此。它根本不是物的本质出现变化，它只是内在质料完全相同的演化，它只是物态的演化，它只是物壳的演化，所以叫万物同质，所以叫万物一系。那么感知代偿就是感应属性代偿的结果，即从电磁感应一路发展出感性、知性、理性，最终达成我们的精神存在。我们人类强大的智能，其实不过就是这个东西的代偿增益。这就是为什么我说高科技发展是损害性标志，它是你存在度疾速流失的产物，它绝不能维护你的存在。这是一个明确的外在可经验指标，就是只要你的这类能力增加，感应能力、感知能力、科技能力，只要你的这个东西增加，一定标志着你的存在度在下倾。

那么"能动代偿"也同样，能动属性从鞭毛虫开始，发展到人类的生物自由乃至社会自由，它一定表达着整个人类生存态势趋向于紊乱化。再看"结构代偿"，从粒子结构、原子结构、分子结构、细胞结构、机体结构、社会结构，如此层层叠加，形成一脉演化的格局。因此我在后面会讲，社会结构不是人造结构，它完全是自然结构化进程的继续，它完全是一个自然实体结构，本质上它跟花岗岩那样的顽石结构是一回事。这个结构系统的演化越来越脆弱，因此人类的社会代偿也照例无效，社会越发展越先进，就跟你能力越发展越先进一样，它是存在度倾跌的直接指标。

我们在宇宙物演全系列、大尺度上探讨，从根本上揭示了"人文现象"，也就是"人类文明现象"的自然存在之根据和发生学原理。我们说结构强度之变化，越低级越原始的结构一定越稳定，结构越紧固，即结构强度越高。比如物理学上有"高能物理"，什么叫高能物理？你要破解一个基本粒子结构，你必须使用上亿电子伏特的能量才行，可见这个结构强度很高；可如果你要打开原子核结构，比如你从原子核中轰出一个中子，你只需要几千万电子伏特就够了，这叫"中能物理"；如果你要改变原子结构外壳层的电子分布，你只需要几十电子伏特就可以把一个电子打出去，这叫"低能物理"。它说明什么？越原始、越低级的结构越稳定、越强固，越发展、越高级的结构越松散、越脆弱，尽管它变得越来越复杂、越来越繁密。

原子结构上面是分子结构。分子结构松散到何等程度？比如氯化钠，你只要放在水里，它立即发生电离，变成了钠离子和氯离子，它就脆弱到这种程度；到细胞结构，它居然没有外部物质能量的支持就维持不住自身结构，这叫"新陈代谢"；到有机体，它当然又比细胞结构脆弱得多，它是多细胞高分化的一个结构，于是出现生死轮替；然后到社会结构，它是人类和生物体质层面残化的至上结构。于是社会天天动荡，永无宁日，以至于你都不觉得它是一个实体结构，而我前面讲过它跟花岗岩这个实体结构本质上是一回事。所以我们会发现，自然递弱进程在"结构属性"上也一路表达，尽管结构形态越来越繁华，尽管结构功能越来越璀璨，尽管我们觉得自己越来越了不起，但我们照旧是一路走向弱化和失存，这个东西叫"社会进步"。是不是这样呢？我看恐怕是确定无疑的。

我们下面稍微讨论一下代偿效力的具体规定。

一、愈原始的代偿属性，其总体分布范围愈广，亦即它得以落实的普遍性愈大，局限性愈小。

这句话什么意思？就是越原始的那个代偿属性，它的代偿力度越高。我举例子，比如我们在感性上看植物都是绿色的，这非常稳定，尽管绿色是一个假象，可它永远不变，不仅对你不变，早在有色觉的中等动物那儿一直到人类，数千万年、上亿年间都没变过；可是到知性判断，它已高度动摇，常常难以抉择；到理性，人们得把所有问题整理成概念、理论、思想观念、逻辑模型，它不断地变更，不断地出错，证伪速度越来越高，这就是我前面讲的波普尔证伪主义科学观。它表达的是什么？理性越来越飘摇，它远没有低位感性或知性稳定。

再比如我们人类建立感知，总是借用最基本的属性来奠基。比如视觉用光谱，光是最原始的电磁属性；比如听觉用震动波的能量，震动波是最普遍的现象；比如味觉，试看酸味是什么？就是氢离子，液体中氢原子丢掉电子，只剩下一个质子，这个东西产生"酸"感，也就是动物和人类都用宇宙一号元素之氢核来建立酸的味觉……由于你用越原始的属性所建构的感应体系越具有普遍性，因为它在最底层，它统摄上面所有的属性，因此你的基础知觉高度稳定，因此你的感性远比理性强固得多。而且你会发现愈原始的代偿，其效力也愈强。表达在人身上，我举例子，这些举例都不够精确，我仅是随手拿出个例证便于大家理解，比如情感的冲击力一定强于理性，你如果感情受到刺激，例如你失恋了，你可能想自杀，但你绝不会因为做不出一道数学题，便大哭一场跳楼了。所以休谟说"理性只不过是激情的奴仆而已"，这话说得很好，因为情感是更低位、更低级的知性状态的表达。比如弗洛伊德讲"潜意识扰动显意识"，因为潜意识在下层，于是你的显意识不由自主地被它决定，你却不能自觉。

二、愈后衍的代偿属性，其总体分布范围愈窄，亦即它得以落实的普遍性愈小，局限性愈大。

比如我们的理性，它发展的过程中信息量越来越大，于是不得不分科，导致今天任何一个科学家都只在他那个学科里是专家，脱离了专科他立即变成白丁。物理学者不懂心理学，天文学者不懂考古学，考古学家又用不着懂数学，我们变得高度偏执化、狭窄化。

而且愈后衍的代偿效力也愈弱。比如马斯洛讲五项需求层次论，他说人性中最根本的需求是生理需求，然后依次是安全需求、归属需求及尊重的需求，最后才是自我实现。也就是说你饭都吃不饱，你一定首先追寻食物，你性欲都不能满足，你不免心心念念牵挂着异性，你绝不会忙着去搞共产主义。也就是那个高层的自我实现之理念一定是最后位、最薄弱、最飘摇的，你随时都可以抛弃它的一个东西。而且它没有任何稳定性。（此处有删减）这东西变起来非常快，因为它居于高位也临于失位，因为它是后衍代偿。

三、由此导致，代偿扩展的内在要求愈来愈迫切（与"一"项相通），而代偿聚焦的外在效果却愈来愈尖锐（与"二"项相通），从而令代偿进程的实现概率倾向于逐步递减。

也就是说，后衍代偿越来越难以落实。比如人类现在的欲求越来越多样，科学学说越来越繁杂，能实现的欲望和能落实的技术其实是很少一个部分。而且这个代偿效应的递弱现象是被遮蔽的，请注意这一点很重要。就是说它虽然是一个弱态的代偿，但它经常掩盖底下的强效代偿。比如我们的人性可以遮蔽兽性，我们觉得人不是野兽，其实你就是野兽，古人早就明言："食色，性也。"你最基本的人性是什么？吃饱肚子、寻求繁殖，这两项是不是你最基本的冲动？这是禽兽就具有的素性，在你身上是不是最顽强的东西？你一天三顿饭一顿都不少吃，你说你是人，食色何来？但是人却觉得自己绝不是一般动物；比如理性可以抑制感情，我用最飘摇的理性强行压住情感的暴露，努力克制情绪对行为方式的误导；比如潜意识遭到压制，以至于非得弗洛伊德这样的学者才能将它深刻地调动出来；比如自我实现的虚幻理想，经常让你去干比跳楼还危险的事，例如你去参加革命、去献身牺牲，你根本不顾生理和生存需求了。这种遮蔽现象使得我们人类经常误以为自己是一种超自然的存在。

如果我把这种递弱代偿效应分别表达在三个领域，那么它就显现出自然存在的人种危机、精神存在的文化危机和社会存在的政经危机。这话究竟是什么意思，我们分五条来谈：

第一，衍存条件递增律。我讲过弱化就是分化，而所谓分化就是残化。存在是一，那么分化了，每一个分化体就相当于一个残化体。由于物质的本源是一，因此它就有一种内在冲动，总是寻求回归于一，于是属性随之发生，通过属性彼此找见其他残体以达成结构。我们把这些残化为外物的东西叫作"条件"。

我们会发现在物演系列上，越后衍的物质存在形态或者物种，它的依存条件越多。为什么依存条件越来越多？一个质子只要找见一个电子，依存条件就满足了，是为氢原子；一个氯离子找见一个钠离子，它就达成化合条件了，是为盐分子；到扁形动物，它的视觉只能看见相关食物，其他东西完全不在其视野中呈现；到人类，万物都成为自身的依存条件。为什么我们的文明化过程就是一个不断制造奢侈品，然后奢侈品不断转化成必需品的过程？是因为我们的存在度越来越低，依存条件越来越多，残化和分化过程才使物质形态显现成"外在条件"。所以大家注意我说"外在条件"的时候，不是讲物质本身的内质改变了，而是讲分化律缔造了"物态"和"物类"的裂变，也缔造了表观外部条件。因此在自然演进的过程中，我们会发现越后衍的存在者，它的依存条件量是越来越增多的。

在人类文明社会，它就表现为"经济与资源范畴的紧张或物欲张力上升"。也就是资源供给显得越来越不足，人们对各种资源的索取越来越广泛，人或者所有生物的欲望、贪念以及求存意志力倾向于越来越高。这都是那个分化律造成的，或者叫弱化分化律造成的。

于是它使得依存基础更易于坍塌，你想你要有一大堆条件来维持你的存在，和你只需要单一条件就能维持生存，哪个更容易实现？比如原始单细胞，阳光一照它就逍遥自在，所以它稳定存续 38 亿年。而你今天需要万物支撑，直觉感官都囊括不了，只好拿概念、拿思想、拿理性去寻找缥缈的万物，结果你天天动荡无休，欲望不断提升，知识与日俱增，却永远不得满足。你的生存状态越来越脆弱，诸多条件中若有一个条件抽离，你立即面临危机。比如古人没有电，也没有任何电器，生活不受丝毫影响，而今天停电试试，所有人的正常生活全部打乱，手机信号、电脑、冰箱全部瘫痪，是不是这样？

　　第二，衍存感应泛化律。我前面讲越低级的物质存在，它的感应属性越低，在粒子阶段是最原始的强弱作用力；原子、分子是电磁感应；单细胞出现受体；扁形动物发生视觉；脊椎动物演成知性；灵长人类进为理性。你的感应属性越来越泛化、越来越增加，由此造成文明社会之"文化与信息范畴的紧张或智性张力上升"。也就是你今天没完没了的求知，你今天没完没了的学习，以至于爱好学习成为一种美德，其实它是衍存感应泛化律造成的。大家想想古代七八岁的孩子，种地去了，放羊去了，不学习照玩照活不误。今天你拒绝接受学校教育试试？你必须坚持长期学习，你努力学习是因为你倒霉了，而不是因为你高尚了。这是由于依存关系过于繁琐而致错乱，你得终生学习方可有效网罗生存资料。不过你学习越多不免又越茫然，因为知识增量正是信息泛滥的产物。所以你听我这个高品质的课听出的结果是什么？没有任何知识具备确定性！你从此堕入云里雾里，然后我还说这是最佳的求知状态。

　　第三，衍存动势自主律。就是自由动量越来越大，自主能动性越来越高，到人类文明社会表达为社会自由之诉求，叫作"行为与信仰范畴的紧张或自由张力上升"。也就是今天所有人的行为方式越来越离散、越来越分歧、越来越自由，人类的信仰越来越丧失，人类从神学期走向哲学期、科学期，离神学、离信仰越来越远。但它的实际结果是什么？它在文明社会中表现为"依存迷失"的概率增大，也就是你的自由能动性越高，其实你越不知道自己该干什么。所以能力越强、在社会上越能折腾的人，其实大多是越迷茫的人，所以他们才来天天学习、日日恶补。

第四，衍存结构繁华律。就是结构越来越繁化，从粒子结构一代一代叠加不止。大家注意宇宙物质结构不是不断地改变构型，而是在原结构上持续地进行堆垒叠加。粒子结构的叠加乃为"原子"，若干个原子堆垒在一起叫"分子"，无数分子的叠加组合叫"单细胞"，无数单细胞残化构合叫"有机体"，无数有机体残化整合叫作"社会"。所以我们会发现宇宙物演结构是层层叠加的，我把它称为"结构繁华律"。它使得"政治与制度范畴的紧张和社会张力上升"，这就是今天人类社会越来越动荡，政治怪象越来越频发，人类整体生存稳定度越来越降低的原因，可谓之"系统稳定性难以保持"。

第五，衍存时空递减律。也就是越原始、越低级的存在物类或物种，它的总质量越大；越后衍、越高级的物类或物种，它的总质量越小。请注意很多人认为，我们人类目前在地球上都70多亿了，总质量可不算小了，要知道在整个宇宙中，只有极小极小比例的天体有高智生物。比例小到连宇宙原子存态或分子质量的亿亿万分之一都没有，这叫"衍存时空递减律"。也就是你在空间上的质量越来越低，你在时间上的分布越来越短，由此造成"环境和人口范畴的紧张和生态张力上升"。你人口数量越增大，整个人类的生存紧张度越升高，环境破坏程度就越严重，人类的总体寿存就会越被压缩，亦即某一物类的常态质量过度扩张必将造成其衍续时间被相应挤压和缩短，是谓"质量物态的空间和时间分布趋于萎缩"。

总结以上各项，递弱代偿效应在我们文明世界里表现为"经济、文化、行为、政治、环境"等全面危机。概括起来，应该看到"自然存续危机"是总纲，因为无论人的身体、人的精神抑或人类社会都不过是自然系统弱演代偿的产物。

这个哲学思路，它是对古希腊哲学的回归和寻根，请记住古希腊哲学之初期恰好叫"自然哲学期"。这也就是为什么我说，西方哲学史的走向正显露出日益肤浅化、轻薄化和散乱化的原因。

"演化运动矢量"与"有限衍存区间"

下面我们谈"演化单向度"或"演化运动矢量"。

回顾一下前面那个坐标示意图，其中那条下倾线即"衍存偏位线"是单向度运行的，绝没有逆反的可能。我在前面讲课的时候，曾经说一句话引起哄堂大笑，我说有人说我反动，其实我的学说恰恰是在告诉你，为什么你想反动都反动不成。因为宇宙物质演化的基本动向是单向度的，是没有双向跳动的可能的，至少对于我们人类这种微弱的有限存在者而言，你千万不要指望它能够调头回转，辩证法在这个地方不成立。

我们也可以将其诠释为"演化运动矢量"，请注意"矢量"这个词项，"矢量"是个典型的物理学概念。物理学研究什么？研究物体在时间和空间中的位移。在这个位移关系上讲"矢"和"量"，"矢"就是向度，"量"就是量度。我的哲学探讨的是什么？不探讨物体外在时空中的位移，讨论物存内质的演化方向和演变动量。请注意一个是时空位移，外在时空位移；一个是内质演化变量，这两者区别巨大。而在内质演化上讨论矢量或向量，这是第一次讨论物质演化的方向，讨论物质演化的量度，此前没有任何人在哲学上有过这种探讨。所以大家一定要读懂"物质演化矢量"的概念。

我们下面谈另一个重要关键概念，叫"有限衍存区间"。先秦时代的尸佼，作为诸子之一也被称为"尸子"，曾经对"宇"和"宙"这两个字做过一个注解："四方上下曰宇，往古来今曰宙"。"宇"这个字指空间；"宙"这个字指时间。所以说既往的宇宙观全是指代"时空观"，这话一点都不错。我前面讲一切物理运动的研究，都是探讨物质在时空中的位移，牛顿的学说你可以理解为"绝对时空学说"，爱因斯坦的学说你可以理解为"相对时空学说"，都是单纯的时空理论。其实佛教词汇"世界"这两个字也是指时空，"世"指时间，譬如家世、人世；"界"指空间，譬如地界、国界。所以"世界"这两个字和"宇宙"二字的意思完全相同，均为时空概念。

可是康德曾经探讨过一个问题，他说时间和空间可能在客观上根本就不存在。他说时空这个东西只不过是我们的"先验直观形式"，请注意"形式"这个词我前面讲过，感知方式、思维程式叫"形式"。时空是什么？不是客观存在，而是我们经验外物之际必须主观派生的一个感知平台。我换成大家比较容易理解的语言：由于我们的感知通道是封闭的，我们够不着那个客观世界，我们不知道客观世界上有没有空间，有没有时间，这个问题无法验证。对于康德的这种说法，你不能证伪，也不能证明，但是它至少成立一部分，也就是至少你的时空是主观的，而不是客观的。这个说法不排除外部有一个真实的客观的时空，但人类所说的时空永远是主观的。

大家想即使外部有一个时空存在，它也应该是非常稳定的，比如太阳系，太阳已经存在了50亿年，至少还将存在50亿年，100亿年间太阳系的时空状态大抵不会发生显著变化。可我们人类的时空观呢？它不断发生改变，短短5000多年就连续发生了五次大改变，盖天说、地心说、日心说、牛顿的绝对时空说、爱因斯坦的相对时空说或时空弯曲说，它说明什么？说明我们所说的时空是主观的，不是客观时空。而既往所有人探讨宇宙观，基本上都只局限于时空范畴之内，因此有一个巨大缺陷，那就是时空只是"广延属性"而已。我在前面讲过物理学现在证明，现代宇宙论证明，宇宙发生以前，那个奇点状态下时间、空间不存在，所以时空只是一个属性，它不是物质的内质规定，它是物演内质存在度本性的递衰带出来的一个属性。而你不管物本身的存在内质状态，只谈它的外在属性，你当然太浅薄了。我们这个学说是要讨论物存内质的变化怎样带出外显属性的变量，所以我把这个有限衍存区间叫作"非时空的有限衍存区间"。什么意思？就是即便将时间和空间抽掉，万物亦只在这个区间内存在。

好，我们再把前面那个坐标示意图调出来，大家看上部的区间标志，从左边的坐标纵轴到右端的那条垂直虚线，我把这一段叫"有限衍存区间"。什么意思？不管空间、时间客观上有没有，不管我们的主观时空如何变化，我们把时空这个概念暂且抛掉，世界万物只在这个区间内存在，这个区间以外没有任何东西。请大家看这个区间的左端是什么？是奇点。当然可能有一天我们突然找见奇点的一丝属性，则这个逻辑极点还会往前移，但它总有一个边界，至少你在感知上始终有一个边界，只不过这个边界稍微飘移而已。这个左端起始，就是存在度最高的状态，然后存在度一路下倾，存在度下倾才使得属性增益，而属性的集合才是万物呈现的样态，叫"代偿态"。也就是所谓"万物"，所谓"物类"，所谓"物种"，其实只是某种"代偿存态"，而且它一定在这个右边界上消停，也就是在存在度趋近于零的这条临界线上，往右边再也不会有任何东西存在。

我再度提请大家注意，尽管"区间"一词似乎已经有空间的含义，但是我还是希望大家把时空概念抽离，我讲万物只在这个有限区间内存在，这个有限区间以外就是"绝对的无"。莱布尼茨等多位哲人曾经问过一句话："为什么存在者'在'，而'无'却不在？"这就是答案。因此呢，我们能够探寻的最原始的存在，奇点存在，存在度最高，人类乃至人类的后衍物系，比如基因工程人，将来的基因编辑人，比如各种机器人，它也一定会在智能和体能代偿上发展到那个极致边界而终归消亡。

很多人坚信我们人类会永存，反问我说，你凭什么讲人类是最后一个物种？你怎么知道人类后面不会发生另一个比人类更弱化，或者代偿能力更强的物种？我说这个问题我不用哲学探讨，我只用生物学常识就足以回应了。大家知道任何新物种的出现，它必须具备两个条件：第一，地理隔离，同一个物种如果没有地理隔离，它的任何突变基因都会在本种群内通过性交立即播散和稀释，新物种永远不会发生；第二，它在地理隔离的基础上最终由于变异偏移度太高而产生生殖隔离，也就是这两个原本属于同一物种，后来被地理隔离，在不同自然物候条件下，自然选择方向不同，使得它变异积累，终于形成新物种。形成新物种的标志是这两个物种再碰合到一起时不能正常交配，或者正常交配以后不能生出正常后代，这叫"生殖隔离"，这时候新物种才宣告确立。

大家看今天还可能吗？显而易见，在人类这个物种后面不可能产生新物种了。因为今天已经成为地球村了，因为今天对地球人类来说已经没有地理隔离了。白人和黑人可以通婚，黄人和棕人可以通婚，地理隔离消失了，而且我讲过基因突变需要经过上百万年的长期积累才能产生新物种，而现代智人才存在了20万年不到，已见危机深重，灭顶之祸将临，他根本没有后面的那100万年供其慢慢地进行基因变异积累。所以人类的后面，再不会有一个超越现存人类的新型高智生物物种已成注定之局。

可能有人会说，基因编辑人现在已经试验成功了，或者人工智能造出的机器人，它的代偿度将来会比人类还高，何以见得它一定不能行稳致远？可你要记住，它代偿度增高，其实标志着它的存在度进一步降低。也就是你基因编辑了一个智能比当下代偿程度还高的人，以至于所有母亲不敢正常生孩子了，生出来的孩子相当于先天愚型，所有人都到工厂里去制造，就算到那一天，人类的智能在基因编辑的进展上大幅度增高，结果是什么？一定是更快速的死灭。什么意思？一个新的基因编辑技术出现，立即就把前面那一茬基因工程人覆盖掉了，它比摩尔定律还苛峻，越高级的技术产品其存在时度越短。机器人也同样，就算你有一天造出比人类智能高得多的机器人，它能力的提高标志着它的存在度极低，它会在我们工业系统上表现为这样一种状态，越高端的产品，功能寿期越短，是不是这样？即使撇开摩尔定律，这个趋势也是注定的。当它翻新的速度大到它刚一产生就被置换，比如一个高智生物编辑人刚一出现，基因编辑技术又提高了，立即把它淘汰掉，把它否定掉；比如机器人刚出现，另一个更高的人工智能制造出新一代升级版机器人，立即把它淘汰掉，如此一往会出现什么局面？我用庄子的一个词叫"方生方死"来比喻。也就是它有一天会达到这样的状态，它的先进程度或智能代偿程度高到这样的状态，它被迭代的速度快到这样的状态，它刚一被制造出来就立即被否定，这叫"方生方死"。而且它的质量总和一定是极低的，也就是你基因编辑的人刚育成了几位新个体出来，你智能制造的新型机器人刚生产了几台，又一茬新技术出来了，它们得被淘汰。因此它们的衍存质量一定是递减的，它们的存续时段一定是递缩的，最终达到方生方死，也就是刚一产生，随即陷于否决和死灭，这就到达了那条右端失存临界线。无论我们怎么考量它都存在，你往前怎么代偿它都存在，而且你代偿度越高，它一定显得越临近、越明确，它将被方生方死所验证。

我想大家应该能听懂我这一段话讲什么。很多人认为人类将来前途无量，人类的智能不断提高，人类通过基因工程、基因编辑制造出更高智的人，人类通过人工智能制造出更高智的机器，从而最终统治宇宙……这纯属胡思乱想，根本不存在这个可能性，因为它一定是质量递减、时度递短，直至以方生方死的理想形态碰到那条右端失存临界线。这也是为什么我们见不到外星人的原因。

我们下面谈一下外星人。为了让这个课生动一点，我会讲一些我的书绝不涉及的热门话题。物理学界有一个著名人物叫费米，大家知道费米是首先发现中子轰击的人，他曾提出过一个著名的"费米悖论"。就是费米追问为什么迄今还见不到外星人？费米的这个追问包含的意思是这样的，地球上产生人类，从几率上讲绝不可能独此一例，因为人类只不过是一个自然界的造物，只要自然条件达到这个状态，生命之演化就必然会推出智能物种。太阳系只是一个小小的星系，仅银河系就有 2000 亿到 4000 亿颗类太阳恒星。据天文学家观察估计，大约有 5% 至 20% 的恒星有行星环绕。各位算一下，拿最低数 2000 亿乘以 5% 的行星比率，这是一个多大的数量级？然后我们假定所有行星中只有 1% 是类地行星；我们再假定在类地行星中只有 1% 有低等生命，比如单细胞；我们再假定有生命的行星上只有 1% 有高智生物。你就这样一点一点把它往下推算，你知道学界给出的结论是什么？仅银河系就大约有 100 万颗行星上有类似于人这样的高智生物，100 万！我们说少一点，10 万！仅银河系，请记住银河系只不过是宇宙中数千亿个星系中的一个星系。大家想想虽然高智生物的总质量在宇宙中极低，但它的分布量何其之大，如此之多的高智生物，它们为什么没有来到过地球呢？

我再给大家说一组数据。据天文物理学家研究，137亿年前宇宙从奇点爆发，大约在爆发以后的17亿年到50亿年之间形成恒星。大家注意我说最迟50亿年恒星发生，而恒星里至少有5%存在行星。要知道太阳系行星出现的时间和恒星相较仅迟了4亿年左右，那也就是说诞生生命的可能性，是在宇宙爆发50多亿年以后就出现了。我这个话的意思是说，高智生物的演成时间最长可能足以提前几十亿年，比我们人类早几十亿年。大家要知道太阳系才50亿年，也就是宇宙爆发80多亿年以后太阳系才出现。而50亿年的时候恒星系已经发生了，理论上比地球人早的高智生物，早在20多亿年甚至30多亿年以前就应该出现了，而我们人类文明才不过短短5000年，就是有思想、有文字符号才不过短短5000年，我们今天已经发展到自己快把自己玩完的程度了。它比我们早几十亿年，如果说它的能力是可以永恒提高的，如果说没有这条右端临界失存线，如果我们的文明不是拿5000年计，而是拿5万年、5亿年计，请想想我们的能力会高强到什么程度？我们早都可以到达宇宙任何一个地方了。这就是为什么有天文学家讲，说宇宙中的外星人，或者叫外星高智生物，到现在还没有可靠依据证明他们登临过地球，是因为宇宙中有一个"大过滤器"，说有这样一个东西挡住了高智生物的星际来往。

什么是"大过滤器"？递弱代偿原理就是"大过滤器"。换句话说，任何一种生物都不可能超越此项法则而具备如此之高的代偿能力。请大家看看我们地球人类，我们今天连太阳系还没有走出去，我们今天还没有在太阳系内的任何一个其他天体上定居呢，我们已经快玩完了。我们今天连太阳系还没有走出去呢，我们已经高度危机且已面临灭顶之灾。大家想想它说明什么？我前面讲过如果一个学说或原理成立，它要在整个宇宙中普遍有效，它绝不能只适用于这个小小地球。那么我们可以推想宇宙中的其他星球，那些宜居星球上出现的高智生物，它也一定根本发展不到足以进行恒星际交流的程度，在这之前它的代偿度已经达到最高值，它的存在度已经低到趋近于零，它已经进入灭绝境地或方生方死状态。它根本无法进行或者说它的智能代偿根本不可能突破宇宙星系之间的距离和速度屏障，这就是外星人理论上无数之多，而迄今到不了地球的原因。所以人类千万不要幻想将来还能统治宇宙，得了吧，你只要能把地球统治好，甚至你只要能在地球上安居长存，你就已经很了不起了。

我讲这些是想说明什么？是用原理的解说和具象的例证告诉大家，我们得用一个全新的视角看待事物的内质演化，而非仅以宇宙时空的外在观照方式再造宇宙观。然后我们从这个新的宇宙观或世界观出发，我们才能看清自己的命运，我们才能展望社会的未来，我们才明白究竟应该做什么以及怎么做，我们才能知道人类下一期文明进程将凭借什么东西来作为长远建设的理论依据。

课程回顾与总结

我们现在做课程回顾。大家听我前面授课，我一直用"反进步论"的方式讲解，这跟传统上所有人讲历史是完全不同的角度。为什么？因为进步论是衰变论的翻版，因为进步和发展的趋势不良。因此我们用一种相反的宇宙观和相反的理论体系，重新解读人类文明史。我说"生存形势越来越恶化"，大家注意这句话的涵义，就是你的存在度不断递减。然后我说生存结构是关键，什么叫"生存结构"？不是指生产力、生产关系或经济基础、上层建筑之类，我一再讲它包括外在环境和你的内质状态，也就是你自身的存在度、代偿度和你所处的外部分化环境之间的总体匹配关系，我把这个自然存在的动态全系统称之为"生存结构"。

我反复提及"文明进程是一个自然进程"。请大家听懂，在这个坐标示意图上，人类文明史处于这条下倾线的最后那一丁点，它只是这个自然进程的终末人格化载体，它只是这个宇宙物演序列之最后阶段的残弱衍存形态。所以我一再强调，人类文明是一个自然进程，而不是一个人为进程。

大家注意我的书名叫《物演通论》，但它最终回答的全是有关人的问题。第一卷"自然哲学论"讨论"人是什么"，第二卷"精神哲学论"讨论"人的精神是什么"，第三卷"社会哲学论"讨论"人的社会是什么"。为什么起始于探讨整个"物演"系统，最终却要落实在全程结尾的"人文"之点上？是因为你要想知道人是什么、人的精神是什么、人的社会是什么，你必须大尺度地看清全部自然演运的性质与趋势是什么。因为你不过是物演末端的那个载体形态，只有在这个大尺度上，你才知道你是谁，你来自哪里，走向何处。因此我讲人类文明进程是人性败坏的堕落进程，而一般人说人类文明发展，是各方面倾向越来越良善，人世间变得越来越美好。

请注意听懂我这节课，你才知道我为什么这样讲。我当初这样讲绝不是一个噱头，绝不是为了招致大家的一片笑声，绝不是哗众取宠。它是换一个眼光，换一个世界观重新看待人类在自然界中的境遇。要知道人类的一切文化知识和理论建树，最终都得归结于回答这样一个根本问题：人类在自然界的位置。

既往所有学说，令人类在自然界的位置处于最高端。今天我的学说，把人类在自然界的位置下拉到最低端。我这样讲跟大家的观感完全不合，所以我必须讨论一个问题，谓之"情境评价与终极尺度"。当我讲人类文明是一个越来越恶化的进程的时候，一般人是根本无法接受的。我见到太多的人反驳我，而我坚持"不争论、不说服、不苟同"的原则，我从来不跟人争辩，网络上我一概不回应。

为什么说文明是一个堕落进程，招致大多数人的反感和否认？是因为我们通常陷入情境评价。所谓"情境评价"，就是拿自己的经验与直感对日常所处的生活境况做概观评价。其实你根本不知道古人的情境，你也不知道比古人还早的动物的情境或单细胞的情境，反正你觉得你不想做猴子，反正你觉得你比古人活得好。

问题在于，你怎么知道古人活得不好？比如我在孔子课上讲，你今天的状态不叫物质生活丰富了，那叫生存成本提高了。你连悠闲都丢掉了，你的生存安全感越来越低了，古人没有这些操心。你怎么知道你的生活要比古人幸福？你不知道！你只是站在一己之角度，觉得以前的东西都不够好，这是典型的情境评价。而情境评价难免受到个人自身感官和生活经验的局限，要知道感官经验局限相当于动物认知局限，它是一个极其狭窄的、无法对照也无从评判的局限，所以它根本无效。

我们到非洲去，看见马赛人穷得一塌糊涂，居住的都是泥糊的矮屋，低着头才能勉强钻进去，却见他们天天载歌载舞、其乐融融。我看现代文明人，反倒没见有几个每天欢唱起舞的，倒是整日价愁眉苦脸。显然你根本不知道那种情境评价的局限有多大！

那么什么才是有效评价？——终极评价！也就是你必须拉开一个终极尺度，你必须找见万物存在的基本点。基本点是什么？存在度的高低！一切存在最重要的是什么？惟求存在！请大家读懂我的书，你如果读懂我的书你就会知道，不仅人类在求存，万物都在求存。如果万物不必求存，能量奇点为什么要衰变为质量物态？粒子为什么要进化为原子？原子为什么要进化为分子？分子为什么又把自己演变成细胞？单细胞本来活得好好的，存在度偏高，它为什么要去把自己变成多细胞的脆弱有机体？因为存在度不能十足，因为它一开始就得求存，还因为求存只能以衰变方式进行。万物都在求存，求存才是最基本的规定。一切只为存在叫"惟求存在"，这是万物的天赋素性。

我前面开过一个玩笑，我说再穷困的人，活得再倒霉的人，很少有求死的，反而是表面上看似活得较好的人动不动自杀了（尤以高度进步也高度焦虑的北欧与日本等发达国家居民为多），为什么？不是因为我活得不快乐我就不活了，怕死是出于我们的本性，是物的求存本性使然。因此人们活得再困苦，自杀都是一件很难做的事情，因为我们的本性是物的求存本性，这叫"终极评价"。

所以你若放弃情境评价，进入终极评价，你得如何衡量？——看怎样才有利于存在！这个评价才是最关键、最彻底的。换在生物上，换在人类上，叫"怎样有利于生存"，这是第一标准，甚至是唯一标准。如果现代文明正在折损我们的生存气数，正在折损我们的存在效价，那么我们下一期文明将怎样再造？它绝不会是现在这个文明形态的原样接续，它一定得处理存在度递失的问题，尽管它不能阻断这个自然律，但它一定要尽量阻慢，或者使逼近于失存边缘临界线的速度减缓，这是下一期文明最重要的一个设计理念，一个基本逻辑路标，这就是"终极评价"的意义所在。

蒙昧于情境评价，确实是很荒唐的。我举个例子，我说科学时代是一个更暴烈的文明，很多人不同意，说科学时代政治柔和化了，法律人性化、理性化了，人类更有爱了，生存状态更优良了。可实际情况是什么呢？战争烈度越来越高了，从小部落战争直到发展成世界大战。人类早年的文化氛围是制作武器者自知害人也自觉羞愧，而今天制造核武器者是各国都大加表彰追捧的精英楷模和民族英雄。今天人类杀人的方式是操纵一架无人机，在电脑屏幕前动动手指头就把几千公里外的人炸得灰飞烟灭，跟游戏一样，它不更暴烈？基因编辑工程、人工智能技术几乎要把现存的自然人淘汰，它不更暴烈？所以我说你站在情境评价上无效，因此我说科学时代是一个更暴烈的文明。

我这里只是举了点滴例子，我可以列举无数例子证明我们这个时代越来越暴烈而不是越来越柔和，这叫"无效代偿"。大家注意今天物理学界在寻求"终极定律"，在编造"万物至理"。从爱因斯坦开始，就想把四大作用力，即强作用力、弱作用力、电磁力、引力做成统一场论，物理学想寻找自己的终极真理。其实知识量越大，感知深度越高，标志着你的存在度越低，越逼近于死灭的极限。所以我把它叫"劫末之论"。大家知道佛教上有一个"劫末日"的说法。我在书里有一句话，叫"穷尽其知即乃穷尽其存"。当你觉得你得到绝对真理的时候，它标志着你的代偿度高到极致，它标志着你的存在度趋近于零。因此人类寻求未来生存，其出路绝不在科学层面，而在另外一个全新的宇宙观及其由此引领的全新文明体制。

晚清时候李鸿章有一个著名的说法，他说中华民族面临"三千年未有之大变局"。这个话分量非常重，概括得也非常好。我借他的话引申一句，我说今天的人类，全人类，面临自有文明史以来未有之大变局，而且是迫在眉睫、生死存亡的大变局。这话什么意思我们下午具体谈。人类既往的发展观、进步论以及与此相呼应的各类理论学说显然是不合适的，显然是顾此失彼的，显然是不代表未来的，我们得有一个全新的宇宙观和世界观支撑我们的未来。

顺便简略说一下"宇宙观"这个概念。我此前反复提到"人类文明是建立在思想家的思想通道上的"这句话，而我又讲"所谓思想家是有创世之构思者"，就是能够创造宇宙观和世界观的人才叫思想家。为什么宇宙观和世界观如此之重要？什么叫宇宙观、世界观？我说简单一点，任何一个动物，它在发动求生捕食行为之前，它首先得干什么？找见自己在自然界的位置。动物没有理性，它用直观来找。怎么找？比如一头豹子、一只羚羊，羚羊在低头吃草以前，豹子在选址潜伏以前，先得干什么？羚羊一定不敢直接吃草，豹子也绝对不能率然潜伏。它们一定先得仔细观察周围情况，在可见的整个视野中，它们得看清哪个地方是开阔地，哪个地方是乱石岗，哪个地方有障碍，哪个地方有悬崖，它们必须明辨四野。羚羊必须事先看好如果有动物袭击它有哪几条逃路，豹子必须在潜伏下来以前先算计它进行偷袭的各个角度，不至于使它在捕猎动物的时候愚蠢地跟在比它跑得更快、转身更灵活的羚羊后面傻追，这叫动物的世界观。没有这个世界观，动物的任何求生行为根本无从建立，它的任何具体努力终将落于无效。

人类的依存物已经是宇宙万物，因为他处于高分化的不利境地，他面对的是自身同质的大量残化体。于是他不能用粗浅的直观建立世界观，他得用理性思想和精密逻辑建立世界观。他建立世界观干什么？找见自己在自然界的位置。所以人类也同样，他只要找不见自己在自然界中的位置，他的文明系统就无法展开，他的任何求存举措都将失效。这就是为什么新型宇宙观和世界观缔造不同的新时代。

我给大家举例子。"盖天说"和"地心说"缔造农业文明，实际上是从采集狩猎时代到农牧业文明的早期，借用这两个世界观能够有效维护人类生存。人类农牧业文明是建立在这种宇宙观上的，非常匹配，所以这个宇宙观很稳定，一直不变，托勒密的学说因此持续了1400年以上。哥白尼的"日心说"和牛顿的经典力学缔造了什么？工业时代。工商业文明由此展开。大家再想我们今天信息时代、核能时代，建立在什么基础上？建立在以爱因斯坦相对论为基础的现代宇宙观之上，不是这样吗？可见只有转换宇宙观才能缔造新时代。

那么人类下一期文明当然需要有全新的宇宙观，既往的宇宙观全部关心的是外延时空，而我们现在需要观照事物内质。要知道在着眼于外在时空的过程中，逐步深入究察物性内质的倾向早已出现。比如生物学上的进化论，多多少少有一点探讨，探求生物性状的变异；比如爱因斯坦，他在研究狭义相对论的时候，连带推演质能方程，他已经开始探讨物质与能量的内部关系。但所有这些都没有系统化。我们这个学说是典型的全内质观照，它是既往世界观必趋纵深的时代体现。它能干什么？为我们未来的艰难求存铺垫逻辑通道。

好，我们今天上午的讲课到此结束，下午继续。

浅谈"精神哲学"

我们今天上午重点讲了递弱代偿原理的自然哲学部分，也就是《物演通论》第一卷的主题。我们下午重点讲人类文明的危机趋势和社会哲学论，属第三卷的部分。

我在这里稍微谈一下第二卷"精神哲学论"，大家应该还记得我在讲"西方哲学基础综述"这节课的时候，曾说过一句话：如果面对一个学说体系，你是站在下边仰望它，其实你很难读懂它；如果你能站在一个相对更高的位点上俯瞰它，那么你才能真正理解它。这话是什么意思？我们处在 20 世纪自然科学大信息量整合的基础之上，我们在这个史无前例的基础上建立了一个全新的哲学模型，这是一个新高点。我们站在这个高点上回望和俯视此前的哲学史之争论，会把它看得非常清楚。那么我们现在就来看看由我的哲学原理引出的有关精神哲学的全新讨论，大致弥补和解决此前认识论哲学的哪些问题。

首先，第一次找见精神的源头。大家知道在这以前的哲学只是专注于讨论精神与感知的作用方式及其规定性，从来没有人探讨过精神从哪儿来。那时候的哲学家潜在默认的状态是什么？是只有人类才具备精神，感性、知性、理性都是人类独有的禀赋。他们从来没有想到精神竟然是物质属性，是在137亿年宇宙物演史上逐步通过属性丰化发育而来的，从来没有人这样想过！因此既往的哲学家从来没有真正探明过精神的源头或源流之所在，这叫"精神发生学"。这个问题第一次有了一个答案，就是诸多属性中之感应属性的代偿增益叫"精神"。

其次，从"知的横向二元局限"到"知的纵向一元规定"。就是此前所有哲学家讨论"知"与"在"的关系都是在横向关系上展开，也就是始终打不破"知"和"在"的二元对立格局，即使寻求突围，站在今天看，化解方式也非常荒唐。他要么否定"知"，结果跌入"唯物论"之泥潭；他要么否定"在"，结果倒向"唯心论"之深渊。比如贝克莱，他没有办法把"知"和"在"的关系统一。包括黑格尔的"绝对精神"，说"在"只不过是"绝对理念的异化"。这些个讨论方式导致"知"和"在"的双双迷失，始终得不出真正有效的阐释和论证。

那么在我这个哲学讨论中，原来的"知"与"在"从彼此对立关系或横向二元局限，转变为直系演运关系或衍存维护体系，此谓之"知的纵向一元规定"。也就是当物的存在程度发生变化的时候，"知"的感应属性之代偿程度相应变化，"知"不是为了对"在"求真，而是对"在"的临时有效代偿。这就是我在前面一再讲，"知"不是为求真而设定，而是为求存而设定，这句话在哲学上可表达为："知"和"在"从二元横向分立格局变成反比函数式的一元纵向生成关系。

这是第一次对"知"与"在"给出了一个系统量化模型。

第三，由此明确"'感应'或'感知'的耦合失真之求存依存本质"。大家注意近代西方古典哲学不断讨论，说"知难以求真"，但为什么"知不能得真"？康德说，我们人类的感知总是漂浮在现象界，自在之物被扔在彼岸，是超验的，是无法企及的。什么叫"现象"？康德无法细加剖析。但是在我们今天这个信息量上，我们可以很清楚地发现，所谓"现象"其实就是在感知代偿层面上"感应属性之耦合"。

我这样讲大家听起来比较费神，我换一个直观讲法。电子以它的负电荷，质子以它的正电荷，注意不是真空的孔道，而是两者各自都有彼此对应的感应属性，这两种感应属性互相感知。电子的负电荷只能感应质子的正电荷，质子的正电荷也只能感应电子的负电荷，对电子来说它永远不知道质子的形状、颜色、质量等其他的信息，因为它的感知是被它的特有属性规定的。如果我设定质子为客体，设定电子为主体，那么质子的感应属性就可以换一个称呼叫"可感属性"，电子的感应属性也可以换一个称呼叫"主体感应属性"。主体感应属性对客体可感属性予以耦合，耦合的结果是什么？是电中性！电子的负电荷永远捕捉不到一个正电荷，它在捕捉正电荷的一瞬间达成的是电中性。

我还举过一个例子，我说酸和碱，酸根去耦合碱基，如果我们设定酸是主体，碱是客体，那么这两个属性的对应耦合状态是什么？对于酸而言，它永远不知道整个碱分子的总体架构，因为它只能捕捉碱性（碱之属性），而且它在捕捉碱性的一瞬间，得到的不是碱而是盐，即酸碱中和的那个东西，这叫"感应属性耦合"。而耦合的一瞬间就扭曲了对象，此之谓"现象"。

由此可见我们的感知过程为什么总是漂浮在现象上，因为它是对应感应属性耦合的失真产物，之所以必须以失真方式实现感应，是因为这是最简捷、最经济、消耗能量最低的达成依存和求存效果的方式。因此我们的一般感知不免漂浮在现象界，这是非常生动和确切的表述。

第四，它进而明确了"知的上下限规定"以及"代偿满足即为真"。什么意思呢？"知"是有下限和上限的规定的，它的下限规定就是载体存在度，也就是那条下倾偏位线。存在度越高，感应属性或感知属性的代偿量越小；存在度越低，代偿属性和感应属性的增益量就越大；这是它的下限规定。它的上限规定，就是那个普世常量的存在阈，感知满足存在阈的有效代偿，即为"真"。"真"不是对客观事物反映上的本真，而是满足存在阈的代偿常量的位置，这就是"真"。它不是"真知"，但却达成"真存"。所以给出"知"的上下限规定，表明"知"只追求代偿满足，而不追求对象本真。

我们对此任何一个触点、一个时代，凡属代偿满足的"知"即称为"真理"，即称为"本质"，随后它的存在度又下倾了，于是它又失真了，它又不是本质了，它又变成现象，因此本质是不断漂移的。罗素曾经在他的哲学书中讲，人们从古希腊时代就开始探讨"现象与本质"的关系，2000多年始终说不明白它是怎么回事。至此才得以有效澄清。

第五，谈"可换位到不可换位之主体与客体"。什么意思？我们过去一说"主体"，此前所有哲学家一旦提及"主体"，立即指人，没有其他含义。于是主体和世界，也就是和客体，又处在平行横向上，呈现二元对立态势。可是我们把它在纵向上拉开看，"主体"是什么？主体最初就是"可换位的客体"。请大家想我刚才形容电子和质子，你如果指定电子为主体，那么质子就是客体，你如果指定质子为主体，那么电子就是客体，也就是说它们的主客体关系，在最初的状态是完全平等的，根本是一回事。换句话说，任何客体都具有感应属性，于是它也是主体。任何主体它都是一个自在体，因此它虽然有感应属性，它依然是客体。这就是主体的本质，即主体绝不是客体的对立面，主体就是客体本身。

但由于物质弱化演化，也就是分化演化，请注意这里有一个很复杂的表述，不仅在横向平面上分化演化，导致物类繁杂化，而且它同时导致"演化速度"分化，也就是"演化速率分化"。比如氦元素，由于它的外壳层电子分布圆满，于是它永远停留在原子阶段而进不了分子阶段，我们把它叫惰性元素。而碳元素由于极其残缺，它的代偿要求很强烈，于是它一径进入分子、有机分子直至生命等各个位相，就是说它们的代偿速率也会分化。

如果代偿速率持续分化，那么这一脉快速演运的分支，也就是不成其为盲端的这一枝，就会进入"不对称的主体状态"。比如"人"和一块石头，或者和一个氢原子，你跟它已经不在同一演化层级了，这个时候我们把它称为"不可换位的主体"，就是你是确切的上位主体，它是相对的下位客体，而且你会发现生出了某种"感知非对称现象"。比如鱼，它也是有感知的，可是鱼永远看不懂人，而人却相对能够把鱼看得更清楚一些，理解得更深一些，尽管鱼是人的祖先。因为水生鱼类其中只有一枝快速演化，而鱼的总体滞留于侧枝盲端，于是它跟自身的后衍存在者从原来对等的"可换位关系"变成"不可换位关系"。

由于人类的存在度一路下降，代偿感应能力不断提高，而鱼还保持在高存在度、低感应能力或者低感知能力状态，因此双方之间，他们的相互感知能度出现差异，我把这叫作"感应的非对称性"或"非对称感应状态"。沿着这个思路我们能够有效地解决"感应动向"问题和"感应动量"问题，并且能够回应究竟是什么因素以什么方式在推动着感知或感应属性的增长。

第六，讲"任何主体皆为盲存"。大家在读我的书的时候会看到这个很奇怪的概念，什么叫"盲存"？一切主体的感知，包括人类在内，不是为求真而设定，而是为求存而感应。它的感知仅仅达到存在阈的满足值，有效代偿实现，即为感知满足。再加上感应属性耦合才是感知之所得，而耦合过程一定是对"对象"的扭曲，因此对于任何一个主体来说，不管是最原始的可换位主体，还是像人类这样后发的不可换位主体，它（或他）的感知永远达不成真知，达不成对象所固有的那个客体本真。因此"对象"和"客体"是两个概念，"客体"是指你的感应属性尚没有覆盖在上面的那个存在，"对象"是指你仅仅抽取了客体可感属性的那个存在，这两者在概念上是不同的。因为这些原因，你的感知永远达不到事物的元在和本真，你永远处于盲然状态，尽管你觉得你有所知，尽管你觉得你是"澄明的存在者"，但其实你是"盲目的衍存者"，是谓"盲存"。这在我的书里也表达为"形而上学之禁闭"。

第七，我们清楚地知道了哲学史上"唯物论、唯心论和不可知论"三大派系各自的缺陷。所谓唯物论，它一定有一项不自觉的前提默认，就是它认为我们的感知是一个真空的孔道，也就是它没有意识到我们的感知居然是有规定性的，一切主体必须依靠自身的主观规定性，也叫感应属性，去对应获知对象的可感属性。对于非对应的其他属性或信息，它都是无效的。因此唯物论在这一点上出现严重偏差。

那么唯心论，它也有一个严重的偏差，就是它虽然了解感知是有规定性的，但是它却不了解，感知仅为事物的属性，它居然把感知当作实体存在。西方古典哲学第一人笛卡尔，他说有二元实体，一个叫"物质实体"，一个叫"心灵实体"。可见他把感知当作一个实体来对待了，他根本不明白感知其实是物质实体的属性，也就是他对感应属性这个东西没有概念，这是唯心论的严重偏差和失误。

而不可知论，它也有一个前提默认，这个前提默认就是我们的感知本来就是求真的，因为它有它这个不自觉的误区，它才会讨论"不可知"这个问题，如果它根本上就通晓我们的感知不是求真的，也是不可能求真的，则不可知论自然消解。

所以唯物论、唯心论、不可知论，各自都有一个前提偏差，或者有一个偏差性的不自觉默认，我们把这个黑暗底层厘清，三大派系其实都不成立，或者我们把"唯"字抠掉，叫"心物一体"或者叫"实体和属性一系"，这些个问题就能得到通解。

第八，说明人类的感知和精神其实是一个逐步演化的过程，而绝不是人类所独有。此前所有哲学家都认为，精神现象是唯有人类才具备的禀赋，搞错了。我们的感知是从物理感应→低等动物的感性→中等脊椎动物的知性→灵长高级生物的理性一路发展过来的，这些在我们的身体中完全沉淀，一层都不缺。在神经细胞和神经突触上，电磁感应的生物电脉冲构成我们一切神经活动的基础，这就是理化感应之所在，简称"感应"；再看我们的"感性"，它是从低等动物的原始感官派生出来的；然后我们的"知性"其实是所有脊椎动物全都具备，无一例外；最后我们的"理性"是灵长目以后发生的感应属性暴涨之极致。这就使得精神的来源非常清楚——表达为"感应属性代偿增益"，而且把感知史和物演史排布在137亿年的大尺度长轴上探寻并定位。

第九，解析"狭义逻辑"与"广义逻辑"概念。此前所有哲学家只要用"逻辑"，全都指"推理思维"这个狭义。可是我在前面西哲课里曾简单讲述过：你的视觉、你的感官、你的感性何尝没有逻辑？你的视觉给你输入的是一大堆光量子，你的听觉给你输入的是一系列振动波，你怎么把它们整顿成有声有色的世界图景？这就好比你给电脑输入的只是0和1，可是它最终输出的是非常具象的游戏画面，为什么？因为它后面有一个"逻辑编程"。那你的感性在视中枢、听中枢里面自当也有一个"逻辑"，只不过这个"逻辑"你调动不出来而已。所以我们说"理性逻辑"下面一定有一个"知性逻辑"，"知性逻辑"下面一定有一个"感性逻辑"，甚至"感性逻辑"之下还有一个"感应逻辑"，比如负电荷遇见正质子其实也是有一个最简单的逻辑关系的。这样我们就把"狭义逻辑"打通为"广义逻辑"。大家注意这个概念，为什么它特别重要？首先，它说明我们的思维能力不是无端发生的，它是一个渐增量；其次，它说明我们的感知通道虽然不能得真，但是这个感知通道以"依赖模型"的方式，可以达成和外界事物的"模拟性"或者"虚拟性"对应。所以我在书里会讨论"广义逻辑通洽"或"广义逻辑融洽"，也就是在广义逻辑系统中你的感性、知性、理性是充分融通的，是处于自洽状态的时候，这就是"正确"的第一指标。大家回想一下我谈"理论正确"的"三洽关系"。如果你的"广义逻辑失洽"，那么它就标志着你现在进入代偿不满足状态，在感知上就表达为"疑"，"怀疑"就出现，"怀疑"出现就得寻求新的信息整顿模型，使之再度达成广义逻辑通洽，从而重新抵近存在阈满足值，于是又获得一次"真理"。所以"广义逻辑"这个概念的提出，才有效回答了我们的"感知不真"却为什么"感知有效"，以及"依赖模型的实在论"为什么在虚拟对应关系上成立，这些重大难题才能得到深刻阐明。

　　第十，提出"非真感知的逻辑三洽"。也就是我们的感知不是真知，那么我们就永远得不到真理，然则我们凭什么来确定我们的感知有效？或者我们的感知正确？或者说代偿满足？唯一的标准就是逻辑三洽：一乃"自洽"，自洽包括两个概念，狭义逻辑自洽和广义逻辑自洽；二乃"他洽"，跟你尚且不能否证的其他逻辑系统通洽；三乃"续洽"，对新出现的信息量能够贯通整合而不发生矛盾。

第十一，揭示"真理的趋势是背离本真"。就是问为什么我们不是从相对真理的长河逐步逼近于绝对真理，反而是越来越远离了所谓的绝对真理。换句话说，感知发展进程不是越来越"逼真"了，而是越来越"失真"了。我在哲学课上做过一个简单讲解，我再在这里重复一遍：既然我们的感知不是真空的孔道，我们是通过我们的感应属性或者叫感知属性捕捉对象的对应可感属性，那么我们的感知属性量越大，捕捉对象的信息量才越大，是不是这样呢？电子感应质子，它的主观属性只是一个负电荷，主观属性极低，于是它捕捉的质子的信息量也就极低，只能捕捉质子的正电荷，质子的质量、形状、颜色，它都不能获知。那么后来演进到人类，视觉、听觉、嗅觉、味觉、触觉等感官感性一应俱全，知性、理性又顺势膨胀，如此之多的感知属性层层施加于对象的扭曲，你之所以捕捉的信息量增大，是因为你的主观属性量相应增大。而我们所说的"符合论真理"，其含义是剔除主观性而得到对象的客观纯真，我们把它叫"真理"，可你获得对象的方式偏偏是通过感知属性增量，也就是主观性的增量，才最终获得信息的增量，况且任何获知信息的过程，又是一个耦合扭曲的过程，因此从理论上讲，你的感知信息量越大，你的扭曲绝对值一定也越大，这样讲是不是逻辑上非常贯通？因此你的感知发展一定不是越来越逼近本真，而是一定越来越扭曲本真。这就是为什么我们人类今天的知识越来越迷茫，越高级的知识，越新的科学认知，被证伪的速度越快。人类感知总体趋向于迷惘化，就是由于这个原因。

第十二，阐明什么叫"意志论"，什么叫"美"。要想理解"意志"，你必须理解分化律在感应属性上的作用，也就是感应属性本身竟然被分化，分化为"感、知、应"，"感"与"应"分裂了。你感知到一个东西只是第一步，你到能真正依存它，还有一个远大的距离，而且这个距离会随着感应代偿的发展而越来越拉大。"意志"这个东西就是"应"的增益变态，即在人类身上"应"表达为与"感"相辅并行的代偿分化之另一面，"感应一体"变成"感应分离"，此乃"意志"之源。这话什么意思，限于时间我无法再予深论，请大家课后读书。

"感"与"应"随着属性代偿而逐步分离，与此同时我们的感知对象却逐步增多。我们在单位时间只能依存一个对象，但所有一时不能依存的其他对象都是我们的生存条件，我们既不能当时马上依存它们，也就是不能"应"它们，暂时又不能让它们完全逸散，这个"感而未应"的牵挂状态产生"美"，或者说，这个"感应失离"的心理投射叫作"美"。所以"美"仍然是一个物演求存的精神属性，而非某种人类独享的华丽奢侈品。它第一次从最深处说明"美"是什么，这绝不是一般的美学著述可以讲透的。像这样复杂的理论大家还得去读书。我在这里只是想表达，我们用递弱代偿原理的分化律可以明确地揭示精神哲学层面既往很难澄清的诸多复杂问题。

人类文明的趋势与危机

我们下面讲今天这节课的主题"人类文明的趋势与危机"。

这个部分实际上是在讨论《物演通论》第三卷——社会哲学论。但我们把它先拉到直观具象层面讨论，以切合全课程的主题——为什么说人类文明趋势不良？

社会上一般人都认为人类文明进化过程中出现的问题，是由于我们的偶发性人为操作失误造成的，这是大多数、绝大多数、甚至99.99%以上的人的看法。而且大家还有一个共识，就是我们解决文明中出现的问题的最好方法就是进一步提升我们的能力，进一步提高我们的科学技术水平，然后才有望消解这些麻烦。提出的口号是"在发展中解决问题"，这是主流观念。

但实际情况根本不是如此。历史事实是人类解决问题的每一个步骤，同时就是危机加深的又一环节和积累过程，我把它称之为"系统性危机"。注意"系统性危机"这个概念，它的对应概念是"局部危机"或"危机个案"。就是我们一般人认为文明社会中出现的所有危机，都是个别人在个别时段，或者在某一局部范围，由于某种可以避免的操作失误而引发的。但实际上根本不是这回事，而是每一个问题的解决过程就是危机叠续的同一过程，就是未来危机的一个增量部分，这叫"系统性危机"。也就是你处理危机的每一个动作，恰恰成为促进危机、深化危机的具体手段和实现方式，由此形成"系统性危机"。

鉴于人们总是倾向于在局部危机和危机个案上讨论问题，遂使之成为主流认识和普遍误导。而我们专注于研究系统危机，就会发现此种危机是不可克服的，也就是你解决危机的每一个步骤和动作都是下一次危机的又一个积累要素。

我来给大家举例子，看看人类文明的进程如何成为危机积累的进程。我们先说农业文明带来的生态危机，农业文明一旦发展，开垦荒地，大规模砍伐天然植被，然后人口暴涨，又需要进一步拓展耕地，于是森林面积逐渐缩小以至消失，这实际上是环境破坏的最早开端。其实可能比这还早，我们只从文明启始谈起。大家注意人口问题和森林的关系，要知道森林消失，野生动物就会随之灭亡，环境的损害同时就是生态的损坏。农业文明早期人口很少，农业文明越发展，人口增量越大，到15世纪末16世纪初美洲新大陆被发现，玉米、土豆等高产作物传入欧亚非各地，导致人口进一步暴涨，全世界人口从4亿快速增长到数十亿。

汉代首都长安曾有一个皇家上林园，所谓皇家上林园就是皇帝狩猎的地方，域内包括现在西安南边的四个区县，蓝田、长安、户县、周至。这里森林密布，野兽飞禽品类繁多。有学者推测，当时这四县的人口不超过数百户，而今天每一个县的人口均在50万以上，森林、荒地几乎全部消失，这就是农业文明的发展景象。

大家知道唐朝最终迁都，从此长安城不再做首都，很重要的一个原因是秦岭北麓的植被尽秃，甚至进入秦岭深山数十里，所有森林被砍伐无余，以至于造成淡水资源枯竭，也就是作为城市水源的溪流干涸。那个时候还没有进入煤炭时代，长安没有柴烧，没有水用，百万人口根本无法生存，这是长安这个千年首都从此退出历史舞台的重要原因之一。可见那时候大规模的环境破坏已经相当严重。

我们再看黄河。在《诗经·魏风·伐檀》篇中，有一段话说："坎坎伐檀兮，寘之河之干兮，河水清且涟猗。"这里的"河"指黄河，也就是在先秦时代的中原魏国，当时民间诗歌里说黄河是清水河，到汉代它才被称为黄河。我前面课上讲黄河形成之初其泥沙含量就偏大，但即便如此也不至于浊若泥浆，其实是后来在文明进程中水土流失变得越来越严重才弄成这般模样。大家知道范仲淹曾经在陕北做过地方官，他的文稿中记载，陕北当年植被茂密，而今天全是光秃秃的黄土高原，我们从中可以看出早在中古时代，环境生态破坏就已达到怎样不堪的状态。而且有学者研究说秦汉以前黄河中上游每144年才发生一次大旱灾，到宋元之时每34年发生一次大旱灾，到清中期每5年发生一次大旱灾，到近代已经是十年九旱了。也就是生态破坏在农业文明的发展过程中一直不断积累，它绝不是今天才开始的。

我们再看 300 年来工业文明导致的环境污染。实际上人类的工业性矿冶污染很久以前就出现了。早在农业文明时期，比如青铜时代，青铜器被批量制造，贵族们使用青铜器皿作为酒器或餐具，而普通老百姓用陶瓦罐，结果贵族人士大多发生铜中毒，重金属中毒。这就是医学界有研究，说当年青铜时代的贵族生活条件优渥，寿命不增反减的重要原因。到铁器时代人类大量使用铁制品，又发生铁中毒，也是重金属中毒，要知道游离铁在血液中会导致免疫力损伤。所以各位一定要记住，妇女只在月经期常年失血的情况下才需要补铁，绝经以后切不可再服铁剂，男人如果没有献血，亦应避免这类补药，因为铁元素对免疫系统是重大伤害。虽然血红蛋白里含有铁元素，但那个消耗量甚低，你日常使用的铁锅钢勺就已经补之有余了。

自从人类进入铁器时代，铁中毒成为常态。早期人们对此一无所知，直到近代才发现非洲人，比如非洲祖鲁人，常喝从西方进口的铁罐装啤酒，罐头啤酒，结果导致大规模的阿米巴肝脓疡爆发。非洲马赛部落人缺铁，服用西药补铁剂后阿米巴感染率从 10% 上升到 88%。西方早年医术低下，治病时动辄搬出放血疗法，胡乱折腾一番，偶或似有显效，今天回头看它竟是有些道理的，怎么回事？失铁！通过失血减低铁含量！人体中的铁主要在血红蛋白里，放血的过程就是把铁排出体外的过程。这是中古时代以前西方放血疗法的唯一合理性所在。

我讲这些是在说什么？我是告诉大家，人类的工业污染早在农业时代中期青铜器和铁器时代就已经开始了。而到近现代，工业污染更是层出不穷，呈全面覆盖态势。人工材料、化学制品、稀有元素、电子垃圾、废弃塑料、生物毒素等等，已深度侵害了地球人类的自然生存环境，污染种类不胜枚举，无处不在。前面老子课上我曾讲过，人类早年从来没有垃圾，所有垃圾都是肥料。而现代这些东西你根本无法克制，你每往前走一步，一定带来新一层损害。你解决问题的过程，就是积累更大麻烦的过程，这叫"系统性危机"。

我们再看，人类早年烧柴燃火，柴火释放的是植物中的循环碳，它的碳排放量等于植物生长的碳回收量，所以地表和大气始终保持碳平衡，空气不被污染，温室效应也不会发生。而人类文明前进一步之后，开始烧煤炭，由此启动蒸汽时代。煤是地下蕴积的碳，它原来不在正常大气圈里进行碳循环，你突然把它调动出来，温室气体大规模排放。到此你还不满足，你进一步文明的表现是烧石油，内燃机出现，比蒸汽机高级得多，你觉得你进步了，可这个时候你释放的碳排量更大。到此你还不够，你又搞核电站，使用核裂变、核聚变的能量，你调出了质量中的能量，但是你永远不可能彻底处理核泄漏这个问题。可能有人会说，我们今后进行核聚变会非常干净，没有任何污染。别搞错！尽管表面上它似乎没有污染，但是你要知道使用核聚变，也就是可控氢核聚变，它需要几千万乃至上亿摄氏度的超高温，请想想它是这样一种异乎寻常的燃烧状态，而且其中 80% 的能量以超能中子的方式释放，也就是说它等于一个持续燃爆的巨型中子弹，不断在那里激荡轰炸，你稍有失控将是毁灭性灾难。如果有朝一日地球上到处都矗立着聚变核电站，那将是人类的又一场噩梦！也就是说你做的任何一项努力，表面上看是解决问题，实质上是更进一步地积聚和加剧问题。

这就是我在老子课上讲，人类文明的过程和步骤，是先释放一个小魔头，等它作乱了再释放一个中魔头，去治理小魔头，等中魔头又作乱了再释放一个大魔头去治理中魔头，这叫"系统性危机"。

好，我讲简单一点，我们下面看人类武器的发展。可以说人类文明的过程就是武器升级的过程。所谓武器，就是人类自己集团性残杀自己的一系列专用工具。它早年是冷兵器，之后变成枪炮之类的热兵器，之后变成坦克飞机这样的装甲武器，然后变成核武器，一层一层升级。大家一定要知道人类的武器和战争升级有一个不变的规律，那就是上一次战争临末使用的创新武器，一定是下一次战争一开端就使用的建制武器。

我给大家举例子。在日俄战争以前（日俄陆战在中国东北打响），重机枪已被发明，一挺重机枪每分钟可以打出去 600 发子弹。当时搞武器研发的军事专家们认为这个武器没有任何使用价值，因为消耗太多的资源，消耗大量的火药和铜料，所以认定它毫无意义。结果到日俄战争的时候，俄国人在旅顺口的阵地上摆了几挺重机枪，都不瞄准对象地扫射，建立火力网。一个机枪朝这个角度打，一个机枪朝那个角度打，而且谁都不用瞄准敌人，只建立密集的交叉火力网，导致在旅顺一个战场上，一个山坡坡面上死伤日本军队 5 万人以上。这是日俄战争尝试使用的武器，随后它就成为第一次世界大战最主要的武器，机枪、火炮高密度攻击，以至于战争双方谁都不敢抬头，士兵们只好深挖战壕，僵守对峙，形成历时 4 年的堑壕战。

第一次世界大战临近结束，坦克和飞机出现，最初上场的坦克，为什么取名叫"tank"？就是"大水箱"的意思。每小时行进速度只有 5 公里，极为笨拙。飞机最早是木制的，仅能低空低速运动，飞行员各自掏出手枪互相射击。就这么糟糕的武器，在第一次世界大战后期出现。大家想想第二次世界大战刚一开局是什么情形？希特勒的闪击战。坦克集团化出动，飞机编队远航，形成立体战争。大家再想第二次世界大战是怎样结束的，以美国给日本投下两颗原子弹而告终，所以我们可以料定，下一次世界大战刚一开始就是各国互扔原子弹。

很多人认可目前流行于军事界的一个理论叫"恐怖平衡"，说是各方谁都不敢扔原子弹，使用原子弹没有赢家，因此以后不会再有大战争了。这种想法未免有些天真。我给大家看一个例子：1898年波兰一个银行家叫 Ivan Bloch，作为业余军事学家，写了一本书，书名叫《未来战争的技术、经济和政治诸种方面》。请注意他在1898年准确地预言了后来第一次世界大战的堑壕战，说如果将来要发生战争一定是持久消耗战，并且由此引发社会政治革命。各位看他预测得有多准，第一次世界大战就是堑壕战，就是持久消耗战，并且引发了一系列社会革命——俄罗斯二月革命和十月革命、德国魏玛革命等。但是，他同时预言，说由于重机枪、火炮出现将造成"恐怖平衡"，所以"我所预言的那一场战争将永远不会发生"。结果仅仅不到20年第一次世界大战爆发，它说明什么？"恐怖平衡"不成立！历史上曾经就有过"恐怖平衡"的说法，到头来却是"恐怖而不平衡"。所以人类很快将面临核大战的格局，如果把地球上各国现有的核武器都扔出来，将造成整个地球进入核冬天，也就是爆炸后的核灰尘将覆盖整个大气圈，即使你远离战场，你也逃不掉放射性污染的笼罩。想想这个战争的前景是什么？孟子说"春秋无义战"，如果让我说叫"天下无义战"。我们人类总觉得某些战争是正义的，那是因为你身在其中，难免立场偏颇。要知道蚂蚁也是有战争的，你不妨读一下达尔文的书，那么你看着蚂蚁战争，你会说哪群蚂蚁是正义的，哪群蚂蚁是不正义的吗？它只不过是一个生物学现象。人类的战争，只不过是这个生物学现象更暴烈的发展。不管你玩弄多少政治说辞或道德概念，什么正义不正义，其实"天下无义战"，它只能摧毁人类，而且确实行将摧毁人类。

要知道物理学家早在20世纪末就说过，如果得到浓缩铀，一个懂物理的人可以在街上购买零件就独自组装原子弹，所以"核不扩散"根本不成立。别说今天印度、巴基斯坦、朝鲜、伊朗要搞核武器，将来弄不好人人手里握有一颗核弹。就像过去被视为是高技术的半导体收音机，今天中学生在家里就组装了是一样的道理，所以人类危乎殆哉。

人类文明的趋势与危机（续）

我们再看由科学技术引发的与文明并行的系统性危机。

我在前面一再讲科学创新、科学进步，每一步都是戕害，这些我现在都不愿意再重复，我把这些话题都省略掉。我现在只谈一个问题：科学技术发达到今天这个程度对人类造成的可怕危局。我只谈三个例子。

第一个例子，人工智能。今天，关于人工智能和机器人，究竟它的发展对人类是有利还是不利，形成强烈争论。我先说一下在人工智能趋势研究方面或者预言方面最著名的一个人物库兹韦尔，他写过一本书名叫《奇点临近》，我建议大家有空读一下。库兹韦尔预测，他说人工智能技术将会经历三个阶段：第一个阶段是"弱人工智能"，现在就处于弱人工智能状态，比如你的手机、你的汽车导航，这都是弱人工智能；他预测说随后进入强人工智能阶段，所谓"强人工智能"就是机器的智能和人等一，和人拉齐；再下一步叫"超人工智能"，就是机器的智能远远超过人。库兹韦尔说人类的技术进展速度呈指数增长态势，对数学熟悉的人应该知道，在坐标系上指数增长是怎样一条先平坦而后陡升的曲线。因此他预测说人类从弱人工智能转进到强人工智能大约将于 2045 年、最迟 2065 年达成。请大家注意离我们现在只剩下几十年。他说按照指数增长，强人工智能一旦实现，也就是机器一旦达到跟人的智能水平一样高的时候，它将只需要三个半小时就跨入超人工智能，速度如此之高实在令人咋舌。

那么超人工智能是一个什么状态呢？机器人自己缔造更高智能的机器人。它将会把人类跟机器的智能差距拉开十几个乃至几十个梯级。我简单说一下"智慧阶梯"这个比喻，鸡比蚂蚁高一个梯级，猪和狗比鸡高一个梯级，猴子比猪狗高一个梯级，人比猴子高一个梯级。它居然只需几个小时就把它的智能拉开至比人高几十个梯级，它看你连猪狗都不如，也就是它在想什么你都不知道，这叫超人工智能，它居然是强人工智能在2045年到2065年之间实现后仅三个半小时将达成的效果。

关于强人工智能或超人工智能对人类是一个什么威胁，西方学界分成两派，65%的学者包括库兹韦尔的乐观派认为，人类从此进入永生不死并控制整个宇宙的时代，他说这是一个新的起跳的奇点式开端。另外35%包括比尔·盖茨、马斯克、霍金在内是悲观派。可是大家要知道不管是乐观派还是悲观派，他们都是瞎猜，他们都没有任何根据，凭什么乐观？凭什么悲观？那么怎样才能有效地判断或评价呢？我们必须有一个基础理论作为终极尺度。当"递弱代偿原理"这把标尺打造出来的时候，我可以断定它是悲观结局，也就是机器人一定对人类的生存构成巨大威胁。

有人写文章非常生动，讲这种威胁可能怎样兑现，我引用一下他的故事。他说即使你给机器人下的是善意的指令，它也照样消灭你。这就好比你对头发并没有恶意，可你剃头时还是把头发消灭了。比如你给机器人下了一个指令，只让它去画画，最高效率地画画，它很快就会把地球上的纸张用完，它怎么办？它立即大规模利用地球上的一切有机资源，包括人体材料来造纸。它把你全做成纸了。它没有恶意，它是完成你的一个善意指令，可你玩完了。有人很幼稚地说，机器人是我们自己制造的，我们把电源切断，它不是就没辙了吗？请你搞清楚，那时的机器人可能在三秒钟就找见一个新能源，何况它的预见能力远高于你，早在你想到之前它已采取了反制措施。有人说机器人是我们的造物，怎么会损害我们？请想想你是哪来的造物？你是灵长目的造物！结果你现在把猴子快消灭光了，你何曾对你的"造物祖先"尊重过？大家想想这个危机，如果库兹韦尔的预言可信，我们将在几十年以后面对一个我们根本无法抗衡的天敌。想想那种危局是个什么场面？

我再举第二个例子，我都不说远期的生物工程人、基因编辑人等等，我们只看当下生物技术的发展。今天在世界上成千个实验室里，都正进行着各种单细胞或亚细胞基因工程和基因组接研究。大家知道细菌都是单细胞生物，分为致病菌和非致病菌。我们人体的免疫系统是针对地球上既存的病毒和细菌产生适应性进化反应，历经几千年、几万年、几十万年甚至上百万年的接触，我们的免疫系统才得以健全，才防病有效。欧洲人发现新大陆，大规模消灭印第安人，其实真正用集团化战争方式杀死印第安人的数量有限，后来印第安人90%以上灭绝，主要原因是欧洲人带去了美洲不存在的病毒和细菌，像天花、鼠疫、霍乱等等，这些致病微生物在美洲原来是没有的，所以当地人缺失相关的机体免疫能力和免疫保护屏障，这造成印第安土著几近绝种。请想想大量科学家现在整天在实验室里操弄的那些单细胞基因工程或核酸组接试验，他们在做什么？在制造地球上原本不存在的病毒和细菌！万一某人做出来的一个居然是致病毒株，且不小心试管打破了，冲入下水道，甚或有意无意地通过其他更隐秘的方式外泄，它开始在地球上繁衍，而它是自然界不存在的人造病原体，换句话说整个人类的免疫系统对它全然无效，它会带来什么结果？——灭绝性大瘟疫！并且不知道在哪一刻会突然爆发！这是令生物学家今天感到特别紧张的一件事情，这是生物技术发展的可预期后果之一。

大家再看第三个例子，核电站与核废料。我在前面讲老子课的时候提到过，人类无法绝对避免核电事故，也没法处理核废料。要知道一个200万千瓦的核电站每年产生30吨核废料，一个核电厂有效使用期40年，留下1200吨核废料，这些核废料只能包裹起来埋到地下，迟早泄露污染地下水，而地下水和地表水是交流的。大家可知道核废料伤人是个什么状态？10微克核废料就足以致一人死亡，换句话说，一个中等大小的核电站40年运行产生的核废料就足以杀灭1200亿人。

我们由此可以窥见科学技术进步现在给我们在每一个点上带来的威胁。人类迄今对这些东西还没有能力解决，而且我相信即使找见某种处理办法，也无非是换个花样重置另一种更可怕的恶魔和梦魇。我在这里讲什么？系统性危机的进行性积累！它绝不是你可以彻底解决的，它恰恰是在你逐步解决问题的过程中积累出来的。而我前面所讲的只不过是最尖锐、最刺眼的冰山之角。麻烦之处在于，这个过程看起来是非常温和的，我们似乎是在不断解决问题的，这是我们的直观感觉，我们丝毫体会不到如此处理当下问题的远期效应。我在前面说，人类的智力只能判断眼前的事物，他对生存所迫而不得不为的任何一项临时操作，其远期效果是什么根本看不清楚，于是就形成一个温和的趋势，这是典型的温水煮青蛙，我们就这样慢慢地被煮熟。有人讲，这说法不成立，水温高到一定程度青蛙就跳出去了。可如果这个煮青蛙的锅像宇宙一样巨大无边，请问你往哪儿跳？系统性危机、存在度趋降这是一个受制于自然律的趋势性问题，而趋势决定着未来。它的引申含义是：文明本身即是衰亡的指征，而且它的指向乃是不可变易的。也就是说你在现有的文明体制下，问题非但无从解决，甚至无法缓解。

我给大家举个例子，有人说我们现在节能减排就可以缓解这个问题。但是你在现行的进步论体制下，你在现在这个追求发展、高度竞争的体制下，其实你只能亦步亦趋。比如大家都不开汽车了，都骑自行车了，可是今天飞机普及化了，你总不能不坐飞机吧，可你知道飞机的排放量有多大吗？如果一架满员飞机往返北京与上海，平均每一位乘客的碳排放量相当于独自驾驶一辆小轿车从北京开车到上海走九个来回的排放量，只这一趟就全部给你抵消完了还不止。也就是说，即使你自觉地少开汽车，多骑几次自行车，可你坐一次飞机就前功尽弃，甚至排放量还更大。所以说在现行的这个体制下，你做的任何点点滴滴的努力总体上都无效。除非彻底改变这种社会体制，否则任何问题不但得不到根本解决，连表面缓解都做不到。

我们下面检视一下目前对这个问题的一般看法及其失误之处。

最常见的一种，多数人会认为这是由于人类文明程度还不够高造成的。说我们进一步提高自身的能力，就能解决这些问题，我前面一再讲这个说法不成立。有人举例说你看现在欧美国家环境污染不是解决了吗？当年英国伦敦是雾都，现在早都清亮了。可你要搞清楚它根本没有解决，它只不过是把重污染企业流转给了第三世界国家而已，不是这样吗？我们今天要治理污染，一定得把高污染企业慢慢转移到更落后的地区和国家，但整个地球的污染总量还是一直在增加的，所以那种表面上看似问题得到解决的说法根本不成立。

其次，认为科技能力继续提高就能化解所有问题，我前面讲，那不过是释放一个更大的魔头，等待未来更大的作乱；再者，有人认为是发展速度太慢造成的，说只要我们加快行动，让社会越来越进步这个问题就解决了。请回忆一下我刚才讲的，我们从农业文明进入工商业文明，我们的社会一直在进步，结果是什么？是我们的损害程度越来越大，到今天已经面临灭顶之灾，可见社会进步不能解决这个问题，只能加剧这个问题。另外，还有人就认为这不是问题，我们人类还有其他出路，包括霍金都持这种看法，说我们到外星上去殖民，殊不知这个想法是非常荒唐的。

我前面已经很清楚地讲了外星人来不到地球的道理。我再说几个数据大家听听，我们且不要说飞到更远的外星，我们人类今天登上月球，据统计把一个宇航员送上月球，他在月球上逗留一分钟就要消耗 100 万美元的地球资源！设若未来在火星上殖民，想想在月球上一个人待一分钟都要消耗地球 100 万美元的资源，那往火星上移民，你非得把整个地球资源掏空挖净，全都调转到火星上去，结果估计也只够把 70 亿人迁过去很小一部分，然后他们在那儿可能死得更快，这怎么会成为出路呢？

我们再看移居外星系，离我们地球最近的另一个恒星系叫半人马座，半人马座的阿尔法星 C，也叫比邻星，大家注意这都是恒星。比邻星距离太阳最近，有多近？4.2 光年，即光以每秒钟 30 万公里走 4.2 年。就这我们还不知道比邻星那颗恒星旁边有没有行星，就算有行星，有没有宜居行星、类地行星，这我们还全然不知道。我们就假设那个地方放好了另一个地球，按照今天人类火箭和卫星的最高速度，单程从地球飞到比邻星需要 15000 年到 30000 年。请注意我们的文明，指信史文明，有文字以后的文明迄今才 5000 年，你单程飞到那个地方要 15000 年以上。我说过有没有行星都不确定，这个前途存在吗？根本不存在。就像外星人来不了我们这儿一样，我们也到不了任何外星生存。我们今天连太阳系都没有走出去，尚未在太阳系的其他任何一个行星上殖民，我们就已经站在了悬崖边上，我们就已经面临灭顶之灾，所以移民外星根本不是出路。

我在这里用非常生动的讲故事一样的方式，给大家罗列了一些很直观的文明危机。请大家记住我下面的话，人类在原始时代虽然整体上看起来生存格外艰难，甚至经常吃不饱饭，但人类作为一个物种是非常安全的，不但是安全的，而且是快速增殖和积极发展的。我们今天高度文明了，却骤然面临灭顶之灾。我们过去根本意识不到文明进步居然是这样一个结果，我们也不知道文明终于发展成这样一个结果是什么原因。我们今天拿出基础理论，说是它必然导向存在度降低。

我为什么在讲老子课时，说老子是非常了不起的远古思想家，因为他最早敲响了人类文明趋势不良的警钟。只是老子的论证不成系统，出现诸多错误。我们今天做大信息量、大尺度的总体论证，发现这居然是一个自然律，我们越来越危机化，存在度越来越低，尽管我们的生存能力，也就是代偿度越来越高。我们的生存能力和我们的生存效力居然是反比关系。我们的生存能力越高，也就是代偿度越高，反而标志着我们的生存效力越低，也就是死灭状态越逼近。这种奇怪的现象我们过去一直无法察觉，更谈不上有所理解。今天当我们即将走到文明尽头的时候，我们才把这个问题的基础理论体系搞清，我们才知道它是一个系统性危机，我们才明白它是一个自然律的继续贯彻。这为整体人类未来的求存发展，提供了一个严峻的前程和全新的考量。

人文危机的源流与原理

我们下面进入"社会哲学论"，也就是《物演通论》第三卷的理论部分。"社会"究竟是什么？其实人类原来一直没有搞清过这个问题。19世纪前叶出现一个哲学家名叫孔德，他第一次把"社会"作为一个实证对象来处理，"社会学"（sociology）这个学科随之问世。孔德这个人在哲学其他方面贡献不多，甚至有一些很荒唐的主张，想搞一个新宗教之类，被马克思大加嘲笑。但是孔德第一次提出"社会"可能出自这样一个线索：物理存在→化学存在→生物存在→社会存在。即他第一次站在朦胧的自然链条或物演进程上指谓"社会"是一个实体结构，是一个可以实证研究的对象，"社会学"自此而诞生，成为一个真正的学问系统。

及至20世纪70年代，社会生物学出现，代表人物是E.O.威尔逊。他的相关代表作名叫《社会生物学：新综合理论》。书中提出"生物社会"是人类社会的前体，提出人类社会是从生物社会演化而来的，就像人体是从生物有机体演化而来的一样。他当然有非常复杂的一系列论述，包括亲缘关系指数和利他主义方程等等。我们且不说他讨论的是否完全真确，但是他首次把人类社会放在生物社会的自然序列中加以探讨，破除了"社会"是人类缔造的一个结构，这个观念很了不起，尽管该学说有诸多缺陷。我在《物演通论》第三卷辟一个专章讨论，于此不做深谈。

那么什么是"社会"？概括言之，它其实是自然结构化进程的继续及其终末代偿形态。大家看看它的发生流程：粒子结构→原子结构→分子结构→细胞结构→机体结构→社会结构。我们从这个演化进程上可以清楚地看出它完全是一个自然结构，是一个自然结构趋于繁化的终末代偿实体形态。也就是说我们过去认为"社会"是我们人类编织的一个自选舞台，是人际关系的总和，这个看法完全不对。我们实际上只是一个自然结构中的组成部分。

我再重复一遍，什么叫"社会"？人类社会是从生物社会中增长出来的，生物社会已经存在了38亿年，因此你只盯住短短的人类文明社会期，你绝不可能总结出社会规律，即便临时总结出来，也一定是一个视野狭隘的误导。从大尺度上看，"社会"是38亿年生物体外残化演历的新一层结构序列。尺度再拉大，它是整个自然结构化进程，137亿年自然结构化进程的继续及其终末代偿形态。也就是我们把生物残化组成的那个结构或者生机重组结构，给它另取一个特殊的名称叫作"社会"。什么意思？我前面一再讲，弱化进程就是分化进程，分化进程就是残化进程，万物的演化是一路分化的，生物分化结构只不过是它的后衍阶段而已。我在这里列一个图表供各位参考。

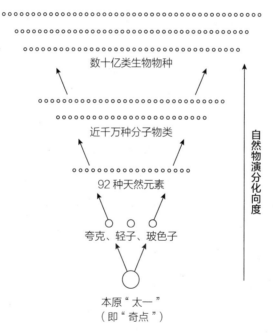

宇宙物演分化从太一奇点肇始，即从"一"演化出夸克、轻子、玻色子，再演化出92种天然元素，再分化出近千万种分子物类，再分化出数亿万种生物物种。由于分化过程就是残化过程，残化者必得相互构合，这个东西叫"结构"。也就是粒子分化构合成原子，原子分化构合成分子，分子再分化构合成细胞，细胞再继续分化残化构合成有机体，有机体在体外再进行分化残化，它的整合结构叫"社会"，如此一脉延展。

我说一些具象的东西。单细胞其实是最圆满的生命结构，尽管相对于分子存在、原子存在而言，它已经高度弱化。于是单细胞随即向多细胞演动。要知道单细胞当年作为一个圆满的生命体，它最基本的功能就是能量摄取功能和增殖功能，也就是"食、色"这两个功能是合在一起的。单细胞一旦聚合，最早的聚合形态叫团藻，也就是单细胞围成一个单层的球状体，它一旦聚合立即残化。怎么表达？它的上半部分细胞只进行能量代谢，不再管增殖；下半部分细胞负责增殖，不再管能量代谢。而后细胞继续融合分化，出现上皮细胞、肌肉细胞、骨骼细胞、神经细胞等等，之后这些细胞分化再聚合，形成我们所说的组织，然后组织再分化聚合，形成我们所说的器官，器官再分化聚合形成系统，比如循环系统、消化系统、泌尿系统、运动系统等等，然后这些系统再分化聚合而成有机体。有机体一旦形成，它又在有机体的层面上开始残化。比如我在孔子课中讲过膜翅目社会，最典型的是蜜蜂和蚂蚁。蜂王就是一个能飞舞的雌性生殖器官；工蜂就是一个采蜜工具；雄蜂就是一个会飞舞的雄性生殖器。它在体外进一步发生性状分化，然后这些性状残化的有机体单独无法生存，只得对残化生机再行组合，这就是所谓的社会结构。那么到人类，我们在体质分化层面以上又展开智质分化，比如学术分科、社会分工，这是典型的自然分化进程在人类文明社会的继续贯彻。社会由此一步一步在日益残化的结构上纵深发育，终于形成越来越复杂、越来越致密的临末结构体系。

大家看这幅"属性与结构并行代偿的路径示意图"。

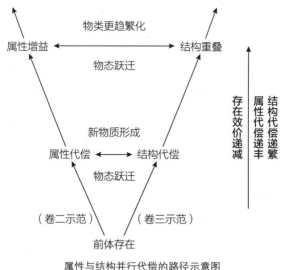

属性与结构并行代偿的路径示意图

　　大家注意我第二卷讲"感应属性"，第三卷讲"社会结构"。我说感知属性是 137 亿年感应属性代偿增益的产物；我说社会结构是 137 亿年物质结构化进程的终末代偿形态。在书里它们表达为两个卷章，但实际上你要理解，它们是一回事。什么意思？一旦分化，分化者、残化者立即要发出相应的信息，这叫感应属性。有了这种信息的互相感应，它们才能寻求达成依存关系，这叫结构。因此属性或者叫感应属性，和结构实体其实说的是一回事，只不过观照的重点不同而已。试看前体存在，它在一条线路上是属性代偿，在另一条线路上就是结构代偿，两者是一回事，达成的是物态变迁，是新物质形成。比如从粒子结构到原子、分子结构，如果分子结构密度继续上升，达到细胞膜受体结构情状，那么细胞存态也就同时达成属性进程和结构进程之合一，两者完全是一回事。我们为了便于讨论问题，只好加以分类，大家一定要理解"属性"和"结构"是一系演化，是一个观照系统。

　　下面我们讲一些比较特殊的概念。大家听下面的课时一定不能忘记我反复强调的那句话：社会是一个自然结构，而且是自然结构系统的终末代偿形态。各位首先把这个理念建立扎实，下面的这些词义才好讨论。第三卷的内容相对比较好懂，我不用多讲，我只谈几个关键概念。我说我们这节课其实只是一个大略框架的阐释，细节你都得去读书，所以我只对大家比较难于理解的问题做出说明。

我提出一个概念叫"属境"，什么是"属境"？即"属性耦合依存境遇"之谓，它含"感应属性耦合"与"生存性状耦合"等多重意蕴。这句话什么意思？就是我们说一个东西的"属境"，其实跟说一个东西的"存境"，没有区别。我后面再谈"存境"的概念。我说"属境"的着眼点是"属性耦合结构的内部观照"，或者说是"属性载体盲存的自为场境"。这话听起来非常别扭，太抽象，我举例子。我说"社会"跟"花岗岩"是同样的实体结构，这个话你很难理解，会觉得它们怎么可能是一回事？我们觉得社会不是一个实体结构，它只不过是我们的属性得以展现的平台，是不是这样？我们各种能力的展现平台叫社会。我们无论如何无法看出社会是一个把我们笼罩在其中、我们只是其中一个组分的结构，我们很难体察这一点。

那么我举一个例子，大家就能理解"属境"的含义。各位设想一下如果你是一个原子，你怎样看待分子？你一定觉得分子不是一个实体结构，它只不过是我原子电磁属性的展现平台，是不是这样？也就是你站在原子的立场上从内部看，你绝看不出分子是一个结构。我们人类对社会也就是这种看法，我们觉得社会只是我们的一个活动场域，它根本不是一个压制和笼罩我们的实体结构。就像原子看分子结构，从内部观照上看，分子不是结构，只不过是原子的属性得以伸展的一个能量场，是原子的电磁属性得以展现的一个台面而已。你用这个眼光从内部属性结构的角度看，从底层观照的角度看，你就知道"属境"这个术语是要消解一个观念上的错误，就是你身在其中的这个平台场景，你很难确认其实你只是它的一个结构组分，这叫"属境"。

同时我又引出一个概念叫"存境"，什么是"存境"？"属境结构的位相差别或位阶差别"之谓。也就是你不站在某个结构的内部观照，你站在一个结构的外部观照，你会发现每一个结构的存在度或者存在境遇是不同的。比如你纵向对比地看，分子结构就比细胞结构坚实简单，即存在度高；细胞结构就比有机体结构简单稳固；有机体结构又比社会结构显得实在而安稳；越后衍者其存在度越低。我们不站在任一结构内部的属性观照角度，而站在结构外面看结构本身的演化梯度。这个眼光的内外调换，就把"属境"概念变更为"存境"概念了。它是为了澄清"社会"是一个实体结构，而且是一个结构递弱化的系列产物，它是为了说明这个问题才引入的概念。

值此我顺便谈一下"环境"。我们一讲"环境"，就是指身外之物，故谓之"外部环境"。可我讲"万物同质""万物一系"，万物的内质是同样的，都是由夸克和电子组成的；万物是一系演化的，并没有外来的东西掺入。"环境"不在我们的身外，"环境"就是我们自身的前体存在，或者可以这样表述：它是"前体衍存者"对"后衍存在者"施加规定和影响作用的时空平台。这个话听起来有点费劲。我举例子，我前面讲物质的弱演过程，同时就是分化过程，它不但在物类上分化，在演进速度上也分化。比如说氦原子进入不了分子结构系统，停留在元素系统之位阶上，但是碳原子一路挺进，也就是它的演化速度和氦原子分化开来。其实"环境"就是我们的前体，因为我们都是从最原始的粒子存在态演化而来的。"环境"跟我们本来是一体，只不过由于分化速度的差别，它因逐步落伍而展现为前体存在，并进而对后向存在产生规定和影响。也就是如果我们换一个眼光，换成"万物同质，万物一系""第一性"即"第一因"的这个眼光，则没有内外之别，它既派生后衍存在者本身，也规定后衍存在者的种种属性。

我这样讲大家可能还是很难理解，我再比例子，我们只有多举例子才能说清。我们把空气叫环境，可各位是否知道地球原始大气是"还原性大气"，氧含量不到0.1%，今天空气的氧含量增加了200余倍达21%，这些氧从哪儿来的？它是我们的前体生物，即38亿年前的厌氧型单细胞生物呼吸产生的空气污染。它们吸入二氧化碳，呼出氧气，在30亿年以上的时间里把大气圈改造了。其后的后生生物全都是需氧生物，我们的呼吸，我们的氧化代谢，这些高能代谢属性，其实是我们的前体祖先给我们提供的平台，并规定了我们后来的有氧代谢存态。所以我说它既派生后衍存在者本身，也规定后衍存在者的种种属性。

上面说我们是需氧型生物，居然是这个直系祖先铺垫的环境逼迫所成。再比如喀斯特地貌，它是一个局部地理现象，但它实际上是远古珊瑚虫骨殖沉积的结果。它给我们提供了大地山川这个平台，我们把它叫环境，可它其实是我们的前体存在者。

我再举例子，植物构成我们的环境，我们叫它植被。要知道我们视觉的色觉，居然是被它规定的。我们的可见光谱，位于中间的那个光谱频段所形成的色觉是绿色，它竟然是被我们的前体生物存在——植物系统、植被系统缔造和规定的。也就是你不在"万物同质、万物一系"的演化角度上看，"环境"是"外在环境"；你在"万物一系、万物同质"的演化角度上看，"环境"就是我们自身存在系统之前体，它在纵轴上跟我们属于同一个存在源流。

回想我上第一节课的内容，很多人说你这就是"环境决定论"，强调人类不同文明就是不同环境造成的。东方封闭地貌和原始农耕基地造就农业文明，环地中海的开放地貌和特殊的自然物候条件缔造半农业半工商业文明。我当时讲课的时候是外在多因素讲法。但如果你把"环境"归之于这样一个理论系统,把"环境"归结为单因素定义,它已经不是"多因素的环境",而是"单因素的存在系统的展开"和"前在系统对后在存续的规定",即属性演运的"一系规定"。这个东西的分化总体,加上你自身的存在度和代偿状态,叫"生存结构"。

请大家细想,当我此刻再说"生存结构"的时候,它已经不是指一个"外在结构系统",而是指一个"内质结构系统"。既然"社会"只不过是对"生命物质残化"所达成的"自然结构化实体"另给的一个别称,我们把生命结构以前的结构叫"实体结构",尽管我们针对生命以后、有机体以上的这个体外残化结构取了一个社交式别名,它其实也仍然是自然实体结构。我们给它起一个别称叫"社会",仅此而已。

那么"社会"已经存在了38亿年,在这个大尺度上,38亿年的大尺度上,我们可以把"社会"另做分期。请注意,你讨论问题的尺度不同,你的眼界不同,你的分类方式就得相应调整。当人们既往讨论"社会",只讨论5000年文明史的时候,我们把人类社会分为氏族社会、奴隶社会、封建社会、君主专制社会、资本主义社会、共产主义社会等等阶段。这是一个小尺度,只认为人类才有社会,你必然是这么个分法。可如果社会是包括38亿年来生物社会的总体,人类社会只不过是生物社会的后衍状态,则上列那个分法显然不成立,为此我们就必须另行分类。

我们把社会另做三期分类:第一期是"无结构或亚结构群化存态的初级社会",或曰"初级隐性社会"。什么意思?就是单细胞生物社会。由于单细胞相对于后衍生物的分化或残化程度偏低,即相对比较圆满,而结构一定是残化组合,因此它的社会度很低。其实单细胞社会是社会的胚芽，但它却不展现出明确的结构，所以我把它叫"无结构或亚结构群化存态"。它是社会第一期，所以我把它叫"初级社会"。由于它不直接展现为结构，所以我把它叫"初级隐性社会"。事实上，单细胞生物早年形成的时候，地球上还没有陆地，完全是海洋，陆地4.3亿年前才出现。从38亿年前到10亿年以前，单细胞生物以藻类形式全体分布在海洋之中，看不见明显的集团结构。但其实单细胞群落是有结构的，比如你用一个胶质营养基，像牛肉汤之类，然后你滴入一个单细胞菌种，它立即繁殖形成一个菌落，形成一个以母细胞为中心的菌落群。由于它没有显著残化和分化，每一个单细胞都是相对圆满的，即使堆积成一个菌落，它似乎也不是一个残化聚合结构，所以我们说它是亚结构或无结构，并说它是社会最早的萌芽。大家要注意，我们讨论任何问题都会在一个看不见的地方起步，就像达尔文要找生命的源头，必须从肉眼看不见的单细胞之处着手探究。这个初级社会存在历时38亿年。

第二个分期是"低度结构化群体存态的中级社会"或曰"中级潜在社会"。它指从单细胞以后的多细胞融合体开始，一直到智性生物人类之前，包括所有的动物、植物和多细胞有机体，它们构成的社会叫中级社会。由于这一期社会的生物体质残化状态相对较低，社会结构相对简单，所以我们把它叫"低度结构化群体存态"。它处于第二期，所以把它叫"中级社会"，由于社会结构化情况不明显，所以我们把它叫"中级潜在社会"，跟前面的隐性社会稍有区别。大家可以看到动物的社会结群现象是普遍存在的，比如狮子群团、猴子王国，更致密更典型的是膜翅目社会。实际上中级动物社会的分化形态复杂，包括单生相和聚生相。比如北极熊，比如豹子，它们平常就是独自活动，你不能因此说它们没有社会。因为它们有繁殖期，一旦进入繁殖育后期阶段，它们就从单生相变为聚生相，所以也是一个低结构度的社会态。中级生物社会历时 5 亿 7000 万年以上，比第一期社会的衍存时间短多了。

第三期是"高度结构化群体存态的晚级社会"或曰"晚级显性社会"，就是指高智生物社会，也就是指人类社会。人类社会由于智质残化极为明显，分科、分工极为激进，因此社会构态高度致密，社会体制格外复杂，并且随着文明发展的动态进程越来越复杂，而越复杂的结构必定越动荡。所以这个晚级社会结构迄今顶多存在了数万年，或者说从智人计起也就是十几万年，严格地讲它应与智人的文明开启同步。请注意这三者的时间比例，初级社会 38 亿年，中级社会 5.7 亿年，晚级社会数万年或十数万年，它的趋势和特点是结构度倾向增高，衍存时效倾向缩短，结构稳定度递减，智能代偿指标上扬，社群能量耗散递升，成员依赖度与结构可依赖度反比互动，这是它的总体状态。

好，我们下面再讨论一个概念，没有这个概念我们就无法理解生物社会，更无法理解人类社会。我在第三卷提出一个新概念叫"生存性状"。大家在生物学上只见到这样的词汇，叫"生物性状"或"生理性状"。比如你体内细胞分化，分化成心肌细胞、肝细胞、肾细胞、上皮细胞等等，这些细胞形态各异，性状表达略有不同，此谓之"生物性状"。关于生物性状的残化，我在前面讲过，它构成有机体，是"机体结构"得以建立的基础。问题在于，如果我们停留于生物性状，我们将永远没有讨论"社会结构"的概念砖瓦。因为生物性状或者生理性状，它的残化只表达在有机体内部组合阶段，而我们必须找见超越于有机体的体外层面之残化，所以我们得给这个有机体层面的性状残化再建立一个新概念，这称作"生存性状"。什么意思？就是"生物生理性状在体外的集合求生行为功能表达"，或者我换一个表述方式，就是"生物性状或生理性状的外显体质残化表达"。它是囊括从"体质性状"到"智质性状"的继承性残化之总体概念，可简称为"求生行为性状"，即不是在有机体内部分化，而是在有机体外部层面上展现的生存行为性状残化，这个东西叫"生存性状"。

这是一个生造词，但这个概念极为重要，引不出这个概念，社会残化构合态势就无法达成，该问题的表述就缺一个必要基础。那么关于生存性状，我们又可以分两路来加以探讨，一路叫"体质性状"，一路叫"智质性状"。体质性状比较容易理解，就是在有机体层面上的行为性状残化。我这样表述可能还不够具象，我再说得直白一点，比如前面多次提到的膜翅目社会，它的生存性状在体质层面上高度残化，蜂王就是一个雌性生殖器官，工蜂就是一个采蜜工具，雄蜂就残化为一个会飞舞的阳具，于是它们残化构合，这叫膜翅目社会。

在动物中级社会阶段，社会构合基础就是体质残化。由于体质性状残化必须借助于基因突变的积累才能完成，残化过程是硬态变塑，所以它相当稳定，中级社会随之相当稳定。稳定到什么程度？任何一类物种只有一个对应的社会形态，因为如果它的体质性状改变了，它就变成另一个物种了。所以每一类物种坚守一个社会形态，比如膜翅目社会形态，比如狮子社会形态，比如猿猴社会形态，社会构态和物种类别始终保持一致，体质层面的性状发生任何变构，必定导致这个物种发生漂移，所以动物中级社会十分稳定。

可是生存性状在人类主要表达为"智质性状"，什么意思？大家知道人类的一切知识进步，最终在求存行为上都表达为工具系统的进化。工具是什么？体质性状的延伸，是不是这样？比如锄头、扳手、吊车是臂力的延伸；马车、汽车、轮船是足力的延伸；望远镜、显微镜是目力的延伸；电报、电话是耳力的延伸；计算机是脑力的延伸；这叫"智质性状"。由于它就是体质性状的继承和延伸，因此我把智质性状也称为"类体质性状"，就是它和体质性状其实是一个非常类似或大体类同的直接延展。但它却是通过思想变革、逻辑变革、智质变革而加以塑造的。由于它是软态变塑，因此它的转型速度极高，分化残化速度也极高，于是社会从低结构度的体质性状社会结构，快速进入人类文明社会的高分化度、高结构度、高动荡度之演进阶段，以智质性状为构建基础的晚级社会就这样达成了。

关于智质的进化、宇宙的演化、物演的进程，我们总体上可以将其分为三种状态或三个阶段：起初是"理化变构"；继而是"基因变异"；最后是"逻辑变革"。也就是整个无机界，它是通过粒子、原子的结构变化，借以实现物态变化，粒子结构、原子结构、分子结构都是"理化变构"的产物；到38亿年前原始生命出现，生命史开始，进入"基因变异"，这是第二个结构改变方式；到人类文明社会出现"逻辑变革"，即思想观念变革。然后你的性状变革，你的工具变革，而工具只不过是你体质性状的延伸，是自然结构分化进程的直接继承，没有任何飞跃。

因此智质性状的发展，其内核就会取代基因变异而表达为"逻辑变革"。也就是由逻辑和思想代替基因结构的支配作用，叫"置换DNA支配作用"。它完全继承基因系统的固有特点，包括操纵性、遗传性、变异性、重组性、适应性等等，这是它的第一个特点。第二个特点，它可以"超越体质性状的局限"。它借助于语言文字符号和思想逻辑模型，不像体质性状必须通过基因变异积累上百万年才能发生变构，而一旦有所变化，它的类体质性状——工具就随之发生动迁。由于是软态变塑，因此足以超越体质性状的局限，这是它的第二个特点。第三个特点，它必将"扬弃宇宙实存的物态形式"。就是它把宇宙中所有的物质都概念化，然后在其概念推理中排布外界事物，或者用理性软态概念及其逻辑绵延系统不断地变塑外部事实而使之重构，从而完成它跟外界的软性可塑式对接。由于这些特点，它就具有了高度的可变塑性，于是人类晚级社会之生存性状，即类体质性状或智质性状，从此迅速地发生迭代转化。

这个转化过程是一脉延续的，是逐步分化的。它在原始单细胞时代就解决了增殖问题，其胞膜受体既能够采集信息，又能够摄取能量。如果我们把增殖控制视为"政治"的前体，如果我们把能量摄取视为"经济"的前体，如果我们把信息采集视为"文化"的前体，那么人类社会这三个子系统在最初圆满的单细胞阶段，其实早已出现建构之开端，不是这样吗？所以整个自然社会过程与整个生物演化过程是同时问世且同步展开的。

但是这会造成一个巨大的区别，我用一句话总结："智质性状变构"相当于"物种变异"或"人类种系的递变进化"。我前面就讲，我说任何一个物种，如果它的生存性状发生变化，它一定不是原先那个物种了。比如蜜蜂的体质性状变形了，它就可被视为一个新物种；比如爬行动物在体质性状上变成哺乳动物，这个时候它已经是一个另外的物种了。可是人类作为一个物种，他的智质生存性状竟然可以快速变构，直接表现为从一个"物种变异"的过程，变成一个"种系递变"的进化。什么叫"种系递变"？就是你从表面上看，人类似乎跟所有的生物物种一样，但是你从生存性状上看，中级动物的体质性状变更就是物种变构，而人类的"类体质性状"呈现为快速的跨越式更迭，相当于人类是一个连续演化的"种系"，而不仅是一个物种！这叫"种系递变"。由于它是软性智质变塑，因此它可以把一个种系变化、物种变化需要上百万年到上千万年的基因突变积累才能完成的事情，放在几千年、几百年乃至今天几十年、几年便一蹴而就，于是人类从一个物种变成了一个"种系"，变成了一个"物种系列"。

我们可以这样来表述：人类作为一个物种存在，其实是一个种系延续，他历经猿人→旧石器人→新石器人→青铜器人→铁器人→机械化人→电子化人→乃至发展为基因工程人。总而言之，你的性状随着工具的变更而变构，这相当于物种在快速演进。我们也可以另外换一个表述方式：猿人→原始采猎人→游牧人→农业人→工业化人→信息化人→乃至后现代化人。我说的每一个组合词都相当于一个非生物学定义下的"新物种"。由于人类是通过智质软态变塑其生存性状，因此他相当于一个物种的体质性状在极短时间内产生"种系演化"，这就是人类把动物远远抛在后面的原因。

其实在生理体质结构上我们和猿，尤其和类人猿基因上只有3%不到的差别，我们与之紧密衔接，不存在生物学上的断裂。可是我们今天看猿猴，看所有动物，它们完全跟我们不在一条水平线上，我们把它们甩得老远。凭什么做到这一点？就凭"智质性状变构相当于物种演化系列的软态加速变形"，是不是这样？而我前面又一再讲，在中级动物体质性状建构的社会，社会构型随着物种定型而固化。因为体质生存性状一旦发生变构，一个物种就变成另一个新物种，所以每一个物种的社会形态永远不变，稳定数百万年、上千万年、上亿万年。但是由于人类的智质生存性状在快速变构，等于物种在快速变异，那么，他的社会形态也就相应快速变构。即便一个物种对应一个社会，由于人类是物种系列的快速演化，所以晚级社会就表达为整个社会系统的快速演进。

有鉴于此，我们可以把人类晚级社会表达成一种连续演动式的社会结构变化体系或加速度社会演化体系：即"猿人"的"动物中级社会"→"旧石器人"的"亲缘氏族社会"→"新石器人"的"氏族部落社会"→"青铜器人"的"部落联盟社会以及原始奴隶社会"→"农业人"的"种族民族国家社会或曰封建专制社会"→"工业化人"的"自由资本主义社会"→"信息化人"的"民主主义社会"→乃至发展到"后现代化人"的某种"后现代社会"而不止。它的社会形态随着生存性状、智质性状的快速软态变塑，形成一个极其迅猛的演进系列，形成一个加速度式的下坠趋势。这就导致人类社会和生物社会、动物社会拉开巨大距离，就像我们今天看猴子、猪狗、蜥蜴等其他灵长目动物、哺乳动物、脊椎动物，觉得它们离我们很远一样。

由于这些原因，所以我们看人类社会和动物社会、单细胞社会，会觉得它们与我们根本不是一个类别。但其实整个生物社会是连续演化的，是具有统一渊源的。这就是人类社会很容易被看作人类自造的超自然结构这个误解的来源，这也是我们很难把自身的社会构成与生物社会乃至物质原始结构看成同一个自然系列的原因。

理论概括与逻辑路标

此前的社会学说出现一个严重失误，它把社会总系统下面的三个子系统，即政治、经济、文化视为分量不同的要素。从浅层上看，人们大多倾向于在这三个子系统之间寻求因果关系。比如马克思是经济决定论，这是马克思主义的基本特点，主张生产力决定一切，生产力带动生产关系发展，经济基础带动上层建筑发展，这是典型的经济决定论。还有文化决定论，倘若你没有听懂我前面的课程，你会认为我在讲思想决定文明，这像是文化决定论。比如20世纪的著名学者马克斯·韦伯，他用欧洲新教文化解释资本主义精神发育和制度形成，这是典型的文化决定论。还有政治决定论，比如从列宁到毛泽东，他们认为阶级斗争是人类社会进步的基本动因，这是典型的政治决定论。

其实所有的高等生物种群内部都会出现阶级差别和阶级斗争。比如狮子社会、猴子社会争夺狮王、猴王，不是阶级斗争吗？生物学家谁会说猴王打架是猴子社会演化成人的决定因素呢？要知道任何一组子系统之间的互动关系，均是一个反馈结构。我一说反馈结构，大家应该想起系统论，正反馈和负反馈的运动变量。任何一个反馈系统，它的子系统之间谁都不决定谁，但谁都影响谁，因为它们在一个平面上运转，所以谁都不可能成为决定性要素，这是大家要特别注意的。须知底下还有一个更根本的动因，那才是整个系统得以形成和变迁的关键所在。

如果我们简单看生物社会，其底层的直接动因，就是基因突变，如果我们再往深探，其内在的基础动因，就是递弱代偿法则。它是唯一因，它是唯一的动力，这才是任何自然结构得以运转的根本驱动力和决定力。所以我纠正一下，在社会三个子系统的反馈关系上寻求决定要素，这种讨论方式完全是错误的。你稍微读一点儿系统论的书，你就知道它是无可立足的。我们在讨论自然生物社会的时候，我说社会是一个自然结构系统，是一个生物社会序列，我们可以发现它有五个明确的演动定律。我做简单介绍，稍微有点抽象。

第一，生物生存效价与社会衍存效价之对位律。就是生物的生存度和社会的凝合代偿度是一个匹配关系；第二，生物分化程度与社会结构程度之相关律。就是生物的分化和残化程度越高，社会结构度一定越高；第三，生物属性状态与社会属境建构之统一律。就是生物的代偿属性越丰厚，生物的社会结构就发育得越丰满；第四，生物生存压力与社会内构张力之互换律。也就是生物面临的外部自然压力和生物之属性能力提高所造成的内部紧张，两者之间有一个置换关系；第五，生物衍存态势与社会代偿效价之无功律。就是社会结构不断繁化，不断地对残化了的生命有机体进行生机结构重组，但其代偿最终无效。总之，社会结构的代偿和发展不能保证它的组分生存度发生任何补量变化，这就出现了一个严重的危机。大家想，越残化的个体，它对结构的依赖度就越大。比如人，你根本无法脱离社会生活，可是你所要依赖的这个社会结构本身却偏偏越脆弱。

我这样讲还不够直观，我换一个形象的例子。比如分子结构，你完全可以把分子中的一个原子打出去，这个脱位原子变成了离子，似乎有电子载荷的轻微损失，但作为一个自由单质即便不进入分子态结构，它也仍然可以存在下去。由于它本身的结构相对坚实，因此它可以不依赖于分子结构。如果它要进入分子结构，达成的结构也很稳定。所以无论在结构之外还是在结构之内，它都是自在安全的。这是由于它的存在度偏高，代偿度偏低，所以结构代偿的维护力度有限，也可以说是结构有效代偿表达的很弱，于是无效代偿同样也就表达得很弱，总之就是代偿不起太大作用，不构成存亡利害的密切关系。

反过来想想我们人类。在原始时代农业文明的时候，你远离社会，你边缘于社会，你在荒山野岭开垦一块田地，独自种庄稼解决吃饭问题，你跟社会的契合度很低，你照活不误。不是说你能完全离开社会了，你那把锄头自己总造不了吧，瓦罐总造不了吧，织布的事情如果你是个男人也可能做不成，你不是完全可以脱离，但你相对可以脱离，因为那个时候你的存在度较高。今天发展到工商业文明，发展到信息文明，请问哪一个人还敢说他能离开社会？你片刻都离不开，因为你高度残化了。你必须跟别人充分依存，发生种种交换关系，你才能够勉强生存，是不是这样？所以越后衍的分化个体，也就是越后衍的结构组分，它的存在度越低，也就是生存度越低，它必须越来越依靠这个基于自身之残残相依所达成的结构——社会结构。可恰恰这个时候，社会体系却高度动荡了，却越来越靠不住了！这是不是形成一个巨大的麻烦？反差性麻烦！我把它形容为"靠山山崩，依水水涸"。此时此刻谁能保证，"社会"这个寄存着人间最多厚望的宝贝，恰好不是一个宇宙间最幽深的陷阱？人类进化及其社会发展，因此而沦落为自然弱演法则的热情而盲目的殉道者——"天道殉难者"。这就是人类的社会发展前景。

我再换一个讲法，分为两句话来表述：第一句是"社会稳定度趋近于零，个人分化度却趋近于最大值"；第二句是"个人生存度趋近于零，社会动荡度却趋近于最大值"。两句话角度各异，但题旨相通，都是讲人与社会的尴尬关系和艰危处境。大家想，个人越来越分化，个人越来越残化，每个人越来越被编织在一个社会结构系统中，这个残化趋势，理论上可以达成这样的极致，就是每一个人都将变成某种独特的残化载体，将来世界上有100亿个人，就有100亿个分工，这在理论上是成立的。每一个人都是社会结构之某位点上的唯一组分，这就像工业流水线，每一个人承担一个工序，某个人缺位了，整个流水线便瘫痪了。想想如果发展到那个极致，人类每一个人在理论上残化到成为独自一份，那么就意味着这一个人突然疯掉或死掉，整个社会瞬时崩溃。是不是这样？这叫"个人生存度趋近于零而社会动荡度却趋近于最大值"，即社会一点儿都不能维护个体。这叫"社会稳定度趋近于零而个人分化度却趋近于最大值"，即个人也全然无力维系社会。是不是这样一个结局呢？理论上、逻辑上就是这样一种关系，就是这样一个前景。

我在讲什么？我前面讲"精神"的时候，我说人类的感知越来越迷茫；我现在讲"社会"，我说社会结构越来越脆弱。而且它结构越来越复杂、越来越脆弱的原因恰好是我们作为社会组分越来越残化，我们的生存度或存在度日益趋近于零，两者完全是无效代偿的关系，也就是社会不能构成我们的维护系统，正如知识不能构成我们的维护系统一样。请回想我前面说的"无效代偿"这个概念，就在这种情况下显现。所以我说人类的政治、经济、文化，必须进行全面变革。而如果要全面变革，就意味着必须再造一个崭新的文明形态。它的政治变革前景必然是后国家形态，它的经济变革前景必然是后资本形态，它的文化变革前景必然是后科学形态，三大子系统全部重新改造，我们才能维系这个社会的继续运转。

请大家想我前面讲国家之间的战争，已经逼近到核大战的悬崖边上，这叫"国际竞争危难化"；市场高度动荡，价值体系紊乱，产出越来越剩余，利润越来越惨淡，这叫"资本收益负值化"；感知越来越迷茫，知识的确定性越来越低，但其毁灭力却越来越大，这叫"知识效应戕害化"。因此原有的政治、经济、文化结构全都处在不能维护人类生存的状态，反而成为人类的戕害系统。而我前面又一再讲，人类的任何文化及其社会形态一定是对其载体生存加以匹配性维护的状态，如果它一旦产生戕害效应，则意味着它行将变革了。因此我说"后国家、后资本、后科学时代"行将来临。

我们现在展望人类的命运，我说具象一点，就眼下来看，因为我们带不进去参数，所以我们无法精确计算人类未来还有多长时间的物种寿限，我们说不清楚。我们现在只能大体预测。我说人类未来有两种命运，第一叫"寿终正寝"或"享尽天年"，也就是人类把自己的下一期文化再造事业和文明变构事项妥善处理好，于是人类尚有望活完自己的天寿。如果我假定人类今天相当于中年，比如 40 岁，那么理论上如果人类处理得当，他有可能还有十几万年的生存期，因为我们前面作为智人存在了将近 20 万年，也就是相当于今天的 40 岁左右的人，有希望活到 80 岁上下。因此我说我不算太悲观，比起霍金认为人类只剩一二百年时间故必须逃离地球，我显得乐观多了。但其前提条件是，人类要把后面的文明形态变革问题处理到位。

　　人类命运的的第二种可能是"死于非命"或"暴病而亡"。比如核大战，比如超智机器人，比如毁灭性瘟疫等等，这叫死于非命或暴病而亡。就相当于一个 40 岁的人，突然由于某类意外事故，或者某种重大疾病死掉了。要知道人类个体的生物学寿命平均只有 39 岁，结合眼下形势看来，第二种可能性偏大。但它也取决于我们能否妥善处置。所以人类今天面临重大的生死存亡之抉择。

　　我们下面讨论一个更形象的说法。临床上有一种很稀奇的疾病，简称"早衰症"，又名"哈钦森－吉尔福特综合征"。它是一个什么状态呢？就是 7 岁的儿童其身体发育相当于中年，12 岁左右相当于 60 岁以上的老人，一般活不过十六七岁就亡故了，就把天寿活完了。这种病例在全世界非常罕见，大约只有 48 个病人或稍多。我在这里展示一张图片。

12 岁的早衰人塞斯·库克

这个孩子的名字叫塞斯·库克，这是他 12 岁时的一张照片，像一个头发脱光、满脸皱纹的 80 岁老翁，此后很快库克就老死了。大家注意我们的人类文明很像这个孩子，我们非常激进，拼命竞争，我们每一个人在社会竞争场上踊跃前行，就相当于这个孩子身体里的每一个细胞在寻求激进发育，你激进发育的结果是什么？你快速增长的结果是什么？——快速逼近寿命的极限！不就是这样吗？所以人类今天的进步论、发展观是一个典型的"人类文明早衰症"之病态。我在这里只是做一个形象化的比喻。

我下面对《物演通论》的学说做一个总概括：

第一，弱演变量。我的哲学学说经常被人拿来跟其他哲学体系做种种类比，说你这不过是康德哲学或马克思主义哲学的一个变形解释，甚至有说是对佛教的别样阐发等等，为此我有必要把它分项罗列清楚。我的学说的基本理论特征，我把它梳理为"五印一纲"（详述请参阅福州无用空间网站上的相关讲座视频：《物演通论》之"正印"说）。这第一项就叫"弱演变量"，就是能量的衰变和质量的衰变统一，万物的演化只不过是源于一个自发趋弱的演动变量，限于目前的信息差，其终极载体暂不可考，故谓之"物自性"（以应对康德置之于彼岸的"物自体"）。它是派生和规定宇宙万象的原动力，是对古希腊哲学"本体"与中国老子"道论"的追究与探询。不同点在于，它深潜为递弱之"本性"并实现于"属性"之代偿，它不像古希腊"本体"那样是"永恒的、不变的、且不可分割的"，而是"质素残缺的、弱化流变的、且持续分化的"；它也不像老子"道"那样是"恍惚的、可返动的、且与人性相悖的"，而是"系统证明的、单向度演运的、且与人文发展贯通的"。至此，它终于把过往那套既不究竟也不完整的"强势演动的进化论学说及其进步论表象"全面颠覆了。

第二，代偿位相。我前面一再讲，代偿是属性代偿，而属性的集合就显现为我们所说的物类或者物种，因此我把它叫第一假象。什么含义？属性代偿及其所呈物相的本质是一个弱演变量，当弱演进程发展到某一个量度，也就是那条坐标下倾线的某一个位点、位格或位阶，它的存在度和代偿度汇集在那一个点上，这个时候它表现出一个物态，或者一个物类，或者一个物相，此谓之"代偿位相"。即我们所说的物质形态的差别、物类的差别、物种的差别，其实只不过是那个弱演变量之存在度和代偿度的差别，这个东西带出和展现成不同的物类、物态和物种。我为什么说它是第一假象？请大家回想古希腊时代的假象概念。古希腊那个时候还没有认识论，它说万物只是一个虚幻的假象，它后面有一个决定性的理念本体，这叫第一假象，亦可称之为"本体论假象"。后来认知过程加在上面，对耦合对象再行扭曲，我把它叫第二假象，即"认识论假象"。我在这里姑且假定我们的认知不扭曲对象，对象表现出来的物态、物形、物类、物种，其实仍然只是一个假象，是什么的假象？弱演变量的假象！属性虚构的假象！因为任何一个物类、物态或者物种，其实只不过是一个增益属性的集合。人类跟万物一样，是万物属性的更高度的集约化体现，所以人类在物相系统上位居其末，存在度最低，代偿度最高，这叫"代偿位相的漂移"，就是你的存在度和代偿度，滑落到哪一个位点或位格上，你就展现为哪一类物态或者物相。

第三，有限区间。也就是我前面讲的"有限衍存区间"，它是对非时空或超时空的物演内质之存在效价的观照，它是一个全新的宇宙观。它说明宇宙万物只能在哪个范围内、在哪种程度上存在，这叫"有限区间"。这是它的第三项重大内涵。

第四，分化耦合。自然弱演进程就是物类分化进程，分化者必须重新归整以求相互依存。它在精神哲学上表达为感应属性耦合，它在社会哲学上表达为生存性状耦合。我前面讲过属性和结构是一回事，是对同一个东西予以不同角度的考察，这叫"分化耦合"。即属性与结构一体化发展，这就是我们所说的实体存在。

第五，伪在危在。这都是我书中使用的概念，大家要详细了解其意，必须读书。这里从简一叙：所谓"伪在"就是精神哲学上探讨我们人类的一切知识都得不到本真，而且越来越得不到本真，它不能构成我们的终极维护系统；所谓"危在"是指社会结构倾向于越来越脆弱、越来越动荡，它也同样不能对我们构成一个有效维护体系；统合起来称作"伪在危在"。

最后还有一纲，此处特指数学模型之纲，即所谓"反比函数定律"或曰"反比函数之和为常量"。尽管我暂时还带不进去参数，但递弱与代偿的演运关系注定如此。就是说，代偿度只不过是存在度的反比函数，而代偿度加存在度乃为存在阈常量，这个数学模型构成一纲。它足以解释有效代偿为什么有效，而同时有效代偿为什么恰恰就是无效代偿，因为代偿度的增量根本不能弥补存在度的失量。而且我们可以把这个数模公式称为"道法方程"，请大家想老子的"道"是什么？——递弱代偿法则！所以我讲我的学说是给老子"道"论做了一个现代大信息量的系统性证明。什么是过去的"道"？天之道、人之道分立而行，甚至逆势而动，故此始终说不清楚。我们今天在一系上说明，"人之道"是"天之道"的末尾代偿形态。何谓之"道"？——贯通成一个原理！实现为一脉逻辑！绵延于一路演进！此之谓"道"。因此它在"天人合一"这个方向上把人与自然统一，把人文学和自然学的鸿沟填平。因此我说中国原始文化是一个重要参考系，这一思路在中国萌发而不在西方生成（尽管西方是哲科思维和哲论文化的渊薮），是因为它没有这个文化基因，是因为中国自古就有"天人合一"与"天道"理念，它在我们的思想底层埋下了一枚有待发育的种子。这与我前面讲古希腊埋下了欧洲近代昌盛和文艺复兴的种子是一个道理。此即我前课所说的"中国传统文化是未来文明再造的重要参考系"这句话的具体落实。

再则它是基础理论。只有建立基础理论，你才能寻求下一期文明建构的逻辑路标。请注意我用"逻辑路标"这个词，意指我们没法在细节上说未来社会是什么样子，但我们可以大致说未来社会一定得朝哪个指引方向前行，文明必须按哪种基本模式建构，否则人类绝难长存（请参阅《人类的没落》一书）。而这个逻辑路标来源于基础理论，《物演通论》这本书的副标题是"自然存在、精神存在与社会存在的统一哲学原理"，它用一个原理——递弱代偿原理——通解自然、精神和社会，这是此前任何理论不可能做到的。自然科学、物理学只解释自然，生物学、进化论只解释生命，认识论哲学只解释精神，人文社会学只解释社会，从来没有一个理论把它们全部贯通。

临末我在书里写有一句话，我曾经把它放在第三版的封面上："人性是物性的绽放，人道是天道的赓续"。这是典型的天人合一之论。人性是万物所有属性的最大增益集合，所以叫"人性是物性的绽放"，大家想想是不是？我前面一再讲，物理感应属性铺垫在你的神经系统底层，形成细胞膜极化之生物电脉冲，这是你的整个神经精神活动的基础，然后感性、知性、理性相继代偿，从扁形动物一直到灵长动物，万物的属性增益最终集合为人性，所以人性是物性的绽放。这里不光包括属性，还包括本性，也就是弱演变量，最终落实在人类这个末端危存点上。再看"人道是天道的赓续"，借用老子的话"天之道""人之道"，但老子把"天之道"和"人之道"割裂了，他认为"人之道"即人类文明违背了"天之道"，而我讲"人道"只不过是"天道"的继续，它们完全一脉相承，纠正了老子这个重大错误，真正实现天人合一之贯通。

然后我又做三个结论，简而言之可谓"自然趋弱，弱归人性；精神趋知，知归茫然；社会趋繁，繁归动摇"。第一句是说，万物弱化演化，其至弱承载体就是人类；第二句是说，从物理感应，到扁形动物的感性，到脊椎动物的知性，到灵长动物的理性，越高级的感知，采集信息量越大的感知，越缺乏稳定性和确定性，感知越来越趋向于背离本真和茫然化，知识和精神发育不构成我们的维护系统；第三句是说，社会只不过是自然结构系列中最繁华的一个末段实体，它也因此是一个最动荡、最脆弱的结构，它对人类的生存维护最终落于无效代偿。从任何一个角度都表达着递弱趋势的一路贯彻，表达着人类未来存续的高度危机以及文明形态改造的紧迫任务。

下面我们对全课做总结。

我不是要讨论"死灭"问题或者"有生必有死"这种陈词滥调，恰恰相反，我是要"寻求未来生存的逻辑路标"。此乃最深厚的悲悯情怀，尽管它冷静到看似冷漠的程度。

之所以要将"递弱代偿原理"引申到精神哲学和社会哲学范畴，除哲学本身的主题需要外，就是为了说明人类仅有的两项求存手段即"智能提升"和"社会进步"为何偏偏是灯蛾扑火——既往的发展路径无可依赖。

思想先于文化，文化先于制度。（此处有删减）如果这个文化总体上是虚缈的，则任何制度设计无效，因为制度是要由人来建构和由人来执行的，这叫"文化先于制度"。再往深说一步，叫作"思想先于文化"。也就是只有新思想才能引领新文化，新思想在未来文化构成的最前端，新思想的传播和导向造成未来的文化潮流，这是它们之间的关系。有如孔子思想萌芽于春秋之末，却在400年后汇成中国社会农耕文化的主干；又如古希腊哲思似曾淹没，复于数百上千年后开拓了欧洲中世纪基督教文化的理性学风、文艺复兴运动的人文气质，乃至近现代席卷全世界的科学文化氛围及工商业文明巨浪。所以新思想、新文化的发生和弥散是未来新型文明结构得以建立的先声与前提。

人类文明是铺垫在思想通道上的，文明只不过是智人的求存方式而已。若然，则有两件事情至为重要：第一，给人类提供一个新的宇宙观，跟当前和未来生存形势相匹配的宇宙观，这是第一重要的事情；第二，为人类寻求与之相呼应的道德制高点，也就是要重建新的普世价值观。中国的崛起绝不能仅仅是经济的振兴、财富的扩充，一个民族要被别人尊重，一个民族真正荣耀的标志是文化崛起。（此处有删减）

结语：万物惟求存在，生存高于一切，人类好自为之。

最后我说一句话，我在这里只讲了一个轮廓和梗概，如果大家要了解它的细节和证明过程，请阅读《物演通论》。

课后答疑

好，下面进入提问环节。

同学提问：东岳老师，咱们都知道有一个卯榫结构，工匠的技艺越高，卯榫结构的块数越多，结构越复杂，但是它的稳定性不一定降低。根据递弱代偿原理的话，就是说结构越复杂稳定性就会越减弱，但是好像在技艺方面的提升，可以让这个东西在一定程度上可控。那有没有可能在社会的发展过程中，我们找寻到了合适的技法，能让递弱代偿的这种减弱效应可以无限趋近于一种相对稳定的状态？

东岳先生：我觉得卯榫结构这个说法，你没有给出该有的比照对象。你说卯榫结构更稳定，相较于一整根木柱竖在那里，哪个更稳定？一棵树栽在那里，一根木柱子放在那里，它没有雕琢，没有结构，它一定比卯榫结构更稳定，所以参照系统不对。仔细读我的书。世界是单向度演化的，结构一定是倾向繁化的，属性一定是趋向增益的。我们只见过猴子变人，你绝见不到人变猴子。所以你在任何一个细节上想找见对整个系统的颠覆性证明，你得做系统论证。因为细节容易看花眼，再加上局部的多因素影响，常常会扰乱或掩盖事物的本质。

同学提问：东岳老师你好，社会结构之后相对的存在将灭归至各阶前体存在，或是绝对存在，或是进入巴门尼德的非存在，此刻社会结构是否还遵从递弱代偿法则，规定这个灭归途中的后衍相对存在？谢谢。

东岳先生：我过去讲过"灭归"的概念，我说灭归绝不是逆式演动，也就是演动是单向度的。因为如果讲灭亡，我们会觉得它是一个反向复归，比如有机体死亡以后降解为有机分子，这像是演化单向运动的某种逆返，但它其实只是演化的临时告竭，而不是演化向度的转移，这是我特意强调"灭归"这个概念的含义。所以"灭归"这个概念是指向演化单向度这个问题的讨论，不涉及其他问题。我不知道我这样算不算回答了你的问题。

同学提问：先生，我看你那个坐标图，那个存在意义是固定的，我是这样理解的，一只蚂蚁的存在跟一个成年人的存在应该是不一样的。然后你那个代偿等位线是平直的，我感到应该是波动的，是不是这样才对？

东岳先生：人总觉得自己很特殊、很了不起，但在我看来人与蚂蚁没有什么要紧的区别，如果一定要说它们之间有何差别的话，我只能说人的代偿度更高，或者说他更嚣张、更狂妄，然后给自己带来更多的灾难场景和更快的死灭前景，仅此而已。因此我以为人还不如蚂蚁的存在稳定或固定。

关于第二个问题，我的书里设有一个章节，专门讨论"阈上存在或阈下存在均不成立"。波动现象只是直观的短浅之见，它其实是弱态存在或弱化生存的表征。你何曾见过一块花岗岩呈现生、老、病、死的波动？我课上讲过就连原始单细胞都没有先生长、后衰老的起伏交替。从大尺度的逻辑推导上讲，存在阈是所有存在的基准，后衍弱存者所表现的生存波动，其实正好说明了他们想把自身维持在那条常量平行线上有多么困难。

同学提问：东岳老师我想问一下，就是我们的经济已经发展并解决了一些基础问题，那么如果我们想在全球范围内对文化方面的发展有所贡献，进而领导全球文化的发展，那有两个方向，一个方向是复兴原来的文化，另外一个方向是开发新的文化。但是有一个逻辑，就是如果复兴原来的文化的话，农耕文明的文化又不能够战胜工业文明产生出来的这个文化。那么新的文化道路到底在哪里呢？

东岳先生：我前面一再讲单向度演动，它意味着旧思想、旧文化绝不能解决未来发生的新问题。所以我在讲课中一再强调中国传统文化早就衰落了，但西方主流文化也绝不代表未来，请注意理解这两句话。事实上人类没有完全找回旧文化来拯救自己的可能，文艺复兴其实是新文化的种子，是古希腊时代埋藏下来的代表未来新文化新思想的种子，所以它当时难以立足，转瞬即逝。一般来说，向后寻求文化复兴不成立，除非你能在旧文化中发掘出足以启迪未来的个别思想闪光。

同学提问：先生我问一个问题，你的学说依据之一是热力学第二定律，但普利高津的耗散结构理论是对热力学第二定律的对冲，在某种程度上证明宇宙万物未必单向步入热寂。这是不是对你的哲学体系构成挑战？

东岳先生：对于普利高津的耗散结构理论，一直以来存在着诸多误解。简单地说，热力学第二定律与耗散结构理论的前提设定是不同的，前者是在一个孤立系统内成立，后者是对一个远离平衡态的开放系统而言。何况普利高津本人也承认，任何耗散结构本身就是一个熵增体系。比如一台冰箱，它虽然能够通过从外部获得电能而保持内部的负熵流，但从更大的系统范围看它还是加强了熵增效应，它的散热量更大；再比如薛定谔说生命就是负熵结构，它通过从外部获取物质和能量进行新陈代谢来维系机体内部的自组织过程，但实际上它反而加剧了整个环境的熵增速率。更重要的是，无论普利高津或薛定谔都没有发现自然界中的耗散结构序列呈现递降趋势，各类耗散结构之间同样始终存在着发生序列上的持恒稳定度级差，亦即存在度级差，这一点经常被有关研究者及引用者忽视。也就是说，所有耗散结构无一例外地表现出逐层衰变的态势，其质量分布递减，存续时间递短，稳定素质递失，而属性丰度一路递增。这都是更具普遍性和决定性的递弱代偿法则之贯彻与体现。再者，即便我们假定眼前这个宇宙也是一个开放系统，将来也有望从热寂状态下复生，我们这一茬文明人类总归还是要先行灭亡的。换句话说，普利高津的耗散结构理论丝毫无助于拯救我们，倒不如及早丢掉幻想，另寻出路为妥。

同学提问：老师刚才的回答很有说服力。那我可不可以认为，你的学说就是热力学第二定律的翻版呢？

东岳先生：首先必须搞清热力学第二定律它是研究什么问题的。热力学最初只涉及能量热力方面的问题，不涉及质量物态的演动，后来人们才将其扩展到实体结构倾向失序的方面，但也只是单纯图解了"去组织化"的现象，而完全无力解释物质世界何以总是趋向于"强势演化"这个重大问题，譬如达尔文的生物进化论，譬如人类文明的扩张式发展进程，等等。也就是说，从实际情况看，质量物态之演运与能量热力之动势在可观测层面上恰恰呈悖反格局，这是热力学第二定律全然无法回应的基本事实。况且，不妨再深问一步，你能用热力学原理阐明什么是"精神"、什么是"社会"吗？而这些东西才是与人类生存最贴近的重大课题。另外，还有一个历史疑团，热力学第二定律诞生于 19 世纪中叶，恰好处于达尔文生物进化论问世之前，此后达尔文学说广为弥散，成为鼓噪人类优势竞争的科学依据，进步论式发展观反而甚嚣尘上，它说明什么？说明热力学第二定律丝毫不能揭示自然物演运动和人类文明历程的发生机理，也完全不能澄清由此造成的学术迷雾，尽管它的确给我的学说体系提供了一个基础性证据。

同学提问：先生您好，我想问一下您的这套理论可不可以理解成新的存在主义，也就是类似于海德格尔的那个存在或此在？

东岳先生：你如果认真深入地阅读了我的著作和存在主义的相关著述，你会发现它们完全没有可比性。海德格尔的"此在"是以人的存在为讨论起点，而我说人不过是宇宙物演的终点；萨特讲"存在先于本质"，讲"自由选择"的重要性，而我讲从深层看选择不成立；加缪讲存在或生存的"荒谬和痛苦"，而我讲的是存在或生存的有序和无聊；存在主义总体上显得乐观而励志，而我的学说无不流露出悲凉与消沉。两相对照，简直可谓南辕北辙。尽管我也讨论存在问题，但彼此显然不在一个深度或维度上。所以请注意我在本课最后特别提出"五印一纲"，就是为了避免或澄清此类混淆。如果一定要问我的哲学体系是个什么主义，我倒宁可说是"危存主义"比较恰当。

同学提问：先生您好，关于"代偿"请教一下。就是有没有主动代偿和被迫代偿的区别？在文明进程中，生存度逐步降低，我们都是在被迫代偿，但如果缩小尺度的话，有没有可能存在一些主动代偿的情况，比如说社会利用各种因素来鼓励科技的发展？那如果这算是主动代偿的话，刻意去阻碍代偿的发生，是不是成立的或有效的呢？谢谢！

东岳先生：这个问题提得好。但是你一定要注意，我讲人类文明、人类社会、包括人类的思想和文化都不过是自然律展开至终末阶段的人格化体现，试想哪颗原子、哪个细胞、哪种动物，它的属性代偿或能力提升是出自于主动的？我又讲存在度丧失是自变量，代偿度递补是因变量，证据在于宇宙物演的始基奇点是全然没有任何属性的。因此严格说来，你这个讲法不成立。

不过我在书里第 43 章说了一句话，我说"代偿度就是存在度的实现"。这句话什么意思？就是代偿度和存在度是一回事，存在度的丧失同时就是代偿度的增加，其间没有二分之区别，只不过我们人类的感知必须把统一的事物区隔为不同的识辨系统。比如我一再拿色觉的分色处理与光波的无级变化来举例，它们在人类的感性视觉上一定被分辨为"赤橙黄绿青蓝紫"，七色截然有别。人类在逻辑上也有同样的严重缺陷，就是他必须把外物分类讨论。

所以你真正看懂那个坐标示意图，存在度和代偿度的决定点，都处在那条下倾线的同一个点上。因此从深层意义上讲，代偿度增益和存在度衰减完全是一回事，只不过我们人类运用感知和运用逻辑的方式是必须识辨分析，因此才出现上述那个问题。所以主动和被动其实是一个概念，它们是同一个变量即"弱演变量"的结果。

你提出的问题里暗含了一个重大质疑，就是既然它是自然律，那么它怎么会可能允许人为改变？是不是有这个潜在问题存在？也就是暗指我们的任何努力将终归枉然！我为什么讲这个说法也不对？我再说一遍，宇宙自然法则的终末表达方式叫"人格化体现"。也就是我们过去积极进步、激进发展，既然能如此之努力，我们今后为什么不能同样努力地去做缓和代偿、减慢发展的事情呢？因为我们的努力本身就是自然意志的执行。如果我这样讲还没有说明白，我再补充几句，一个人的一生，他的身体一定是分阶段发育的，他青年时期的精神状态一定是生机勃勃、勇于进取的，意志表现一定是偏于积极的，及至中年以后他逐渐步入衰老，他的基础代谢率一定是下降的，他的意志倾向一定是越来越消沉的。换句话说，人类未来以相对消极的行为方式构建下一期文明，这也是自然进程和自然律的规定和表达。

同学提问：先生好，从你的讲课中可以看出你对西方现代艺术不太欣赏，竟用"丑陋无比"来形容，这大概是因为你是外行的缘故。不过我还是想听听你如何为自己辩解。

东岳先生：我承认我是艺术外行。我也用不着为自己辩解。我当然理解近代艺术家为了突破照相技术击碎了绘画写真的那种困境。但作为艺术家又有几人能真正理解什么叫"艺术"？什么叫"美"？

我在这节课里讲，我说"美"是"感应失离"的产物，"美"是对"感而未应"的依存牵挂与引诱，也就是说"美"是具有维护生存之精神效用的。当代艺术，不是全部，但有相当一部分以丑为美，制造悬念，譬如杜尚的小便器之类，就算他们想借此表达某种独特理念，但丑毕竟还是丑，不会因为你的深刻而变美。我不想批评他们故作姿态、哗众取宠，那样太肤浅，我倒认为他们恰好流露出当今人类处于"分化失序、依存紊乱"的危情，即其作品正是人类文明趋向于危亡化的警示性表征之一。我这样讲不算辱没当代艺术吧？恐怕也只有从这个角度你才能真正理解当代艺术的价值所在。

同学提问：先生你好，前课中我就提过外星人问题，现在我还想再问，就是回到递弱代偿的那张图里，我看到这里有一个隐含假设，就是最右边的那个竖线，它是一个极限吗？显然你认为这就是星球文明的极限，因此才会没有星际交流的外星人，那这个为什么是极限呢？其实我觉得即使说星际文明是可以突破的，也不影响整个递弱代偿的成立。谢谢您。

东岳先生：我说过了没有参数，所以我无法精确计算。我们只看一个现象，为什么外星人数量应该不少，却迄今没有来到地球？再看一个问题，我们人类今天连太阳系都没有走出去，我们已经面临种种灭顶之灾。而且从星系演化的时间来看，如果没有发展限度，那么外星人应该早就已经穿越宇宙登上地球了，可事实上没有这回事。

同学再问：这我有一说，大航海时代美洲人、印第安人，他们的存在度是很高的，因为他们生存很简单。葡萄牙人、欧洲人存在度很低，他们缺能源，缺这缺那，所以他们只好航海去获取资源，但结果显然我们都知道。就是说存在度很低的葡萄牙人，这些欧洲人最后占领了美洲，而存在度很高的印第安人基本消失了。那你这个存在度的概念就不对。

东岳先生：你与其说是存在度的差别，不如说是印第安人代偿不足，后者可能是更准确的表述。这话什么意思？我见到太多人提出这种意见，也举出例证，譬如某些低等生物质量偏低，某些原始动物短时灭绝，等等。这里涉及如何分类的问题，按理说不同尺度的视野，就该有不同方式的分类，如果按照三期分类，即初级单细胞生物、中级多细胞有机体、晚级智人来看，则上述问题根本不出现。再者，就算回到现行的生物分类学，某些低级物种瞬间闪灭，生物学界也早有合理解释，它必须是针对具体问题且带入具体情境的多因素分析，除非这些具体因素能够被齐同划一地加以排除，相当于进行系统性反向论证在总体上成立，其证明结果方属有效。再回到印第安人与欧洲人的问题上来，要知道全球人类本属同一个物种，具有相同的机体结构，亦即物演存在度没有差别，其文明发展程度的微小差异表达的是代偿度的不到位，也就是存在阈不达标的麻烦或迟或早必然降临。可见你不发展不进步是不行的，尽管发展进步未必是一桩美差，这就是递弱代偿法则的贯彻力度。至此我们可以进而推论，就目前形势看，只要地球上任何一个国家或区域的人群超前发展，都意味着全球人类的共同危机，不要说什么你的存在度高反而是你的优势，他的代偿度高是他该倒霉，到头来你们一定一起玩完，这就是递弱代偿法则的落实力度。请对此存疑者仔细读书。

好，大家还有什么问题？

同学提问：老师你好，我这边也是想问一个有关存在度的问题，就是从大尺度上来看，你说得很对，人类文明发展的趋势表现为存续时间越来越短，存在度越来越低，但是从小尺度的近期情况来看，人类的平均寿命越来越长了，对于这一点，我不知道该怎么理解。

东岳先生：你听没听前面的"人体哲理"那节课？

提问同学：没有，我是这个周末才来听的。

东岳先生：我在人体哲理课上专门讨论过什么叫"寿命"，我讲人类今天把寿命延长是一场灾难，所以你拿今天个体寿命延长来证明人类存在度增高了是错的。如今人们普遍延长个体寿命恰恰是人类总体存在度降低的表征，是代偿度升高的表现。请在网上补习"人体哲理"那节课。

同学提问：先生你好，我想问一下在人类现在这个晚级社会，我们还有没有可能有幸进入侧枝盲端，从而导致整个物种达到一种相对稳定的状态？

东岳先生：看来希望不大，因为衰变速度极快，也就是我们没有停顿，而且我们根本停不下来。我相信即使到下一期文明也停不下来，仅仅是减缓而已。因此我们想当侧枝盲端都来不及了。

同学提问：先生你好，你的递弱代偿原理是否也暗含着，就地球这个星球而言不存在物态及文明演变的重复性？比如流传的亚特兰蒂斯只能是传说，想听听先生的看法。

东岳先生：这个问题我无须在理论上掰扯，常识就够了。可以断定，至少在地球上，现在是第一期文明。我见过很多这类说法，说地球上早就有过某种高度发达的文明遭遇毁灭，包括柏拉图的亚特兰蒂斯之说，这些都是没有得到确证的说法，从生物进化的速率上看也不可能。但是我不知道会不会有第二茬智人及其文明重复再现？由于人的存在度太低，如果发生某种巨大灾难，比如核战争，比如高智机器人，人类可能就被消灭了。但我相信比人类低级的生物将会大量存在，越低级的生物存在度越高，然后它们又开始慢慢在地球上演化。不过这得具备两个条件：第一，地球本身和太阳系本身还能稳定足够长的时间，这个看来问题不大，还有大约40亿年；第二，从某种低端生物再度演化出下一茬文明的这个系统性生态条件是否还能够稳定持续。所以这个可能性存在。但和你这一茬人类已经没有什么关系了，我看最好还是先保住自己以及子孙后代的延续生存可能更要紧也更现实吧。

同学提问：先生您好，我对您那个有限衍存区间的坐标系有个疑问，就是它里边提到的一个坐标是时间，然后也把质量作为一个重要的存在量度，但是我觉得应该更多把空间考虑在里边，因为这是一个时空构架，也就是说速度是很重要的。当速度改变的时候，时间也会发生变化，所以如果我们现在用一个有限的结构去考虑的话，那可能会存在一个终结点，但如果把速度加进去，可能这个点就会是一个无限趋近于零，但永远不会灭归的情况。我不知道会不会出现这样的情况？

东岳先生：首先我在讲课的时候一再讲它是一个非时空的区间，尽管一旦说"区间"一词，空间、时间便已隐含在里面了，那是因为我们无法进行非时空的讨论。但是我讲时空假若是主观的，那么我所谓的这个"有限衍存区间"，不管你的时空认知状态是什么样子，该项区间设定都成立，我是在这个意义上涉入问题的。

至于你说趋近于零者可能一直在那个右端临界线上存在，我看未必，因为它只是一个理论描述态。我课上讲过，它叫方生方死的存在，也就是质量极低、瞬时闪灭的存在。我举过一个例子，比如机器人刚造出来，大概只造出来了一台或者两台，新的机器人随即出现，这一两台就被淘汰了。1 秒钟或者 0.01 秒以后，更新的机器人出现了，确实有一个极小质量的点在那个地方晃动，但它是方生方死的存态，现实上等于不存在。理论上的极致有可能是如此，但是我们这样表述都不精确，我希望将来随着信息量的增大，能够带入参数，到时它将可以得到精确回答。像这些方面只能指望各位、指望后人了。

同学提问：先生你说任何理论都将被证伪，那么你的理论也终有一天会被证明是错的，那它还有什么指导意义？还有什么作用呢？

东岳先生：这个问题好像以前课上有人提过，我不妨再回答一遍。请注意，学说理论被证伪，并不表明逻辑事实会消失，当然前提条件是该理论必须曾经正确过。我举例子，牛顿的经典力学开创了工业时代，但他的引力学说现在被爱因斯坦的空间曲率理论给取代了，某种程度上被证伪了，然而地球照样绕着太阳转，并且照样符合牛顿的引力描述状态。我的意思是，一个学说被证伪，通常只是换了一个解释系统或解释方式，使它从原先的"本质性逻辑模型"沦落为或浮现为"现象层事态描述"。也就是说，即使我的学说理论形式被证伪，"递弱代偿"这个事实或现象照样存在，人文危化的趋势不会改变。而且大家最好不要企盼着它被证伪，因为根据既往的人类思想史来看，新学说、新思想似乎从未让人类的地位得以提升，反倒令人类在自然界的位置一落千丈，个中详情可参阅《知鱼之乐》一书的最后一篇文章。

同学提问：先生我读过你的《人类的没落》，比《物演通论》好看，可惜你没有充分展开，就像是一个有关未来社会的简略提纲，为什么这样惜墨如金？

东岳先生：我刚才课上讲过，我只能给出一个涉及未来文明建构的逻辑路标。但更重要的是，此前的先哲奉献过太多各式各样乌托邦式的美好蓝图，到头来几乎全都缔造的是更深重的灾难与祸殃，我不想重蹈覆辙，不想给后人造孽，所以只写下逻辑推导过程中绕不开的关键要点。其实我的所有著作都不是为今人写的，当今的人们还泡在温水里正感到舒服着呢，他们大多接受不了"水温将升"这类逆耳的忠告。我是为后人写的，后辈面临的危局将使我的晦涩理论变成一望而知的基本常识，但愿他们能够拿出比我设想的解决方案更妥当、更细致也更可行的全套举措来挽救自己。所以我也建议各位从此再莫让子孙后辈忆苦思甜，他们将来不让你"忆甜思苦"就不错了，你眼下少为后人积累一点祸根才是当务之急。

同学提问：先生您好，其实我们所有的人都在追求一个问题，就是我们为什么活着，我们终将归向何处。那其实今天您给的这个答案我特别希望不是真的。您中间有讲到您自己个人的一个经历，您说在大学图书馆里面读到一篇文章隐隐地指向了某个疑点或假设，然后您花了20多年的时间去证明它，并且出书。我想知道，您自己也是人类的一员，在发现这个原理的20多年期间，您的心情是什么样的？

东岳先生：这个问题我真没想过，我这个人比较麻木愚痴。但是你刚才提到的那个问题确实是我听过的最多的质询，就是按这个理论，我们活着的意义是什么？那么我用中国的一个成语作答："人生一世，草木一秋"——人生没有任何意义！须知天地间原本就没有"意义"这种东西，无奈人类的存在资格不足，亦即存在度过低，于是不得不"追求生存"，这便闹出了种种怪相或名堂。可见"意义"导源于"弱化求存"，并彰显于"临近失存"。据此看来，人人都觉得自己活得很有意义，只表明人类的处境越来越麻烦。因而我可以断定所谓的"人生意义"非但不会被勾销，反而一定越来越膨胀，尽管它看起来一点儿都不像是个良性指标也罢。

好，我们的全部课程到此结束。同学们再见！